DEUTSCH ▸ ENGLISCH
ENGLISCH ▸ DEUTSCH
WÖRTERBUCH

GERMAN ▸ ENGLISH
ENGLISH ▸ GERMAN
DICTIONARY

PONS

COLLINS

Easy Schulwörterbuch

Deutsch – Englisch
Englisch – Deutsch

Ernst Klett Verlag
Stuttgart · München · Düsseldorf · Leipzig

COLLINS

Easy Learning

GERMAN

DICTIONARY

HarperCollins*Publishers*

first published in this edition 1997/Erstausgabe 1997

Latest reprint 1997

ISBN 0 00 470712-5

Die Deutsche Bibliothek – CIP–Einheitsaufnahme

PONS Collins easy Schulwörterbuch. - Erstausg. - Stuttgart ; München ; Düsseldorf ; Leipzig : Klett.
NE: Collins easy Schulwörterbuch; Easy Schulwörterbuch; Schulwörterbuch

Deutsch-englisch, englisch-deutsch / [Bearb.: Veronika Schnorr ...]. - 1997
ISBN 3-12-517113-X (Klett)
ISBN 0-00-470712-5 (HarperCollins)
NE: Schnorr, Veronika

Redaktionsleitung/general editor
Horst Kopleck

Bearbeitung/editors
Veronika Schnorr
Christine Bahr Elizabeth Morris
Philip Mann Martin Crellin Elspeth Anderson

Konzept/concept development
Michela Clari, Ray Carrick

Schlussredaktion/editorial coordination
Vivian Marr, Maree Airlie

Datenverarbeitung/computing staff
Ann Rautenbach

Gesamtleitung/series editor
Lorna Sinclair

Corpus Acknowledgements
We would like to acknowledge the assistance of many hundreds of individuals and companies who have kindly given permission for copyright material to be used in the Bank of English. The written sources include many national and regional newspapers in Britain and overseas; magazine and periodical publishers; and book publishers in Britain, the United States and Australia. Extensive spoken data has been provided by radio and television broadcasting companies; research workers at many universities and other institutions; and numerous individual contributors. We are grateful to them all.

Lizenzausgabe für Ernst Klett Verlag GmbH, Stuttgart

A catalogue record for this book is available from the British Library

1. Auflage 1997 - Nachdruck 1997
Ernst Klett Verlag GmbH, Stuttgart 1997
ISBN 3-12-517113-X

Printed and bound in Great Britain by
Caledonian International Book Manufacturing Ltd, Glasgow, G64

INHALT

CONTENTS

EINLEITUNG

Mit dem *PONS Collins Easy Schulwörterbuch* wird ein neues, innovatives Wörterbuchkonzept vorgestellt, das speziell dem Anfänger beim Erlernen der englischen Sprache helfen soll. Bei der Zusammenstellung der Stichwörter wurde deshalb vor allem der Grundwortschatz des Englischen berücksichtigt. Wir möchten an dieser Stelle allen danken, die zur Entwicklung dieses Wörterbuches beigetragen haben.

INTRODUCTION

Collins Easy Learning German Dictionary is an innovative new dictionary designed specifically for anyone starting to learn German. We are grateful to everyone who has contributed to the development of the Easy Learning series, and acknowledge the help of the examining boards in providing us with word lists and exam papers, which we carefully studied when compiling this dictionary.

DIE DEUTSCHE RECHTSCHREIBREFORM

Im Juli 1996 wurde von allen deutschsprachigen Ländern eine Erklärung zur Neuregelung der deutschen Rechtschreibung unterzeichnet. Mit Beginn des Schuljahres 1996/97 können Schulen die neue Rechtschreibung lehren. Um Sie über die Änderungen zu informieren, wurden alle neuen Schreibweisen, die im Wörterverzeichnis als **Stichwort** im deutsch-englischen oder als ***Übersetzung*** im englisch-deutschen Teil erscheinen, durchgängig mit ⚠ gekennzeichnet. Natürlich werden Sie etliche Wörter auch noch in ihrer alten Form nachschlagen wollen. Damit Sie die jeweiligen Schreibweisen leichter auffinden können, enthält dieses Wörterbuch auf Seite 621 eine Liste aller mit ⚠ gekennzeichneten neuen Formen und ihrer entsprechenden alten Schreibungen.

GERMAN SPELLING REFORM

In July 1996 all German-speaking countries signed a declaration concerning the reform of German spelling, with the result that from the beginning of the 1996/97 school year the new spelling rules can be taught in all schools. To ensure that you have the most up-to-date information at your fingertips, we have shown the new spellings, marked by ⚠ where they occur as **headwords** on the German-English side and ***translations*** on the English-German side. Of course, you will still come across old spellings in other texts, so to help you recognize them, on page 621 we have given a list of all the new spellings marked by ⚠ together with the corresponding old spellings.

BENUTZUNGSHINWEISE

Die Benutzung eines Wörterbuches ist eine Fertigkeit, die Sie mit ein bisschen Übung und der Einhaltung einiger grundlegender Regeln leicht verbessern können. In diesem Abschnitt finden Sie detaillierte Informationen, damit Sie beim Umgang mit Ihrem Wörterbuch bestmögliche Ergebnisse erzielen.

Die Antworten auf die Kontrollfragen stehen auf Seite 12.

SCHLAGEN SIE AUF DER RICHTIGEN SEITE DES WÖRTERBUCHES NACH

In Ihrem Wörterbuch finden Sie zuerst den deutsch-englischen Teil und danach den englisch-deutschen Abschnitt. In der Kopfzeile steht daher entweder Deutsch ~ Englisch oder Englisch ~ Deutsch. Die mittleren Seiten des Buches haben einen grauen Rand, so dass Sie auf einen Blick erkennen können, wo der erste Teil aufhört und der zweite anfängt.

1 In welchem Teil des Wörterbuches würden Sie "*der Tisch*" nachschlagen?

FINDEN SIE DAS GESUCHTE WORT

Wenn Sie ein Wort nachschlagen wollen, zum Beispiel *froh,* schauen Sie auf den ersten Buchstaben - in unserem Beispiel **f** - und gehen zum Abschnitt **F** des deutsch-englischen Wörterbuchteils. In der Kopfzeile jeder Seite erscheint das erste und letzte Wort auf der jeweiligen Seite. Haben Sie die Seite gefunden, auf der die Wörter stehen, die mit **fr** beginnen, dann überfliegen Sie diese Seite, bis Sie das gesuchte Wort gefunden haben. Beachten Sie auch, dass Umlaute die alphabetische Reihenfolge nicht beeinflussen - **ä** steht unter **a, ö** lässt sich unter **o** finden usw.

2 Auf welcher Seite des Wörterbuches steht das Stichwort "*gestern*"?
3 Welches Stichwort kommt zuerst: *Bruder* oder *Brötchen*?

SCHAUEN SIE BEI DEM RICHTIGEN EINTRAG NACH

Ein Wörterbucheintrag besteht aus einem **Wort** und seiner ***Übersetzung***. Oft finden sich auch Beispielsätze, die Ihnen zeigen, wie die Übersetzung im Zusammenhang gebraucht wird. Verfügt ein Wort über mehr als einen Eintrag, dann macht ein spezielles Kästchen darauf aufmerksam. Hier ein Beispiel zur Verdeutlichung:

flat ADJECTIVE
see also **flat** NOUN
1 ***flach*** ◇ *flat shoes* flache Schuhe
◆ **a flat roof** ein Flachdach NEUT
2 ***platt*** (*tyre*) ◇ *I've got a flat tyre.* Ich habe einen platten Reifen.

flat NOUN
see also **flat** ADJECTIVE
die ***Wohnung*** ◇ *She lives in a flat.* Sie wohnt in einer Wohnung.

4 Bei welchem dieser beiden Einträge würden Sie nachschauen, wenn Sie den Satz "*My car has a flat tyre*" übersetzen wollten?

Oftmals finden Sie auch Kästchen, die zusätzliche Informationen geben. Dort erfahren Sie zum Beispiel, ob ein Wort mehr als nur einen Eintrag hat, ob das Wort grammatische Besonderheiten aufweist oder ob es sich hier um einen kulturellen Unterschied zwischen Deutschland und Großbritannien handelt.

WÄHLEN SIE DIE RICHTIGE ÜBERSETZUNG

Die Hauptübersetzung eines Wortes finden Sie in der ersten Zeile unter dem Stichwort. Sie ist der besseren Übersichtlichkeit wegen unterstrichen. Bei mehr als einer Hauptübersetzung ist jede zusätzlich mit einer Nummer versehen. Ein Hinweiszeichen macht Sie darauf aufmerksam, dass ein Eintrag auf der nächsten Seite fortgesetzt ist.

Die *kursiv gedruckten* und mit einem weißen Karo ◇ gekennzeichneten Beispiele sollen zeigen, wie ein Wort im Zusammenhang gebraucht wird und Ihnen damit bei der Wahl der richtigen Übersetzung helfen.

> **5** Benutzen Sie den Beispielsatz im Eintrag für "*beabsichtigen*" um folgenden Satz zu übersetzen: *Ich beabsichtige, ins Ausland zu fahren.*

Wörter haben oft mehr als eine Bedeutung und mehrere Übersetzungen. So kann eine **Marke** zum Beispiel eine Warensorte, ein Fabrikat, eine Essensmarke oder eine Briefmarke sein. Wenn Sie vom Deutschen ins Englische übersetzen, ist es deshalb wichtig, die Übersetzung mit der passenden Bedeutung auszuwählen. Das Wörterbuch ist dabei eine wertvolle Hilfe.

Das folgende Beispiel zeigt die Gliederung eines solchen Eintrags. Die Hauptübersetzungen sind unterstrichen, die Nummerierung macht darauf aufmerksam, dass es mehr als eine Übersetzung gibt und die *kursiv gedruckten* Wörter in Klammern helfen Ihnen bei der Auswahl der richtigen Bedeutung.

die **Marke** SUBSTANTIV
[1] ***brand*** (*Warensorte*) ◇ *Für diese Marke sieht man in letzter Zeit viel Werbung.* There's been a lot of advertising for this brand recently.
[2] ***make*** (*Fabrikat*) ◇ *Welche Marke fährt dein Vater?* What make of car does your father drive?
[3] ***voucher*** (*Essensmarke*)
◆ **eine Briefmarke** a postage stamp

> **6** Übersetzen Sie: *Ich habe die Marke für die Kantine vergessen.*

Denken Sie daran, immer den gesamten Eintrag zu lesen und nicht gleich die erste unterstrichene Übersetzung zu benutzen.

Beispielsätze und Redewendungen, die besonders verbreitet und wichtig sind, wurden **fett gedruckt** und mit einem schwarzen Karo ◆ versehen. In einigen Fällen weicht die Übersetzung solcher Beispiele sehr stark von der Hauptübersetzung des Stichworts ab, manchmal ist sie aber auch gleich. Zum Beispiel:

cancer NOUN
der ***Krebs*** (GEN des *Krebses*) ◇ *He's got cancer.* Er hat Krebs.
◆ **I'm Cancer.** Ich bin Krebs.

abgemacht ADJEKTIV
agreed ◇ *Wir trafen uns zur abgemachten Zeit.* We met at the agreed time.
◆ **Abgemacht!** OK!

Achten Sie beim Nachschlagen also auch auf **fett gedruckte** Beispiele.

> **7** Schlagen Sie bei "*fahren*" nach und übersetzen Sie: *Ich werde morgen mit dem Zug fahren.*

NUTZEN SIE DIE BEISPIELSÄTZE UND REDEWENDUNGEN, DIE IHNEN DAS WÖRTERBUCH BIETET

Manchmal werden Sie im Wörterbuch nicht nur das gesuchte Wort sondern auch genau das Beispiel oder die Redewendung finden, die Sie übersetzen wollen. Vielleicht wollen Sie "*Wie spät ist es?*" auf Englisch sagen. Schlagen Sie bei **spät** nach. Dort finden Sie genau dieses Beispiel.

Nicht immer findet man den gesuchten Satz im Wörterbuch. Oft muss man das gegebene

Beispiel der Übersetzung anpassen. Sie wollen zum Beispiel *"Er räuchert Fisch auf seiner Farm"* auf Englisch sagen und schlagen bei **räuchern** nach.

räuchern VERB
to smoke ◇ *Fisch räuchern* to smoke fish

Der Infinitiv *to smoke* muss in den Satz eingesetzt und entsprechend verändert werden: *He smokes fish on his farm.* Weitere Hinweise zur Bildung von Verbformen finden Sie in den Verbtabellen auf den Seiten 313-325.

8 Übersetzen Sie: *Wir haben über das Problem nachgedacht.*

Auch Beispiele, die andere Wortarten enthalten, müssen in den jeweiligen Satz eingepasst werden. So kann ein Substantiv auch im Genitiv oder Plural stehen.

9 Übersetzen Sie: *Rote Blumen sind schön.*

BENUTZEN SIE DAS WÖRTERBUCH NICHT ZU OFT

Jedes Nachschlagen kostet Zeit, **besonders in Prüfungssituationen.** Versuchen Sie, sich mit Wörtern auszudrücken, die Sie bereits kennen. Dazu können Sie:

- Wörter verwenden, deren Bedeutungen ähnlich sind. Das lässt sich besonders leicht mit Adjektiven machen. Es gibt viele Ausdrücke, die gut, schlecht oder groß bedeuten und einen kennen Sie ganz bestimmt.

- Antonyme, dass heißt Wörter mit entgegengesetzter Bedeutung, benutzen. Wenn das Haus klein ist, können Sie auch sagen "das Haus ist nicht groß".

- konkrete Beispiele anstelle von generellen Äußerungen verwenden. Anstatt zu schreiben "In unserer Stadt gibt es viele öffentliche Einrichtungen" kann man diese auch einfach aufzählen "In unserer Stadt gibt es zwei Kinos, ein Theater, einen Konzertsaal, viele Gaststätten ..." und man braucht nicht erst nach der Wendung *"öffentliche Einrichtung"* zu suchen.

10 Wie können Sie *"Dieses Kleid ist teuer"* übersetzen, ohne *"teuer"* nachzuschlagen?

Oftmals kann man die Bedeutung eines englischen Wortes auch aus dem Kontext erkennen. Betrachten Sie zum Beispiel den Satz *"My father drives a red car."* Angenommen, Sie kennen das Wort **drives** nicht, sehen aber, dass es sich um ein Verb handelt. Es muss also etwas mit einem Auto zu tun haben ... **fahren.** Der Satz lautet also *"Mein Vater fährt ein rotes Auto."*

11 Übersetzen Sie folgenden Satz, ohne dabei das Wörterbuch zu benutzen: *The girl is writing a letter to her pen friend in German.*

WORTARTEN

Im Englischen werden normalerweise alle Wörter kleingeschrieben. Man kann also Substantive nicht an der Großschreibung erkennen. Da im Englischen ein Wort mit gleicher Schreibung oft mehreren verschiedenen Wortarten angehören kann, ist es wichtig, sich darüber im Klaren zu sein, um welche Wortart es sich bei dem gesuchten Begriff handelt.

Substantive

Vor Substantiven stehen meist Wörter wie *a, the, this, that, my, your* oder *her.* Substantive sind im englisch-deutschen Teil des Wörterbuchs mit NOUN bezeichnet:

a friend *the* street *this* year *my* dog *your* cat

Normalerweise wird ein Substantiv im Singular aufgeführt. Einige Substantive kommen jedoch nur im Plural vor. In diesen Fällen steht im Wörterbuch die Pluralform mit der Bezeichnung PL NOUN:

French fries PL NOUN
die *Pommes frites* PL

Wenn man ein Substantiv im Plural ins Englische übersetzen will, muss man im deutsch-englischen Teil die Form des Singulars nachschlagen. Wenn man also "**die Bilder**" auf Englisch sagen will, muss man "**das Bild**" nachschlagen.

12 Bei welchem Wort muß man "*die Bücher*" nachschlagen?

Der Plural wird im Englischen im Allgemeinen durch Anhängen von "**s**" gebildet:

many book*s* two house*s*

Substantive, die auf "**s, sh**" oder "**x**" enden, bilden den Plural meist durch Anhängen von "**es**":

many kiss*es* three brush*es* some box*es*

Bei vielen Substantiven, die auf "**y**" enden, wird dieses im Plural zu "**ies**":

several bab*ies* two pupp*ies*

Manche Substantive haben eine abweichende Pluralform:

two *children* many *mice* six *loaves* of bread

Wenn der Plural nicht durch Anhängen eines "**s**" gebildet wird, wird die Pluralform im Wörterbuch angegeben. Unregelmäßige Pluralformen von englischen Substantiven sind im englisch-deutschen Teil gesondert aufgeführt und mit einem Verweis zur Singularform versehen.

mice PL NOUN *see* **mouse**

The children gave their teacher a box of chocolates.
13 Wie viele Substantive enthält dieser Satz?
14 Wie viele Substantive im Plural sind in diesem Satz?
15 Wie lautet der Singular von *children*?
16 Suchen Sie in Ihrem Wörterbuch den Plural des englischen Wortes *calf*.

Adjektive

Adjektive sind "Wie-Wörter", die die Eigenschaften von Substantiven näher beschreiben. Sie sind im englisch-deutschen Teil mit ADJECTIVE bezeichnet. Adjektive verändern sich im Englischen nicht:

a *black* cat *black* dogs the cat is *black*

Bestimmen Sie die Wortart von "*sweet*" in den folgenden Sätzen:
17 The cake is very *sweet*.
18 *Sweets* are bad for your teeth.
19 How *sweet* of you!

Pronomen

Pronomen sind Wörter wie *ich, du, er sie, es* oder *wir*. Sie können anstelle von Substantiven stehen. Sie sind im englisch-deutschen Teil mit PRONOUN bezeichnet.

Verben

Vor Verben stehen oft Wörter wie *I, you, he, she, it, we, you, they* oder Namen. In diesem Wörterbuch erkennen Sie englische Verben daran, dass ihnen das Wort "to" vorausgeht. Außerdem sind sie mit VERB bezeichnet.

Ist das Wort "*fight*" in den folgenden Sätzen ein Substantiv oder ein Verb? **20** He is always *fighting* with his brothers. **21** Tyson won most of his *fights.*

Verben können in verschiedenen Zeiten vorkommen, z.B. in der Gegenwart ("**Sie liest ein Buch**") und in der Vergangenheit ("**Sie las ein Buch**" oder "**Sie hat ein Buch gelesen**"). Sie können auch im Aktiv ("**Ich lese das Buch**") oder im Passiv ("**Das Buch wird gelesen**") stehen. Manche Verbformen drücken einen Wunsch aus ("**Sie würde das Buch gerne lesen**"). All diese Formen sind bei der Grundform abgehandelt. Die Grundform, auch Infinitiv genannt, ist die Form des Verbs, die man mit "**zu**" benutzen kann. Wenn man also den Satz "**Sie liest ein Buch**" übersetzen will, muss man das Verb bei "**lesen**" nachschlagen.

Bei welchem Wort muss man die folgenden Verbformen nachschlagen: **22** Er *hat* ein Lied *gesungen.* **23** Er *ist* dumm.

Wie im Deutschen gibt es auch im Englischen unregelmäßige Verben. Um das Auffinden der Grundform zu erleichtern, sind im englisch-deutschen Teil alle unregelmäßigen Vergangenheitsformen da aufgeführt, wo sie der alphabetischen Reihenfolge entsprechend hingehören, und zur Grundform verwiesen.

> **found** VERB *see* **find**

Im deutsch-englischen Teil sind nach dem englischen Verb in der Grundform die unregelmäßigen Formen des Präteritums und des Partizip Perfekt angegeben.

> **denken** VERB (IMPERFECT **dachte**, PERFECT **hat gedacht**)
> *to think* (*thought, thought*)

Bei manchen Verben wird in der dritten Person Singular Präsens vor dem "**s**" ein "**e**" eingeschoben; in diesen Fällen stehen nach der Grundform drei Verbformen in der runden Klammer.

> **gehen** VERB (IMPERFECT **ging**, PERFECT **ist gegangen**)
> *to go* (*goes, went, gone*) ◇ *Wir gehen jetzt.* We're going now. ◇ *Schwimmen gehen* to go swimming

Auf den Seiten 313-325 finden Sie weitere Informationen zu dem wichtigsten Formen englischer Verben.

Übersetzen Sie folgende Sätze ins Englische: **24** *Sie geht in die Schule.* **25** *Er ging ins Kino.* **26** *Sie sind schon gegangen.*

Adverbien

Ein Adverb beschreibt ein Adjektiv oder ein Verb genauer. Es wird in Wörterbuch mit ADVERB bezeichnet. Im Englischen erkennt man ein Adverb oft daran, dass es auf "**ly**" endet. Im Deutschen unterscheidet sich das Adverb in der Form nicht vom Adjektiv.

Wenn im Wörterbuch zur Bezeichnung der Wortart ADJEKTIV, ADVERB steht, dann wird zuerst die Übersetzung für das Adjektiv angegeben und dazu ein Beispielsatz zur Veranschaulichung gebracht. Danach wird das Adverb abgehandelt.

> **schnell** ADJEKTIV, ADVERB
> [1] *fast* ◇ *Sie hat ein schnelles Auto.* She has a fast car. ◇ *Sie ist schnell gefahren.* She drove fast.
> [2] *quickly* ◇ *Ich rief schnell einen Krankenwagen.* I quickly phoned for an ambulance.
> ◆ **Ich gehe noch schnell bei meiner Freundin vorbei.** I'm just popping in to my girlfriend's.

Die englische Übersetzung für das Adjektiv "*gut*" ist "*good*" und für das Adverb "*well*". Ist die Übersetzung für "*gut*" in den folgenden Sätzen "*good*" oder "*well*"?

27 Sie hat *gute* Noten.
28 Sie hat sich *gut* benommen.
29 Der Film ist *gut*.

Präpositionen

Präpositionen stehen gewöhnlich vor Substantiven und Pronomen. Sie sind im englisch-deutschen Teil mit PREPOSITION bezeichnet. Manchmal können Präpositionen die Wortart wechseln. Es ist also wichtig, Präpositionen richtig zu erkennen.

The party's over.
The shop's just over the road.

30 In welchem Satz ist "*over*" eine Präposition?
31 Übersetzen Sie ins Englische: *ein Film über ein Schwein.*

Antworten

1 im deutsch-englischen Teil
2 auf Seite 117
3 Brötchen
4 flat (ADJECTIVE)
5 I intend to go abroad
6 I've forgotten the voucher for the canteen
7 I'm going by train tomorrow
8 we thought about the problem
9 red flowers are beautiful
10 this dress isn't cheap
11 das Mädchen schreibt ihrem Brieffreund einen Brief auf Deutsch
12 das Buch
13 vier
14 zwei
15 child
16 calves
17 Adjektiv
18 Substantiv
19 Adjektiv
20 Verb
21 Substantiv
22 singen
23 sein
24 she goes to school
25 he went to the cinema
26 they have already gone
27 good
28 well
29 good
30 the shop's just over the road
31 a film about a pig

HOW TO USE THE DICTIONARY

Ising a dictionary is a skill you can improve with practice and by following some basic uidelines. This section gives you a detailed explanation of how to use the dictionary to nsure you get the most out of it.

he answers to all the checks in this section are on page 20.

ИAKE SURE YOU LOOK ON THE RIGHT SIDE OF THE DICTIONARY

he German-English side comes first, followed by the English-German. At the top of the age, you will see either German ~ English or English ~ German, so you can see immediately you're looking up the side you want. The middle pages of the book have a grey border so nat you can see where one side finishes and the other starts.

Check: 1 Which side of the dictionary would you look up to translate *der Tisch*?

INDING THE WORD YOU WANT

Vhen you are looking for a word, for example *froh*, look at the first letter - **f** - and find the **F** ection in the German-English side. At the top of each page, you'll find the first and last ords on that page. When you find the page with the words starting with **fr**, scan down the age until you find the word you want. Remember that even if a word has an umlaut on it, or example *für*, it makes no difference to the alphabetical order.

Check: 2 On which page will you find the word *gestern?* 3 Which comes first - *Bruder* or *Brötchen*?

IAKE SURE YOU LOOK AT THE RIGHT ENTRY

n entry is made up of a **word,** its ***translations,*** and, often, example phrases to show you ow to use the translations. If there is more than one entry for the same word, then there is warning box to tell you so. Look at the following example entries:

flat ADJECTIVE
see also flat NOUN
1 ***flach*** ◇ *flat shoes* flache Schuhe
◆ **a flat roof** ein Flachdach NEUT
2 ***platt*** (*tyre*) ◇ *I've got a flat tyre.* Ich habe einen platten Reifen.

flat NOUN
see also flat ADJECTIVE
die ***Wohnung*** ◇ *She lives in a flat.* Sie wohnt in einer Wohnung.

Check: 4 Which entry should you look at if you want to translate the phrase *My car has a flat tyre?*

lways pay attention to information boxes - they tell you if there is more than one ntry for the same word, give you guidance on grammatical points, or tell you about ifferences between German and British life.

HOOSING THE RIGHT TRANSLATION

ne main translation of a word is shown on a new line and is underlined to make it stand ut from the rest of the entry. If there is more than one main translation for a word, each ne is numbered. If an entry continues over the page there is a signpost to indicate this.

ften you will see phrases in *italics,* preceded by a white diamond ◇. These help you to noose the translation you want because they show how the translation they follow can be ed.

Check: 5 Use the phrases given at the entry *hard* to help you translate:
This bread is hard.

Words often have more than one meaning and more than one translation, for example, a **pool** can be a puddle, a pond or a swimming pool; **pool** can also be a game. When you are translating from English into German, be careful to choose the German word that has the particular meaning you want. The dictionary offers you a lot of help with this. Look at the following entry:

pool NOUN
1 die *Pfütze* (*puddle*)
2 der *Teich* (*pond*) (PL die *Teiche*)
3 das *Schwimmbecken* (*for swimming*) (PL die *Schwimmbecken*)
4 das *Poolbillard* (*game*) ◇ *Shall we have a game of pool?* Sollen wir eine Partie Poolbillard spielen?
◆ **the pools** (*football*) das Toto ◇ *to do the pools* Toto spielen

The underlining points out all the main translations, the numbers tell you that there is more than one possible translation and the words in brackets in *italics* after the translations help you choose which translation you want.

Check: 6 How would you translate *I like playing pool?*

Never take the first translation you see without looking at the others. Always look to see if there is more than one underlined translation.

Phrases in **bold type** preceded by a black diamond ◆ are phrases which are particularly common or important. Sometimes these phrases have a completely different translation from the main translation; sometimes the translation is the same. For example:

cancer NOUN
der *Krebs* (GEN des *Krebses*) ◇ *He's got cancer.* Er hat Krebs.
◆ **I'm Cancer.** Ich bin Krebs.

abgemacht ADJEKTIV
agreed ◇ *Wir trafen uns zur abgemachten Zeit.* We met at the agreed time.
◆ **Abgemacht!** OK!

When you look up a word, make sure you look beyond the main translations to see if the entry includes any **bold phrases.**

Check: 7 Look up *fahren* to help you translate the sentence *Ich werde morgen mit dem Zug fahren.*

MAKING USE OF THE PHRASES IN THE DICTIONARY

Sometimes when you look up a word you will find not only the word, but the exact phrase you want. For example, you might want to say *What's the date today?* Look up **date** and you will find that exact phrase and its translation.

Sometimes you have to adapt what you find in the dictionary. If you want to say *I play darts* and look up **darts** you will find:

dart NOUN
der *Pfeil* (PL die *Pfeile*)
◆ **to play darts** Dart spielen

You have to substitute *ich spiele* for the infinitive form *spielen.* You will often have to adapt the infinitive in this way, adding the correct ending for **ich, du, er** etc and choosing the present, future or past form. For help with this, look at the verb tables. **Spielen** is a regular verb so it folllows the same pattern as **machen**, which is set out on page 330.

Check: 8 How would you say *We played football?*

'hrases containing nouns and adjectives may also need to be adapted. You may need to make he noun genitive, plural or dative plural, or the adjective feminine, neuter or plural. Remember hat some nouns have irregular genitive or plural forms and that this is shown in the entry.

Check: 9 How would you say *The red flowers are beautiful?*

⊃ON'T OVERUSE THE DICTIONARY

t takes time to look up words so try to avoid using the dictionary unnecessarily, **especially n exams.** Think carefully about what you want to say and see if you can put it another way, ısing the words you already know. To rephrase things you can:

Jse a word with a similar meaning. This is particularly easy with adjectives, as there are a lot ›f words which mean good, bad, big etc and you're sure to know at least one.

Jse negatives: if the cake you made was a total disaster, you could just say that it wasn't very ›ood.

Jse particular examples instead of general terms. If you are asked to describe the sports ıcilities in your area, and time is short, you could say something like "In our town there is a wimming pool and a football ground."

Check: 10 How could you say *The Black Forest is huge* without looking up the word *huge?*

ou can also guess the meaning of a German word by using others to give you a clue. If you e the sentence *ich lese ein gutes Buch,* you may not know the meaning of the word **lese,** but ou know it's a verb because it's preceded by **ich.** Therefore it must be something you can do) a book: **read.** So the translation is: *I'm reading a good book.*

Check: 11 Try NOT to use your dictionary to work out the meaning of the sentence *Das Mädchen schreibt ihrer Brieffreundin einen Brief auf Deutsch.*

IOUNS, PRONOUNS, ADJECTIVES, VERBS, ADVERBS, PREPOSITIONS

you look up the word **flat,** you will see that there are two entries for this word as it can be noun or an adjective. It helps to choose correctly between entries if you know how to cognize these different types of words.

ouns

ouns often appear with words like *a, the, this, that, my, your* and *his.* They can be singular bbreviated to SING in the dictionary):

a friend *the* street *this* year *my* cat *your* dog

plural (abbreviated to PL in the dictionary):

the facts *those* people *his* shoes *our* holidays

ıey can be the subject of a verb:

Vegetables are good for you

the object of a verb:

I play *tennis*

Check: *I bought my mother a box of chocolates.* 12 Which three words in this sentence are nouns? 13 Which of the nouns is plural?

German nouns all start with a capital letter and can be either masculine, feminine or neuter (abbreviated to MASC, FEM or NEUT in the dictionary). Masculine nouns are shown by **der**:

der Hund *der* Zug *der* Arm

feminine nouns are shown by **die**:

die Katze *die* Milch *die* Tür

neuter nouns are shown by **das:**

das Auto *das* Kind *das* Sofa

The plural form of **der, die** and **das** is **die.** The plural of most feminine German nouns is made by adding **en** or **n**:

die Katze*n* *die* Tür*en* *die* Familie*n*

Many German nouns, however, do not add **en** or **n** in the plural, so the plural of these nouns is shown in the entry:

die Hunde die Häuser die Autos die Wagen die Mütter

In German **der**, **die** and **das** (and also **ein** and **eine**) may change when the noun they precede is used in another case, for example in the accusative, genitive or dative case (abbreviated to ACC, GEN and DAT in the dictionary). It is important to learn when you should use each case in German. The **nominative** case is used to show the subject of a sentence - *the dog* is chasing the cat. All German nouns are shown in the nominative case in the dictionary:

Ich esse ein Eis. *Die Katze* schläft. *Der Ball* ist im Garten.

The **accusative** case is used to show the direct object of a sentence - I love *chocolate* - and after certain prepositions e.g. durch, ohne:

Ich sehe *den Hund.* Sie liebt *mich.* Wir gingen durch *den Wald.*

The **genitive** case is used to show that something belongs to somebody - my *father's* hat - and after some prepositions e.g. wegen:

das Auto *des Mannes* der Hund *meiner Mutter* wegen *des* schlechten *Wetters*

The **dative** case is used to show the indirect object of a sentence - she told *me* the news - and after certain prepositions e.g. mit, aus:

Ich gebe *dem Lehrer* das Heft. Er schreibt *mir* einen Brief. Sie spielen mit *dem Ball.*

The rules for the changes to **der, die, das, ein** and **eine** are shown here:

	MASC SING	FEM SING	NEUT SING	PL
NOM	der	die	das	die
ACC	den	die	das	die
GEN	des	der	des	der
DAT	dem	der	dem	den

	MASC SING	FEM SING	NEUT SING
NOM	ein	eine	ein
ACC	einen	eine	ein
GEN	eines	einer	eines
DAT	einem	einer	einem

Masculine and neuter singular German nouns usually add **es** or **s** when they are used in the genitive case:

des Vaters   *des* Hundes   *des* Autos

feminine and plural German nouns do not change in the genitive:

der Mutter   *der Tür*   *der Katzen*   *der Männer*

Sometimes, however, the genitive form is irregular, and this is shown in the entry:

des Jazz   *des Herrn*   *des Abiturienten*

An **n** is added to the plural form of German nouns in the dative case, unless the plural form already ends in **n**:

den Kinder*n*   *den* Häuser*n*   *den* Katzen   *den* Lehrerinnen

Check: *Ich gebe meinem Bruder ein Buch.*

14 Which two words in the sentence are nouns - are they singular or plural?
15 What is the genitive form of *Bruder*?
16 Use your dictionary to find the plural form of *Buch*. Then work out the dative plural form.

Pronouns

Words like *I, me, you, he, she, him, her* and *they* are pronouns. They can be used instead of nouns. You can refer to a person as *he* or *she* or to a thing as *it*.

Check: *I showed him the new computer.*

17 Which words are pronouns in this sentence?

Adjectives

Flat can be an adjective as well as a noun. Adjectives describe nouns: your tyre can be **flat**, you can have a pair of **flat** shoes.

Check: *I'm afraid of the dark.*
The girl has dark hair.

18 In which sentence is *dark* an adjective?

German adjectives can be masculine, feminine or neuter, singular or plural. The ending of the adjective may also change depending on whether the noun is preceded by **ein, eine** etc or by **der, die** or **das**:

der *kleine* Hund   ein *kleines* Kind   die *kleinen* Katzen   *kleine* Kinder

Adjectives are also affected by the case i.e. **nominative, accusative** etc of the noun they describe:

des *kleinen* Hundes   der *kleinen* Katze   den *kleinen* Kindern   einem *kleinen* Mädchen

The endings of German adjectives follow the rules shown here:

	MASC SING (**der**)	FEM SING (**die**)	NEUT SING (**das**)	PL (**die**)
NOM	kleine	kleine	kleine	kleinen
ACC	kleinen	kleine	kleine	kleinen
GEN	kleinen	kleinen	kleinen	kleinen
DAT	kleinen	kleinen	kleinen	kleinen

	MASC SING (**ein**)	FEM SING (**eine**)	NEUT SING (**ein**)	PL
NOM	kleiner	kleine	kleines	kleine
ACC	kleinen	kleine	kleines	kleine
GEN	kleinen	kleinen	kleinen	kleiner
DAT	kleinen	kleinen	kleinen	kleinen

Only the basic form of adjectives is shown in the dictionary. So, if you want to find out what kind of girls **die schönen Mädchen** are, look under **schön.**

Some adjectives, called **invariable adjectives**, don't change whether they are masculine, feminine, neuter or plural or describing a noun in a different case. This is shown in the dictionary:

pink ADJECTIVE
rosa
rosa *is invariable.*
◇ *a pink shirt* ein rosa Hemd

Check: **19** What is the feminine accusative singular form of *schwarz*?
20 What is the basic form of the adjective in the sentence *Peter ist ein braves Kind?*

Verbs

His time in the race was a new world record.
She's going to record the programme for me.

Record is a noun in the first sentence, and a verb in the second.

One way to recognize a verb is that it frequently comes with a pronoun such as **I**, **you** or **she**, or with somebody's name. Verbs can relate to the present, the past or the future. They have a number of different forms to show this: **I'm going** (present), **he will go** (future), and **Nicola went by herself** (past). Often verbs appear with **to: they promised to go**. This basic form of the verb is called the infinitive.

In this dictionary verbs are preceded by "to", so you can identify them at a glance. No matte which of the four previous examples you want to translate, you should look up to **go**, not **going** or **went**. If you want to translate **I thought**, look up to **think.**

Check: **21** What would you look up to translate the verbs in these phrases?

I **came** she'**s crying** they'**ve done** it he'**s** out

Verbs have different endings in German, depending on whether you are talking about **ich**, **du**, **wir** etc: **ich mache, du machst, wir machen** etc. They also have different forms for the present, future, past etc. **Wir machen** (*we do* = present), **wir haben gemacht** (*we did* = past), **wir werden machen** (*we will do* = future). **Machen** is the infinitive and is the form that appears in the dictionary.

Sometimes the verb changes completely between the infinitive form and the **ich**, **du**, **er** etc form. For example, *to give* is **geben**, but *he gives* is **er gibt**, and **ich bin gegangen** comes from **gehen** (*to go*).

On pages 330-342 of the dictionary, you will find tables of the most important forms of German verbs. And on pages 343-345 you will find a list of the most important forms of other German irregular verbs. Any irregular forms of verbs are also shown in the entry.

to **bowl** VERB
see also bowl NOUN
werfen (*in cricket*) (PRESENT *wirft*, IMPERFECT *warf*, PERFECT *hat geworfen*)

heben VERB (IMPERFECT **hob**, PERFECT **hat gehoben**)
to lift

Check: 22 Look up the dictionary to find the imperfect and perfect tenses of *fahren.*

Adverbs

An adverb is a word which describes a verb or an adjective:

Write **soon.** *Check your work* **carefully.** *The film was* **very** *good.*

In the sentence *The swimming pool is open daily,* **daily** is an adverb describing the adjective **open.** In the phrase *my daily routine,* **daily** is an adjective describing the noun **routine.** We use the same word in English for both adjective and adverb forms, and the same word is used in German too. In many cases the same German word is used to translate an adjective and an adverb in English. Sometimes, however, you will need to know the difference between an adjective and an adverb to be able to choose the correct German translation.

Check: Take the sentence *The menu changes daily.*

23 Is *daily* an adverb or an adjective here?

Prepositions

Prepositions are words like **for, with** and **across,** which are followed by nouns or pronouns:

I've got a present **for** *David.* *Come* **with** *me.* *He ran* **across** *the road.*

In German, all prepositions are followed by nouns or pronouns in a certain case, for example, **gegenüber** is followed by nouns or pronouns in the dative case. The case which follows a preposition is shown in the entry:

ab PRÄPOSITION, ADVERB
The preposition ab *takes the dative.*
1 *from* ◇ *Kinder ab zwölf Jahren* children from the age of twelve ◇ *ab morgen* from tomorrow
2 *off* ◇ *Die Straße geht nach links ab.* The road goes off to the left. ◇ *Der Knopf ist ab.* The button has come off. ◇ *Ab nach Hause!* Off you go home!
- **ab sofort** as of now
- **ab und zu** now and then

above PREPOSITION, ADVERB
über ◇ *above forty degrees* über vierzig Grad
Use the accusative to express movement or a change of place. Use the dative when there is no change of place.
◇ *He put his hands above his head.* Er hielt die Hände über den Kopf. ◇ *The lamp is hanging above the table.* Die Lampe hängt über dem Tisch.
- **the flat above** die Wohnung darüber
- **mentioned above** oben erwähnt
- **above all** vor allem

Check: *The party's over.*
The shop's just over the road.

24 Which sentence shows a preposition followed by a noun?
25 What case does the preposition *durch* take?
26 Use your dictionary to help you translate *He is going into the garden.*

Answers

1 the German side
2 on page 117
3 Brötchen comes first
4 the first (ADJECTIVE) entry
5 dieses Brot ist hart
6 ich spiele gern Poolbilliard
7 I'm going by train tomorrow
8 wir spielten Fußball
9 die roten Blumen sind schön
10 der Schwarzwald ist sehr groß
11 the girl is writing a letter to her pen friend in German
12 mother, box and chocolates are nouns
13 chocolates is plural
14 Bruder and Buch are nouns - they are both singular
15 Bruders
16 Bücher - Büchern is the dative plural form
17 I and him are pronouns
18 in the second sentence
19 schwarze
20 brav
21 to come, to cry, to do, to be
22 the imperfect tense is fuhr, the perfect tense is ist gefahren
23 daily is an adverb
24 the second sentence
25 durch takes the accusative case
26 er geht in den Garten

A

der **Aal** SUBSTANTIV (PL die **Aale**)
eel

ab PRÄPOSITION, ADVERB
The preposition **ab** *takes the dative.*
1 *from* ◇ *Kinder ab zwölf Jahren* children from the age of twelve ◇ *ab morgen* from tomorrow
2 *off* ◇ *Die Straße geht nach links ab.* The road goes off to the left. ◇ *Der Knopf ist ab.* The button has come off. ◇ *Ab nach Hause!* Off you go home!
◆ **ab sofort** as of now
◆ **ab und zu** now and then

abbiegen VERB (IMPERFECT **bog ab**, PERFECT **ist abgebogen**)
1 *to turn off* ◇ *Sie bog an der Kreuzung nach links ab.* At the crossroads she turned off to the left.
2 *to bend* (*bent, bent*) ◇ *Die Hauptstraße biegt nach rechts ab.* The main road bends to the right.

die **Abbildung** SUBSTANTIV
illustration

abbrechen VERB (PRESENT **bricht ab**, IMPERFECT **brach ab**, PERFECT **hat abgebrochen**)
1 *to break off* (*broke, broken*) ◇ *Sie brach einen blühenden Zweig ab.* She broke off a flowering branch.
2 *to pull down* ◇ *Das alte Gebäude muss abgebrochen werden.* The old building will have to be pulled down.
3 *to stop* ◇ *Es ist schon spät, wir sollten abbrechen.* It's late now; we ought to stop.
4 *to abort* ◇ *Das dauert zu lang, du solltest das Programm abbrechen.* It's taking too long; you should abort the program.

abbuchen VERB (PERFECT **hat abgebucht**)
to debit ◇ *Der Betrag wird von Ihrem Konto abgebucht.* The amount will be debited from your account.

der **Abend** SUBSTANTIV (PL die **Abende**)
evening ◇ *Sie macht jeden Abend einen Spaziergang.* She goes for a walk every evening. ◇ *guten Abend* good evening
◆ **zu Abend essen** to have dinner
◆ **heute Abend** this evening

das **Abendessen** SUBSTANTIV (PL die **Abendessen**)
dinner ◇ *Zum Abendessen gibt es Spaghetti.* There's spaghetti for dinner.
In Großbritannien isst man abends im allgemeinen warm und nennt das dinner *oder* tea; supper *ist eine kleine Mahlzeit am späten Abend.*

abends ADVERB
in the evening

das **Abenteuer** SUBSTANTIV (PL die **Abenteuer**)
adventure

aber KONJUNKTION, ADVERB
1 *but* ◇ *Er wollte mit uns mitkommen, aber seine Eltern haben es nicht erlaubt.* He wanted to come with us, but his parents wouldn't let him.
2 *however* ◇ *Ich möchte nach Ägypten reisen. Ich habe aber kein Geld.* I'd like to go to Egypt. However, I haven't got any money.
◆ **Das ist aber schön!** That's really nice.
◆ **Nun ist aber Schluss!** Now that's enough!

abfahren VERB (PRESENT **fährt ab**, IMPERFECT **fuhr ab**, PERFECT **ist abgefahren**)
to leave (*left, left*) ◇ *Wir fahren morgen sehr früh ab.* We're leaving very early tomorrow. ◇ *Wann fährt dein Zug ab?* When does your train leave?

die **Abfahrt** SUBSTANTIV
departure

der **Abfall** SUBSTANTIV (PL die **Abfälle**)
rubbish KEIN PL

der **Abfalleimer** SUBSTANTIV (PL die **Abfalleimer**)
rubbish bin

abfällig ADJEKTIV
disparaging

abfliegen VERB (IMPERFECT **flog ab**, PERFECT **ist abgeflogen**)
to take off (*took, taken*) ◇ *Die Maschine ist mit Verspätung abgeflogen.* The plane was late taking off.
◆ **Um wie viel Uhr fliegt ihr ab?** What time does your plane leave?

der **Abflug** SUBSTANTIV (PL die **Abflüge**)
1 *departure* ◇ *Wir müssen eine Stunde vor Abflug am Flughafen sein.* We have to be at the airport one hour before departure.
2 *takeoff* ◇ *Die Maschine stürzte kurz nach dem Abflug ab.* The plane crashed shortly after takeoff.

abfragen VERB (PERFECT **hat abgefragt**)
1 *to test orally* ◇ *die Vokabeln abfragen* to give an oral vocabulary test
2 *to call up* ◇ *Sie können die Abfahrtszeiten am Computer abfragen.* You can call up departure times on the computer.

das **Abführmittel** SUBSTANTIV (PL die **Abführmittel**)
laxative

abgeben VERB (PRESENT **gibt ab**, IMPERFECT **gab ab**, PERFECT **hat abgegeben**)
1 *to hand in* ◇ *Die Klassenarbeiten müssen am Ende der Stunde abgegeben werden.* Tests must be handed in at the end of the lesson.
2 *to pass* ◇ *Er gab den Ball an den Mittelstürmer ab.* He passed the ball to the centre-forward.
◆ **sich mit jemandem abgeben** to associate with somebody
◆ **sich mit etwas abgeben** to bother with something ◇ *Mit solch dummen Fragen will ich mich nicht abgeben.* I don't want to bother with such stupid questions.
◆ **jemandem etwas abgeben** to let somebody

have something
- **Du würdest eine wunderbare Lehrerin abgeben.** You would make a wonderful teacher.

abgelegen ADJEKTIV
remote

abgemacht ADJEKTIV
agreed ◇ *Wir trafen uns zur abgemachten Zeit.* We met at the agreed time.
- **Abgemacht!** OK!

abgeneigt ADJEKTIV
disinclined

abgesehen ADJEKTIV
- **es auf jemanden abgesehen haben** to be out to get somebody
- **es auf etwas abgesehen haben** to be after something
- **abgesehen von...** apart from... ◇ *Abgesehen von ein paar Fehlern war der Aufsatz sehr gut.* The essay was very good, apart from a few mistakes.

abgewöhnen VERB (PERFECT **hat abgewöhnt**)
- **sich etwas abgewöhnen** to give something up ◇ *Ich will mir das Rauchen abgewöhnen.* I want to give up smoking.

der **Abhang** SUBSTANTIV (PL die **Abhänge**)
slope

abhängen (1) VERB (PERFECT **hat abgehängt**)
[1] *to take down* (*took, taken*) ◇ *Weil ihr das Bild nicht mehr gefiel, hängte sie es ab.* She took the picture down because she didn't like it any more.
[2] *to unhitch* ◇ *Er hängte den Wohnwagen ab, bevor er in die Stadt fuhr.* He unhitched the caravan before he drove into town.
[3] *to shake off* (*shook, shaken*) ◇ *Den Räubern gelang es, die Polizei abzuhängen.* The robbers managed to shake off the police.

abhängen (2) VERB (IMPERFECT **hing ab**, PERFECT **hat abgehangen**)
- **von jemandem abhängen** to depend on somebody
- **von etwas abhängen** to depend on something ◇ *Es hängt vom Wetter ab, ob das Fußballspiel stattfindet.* Whether or not the football match goes ahead depends on the weather.

abhängig ADJEKTIV
- **abhängig von** dependent on

abheben VERB (IMPERFECT **hob ab**, PERFECT **hat abgehoben**)
[1] *to answer* ◇ *Es scheint niemand zu Hause zu sein, es hebt nämlich keiner ab.* There doesn't seem to be anyone at home as nobody's answering the phone.
[2] *to withdraw* (*withdrew, withdrawn*) ◇ *Ich muss Geld vom Sparbuch abheben.* I'll have to withdraw some money from my savings account.
[3] *to take off* (*took, taken*) ◇ *Wir sahen zu, wie das Flugzeug abhob.* We watched the plane take off.
[4] *to lift off* ◇ *Die Rakete hob senkrecht ab.* The rocket lifted off vertically.
- **sich von etwas abheben** to stand out against something ◇ *Das Muster hebt sich gut vom Hintergrund ab.* The pattern stands out well against this background.

abholen VERB (PERFECT **hat abgeholt**)
[1] *to collect* ◇ *Der Müll wird einmal in der Woche abgeholt.* Rubbish is collected once a week.
[2] *to pick up* ◇ *Ich hole dich um sieben ab.* I'll pick you up at seven. ◇ *Der Krankenwagen hat den Verletzten abgeholt.* The ambulance picked up the injured man.

das **Abitur** SUBSTANTIV
A levels

Britische Schüler absolvieren ihre A levels, *eine schriftliche und mündliche Prüfung in mehreren Wahlfächern, mit 18 Jahren. Ein erfolgreicher Abschluss erhöht die Chancen auf einen Studienplatz.*

der **Abiturient** SUBSTANTIV (GEN des **Abiturienten**, PL die **Abiturienten**)
A level student

die **Abiturientin** SUBSTANTIV
A level student

abkürzen VERB (PERFECT **hat abgekürzt**)
to abbreviate ◇ *Man kann "bitte wenden" mit b.w. abkürzen.* You can abbreviate "please turn over" to PTO.
- **den Weg abkürzen** to take a short cut

die **Abkürzung** SUBSTANTIV
[1] *abbreviation* ◇ *Die Abkürzung für Europäische Union ist EU.* The abbreviation for European Union is EU.
[2] *short cut* ◇ *Wir haben eine Abkürzung genommen.* We took a short cut.

abladen VERB (PRESENT **lädt ab**, IMPERFECT **lud ab**, PERFECT **hat abgeladen**)
to unload

ablaufen VERB (PRESENT **läuft ab**, IMPERFECT **lief ab**, PERFECT **ist abgelaufen**)
[1] *to expire* ◇ *Ihr Pass ist leider abgelaufen.* Unfortunately, your passport has expired.
[2] *to drain away* ◇ *Der Abfluss ist verstopft, und deshalb läuft das Wasser nicht ab.* The waste pipe is blocked, and that's why the water won't drain away.
- **Erzähl mir, wie der Abend abgelaufen ist.** Tell me how the evening went.

ablehnen VERB (PERFECT **hat abgelehnt**)
[1] *to turn down* ◇ *Sie hat das Amt der Klassensprecherin abgelehnt.* She turned down being class representative. ◇ *Mein Antrag auf ein Stipendium wurde abgelehnt.* My application for a grant was turned down.
[2] *to disapprove of* ◇ *Ich lehne eine solche Arbeitseinstellung ab.* I disapprove of such an attitude to work.

ablenken VERB (PERFECT **hat abgelenkt**)
to distract ◇ *Lenk ihn nicht von seiner Arbeit ab.* Don't distract him from his work.

◆ **Sie hat in letzter Zeit viel Sorgen. Versuch mal, sie etwas abzulenken.** She's had a lot of worries recently. Try to take her mind off things.
◆ **vom Thema ablenken** to change the subject

abliefern VERB (PERFECT **hat abgeliefert**)
[1] *to drop off* ◇ *Wir haben die Kinder wieder wohlbehalten zu Hause abgeliefert.* We dropped the children off at home safe and sound.
[2] *to hand in* ◇ *Bis wann musst du das Referat abliefern?* When do you have to hand your assignment in by?
◆ **etwas bei jemandem abliefern** to take something to somebody ◇ *Wir haben die gefundene Uhr beim Fundbüro abgeliefert.* We took the watch we found to the lost property office.

abmachen VERB (PERFECT **hat abgemacht**)
[1] *to take off* (*took, taken*) ◇ *Weißt du, wie man den Deckel abmacht?* Do you know how to take the lid off?
[2] *to agree* ◇ *Wir haben abgemacht, dass wir uns um sieben Uhr treffen.* We agreed to meet at seven.
[3] *to sort out* ◇ *Ihr solltet das untereinander abmachen, wer heute aufräumt.* Sort out amongst yourselves who's going to clear up today.

die **Abmachung** SUBSTANTIV
agreement

die **Abnahme** SUBSTANTIV
decrease ◇ *eine weitere Abnahme der Teilnehmerzahlen* a further decrease in attendance

abnehmen VERB (PRESENT **nimmt ab**, IMPERFECT **nahm ab**, PERFECT **hat abgenommen**)
[1] *to remove* ◇ *Bei diesem Auto kann man das Verdeck abnehmen.* You can remove the hood on this car.
◆ **Als das Telefon klingelte, nahm sie ab.** When the telephone rang, she answered it.
◆ **jemandem etwas abnehmen** to take something away from somebody ◇ *Ihr wurde der Führerschein abgenommen.* They took away her driving licence.
[2] *to decrease* ◇ *Die Zahl der Teilnehmer hat stark abgenommen.* The number of participants has decreased dramatically.
[3] *to lose weight* (*lost, lost*) ◇ *Ich muss dringend abnehmen.* I really must lose weight. ◇ *Ich habe schon zwei Kilo abgenommen.* I've already lost two kilos.
[4] *to buy* (*bought, bought*) ◇ *Wenn Sie mehr als zehn Stück abnehmen, bekommen Sie einen Rabatt.* If you buy more than ten you get a discount.
◆ **Hat sie dir diese Geschichte wirklich abgenommen?** Did she really buy that story? (*Umgangssprache*)

das **Abonnement** SUBSTANTIV (PL die **Abonnements**)
subscription

abonnieren VERB (PERFECT **hat abonniert**)
to subscribe to

abreagieren VERB (PERFECT **hat abreagiert**)
◆ **etwas an jemandem abreagieren** to take something out on somebody
◆ **sich abreagieren** to calm down

abreisen VERB (PERFECT **ist abgereist**)
to leave (*left, left*)

die **Absage** SUBSTANTIV
refusal

absagen VERB (PERFECT **hat abgesagt**)
[1] *to call off* ◇ *Die Vorstellung wurde abgesagt, weil ein Schauspieler krank war.* The performance was called off because one of the actors was ill.
[2] *to turn down* ◇ *eine Einladung absagen* to turn down an invitation

der **Absatz** SUBSTANTIV (GEN des **Absatzes**, PL die **Absätze**)
[1] *heel* ◇ *Die Absätze von deinen Schuhen sind ganz schief.* The heels of your shoes are worn down.
[2] *paragraph* ◇ *Hier solltest du einen Absatz machen.* You need to start a new paragraph here.
[3] *sales* PL ◇ *Der Absatz an elektrischen Geräten ist gestiegen.* Sales of electrical appliances have risen.

abschaffen VERB (PERFECT **hat abgeschafft**)
[1] *to abolish* ◇ *Wann wurde in Deutschland die Todesstrafe abgeschafft?* When was the death sentence abolished in Germany?
[2] *to get rid of* (*got, got*) ◇ *Ich werde mein Auto abschaffen.* I'm going to get rid of my car.

abscheulich ADJEKTIV
abominable

abschicken VERB (PERFECT **hat abgeschickt**)
to send off (*sent, sent*)

der **Abschied** SUBSTANTIV (PL die **Abschiede**)
parting
◆ **von jemandem Abschied nehmen** to say goodbye to somebody

der **Abschleppdienst** SUBSTANTIV (PL die **Abschleppdienste**)
breakdown service

abschleppen VERB (PERFECT **hat abgeschleppt**)
to tow ◇ *ein Auto abschleppen* to tow a car
◆ **jemanden abschleppen** to pick somebody up (*Umgangssprache*) ◇ *Paul hat auf der Party versucht, Petra abzuschleppen.* Paul tried to pick Petra up at the party.

abschließen VERB (IMPERFECT **schloss ab**, PERFECT **hat abgeschlossen**)
[1] *to lock* ◇ *Ich schließe meinen Schreibtisch immer ab.* I always lock my desk.
◆ **Bist du sicher, dass du abgeschlossen hast?** Are you sure you locked up?
[2] *to conclude* ◇ *einen Vertrag abschließen* to conclude a contract

abschließend ADJEKTIV, ADVERB

in conclusion ◇ *Abschließend möchte ich noch folgendes sagen:...* In conclusion I would like to say this:...

abschneiden VERB (IMPERFECT **schnitt ab**, PERFECT **hat abgeschnitten**)
[1] *to cut* (*cut, cut*) ◇ *Kannst du mir bitte eine Scheibe Brot abschneiden?* Can you cut me a slice of bread, please?
[2] *to do* (*does, did, done*) ◇ *Sie hat in der Prüfung sehr gut abgeschnitten.* She did very well in the exam.

abschrecken VERB (PERFECT **hat abgeschreckt**)
to deter ◇ *Diese Maßnahmen sollen Jugendliche davon abschrecken, Drogen zu nehmen.* These measures are intended to deter young people from taking drugs.

abschreiben VERB (IMPERFECT **schrieb ab**, PERFECT **hat abgeschrieben**)
to copy (*copied, copied*) ◇ *Er wurde dabei erwischt, wie er von seinem Nachbarn abgeschrieben hat.* He was caught copying from his neighbour. ◇ *Schreibt diesen Satz bitte in eure Hefte ab.* Please copy this sentence into your exercise books.

absehbar ADJEKTIV
foreseeable ◇ *in absehbarer Zeit* in the foreseeable future
◆ **Das Ende ist absehbar.** The end is in sight.

abseits ADVERB
apart ◇ *Sie stand etwas abseits von den anderen.* She was standing somewhat apart from the others.

der **Absender** SUBSTANTIV (PL die **Absender**)
sender

absetzen VERB (PERFECT **hat abgesetzt**)
[1] *to drop off* ◇ *Ich setze dich am Bahnhof ab.* I'll drop you off at the station.
[2] *to take off* (*took, taken*) ◇ *Willst du nicht deinen Motorradhelm absetzen?* Don't you want to take your helmet off?
[3] *to drop* ◇ *Dieser Sprachkurs musste vom Programm abgesetzt werden.* This language course has had to be dropped from the syllabus.
◆ **die Pille absetzen** to stop taking the pill

die **Absicht** SUBSTANTIV
intention ◇ *Das war nicht meine Absicht.* That was not my intention.
◆ **mit Absicht** on purpose

absichtlich ADJEKTIV, ADVERB
deliberate ◇ *eine absichtliche Beleidigung* a deliberate insult
◆ **etwas absichtlich tun** to do something deliberately

absolut ADJEKTIV, ADVERB
absolute
◆ **Das ist absolut unmöglich.** That's absolutely impossible.
◆ **Ich habe absolut keine Lust.** I really don't feel like it.

abstellen VERB (PERFECT **hat abgestellt**)
[1] *to put down* (*put, put*) ◇ *Der Koffer ist so schwer, ich muss ihn kurz abstellen.* The case is so heavy that I'll have to put it down for a moment.
[2] *to park* ◇ *Wir haben das Auto am Stadtrand abgestellt.* We parked the car on the outskirts of town.
[3] *to switch off* ◇ *Kannst du bitte das Radio abstellen?* Can you switch the radio off, please?

die **Abstimmung** SUBSTANTIV
vote

abstrakt ADJEKTIV, ADVERB
[1] *abstract* ◇ *abstrakte Kunst* abstract art
[2] *in an abstract way* ◇ *Er drückt sich sehr abstrakt aus.* He expresses himself in a very abstract way.

abstreiten VERB (IMPERFECT **stritt ab**, PERFECT **hat abgestritten**)
to deny (*denied, denied*)

abstürzen VERB (PERFECT **ist abgestürzt**)
[1] *to fall* (*fell, fallen*) ◇ *Mathis ist bei Klettern abgestürzt.* Mathis fell while climbing.
[2] *to crash* ◇ *Die Maschine ist kurz nach dem Start abgestürzt.* The plane crashed shortly after takeoff.

das **Abteil** SUBSTANTIV (PL die **Abteile**)
compartment

die **Abteilung** SUBSTANTIV
[1] *department* ◇ *Sie wurde in eine andere Abteilung versetzt.* She was transferred to another department.
[2] *ward* ◇ *In welcher Abteilung liegt Mathis?* Which ward is Mathis in?

die **Abtreibung** SUBSTANTIV
abortion

abtrocknen VERB (PERFECT **hat abgetrocknet**)
to dry (*dried, dried*)

abwärts ADVERB
down

der **Abwasch** SUBSTANTIV
washing-up ◇ *den Abwasch machen* to do the washing-up

abwaschen VERB (PRESENT **wäscht ab**, IMPERFECT **wusch ab**, PERFECT **hat abgewaschen**)
[1] *to wash* ◇ *Du solltest dir das Gesicht abwaschen!* You ought to wash your face. ◇ *Wer muss heute das Geschirr abwaschen?* Who's turn is it to wash the dishes today?
◆ **Ich muss noch schnell abwaschen, dann können wir gehen.** I'll just have to wash up, then we can go.
[2] *to wash off* ◇ *Wasch dir mal die Soße vom Gesicht ab!* Wash that gravy off your face.

das **Abwasser** SUBSTANTIV (PL die **Abwässer**)
sewage KEIN PL

die **Abwechslung** SUBSTANTIV
change ◇ *zur Abwechslung* for a change

abwerten VERB (PERFECT **hat abgewertet**)
to devalue

abwertend ADJEKTIV
derogatory ◇ *sich abwertend über etwas*

äußern to talk in a derogatory way about something

abwesend ADJEKTIV
absent

die **Abwesenheit** SUBSTANTIV
absence

abwischen VERB (PERFECT **hat abgewischt**)
to wipe ◇ *Er wischte die Tafel ab.* He wiped the board.

abzählen VERB (PERFECT **hat abgezählt**)
to count

das **Abzeichen** SUBSTANTIV (PL die **Abzeichen**)
badge

abziehen VERB (IMPERFECT **zog ab**, PERFECT **hat/ist abgezogen**)
For the perfect tense use haben *when the verb has an object and* sein *when there is no object.*
1 *to take out* (*took, taken*) ◇ *Er zog den Zündschlüssel ab.* He took out the ignition key.
2 *to withdraw* (*withdrew, withdrawn*) ◇ *Sie haben ihre Truppen aus der Stadt abgezogen.* They have withdrawn their troops from the town.
3 *to deduct* ◇ *Die Steuer wird vom Gehalt abgezogen.* Tax is deducted from earnings.
◆ **Er ist beleidigt abgezogen.** He went away in a huff. (*Umgangssprache*)

abzüglich PRÄPOSITION
The preposition abzüglich *takes the genitive.*
less ◇ *das Gehalt abzüglich der Steuern* earnings less tax

die **Achsel** SUBSTANTIV
shoulder

acht ZAHL
siehe auch die Acht SUBSTANTIV
eight
◆ **acht Tage** a week

die **Acht** SUBSTANTIV
siehe auch acht ZAHL
eight ◇ *Schreibe eine Acht.* Write the figure eight.
◆ **sich in Acht nehmen** to beware ◇ *Du solltest dich vor ihr in Acht nehmen!* You should beware of her.
◆ **etwas außer Acht lassen** to disregard something

achte ADJEKTIV
eighth ◇ *Sie wiederholte den Satz ein achtes Mal.* She repeated the sentence for an eighth time. ◇ *Er kam als Achter.* He was the eighth to arrive.

achten VERB
to respect ◇ *Ich achte deine Meinung.* I respect your opinion. ◇ *Sie ist sehr geachtet.* She's highly respected.
◆ **auf etwas achten** to pay attention to something ◇ *Du solltest auf die Verkehrsschilder achten.* You should pay attention to the road signs.
◆ **auf jemanden achten** to take notice of somebody ◇ *Achte nicht auf ihn!* Don't take any notice of him!

die **Achterbahn** SUBSTANTIV
roller coaster

achtgeben VERB (PRESENT **gibt acht**, IMPERFECT **gab acht**, PERFECT **hat achtgegeben**)
to pay attention (*paid, paid*)
◆ **auf etwas achtgeben** to pay attention to something ◇ *Du solltest etwas mehr auf die Rechtschreibung achtgeben!* You should pay a bit more attention to spelling.
◆ **auf jemanden achtgeben** to keep an eye on somebody ◇ *Würden Sie mal bitte auf meinen Sohn achtgeben?* Would you keep an eye on my son for a minute, please?
◆ **Gib acht, da kommt uns ein Auto entgegen!** Look out, there's a car coming towards us.

achthundert ZAHL
eight hundred

achtmal ADVERB
eight times

die **Achtung** SUBSTANTIV
respect ◇ *Ich habe große Achtung vor ihr.* I've great respect for her.
◆ **Achtung!** Look out!
◆ **Achtung Stufe!** Mind the step.
◆ **Achtung, Achtung, hier eine Durchsage!** Your attention, please. Here is an announcement.
◆ **Alle Achtung!** Well done!

achtzehn ZAHL
eighteen

achtzig ZAHL
eighty

der **Acker** SUBSTANTIV (PL die **Äcker**)
field

addieren VERB (PERFECT **hat addiert**)
to add

der **Adel** SUBSTANTIV
nobility

die **Ader** SUBSTANTIV
vein

das **Adjektiv** SUBSTANTIV (PL die **Adjektive**)
adjective

der **Adler** SUBSTANTIV (PL die **Adler**)
eagle

adlig ADJEKTIV
noble

adoptieren VERB (PERFECT **hat adoptiert**)
to adopt

die **Adoption** SUBSTANTIV
adoption

die **Adoptiveltern** PL SUBSTANTIV
adoptive parents PL

das **Adoptivkind** SUBSTANTIV (PL die **Adoptivkinder**)
adopted child (PL *children*)

die **Adresse** SUBSTANTIV
address

adressieren VERB (PERFECT **hat adressiert**)
to address ◇ *An wen soll ich den Brief adressieren?* To whom should I address the letter?

die **Adria** SUBSTANTIV
the Adriatic

der **Advent** SUBSTANTIV
Advent

der **Adventskalender** SUBSTANTIV (PL die **Adventskalender**)
Advent calendar

der **Adventskranz** SUBSTANTIV (PL die **Adventskränze**)
Advent wreath

das **Adverb** SUBSTANTIV (PL die **Adverbien**)
adverb

das **Aerobic** SUBSTANTIV
aerobics SING

der **Affe** SUBSTANTIV (GEN des **Affen**, PL die **Affen**)
monkey

Afrika NEUT SUBSTANTIV
Africa
- **aus Afrika** from Africa
- **nach Afrika** to Africa

der **Afrikaner** SUBSTANTIV (PL die **Afrikaner**)
African

die **Afrikanerin** SUBSTANTIV
African

afrikanisch ADJEKTIV
African

Ägypten NEUT SUBSTANTIV
Egypt ◇ *nach Ägypten* to Egypt

der **Ägypter** SUBSTANTIV (PL die **Ägypter**)
Egyptian

die **Ägypterin** SUBSTANTIV
Egyptian

ägyptisch ADJEKTIV
Egyptian

ähneln VERB
- **jemandem ähneln** to resemble somebody ◇ *Sie ähnelt ihrer Mutter.* She resembles her mother.
- **Sie ähneln sich.** They are alike.

ahnen VERB
[1] *to know* (*knew, known*) ◇ *Ich habe geahnt, dass er nicht kommen würde.* I knew he wouldn't come. ◇ *Das konnte ich doch nicht ahnen!* How was I supposed to know that?
[2] *to sense* ◇ *Das Tier hat die Gefahr geahnt und ist schnell verschwunden.* The animal sensed the danger and quickly disappeared.

ähnlich ADJEKTIV
similar ◇ *Unsere Kleider sind sehr ähnlich.* Our dresses are very similar.
- **Sein Auto sieht ähnlich aus wie meines.** His car looks like mine.
- **Er ist seinem Vater sehr ähnlich.** He's very like his father.
- **Das sieht ihr ähnlich!** That's typical of her.

die **Ähnlichkeit** SUBSTANTIV
similarity (PL *similarities*)

die **Ahnung** SUBSTANTIV
[1] *idea* ◇ *Ich habe keine Ahnung, ob er kommt.* I've no idea whether he's coming.
- **Er hat von Computern keine Ahnung.** He doesn't know the first thing about computers.

[2] *hunch* (PL *hunches*) ◇ *Er hatte eine Ahnung, dass etwas Schlimmes geschehen würde.* He had a hunch that something terrible would happen.

ahnungslos ADJEKTIV
unsuspecting

der **Ahorn** SUBSTANTIV (PL die **Ahorne**)
maple

das **Aids** SUBSTANTIV (GEN des **Aids**)
AIDS SING (= Acquired Immune Deficiency Syndrome) ◇ *Gerd ist an Aids gestorben.* Gerd died of AIDS.

der **Akademiker** SUBSTANTIV (PL die **Akademiker**)
university graduate

die **Akademikerin** SUBSTANTIV
university graduate

akademisch ADJEKTIV
academic

der **Akkusativ** SUBSTANTIV (PL die **Akkusative**)
accusative

die **Akne** SUBSTANTIV
acne ◇ *Sie hat Akne.* She's got acne.

die **Aktie** SUBSTANTIV
share ◇ *in Aktien investieren* to invest in shares

die **Aktiengesellschaft** SUBSTANTIV
public limited company (PL *companies*)

die **Aktion** SUBSTANTIV
[1] *campaign* ◇ *eine Aktion für den Frieden* a campaign for peace
[2] *operation* ◇ *Wir alle nahmen an der Aktion teil.* We all took part in the operation.
- **in Aktion treten** to go into action ◇ *In solchen Fällen tritt die Feuerwehr in Aktion.* In cases like these, the fire brigade goes into action.

aktiv ADJEKTIV
active

aktuell ADJEKTIV
[1] *topical* ◇ *ein aktuelles Thema* a topical issue
[2] *up-to-date* ◇ *ein aktueller Fahrplan* an up-to-date timetable

der **Akzent** SUBSTANTIV (PL die **Akzente**)
[1] *accent* ◇ *Sie spricht mit einem amerikanischen Akzent.* She speaks with an American accent.
[2] *emphasis* (PL *emphases*) ◇ *Der Akzent unserer Ausstellung liegt auf Benutzerfreundlichkeit.* The emphasis in our exhibition is on user-friendliness.

albern ADJEKTIV
silly
- **sich albern benehmen** to act silly

das **Album** SUBSTANTIV (PL die **Alben**)
album

die **Algebra** SUBSTANTIV
algebra

der **Alkohol** SUBSTANTIV
alcohol

alkoholfrei ADJEKTIV
nonalcoholic

der **Alkoholiker** SUBSTANTIV (PL die **Alkoholiker**)
alcoholic

die **Alkoholikerin** SUBSTANTIV
alcoholic
alkoholisch ADJEKTIV
alcoholic
das **All** SUBSTANTIV
space ◇ *Sie haben eine Rakete ins All geschossen.* They've sent a rocket into space.
alle ADJEKTIV, PRONOMEN
siehe auch **alles** PRONOMEN
[1] *all the* ◇ *Alle Schüler sollten kommen.* All the pupils should come.
[2] *all* ◇ *Nicht alle Afrikaner sind schwarz.* Not all Africans are black.
[3] *all of them* ◇ *Wir haben alle gesehen.* We saw all of them.
◆ **Sie kamen alle.** They all came.
◆ **wir alle** all of us
◆ **Ich habe alle beide eingeladen.** I've invited both of them.
[4] *every* ◇ *alle vier Jahre* every four years ◇ *alle fünf Meter* every five metres
◆ **Die Milch ist alle.** The milk's all gone.
◆ **etwas alle machen** to finish something up
allein ADJEKTIV, ADVERB, KONJUNKTION
[1] *alone* ◇ *Sie lebt allein.* She lives alone. ◇ *Du allein kannst das entscheiden.* You alone can decide.
[2] *on one's own* ◇ *Sie hat das ganz allein geschrieben.* She wrote that all on her own. ◇ *Seit ich allein bin, habe ich mehr Zeit.* Since I've been on my own, I've had more time.
◆ **Er fühlt sich allein.** He feels lonely.
◆ **nicht allein** (*nicht nur*) not only
◆ **allein stehend** single
allerbeste ADJEKTIV
very best ◇ *Felix ist mein allerbester Schüler.* Felix is my very best pupil.
allerdings ADVERB
[1] *though* ◇ *Der Urlaub war schön, allerdings etwas kurz.* The holiday was nice, though it was rather short. ◇ *Ich werde kommen, kann allerdings nicht lange bleiben.* I'll come. I can't stay long, though.
[2] *certainly* ◇ *Das ist allerdings schwierig.* That's certainly difficult.
die **Allergie** SUBSTANTIV
allergy (PL *allergies*)
allergisch ADJEKTIV
allergic ◇ *Sie ist allergisch gegen Katzen.* She's allergic to cats.
das **Allerheiligen** SUBSTANTIV
All Saints' Day
Allerheiligen *(1 November) is a public holiday in those parts of Germany where most of the population are Roman Catholics.*
allerhöchstens ADVERB
at the very most
allerletzte ADJEKTIV
very last ◇ *zum allerletzten Mal* for the very last time
allerseits ADVERB
on all sides ◇ *Dieser Vorschlag fand allerseits Zustimmung.* This suggestion met with approval on all sides.
◆ **Prost allerseits!** Cheers, everyone!
alles PRONOMEN
siehe auch **alle** ADJEKTIV, PRONOMEN
everything ◇ *Sie haben alles aufgegessen.* They've eaten everything up.
◆ **alles, was er sagt** everything he says
◆ **alles in allem** all in all
◆ **Alles Gute!** All the best!
allgemein ADJEKTIV
general
◆ **im Allgemeinen** in general
allmählich ADJEKTIV, ADVERB
[1] *gradual* ◇ *eine allmähliche Besserung* a gradual improvement
[2] *gradually* ◇ *Es wird allmählich wärmer.* It's gradually getting warmer.
◆ **Allmählich solltest du das wissen.** You should know that by now.
der **Alltag** SUBSTANTIV
everyday life
allzu ADVERB
all too ◇ *allzu oft* all too often
◆ **allzu viel** far too much
die **Alm** SUBSTANTIV
alpine pasture
die **Alpen** PL SUBSTANTIV
Alps PL
das **Alphabet** SUBSTANTIV (PL die **Alphabete**)
alphabet
alphabetisch ADJEKTIV
alphabetical ◇ *alphabetisch geordnet* arranged in alphabetical order
der **Alptraum** SUBSTANTIV (PL die **Alpträume**)
nightmare
als KONJUNKTION
[1] *when* ◇ *Als ich ein Kind war...* When I was a child...
[2] *as* ◇ *Sie kam, als ich gerade gehen wollte.* She arrived as I was about to leave. ◇ *Ich als Lehrerin weiß,...* As a teacher, I know...
◆ **gerade, als...** just as...
◆ **als ob** as if ◇ *Er tat, als ob er nichts bemerkt hätte.* He acted as if he hadn't noticed anything.
[3] *than* ◇ *Sie ist älter als ich.* She's older than me. ◇ *Ich kam später als er.* I came later than he did.
◆ **lieber als...** rather than... ◇ *Ich mag Süßes lieber als Salziges.* I like sweet things rather than savoury things.
◆ **nichts als Ärger** nothing but trouble
also ADVERB, KONJUNKTION, INTERJEKTION
[1] *then* ◇ *Was sollen wir also tun?* What shall we do, then? ◇ *Du willst also nicht mit.* You don't want to come along, then. ◇ *Du hast es also gewusst.* You did know then.
[2] *so* ◇ *Es war schon spät, also bin ich nach Hause gegangen.* It had got late, so I went home.
[3] *well* ◇ *Also ich gehe jetzt!* Well, I'm off now. ◇ *Also, Sie fahren immer geradeaus...*

Well, keep going straight on...
- **Also gut!** Okay then.
- **Also, so was!** Well really!
- **Na also!** There you are then!

alt ADJEKTIV
old ◇ *Wie alt bist du?* How old are you? ◇ *Felix ist zehn Jahre alt.* Felix is ten years old. ◇ *Sein Auto ist älter als unseres.* His car is older than ours. ◇ *Das ist meine ältere Schwester.* That's my elder sister. ◇ *Mein ältester Bruder heißt Thomas.* My eldest brother's called Thomas.
- **alles beim alten lassen** to leave everything as it was

der **Altar** SUBSTANTIV (PL die **Altäre**)
altar

das **Alter** SUBSTANTIV (PL die **Alter**)
1 *age* ◇ *In deinem Alter sollte man das wissen.* You ought to know that at your age.
2 *old age* ◇ *Im Alter sind die Menschen oft einsam.* People are often lonely in old age.
- **im Alter von** at the age of

die **Altersgrenze** SUBSTANTIV
age limit

das **Altglas** SUBSTANTIV (GEN des **Altglases**)
used glass

der **Altglascontainer** SUBSTANTIV (PL die **Altglascontainer**)
bottle bank

altmodisch ADJEKTIV
old-fashioned

das **Altpapier** SUBSTANTIV
waste paper

die **Altstadt** SUBSTANTIV (PL die **Altstädte**)
old town

die **Alufolie** SUBSTANTIV
tinfoil

das **Aluminium** SUBSTANTIV
aluminium

der **Alzheimer** SUBSTANTIV
Alzheimer's ◇ *Sie hat Alzheimer.* She's got Alzheimer's.

am = **an dem**
- **am fünften März** on the fifth of March
- **am höchsten** the highest
- **am schönsten** the most beautiful

die **Ameise** SUBSTANTIV
ant

Amerika NEUT SUBSTANTIV
America
- **aus Amerika** from America
- **in Amerika** in America
- **nach Amerika** to America

der **Amerikaner** SUBSTANTIV (PL die **Amerikaner**)
American

die **Amerikanerin** SUBSTANTIV
American

amerikanisch ADJEKTIV
American

die **Ampel** SUBSTANTIV
traffic lights PL ◇ *Die Ampel ist grün.* The traffic lights are at green.

die **Amsel** SUBSTANTIV
blackbird

das **Amt** SUBSTANTIV (PL die **Ämter**)
office ◇ *Welches Amt ist für Kindergeld zuständig?* Which office deals with child benefit?

amtlich ADJEKTIV
official

amüsant ADJEKTIV
amusing

amüsieren VERB (PERFECT **hat amüsiert**)
to amuse ◇ *Diese Geschichte hat uns sehr amüsiert.* The story amused us very much.
- **sich amüsieren** to enjoy oneself ◇ *Wir haben uns blendend amüsiert.* We enjoyed ourselves immensely.

an PRÄPOSITION, ADVERB
siehe auch **am**

Use the accusative to express movement or a change of place. Use the dative when there is no change of place.

1 *on* ◇ *Das Wort stand an der Tafel.* The word was written on the blackboard. ◇ *Der Lehrer schrieb das Wort an die Tafel.* The teacher wrote the word on the blackboard.
2 *to* ◇ *Er ging ans Fenster.* He went to the window. ◇ *Wir waren gestern am Meer.* We went to the seaside yesterday. ◇ *Wir wollen morgen ans Meer fahren.* We want to go to the seaside tomorrow. ◇ *Ich habe einen Brief an meine Mutter geschrieben.* I've written a letter to my mother.
- **eine Frage an dich** a question for you
- **an diesem Ort** in this place
- **unten am Fluss** down by the river

3 *by* ◇ *Ihr Haus liegt an der Autobahn.* Their house is by the motorway.
- **Köln liegt am Rhein.** Cologne is on the Rhine.

Bei Zeitangaben steht **on**, *bei Feiertagen* **at.**

◇ *Christoph hat am neunten November Geburtstag.* Christoph's birthday is on the ninth of November. ◇ *an diesem Tag* on this day ◇ *an Ostern* at Easter
- **an etwas denken** to think of something
- **reich an Nährstoffen** rich in nutrients
- **an etwas sterben** to die of something
- **an und für sich** actually ◇ *Das ist an und für sich ganz einfach.* Actually, it's quite simple.
- **an die hundert** about a hundred
- **von heute an** from today onwards
- **Das Licht ist an.** The light's on.
- **ohne etwas an** with nothing on

die **Ananas** SUBSTANTIV (PL die **Ananas**)
pineapple

anbei ADVERB
enclosed

anbieten VERB (IMPERFECT **bot an**, PERFECT **hat angeboten**)
to offer ◇ *Ich bot ihr eine Tasse Kaffee an.* I offered her a cup of coffee.

- **Kann ich dir etwas zum Trinken anbieten?** Can I get you something to drink?
- **anbieten, etwas zu tun** to volunteer to do something ◇ *Er hat angeboten, mir beim Umzug zu helfen.* He volunteered to help me move house.

der **Anblick** SUBSTANTIV (PL die **Anblicke**)
sight

anbrechen VERB (PRESENT **bricht an**, IMPERFECT **brach an**, PERFECT **ist/hat angebrochen**)
For the perfect tense use haben *when the verb has an object and* sein *when there is no object.*
1 *to break into* (*broke, broken*) ◇ *Für den Kauf müsste ich meine Ersparnisse anbrechen.* To buy it, I'd have to break into my savings.
2 *to dawn* ◇ *Ein neues Zeitalter ist angebrochen.* A new age has dawned.
3 *to break* ◇ *wenn der Tag anbricht* when day breaks

anbrennen VERB (IMPERFECT **brannte an**, PERFECT **ist angebrannt**)
to burn (*burnt, burnt*) ◇ *Der Kuchen ist angebrannt.* The cake's burnt.

andauernd ADJEKTIV, ADVERB
1 *continual* ◇ *diese andauernden Unterbrechungen* these continual interruptions
2 *constantly* ◇ *Er stört andauernd.* He's constantly interrupting.

das **Andenken** SUBSTANTIV (PL die **Andenken**)
1 *memory* ◇ *Zum Andenken an eine schöne Zeit.* In memory of a wonderful time.
2 *souvenir* ◇ *Ich habe mir aus dem Urlaub einige Andenken mitgebracht.* I brought a few souvenirs back from my holiday.

andere ADJEKTIV, PRONOMEN
1 *other* ◇ *Nein, nicht dieses Buch, gib mir bitte das andere.* No, not that book, please give me the other one.
2 *different* ◇ *Er hat jetzt eine andere Freundin.* He's got a different girlfriend now.
3 *another* ◇ *ein anderes Mal* another time ◇ *Wir werden das an einem anderen Tag machen.* We'll do that another day.

- **kein anderer** nobody else
- **die anderen** the others ◇ *Martin ist noch da, die anderen sind schon gegangen.* Martin's still here, the others have already left.
- **andere** other ones ◇ *Wenn Ihnen dieses Kleid nicht gefällt, haben wir auch andere.* If you don't like this dress, we also have other ones.
- **etwas anderes** something else ◇ *von etwas anderem sprechen* to talk about something else

andererseits ADVERB
on the other hand ◇ *Einerseits..., andererseits...* On the one hand..., on the other hand...

andermal ADVERB

- **ein andermal** some other time

ändern VERB
to alter ◇ *Ich habe das Kleid ändern lassen.* I've had the dress altered.

- **So ist das nun mal, ich kann's nicht ändern.** That's the way it is. I can't do anything about it.
- **sich ändern** to change ◇ *Sie hat sich in letzter Zeit sehr geändert.* She's changed a lot recently. ◇ *Wenn sich die Lage nicht ändert...* If the situation doesn't change...

anders ADVERB
differently ◇ *So geht das nicht, du musst das anders machen.* Not like that – you have to do it differently.

- **anders als** different from ◇ *Sie ist ganz anders als ihr Bruder.* She's quite different from her brother. ◇ *Sie hat das anders als ich übersetzt.* She translated it differently from me.
- **Wer anders?** Who else?
- **jemand anders** somebody else
- **irgendwo anders** somewhere else
- **anders aussehen** to look different

anderthalb ADJEKTIV
one and a half

die **Änderung** SUBSTANTIV
alteration

andeuten VERB (PERFECT **hat angedeutet**)
to hint ◇ *Sie hat angedeutet, dass sie weiß, wer es war.* She's hinted that she knows who it was.

die **Andeutung** SUBSTANTIV
hint ◇ *Sie hat eine Andeutung gemacht, dass sie es weiß.* She hinted that she knew.

anerkennend ADJEKTIV, ADVERB
appreciative

- **Sie sprach sehr anerkennend von seiner Leistung.** She spoke very appreciatively of his work.

die **Anerkennung** SUBSTANTIV
1 *appreciation* ◇ *Ihre Leistung fand nicht die entsprechende Anerkennung.* Her work didn't get the appreciation it deserved.
2 *recognition* ◇ *Dieser neue Staat hofft auf Anerkennung durch die Bundesrepublik.* This new country is hoping for recognition by the Federal Republic.

der **Anfall** SUBSTANTIV (PL die **Anfälle**)
fit ◇ *Sie hatte einen epileptischen Anfall.* She had an epileptic fit. ◇ *Wenn er das erfährt, bekommt er einen Anfall.* If he finds out, he'll have a fit. (*Umgangssprache*)

der **Anfang** SUBSTANTIV (PL die **Anfänge**)
beginning ◇ *von Anfang an* right from the beginning

- **am Anfang** at the beginning
- **zu Anfang** first
- **Anfang Mai** at the beginning of May

anfangen VERB (PRESENT **fängt an**, IMPERFECT **fing an**, PERFECT **hat angefangen**)
1 *to begin* (*began, begun*) ◇ *Es fängt an zu regnen.* It's beginning to rain. ◇ *Märchen fangen mit dem Satz an: "Es war*

einmal". Fairy tales begin with the words: "Once upon a time".
[2] *to start* ◇ *Der Film hat schon angefangen.* The film's already started.
◇ *Hast du den Aufsatz schon angefangen?* Have you already started your essay?
◆ **Damit kann ich nichts anfangen.** It doesn't mean anything to me.
◆ **Das fängt ja gut an!** That's a good start!

der **Anfänger** SUBSTANTIV (PL die **Anfänger**)
beginner

anfassen VERB (PRESENT **fasst an**, IMPERFECT **fasste an**, PERFECT **hat angefasst**)
[1] *to touch* ◇ *Fass den Hund besser nicht an!* You'd better not touch the dog.
[2] *to treat* ◇ *Du solltest die Kinder nicht immer so rau anfassen!* You shouldn't treat the children so roughly.
◆ **mit anfassen** to lend a hand ◇ *Kannst du mal mit anfassen, den Schrank wegzuschieben?* Can you lend a hand shifting this cupboard to one side?
◆ **sich anfassen** to feel ◇ *Samt fühlt sich weich an.* Velvet feels soft.

sich **anfreunden** VERB (PERFECT **hat sich angefreundet**)
[1] *to make friends* (*made, made*) ◇ *Ich habe mich in den Ferien mit einer Engländerin angefreundet.* I made friends with an English girl during the holidays.
[2] *to become friends* (*became, become*) ◇ *Die beiden haben sich angefreundet.* The two of them have become friends.

anfühlen VERB (PERFECT **hat angefühlt**)
to feel (*felt, felt*) ◇ *Fühl mal meine Stirn an, ich glaube, ich habe Fieber.* Feel my forehead, I think I've got a temperature.
◇ *Der Stoff fühlt sich weich an.* The material feels soft.

die **Anführungszeichen** NEUT PL SUBSTANTIV
inverted commas PL

die **Angabe** SUBSTANTIV
[1] *information* KEIN PL ◇ *Die Angaben waren falsch.* The information was wrong.
[2] *serve* (*Tennis*) ◇ *Wer hat Angabe?* Whose serve is it?
◆ **Das ist doch alles nur Angabe!** That's nothing but show.

angeben VERB (PRESENT **gibt an**, IMPERFECT **gab an**, PERFECT **hat angegeben**)
[1] *to give* (*gave, given*) ◇ *Geben Sie bitte Ihre Personalien an.* Please give your personal details.
[2] *to state* ◇ *Sie hat angegeben, dass sie zu dem Zeitpunkt zu Hause war.* She stated that she was at home at the time.
[3] *to indicate* ◇ *Alle Raststätten sind auf der Karte angegeben.* All service areas are indicated on the map.
[4] *to show off* (*showed, shown*) ◇ *Glaub ihm kein Wort, er gibt nur an.* Don't believe a word he says – he's just showing off.

der **Angeber** SUBSTANTIV (PL die **Angeber**)
show-off (*Umgangssprache*)

angeblich ADJEKTIV, ADVERB
[1] *alleged* ◇ *Sie ist die angebliche Täterin.* She's the alleged culprit.
[2] *allegedly* ◇ *Angeblich hat sie es getan.* Allegedly, she did it.

das **Angebot** SUBSTANTIV (PL die **Angebote**)
offer ◇ *Ich nehme dein Angebot an.* I accept your offer.
◆ **ein Angebot an etwas** a selection of something ◇ *Das Kaufhaus hat ein großes Angebot an Kleidern.* The department store has a large selection of dresses.
◆ **Angebot und Nachfrage** supply and demand

angeheitert ADJEKTIV
tipsy

angehen VERB (IMPERFECT **ging an**, PERFECT **hat/ist angegangen**)
For the perfect tense use haben *when the verb has an object and* sein *when there is no object.*
[1] *to concern* ◇ *Diese Angelegenheit geht mich nichts an.* This matter doesn't concern me.
◆ **Was geht dich das an?** What business is it of yours?
[2] *to tackle* ◇ *Ich weiß noch nicht so richtig, wie ich das Thema angehen soll.* I'm not really sure how to tackle the subject.
[3] *to light* (*lit, lit*) ◇ *Das Holz war zu nass, also ist das Feuer nicht angegangen.* The wood was too wet, so the fire wouldn't light.
[4] *to go on* (*goes, went, gone*) ◇ *Das Licht ging an.* The light went on.
◆ **was...angeht** as regards... ◇ *Was die Ferien angeht, haben wir noch nichts entschieden.* As regards the holidays, we still haven't decided anything.

angehend ADJEKTIV
prospective

der/die **Angehörige** SUBSTANTIV (GEN des/der **Angehörigen**, PL die **Angehörigen**)
relative ◇ *Er ist ein Angehöriger von mir.* He's a relative of mine.

die **Angel** SUBSTANTIV
[1] *fishing rod*
[2] *hinge* (*Türangel*)

die **Angelegenheit** SUBSTANTIV
[1] *matter* ◇ *Ich werde diese Angelegenheit prüfen.* I'll look into the matter.
[2] *affair* ◇ *Das ist meine Angelegenheit.* That's my affair.

angeln VERB
[1] *to catch* (*caught, caught*) ◇ *Er hat eine große Forelle geangelt.* He caught a large trout.
[2] *to fish* ◇ *Sonntags geht Alex immer angeln.* Alex always goes fishing on Sundays.

angenehm ADJEKTIV, ADVERB
pleasant
◆ **Der Motor ist angenehm leise.** The engine

is pleasantly quiet.
- **Angenehm!** Pleased to meet you.

angesehen ADJEKTIV
respected

der/die **Angestellte** SUBSTANTIV (GEN des/der **Angestellten**, PL die **Angestellten**)
employee ◇ *Er ist nur ein kleiner Angestellter.* He's just a lowly employee.
- **Sie ist Angestellte bei der Firma Boll & Co.** She works at Boll & Co.

angewiesen ADJEKTIV
- **auf jemanden angewiesen sein** to be dependent on somebody
- **auf etwas angewiesen sein** to be dependent on something

angewöhnen VERB (PERFECT **hat angewöhnt**)
- **jemandem etwas angewöhnen** to teach somebody something ◇ *Sie sollten Ihrem Sohn bessere Manieren angewöhnen.* You ought to teach your son better manners.
- **sich etwas angewöhnen** to get into the habit of doing something ◇ *Ich habe es mir angewöhnt, jeden Morgen um sieben Uhr aufzustehen.* I've got into the habit of getting up at seven every morning.

die **Angewohnheit** SUBSTANTIV
habit ◇ *Das ist so eine Angewohnheit von ihr.* That's a habit of hers.

angreifen VERB (IMPERFECT **griff an**, PERFECT **hat angegriffen**)
[1] *to attack* ◇ *Ich wurde von einem Hund angegriffen.* I was attacked by a dog.
[2] *to criticize* ◇ *Sie wurde wegen dieser Aussage von ihren Freunden angegriffen.* She was criticized by her friends for what she said.

der **Angriff** SUBSTANTIV (PL die **Angriffe**)
attack
- **etwas in Angriff nehmen** to make a start on something

die **Angst** SUBSTANTIV (PL die **Ängste**)
fear
- **vor jemandem Angst haben** to be afraid of somebody
- **vor etwas Angst haben** to be afraid of something
- **Ich habe Angst vor der Prüfung.** I'm worried about the exam.
- **Angst um jemanden haben** to be worried about somebody
- **Mir ist Angst.** I'm afraid.
- **jemandem Angst machen** to scare somebody

ängstlich ADJEKTIV, ADVERB
[1] *scared* ◇ *Nun sei doch nicht so ängstlich, der Hund tut dir nichts!* There's no need to be scared, the dog won't harm you.
[2] *anxious* ◇ *"Wird er wieder gesund", fragte sie ängstlich.* "Will he get well again?", she asked anxiously.

anhaben VERB (PRESENT **hat an**, IMPERFECT **hatte an**, PERFECT **hat angehabt**)
to have on (*had, had*) ◇ *Sie hatte heute das rote Kleid an.* She had her red dress on today.
- **jemandem nichts anhaben können** to have nothing on somebody ◇ *Ich bin unschuldig, die Polizei kann mir nichts anhaben.* I'm innocent, the police have got nothing on me.

anhalten VERB (PRESENT **hält an**, IMPERFECT **hielt an**, PERFECT **hat angehalten**)
[1] *to stop* ◇ *Können wir bitte anhalten, mir ist schlecht.* Can we stop, please? I feel sick. ◇ *Kannst du bitte das Auto anhalten?* Can you stop the car please?
[2] *to last* ◇ *Das wird nicht lange anhalten.* It won't last long.
- **die Luft anhalten** to hold one's breath

der **Anhalter** SUBSTANTIV (PL die **Anhalter**)
hitchhiker
- **per Anhalter fahren** to hitchhike

anhand PRÄPOSITION
The preposition anhand *takes the genitive.*
with the help of ◇ *Wir werden das anhand der Unterlagen prüfen.* We'll check that with the help of the documents.

der **Anhang** SUBSTANTIV (PL die **Anhänge**)
appendix (PL *appendices*)

der **Anhänger** SUBSTANTIV (PL die **Anhänger**)
[1] *supporter* ◇ *Er ist Anhänger von Borussia Dortmund.* He's a Borussia Dortmund supporter.
[2] *trailer* (*an Auto*)
[3] *label* ◇ *Mach einen Anhänger mit deinem Namen und deiner Adresse an deinen Koffer.* Put a label with your name and address on your case.
[4] *pendant* ◇ *Sie trug eine Kette mit Anhänger.* She was wearing a chain with a pendant.

die **Anhängerin** SUBSTANTIV
supporter ◇ *Sie ist Anhängerin von Borussia Dortmund.* She's a Borussia Dortmund supporter.

anhören VERB (PERFECT **hat angehört**)
to listen to ◇ *Wir haben CDs angehört.* We listened to CDs.
- **jemandem etwas anhören** to hear something in somebody's voice ◇ *Man hat ihr ihre Aufregung angehört.* You could hear the excitement in her voice.
- **sich anhören** to sound ◇ *Der Vorschlag hört sich gut an.* That sounds a good suggestion.

der **Anker** SUBSTANTIV (PL die **Anker**)
anchor

der **Anklang** SUBSTANTIV
- **bei jemandem Anklang finden** to meet with somebody's approval

die **Ankleidekabine** SUBSTANTIV
changing cubicle

ankommen VERB (IMPERFECT **kam an**, PERFECT **ist angekommen**)
to arrive ◇ *Wir kommen morgen Nachmittag an.* We'll arrive tomorrow afternoon. ◇ *Ist der Brief schon angekommen?* Has the letter arrived yet?

- **bei jemandem gut ankommen** to go down well with somebody ◇ *Das Stück ist bei den Zuschauern gut angekommen.* The play went down well with the audience.
- **bei jemandem schlecht ankommen** to go down badly with somebody ◇ *Der Witz ist offensichtlich schlecht angekommen.* The joke clearly went down badly.
- **es kommt darauf an** it depends ◇ *Es kommt darauf an, wie das Wetter ist.* It depends what the weather's like.
- **Es kommt auf jeden einzelnen von uns an.** It depends on each and every one of us.
- **wenn es darauf ankommt...** when it really matters...
- **Bei diesem Beruf kommt es auf Genauigkeit an.** What matters in this job is accuracy.
- **es darauf ankommen lassen** to wait and see

ankreuzen VERB (PERFECT **hat angekreuzt**)
to mark with a cross

ankündigen VERB (PERFECT **hat angekündigt**)
to announce

die **Ankunft** SUBSTANTIV (PL die **Ankünfte**)
arrival

die **Ankunftszeit** SUBSTANTIV
arrival time

die **Anlage** SUBSTANTIV
[1] *gardens* PL ◇ *Wir sind in der Anlage spazieren gegangen.* We went for a walk in the gardens.
[2] *plant* ◇ *Das ist eine neuartige Anlage zum Recycling von Kunststoff.* That's a new plastics recycling plant.
[3] *investment* ◇ *Wir raten zu einer Anlage in Immobilien.* We would advise investment in real estate.

der **Anlass** ⚠ SUBSTANTIV (GEN des **Anlasses**, PL die **Anlässe**)
occasion ◇ *ein festlicher Anlass* a festive occasion
- **ein Anlass zu etwas** cause for something ◇ *Das ist ein Anlass zum Feiern.* That's cause for celebration.
- **aus Anlass** on the occasion of ◇ *Aus Anlass ihres fünfzigsten Geburtstags...* On the occasion of her fiftieth birthday...
- **Anlass zu etwas geben** to give cause for something ◇ *Ihr Sohn gibt keinen Anlass zu Klagen.* Your son doesn't give cause for complaint.

der **Anlasser** SUBSTANTIV (PL die **Anlasser**)
starter (*of car*)

die **Anleitung** SUBSTANTIV
instructions PL

anmachen VERB (PERFECT **hat angemacht**)
[1] *to put on* (*put, put*) ◇ *Mach bitte das Licht an.* Please put the light on.
[2] *to light* (*lit, lit*) ◇ *Wir haben ein Feuer angemacht.* We lit a fire.
[3] *to dress* ◇ *Sie macht den Salat immer mit Zitrone an.* She always dresses her salads with lemon.
[4] *to chat up* (*Umgangssprache*) ◇ *Ich glaube, der Typ versucht, dich anzumachen.* I think that bloke is trying to chat you up.

anmelden VERB (PERFECT **hat angemeldet**)
to announce ◇ *Sie hat für morgen ihren Besuch angemeldet.* She's announced that she'll visit us tomorrow.
- **jemanden anmelden (1)** to make an appointment for somebody ◇ *Er hat seinen Sohn für morgen beim Zahnarzt angemeldet.* He's made a dental appointment for his son for tomorrow.
- **jemanden anmelden (2)** to put somebody's name down ◇ *Habt ihr Maximilian schon im Gymnasium angemeldet?* Have you already put Maximilian's name down for grammar school?
- **sich anmelden (1)** to make an appointment ◇ *Ich muss mich beim Zahnarzt anmelden.* I must make an appointment with the dentist.
- **sich anmelden (2)** to put one's name down ◇ *Sie hat sich für einen Judokurs angemeldet.* She's put her name down for a judo course.
- **Alle Besucher müssen sich beim Pförtner anmelden.** All visitors must report to the gatehouse.
- **Haben Sie sich schon beim Einwohnermeldeamt angemeldet?** Have you already registered with the residents' registration office?

Anyone moving to a new address in Germany is required by law to register (sich anmelden) *at the residents' registration office* (Einwohnermeldeamt).

die **Anmeldung** SUBSTANTIV
registration ◇ *Schluss für Anmeldungen ist der erste Mai.* The deadline for registrations is the first of May.

annehmen VERB (PRESENT **nimmt an**, IMPERFECT **nahm an**, PERFECT **hat angenommen**)
[1] *to accept* ◇ *Sie wollte das Geschenk nicht annehmen.* She didn't want to accept the present. ◇ *Danke für die Einladung, ich nehme gerne an.* Thank you for the invitation, which I'm happy to accept.
[2] *to take* (*took, taken*) ◇ *Er hat den Namen seiner Frau angenommen.* He took his wife's name.
- **ein Kind annehmen** to adopt a child

[3] *to believe* ◇ *Die Polizei nimmt an, dass er der Täter war.* The police believe he did it.
[4] *to suppose* ◇ *Nehmen wir einmal an, es wäre so.* Let's suppose that was the case.
- **angenommen...** supposing... ◇ *Angenommen, er kommt nicht.* Supposing he doesn't come.

anordnen VERB (PERFECT **hat angeordnet**)
[1] *to arrange* ◇ *Er ordnete die Blumen zu einem hübschen Gesteck an.* He arranged the flowers into a pretty bouquet.
[2] *to order* ◇ *Wer hat das angeordnet?*

Who ordered that?

anprobieren VERB (PERFECT **hat anprobiert**)
to try on (*tried, tried*)

die **Anrede** SUBSTANTIV
form of address ◇ *Für verheiratete und unverheiratete Frauen benutzt man die Anrede "Frau".* "Frau" is the form of address used for married and unmarried women.

der **Anruf** SUBSTANTIV (PL die **Anrufe**)
phone call

anrufen VERB (IMPERFECT **rief an**, PERFECT **hat angerufen**)
to phone ◇ *Hat jemand angerufen?* Did anyone phone? ◇ *Ich muss mal eben meine Eltern anrufen.* I must just phone my parents. ◇ *Ruf mal bei Wengels an, vielleicht ist sie dort.* Phone the Wengels; perhaps she's there.

ans = **an das**

anschalten VERB (PERFECT **hat angeschaltet**)
to switch on

anscheinend ADVERB
apparently

der **Anschlag** SUBSTANTIV (PL die **Anschläge**)
1 *notice* ◇ *Sie machte einen Anschlag am Schwarzen Brett.* She put a notice on the notice board.
2 *attack* ◇ *Es gab einen Anschlag auf den Präsidenten.* There's been an attack on the President.

anschließen VERB (IMPERFECT **schloss an**, PERFECT **hat angeschlossen**)
1 *to connect* ◇ *Das Telefon ist noch nicht angeschlossen.* The telephone hasn't been connected yet.
2 *to follow* ◇ *Wir können an den Vortrag gern noch eine Diskussion anschließen.* We can of course follow the lecture with a discussion.
◆ **sich jemandem anschließen** to join somebody ◇ *Wir gehen ins Kino, willst du dich uns nicht anschließen?* We're going to the cinema. Won't you join us?
◆ **Ich schließe mich dieser Meinung an.** I endorse this view.

anschließend ADJEKTIV, ADVERB
1 *subsequent* ◇ *die daran anschließende Diskussion* the subsequent discussion
2 *adjacent* ◇ *das anschließende Grundstück* the adjacent plot of land
3 *afterwards* ◇ *Wir waren essen, und anschließend sind wir ins Kino gegangen.* We had a meal and afterwards went to the cinema.

der **Anschluss** ⚠ SUBSTANTIV (GEN des **Anschlusses**, PL die **Anschlüsse**)
connection ◇ *Sie haben Anschluss an einen Zug nach Paris.* You have a connection with a train to Paris.
◆ **im Anschluss an** following ◇ *Im Anschluss an die Ansprache findet ein Empfang statt.* Following the speech there will be a reception.
◆ **Anschluss finden** to make friends ◇ *Sie hat in der neuen Klasse schnell Anschluss gefunden.* She quickly made friends in her new class.

sich **anschnallen** VERB (PERFECT **hat sich angeschnallt**)
to fasten one's seat belt

ansehen VERB (PRESENT **sieht an**, IMPERFECT **sah an**, PERFECT **hat angesehen**)
siehe auch das Ansehen SUBSTANTIV
1 *to look at* ◇ *Sieh mich an!* Look at me.
◆ **Willst du dir mal die Fotos ansehen?** Do you want to have a look at the photos?
◆ **Den Film will ich mir unbedingt ansehen.** I must go and see that film.
◆ **Man hat ihr ihre Enttäuschung angesehen.** You could see the disappointment in her face.
2 *to regard* ◇ *Sie wird als eine Expertin auf diesem Gebiet angesehen.* She's regarded as an expert in this field.
◆ **Sieh mal einer an!** Well, fancy that!

das **Ansehen** SUBSTANTIV
siehe auch ansehen VERB
1 *respect* ◇ *Sie genießt großes Ansehen bei ihren Kollegen.* She enjoys great respect among her colleagues.
2 *reputation* ◇ *Ein solches Benehmen könnte unserem Ansehen schaden.* Behaviour like that could damage our reputation.

die **Ansicht** SUBSTANTIV
view ◇ *eine Postkarte mit der Ansicht des Matterhorns* a postcard with a view of the Matterhorn ◇ *Wenn Sie meine Ansicht in dieser Sache hören wollen...* If you want to hear my view on this business...
◆ **zur Ansicht** on approval
◆ **meiner Ansicht nach** in my view

die **Ansichtskarte** SUBSTANTIV
picture postcard

die **Ansichtssache** SUBSTANTIV
matter of opinion

ansprechen VERB (PRESENT **spricht an**, IMPERFECT **sprach an**, PERFECT **hat angesprochen**)
1 *to approach* ◇ *Mich hat ein wildfremder Mann angesprochen.* I was approached by a complete stranger.
2 *to appeal to* ◇ *Diese Art von Malerei spricht mich nicht an.* This style of painting doesn't appeal to me.
3 *to ask* ◇ *Ich werde Herrn Arnold ansprechen, ob er uns vielleicht hilft.* I'll ask Mr Arnold if he'll maybe help us.
4 *to mention* ◇ *Sie hat dieses Problem bis jetzt noch nicht angesprochen.* She hasn't mentioned this problem yet.
◆ **auf etwas ansprechen** to respond to something ◇ *Der Patient spricht auf die Medikamente nicht an.* The patient isn't responding to the drugs.

der **Anspruch** SUBSTANTIV (PL die **Ansprüche**)
demand ◇ *Sie war den Ansprüchen ihres Berufs nicht gewachsen.* She wasn't up to the demands of her job.
◆ **hohe Ansprüche haben** to demand a lot

A

- **hohe Ansprüche an jemanden stellen** to demand a lot of somebody
- **Anspruch auf etwas haben** to be entitled to something ◇ *Ich habe Anspruch auf eine Erklärung.* I'm entitled to an explanation.
- **etwas in Anspruch nehmen** to take advantage of something ◇ *Wir sollten dieses Angebot in Anspruch nehmen.* We should take advantage of this offer.
- **Ihr Beruf nimmt sie sehr in Anspruch.** Her job's very demanding.

anständig ADJEKTIV
decent ◇ *ein anständiges Essen* a decent meal
- **Ich bin eine anständige Frau!** I'm a respectable woman.
- **sich anständig benehmen** to behave oneself

anstarren VERB (PERFECT **hat angestarrt**)
to stare at

anstatt PRÄPOSITION, KONJUNKTION
The preposition anstatt *takes the genitive.*
instead of ◇ *Sie kam anstatt ihres Bruders.* She came instead of her brother.
- **anstatt etwas zu tun** instead of doing something

anstecken VERB (PERFECT **hat angesteckt**)
- **Er hat die halbe Klasse mit seiner Grippe angesteckt.** He gave half the class his flu.
- **Lachen steckt an.** Laughter is infectious.
- **sich anstecken** to catch something ◇ *Pass auf, dass du dich nicht ansteckst.* Be careful you don't catch anything. ◇ *Ich habe mich bei ihm angesteckt.* I caught it from him.
- **sich etwas anstecken** to pin something on ◇ *Ich habe mir das Abzeichen des Sportvereins angesteckt.* I pinned my sports club badge on.

ansteckend ADJEKTIV
infectious
Im Englischen muss man unterscheiden zwischen einer Ansteckung auf indirektem Weg **(infectious)** *und einer Ansteckung durch Berührung* **(contagious)**.
◇ *eine ansteckende Krankheit* an infectious disease
- **Herpes ist ansteckend.** Herpes is contagious.

anstelle PRÄPOSITION
The preposition anstelle *takes the genitive.*
instead of ◇ *Anstelle der Mutter hat seine Tante unterschrieben.* His aunt has signed instead of his mother.
- **Pralinen anstelle von Blumen** chocolates instead of flowers

anstellen VERB (PERFECT **hat angestellt**)
1 *to turn on* ◇ *Kannst du mal bitte den Fernseher anstellen?* Can you turn the television on, please?
2 *to employ* ◇ *Sie ist bei einem Versandhaus angestellt.* She's employed by a mail-order company.
3 *to do* (*does, did, done*) ◇ *Wie soll ich es bloß anstellen, dass er es erlaubt?* What can I do to get him to allow it? ◇ *Was stellen wir denn heute Nachmittag an?* What shall we do this afternoon?
4 *to be up to* (*is, was, been*) (*Umgangssprache*) ◇ *Was hat der Lümmel denn schon wieder angestellt?* What has that rascal been up to this time?
- **sich anstellen (1)** to queue ◇ *Musstet ihr euch für die Karten lange anstellen?* Did you have to queue for long for the tickets?
- **sich anstellen (2)** to act ◇ *Sie hat sich wirklich dumm angestellt.* She acted really stupidly.
- **Stell dich nicht so an, natürlich kannst du das.** Don't make such a fuss. Of course you can do it.

anstrengen VERB (PERFECT **hat angestrengt**)
- **Die Reise hat mich sehr angestrengt.** The journey took a lot out of me.
- **Streng deinen Kopf an!** Use your head!
- **sich anstrengen** to make an effort

anstrengend ADJEKTIV
tiring

die **Anstrengung** SUBSTANTIV
effort

die **Antarktis** SUBSTANTIV
the Antarctic ◇ *in der Antarktis* in the Antarctic

der **Anteil** SUBSTANTIV (PL die **Anteile**)
share ◇ *Ich möchte meinen Anteil am Gewinn haben.* I would like to have my share of the profit.
- **Anteil nehmen an (1)** to sympathize with ◇ *Ich nehme Anteil an deinem Pech.* I sympathize with you in your bad luck.
- **Anteil nehmen an (2)** to take an interest in ◇ *Der Patient nimmt keinen Anteil an seiner Umgebung.* The patient takes no interest in his surroundings.

die **Antenne** SUBSTANTIV
aerial

Anti- PRÄFIX
anti-

antiautoritär ADJEKTIV
anti-authoritarian

das **Antibiotikum** SUBSTANTIV (PL die **Antibiotika**)
antibiotic

antik ADJEKTIV
antique

die **Antiquitäten** FEM PL SUBSTANTIV
antiques PL

der **Antrag** SUBSTANTIV (PL die **Anträge**)
1 *application* ◇ *Sie stellte einen Antrag auf Arbeitslosenunterstützung.* She put in an application for unemployment benefit.
2 *motion* ◇ *der Antrag der Opposition* the motion put by the opposition
- **Ich stelle den Antrag, dass wir diesen Punkt erst später behandeln.** I move that we deal with this point later.

antun VERB (IMPERFECT **tat an**, PERFECT **hat**

angetan)

- **jemandem etwas antun** to do something to somebody ◇ *Das kannst du deinen Eltern nicht antun!* You can't do that to your parents.
- **jemandem ein Unrecht antun** to wrong somebody ◇ *Uns ist ein großes Unrecht angetan worden.* We've been cruelly wronged.
- **sich Zwang antun** to force oneself ◇ *Tu dir keinen Zwang an!* Don't force yourself!
- **sich etwas antun** to kill oneself ◇ *Wenn ich durchfalle, dann tue ich mir was an.* If I fail, I'll kill myself.

die **Antwort** SUBSTANTIV
answer ◇ *jemandem eine Antwort geben* to give somebody an answer

antworten VERB
to answer ◇ *Antworte bitte!* Please answer.
- **auf etwas antworten** to answer something ◇ *Sie konnte auf diese Frage nicht antworten.* She couldn't answer the question.
- **jemandem antworten** to answer somebody ◇ *Wo warst du? Antworte mir gefälligst!* Where have you been? Answer me, will you!

der **Anwalt** SUBSTANTIV (PL die **Anwälte**)
lawyer

Im Englischen gibt es mehrere Wörter für Anwalt. Am neutralsten ist das Wort lawyer. *Vor Gericht wird man von einem* counsel *vertreten. Im britischen Englisch unterscheidet man weiterhin zwischen einem Anwalt für niedrigere Gerichte* (solicitor) *und einem Anwalt für hohe Gerichte* (barrister). *Im amerikanischen Englisch benutzt man häufiger das Wort* attorney.

die **Anwältin** SUBSTANTIV
lawyer

die **Anweisung** SUBSTANTIV
instruction ◇ *Folgen Sie bitte den Anweisungen Ihres Führers.* Please follow your guide's instructions.
- **Anweisung haben, etwas zu tun** to have instructions to do something

anwenden VERB (IMPERFECT **wendete** *or* **wandte an**, PERFECT **hat angewendet** *or* **angewandt**)
[1] *to use* ◇ *Welche Software wenden Sie an?* What software do you use? ◇ *Sie wenden eine neue Technik zum Recycling von Kunststoff an.* They use a new recycling technique for plastic.
[2] *to apply* (*applied, applied*) (*Gesetz, Regel*)
- **Gewalt anwenden** to use violence

anwesend ADJEKTIV
present

die **Anwesenheit** SUBSTANTIV
presence

die **Anzahl** SUBSTANTIV
number ◇ *je nach Anzahl der Teilnehmer* according to the number of participants ◇ *eine große Anzahl an Fehlern* a large number of mistakes

anzahlen VERB (PERFECT **hat angezahlt**)
- **fünfzig Mark anzahlen** to pay fifty marks deposit
- **ein Auto anzahlen** to put down a deposit on a car

das **Anzeichen** SUBSTANTIV (PL die **Anzeichen**)
sign

die **Anzeige** SUBSTANTIV
advertisement ◇ *Ich habe ihn über eine Anzeige kennen gelernt.* I met him through an advertisement.
- **Anzeige gegen jemanden erstatten** to report somebody to the police
- **Ich möchte Anzeige wegen Diebstahls erstatten.** I wish to report a theft.

anzeigen VERB (PERFECT **hat angezeigt**)
[1] *to show* (*showed, shown*) ◇ *Der Tachometer zeigt die Geschwindigkeit an.* The speedometer shows the speed.
[2] *to report* ◇ *Ich werde Sie wegen Ruhestörung anzeigen!* I'll report you for breach of the peace.

anziehen VERB (IMPERFECT **zog an**, PERFECT **hat angezogen**)
[1] *to put on* (*put, put*) ◇ *Ich muss mir nur noch die Schuhe anziehen.* I just have to put my shoes on.
[2] *to dress* ◇ *Kannst du bitte die Kinder anziehen?* Can you dress the children, please? ◇ *Er war sehr schick angezogen.* He was dressed very elegantly.
[3] *to attract* ◇ *Der Zoo zieht viele Besucher an.* The zoo attracts a lot of visitors.
- **sich von jemandem angezogen fühlen** to feel attracted to somebody
- **sich von etwas angezogen fühlen** to feel attracted to something

[4] *to tighten* (*Schraube*)
- **sich anziehen** to get dressed

der **Anzug** SUBSTANTIV (PL die **Anzüge**)
suit

anzünden VERB (PERFECT **hat angezündet**)
to light (*lit, lit*) ◇ *Ich habe mir eine Zigarette angezündet.* I lit a cigarette.

der **Apfel** SUBSTANTIV (PL die **Äpfel**)
apple

der **Apfelsaft** SUBSTANTIV (PL die **Apfelsäfte**)
apple juice

die **Apfelsine** SUBSTANTIV
orange

die **Apotheke** SUBSTANTIV
chemist's ◇ *in der Apotheke* at the chemist's

der **Apotheker** SUBSTANTIV (PL die **Apotheker**)
pharmacist ◇ *Er ist Apotheker.* He's a pharmacist.

der **Apparat** SUBSTANTIV (PL die **Apparate**)
[1] *gadget* ◇ *Mit diesem Apparat kann man Dosen zerkleinern.* You can crush tins with this gadget.
[2] *camera* (*Fotoapparat*)
[3] *telephone* ◇ *Wer war am Apparat?* Who was on the telephone?
- **Am Apparat!** Speaking!

[4] *set* (*Radio, Fernseher*)

das **Appartement** SUBSTANTIV (PL die **Appartements**)
flat

der **Appetit** SUBSTANTIV
appetite
- **Ich habe keinen Appetit.** I'm not hungry.
- **Guten Appetit!** Enjoy your meal!

die **Aprikose** SUBSTANTIV
apricot

der **April** SUBSTANTIV (GEN des **April** *or* **Aprils**, PL die **Aprile**)
April ◇ *im April* in April ◇ *am dritten April* on the third of April ◇ *Ulm, den 3. April 1990* Ulm, 3 April 1990 ◇ *Heute ist der dritte April.* Today is the third of April.
- **April, April!** April Fool!

der **Araber** SUBSTANTIV (PL die **Araber**)
Arab

die **Araberin** SUBSTANTIV
Arab

arabisch ADJEKTIV
- **arabische Länder** Arab countries
- **die arabische Sprache** Arabic

die **Arbeit** SUBSTANTIV
[1] *job* ◇ *Das ist eine sehr anstrengende Arbeit.* That's a very tiring job. ◇ *Er sucht eine Arbeit auf dem Bau.* He's looking for a job on a building site.
[2] *work* KEIN PL ◇ *Ich habe im Moment viel Arbeit.* I've got a lot of work at the moment.
◇ *Die Arbeiten an unserem neuen Haus gehen gut voran.* Work on our new house is progressing well.
- **Sie hat keine Arbeit.** She's out of work.
- **Das war eine Arbeit!** That was hard work.

[3] *dissertation* ◇ *Sie schreibt eine Arbeit über englische Ortsnamen.* She's writing a dissertation on English place names.
[4] *test* (*Klassenarbeit*) ◇ *Ich habe in der Arbeit eine Fünf geschrieben.* I got an "E" in the test. ◇ *Morgen schreiben wir in Mathe eine Arbeit.* We've got a maths test tomorrow.
- **in Arbeit sein** to be in hand ◇ *Ihre Reparatur ist in Arbeit.* Your repair work is in hand.

arbeiten VERB
to work ◇ *Sie arbeitet hart.* She works hard. ◇ *Er arbeitet als Elektriker bei der Firma Müller.* He works as an electrician for Müller's. ◇ *Seine Nieren arbeiten nicht richtig.* His kidneys don't work properly.
- **sich durch etwas arbeiten** to work one's way through something ◇ *Nach dem Urlaub musste ich mich durch Berge von Post arbeiten.* After my holiday I had to work my way through piles of mail.

der **Arbeiter** SUBSTANTIV (PL die **Arbeiter**)
worker

die **Arbeiterin** SUBSTANTIV
worker

der **Arbeitgeber** SUBSTANTIV (PL die **Arbeitgeber**)
employer

der **Arbeitnehmer** SUBSTANTIV (PL die **Arbeitnehmer**)
employee ◇ *Als Arbeitnehmer hat man gewisse Rechte.* As an employee you have certain rights.

das **Arbeitsamt** SUBSTANTIV (PL die **Arbeitsämter**)
job centre

Die britischen job centres *helfen Arbeitslosen und Schulabgängern bei der Suche nach Arbeitsplätzen und Lehrstellen. Anträge auf Arbeitslosenunterstützung werden nicht von den* job centres, *sondern vom* Department of Social Security *bearbeitet.*

die **Arbeitserlaubnis** SUBSTANTIV (PL die **Arbeitserlaubnisse**)
work permit

arbeitslos ADJEKTIV
unemployed

der/die **Arbeitslose** SUBSTANTIV (GEN des/der **Arbeitslosen**, PL die **Arbeitslosen**)
unemployed person ◇ *Ein Arbeitsloser hat die Stelle bekommen.* An unemployed person got the job.
- **die Arbeitslosen** the unemployed

die **Arbeitslosigkeit** SUBSTANTIV
unemployment

der **Arbeitsplatz** SUBSTANTIV (GEN des **Arbeitsplatzes**, PL die **Arbeitsplätze**)
[1] *job* ◇ *Suchen Sie einen neuen Arbeitsplatz?* Are you looking for a new job?
[2] *desk* ◇ *Frau Marr ist im Moment nicht an ihrem Arbeitsplatz.* Ms Marr isn't at her desk at the moment.

die **Arbeitszeit** SUBSTANTIV
working hours PL
- **gleitende Arbeitszeit** flexitime

der **Architekt** SUBSTANTIV (GEN des **Architekten**, PL die **Architekten**)
architect ◇ *Er ist Architekt.* He's an architect.

die **Architektur** SUBSTANTIV
architecture

Argentinien NEUT SUBSTANTIV
Argentina ◇ *nach Argentinien* to Argentina

der **Ärger** SUBSTANTIV
[1] *anger* ◇ *Er hat seinen Ärger über die Verspätung an mir ausgelassen.* He took out his anger at the delay on me.
[2] *trouble* ◇ *Wenn du das machst, bekommst du Ärger.* If you do that, you'll get into trouble.
- **Ärger mit etwas haben** to have trouble with something ◇ *Hast du wieder Ärger mit deinem Computer?* Are you having trouble with your computer again?

ärgerlich ADJEKTIV
[1] *annoying* ◇ *Diese dauernden Störungen sind sehr ärgerlich.* These constant interruptions are very annoying.
[2] *angry* ◇ *Ich bin auf ihn ärgerlich.* I'm

angry with him. ◇ *Er ist über die Verzögerung ärgerlich.* He's angry at the delay.
- ◆ **jemanden ärgerlich machen** to annoy somebody

ärgern VERB
to annoy ◇ *Du sollst deine Schwester nicht immer ärgern!* Don't keep annoying your sister.
- ◆ **sich ärgern** to be annoyed ◇ *Ich habe mich über diesen Fehler sehr geärgert.* I was very annoyed about that mistake.

die **Arktis** SUBSTANTIV
the Arctic ◇ *in der Arktis* in the Arctic

der **Arm** SUBSTANTIV (PL die **Arme**)
siehe auch arm ADJEKTIV
arm
- ◆ **jemanden auf den Arm nehmen** to pull somebody's leg (*Umgangssprache*) ◇ *Du willst mich wohl auf den Arm nehmen?* You're pulling my leg.

arm ADJEKTIV
siehe auch der Arm SUBSTANTIV
poor ◇ *Er ist ärmer als ich.* He's poorer than me.

das **Armband** SUBSTANTIV (PL die **Armbänder**)
bracelet

die **Armbanduhr** SUBSTANTIV
wristwatch (PL *wristwatches*)

die **Armee** SUBSTANTIV
army

der **Ärmel** SUBSTANTIV (PL die **Ärmel**)
sleeve

der **Ärmelkanal** SUBSTANTIV
the English Channel

die **Armut** SUBSTANTIV
poverty

arrangieren VERB (PERFECT **hat arrangiert**)
to arrange ◇ *Sie hat ein Treffen der beiden arrangiert.* She arranged for them both to meet.

die **Art** SUBSTANTIV (PL die **Arten**)
1 *way* ◇ *Ich mache das auf meine Art.* I do that my way.
2 *kind* ◇ *Ich mag diese Art Obst nicht.* I don't like this kind of fruit. ◇ *Häuser aller Art* all kinds of houses
3 *species* (*Tierart, Pflanzenart*) ◇ *Diese Art ist vom Aussterben bedroht.* This species is in danger of extinction.
- ◆ **Es ist nicht seine Art, das zu tun.** It's not like him to do that.

der **Artikel** SUBSTANTIV (PL die **Artikel**)
article

die **Arznei** SUBSTANTIV
medicine

das **Arzneimittel** SUBSTANTIV (PL die **Arzneimittel**)
drug

der **Arzt** SUBSTANTIV (PL die **Ärzte**)
doctor ◇ *Helmut ist Arzt.* Helmut's a doctor.

die **Ärztin** SUBSTANTIV
doctor ◇ *Jutta ist Ärztin.* Jutta's a doctor.

ärztlich ADJEKTIV
medical
- ◆ **Die Wunde muss ärztlich behandelt werden.** The wound will have to be treated by a doctor.

das **As** SUBSTANTIV *siehe* **Ass**

die **Asche** SUBSTANTIV (PL die **Aschen**)
ash (PL *ashes*)

der **Aschenbecher** SUBSTANTIV (PL die **Aschenbecher**)
ashtray

der **Aschermittwoch** SUBSTANTIV
Ash Wednesday ◇ *am Aschermittwoch* on Ash Wednesday

der **Asiat** SUBSTANTIV (GEN des **Asiaten**, PL die **Asiaten**)
Asian

die **Asiatin** SUBSTANTIV
Asian

asiatisch ADJEKTIV
Asian

Asien NEUT SUBSTANTIV
Asia
- ◆ **aus Asien** from Asia
- ◆ **nach Asien** to Asia

aß VERB *siehe* **essen**

das **Ass** ⚠ SUBSTANTIV (GEN des **Asses**, PL die **Asse**)
ace ◇ *das Herzass* the ace of hearts

der **Ast** SUBSTANTIV (PL die **Äste**)
branch (PL *branches*)

das **Asthma** SUBSTANTIV
asthma ◇ *Sie hat Asthma.* She's got asthma.

die **Astrologie** SUBSTANTIV
astrology

der **Astronaut** SUBSTANTIV (GEN des **Astronauten**, PL die **Astronauten**)
astronaut ◇ *Er ist Astronaut.* He's an astronaut.

die **Astronomie** SUBSTANTIV
astronomy

das **Asyl** SUBSTANTIV (PL die **Asyle**)
asylum ◇ *Er bat um politisches Asyl.* He applied for political asylum.
- ◆ **ein Obdachlosenasyl** a hostel for the homeless

der **Atem** SUBSTANTIV
breath ◇ *außer Atem* out of breath

der **Atlantik** SUBSTANTIV
the Atlantic ◇ *eine Insel im Atlantik* an island in the Atlantic

der **Atlas** SUBSTANTIV (GEN des **Atlasses**, PL die **Atlasse** *or* **Atlanten**)
atlas (PL *atlases*)

atmen VERB
to breathe

die **Atmosphäre** SUBSTANTIV
atmosphere

das **Atom** SUBSTANTIV (PL die **Atome**)
atom

atomar ADJEKTIV
atomic

die **Atombombe** SUBSTANTIV
atom bomb

die **Atomwaffen** FEM PL SUBSTANTIV
atomic weapons PL
atomwaffenfrei ADJEKTIV
nuclear-free
attraktiv ADJEKTIV
attractive ◇ *attraktiv aussehen* to look attractive
ätzend ADJEKTIV
1 *rubbish* (*Umgangssprache*) ◇ *Die Musik ist ätzend.* The music's rubbish.
2 *corrosive* (*Säure*)
3 *caustic* (*Spott*)
au! INTERJEKTION
ouch!
◆ **Au ja!** Oh yes!
auch ADVERB
1 *also* ◇ *Gummienten verkaufen wir auch.* We also sell rubber ducks.
2 *too* ◇ *Das ist auch schön.* That's nice, too.
◆ **Ich auch.** Me too.
◆ **Ich auch nicht.** Me neither.
◆ **Er kommt. – Sie auch.** He's coming. – So is she.
◆ **auch nicht** not...either ◇ *Nein, das Kleid gefällt mir auch nicht.* No, I don't like that dress either.
◆ **Auch das noch!** That's all we needed!
3 *even* ◇ *Auch wenn das Wetter schlecht ist.* Even if the weather's bad. ◇ *ohne auch nur zu fragen* without even asking
◆ **Du siehst müde aus. – Bin ich auch.** You look tired. – I am.
◆ **wer auch** whoever ◇ *Wer das auch gesagt hat, ich glaube es nicht.* I don't believe it, whoever said it.
◆ **was auch** whatever ◇ *Was du auch sagst, ich finde es schön.* Whatever you say, I think it's nice.
◆ **wie dem auch sei** be that as it may ◇ *Wie dem auch sei, ich gehe jetzt trotzdem.* Be that as it may, I'm still going.
◆ **wie sehr er sich auch bemühte** however much he tried
auf PRÄPOSITION, ADVERB
1 *on*
Use the accusative to express movement or a change of place. Use the dative when there is no change of place.
◇ *Stell die Suppe bitte auf den Tisch.* Please put the soup on the table. ◇ *Die Suppe steht auf dem Tisch.* The soup's on the table.
◆ **Auf dem Land ist die Luft besser.** The air is better in the country.
◆ **Wir fahren morgen aufs Land.** We're going to the country tomorrow.
◆ **auf der ganzen Welt** in the whole world
◆ **auf Deutsch** in German
◆ **bis auf ihn** except for him
◆ **auf einmal** at once
◆ **auf seinen Vorschlag hin** at his suggestion
2 *open* ◇ *Das Fenster ist auf.* The window's open. ◇ *Die Geschäfte sind am Sonntag nicht auf.* The shops aren't open on Sunday.
3 *up* ◇ *Ist er schon auf?* Is he up yet? ◇ *Ich bin schon seit sieben Uhr auf.* I've been up since seven.
◆ **auf und ab** up and down
◆ **auf und davon** up and away
aufatmen VERB (PERFECT **hat aufgeatmet**)
to heave a sigh of relief
aufbekommen VERB (IMPERFECT **bekam auf**, PERFECT **hat aufbekommen**)
1 *to get open* (*got, got*) ◇ *Ich bekomme das Fenster nicht auf.* I can't get the window open.
2 *to be given homework* (*is, was, been*) ◇ *Wir haben heute nichts aufbekommen.* We weren't given any homework today.
aufbewahren VERB (PERFECT **hat aufbewahrt**)
to keep (*kept, kept*) ◇ *Sie bewahrt ihre Ersparnisse in einer Blechdose auf.* She keeps her savings in a tin.
aufblasen VERB (PRESENT **bläst auf**, IMPERFECT **blies auf**, PERFECT **hat aufgeblasen**)
to inflate
aufbleiben VERB (IMPERFECT **blieb auf**, PERFECT **ist aufgeblieben**)
1 *to stay open* ◇ *Donnerstags bleiben die Geschäfte länger auf.* The shops stay open longer on Thursdays.
2 *to stay up* ◇ *Heute dürft ihr ausnahmsweise länger aufbleiben.* Today you can stay up late for once.
aufbrechen VERB (PRESENT **bricht auf**, IMPERFECT **brach auf**, PERFECT **hat/ist aufgebrochen**)
For the perfect tense use haben *when the verb has an object and* sein *when there is no object.*
1 *to break open* (*broke, broken*) ◇ *Die Diebe haben den Safe aufgebrochen.* The thieves broke the safe open.
2 *to open up* ◇ *Die Wunde ist wieder aufgebrochen.* The wound has opened up again.
3 *to set off* (*set, set*) ◇ *Wann seid ihr aufgebrochen?* When did you set off?
aufbringen VERB (IMPERFECT **brachte auf**, PERFECT **hat aufgebracht**)
1 *to open* ◇ *Ich bringe das Konservenglas nicht auf.* I can't open the jar.
2 *to raise* ◇ *Wie soll ich nur das Geld für die Reparatur aufbringen?* However am I going raise the money for the repairs?
◆ **Verständnis für etwas aufbringen** to be able to understand something
aufeinander ADVERB
on top of each other ◇ *Leg die Handtücher aufeinander.* Put the towels on top of each other.
◆ **aufeinander schießen** to shoot at one another
◆ **aufeinander vertrauen** to trust each other
der **Aufenthalt** SUBSTANTIV (PL die **Aufenthalte**)

1 *stay* ◇ *Während unseres Aufenthalts in London...* During our stay in London...
2 *stop* ◇ *Der Zug hat fünf Minuten Aufenthalt in Ulm.* The train has a five-minute stop in Ulm.

aufessen VERB (PRESENT **isst auf**, IMPERFECT **aß auf**, PERFECT **hat aufgegessen**)
to eat up (*ate, eaten*)

auffallen VERB (PRESENT **fällt auf**, IMPERFECT **fiel auf**, PERFECT **ist aufgefallen**)
to be conspicuous (*is, was, been*)
◆ **jemandem auffallen** to strike somebody ◇ *Es fiel mir auf, dass sie sich recht seltsam benahm.* It struck me that she was behaving rather strangely.

auffällig ADJEKTIV
conspicuous
◆ **auffällig gekleidet sein** to be dressed strikingly

auffangen VERB (PRESENT **fängt auf**, IMPERFECT **fing auf**, PERFECT **hat aufgefangen**)
to catch (*caught, caught*)

aufführen VERB (PERFECT **hat aufgeführt**)
1 *to perform* ◇ *ein Stück aufführen* to perform a play
2 *to list* ◇ *Alle Fachausdrücke sind im Anhang aufgeführt.* All technical terms are listed in the appendix.
◆ **sich aufführen** to behave

die **Aufführung** SUBSTANTIV
performance

die **Aufgabe** SUBSTANTIV
1 *task* ◇ *Vier Kinder zu erziehen ist eine schwierige Aufgabe.* Bringing up four children is a difficult task.
2 *question* ◇ *Ich konnte die zweite Aufgabe in der Mathearbeit nicht lösen.* I couldn't solve the second question in the maths test.
3 *homework* KEIN PL ◇ *Hast du deine Aufgaben schon gemacht?* Have you done your homework yet?

aufgeben VERB (PRESENT **gibt auf**, IMPERFECT **gab auf**, PERFECT **hat aufgegeben**)
1 *to give up* (*gave, given*) ◇ *Du solltest das Rauchen aufgeben.* You should give up smoking.
2 *to post* ◇ *Ich habe das Paket an dich vor drei Tagen aufgegeben.* I posted the parcel to you three days ago.
3 *to check in* ◇ *Du kannst den Koffer ja vor der Reise aufgeben.* You can check in your suitcase before you travel.
◆ **eine Anzeige aufgeben** to place an advertisement
◆ **Ich gebe auf!** I give up.

aufgehen VERB (IMPERFECT **ging auf**, PERFECT **ist aufgegangen**)
1 *to rise* (*rose, risen*) ◇ *Der Mond ist aufgegangen.* The moon has risen.
2 *to open* ◇ *Die Tür ging auf, und Christoph kam herein.* The door opened and Christoph came in.
3 *to become clear* (*became, become*) ◇ *Mir ist inzwischen aufgegangen, warum sie das gesagt hat.* It has since become clear to me why she said that.
◆ **Zwanzig durch sechs geht nicht auf.** Six into twenty doesn't go.

aufgelegt ADJEKTIV
◆ **gut aufgelegt sein** to be in a good mood
◆ **schlecht aufgelegt sein** to be in a bad mood
◆ **zu etwas aufgelegt sein** to feel like something ◇ *Ich bin zu einem Spaziergang aufgelegt.* I feel like a walk.

aufgeregt ADJEKTIV
excited

aufgeschlossen ADJEKTIV
open-minded

aufgrund PRÄPOSITION
The preposition aufgrund *takes the genitive.*
1 *because of* ◇ *Das Spiel ist aufgrund des schlechten Wetters ausgefallen.* The game was cancelled because of the bad weather.
2 *on the basis of* ◇ *Sie wurde aufgrund von Indizien überführt.* She was convicted on the basis of circumstantial evidence.

aufhaben VERB (PRESENT **hat auf**, IMPERFECT **hatte auf**, PERFECT **hat aufgehabt**)
1 *to have on* (*had, had*) ◇ *Sie hatte einen roten Hut auf.* She had a red hat on.
2 *to have homework to do* ◇ *Wir haben heute in Englisch nichts auf.* We haven't got any English homework to do today.

aufhalten VERB (PRESENT **hält auf**, IMPERFECT **hielt auf**, PERFECT **hat aufgehalten**)
1 *to detain* ◇ *Ich möchte dich nicht aufhalten.* I don't want to detain you.
2 *to check* ◇ *Wie kann die Vergrößerung des Ozonlochs aufgehalten werden?* How can the growth of the ozone hole be checked?
3 *to hold open* (*held, held*) ◇ *Kannst du mir bitte die Tür aufhalten?* Can you hold the door open for me, please?
◆ **Sie hielt die Hand auf.** She held out her hand.
◆ **Halt die Augen auf, ob du sie sehen kannst.** Keep your eyes peeled. You might see them.
◆ **sich aufhalten (1)** to live ◇ *Sie hat sich lange im Ausland aufgehalten.* She lived abroad for a long time.
◆ **sich aufhalten (2)** to stay ◇ *Ich möchte mich nicht lange aufhalten.* I don't want to stay long.
◆ **sich mit etwas aufhalten** to waste time over something ◇ *Mit solchen Kinderspielen halte ich mich doch nicht auf.* I'm not wasting my time over such childish games.

aufhängen VERB (PERFECT **hat aufgehängt**)
to hang up (*hung, hung*) (*Wäsche*)
◆ **sich aufhängen** to hang oneself (*hanged, hanged*) ◇ *Er hat gedroht, sich aufzuhängen.* He's threatened to hang himself.

aufheben VERB (IMPERFECT **hob auf**, PERFECT

hat aufgehoben)
[1] *to pick up* ◇ *Sie hob das Heft, das auf den Boden gefallen war, auf.* She picked up the exercise book which had fallen on the floor.
[2] *to keep* (*kept, kept*) ◇ *Sie hat alle seine Briefe aufgehoben.* She's kept all his letters.
◆ **gut aufgehoben sein** to be well looked after ◇ *Unsere Tochter ist bei ihrer Oma gut aufgehoben.* Our daughter's being well looked after at her granny's.

aufheitern VERB (PERFECT **hat aufgeheitert**)
◆ **jemanden aufheitern** to cheer somebody up ◇ *Versuch, sie etwas aufzuheitern.* Try to cheer her up a bit.

aufhören VERB (PERFECT **hat aufgehört**)
to stop ◇ *Der Regen hat aufgehört.* The rain's stopped.
◆ **aufhören, etwas zu tun** to stop doing something ◇ *Hör endlich auf, dich dauernd zu beklagen.* Will you stop complaining all the time!

aufklären VERB (PERFECT **hat aufgeklärt**)
to solve ◇ *Die Polizei hat den Mord aufgeklärt.* The police have solved the murder.
◆ **jemanden aufklären (1)** to explain to somebody ◇ *Kannst du mich bitte aufklären, wie man das machen muss.* Can you please explain to me how this should be done.
◆ **jemanden aufklären (2)** (*sexuell*) to tell somebody the facts of life ◇ *Meine Eltern haben mich aufgeklärt, als ich zehn war.* My parents told me the facts of life when I was ten.
◆ **sich aufklären** to clear up ◇ *Das Wetter klärt sich auf.* The weather's clearing up.
◆ **Das Rätsel hat sich aufgeklärt.** The mystery has been solved.

der **Aufkleber** SUBSTANTIV (PL die **Aufkleber**)
sticker

auflassen VERB (PRESENT **lässt auf**, IMPERFECT **ließ auf**, PERFECT **hat aufgelassen**)
[1] *to leave open* (*left, left*) ◇ *Lass bitte das Fenster auf.* Please leave the window open.
[2] *to keep on* ◇ *Kann ich meine Mütze auflassen?* Can I keep my hat on?

auflegen VERB (PERFECT **hat aufgelegt**)
to hang up (*hung, hung*) (*Hörer*) ◇ *Sie hat einfach aufgelegt.* She simply hung up.

auflesen VERB (PRESENT **liest auf**, IMPERFECT **las auf**, PERFECT **hat aufgelesen**)
to pick up ◇ *etwas von der Straße auflesen* to pick something up off the street

auflösen VERB (PERFECT **hat aufgelöst**)
[1] *to dissolve* ◇ *Du solltest die Tablette in Wasser auflösen.* You should dissolve the tablet in water.
[2] *to break up* (*broke, broken*) ◇ *Die Polizei hat die Demonstration aufgelöst.* The police broke up the demonstration.
◆ **sich auflösen** to dissolve ◇ *Der Zucker hatte sich schnell im Tee aufgelöst.* The sugar had quickly dissolved in the tea.
◆ **wenn sich der Nebel aufgelöst hat** when the fog has lifted
◆ **Die Menschenmenge löste sich auf.** The crowd dispersed.
◆ **in Tränen aufgelöst sein** to be in tears

aufmachen VERB (PERFECT **hat aufgemacht**)
[1] *to open* ◇ *Kannst du bitte die Tür aufmachen?* Can you open the door, please? ◇ *Wann machen die Geschäfte auf?* When do the shops open?
[2] *to undo* (*undoes, undid, undone*) ◇ *Ich schaffe es nicht, den Reißverschluss aufzumachen.* I can't undo the zip.
◆ **sich aufmachen** to set out ◇ *Wir machten uns nach London auf.* We set out for London.

aufmerksam ADJEKTIV
attentive
◆ **jemanden auf etwas aufmerksam machen** to point something out to somebody ◇ *Ich habe ihn auf das Schloss aufmerksam gemacht.* I pointed the castle out to him.

die **Aufmerksamkeit** SUBSTANTIV
attention ◇ *Darf ich um Ihre Aufmerksamkeit bitten!* May I have your attention?
◆ **Wir sollten ihnen eine kleine Aufmerksamkeit mitbringen.** We ought to take them a little something.

aufmuntern VERB (PERFECT **hat aufgemuntert**)
to cheer up

die **Aufnahme** SUBSTANTIV
[1] *welcome* ◇ *Wir fanden eine sehr freundliche Aufnahme in unserer Partnerstadt.* We were given a very friendly welcome in our twin town.
[2] *recording* ◇ *Wir haben uns die Aufnahme des Konzerts angehört.* We listened to a recording of the concert.
[3] *photograph* ◇ *Möchtest du die Aufnahmen sehen, die ich in den Ferien gemacht habe?* Would you like to see the photographs I took on holiday?

die **Aufnahmeprüfung** SUBSTANTIV
entrance test

aufnehmen VERB (PRESENT **nimmt auf**, IMPERFECT **nahm auf**, PERFECT **hat aufgenommen**)
[1] *to take* ◇ *Wie hat sie die Nachricht aufgenommen?* How did she take the news?
[2] *to record* ◇ *Wenn das Lied im Radio kommt, muss ich es unbedingt aufnehmen.* If they play the song on the radio, I really must record it.
[3] *to photograph* ◇ *Diesen tollen Sonnenuntergang muss ich aufnehmen.* I must photograph this wonderful sunset.
[4] *to admit* ◇ *Was muss man tun, um in den Tennisclub aufgenommen zu werden?*

What do you have to do to be admitted to the tennis club?

- **es mit jemandem aufnehmen können** to be able to compete with somebody

aufpassen VERB (PRESENT **passt auf**, IMPERFECT **passte auf**, PERFECT **hat aufgepasst**)
to pay attention (*paid, paid*) ◇ *Ich habe heute im Unterricht nicht aufgepasst.* I didn't pay attention in class today.

- **auf jemanden aufpassen** to look after somebody ◇ *Ich muss auf meinen kleinen Bruder aufpassen.* I have to look after my little brother.
- **auf etwas aufpassen** to look after something ◇ *Kannst du mal eben auf meinen Koffer aufpassen?* Can you look after my suitcase for a moment?
- **Aufgepasst!** Look out!

aufräumen VERB (PERFECT **hat aufgeräumt**)
to tidy up (*tidied, tidied*) ◇ *Ich darf erst raus, wenn ich mein Zimmer aufgeräumt habe.* I can't go out until I've tidied up my room.

aufrecht ADJEKTIV
upright

aufrechterhalten VERB (PRESENT **erhält aufrecht**, IMPERFECT **erhielt aufrecht**, PERFECT **hat aufrechterhalten**)
to maintain

aufregen VERB (PERFECT **hat aufgeregt**)
to excite

- **sich aufregen** to get excited

aufregend ADJEKTIV
exciting

aufs = **auf das**

der **Aufsatz** SUBSTANTIV (GEN des **Aufsatzes**, PL die **Aufsätze**)
essay ◇ *Wir haben in Deutsch heute einen Aufsatz geschrieben.* We wrote an essay in today's German lesson.

aufschieben VERB (IMPERFECT **schob auf**, PERFECT **hat aufgeschoben**)
1 *to push open* ◇ *Man kann diese Tür aufschieben.* You can push this door open.
2 *to put off* (*put, put*) ◇ *Wir haben unsere Abreise noch einmal aufgeschoben.* We put off our departure once again.

aufschließen VERB (IMPERFECT **schloss auf**, PERFECT **hat aufgeschlossen**)
to unlock ◇ *Schließ bitte die Tür auf!* Please unlock the door. ◇ *Sie schloss auf und ging hinein.* She unlocked the door and went in.

aufschlussreich ⚠ ADJEKTIV
informative

der **Aufschnitt** SUBSTANTIV (PL die **Aufschnitte**)
cold meat

aufschreiben VERB (IMPERFECT **schrieb auf**, PERFECT **hat aufgeschrieben**)
to write down (*wrote, written*)

aufsehen VERB (PRESENT **sieht auf**, IMPERFECT **sah auf**, PERFECT **hat aufgesehen**)
siehe auch das Aufsehen SUBSTANTIV
to look up ◇ *Als die Tür aufging, sah sie von ihrer Arbeit auf.* When the door opened she looked up from her work.

das **Aufsehen** SUBSTANTIV
siehe auch aufsehen VERB
stir ◇ *Ihre Kleidung hat Aufsehen erregt.* Her outfit caused a stir.

- **Aufsehen erregend** sensational

aufsein VERB *siehe* **auf**

aufsetzen VERB (PERFECT **hat aufgesetzt**)
to put on (*put, put*) ◇ *Setz dir eine Mütze auf!* Put a hat on.

- **Ich setze das Teewasser auf.** I'll put the kettle on.
- **sich aufsetzen** to sit up ◇ *Der Patient setzte sich auf.* The patient sat up.

die **Aufsicht** SUBSTANTIV
supervision

- **die Aufsicht haben** to be in charge

aufstehen VERB (IMPERFECT **stand auf**, PERFECT **ist/hat aufgestanden**)
Use sein *for* **to get up** *and* haben *for* **to be open**.
1 *to get up* (*got, got*) ◇ *Wann bist du heute Morgen aufgestanden?* When did you get up this morning? ◇ *Sie stand auf und ging.* She got up and left.
2 *to be open* (*is, was, been*) ◇ *Die Tür hat aufgestanden, also ging ich hinein.* The door was open, so I went in.

aufstellen VERB (PERFECT **hat aufgestellt**)
1 *to pitch* ◇ *Wir haben unser Zelt am Waldrand aufgestellt.* We pitched our tent at the edge of the woods.
2 *to stand up* (*stood, stood*) ◇ *Der Sonnenschirm ist umgefallen, ich muss ihn wieder aufstellen.* The sunshade has fallen over. I'll have to stand it up again.
3 *to set up* (*set, set*) ◇ *Sie stellte die Schachfiguren auf.* She set up the chess pieces.

- **eine Liste aufstellen** to draw up a list
- **einen Rekord aufstellen** to set a record
- **die Mannschaft aufstellen** to pick the team
- **jemanden für ein Spiel aufstellen** to pick somebody for a game
- **sich aufstellen** to line up ◇ *Stellt euch bitte in Zweierreihen auf!* Please line up in twos.

auftauchen VERB (PERFECT **ist aufgetaucht**)
to appear

auftauen VERB (PERFECT **hat/ist aufgetaut**)
For the perfect tense use haben *when the verb has an object and* sein *when there is no object.*
1 *to thaw* ◇ *Der Schnee taute auf.* The snow thawed.
2 *to defrost* ◇ *Ich habe die Pizza im Mikrowellenherd aufgetaut.* I've defrosted the pizza in the microwave. ◇ *Sobald das Fleisch aufgetaut ist, kann ich es zubereiten.* As soon as the meat has defrosted I can cook it.

aufteilen VERB (PERFECT **hat aufgeteilt**)
to divide up ◇ *Wir wurden in drei Gruppen aufgeteilt.* We were divided up into

three groups.

der **Auftrag** SUBSTANTIV (PL die **Aufträge**)
orders PL ◇ *Ich habe den Auftrag, Sie davon zu unterrichten, dass...* I have orders to inform you that...
◆ **Wir haben dem Architekten den Auftrag erteilt, einen Bauplan zu zeichnen.** We instructed the architect to draw up some building plans.
◆ **im Auftrag von** on behalf of ◇ *Ich komme im Auftrag der Firma Haehnle & Co.* I'm here on behalf of Haehnle and Co.

auftreten VERB (PRESENT **tritt auf**, IMPERFECT **trat auf**, PERFECT **ist aufgetreten**)
[1] *to appear* ◇ *Dieser Schauspieler tritt erst im dritten Akt auf.* This actor doesn't appear until the third act.
[2] *to occur* ◇ *Sollten Probleme auftreten, wende dich an uns.* If any problems occur, get in touch with us.
[3] *to behave* ◇ *Er ist ziemlich unbeliebt, weil er immer so überheblich auftritt.* He's quite unpopular because he always behaves so arrogantly.

aufwachen VERB (PERFECT **ist aufgewacht**)
to wake up (*woke, woken*)

aufwachsen VERB (PRESENT **wächst auf**, IMPERFECT **wuchs auf**, PERFECT **ist aufgewachsen**)
to grow up (*grew, grown*)

aufwecken VERB (PERFECT **hat aufgeweckt**)
to wake up (*woke, woken*)

aufzählen VERB (PERFECT **hat aufgezählt**)
to list

aufziehen VERB (IMPERFECT **zog auf**, PERFECT **hat aufgezogen**)
[1] *to draw* (*drew, drawn*) ◇ *Zieh die Vorhänge auf und lass das Licht herein!* Draw the curtains and let some light in.
[2] *to wind* (*wound, wound*) ◇ *Ich habe vergessen, die Uhr aufzuziehen.* I forgot to wind the clock.
◆ **jemanden aufziehen** to tease somebody ◇ *Sie haben mich wegen meiner roten Haare aufgezogen.* They teased me about my red hair.
◆ **Kinder aufziehen** to bring up children

der **Aufzug** SUBSTANTIV (PL die **Aufzüge**)
lift ◇ *Wir sind mit dem Aufzug nach oben gefahren.* We went up in the lift.

das **Auge** SUBSTANTIV (PL die **Augen**)
eye ◇ *Sie hat dunkle Augen.* She's got dark eyes.
◆ **unter vier Augen** in private

der **Augenblick** SUBSTANTIV (PL die **Augenblicke**)
moment
◆ **im Augenblick** at the moment

die **Augenbraue** SUBSTANTIV
eyebrow

der **August** SUBSTANTIV (GEN des **Augustes** *or* **August**, PL die **Auguste**)
August ◇ *im August* in August ◇ *am fünften August* on 5 August ◇ *Ulm, den 5. August 1998* Ulm, 5 August 1998 ◇ *Heute ist der fünfte August.* Today is the fifth of August.

aus PRÄPOSITION, ADVERB
The preposition **aus** *takes the dative.*
[1] *out of* ◇ *Sie nahm ein Bonbon aus der Tüte.* She took a sweet out of the bag. ◇ *aus dem Fenster* out of the window
[2] *from* ◇ *Wenn er aus der Schule kommt, ist er immer sehr müde.* When he comes home from school he's always very tired. ◇ *Ich komme aus Deutschland.* I come from Germany. ◇ *Er ist aus Berlin.* He's from Berlin.
[3] *made of* ◇ *Die Vase ist aus Porzellan.* The vase is made of china.
◆ **aus Erfahrung** from experience
◆ **aus Spaß** for fun
◆ **Ich habe ihr aus Freundschaft geholfen.** I helped her out of a sense of friendship.
◆ **Aus ihr wird nie etwas.** She'll never get anywhere.
[4] *finished* ◇ *wenn das Kino aus ist* when the film's finished ◇ *Komm sofort nach Hause, wenn die Schule aus ist.* Come straight home when school has finished.
◆ **Wann ist die Schule aus?** When does school finish?
[5] *off* ◇ *Der Fernseher ist aus.* The television's off.
◆ **Licht aus!** Lights out!
◆ **Sie können meinen Mann nicht sprechen, er ist aus.** You can't speak to my husband. He's out.
◆ **von sich aus** of one's own accord
◆ **von ihm aus** as far as he's concerned

ausatmen VERB (PERFECT **hat ausgeatmet**)
to breathe out

ausbeuten VERB (PERFECT **hat ausgebeutet**)
to exploit

ausbilden VERB (PERFECT **hat ausgebildet**)
to train ◇ *Er bildet Lehrlinge aus.* He trains apprentices. ◇ *Sie ist ausgebildete Krankenschwester.* She's a qualified nurse.

die **Ausbildung** SUBSTANTIV
training ◇ *eine solide Ausbildung* a decent training

die **Ausdauer** SUBSTANTIV
stamina

ausdenken VERB (IMPERFECT **dachte aus**, PERFECT **hat ausgedacht**)
◆ **sich etwas ausdenken** to think something up ◇ *Da hast du dir aber was Witziges ausgedacht.* You've certainly thought up something imaginative.

der **Ausdruck (1)** SUBSTANTIV (PL die **Ausdrücke**)
expression ◇ *Sie hat in der Schule ein paar schlimme Ausdrücke gelernt.* She's learned a few nasty expressions at school. ◇ *Als Ausdruck meiner Dankbarkeit habe ich ihr Blumen geschenkt.* I gave her flowers as an expression of my gratitude. ◇ *Ich kann am Ausdruck in deinem Gesicht sehen, dass dir das nicht passt.* I can see by your

expression that it doesn't suit you.

der **Ausdruck (2)** SUBSTANTIV (PL die **Ausdrucke**)
print-out ◇ *Kannst du mir von der Datei einen Ausdruck machen?* Can you do me a print-out of the file?

ausdrucken VERB (PERFECT **hat ausgedruckt**)
to print out ◇ *Soll ich dir die Namen ausdrucken?* Shall I print out the names for you?

ausdrücken VERB (PERFECT **hat ausgedrückt**)
to express ◇ *Ich weiß nicht, wie man das auf Englisch ausdrückt.* I don't know how to express it in English.

ausdrücklich ADJEKTIV
explicit ◇ *Sie hat dir das ausdrücklich verboten.* She explicitly forbade you to do it.

auseinander ADVERB
apart ◇ *weit auseinander* far apart
◆ **Auseinander, ihr beiden!** Break it up, you two!
◆ **auseinander schreiben** to write separately
◆ **auseinander halten** to distinguish
◆ **auseinander nehmen** to take to pieces

die **Ausfahrt** SUBSTANTIV
exit ◇ *Wir müssen an der nächsten Ausfahrt raus.* We have to take the next exit.

ausfallen VERB (PRESENT **fällt aus**, IMPERFECT **fiel aus**, PERFECT **ist ausgefallen**)
1 *to be cancelled* (*is, was, been*) ◇ *Der Sportunterricht fällt heute aus.* PE has been cancelled today.
2 *to break down* (*broke, broken*) ◇ *Die Heizung ist mal wieder ausgefallen.* The heating has broken down again.
◆ **Wenn der Strom ausfällt, dann sind alle Dateien weg.** If there's a power cut all the files are lost.
◆ **Die Mathearbeit ist furchtbar schlecht ausgefallen.** The results of the maths test were really awful.
3 *to fall out* (*fell, fallen*) ◇ *Ihm sind die Haare ausgefallen, als er noch ziemlich jung war.* His hair fell out when he was still quite young.

der **Ausflug** SUBSTANTIV (PL die **Ausflüge**)
outing ◇ *einen Ausflug machen* to go on an outing

ausfragen VERB (PERFECT **hat ausgefragt**)
to question

die **Ausfuhr** SUBSTANTIV
export

ausführen VERB (PERFECT **hat ausgeführt**)
to carry out (*carried, carried*) ◇ *Sie hat ihren Plan ausgeführt.* She carried out her plan.
◆ **jemanden ausführen** to take somebody out ◇ *Er hat mich zum Essen ausgeführt.* He took me out for a meal.
◆ **einen Hund ausführen** to take a dog for a walk
◆ **Waren ausführen** to export goods

ausführlich ADJEKTIV, ADVERB
1 *detailed* ◇ *ein ausführlicher Bericht* a detailed report
2 *in detail* ◇ *Sie hat mir ausführlich erzählt, wie es in den Ferien war.* She told me in detail what her holidays were like.

ausfüllen VERB (PERFECT **hat ausgefüllt**)
to fill in ◇ *Füllt bitte die Lücken im Text aus.* Please fill in the gaps in the text. ◇ *Hast du den Antrag schon ausgefüllt?* Have you already filled in the application form yet?
◆ **Mein Beruf füllt mich nicht aus.** My job doesn't satisfy me.

die **Ausgabe** SUBSTANTIV
1 *expenditure* KEIN PL ◇ *Wir hatten in der letzten Zeit viele Ausgaben.* We've had a lot of expenditure recently.
2 *edition* ◇ *Sie hat eine sehr alte Ausgabe von Goethes Werken.* She's got a very old edition of Goethe's works.
3 *issue* ◇ *Ich habe das in der letzten Ausgabe meines Computermagazins gelesen.* I read it in the last issue of my computer magazine.

der **Ausgang** SUBSTANTIV (PL die **Ausgänge**)
1 *exit* ◇ *Ich warte dann am Ausgang auf euch.* I'll wait for you at the exit, then.
◆ **"Kein Ausgang"** "No exit"
2 *ending* ◇ *Der Film hat einen sehr traurigen Ausgang.* The film has a very sad ending.
3 *result* ◇ *Welchen Ausgang hatte das Spiel?* What was the result of the match?

ausgeben VERB (PRESENT **gibt aus**, IMPERFECT **gab aus**, PERFECT **hat ausgegeben**)
1 *to spend* (*spent, spent*) ◇ *Wir haben auf dem Volksfest fünfzig Mark ausgegeben.* We spent fifty marks at the fair.
2 *to distribute* ◇ *Du musst dich da vorn anstellen, da werden die Karten ausgegeben.* You have to queue at the front there: that's where the tickets are being distributed.
◆ **einen ausgeben** to stand a round (*Umgangssprache*) ◇ *Ich habe heute Geburtstag, darum gebe ich einen aus.* It's my birthday today, so I'm standing a round.
◆ **sich für jemanden ausgeben** to pass oneself off as somebody ◇ *Sie hat sich für meine Schwester ausgegeben.* She passed herself off as my sister.
◆ **sich als etwas ausgeben** to pretend to be something ◇ *Er hat sich als Computerfachmann ausgegeben.* He pretended to be a computer expert.

ausgebucht ADJEKTIV
fully booked

ausgehen VERB (IMPERFECT **ging aus**, PERFECT **ist ausgegangen**)
1 *to go out* (*goes, went, gone*) ◇ *Sollen wir heute Abend ausgehen?* Shall we go out this evening? ◇ *Fritz will mit dir ausgehen.* Fritz wants to go out with you. ◇ *Plötzlich ging das Licht aus.* Suddenly the light went out.
2 *to run out* (*ran, run*) ◇ *Wir sollten tanken, bevor das Benzin ausgeht.* We

ought to fill up before we run out of petrol.
- **Mir ging das Benzin aus.** I ran out of petrol.
- **Wie ist das Spiel ausgegangen?** How did the game end?
- **schlecht ausgehen** to turn out badly
- **wir können davon ausgehen, dass...** we can assume that...

ausgelassen ADJEKTIV
exuberant

ausgerechnet ADVERB
- **ausgerechnet heute** today of all days
- **ausgerechnet du** you of all people

ausgeschlossen ADJEKTIV
impossible ◇ *Ich halte das für ausgeschlossen.* I think that's impossible.

ausgezeichnet ADJEKTIV, ADVERB
1 *excellent* ◇ *Werner ist ein ausgezeichneter Koch.* Werner's an excellent cook.
2 *excellently* ◇ *Sie hat es ausgezeichnet gemacht.* She did it excellently.

ausgiebig ADJEKTIV
substantial ◇ *Das Frühstück war sehr ausgiebig.* Breakfast was very substantial.
- **ausgiebig schlafen** to have a good sleep
- **sich ausgiebig erholen** to have a good long rest

aushalten VERB (PRESENT **hält aus**, IMPERFECT **hielt aus**, PERFECT **hat ausgehalten**)
- **Ich halte diese Hitze nicht aus!** I can't stand this heat.
- **Wie hast du es in dieser Stadt nur ausgehalten?** How could you stand living in this town?
- **Das ist nicht zum Aushalten.** It's unbearable.

sich **auskennen** VERB (IMPERFECT **kannte sich aus**, PERFECT **hat sich ausgekannt**)
1 *to know about* (*knew, known*) ◇ *Sie kennt sich mit Kindern gut aus.* She knows a lot about children.
2 *to know one's way around* ◇ *Er kennt sich in Stuttgart aus.* He knows his way around Stuttgart.

auskommen VERB (IMPERFECT **kam aus**, PERFECT **ist ausgekommen**)
- **mit jemandem auskommen** to get on with somebody ◇ *Ich komme mit meinen Eltern gut aus.* I get on well with my parents.
- **mit etwas auskommen** to manage on something ◇ *Ich muss mit fünfzig Mark in der Woche auskommen.* I have to manage on fifty marks a week.

die **Auskunft** SUBSTANTIV (PL die **Auskünfte**)
1 *information* KEIN PL ◇ *Nähere Auskunft erhalten Sie unter der folgenden Nummer.* For further information ring the following number.
2 *information office* ◇ *Fragen Sie bei der Auskunft, wann der nächste Zug nach Bremen geht.* Ask at the information office when the next train leaves for Bremen.
- **Telefonauskunft** directory inquiries PL ◇ *Ruf doch die Auskunft an!* Ring directory inquiries.

auslachen VERB (PERFECT **hat ausgelacht**)
to laugh at ◇ *Sie hat mich nur ausgelacht.* She just laughed at me.

ausladen VERB (PRESENT **lädt aus**, IMPERFECT **lud aus**, PERFECT **hat ausgeladen**)
to unload ◇ *Wir müssen noch das Auto ausladen.* We still have to unload the car.
- **jemanden ausladen** to tell somebody not to come

das **Ausland** SUBSTANTIV
- **im Ausland** abroad ◇ *Er lebt im Ausland.* He lives abroad.
- **ins Ausland** abroad ◇ *Nach dem Examen möchte sie ins Ausland gehen.* After the exams she wants to go abroad.

der **Ausländer** SUBSTANTIV (PL die **Ausländer**)
foreigner ◇ *Ihr Mann ist Ausländer.* Her husband's a foreigner.

die **Ausländerin** SUBSTANTIV
foreigner ◇ *Seine Frau ist Ausländerin.* His wife's a foreigner.

ausländisch ADJEKTIV
foreign

das **Auslandsgespräch** SUBSTANTIV (PL die **Auslandsgespräche**)
international call

auslassen VERB (PRESENT **lässt aus**, IMPERFECT **ließ aus**, PERFECT **hat ausgelassen**)
1 *to leave out* (*left, left*) ◇ *Die nächste Übung können wir auslassen.* We can leave out the next exercise.
- **Ich lasse heute das Mittagessen aus.** I'm skipping lunch today.

2 *to leave off* ◇ *Heute lass ich den Fernseher aus.* I'm leaving the television off today. ◇ *Bei der Hitze kannst du die Jacke auslassen.* You can leave your jacket off in this heat.
- **seine Wut an jemandem auslassen** to take one's anger out on somebody

ausleeren VERB (PERFECT **hat ausgeleert**)
to empty (*emptied, emptied*)

ausleihen VERB (IMPERFECT **lieh aus**, PERFECT **hat ausgeliehen**)
to lend (*lent, lent*) ◇ *Kannst du mir dein Moped ausleihen?* Can you lend me your moped?
- **sich etwas ausleihen** to borrow something ◇ *Ich habe mir das Wörterbuch meines Bruders ausgeliehen.* I've borrowed my brother's dictionary.

ausmachen VERB (PERFECT **hat ausgemacht**)
1 *to turn off* ◇ *Mach bitte das Radio aus, die Musik stört mich.* Please turn the radio off. The music's disturbing me.
- **das Licht ausmachen** to switch off the light

2 *to put out* (*put, put*) ◇ *Du solltest deine Zigarette ausmachen, bevor du hineingehst.* You should put your cigarette out before you go in.
3 *to arrange* ◇ *Habt ihr schon einen*

Termin für das Fest ausgemacht? Have you arranged a date for the party yet? ◇ *Ich habe mit ihr ausgemacht, dass wir uns um fünf Uhr treffen.* I've arranged to meet her at five.
4 *to settle* ◇ *Macht das unter euch aus.* Settle the matter between you.
5 *to mind* ◇ *Es macht mir nichts aus, wenn ich allein gehen muss.* I don't mind having to go alone. ◇ *Macht es Ihnen etwas aus, wenn...?* Would you mind if...?

die **Ausnahme** SUBSTANTIV
exception

ausnahmsweise ADVERB
for once

ausnützen VERB (PERFECT **hat ausgenützt**)
to use

auspacken VERB (PERFECT **hat ausgepackt**)
to unpack

ausprobieren VERB (PERFECT **hat ausprobiert**)
to try out (*tried, tried*)

der **Auspuff** SUBSTANTIV (PL die **Auspuffe**)
exhaust

der **Auspufftopf** SUBSTANTIV (PL die **Auspufftöpfe**)
silencer

ausrechnen VERB (PERFECT **hat ausgerechnet**)
to calculate

die **Ausrede** SUBSTANTIV
excuse

ausreichend ADJEKTIV
1 *sufficient* ◇ *ausreichend Geld* sufficient money
2 *adequate* (*Schulnote*)
German marks range from one (sehr gut) *to six* (ungenügend).

die **Ausreise** SUBSTANTIV
departure
- **bei der Ausreise** when leaving the country

ausrichten VERB (PERFECT **hat ausgerichtet**)
1 *to tell* (*told, told*) ◇ *Ich werde es ihm ausrichten.* I'll tell him.
- **Richte bitte an deine Eltern schöne Grüße aus.** Please give my regards to your parents.

2 *to gear to* ◇ *Wir müssen unser Veranstaltungsangebot mehr auf Jugendliche ausrichten.* We must gear our events more to young people.

das **Ausrufezeichen** SUBSTANTIV (PL die **Ausrufezeichen**)
exclamation mark

sich **ausruhen** VERB (PERFECT **hat sich ausgeruht**)
to rest

ausrüsten VERB (PERFECT **hat ausgerüstet**)
to equip

die **Ausrüstung** SUBSTANTIV
equipment KEIN PL

ausschalten VERB (PERFECT **hat ausgeschaltet**)
to switch off

ausschlafen VERB (PRESENT **schläft aus**, IMPERFECT **schlief aus**, PERFECT **hat ausgeschlafen**)
to have a good sleep (*had, had*)
- **Morgen kann ich ausschlafen.** I can have a lie-in tomorrow.
- **Ich bin nicht ausgeschlafen.** I didn't get enough sleep.

ausschließlich ADVERB, PRÄPOSITION
1 *exclusively* ◇ *Der Schulhof ist ausschließlich für Schüler dieser Schule.* The school yard is exclusively for pupils of this school.
2 *except* ◇ *Wir haben jeden Tag geöffnet ausschließlich Sonntag.* We're open every day except Sunday.

ausschneiden VERB (IMPERFECT **schnitt aus**, PERFECT **hat ausgeschnitten**)
to cut out (*cut, cut*)

der **Ausschuss** ⚠ SUBSTANTIV (GEN des **Ausschusses**, PL die **Ausschüsse**)
committee

aussehen VERB (PRESENT **sieht aus**, IMPERFECT **sah aus**, PERFECT **hat ausgesehen**)
siehe auch das Aussehen SUBSTANTIV
to look ◇ *Sie sieht sehr hübsch aus.* She looks very pretty. ◇ *Wie siehst du denn aus?* What do you look like! ◇ *Es sieht nach Regen aus.* It looks like rain. ◇ *Es sieht schlecht aus.* Things look bad.

das **Aussehen** SUBSTANTIV
siehe auch aussehen VERB
appearance

aussein VERB *siehe* **aus**

außen ADVERB
on the outside ◇ *Außen ist es rot.* It's red on the outside.

das **Außenministerium** SUBSTANTIV (PL die **Außenministerien**)
foreign office

die **Außenpolitik** SUBSTANTIV
foreign policy (PL *policies*)

der **Außenseiter** SUBSTANTIV (PL die **Außenseiter**)
outsider

außer PRÄPOSITION, KONJUNKTION
The preposition außer *takes the dative.*
1 *apart from* ◇ *Außer dir haben das alle verstanden.* Everyone has understood apart from you. ◇ *Wer war noch da außer Horst?* Apart from Horst, who was there?
- **außer Haus** out ◇ *Er ist heute den ganzen Tag außer Haus.* He's out all day today.
- **außer Landes** abroad
- **außer Gefahr** out of danger
- **außer Betrieb** out of order
- **außer sich sein** to be beside oneself ◇ *Sie war außer sich vor Wut.* She was beside herself with rage.

2 *if...not* ◇ *Wir machen morgen ein Picknick, außer es regnet.* We're having a picnic tomorrow if it doesn't rain.
- **nicht...außer** not...unless ◇ *Wir können sie nicht mitnehmen, außer sie ist schon reisefertig.* We can't take her with us unless she's all packed and ready to go.

außerdem KONJUNKTION
in addition

A

äußere ADJEKTIV
1 *outer* ◇ *Sie bildeten einen äußeren und einen inneren Kreis.* They formed an outer and an inner circle.
2 *external* ◇ *Nur zur äußeren Anwendung.* For external use only.
◆ **Der äußere Eindruck trügt manchmal.** Appearances are sometimes deceptive.

außergewöhnlich ADJEKTIV
unusual

außerhalb PRÄPOSITION, ADVERB
The preposition außerhalb *takes the genitive.*
1 *outside* ◇ *Es liegt außerhalb der Stadt.* It's outside the town.
2 *out of town* ◇ *Sie wohnt nicht in Ulm, sondern ziemlich weit außerhalb.* She doesn't live in Ulm, but quite a way out of town.
◆ **außerhalb der Saison** out of season

äußern VERB
to express ◇ *Sie hat den Wunsch geäußert, allein in die Ferien fahren zu dürfen.* She's expressed the wish to be allowed to go on holiday alone.
◆ **eine Meinung äußern** to give an opinion ◇ *Willst du nicht auch deine Meinung äußern?* Don't you want to give your opinion, too?
◆ **sich äußern** to comment ◇ *Sie wollte sich zu dem Vorwurf nicht äußern.* She didn't wish to comment on the accusation.

außerordentlich ADJEKTIV, ADVERB
exceptional ◇ *Sie hat eine außerordentliche Begabung.* She's exceptionally gifted.
◆ **Sie ist außerordentlich intelligent.** She's exceptionally intelligent.

äußerst ADVERB
siehe auch äußerste ADJEKTIV
extremely

äußerste ADJEKTIV
siehe auch äußerst ADVERB
utmost ◇ *Diese Sache ist von äußerster Wichtigkeit.* This matter is of the utmost importance.
◆ **Tausend Mark sind der äußerste Preis, den ich für den Computer bezahlen kann.** One thousand marks is the most I can pay for the computer.

die **Äußerung** SUBSTANTIV
remark

die **Aussicht** SUBSTANTIV
1 *view* ◇ *Vom Hotel aus hat man eine schöne Aussicht aufs Meer.* You have a wonderful view of the sea from the hotel.
2 *prospect* ◇ *Die Aussicht auf diese Stelle hat ihr neuen Mut gegeben.* The prospect of this job gave her new hope.
◆ **Das sind ja schöne Aussichten!** What a prospect!
◆ **etwas in Aussicht haben** to have the prospect of something ◇ *Sie hat eine Stelle bei Collins in Aussicht.* She has the prospect of a job with Collins.

ausspannen VERB (PERFECT **hat ausgespannt**)
to relax

die **Aussprache** SUBSTANTIV
1 *pronunciation* ◇ *Die Aussprache der Wörter ist mit phonetischen Zeichen angegeben.* The pronunciation of the words is shown by phonetic symbols.
2 *frank discussion* ◇ *Ich hatte gestern eine lange Aussprache mit ihm.* I had a long, frank discussion with him yesterday.

aussprechen VERB (PRESENT **spricht aus**, IMPERFECT **sprach aus**, PERFECT **hat ausgesprochen**)
to pronounce ◇ *Wie spricht man dieses Wort aus?* How do you pronounce this word?
◆ **sich mit jemandem aussprechen** to talk things out with somebody ◇ *Meinst du nicht, wir sollten uns einmal aussprechen?* Don't you think we ought to talk things out?
◆ **sich gegen etwas aussprechen** to speak out against something ◇ *Die Mehrheit hat sich gegen eine Klassenfahrt nach Helgoland ausgesprochen.* The majority spoke out against a school trip to Heligoland.
◆ **sich für etwas aussprechen** to speak out in favour of something ◇ *Die Lehrer haben sich für eine Verlängerung der Pausenzeiten ausgesprochen.* The teachers spoke out in favour of longer breaks.
◆ **Lass ihn doch aussprechen!** Let him finish.

aussteigen VERB (IMPERFECT **stieg aus**, PERFECT **ist ausgestiegen**)
to get off (*got, got*) ◇ *Ich sah, wie sie aus der Straßenbahn ausstieg.* I saw her get off the tram.

ausstellen VERB (PERFECT **hat ausgestellt**)
1 *to exhibit* ◇ *Im Museum werden zur Zeit Bilder von Chagall ausgestellt.* Pictures by Chagall are currently being exhibited in the museum.
2 *to be on display* (*is, was, been*) ◇ *Im Schaufenster war exotisches Obst ausgestellt.* Exotic fruit was on display in the window.
3 *to switch off* ◇ *Die Heizung wird im Mai ausgestellt.* The heating's switched off in May.
4 *to write* (*wrote, written*) ◇ *Die Lehrerin hat ihm ein gutes Zeugnis ausgestellt.* The teacher wrote him a good report.
5 *to issue* ◇ *Auf welchem Amt werden Pässe ausgestellt?* Which office issues passports?

die **Ausstellung** SUBSTANTIV
exhibition

aussterben VERB (PRESENT **stirbt aus**, IMPERFECT **starb aus**, PERFECT **ist ausgestorben**)
to die out

ausstreichen VERB (IMPERFECT **strich aus**,

PERFECT **hat ausgestrichen**)
to cross out

aussuchen VERB (PERFECT **hat ausgesucht**)
to choose (*chose, chosen*) ◇ *Such dir ein Eis aus.* Choose yourself an ice cream.

der **Austausch** SUBSTANTIV (GEN des **Austausches**)
exchange ◇ *ein Schüleraustausch* a school exchange

austauschen VERB (PERFECT **hat ausgetauscht**)
1 *to replace* ◇ *Ich habe die Festplatte ausgetauscht.* I've replaced the hard disk. ◇ *Wir müssen die Winterreifen gegen die Sommerreifen austauschen.* We'll have to replace our winter tyres with summer tyres.
2 *to substitute* ◇ *Der Mittelstürmer wurde in der zweiten Halbzeit ausgetauscht.* The centre-forward was substituted in the second half.
◆ **Unsere Schule tauscht jedes Jahr Schüler mit einer Schule aus Cardiff aus.** Every year, our school has a student exchange with a school in Cardiff.
◆ **Wir tauschen seit ein paar Jahren Briefe aus.** We've been writing to each other for a few years.

austeilen VERB (PERFECT **hat ausgeteilt**)
to give out (*gave, given*)

die **Auster** SUBSTANTIV
oyster

Australien NEUT SUBSTANTIV
Australia
◆ **aus Australien** from Australia
◆ **in Australien** in Australia
◆ **nach Australien** to Australia

der **Australier** SUBSTANTIV (PL die **Australier**)
Australian

die **Australierin** SUBSTANTIV
Australian

australisch ADJEKTIV
Australian

austreten VERB (PRESENT **tritt aus**, IMPERFECT **trat aus**, PERFECT **ist ausgetreten**)
◆ **aus etwas austreten** to leave something ◇ *Sie ist aus dem Verein ausgetreten.* She's left the club.
◆ **Ich muss mal austreten.** I need to go to the loo. (*Umgangssprache*)

austrinken VERB (IMPERFECT **trank aus**, PERFECT **hat ausgetrunken**)
to drink up (*drank, drunk*) ◇ *Er trank aus und ging.* He drank up and left.
◆ **Lass mich noch schnell meinen Saft austrinken.** Let me just quickly finish my juice.

der **Ausverkauf** SUBSTANTIV (PL die **Ausverkäufe**)
clearance sale

ausverkauft ADJEKTIV
1 *sold out* ◇ *Die Vorstellung ist leider ausverkauft.* The performance is sold out, I'm afraid.
2 *full* ◇ *Das Kino war ausverkauft.* The cinema was full.

die **Auswahl** SUBSTANTIV
selection ◇ *Sie haben eine große Auswahl an Schuhen.* They have a large selection of shoes.

auswählen VERB (PERFECT **hat ausgewählt**)
to select

auswandern VERB (PERFECT **ist ausgewandert**)
to emigrate ◇ *Sie sind nach Australien ausgewandert.* They emigrated to Australia.

auswärts ADVERB
1 *in another town* ◇ *Sie wohnt in Calw, arbeitet aber auswärts.* She lives in Calw but works in another town.
2 *away* ◇ *Unsere Mannschaft spielt nächste Woche auswärts.* Our team's playing away next week.
◆ **auswärts essen** to eat out

das **Auswärtsspiel** SUBSTANTIV (PL die **Auswärtsspiele**)
away game

der **Ausweg** SUBSTANTIV (PL die **Auswege**)
way out

ausweichend ADJEKTIV
evasive

der **Ausweis** SUBSTANTIV (PL die **Ausweise**)
1 *identity card* ◇ *Der Polizist wollte meinen Ausweis sehen.* The policeman wanted to see my identity card.

In Großbritannien besteht keine Pflicht zum Besitz eines Personalausweises. Zur Identifikation genügt der Reisepass oder Führerschein.

2 *card* ◇ *Wenn du Schüler bist und deinen Ausweis zeigst, bekommst du Ermäßigung.* If you're a student and show them your card, you get a reduction.

auswendig ADVERB
by heart ◇ *etwas auswendig lernen* to learn something by heart

auswerten VERB (PERFECT **hat ausgewertet**)
to evaluate

ausziehen VERB (IMPERFECT **zog aus**, PERFECT **hat/ist ausgezogen**)

For the perfect tense use **haben** *when the verb has an object and* **sein** *when there is no object.*

1 *to take off* (*took, taken*) ◇ *Sie hat ihren Mantel nicht ausgezogen.* She didn't take off her coat.
2 *to undress* ◇ *Kannst du bitte die Kinder ausziehen und ins Bett bringen?* Can you undress the children and put them to bed, please?
◆ **sich ausziehen** to undress ◇ *Haben die Kinder sich schon ausgezogen?* Have the children undressed yet?
3 *to pull out* ◇ *Der Zahnarzt hat mir zwei Zähne ausgezogen.* The dentist pulled out two of my teeth.
4 *to move out* ◇ *Meine Nachbarn sind letzte Woche ausgezogen.* My neighbours moved out last week.

das **Auto** SUBSTANTIV (PL die **Autos**)
car
◆ **Auto fahren** to drive

die **Autobahn** SUBSTANTIV

A

motorway

der **Autofahrer** SUBSTANTIV (PL die **Autofahrer**)
motorist

das **Autogramm** SUBSTANTIV (PL die **Autogramme**)
autograph

der **Automat** SUBSTANTIV (GEN des **Automaten**, PL die **Automaten**)
machine

automatisch ADJEKTIV
automatic ◇ *Die Türen schließen automatisch.* The doors close automatically.

der **Autor** SUBSTANTIV (PL die **Autoren**)
author

das **Autoradio** SUBSTANTIV (PL die **Autoradios**)
car radio

das **Autorennen** SUBSTANTIV (PL die **Autorennen**)
motor racing

die **Autorin** SUBSTANTIV
author

autoritär ADJEKTIV
authoritarian

die **Autorität** SUBSTANTIV
authority

der **Autostopp** SUBSTANTIV
◆ **per Autostopp fahren** to hitchhike

das **Autotelefon** SUBSTANTIV (PL die **Autotelefone**)
car phone

der **Autounfall** SUBSTANTIV (PL die **Autounfälle**)
car accident

die **Axt** SUBSTANTIV (PL die **Äxte**)
axe

B

das **Baby** SUBSTANTIV (PL die **Babys**)
baby (PL *babies*)

der **Bach** SUBSTANTIV (PL die **Bäche**)
stream

die **Backe** SUBSTANTIV
cheek

backen VERB (PRESENT **bäckt**, IMPERFECT **backte** *or* **buk**, PERFECT **hat gebacken**)
to bake

der **Bäcker** SUBSTANTIV (PL die **Bäcker**)
baker ◇ *beim Bäcker* at the baker's ◇ *zum Bäcker* to the baker's

die **Bäckerei** SUBSTANTIV
baker's

der **Backofen** SUBSTANTIV (PL die **Backöfen**)
oven

das **Bad** SUBSTANTIV (PL die **Bäder**)
bath
◆ **ein Bad im Meer** a swim in the sea

der **Badeanzug** SUBSTANTIV (PL die **Badeanzüge**)
bathing suit

die **Badehose** SUBSTANTIV
swimming trunks PL

die **Bademütze** SUBSTANTIV
bathing cap

baden VERB
to have a bath (*had, had*)
◆ **jemanden baden** to bath somebody
◇ *Das Baby muss noch gebadet werden.* The baby still has to be bathed.

Baden-Württemberg NEUT SUBSTANTIV
Baden-Württemberg

> Baden-Württemberg *is one of the 16* Länder. *Its capital is Stuttgart. Baden-Württemberg is home to the cuckoo clock and to Mercedes-Benz and Porsche.*

die **Badewanne** SUBSTANTIV
bath (*tub*)

das **Badezimmer** SUBSTANTIV (PL die **Badezimmer**)
bathroom

die **Bahn** SUBSTANTIV (PL die **Bahnen**)
1 *railway* ◇ *Er arbeitet bei der Bahn.* He works for the railway.
◆ **Wir sind mit der Bahn gefahren.** We went by rail.
2 *tram* (*Straßenbahn*)
3 *lane* ◇ *Die Schwimmerin auf Bahn drei liegt in Führung.* The swimmer in lane three is in the lead.
◆ **auf die schiefe Bahn geraten** to go off the rails

die **Bahnfahrt** SUBSTANTIV
railway journey

der **Bahnhof** SUBSTANTIV (PL die **Bahnhöfe**)
station ◇ *auf dem Bahnhof* at the station

der **Bahnsteig** SUBSTANTIV (PL die **Bahnsteige**)
platform

der **Bahnübergang** SUBSTANTIV (PL die **Bahnübergänge**)
level crossing

bald ADVERB
1 *soon* ◇ *Es wird bald Frühling.* It'll soon be spring.
◆ **Bis bald!** See you later.
2 *almost* (*beinahe*) ◇ *Ich hätte bald was gesagt.* I almost said something.
◆ **Wird's bald!** Get a move on!

der **Balkan** SUBSTANTIV
Balkans PL
◆ **auf dem Balkan** in the Balkans

der **Balken** SUBSTANTIV (PL die **Balken**)
beam

der **Balkon** SUBSTANTIV (PL die **Balkons** *or* **Balkone**)
balcony (PL *balconies*)

der **Ball** SUBSTANTIV (PL die **Bälle**)
ball ◇ *Die Kinder spielen mit dem Ball.* The children are playing with the ball. ◇ *Mit wem kommst du zum Ball?* Who are you going to the ball with?

das **Ballett** SUBSTANTIV (PL die **Ballette**)
ballet

der **Ballon** SUBSTANTIV (PL die **Ballons** *or* **Ballone**)
balloon

der **Bambus** SUBSTANTIV (GEN des **Bambusses**, PL die **Bambusse**)
bamboo

die **Banane** SUBSTANTIV
banana

der **Band** SUBSTANTIV (PL die **Bände**)
siehe auch die Band SUBSTANTIV, das Band SUBSTANTIV
volume ◇ *ein Lexikon in fünf Bänden* an encyclopaedia in five volumes

die **Band** SUBSTANTIV (PL die **Bands**)
siehe auch der Band SUBSTANTIV, das Band SUBSTANTIV
band ◇ *Er spielt Gitarre in einer Band.* He plays the guitar in a band.

das **Band** SUBSTANTIV (PL die **Bänder**)
siehe auch der Band SUBSTANTIV, die Band SUBSTANTIV
1 *ribbon* ◇ *Sie hatte ein rotes Band im Haar.* She had a red ribbon in her hair.
2 *production line* (*Fließband*) ◇ *Mein Vater arbeitet am Band.* My father works on the production line.
3 *tape* (*Tonband*) ◇ *Ich habe diesen Song auf Band.* I've got this song on tape.
◆ **etwas auf Band aufnehmen** to tape something
◆ **am laufenden Band** nonstop

band VERB *siehe* **binden**

die **Bank (1)** SUBSTANTIV (PL die **Bänke**)
bench (PL *benches*) ◇ *Sie saß auf einer Bank im Park.* She was sitting on a park bench.

die **Bank (2)** SUBSTANTIV (PL die **Banken**)
bank ◇ *Ich muss Geld von der Bank holen.* I'll have to get money from the bank.

der **Bankkonto** SUBSTANTIV (PL die **Bankkonten**)
bank account

die **Bankleitzahl** SUBSTANTIV
bank sort code

bankrott ADJEKTIV
bankrupt ◇ *Die Firma ist bankrott.* The firm is bankrupt.
◆ **Bankrott machen** to go bankrupt

die **Bar** SUBSTANTIV (PL die **Bars**)
siehe auch bar ADJEKTIV
bar

bar ADJEKTIV
siehe auch die Bar SUBSTANTIV
◆ **bares Geld** cash
◆ **etwas bar bezahlen** to pay cash for something

der **Bär** SUBSTANTIV (GEN des **Bären**, PL die **Bären**)
bear

barfuß ADJEKTIV
barefoot

das **Bargeld** SUBSTANTIV
cash

der **Barren** SUBSTANTIV (PL die **Barren**)
parallel bars PL

der **Bart** SUBSTANTIV (PL die **Bärte**)
beard

bärtig ADJEKTIV
bearded

Basel NEUT SUBSTANTIV
Basle
◆ **nach Basel** to Basle

die **Basis** SUBSTANTIV (PL die **Basen**)
basis (PL *bases*)

der **Bass** ⚠ SUBSTANTIV (GEN des **Basses**, PL die **Bässe**)
bass (PL *basses*)

basteln VERB
to make things (*made, made*) ◇ *Ich bastle gern.* I like making things.
◆ **etwas basteln** to make something ◇ *Ich habe einen Untersetzer gebastelt.* I've made a coaster.

bat VERB *siehe* **bitten**

die **Batterie** SUBSTANTIV
battery (PL *batteries*)

der **Bau** SUBSTANTIV (PL die **Bauten**)
1 *construction* ◇ *Das Haus ist noch im Bau befindlich.* The house is still under construction.
2 *building* ◇ *In New York gibt es viele beeindruckende Bauten.* There are many impressive buildings in New York.
3 *building site* ◇ *In den Ferien arbeitet er auf dem Bau.* He works on a building site in the holidays.

der **Bauch** SUBSTANTIV (PL die **Bäuche**)
stomach ◇ *Mir tut der Bauch weh.* My stomach's sore.

der **Bauchnabel** SUBSTANTIV (PL die **Bauchnabel**)
belly button

die **Bauchschmerzen** MASC PL SUBSTANTIV
stomachache SING

bauen VERB
to build (*built, built*) ◇ *Meine Eltern haben das Haus gebaut, in dem wir wohnen.* My parents built the house we live in.

der **Bauer** SUBSTANTIV (GEN des **Bauern**, PL die **Bauern**)
1 *farmer* ◇ *Friedas Vater ist Bauer.* Frieda's father is a farmer.
2 *pawn* (*Schach*) ◇ *Sie zog mit dem Bauer.* She moved the pawn.

die **Bäuerin** SUBSTANTIV
1 *farmer* ◇ *Sie möchte Bäuerin werden.* She would like to be a farmer.
2 *farmer's wife* (PL *wives*) (*Frau des Bauern*) ◇ *Die Bäuerin melkt die Kühe, während der Bauer aufs Feld fährt.* The farmer's wife milks the cows while the farmer drives out to the fields.

der **Bauernhof** SUBSTANTIV (PL die **Bauernhöfe**)
farm

baufällig ADJEKTIV
dilapidated

der **Baum** SUBSTANTIV (PL die **Bäume**)
tree

die **Baumwolle** SUBSTANTIV
cotton ◇ *eine Tischdecke aus Baumwolle* a cotton tablecloth

die **Baustelle** SUBSTANTIV
building site

die **Bauten** PL SUBSTANTIV *siehe* **Bau**

der **Bayer** SUBSTANTIV (GEN des **Bayern**, PL die **Bayern**)
Bavarian

die **Bayerin** SUBSTANTIV
Bavarian

Bayern NEUT SUBSTANTIV
Bavaria

Bayern *is one of the 16* Länder. *Its capital is München (Munich). Bavaria has the longest political tradition of any of the Länder, and since 1945 has developed into an important industrial region.*

bayrisch ADJEKTIV
Bavarian

beabsichtigen VERB (PERFECT **hat beabsichtigt**)
to intend ◇ *Ich beabsichtige, ins Ausland zu fahren.* I intend to go abroad.

beachten VERB (PERFECT **hat beachtet**)
1 *to pay attention to* (*paid, paid*) ◇ *Beachte ihn nicht!* Don't pay any attention to him. ◇ *Du solltest den Hinweis auf der Packung beachten.* You should pay attention to the instructions on the packet.
2 *to obey* ◇ *Man muss die Verkehrsregeln beachten.* You have to obey the traffic regulations.
3 *to observe* ◇ *Sie hat die Vorfahrt nicht beachtet.* She didn't observe the right of way.

beachtlich ADJEKTIV
considerable

der **Beamte** SUBSTANTIV (GEN des **Beamten**, PL die **Beamten**)
1 *official* ◇ *Der Beamte stempelte meinen Pass ab.* The official stamped my

passport.
[2] *civil servant*
In Germany, traditionally all public employees are civil servants. They enjoy many privileges.
◇ *Deutsche Lehrer sind Beamte.* German teachers are civil servants.

die **Beamtin** SUBSTANTIV
civil servant ◇ *Meine Mutter ist Beamtin.* My mother's a civil servant.

beängstigend ADJEKTIV, ADVERB
alarming
◆ **Sie ist beängstigend schnell gefahren.** She drove alarmingly fast.

beanspruchen VERB (PERFECT **hat beansprucht**)
[1] *to claim* ◇ *Bei fünf Kindern können Sie Kindergeld beanspruchen.* You can claim child benefit if you have five children.
[2] *to take up* (*took, taken*) (*Zeit, Platz*) ◇ *Die Kinder beanspruchen meine ganze Zeit und Kraft.* The children take up all my time and energy.
◆ **jemanden beanspruchen** to take up somebody's time ◇ *Ich möchte Sie nicht länger beanspruchen.* I don't want to take up any more of your time.
[3] *to take advantage of* ◇ *Wir haben eure Gastfreundschaft lange genug beansprucht.* We've taken advantage of your hospitality for long enough.

beantragen VERB (PERFECT **hat beantragt**)
to apply for (*applied, applied*)

beantworten VERB (PERFECT **hat beantwortet**)
to answer

bearbeiten VERB (PERFECT **hat bearbeitet**)
[1] *to deal with* (*dealt, dealt*) ◇ *Welches Thema hat sie in ihrer Diplomarbeit bearbeitet?* What subject did she deal with in her dissertation?
[2] *to process* ◇ *Wir haben Ihren Antrag noch nicht bearbeitet.* We haven't processed your application yet.
[3] *to treat* ◇ *Sie hat den Fleck mit Fleckenmittel bearbeitet.* She treated the stain with stain remover.
◆ **jemanden bearbeiten** to work on somebody (*Umgangssprache*) ◇ *Ich werde meine Mutter bearbeiten, dass sie mich gehen lässt.* I'll work on my mother and get her to let me go.

der **Becher** SUBSTANTIV (PL die **Becher**)
[1] *mug* (*zum Trinken*) ◇ *Auf ihrem Schreibtisch stand ein Becher mit Kaffee.* There was a mug of coffee on her desk.
[2] *carton* (*für Joghurt*)
[3] *tub* (*für Margarine*)

das **Becken** SUBSTANTIV (PL die **Becken**)
[1] *sink* ◇ *Er ließ Wasser ins Becken laufen.* He ran water into the sink.
[2] *pool* (*Schwimmbecken*)
◆ **Sie hat ein breites Becken.** She has broad hips.

sich **bedanken** VERB (PERFECT **hat sich bedankt**)
to say thank you (*said, said*) ◇ *Hast du dich auch bedankt?* Did you say thank you?
◆ **Ich bedanke mich für Ihre Gastfreundschaft.** Thank you for your hospitality.
◆ **sich bei jemandem bedanken** to say thank you to somebody

der **Bedarf** SUBSTANTIV
demand ◇ *je nach Bedarf* according to demand
◆ **bei Bedarf** if necessary
◆ **Bedarf an etwas haben** to be in need of something ◇ *Wir haben Bedarf an Aushilfskräften.* We're in need of temporary workers.

bedauerlich ADJEKTIV
regrettable

bedauern VERB (PERFECT **hat bedauert**)
[1] *to be sorry for* (*is, was, been*) ◇ *Wir bedauern es sehr, dass wir nicht kommen können.* We're very sorry that we can't come.
◆ **Ich bedaure!** I'm sorry!
◆ **Ich bedaure kein Wort.** I don't regret a single word!
[2] *to pity* (*pitied, pitied*) ◇ *Ich bedaure dich wirklich!* I really pity you!

bedeckt ADJEKTIV
[1] *covered* ◇ *Die Erde war mit Laub bedeckt.* The ground was covered with leaves.
[2] *overcast* ◇ *Heute ist es bedeckt.* It's overcast today.

die **Bedenken** NEUT PL SUBSTANTIV
doubts PL ◇ *Ich habe Bedenken, ob das klappt.* I have my doubts as to whether it'll work.
◆ **Hast du keine Bedenken, wenn du deine Eltern so anlügst?** Don't you feel bad about lying to your parents like that?

bedenklich ADJEKTIV
[1] *dubious* ◇ *Das sind sehr bedenkliche Methoden.* These are very dubious methods.
[2] *dangerous* ◇ *Die Lage ist bedenklich.* The situation is dangerous.
◆ **Ihr Gesundheitszustand ist bedenklich.** Her state of health is giving cause for concern.

bedeuten VERB (PERFECT **hat bedeutet**)
to mean (*meant, meant*) ◇ *Was bedeutet dieser Ausdruck?* What does this expression mean? ◇ *Was hat das zu bedeuten?* What's that supposed to mean? ◇ *Er bedeutet mir sehr viel.* He means a lot to me.

bedeutend ADJEKTIV
[1] *important* ◇ *Er ist ein bedeutender Wissenschaftler.* He's an important scientist.
[2] *considerable* ◇ *Sie haben eine bedeutende Summe dafür bezahlt.* They paid a considerable sum for it.
◆ **bedeutend besser** considerably better
◆ **bedeutend schlechter** considerably worse

die **Bedeutung** SUBSTANTIV
[1] *meaning* ◇ *die Bedeutung eines Worts* the meaning of a word

B

[2] *importance* ◇ *eine Erfindung von großer Bedeutung* an invention of great importance

bedienen VERB (PERFECT **hat bedient**)
[1] *to serve* ◇ *Wir wurden sehr schnell bedient.* We were served very quickly.
[2] *to operate* ◇ *Er bedient die Druckmaschine.* He operates the printing press.
◆ **Kannst du einen Computer bedienen?** Can you use a computer?
◆ **sich bedienen** to help oneself ◇ *Bitte bedien dich!* Please help yourself.

die **Bedienung** SUBSTANTIV
[1] *service* ◇ *In diesem Geschäft ist die Bedienung schlecht.* The service is very poor in this shop.
[2] *waiter*
waitress (*waitresses*) ◇ *Wir haben bei der Bedienung ein Bier bestellt.* We ordered a beer from the waitress.
[3] *shop assistant* ◇ *Die Bedienung im Kaufhaus war äußerst unfreundlich.* The shop assistant in the department store was extremely unfriendly.
[4] *service charge* ◇ *Die Bedienung ist im Preis enthalten.* The service charge is included in the price.

die **Bedingung** SUBSTANTIV
condition ◇ *unter der Bedingung, dass...* on condition that...

bedrohen VERB (PERFECT **hat bedroht**)
to threaten

das **Bedürfnis** SUBSTANTIV (GEN des **Bedürfnisses**, PL die **Bedürfnisse**)
need

sich **beeilen** VERB (PERFECT **hat sich beeilt**)
to hurry (*hurried, hurried*)

beeindrucken VERB (PERFECT **hat beeindruckt**)
to impress

beeinflussen VERB (PRESENT **beeinflusst**, IMPERFECT **beeinflusste**, PERFECT **hat beeinflusst**)
to influence

beenden VERB (PERFECT **hat beendet**)
to end

die **Beerdigung** SUBSTANTIV
funeral

die **Beere** SUBSTANTIV
[1] *berry* (PL *berries*)
[2] *grape* (*Traubenbeere*)

das **Beet** SUBSTANTIV (PL die **Beete**)
bed ◇ *ein Blumenbeet* a flowerbed

sich **befassen** VERB (PRESENT **befasst sich**, IMPERFECT **befasste sich**, PERFECT **hat sich befasst**)
◆ **sich mit etwas befassen** to deal with something

der **Befehl** SUBSTANTIV (PL die **Befehle**)
command

befehlen VERB (PRESENT **befiehlt**, IMPERFECT **befahl**, PERFECT **hat befohlen**)
[1] *to order* ◇ *Der General hat den Rückzug befohlen.* The general ordered his men to retreat.
[2] *to give orders* (*gave, given*) ◇ *Du hast hier nicht zu befehlen!* You're not the one who gives the orders here!
◆ **jemandem etwas befehlen** to order somebody to do something

befestigen VERB (PERFECT **hat befestigt**)
to fix ◇ *Die Regalbretter sind mit Schrauben an der Wand befestigt.* The shelves are fixed to the wall with screws.

sich **befinden** VERB (IMPERFECT **befand sich**, PERFECT **hat sich befunden**)
to be (*is, was, been*) ◇ *Er befindet sich zur Zeit im Ausland.* He's abroad at the moment.

befolgen VERB (PERFECT **hat befolgt**)
to obey

befördern VERB (PERFECT **hat befördert**)
[1] *to carry* ◇ *Die städtischen Busse befördern täglich viele Menschen.* The municipal buses carry many people every day.
[2] *to promote* ◇ *Sie ist zur Abteilungsleiterin befördert worden.* She's been promoted to head of department.

die **Beförderung** SUBSTANTIV
[1] *transport* ◇ *Das Rote Kreuz übernimmt die Beförderung der Hilfsgüter.* The Red Cross undertakes the transport of emergency supplies.
[2] *promotion* ◇ *Bei einer Beförderung bekommt man auch mehr Geld.* Promotion also means more money.

befragen VERB (PERFECT **hat befragt**)
to question

befreien VERB (PERFECT **hat befreit**)
[1] *to set free* (*set, set*) ◇ *Die Geiseln sind noch nicht befreit.* The hostages haven't been set free yet.
[2] *to exempt* ◇ *Sie ist vom Sportunterricht befreit.* She's exempt from PE lessons.

befreundet ADJEKTIV
◆ **mit jemandem befreundet sein** to be friends with somebody ◇ *Ich bin mit Petra seit Jahren befreundet.* I've been friends with Petra for years.

befriedigen VERB (PERFECT **hat befriedigt**)
to satisfy (*satisfied, satisfied*)

befriedigend ADJEKTIV
satisfactory

> *German marks range from one* (sehr gut) *to six* (ungenügend).

befristet ADJEKTIV
limited

befürchten VERB (PERFECT **hat befürchtet**)
to fear

befürworten VERB (PERFECT **hat befürwortet**)
to support

begabt ADJEKTIV
talented

die **Begabung** SUBSTANTIV
talent

begann VERB *siehe* **beginnen**

begegnen VERB (PERFECT **ist begegnet**)

- **jemandem begegnen** to meet somebody ◇ *Ich bin ihr heute schon einmal begegnet.* I've met her once today already. ◇ *Wir sind uns das erste Mal in London begegnet.* The first time we met was in London. ◇ *Eine solche Frechheit ist mir noch nie begegnet.* I've never met such cheek.

die **Begegnung** SUBSTANTIV
meeting

begehen VERB (IMPERFECT **beging**, PERFECT **hat begangen**)
to commit ◇ *Er hat einen Mord begangen.* He committed a murder.

begehren VERB (PERFECT **hat begehrt**)
to desire

begehrt ADJEKTIV
[1] *in demand*
[2] *eligible* (*Junggeselle*)

begeistern VERB (PERFECT **hat begeistert**)
to thrill ◇ *Der Film hat mich begeistert.* I was thrilled with the film.
- **sich für etwas begeistern** to get enthusiastic about something

begeistert ADJEKTIV
enthusiastic

der **Beginn** SUBSTANTIV
beginning ◇ *zu Beginn* at the beginning

beginnen VERB (IMPERFECT **begann**, PERFECT **hat begonnen**)
to start

begleiten VERB (PERFECT **hat begleitet**)
to accompany (*accompanied, accompanied*) ◇ *Er hat mich zum Ball begleitet.* He accompanied me to the ball.

beglückwünschen VERB (PERFECT **hat beglückwünscht**)
to congratulate ◇ *Alle meine Freunde haben mich zur bestandenen Prüfung beglückwünscht.* All my friends congratulated me on passing the exam.

begonnen VERB *siehe* **beginnen**

begraben VERB (PRESENT **begräbt**, IMPERFECT **begrub**, PERFECT **hat begraben**)
to bury (*buried, buried*)

begreifen VERB (IMPERFECT **begriff**, PERFECT **hat begriffen**)
to understand (*understood, understood*)

der **Begriff** SUBSTANTIV (PL die **Begriffe**)
term ◇ *Das ist ein Begriff aus der Architektur.* That is an architectural term.
- **im Begriff sein, etwas zu tun** to be about to do something ◇ *Ich war im Begriff zu gehen.* I was about to go.
- **schwer von Begriff** slow on the uptake
- **sich einen Begriff von etwas machen** to imagine something ◇ *Du machst dir keinen Begriff, wie schwierig das war.* You can't imagine how difficult it was.

begriffsstutzig ADJEKTIV
dense (*Umgangssprache*)

begründen VERB (PERFECT **hat begründet**)
to justify (*justified, justified*)

die **Begründung** SUBSTANTIV
justification

begrüßen VERB (PERFECT **hat begrüßt**)
to welcome ◇ *Ich begrüße diese Änderung.* I welcome this change.
- **Wir wurden sehr herzlich begrüßt.** We received a very warm welcome.

die **Begrüßung** SUBSTANTIV
welcome

behaglich ADJEKTIV
cosy

behalten VERB (PRESENT **behält**, IMPERFECT **behielt**, PERFECT **hat behalten**)
[1] *to keep* (*kept, kept*) ◇ *Kann ich das Buch noch ein paar Tage behalten?* Can I keep the book for another couple of days?
[2] *to remember* ◇ *Ich kann mir ihren Namen nie behalten.* I can never remember her name.

der **Behälter** SUBSTANTIV (PL die **Behälter**)
container

behandeln VERB (PERFECT **hat behandelt**)
[1] *to treat* ◇ *Wir wurden sehr freundlich behandelt.* We were treated in a very friendly manner. ◇ *Die Wunde muss behandelt werden.* The wound will have to be treated. ◇ *Welcher Arzt behandelt Sie?* Which doctor is treating you?
[2] *to deal with* (*dealt, dealt*) ◇ *Der Film behandelt das Thema Jugendkriminalität.* The film deals with the subject of juvenile delinquency.
- **Das Passiv haben wir in Englisch noch nicht behandelt.** We haven't done the passive in English yet.

die **Behandlung** SUBSTANTIV
treatment

behaupten VERB (PERFECT **hat behauptet**)
to claim

beherrschen VERB (PERFECT **hat beherrscht**)
[1] *to master* ◇ *Ich beherrsche diese Technik noch nicht.* I haven't mastered this technique yet.
[2] *to control* ◇ *Er konnte seine Wut nicht mehr beherrschen.* He couldn't control his anger any longer.
- **sich beherrschen** to control oneself

behilflich ADJEKTIV
helpful
- **jemandem bei etwas behilflich sein** to help somebody with something

behindern VERB (PERFECT **hat behindert**)
to hinder

der/die **Behinderte** SUBSTANTIV (GEN des/der **Behinderten**, PL die **Behinderten**)
disabled person
- **die Behinderten** the disabled

die **Behinderung** SUBSTANTIV
[1] *obstruction* ◇ *Das Fahrzeug stellt eine Behinderung des Verkehrs dar.* The vehicle is an obstruction to traffic.
[2] *handicap* ◇ *Sie hat gelernt, mit ihrer Behinderung zu leben.* She's learned to live with her handicap.

die **Behörde** SUBSTANTIV
authorities PL

B

bei PRÄPOSITION
The preposition bei *takes the dative.*
[1] *near* ◇ *Unser Haus ist beim Bahnhof.* Our house is near the station. ◇ *bei München* near Munich
[2] *at* ◇ *Felix ist zur Zeit bei seiner Großmutter.* Felix is at his grandmother's at the moment. ◇ *Wenn man bei fremden Leuten zu Besuch ist...* When you're at other people's houses... ◇ *beim Friseur* at the hairdresser's ◇ *bei Nacht* at night
◆ **bei uns** at our place
◆ **bei uns in Deutschland** in Germany
◆ **bei seinen Eltern wohnen** to live with one's parents
◆ **Ich habe kein Geld bei mir.** I don't have any money on me.
◆ **Ich habe zur Zeit meine Mutter bei mir.** My mother's staying with me at the moment.
◆ **Wenn du bei mir bist, habe ich keine Angst.** When you're with me, I'm not afraid.
◆ **bei einer Firma arbeiten** to work for a firm ◇ *Sie arbeitet bei der Post.* She works for the post office.
◆ **beim Militär** in the army
[3] *on* ◇ *bei meiner Ankunft* on my arrival ◇ *bei der Abreise* on departure
[4] *during* ◇ *beim Abendessen* during dinner
◆ **Bei der Arbeit höre ich gern Musik.** I like listening to music when I'm working.
◆ **beim Fahren** while driving
◆ **bei solcher Hitze** in such heat
◆ **bei Nebel** in fog
◆ **bei Regen** if it rains

beibringen VERB (IMPERFECT **brachte bei**, PERFECT **hat beigebracht**)
◆ **jemandem etwas beibringen** to teach somebody something ◇ *Sie hat mir Schwimmen beigebracht.* She taught me to swim.

die **Beichte** SUBSTANTIV
confession

beichten VERB
◆ **etwas beichten** to confess something ◇ *Ich muss dir beichten, dass ich dein Fahrrad benutzt habe.* I have to confess that I used your bike.

beide ADJEKTIV, PRONOMEN
siehe auch beides PRONOMEN
both ◇ *Ich habe beide Bücher gelesen.* I've read both books. ◇ *Ich will beide.* I want both of them. ◇ *jeder der beiden* both of them
◆ **Meine Eltern haben das beide verboten.** Both my parents have forbidden it.
◆ **meine beiden Brüder** both my brothers
◆ **die ersten beiden** the first two
◆ **wir beide** we two
◆ **einer von beiden** one of the two

beides PRONOMEN
siehe auch beide ADJEKTIV
both ◇ *Ich möchte beides.* I want both of them. ◇ *Beides ist schön.* Both of them are lovely.
◆ **alles beides** both of them

beieinander ADVERB
together

der **Beifahrer** SUBSTANTIV (PL die **Beifahrer**)
passenger

der **Beifall** SUBSTANTIV
applause
◆ **Beifall spenden** to applaud

beige ADJEKTIV
beige

das **Beil** SUBSTANTIV (PL die **Beile**)
axe

die **Beilage** SUBSTANTIV
[1] *supplement* ◇ *eine Beilage zur Samstagszeitung* a supplement in Saturday's paper
[2] *side dish* (PL *dishes*)
◆ **Wir hatten Lamm und als Beilage Pommes frites und Brokkoli.** We had lamb with chips and broccoli.

das **Beileid** SUBSTANTIV
sympathy ◇ *Wir haben ihr unser Beileid ausgesprochen.* We offered her our sympathy.
◆ **herzliches Beileid** deepest sympathy

beiliegend ADVERB
enclosed

beim = **bei dem**

das **Bein** SUBSTANTIV (PL die **Beine**)
leg

beinahe ADVERB
almost

der **Beinbruch** SUBSTANTIV (PL die **Beinbrüche**)
broken leg ◇ *Sie wurde mit einem Beinbruch ins Krankenhaus eingeliefert.* She was taken to hospital with a broken leg.

beisammen ADVERB
together

das **Beisammensein** SUBSTANTIV
get-together

beiseite ADVERB
to one side ◇ *Sie schob ihren Teller beiseite.* She pushed her plate to one side.
◆ **etwas beiseite legen** (*sparen*) to put something by
◆ **etwas beiseite lassen** to leave something ◇ *Diese Frage sollten wir im Moment beiseite lassen.* We should leave this question for the moment.
◆ **etwas beiseite schaffen** to put something by ◇ *Er hat sehr viel Geld beiseite geschafft.* He's put a lot of money by.

das **Beispiel** SUBSTANTIV (PL die **Beispiele**)
example
◆ **sich an jemandem ein Beispiel nehmen** to take a leaf out of somebody's book ◇ *Du solltest dir an deinem Bruder ein Beispiel nehmen.* You should take a leaf out of your brother's book.
◆ **zum Beispiel** for example

beispielsweise ADVERB
for example

beißen VERB (IMPERFECT **biss**, PERFECT **hat gebissen**)
[1] *to bite* (*bit, bitten*) ◇ *Mein Hund beißt nicht.* My dog doesn't bite. ◇ *Sie biss in den Apfel.* She bit into the apple.
[2] *to burn* ◇ *Der Rauch beißt mich in den Augen.* The smoke's burning my eyes.
◆ **sich beißen** (*Farben*) to clash ◇ *Rosa beißt sich mit Orange.* Pink clashes with orange.

der **Beitrag** SUBSTANTIV (PL die **Beiträge**)
[1] *contribution* ◇ *einen Beitrag zu etwas leisten* to make a contribution to something
◆ **Er schreibt Beiträge für die Zeitung.** He writes articles for the newspaper.
[2] *membership fee* ◇ *Der Beitrag für den Club wird am Monatsanfang fällig.* Membership fees for the club are due at the beginning of the month.
[3] *premium* ◇ *die Beiträge zur Krankenversicherung* the health insurance premiums

beitragen VERB (PRESENT **trägt bei**, IMPERFECT **trug bei**, PERFECT **hat beigetragen**)
◆ **zu etwas beitragen** to contribute to something ◇ *Er trägt selten etwas zum Unterricht bei.* He seldom contributes anything to the lesson.

beitreten VERB (PRESENT **tritt bei**, IMPERFECT **trat bei**, PERFECT **ist beigetreten**)
to join ◇ *einem Verein beitreten* to join a club

bekämpfen VERB (PERFECT **hat bekämpft**)
to fight (*fought, fought*) ◇ *ein Feuer bekämpfen* to fight a fire
◆ **sich bekämpfen** to fight ◇ *Diese beiden Parteien bekämpfen sich seit Jahren.* These two parties have been fighting for years.

bekannt ADJEKTIV
[1] *well-known* ◇ *Sie ist eine bekannte Schauspielerin.* She's a well-known actress.
[2] *familiar* ◇ *Bekannte Wörter brauche ich nicht nachzuschlagen.* I don't have to look up familiar words.
◆ **Sie kommt mir bekannt vor.** She seems familiar.
◆ **Das kommt mir bekannt vor.** That sounds familiar.
◆ **mit jemandem bekannt sein** to know somebody ◇ *Wir sind seit Jahren mit den Bauers bekannt.* We've known the Bauers for years.
◆ **für etwas bekannt sein** to be known for something ◇ *Sie ist für ihren Witz bekannt.* She's known for her humour.
◆ **Das ist mir bekannt.** I know that.
◆ **etwas bekannt geben** to announce something publicly
◆ **etwas bekannt machen** to announce something

der/die **Bekannte** SUBSTANTIV (GEN des/der **Bekannten**, PL die **Bekannten**)
[1] *friend* ◇ *Ein Bekannter von mir hat mir das erzählt.* A friend of mine told me.
[2] *acquaintance* (*entfernter Bekannter*) ◇ *Sie hat viele Bekannte, aber wenig Freunde.* She has a lot of acquaintances but few friends.

bekanntgeben VERB *siehe* **bekannt**

bekanntlich ADVERB
as you know ◇ *Rauchen macht bekanntlich süchtig.* As you know, smoking is addictive.

bekanntmachen VERB *siehe* **bekannt**

sich **beklagen** VERB (PERFECT **hat sich beklagt**)
to complain ◇ *Die Schüler haben sich darüber beklagt, dass sie Hausaufgaben aufbekommen haben.* The pupils complained about being given homework.

die **Bekleidung** SUBSTANTIV
clothing

bekommen VERB (IMPERFECT **bekam**, PERFECT **hat bekommen**)
[1] *to get* (*got, got*) ◇ *Was hast du zum Geburtstag bekommen?* What did you get for your birthday? ◇ *Sie hat in Englisch eine schlechte Note bekommen.* She got bad marks in English. ◇ *Wir haben nichts zu essen bekommen.* We didn't get anything to eat.
◆ **Hunger bekommen** to feel hungry
◆ **Durst bekommen** to feel thirsty
◆ **Angst bekommen** to become afraid
◆ **ein Kind bekommen** to have a baby ◇ *Unsere Deutschlehrerin bekommt ein Kind.* Our German teacher's having a baby.
[2] *to catch* (*caught, caught*) ◇ *Ich habe den letzten Bus gerade noch bekommen.* I just caught the last bus.
◆ **Das fette Essen ist ihm nicht bekommen.** The fatty food didn't agree with him.
◆ **Was bekommen Sie?** What would you like?
◆ **Bekommen Sie schon?** Are you being served?
◆ **Was bekommen Sie dafür?** How much do I owe you?

belasten VERB (PERFECT **hat belastet**)
[1] *to burden* ◇ *Ich möchte dich nicht mit meinen Problemen belasten.* I don't want to burden you with my problems.
[2] *to load* (*mit Gewicht*) ◇ *Der Aufzug darf mit maximal zehn Personen belastet werden.* The lift's maximum load is ten people.
◆ **Unsere Umwelt ist mit zu vielen Schadstoffen belastet.** Too many harmful substances pollute our environment.
[3] *to debit* ◇ *Wir werden Ihr Konto mit diesem Betrag belasten.* We will debit this amount from your account.
[4] *to incriminate* ◇ *Die Zeugin hat den Angeklagten belastet.* The witness incriminated the accused.

belästigen VERB (PERFECT **hat belästigt**)
to pester
◆ **jemanden sexuell belästigen** to sexually harass somebody

die **Belastung** SUBSTANTIV
[1] *burden* ◇ *Kinder sind eine große Belastung.* Children are a great burden.
[2] *strain* ◇ *Die Hitze stellt eine Belastung des Kreislaufs dar.* The heat puts a strain on the circulation.
◆ **die Belastung unserer Umwelt mit Schadstoffen** the pollution of our environment by harmful substances

belegen VERB (PERFECT **hat belegt**)
to register for ◇ *Ich habe einen Volkshochschulkurs für Spanisch belegt.* I've registered for an adult education course in Spanish.
◆ **Ist der Platz belegt?** Is this seat taken?
◆ **Das Hotel ist belegt.** The hotel's full.
◆ **den ersten Platz belegen** to come first
◆ **Womit soll ich dein Brot belegen?** What shall I put on your sandwich?

belegt ADJEKTIV
◆ **ein belegtes Brot** an open sandwich
◆ **Es ist belegt.** (*Telefon*) It's engaged. ◇ *Die Nummer ist belegt.* The number's engaged.

beleidigen VERB (PERFECT **hat beleidigt**)
to insult

die **Beleidigung** SUBSTANTIV
insult

Belgien NEUT SUBSTANTIV
Belgium
◆ **aus Belgien** from Belgium
◆ **in Belgien** in Belgium
◆ **nach Belgien** to Belgium

der **Belgier** SUBSTANTIV (PL die **Belgier**)
Belgian

die **Belgierin** SUBSTANTIV
Belgian

belgisch ADJEKTIV
Belgian

die **Belichtung** SUBSTANTIV
exposure

der **Belichtungsmesser** SUBSTANTIV (PL die **Belichtungsmesser**)
exposure meter

beliebig ADJEKTIV, ADVERB
[1] *any you like* ◇ *in beliebiger Reihenfolge* in any order you like ◇ *eine beliebige Anzahl* any number you like ◇ *Du kannst jeden beliebigen Schüler unserer Klasse fragen.* You can ask any pupil you like in our class.
[2] *as you like* ◇ *beliebig oft* as often as you like ◇ *beliebig viel* as much as you like ◇ *beliebig viele* as many as you like

beliebt ADJEKTIV
popular ◇ *sich bei jemandem beliebt machen* to make oneself popular with somebody

die **Beliebtheit** SUBSTANTIV
popularity

bellen VERB
to bark

belohnen VERB (PERFECT **hat belohnt**)
to reward

die **Belohnung** SUBSTANTIV
reward ◇ *zur Belohnung* as a reward

belügen VERB (IMPERFECT **belog**, PERFECT **hat belogen**)
to lie to

belustigen VERB (PERFECT **hat belustigt**)
to amuse

bemerken VERB (PERFECT **hat bemerkt**)
to notice ◇ *Ich habe keine Änderung bemerkt.* I haven't noticed any change.

die **Bemerkung** SUBSTANTIV
remark

bemitleiden VERB (PERFECT **hat bemitleidet**)
to pity (*pitied, pitied*)

sich **bemühen** VERB (PERFECT **hat sich bemüht**)
to make an effort (*made, made*) ◇ *Er hat sich bemüht, höflich zu bleiben.* He made an effort to remain polite.
◆ **Bemühen Sie sich nicht, ich finde schon allein hinaus.** Don't trouble yourself, I'll show myself out.
◆ **Er hat sich sehr um seine Gäste bemüht.** He went to a lot of trouble for his guests.
◆ **Rudi muss sich um eine Arbeit bemühen.** Rudi's got to try and find a job.
◆ **Ich werde mich bemühen!** I'll do my best!

benachrichtigen VERB (PERFECT **hat benachrichtigt**)
to inform

die **Benachrichtigung** SUBSTANTIV
notification

benachteiligt ADJEKTIV
disadvantaged

sich **benehmen** VERB (PRESENT **benimmt sich**, IMPERFECT **benahm sich**, PERFECT **hat sich benommen**)
siehe auch das Benehmen SUBSTANTIV
to behave ◇ *sich anständig benehmen* to behave properly ◇ *Sie haben sich furchtbar benommen.* They behaved terribly. ◇ *Benimm dich!* Behave yourself!

das **Benehmen** SUBSTANTIV
siehe auch sich benehmen VERB
behaviour

beneiden VERB (PERFECT **hat beneidet**)
to envy (*envied, envied*)
◆ **jemanden um etwas beneiden** to envy somebody something ◇ *Ich beneide dich um deine schöne Wohnung.* I envy you your lovely flat.
◆ **Er ist nicht zu beneiden.** I don't envy him.

beneidenswert ADJEKTIV
enviable
◆ **Sie ist beneidenswert reich.** She's enviably rich.

benoten VERB (PERFECT **hat benotet**)
to mark

benutzen VERB (PERFECT **hat benutzt**)
to use

der **Benutzer** SUBSTANTIV (PL die **Benutzer**)
user

die **Benutzung** SUBSTANTIV
use

das **Benzin** SUBSTANTIV
petrol

der **Benzinkanister** SUBSTANTIV (PL die **Benzinkanister**)
petrol can

beobachten VERB (PERFECT **hat beobachtet**)
to observe

bequem ADJEKTIV
1 *comfortable* ◇ *ein bequemer Stuhl* a comfortable chair
◆ **eine bequeme Ausrede** a convenient excuse
2 *lazy* ◇ *Er ist zu bequem, sich selbst etwas zu kochen.* He's too lazy to cook himself something.

beraten VERB (PRESENT **berät**, IMPERFECT **beriet**, PERFECT **hat beraten**)
1 *to give advice* ◇ *Der Mann vom Arbeitsamt hat mich gut beraten.* The man at the job centre gave me good advice.
◆ **Lassen Sie sich von Ihrem Arzt beraten.** Consult your doctor.
2 *to discuss* ◇ *Wir müssen das weitere Vorgehen beraten.* We have to discuss further action.
◆ **gut beraten sein** to be well advised
◆ **schlecht beraten sein** to be ill advised

berauben VERB (PERFECT **hat beraubt**)
to rob

berechnen VERB (PERFECT **hat berechnet**)
to charge ◇ *Was berechnen Sie für eine Beratung?* What do you charge for a consultation?

der **Bereich** SUBSTANTIV (PL die **Bereiche**)
1 *field* ◇ *In diesem Bereich kennt sie sich sehr gut aus.* She's very knowledgable in this field.
◆ **Er ist für den Bereich Kundendienst zuständig.** He's responsible for after-sales service.
2 *area* ◇ *im Bereich der Innenstadt* in the city centre area

bereit ADJEKTIV
ready ◇ *Wir sind bereit abzufahren.* We're ready to leave. ◇ *Das Essen ist bereit.* Dinner's ready.
◆ **bereit sein, etwas zu tun** to be prepared to do something ◇ *Ich bin nicht bereit, noch länger zu warten.* I'm not prepared to wait any longer.
◆ **etwas bereit haben** to have something ready ◇ *Sie hat immer eine Ausrede bereit.* She always has an excuse ready.

bereiten VERB (PERFECT **hat bereitet**)
to cause ◇ *Das hat mir einige Schwierigkeiten bereitet.* That caused me some problems.
◆ **Die Kinder bereiten mir sehr viel Freude.** The children give me a great deal of pleasure.

bereits ADVERB
already

bereuen VERB (PERFECT **hat bereut**)
to regret

der **Berg** SUBSTANTIV (PL die **Berge**)
1 *mountain* ◇ *Im Winter fahren wir in die Berge zum Skifahren.* In winter we go skiing in the mountains.
2 *hill* ◇ *Hinter unserem Haus ist ein kleiner Berg.* There's a small hill behind our house.

der **Bergarbeiter** SUBSTANTIV (PL die **Bergarbeiter**)
miner

der **Bergbau** SUBSTANTIV
mining

das **Bergsteigen** SUBSTANTIV
mountaineering ◇ *Bergsteigen ist ihr Hobby.* Her hobby's mountaineering. ◇ *Sie ist beim Bergsteigen verunglückt.* She had a mountaineering accident.

der **Bergsteiger** SUBSTANTIV (PL die **Bergsteiger**)
mountaineer

die **Bergwacht** SUBSTANTIV
mountain rescue service

das **Bergwerk** SUBSTANTIV (PL die **Bergwerke**)
mine

der **Bericht** SUBSTANTIV (PL die **Berichte**)
report

berichten VERB (PERFECT **hat berichtet**)
to report ◇ *Die Zeitungen haben nichts über diesen Zwischenfall berichtet.* The newspapers didn't report anything about this incident.

Berlin NEUT SUBSTANTIV
Berlin

Berlin *is one of the 16* Länder. *It is a "city-state" like Bremen and Hamburg. From 1963 to 1989 it was divided by the Berlin Wall. Now it is again the German capital.*

berücksichtigen VERB (PERFECT **hat berücksichtigt**)
to bear in mind (*bore, borne*)

der **Beruf** SUBSTANTIV (PL die **Berufe**)
occupation ◇ *Welchen Beruf hat dein Vater?* What's your father's occupation?
◆ **Sie ist Lehrerin von Beruf.** She's a teacher by profession.

beruflich ADJEKTIV
professional
◆ **beruflich unterwegs sein** to be away on business

die **Berufsschule** SUBSTANTIV
technical college

berufstätig ADJEKTIV
working ◇ *Seit wann ist deine Mutter wieder berufstätig?* When did your mother start working again?

der **Berufsverkehr** SUBSTANTIV
rush-hour traffic

beruhigen VERB (PERFECT **hat beruhigt**)
to calm down ◇ *Dem Lehrer gelang es nicht, die Klasse zu beruhigen.* The teacher didn't manage to calm the class down.
◆ **sich beruhigen** to calm down ◇ *Die Lage hat sich beruhigt.* Things have calmed down.
◆ **Beruhige dich doch!** Calm down!

das **Beruhigungsmittel** SUBSTANTIV (PL die **Beruhigungsmittel**)
tranquillizer

berühmt ADJEKTIV
famous

berühren VERB (PERFECT **hat berührt**)
1 *to touch* ◇ *Er berührte meinen Arm.* He touched my arm.
2 *to affect* ◇ *Die Armut der Menschen hat mich sehr berührt.* The poverty of the people affected me deeply.
3 *to touch on* ◇ *Ich kann diese Frage heute nur berühren.* I can only touch on this question today.
◆ **sich berühren** to touch ◇ *Die beiden Drähte berührten sich.* The two wires touched.

die **Berührung** SUBSTANTIV
contact ◇ *mit etwas in Berührung kommen* to come into contact with something

beschädigen VERB (PERFECT **hat beschädigt**)
to damage

beschaffen VERB (PERFECT **hat beschafft**)
to get (*got, got*) ◇ *Ich muss mir ein Visum beschaffen.* I have to get a visa. ◇ *Können Sie mir nicht einen Job beschaffen?* Can't you get me a job?

beschäftigen VERB (PERFECT **hat beschäftigt**)
1 *to occupy* (*occupied, occupied*) ◇ *Kannst du nicht irgendwie die Kinder beschäftigen?* Can't you occupy the children somehow? ◇ *Diese Frage beschäftigt mich seit langem.* This question has been occupying me for a long time.
2 *to employ* ◇ *Unsere Firma beschäftigt zweihundert Leute.* Our company employs two hundred people.
◆ **sich beschäftigen** to occupy oneself ◇ *Sebastian hat Mühe, sich allein zu beschäftigen.* Sebastian has difficulty occupying himself.
◆ **Kannst du dich mit den Kindern beschäftigen?** Can you keep the children occupied?
◆ **Der Artikel beschäftigt sich mit Jugendarbeitslosigkeit.** The article deals with youth unemployment.

beschäftigt ADJEKTIV
busy

der **Bescheid** SUBSTANTIV (PL die **Bescheide**)
information KEIN PL ◇ *Ich warte auf den Bescheid des Konsulats.* I'm waiting for information from the consulate.
◆ **Bescheid wissen** to know ◇ *Weiß deine Mutter Bescheid, dass du hier bist?* Does your mother know that you're here? ◇ *Ich weiß Bescheid.* I know.
◆ **über etwas Bescheid wissen** to know a lot about something ◇ *Sie weiß über Grammatik gut Bescheid.* She knows a lot about grammar.
◆ **jemandem Bescheid sagen** to let somebody know

bescheiden ADJEKTIV
modest

die **Bescheinigung** SUBSTANTIV
certificate ◇ *Du brauchst eine Bescheinigung über die Teilnahme am Kurs.* You need a certificate showing that you attended the course. ◇ *eine Bescheinigung des Arztes* a doctor's certificate

beschenken VERB (PERFECT **hat beschenkt**)
◆ **jemanden mit etwas beschenken** to give somebody something as a present
◆ **beschenkt werden** to receive a present ◇ *Wir sind reichlich beschenkt worden.* We received lots of presents.

beschimpfen VERB (PERFECT **hat beschimpft**)
to swear at (*swore, sworn*)

beschleunigen VERB (PERFECT **hat beschleunigt**)
1 *to increase* ◇ *Wir müssen das Arbeitstempo beschleunigen.* We have to increase our work rate.
2 *to accelerate* ◇ *Das Auto vor mir beschleunigte.* The car in front of me accelerated.

beschließen VERB (IMPERFECT **beschloss**, PERFECT **hat beschlossen**)
to decide ◇ *Wir haben beschlossen, nach Spanien zu fahren.* We decided to go to Spain.

der **Beschluss** ⚠ SUBSTANTIV (GEN des **Beschlusses**, PL die **Beschlüsse**)
decision

beschränken VERB (PERFECT **hat beschränkt**)
to limit ◇ *Wir müssen unsere Ausgaben beschränken.* We have to limit our spending.
◆ **sich auf etwas beschränken** to restrict oneself to something ◇ *Ich werde mich auf ein paar Worte beschränken.* I'll restrict myself to a few words.

beschränkt ADJEKTIV
1 *limited* ◇ *Diese Regel hat nur beschränkte Gültigkeit.* This regulation only has limited validity.
2 *stupid* ◇ *Wie kann man nur so beschränkt sein?* How can anyone be so stupid?

beschreiben VERB (IMPERFECT **beschrieb**, PERFECT **hat beschrieben**)
to describe ◇ *Können Sie den Täter beschreiben?* Can you describe the culprit?

die **Beschreibung** SUBSTANTIV
description

beschützen VERB (PERFECT **hat beschützt**)
to protect ◇ *Ich möchte euch vor diesen Gefahren beschützen.* I want to protect you from these dangers.

die **Beschwerde** SUBSTANTIV
complaint ◇ *Wenn Sie eine Beschwerde haben, dann wenden Sie sich an den Geschäftsführer.* If you have a complaint, then please contact the manager.

sich **beschweren** VERB (PERFECT **hat beschwert**)
to complain ◇ *Deine Lehrerin hat sich über dich beschwert.* Your teacher has complained about you.

beschwipst ADJEKTIV
tipsy

beseitigen VERB (PERFECT **hat beseitigt**)
to remove

der **Besen** SUBSTANTIV (PL die **Besen**)
broom

besetzen VERB (PERFECT **hat besetzt**)
1 *to occupy* (*occupied, occupied*) ◇ *Napoleons Truppen haben weite Teile Deutschlands besetzt.* Napoleon's troops occupied large areas of Germany.
◆ **Studenten haben dieses Haus besetzt.** Students are squatting in this house.
2 *to keep* (*kept, kept*) ◇ *Kannst du den Platz bitte für mich besetzen?* Can you keep this seat for me?
3 *to fill* ◇ *Der Posten soll mit einer Frau besetzt werden.* The position is to be filled by a woman. ◇ *Die Stelle ist noch nicht besetzt.* The position hasn't been filled yet.

besetzt ADJEKTIV
1 *full* ◇ *Der Zug war voll besetzt.* The train was full.
2 *engaged* (*Telefon, WC*) ◇ *Es ist besetzt.* It's engaged.
3 *taken* ◇ *Ist der Platz hier besetzt?* Is this seat taken?

das **Besetztzeichen** SUBSTANTIV (PL die **Besetztzeichen**)
engaged tone

besichtigen VERB (PERFECT **hat besichtigt**)
to visit

besitzen VERB (IMPERFECT **besaß**, PERFECT **hat besessen**)
1 *to own* ◇ *Sie besitzen ein Haus am Meer.* They own a house by the seaside.
2 *to have* (*had, had*) ◇ *Sie besitzt das Talent, sich mit allen zu zerstreiten.* She has the talent of quarrelling with everyone.

der **Besitzer** SUBSTANTIV (PL die **Besitzer**)
owner

besoffen ADJEKTIV
plastered (*Umgangssprache*)

besondere ADJEKTIV
special ◇ *Das sind besondere Umstände.* Those are special circumstances.
◆ **keine besonderen Kennzeichen** no distinguishing features

die **Besonderheit** SUBSTANTIV
peculiarity (PL *peculiarities*)

besonders ADVERB
particularly ◇ *Es hat mir nicht besonders gefallen.* I didn't particularly like it.

besorgen VERB (PERFECT **hat besorgt**)
to get (*got, got*) ◇ *Kannst du mir nicht einen Ferienjob besorgen?* Can't you get me a holiday job? ◇ *Soll ich dir ein Taxi besorgen?* Shall I get you a taxi? ◇ *Ich muss Milch und Eier besorgen.* I'll have to get milk and eggs.

besorgt ADJEKTIV
worried ◇ *Sie ist sehr besorgt um dich.* She's very worried about you.

besprechen VERB (PRESENT **bespricht**, IMPERFECT **besprach**, PERFECT **hat besprochen**)
to discuss ◇ *Das muss ich mit deiner Mutter besprechen.* I'll have to discuss it with your mother.

die **Besprechung** SUBSTANTIV
1 *meeting* ◇ *Frau Airlie ist in einer Besprechung.* Ms Airlie is in a meeting.
2 *review* ◇ *Hast du die Besprechung dieses Films gelesen?* Have you read the review of this film?

besser ADJEKTIV, ADVERB
better ◇ *eine bessere Note* a better mark ◇ *Du gehst jetzt besser nach Hause.* You'd better go home now.
◆ **Es geht ihm besser.** He's feeling better.
◆ **je schneller, desto besser** the quicker the better

sich **bessern** VERB
to improve ◇ *Das Wetter hat sich gebessert.* The weather's improved.

die **Besserung** SUBSTANTIV
improvement
◆ **Gute Besserung!** Get well soon!

der **Bestandteil** SUBSTANTIV (PL die **Bestandteile**)
1 *component* ◇ *Hier werden die einzelnen Bestandteile der Maschine zusammengesetzt.* The individual components of the machine are assembled here.
2 *ingredient* (*Zutat*) ◇ *Die Bestandteile sind in Gramm angegeben.* The ingredients are given in grams.
◆ **sich in seine Bestandteile auflösen** to fall to pieces

bestätigen VERB (PERFECT **hat bestätigt**)
to confirm ◇ *Ich kann bestätigen, dass sie die Wahrheit gesagt hat.* I can confirm that she told the truth.
◆ **Hiermit bestätigen wir den Erhalt Ihres Briefes.** We hereby acknowledge receipt of your letter.
◆ **sich bestätigen** to prove to be true ◇ *Mein Verdacht hat sich bestätigt.* My suspicion proved to be true.

beste ADJEKTIV
best ◇ *Sie ist die beste Schülerin der Klasse.* She's the best pupil in the class.
◆ **So ist es am besten.** It's best that way.
◆ **Am besten gehst du gleich.** You'd better go at once.
◆ **jemanden zum Besten haben** to pull somebody's leg
◆ **einen Witz zum Besten geben** to tell a joke
◆ **Es ist nur zu deinem Besten.** It's for your own good.

bestechen VERB (PRESENT **besticht**, IMPERFECT **bestach**, PERFECT **hat bestochen**)
to bribe

die **Bestechung** SUBSTANTIV
bribery KEIN PL

das **Besteck** SUBSTANTIV (PL die **Bestecke**)
cutlery KEIN PL

bestehen VERB (IMPERFECT **bestand**, PERFECT **hat bestanden**)

1 *to be* (*is, was, been*) ◇ *Es besteht die Möglichkeit, einen Sprachkurs zu belegen.* There's the chance of registering for a language course. ◇ *Es besteht keine Hoffnung mehr, sie jemals wiederzusehen.* There's no more hope of ever seeing her again.

2 *to exist* ◇ *Die Firma besteht seit hundert Jahren.* The firm has existed for a hundred years.

- **etwas bestehen** to pass something ◇ *Ich hoffe, dass ich die Prüfung bestehe.* I hope I pass the exam.
- **Sie hat in Mathe mit "gut" bestanden.** She got a "B" in maths.
- **auf etwas bestehen** to insist on something ◇ *Wir bestehen auf sofortiger Bezahlung.* We insist on immediate payment.
- **bestehen aus** to consist of ◇ *Eine Fußballmannschaft besteht aus elf Spielern.* A football team consists of eleven players.

bestehlen VERB (PRESENT **bestiehlt**, IMPERFECT **bestahl**, PERFECT **hat bestohlen**)

- **jemanden bestehlen** to rob somebody

bestellen VERB (PERFECT **hat bestellt**)

1 *to order* ◇ *Ich habe im Versandhaus ein Kleid bestellt.* I've ordered a dress from a mail-order company. ◇ *Haben Sie schon bestellt?* Have you ordered yet? ◇ *Wir sollten ein Taxi bestellen.* We should order a taxi.

2 *to reserve* ◇ *Ich habe einen Tisch beim Chinesen bestellt.* I've reserved a table at the Chinese restaurant.

3 *to send for* (*sent, sent*) ◇ *Der Direktor hat mich zu sich bestellt.* The headmaster sent for me.

- **Bestell deiner Mutter schöne Grüße.** Give my regards to your mother.
- **Soll ich ihr etwas von dir bestellen?** Shall I give her a message from you?
- **Ich soll dir von Martin bestellen, dass er nicht mitkommen kann.** Martin says to tell you that he can't come.

die **Bestellung** SUBSTANTIV

order

bestenfalls ADVERB

at best

bestens ADVERB

very well ◇ *Die Geschäfte gehen bestens.* Business is going very well.

bestimmen VERB (PERFECT **hat bestimmt**)

to decide ◇ *Du kannst bestimmen, wer mitkommen soll.* You can decide who's coming. ◇ *Wer bestimmt hier, was gemacht werden muss?* Who decides what has to be done?

- **Du hast hier nichts zu bestimmen!** You're not the one who decides here!
- **für jemanden bestimmt sein** to be meant for somebody ◇ *Diese Bemerkung war für mich bestimmt.* This comment was meant for me.
- **Das Geschenk ist für meine Freundin bestimmt.** The present's for my girlfriend.
- **für etwas bestimmt sein** to be intended for something ◇ *Dieses Geld ist für die Anschaffung von Computern bestimmt.* This money's intended for the purchase of computers.

bestimmt ADJEKTIV, ADVERB

1 *certain* ◇ *Wir treffen uns immer zu einer bestimmten Zeit.* We always meet at a certain time. ◇ *Die Teilnehmer sollten eine bestimmte Anzahl nicht überschreiten.* The participants shouldn't exceed a certain number.

2 *particular* ◇ *Ich suche ein ganz bestimmtes Buch.* I'm looking for a particular book.

- **Suchen Sie etwas Bestimmtes?** Are you looking for something in particular?
- **der bestimmte Artikel** the definite article
- **Ich habe ihn bestimmt gesehen.** I'm sure I've seen him.
- **Das hat er bestimmt nicht so gemeint.** I'm sure that's not how he meant it.
- **Hast du auch bestimmt keine Hausaufgaben auf?** Are you sure you don't have any homework?
- **Das hat sie bestimmt vergessen.** She's bound to have forgotten.

die **Bestimmung** SUBSTANTIV

regulation ◇ *neue Sicherheitsbestimmungen* new safety regulations

bestrafen VERB (PERFECT **hat bestraft**)

to punish

die **Bestrahlung** SUBSTANTIV

radiotherapy

der **Besuch** SUBSTANTIV (PL die **Besuche**)

1 *visit* ◇ *Deutschland bereitet sich auf den Besuch der Königin vor.* Germany's preparing for the Queen's visit. ◇ *bei unserem Besuch in London* during our visit to London

- **Der Schulbesuch ist Pflicht.** School attendance is compulsory.

2 *visitor* ◇ *Ist euer Besuch noch da?* Is your visitor still there?

- **bei jemandem einen Besuch machen** to pay somebody a visit
- **Besuch haben** to have visitors
- **bei jemandem zu Besuch sein** to be visiting somebody
- **zu Besuch kommen** to be visiting ◇ *Nächste Woche kommt Onja zu Besuch.* Onja's visiting us next week.

besuchen VERB (PERFECT **hat besucht**)

1 *to visit* ◇ *Hast du schon das Planetarium besucht?* Have you visited the planetarium yet?

- **Besuch uns mal wieder!** Come again!

2 *to attend* ◇ *Sie besucht das Gymnasium.* She attends grammar school.

- **Der Vortrag war sehr gut besucht.** The

lecture was very well-attended.
- **Wir haben ein Konzert besucht.** We went to a concert.

der **Besucher** SUBSTANTIV (PL die **Besucher**)
visitor

betätigen VERB (PERFECT **hat betätigt**)
- **die Hupe betätigen** to sound the horn
- **einen Schalter betätigen** to press a switch
- **die Bremse betätigen** to apply the brakes
- **Du solltest dich sportlich betätigen.** You should do some sport.
- **Mein Vater betätigt sich politisch.** My father's involved in politics.

betäuben VERB (PERFECT **hat betäubt**)
1 *to stun* ◇ *Der Schlag hat ihn betäubt.* The blow stunned him.
2 *to anaesthetize* ◇ *Der Patient muss betäubt werden.* The patient has to be anaesthetized.

das **Betäubungsmittel** SUBSTANTIV (PL die **Betäubungsmittel**)
anaesthetic

die **Bete** SUBSTANTIV
- **rote Bete** beetroot

beteiligen VERB (PERFECT **hat beteiligt**)
- **sich an etwas beteiligen** to take part in something ◇ *Franz beteiligte sich nicht an der Diskussion.* Franz didn't take part in the discussion.
- **Kann ich mich an eurem Spiel beteiligen?** Can I join in your game?
- **Ich habe mich mit zehn Mark an seinem Geschenk beteiligt.** I gave ten marks towards his present.
- **Alle werden am Gewinn beteiligt.** Everyone will share in the winnings.

beten VERB
to pray

der **Beton** SUBSTANTIV (PL die **Betons**)
concrete

betonen VERB (PERFECT **hat betont**)
to stress

die **Betonung** SUBSTANTIV
stress (PL *stresses*) ◇ *Wo liegt die Betonung bei diesem Wort?* Where's the stress in this word?

beträchtlich ADJEKTIV, ADVERB
1 *considerable* ◇ *eine beträchtliche Summe* a considerable amount
2 *considerably* ◇ *Es hat beträchtlich länger gedauert.* It took considerably longer.

der **Betrag** SUBSTANTIV (PL die **Beträge**)
amount

betragen VERB (PRESENT **beträgt**, IMPERFECT **betrug**, PERFECT **hat betragen**)
siehe auch das Betragen SUBSTANTIV
to come to ◇ *Die Reparatur betrug zweihundert Mark.* The repair came to two hundred marks.
- **sich betragen** to behave ◇ *Ich hoffe, die Kinder haben sich ordentlich betragen.* I hope the children behaved well.

das **Betragen** SUBSTANTIV
siehe auch betragen VERB
behaviour ◇ *Ich werde mich über dein schlechtes Betragen beschweren.* I'm going to complain about your bad behaviour.

betreffen VERB (PRESENT **betrifft**, IMPERFECT **betraf**, PERFECT **hat betroffen**)
to concern
- **was mich betrifft** as far as I'm concerned

betreten VERB (PRESENT **betritt**, IMPERFECT **betrat**, PERFECT **hat betreten**)
to enter ◇ *Sie klopfte, bevor sie das Zimmer betrat.* She knocked before entering the room.
- **"Betreten verboten"** "Keep out"

der **Betrieb** SUBSTANTIV (PL die **Betriebe**)
1 *firm* ◇ *Unser Betrieb beschäftigt dreihundert Menschen.* Our firm employs three hundred people.
2 *operation* ◇ *Die Maschine ist jetzt in Betrieb.* The machine is now in operation.
- **In der Stadt war heute viel Betrieb.** It was really busy in town today.
- **außer Betrieb sein** to be out of order ◇ *Der Fahrstuhl ist außer Betrieb.* The lift's out of order.

sich **betrinken** VERB (IMPERFECT **betrank sich**, PERFECT **hat sich betrunken**)
to get drunk (*got, got*)

betroffen ADJEKTIV
full of concern ◇ *Sie machte ein betroffenes Gesicht.* Her face was full of concern.
- **Wir sind über diese Nachricht zutiefst betroffen.** We are deeply affected by the news.
- **von etwas betroffen sein** to be affected by something

betrügen VERB (IMPERFECT **betrog**, PERFECT **hat betrogen**)
1 *to cheat* ◇ *Der Händler hat dich betrogen.* The dealer's cheated you.
2 *to defraud* ◇ *Er hat seinen Arbeitgeber um Millionen betrogen.* He defrauded his employer of millions.
- **Hast du deine Freundin schon mal betrogen?** Have you ever been unfaithful to your girlfriend?

betrunken ADJEKTIV
drunk

das **Bett** SUBSTANTIV (PL die **Betten**)
bed ◇ *ins Bett gehen* to go to bed

der **Bettbezug** SUBSTANTIV (PL die **Bettbezüge**)
duvet cover

betteln VERB
to beg

das **Bettlaken** SUBSTANTIV (PL die **Bettlaken**)
sheet

der **Bettler** SUBSTANTIV (PL die **Bettler**)
beggar

die **Bettwäsche** SUBSTANTIV
bed linen

das **Bettzeug** SUBSTANTIV
bedding

beugen VERB
to bend (*bent, bent*) ◇ *Ich kann den Arm*

nicht beugen. I can't bend my arm.
◆ **sich beugen** to bow ◇ *Ich beuge mich der Mehrheit.* I bow to the majority.
◆ **Sie beugte sich über das Bett des Kindes.** She bent over the child's bed.

die **Beule** SUBSTANTIV
[1] *bump* ◇ *eine Beule am Kopf* a bump on the head
[2] *dent* ◇ *Das Auto hat eine Beule.* The car has a dent in it.

beunruhigen VERB (PERFECT **hat beunruhigt**)
to alarm

beurteilen VERB (PERFECT **hat beurteilt**)
to judge ◇ *Ich beurteile die Leute nicht nach ihrem Aussehen.* I don't judge people on their appearance.

der **Beutel** SUBSTANTIV (PL die **Beutel**)
[1] *bag* ◇ *Sie tat die Einkäufe in den Beutel.* She put the shopping in the bag.
[2] *purse* ◇ *Er nahm einen Zehnmarkschein aus dem Beutel.* He took a ten-mark note from the purse.

die **Bevölkerung** SUBSTANTIV
population

bevor KONJUNKTION
before ◇ *Sie war gegangen, bevor ich es ihr sagen konnte.* She left before I could tell her.

bevorstehen VERB (IMPERFECT **stand bevor**, PERFECT **hat bevorgestanden**)
to be imminent (*is, was, been*) ◇ *Die Prüfung steht bevor.* The exam's imminent.
◆ **jemandem bevorstehen** to be in store for somebody ◇ *Da steht uns ja einiger Ärger bevor.* There's trouble in store for us.

bevorzugen VERB (PERFECT **hat bevorzugt**)
to prefer

sich **bewähren** VERB (PERFECT **hat sich bewährt**)
to prove oneself ◇ *Er hat sich als mein Freund bewährt.* He proved himself to be my friend. ◇ *Diese Methode hat sich bewährt.* This method has proved itself.

bewährt ADJEKTIV
tried and tested ◇ *Das ist eine bewährte Methode.* That's a tried and tested method.
◆ **Sie ist eine bewährte Mitarbeiterin.** She's a reliable colleague.

bewegen VERB (PERFECT **hat bewegt**)
to move
◆ **sich bewegen** to move
◆ **jemanden zu etwas bewegen** to persuade somebody to do something

beweglich ADJEKTIV
[1] *movable* ◇ *Die Puppe hat bewegliche Beine.* The doll has movable legs.
[2] *agile* ◇ *Sie ist trotz ihres Alters noch sehr beweglich.* She's still very agile despite her age.

bewegt ADJEKTIV
[1] *eventful* ◇ *Sie hatte ein bewegtes Leben.* She had an eventful life.
[2] *touched* ◇ *Wir waren von seinen Worten sehr bewegt.* We were very touched by his words.

die **Bewegung** SUBSTANTIV
[1] *movement* ◇ *Mir fällt jede Bewegung schwer.* Every movement is difficult for me.
[2] *motion* ◇ *Er setzte das Fahrzeug in Bewegung.* He set the vehicle in motion.
[3] *exercise* ◇ *Du brauchst mehr Bewegung.* You need more exercise.

der **Beweis** SUBSTANTIV (PL die **Beweise**)
[1] *proof* ◇ *Die Polizei hat keine Beweise.* The police don't have any proof.
[2] *sign* ◇ *als Beweis meiner Freundschaft* as a sign of my friendship

beweisen VERB (IMPERFECT **bewies**, PERFECT **hat bewiesen**)
[1] *to prove* ◇ *Ich kann nicht beweisen, dass sie das gesagt hat.* I can't prove that she said it. ◇ *Die Polizei kann nichts beweisen.* The police can't prove anything.
[2] *to show* (*showed, shown*) ◇ *Er hat sehr viel Mut bewiesen.* He showed great courage.

sich **bewerben** VERB (PRESENT **bewirbt sich**, IMPERFECT **bewarb sich**, PERFECT **hat sich beworben**)
to apply (*applied, applied*) ◇ *Es haben sich dreißig Kandidaten beworben.* Thirty candidates have applied. ◇ *Sie hat sich bei Siemens um einen Ausbildungsplatz beworben.* She applied to Siemens for an apprenticeship.

der **Bewerber** SUBSTANTIV (PL die **Bewerber**)
applicant

die **Bewerbung** SUBSTANTIV
application

bewerten VERB (PERFECT **hat bewertet**)
to assess ◇ *Der Lehrer hat unsere Aufsätze zu bewerten.* The teacher has to assess our essays.

bewirken VERB (PERFECT **hat bewirkt**)
to bring about (*brought, brought*) ◇ *Dieses Medikament wird eine schnelle Besserung bewirken.* This medicine will bring about a rapid improvement.
◆ **Meine Bitte hat nichts bewirkt.** My request didn't achieve anything.
◆ **Ich konnte bei ihm nichts bewirken.** I couldn't get anywhere with him.

bewohnen VERB (PERFECT **hat bewohnt**)
to live in ◇ *Das Haus wird von drei Familien bewohnt.* Three families live in the house.

der **Bewohner** SUBSTANTIV (PL die **Bewohner**)
[1] *inhabitant* ◇ *die Bewohner des Landes* the inhabitants of the country
[2] *resident* ◇ *die Bewohner des Hauses* the residents of the house

bewölkt ADJEKTIV
cloudy

die **Bewölkung** SUBSTANTIV
clouds PL

bewundern VERB (PERFECT **hat bewundert**)
to admire

die **Bewunderung** SUBSTANTIV
admiration

bewusst ⚠ ADJEKTIV
[1] *conscious* ◇ *umweltbewusst* environmentally conscious
[2] *deliberate* ◇ *Das war eine bewusste Beleidigung.* That was a deliberate insult.
◆ **Er hat ganz bewusst gelogen.** He lied quite deliberately.
◆ **sich einer Sache bewusst sein** to be aware of something ◇ *Ich bin mir der Konsequenzen bewusst.* I'm aware of the consequences.
◆ **Ihr wurde plötzlich bewusst, welche Folgen das haben könnte.** She suddenly realized the consequences this could have.

bewusstlos ⚠ ADJEKTIV
unconscious
◆ **bewusstlos werden** to lose consciousness

die **Bewusstlosigkeit** ⚠ SUBSTANTIV
unconsciousness

das **Bewusstsein** ⚠ SUBSTANTIV
consciousness
◆ **bei Bewusstsein** conscious

bezahlen VERB (PERFECT **hat bezahlt**)
to pay (*paid, paid*) ◇ *Er bezahlte die Rechnung.* He paid the bill.

die **Bezahlung** SUBSTANTIV
payment

bezeichnen VERB (PERFECT **hat bezeichnet**)
[1] *to mark* ◇ *Bezeichnen Sie die Stelle mit einem Kreuz.* Mark the position with a cross.
[2] *to call* ◇ *Sie hat mich als Lügnerin bezeichnet.* She called me a liar.

bezeichnend ADJEKTIV
typical ◇ *Das ist bezeichnend für sie!* That's typical of her!

beziehen VERB (IMPERFECT **bezog**, PERFECT **hat bezogen**)
[1] *to cover* ◇ *Sie beschloss, alle Kissen zu beziehen.* She decided to cover all the cushions.
◆ **das Bett beziehen** to change the bed
[2] *to move into* ◇ *Wann könnt ihr euer neues Haus beziehen?* When can you move into your new house?
[3] *to get* (*got, got*) ◇ *Wir beziehen unsere Kartoffeln direkt vom Bauern.* We get our potatoes straight from the farm. ◇ *Sie beziehen Arbeitslosenhilfe.* They get unemployment benefit.
[4] *to subscribe to* ◇ *Ich beziehe eine Tageszeitung.* I subscribe to a daily newspaper.
◆ **sich beziehen** to cloud over ◇ *Der Himmel bezieht sich.* It's clouding over.
◆ **sich auf etwas beziehen** to refer to something ◇ *Sein Beispiel bezog sich auf das Tierreich.* His example referred to the animal kingdom.

die **Beziehung** SUBSTANTIV
[1] *relationship* ◇ *Er hat eine Beziehung mit einer verheirateten Frau.* He has a relationship with a married woman.
[2] *relations* PL ◇ *unsere Beziehungen zu dieser Firma* our relations with this company ◇ *diplomatische Beziehungen* diplomatic relations
[3] *connection* ◇ *Es besteht eine Beziehung zwischen den beiden Straftaten.* There's a connection between the two crimes.
◆ **in dieser Beziehung** in this respect
◆ **Beziehungen haben** to have contacts ◇ *Er kann bestimmt etwas für dich tun, er hat schließlich Beziehungen.* I'm sure he can do something for you, he has contacts.
◆ **eine Beziehung zu etwas haben** to be able to relate to something ◇ *Ich habe keine Beziehung zu moderner Kunst.* I can't relate to modern art.

der **Bezug** SUBSTANTIV (PL die **Bezüge**)
cover ◇ *Das Sofa hatte einen bunten Bezug.* The sofa had a brightly-coloured cover.
◆ **Zu dieser Musik habe ich keinen Bezug.** I'm not keen on this kind of music.
◆ **in Bezug auf** regarding ◇ *in Bezug auf Kinder* regarding children
◆ **Bezug nehmen auf** to refer to ◇ *Sie hat in ihrer Rede mehrfach Bezug auf ihren Vorredner genommen.* In her speech she referred several times to the previous speaker.

bezüglich PRÄPOSITION
The preposition bezüglich *takes the genitive.*
with reference to ◇ *Bezüglich Ihrer Anfrage können wir Ihnen mitteilen...* With reference to your inquiry we can inform you that...

bezweifeln VERB (PERFECT **hat bezweifelt**)
to doubt ◇ *Ich bezweifle das.* I doubt it.

der **BH** SUBSTANTIV (= *Büstenhalter*) (PL die **BHs**)
bra

die **Bibel** SUBSTANTIV
Bible

biegen VERB (IMPERFECT **bog**, PERFECT **hat gebogen**)
to bend (*bent, bent*) ◇ *Sie bog den Draht zur Seite.* She bent the wire to one side.
◆ **Ein Auto bog um die Kurve.** A car came round the corner.
◆ **Du musst an der Ampel rechts in die Seitenstraße biegen.** You'll have to turn right into the side street at the traffic lights.
◆ **sich biegen** to bend ◇ *Die Bäume bogen sich im Wind.* The trees were bending in the wind.

die **Biene** SUBSTANTIV
bee

das **Bier** SUBSTANTIV (PL die **Biere** *or* **Bier**)
beer ◇ *Zwei Bier, bitte!* Two beers, please!
In Großbritannien wird Bier in der Regel in pints *und* half pints *ausgeschenkt. Ein* pint *ist etwa 0,6 Liter.*

bieten VERB (IMPERFECT **bot**, PERFECT **hat geboten**)
[1] *to offer* ◇ *Dieser Job bietet mir die Möglichkeit, meine Englischkenntnisse*

anzuwenden. This job offers me the chance to use my knowledge of English.

2 *to bid* (*bid, bid*) ◇ *Sie hat zweihundert Mark für den Stuhl geboten.* She bid two hundred marks for the chair. ◇ *Wer bietet mehr?* Any more bids?

◆ **Ich will ins Ausland, sobald sich die Gelegenheit bietet.** I want to go abroad as soon as the opportunity arises.

◆ **sich etwas bieten lassen** to put up with something ◇ *Eine solche Frechheit lasse ich mir nicht bieten.* I won't put up with such cheek.

der **Bikini** SUBSTANTIV (PL die **Bikinis**)
bikini

das **Bild** SUBSTANTIV (PL die **Bilder**)

1 *picture* ◇ *ein Bild von Picasso* a picture by Picasso

◆ **ein Bild der Verwüstung** a scene of destruction

2 *photo* (PL *photos*) ◇ *Hast du ein Bild von deinem Freund?* Have you got a photo of your boyfriend?

bilden VERB

1 *to form* ◇ *Bildet einen Kreis.* Form a circle. ◇ *Wie wird der Plural dieses Worts gebildet?* How do you form the plural of this word?

2 *to set up* (*set, set*) ◇ *Sie haben einen Ausschuss gebildet.* They set up a committee.

◆ **sich eine Meinung bilden** to form an opinion ◇ *In dieser Frage habe ich mir noch keine Meinung gebildet.* I haven't formed an opinion on this question yet.

◆ **Reisen bildet.** Travel broadens the mind.

◆ **sich bilden (1)** to form ◇ *Am Himmel bildeten sich dunkle Wolken.* Dark clouds formed in the sky.

◆ **sich bilden (2)** to educate oneself ◇ *Sie macht Kurse, um sich zu bilden.* She attends courses in order to educate herself.

der **Bildschirm** SUBSTANTIV (PL die **Bildschirme**)

1 *television screen* (*von Fernseher*)

2 *monitor* (*von Computer*)

die **Bildung** SUBSTANTIV

1 *education* ◇ *Sie hat eine gute Bildung.* She has a good education.

2 *formation* ◇ *Die Bildung des Plurals im Englischen ist ziemlich regelmäßig.* The formation of the plural in English is quite regular. ◇ *die Bildung der Regierung* the formation of the government

billig ADJEKTIV
cheap

die **Binde** SUBSTANTIV

1 *bandage* ◇ *eine elastische Binde* an elastic bandage

2 *sanitary towel* ◇ *Sie benützt lieber Binden als Tampons.* She prefers sanitary towels to tampons.

binden VERB (IMPERFECT **band**, PERFECT **hat gebunden**)

to tie ◇ *Die Tomaten werden an einen Stock gebunden.* The tomatoes are tied to a cane. ◇ *Sie band die Haare zu einem Pferdeschwanz.* She tied her hair back into a ponytail.

◆ **ein Buch binden** to bind a book

◆ **sich binden** to get involved ◇ *Sie möchte sich in ihrem Alter noch nicht binden.* She doesn't want to get involved at her age.

der **Bindestrich** SUBSTANTIV (PL die **Bindestriche**)
hyphen

der **Bindfaden** SUBSTANTIV (PL die **Bindfäden**)
string

die **Bindung** SUBSTANTIV

1 *tie* ◇ *Meine emotionale Bindung an meine Eltern...* My emotional ties to my parents...

2 *bindings* PL (*Skibindung*) ◇ *Bei einem Sturz müsste die Bindung aufgehen.* When you fall the bindings should come open.

die **Biologie** SUBSTANTIV
biology

biologisch ADJEKTIV
biological

die **Birke** SUBSTANTIV
birch (PL *birches*)

die **Birne** SUBSTANTIV

1 *pear* ◇ *Zum Nachtisch gab es Birnen mit Schokoladensoße.* There were pears with chocolate sauce for dessert.

2 *bulb* ◇ *Die Lampe funktioniert nicht, weil die Birne kaputt ist.* The lamp isn't working because the bulb's gone.

bis PRÄPOSITION, KONJUNKTION

The preposition **bis** *takes the accusative.*

1 *until* ◇ *Sie bleibt bis Ende August in England.* She's staying in England until the end of August. ◇ *Du hast bis Montag Zeit.* You have until Monday. ◇ *bis es dunkel wird* until it gets dark

◆ **bis auf weiteres** until further notice

2 *by* (*bis spätestens*) ◇ *Das Referat muss bis nächsten Montag fertig sein.* The assignment must be finished by next Monday.

◆ **bis in die Nacht** into the night

◆ **bis bald** see you later

◆ **bis gleich** see you soon

3 *as far as* ◇ *Ich fahre bis Köln.* I'm going as far as Cologne.

◆ **bis hierher** this far

◆ **von...bis...** from...to... ◇ *von Köln bis Bonn* from Cologne to Bonn ◇ *von Anfang Mai bis Ende Juni* from the beginning of May to the end of June

4 *up to* ◇ *Kinder bis drei fahren umsonst.* Children up to three travel free. ◇ *bis zu dreißig Grad* up to thirty degrees

◆ **zehn bis zwanzig** ten to twenty

◆ **bis zu** up to ◇ *Ich kann bis zu drei Personen mitnehmen.* I can take up to three people.

◆ **bis auf** apart from ◇ *Bis auf Jan sind alle*

mitgekommen. Everybody came along apart from Jan.

bisher ADVERB
up to now

bisherig ADJEKTIV
previous

der **Biss** ⚠ SUBSTANTIV (GEN des **Bisses**, PL die **Bisse**)
bite

biss ⚠ VERB *siehe* **beißen**

bisschen ⚠ ADJEKTIV, ADVERB
bit ◇ *ein bisschen* a bit

bissig ADJEKTIV
1 *vicious*
◆ **Vorsicht, bissiger Hund!** Beware of the dog!
2 *cutting* ◇ *Er machte eine bissige Bemerkung.* He made a cutting remark.

bist VERB *siehe* **sein**

das **Bit** SUBSTANTIV (PL die **Bits**)
bit ◇ *Bits und Bytes* bits and bytes

die **Bitte** SUBSTANTIV
siehe auch **bitte** INTERJEKTION
request ◇ *Ich habe eine Bitte.* I have a request. ◇ *auf seine Bitte hin* at his request

bitte INTERJEKTION
siehe auch **die Bitte** SUBSTANTIV
1 *please* ◇ *Kann ich bitte noch etwas Saft haben?* Can I have some more juice, please? ◇ *Könnten Sie mir bitte sagen, wie ich zum Bahnhof komme?* Could you please tell me how to get to the station?
◆ **Wie bitte?** Pardon?
◆ **Hier bitte!** Here you are.
2 *don't mention it* ◇ *Vielen Dank für die Hilfe! – Bitte!* Many thanks for your help! – Don't mention it!
◆ **Bitte schön!** It was a pleasure.
◆ **Darf ich? – Aber bitte!** May I? – Please do.

bitten VERB (IMPERFECT **bat**, PERFECT **hat gebeten**)
◆ **jemanden um etwas bitten** to ask somebody for something

bitter ADJEKTIV
bitter

blamieren VERB (PERFECT **hat blamiert**)
◆ **sich blamieren** to make a fool of oneself
◆ **jemanden blamieren** to let somebody down

die **Blase** SUBSTANTIV
1 *bubble* ◇ *Die Blase platzte.* The bubble burst.
2 *blister* ◇ *Ich habe Blasen an den Füßen.* I've got blisters on my feet.
3 *bladder* ◇ *Sie hat eine schwache Blase.* She has a weak bladder.

blasen VERB (PRESENT **bläst**, IMPERFECT **blies**, PERFECT **hat geblasen**)
to blow (blew, blown)

das **Blasinstrument** SUBSTANTIV (PL die **Blasinstrumente**)
wind instrument

blass ⚠ ADJEKTIV
pale ◇ *Als sie das hörte, wurde sie blass.* When she heard that, she turned pale.

das **Blatt** SUBSTANTIV (PL die **Blätter**)
1 *leaf* (PL *leaves*) ◇ *Im Herbst fallen die Blätter von den Bäumen.* In autumn, the leaves fall from the trees.
2 *sheet* ◇ *ein Blatt Papier* a sheet of paper
3 *newspaper* ◇ *In welchem Blatt hast du die Anzeige aufgegeben?* Which newspaper did you place the advertisement in?

blau ADJEKTIV
1 *blue* ◇ *Er hat blaue Augen.* He has blue eyes.
2 *sloshed* (Umgangssprache) ◇ *Gestern Abend warst du ganz schön blau.* You were absolutely sloshed yesterday evening.
◆ **ein blaues Auge** a black eye
◆ **ein blauer Fleck** a bruise
◆ **eine Fahrt ins Blaue** a mystery tour

das **Blech** SUBSTANTIV (PL die **Bleche**)
1 *sheet metal*
2 *baking tray* (Backblech)

das **Blei** SUBSTANTIV
lead

bleiben VERB (IMPERFECT **blieb**, PERFECT **ist geblieben**)
1 *to stay* ◇ *Wie lange bleiben Sie hier?* How long are you staying here? ◇ *Hoffentlich bleibt das Wetter schön.* I hope the weather will stay fine.
◆ **bei etwas bleiben** to stick to something ◇ *Ich bleibe bei meiner Meinung.* I'm sticking to my opinion.
2 *to be left* (is, was, been) ◇ *Vom Kuchen war nur noch ein Stück für mich geblieben.* There was only one piece of cake left for me.
◆ **Es bleibt abzuwarten, was passiert.** We'll have to wait and see what happens.
◆ **Bleibt es bei morgen zehn Uhr?** Is ten o'clock tomorrow morning still on?
◆ **Wo bleibt sie denn?** Where's she got to?

bleich ADJEKTIV
pale ◇ *Als er das hörte, wurde er bleich.* When he heard that, he turned pale.

bleifrei ADJEKTIV
unleaded

der **Bleistift** SUBSTANTIV (PL die **Bleistifte**)
pencil

der **Bleistiftspitzer** SUBSTANTIV (PL die **Bleistiftspitzer**)
pencil sharpener

blenden VERB
to blind ◇ *Das entgegenkommende Auto hat mich geblendet.* The approaching car blinded me.

blendend ADJEKTIV
marvellous
◆ **Du siehst blendend aus.** You look marvellous.
◆ **sich blendend amüsieren** to have a wonderful time
◆ **Mir geht's blendend.** I'm feeling great.

der **Blick** SUBSTANTIV (PL die **Blicke**)
1 *glance* ◇ *Ich habe mit einem Blick gesehen, dass das nicht gut gehen kann.* I saw at a glance that it couldn't work.

◆ **Er warf einen Blick auf die Uhr.** He glanced at the clock.
[2] *look* ◇ *Sie warf mir einen verzweifelten Blick zu.* She gave me a desperate look.
[3] *view* ◇ *Das Zimmer hat einen herrlichen Blick auf die Berge.* The room has a wonderful view of the mountains.
◆ **auf den ersten Blick** at first glance

blicken VERB
to look ◇ *Sie blickte zur Seite.* She looked to one side.
◆ **sich blicken lassen** to show one's face ◇ *Er hat sich hier nie wieder blicken lassen.* He's never shown his face here again.
◆ **Das lässt tief blicken!** That's very revealing!

blieb VERB *siehe* **bleiben**

blind ADJEKTIV
[1] *blind* ◇ *Er ist auf einem Auge blind.* He's blind in one eye.
[2] *tarnished* ◇ *Der Spiegel war blind geworden.* The mirror had become tarnished.
◆ **ein blinder Passagier** a stowaway

der **Blinddarm** SUBSTANTIV (PL die **Blinddärme**)
appendix (PL *appendices*) ◇ *Er wurde am Blinddarm operiert.* He had his appendix out.

die **Blinddarmentzündung** SUBSTANTIV
appendicitis

blinzeln VERB
to blink

der **Blitz** SUBSTANTIV (PL die **Blitze**)
lightning KEIN PL ◇ *Der Blitz schlug in den Baum ein.* The tree was struck by lightning.

blitzen VERB
◆ **Es blitzt.** There's a flash of lightning.

das **Blitzlicht** SUBSTANTIV (PL die **Blitzlichter**)
flashlight

der **Block** SUBSTANTIV (PL die **Blöcke**)
[1] *block* ◇ *Unsere Nachbarn aus dem nächsten Block haben uns gestern besucht.* Our neighbours from the next block visited us yesterday.
[2] *pad* ◇ *Er riss ein Blatt vom Block und fing an zu schreiben.* He tore a sheet from the pad and began to write.

die **Blockflöte** SUBSTANTIV
recorder

blöd ADJEKTIV
stupid ◇ *Du bist blöd!* You're stupid!
◆ **blöd fragen** to ask stupid questions ◇ *Wer blöd fragt, bekommt auch eine blöde Antwort.* If you ask a stupid question, then you get a stupid answer.

der **Blödsinn** SUBSTANTIV
nonsense

blond ADJEKTIV
[1] *blond* ◇ *Er hat blonde Haare.* He has blond hair.
[2] *blonde*
Wenn sich blond *auf Frauen bezieht, schreibt man* **blonde**.
◇ *Meine Schwester ist blond.* My sister's blonde. ◇ *Sie hat ihre Haare blond gefärbt.* She dyed her hair blonde.

bloß ADVERB, ADJEKTIV
only ◇ *Er hat bloß einen Fehler gemacht.* He only made one mistake. ◇ *Wenn das bloß schon fertig wäre!* If only it was finished. ◇ *Das Konzert war ganz nett, bloß ein bisschen laut.* The concert was quite nice, only a little loud.
◆ **Lass das bloß!** Don't do that!
◆ **Wie ist das bloß passiert?** How on earth did that happen?
◆ **Wo ist er bloß?** Where's he got to?
◆ **mit bloßem Auge** with the naked eye
◆ **der bloße Gedanke** the very thought
◆ **bloßer Neid** sheer envy

blühen VERB
to be in bloom (*is, was, been*) ◇ *Zur Zeit blüht der Flieder.* The lilac's in bloom at the moment.

die **Blume** SUBSTANTIV
flower ◇ *Sie hat mir einen Strauß Blumen mitgebracht.* She brought me a bunch of flowers.

der **Blumenkohl** SUBSTANTIV (PL die **Blumenkohle**)
cauliflower

die **Bluse** SUBSTANTIV
blouse

das **Blut** SUBSTANTIV
blood

der **Blutdruck** SUBSTANTIV
blood pressure

die **Blüte** SUBSTANTIV
blossom

bluten VERB
to bleed (*bled, bled*) ◇ *Meine Nase blutet.* My nose is bleeding.

der **Blutspender** SUBSTANTIV (PL die **Blutspender**)
blood donor

die **Blutvergiftung** SUBSTANTIV
blood poisoning

der **Bock** SUBSTANTIV
◆ **Bock haben, etwas zu tun** to fancy doing something (*Umgangssprache*) ◇ *Hast du Bock, mit ins Kino zu kommen?* Do you feel like coming to the cinema? ◇ *Ich habe heute überhaupt keinen Bock auf die Schule.* I don't fancy school today at all.

der **Boden** SUBSTANTIV (PL die **Böden**)
[1] *soil* ◇ *Der Boden ist in dieser Gegend sehr fruchtbar.* The soil in this area is very fertile. ◇ *auf deutschem Boden* on German soil
[2] *floor* ◇ *Wir haben auf dem Boden gesessen.* We sat on the floor.
[3] *bottom* ◇ *Das Schiff sank auf den Boden des Meers.* The ship sank to the bottom of the sea. ◇ *Das Fass hat einen hölzernen Boden.* The barrel has a wooden bottom.
[4] *attic* ◇ *Wir haben die alten Möbel auf den Boden gebracht.* We put the old furniture into the attic.

die **Bodenschätze** MASC PL SUBSTANTIV
mineral resources PL

der **Bodensee** SUBSTANTIV
Lake Constance

die **Bohne** SUBSTANTIV
bean

bohren VERB
to bore ◇ *Sie bohrte ein Loch in das Brett.* She bored a hole in the shelf.
◆ **Der Zahnarzt musste nicht bohren.** The dentist didn't have to drill.
◆ **nach etwas bohren** to drill for something ◇ *In der Nordsee wird nach Erdöl gebohrt.* They're drilling for oil in the North Sea.
◆ **in der Nase bohren** to pick one's nose

der **Bohrer** SUBSTANTIV (PL die **Bohrer**)
drill

die **Bohrinsel** SUBSTANTIV
oil rig

die **Bohrmaschine** SUBSTANTIV
drill

der **Bohrturm** SUBSTANTIV (PL die **Bohrtürme**)
derrick

die **Bombe** SUBSTANTIV
bomb

der **Bonbon** SUBSTANTIV (PL die **Bonbons**)
sweet

das **Boot** SUBSTANTIV (PL die **Boote**)
boat

der **Bord** SUBSTANTIV
siehe auch das Bord SUBSTANTIV
◆ **an Bord** on board

das **Bord** SUBSTANTIV (PL die **Borde**)
siehe auch der Bord SUBSTANTIV
shelf (PL *shelves*) ◇ *Er brachte über dem Schreibtisch ein Bord für seine Bücher an.* He put up a shelf over his desk for his books.

borgen VERB
to borrow ◇ *Das gehört nicht mir, das habe ich mir geborgt.* That doesn't belong to me, I borrowed it.
◆ **jemandem etwas borgen** to lend somebody something ◇ *Meine Schwester hat mir ihr Rennrad geborgt.* My sister lent me her racing bike.

die **Börse** SUBSTANTIV
1 *purse* ◇ *Sie nahm zehn Mark aus ihrer Börse.* She took ten marks out of her purse.
2 *stock exchange* ◇ *Diese Aktien werden an der Börse gehandelt.* These shares are traded on the stock exchange.

böse ADJEKTIV
1 *bad* ◇ *Er ist ein böser Mensch.* He's a bad man. ◇ *Die Kinder waren böse.* The children were bad. ◇ *Sie hat eine böse Erkältung.* She has a bad cold.
◆ **Er hat sich böse verletzt.** He's injured himself badly.
2 *angry* ◇ *Ich habe ihm einen bösen Brief geschrieben.* I wrote him an angry letter.
◆ **böse werden** to get angry ◇ *Wenn du das noch einmal tust, werde ich böse.* If you do that again, I'll get angry.
◆ **auf jemanden böse sein** to be angry with somebody ◇ *Ich bin böse auf Martin, weil er nicht gekommen ist.* I'm angry with Martin because he didn't come.
◆ **Bist du mir noch böse?** Are you still angry with me?
◆ **Das war eine böse Überraschung.** That was a nasty shock.
◆ **Mit ihm sieht es böse aus.** It doesn't look too good for him.

Bosnien NEUT SUBSTANTIV
Bosnia

Bosnien-Herzegowina NEUT SUBSTANTIV
Bosnia-Herzegovina

bot VERB *siehe* **bieten**

die **Botschaft** SUBSTANTIV
1 *message* ◇ *Kannst du ihm eine Botschaft übermitteln?* Can you give him a message?
2 *embassy* (PL *embassies*) ◇ *Sie müssen das Visum auf der Botschaft beantragen.* You have to apply to the embassy for a visa.

boxen VERB
to box

der **Boxer** SUBSTANTIV (PL die **Boxer**)
boxer

brach VERB *siehe* **brechen**

brachte VERB *siehe* **bringen**

der **Brand** SUBSTANTIV (PL die **Brände**)
fire

Brandenburg NEUT SUBSTANTIV
Brandenburg

Brandenburg *is one of the 16* Länder. *Its capital is Potsdam, which is famous as Frederick the Great's residence. Agriculture and forestry are still important parts of the economy.*

Brasilien NEUT SUBSTANTIV
Brazil
◆ **aus Brasilien** from Brazil
◆ **nach Brasilien** to Brazil

braten VERB (PRESENT **brät**, IMPERFECT **briet**, PERFECT **hat gebraten**)
siehe auch der Braten SUBSTANTIV
1 *to roast* ◇ *Wir haben das Hähnchen im Backofen gebraten.* We roasted the chicken in the oven.
2 *to fry* (*fried, fried*) ◇ *Sie briet die Kartoffeln in der Pfanne.* She fried the potatoes in the frying pan.

der **Braten** SUBSTANTIV (PL die **Braten**)
siehe auch braten VERB
roast

die **Bratkartoffeln** FEM PL SUBSTANTIV
fried potatoes PL

die **Bratpfanne** SUBSTANTIV
frying pan

die **Bratwurst** SUBSTANTIV (PL die **Bratwürste**)
fried sausage

der **Brauch** SUBSTANTIV (PL die **Bräuche**)
custom

brauchbar ADJEKTIV
1 *usable* ◇ *Dieses alte Gerät ist nicht mehr brauchbar.* The old appliance is no longer usable.
2 *capable* ◇ *Sie ist eine sehr brauchbare*

Mitarbeiterin. She's a very capable colleague.

brauchen VERB

1 *to need* ◇ *Wir brauchen noch Brot und Butter.* We still need bread and butter. ◇ *Dazu brauche ich mindestens zwei Tage.* I'll need at least two days.

2 *to have to* (*had, had*) ◇ *Du brauchst heute nicht kommen.* You don't have to come today. ◇ *Du brauchst nur Bescheid zu sagen, dann helfe ich dir.* You only have to let me know and I'll help you.

◆ **Das kann ich gut brauchen.** I could really do with that.

die **Brauerei** SUBSTANTIV

brewery (PL *breweries*)

braun ADJEKTIV

1 *brown* ◇ *Sie hat braune Haare und braune Augen.* She has brown hair and brown eyes.

2 *tanned* ◇ *Wir kamen ganz braun aus den Ferien zurück.* We came back all tanned from our holidays.

die **Braut** SUBSTANTIV (PL die **Bräute**)

bride

der **Bräutigam** SUBSTANTIV (PL die **Bräutigame**)

bridegroom

das **Brautpaar** SUBSTANTIV (PL die **Brautpaare**)

bride and groom PL

brav ADJEKTIV

good ◇ *Die Kinder waren brav.* The children were good.

◆ **Er ist ganz brav ins Bett gegangen.** He went to bed as good as gold.

bravo! INTERJEKTION

well done!

die **BRD** SUBSTANTIV (= *Bundesrepublik Deutschland*)

Federal Republic of Germany

brechen VERB (PRESENT **bricht**, IMPERFECT **brach**, PERFECT **hat/ist gebrochen**)

> *For the perfect tense use* haben *when the verb has an object and* sein *when there is no object. Use* haben *for* **to vomit**.

1 *to break* (*broke, broken*) ◇ *Der Zweig ist gebrochen.* The branch broke. ◇ *Ich habe den Stock in zwei Teile gebrochen.* I broke the stick in two. ◇ *Ich habe mir den rechten Arm gebrochen.* I've broken my right arm. ◇ *Sie hat ihr Versprechen gebrochen.* She broke her promise. ◇ *einen Rekord brechen* to break a record

2 *to vomit* ◇ *Ihm wurde schlecht, und er musste brechen.* He felt ill and had to vomit.

breit ADJEKTIV

wide ◇ *Das ist ein breiter Fluss.* That's a wide river. ◇ *Das Brett ist fünfzehn Zentimeter breit.* The plank is fifteen centimetres wide.

die **Breite** SUBSTANTIV

width ◇ *die Breite des Tisches* the width of the table

Bremen NEUT SUBSTANTIV

Bremen

> *The "Free Hanseatic City of Bremen" is one of the 16* Länder*. It is a "city-state" like Berlin and Hamburg, and is made up of the cities Bremen and Bremerhaven. It is the smallest* Land*, but the second-oldest city-republic in the world.*

die **Bremse** SUBSTANTIV

1 *brake* ◇ *Sie trat auf die Bremsen.* She stepped on the brakes.

2 *horsefly* (PL *horseflies*) ◇ *Wir sind von Bremsen gestochen worden.* We were bitten by horseflies.

bremsen VERB

to brake ◇ *Als er das Kind sah, bremste er.* When he saw the child, he braked.

◆ **Sie versuchte, das Auto zu bremsen.** She tried to stop the car.

◆ **Wenn sie erst einmal angefangen hat, dann ist sie nicht mehr zu bremsen.** Once she's started, there's no stopping her.

das **Bremslicht** SUBSTANTIV (PL die **Bremslichter**)

brake light

das **Bremspedal** SUBSTANTIV (PL die **Bremspedale**)

brake pedal

brennen VERB (IMPERFECT **brannte**, PERFECT **hat gebrannt**)

to burn ◇ *Das Holz ist zu nass, es brennt nicht.* The wood's too wet, it won't burn. ◇ *Im Wohnzimmer brennt Licht.* There's a light burning in the living room. ◇ *Der Schnaps brennt auf der Zunge.* The schnapps burns your tongue. ◇ *ein Loch in etwas brennen* to burn a hole in something

◆ **Das Haus brannte.** The house was on fire.

◆ **sich brennen** to burn oneself ◇ *Ich habe mich an der heißen Platte gebrannt.* I've burned myself on the hot plate.

◆ **darauf brennen, etwas zu tun** to be dying to do something ◇ *Ich brenne darauf, deinen Freund kennenzulernen.* I'm dying to meet your boyfriend.

die **Brennnessel** ⚠ SUBSTANTIV

stinging nettle

der **Brennstoff** SUBSTANTIV (PL die **Brennstoffe**)

fuel

das **Brett** SUBSTANTIV (PL die **Bretter**)

1 *board* ◇ *Die Hütte bestand aus ein paar zusammengenagelten Brettern.* The hut consisted of a few boards nailed together. ◇ *Sie stellte die Schachfiguren aufs Brett.* She set up the chessmen on the board.

2 *shelf* (PL *shelves*) ◇ *Die Gewürze stehen auf einem Brett über dem Herd.* The spices are on a shelf above the cooker.

◆ **das schwarze Brett** the notice board

◆ **Ich hatte ein Brett vor dem Kopf.** My mind went blank.

die **Brezel** SUBSTANTIV

pretzel

bricht VERB *siehe* **brechen**

der **Brief** SUBSTANTIV (PL die **Briefe**)

letter

der **Brieffreund** SUBSTANTIV (PL die **Brieffreunde**)
pen friend

die **Brieffreundin** SUBSTANTIV
pen friend

der **Briefkasten** SUBSTANTIV (PL die **Briefkästen**)
[1] *letterbox* (PL *letterboxes*) (*am Haus*)
[2] *postbox* (PL *postboxes*) (*öffentlich*)

die **Briefmarke** SUBSTANTIV
stamp

In Großbritannien kann man first-class stamps *und* second-class stamps *kaufen. Ein mit einer* first-class stamp *frankierter Brief wird in der Regel am nächsten Werktag zugestellt.*

die **Brieftasche** SUBSTANTIV
wallet

der **Briefträger** SUBSTANTIV (PL die **Briefträger**)
postman (PL *postmen*) ◇ *Günter ist Briefträger.* Günter's a postman.

die **Briefträgerin** SUBSTANTIV
postwoman (PL *postwomen*) ◇ *Meine Tante ist Briefträgerin.* My aunt's a postwoman.

der **Briefumschlag** SUBSTANTIV (PL die **Briefumschläge**)
envelope

briet VERB *siehe* **braten**

die **Brille** SUBSTANTIV
[1] *glasses* PL ◇ *Lesley trägt eine Brille.* Lesley wears glasses. ◇ *eine Brille* a pair of glasses
[2] *goggles* PL ◇ *Beim Schweißen sollte man eine Brille tragen.* You should wear goggles when welding.
[3] *toilet seat* ◇ *Ich hasse es, wenn Männer die Brille oben lassen.* I hate it when men leave the seat up.

bringen VERB (IMPERFECT **brachte**, PERFECT **hat gebracht**)
[1] *to bring* (*brought, brought*) ◇ *Unsere Gäste haben uns einen schönen Blumenstrauß gebracht.* Our guests have brought us a lovely bunch of flowers. ◇ *Kann ich meine Schwester mit zur Party bringen?* Can I bring my sister to the party?
[2] *to take* (*took, taken*) ◇ *Meine Freunde haben mich zum Flughafen gebracht.* My friends took me to the airport. ◇ *jemanden nach Hause bringen* to take somebody home
[3] *to bring in* ◇ *Diese Anlage bringt fünf Prozent Zinsen.* This investment brings in five per cent interest.
[4] *to publish* ◇ *Alle Zeitungen brachten diese Geschichte auf der ersten Seite.* All newspapers published this story on the first page.
[5] *to be on* (*is, was, been*) ◇ *Sieh mal in der Zeitung nach, was das Theater bringt.* Look in the paper to see what's on at the theatre.

◆ **jemanden zu etwas bringen** to make somebody do something ◇ *Sie hat mich zum Lachen gebracht.* She made me laugh. ◇ *Du bringst mich noch zur Verzweiflung.* You make me despair.

◆ **jemanden dazu bringen, etwas zu tun** to get somebody to do something ◇ *Wie hast du deine Eltern dazu gebracht, dass sie das erlaubt haben?* How did you get your parents to let you do that?

◆ **es über sich bringen, etwas zu tun** to bring oneself to do something ◇ *Ich habe es nicht über mich gebracht, ihr das zu sagen.* I couldn't bring myself to tell her.

◆ **Der Betrüger hat die alte Frau um ihre ganzen Ersparnisse gebracht.** The swindler cheated the old lady out of all her savings.

◆ **jemanden auf eine Idee bringen** to give somebody an idea

◆ **jemanden in Gefahr bringen** to put somebody in danger

◆ **Unsere Chemielehrerin bringt's nicht.** Our chemistry teacher's rubbish. (*Umgangssprache*)

◆ **Das bringt nichts!** That's no use!

der **Brite** SUBSTANTIV (GEN des **Briten**, PL die **Briten**)
Briton

◆ **die Briten** the British

die **Britin** SUBSTANTIV
Briton

britisch ADJEKTIV
British

die **Brokkoli** PL SUBSTANTIV
broccoli SING

die **Brombeere** SUBSTANTIV
blackberry (PL *blackberries*)

das **Brot** SUBSTANTIV (PL die **Brote**)
[1] *bread* KEIN PL ◇ *Haben wir noch Brot im Haus?* Do we still have some bread in the house?
[2] *loaf* (PL *loaves*) (*Laib*) ◇ *Kannst du für die Party drei Brote holen?* Can you get three loaves for the party?

das **Brötchen** SUBSTANTIV (PL die **Brötchen**)
roll

der **Bruch** SUBSTANTIV (PL die **Brüche**)
[1] *fracture* ◇ *Sie wurde mit einem Bruch ins Krankenhaus eingeliefert.* She was taken to hospital with a fracture.

◆ **zu Bruch gehen** to get broken ◇ *Die ganzen Teller sind zu Bruch gegangen.* All the plates got broken.

[2] *hernia* ◇ *Trag das nicht allein, du hebst dir sonst einen Bruch!* Don't carry that on your own, you'll give yourself a hernia!
[3] *fraction* ◇ *Das Rechnen mit Brüchen haben wir noch nicht gelernt.* We haven't learned fractions yet.

die **Brücke** SUBSTANTIV
bridge

der **Bruder** SUBSTANTIV (PL die **Brüder**)
brother

der **Brühwürfel** SUBSTANTIV (PL die **Brühwürfel**)
stock cube

brüllen VERB
to roar ◇ *Der Löwe brüllte.* The lion roared.

◆ **Er brüllte vor Schmerz.** He screamed with pain.

B

brummen VERB
1 *to growl* ◇ *Der Bär brummte.* The bear growled.
2 *to buzz* ◇ *Eine dicke Fliege brummte durchs Zimmer.* A huge fly buzzed around the room.
◆ **etwas brummen** to mumble something ◇ *Er hat irgend etwas Unfreundliches gebrummt.* He mumbled something unfriendly.

der **Brunnen** SUBSTANTIV (PL die **Brunnen**)
1 *fountain* ◇ *Am Marktplatz steht ein Brunnen.* There's a fountain in the market square.
2 *well* (*tief*) ◇ *Die Burgbewohner bekamen ihr Wasser aus diesem Brunnen.* The inhabitants of the castle got their water from this well.

die **Brust** SUBSTANTIV (PL die **Brüste**)
breast ◇ *Sie hat kleine Brüste.* She has small breasts.

der **Brustkasten** SUBSTANTIV
chest

das **Brustschwimmen** SUBSTANTIV
breaststroke

brutto ADVERB
gross

das **BSE** SUBSTANTIV
BSE (= bovine spongiform encephalopathy) ◇ *Nicht alle Kühe haben BSE.* Not all cows have got BSE.

das **Buch** SUBSTANTIV (PL die **Bücher**)
book

die **Buche** SUBSTANTIV
beech tree

buchen VERB
to book ◇ *Wir haben eine Reise nach Kreta gebucht.* We've booked a trip to Crete.

die **Bücherei** SUBSTANTIV
library (PL *libraries*)

das **Bücherregal** SUBSTANTIV (PL die **Bücherregale**)
bookcase

die **Buchhandlung** SUBSTANTIV
bookshop

die **Büchse** SUBSTANTIV
tin ◇ *Sie bewahrt den Tee in einer Büchse auf.* She keeps her tea in a tin.

der **Büchsenöffner** SUBSTANTIV (PL die **Büchsenöffner**)
tin opener

der **Buchstabe** SUBSTANTIV (GEN des **Buchstabens**, PL die **Buchstaben**)
letter of the alphabet

buchstabieren VERB (PERFECT **hat buchstabiert**)
to spell

buchstäblich ADVERB
literal ◇ *Sie kam buchstäblich in der letzten Minute.* She arrived at literally the last minute.

sich **bücken** VERB
to bend down (*bent, bent*)

die **Bude** SUBSTANTIV
stall ◇ *die Buden auf dem Jahrmarkt* the stalls at the fair
◆ **Kommt ihr noch mit auf meine Bude?** Do you want to come back to my place?

der **Bügel** SUBSTANTIV (PL die **Bügel**)
hanger (*Kleiderbügel*)

das **Bügeleisen** SUBSTANTIV (PL die **Bügeleisen**)
iron ◇ *Ich habe mir die Hand am Bügeleisen verbrannt.* I burnt my hand on the iron.

bügeln VERB
to iron

die **Bühne** SUBSTANTIV
stage ◇ *auf der Bühne stehen* to be on stage

buk VERB *siehe* **backen**

Bulgarien NEUT SUBSTANTIV
Bulgaria
◆ **aus Bulgarien** from Bulgaria
◆ **nach Bulgarien** to Bulgaria

der **Bummel** SUBSTANTIV (PL die **Bummel**)
1 *stroll* ◇ *Wir machten einen Bummel an der Donau entlang.* We went for a stroll along the Danube.
2 *window-shopping* ◇ *Bei meinem Bummel durch die Innenstadt habe ich eine tolle Hose gesehen.* I saw a fantastic pair of trousers while I was window-shopping in the city centre.

bummeln VERB
Use sein *to form the perfect tense for* **to stroll** *and* haben *for* **to dawdle**.
1 *to stroll* ◇ *Wir sind durch die Stadt gebummelt.* We strolled through the town.
2 *to dawdle* ◇ *Heute hast du auf dem Heimweg aber gebummelt.* You've really been dawdling on your way home today.

der **Bund** SUBSTANTIV (PL die **Bünde**)
1 *association* ◇ *Die Bauern schlossen sich zu einem Bund zusammen.* The farmers formed an association.
◆ **Bund und Länder** the Federal Government and the Länder
2 *waistband* ◇ *Die Hose ist am Bund zu eng.* The trousers are too tight at the waistband.

Bundes- PRÄFIX
Federal

der **Bundesbürger** SUBSTANTIV (PL die **Bundesbürger**)
German citizen

der **Bundeskanzler** SUBSTANTIV (PL die **Bundeskanzler**)
Federal Chancellor

das **Bundesland** SUBSTANTIV (PL die **Bundesländer**)
state
Das britische Äquivalent zu den Bundesländern *sind die* counties.

die **Bundesliga** SUBSTANTIV
Premier League
The Bundesliga *was founded in 1963, and consists of 18 teams. At the end of the season, play-offs between the bottom 3 clubs of the* Bundesliga *and the top 3 of the* zweite Bundesliga *decide who is relegated and who promoted.*

der **Bundespräsident** SUBSTANTIV (GEN des **Bundespräsidenten**, PL die **Bundespräsidenten**)
Federal President

der **Bundesrat** SUBSTANTIV
upper chamber of the German Parliament
The Bundesrat *is not directly elected, but is made up of representatives of the 16* Länder. *In many cases,* Bundesrat *approval is required before laws (particularly amendments to the constitution) can be passed.*

die **Bundesregierung** SUBSTANTIV
Federal government

die **Bundesrepublik** SUBSTANTIV
Federal Republic ◇ *die Bundesrepublik Deutschland* the Federal Republic of Germany

der **Bundestag** SUBSTANTIV
German Parliament
The Bundestag *is the German parliamentary assembly, elected every four years.*

die **Bundeswehr** SUBSTANTIV
German Armed Forces PL
The Bundeswehr *is based on conscription for men, but there are also career servicemen. The basic period of military service is 12 months.*

bunt ADJEKTIV
[1] *brightly-coloured* ◇ *Sie hatte ein buntes Kleid an.* She was wearing a brightly-coloured dress.
[2] *mixed* ◇ *Unsere Klasse ist ein buntes Häufchen.* Our class is a mixed bunch.
◆ **Mir wird es zu bunt.** It's getting too much for me.

der **Buntstift** SUBSTANTIV (PL die **Buntstifte**)
coloured pencil

die **Burg** SUBSTANTIV (PL die **Burgen**)
castle

der **Bürger** SUBSTANTIV (PL die **Bürger**)
citizen

der **Bürgermeister** SUBSTANTIV (PL die **Bürgermeister**)
mayor

der **Bürgersteig** SUBSTANTIV (PL die **Bürgersteige**)
pavement

das **Büro** SUBSTANTIV (PL die **Büros**)
office

die **Büroklammer** SUBSTANTIV
paper clip

die **Bürste** SUBSTANTIV
brush (PL *brushes*)

der **Bus** SUBSTANTIV (GEN des **Busses**, PL die **Busse**)
bus (PL *buses*) ◇ *mit dem Bus fahren* to go by bus

der **Busch** SUBSTANTIV (PL die **Büsche**)
bush (PL *bushes*)

der **Busen** SUBSTANTIV (PL die **Busen**)
bosom

das **Bußgeld** SUBSTANTIV (PL die **Bußgelder**)
fine

der **Büstenhalter** SUBSTANTIV (PL die **Büstenhalter**)
bra

die **Butter** SUBSTANTIV
butter

das **Butterbrot** SUBSTANTIV (PL die **Butterbrote**)
bread and butter

C

das **Café** SUBSTANTIV (PL die **Cafés**)
tearoom
die **Cafeteria** SUBSTANTIV (PL die **Cafeterias**)
cafeteria
campen VERB
to camp
das **Camping** SUBSTANTIV
camping
der **Campingkocher** SUBSTANTIV (PL die **Campingkocher**)
camping stove
der **Campingplatz** SUBSTANTIV (GEN des **Campingplatzes**, PL die **Campingplätze**)
campsite
die **CD** SUBSTANTIV (PL die **CDs**)
CD
der **CD-Spieler** SUBSTANTIV (PL die **CD-Spieler**)
CD player
das **Cello** SUBSTANTIV (PL die **Cellos** *or* **Celli**)
cello ◇ *Ich spiele Cello.* I play the cello.
der **Champignon** SUBSTANTIV (PL die **Champignons**)
button mushroom
die **Chance** SUBSTANTIV
chance
das **Chaos** SUBSTANTIV (GEN des **Chaos**)
chaos
chaotisch ADJEKTIV
chaotic
der **Charakter** SUBSTANTIV (PL die **Charakter**)
character
charmant ADJEKTIV
charming
der **Charterflug** SUBSTANTIV (PL die **Charterflüge**)
charter flight
der **Chauvinist** SUBSTANTIV (GEN des **Chauvinisten**, PL die **Chauvinisten**)
chauvinist
◆ **männlicher Chauvinist** male chauvinist pig
der **Chef** SUBSTANTIV (PL die **Chefs**)
[1] *head* ◇ *Er ist Chef einer großen Firma.* He's the head of a large company.
[2] *boss* (PL *bosses*) ◇ *Da muss ich den Chef fragen.* I'll have to ask my boss.
die **Chefin** SUBSTANTIV
boss (PL *bosses*)
die **Chemie** SUBSTANTIV
chemistry
der **Chemiker** SUBSTANTIV (PL die **Chemiker**)
industrial chemist
Das englische Wort **chemist** *bedeutet "Apotheker".*
chemisch ADJEKTIV
chemical
◆ **chemische Reinigung** dry cleaning
der **Chicorée** SUBSTANTIV
chicory
Chile NEUT SUBSTANTIV
Chile
◆ **aus Chile** from Chile
◆ **nach Chile** to Chile
China NEUT SUBSTANTIV
China
◆ **aus China** from China
◆ **nach China** to China
der **Chinese** SUBSTANTIV (GEN des **Chinesen**, PL die **Chinesen**)
Chinese
◆ **die Chinesen** the Chinese
die **Chinesin** SUBSTANTIV
Chinese
chinesisch ADJEKTIV
Chinese
der **Chirurg** SUBSTANTIV (GEN des **Chirurgen**, PL die **Chirurgen**)
surgeon
die **Chirurgie** SUBSTANTIV
surgery
das **Chlor** SUBSTANTIV
chlorine
der **Chor** SUBSTANTIV (PL die **Chöre**)
choir ◇ *Sie singt im Chor.* She sings in a choir.
der **Christ** SUBSTANTIV (GEN des **Christen**, PL die **Christen**)
Christian ◇ *Er ist Christ.* He's a Christian.
die **Christin** SUBSTANTIV
Christian ◇ *Sie ist Christin.* She's a Christian.
christlich ADJEKTIV
Christian
die **Cola** SUBSTANTIV (PL die **Colas**)
cola
der **Computer** SUBSTANTIV (PL die **Computer**)
computer
das **Computerspiel** SUBSTANTIV (PL die **Computerspiele**)
computer game
der **Cousin** SUBSTANTIV (PL die **Cousins**)
cousin
die **Cousine** SUBSTANTIV
cousin
die **Creme** SUBSTANTIV (PL die **Cremes**)
[1] *cream* ◇ *eine Handcreme* a hand cream
[2] *polish* (PL *polishes*) ◇ *Hast du schwarze Schuhcreme?* Do you have any black shoe polish?
[3] *mousse* ◇ *eine Zitronencreme* a lemon mousse
der **Curry** SUBSTANTIV
curry powder
der **Cursor** SUBSTANTIV (PL die **Cursors**)
cursor

D

da ADVERB, KONJUNKTION
[1] *there* ◇ *Da ist es schön.* It's beautiful there.
◆ **da draußen** out there
◆ **Da haben wir Glück gehabt.** We were lucky there.
◆ **da sein** to be there
[2] *here* ◇ *Da liegt meine Brille ja.* Here are my glasses. ◇ *Da bin ich.* Here I am.
◆ **Ist noch Milch da?** Is there any milk left?
◆ **Da kann man nichts machen.** It can't be helped.
[3] *since* ◇ *Da du gerade hier bist...* Since you're here...

dabehalten VERB (PRESENT **behält da**, IMPERFECT **behielt da**, PERFECT **hat dabehalten**)
to keep (*kept, kept*)

dabei ADVERB
◆ **nahe dabei** close by ◇ *Er stand nahe dabei, als die Bombe explodierte.* When the bomb exploded he was standing close by.
◆ **Sie hatten ihren Hund dabei.** They had their dog with them.
◆ **Was ist schon dabei?** What of it?
◆ **es ist doch nichts dabei, wenn...** it doesn't matter if...
◆ **Bleiben wir dabei.** Let's leave it at that.
◆ **Es bleibt dabei.** That's settled.
◆ **dabei sein** to be there ◇ *Ich bin dabeigewesen.* I was there.
◆ **Er war gerade dabei, zu gehen.** He was just about to leave.
◆ **Er hat es doch gemacht, dabei hatte ich ihn ausdrücklich gewarnt.** He did it even though I expressly warned him.

das **Dach** SUBSTANTIV (PL die **Dächer**)
roof

der **Dachboden** SUBSTANTIV (PL die **Dachböden**)
attic

dachte VERB *siehe* **denken**

der **Dackel** SUBSTANTIV (PL die **Dackel**)
dachshund

dadurch ADVERB, KONJUNKTION
[1] *through it* ◇ *Er muss dadurch gekrochen sein.* He must have crawled through it.
[2] *that's why* ◇ *Dadurch habe ich mich verspätet.* That's why I was late.
[3] *as a result* ◇ *Der Zug hatte Verspätung, dadurch haben wir unseren Anschluss verpasst.* The train was late, and as a result we missed our connection.
◆ **dadurch, dass** because ◇ *Dadurch, dass sie kein Englisch kann...* Because she doesn't speak any English...

dafür ADVERB
[1] *for it* ◇ *Was hast du dafür bezahlt?* How much did you pay for it? ◇ *Was bekomme ich dafür?* What will I get for it?
◆ **Er ist bekannt dafür.** He's well-known for that.
[2] *instead* ◇ *Wenn du nicht mit ins Schwimmbad kannst, dann komm dafür doch mit ins Kino.* If you can't come with us to the swimming pool, then come along to the cinema instead.
◆ **Er kann nichts dafür.** He can't help it.

dagegen ADVERB, KONJUNKTION
[1] *against it* ◇ *Was hast du dagegen?* What have you got against it? ◇ *Ich war dagegen.* I was against it.
◆ **Ich habe nichts dagegen.** I don't mind.
◆ **Dagegen kann man nichts tun.** You can't do anything about it.
[2] *into it* ◇ *Er sah den Baum nicht und rannte dagegen.* He didn't see the tree and ran into it.
[3] *for it* ◇ *Das ist jetzt mein Ball, ich habe meine Murmeln dagegen getauscht.* This is my ball now – I swapped my marbles for it.
[4] *by comparison* ◇ *Dagegen ist unser Haus klein.* Our house is small by comparison.
[5] *however* ◇ *Sie wollte gehen, er dagegen wollte bleiben.* She wanted to leave, however he wanted to stay.

daheim ADVERB
at home

daher ADVERB, KONJUNKTION
[1] *from there* ◇ *Daher komme ich gerade.* I've just come from there.
[2] *that's where* ◇ *Das war ein schwerer Unfall; daher hat er sein kaputtes Bein.* It was a serious accident – that's where he got his bad leg.
[3] *that's why* ◇ *Sie war krank und konnte daher nicht mitkommen.* She was ill, and that's why she couldn't come.

dahin ADVERB
there ◇ *Dahin gehe ich jetzt.* I'm going there now.

dahinten ADVERB
over there

dahinter ADVERB
behind it ◇ *Er versteckte sich dahinter.* He hid behind it.
◆ **dahinter kommen** to find out ◇ *Meine Mutter ist dahintergekommen, dass ich gestern nicht bei dir war.* My mother has found out that I wasn't at your place yesterday.

damals ADVERB
in those days

die **Dame** SUBSTANTIV
[1] *lady* (PL *ladies*)
[2] *queen* (*Schach, Karten*)
[3] *draughts* SING ◇ *Dame ist mein Lieblingsspiel.* Draughts is my favourite game.

damit ADVERB, KONJUNKTION
[1] *with it* ◇ *Wisch damit den Tisch ab.* Wipe the table with it.

[2] *by that* ◇ *Was meint er damit?* What does he mean by that?
- **Was willst du damit sagen?** What are you getting at?
- **Genug damit!** That's enough of that!
- **Damit eilt es nicht.** There's no hurry.

[3] *so that* ◇ *Ich sage dir das, damit du das weißt.* I'm telling you so that you know.

der **Dampf** SUBSTANTIV
steam

danach ADVERB
[1] *afterwards* ◇ *Ich habe etwas getrunken und danach fühlte ich mich besser.* I had something to drink and afterwards felt much better.
[2] *accordingly* ◇ *Verhalte dich bitte danach.* Please behave accordingly.

der **Däne** SUBSTANTIV (GEN des **Dänen**, PL die **Dänen**)
Dane

daneben ADVERB
[1] *beside it* ◇ *Sein Stuhl stand daneben.* His chair was beside it.
[2] *by comparison* ◇ *Er ist sehr klug, daneben wirkt sie ziemlich dumm.* He's very clever, and she seems rather stupid by comparison.

sich **danebenbenehmen** VERB (PRESENT **benimmt sich daneben**, IMPERFECT **benahm sich daneben**, PERFECT **hat sich danebenbenommen**)
to misbehave

Dänemark NEUT SUBSTANTIV
Denmark
- **aus Dänemark** from Denmark
- **nach Dänemark** to Denmark

die **Dänin** SUBSTANTIV
Dane

dänisch ADJEKTIV
Danish

der **Dank** SUBSTANTIV
siehe auch dank PRÄPOSITION
thanks PL ◇ *Unser Dank gilt vor allem Herrn Morris.* Our thanks to Mr Morris in particular.
- **Vielen Dank!** Many thanks.

dank PRÄPOSITION
siehe auch der Dank SUBSTANTIV
dank *takes the genitive or dative.*
thanks to ◇ *Dank meiner Schwester habe ich noch rechtzeitig davon erfahren.* Thanks to my sister I found out about it in time.

dankbar ADJEKTIV
grateful ◇ *Ich bin dir sehr dankbar.* I'm very grateful to you.
- **eine dankbare Aufgabe** a rewarding task

danke INTERJEKTION
thank you
- **Danke schön!** Thank you very much.
- **Nein, danke!** No, thanks.

dann ADVERB
then
- **dann und wann** now and then

daran ADVERB
on it ◇ *ein Päckchen mit einem Zettel daran* a parcel with a label on it
- **Ich habe nicht daran gedacht.** I didn't think of that.
- **Er ist daran gestorben.** He died of it.
- **Es liegt daran, dass...** This is because...
- **das Beste daran** the best thing about it
- **Ich war nahe daran, zu gehen.** I was on the point of going.

darauf ADVERB
[1] *on it* (*räumlich*) ◇ *Nimm einen Untersetzer und stelle den Topf darauf.* Take a mat and put the pan on it.
[2] *afterwards* ◇ *kurz darauf* shortly afterwards
- **die Tage darauf** the following days
- **am Tag darauf** the next day
- **Er ging darauf zu.** He walked towards it.
- **es kommt ganz darauf an, ob...** it all depends whether...

daraus ADVERB
out of it ◇ *Sie nahm einen Keks daraus.* She took a biscuit out of it.
- **Was ist daraus geworden?** What became of it?
- **daraus geht hervor, dass...** this means that...

darf VERB *siehe* **dürfen**

darin ADVERB
in it ◇ *eine Dose mit Keksen darin* a tin with biscuits in it
- **Darin sehe ich kein Problem.** I don't see any problem there.

der **Darm** SUBSTANTIV (PL die **Därme**)
intestine

darstellen VERB (PERFECT **hat dargestellt**)
[1] *to portray* ◇ *etwas in einem günstigen Licht darstellen* to portray something in a good light
[2] *to describe* ◇ *So wie er es dargestellt hat, war alles ihre Schuld.* The way he described it, it was all her fault.

darüber ADVERB
[1] *over it* ◇ *ein Tisch mit einer Lampe darüber* a table with a light over it ◇ *Da war eine Brücke, wir sind aber nicht darüber gefahren.* There was a bridge, but we didn't drive over it.
[2] *about it* ◇ *Wir haben darüber gesprochen.* We talked about it. ◇ *Denk mal darüber nach.* Think about it.
[3] *more* ◇ *Sie verdient fünftausend oder vielleicht sogar darüber.* She earns five thousand or maybe even more.

darum ADVERB, KONJUNKTION
[1] *round it* ◇ *Sie machte ein rotes Band darum.* She put a red ribbon round it.
- **es geht darum, dass...** the important thing is to...
- **er würde viel darum geben, wenn...** he would give a lot to...

[2] *that's why* ◇ *Darum bin ich nicht gekommen.* That's why I didn't come.

- **Ich tue es darum, weil...** I'm doing it because...

darunter ADVERB

1 *under it* ◇ *Der Topf ist heiß, leg einen Untersetzer darunter.* The pot's hot, put a mat under it.

- **ein Stockwerk darunter** one floor below
- **viele Jungen und zwei Mädchen darunter** a lot of boys and two girls

2 *less* ◇ *Er verdient nur zweitausend Mark oder vielleicht sogar darunter.* He earns only two thousand marks or maybe even less.

- **Was verstehst du darunter?** What do you understand by that?

das ARTIKEL, PRONOMEN

das *is the definite neuter article.*

1 *the* ◇ *das Auto* the car

- **das Leben** life
- **Er hat sich das Knie verletzt.** He's hurt his knee.

2 *who* ◇ *das Kind, das dir das gesagt hat* the child who told you

- **das Kind, das du gesehen hast** the child you saw

3 *which* ◇ *das Fahrrad, das du da siehst* the bike which you can see over there

- **das mit dem roten Sattel** the one with the red saddle

4 *that* ◇ *Das habe ich nicht gehört.* I didn't hear that.

- **das da** that one

dasein VERB *siehe* **da**

dass ⚠ KONJUNKTION

that ◇ *Ich bin böse, dass er nicht gekommen ist.* I'm annoyed that he didn't come. ◇ *Ich weiß, dass du besser in Mathe bist als ich.* I know you're better at maths than me.

dasselbe PRONOMEN

the same ◇ *dasselbe Kind* the same child

dastehen VERB (IMPERFECT **stand da**, PERFECT **hat dagestanden**)

to stand there (*stood, stood*)

die **Datei** SUBSTANTIV

file

die **Daten** NEUT PL SUBSTANTIV

data PL *or* SING

die **Datenbank** SUBSTANTIV (PL die **Datenbanken**)

data base

die **Datenverarbeitung** SUBSTANTIV

data processing

der **Dativ** SUBSTANTIV (PL die **Dative**)

dative

das **Datum** SUBSTANTIV (PL die **Daten**)

date

die **Dauer** SUBSTANTIV

1 *duration* ◇ *für die Dauer meines Aufenthalts* for the duration of my stay

2 *length* ◇ *die Dauer einer Reise* the length of a journey ◇ *die Dauer eines Anrufs* the length of a call

- **von Dauer sein** to be permanent
- **Ihr Glück war nur von kurzer Dauer.** Their happiness was only short-lived.
- **auf die Dauer (1)** in the long run ◇ *Auf die Dauer wird ihm das langweilig werden.* He'll get bored with it in the long run.
- **auf die Dauer (2)** indefinitely ◇ *Auf die Dauer geht das aber nicht.* That can't go on indefinitely.

die **Dauerkarte** SUBSTANTIV

season ticket

dauern VERB

to last ◇ *Der Krieg hat zehn Jahre gedauert.* The war lasted ten years.

- **lange dauern** to take a long time ◇ *Das hat lange gedauert.* That took a long time. ◇ *Es hat sehr lang gedauert, bis er...* It took him a long time to...
- **Wie lange dauert das denn noch?** How much longer is this going to take?

dauernd ADJEKTIV, ADVERB

constant ◇ *Ich konnte sein dauerndes Stöhnen nicht ertragen.* I couldn't stand his constant moaning.

- **Musst du mich dauernd stören?** Do you have to constantly interrupt me?

die **Dauerwelle** SUBSTANTIV

perm

der **Daumen** SUBSTANTIV (PL die **Daumen**)

thumb

- **Ich drücke dir die Daumen.** I'll keep my fingers crossed for you.

davon ADVERB

1 *of them* ◇ *Sie nahm zwei davon.* She took two of them.

- **Sie nahm hundert Gramm davon.** She took a hundred grams.

2 *away* ◇ *Er lief davon.* He ran away.

3 *from it* ◇ *Sie hat den Knopf davon abgetrennt.* She removed the button from it.

- **Sie bekommt Kopfschmerzen davon.** It gives her a headache.
- **davon abgesehen** apart from that
- **davon sprechen** to talk about it
- **Sie weiß nichts davon.** She doesn't know anything about it.
- **Was habe ich davon?** What's the point?
- **Das kommt davon!** That's what you get.

davonkommen VERB (IMPERFECT **kam davon**, PERFECT **ist davongekommen**)

to escape ◇ *Wir sind noch einmal davongekommen.* We've had a lucky escape.

davor ADVERB

1 *in front of it* ◇ *Ich stellte mich davor.* I stood in front of it.

2 *first* ◇ *Du solltest davor aber noch zum Friseur.* You ought to go to the hairdresser's first.

- **Ich habe dich davor gewarnt.** I warned you about it.

dazu ADVERB

with it ◇ *Was sollen wir dazu trinken?* What shall we drink with it?

- **ein Beispiel dazu** an example of this
- **seine Gedanken dazu** his thoughts on this
- **Möchtest du dich dazu äußern?** Do you wish to comment on it?

- **dazu fähig sein** to be capable of it
- **und dazu noch** and in addition

dazwischen ADVERB
[1] *in between* ◇ *Wir können dazwischen ja eine Pause machen.* We can have a break in between.
[2] *between them* ◇ *Siehst du die beiden Pfosten, stell dich dazwischen.* You see the two posts? Go and stand between them.
◇ *der Unterschied dazwischen* the difference between them

dazwischenkommen VERB (IMPERFECT **kam dazwischen**, PERFECT **ist dazwischengekommen**)
- **Es ist etwas dazwischengekommen.** Something's cropped up.

die **Decke** SUBSTANTIV
[1] *ceiling* ◇ *Wir haben die Decke des Kinderzimmers gestrichen.* We've painted the ceiling of the children's room.
[2] *blanket* ◇ *eine Wolldecke* a woollen blanket
- **eine Tischdecke** a tablecloth

der **Deckel** SUBSTANTIV (PL die **Deckel**)
lid

dehnen VERB
to stretch
- **Er dehnte sich und gähnte.** He stretched and yawned.

dein ADJEKTIV
[1] *your* ◇ *Dein Englischlehrer ist nett.* Your English teacher's nice. ◇ *Hat deine Mutter das erlaubt?* Did your mother let you? ◇ *Ist das dein Buch?* Is that your book? ◇ *Wo sind deine Eltern?* Where are your parents?
[2] *yours* ◇ *Der Bleistift hier, ist das deiner?* Is this pencil yours? ◇ *Meine Mutter heißt Ulla, wie heißt deine?* My mother's called Ulla, what's yours called? ◇ *Mein Fahrrad ist kaputt, kann ich deins benutzen?* My bike's broken, can I use yours? ◇ *Meine Noten waren nicht gut, wie waren deine?* My marks weren't good, what were yours like?

deinetwegen ADVERB
[1] *for your sake* ◇ *Ich habe deinetwegen darauf verzichtet.* I did without for your sake.
[2] *on your account* ◇ *Er hat sich deinetwegen aufgeregt.* He got upset on your account.

die **Deklination** SUBSTANTIV
declension

deklinieren VERB (PERFECT **hat dekliniert**)
to decline

der **Delphin** SUBSTANTIV (PL die **Delphine**)
dolphin

dem ARTIKEL
dem *is the dative of* der *and* das.
the ◇ *auf dem Tisch* on the table
- **Gib es dem Mann.** Give it to the man.
- **der Mann, dem ich es gegeben habe** the man I gave it to

demnächst ADVERB
shortly

die **Demokratie** SUBSTANTIV
democracy (PL *democracies*)

demokratisch ADJEKTIV
democratic

die **Demonstration** SUBSTANTIV
demonstration

demonstrieren VERB (PERFECT **hat demonstriert**)
to demonstrate

den ARTIKEL
den *is the accusative of* der.
the ◇ *Ich sehe den Mann.* I can see the man. ◇ *durch den Wald* through the wood
- **Er hat sich den Fuß verletzt.** He's hurt his foot.
- **der Mann, den ich gesehen habe** the man I saw

denen PRONOMEN
denen *is the dative of* die *(plural).*
[1] *whom*
whom *wird lediglich im formelleren Englisch benutzt. In der Umgangssprache wird* denen *nicht übersetzt.*
◇ *die Leute, denen ich die Bücher gegeben habe* the people I gave the books to ◇ *die Leute, denen ich helfen wollte* the people I wanted to help
[2] *which* ◇ *Probleme, denen wir nicht gewachsen sind* problems which we can't cope with

denkbar ADJEKTIV
conceivable

denken VERB (IMPERFECT **dachte**, PERFECT **hat gedacht**)
to think (*thought, thought*)

das **Denkmal** SUBSTANTIV (PL die **Denkmäler**)
monument

denn KONJUNKTION, ADVERB
[1] *because* ◇ *Ich habe sie nicht gesehen, denn sie war schon weg.* I didn't see her because she had already left.
[2] *than* ◇ *besser denn je* better than ever
- **es sei denn...** unless...
- **Warum denn?** But why?

dennoch KONJUNKTION
nevertheless

deprimiert ADJEKTIV
depressed

der ARTIKEL, PRONOMEN
der *is the definite masculine article and genitive and dative of* die.
[1] *the* ◇ *der Mann* the man
- **der Tod** death
- **das Auto der Frau** the woman's car
- **Gib es der Frau.** Give it to the woman.

[2] *who* ◇ *der, der dir das gesagt hat* the person who told you that
- **die Frau, der ich es gegeben habe** the woman I gave it to

[3] *which* ◇ *der Computer, der mir gehört* the computer which belongs to me
- **der mit der Brille** the one with glasses

◆ **der da** that one

derselbe PRONOMEN
the same ◇ *derselbe Mann* the same man

deshalb ADVERB
that's why

dessen PRONOMEN
dessen *is the genitive of* der *and* das.
whose ◇ *mein Freund, dessen Schwester krank ist* my friend whose sister is ill

desto ADVERB
all the ◇ *desto besser* all the better
◆ **je...desto...** the...the... ◇ *Je mehr er sagte, desto wütender wurde sie.* The more he said, the angrier she became. ◇ *je eher, desto besser* the earlier the better

deswegen KONJUNKTION
that's why ◇ *Hat er deswegen so geschimpft?* Is that why he was so mad?
◆ **Es ist spät, deswegen gehen wir jetzt.** It's late, so we're leaving.
◆ **Ich sage das deswegen, weil das alle wissen müssen.** The reason I'm saying this is that everybody should know.

deutlich ADJEKTIV, ADVERB
1 *clear* ◇ *mit klarer Stimme* in a clear voice
2 *clearly* ◇ *Drück dich bitte deutlicher aus.* Please speak more clearly. ◇ *Es war deutlich zu sehen.* It was clearly visible.
◆ **ein deutlicher Unterschied** a distinct difference

das **Deutsch** SUBSTANTIV (GEN des **Deutschen**)
siehe auch deutsch ADJEKTIV
German ◇ *Er lernt Deutsch in der Schule.* He's learning German at school.
◆ **auf Deutsch** in German

deutsch ADJEKTIV
siehe auch das Deutsch SUBSTANTIV
German

der/die **Deutsche** SUBSTANTIV (GEN des/der **Deutschen**, PL die **Deutschen**)
German
◆ **Ich bin Deutscher.** I'm German.

Deutschland NEUT SUBSTANTIV
Germany
◆ **aus Deutschland** from Germany
◆ **in Deutschland** in Germany
◆ **nach Deutschland** to Germany

der **Dezember** SUBSTANTIV (GEN des **Dezember** *or* **Dezembers**, PL die **Dezember**)
December ◇ *im Dezember* in December ◇ *am vierten Dezember* on the fourth of December ◇ *Ulm, den 5. Dezember 1996* Ulm, 5 December 1996 ◇ *Heute ist der sechste Dezember.* Today is the sixth of December.

das **Dezimalsystem** SUBSTANTIV
decimal system

das **Dia** SUBSTANTIV (PL die **Dias**)
slide

diagonal ADJEKTIV
diagonal

der **Dialekt** SUBSTANTIV (PL die **Dialekte**)
dialect

der **Diamant** SUBSTANTIV (GEN des **Diamanten**, PL die **Diamanten**)
diamond

dich PRONOMEN
1 *you* ◇ *Ich habe dich gesehen.* I saw you.
2 *yourself* ◇ *Sieh dich mal im Spiegel an.* Look at yourself in the mirror.

dicht ADJEKTIV, ADVERB
1 *dense* ◇ *dichte Wälder* dense woods
2 *thick* ◇ *dichter Nebel* thick fog
3 *watertight* ◇ *Ist der Behälter dicht?* Is the container watertight?
◆ **Die Gasleitung war nicht dicht.** There was a leak in the gas pipe.
◆ **dichter Verkehr** heavy traffic
◆ **dicht an** close to ◇ *Geh nicht zu dicht ans Feuer.* Don't go too close to the fire.

der **Dichter** SUBSTANTIV (PL die **Dichter**)
poet

dick ADJEKTIV
1 *thick* ◇ *Das Brett ist drei Zentimeter dick.* The plank's three centimetres thick.
2 *fat* ◇ *Ich bin zu dick.* I'm too fat.

der **Dickkopf** SUBSTANTIV (PL die **Dickköpfe**)
◆ **einen Dickkopf haben** to be stubborn

die **Dickmilch** SUBSTANTIV
soured milk

die ARTIKEL, PRONOMEN
die *is the definite feminine article and the definite article plural.*
1 *the* ◇ *die Frau* the woman ◇ *die Kinder* the children
◆ **die Liebe** love
◆ **Er hat sich die Hand verletzt.** He's hurt his hand.
2 *who* ◇ *die, die dir das gesagt hat* the person who told you that
◆ **die Frau, die du gesehen hast** the woman you saw
3 *which* ◇ *die Uhr, die mir gehört* the watch which belongs to me
◆ **die mit der Brille** the one with glasses
◆ **die da** that one

der **Dieb** SUBSTANTIV (PL die **Diebe**)
thief (PL *thieves*)

der **Diebstahl** SUBSTANTIV (PL die **Diebstähle**)
theft

der **Dienst** SUBSTANTIV (PL die **Dienste**)
service
◆ **Dienst haben** to be on duty

der **Dienstag** SUBSTANTIV (PL die **Dienstage**)
Tuesday ◇ *am Dienstag* on Tuesday

dienstags ADVERB
on Tuesdays

dies PRONOMEN
1 *this* ◇ *Dies ist unser Haus.* This is our house.
2 *these* ◇ *Dies sind meine Bücher.* These are my books.

diese PRONOMEN
1 *this* ◇ *Dieses Kleid gefällt mir besonders gut.* I particularly like this dress.
2 *these* ◇ *diese Bücher* these books

[3] *this one* ◇ *Ich möchte diesen hier.* I'd like this one.
[4] *these ones* ◇ *Ich suche ein Paar Sandalen, kann ich diese anprobieren?* I'm looking for a pair of sandals, can I try these ones on?

der **Diesel** SUBSTANTIV
diesel

dieselbe PRONOMEN
the same ◇ *dieselbe Frau* the same woman

diesmal ADVERB
this time

das **Diktat** SUBSTANTIV (PL die **Diktate**)
dictation

diktieren VERB (PERFECT **hat diktiert**)
to dictate

das **Ding** SUBSTANTIV (PL die **Dinge**)
thing

das **Diplom** SUBSTANTIV (PL die **Diplome**)
diploma

die **Diplomatie** SUBSTANTIV
diplomacy

diplomatisch ADJEKTIV
diplomatic

dir PRONOMEN
dir *is the dative of* du.
[1] *you* ◇ *Ich habe es dir doch gesagt.* I told you so.
[2] *to you* ◇ *Ich habe es dir gestern gegeben.* I gave it to you yesterday.

direkt ADJEKTIV
direct ◇ *Der Flug geht direkt.* It's a direct flight.

der **Direktor** SUBSTANTIV (PL die **Direktoren**)
[1] *director* ◇ *der Direktor der Firma* the director of the company
[2] *headmaster* ◇ *Mein Bruder musste gestern zum Direktor.* My brother was sent to the headmaster yesterday.

die **Direktübertragung** SUBSTANTIV
live broadcast

der **Dirigent** SUBSTANTIV (GEN des **Dirigenten**, PL die **Dirigenten**)
conductor (*of orchestra*)

dirigieren VERB (PERFECT **hat dirigiert**)
to conduct ◇ *Wer dirigiert das Orchester?* Who's conducting the orchestra?

die **Diskette** SUBSTANTIV
diskette

die **Diskothek** SUBSTANTIV
disco

die **Diskussion** SUBSTANTIV
discussion
◆ **zur Diskussion stehen** to be under discussion

diskutieren VERB (PERFECT **hat diskutiert**)
to discuss ◇ *Wir haben über Politik diskutiert.* We discussed politics.

DM ABKÜRZUNG (= *Deutsche Mark*)
Deutschmark

die **D-Mark** SUBSTANTIV (PL die **D-Mark**)
Deutschmark

doch ADVERB, KONJUNKTION
[1] *after all* ◇ *Sie ist doch noch gekommen.* She came after all.
[2] *anyway* ◇ *Du machst ja doch, was du willst.* You do what you want anyway.
[3] *but* ◇ *Ich habe ihn eingeladen, doch er hatte keine Lust.* I invited him, but he didn't feel like it. ◇ *Sie ist doch noch so jung.* But she's still so young.
[4] *yes*
doch *is used to contradict a negative statement.*
◇ *Du magst doch keine Süßigkeiten. – Doch!* You don't like sweets. – Yes I do. ◇ *Er ist sicher kein Österreicher. – Doch.* I'm sure he's not an Austrian. – Yes he is. ◇ *Das ist nicht wahr. – Doch!* That's not true. – Yes it is!
◆ **Komm doch.** Do come.
◆ **Lass ihn doch.** Just leave him.

der **Doktor** SUBSTANTIV (PL die **Doktoren**)
doctor ◇ *Er ist Doktor der Philosophie.* He's a doctor of philosophy.

dolmetschen VERB
to interpret

der **Dolmetscher** SUBSTANTIV (PL die **Dolmetscher**)
interpreter

der **Dom** SUBSTANTIV (PL die **Dome**)
cathedral

die **Donau** SUBSTANTIV
Danube

der **Donner** SUBSTANTIV (PL die **Donner**)
thunder KEIN PL

donnern VERB
to thunder ◇ *Es donnerte.* It was thundering.

der **Donnerstag** SUBSTANTIV (PL die **Donnerstage**)
Thursday ◇ *am Donnerstag* on Thursday

donnerstags ADVERB
on Thursdays

doof ADJEKTIV
thick (*Umgangssprache*)

das **Doppelbett** SUBSTANTIV (PL die **Doppelbetten**)
double bed

die **Doppelfenster** NEUT PL SUBSTANTIV
double glazing SING

der **Doppelpunkt** SUBSTANTIV (PL die **Doppelpunkte**)
colon

doppelt ADJEKTIV
[1] *double* ◇ *die doppelte Menge* double the amount
[2] *twice the* ◇ *der doppelte Preis* twice the price ◇ *die doppelte Geschwindigkeit* twice the speed
◆ **doppelt so viel** twice as much
◆ **in doppelter Ausführung** in duplicate

das **Doppelzimmer** SUBSTANTIV (PL die **Doppelzimmer**)
double room

das **Dorf** SUBSTANTIV (PL die **Dörfer**)
village

dort ADVERB
there
◆ **dort drüben** over there
dorther ADVERB
from there
dorthin ADVERB
there ◇ *Wir gehen jetzt dorthin.* We're going there now.
die **Dose** SUBSTANTIV
tin
der **Dosenöffner** SUBSTANTIV (PL die **Dosenöffner**)
tin opener
der **Dotter** SUBSTANTIV (PL die **Dotter**)
yolk
der **Drache** SUBSTANTIV (GEN des **Drachen**, PL die **Drachen**)
dragon ◇ *Ein Drache bewacht den Schatz.* A dragon guards the treasure.
der **Drachen** SUBSTANTIV (PL die **Drachen**)
kite ◇ *Wir haben Drachen fliegen lassen.* We've been flying our kites.
das **Drachenfliegen** SUBSTANTIV
hang-gliding ◇ *Er ist beim Drachenfliegen verunglückt.* He had a hang-gliding accident.
der **Draht** SUBSTANTIV (PL die **Drähte**)
wire
◆ **auf Draht sein** to be on the ball
dran ADVERB
◆ **Jetzt bin ich dran!** It's my turn now.
◆ **Wer ist dran?** Whose turn is it?
◆ **gut dran sein** to be well-off
◆ **schlecht dran sein** to be in a bad way
drauf ADVERB *siehe* **darauf**
draußen ADVERB
outside
der **Dreck** SUBSTANTIV
dirt
dreckig ADJEKTIV
dirty ◇ *Mach deine Kleider nicht dreckig.* Don't get your clothes dirty.
drehen VERB
to turn ◇ *Dreh mal deinen Kopf zur Seite.* Turn your head to one side. ◇ *Du musst an dem Rad drehen.* You have to turn the wheel.
◆ **eine Zigarette drehen** to roll a cigarette
◆ **einen Film drehen** to shoot a film
◆ **sich drehen** to turn ◇ *Das Rad drehte sich schnell.* The wheel was turning fast.
◆ **es dreht sich um...** it's about...
drei ZAHL
siehe auch die Drei SUBSTANTIV
three
die **Drei** SUBSTANTIV
siehe auch drei ZAHL
1 *three*
2 *satisfactory* (*Schulnote*)
German marks range from one (sehr gut) *to six* (ungenügend).
das **Dreieck** SUBSTANTIV (PL die **Dreiecke**)
triangle
dreieckig ADJEKTIV
triangular
dreihundert ZAHL
three hundred
dreimal ADVERB
three times
dreißig ZAHL
thirty
dreiviertel ZAHL
three-quarters
die **Dreiviertelstunde** SUBSTANTIV
three-quarters of an hour ◇ *Eine Dreiviertelstunde war vergangen.* Three-quarters of an hour had passed.
dreizehn ZAHL
thirteen
drin ADVERB *siehe* **darin**
dringend ADJEKTIV
urgent
drinnen ADVERB
inside
dritte ADJEKTIV
third ◇ *Sie nahm beim dritten Klingeln ab.* She answered on the third ring. ◇ *Er kam als Dritter.* He was the third to arrive.
◆ **die dritte Welt** the Third World
◆ **das Dritte Reich** the Third Reich
das **Drittel** SUBSTANTIV (PL die **Drittel**)
third
drittens ADVERB
thirdly
die **Droge** SUBSTANTIV
drug
drogenabhängig ADJEKTIV
addicted to drugs
die **Drogerie** SUBSTANTIV
chemist's shop
drohen VERB
to threaten ◇ *jemandem drohen* to threaten somebody
drüben ADVERB
over there
der **Druck** SUBSTANTIV (PL die **Drucke**)
1 *pressure* ◇ *Der Behälter muss viel Druck aushalten.* The container has to withstand a lot of pressure.
◆ **jemanden unter Druck setzen** to put pressure on somebody
2 *printing* ◇ *der Druck eines Buches* the printing of a book
3 *print* ◇ *An der Wand hingen Drucke.* There were prints on the wall.
drücken VERB
1 *to press* ◇ *Er drückte auf den Knopf.* He pressed the button.
◆ **Sie drückte ihm die Hand.** She squeezed his hand.
2 *to pinch* ◇ *Meine Schuhe drücken.* My shoes pinch.
◆ **sich vor etwas drücken** to get out of something ◇ *Du willst dich bloß wieder vor dem Abwasch drücken.* You just want to get out of washing up again.
der **Drucker** SUBSTANTIV (PL die **Drucker**)
printer

D

der **Druckknopf** SUBSTANTIV (PL die **Druckknöpfe**)
press stud

die **Drucksache** SUBSTANTIV
printed matter KEIN PL

die **Druckschrift** SUBSTANTIV
block letters PL

die **Drüse** SUBSTANTIV
gland

der **Dschungel** SUBSTANTIV (PL die **Dschungel**)
jungle

du PRONOMEN
you ◇ *Hast du das gesehen?* Did you see that?
◆ **du sagen** to use the "du" form of address
The familiar form of address du *(plural* ihr*) is used when addressing family members, friends, children under 16 and pets.*

sich **ducken** VERB
to duck

der **Dudelsack** SUBSTANTIV (PL die **Dudelsäcke**)
bagpipes PL ◇ *Er spielt Dudelsack.* He plays the bagpipes. ◇ *Sein Dudelsack liegt auf dem Tisch.* His bagpipes are on the table.

der **Duft** SUBSTANTIV (PL die **Düfte**)
scent

duften VERB
to smell ◇ *Hier duftet es nach Kaffee.* It smells of coffee here.

dumm ADJEKTIV
1 *stupid* ◇ *Das ist die dümmste Ausrede, die ich je gehört habe.* That's the stupidest excuse I've ever heard.
2 *bad* ◇ *Es ist wirklich zu dumm, dass du nicht gekommen bist.* It's really too bad that you didn't come.
◆ **der Dumme sein** to draw the short straw

dummerweise ADVERB
stupidly

die **Dummheit** SUBSTANTIV
1 *stupidity* ◇ *Deine Dummheit ist wirklich grenzenlos.* Your stupidity really knows no bounds.
2 *stupid mistake* ◇ *Es war eine Dummheit, ihr das zu erzählen.* It was a stupid mistake telling her that.
◆ **Dummheiten machen** to do something stupid ◇ *Macht bloß keine Dummheiten!* Don't do anything stupid.

der **Dummkopf** SUBSTANTIV (PL die **Dummköpfe**)
idiot

der **Dünger** SUBSTANTIV (PL die **Dünger**)
fertilizer

dunkel ADJEKTIV
dark ◇ *Im Zimmer war es dunkel.* It was dark in the room.
◆ **eine dunkle Stimme** a deep voice
◆ **eine dunkle Ahnung** a vague idea
◆ **dunkle Gestalten** sinister figures
◆ **dunkle Geschäfte** shady dealings
◆ **im Dunkeln tappen** to grope about in the dark

die **Dunkelheit** SUBSTANTIV
dark ◇ *Er hat Angst vor der Dunkelheit.* He's afraid of the dark.

dünn ADJEKTIV
thin

durch PRÄPOSITION, ADVERB
The preposition durch *takes the accusative.*
1 *through* ◇ *durch den Wald* through the wood ◇ *Ich habe die Stelle durch meinen Onkel bekommen.* I got the job through my uncle. ◇ *durch seine Bemühungen* through his efforts
2 *throughout* ◇ *die ganze Nacht durch* throughout the night ◇ *den Sommer durch* throughout the summer
3 *owing to* ◇ *Durch die Verspätung haben wir den Anschluss verpasst.* Owing to the delay we missed our connection.
◆ **Tod durch Herzschlag** death from a heart attack
◆ **durch die Post** by post
◆ **durch und durch** completely ◇ *Wir waren durch und durch nass.* We were completely soaked.

durcharbeiten VERB (PERFECT **hat durchgearbeitet**)
to work without a break

durchblättern VERB (PERFECT **hat durchgeblättert**)
to leaf through

der **Durchblick** SUBSTANTIV (PL die **Durchblicke**)
◆ **Der hat den Durchblick.** He knows what's what.

durchblicken VERB (PERFECT **hat durchgeblickt**)
to understand (*understood, understood*)
◆ **Bei Computern blickt Tobias durch.** Tobias knows his stuff with computers. (*Umgangssprache*)
◆ **etwas durchblicken lassen** to hint at something

durchdrehen VERB (PERFECT **ist durchgedreht**)
to crack up (*Umgangssprache*)

durcheinander ADVERB
siehe auch das Durcheinander SUBSTANTIV
1 *in a mess* ◇ *Warum ist dein Zimmer so durcheinander?* Why is your room in such a mess?
2 *confused* ◇ *Ich war völlig durcheinander.* I was completely confused.
◆ **Du bringst mich ganz durcheinander.** You completely confuse me.
◆ **alles durcheinander trinken** to mix one's drinks

das **Durcheinander** SUBSTANTIV
siehe auch durcheinander ADVERB
1 *mess* ◇ *In ihrem Zimmer war ein völliges Durcheinander.* Her room was in a complete mess.
2 *confusion* ◇ *Im Durcheinander des Aufbruchs habe ich das ganz vergessen.* In the confusion of leaving I completely forgot it.

durchfahren VERB (PRESENT **fährt durch**, IMPERFECT **fuhr durch**, PERFECT **ist durchgefahren**)
1 *to drive through* (*drove, driven*)
◇ *Wir sind durch einen Tunnel durchgefahren.* We drove through a tunnel.
2 *to drive without a break* ◇ *Wir sind die ganze Nacht durchgefahren.* We drove all night without a break.
◆ **Der Zug fährt bis Hamburg durch.** The train runs direct to Hamburg.

der **Durchfall** SUBSTANTIV
diarrhoea

durchfallen VERB (PRESENT **fällt durch**, IMPERFECT **fiel durch**, PERFECT **ist durchgefallen**)
1 *to fall through* (*fell, fallen*) ◇ *Die Münze ist durch dieses Gitter durchgefallen.* The coin fell through this grating.
2 *to fail* ◇ *Sie ist in der Prüfung durchgefallen.* She failed the exam.

durchführen VERB (PERFECT **hat durchgeführt**)
to carry out (*carried, carried*)

der **Durchgang** SUBSTANTIV (PL die **Durchgänge**)
passageway ◇ *Zwischen den Häusern ist ein schmaler Durchgang.* There's a narrow passageway between the houses.

durchgehen VERB (IMPERFECT **ging durch**, PERFECT **ist durchgegangen**)
1 *to go through* (*goes, went, gone*)
◇ *durch einen Tunnel gehen* to go through a tunnel ◇ *durch den Zoll gehen* to go through customs
2 *to break loose* (*broke, broken*)
◇ *Das Pferd ist durchgegangen.* The horse has broken loose.
◆ **jemandem etwas durchgehen lassen** to let somebody get away with something
◆ **ein durchgehender Zug** a through train

durchkommen VERB (IMPERFECT **kam durch**, PERFECT **ist durchgekommen**)
1 *to get through* (*got, got*) ◇ *Obwohl die Öffnung sehr schmal war, sind wir durchgekommen.* Although the opening was very narrow, we got through.
2 *to pass* ◇ *Es war knapp, aber ich bin durchgekommen.* It was a close shave, but I passed.
3 *to pull through* ◇ *Er war schwer verletzt, ist aber durchgekommen.* He was seriously injured, but he pulled through.

durchlassen VERB (PRESENT **lässt durch**, IMPERFECT **ließ durch**, PERFECT **hat durchgelassen**)
to let through (*let, let*) ◇ *Der Ordner wollte uns nicht durchlassen.* The steward didn't want to let us through.
◆ **Der Behälter lässt Wasser durch.** The container isn't watertight.

durchlesen VERB (PRESENT **liest durch**, IMPERFECT **las durch**, PERFECT **hat durchgelesen**)
to read through (*read, read*)

durchmachen VERB (PERFECT **hat durchgemacht**)
to go through (*goes, went, gone*) ◇ *Sie hat viel durchgemacht in ihrem Leben.* She's been through a lot in her life.
◆ **die Nacht durchmachen** to make a night of it

der **Durchmesser** SUBSTANTIV (PL die **Durchmesser**)
diameter

durchnehmen VERB (PRESENT **nimmt durch**, IMPERFECT **nahm durch**, PERFECT **hat durchgenommen**)
to do (*does, did, done*) ◇ *Wir nehmen gerade Shakespeare durch.* We're doing Shakespeare just now.

die **Durchreise** SUBSTANTIV
journey through ◇ *die Durchreise durch die Schweiz* the journey through Switzerland
◆ **Ich bin nur auf der Durchreise.** I'm just passing through.

durchs = **durch das**

der **Durchschnitt** SUBSTANTIV
average ◇ *Mein Notendurchschnitt liegt bei zwei.* My average mark is a "B". ◇ *über dem Durchschnitt* above average ◇ *unter dem Durchschnitt* below average ◇ *im Durchschnitt* on average

durchschnittlich ADJEKTIV, ADVERB
1 *average* ◇ *Ich habe durchschnittliche Noten.* My marks are average.
2 *on average* ◇ *Durchschnittlich brauche ich eine Stunde für die Hausaufgaben.* On average, my homework takes me an hour.

durchsehen VERB (PRESENT **sieht durch**, IMPERFECT **sah durch**, PERFECT **hat durchgesehen**)
to look through

durchsetzen VERB (PERFECT **hat durchgesetzt**)
◆ **sich durchsetzen** to assert oneself ◇ *Er kann sich nicht durchsetzen.* He doesn't know how to assert himself.
◆ **Du solltest dich mehr durchsetzen.** You should be more assertive.
◆ **Sie muss immer ihren Willen durchsetzen.** She always has to have her own way.
◆ **seinen Kopf durchsetzen** to get one's way

durchsichtig ADJEKTIV
transparent

durchsprechen VERB (PRESENT **spricht durch**, IMPERFECT **sprach durch**, PERFECT **hat durchgesprochen**)
to talk over

durchsuchen VERB (PERFECT **hat durchsucht**)
to search

dürfen VERB (PRESENT **darf**, IMPERFECT **durfte**, PERFECT **hat gedurft** *or* **dürfen**)
to be allowed to (*is, was, been*) ◇ *Ich darf das.* I'm allowed to do that. ◇ *Er darf das nicht.* He's not allowed to do that. ◇ *Ich habe leider nicht gedurft.* Unfortunately, I wasn't allowed.
◆ **Darf ich?** May I?
◆ **Darf ich ins Kino?** Can I go to the cinema?

The past participle **dürfen** *is used when* **dürfen** *is a modal auxiliary.*

◆ **etwas tun dürfen** to be allowed to do something ◇ *Die Kinder haben gestern*

länger aufbleiben dürfen. The children were allowed to stay up late yesterday.
- **Es darf geraucht werden.** You may smoke.
- **darf nicht** must not ◇ *Das darf nicht geschehen.* That must not happen.
- **Da darf sie sich nicht wundern.** That shouldn't surprise her.
- **Das darf nicht wahr sein!** I don't believe it!
- **Darf ich Sie bitten, das zu tun?** Could I ask you to do that?
- **Was darf es sein?** What can I do for you?
- **Das dürfen Sie mir glauben.** You can take my word for it.
- **Das dürfte genug sein.** That should be enough.
- **Es dürfte Ihnen bekannt sein, dass...** As you will probably know...

der **Durst** SUBSTANTIV
thirst
- **Durst haben** to be thirsty

durstig ADJEKTIV
thirsty

die **Dusche** SUBSTANTIV
shower

duschen VERB
to have a shower (**had, had**)

das **Düsenflugzeug** SUBSTANTIV (PL die **Düsenflugzeuge**)
jet (*plane*)

düster ADJEKTIV
[1] *dark* ◇ *Hier drin ist es so düster.* It's so dark in here.
[2] *gloomy* (*Gedanken, Zukunft*)

das **Dutzend** SUBSTANTIV (PL die **Dutzende** *or* **Dutzend**)
dozen ◇ *zwei Dutzend Bücher* two dozen books

duzen VERB
to use the "du" form of address

The familiar form of address du *(plural* ihr*) is used when addressing family members, friends, children under 16 and pets.*

dynamisch ADJEKTIV
dynamic

der **D-Zug** SUBSTANTIV (PL die **D-Züge**)
through train

E

die **Ebbe** SUBSTANTIV
low tide ◇ *bei Ebbe* at low tide
eben ADJEKTIV, ADVERB
1 *flat* ◇ *eine ebene Fläche* a flat surface
2 *just* ◇ *Er ist eben erst gegangen.* He's just gone.
3 *exactly* ◇ *Eben, das sage ich ja.* That's exactly what I'm saying.
◆ **eben deswegen** that's precisely why
die **Ebene** SUBSTANTIV
1 *plain* ◇ *Wir sahen auf die Ebene hinunter.* We looked down onto the plain.
2 *level* ◇ *Das muss auf höherer Ebene entschieden werden.* That has to be decided at a higher level.
ebenfalls ADVERB
likewise
ebenso ADVERB
just as ◇ *Sie ist ebenso groß wie ihr Bruder.* She's just as tall as her brother.
das **Echo** SUBSTANTIV (PL die **Echos**)
echo (PL *echoes*)
echt ADJEKTIV, ADVERB
1 *real* ◇ *echtes Gold* real gold
◆ **Der Geldschein ist nicht echt.** That banknote's a fake.
2 *really* ◇ *Die Party war echt gut.* The party was really good.
◆ **Echt?** Really?
die **Ecke** SUBSTANTIV
corner ◇ *um die Ecke* round the corner
der **Edelstein** SUBSTANTIV (PL die **Edelsteine**)
precious stone
die **EDV** SUBSTANTIV (= *elektronische Datenverarbeitung*)
electronic data processing
egal ADJEKTIV
all the same ◇ *Das ist mir egal.* It's all the same to me.
◆ **Das ist egal.** That makes no difference.
◆ **Egal, ob er das gesagt hat oder nicht.** It doesn't matter whether he said it or not.
egoistisch ADJEKTIV
selfish
die **Ehe** SUBSTANTIV
siehe auch ehe KONJUNKTION
marriage
ehe KONJUNKTION
siehe auch die Ehe SUBSTANTIV
before ◇ *Ehe ich es vergesse,...* Before I forget,...
ehemalig ADJEKTIV
former
das **Ehepaar** SUBSTANTIV (PL die **Ehepaare**)
married couple PL
eher ADVERB
sooner ◇ *Das hättest du eher sagen müssen.* You should have said that sooner.
◆ **Das kommt schon eher der Wahrheit nahe.** That's more like the truth.
die **Ehre** SUBSTANTIV
honour
ehrgeizig ADJEKTIV
ambitious
ehrlich ADJEKTIV
honest
die **Ehrlichkeit** SUBSTANTIV
honesty
das **Ei** SUBSTANTIV (PL die **Eier**)
egg
die **Eiche** SUBSTANTIV
oak
das **Eichhörnchen** SUBSTANTIV (PL die **Eichhörnchen**)
squirrel
der **Eid** SUBSTANTIV (PL die **Eide**)
oath ◇ *einen Eid schwören* to swear an oath
die **Eidechse** SUBSTANTIV
lizard
der **Eierbecher** SUBSTANTIV (PL die **Eierbecher**)
egg cup
der **Eifer** SUBSTANTIV
enthusiasm
die **Eifersucht** SUBSTANTIV
jealousy
eifersüchtig ADJEKTIV
jealous ◇ *Er ist eifersüchtig auf seine kleine Schwester.* He's jealous of his little sister.
eifrig ADJEKTIV
eager
das **Eigelb** SUBSTANTIV (PL die **Eigelb**)
egg yolk
eigen ADJEKTIV
own ◇ *meine eigene Meinung* my own opinion
die **Eigenart** SUBSTANTIV
peculiarity (PL *peculiarities*) ◇ *Wir haben alle unsere Eigenarten.* We all have our own peculiarities.
eigenartig ADJEKTIV
peculiar
die **Eigenschaft** SUBSTANTIV
quality (PL *qualities*)
eigensinnig ADJEKTIV
obstinate
eigentlich ADJEKTIV, ADVERB
1 *actual* ◇ *Er ist der eigentliche Besitzer.* He's the actual owner.
2 *actually* ◇ *Eigentlich wollte ich heute nicht weggehen.* Actually I didn't want to go out today.
◆ **Eigentlich nicht.** Not really.
das **Eigentum** SUBSTANTIV
property
sich **eignen** VERB
to be suited (*is, was, been*) ◇ *Er eignet sich nicht für diese Stelle.* He's not suited to this position.
eilen VERB
to be urgent (*is, was, been*) ◇ *Das eilt*

nicht. It's not urgent.

eilig ADJEKTIV
urgent ◇ *Ich muss zuerst die eiligen Dinge erledigen.* I'll have to do the urgent things first.
◆ **es eilig haben** to be in a hurry

der **Eimer** SUBSTANTIV (PL die **Eimer**)
bucket

ein ZAHL, ARTIKEL
siehe auch eins ZAHL *und* die Eins SUBSTANTIV
1 *one* ◇ *Es war nur ein Kind da.* There was only one child there. ◇ *Ich möchte nur einen.* I only want one.
2 *somebody* ◇ *Wenn einer dir das sagt, glaube es nicht.* If somebody tells you that, don't believe it.
3 *you* ◇ *Da kann einem die Lust vergehen.* It's enough to put you off.
4 *a* ◇ *ein Mann* a man ◇ *eine Frau* a woman ◇ *ein Kind* a child
an
an *steht bei Substantiven, die mit einem Vokallaut beginnen.*
◇ *ein Ei* an egg ◇ *eine Stunde* an hour

einander PRONOMEN
each other

einatmen VERB (PERFECT **hat eingeatmet**)
to breathe in

die **Einbahnstraße** SUBSTANTIV
one-way street

einbiegen VERB (IMPERFECT **bog ein**, PERFECT **ist eingebogen**)
to turn ◇ *Er ist in die zweite Seitenstraße eingebogen.* He turned down the second side street.

einbilden VERB (PERFECT **hat eingebildet**)
◆ **sich etwas einbilden** to imagine something ◇ *Das bildest du dir nur ein.* You're imagining it.

einbrechen VERB (PRESENT **bricht ein**, IMPERFECT **brach ein**, PERFECT **ist eingebrochen**)
to break in (*broke, broken*) ◇ *Bei ihnen wurde eingebrochen.* Their house has been broken into. ◇ *Er ist in das Haus eingebrochen.* He broke into the house.

der **Einbrecher** SUBSTANTIV (PL die **Einbrecher**)
burglar

der **Einbruch** SUBSTANTIV (PL die **Einbrüche**)
break-in ◇ *In dieser Gegend gibt es häufiger Einbrüche.* There are a lot of break-ins in this area.
◆ **bei Einbruch der Nacht** at nightfall
◆ **vor Einbruch der Nacht** before nightfall

eincremen VERB (PERFECT **hat eingecremt**)
to put cream on (*put, put*)

eindeutig ADJEKTIV
clear ◇ *eine eindeutige Antwort geben* to give a clear answer

der **Eindruck** SUBSTANTIV (PL die **Eindrücke**)
impression

eindrucksvoll ADJEKTIV
impressive

eine *siehe* **ein**

eineinhalb ZAHL
one and a half

einer *siehe* **ein**

einerseits ADVERB
on the one hand ◇ *Einerseits..., andererseits...* On the one hand..., on the other hand...

eines *siehe* **ein**

einfach ADJEKTIV, ADVERB
1 *easy* ◇ *Das war eine einfache Frage.* That was an easy question. ◇ *Das ist nicht einfach.* That isn't easy.
2 *simple* ◇ *aus dem einfachen Grund...* for the simple reason... ◇ *Sie leben in sehr einfachen Verhältnissen.* They live very simple lives.
3 *single* ◇ *eine einfache Fahrkarte* a single ticket
4 *simply* ◇ *Ich will das einfach nicht.* I simply don't want it. ◇ *Er wollte einfach nicht begreifen.* He simply didn't want to understand.

die **Einfachheit** SUBSTANTIV
simplicity

die **Einfahrt** SUBSTANTIV
entrance

der **Einfall** SUBSTANTIV (PL die **Einfälle**)
idea ◇ *Das war so ein Einfall von mir.* It was just an idea. ◇ *Du hast manchmal Einfälle!* You do come up with strange ideas sometimes!

einfallen VERB (PRESENT **fällt ein**, IMPERFECT **fiel ein**, PERFECT **ist eingefallen**)
◆ **jemandem einfallen** to occur to somebody ◇ *Mir ist das Wort nicht eingefallen.* The word didn't occur to me.
◆ **Das fällt mir gar nicht ein.** I wouldn't dream of it.
◆ **sich etwas einfallen lassen** to come up with a good idea ◇ *Meine Freunde haben sich zu meinem Geburtstag etwas Tolles einfallen lassen.* My friends came up with a really great idea for my birthday.
◆ **Lass dir was einfallen.** See if you can think of something.

das **Einfamilienhaus** SUBSTANTIV (GEN des **Einfamilienhauses**, PL die **Einfamilienhäuser**)
detached family house

einfarbig ADJEKTIV
plain

der **Einfluss** ⚠ SUBSTANTIV (GEN des **Einflusses**, PL die **Einflüsse**)
influence ◇ *Er hat einen schlechten Einfluss auf dich.* He has a bad influence on you.

einfrieren VERB (IMPERFECT **fror ein**, PERFECT **hat/ist eingefroren**)
For the perfect tense use haben *when the verb has an object and* sein *when there is no object.*
to freeze (*froze, frozen*) ◇ *Wir haben die Reste eingefroren.* We've frozen the left-overs. ◇ *Die Leitung ist eingefroren.* The pipe has frozen.

die **Einfuhr** SUBSTANTIV
import

die **Eingabe** SUBSTANTIV
input ◇ *die Eingabe von Daten* data input

der **Eingang** SUBSTANTIV (PL die **Eingänge**)
entrance

eingeben VERB (PRESENT **gibt ein**, IMPERFECT **gab ein**, PERFECT **hat eingegeben**)
to enter ◇ *Beate hat den Text in den Computer eingegeben.* Beate entered the text into the computer.

eingebildet ADJEKTIV
conceited ◇ *Sie ist furchtbar eingebildet.* She's terribly conceited.
◆ **Ihre Krankheit ist nur eingebildet.** Her illness is all in the imagination.

der/die **Eingeborene** SUBSTANTIV (GEN des/der **Eingeborenen**, PL die **Eingeborenen**)
native

eingehen VERB (IMPERFECT **ging ein**, PERFECT **ist eingegangen**)
1 *to die* ◇ *Mir ist schon wieder eine Pflanze eingegangen.* Another of my plants has died.
2 *to shrink* (*shrank*, *shrunk*) ◇ *Der Pulli ist in der Wäsche eingegangen.* The pullover shrank in the wash.
◆ **auf etwas eingehen** to comment on something ◇ *Er ist auf meinen Vorschlag nicht eingegangen.* He didn't comment on my suggestion.

eingenommen ADJEKTIV
◆ **eingenommen von** taken with ◇ *Ich war sofort von dem Plan eingenommen.* I was immediately taken with the plan.
◆ **Du bist ja ziemlich von dir eingenommen.** You really fancy yourself.

eingeschrieben ADJEKTIV
registered ◇ *ein eingeschriebener Brief* a registered letter

eingestellt ADJEKTIV
◆ **auf etwas eingestellt sein** to be prepared for something ◇ *Ich war nicht auf Ihren Besuch eingestellt.* I wasn't prepared for your visit.

sich **eingewöhnen** VERB (PERFECT **hat sich eingewöhnt**)
◆ **sich eingewöhnen in** to settle down in ◇ *Sie hat sich gut in der neuen Schule eingewöhnt.* She's settled down very well in her new school.

eingreifen VERB (IMPERFECT **griff ein**, PERFECT **hat eingegriffen**)
to intervene

einheimisch ADJEKTIV
native

der/die **Einheimische** SUBSTANTIV (GEN des/der **Einheimischen**, PL die **Einheimischen**)
local ◇ *Wir sollten einen Einheimischen fragen.* We should ask a local.

einholen VERB (PERFECT **hat eingeholt**)
1 *to catch up with* (*caught*, *caught*) ◇ *Wir werden euch sicher bald einholen.* We'll soon catch up with you.
2 *to make up* (*made*, *made*) ◇ *Wir haben die Verspätung nicht mehr eingeholt.* We didn't make up the delay.

einhundert ZAHL
a hundred

einig ADJEKTIV
◆ **sich einig sein** to be in agreement
◆ **einig werden** to reach an agreement

einige ADJEKTIV, PRONOMEN
1 *some* ◇ *einige Bücher* some books ◇ *einige von uns* some of us
◆ **einiges** quite a lot of things ◇ *Wir haben einiges gesehen.* We saw quite a lot of things.
2 *several* ◇ *Wir sind dort einige Tage geblieben.* We stayed there several days. ◇ *Bei dem Konzert sind einige früher gegangen.* Several people left the concert early.

sich **einigen** VERB
to agree ◇ *Wir haben uns auf diesen Termin geeinigt.* We agreed on this date.

einigermaßen ADVERB
1 *somewhat* ◇ *Ich war einigermaßen erstaunt.* I was somewhat surprised.
2 *reasonably* ◇ *Diesmal hast du dich wenigstens einigermaßen angestrengt.* At least this time you've tried reasonably hard. ◇ *Das Wetter war einigermaßen trocken.* The weather was reasonably dry.

die **Einigung** SUBSTANTIV
agreement

der **Einkauf** SUBSTANTIV (PL die **Einkäufe**)
purchase

einkaufen VERB (PERFECT **hat eingekauft**)
1 *to buy* (*bought*, *bought*) ◇ *Wir müssen Brot einkaufen.* We'll have to buy bread.
2 *to shop* ◇ *Wir kaufen meist samstags ein.* We usually shop on Saturdays.
◆ **einkaufen gehen** to go shopping

der **Einkaufsbummel** SUBSTANTIV (PL die **Einkaufsbummel**)
shopping spree

der **Einkaufswagen** SUBSTANTIV (PL die **Einkaufswagen**)
shopping trolley

das **Einkaufszentrum** SUBSTANTIV (PL die **Einkaufszentren**)
shopping centre

einklammern VERB (PERFECT **hat eingeklammert**)
to put in brackets (*put*, *put*)

das **Einkommen** SUBSTANTIV (PL die **Einkommen**)
income

einladen VERB (PRESENT **lädt ein**, IMPERFECT **lud ein**, PERFECT **hat eingeladen**)
1 *to invite* ◇ *Sie hat mich zu ihrer Party eingeladen.* She's invited me to her party.
◆ **jemanden ins Kino einladen** to take somebody to the cinema
◆ **Ich lade dich ein.** I'll treat you.
2 *to load* ◇ *Kannst du bitte die Koffer ins Auto einladen?* Can you load the cases into

E

the car, please?

die **Einladung** SUBSTANTIV
invitation

sich **einleben** VERB (PERFECT **hat sich eingelebt**)
to settle down ◇ *Wir haben uns in unserer neuen Schule gut eingelebt.* We've settled down well in our new school.

die **Einleitung** SUBSTANTIV
introduction

einleuchten VERB (PERFECT **hat eingeleuchtet**)
◆ **jemandem einleuchten** to make sense to somebody ◇ *Das leuchtet mir nicht ein.* That doesn't make sense to me.

einleuchtend ADJEKTIV
clear

einmal ADVERB
1 *once* ◇ *Wenn du das erst einmal begriffen hast...* Once you've understood it...
◆ **Es war einmal...** Once upon a time there was...
◆ **noch einmal** once more
◆ **auf einmal** all at once ◇ *Auf einmal waren alle weg.* All at once they were all gone.
2 *one day* ◇ *Das wirst du schon einmal begreifen.* You'll understand it one day.
◆ **Nehmen wir einmal an:...** Let's just suppose:...
◆ **nicht einmal** not even

einmalig ADJEKTIV
1 *unique* ◇ *Das ist eine einmalige Gelegenheit.* This is a unique opportunity.
2 *single* ◇ *Das erfordert nur eine einmalige Überprüfung.* That requires only a single check.
3 *fantastic* ◇ *Das war eine einmalige Party.* That was a fantastic party.

sich **einmischen** VERB (PERFECT **hat sich eingemischt**)
to interfere ◇ *Ich will mich nicht in deine Angelegenheiten einmischen.* I don't want to interfere in your affairs.

sich **einordnen** VERB (PERFECT **hat sich eingeordnet**)
1 *to fit in* ◇ *Du musst lernen, dich einzuordnen.* You'll have to learn to fit in.
2 *to get into lane* ◇ *Du musst dich in die linke Spur einordnen.* You'll have to get into the left-hand lane.

einpacken VERB (PERFECT **hat eingepackt**)
to pack ◇ *Hast du deine Zahnbürste eingepackt?* Have you packed your toothbrush?

einplanen VERB (PERFECT **hat eingeplant**)
to plan for

einprägen VERB (PERFECT **hat eingeprägt**)
◆ **sich etwas einprägen** to memorize something ◇ *Diesen Namen kann ich mir leicht einprägen.* I can easily memorize this name.

die **Einreise** SUBSTANTIV
entry
◆ **bei der Einreise** when entering the country

einreisen VERB (PERFECT **ist eingereist**)
◆ **in ein Land einreisen** to enter a country

einrichten VERB (PERFECT **hat eingerichtet**)
1 *to furnish* ◇ *Sie haben ihr Haus antik eingerichtet.* They've furnished their house with antiques.
2 *to set up* (*set, set*) ◇ *Die Stadt hat eine Beratungsstelle eingerichtet.* The town has set up an advice bureau.
3 *to manage* (*möglich machen*) ◇ *Komm früher, wenn du es einrichten kannst.* Come earlier if you can manage.
◆ **sich auf etwas einrichten** to prepare for something ◇ *Wir hatten uns auf mehr Besucher eingerichtet.* We had prepared for more visitors.

die **Einrichtung** SUBSTANTIV
1 *furnishings* PL ◇ *Die moderne Einrichtung gefiel mir gut.* I liked the modern furnishings.
2 *facility* (PL *facilities*) ◇ *städtische Einrichtungen* municipal facilities

einrosten VERB (PERFECT **ist eingerostet**)
to get rusty (*got, got*)

die **Eins** SUBSTANTIV (PL **die Einsen**)
siehe auch eins ZAHL
1 *one*
2 *very good* (*Schulnote*)
German marks range from one (sehr gut) *to six* (ungenügend).

eins ZAHL
siehe auch die Eins SUBSTANTIV *und* ein ZAHL, ARTIKEL
one ◇ *Ich habe nur eins bekommen.* I only got one.
◆ **Es ist mir alles eins.** It's all the same to me.

einsam ADJEKTIV
1 *lonely* ◇ *Ich fühle mich einsam.* I'm feeling lonely.
2 *remote* ◇ *eine einsame Gegend* a remote area

einsammeln VERB (PERFECT **hat eingesammelt**)
to collect

einschalten VERB (PERFECT **hat eingeschaltet**)
to switch on ◇ *Schalt mal das Radio ein.* Switch the radio on.

einschlafen VERB (PRESENT **schläft ein**, IMPERFECT **schlief ein**, PERFECT **ist eingeschlafen**)
to fall asleep (*fell, fallen*)

einschließen VERB (IMPERFECT **schloss ein**, PERFECT **hat eingeschlossen**)
1 *to lock in* ◇ *Sie hat mich im Badezimmer eingeschlossen.* She locked me in the bathroom.
2 *to lock away* ◇ *Du solltest die Wertsachen einschließen.* You should lock away the valuables.
3 *to include* ◇ *Der Preis schließt die Verpflegung ein.* The price includes all meals.
◆ **sich einschließen** to lock oneself in ◇ *Sie hat sich in ihrem Zimmer eingeschlossen.* She locked herself in her room.

einschließlich ADVERB, PRÄPOSITION
The preposition einschließlich *takes the genitive.*
1 *inclusive* ◇ *Wir sind vom zehnten bis einschließlich fünfzehnten Juni weg.* We're away from the tenth to the fifteenth of June inclusive.
2 *including* ◇ *Das macht zwölf Mark einschließlich Bedienung.* That's twelve marks including service.

einschränken VERB (PERFECT **hat eingeschränkt**)
1 *to restrict* ◇ *Dadurch wurde unsere Freiheit eingeschränkt.* This restricted our freedom.
2 *to reduce* ◇ *Wir müssen die Kosten einschränken.* We'll have to reduce costs.
◆ **sich einschränken** to cut down

sich **einschreiben** VERB (IMPERFECT **schrieb sich ein**, PERFECT **hat sich eingeschrieben**)
siehe auch das Einschreiben SUBSTANTIV
to register ◇ *Hast du dich für den Kurs eingeschrieben?* Have you registered for the course?
◆ **sich an der Universität einschreiben** to enrol at university

das **Einschreiben** SUBSTANTIV (PL die **Einschreiben**)
siehe auch einschreiben VERB
recorded delivery (PL *deliveries*)

einschüchtern VERB (PERFECT **hat eingeschüchtert**)
to intimidate

einsehen VERB (PRESENT **sieht ein**, IMPERFECT **sah ein**, PERFECT **hat eingesehen**)
to see (*saw, seen*) ◇ *Siehst du das nicht ein?* Don't you see that?

einseitig ADJEKTIV
one-sided

einsenden VERB (IMPERFECT **sendete ein** *or* **sandte ein**, PERFECT **hat eingesendet** *or* **hat eingesandt**)
to send in (*sent, sent*)

einsetzen VERB (PERFECT **hat eingesetzt**)
1 *to put in* (*put, put*) ◇ *Setzt das richtige Wort ein.* Put in the correct word.
2 *to bet* (*bet, bet*) ◇ *Wie viel Geld hast du eingesetzt?* How much money did you bet?
3 *to use* ◇ *An den Schulen werden immer mehr Computer eingesetzt.* More and more computers are being used in schools.
4 *to set in* (*set, set*) ◇ *Wenn der Winter einsetzt...* When winter sets in...
◆ **sich einsetzen** to work hard ◇ *Du solltest dich in der Schule etwas mehr einsetzen.* You should work harder at school.
◆ **sich für jemanden einsetzen** to support somebody

die **Einsicht** SUBSTANTIV
◆ **zu der Einsicht kommen, dass...** to come to the conclusion that...

einsilbig ADJEKTIV
1 *monosyllabic* ◇ *ein einsilbiges Wort* a monosyllabic word
2 *uncommunicative* ◇ *Er war sehr einsilbig.* He was very uncommunicative.

einsperren VERB (PERFECT **hat eingesperrt**)
to lock up

einsprachig ADJEKTIV
monolingual

der **Einspruch** SUBSTANTIV (PL die **Einsprüche**)
objection

einstecken VERB (PERFECT **hat eingesteckt**)
1 *to insert* ◇ *Du musst zuerst eine Münze einstecken.* You have to insert a coin first.
◆ **einen Brief einstecken** to post a letter
◆ **ein Gerät einstecken** to plug in an appliance
2 *to take* (*took, taken*) ◇ *Hast du genügend Geld eingesteckt?* Have you taken enough money?

einsteigen VERB (IMPERFECT **stieg ein**, PERFECT **ist eingestiegen**)
1 *to get on* (*got, got*) ◇ *Wir sind in den Bus eingestiegen.* We got on the bus.
◆ **Bitte einsteigen!** All aboard!
2 *to climb in* ◇ *Wir sind durchs Kellerfenster ins Haus eingestiegen.* We climbed into the house through the cellar window.

einstellen VERB (PERFECT **hat eingestellt**)
1 *to adjust* ◇ *den Spiegel einstellen* to adjust the mirror
◆ **eine Kamera einstellen** to focus a camera
2 *to tune in to* ◇ *Welchen Sender hast du da eingestellt?* Which station have you tuned in to?
3 *to stop* ◇ *Sie haben die Produktion eingestellt.* They've stopped production.
4 *to employ* ◇ *Sie wurde als Sekretärin eingestellt.* She was employed as a secretary.
◆ **sich auf etwas einstellen** to prepare oneself for something ◇ *Stell dich besser auf eine lange Warterei ein.* You'd better prepare yourself for a long wait.

die **Einstellung** SUBSTANTIV
attitude ◇ *Ich mag deine Einstellung nicht.* I don't like your attitude.

eintägig ADJEKTIV
one-day

eintausend ZAHL
a thousand

eintönig ADJEKTIV
monotonous

der **Eintopf** SUBSTANTIV (PL die **Eintöpfe**)
stew

der **Eintrag** SUBSTANTIV (PL die **Einträge**)
entry (PL *entries*) ◇ *ein Eintrag im Wörterbuch* a dictionary entry

eintragen VERB (PRESENT **trägt ein**, IMPERFECT **trug ein**, PERFECT **hat eingetragen**)
to write (*wrote, written*) ◇ *Tragt die Vokabeln in euer Heft ein.* Write the vocabulary in your exercise book.
◆ **sich eintragen** to put one's name down ◇ *Hast du dich schon in die Liste eingetragen?* Have you put your name down on the list yet?

einträglich ADJEKTIV
profitable

eintreffen VERB (PRESENT **trifft ein**, IMPERFECT **traf ein**, PERFECT **ist eingetroffen**)
[1] *to arrive* ◇ *Sobald die Gäste eintreffen...* As soon as the guests arrive...
[2] *to come true* ◇ *Die Prophezeiung ist tatsächlich eingetroffen.* The prophecy actually came true.

eintreten VERB (PRESENT **tritt ein**, IMPERFECT **trat ein**, PERFECT **ist eingetreten**)
◆ **eintreten in (1)** to enter ◇ *Er ist ins Zimmer eingetreten.* He entered the room.
◆ **eintreten in (2)** to join ◇ *Wann bist du in den Tennisclub eingetreten?* When did you join the tennis club?
◆ **Es ist eine Verzögerung eingetreten.** There has been a delay.

der **Eintritt** SUBSTANTIV (PL die **Eintritte**)
admission ◇ *Wie viel kostet der Eintritt?* How much does the admission cost?
◆ **"Eintritt frei"** "Admission free"

das **Eintrittsgeld** SUBSTANTIV (PL die **Eintrittsgelder**)
admission charge

die **Eintrittskarte** SUBSTANTIV
admission ticket

einverstanden ADJEKTIV
◆ **einverstanden sein** to agree ◇ *Bist du mit dem Vorschlag einverstanden?* Do you agree to the suggestion?
◆ **Einverstanden!** Okay!

der **Einwanderer** SUBSTANTIV (PL die **Einwanderer**)
immigrant

einwandern VERB (PERFECT **ist eingewandert**)
to immigrate

die **Einwegflasche** SUBSTANTIV
nonreturnable bottle

die **Einwegspritze** SUBSTANTIV
disposable syringe

einweihen VERB (PERFECT **hat eingeweiht**)
to open ◇ *Morgen wird die neue Brücke eingeweiht.* The new bridge is being opened tomorrow.
◆ **jemanden in etwas einweihen** to initiate somebody into something ◇ *Wir haben die Neue in unseren Klub eingeweiht.* We've initiated the newcomer into our club.
◆ **Willst du mich nicht in dein Geheimnis einweihen?** Won't you let me in on your secret?

einwerfen VERB (PRESENT **wirft ein**, IMPERFECT **warf ein**, PERFECT **hat eingeworfen**)
to smash ◇ *Ich habe eine Scheibe eingeworfen.* I've smashed a pane.
◆ **einen Brief einwerfen** to post a letter
◆ **Geld einwerfen** to insert money

der **Einwohner** SUBSTANTIV (PL die **Einwohner**)
inhabitant

das **Einwohnermeldeamt** SUBSTANTIV (PL die **Einwohnermeldeämter**)
registration office
Anyone moving to a new address in Germany is required by law to register (sich anmelden) *at the residents' registration office* (Einwohnermeldeamt).

die **Einzahl** SUBSTANTIV
singular

einzahlen VERB (PERFECT **hat eingezahlt**)
to pay (*paid, paid*)

der **Einzelfahrschein** SUBSTANTIV (PL die **Einzelfahrscheine**)
single ticket

die **Einzelheit** SUBSTANTIV
detail

das **Einzelkind** SUBSTANTIV (PL die **Einzelkinder**)
only child

einzeln ADJEKTIV, ADVERB
[1] *single* ◇ *Jeder einzelne Schüler wurde befragt.* Every single pupil was asked.
[2] *odd* ◇ *Ich habe ein paar einzelne Socken.* I've got a couple of odd socks.
[3] *one at a time* ◇ *Bitte einzeln eintreten.* Please come in one at a time.
◆ **einzeln angeben** to specify
◆ **der Einzelne** the individual
◆ **ins Einzelne gehen** to go into details

das **Einzelteil** SUBSTANTIV (PL die **Einzelteile**)
component

das **Einzelzimmer** SUBSTANTIV (PL die **Einzelzimmer**)
single room

einziehen VERB (IMPERFECT **zog ein**, PERFECT **ist/hat eingezogen**)
For the perfect tense use haben *when the verb has an object and* sein *when there is no object.*
[1] *to retract* (*Fühler, Antenne, Fahrgestell*)
◆ **den Kopf einziehen** to duck one's head
[2] *to collect* (*Steuern, Erkundigungen*)
[3] *to move in* ◇ *Wann sind Sie eingezogen?* When did you move in?

einzig ADJEKTIV
only ◇ *Er ist unser einziges Kind.* He's our only child.
◆ **das einzige** the only thing
◆ **der einzige** the only one

einzigartig ADJEKTIV
unique

das **Eis** SUBSTANTIV (PL die **Eis**)
[1] *ice* ◇ *Es war Eis auf dem See.* There was ice on the lake.
[2] *ice cream* ◇ *Möchtest du ein Eis?* Would you like an ice cream?

der **Eisbär** SUBSTANTIV (GEN des **Eisbären**, PL die **Eisbären**)
polar bear

der **Eisbecher** SUBSTANTIV (PL die **Eisbecher**)
sundae

der **Eisberg** SUBSTANTIV (PL die **Eisberge**)
iceberg

die **Eisdiele** SUBSTANTIV
ice-cream parlour

das **Eisen** SUBSTANTIV (PL die **Eisen**)
iron ◇ *Die Brücke ist aus Eisen.* The bridge is made of iron.

die **Eisenbahn** SUBSTANTIV
railway
eisern ADJEKTIV
iron ◇ *eine eiserne Stange* an iron rod
◆ **die eiserne Reserve** emergency reserves
das **Eishockey** SUBSTANTIV
ice hockey
eisig ADJEKTIV
icy
eiskalt ADJEKTIV
1 *ice-cold* ◇ *ein eiskaltes Getränk* an ice-cold drink
2 *icy cold* ◇ *In diesem Zimmer ist es eiskalt.* This room's icy cold.
der **Eiswürfel** SUBSTANTIV (PL die **Eiswürfel**)
ice cube
der **Eiszapfen** SUBSTANTIV (PL die **Eiszapfen**)
icicle
eitel ADJEKTIV
vain
der **Eiter** SUBSTANTIV
pus
das **Eiweiß** SUBSTANTIV (PL die **Eiweiße**)
1 *egg white* ◇ *Das Eiweiß zu Schnee schlagen.* Whisk the egg whites until stiff.
2 *protein* ◇ *eine eiweißreiche Diät* a diet rich in protein
der **Ekel** SUBSTANTIV
disgust
ekelhaft ADJEKTIV
disgusting
sich **ekeln** VERB
to disgust
◆ **sich vor etwas ekeln** to find something disgusting ◇ *Ich ekle mich vor diesem Dreck.* I find this dirt disgusting.
der **Elch** SUBSTANTIV (PL die **Elche**)
elk
der **Elefant** SUBSTANTIV (GEN des **Elefanten**, PL die **Elefanten**)
elephant
elegant ADJEKTIV
elegant
der **Elektriker** SUBSTANTIV (PL die **Elektriker**)
electrician
elektrisch ADJEKTIV
electric
die **Elektrizität** SUBSTANTIV
electricity
der **Elektroherd** SUBSTANTIV (PL die **Elektroherde**)
electric cooker
die **Elektronik** SUBSTANTIV
electronics SING ◇ *Er studiert Elektronik.* He's studying electronics. ◇ *Die Elektronik am Auto ist kaputt.* There's something wrong with the electronics in the car.
elektronisch ADJEKTIV
electronic ◇ *elektronische Post* electronic mail ◇ *elektronischer Briefkasten* electronic mailbox
der **Elektrorasierer** SUBSTANTIV (PL die **Elektrorasierer**)
electric razor

das **Element** SUBSTANTIV (PL die **Elemente**)
element
das **Elend** SUBSTANTIV
siehe auch **elend** ADJEKTIV
misery
elend ADJEKTIV
siehe auch das **Elend** SUBSTANTIV
miserable ◇ *Ich fühle mich so elend.* I feel so miserable.
elf ZAHL
eleven ◇ *Sie ist elf.* She's eleven.
der **Elfmeter** SUBSTANTIV (PL die **Elfmeter**)
penalty (PL *penalties*) ◇ *einen Elfmeter schießen* to take a penalty
der **Ellbogen** SUBSTANTIV (PL die **Ellbogen**)
elbow
die **Eltern** PL SUBSTANTIV
parents PL
der **Empfang** SUBSTANTIV (PL die **Empfänge**)
1 *reception* ◇ *Wart ihr auch bei dem Empfang?* Were you at the reception too?
2 *receipt* ◇ *Bitte bestätigen Sie den Empfang der Ware.* Please acknowledge receipt of the goods.
◆ **in Empfang nehmen** to receive
empfangen VERB (PRESENT **empfängt**, IMPERFECT **empfing**, PERFECT **hat empfangen**)
to receive
empfänglich ADJEKTIV
susceptible ◇ *Sie ist für Schmeicheleien sehr empfänglich.* She's very susceptible to flattery.
die **Empfängnisverhütung** SUBSTANTIV
contraception
die **Empfangsbestätigung** SUBSTANTIV
acknowledgement
empfehlen VERB (PRESENT **empfiehlt**, IMPERFECT **empfahl**, PERFECT **hat empfohlen**)
to recommend ◇ *Dieses Restaurant ist zu empfehlen.* This restaurant is to be recommended.
empfinden VERB (IMPERFECT **empfand**, PERFECT **hat empfunden**)
to feel (*felt, felt*) ◇ *Ich empfinde nichts für sie.* I don't feel anything for her.
empfindlich ADJEKTIV
1 *sensitive* ◇ *Er ist ein sehr empfindlicher Mensch.* He's very sensitive.
2 *touchy* (*leicht reizbar*) ◇ *Sie ist schrecklich empfindlich.* She's terribly touchy.
empfohlen VERB *siehe* **empfehlen**
das **Ende** SUBSTANTIV (PL die **Enden**)
end
◆ **am Ende (1)** at the end ◇ *am Ende des Zuges* at the end of the train
◆ **am Ende (2)** in the end ◇ *Am Ende ist er dann doch mitgekommen.* He came in the end.
◆ **zu Ende sein** to be finished
◆ **Ende Dezember** at the end of December
endgültig ADJEKTIV
definite
die **Endivie** SUBSTANTIV

E

endive

endlich ADVERB

finally ◇ *Ich bin endlich fertig.* I've finally finished. ◇ *Hast du das endlich begriffen?* Have you finally understood it?

◆ **Endlich!** At last!

◆ **Komm endlich!** Come on!

endlos ADJEKTIV

endless

das **Endspiel** SUBSTANTIV (PL die **Endspiele**)

final

die **Endstation** SUBSTANTIV

terminus (PL *termini*)

die **Endung** SUBSTANTIV

ending

die **Energie** SUBSTANTIV

energy (PL *energies*) ◇ *seine ganze Energie für etwas einsetzen* to devote all one's energies to something

energisch ADJEKTIV

energetic

eng ADJEKTIV

1 *narrow* ◇ *ein enger Durchgang* a narrow passageway

2 *tight* ◇ *Die Hose ist mir zu eng.* The trousers are too tight for me.

3 *close* ◇ *Wir sind eng befreundet.* We are close friends.

die **Enge** SUBSTANTIV

narrowness

◆ **jemanden in die Enge treiben** to drive somebody into a corner

der **Engel** SUBSTANTIV (PL die **Engel**)

angel

England NEUT SUBSTANTIV

England

◆ **aus England** from England

◆ **in England** in England

◆ **nach England** to England

der **Engländer** SUBSTANTIV (PL die **Engländer**)

Englishman (PL *Englishmen*)

◆ **Er ist Engländer.** He's English.

◆ **die Engländer** the English

die **Engländerin** SUBSTANTIV

Englishwoman (PL *Englishwomen*)

◆ **Sie ist Engländerin.** She's English.

englisch ADJEKTIV

English

der **Engpass** ⚠ SUBSTANTIV (GEN des **Engpasses**, PL die **Engpässe**)

bottleneck

der **Enkel** SUBSTANTIV (PL die **Enkel**)

grandson

◆ **alle ihre Enkel** all her grandchildren

die **Enkelin** SUBSTANTIV

granddaughter

entdecken VERB (PERFECT **hat entdeckt**)

to discover

die **Ente** SUBSTANTIV

duck

entfernen VERB (PERFECT **hat entfernt**)

to remove

die **Entfernung** SUBSTANTIV

distance

entführen VERB (PERFECT **hat entführt**)

to kidnap

entgegen PRÄPOSITION

entgegen *takes the dative.*

contrary to ◇ *entgegen meinen Anweisungen* contrary to my instructions

entgegengesetzt ADJEKTIV

1 *opposite* ◇ *die entgegengesetzte Richtung* the opposite direction

2 *opposing* ◇ *Er vertrat die entgegengesetzte Meinung.* He represented the opposing view.

entgegenkommen VERB (IMPERFECT **kam entgegen**, PERFECT **ist entgegengekommen**)

1 *to come towards* ◇ *Uns kam ein Auto entgegen.* A car came towards us.

2 *to meet half way* ◇ *Ich werde Ihnen entgegenkommen, sagen wir zwanzig Mark.* I'll meet you half way, let's say twenty marks.

entgegenkommend ADJEKTIV

obliging

entgehen VERB (IMPERFECT **entging**, PERFECT **ist entgangen**)

◆ **jemandem entgehen** to escape somebody's attention ◇ *Dieser Fehler ist mir entgangen.* That mistake escaped my attention.

◆ **sich etwas entgehen lassen** to miss something ◇ *Das Konzert will ich mir nicht entgehen lassen.* I'm not going to miss the concert.

enthalten VERB (PRESENT **enthält**, IMPERFECT **enthielt**, PERFECT **hat enthalten**)

to contain ◇ *Dieses Fass enthält radioaktiven Müll.* This drum contains radioactive waste.

◆ **sich enthalten** to abstain ◇ *Sie hat sich bei der Abstimmung enthalten.* She abstained from voting.

entlang PRÄPOSITION

entlang *takes the accusative or the dative.*

along ◇ *Entlang der Mauer wuchs Efeu.* Ivy was growing along the wall. ◇ *Wir gingen den Fluss entlang.* We walked along the river.

entmutigen VERB (PERFECT **hat entmutigt**)

to discourage

entrüstet ADJEKTIV

outraged

entschädigen VERB (PERFECT **hat entschädigt**)

to compensate ◇ *jemanden für etwas entschädigen* to compensate somebody for something

entscheiden VERB (IMPERFECT **entschied**, PERFECT **hat entschieden**)

to decide

entscheidend ADJEKTIV

decisive

die **Entscheidung** SUBSTANTIV

decision

entschieden ADJEKTIV

1 *decided* ◇ *Es ist entschieden, wir fahren nach Rom.* It's been decided that we're going to Rome.
2 *resolute* ◇ *ein sehr entschiedener Mensch* a very resolute person

sich **entschließen** VERB (IMPERFECT **entschloss sich**, PERFECT **hat sich entschlossen**)
to decide

entschlossen ADJEKTIV
determined

der **Entschluss** ⚠ SUBSTANTIV (GEN des **Entschlusses**, PL die **Entschlüsse**)
decision

entschuldigen VERB (PERFECT **hat entschuldigt**)
1 *to excuse* ◇ *Entschuldige bitte die Verspätung.* Please excuse the delay.
2 *to apologize* ◇ *Du solltest dich besser bei ihm entschuldigen.* You'd better apologize to him.

die **Entschuldigung** SUBSTANTIV
1 *apology* (PL *apologies*) ◇ *Hat er deine Entschuldigung angenommen?* Did he accept your apology?
◆ **jemanden um Entschuldigung bitten** to apologize to somebody
2 *excuse* ◇ *Krankheit ist keine Entschuldigung.* Illness is no excuse.
◆ **Mein Vater hat mir eine Entschuldigung geschrieben.** My father wrote me a note for the teacher.
◆ **Entschuldigung!** Sorry.
◆ **Entschuldigung...** Excuse me... ◇ *Entschuldigung, können Sie mir sagen, wie spät es ist?* Excuse me, could you tell me what time it is?

entsetzlich ADJEKTIV
dreadful

entsetzt ADJEKTIV, ADVERB
horrified

die **Entsorgung** SUBSTANTIV
waste disposal

sich **entspannen** VERB (PERFECT **hat sich entspannt**)
1 *to relax* ◇ *Entspann dich!* Relax!
2 *to ease* ◇ *Die Lage hat sich entspannt.* The situation has eased.

entsprechen VERB (PRESENT **entspricht**, IMPERFECT **entsprach**, PERFECT **hat entsprochen**)
to meet (*met, met*) ◇ *Sie hat den Anforderungen nicht entsprochen.* She didn't meet the requirements.
◆ **Dieses Gerät entspricht nicht den Normen.** This appliance doesn't comply with the standards.

entsprechend ADJEKTIV, ADVERB
1 *appropriate* ◇ *Die entsprechende Antwort ankreuzen.* Tick the appropriate answer.
2 *accordingly* ◇ *Benimm dich entsprechend.* Behave accordingly.

enttäuschen VERB (PERFECT **hat enttäuscht**)
to disappoint

die **Enttäuschung** SUBSTANTIV
disappointment

entweder KONJUNKTION
either
◆ **entweder...oder...** either...or...

der **Entwerter** SUBSTANTIV (PL die **Entwerter**)
ticket stamping machine

> *When you travel by train or tram (and sometimes by bus) you have to stamp your ticket in an* Entwerter. *The machines are either on the platforms or inside the vehicles.*

entwickeln VERB (PERFECT **hat entwickelt**)
1 *to develop* ◇ *Fähigkeiten entwickeln* to develop skills ◇ *einen Film entwickeln* to develop a film
2 *to show* (*showed, shown*) ◇ *Sie hat eine enorme Energie entwickelt.* She showed terrific energy.
◆ **sich entwickeln** to develop ◇ *Das Geschäft entwickelt sich gut.* The business is developing well.
◆ **Sie hat sich zu einem hübschen Mädchen entwickelt.** She's turned into a pretty girl.

die **Entwicklung** SUBSTANTIV
development

die **Entwicklungshilfe** SUBSTANTIV
development aid

das **Entwicklungsland** SUBSTANTIV (PL die **Entwicklungsländer**)
developing country (PL *countries*)

entwürdigend ADJEKTIV
degrading

entzückend ADJEKTIV
delightful

sich **entzünden** VERB (PERFECT **hat sich entzündet**)
to become inflamed (*became, become*)
◇ *Die Wunde hat sich entzündet.* The wound has become inflamed.

die **Entzündung** SUBSTANTIV
inflammation

entzwei ADVERB
broken ◇ *Die Vase ist entzwei.* The vase is broken.

der **Enzian** SUBSTANTIV (PL die **Enziane**)
gentian

er PRONOMEN
1 *he* ◇ *Er ist größer als ich.* He's taller than me.
2 *it* ◇ *Schöner Ring, ist er neu?* Lovely ring, is it new?
3 *him* ◇ *Er ist es.* It's him. ◇ *Er war es nicht, ich war's.* It wasn't him, it was me.

erben VERB
to inherit

erblich ADJEKTIV
hereditary

die **Erbschaft** SUBSTANTIV
inheritance

die **Erbse** SUBSTANTIV
pea

das **Erdbeben** SUBSTANTIV (PL die **Erdbeben**)
earthquake

die **Erdbeere** SUBSTANTIV
strawberry (PL *strawberries*)

die **Erde** SUBSTANTIV

earth
- **zu ebener Erde** at ground level
- **auf der ganzen Erde** all over the world

das **Erdgas** SUBSTANTIV (GEN des **Erdgases**)
natural gas

das **Erdgeschoss** ⚠ SUBSTANTIV (GEN des **Erdgeschosses**, PL die **Erdgeschosse**)
ground floor ◇ *im Erdgeschoss* on the ground floor

die **Erdkunde** SUBSTANTIV
geography

die **Erdnuss** ⚠ SUBSTANTIV (PL die **Erdnüsse**)
peanut

das **Erdöl** SUBSTANTIV
mineral oil

sich **ereignen** VERB (PERFECT **hat sich ereignet**)
to happen

das **Ereignis** SUBSTANTIV (GEN des **Ereignisses**, PL die **Ereignisse**)
event

erfahren VERB (PRESENT **erfährt**, IMPERFECT **erfuhr**, PERFECT **hat erfahren**)
siehe auch erfahren ADJEKTIV
1 *to hear* (*heard, heard*) ◇ *Ich habe erfahren, dass du heiraten willst.* I've heard that you want to get married.
2 *to experience* ◇ *Sie hat im Leben viel Gutes erfahren.* She's experienced a lot of good things in her life.

erfahren ADJEKTIV
siehe auch erfahren VERB
experienced ◇ *Er ist ein erfahrener Lehrer.* He's an experienced teacher.

die **Erfahrung** SUBSTANTIV
experience

erfassen VERB (PRESENT **erfasst**, IMPERFECT **erfasste**, PERFECT **hat erfasst**)
1 *to understand* (*understood, understood*) ◇ *Ich habe den Text noch nicht erfasst.* I haven't understood the text yet.
2 *to register* ◇ *Alle Aidsfälle werden erfasst.* All AIDS cases are registered.

erfinden VERB (IMPERFECT **erfand**, PERFECT **hat erfunden**)
to invent

der **Erfinder** SUBSTANTIV (PL die **Erfinder**)
inventor

erfinderisch ADJEKTIV
inventive

die **Erfindung** SUBSTANTIV
invention

der **Erfolg** SUBSTANTIV (PL die **Erfolge**)
success (PL *successes*)
- **Erfolg versprechend** promising

erfolglos ADJEKTIV
unsuccessful

erfolgreich ADJEKTIV
successful

erfolgversprechend ADJEKTIV *siehe* **Erfolg**

erforderlich ADJEKTIV
necessary

erfreulicherweise ADVERB
happily

erfrieren VERB (IMPERFECT **erfror**, PERFECT **ist erfroren**)
to freeze to death (*froze, frozen*) ◇ *Er ist erfroren.* He froze to death.
- **Die Pflanze ist erfroren.** The plant was killed by frost.
- **Er hat sich bei der Bergtour einen Zeh erfroren.** He got a frostbitten toe on his mountaineering trip.

die **Erfrischung** SUBSTANTIV
refreshment

erfüllen VERB (PERFECT **hat erfüllt**)
to fulfil ◇ *Er hat ihr den Wunsch erfüllt.* He fulfilled her wish.
- **sich erfüllen** to come true ◇ *Die Prophezeiung hat sich erfüllt.* The prophecy came true.

ergänzen VERB (PERFECT **hat ergänzt**)
to complete ◇ *Ergänzt den Satz.* Complete the sentence.
- **sich ergänzen** to complement one another

das **Ergebnis** SUBSTANTIV (GEN des **Ergebnisses**, PL die **Ergebnisse**)
result

die **Ergonomie** SUBSTANTIV
ergonomics SING

ergreifen VERB (IMPERFECT **ergriff**, PERFECT **hat ergriffen**)
1 *to seize* ◇ *Er ergriff meine Hand.* He seized my hand. ◇ *die Gelegenheit ergreifen* to seize the opportunity
- **einen Beruf ergreifen** to take up a profession
- **Maßnahmen gegen etwas ergreifen** to take measures against something

2 *to move* ◇ *Ihr Schicksal hat uns sehr ergriffen.* Her fate moved us deeply.

ergreifend ADJEKTIV
moving

ergriffen ADJEKTIV
deeply moved

erhalten VERB (PRESENT **erhält**, IMPERFECT **erhielt**, PERFECT **hat erhalten**)
1 *to receive* ◇ *Sie hat den ersten Preis erhalten.* She received first prize.
2 *to preserve* ◇ *Das Gebäude sollte erhalten werden.* The building should be preserved.
- **gut erhalten** in good condition

erhältlich ADJEKTIV
obtainable

erheitern VERB (PERFECT **hat erheitert**)
to amuse

erhitzen VERB (PERFECT **hat erhitzt**)
to heat

sich **erholen** VERB (PERFECT **hat sich erholt**)
1 *to recover* ◇ *Der Patient muss sich nach der Operation erholen.* The patient needs to recover after the operation.
2 *to have a rest* (*had, had*) ◇ *Wir haben uns in den Ferien gut erholt.* We had a good

rest when we were on holiday.

erholsam ADJEKTIV
restful

die **Erholung** SUBSTANTIV
rest ◇ *Wir fahren zur Erholung ans Meer.* We're going to the sea for a rest.

erinnern VERB (PERFECT **hat erinnert**)
◆ **erinnern an** to remind of ◇ *Du erinnerst mich an meine Schwester.* You remind me of my sister. ◇ *Erinnere mich bitte daran, dass wir noch Butter kaufen müssen.* Remind me that we still have to buy butter.
◆ **sich erinnern** to remember ◇ *Ich kann mich nicht erinnern.* I can't remember. ◇ *Erinnerst du dich noch an unser Abenteuer in Erlangen?* Can you still remember our adventure in Erlangen?

die **Erinnerung** SUBSTANTIV
[1] *memory* (PL *memories*) ◇ *Wir haben Erinnerungen ausgetauscht.* We swapped memories.
[2] *souvenir* ◇ *eine Erinnerung an meinen Russlandaufenthalt* a souvenir of my stay in Russia

erkältet ADJEKTIV
◆ **erkältet sein** to have a cold

die **Erkältung** SUBSTANTIV
cold

erkennbar ADJEKTIV
recognizable

erkennen VERB (IMPERFECT **erkannte**, PERFECT **hat erkannt**)
[1] *to recognize* ◇ *Ich hätte dich fast nicht erkannt.* I would hardly have recognized you.
[2] *to see* (*saw, seen*) ◇ *Jetzt erkenne ich, dass das ein Fehler war.* I see now that it was a mistake.

erklären VERB (PERFECT **hat erklärt**)
to explain

die **Erklärung** SUBSTANTIV
explanation
◆ **eine Liebeserklärung** a declaration of love

sich **erkundigen** VERB (PERFECT **hat sich erkundigt**)
◆ **sich erkundigen nach** to inquire about ◇ *Wir sollten uns nach den Abfahrtszeiten erkundigen.* We should inquire about departure times.
◆ **Er hat sich nach dir erkundigt.** He was asking about you.

erlauben VERB (PERFECT **hat erlaubt**)
◆ **jemandem etwas erlauben** to allow somebody to do something ◇ *Mein Vater hat mir erlaubt auszugehen.* My father allowed me to go out.
◆ **sich etwas erlauben** to allow oneself something ◇ *Ich erlaube mir jetzt ein Bier.* Now I'm going to allow myself a beer.
◆ **Was erlaubst du dir denn eigentlich?** How dare you!

die **Erlaubnis** SUBSTANTIV (PL die **Erlaubnisse**)
permission

erleben VERB (PERFECT **hat erlebt**)
[1] *to experience* ◇ *Eine solche Frechheit habe ich selten erlebt.* I've seldom experienced such cheek.
◆ **Wir haben in den Ferien viel Schönes erlebt.** We had a lovely time on holiday.
◆ **Sie hat viel Schlimmes erlebt.** She's had a lot of bad experiences.
[2] *to live through* ◇ *Mein Opa hat den Ersten Weltkrieg erlebt.* My grandpa lived through the First World War.
[3] *to live to see* ◇ *Ich möchte die Geburt deines Kindes noch erleben.* I would like to live to see the birth of your child.

das **Erlebnis** SUBSTANTIV (GEN des **Erlebnisses**, PL die **Erlebnisse**)
experience

erledigen VERB (PERFECT **hat erledigt**)
[1] *to see to* (*saw, seen*) ◇ *Ich habe heute noch viel zu erledigen.* I've a lot to see to today.
◆ **Hast du deine Hausaufgaben schon erledigt?** Have you done your homework already?
[2] *to wear out* (*wore, worn*) (*Umgangssprache*) ◇ *Die Wanderung hat mich ziemlich erledigt.* The hike's really worn me out.

die **Erleichterung** SUBSTANTIV
relief ◇ *Das war eine Erleichterung!* That was a relief!

der **Erlös** SUBSTANTIV (GEN des **Erlöses**, PL die **Erlöse**)
proceeds PL ◇ *Der Erlös kommt Kindern in Rumänien zugute.* The proceeds will go to children in Romania.

erlösen VERB (PERFECT **hat erlöst**)
to save ◇ *Sie erlöste ihn aus einer gefährlichen Lage.* She saved him from a dangerous situation.

die **Ermahnung** SUBSTANTIV
admonition

ermäßigen VERB (PERFECT **hat ermäßigt**)
to reduce

die **Ermäßigung** SUBSTANTIV
reduction

ermöglichen VERB (PERFECT **hat ermöglicht**)
◆ **jemandem etwas ermöglichen** to make something possible for somebody

ermorden VERB (PERFECT **hat ermordet**)
to murder

ermutigen VERB (PERFECT **hat ermutigt**)
to encourage

ernähren VERB (PERFECT **hat ernährt**)
to support ◇ *Er hat eine Familie zu ernähren.* He has a family to support.
◆ **sich von etwas ernähren** to live on something ◇ *Sie ernähren sich hauptsächlich von Reis.* They live mainly on rice.
◆ **Du ernährst dich ungesund.** Your diet's unhealthy.

ernennen VERB (IMPERFECT **ernannte**, PERFECT **hat ernannt**)
to appoint

erneuern VERB (PERFECT **hat erneuert**)

to renew

ernst ADJEKTIV
siehe auch der Ernst SUBSTANTIV
serious

der **Ernst** SUBSTANTIV
siehe auch ernst ADJEKTIV
seriousness
- **Das ist mein Ernst.** I'm quite serious.
- **im Ernst** in earnest

ernsthaft ADJEKTIV
serious ◇ *ein ernsthaftes Gespräch* a serious talk ◇ *Glaubst du das ernsthaft?* Do you seriously believe that?

ernstlich ADJEKTIV, ADVERB
serious
- **ernstlich besorgt** seriously concerned

die **Ernte** SUBSTANTIV
harvest

ernten VERB
to harvest ◇ *Es ist Zeit, die Kirschen zu ernten.* It's time to harvest the cherries.
- **Lob ernten** to earn praise

erobern VERB (PERFECT **hat erobert**)
to conquer

die **Eroberung** SUBSTANTIV
conquest

erotisch ADJEKTIV
erotic

erpressen VERB (PRESENT **erpresst**, IMPERFECT **erpresste**, PERFECT **hat erpresst**)
[1] *to blackmail* ◇ *Du willst mich wohl erpressen?* Are you trying to blackmail me?
[2] *to extort* ◇ *Er hat von ihm Geld erpresst.* He extorted money from him.

erraten VERB (PRESENT **errät**, IMPERFECT **erriet**, PERFECT **hat erraten**)
to guess

die **Erregung** SUBSTANTIV
excitement

erreichen VERB (PERFECT **hat erreicht**)
[1] *to reach* ◇ *Wir haben Hamburg am späten Nachmittag erreicht.* We reached Hamburg in the late afternoon.
[2] *to catch* (*caught, caught*) ◇ *Wir haben den Zug nicht mehr erreicht.* We didn't manage to catch the train.
[3] *to achieve* ◇ *seinen Zweck erreichen* to achieve one's purpose ◇ *Was willst du damit erreichen?* What do you aim to achieve by this?
- **So erreichst du bei mir gar nichts.** You won't get anywhere with me by doing that.

der **Ersatzreifen** SUBSTANTIV (PL die **Ersatzreifen**)
spare tyre

das **Ersatzteil** SUBSTANTIV (PL die **Ersatzteile**)
spare part

erschaffen VERB (IMPERFECT **erschuf**, PERFECT **hat erschaffen**)
to create

erscheinen VERB (IMPERFECT **erschien**, PERFECT **ist erschienen**)
to appear

erschießen VERB (IMPERFECT **erschoss**, PERFECT **hat erschossen**)
to shoot dead (*shot, shot*)

erschöpft ADJEKTIV
exhausted

die **Erschöpfung** SUBSTANTIV
exhaustion

erschrecken (1) VERB (PERFECT **hat erschreckt**)
to frighten ◇ *Hast du mich erschreckt!* You really frightened me!

erschrecken (2) VERB (PRESENT **erschrickt**, IMPERFECT **erschrak**, PERFECT **ist erschrocken**)
to be frightened (*is, was, been*) ◇ *Ich bin furchtbar erschrocken, als plötzlich das Licht ausging.* I was terribly frightened when the light suddenly went out.
- **Erschrick nicht, wenn du ihn siehst.** Don't be shocked when you see him.

erschreckend ADJEKTIV
alarming

erschrocken ADJEKTIV
frightened

ersetzen VERB (PERFECT **hat ersetzt**)
to replace ◇ *Du musst die Vase ersetzen.* You'll have to replace that vase.
- **jemandem die Unkosten ersetzen** to pay somebody's expenses

die **Ersparnisse** FEM PL SUBSTANTIV
savings PL

erst ADVERB
[1] *first* ◇ *Erst will ich wissen, was das kostet.* First I want to know what it costs. ◇ *Mach erst mal die Arbeit fertig.* Finish your work first.
- **Wenn du das erst mal hinter dir hast,...** Once you've got that behind you,...

[2] *only* ◇ *Das ist erst gestern passiert.* That happened only yesterday. ◇ *Er ist gerade erst angekommen.* He's only just arrived.
- **erst als** not until ◇ *Er hat es erst gemacht, als ich es ihm befohlen habe.* He didn't do it until I told him.
- **erst morgen** not until tomorrow
- **Wir fahren erst später.** We're not going until later.

erstaunlich ADJEKTIV
astonishing

erstbeste ADJEKTIV
first that comes along ◇ *Du kannst doch nicht den erstbesten Mann heiraten.* But you can't marry the first man that comes along.

erste ADJEKTIV
first ◇ *Ich habe gerade mein erstes Auto gekauft.* I've just bought my first car. ◇ *Er kam als Erster.* He was the first to arrive.

erstechen VERB (PRESENT **ersticht**, IMPERFECT **erstach**, PERFECT **hat erstochen**)
to stab to death

erstens ADVERB
firstly

ersticken VERB (PERFECT **ist erstickt**)
to suffocate ◇ *Ich bin fast erstickt.* I

almost suffocated.
- **Er versuchte, die Flammen zu ersticken.** He tried to smother the flames.
- **in Arbeit ersticken** to be snowed under with work (*Umgangssprache*)

erstklassig ADJEKTIV
first-class

erstmals ADVERB
for the first time

ertragen VERB (PRESENT **erträgt**, IMPERFECT **ertrug**, PERFECT **hat ertragen**)
to stand (*stood, stood*) ◇ *Ich kann die Schmerzen kaum ertragen.* I can hardly stand the pain. ◇ *Sie erträgt es nicht, wenn man ihr widerspricht.* She can't stand being contradicted.

erträglich ADJEKTIV
bearable

ertrinken VERB (IMPERFECT **ertrank**, PERFECT **ist ertrunken**)
to drown

erwachsen ADJEKTIV
grown-up

der/die **Erwachsene** SUBSTANTIV (GEN des/der **Erwachsenen**, PL die **Erwachsenen**)
adult ◇ *Erwachsene können das nicht verstehen.* Adults can't understand that.

die **Erwachsenenbildung** SUBSTANTIV
adult education

erwähnen VERB (PERFECT **hat erwähnt**)
to mention

erwarten VERB (PERFECT **hat erwartet**)
to expect ◇ *Er erwartet zu viel von uns.* He's expecting too much of us.
- **Wir können es kaum erwarten, dass die Ferien beginnen.** We can hardly wait for the holidays to begin.

erwartungsgemäß ADVERB
as expected

erweisen VERB (IMPERFECT **erwies**, PERFECT **hat erwiesen**)
- **sich erweisen als** to prove to be ◇ *Er erwies sich als guter Schüler* He proved to be a good pupil.

erwerben VERB (PRESENT **erwirbt**, IMPERFECT **erwarb**, PERFECT **hat erworben**)
to acquire

das **Erz** SUBSTANTIV (GEN des **Erzes**, PL die **Erze**)
ore

erzählen VERB (PERFECT **hat erzählt**)
to tell (*told, told*)

die **Erzählung** SUBSTANTIV
story (PL *stories*)

erzeugen VERB (PERFECT **hat erzeugt**)
to produce ◇ *In dieser Gegend wird Wein erzeugt.* Wine is produced in this region.
- **Strom erzeugen** to generate electricity

das **Erzeugnis** SUBSTANTIV (GEN des **Erzeugnisses**, PL die **Erzeugnisse**)
produce KEIN PL ◇ *ausländische Erzeugnisse* foreign produce

erziehen VERB (IMPERFECT **erzog**, PERFECT **hat erzogen**)
to bring up (*brought, brought*) ◇ *Sie hat fünf Kinder erzogen.* She brought up five children. ◇ *Sie sollte ihre Kinder zu etwas mehr Höflichkeit erziehen.* She should bring her children up to be more polite.

der/die **Erziehungsberechtigte** SUBSTANTIV (GEN des/der **Erziehungsberechtigten**, PL die **Erziehungsberechtigten**)
parent or guardian ◇ *Du brauchst dafür die Unterschrift eines Erziehungsberechtigten.* You need the signature of your parent or guardian for this.

es PRONOMEN
it ◇ *Es ist rot.* It's red. ◇ *Ich habe es nicht gesehen.* I didn't see it. ◇ *Es schneit.* It's snowing.

der **Esel** SUBSTANTIV (PL die **Esel**)
donkey

der **Eskimo** SUBSTANTIV (PL die **Eskimos**)
Eskimo (PL *Eskimos*)

essbar ⚠ ADJEKTIV
edible

essen VERB (PRESENT **isst**, IMPERFECT **aß**, PERFECT **hat gegessen**)
siehe auch das Essen SUBSTANTIV
to eat (*ate, eaten*)

das **Essen** SUBSTANTIV (PL die **Essen**)
siehe auch essen VERB
1 *meal* ◇ *Komm doch am Freitag zum Essen.* Why don't you come for a meal on Friday?.
2 *food* ◇ *Das Essen war lecker.* The food was delicious.

der **Essig** SUBSTANTIV (PL die **Essige**)
vinegar

die **Essiggurke** SUBSTANTIV
gherkin

die **Esskastanie** ⚠ SUBSTANTIV
sweet chestnut

das **Esszimmer** ⚠ SUBSTANTIV (PL die **Esszimmer**)
dining room

die **Etagenbetten** NEUT PL SUBSTANTIV
bunk beds PL

das **Etikett** SUBSTANTIV (PL die **Etikette** *or* **Etiketten**)
label ◇ *Lies mal, was auf dem Etikett steht.* Read what's on the label.

etliche PL PRONOMEN
quite a few ◇ *etliche Leute* quite a few people

das **Etui** SUBSTANTIV (PL die **Etuis**)
case ◇ *ein Brillenetui* a glasses case

etwa ADVERB
1 *about* ◇ *Es waren etwa zwanzig.* There were about twenty.
2 *for instance* ◇ *Leute wie etwa Jochen wissen das eben nicht.* People like Jochen, for instance, just don't know that.
- **Soll das etwa heißen, dass du nicht mitkommst?** Is that supposed to mean that you're not coming?
- **Hat er das etwa wirklich gesagt?** Did he really say that?
- **Du willst doch nicht etwa schon gehen.** You're not going already, are you?

E

etwaig ADJEKTIV
possible

etwas PRONOMEN, ADVERB
1 *something* ◇ *Wir sollten ihr etwas schenken.* We should give her something.
2 *anything* ◇ *Hast du nicht etwas gehört?* Haven't you heard anything?
3 *a little* ◇ *Wir sollten uns etwas ausruhen.* We should have a little rest.
◇ *Nur etwas Milch bitte.* Just a little milk, please.

die **EU** SUBSTANTIV (= *Europäische Union*)
EU (= European Union)

euch PRONOMEN
euch *is the accusative and dative of* ihr.
1 *you* ◇ *Ich habe euch gesehen.* I saw you. ◇ *Ich komme mit euch.* I'll come with you.
2 *yourselves* ◇ *Seht euch mal im Spiegel an.* Look at yourselves in the mirror.
3 *to you* ◇ *Sie hat es euch gegeben.* She gave it to you.

euer PRONOMEN, ADJEKTIV
1 *your* ◇ *Euer Deutschlehrer ist nett.* Your German teacher is nice. ◇ *Wenn das eure Mutter erlaubt.* If your mother lets you. ◇ *Ist das euer Haus?* Is that your house? ◇ *Wir haben eure Bücher mitgebracht.* We've brought your books.
2 *yours* ◇ *Das ist nicht unser Computer, das ist eurer.* That's not our computer, that's yours. ◇ *Unsere Mutter heißt Ulla, wie heißt eure?* Our mother's called Ulla, what's yours called? ◇ *Wenn es in unserem Haus nicht geht, feiern wir in eurem.* If it's not OK in our house, then we'll celebrate in yours. ◇ *Wir holen unsere Karten, sollen wir eure mitbringen?* We're picking up our tickets, shall we get yours too?

die **Eule** SUBSTANTIV
owl

eure *siehe* **euer**

eures *siehe* **euer**

euretwegen ADVERB
1 *for your sakes* ◇ *Wir sind euretwegen nicht in Urlaub gefahren.* We didn't go on holiday for your sakes.
2 *on your account* ◇ *Er hat sich euretwegen aufgeregt.* He got upset on your account.

Europa NEUT SUBSTANTIV
Europe
◆ **aus Europa** from Europe
◆ **in Europa** in Europe
◆ **nach Europa** to Europe

der **Europäer** SUBSTANTIV (PL die **Europäer**)
European

die **Europäerin** SUBSTANTIV
European

europäisch ADJEKTIV
European

der **Euroscheck** SUBSTANTIV (PL die **Euroschecks**)
Eurocheque

evangelisch ADJEKTIV
Protestant

eventuell ADVERB, ADJEKTIV
perhaps ◇ *Eventuell komme ich später nach.* Perhaps I'll come on later.
◆ **Eventuelle Fragen wird mein Kollege gerne beantworten.** My colleague will be pleased to answer any questions you may have.

ewig ADJEKTIV
eternal

die **Ewigkeit** SUBSTANTIV
eternity

das **Examen** SUBSTANTIV (PL die **Examen**)
exam

das **Exemplar** SUBSTANTIV (PL die **Exemplare**)
1 *copy* (PL *copies*) ◇ *Von dem Buch habe ich zwei Exemplare.* I've got two copies of the book.
2 *specimen* ◇ *Er hat ein ganz seltenes Exemplar gefangen.* He caught a very rare specimen.

explodieren VERB (PERFECT **ist explodiert**)
to explode

die **Explosion** SUBSTANTIV
explosion

der **Export** SUBSTANTIV (PL die **Exporte**)
export

exportieren VERB (PERFECT **hat exportiert**)
to export

extra ADVERB, ADJEKTIV
siehe auch das Extra SUBSTANTIV
1 *separately* ◇ *Schicke die Diskette lieber extra.* It'd be better to send the diskette separately.
2 *specially* ◇ *Das wurde extra für sie angefertigt.* That was made specially for her. ◇ *Ich bin extra wegen dir gekommen.* I came specially because of you.
3 *on purpose* ◇ *Das hat er extra gemacht.* He did that on purpose.
4 *extra* ◇ *Ich habe das extra schnell gemacht.* I did it extra quickly. ◇ *Das sind extra starke Pfefferminzbonbons.* These are extra strong peppermints.
5 *another* ◇ *Stell noch einen extra Teller auf den Tisch.* Put another plate on the table.

das **Extra** SUBSTANTIV (PL die **Extras**)
siehe auch extra ADVERB
extra ◇ *ein Auto mit vielen Extras* a car with lots of extras

extrem ADJEKTIV
extreme

F

fabelhaft ADJEKTIV
fabulous

die **Fabrik** SUBSTANTIV
factory (PL *factories*)

das **Fach** SUBSTANTIV (PL die **Fächer**)
[1] *shelf* (PL *shelves*) ◇ *Das ist mein Fach im Schrank.* This is my shelf in the cupboard.
[2] *pigeonhole* ◇ *Jeder Lehrer hat im Lehrerzimmer ein Fach.* Every teacher has a pigeonhole in the staff room.
[3] *subject* (*Sachgebiet*) ◇ *In welchem Fach bist du am besten?* What subject are you best at?

der **Facharzt** SUBSTANTIV (GEN des **Facharztes**, PL die **Fachärzte**)
specialist (*doctor*)

die **Fachärztin** SUBSTANTIV
specialist (*doctor*)

der **Fachausdruck** SUBSTANTIV (PL die **Fachausdrücke**)
technical term

die **Fachfrau** SUBSTANTIV
expert

die **Fachhochschule** SUBSTANTIV
college

der **Fachmann** SUBSTANTIV (PL die **Fachleute**)
expert

die **Fackel** SUBSTANTIV
torch (PL *torches*)

der **Faden** SUBSTANTIV (PL die **Fäden**)
thread

fähig ADJEKTIV
capable ◇ *Sie ist eine sehr fähige Lehrerin.* She's a very capable teacher.
◆ **fähig sein, etwas zu tun** to be capable of doing something ◇ *Bist du fähig, diesen Text zu übersetzen?* Are you capable of translating this text?

die **Fähigkeit** SUBSTANTIV
ability (PL *abilities*)

die **Fahne** SUBSTANTIV
flag
◆ **eine Fahne haben** to stink of booze (*Umgangssprache*)

der **Fahrausweis** SUBSTANTIV (GEN des **Fahrausweises**, PL die **Fahrausweise**)
ticket ◇ *Die Fahrausweise, bitte.* Tickets, please.

die **Fahrbahn** SUBSTANTIV
carriageway

die **Fähre** SUBSTANTIV
ferry (PL *ferries*)

fahren VERB (PRESENT **fährt**, IMPERFECT **fuhr**, PERFECT **ist/hat gefahren**)
For the perfect tense use haben *when the verb has an object and* sein *when there is no object.*
[1] *to drive* (*drove, driven*) ◇ *Er hat mich nach Hause gefahren.* He drove me home. ◇ *Er ist sehr schnell gefahren.* He drove very fast.
◆ **ein Rennen fahren** to drive in a race
[2] *to go* (*goes, went, gone*) ◇ *Der Intercity fährt stündlich.* The Intercity train goes every hour.
[3] *to leave* (*left, left*) ◇ *Wann seid ihr gefahren?* When did you leave?
[4] *to sail* ◇ *Das Schiff fährt nach Amerika.* The ship's sailing to America. ◇ *Wir sind mit dem Schiff nach Amerika gefahren.* We sailed to America.
◆ **Rad fahren** to cycle ◇ *Früher bin ich viel Rad gefahren.* I used to cycle a lot.
◆ **mit dem Auto fahren** to go by car
◆ **mit dem Zug fahren** to go by train ◇ *Seid ihr mit dem Zug gefahren?* Did you go by train?
◆ **Sie fuhr mit der Hand über sein Haar.** She ran her hand through his hair.

der **Fahrer** SUBSTANTIV (PL die **Fahrer**)
driver

die **Fahrerflucht** SUBSTANTIV
hit-and-run accident

die **Fahrerin** SUBSTANTIV
driver

der **Fahrgast** SUBSTANTIV (PL die **Fahrgäste**)
passenger

die **Fahrkarte** SUBSTANTIV
ticket ◇ *Die Fahrkarten, bitte.* Tickets, please.

die **Fahrkartenausgabe** SUBSTANTIV
ticket office

der **Fahrkartenautomat** SUBSTANTIV (GEN des **Fahrkartenautomaten**, PL die **Fahrkartenautomaten**)
ticket machine

der **Fahrkartenschalter** SUBSTANTIV (PL die **Fahrkartenschalter**)
ticket office

fahrlässig ADJEKTIV
negligent

der **Fahrlehrer** SUBSTANTIV (PL die **Fahrlehrer**)
driving instructor

der **Fahrplan** SUBSTANTIV (PL die **Fahrpläne**)
timetable

fahrplanmäßig ADJEKTIV
scheduled

der **Fahrpreis** SUBSTANTIV (GEN des **Fahrpreises**, PL die **Fahrpreise**)
fare

die **Fahrprüfung** SUBSTANTIV
driving test

das **Fahrrad** SUBSTANTIV (PL die **Fahrräder**)
bicycle

der **Fahrradweg** SUBSTANTIV (PL die **Fahrradwege**)
cycle lane

der **Fahrschein** SUBSTANTIV (PL die **Fahrscheine**)
ticket ◇ *Die Fahrscheine, bitte.* Tickets, please.

der **Fahrscheinentwerter** SUBSTANTIV (PL die **Fahrscheinentwerter**) *ticket stamping machine*

When you travel by train or tram (and sometimes by bus) you have to stamp your ticket in a Fahrscheinentwerter. *The machines are either on the platforms or inside the vehicles.*

die **Fahrschule** SUBSTANTIV
driving school

In Großbritannien kann man mit 17 Jahren den Führerschein machen. Es besteht keine Pflicht zum Besuch einer Fahrschule – es ist möglich, das Fahren in Begleitung eines Führerscheininhabers zu üben, wobei hinten am Fahrzeug sogenannte L-plates *(ein Schild mit der Aufschrift "L" für "Learner") anzubringen sind.*

der **Fahrstuhl** SUBSTANTIV (PL die **Fahrstühle**)
lift

die **Fahrt** SUBSTANTIV
1 *journey* ◇ *Die Fahrt nach Hamburg war lang.* It was a long journey to Hamburg.
2 *trip* ◇ *Gestern haben wir eine Fahrt in den Schwarzwald gemacht.* We went on a trip to the Black Forest yesterday.
◆ **Gute Fahrt!** Have a good journey.

die **Fahrtkosten** PL SUBSTANTIV
travelling expenses PL

das **Fahrzeug** SUBSTANTIV (PL die **Fahrzeuge**)
vehicle

der **Fahrzeugbrief** SUBSTANTIV (PL die **Fahrzeugbriefe**)
log book

fair ADJEKTIV
fair ◇ *Das ist nicht fair!* That's not fair!

der **Faktor** SUBSTANTIV (PL die **Faktoren**)
factor

die **Fakultät** SUBSTANTIV
faculty (PL *faculties*)

der **Falke** SUBSTANTIV (GEN des **Falken**, PL die **Falken**)
falcon

der **Fall** SUBSTANTIV (PL die **Fälle**)
case ◇ *Die Polizei untersucht den Fall.* The police are investigating the case. ◇ *In diesem Fall mache ich eine Ausnahme.* I'll make an exception in this case. ◇ *Welcher Fall steht nach "außer"?* Which case does "außer" take?
◆ **auf jeden Fall** definitely ◇ *Ich komme auf jeden Fall.* I'll definitely come.
◆ **für alle Fälle** just in case ◇ *Nimm für alle Fälle einen Schirm mit.* Take an umbrella, just in case.
◆ **Auf keinen Fall!** No way!

die **Falle** SUBSTANTIV
trap

fallen VERB (PRESENT **fällt**, IMPERFECT **fiel**, PERFECT **ist gefallen**)
to fall (*fell, fallen*)
◆ **etwas fallen lassen (1)** to drop something ◇ *Lass es nicht fallen!* Don't drop it!
◆ **etwas fallen lassen (2)** to abandon something ◇ *Wir haben die Idee, in Frankreich Ferien zu machen, wieder fallen lassen.* We've abandoned the idea of spending our holidays in France.
◆ **eine Bemerkung fallen lassen** to make a remark

fällen VERB
◆ **einen Baum fällen** to fell a tree
◆ **ein Urteil fällen** to pronounce judgement

fallenlassen VERB *siehe* **fallen**

fällig ADJEKTIV
due

falls ADVERB
if

der **Fallschirm** SUBSTANTIV (PL die **Fallschirme**)
parachute

falsch ADJEKTIV
1 *wrong* ◇ *Die Antwort war falsch.* The answer was wrong.
◆ **jemanden falsch verstehen** to get somebody wrong
2 *false* ◇ *falsche Zähne* false teeth

fälschen VERB
to forge

fälschlicherweise ADVERB
mistakenly

die **Fälschung** SUBSTANTIV
forgery (PL *forgeries*)

die **Falte** SUBSTANTIV
1 *fold* ◇ *eine Falte im Papier* a fold in the paper
2 *crease* ◇ *Die Hose ist voller Falten.* The trousers are all creased.
3 *wrinkle* ◇ *Ihr Gesicht ist voller Falten.* Her face is all wrinkled.
4 *pleat* ◇ *eine Rockfalte* a pleat in a skirt

falten VERB
to fold

faltig ADJEKTIV
1 *wrinkled* ◇ *Er hat ein faltiges Gesicht.* He's got a wrinkled face.
2 *creased* ◇ *Deine Hose ist ganz faltig.* Your trousers are all creased.

familiär ADJEKTIV
familiar

die **Familie** SUBSTANTIV
family (PL *families*)

der **Familienname** SUBSTANTIV (GEN des **Familiennamens**, PL die **Familiennamen**)
surname

der **Fan** SUBSTANTIV (PL die **Fans**)
fan ◇ *Sie ist ein Fan von Sting.* She's a Sting fan.

fand VERB *siehe* **finden**

fangen VERB (PRESENT **fängt**, IMPERFECT **fing**, PERFECT **hat gefangen**)
to catch (*caught, caught*)

die **Farbe** SUBSTANTIV
1 *colour* ◇ *Rosa ist Beates Lieblingsfarbe.* Pink is Beate's favourite colour.
2 *paint* ◇ *Hast du Farben, ich möchte was malen?* I'd like to do some painting, have you got any paints?

farbecht ADJEKTIV
colourfast

färben VERB
to dye ◇ *Sie hat ihre Haare gefärbt.* She's dyed her hair.

farbenblind ADJEKTIV
colour-blind

das **Farbfernsehen** SUBSTANTIV
colour television

der **Farbfilm** SUBSTANTIV (PL die **Farbfilme**)
colour film

das **Farbfoto** SUBSTANTIV (PL die **Farbfotos**)
colour photograph

farbig ADJEKTIV
coloured

farblos ADJEKTIV
colourless

der **Farbstift** SUBSTANTIV (PL die **Farbstifte**)
coloured pencil

der **Farbstoff** SUBSTANTIV (PL die **Farbstoffe**)
dye

der **Farbton** SUBSTANTIV (PL die **Farbtöne**)
shade

der **Fasan** SUBSTANTIV (PL die **Fasane** *or* **Fasanen**)
pheasant

der **Fasching** SUBSTANTIV (PL die **Faschinge**)
carnival

The German carnival season lasts from 11 November to Shrove Tuesday but most events, fancy-dress processions and parties take place in the week leading up to Ash Wednesday.

die **Faser** SUBSTANTIV
fibre

das **Fass** ⚠ SUBSTANTIV (GEN des **Fasses**, PL die **Fässer**)
barrel ◇ *ein Weinfass* a wine barrel
◆ **ein Ölfass** an oil drum
◆ **Bier vom Fass** draught beer

fassen VERB (PRESENT **fasst**, IMPERFECT **fasste**, PERFECT **hat gefasst**)
1 *to grasp* ◇ *Er fasste mich am Arm.* He grasped my arm.
2 *to hold* (*held*, *held*) ◇ *Der Behälter fasst zwanzig Liter.* The container holds twenty litres.
3 *to understand* ◇ *Ich kann es nicht fassen, dass du das noch immer nicht gemacht hast.* I can't understand why you still haven't done it.
◆ **nicht zu fassen** unbelievable
◆ **sich fassen** to calm down

die **Fassung** SUBSTANTIV
1 *composure* ◇ *Sie hat die Fassung verloren.* She lost her composure.
◆ **jemanden aus der Fassung bringen** to upset somebody
2 *version* ◇ *der Text in einer neuen Fassung* the text in a new version

fassungslos ADJEKTIV
speechless

fast ADVERB
almost

fasten VERB
to fast

die **Fastenzeit** SUBSTANTIV
Lent

die **Fastnacht** SUBSTANTIV
carnival

The German carnival season lasts from 11 November to Shrove Tuesday but most events, fancy-dress processions and parties take place in the week leading up to Ash Wednesday.

faul ADJEKTIV
1 *rotten* ◇ *Der Apfel ist faul.* The apple's rotten.
2 *lazy* ◇ *Er ist der faulste Schüler.* He's our laziest pupil.
◆ **eine faule Ausrede** a lame excuse
◆ **Daran ist etwas faul.** There's something fishy about it. (*Umgangssprache*)

faulen VERB
to rot

faulenzen VERB
to laze about

die **Faust** SUBSTANTIV (PL die **Fäuste**)
fist
◆ **auf eigene Faust** off one's own bat

das **Fax** SUBSTANTIV (GEN des **Faxes**, PL die **Faxe**)
fax (PL *faxes*)

faxen VERB
to fax ◇ *jemandem etwas faxen* to fax something to somebody

der **FCKW** SUBSTANTIV
(= *Fluorchlorkohlenwasserstoff*)
CFC (= chlorofluorocarbon)

der **Februar** SUBSTANTIV (GEN des **Februar** *or* **Februars**, PL die **Februare**)
February ◇ *im Februar* in February ◇ *am dritten Februar* on the third of February ◇ *Bonn, den 3. Februar 1990* Bonn, 3 February 1990 ◇ *Heute ist der zweite Februar.* Today is the second of February.

fechten VERB (PRESENT **ficht**, IMPERFECT **focht**, PERFECT **hat gefochten**)
to fence

die **Feder** SUBSTANTIV
1 *feather* ◇ *Er hatte eine Feder am Hut.* He had a feather in his hat.
2 *spring* ◇ *Die Federn des Betts sind ausgeleiert.* The bed springs have worn out.

der **Federball** SUBSTANTIV (PL die **Federbälle**)
shuttlecock

die **Federung** SUBSTANTIV
suspension (*in car*)

die **Fee** SUBSTANTIV
fairy (PL *fairies*)

fegen VERB
to sweep (*swept*, *swept*)

fehl ADJEKTIV
◆ **fehl am Platz** out of place

fehlen VERB
1 *to be absent* (*is*, *was*, *been*) ◇ *Er hat gestern in der Schule gefehlt.* He was absent from school yesterday.
2 *to be missing* ◇ *Da fehlt ein Knopf.* There's a button missing.
◆ **Wer fehlt?** Is anyone missing?
◆ **Mir fehlt das nötige Geld.** I haven't got the money.
◆ **Du fehlst mir.** I miss you.

◆ **Was fehlt ihm?** What's wrong with him?

der **Fehler** SUBSTANTIV (PL die **Fehler**)
[1] *mistake* ◇ *Wie viele Fehler hast du gemacht?* How many mistakes did you make?
[2] *fault* ◇ *Sein einziger Fehler ist, dass er den Mund nicht halten kann.* His only fault is that he can't keep his mouth shut.

die **Feier** SUBSTANTIV
celebration

der **Feierabend** SUBSTANTIV (PL die **Feierabende**)
clocking-off time
◆ **Feierabend machen** to clock off
◆ **Wann hat dein Vater Feierabend?** When does your father finish work?
◆ **Schönen Feierabend!** Have a nice evening.

feierlich ADJEKTIV
solemn

die **Feierlichkeit** SUBSTANTIV
festivity (PL *festivities*)

feiern VERB
to celebrate

der **Feiertag** SUBSTANTIV (PL die **Feiertage**)
holiday ◇ *ein öffentlicher Feiertag* a public holiday

feige ADJEKTIV
siehe auch die Feige SUBSTANTIV
cowardly

die **Feige** SUBSTANTIV
siehe auch feige ADJEKTIV
fig

der **Feigling** SUBSTANTIV (PL die **Feiglinge**)
coward

die **Feile** SUBSTANTIV
file ◇ *eine Nagelfeile* a nailfile

feilschen VERB
to haggle

fein ADJEKTIV
[1] *fine* ◇ *feiner Sand* fine sand
[2] *refined* ◇ *feine Leute* refined people
◆ **Fein!** Great!

der **Feind** SUBSTANTIV (PL die **Feinde**)
enemy (PL *enemies*)

feindlich ADJEKTIV
hostile

die **Feindschaft** SUBSTANTIV
hostility

das **Feld** SUBSTANTIV (PL die **Felder**)
[1] *field* ◇ *Auf diesem Feld wächst Hafer.* There are oats growing in this field.
[2] *pitch* (PL *pitches*) ◇ *ein Fußballfeld* a football pitch
[3] *square* ◇ *Er rückte mit seinem Bauern ein Feld vor.* He moved his pawn forward one square.

der **Fels** SUBSTANTIV (GEN des **Felsen**, PL die **Felsen**)
rock
◆ **die weißen Felsen von Dover** the white cliffs of Dover

feminin ADJEKTIV
feminine

das **Fenster** SUBSTANTIV (PL die **Fenster**)
window

der **Fensterladen** SUBSTANTIV (PL die **Fensterläden**)
shutter

die **Fensterscheibe** SUBSTANTIV
windowpane

die **Ferien** PL SUBSTANTIV
holidays PL
◆ **Ferien haben** to be on holiday

der **Ferienkurs** SUBSTANTIV (GEN des **Ferienkurses**, PL die **Ferienkurse**)
vacation course

das **Ferienlager** SUBSTANTIV (PL die **Ferienlager**)
holiday camp

fern ADJEKTIV, ADVERB
distant ◇ *in ferner Zukunft* in the distant future
◆ **fern von hier** a long way from here
◆ **der Ferne Osten** the Far East

die **Fernbedienung** SUBSTANTIV
remote control

das **Ferngespräch** SUBSTANTIV (PL die **Ferngespräche**)
long-distance call

das **Fernglas** SUBSTANTIV (GEN des **Fernglases**, PL die **Ferngläser**)
binoculars PL ◇ *ein Fernglas* a pair of binoculars

der **Fernsehapparat** SUBSTANTIV (PL die **Fernsehapparate**)
television set

das **Fernsehen** SUBSTANTIV
siehe auch fernsehen VERB
television ◇ *im Fernsehen* on television

fernsehen VERB (PRESENT **sieht fern**, IMPERFECT **sah fern**, PERFECT **hat ferngesehen**)
siehe auch das Fernsehen SUBSTANTIV
to watch television

der **Fernseher** SUBSTANTIV (PL die **Fernseher**)
television set

der **Fernsprecher** SUBSTANTIV (PL die **Fernsprecher**)
telephone

die **Fernsteuerung** SUBSTANTIV
remote control

die **Ferse** SUBSTANTIV
heel ◇ *Ich habe eine Blase an der Ferse.* I've got a blister on my heel.

fertig ADJEKTIV
[1] *ready* ◇ *Das Essen ist fertig.* Dinner's ready.
[2] *finished* ◇ *Der Aufsatz ist fertig.* The essay's finished. ◇ *Bist du mit deinen Hausaufgaben fertig?* Have you finished your homework?
◆ **es fertig bringen, etwas zu tun** to bring oneself to do something ◇ *Ich bringe es nicht fertig, ihr das zu sagen.* I can't bring myself to tell her.
◆ **etwas fertig machen** to finish something ◇ *Ich muss noch die Matheaufgaben fertig machen.* I've just got to finish my maths homework.
◆ **jemanden fertig machen (1)** to wear

somebody out ◇ *Die Radtour hat mich fertig gemacht.* The cycling trip wore me out.
- **jemanden fertig machen (2)** to tear somebody off a strip (*Umgangssprache*) ◇ *Meine Englischlehrerin hat mich heute fertig gemacht.* My English teacher tore me off a strip today.
- **sich fertig machen** to get ready

das **Fertiggericht** SUBSTANTIV (PL die **Fertiggerichte**)
ready meal

fertigmachen VERB *siehe* **fertig**

fesselnd ADJEKTIV
captivating

das **Fest** SUBSTANTIV (PL die **Feste**)
siehe auch **fest** ADJEKTIV
1 *party* (PL *parties*) ◇ *Fritz macht am Samstag ein Fest.* Fritz is having a party on Saturday.
2 *festival* ◇ *das Backnanger Straßenfest* the Backnang Street Festival
- **Frohes Fest!** Happy Christmas!

fest ADJEKTIV, ADVERB
siehe auch das **Fest** SUBSTANTIV
firm ◇ *Er hielt sie mit festem Griff.* He had a firm grip of her. ◇ *Er hat einen festen Händedruck.* He has a firm handshake.
- **ein festes Einkommen** a regular income
- **fest schlafen** to sleep soundly
- **feste Nahrung** solids PL

festbinden VERB (IMPERFECT **band fest**, PERFECT **hat festgebunden**)
to tie ◇ *Sie hat ihren Hund am Baum festgebunden.* She tied her dog to the tree.

festhalten VERB (PRESENT **hält fest**, IMPERFECT **hielt fest**, PERFECT **hat festgehalten**)
to keep hold of (*kept, kept*) ◇ *Du musst das Steuer festhalten.* You must keep hold of the wheel.
- **sich festhalten an** to hold on to ◇ *Sie hielt sich am Geländer fest.* She held on to the banister.

festigen VERB
to strengthen

die **Festigkeit** SUBSTANTIV
strength

das **Festland** SUBSTANTIV
mainland

festlegen VERB (PERFECT **hat festgelegt**)
to fix ◇ *einen Termin festlegen* to fix a date
- **sich festlegen** to commit oneself

festlich ADJEKTIV
festive

festmachen VERB (PERFECT **hat festgemacht**)
1 *to fix* ◇ *Habt ihr den Termin schon festgemacht?* Have you fixed the date yet?
2 *to moor* ◇ *Wir haben das Boot im Hafen festgemacht.* We moored the boat in the harbour.

die **Festnahme** SUBSTANTIV
arrest

festnehmen VERB (PRESENT **nimmt fest**, IMPERFECT **nahm fest**, PERFECT **hat festgenommen**)
to arrest

die **Festspiele** NEUT PL SUBSTANTIV
festival SING

feststehen VERB (IMPERFECT **stand fest**, PERFECT **hat festgestanden**)
to be certain (*is, was, been*) ◇ *So viel steht fest:...* This much is certain:...

feststellen VERB (PERFECT **hat festgestellt**)
1 *to establish* ◇ *Wir konnten nicht feststellen, wer das geschrieben hatte.* We couldn't establish who'd written it.
2 *to see* (*saw, seen*) ◇ *Ich stelle fest, dass du schon wieder nicht aufgepasst hast.* I see that you haven't been paying attention again.
- **Wir haben da einen Fehler festgestellt.** We've detected an error.

das **Fett** SUBSTANTIV (PL die **Fette**)
siehe auch **fett** ADJEKTIV
fat

fett ADJEKTIV
siehe auch das **Fett** SUBSTANTIV
fat ◇ *Er ist zu fett.* He's too fat.
- **fettes Essen** greasy food
- **fette Schrift** bold type

fettarm ADJEKTIV
low-fat

fettig ADJEKTIV
greasy

der **Fetzen** SUBSTANTIV (PL die **Fetzen**)
scrap ◇ *ein Fetzen Papier* a scrap of paper

feucht ADJEKTIV
1 *damp* ◇ *etwas mit einem feuchten Tuch abwischen* to wipe something with a damp cloth
2 *humid* ◇ *Das Klima ist sehr feucht.* The climate's very humid.

die **Feuchtigkeit** SUBSTANTIV
1 *moisture* ◇ *Salz zieht Feuchtigkeit an.* Salt attracts moisture.
2 *humidity* ◇ *hohe Luftfeuchtigkeit* high humidity

das **Feuer** SUBSTANTIV (PL die **Feuer**)
fire
- **Haben Sie Feuer?** Have you got a light?

der **Feuerlöscher** SUBSTANTIV (PL die **Feuerlöscher**)
fire extinguisher

die **Feuerwehr** SUBSTANTIV (PL die **Feuerwehren**)
fire brigade

das **Feuerwehrauto** SUBSTANTIV (PL die **Feuerwehrautos**)
fire engine

der **Feuerwehrmann** SUBSTANTIV (PL die **Feuerwehrleute** *or* **Feuerwehrmänner**)
fireman (PL *firemen*)

das **Feuerwerk** SUBSTANTIV (PL die **Feuerwerke**)
fireworks PL ◇ *Wir waren beim Feuerwerk.* We went to the fireworks.

das **Feuerzeug** SUBSTANTIV (PL die **Feuerzeuge**)
lighter

das **Fieber** SUBSTANTIV (PL die **Fieber**)
1 *fever* ◇ *Das Fieber wird sich in ein paar*

F

Tagen senken. The fever will pass in a couple of days.
[2] *temperature* ◇ *Hast du Fieber?* Have you got a temperature?

fiel VERB *siehe* **fallen**

fies ADJEKTIV
nasty

die **Figur** SUBSTANTIV
figure ◇ *Sie hat eine gute Figur.* She's got a good figure.
◆ **eine Schachfigur** a chessman

die **Filiale** SUBSTANTIV
branch (PL *branches*)

der **Film** SUBSTANTIV (PL die **Filme**)
film

filmen VERB
to film

der **Filter** SUBSTANTIV (PL die **Filter**)
filter

die **Filterzigarette** SUBSTANTIV
tipped cigarette

der **Filzstift** SUBSTANTIV (PL die **Filzstifte**)
felt-tip pen

das **Finanzamt** SUBSTANTIV (PL die **Finanzämter**)
Inland Revenue Office

finanziell ADJEKTIV
financial

finanzieren VERB (PERFECT **hat finanziert**)
to finance

finden VERB (IMPERFECT **fand**, PERFECT **hat gefunden**)
[1] *to find* (*found, found*) ◇ *Hast du deinen Radiergummi gefunden?* Have you found your rubber?
[2] *to think* (*thought, thought*) ◇ *Ich finde, er sieht gut aus.* I think he's good-looking. ◇ *Ich finde sie nicht attraktiv.* I don't think she's attractive.
◆ **Ich finde nichts dabei, wenn...** I don't see what's wrong with... ◇ *Ich finde nichts dabei, wenn man mal einen Tag faulenzt.* I don't see what's wrong with lazing about for one day.
◆ **Das wird sich finden.** Things will work out.

fing VERB *siehe* **fangen**

der **Finger** SUBSTANTIV (PL die **Finger**)
finger

der **Fingerabdruck** SUBSTANTIV (PL die **Fingerabdrücke**)
fingerprint
◆ **genetische Fingerabdrücke** genetic fingerprinting

der **Fingernagel** SUBSTANTIV (PL die **Fingernägel**)
fingernail

der **Finne** SUBSTANTIV (GEN des **Finnen**, PL die **Finnen**)
Finn

die **Finnin** SUBSTANTIV
Finn

finnisch ADJEKTIV
Finnish

Finnland NEUT SUBSTANTIV
Finland
◆ **aus Finnland** from Finland
◆ **nach Finnland** to Finland

finster ADJEKTIV
[1] *dark* ◇ *Hier ist es aber finster.* It's dark in here.
[2] *sinister* ◇ *finstere Gestalten* sinister figures
◆ **ein finsteres Gesicht** a grim face

die **Finsternis** SUBSTANTIV
darkness

die **Firma** SUBSTANTIV (PL die **Firmen**)
firm

der **Fisch** SUBSTANTIV (PL die **Fische**)
fish ◇ *Ich habe fünf Fische.* I've got five fish.
◆ **Fische** (*Sternzeichen*) Pisces SING
◇ *Adelheid ist Fisch.* Adelheid's Pisces.

der **Fischer** SUBSTANTIV (PL die **Fischer**)
fisherman (PL *fishermen*)

die **Fischerei** SUBSTANTIV
fishing

fit ADJEKTIV
fit ◇ *Ich halte mich mit Schwimmen fit.* I keep fit by swimming.

fix ADJEKTIV
◆ **fix und fertig (1)** finished ◇ *Alles war fix und fertig.* Everything was finished.
◆ **fix und fertig (2)** all in (*Umgangssprache*)
◇ *Ich bin fix und fertig.* I'm all in.

flach ADJEKTIV
[1] *flat* ◇ *Norddeutschland ist flach.* North Germany's flat.
[2] *shallow* ◇ *Ich brauche eine flache Schale.* I need a shallow bowl.

die **Fläche** SUBSTANTIV
area ◇ *eine Fläche von hundert Quadratkilometern* an area of a hundred square kilometres

das **Flachland** SUBSTANTIV
lowland

flackern VERB
to flicker

die **Flagge** SUBSTANTIV
flag

die **Flamme** SUBSTANTIV
flame

die **Flasche** SUBSTANTIV
bottle ◇ *eine Flasche Mineralwasser* a bottle of mineral water

der **Flaschenöffner** SUBSTANTIV (PL die **Flaschenöffner**)
bottle-opener

flauschig ADJEKTIV
fluffy

der **Fleck** SUBSTANTIV (PL die **Flecke**)
[1] *stain* ◇ *Der Wein hat einen Fleck auf dem Teppich gemacht.* The wine left a stain on the carpet.
[2] *spot* ◇ *Das ist ein hübscher Fleck.* This is a beautiful spot.

das **Fleckenmittel** SUBSTANTIV (PL die **Fleckenmittel**)
stain remover

fleckig ADJEKTIV
1 *spotted* ◇ *Ein Dalmatiner hat ein fleckiges Fell.* A Dalmatian has a spotted coat.
2 *stained* ◇ *Die Tischdecke ist ganz fleckig.* The tablecloth's all stained.

die **Fledermaus** SUBSTANTIV (PL die **Fledermäuse**)
bat

das **Fleisch** SUBSTANTIV
meat ◇ *Ich esse kein Fleisch.* I don't eat meat.

die **Fleischbrühe** SUBSTANTIV
meat stock

der **Fleischer** SUBSTANTIV (PL die **Fleischer**)
butcher

die **Fleischerei** SUBSTANTIV
butcher's

der **Fleiß** SUBSTANTIV (GEN des **Fleißes**)
hard work ◇ *Mit etwas Fleiß könntest du deine Noten verbessern.* With a bit of hard work you could improve your marks.

fleißig ADJEKTIV
hard-working ◇ *Silke ist eine fleißige Schülerin.* Silke's a hard-working pupil.
◆ **Ich war heute schon fleißig.** I've already done quite a bit of work today.

flexibel ADJEKTIV
flexible

flicken VERB
to mend

die **Fliege** SUBSTANTIV
1 *fly* (PL *flies*) ◇ *Er tut keiner Fliege etwas zuleide.* He wouldn't hurt a fly.
2 *bow tie* ◇ *Er trug eine Fliege.* He was wearing a bow tie.

fliegen VERB (IMPERFECT **flog**, PERFECT **ist geflogen**)
to fly (*flew, flown*)

fliehen VERB (IMPERFECT **floh**, PERFECT **ist geflohen**)
to flee (*fled, fled*)

die **Fliese** SUBSTANTIV
tile

das **Fließband** SUBSTANTIV (PL die **Fließbänder**)
assembly line

fließen VERB (IMPERFECT **floss**, PERFECT **ist geflossen**)
to flow

fließend ADJEKTIV, ADVERB
1 *running* ◇ *fließendes Wasser* running water
2 *fluent* ◇ *Sie spricht fließend Englisch.* She is fluent in English.

flink ADJEKTIV
nimble

die **Flitterwochen** FEM PL SUBSTANTIV
honeymoon SING

flitzen VERB (PERFECT **ist geflitzt**)
to dash

die **Flocke** SUBSTANTIV
flake ◇ *eine Schneeflocke* a snowflake

flog VERB *siehe* **fliegen**

der **Floh** SUBSTANTIV (PL die **Flöhe**)
flea

der **Flohmarkt** SUBSTANTIV (PL die **Flohmärkte**)
flea market

die **Floskel** SUBSTANTIV
set phrase

floss ⚠ VERB *siehe* **fließen**

die **Flosse** SUBSTANTIV
1 *fin* ◇ *die Flosse eines Hais* a shark's fin
2 *flipper* ◇ *Er hat seine Flossen mit ins Schwimmbad genommen.* He took his flippers with him to the swimming baths.

die **Flöte** SUBSTANTIV
1 *flute* (*Querflöte*) ◇ *Cordula spielt Flöte.* Cordula plays the flute.
2 *recorder* (*Blockflöte*) ◇ *Phil spielt Flöte.* Phil plays the recorder.

fluchen VERB
to curse

flüchtig ADJEKTIV
at large ◇ *Der Einbrecher ist noch flüchtig.* The burglar's still at large.
◆ **jemanden nur flüchtig kennen** to know somebody only superficially

der **Flüchtling** SUBSTANTIV (PL die **Flüchtlinge**)
refugee

der **Flug** SUBSTANTIV (PL die **Flüge**)
flight ◇ *Der Flug nach Atlanta ist verspätet.* The flight to Atlanta's been delayed.

das **Flugblatt** SUBSTANTIV (PL die **Flugblätter**)
leaflet

der **Flügel** SUBSTANTIV (PL die **Flügel**)
1 *wing* ◇ *die Flügel des Adlers* the eagle's wings
2 *grand piano* (PL *pianos*) ◇ *Im Musikzimmer steht ein Flügel.* There's a grand piano in the music room.

der **Fluggast** SUBSTANTIV (PL die **Fluggäste**)
airline passenger

die **Fluggesellschaft** SUBSTANTIV
airline

der **Flughafen** SUBSTANTIV (PL die **Flughäfen**)
airport

der **Fluglotse** SUBSTANTIV (GEN des **Fluglotsen**, PL die **Fluglotsen**)
air traffic controller

der **Flugplan** SUBSTANTIV (PL die **Flugpläne**)
flight schedule

der **Flugplatz** SUBSTANTIV (GEN des **Flugplatzes**, PL die **Flugplätze**)
1 *airport* ◇ *Wir bringen dich zum Flugplatz.* We'll take you to the airport.
2 *airfield* ◇ *Dieser Flugplatz ist nur für Privatflugzeuge.* This airfield is only for private planes.

das **Flugzeug** SUBSTANTIV (PL die **Flugzeuge**)
aeroplane

die **Flugzeugentführung** SUBSTANTIV
hijacking

das **Fluor** SUBSTANTIV
fluorine

der **Flur** SUBSTANTIV (PL die **Flure**)
corridor

der **Fluss** ⚠ SUBSTANTIV (GEN des **Flusses**, PL die **Flüsse**)
river

flüssig ADJEKTIV
liquid

die **Flüssigkeit** SUBSTANTIV
liquid

flüstern VERB
to whisper

die **Flut** SUBSTANTIV (PL die **Fluten**)
1 *flood* ◇ *Wir haben eine Flut von Briefen bekommen.* We received a flood of letters.
2 *high tide* ◇ *Das Schiff läuft bei Flut aus.* The ship sails at high tide.

das **Flutlicht** SUBSTANTIV (PL die **Flutlichter**)
floodlight

der **Föhn** SUBSTANTIV (PL die **Föhne**)
1 *foehn wind* ◇ *Heute ist Föhn.* There's a foehn wind blowing today.
The foehn wind is a dry, warm wind usually found to the north of the Alps.
2 *hair dryer*

die **Folge** SUBSTANTIV
1 *result* ◇ *Er starb an den Folgen des Unfalls.* He died as a result of the accident.
◆ **etwas zur Folge haben** to result in something ◇ *Deine Faulheit wird schlechte Noten zur Folge haben.* Your laziness will result in bad marks.
◆ **Folgen haben** to have consequences ◇ *Das wird schlimme Folgen haben.* That'll have serious consequences.
2 *episode* ◇ *Hast du die letzte Folge der "Lindenstraße" gesehen?* Did you see the latest episode of "Lindenstraße"?
◆ **ein Roman in Folgen** a serialized novel

folgen VERB (PERFECT **ist gefolgt**)
to follow ◇ *Uns ist ein grünes Auto gefolgt.* We were followed by a green car. ◇ *Folgen Sie dem Wagen da.* Follow that car.
◆ **Ich konnte ihm nicht folgen.** I couldn't follow what he was saying.
◆ **Meine Kinder folgen nicht immer.** My children don't always do what they're told.

folgend ADJEKTIV
following

die **Folgerung** SUBSTANTIV
conclusion

folgsam ADJEKTIV
obedient

die **Folie** SUBSTANTIV
foil

foltern VERB
to torture

der **Fön** ® (PL die **Föne**) SUBSTANTIV
hair dryer

fönen VERB
to blow-dry (*blow-dried, blow-dried*)

fordern VERB
to demand

die **Forderung** SUBSTANTIV
demand

die **Forelle** SUBSTANTIV
trout ◇ *drei Forellen* three trout

die **Form** SUBSTANTIV
1 *shape* ◇ *Das Auto hat eine elegante Form.* The car has an elegant shape.
2 *mould* ◇ *Das Metall wird in eine Form gegossen.* The metal is poured into a mould.
3 *baking tin* (*Kuchenform*)

das **Format** SUBSTANTIV (PL die **Formate**)
format

formatieren VERB (PERFECT **hat formatiert**)
to format

die **Formel** SUBSTANTIV
formula

formen VERB
to form

förmlich ADJEKTIV
formal

das **Formular** SUBSTANTIV (PL die **Formulare**)
form ◇ *ein Formular ausfüllen* to fill in a form

formulieren VERB (PERFECT **hat formuliert**)
to formulate

der **Forscher** SUBSTANTIV (PL die **Forscher**)
1 *research scientist* ◇ *Die Forscher haben noch keinen Impfstoff gegen Aids entwickelt.* Research scientists have still not developed an AIDS vaccine.
2 *explorer* ◇ *Ein Gruppe von Forschern ist im Amazonasgebiet verschollen.* A group of explorers is missing in the Amazon region.

die **Forschung** SUBSTANTIV
research KEIN PL

fort ADVERB
gone ◇ *Mein Geldbeutel ist fort.* My purse is gone.
◆ **und so fort** and so on
◆ **in einem fort** on and on
◆ **Fort mit dir!** Away with you!

sich **fortbewegen** VERB (PERFECT **hat sich fortbewegt**)
to move

fortbleiben VERB (IMPERFECT **blieb fort**, PERFECT **ist fortgeblieben**)
to stay away

fortfahren VERB (PRESENT **fährt fort**, IMPERFECT **fuhr fort**, PERFECT **ist fortgefahren**)
1 *to leave* (*left, left*) ◇ *Sie sind gestern fortgefahren.* They left yesterday.
2 *to continue* ◇ *Er fuhr in seiner Rede fort.* He continued with his speech.

fortgeschritten ADJEKTIV
advanced

der **Fortschritt** SUBSTANTIV (PL die **Fortschritte**)
progress KEIN PL ◇ *Fortschritte machen* to make progress

fortschrittlich ADJEKTIV
progressive

fortsetzen VERB (PERFECT **hat fortgesetzt**)
to continue

die **Fortsetzung** SUBSTANTIV
1 *continuation* KEIN PL ◇ *die Fortsetzung des Krieges* the continuation of the war

[2] *sequel* ◇ *Hast du die Fortsetzung gelesen?* Have you read the sequel?
- **Morgen kommt die Fortsetzung des Krimis.** The detective story will be continued tomorrow.
- **Fortsetzung folgt** to be continued

das **Foto** SUBSTANTIV (PL die **Fotos**)
photo

der **Fotoapparat** SUBSTANTIV (PL die **Fotoapparate**)
camera

der **Fotograf** SUBSTANTIV (GEN des **Fotografen**, PL die **Fotografen**)
photographer

die **Fotografie** SUBSTANTIV
[1] *photography* ◇ *Die Fotografie ist sein Hobby.* His hobby is photography.
[2] *photograph* ◇ *Ich habe eine Fotografie davon gesehen.* I've seen a photograph of it.

fotografieren VERB (PERFECT **hat fotografiert**)
[1] *to take a photo of* ◇ *Kannst du uns mal fotografieren?* Can you take a photo of us?
[2] *to take photographs* (*took, taken*) ◇ *Ich fotografiere in den Ferien nie.* I never take photographs on holiday.

die **Fotokopie** SUBSTANTIV
photocopy (PL *photocopies*)

die **Fracht** SUBSTANTIV
freight ◇ *Frachtkosten* freight charges

die **Frage** SUBSTANTIV
question ◇ *Könntest du bitte meine Frage beantworten?* Could you please answer my question?
- **etwas in Frage stellen** to question something
- **jemandem eine Frage stellen** to ask somebody a question
- **nicht in Frage kommen** to be out of the question

der **Fragebogen** SUBSTANTIV (PL die **Fragebogen**)
questionnaire

fragen VERB
to ask ◇ *Kann ich dich was fragen?* Can I ask you something?

das **Fragezeichen** SUBSTANTIV (PL die **Fragezeichen**)
question mark

fraglich ADJEKTIV
doubtful ◇ *Es ist sehr fraglich, ob wir kommen können.* It's very doubtful whether we can come.

frankieren VERB (PERFECT **hat frankiert**)
- **einen Brief frankieren** to put a stamp on a letter
- **ein frankierter Briefumschlag** a stamped self-addressed envelope

Frankreich NEUT SUBSTANTIV
France
- **aus Frankreich** from France
- **in Frankreich** in France
- **nach Frankreich** to France

der **Franzose** SUBSTANTIV (GEN des **Franzosen**, PL die **Franzosen**)
Frenchman (PL *Frenchmen*)
- **Er ist Franzose.** He's French.
- **die Franzosen** the French

die **Französin** SUBSTANTIV
Frenchwoman (PL *Frenchwomen*)
- **Sie ist Französin.** She's French.

das **Französisch** SUBSTANTIV (GEN des **Französischen**)
siehe auch französisch ADJEKTIV
French ◇ *Er lernt Französisch in der Schule.* He's learning French at school.

französisch ADJEKTIV
siehe auch das Französisch SUBSTANTIV
French

fraß VERB *siehe* **fressen**

die **Frau** SUBSTANTIV
[1] *woman* (PL *women*) ◇ *Sie ist eine nette Frau.* She's a nice woman.
[2] *wife* (PL *wives*) ◇ *Herr Arnold ist mit seiner Frau gekommen.* Mr Arnold came with his wife.
- **Sehr geehrte Frau Braun (1)** (*verheiratetete Frau*) Dear Mrs Braun
- **Sehr geehrte Frau Braun (2)** (*in Geschäftsbriefen*) Dear Ms Braun

Generally Frau *is used to address all women whether married or not.*

- **Frau Doktor** Doctor

der **Frauenarzt** SUBSTANTIV (GEN des **Frauenarztes**, PL die **Frauenärzte**)
gynaecologist

die **Frauenbewegung** SUBSTANTIV
women's movement

das **Fräulein** SUBSTANTIV (PL die **Fräulein**)
[1] *young lady* (PL *ladies*) ◇ *Würde das Fräulein vielleicht ihr Zimmer aufräumen?* Would the young lady perhaps tidy up her room?
[2] *Miss* ◇ *Liebes Fräulein Dümmler* Dear Miss Dümmler

Fräulein *is hardly ever used nowadays and* Frau *is used instead to address all women whether married or not.*

frech ADJEKTIV
cheeky

die **Frechheit** SUBSTANTIV
cheek

frei ADJEKTIV
free
- **Ist der Platz hier frei?** Is this seat taken?
- **Wir haben im Momente keine freien Stellen.** We haven't got any vacancies at the moment.
- **ein freier Mitarbeiter** a freelancer
- **sich einen Tag frei nehmen** to take a day off ◇ *Ich werde mir morgen frei nehmen.* I'm taking the day off tomorrow.
- **im Freien** in the open air

freibekommen VERB (IMPERFECT **bekam frei**, PERFECT **hat freibekommen**)
- **jemanden freibekommen** to get somebody released
- **einen Tag freibekommen** to get a day off

F

freigebig ADJEKTIV
generous

freihalten VERB (PRESENT **hält frei**, IMPERFECT **hielt frei**, PERFECT **hat freigehalten**)
to keep free (*kept, kept*) ◇ *Soll ich einen Platz für dich freihalten?* Shall I keep a seat for you?
◆ **"Einfahrt freihalten"** "Keep clear"

die **Freiheit** SUBSTANTIV
1 *freedom*
2 *liberty* (PL *liberties*) ◇ *sich Freiheiten herausnehmen* to take liberties

freilassen VERB (PRESENT **lässt frei**, IMPERFECT **ließ frei**, PERFECT **hat freigelassen**)
to free

der **Freitag** SUBSTANTIV (PL die **Freitage**)
Friday ◇ *am Freitag* on Friday

freitags ADVERB
on Fridays

freiwillig ADJEKTIV
voluntary

die **Freizeit** SUBSTANTIV
spare time ◇ *Was machst du in deiner Freizeit?* What do you do in your spare time?

fremd ADJEKTIV
1 *strange* ◇ *eine fremde Umgebung* strange surroundings
2 *foreign* ◇ *fremde Länder und Sprachen* foreign countries and languages
◆ **Ich bin in London fremd.** I'm a stranger to London.

der **Fremdenverkehr** SUBSTANTIV
tourism

die **Fremdsprache** SUBSTANTIV
foreign language

das **Fremdwort** SUBSTANTIV (PL die **Fremdwörter**)
foreign word

fressen VERB (PRESENT **frisst**, IMPERFECT **fraß**, PERFECT **hat gefressen**)
to eat (*ate, eaten*)
◆ **Er frisst wie ein Schwein.** He eats like a pig.

die **Freude** SUBSTANTIV
1 *joy* ◇ *Welche Freude!* What joy!
2 *delight* ◇ *Zu meiner Freude hatten wir gestern keine Schule.* To my delight we didn't have any school yesterday.
◆ **Er hat viel Freude an seinem Mountainbike.** He's delighted with his mountain bike.
◆ **Das wird den Kindern Freude machen.** That'll please the children.
◆ **Ich wollte dir eine Freude machen.** I wanted to make you happy.

freuen VERB
◆ **sich freuen** to be glad ◇ *Ich freue mich, dass du gekommen bist.* I'm glad you've come.
◆ **Freust du dich denn gar nicht?** Aren't you pleased at all?
◆ **sich auf etwas freuen** to look forward to something ◇ *Wir freuen uns darauf, euch zu sehen.* We're looking forward to seeing you.
◆ **sich über etwas freuen** to be pleased with something ◇ *Sie hat sich sehr über das Geschenk gefreut.* She was very pleased with the present.
◆ **Dein Brief hat mich sehr gefreut.** Your letter made me very happy.

der **Freund** SUBSTANTIV (PL die **Freunde**)
1 *friend* ◇ *Alle meine Freunde waren da.* All my friends were there.
2 *boyfriend* ◇ *Hast du einen Freund?* Have you got a boyfriend?

die **Freundin** SUBSTANTIV
1 *friend* ◇ *Wiltrud kommt mit ihrer Freundin.* Wiltrud's coming with her friend.
2 *girlfriend* ◇ *Tobias hat keine Freundin.* Tobias hasn't got a girlfriend.

freundlich ADJEKTIV
1 *friendly* ◇ *Die Leute waren sehr freundlich.* The people were very friendly. ◇ *ein freundliches Lächeln* a friendly smile
2 *kind* ◇ *Das ist sehr freundlich von Ihnen.* That's very kind of you.

freundlicherweise ADVERB
kindly ◇ *Er hat uns freundlicherweise geholfen.* He kindly helped us.

die **Freundlichkeit** SUBSTANTIV
friendliness

die **Freundschaft** SUBSTANTIV
friendship

der **Frieden** SUBSTANTIV (PL die **Frieden**)
peace
◆ **im Frieden** in peacetime

der **Friedhof** SUBSTANTIV (PL die **Friedhöfe**)
cemetery (PL *cemeteries*)

friedlich ADJEKTIV
peaceful

frieren VERB (IMPERFECT **fror**, PERFECT **hat gefroren**)
to freeze (*froze, frozen*) ◇ *Ich friere.* I'm freezing.
◆ **Es friert mich.** I'm freezing.
◆ **Letzte Nacht hat es gefroren.** It was frosty last night.

die **Frikadelle** SUBSTANTIV
rissole

frisch ADJEKTIV
fresh ◇ *frische Milch* fresh milk ◇ *ein frischer Wind* a fresh wind ◇ *Nimm ein frisches Blatt.* Take a fresh sheet of paper.
◆ **Frisch gestrichen!** Wet paint!
◆ **sich frisch machen** to freshen oneself up

der **Friseur** SUBSTANTIV (PL die **Friseure**)
hairdresser

die **Friseuse** SUBSTANTIV
hairdresser

frisieren VERB (PERFECT **hat frisiert**)
◆ **jemanden frisieren** to do somebody's hair
◆ **sich frisieren** to do one's hair ◇ *Sie frisierte sich vor dem Spiegel* She did her hair in front of the mirror.

frisst ⚠ VERB *siehe* **fressen**

die **Frist** SUBSTANTIV

deadline ◇ *eine Frist einhalten* to meet a deadline

die **Frisur** SUBSTANTIV
hairdo (PL *hairdos*)

froh ADJEKTIV
happy ◇ *frohe Gesichter* happy faces
◆ **Ich bin froh, dass...** I'm glad that...

fröhlich ADJEKTIV
cheerful

die **Fröhlichkeit** SUBSTANTIV
cheerfulness

fromm ADJEKTIV
devout

der **Fronleichnam** SUBSTANTIV
Corpus Christi ◇ *an Fronleichnam* on Corpus Christi

Fronleichnam *is the second Thursday after Whitsun and is a public holiday in predominantly Catholic areas.*

fror VERB *siehe* **frieren**

der **Frosch** SUBSTANTIV (PL die **Frösche**)
frog

der **Frost** SUBSTANTIV (PL die **Fröste**)
frost ◇ *ein strenger Frost* a hard frost

frösteln VERB
to shiver

das **Frottee** SUBSTANTIV (GEN des **Frottees**)
towelling

das **Frottiertuch** SUBSTANTIV (PL die **Frottiertücher**)
towel

die **Frucht** SUBSTANTIV (PL die **Früchte**)
fruit

fruchtbar ADJEKTIV
[1] *fruitful* ◇ *ein fruchtbares Gespräch* a fruitful conversation
[2] *fertile* ◇ *fruchtbarer Boden* fertile soil

der **Fruchtsaft** SUBSTANTIV (PL die **Fruchtsäfte**)
fruit juice

früh ADJEKTIV, ADVERB
early ◇ *Komm lieber etwas früher.* It's better if you come a bit earlier.
◆ **heute früh** this morning

früher ADJEKTIV, ADVERB
[1] *former* ◇ *eine frühere Schülerin unserer Schule* a former pupil of our school
[2] *once* ◇ *Hier stand früher ein Haus.* A house once stood here.
◆ **Früher war das anders.** That used to be different.

frühestens ADVERB
at the earliest

das **Frühjahr** SUBSTANTIV (PL die **Frühjahre**)
spring ◇ *im Frühjahr* in spring

der **Frühling** SUBSTANTIV (PL die **Frühlinge**)
spring ◇ *im Frühling* in spring

das **Frühstück** SUBSTANTIV
breakfast

frühstücken VERB
to have breakfast (*had, had*)

frustrieren VERB (PERFECT **hat frustriert**)
to frustrate

der **Fuchs** SUBSTANTIV (GEN des **Fuchses**, PL die **Füchse**)
fox (PL *foxes*)

fügen VERB
to join ◇ *Er fügte ein Teil an ein anderes.* He joined one piece to another.
◆ **sich fügen** to be obedient

fühlen VERB
to feel (*felt, felt*) ◇ *Fühl mal, wie weich das ist.* Feel how soft it is. ◇ *Ich fühle mich wohl.* I feel fine.

fuhr VERB *siehe* **fahren**

führen VERB
[1] *to lead* (*led, led*) ◇ *Sie führte uns nach draußen.* She led us outside.
◆ **ein Geschäft führen** to run a business
[2] *to be winning* (*is, was, been*) ◇ *Welche Mannschaft führt?* Which team's winning?

der **Führer** SUBSTANTIV (PL die **Führer**)
[1] *leader* ◇ *der Parteiführer* the party leader
[2] *guide* ◇ *Unser Führer zeigte uns alle Sehenswürdigkeiten.* Our guide showed us all the sights.
[3] *guidebook* ◇ *Hast du einen Führer von Rom?* Have you got a guidebook of Rome?

der **Führerschein** SUBSTANTIV (PL die **Führerscheine**)
driving licence
◆ **Wann hast du deinen Führerschein gemacht?** When did you sit your driving test?

In Großbritannien kann man mit 17 Jahren den Führerschein machen.

die **Führung** SUBSTANTIV
[1] *lead* ◇ *Unsere Mannschaft liegt in Führung.* Our team is in the lead.
[2] *leadership* ◇ *Er übernahm die Führung der Partei.* He took over the leadership of the party.
[3] *management* ◇ *Das Geschäft hat unter neuer Führung wiedereröffnet.* The business has reopened under new management.
[4] *guided tour* ◇ *Führungen durchs Museum finden stündlich statt.* There are guided tours of the museum every hour.

füllen VERB
[1] *to fill* ◇ *Sie füllte das Glas bis zum Rand.* She filled the glass to the brim.
[2] *to stuff* ◇ *Heute gibt es gefüllte Paprika.* We're having stuffed peppers today.

der **Füllfederhalter** SUBSTANTIV (PL die **Füllfederhalter**)
fountain pen

die **Füllung** SUBSTANTIV
filling

das **Fundament** SUBSTANTIV (PL die **Fundamente**)
foundations PL

das **Fundbüro** SUBSTANTIV (PL die **Fundbüros**)
lost property office

fundiert ADJEKTIV
sound ◇ *fundierte Englischkenntnisse* a sound knowledge of English

fünf ZAHL
siehe auch die Fünf SUBSTANTIV
five

die **Fünf** SUBSTANTIV
siehe auch fünf ZAHL
1 *five*
2 *poor* (*Schulnote*)
German marks range from one (sehr gut) *to six* (ungenügend).

fünfhundert ZAHL
five hundred

fünfte ADJEKTIV
fifth ◇ *Ich erkläre dir das jetzt zum fünften Mal.* This is the fifth time I've explained this to you. ◇ *Er kam als Fünfter.* He was the fifth to arrive.

fünfzehn ZAHL
fifteen

fünfzig ZAHL
fifty

der **Funke** SUBSTANTIV (GEN des **Funkens**, PL die **Funken**)
spark

funkeln VERB
to sparkle

das **Funkgerät** SUBSTANTIV (PL die **Funkgeräte**)
radio set

die **Funktion** SUBSTANTIV
function

funktionieren VERB (PERFECT **hat funktioniert**)
to work

die **Funktionstaste** SUBSTANTIV
function key

für PRÄPOSITION
The preposition für *takes the accusative.*
for ◇ *Das ist für dich.* This is for you.
◆ **was für** what kind of ◇ *Was für ein Fahrrad hast du?* What kind of bike have you got?
◆ **das Für und Wider** the pros and cons

die **Furcht** SUBSTANTIV
fear

furchtbar ADJEKTIV
terrible

fürchten VERB
to be afraid (*is, was, been*) ◇ *Ich fürchte mich vor diesem Mann.* I'm afraid of that man.

fürchterlich ADJEKTIV
awful

füreinander ADVERB
for each other

fürs = **für das**

der **Fuß** SUBSTANTIV (GEN des **Fußes**, PL die **Füße**)
1 *foot* (PL *feet*) ◇ *Mir tun die Füße weh.* My feet hurt.
2 *leg* ◇ *Der Tisch hat vier Füße.* The table's got four legs.
◆ **zu Fuß** on foot

der **Fußball** SUBSTANTIV (PL die **Fußbälle**)
football

der **Fußballplatz** SUBSTANTIV (GEN des **Fußballplatzes**, PL die **Fußballplätze**)
football pitch (PL *pitches*)

das **Fußballspiel** SUBSTANTIV (PL die **Fußballspiele**)
football match (PL *matches*)

der **Fußballspieler** SUBSTANTIV (PL die **Fußballspieler**)
footballer

der **Fußboden** SUBSTANTIV (PL die **Fußböden**)
floor

der **Fußgänger** SUBSTANTIV (PL die **Fußgänger**)
pedestrian

die **Fußgängerzone** SUBSTANTIV
pedestrian precinct

der **Fußweg** SUBSTANTIV (PL die **Fußwege**)
footpath

das **Futter** SUBSTANTIV (PL die **Futter**)
1 *feed* ◇ *BSE entstand durch verseuchtes Futter.* BSE was the result of contaminated feed.
◆ **Hast du Futter für die Katze gekauft?** Have you bought cat food?
2 *lining* ◇ *Der Mantel hat ein Futter aus Pelz.* The coat has a fur lining.

füttern VERB
1 *to feed* (*fed, fed*) ◇ *Kannst du bitte das Baby füttern?* Can you feed the baby, please?
2 *to line* ◇ *Der Mantel ist gefüttert.* The coat's lined.

das **Futur** SUBSTANTIV (PL die **Future**)
future

G

gab VERB *siehe* **geben**

die **Gabel** SUBSTANTIV
fork

gähnen VERB
to yawn

gammeln VERB
to bum around (*Umgangssprache*)

der **Gang** SUBSTANTIV (PL die **Gänge**)
1 *corridor* ◇ *Häng deinen Mantel im Gang auf.* Hang your coat up in the corridor.
2 *aisle* ◇ *Ich hätte gern einen Platz am Gang.* I'd like an aisle seat.
3 *gear* ◇ *Mein Fahrrad hat zehn Gänge.* My bike has ten gears.
4 *course* ◇ *Das war erst der zweite Gang, und ich bin schon satt.* That was only that second course and I'm full already. ◇ *der Gang der Dinge* the course of events
◆ **etwas in Gang bringen** to get something off the ground ◇ *Sie hat das Projekt in Gang gebracht.* She got the project off the ground.

die **Gans** SUBSTANTIV (PL die **Gänse**)
goose (PL *geese*)

das **Gänseblümchen** SUBSTANTIV (PL die **Gänseblümchen**)
daisy (PL *daisies*)

die **Gänsehaut** SUBSTANTIV
goose pimples PL

ganz ADJEKTIV, ADVERB
1 *whole* ◇ *die ganze Welt* the whole world ◇ *ganz Europa* the whole of Europe
◆ **sein ganzes Geld** all his money
2 *quite* ◇ *ganz gut* quite good
◆ **ganz und gar nicht** not at all
◆ **Es sieht ganz so aus.** It really looks like it.

die **Ganztagsschule** SUBSTANTIV
all-day school

Alle Schulen in Großbritannien sind Ganztagsschulen.

gar ADJEKTIV, ADVERB
done ◇ *Die Kartoffeln sind gar.* The potatoes are done.
◆ **gar nicht** not at all ◇ *Sie hat sich gar nicht gefreut.* She was not at all pleased. ◇ *gar nicht schlecht* not bad at all
◆ **gar nichts** nothing at all ◇ *Ich habe gar nichts zu tun.* I have nothing at all to do.
◆ **Ich habe gar nichts verstanden.** I didn't understand anything at all.
◆ **gar niemand** nobody at all ◇ *Es war gar niemand da.* There was nobody there at all.

garantieren VERB (PERFECT **hat garantiert**)
to guarantee
◆ **Er kommt garantiert.** He's sure to come.

die **Garderobe** SUBSTANTIV
cloakroom (*Ablage*) ◇ *Ich habe meinen Mantel an der Garderobe abgegeben.* I left my coat in the cloakroom.

die **Gardine** SUBSTANTIV
curtain ◇ *die Gardinen zuziehen* to shut the curtains

der **Garten** SUBSTANTIV (PL die **Gärten**)
garden

das **Gas** SUBSTANTIV (GEN des **Gases**, PL die **Gase**)
gas (PL *gases*) ◇ *Wir kochen mit Gas.* We cook with gas.
◆ **Gas geben** to accelerate

der **Gasherd** SUBSTANTIV (PL die **Gasherde**)
gas cooker

das **Gaspedal** SUBSTANTIV (PL die **Gaspedale**)
accelerator

die **Gasse** SUBSTANTIV
lane ◇ *die schmalen Gassen der Altstadt* the narrow lanes of the old town

der **Gast** SUBSTANTIV (PL die **Gäste**)
guest ◇ *Wir haben Gäste aus England.* We've got guests from England.
◆ **bei jemandem zu Gast sein** to be somebody's guest

gastfreundlich ADJEKTIV
hospitable

der **Gastgeber** SUBSTANTIV (PL die **Gastgeber**)
host

die **Gastgeberin** SUBSTANTIV
hostess (PL *hostesses*)

der **Gasthof** SUBSTANTIV (PL die **Gasthöfe**)
inn

die **Gaststätte** SUBSTANTIV
pub

In Germany there's practically no difference between pubs and restaurants. You can eat or drink in a Gaststätte*, families are welcome and the opening hours are flexible.*

das **Gebäck** SUBSTANTIV (PL die **Gebäcke**)
pastry (PL *pastries*) ◇ *Kuchen und Gebäck* cakes and pastries

gebären VERB (PRESENT **gebiert**, IMPERFECT **gebar**, PERFECT **hat geboren**)
to give birth to (*gave, given*)

das **Gebäude** SUBSTANTIV (PL die **Gebäude**)
building

geben VERB (PRESENT **gibt**, IMPERFECT **gab**, PERFECT **hat gegeben**)
to give (*gave, given*) ◇ *Gib ihm bitte das Geld.* Please give him the money. ◇ *Kannst du dieses Buch bitte deiner Mutter geben.* Could you give this book to your mother, please.
◆ **Karten geben** to deal
◆ **es gibt** there is ◇ *Hier gibt es ein schönes Freibad.* There's a lovely open-air pool here. ◇ *In Stuttgart gibt es viele Parks.* There are many parks in Stuttgart. ◇ *Wenn wir zu spät kommen, gibt es Ärger.* There will be trouble if we arrive late.
◆ **Was gibt's?** What's up?
◆ **Was gibt es im Kino?** What's on at the cinema?
◆ **sich geschlagen geben** to admit defeat
◆ **Das wird sich schon geben.** That'll sort itself out.

das **Gebet** SUBSTANTIV (PL die **Gebete**)

prayer

gebeten VERB *siehe* **bitten**

das **Gebiet** SUBSTANTIV (PL die **Gebiete**)

1 *area* ◇ *ein bewaldetes Gebiet* a wooded area

2 *field* ◇ *Er ist Experte auf diesem Gebiet.* He's an expert in this field.

gebildet ADJEKTIV

cultured

das **Gebirge** SUBSTANTIV (PL die **Gebirge**)

mountain chain ◇ *Die Alpen sind ein großes Gebirge.* The Alps are a large mountain chain.

◆ **ins Gebirge fahren** to go to the mountains

das **Gebiss** ⚠ SUBSTANTIV (GEN des **Gebisses**, PL die **Gebisse**)

1 *teeth* PL ◇ *Sie hat ein gesundes Gebiss.* She's got healthy teeth.

2 *dentures* PL ◇ *Opas Gebiss lag auf dem Tisch.* Grandpa's dentures were lying on the table.

gebissen VERB *siehe* **beißen**

geblieben VERB *siehe* **bleiben**

geboren VERB *siehe* **gebären**

geboren ADJEKTIV

1 *born* ◇ *Wann bist du geboren?* When were you born?

2 *née* ◇ *Frau Dümmler, geborene Schnorr* Mrs Dümmler, née Schnorr

geborgen ADJEKTIV

safe ◇ *Ich fühle mich bei dir geborgen.* I feel safe with you.

geboten VERB *siehe* **bieten**

gebracht VERB *siehe* **bringen**

gebraten ADJEKTIV

fried

der **Gebrauch** SUBSTANTIV (PL die **Gebräuche**)

use ◇ *Der Gebrauch dieses Geräts ist sehr einfach.* This machine is very easy to use.

◆ **Sitten und Gebräuche** customs and traditions

gebrauchen VERB (PERFECT **hat gebraucht**)

to use

die **Gebrauchsanweisung** SUBSTANTIV

directions for use PL ◇ *Wo ist die Gebrauchsanweisung?* Where are the directions for use?

gebraucht ADJEKTIV

used

der **Gebrauchtwagen** SUBSTANTIV (PL die **Gebrauchtwagen**)

second-hand car

die **Gebühr** SUBSTANTIV

fee

die **Gebühreneinheit** SUBSTANTIV

unit (*telephone*)

gebührenfrei ADJEKTIV

free of charge

◆ **ein gebührenfreier Anruf** Freefone call ®

gebunden VERB *siehe* **binden**

die **Geburt** SUBSTANTIV

birth ◇ *bei der Geburt* at the birth

gebürtig ADJEKTIV

native of ◇ *ein gebürtiger Schweizer* a native of Switzerland

das **Geburtsdatum** SUBSTANTIV (PL die **Geburtsdaten**)

date of birth

der **Geburtsort** SUBSTANTIV (PL die **Geburtsorte**)

birthplace

der **Geburtstag** SUBSTANTIV (PL die **Geburtstage**)

birthday ◇ *Herzlichen Glückwunsch zum Geburtstag!* Happy Birthday!

das **Gebüsch** SUBSTANTIV (PL die **Gebüsche**)

bushes PL

gedacht VERB *siehe* **denken**

das **Gedächtnis** SUBSTANTIV (GEN des **Gedächtnisses**, PL die **Gedächtnisse**)

memory (PL *memories*) ◇ *Ich habe ein schlechtes Gedächtnis.* I've got a bad memory.

der **Gedanke** SUBSTANTIV (GEN des **Gedankens**, PL die **Gedanken**)

thought

◆ **sich über etwas Gedanken machen** to think about something ◇ *Ich habe mir Gedanken über das gemacht, was du gesagt hast.* I've thought about what you said.

der **Gedankenstrich** SUBSTANTIV (PL die **Gedankenstriche**)

dash (PL *dashes*)

gedeihen VERB (IMPERFECT **gedieh**, PERFECT **ist gediehen**)

to thrive

das **Gedenken** SUBSTANTIV

◆ **zum Gedenken an jemanden** in memory of somebody

das **Gedicht** SUBSTANTIV (PL die **Gedichte**)

poem

das **Gedränge** SUBSTANTIV

crush ◇ *Vor der Kinokasse herrschte großes Gedränge.* There was a huge crush at the cinema box office.

die **Geduld** SUBSTANTIV

patience

sich **gedulden** VERB (PERFECT **hat sich geduldet**)

to be patient (*is, was, been*)

geduldig ADJEKTIV

patient

gedurft VERB *siehe* **dürfen**

geehrt ADJEKTIV

◆ **Sehr geehrter Herr Butterfeld** Dear Mr Butterfeld

geeignet ADJEKTIV

suitable

die **Gefahr** SUBSTANTIV

danger ◇ *in Gefahr schweben* to be in danger

◆ **Gefahr laufen, etwas zu tun** to run the risk of doing something

◆ **auf eigene Gefahr** at one's own risk

gefährden VERB (PERFECT **hat gefährdet**)

to endanger

gefährlich ADJEKTIV

dangerous

das **Gefälle** SUBSTANTIV (PL die **Gefälle**)

gradient

gefallen (1) VERB *siehe* **fallen**

gefallen (2) VERB (PRESENT **gefällt**, IMPERFECT **gefiel**, PERFECT **hat gefallen**)

siehe auch der Gefallen SUBSTANTIV

- **Es gefällt mir.** I like it.
- **Das Geschenk hat ihr gefallen.** She liked the present.
- **Er gefällt mir.** I like him.
- **Das gefällt mir an ihm.** That's one thing I like about him.
- **sich etwas gefallen lassen** to put up with something ◇ *Eine solche Frechheit lasse ich mir nicht gefallen.* I'm not putting up with cheek like that.

der **Gefallen** SUBSTANTIV (PL die **Gefallen**)

siehe auch gefallen VERB

favour ◇ *Könntest du mir einen Gefallen tun?* Could you do me a favour?

gefangen VERB *siehe* **fangen**

- **jemanden gefangen nehmen** to take somebody prisoner

der/die **Gefangene** SUBSTANTIV (GEN des/der **Gefangenen**, PL die **Gefangenen**)

prisoner ◇ *Ein Gefangener ist geflohen.* A prisoner has escaped.

gefangennehmen VERB *siehe* **gefangen**

die **Gefangenschaft** SUBSTANTIV

captivity

das **Gefängnis** SUBSTANTIV (GEN des **Gefängnisses**, PL die **Gefängnisse**)

prison

die **Gefängnisstrafe** SUBSTANTIV

prison sentence

das **Gefäß** SUBSTANTIV (GEN des **Gefäßes**, PL die **Gefäße**)

container

gefasst ⚠ ADJEKTIV

composed ◇ *Sie war sehr gefasst.* She was very composed.

- **auf etwas gefasst sein** to be prepared for something ◇ *Ich war schon aufs Schlimmste gefasst.* I was prepared for the worst.

geflogen VERB *siehe* **fliegen**

geflossen VERB *siehe* **fließen**

das **Geflügel** SUBSTANTIV

poultry

gefragt ADJEKTIV

in demand ◇ *Er ist ein sehr gefragter Künstler.* He's an artist very much in demand. ◇ *Handwerker sind sehr gefragt.* Tradesmen are in great demand.

gefräßig ADJEKTIV

greedy

das **Gefrierfach** SUBSTANTIV (PL die **Gefrierfächer**)

icebox (PL *iceboxes*)

gefriergetrocknet ADJEKTIV

freeze-dried

die **Gefriertruhe** SUBSTANTIV

deep-freeze

gefroren ADJEKTIV

frozen

das **Gefühl** SUBSTANTIV (PL die **Gefühle**)

feeling ◇ *Sie hat ein Gefühl für Kunst.* She's got a feeling for art.

- **etwas im Gefühl haben** to have a feel for something

gefühlsmäßig ADJEKTIV

instinctive

gefüllt ADJEKTIV

stuffed ◇ *gefüllte Auberginen* stuffed aubergines

gefunden VERB *siehe* **finden**

gegangen VERB *siehe* **gehen**

gegeben VERB *siehe* **geben**

gegen PRÄPOSITION

The preposition gegen *takes the accusative.*

1 *against* ◇ *Ich bin gegen diese Idee.* I'm against this idea. ◇ *nichts gegen jemanden haben* to have nothing against somebody

- **ein Mittel gegen Schnupfen** something for colds
- **Maske gegen Botha** Maske versus Botha

2 *towards* ◇ *gegen Osten* towards the east ◇ *gegen Abend* towards evening

- **gegen einen Baum fahren** to drive into a tree

3 *round about* ◇ *gegen drei Uhr* round about three o'clock

die **Gegend** SUBSTANTIV

area ◇ *die Gegend um Ulm* the area around Ulm

das **Gegenmittel** SUBSTANTIV (PL die **Gegenmittel**)

antidote

der **Gegensatz** SUBSTANTIV (GEN des **Gegensatzes**, PL die **Gegensätze**)

contrast

- **Im Gegensatz zu mir ist er gut in Mathe.** Unlike me, he's good at maths.

gegenseitig ADJEKTIV

mutual ◇ *gegenseitiges Vertrauen* mutual trust

- **sich gegenseitig helfen** to help each other

der **Gegenstand** SUBSTANTIV (PL die **Gegenstände**)

object

das **Gegenteil** SUBSTANTIV

opposite ◇ *Das ist das Gegenteil von schön.* That's the opposite of lovely.

- **im Gegenteil** on the contrary

gegenüber PRÄPOSITION, ADVERB

The preposition gegenüber *takes the dative.*

1 *opposite* ◇ *Die Apotheke ist gegenüber.* The chemist's is opposite. ◇ *Er saß mir gegenüber.* He sat opposite me.

2 *towards* ◇ *Sie waren mir gegenüber sehr freundlich.* They were very friendly towards me.

der **Gegenverkehr** SUBSTANTIV

oncoming traffic

die **Gegenwart** SUBSTANTIV

present ◇ *in der Gegenwart leben* to live in the present

gegessen VERB *siehe* **essen**

der **Gegner** SUBSTANTIV (PL die **Gegner**)
opponent

gegrillt ADJEKTIV
grilled

das **Gehackte** SUBSTANTIV (GEN des **Gehackten**)
mince ◇ *Ein Kilo Gehacktes, bitte.* A kilo of mince, please.

das **Gehalt** SUBSTANTIV (PL die **Gehälter**)
salary (PL *salaries*) ◇ *Er verdient ein gutes Gehalt.* He earns a good salary.

gehässig ADJEKTIV
spiteful

geheim ADJEKTIV
secret
◆ **geheim halten** to keep secret

das **Geheimnis** SUBSTANTIV (GEN des **Geheimnisses**, PL die **Geheimnisse**)
1 *secret* ◇ *Kannst du ein Geheimnis behalten?* Can you keep a secret?
2 *mystery* (PL *mysteries*) ◇ *die Geheimnisse der Erde* the Earth's mysteries

geheimnisvoll ADJEKTIV
mysterious

die **Geheimnummer** SUBSTANTIV
ex-directory number
◆ **Wir haben eine Geheimnummer.** We're ex-directory.

gehemmt ADJEKTIV
inhibited

gehen VERB (IMPERFECT **ging**, PERFECT **ist gegangen**)
1 *to go* (*goes, went, gone*) ◇ *Wir gehen jetzt.* We're going now. ◇ *Schwimmen gehen* to go swimming
2 *to walk* ◇ *Sollen wir gehen oder den Bus nehmen?* Shall we walk or go by bus?
◆ **Wie geht es dir?** How are you?
◆ **Wie geht's?** How are things?
◆ **Mir geht's gut.** I'm fine.
◆ **Ihm geht's gut.** He's fine.
◆ **Es geht.** Not bad.
◆ **Geht das?** Is that possible?
◆ **Das geht nicht.** That's not on.
◆ **um etwas gehen** (*betreffen*) to be about something ◇ *In dem Film geht es um einen Bankraub.* The film's about a bank robbery.
◆ **Hier geht es um sehr viel Geld.** There's a lot of money at stake here.

das **Gehirn** SUBSTANTIV (PL die **Gehirne**)
brain

die **Gehirnerschütterung** SUBSTANTIV
concussion

gehoben VERB *siehe* **heben**

geholfen VERB *siehe* **helfen**

gehorchen VERB (PERFECT **hat gehorcht**)
to obey ◇ *Du solltest deinem Vater gehorchen.* You should obey your father. ◇ *Ein Hund sollte lernen zu gehorchen.* A dog should learn to obey.

gehören VERB (PERFECT **hat gehört**)
◆ **jemandem gehören** to belong to somebody ◇ *Dieses Buch gehört mir.* This book belongs to me.
◆ **Das gehört sich einfach nicht.** That just isn't done.

gehorsam ADJEKTIV
siehe auch der Gehorsam SUBSTANTIV
obedient

der **Gehorsam** SUBSTANTIV
siehe auch gehorsam ADJEKTIV
obedience

der **Gehweg** SUBSTANTIV (PL die **Gehwege**)
pavement

der **Geier** SUBSTANTIV (PL die **Geier**)
vulture

die **Geige** SUBSTANTIV
violin ◇ *Wiltrud spielt Geige.* Wiltrud plays the violin.

geil ADJEKTIV
1 *horny* (*Umgangssprache*) ◇ *Wenn er das sieht, wird er geil.* When he sees that, he'll get horny.
2 *cool* (*Umgangssprache*) ◇ *Das war eine geile Party.* That was a cool party. ◇ *ein geiler Song* a cool song

die **Geisel** SUBSTANTIV
hostage

der **Geist** SUBSTANTIV (PL die **Geister**)
1 *ghost* (*Gespenst*)
2 *mind* ◇ *Er hat einen regen Geist.* He has a lively mind.
◆ **Seine Rede sprühte vor Geist.** His speech was very witty.

geistesabwesend ADJEKTIV
absent-minded

geisteskrank ADJEKTIV
mentally ill

die **Geisteskrankheit** SUBSTANTIV
mental illness

geistig ADJEKTIV
intellectual ◇ *ihre geistigen Fähigkeiten* her intellectual capabilities
◆ **geistige Getränke** alcoholic drinks
◆ **geistig behindert** mentally handicapped

der **Geiz** SUBSTANTIV (GEN des **Geizes**)
meanness

der **Geizhals** SUBSTANTIV (GEN des **Geizhalses**, PL die **Geizhälse**)
miser

geizig ADJEKTIV
mean

gekannt VERB *siehe* **kennen**

geknickt ADJEKTIV
dejected ◇ *Er war total geknickt.* He was completely dejected.

gekonnt VERB *siehe* **können**

gekonnt ADJEKTIV
skilful

das **Gekritzel** SUBSTANTIV
scrawl

das **Gel** SUBSTANTIV (PL die **Gele**)
gel

das **Gelächter** SUBSTANTIV
laughter

geladen VERB *siehe* **laden**

geladen ADJEKTIV

1 *loaded* ◇ *eine geladene Waffe* a loaded weapon
- **geladene Gäste** invited guests

2 *live* ◇ *Vorsicht, der Zaun ist geladen.* Careful, the fence is live.
- **geladen sein** to be furious ◇ *Meine Mutter war geladen.* My mother was furious.

gelähmt ADJEKTIV
paralysed

das **Gelände** SUBSTANTIV (PL die **Gelände**)
1 *grounds* PL ◇ *auf dem Gelände der Schule* on the school grounds
2 *terrain* ◇ *unwegsames Gelände* difficult terrain
- **Wir sind mit dem Mountainbike durchs Gelände gefahren.** We cycled cross-country on our mountain bikes.
- **ein Baugelände** a building site

gelangweilt ADJEKTIV
bored

gelassen VERB *siehe* **lassen**

gelassen ADJEKTIV
calm ◇ *Sie blieb gelassen.* She remained calm.

geläufig ADJEKTIV
common ◇ *ein geläufiger Begriff* a common term
- **Das ist mir nicht geläufig.** I'm not familiar with that.

gelaunt ADJEKTIV
- **gut gelaunt** in a good mood
- **schlecht gelaunt** in a bad mood
- **Wie ist er gelaunt?** What sort of mood's he in?

gelb ADJEKTIV
1 *yellow*
2 *amber* ◇ *Die Ampel war gelb.* The traffic lights were at amber.

die **Gelbsucht** SUBSTANTIV
jaundice

das **Geld** SUBSTANTIV (PL die **Gelder**)
money
- **etwas zu Geld machen** to sell something off

der **Geldautomat** SUBSTANTIV (GEN des **Geldautomaten**, PL die **Geldautomaten**)
cash dispenser

der **Geldbeutel** SUBSTANTIV (PL die **Geldbeutel**)
purse

der **Geldschein** SUBSTANTIV (PL die **Geldscheine**)
banknote

die **Geldstrafe** SUBSTANTIV
fine

das **Geldstück** SUBSTANTIV (PL die **Geldstücke**)
coin

gelegen VERB *siehe* **liegen**

die **Gelegenheit** SUBSTANTIV
1 *opportunity* (PL *opportunities*) ◇ *Sobald ich eine Gelegenheit bekomme...* As soon as I get an opportunity... ◇ *bei jeder Gelegenheit* at every opportunity
2 *occasion* ◇ *Bei dieser Gelegenheit trug sie das blaue Kostüm.* On this occasion she wore her blue suit.

gelegentlich ADVERB
1 *occasionally* ◇ *Gelegentlich gehe ich ganz gern ins Kino.* I occasionally like going to the cinema.
2 *some time or other* ◇ *Ich werde mich gelegentlich darum kümmern.* I'll do it some time or other.

das **Gelenk** SUBSTANTIV (PL die **Gelenke**)
joint (*in body*)

gelenkig ADJEKTIV
supple

gelernt ADJEKTIV
skilled

geliehen VERB *siehe* **leihen**

gelingen VERB (IMPERFECT **gelang**, PERFECT **ist gelungen**)
to succeed ◇ *Sein Plan ist ihm nicht gelungen.* His plan didn't succeed.
- **Es ist mir gelungen, ihn zu überzeugen.** I succeeded in convincing him.
- **Der Kuchen ist gelungen.** The cake turned out well.

gelten VERB (PRESENT **gilt**, IMPERFECT **galt**, PERFECT **hat gegolten**)
to be valid (*is, was, been*) ◇ *Dein Ausweis gilt nicht mehr.* Your passport is no longer valid.
- **es gilt, etwas zu tun** it's necessary to do something ◇ *Es gilt, sich zu entscheiden.* It's necessary to make a decision.
- **jemandem gelten** to be aimed at somebody ◇ *Diese Bemerkung hat dir gegolten.* This comment was aimed at you.
- **etwas gelten lassen** to accept something
- **Was gilt die Wette?** What do you bet?

gelungen VERB *siehe* **gelingen**

gelungen ADJEKTIV
successful

das **Gemälde** SUBSTANTIV (PL die **Gemälde**)
painting ◇ *ein Gemälde von Rembrandt* a painting by Rembrandt

gemein ADJEKTIV
mean ◇ *Das war gemein!* That was mean!
- **etwas gemein haben mit** to have something in common with ◇ *Mit solchen Leuten habe ich nichts gemein.* I don't have anything in common with people like that.

gemeinsam ADJEKTIV, ADVERB
1 *joint* ◇ *gemeinsame Anstrengungen* joint efforts
- **ein gemeinsames Abendessen** dinner together

2 *together* ◇ *Wir sind gemeinsam zum Lehrer gegangen.* We went together to the teacher.
- **etwas gemeinsam haben** to have something in common ◇ *Wir haben viel gemeinsam.* We've a lot in common.

gemischt ADJEKTIV
mixed

gemocht VERB *siehe* **mögen**

das **Gemüse** SUBSTANTIV (PL die **Gemüse**)
vegetables PL ◇ *Gemüse ist gesund.* Vegetables are healthy.

G

gemusst ⚠ VERB *siehe* **müssen**

gemustert ADJEKTIV
patterned

das **Gemüt** SUBSTANTIV (PL die **Gemüter**)
nature ◇ *Sie hat ein fröhliches Gemüt.* She has a happy nature.
◆ **die Gemüter erregen** to arouse strong feelings

gemütlich ADJEKTIV
1 *cosy* ◇ *eine gemütliche Wohnung* a cosy flat
◆ **ein gemütlicher Abend** a pleasant evening
2 *good-natured* ◇ *Sie ist ein gemütlicher Mensch.* She's good-natured.

das **Gen** SUBSTANTIV (PL die **Gene**)
gene

genannt VERB *siehe* **nennen**

genau ADJEKTIV, ADVERB
1 *exact* ◇ *Ich brauche genaue Zahlen.* I need exact figures.
◆ **Diese Übersetzung ist nicht sehr genau.** This translation isn't very accurate.
2 *exactly* ◇ *Genau das habe ich auch gesagt.* That's exactly what I said. ◇ *Sie hatte genau dasselbe Kleid an.* She was wearing exactly the same dress. ◇ *Das ist genau anders herum.* That's exactly the opposite.
◆ **etwas genau nehmen** to take something seriously
◆ **genau genommen** strictly speaking

die **Genauigkeit** SUBSTANTIV
accuracy

genauso ADVERB
◆ **genauso gut** just as good

genehmigen VERB (PERFECT **hat genehmigt**)
to approve
◆ **sich etwas genehmigen** to treat oneself to something ◇ *Ich werde mir jetzt ein Eis genehmigen.* I'm going to treat myself to an ice cream.

die **Genehmigung** SUBSTANTIV
1 *permission* ◇ *Für den Umbau brauchen wir eine Genehmigung.* We need permission for the conversion.
2 *permit* ◇ *Hier ist meine Genehmigung.* Here's my permit.

die **Generation** SUBSTANTIV
generation

Genf NEUT SUBSTANTIV
Geneva
◆ **der Genfer See** Lake Geneva

genial ADJEKTIV
brilliant

das **Genick** SUBSTANTIV (PL die **Genicke**)
back of the neck
◆ **Ich hätte mir fast das Genick gebrochen.** I nearly broke my neck.

das **Genie** SUBSTANTIV (PL die **Genies**)
genius (PL *geniuses*)

genießbar ADJEKTIV
1 *edible* ◇ *Das Essen war nicht genießbar.* The meal wasn't edible.
2 *drinkable* ◇ *Probier mal, ob der Tee genießbar ist.* Try the tea and see if it's drinkable.

genießen VERB (IMPERFECT **genoss**, PERFECT **hat genossen**)
to enjoy ◇ *Wir haben die Ferien genossen.* We enjoyed our holidays.

genommen VERB *siehe* **nehmen**

die **Gentechnologie** SUBSTANTIV
genetic engineering

genug ADJEKTIV
enough ◇ *Wir haben genug Geld.* We've got enough money. ◇ *gut genug* good enough

genügen VERB (PERFECT **hat genügt**)
to be enough (*is, was, been*) ◇ *Das genügt noch nicht.* That isn't enough.
◆ **jemandem genügen** to be enough for somebody ◇ *Genügt dir das eine Stück?* Is one piece enough for you?

genügend ADJEKTIV
sufficient

der **Genuss** ⚠ SUBSTANTIV (GEN des **Genusses**, PL die **Genüsse**)
1 *pleasure* ◇ *Es war ein Genuss!* That was sheer pleasure!
2 *consumption* ◇ *der Genuss von Alkohol* the consumption of alcohol
◆ **in den Genuss von etwas kommen** to receive the benefit of something

genüsslich ⚠ ADVERB
with relish

geöffnet ADJEKTIV
open

die **Geometrie** SUBSTANTIV
geometry

das **Gepäck** SUBSTANTIV
luggage

die **Gepäckaufbewahrung** SUBSTANTIV
left-luggage office

gepflegt ADJEKTIV
1 *well-groomed* ◇ *gepflegte Hände* well-groomed hands
2 *well-kept* ◇ *ein gepflegter Park* a well-kept park

gerade ADJEKTIV, ADVERB
1 *straight* ◇ *eine gerade Strecke* a straight stretch
2 *upright* ◇ *eine gerade Haltung* an upright posture
◆ **eine gerade Zahl** an even number
3 *just* ◇ *Du kommst gerade richtig.* You've come just at the right time. ◇ *Das ist es ja gerade!* That's just it! ◇ *Er wollte gerade aufstehen.* He was just about to get up.
◆ **gerade erst** only just ◇ *Ich bin gerade erst gekommen.* I've only just arrived.
◆ **gerade noch** only just ◇ *Das geht gerade noch.* That's only just OK.
◆ **gerade deshalb** that's exactly why
◆ **gerade du** you of all people ◇ *Warum gerade ich?* Why me of all people?

◆ **nicht gerade** not exactly ◇ *Das war nicht gerade nett.* That wasn't exactly nice.

geradeaus ADVERB
straight ahead

gerannt VERB *siehe* **rennen**

das **Gerät** SUBSTANTIV (PL die **Geräte**)
[1] *gadget* ◇ *ein Gerät zum Papierschneiden* a gadget for cutting paper
[2] *appliance* ◇ *ein Haushaltsgerät* a household appliance
[3] *tool* ◇ *ein Gartengerät* a garden tool
[4] *apparatus* KEIN PL ◇ *Wir haben heute an den Geräten geturnt.* We did gymnastics on the apparatus today.
[5] *equipment* KEIN PL ◇ *Geräte zum Angeln* fishing equipment

geraten VERB (PRESENT **gerät**, IMPERFECT **geriet**, PERFECT **ist geraten**)
[1] *to thrive* ◇ *Hier geraten die Pflanzen.* Plants thrive here.
[2] *to turn out* ◇ *Ihre Kinder sind alle gut geraten.* All their children have turned out well. ◇ *Der Kuchen ist mir nicht geraten.* The cake hasn't turned out well.
◆ **in etwas geraten** to get into something ◇ *Wir sind in den Stau geraten.* We got into a traffic jam.
◆ **in Angst geraten** to get frightened
◆ **nach jemandem geraten** to take after somebody

geräuchert ADJEKTIV
smoked

das **Geräusch** SUBSTANTIV (PL die **Geräusche**)
sound

gerecht ADJEKTIV
fair ◇ *Das ist nicht gerecht!* That's not fair!

die **Gerechtigkeit** SUBSTANTIV
justice

das **Gerede** SUBSTANTIV
gossip ◇ *Das ist alles nur Gerede.* That's all just gossip.

geregelt ADJEKTIV
[1] *steady* ◇ *eine geregelte Arbeit* a steady job
[2] *regular* ◇ *geregelte Mahlzeiten* regular meals

gereizt ADJEKTIV
irritable

das **Gericht** SUBSTANTIV (PL die **Gerichte**)
[1] *court* ◇ *Wir sehen uns vor Gericht.* I'll see you in court.
[2] *dish* (PL *dishes*) ◇ *ein leckeres Gericht* a tasty dish
◆ **das Jüngste Gericht** the Last Judgement

gerieben VERB *siehe* **reiben**

gering ADJEKTIV
[1] *small* ◇ *eine geringe Menge* a small amount
[2] *low* ◇ *geringe Beteiligung* low participation
◆ **eine geringe Zeit** a short time

geringschätzig ADJEKTIV
disparaging

geringste ADJEKTIV
least ◇ *Das ist meine geringste Sorge.* That's the least of my worries.

geritten VERB *siehe* **reiten**

gern ADVERB
gladly ◇ *Das habe ich gern getan.* I did it gladly.
◆ **gern haben** to like ◇ *Ich habe sie sehr gern.* I like her a lot.
◆ **gern mögen** to like ◇ *Ich mag diese Art von Musik gern.* I like this kind of music.
◆ **etwas gern tun** to like doing something ◇ *Ich schwimme gern.* I like swimming.
◆ **Ich hätte gern...** I'd like... ◇ *Ich hätte gern ein Zitroneneis.* I'd like a lemon ice cream.
◆ **Er möchte jetzt gern nach Hause.** He'd like to go home now.
◆ **Ja, gern!** Yes, please.
◆ **Gern geschehen!** It's a pleasure.

gerochen VERB *siehe* **riechen**

die **Gerste** SUBSTANTIV
barley

der **Geruch** SUBSTANTIV (PL die **Gerüche**)
smell

das **Gerücht** SUBSTANTIV (PL die **Gerüchte**)
rumour

das **Gerümpel** SUBSTANTIV
junk

gesalzen VERB *siehe* **salzen**

gesalzen ADJEKTIV
◆ **gesalzene Preise** hefty prices (*Umgangssprache*)

gesamt ADJEKTIV
whole ◇ *die gesamte Klasse* the whole class
◆ **die gesamten Kosten** the total cost
◆ **gesamte Werke** complete works
◆ **im gesamten** all in all

die **Gesamtschule** SUBSTANTIV
comprehensive school

> Gesamtschulen *are the exception rather than the rule in Germany.*

gesandt VERB *siehe* **senden**

das **Geschäft** SUBSTANTIV (PL die **Geschäfte**)
[1] *shop* ◇ *In welchem Geschäft hast du das gekauft?* Which shop did you buy that in?
[2] *business* KEIN PL ◇ *Die Geschäfte gehen gut.* Business is good.
[3] *deal* ◇ *Ich schlage dir ein Geschäft vor.* I'll make a deal with you. ◇ *Das war ein gutes Geschäft.* That was a good deal.

die **Geschäftszeiten** FEM PL SUBSTANTIV
business hours PL

geschehen VERB (PRESENT **geschieht**, IMPERFECT **geschah**, PERFECT **ist geschehen**)
to happen ◇ *Was ist geschehen?* What's happened? ◇ *Was ist mit ihm geschehen?* What's happened to him?

gescheit ADJEKTIV
clever

das **Geschenk** SUBSTANTIV (PL die **Geschenke**)
present

die **Geschichte** SUBSTANTIV

1 *story* (PL *stories*) ◇ *eine lustige Geschichte* a funny story
2 *history* ◇ *die deutsche Geschichte* German history
3 *business* ◇ *die Geschichte mit dem verschwundenen Pass* the business of the missing passport

geschichtlich ADJEKTIV
historical

geschickt ADJEKTIV
skilful

geschieden VERB *siehe* **scheiden**

geschieden ADJEKTIV
divorced

geschienen VERB *siehe* **scheinen**

die **Geschirrspülmaschine** SUBSTANTIV
dishwasher

das **Geschirrtuch** SUBSTANTIV (PL die **Geschirrtücher**)
dish cloth

das **Geschlecht** SUBSTANTIV (PL die **Geschlechter**)
1 *sex* (PL *sexes*) ◇ *ein Kind weiblichen Geschlechts* a child of the female sex
2 *gender* ◇ *Welches Geschlecht hat dieses Substantiv?* What gender is this noun?

die **Geschlechtskrankheit** SUBSTANTIV
sexually transmitted disease

der **Geschlechtsverkehr** SUBSTANTIV
sexual intercourse

geschlossen VERB *siehe* **schließen**

geschlossen ADJEKTIV
shut
◆ **"Geschlossen"** "Closed"

der **Geschmack** SUBSTANTIV (PL die **Geschmäcke**)
taste ◇ *Das ist nicht nach meinem Geschmack.* This is not to my taste.
◆ **Geschmack an etwas finden** to come to like something ◇ *Sie hat inzwischen Geschmack an dieser Art von Sport gefunden.* In the meantime she's come to like this kind of sport.

geschmacklos ADJEKTIV
1 *tasteless* ◇ *Die Suppe war ziemlich geschmacklos.* The soup was pretty tasteless.
2 *in bad taste* ◇ *Das war ein geschmackloser Witz.* That joke was in bad taste.

geschmackvoll ADJEKTIV
tasteful

geschnitten VERB *siehe* **schneiden**

geschossen VERB *siehe* **schießen**

geschrieben VERB *siehe* **schreiben**

geschrien VERB *siehe* **schreien**

geschützt ADJEKTIV
protected

das **Geschwafel** SUBSTANTIV
silly talk

das **Geschwätz** SUBSTANTIV
chatter

geschwätzig ADJEKTIV
talkative

die **Geschwindigkeit** SUBSTANTIV
speed

die **Geschwindigkeitsbeschränkung** SUBSTANTIV
speed limit

die **Geschwister** PL SUBSTANTIV
brothers and sisters PL

geschwommen VERB *siehe* **schwimmen**

das **Geschwür** SUBSTANTIV (PL die **Geschwüre**)
ulcer

gesellig ADJEKTIV
sociable

die **Gesellschaft** SUBSTANTIV
1 *society* ◇ *die Gesellschaft verändern* to change society
2 *company* (*Firma*)
◆ **jemandem Gesellschaft leisten** to keep somebody company

gesessen VERB *siehe* **sitzen**

das **Gesetz** SUBSTANTIV (GEN des **Gesetzes**, PL die **Gesetze**)
law

gesetzlich ADJEKTIV
legal
◆ **gesetzlicher Feiertag** public holiday

das **Gesicht** SUBSTANTIV (PL die **Gesichter**)
face

der **Gesichtsausdruck** SUBSTANTIV
expression

gespannt ADJEKTIV
1 *strained* ◇ *Die Lage in Nordirland ist gespannt.* The situation in Northern Ireland is strained.
2 *eager* ◇ *gespannte Zuhörer* eager listeners
◆ **Ich bin gespannt, ob...** I wonder whether...
◆ **auf etwas gespannt sein** to look forward to something ◇ *Ich bin auf das Fest gespannt.* I'm looking forward to the party.

das **Gespenst** SUBSTANTIV (PL die **Gespenster**)
ghost

gesperrt ADJEKTIV
closed off

das **Gespräch** SUBSTANTIV (PL die **Gespräche**)
1 *conversation* ◇ *ein langes Gespräch* a long conversation
2 *call* ◇ *Frau Morris, ein Gespräch für Sie.* Mrs Morris, there's a call for you.

gesprächig ADJEKTIV
talkative

gesprochen VERB *siehe* **sprechen**

gesprungen VERB *siehe* **springen**

die **Gestalt** SUBSTANTIV
1 *shape* ◇ *die Gestalt der Skulptur* the shape of the sculpture
◆ **Gestalt annehmen** to take shape ◇ *Mein Referat nimmt langsam Gestalt an.* My assignment is slowly taking shape.
2 *figure* ◇ *Ich konnte eine dunkle Gestalt im Garten erkennen.* I could see a dark figure in the garden.
◆ **in Gestalt von** in the form of

gestalten VERB (PERFECT **hat gestaltet**)
to lay out (*laid, laid*) ◇ *Wer hat euren*

Garten gestaltet? Who laid out your garden?
- **Wie gestaltest du deine Freizeit?** How do you spend your spare time?

gestanden VERB *siehe* **stehen**

das **Geständnis** SUBSTANTIV (GEN des **Geständnisses**, PL die **Geständnisse**)
confession

der **Gestank** SUBSTANTIV
stench

die **Geste** SUBSTANTIV
gesture

gestehen VERB (IMPERFECT **gestand**, PERFECT **hat gestanden**)
to confess

das **Gestein** SUBSTANTIV (PL die **Gesteine**)
rock ◇ *vulkanisches Gestein* volcanic rock

das **Gestell** SUBSTANTIV (PL die **Gestelle**)
1 *frame* ◇ *ein Brillengestell* spectacle frames
2 *rack* ◇ *ein Gestell für Weinflaschen* a wine rack

gestern ADVERB
yesterday
- **gestern Abend** yesterday evening
- **gestern Morgen** yesterday morning

gestohlen VERB *siehe* **stehlen**

gestorben VERB *siehe* **sterben**

gestört ADJEKTIV
disturbed

gestreift ADJEKTIV
striped

gesund ADJEKTIV
healthy
- **wieder gesund werden** to get better

die **Gesundheit** SUBSTANTIV
health
- **Gesundheit!** Bless you!

gesundheitlich ADJEKTIV, ADVERB
health ◇ *gesundheitliche Probleme* health problems
- **Wie geht es Ihnen gesundheitlich?** How's your health?

gesungen VERB *siehe* **singen**

getan VERB *siehe* **tun**

das **Getränk** SUBSTANTIV (PL die **Getränke**)
drink

die **Getränkekarte** SUBSTANTIV
wine list

sich **getrauen** VERB (PERFECT **hat sich getraut**)
to dare ◇ *Sie hat sich nicht getraut hineinzugehen.* She didn't dare go in.

das **Getreide** SUBSTANTIV (PL die **Getreide**)
cereals PL

getrennt ADJEKTIV
separate

das **Getriebe** SUBSTANTIV (PL die **Getriebe**)
gearbox (PL *gearboxes*)

getrieben VERB *siehe* **treiben**

getroffen VERB *siehe* **treffen**

getrunken VERB *siehe* **trinken**

geübt ADJEKTIV
experienced

gewachsen VERB *siehe* **wachsen**

gewachsen ADJEKTIV
- **jemandem gewachsen sein** to be a match for somebody ◇ *Er war seinem Gegner gewachsen.* He was a match for his opponent.
- **Sie ist den Kindern nicht gewachsen.** She can't cope with the children.
- **einer Sache gewachsen sein** to be up to something ◇ *Meinst du, du bist dieser Aufgabe gewachsen?* Do you think you're up to this job?

gewagt ADJEKTIV
risky

die **Gewalt** SUBSTANTIV
1 *force* ◇ *die Gewalt des Aufpralls* the force of the impact
2 *power* ◇ *die staatliche Gewalt* the power of the state
3 *violence* ◇ *Gewalt gegen Kinder* violence against children
- **mit aller Gewalt** with all one's might

gewaltig ADJEKTIV
tremendous ◇ *eine gewaltige Menge* a tremendous amount ◇ *Sie hat sich gewaltig angestrengt.* She tried tremendously hard.
- **ein gewaltiger Irrtum** a huge mistake

gewalttätig ADJEKTIV
violent

gewann VERB *siehe* **gewinnen**

das **Gewässer** SUBSTANTIV (PL die **Gewässer**)
waters PL

das **Gewebe** SUBSTANTIV (PL die **Gewebe**)
1 *fabric* ◇ *ein feines Gewebe* a fine fabric
2 *tissue* ◇ *Die Gewebeprobe hat ergeben, dass alles in Ordnung ist.* The tissue samples showed that there's nothing wrong.

das **Gewehr** SUBSTANTIV (PL die **Gewehre**)
gun

die **Gewerkschaft** SUBSTANTIV
trade union

Unions in Germany are mainly organized within the Deutscher Gewerkschaftsbund (DGB).

gewesen VERB *siehe* **sein**

das **Gewicht** SUBSTANTIV (PL die **Gewichte**)
weight ◇ *das Gewicht meines Koffers* the weight of my case

gewieft ADJEKTIV
shrewd

der **Gewinn** SUBSTANTIV (PL die **Gewinne**)
profit ◇ *Wir haben dieses Jahr einen Gewinn gemacht.* We've made a profit this year. ◇ *etwas mit Gewinn verkaufen* to sell something at a profit

gewinnen VERB (IMPERFECT **gewann**, PERFECT **hat gewonnen**)
to win (*won, won*) ◇ *Sie hat den ersten Preis gewonnen.* She won first prize. ◇ *Er hat im Lotto gewonnen.* He had a win on the lottery.
- **an etwas gewinnen** to gain in something ◇ *Durch das neue Kunstmuseum hat die Stadt an Beliebtheit gewonnen.* As a result of the new art gallery the town has gained in popularity.

G

der **Gewinner** SUBSTANTIV (PL die **Gewinner**)
winner
gewiss ⚠ ADJEKTIV, ADVERB
certain ◇ *Zwischen den beiden besteht eine gewisse Ähnlichkeit.* There's a certain similarity between them.
- **Eine gewisse Frau Böttcher hat angerufen.** A Mrs Böttcher called.
- **Das weiß ich ganz gewiss.** I'm certain about that.
- **Das hat sie gewiss vergessen.** She must have forgotten.

das **Gewissen** SUBSTANTIV (PL die **Gewissen**)
conscience
gewissenhaft ADJEKTIV
conscientious
gewissermaßen ADVERB
more or less
die **Gewissheit** ⚠ SUBSTANTIV
certainty
das **Gewitter** SUBSTANTIV (PL die **Gewitter**)
thunderstorm
gewöhnen VERB (PERFECT **hat gewöhnt**)
- **sich an etwas gewöhnen** to get used to something ◇ *Ich muss mich erst an die neue Rechtschreibung gewöhnen.* I have to get used to the new spelling rules.
- **jemanden an etwas gewöhnen** to teach somebody something ◇ *Der Klassenlehrer hat versucht, seine Klasse an Disziplin zu gewöhnen.* The class teacher tried to teach his class discipline.

die **Gewohnheit** SUBSTANTIV
habit ◇ *Es ist so eine Gewohnheit von mir, morgens Kaffee zu trinken.* I drink coffee in the morning. it's a habit of mine.
- **aus Gewohnheit** from habit
- **zur Gewohnheit werden** to become a habit

gewöhnlich ADJEKTIV
[1] *usual* ◇ *Ich bin heute früh zu der gewöhnlichen Zeit aufgestanden.* I got up at my usual time this morning. ◇ *Ich stehe gewöhnlich um sieben Uhr auf.* I usually get up at seven o'clock.
[2] *ordinary* ◇ *Das sind ganz gewöhnliche Leute.* They're quite ordinary people.
- **wie gewöhnlich** as usual

gewohnt ADJEKTIV
usual ◇ *Mir fehlt die gewohnte Umgebung.* I miss my usual surroundings.
- **etwas gewohnt sein** to be used to something ◇ *Ich bin es nicht gewohnt, dass man mir widerspricht.* I'm not used to being contradicted.

gewonnen VERB *siehe* **gewinnen**
geworden VERB *siehe* **werden**
geworfen VERB *siehe* **werfen**
das **Gewürz** SUBSTANTIV (GEN des **Gewürzes**, PL die **Gewürze**)
spice
gewusst ⚠ VERB *siehe* **wissen**
die **Gezeiten** PL SUBSTANTIV
tides PL
gezogen VERB *siehe* **ziehen**
gezwungen VERB *siehe* **zwingen**
gibt VERB *siehe* **geben**
die **Gier** SUBSTANTIV
greed
gierig ADJEKTIV
greedy ◇ *gierig nach Geld* greedy for money
gießen VERB (IMPERFECT **goss**, PERFECT **hat gegossen**)
to pour ◇ *Sie goss mir Wein ins Glas.* She poured wine into my glass.
- **die Blumen gießen** to water the flowers
- **Es gießt in Strömen.** It's pouring.

die **Gießkanne** SUBSTANTIV
watering can
das **Gift** SUBSTANTIV (PL die **Gifte**)
poison
giftig ADJEKTIV
poisonous ◇ *eine giftige Pflanze* a poisonous plant
der **Giftmüll** SUBSTANTIV
toxic waste
ging VERB *siehe* **gehen**
der **Gipfel** SUBSTANTIV (PL die **Gipfel**)
[1] *peak* ◇ *die schneebedeckten Gipfel* the snow-covered peaks
[2] *height* ◇ *Das ist der Gipfel der Unverschämtheit.* That's the height of impudence.
der **Gips** SUBSTANTIV (GEN des **Gipses**, PL die **Gipse**)
plaster ◇ *Ich muss die Risse mit Gips zuschmieren.* I'll have to fill in the cracks with plaster. ◇ *Sie hatte den rechten Arm in Gips.* Her right arm was in plaster.
die **Giraffe** SUBSTANTIV
giraffe
das **Girokonto** SUBSTANTIV (PL die **Girokonten**)
current account
die **Gitarre** SUBSTANTIV
guitar ◇ *Ich spiele Gitarre.* I play the guitar.
glänzen VERB
to shine (*shone, shone*) ◇ *Ihr Gesicht glänzte vor Freude.* Her face shone with joy.
- **Du hast in der Mathearbeit nicht gerade geglänzt.** You didn't exactly do brilliantly in your maths test.

glänzend ADJEKTIV
[1] *shining* ◇ *ein glänzendes Metall* shining metal
[2] *brilliant* ◇ *Das war eine glänzende Leistung.* That was a brilliant achievement.
das **Glas** SUBSTANTIV (GEN des **Glases**, PL die **Gläser**)
glass (PL *glasses*)
die **Glasscheibe** SUBSTANTIV
pane
glatt ADJEKTIV
[1] *smooth* ◇ *Der Tisch hat eine glatte Oberfläche.* The table has a smooth surface.
[2] *slippery* ◇ *Pass auf, die Straßen sind glatt.* Be careful, the streets are slippery.
- **eine glatte Absage** a flat refusal

- **eine glatte Lüge** a downright lie
- **Das habe ich glatt vergessen.** It completely slipped my mind.

das **Glatteis** SUBSTANTIV (GEN des **Glatteises**)
black ice ◇ *Bei Glatteis sollte man vorsichtig fahren.* When there's black ice, you have to drive carefully.

die **Glatze** SUBSTANTIV
- **Er hat eine Glatze.** He's bald.
- **eine Glatze bekommen** to go bald

glauben VERB
1 *to believe* ◇ *Ich habe kein Wort geglaubt.* I didn't believe a word.
2 *to think* (*thought, thought*) ◇ *Ich glaube, wir sind hier nicht willkommen.* I don't think we're welcome here.
- **jemandem glauben** to believe somebody ◇ *Ich glaube dir.* I believe you.
- **an etwas glauben** to believe in something ◇ *Glaubst du an ein Leben nach dem Tod?* Do you believe in life after death?

glaubwürdig ADJEKTIV
1 *credible* ◇ *Das ist keine besonders glaubwürdige Geschichte.* That story's not particularly credible.
2 *trustworthy* ◇ *Er ist ein glaubwürdiger Mensch.* He's a trustworthy person.

gleich ADJEKTIV, ADVERB
1 *same* ◇ *Wir haben das gleiche Problem.* We have the same problem.
2 *identical* ◇ *Bei einem Würfel sind alle Seiten gleich.* All the sides of a cube are identical.
3 *the same* ◇ *Ich behandle alle meine Kinder gleich.* I treat all my children the same. ◇ *Sie waren genau gleich angezogen.* They were dressed exactly the same.
- **gleich groß** the same size

4 *equal* ◇ *Wir wollen für die gleiche Arbeit auch die gleiche Bezahlung.* We want equal pay for equal work.
5 *straight away* ◇ *Ich werde ihn gleich anrufen.* I'll call him straight away.
- **Ich bin gleich fertig.** I'll be ready in a minute.
- **Es ist mir gleich.** It's all the same to me.
- **Zwei mal zwei gleich vier.** Two times two equals four.
- **gleich nach** right after ◇ *Wir sind gleich nach dem Mittagessen abgefahren.* We left right after lunch.
- **gleich neben** right next to ◇ *Wir wohnen gleich neben der Schule.* We live right next to the school.

gleichaltrig ADJEKTIV
of the same age ◇ *gleichaltrige Schüler* pupils of the same age ◇ *Sie sind gleichaltrig.* They're the same age.

gleichartig ADJEKTIV
similar

gleichbedeutend ADJEKTIV
synonymous

die **Gleichberechtigung** SUBSTANTIV
equal rights PL ◇ *die Gleichberechtigung der Frau* equal rights for women

gleichen VERB (IMPERFECT **glich**, PERFECT **hat geglichen**)
- **jemandem gleichen** to be like somebody ◇ *Du gleichst deinem Vater.* You're like your father.
- **einer Sache gleichen** to be like something ◇ *Unser Haus gleicht eurem.* Our house is like yours.
- **sich gleichen** to be alike

gleichfalls ADVERB
- **Danke gleichfalls!** The same to you.

das **Gleichgewicht** SUBSTANTIV
balance

gleichgültig ADJEKTIV
1 *indifferent* ◇ *Er zeigte sich ihr gegenüber ziemlich gleichgültig.* He seemed to be quite indifferent to her.
2 *not important* ◇ *Es ist doch gleichgültig, wie wir das machen.* It's not important how we do it.

die **Gleichung** SUBSTANTIV
equation

gleichzeitig ADVERB
at the same time ◇ *Ich kann doch nicht drei Dinge gleichzeitig tun.* I can't do three things at the same time.

das **Gleis** SUBSTANTIV (GEN des **Gleises**, PL die **Gleise**)
1 *line* ◇ *die Straßenbahngleise* the tram lines
2 *platform* ◇ *Achtung auf Gleis drei.* Attention on platform three.

der **Gletscher** SUBSTANTIV (PL die **Gletscher**)
glacier

gliedern VERB
to structure ◇ *Du musst deinen Aufsatz besser gliedern.* You must structure your essay better.

die **Gliederung** SUBSTANTIV
structure ◇ *Die Gliederung meines Aufsatzes habe ich schon.* I've already worked out the structure of my essay.

glimpflich ADJEKTIV
- **glimpflich davonkommen** to get off lightly

glitzern VERB
1 *to glitter* ◇ *Das Wasser glitzerte in der Sonne.* The water glittered in the sun.
2 *to twinkle* ◇ *Die Sterne glitzerten.* The stars twinkled.

die **Glocke** SUBSTANTIV
bell
- **etwas an die große Glocke hängen** to shout something from the rooftops

glotzen VERB
to gawp (*Umgangssprache*)

das **Glück** SUBSTANTIV
1 *luck* ◇ *Ein vierblättriges Kleeblatt bringt Glück.* A four-leaf clover brings good luck.
- **Glück haben** to be lucky ◇ *Ich habe in der Prüfung viel Glück gehabt.* I was very lucky in the exam.
- **Viel Glück!** Good luck!
- **zum Glück** fortunately

G

2 *happiness* ◇ *Sie strahlte vor Glück.* She was beaming with happiness.

glücklich ADJEKTIV
1 *happy* ◇ *Ich bin sehr glücklich mit ihm.* I'm very happy with him. ◇ *Das waren glückliche Tage.* Those were happy days.
2 *lucky* ◇ *Das war ein glücklicher Zufall.* That was a lucky coincidence.

glücklicherweise ADVERB
fortunately

der **Glückwunsch** SUBSTANTIV (PL die **Glückwünsche**)
congratulations PL ◇ *Herzlichen Glückwunsch zur bestandenen Prüfung.* Congratulations on passing your exam.
◆ **Herzlichen Glückwunsch zum Geburtstag.** Happy Birthday.

die **Glühbirne** SUBSTANTIV
light bulb

das **Gold** SUBSTANTIV
gold

golden ADJEKTIV
golden

der **Goldfisch** SUBSTANTIV (PL die **Goldfische**)
goldfish ◇ *Ich habe zwei Goldfische.* I've got two goldfish.

der **Golf** SUBSTANTIV (PL die **Golfe**)
siehe auch das Golf SUBSTANTIV
gulf ◇ *der Persische Golf* the Persian Gulf

das **Golf** SUBSTANTIV
siehe auch der Golf SUBSTANTIV
golf ◇ *Mein Vater spielt Golf.* My father plays golf.

der **Golfplatz** SUBSTANTIV (GEN des **Golfplatzes**, PL die **Golfplätze**)
golf course

der **Golfschläger** SUBSTANTIV (PL die **Golfschläger**)
golf club ◇ *ein Satz Golfschläger* a set of golf clubs

der **Golfstrom** SUBSTANTIV
the Gulf Stream

gönnen VERB
◆ **Sie gönnt mir offensichtlich meinen Erfolg nicht.** She obviously begrudges me my success.
◆ **sich etwas gönnen** to treat oneself to something ◇ *Ich werde mir ein Stück Kuchen gönnen.* I'm going to treat myself to a piece of cake.

der **Gott** SUBSTANTIV (PL die **Götter**)
god
◆ **Mein Gott!** For heaven's sake! ◇ *Mein Gott, wie kann man nur so dumm sein!* For heaven's sake, how can you be so stupid!
◆ **Um Gottes willen!** For heaven's sake! ◇ *Um Gottes willen, tu das bloß nicht!* For heaven's sake don't do that!
◆ **Grüß Gott!** Hello!
◆ **Gott sei Dank!** Thank God!

die **Göttin** SUBSTANTIV
goddess (PL *goddesses*)

göttlich ADJEKTIV
divine

das **Grab** SUBSTANTIV (PL die **Gräber**)
grave

graben VERB (PRESENT **gräbt**, IMPERFECT **grub**, PERFECT **hat gegraben**)
siehe auch der Graben SUBSTANTIV
to dig (*dug, dug*)

der **Graben** SUBSTANTIV (PL die **Gräben**)
siehe auch graben VERB
ditch (PL *ditches*)

der **Grad** SUBSTANTIV (PL die **Grad**)
degree ◇ *dreißig Grad im Schatten* thirty degrees in the shade

die **Grafikkarte** SUBSTANTIV
graphics card ◇ *Welche Grafikkarte hast du in deinem PC?* What graphics card do you have in your PC?

das **Gramm** SUBSTANTIV (PL die **Gramme** *or* **Gramm**)
gram ◇ *hundert Gramm Käse* a hundred grams of cheese

die **Grammatik** SUBSTANTIV
grammar

graphisch ADJEKTIV
graphic

das **Gras** SUBSTANTIV (GEN des **Grases**, PL die **Gräser**)
grass

grässlich ⚠ ADJEKTIV
horrible

die **Gräte** SUBSTANTIV
bone ◇ *Dieser Fisch hat zu viele Gräten.* This fish has too many bones in it.

gratis ADVERB
free of charge

gratulieren VERB (PERFECT **hat gratuliert**)
◆ **jemandem gratulieren** to congratulate somebody ◇ *Wir gratulierten ihr zum bestandenen Examen.* We congratulated her on passing her exam.
◆ **Gratuliere!** Congratulations!

grau ADJEKTIV
grey

der **Gräuel** ⚠ SUBSTANTIV (PL die **Gräuel**)
horror ◇ *die Gräuel des Bürgerkriegs* the horrors of civil war
◆ **Rote Bete sind mir ein Gräuel.** I loathe beetroot.

grauen VERB
◆ **Mir graut vor dem Mathetest.** I'm dreading the maths test.

grauenhaft ADJEKTIV
horrible

grauhaarig ADJEKTIV
grey-haired

grausam ADJEKTIV
cruel

die **Grausamkeit** SUBSTANTIV
cruelty

greifen VERB (IMPERFECT **griff**, PERFECT **hat gegriffen**)
◆ **nach etwas greifen** to reach for something ◇ *Er griff nach meiner Hand.* He reached for

my hand.

◆ **um sich greifen** to spread ◇ *Das Feuer griff schnell um sich.* The fire spread quickly.

grell ADJEKTIV
harsh ◇ *eine grelle Farbe* a harsh colour
◆ **ein greller Schrei** a piercing scream

die **Grenze** SUBSTANTIV
[1] *border* ◇ *Wir sind an der Grenze nach Frankreich kontrolliert worden.* Our papers were checked at the French border.
[2] *boundary* (PL *boundaries*) ◇ *Der Zaun ist die Grenze zum Grundstück des Nachbarn.* The fence marks the boundary with our neighbour's property.
[3] *limit* ◇ *die Grenzen des guten Geschmacks* the limits of good taste

grenzen VERB
◆ **an etwas grenzen** to border on something ◇ *Unser Grundstück grenzt an das von Schmidts.* Our property borders on the Schmidt's.
◆ **Das grenzt an Wahnsinn.** It verges on madness.

grenzenlos ADJEKTIV
boundless

der **Greuel** SUBSTANTIV *siehe* **Gräuel**

der **Grieche** SUBSTANTIV (GEN des **Griechen**, PL die **Griechen**)
Greek

Griechenland NEUT SUBSTANTIV
Greece
◆ **aus Griechenland** from Greece
◆ **nach Griechenland** to Greece

die **Griechin** SUBSTANTIV
Greek

griechisch ADJEKTIV
Greek

griesgrämig ADJEKTIV
grumpy

der **Grieß** SUBSTANTIV (GEN des **Grießes**)
semolina

der **Griff** SUBSTANTIV (PL die **Griffe**)
[1] *handle* ◇ *Halte dich da an dem Griff fest.* Hold on to the handle.
[2] *hold* ◇ *Ich habe Judogriffe geübt.* I've been practising judo holds.

griffbereit ADJEKTIV
handy ◇ *etwas griffbereit halten* to keep something handy

der **Grill** SUBSTANTIV (PL die **Grills**)
grill

grillen VERB
[1] *to grill* ◇ *gegrillter Fisch* grilled fish
[2] *to have a barbecue* (*had*, *had*) ◇ *Wir wollen am Sonntag grillen.* We'd like to have a barbecue on Sunday.

grinsen VERB
to grin

die **Grippe** SUBSTANTIV
flu

grob ADJEKTIV
[1] *coarse* ◇ *grober Sand* coarse sand
[2] *rough* ◇ *Sei nicht so grob zu deiner Schwester.* Don't be so rough with your sister.
[3] *serious* ◇ *ein grober Fehler* a serious mistake

groß ADJEKTIV, ADVERB
[1] *big* ◇ *Das war mein größter Fehler.* That was my biggest mistake. ◇ *Sie haben ein großes Haus.* They have a big house.
[2] *tall* ◇ *Mein Bruder ist viel größer als ich.* My brother is much taller than me. ◇ *Wie groß bist du?* How tall are you?
[3] *great* ◇ *Das war eine große Leistung.* That was a great achievement. ◇ *Er war ein großer Politiker.* He was a great politician.
◆ **großen Hunger haben** to be very hungry
◆ **die großen Ferien** the summer holidays
◆ **etwas groß schreiben** to write something in capitals
◆ **Er hat sich nicht groß angestrengt.** He didn't try very hard.
◆ **Was soll ich da groß sagen?** What is there to say?
◆ **im Großen und Ganzen** on the whole

großartig ADJEKTIV
splendid

Großbritannien NEUT SUBSTANTIV
Great Britain
◆ **aus Großbritannien** from Great Britain
◆ **in Großbritannien** in Great Britain
◆ **nach Großbritannien** to Great Britain

die **Größe** SUBSTANTIV
[1] *size* ◇ *Welche Schuhgröße hast du?* What size shoes do you take?
[2] *height* ◇ *Im Pass steht bei den Angaben zur Person auch die Größe.* Your height's also included in your passport under personal details.

die **Großeltern** PL SUBSTANTIV
grandparents PL

großenteils ADVERB
mostly

die **Großmutter** SUBSTANTIV (PL die **Großmütter**)
grandmother

die **Großstadt** SUBSTANTIV (PL die **Großstädte**)
city (PL *cities*)

größtenteils ADVERB
for the most part

der **Großvater** SUBSTANTIV (PL die **Großväter**)
grandfather

großzügig ADJEKTIV, ADVERB
generous ◇ *Meine Eltern sind sehr großzügig.* My parents are very generous. ◇ *Sie hat großzügig darauf verzichtet.* She generously did without.

das **Grübchen** SUBSTANTIV (PL die **Grübchen**)
dimple

grün ADJEKTIV
green ◇ *Die Ampel ist grün.* The traffic lights are at green.

der **Grund** SUBSTANTIV (PL die **Gründe**)
[1] *reason* ◇ *Nenn mir einen Grund, warum wir das nicht so machen können.* Give me one reason why we can't do it like this.
◆ **Aus welchem Grund ist er so böse?** Why is he so angry?

[2] *ground* ◇ *Das Haus ist auf felsigem Grund gebaut.* The house is built on rocky ground.
[3] *bottom* ◇ *Das Schiff sank auf den Grund des Meeres.* The ship sank to the bottom of the sea.
◆ **im Grunde genommen** basically
◆ **zu Grunde** *siehe* **zugrunde**

gründen VERB
to found ◇ *Wir haben einen Fanclub gegründet.* We've founded a fan club.

gründlich ADJEKTIV, ADVERB
thorough ◇ *eine gründliche Vorbereitung zur Prüfung* thorough preparation for the exam ◇ *Wir haben das Haus gründlich geputzt.* We cleaned the house thoroughly.
◆ **Ich habe mich gründlich geirrt.** I was completely wrong.

der **Grundsatz** SUBSTANTIV (GEN des **Grundsatzes**, PL die **Grundsätze**)
principle

grundsätzlich ADJEKTIV, ADVERB
[1] *fundamental* ◇ *Es bleibt die grundsätzliche Frage, ob das erlaubt werden soll.* The fundamental question remains: should it be allowed?
[2] *basically* ◇ *Grundsätzlich bin ich ja dafür, aber...* Basically I'm in favour, but...
[3] *on principle* ◇ *Ich bin grundsätzlich gegen die Prügelstrafe.* I'm against corporal punishment on principle.

die **Grundschule** SUBSTANTIV
primary school
Die primary school *wird von Kindern im Alter von 5 bis 11 Jahren besucht.*

die **Grünen** PL SUBSTANTIV
the Greens PL

der **Grünstreifen** SUBSTANTIV (PL die **Grünstreifen**)
central reservation

grunzen VERB
to grunt

die **Gruppe** SUBSTANTIV
group

gruselig ADJEKTIV
creepy (*Umgangssprache*)

der **Gruß** SUBSTANTIV (GEN des **Grußes**, PL die **Grüße**)
greeting
◆ **viele Grüße** best wishes
◆ **mit freundlichen Grüßen** yours sincerely
◆ **Grüße an** regards to ◇ *Grüße an deine Eltern.* Regards to your parents.

grüßen VERB
to say hello ◇ *Sie hat mich nicht gegrüßt.* She didn't say hello to me.
◆ **Grüß Lorna von mir.** Give Lorna my regards.
◆ **Lorna läßt dich grüßen.** Lorna sends her regards.

gucken VERB
to look

gültig ADJEKTIV
valid

das **Gummi** SUBSTANTIV (PL die **Gummis**)
You can also say der Gummi.
rubber ◇ *Die Reifen sind aus Gummi.* The tyres are made of rubber.

das **Gummiband** SUBSTANTIV (PL die **Gummibänder**)
elastic band ◇ *Sie machte ein Gummiband um das Geschenk.* She put an elastic band round the present.

das **Gummibärchen** SUBSTANTIV (PL die **Gummibärchen**)
jelly bear

günstig ADJEKTIV
convenient ◇ *Morgen wäre günstig.* Tomorrow would be convenient.
◆ **eine günstige Gelegenheit** a favourable opportunity
◆ **Das habe ich günstig bekommen.** It was a bargain.

die **Gurgel** SUBSTANTIV
throat

gurgeln VERB
to gargle ◇ *Ich habe Halsschmerzen und brauche etwas zum Gurgeln.* I've got a sore throat and need something to gargle with.

die **Gurke** SUBSTANTIV
cucumber ◇ *Sie mag Gurkensalat nicht.* She doesn't like cucumber salad.
◆ **saure Gurke** gherkin

der **Gurt** SUBSTANTIV (PL die **Gurte**)
belt

der **Gürtel** SUBSTANTIV (PL die **Gürtel**)
belt

gut ADJEKTIV, ADVERB
[1] *good* ◇ *Ich habe gute Noten bekommen.* I got good marks. ◇ *Sie ist ein guter Mensch.* She's a good person. ◇ *Das ist ein guter Witz.* That's a good joke.
◆ **In Englisch habe ich gut.** I got a B in English.
German marks range from one (sehr gut) *to six* (ungenügend).
◆ **Alles Gute!** All the best.
◆ **also gut** all right then ◇ *Also gut, ich komme.* All right then, I'll come.
[2] *well* ◇ *Sie hat das gut gemacht.* She did it well. ◇ *Ich kenne ihn gut.* I know him well.
◆ **gut schmecken** to taste good
◆ **gut drei Stunden** a good three hours
◆ **das kann gut sein** that may well be
◆ **Gut, aber...** OK, but...
◆ **Lass es gut sein.** That'll do.
◆ **Es ist zum Glück gut gegangen.** Fortunately it came off.
◆ **Mir geht's gut.** I'm fine.
◆ **gut gemeint** well-meant ◇ *ein gut gemeinter Rat* a well-meant piece of advice
◆ **jemandem gut tun** to do somebody good ◇ *Die Pause hat mir gut getan.* The break did me good.

die **Güter** NEUT PL SUBSTANTIV
goods PL

gutgehen VERB *siehe* **gut**

gutgemeint ADJEKTIV *siehe* **gut**

das **Guthaben** SUBSTANTIV (PL die **Guthaben**)
credit

gütig ADJEKTIV
kind

gutmütig ADJEKTIV
good-natured

der **Gutschein** SUBSTANTIV (PL die **Gutscheine**)
voucher

guttun VERB *siehe* **gut**

das **Gymnasium** SUBSTANTIV (PL die **Gymnasien**)
grammar school

Es gibt nur noch relativ wenige staatliche grammar schools *in Großbritannien. Hier werden Schüler im Alter von 11-18 Jahren unterrichtet, die danach meist ein Studium beginnen. In* grammar schools *gibt es eine schriftliche Zulassungsprüfung.*

die **Gymnastik** SUBSTANTIV
keep-fit ◇ *Ich mache einmal in der Woche Gymnastik.* I do keep-fit once a week.

H

das **Haar** SUBSTANTIV (PL die **Haare**)
hair ◇ *Sie hat dunkle Haare.* She's got dark hair.
◆ **um ein Haar** nearly

die **Haarbürste** SUBSTANTIV
hairbrush (PL *hairbrushes*)

das **Haarwaschmittel** SUBSTANTIV (PL die **Haarwaschmittel**)
shampoo

haben VERB (PRESENT **hat**, IMPERFECT **hatte**, PERFECT **hat gehabt**)
to have (*had*, *had*) ◇ *Ich habe einen neuen Pulli.* I've got a new pullover. ◇ *Sie hat ihn nicht gesehen.* She hasn't seen him.
◆ **Marek hat heute Geburtstag.** It's Marek's birthday today.
◆ **Wir haben zur Zeit Ferien.** We're on holiday at the moment.
◆ **Welches Datum haben wir heute?** What's the date today?
◆ **Hunger haben** to be hungry
◆ **Angst haben** to be afraid
◆ **Woher hast du das?** Where did you get that from?
◆ **Was hast du denn?** What's the matter with you?
◆ **Ich hätte gern...** I would like...

das **Hackfleisch** SUBSTANTIV
mince

der **Hafen** SUBSTANTIV (PL die **Häfen**)
harbour

der **Hafer** SUBSTANTIV
oats PL

die **Haferflocken** FEM PL SUBSTANTIV
porridge oats PL

haftbar ADJEKTIV
responsible ◇ *Eltern sind für ihre Kinder haftbar.* Parents are responsible for their children.

haften VERB
to stick (*stuck*, *stuck*) ◇ *Der Klebstreifen haftet nicht.* The adhesive tape isn't sticking.
◆ **haften für** to be responsible for

die **Haftpflichtversicherung** SUBSTANTIV
third party insurance

der **Hagel** SUBSTANTIV
hail

hageln VERB
◆ **Es hagelt.** It's hailing.

der **Hahn** SUBSTANTIV (PL die **Hähne**)
1 *cock* ◇ *Der Hahn krähte.* The cock crowed.
2 *tap* ◇ *Der Hahn tropft.* The tap's dripping.

das **Hähnchen** SUBSTANTIV (PL die **Hähnchen**)
chicken ◇ *Heute gibt es Hähnchen.* We're having chicken today.

der **Hai** SUBSTANTIV (PL die **Haie**)
shark

der **Haken** SUBSTANTIV (PL die **Haken**)
1 *hook* ◇ *Häng deinen Anorak an den Haken.* Hang your anorak up on the hook.
2 *catch* (PL *catches*) ◇ *Die Sache hat einen Haken.* There's a catch.

halb ADJEKTIV
half ◇ *ein halber Kuchen* half a cake ◇ *eine halbe Stunde* half an hour
◆ **halb eins** half past twelve

halbieren VERB (PERFECT **hat halbiert**)
to halve

das **Halbjahr** SUBSTANTIV (PL die **Halbjahre**)
six months PL

halbjährlich ADJEKTIV
half-yearly

halbtags ADVERB
◆ **halbtags arbeiten** to work part-time

half VERB *siehe* **helfen**

die **Hälfte** SUBSTANTIV
half (PL *halves*)

die **Halle** SUBSTANTIV
hall ◇ *eine Messehalle* an exhibition hall

das **Hallenbad** SUBSTANTIV (PL die **Hallenbäder**)
indoor swimming pool

hallo INTERJEKTION
hello!

der **Hals** SUBSTANTIV (GEN des **Halses**, PL die **Hälse**)
1 *neck* ◇ *Ich habe einen steifen Hals.* I've got a stiff neck.
2 *throat* ◇ *Mir tut der Hals weh.* My throat's sore.
◆ **Hals über Kopf** in a rush

die **Halsschmerzen** MASC PL SUBSTANTIV
sore throat SING ◇ *Ich habe Halsschmerzen.* I've got a sore throat.

das **Halstuch** SUBSTANTIV (PL die **Halstücher**)
scarf (PL *scarves*)

halt INTERJEKTION
stop!

haltbar ADJEKTIV
durable ◇ *Das ist ein sehr haltbares Material.* That's a very durable material.
◆ **Butter ist nur begrenzt haltbar.** Butter only keeps for a limited time.
◆ **"Mindestens haltbar bis..."** "Best before..."

halten VERB (PRESENT **hält**, IMPERFECT **hielt**, PERFECT **hat gehalten**)
1 *to hold* (*held*, *held*) ◇ *Er hielt sie an der Hand.* He held her by the hand. ◇ *Kannst du das mal halten?* Can you hold that for a moment?
2 *to keep* (*kept*, *kept*) ◇ *Obst hält nicht lange.* Fruit doesn't keep long.
◆ **Ihre Freundschaft hat lange gehalten.** Their friendship has lasted a long time.
3 *to stop* ◇ *Der Bus hielt vor dem Rathaus.* The bus stopped in front of the town hall.
◆ **halten für** to regard as ◇ *Man hält ihn für den besten Chirurgen in Deutschland.* He's regarded as being the best surgeon in

Germany.

- **Ich habe sie für deine Mutter gehalten.** I took her for your mother.
- **halten von** to think of ◇ *Sie hält viel von dir.* She thinks a lot of you. ◇ *Ich halte nichts von dieser Methode.* I don't think much of this method.
- **sich rechts halten** to keep to the right

die **Haltestelle** SUBSTANTIV
stop ◇ *die Haltestelle der Straßenbahn* the tram stop

haltmachen VERB (PERFECT **hat haltgemacht**)
to stop

die **Haltung** SUBSTANTIV
1 *posture* ◇ *Er hat eine aufrechte Haltung.* He has an upright posture.
2 *attitude* ◇ *Ich bewundere deine Haltung in dieser Frage.* I admire your attitude in this issue.

Hamburg NEUT SUBSTANTIV
Hamburg
The "Free Hanseatic City of Hamburg" is one of the 16 Länder. *It is a "city-state" like Bremen and Berlin, and is Germany's principal seaport.*

der **Hammer** SUBSTANTIV (PL die **Hämmer**)
hammer

der **Hamster** SUBSTANTIV (PL die **Hamster**)
hamster

hamstern VERB
to hoard

die **Hand** SUBSTANTIV (PL die **Hände**)
hand

die **Handarbeit** SUBSTANTIV
1 *manual work* ◇ *Handarbeit macht ihm mehr Spaß als geistige Arbeit.* He enjoys manual work more than intellectual work.
2 *needlework* ◇ *In Handarbeit hat sie eine Zwei.* She got a "B" in needlework.

der **Handball** SUBSTANTIV
handball

die **Handbremse** SUBSTANTIV
handbrake

das **Handbuch** SUBSTANTIV (PL die **Handbücher**)
manual

der **Händedruck** SUBSTANTIV
handshake

der **Handel** SUBSTANTIV
1 *trade* ◇ *der Handel mit Osteuropa* trade with Eastern Europe
- **Dieses Gerät ist überall im Handel erhältlich.** This appliance is available in all shops and retail outlets.

2 *deal* ◇ *Wir haben einen Handel abgeschlossen.* We have concluded a deal.

handeln VERB
1 *to act* ◇ *Wir müssen schnell handeln.* We'll have to act quickly.
2 *to trade* ◇ *Er handelt mit Gebrauchtwaren.* He trades in second-hand goods.
- **mit jemandem handeln** to bargain with somebody ◇ *Ich habe versucht, mit ihm zu handeln, aber er wollte es mir nicht billiger geben.* I tried to bargain with him but he didn't want to give it to me any cheaper.
- **es handelt sich um...** it's about... ◇ *Sie wollte mir nicht sagen, worum es sich handelt.* She didn't want to tell me what it was about.
- **Hier handelt es sich um einen besonders schweren Fall von Allergie.** This is a particularly bad case of allergy.
- **handeln von** to be about ◇ *Die Geschichte handelt von einer kranken Frau.* The story's about a sick woman.

die **Handelsschule** SUBSTANTIV
business school

das **Handgepäck** SUBSTANTIV
hand luggage

der **Händler** SUBSTANTIV (PL die **Händler**)
dealer ◇ *Ich habe meinen Computerhändler danach gefragt.* I asked my computer dealer about it.

handlich ADJEKTIV
handy

die **Handlung** SUBSTANTIV
1 *act* ◇ *Das war eine unüberlegte Handlung.* That was a rash act.
2 *plot* ◇ *Ich habe die Handlung des Buches nicht genau verstanden.* I didn't really understand the plot of the book.
3 *shop* ◇ *eine Eisenwarenhandlung* an ironmonger's shop

die **Handschrift** SUBSTANTIV
handwriting

der **Handschuh** SUBSTANTIV (PL die **Handschuhe**)
glove

die **Handtasche** SUBSTANTIV
handbag

das **Handtuch** SUBSTANTIV (PL die **Handtücher**)
towel

das **Handy** SUBSTANTIV (PL die **Handys**)
mobile phone

der **Hang** SUBSTANTIV (PL die **Hänge**)
slope

hängen (1) VERB (IMPERFECT **hängte**, PERFECT **hat gehängt**)
1 *to hang* (*hung, hung*) ◇ *Sie hat die Wäsche auf die Leine gehängt.* She hung her washing on the line.
2 *to hang* (*hanged, hanged*) ◇ *Sie hängten den Verbrecher.* They hanged the criminal.

hängen (2) VERB (IMPERFECT **hing**, PERFECT **hat gehangen**)
to hang (*hung, hung*) ◇ *An der Wand hing ein Bild von Picasso.* A painting by Picasso was hanging on the wall.
- **hängen an** to be attached to ◇ *Sie hat sehr an ihrem Vater gehangen.* She was very attached to her father.

die **Hansestadt** SUBSTANTIV (PL die **Hansestädte**)
Hanseatic town
The Hanse *(Hanseatic League) was a powerful association of cities which dominated Baltic trade in the Middle Ages. Even today, Bremen, Hamburg, Lübeck, Rostock and Wismar still call themselves* Hansestädte.

H

harmlos ADJEKTIV
harmless

harmonisch ADJEKTIV
harmonious

hart ADJEKTIV
hard ◇ *hart wie Stein* as hard as stone ◇ *Wir haben hart gearbeitet.* We worked hard. ◇ *Diese Kritik hat sie hart getroffen.* This criticism hit her hard.
◆ **harte Worte** harsh words
◆ **Das ist hart.** That's tough.

hartgekocht ADJEKTIV
hard-boiled ◇ *ein hartgekochtes Ei* a hard-boiled egg

hartnäckig ADJEKTIV
stubborn

das **Haschisch** SUBSTANTIV (GEN des **Haschisch**)
hashish

der **Hase** SUBSTANTIV (GEN des **Hasen**, PL die **Hasen**)
hare

die **Haselnuss** ⚠ SUBSTANTIV (PL die **Haselnüsse**)
hazelnut

der **Hass** ⚠ SUBSTANTIV (GEN des **Hasses**)
hatred

hassen VERB (PRESENT **hasst**, IMPERFECT **hasste**, PERFECT **hat gehasst**)
to hate

hässlich ⚠ ADJEKTIV
1 *ugly* ◇ *Sie ist das hässlichste Mädchen der Klasse.* She's the ugliest girl in the class.
2 *nasty* ◇ *Es ist hässlich, so etwas zu sagen.* It's nasty to say things like that.

hast VERB *siehe* **haben**

hastig ADJEKTIV
hasty

hat, hatte VERB *siehe* **haben**

der **Haufen** SUBSTANTIV (PL die **Haufen**)
heap ◇ *In ihrem Schlafzimmer lag ein Haufen schmutziger Wäsche.* There was a heap of dirty washing lying in her bedroom.
◆ **ein Haufen...** heaps of... (*Umgangssprache*) ◇ *Ich habe einen Haufen Fehler gemacht.* I've made heaps of mistakes. ◇ *Er hat einen Haufen Geld dafür bezahlt.* He paid heaps of money for it. ◇ *ein Haufen Leute* heaps of people

häufen VERB
◆ **sich häufen** to accumulate ◇ *Der Müll häufte sich in den Straßen.* The rubbish accumulated in the streets.
◆ **Die Fälle von Asthma häufen sich.** Cases of asthma are on the increase.

haufenweise ADVERB
1 *heaps of* (*Umgangssprache*) ◇ *Dort gibt es haufenweise Ameisen.* There are heaps of ants there. ◇ *Wiltrud hat haufenweise CDs.* Wiltrud has heaps of CDs.
2 *in droves* ◇ *Sie sind haufenweise angekommen.* They came in droves.

der **Hauptbahnhof** SUBSTANTIV (PL die **Hauptbahnhöfe**)
main station

das **Hauptfach** SUBSTANTIV (PL die **Hauptfächer**)
main subject

die **Hauptsache** SUBSTANTIV
main thing
◆ **Hauptsache, du bist gesund.** The main thing is that you're healthy.

die **Hauptsaison** SUBSTANTIV (PL die **Hauptsaisons**)
high season

die **Hauptschule** SUBSTANTIV
secondary school

> *Die meisten Schüler in Großbritannien wechseln von der* primary school *zur* secondary school, *die sie wahlweise mit 16 oder 18 Jahren verlassen können.*

die **Hauptstadt** SUBSTANTIV (PL die **Hauptstädte**)
capital ◇ *Berlin ist die Hauptstadt von Deutschland.* Berlin's the capital of Germany.

die **Hauptstraße** SUBSTANTIV
main street

die **Hauptverkehrszeit** SUBSTANTIV
rush hour

das **Hauptwort** SUBSTANTIV (PL die **Hauptwörter**)
noun

das **Haus** SUBSTANTIV (GEN des **Hauses**, PL die **Häuser**)
house
◆ **nach Hause** home ◇ *Ich muss jetzt nach Hause.* I'll have to go home now.
◆ **zu Hause** at home

die **Hausarbeit** SUBSTANTIV
1 *housework* ◇ *Am Wochenende hilft mein Vater bei der Hausarbeit.* My father helps with the housework at the weekend.
2 *homework* KEIN PL ◇ *Wir haben eine Hausarbeit zum Thema Umweltverschmutzung auf.* We've got homework on the subject of environmental protection.

der **Hausarzt** SUBSTANTIV (GEN des **Hausarztes**, PL die **Hausärzte**)
family doctor

die **Hausaufgaben** FEM PL SUBSTANTIV
homework SING ◇ *Heute waren die Hausaufgaben nicht schwierig.* Our homework wasn't difficult today.

die **Hausfrau** SUBSTANTIV
housewife (PL *housewives*)

der **Hausmeister** SUBSTANTIV (PL die **Hausmeister**)
caretaker

die **Hausnummer** SUBSTANTIV
house number

der **Hausschlüssel** SUBSTANTIV (PL die **Hausschlüssel**)
front-door key

der **Hausschuh** SUBSTANTIV (PL die **Hausschuhe**)
slipper

das **Haustier** SUBSTANTIV (PL die **Haustiere**)
pet

die **Haustür** SUBSTANTIV
front door

die **Haut** SUBSTANTIV (PL die **Häute**)
skin

die **Hautcreme** SUBSTANTIV (PL die **Hautcremes**)
skin cream

der **Hebel** SUBSTANTIV (PL die **Hebel**)
lever

heben VERB (IMPERFECT **hob**, PERFECT **hat gehoben**)
to lift

die **Hecke** SUBSTANTIV
hedge

die **Hefe** SUBSTANTIV
yeast

das **Heft** SUBSTANTIV (PL die **Hefte**)
1 *exercise book* ◇ *Schreibt die Verbesserung in euer Heft.* Write the correction in your exercise books.
2 *issue* ◇ *Hast du noch das letzte Heft von "Geo"?* Have you got the latest issue of "Geo"?

die **Heftklammer** SUBSTANTIV
paper clip

das **Heftpflaster** SUBSTANTIV (PL die **Heftpflaster**)
sticking plaster

die **Heftzwecke** SUBSTANTIV
drawing pin

die **Heide** SUBSTANTIV
moor ◇ *Wir haben einen Spaziergang durch die Heide gemacht.* We went for a walk over the moor.
◆ **die Lüneburger Heide** Lüneburg Heath

das **Heidekraut** SUBSTANTIV
heather

die **Heidelbeere** SUBSTANTIV
blueberry (PL *blueberries*)

heilbar ADJEKTIV
curable

heilen VERB (PERFECT **hat/ist geheilt**)
For the perfect tense use haben *when the verb has an object and* sein *when there is no object.*
1 *to cure* ◇ *Viele Arten von Krebs kann man heilen.* Many kinds of cancer can be cured.
2 *to heal* ◇ *Die Wunde ist schnell geheilt.* The wound healed quickly.

heilig ADJEKTIV
holy

der **Heiligabend** SUBSTANTIV (PL die **Heiligabende**)
Christmas Eve

der/die **Heilige** SUBSTANTIV (GEN des/der **Heiligen**, PL die **Heiligen**)
saint ◇ *Er ist kein Heiliger.* He's no saint.

das **Heilmittel** SUBSTANTIV (PL die **Heilmittel**)
remedy (PL *remedies*)

das **Heim** SUBSTANTIV (PL die **Heime**)
siehe auch heim ADVERB
home ◇ *ein Heim für Kinder mit Lernschwierigkeiten* a home for children with learning difficulties

heim ADVERB
siehe auch das Heim SUBSTANTIV
home ◇ *Ich muss jetzt heim.* I'll have to go home now.

die **Heimat** SUBSTANTIV
homeland ◇ *Deutschland ist meine Heimat.* Germany's my homeland.

die **Heimfahrt** SUBSTANTIV
journey home

heimgehen VERB (IMPERFECT **ging heim**, PERFECT **ist heimgegangen**)
to go home (*goes, went, gone*)

heimkehren VERB (PERFECT **ist heimgekehrt**)
to return home

heimlich ADJEKTIV
secret ◇ *Er hat das heimlich gemacht.* He did it secretly.

die **Heimreise** SUBSTANTIV
journey home

das **Heimspiel** SUBSTANTIV (PL die **Heimspiele**)
home game

der **Heimweg** SUBSTANTIV (PL die **Heimwege**)
way home

das **Heimweh** SUBSTANTIV
homesickness

heimzahlen VERB (PERFECT **hat heimgezahlt**)
◆ **jemandem etwas heimzahlen** to pay somebody back for something

die **Heirat** SUBSTANTIV
marriage

heiraten VERB
to get married (*got, got*) ◇ *Sie heiraten morgen.* They're getting married tomorrow.
◆ **jemanden heiraten** to marry somebody

heiser ADJEKTIV
hoarse

die **Heiserkeit** SUBSTANTIV
hoarseness

heiß ADJEKTIV
hot ◇ *Mir ist heiß.* I'm hot. ◇ *heiße Schokolade* hot chocolate

heißen VERB (IMPERFECT **hieß**, PERFECT **hat geheißen**)
1 *to be called* (*is, was, been*) ◇ *Er heißt Marek.* He's called Marek.
2 *to mean* (*meant, meant*) ◇ *Das heißt, dass wir morgen früh aufstehen müssen.* That means that we'll have to get up early tomorrow.
◆ **es heißt...** it is said...
◆ **das heißt** that is to say

heiter ADJEKTIV
1 *cheerful* ◇ *Ich war in heiterer Laune.* I was in cheerful mood.
2 *bright* ◇ *Das Wetter wird heiter bis bewölkt.* The weather will be cloudy with bright spells.

heizen VERB
to heat

der **Heizkörper** SUBSTANTIV (PL die **Heizkörper**)
radiator

die **Heizung** SUBSTANTIV
heating

hektisch ADJEKTIV
hectic

H

der **Held** SUBSTANTIV (GEN des **Helden**, PL die **Helden**)
hero (PL *heroes*)

die **Heldin** SUBSTANTIV
heroine

helfen VERB (PRESENT **hilft**, IMPERFECT **half**, PERFECT **hat geholfen**)
to help ◇ *Kann ich dir helfen?* Can I help you? ◇ *Die Tablette hat geholfen.* The pill helped.
- **jemandem bei etwas helfen** to help somebody with something
- **sich zu helfen wissen** to be resourceful ◇ *Er weiß sich zu helfen.* He's very resourceful.
- **Es hilft nichts, du musst...** It's no use, you'll have to...

hell ADJEKTIV
bright ◇ *Hier ist es schön hell.* It's nice and bright here.
- **Sie hat einen hellen Teint.** She has a clear complexion.
- **eine helle Farbe** a light colour
- **ein helles Bier** a lager

hellblau ADJEKTIV
light blue

hellblond ADJEKTIV
ash-blond

der **Helm** SUBSTANTIV (PL die **Helme**)
helmet

das **Hemd** SUBSTANTIV (PL die **Hemden**)
shirt
- **ein Unterhemd** a vest

die **Hemmung** SUBSTANTIV
inhibition ◇ *Er hat furchtbare Hemmungen.* He has terrible inhibitions.

der **Henkel** SUBSTANTIV (PL die **Henkel**)
handle ◇ *ein Eimer ohne Henkel* a bucket without a handle

die **Henne** SUBSTANTIV
hen

her ADVERB
ago ◇ *Das ist fünf Jahre her.* That was five years ago.
- **von...her** from... ◇ *von England her* from England ◇ *von weit her* from a long way away
- **Wo bist du her?** Where do you come from?
- **Komm her zu mir.** Come here.
- **Her damit!** Hand it over!
- **Wo hat er das her?** Where did he get that from?

herab ADVERB
down

herabhängen VERB (IMPERFECT **hing herab**, PERFECT **hat herabgehangen**)
to hang down (*hung, hung*)

herablassen VERB (PRESENT **lässt herab**, IMPERFECT **ließ herab**, PERFECT **hat herabgelassen**)
to lower ◇ *die Rolläden herablassen* to lower the blinds
- **sich herablassen, etwas zu tun** to condescend to do something

herablassend ADJEKTIV
condescending

heran ADVERB
- **Näher heran!** Come closer!

heranfahren VERB (PRESENT **fährt heran**, IMPERFECT **fuhr heran**, PERFECT **ist herangefahren**)
to drive up (*drove, driven*) ◇ *Kannst du noch etwas näher an die Garage heranfahren?* Can you drive closer up to the garage?

herauf ADVERB
up ◇ *Komm hier herauf.* Come up here.

heraus ADVERB
out

herausbekommen VERB (IMPERFECT **bekam heraus**, PERFECT **hat herausbekommen**)
1 *to get out* (*got, got*) ◇ *Ich habe den Fleck nicht herausbekommen.* I didn't get the stain out.
2 *to find out* (*found, found*) ◇ *Ich muss herausbekommen, warum er das gemacht hat.* I'll have to find out why he did it.

herausfordern VERB (PERFECT **hat herausgefordert**)
to challenge

herauskommen VERB (IMPERFECT **kam heraus**, PERFECT **ist herausgekommen**)
to come out (*came, come*) ◇ *Die Maus ist aus ihrem Loch herausgekommen.* The mouse came out of its hole.
- **Dabei kommt nichts heraus.** Nothing will come of it.

herausnehmen VERB (PRESENT **nimmt heraus**, IMPERFECT **nahm heraus**, PERFECT **hat herausgenommen**)
to take out (*took, taken*) ◇ *Sie hat das Lesezeichen aus dem Buch herausgenommen.* She took the bookmark out of the book.
- **sich etwas herausnehmen** to take liberties ◇ *Du nimmst dir wirklich etwas zu viel heraus.* You really do take far too many liberties.

herausrücken VERB (PERFECT **hat/ist herausgerückt**)
For the perfect tense use haben *when the verb has an object and* sein *when there is no object.*
to fork out (*Umgangssprache*) ◇ *Er wollte kein Geld herausrücken.* He didn't want to fork out any money.
- **mit etwas herausrücken** to come out with something ◇ *Endlich ist er mit der Wahrheit herausgerückt.* He finally came out with the truth.

sich **herausstellen** VERB (PERFECT **hat sich herausgestellt**)
to turn out ◇ *Es stellte sich heraus, dass...* It turned out that...

herausziehen VERB (IMPERFECT **zog heraus**, PERFECT **hat herausgezogen**)
to pull out

herb ADJEKTIV
bitter ◇ *eine herbe Enttäuschung* a bitter disappointment ◇ *ein herber Geschmack* a

bitter taste

herbei ADVERB
over ◇ *Alle eilten herbei.* Everyone hurried over.

die **Herbergsmutter** SUBSTANTIV (PL die **Herbergsmütter**)
warden (*in youth hostel*)

der **Herbergsvater** SUBSTANTIV (PL die **Herbergsväter**)
warden (*in youth hostel*)

herbringen VERB (IMPERFECT **brachte her**, PERFECT **hat hergebracht**)
to bring here (*brought, brought*)

der **Herbst** SUBSTANTIV (PL die **Herbste**)
autumn ◇ *im Herbst* in autumn

herbstlich ADJEKTIV
autumnal

der **Herd** SUBSTANTIV (PL die **Herde**)
cooker ◇ *ein Herd mit vier Platten* a cooker with four rings

die **Herde** SUBSTANTIV
herd ◇ *eine Herde Kühe* a herd of cows
◆ **eine Schafherde** a flock of sheep

herein ADVERB
in ◇ *Noch mehr Menschen drängten herein.* Even more people pushed their way in. ◇ *Das Wasser strömte herein.* The water poured in.
◆ **Herein!** Come in!

hereinbitten VERB (IMPERFECT **bat herein**, PERFECT **hat hereingebeten**)
to ask in

hereinfallen VERB (PRESENT **fällt herein**, IMPERFECT **fiel herein**, PERFECT **ist hereingefallen**)
◆ **auf etwas hereinfallen** to fall for something ◇ *Auf einen solch plumpen Trick falle ich nicht herein.* I'm not falling for an obvious trick like that. ◇ *Sie ist auf einen Betrüger hereingefallen.* She fell for a swindler.

hereinkommen VERB (IMPERFECT **kam herein**, PERFECT **ist hereingekommen**)
to come in (*came, come*)

hereinlassen VERB (PRESENT **lässt herein**, IMPERFECT **ließ herein**, PERFECT **hat hereingelassen**)
to let in

hereinlegen VERB (PERFECT **hat hereingelegt**)
◆ **jemanden hereinlegen** to take somebody for a ride (*Umgangssprache*) ◇ *Er will dich bloß hereinlegen.* He's just trying to take you for a ride.

hergeben VERB (PRESENT **gibt her**, IMPERFECT **gab her**, PERFECT **hat hergegeben**)
to hand over ◇ *Gib das Buch her!* Hand over the book!
◆ **sich zu etwas hergeben** to lend one's name to something

hergehen VERB (IMPERFECT **ging her**, PERFECT **ist hergegangen**)
◆ **hinter jemandem hergehen** to follow somebody
◆ **Es geht hoch her.** There are a lot of goings-on. (*Umgangssprache*)

herhören VERB (PERFECT **hat hergehört**)
to listen ◇ *Alle mal herhören!* Listen everybody!

der **Hering** SUBSTANTIV (PL die **Heringe**)
herring

herkommen VERB (IMPERFECT **kam her**, PERFECT **ist hergekommen**)
to come (*came, come*) ◇ *Komm mal her!* Come here!

die **Herkunft** SUBSTANTIV (PL die **Herkünfte**)
origin

das **Heroin** SUBSTANTIV
heroin

der **Herr** SUBSTANTIV (GEN des **Herrn**, PL die **Herren**)
1 *gentleman* (PL *gentlemen*) ◇ *Er ist ein feiner Herr.* He's a fine gentleman.
2 *Lord* ◇ *Herr, gib uns Frieden!* Lord, give us peace.
◆ **Herr Mosbacher** Mr Mosbacher
◆ **Mein Herr!** Sir!
◆ **Meine Herren!** Gentlemen!

herrlich ADJEKTIV
marvellous

herrschen VERB
1 *to reign* ◇ *Wann hat Karl der Große geherrscht?* When did Charlemagne reign?
2 *to be* (*is, was, been*) ◇ *Hier herrschen ja schöne Zustände.* This is a fine state of affairs. ◇ *Es herrscht noch Ungewissheit, wann das gemacht werden soll.* It's still uncertain when it's to be done.

herstellen VERB (PERFECT **hat hergestellt**)
to manufacture

der **Hersteller** SUBSTANTIV (PL die **Hersteller**)
manufacturer

die **Herstellung** SUBSTANTIV
manufacture

herüber ADVERB
1 *over here* ◇ *Er kam langsam zu uns herüber.* He came slowly over to us.
2 *across* ◇ *Sie versuchte, zu uns herüberzuschwimmen.* She tried to swim across to us.

herum ADVERB
round ◇ *Mach ein rotes Band herum.* Tie a red band round it.
◆ **um etwas herum** round something ◇ *Sie gingen ums Haus herum.* They went round the house.

herumführen VERB (PERFECT **hat herumgeführt**)
to show around (*showed, shown*)

herumgehen VERB (IMPERFECT **ging herum**, PERFECT **ist herumgegangen**)
to walk about ◇ *Wir sind ein paar Stunden in der Stadt herumgegangen.* We walked about the town for a couple of hours.
◆ **um etwas herumgehen** to walk round something ◇ *Sie ging um den Tisch herum.* She walked round the table.

herumkommen VERB (IMPERFECT **kam herum**, PERFECT **ist herumgekommen**)
to come round (*came, come*) ◇ *Ich sah sie um die Kurve herumkommen.* I saw her coming round the corner.

H

◆ **Sie ist schon viel herumgekommen.** She's seen a lot of the world.

sich **herumsprechen** VERB (PRESENT **spricht sich herum**, IMPERFECT **sprach sich herum**, PERFECT **hat sich herumgesprochen**)
to get around (*got, got*)

herunter ADVERB
down

heruntergekommen ADJEKTIV
run-down

herunterkommen VERB (IMPERFECT **kam herunter**, PERFECT **ist heruntergekommen**)
1 *to come down* (*came, come*) ◇ *Sie ist zu uns heruntergekommen.* She came down to us.
2 *to become run-down* (*became, become*) ◇ *Das Haus ist in den letzten Jahren ziemlich heruntergekommen.* The house has become rather run-down in the past few years.

hervorbringen VERB (IMPERFECT **brachte hervor**, PERFECT **hat hervorgebracht**)
to produce

hervorragend ADJEKTIV
excellent

hervorrufen VERB (IMPERFECT **rief hervor**, PERFECT **hat hervorgerufen**)
to cause

das **Herz** SUBSTANTIV (GEN des **Herzens**, PL die **Herzen**)
1 *heart* ◇ *Es bricht mir fast das Herz.* It almost breaks my heart.
2 *hearts* SING (*Karten*) ◇ *Herz ist Trumpf.* Hearts is trumps.

der **Herzinfarkt** SUBSTANTIV (PL die **Herzinfarkte**)
heart attack

herzlich ADJEKTIV
warm ◇ *ein herzlicher Empfang* a warm welcome ◇ *Wir wurden herzlich begrüßt.* We were warmly welcomed.
◆ **Herzlich willkommen in Bamberg.** Welcome to Bamberg.
◆ **Herzlichen Glückwunsch!** Congratulations.
◆ **Herzliche Grüße.** Best wishes.

herzlos ADJEKTIV
heartless

der **Herzschlag** SUBSTANTIV (PL die **Herzschläge**)
1 *heartbeat* ◇ *bei jedem Herzschlag* with every heartbeat
2 *heart attack* ◇ *Er hat einen Herzschlag bekommen.* He had a heart attack.

Hessen NEUT SUBSTANTIV
Hesse

> Hessen *is one of the 16* Länder. *Its capital is Wiesbaden, yet its biggest city is Frankfurt am Main, which is Germany's principal financial centre and home to the Bundesbank.*

das **Heu** SUBSTANTIV
hay
◆ **Geld wie Heu** stacks of money

heulen VERB
1 *to howl* ◇ *Die Wölfe heulten.* The wolves were howling.
2 *to cry* (*cried, cried*) ◇ *Jetzt fang nicht gleich an zu heulen.* Now don't start crying.

der **Heuschnupfen** SUBSTANTIV
hay fever ◇ *Sie leidet an Heuschnupfen.* She suffers from hay fever.

heute ADVERB
today
◆ **heute Abend** this evening
◆ **heute früh** this morning

heutig ADJEKTIV
today's ◇ *die heutige Jugend* today's youth

heutzutage ADVERB
nowadays

die **Hexe** SUBSTANTIV
witch (PL *witches*)

hexen VERB
◆ **Ich kann doch nicht hexen.** I can't work miracles.

der **Hexenschuss** ⚠ SUBSTANTIV (GEN des **Hexenschusses**)
lumbago

hielt VERB *siehe* **halten**

hier ADVERB
here ◇ *hier drinnen* in here
◆ **Hier spricht Lisa.** This is Lisa.

hierbleiben VERB (IMPERFECT **blieb hier**, PERFECT **ist hiergeblieben**)
to stay here

hierher ADVERB
here

hiesig ADJEKTIV
local ◇ *die hiesige Bevölkerung* the local population

hieß VERB *siehe* **heißen**

die **Hilfe** SUBSTANTIV
help KEIN PL
◆ **erste Hilfe** first aid
◆ **Hilfe!** Help!

hilflos ADJEKTIV
helpless

hilfreich ADJEKTIV
helpful

hilfsbereit ADJEKTIV
ready to help

hilft VERB *siehe* **helfen**

die **Himbeere** SUBSTANTIV
raspberry (PL *raspberries*)

der **Himmel** SUBSTANTIV (PL die **Himmel**)
1 *sky* (PL *skies*) ◇ *ein wolkenloser Himmel* a cloudless sky
2 *heaven* ◇ *in den Himmel kommen* to go to heaven

himmelblau ADJEKTIV
sky-blue

die **Himmelsrichtung** SUBSTANTIV
◆ **die vier Himmelsrichtungen** the four points of the compass

himmlisch ADJEKTIV
heavenly

hin ADVERB
◆ **hin und zurück** there and back
◆ **hin und her** to and fro

- **Wo ist er hin?** Where has he gone?
- **Geld hin, Geld her** money or no money
- **auf meine Bitte hin** at my request

hinauf ADVERB
up

hinaufsteigen VERB (IMPERFECT **stieg hinauf**, PERFECT **ist hinaufgestiegen**)
to climb ◇ *Wir sind auf den Berg hinaufgestiegen.* We climbed up the mountain.

hinaus ADVERB
out

hinausgehen VERB (IMPERFECT **ging hinaus**, PERFECT **ist hinausgegangen**)
to go out (*goes, went, gone*) ◇ *Sie ist kurz hinausgegangen.* She's gone out for a minute.
- **über etwas hinausgehen** to exceed something ◇ *Das geht weit über meine Erwartungen hinaus.* That far exceeds my expectations.

hinausschieben VERB (IMPERFECT **schob hinaus**, PERFECT **hat hinausgeschoben**)
to put off (*put, put*) ◇ *Sie haben die Entscheidung hinausgeschoben.* They put the decision off.

hinauswerfen VERB (PRESENT **wirft hinaus**, IMPERFECT **warf hinaus**, PERFECT **hat hinausgeworfen**)
to throw out (*threw, thrown*)

hindern VERB
- **jemanden an etwas hindern** to prevent somebody from doing something ◇ *Ich konnte ihn nicht am Weggehen hindern.* I couldn't prevent him from going.

das **Hindernis** SUBSTANTIV (GEN des **Hindernisses**, PL die **Hindernisse**)
obstacle

hinein ADVERB
in ◇ *Hinein mit dir!* In you go!

hineingehen VERB (IMPERFECT **ging hinein**, PERFECT **ist hineingegangen**)
to go in (*goes, went, gone*) ◇ *Geh doch hinein.* Go in.
- **hineingehen in** to go into ◇ *Sie traute sich nicht, ins Zimmer hineinzugehen.* She didn't dare go into the room.
- **Meinst du, der Koffer geht noch in den Kofferraum hinein?** Do you think there's still room for the case in the boot?

hineinpassen VERB (PRESENT **passt hinein**, IMPERFECT **passte hinein**, PERFECT **hat hineingepasst**)
to fit ◇ *Der Schlüssel passt nicht hinein.* The key doesn't fit.
- **hineinpassen in** to fit into ◇ *Dein Koffer passt gerade noch in den Kofferraum hinein.* Your case just fits into the boot.

die **Hinfahrt** SUBSTANTIV
outward journey

hinfallen VERB (PRESENT **fällt hin**, IMPERFECT **fiel hin**, PERFECT **ist hingefallen**)
to fall (*fell, fallen*) ◇ *Sie stolperte und fiel hin.* She stumbled and fell.

der **Hinflug** SUBSTANTIV (PL die **Hinflüge**)
outward flight

hinhalten VERB (PRESENT **hält hin**, IMPERFECT **hielt hin**, PERFECT **hat hingehalten**)
to hold out (*held, held*) ◇ *Sie hielt ihren Teller hin.* She held out her plate.
- **jemanden hinhalten** to put somebody off

hinken VERB
to limp

hinlegen VERB (PERFECT **hat hingelegt**)
to put down (*put, put*) ◇ *Leg das Buch dort drüben hin.* Put the book down over there.
- **sich hinlegen** to lie down

hinnehmen VERB (PRESENT **nimmt hin**, IMPERFECT **nahm hin**, PERFECT **hat hingenommen**)
to put up with (*put, put*) ◇ *Das kann ich nicht länger hinnehmen.* I can't put up with this any longer.

die **Hinreise** SUBSTANTIV
outward journey

sich **hinsetzen** VERB (PERFECT **hat sich hingesetzt**)
to sit down

hinstellen VERB (PERFECT **hat hingestellt**)
to put (*put, put*) ◇ *Wo soll ich die Vase hinstellen?* Where shall I put the vase?
- **Er stellte sich vor den Lehrer hin.** He went and stood in front of the teacher.

hinten ADVERB
at the back ◇ *Er sitzt ganz hinten.* He sits at the very back.

hinter PRÄPOSITION

Use the accusative to express movement or a change of place. Use the dative when there is no change of place.

1 *behind* ◇ *Stell dich hinter deine Schwester.* Stand behind your sister. ◇ *Ich saß hinter ihr.* I was sitting behind her.

2 *after* ◇ *Wir hatten kurz hinter Köln eine Panne.* We broke down just after Cologne.

hintere ADJEKTIV
back ◇ *die hinteren Reihen* the back rows
- **der hintere Reifen** the rear tyre

hintereinander ADVERB
one after the other
- **dreimal hintereinander** three times in a row

der **Hintergrund** SUBSTANTIV (PL die **Hintergründe**)
background

hinterher ADVERB
afterwards

der **Hintern** SUBSTANTIV (GEN des **Hintern**, PL die **Hintern**)
bottom

das **Hinterrad** SUBSTANTIV (PL die **Hinterräder**)
back wheel

hinüber ADVERB
over

hinübergehen VERB (IMPERFECT **ging hinüber**, PERFECT **ist hinübergegangen**)
to go over (*goes, went, gone*)

hinunter ADVERB
down

hinunterschlucken VERB (PERFECT **hat**

hinuntergeschluckt)
to swallow

der **Hinweg** SUBSTANTIV (PL die **Hinwege**)
way there ◇ *auf dem Hinweg* on the way there

der **Hinweis** SUBSTANTIV (GEN des **Hinweises**, PL die **Hinweise**)
1 *hint* ◇ *Er hat mir nicht den kleinsten Hinweis gegeben, wie ich das machen soll.* He didn't give me the slightest hint as to how I was supposed to do it.
2 *instruction* ◇ *Hinweise zur Bedienung* operating instructions

hinweisen VERB (IMPERFECT **wies hin**, PERFECT **hat hingewiesen**)
◆ **jemanden auf etwas hinweisen** to point something out to somebody ◇ *Er wies mich darauf hin, dass...* He pointed out to me that...

hinzufügen VERB (PERFECT **hat hinzugefügt**)
to add

das **Hirn** SUBSTANTIV (PL die **Hirne**)
brain

der **Hirsch** SUBSTANTIV (PL die **Hirsche**)
stag

historisch ADJEKTIV
historic

die **Hitze** SUBSTANTIV
heat

hitzefrei ADJEKTIV
◆ **hitzefrei haben** to have time off school because of excessively hot weather

If the temperature reaches 28°C–30°C at 10 a.m., then German children are sent home early and any afternoon lessons are cancelled.

die **Hitzewelle** SUBSTANTIV
heat wave

der **Hitzschlag** SUBSTANTIV (PL die **Hitzschläge**)
heatstroke

das **Hoch** (PL die **Hochs**)
siehe auch hoch ADJEKTIV SUBSTANTIV
1 *cheer* ◇ *Ein Hoch auf die Gastgeber!* Three cheers for the hosts!
2 *area of high pressure* ◇ *ein Hoch über dem Atlantik* an area of high pressure over the Atlantic

hoch ADJEKTIV
siehe auch das Hoch SUBSTANTIV
high ◇ *zehn Meter hoch* ten metres high
Before a noun or after an article, use hohe.
◇ *ein hoher Zaun* a high fence
◆ **Das ist mir zu hoch.** That's above my head.

hochbegabt ADJEKTIV
extremely talented

das **Hochdeutsch** SUBSTANTIV (GEN des **Hochdeutschen**)
High German

das **Hochhaus** SUBSTANTIV (GEN des **Hochhauses**, PL die **Hochhäuser**)
multistorey building

hochheben VERB (IMPERFECT **hob hoch**, PERFECT **hat hochgehoben**)
to lift up

hochnäsig ADJEKTIV
stuck-up

die **Hochsaison** SUBSTANTIV (PL die **Hochsaisons**)
high season

der **Hochsommer** SUBSTANTIV (PL die **Hochsommer**)
high summer

der **Hochsprung** SUBSTANTIV (PL die **Hochsprünge**)
high jump

höchst ADVERB
extremely

höchste ADJEKTIV
highest ◇ *Die Zugspitze ist der höchste Berg Deutschlands.* The Zugspitze is the highest mountain in Germany.

höchstens ADVERB
at most

die **Höchstgeschwindigkeit** SUBSTANTIV
maximum speed

höchstwahrscheinlich ADVERB
most probably

die **Hochzeit** SUBSTANTIV
wedding

der **Hof** SUBSTANTIV (PL die **Höfe**)
1 *yard* ◇ *Die Kinder spielen im Hof.* The children are playing in the yard.
2 *farm* ◇ *Dieser Bauer hat den größten Hof im Dorf.* This farmer has the largest farm in the village.

hoffen VERB
to hope ◇ *Ich hoffe, er kommt noch.* I hope he's coming.
◆ **auf etwas hoffen** to hope for something ◇ *Wir hoffen auf besseres Wetter.* We're hoping for better weather.

hoffentlich ADVERB
hopefully ◇ *Hoffentlich kommt er bald.* Hopefully he'll come soon. ◇ *Das passiert hoffentlich nie wieder.* Hopefully that won't happen again.
◆ **Hoffentlich nicht.** I hope not.

die **Hoffnung** SUBSTANTIV
hope

hoffnungslos ADJEKTIV
hopeless

höflich ADJEKTIV
polite

die **Höflichkeit** SUBSTANTIV
politeness

hohe ADJEKTIV
hohe *is the form of* hoch *used before a noun.*
high ◇ *ein hoher Zaun* a high fence

die **Höhe** SUBSTANTIV
height

der **Höhepunkt** SUBSTANTIV (PL die **Höhepunkte**)
climax (PL *climaxes*) ◇ *der Höhepunkt des Abends* the climax of the evening

höher ADJEKTIV, ADVERB
higher

hohl ADJEKTIV
hollow

die **Höhle** SUBSTANTIV

cave

holen VERB
to get (*got, got*) ◇ *Ich hole ihn.* I'll get him.
◆ **jemanden holen lassen** to send for somebody

Holland NEUT SUBSTANTIV
Holland
◆ **aus Holland** from Holland
◆ **in Holland** in Holland
◆ **nach Holland** to Holland

der **Holländer** SUBSTANTIV (PL die **Holländer**)
Dutchman (PL *Dutchmen*)
◆ **Er ist Holländer.** He's Dutch.
◆ **die Holländer** the Dutch

die **Holländerin** SUBSTANTIV
Dutchwoman (PL *Dutchwomen*)
◆ **Sie ist Holländerin.** She's Dutch.

holländisch ADJEKTIV
Dutch

die **Hölle** SUBSTANTIV
hell

das **Holz** SUBSTANTIV (GEN des **Holzes**, PL die **Hölzer**)
wood

die **Holzkohle** SUBSTANTIV
charcoal

homosexuell ADJEKTIV
homosexual

der **Honig** SUBSTANTIV (PL die **Honige**)
honey

die **Honigmelone** SUBSTANTIV
honeydew melon

der **Hopfen** SUBSTANTIV (PL die **Hopfen**)
hops PL

hörbar ADJEKTIV
audible

horchen VERB
1 *to listen* ◇ *Er horchte auf das kleinste Geräusch.* He listened for the slightest noise.
2 *to eavesdrop* ◇ *Du hast an der Tür gehorcht!* You've been eavesdropping at the door!

hören VERB
to hear (*heard, heard*) ◇ *Ich höre dich nicht.* I can't hear you.
◆ **Musik hören** to listen to music
◆ **Radio hören** to listen to the radio

der **Hörer** SUBSTANTIV (PL die **Hörer**)
receiver ◇ *Sie hat einfach den Hörer aufgelegt.* She simply put down the receiver.

der **Horizont** SUBSTANTIV (PL die **Horizonte**)
horizon ◇ *am Horizont* on the horizon

horizontal ADJEKTIV
horizontal

das **Horn** SUBSTANTIV (PL die **Hörner**)
horn

die **Hose** SUBSTANTIV
trousers PL ◇ *eine Hose* a pair of trousers

die **Hosentasche** SUBSTANTIV
trouser pocket

der **Hosenträger** SUBSTANTIV (PL die **Hosenträger**)
braces PL

das **Hotel** SUBSTANTIV (PL die **Hotels**)
hotel

hübsch ADJEKTIV
pretty

der **Hubschrauber** SUBSTANTIV (PL die **Hubschrauber**)
helicopter

das **Hufeisen** SUBSTANTIV (PL die **Hufeisen**)
horseshoe

die **Hüfte** SUBSTANTIV
hip

der **Hügel** SUBSTANTIV (PL die **Hügel**)
hill

hügelig ADJEKTIV
hilly

das **Huhn** SUBSTANTIV (PL die **Hühner**)
chicken ◇ *Huhn mit Reis* chicken with rice

die **Hummel** SUBSTANTIV
bumblebee

der **Hummer** SUBSTANTIV (PL die **Hummer**)
lobster

der **Humor** SUBSTANTIV
humour
◆ **Humor haben** to have a sense of humour

der **Hund** SUBSTANTIV (PL die **Hunde**)
dog

die **Hundehütte** SUBSTANTIV
kennel

hundemüde ADJEKTIV
dog-tired (*Umgangssprache*)

hundert ZAHL
a hundred

der **Hunger** SUBSTANTIV
hunger
◆ **Hunger haben** to be hungry

hungrig ADJEKTIV
hungry

die **Hupe** SUBSTANTIV
horn ◇ *auf die Hupe drücken* to sound the horn

hupen VERB
to sound the horn

hüpfen VERB (PERFECT **ist gehüpft**)
to hop

der **Husten** SUBSTANTIV
siehe auch husten VERB
cough

husten VERB
siehe auch der Husten SUBSTANTIV
to cough

das **Hustenbonbon** SUBSTANTIV (PL die **Hustenbonbons**)
cough drop

der **Hustensaft** SUBSTANTIV (PL die **Hustensäfte**)
cough mixture

der **Hut** SUBSTANTIV (PL die **Hüte**)
siehe auch die Hut SUBSTANTIV
hat

die **Hut** SUBSTANTIV
siehe auch der Hut SUBSTANTIV
◆ **auf der Hut sein** to be on one's guard

hüten VERB
to look after ◇ *Silke hütet heute Abend unsere Kinder.* Silke's looking after our

H

children this evening.

- **ein Geheimnis hüten** to keep a secret
- **sich hüten, etwas zu tun** to take care not to do something ◇ *Ich werde mich hüten, ihr das zu sagen.* I'll take care not to say that to her.
- **sich hüten vor** to be on one's guard against ◇ *Hüte dich vor ihm, er lügt.* Be on your guard against him, he's a liar.

hygienisch ADJEKTIV
hygienic

hypnotisieren VERB (PERFECT **hat hypnotisiert**)
to hypnotize

hysterisch ADJEKTIV
hysterical ◇ *Sie wurde hysterisch.* She became hysterical.

I

ich PRONOMEN

I ◇ *Ich weiß nicht.* I don't know.

◆ **Ich bin's!** It's me!

das **Ideal** SUBSTANTIV (PL die **Ideale**)

siehe auch ideal ADJEKTIV

ideal

ideal ADJEKTIV

siehe auch das Ideal SUBSTANTIV

ideal

die **Idee** SUBSTANTIV

idea

identifizieren VERB (PERFECT **hat identifiziert**)

to identify (*identified, identified*)

identisch ADJEKTIV

identical

die **Ideologie** SUBSTANTIV

ideology (PL *ideologies*)

ideologisch ADJEKTIV

ideological

der **Idiot** SUBSTANTIV (GEN des **Idioten**, PL die **Idioten**)

idiot

idiotisch ADJEKTIV

idiotic

der **Igel** SUBSTANTIV (PL die **Igel**)

hedgehog

ihm PRONOMEN

ihm *is the dative of* er *and* es.

[1] *him* ◇ *Kannst du ihm sagen, wie spät es ist?* Can you tell him what the time is?

[2] *to him* ◇ *Gib es ihm!* Give it to him.

[3] *it* ◇ *Das Meerschweinchen hat Hunger, gib ihm was zu essen.* The guinea pig's hungry, give it something to eat.

ihn PRONOMEN

ihn *is the accusative of* er.

him ◇ *Ich habe ihn gesehen.* I saw him.

ihnen PRONOMEN

siehe auch Ihnen PRONOMEN

ihnen *is the dative of* sie *(plural).*

[1] *them* ◇ *Ich sage es ihnen.* I'll tell them.

[2] *to them* ◇ *Gib es ihnen.* Give it to them.

Ihnen PRONOMEN

siehe auch ihnen PRONOMEN

Ihnen *is the dative of* Sie.

[1] *you* ◇ *Darf ich Ihnen etwas zu trinken anbieten?* May I offer you something to drink?

[2] *to you* ◇ *Darf ich Ihnen das geben?* May I give this to you?

ihr PRONOMEN

siehe auch Ihr ADJEKTIV, ihr ADJEKTIV

[1] *you* ◇ *Habt ihr das gesehen?* Did you see that?

The familiar form of address ihr *is used when addressing family members, friends, children under 16 and pets.*

◇ *Ihr seid es.* It's you.

ihr *is also the dative of* sie *(singular).*

[2] *her* ◇ *Kannst du ihr das bitte ausrichten?* Can you please tell her?

◆ **Er steht neben ihr.** He's standing beside her.

[3] *to her* ◇ *Gib es ihr.* Give it to her.

ihr ADJEKTIV

siehe auch Ihr ADJEKTIV, ihr PRONOMEN

[1] *her* ◇ *Ihr Vater ist nett.* Her father's nice. ◇ *Ihre Mutter hat mir das gesagt.* Her mother told me. ◇ *Das ist ihr Fahrrad.* That's her bike. ◇ *Ihre Eltern sind prima.* Her parents are great.

[2] *hers* ◇ *Das ist nicht ihr Füller, ihrer ist schwarz.* That's not her pen, hers is black. ◇ *Meine Mutter heißt Ulla, ihre auch.* My mother's called Ulla, so is hers. ◇ *Mein Fahrrad war kaputt, also habe ich ihres genommen.* My bike was broken, so I took hers. ◇ *Seine Noten sind schlecht, ihre sind viel besser.* His marks are bad, hers are much better.

[3] *their* ◇ *Das ist ihr Lehrer.* That's their teacher. ◇ *Ihre Englischlehrerin ist netter als unsere.* Their English teacher's nicer than ours. ◇ *Ihr Haus liegt gleich neben unserem.* Their house is right next door to ours. ◇ *die Bäume und ihre Blätter* the trees and their leaves

[4] *theirs* ◇ *Das ist nicht ihr Lehrer, ihrer heißt Herr Schulz.* That's not their teacher, theirs is called Mr Schulz. ◇ *Unsere Schule macht einen Wandertag, ihre nicht.* Our school is going rambling, theirs isn't. ◇ *Das ist nicht ihr Haus, ihres ist in der Hauptstraße.* That's not their house, theirs is on the main road. ◇ *Unsere Lehrer sind streng, ihre sind viel netter.* Our teachers are strict, theirs are much nicer.

Ihr ADJEKTIV

siehe auch ihr ADJEKTIV, ihr PRONOMEN

[1] *your* ◇ *Ihr Vater ist nett.* Your father's nice. ◇ *Ihre Mutter hat mir das gesagt.* Your mother told me. ◇ *Ist das Ihr Fahrrad?* Is that your bike? ◇ *Leben Ihre Eltern noch?* Are your parents still alive?

[2] *yours* ◇ *Das ist nicht Ihr Füller, Ihrer ist hier.* That's not your pen, yours is here. ◇ *Meine Mutter heißt Ulla, wie heißt Ihre?* My mother's called Ulla, what's yours called? ◇ *Mein Fahrrad ist kaputt, kann ich Ihres nehmen?* My bike's broken, can I take yours? ◇ *Unsere Kinder sind nicht so artig wie Ihre.* Our children aren't as well-behaved as yours.

ihretwegen ADVERB

siehe auch Ihretwegen

ihretwegen *refers to* sie *(singular or plural).*

[1] *for her sake* ◇ *Ich habe ihretwegen auf den Urlaub verzichtet.* I went without a holiday for her sake.

[2] *on her account* ◇ *Er hat sich ihretwegen furchtbar aufgeregt.* He got

terribly upset on her account.
[3] *as far as she's concerned* ◇ *Sie sagt, dass du ihretwegen ruhig gehen kannst.* She says that as far as she's concerned you can go.
[4] *for their sake* ◇ *Wir haben ihretwegen auf den Urlaub verzichtet.* We went without a holiday for their sake.
[5] *on their account* ◇ *Er hat sich ihretwegen furchtbar aufgeregt.* He got terribly upset on their account.
[6] *as far as they're concerned* ◇ *Sie sagen, dass du ihretwegen ruhig gehen kannst.* They say that as far as they're concerned you can go.

Ihretwegen ADVERB
siehe auch ihretwegen
Ihretwegen *refers to* Sie.
[1] *for your sake* ◇ *Ich habe Ihretwegen auf den Urlaub verzichtet.* I went without a holiday for your sake.
[2] *on your account* ◇ *Er hat sich Ihretwegen furchtbar aufgeregt.* He got terribly upset on your account.

die **Illustrierte** SUBSTANTIV (GEN der **Illustrierten**)
magazine

im = **in dem**

der **Imbiss** ⚠ SUBSTANTIV (GEN des **Imbisses**, PL die **Imbisse**)
snack

die **Imbissstube** ⚠ SUBSTANTIV
snack bar

immatrikulieren VERB (PERFECT **hat immatrikuliert**)
to register (*at university*)

immer ADVERB
always ◇ *Du kommst immer zu spät.* You're always late.
- **immer wieder** again and again
- **immer noch** still
- **immer noch nicht** still not
- **für immer** forever
- **immer wenn ich...** every time I...
- **immer schöner** more and more beautiful
- **immer trauriger** sadder and sadder
- **wer auch immer** whoever
- **was auch immer** whatever

immerhin ADVERB
at least

das **Imperfekt** SUBSTANTIV (PL die **Imperfekte**)
imperfect

impfen VERB
to vaccinate ◇ *jemanden gegen etwas impfen* to vaccinate somebody against something

der **Impfstoff** SUBSTANTIV (PL die **Impfstoffe**)
vaccine

die **Impfung** SUBSTANTIV
vaccination

imponieren VERB (PERFECT **hat imponiert**)
to impress ◇ *jemandem imponieren* to impress somebody

der **Import** SUBSTANTIV (PL die **Importe**)
import

importieren VERB (PERFECT **hat importiert**)
to import

improvisieren VERB (PERFECT **hat improvisiert**)
to improvise

imstande ADJEKTIV
- **imstande sein, etwas zu tun** to be able to do something

in PRÄPOSITION
Use the accusative to express movement or a change of place. Use the dative when there is no change of place.
[1] *in* ◇ *Es ist im Schrank.* It's in the cupboard. ◇ *Sie ist in der Stadt.* She's in town. ◇ *Sie wurde rot im Gesicht.* She went red in the face.
[2] *into* ◇ *Lege es in diese Schublade.* Put it into this drawer. ◇ *Sie geht in die Stadt.* She's going into town.
- **in der Schule sein** to be at school
- **in die Schule gehen** to go to school
- **in diesem Jahr** this year
- **heute in zwei Wochen** two weeks today
- **bis ins zwanzigste Jahrhundert** into the twentieth century
- **in sein** to be in ◇ *Rollerblades sind jetzt in.* Roller blades are in at the moment.

inbegriffen ADVERB
included

der **Inder** SUBSTANTIV (PL die **Inder**)
Indian

die **Inderin** SUBSTANTIV
Indian

der **Indianer** SUBSTANTIV (PL die **Indianer**)
Native American

die **Indianerin** SUBSTANTIV
Native American

indianisch ADJEKTIV
Native American

das **Indien** SUBSTANTIV
India
- **aus Indien** from India
- **nach Indien** to India

indisch ADJEKTIV
Indian

indiskutabel ADJEKTIV
out of the question

die **Industrie** SUBSTANTIV
industry (PL *industries*)

das **Industriegebiet** SUBSTANTIV (PL die **Industriegebiete**)
industrial area

der **Infarkt** SUBSTANTIV (PL die **Infarkte**)
coronary (PL *coronaries*)

die **Infektion** SUBSTANTIV
infection

der **Infinitiv** SUBSTANTIV (PL die **Infinitive**)
infinitive

infizieren VERB (PERFECT **hat infiziert**)
to infect ◇ *Sie hat ihren Bruder infiziert.* She infected her brother.
- **sich bei jemandem infizieren** to catch something from somebody

die **Inflation** SUBSTANTIV
inflation
infolge PRÄPOSITION
The preposition infolge *takes the genitive.*
as a result of
infolgedessen ADVERB
consequently
die **Informatik** SUBSTANTIV
computer science
die **Information** SUBSTANTIV
information KEIN PL ◇ *Weitere Informationen lassen wir Ihnen zukommen.* We will send you further information.
informieren VERB (PERFECT **hat informiert**)
to inform
◆ **sich über etwas informieren** to find out about something ◇ *Ich werde mich über die Bedingungen informieren.* I'll find out about the terms.
◆ **sich über jemanden informieren** to make enquiries about somebody ◇ *Ich habe mich über ihn informiert.* I've made enquiries about him.
der **Ingenieur** SUBSTANTIV (PL die **Ingenieure**)
engineer
die **Ingenieurschule** SUBSTANTIV
school of engineering
der **Ingwer** SUBSTANTIV
ginger
der **Inhaber** SUBSTANTIV (PL die **Inhaber**)
owner ◇ *Wir müssen den Inhaber des Hauses fragen, ob das geht.* We'll have to ask the owner of the house if it's all right.
◆ **der Inhaber einer Lizenz** the licence holder
der **Inhalt** SUBSTANTIV (PL die **Inhalte**)
1 *contents* PL ◇ *Der Inhalt der Flasche war grün.* The contents of the bottle were green.
2 *content* ◇ *Fasse den Inhalt dieser Geschichte zusammen.* Summarize the content of this story.
3 *volume* ◇ *Berechne den Inhalt des Würfels.* Calculate the volume of the cube.
die **Inhaltsangabe** SUBSTANTIV
summary (PL *summaries*)
das **Inhaltsverzeichnis** SUBSTANTIV (GEN des **Inhaltsverzeichnisses**, PL die **Inhaltsverzeichnisse**)
table of contents
inklusive PRÄPOSITION, ADVERB
The preposition inklusive *takes the genitive.*
1 *inclusive of* ◇ *ein Computer inklusive Bildschirm* a computer inclusive of monitor
2 *included* ◇ *Die Bedienung ist inklusive.* Service is included.
das **Inland** SUBSTANTIV
◆ **im In- und Ausland** at home and abroad
innen ADVERB
inside
der **Innenminister** SUBSTANTIV (PL die **Innenminister**)
Home Secretary (PL *Secretaries*)
die **Innenpolitik** SUBSTANTIV
domestic policy
innenpolitisch ADJEKTIV
internal
die **Innenstadt** SUBSTANTIV (PL die **Innenstädte**)
town centre
innere ADJEKTIV
internal ◇ *innere Blutungen* internal bleeding ◇ *die inneren Angelegenheiten des Landes* the internal matters of the country
die **Innereien** FEM PL SUBSTANTIV
innards PL
innerhalb ADVERB, PRÄPOSITION
The preposition innerhalb *takes the genitive.*
1 *within* ◇ *Das muss innerhalb von zwei Tagen gemacht werden.* That must be done within two days.
◆ **Ich schaffe das nicht innerhalb der gesetzten Frist.** I won't manage that by the deadline.
2 *during* ◇ *Der Bus fährt nur innerhalb der Woche, nicht an Wochenenden.* The bus only runs during the week, not at the weekend.
inoffiziell ADJEKTIV
unofficial
ins = **in das**
insbesondere ADVERB
particularly
die **Inschrift** SUBSTANTIV
inscription
das **Insekt** SUBSTANTIV (PL die **Insekten**)
insect
die **Insel** SUBSTANTIV
island
insgesamt ADVERB
in all ◇ *Er hat insgesamt drei Fahrräder.* He has three bikes in all. ◇ *Insgesamt waren dreihundert Leute gekommen.* In all, three hundred people came.
der **Instinkt** SUBSTANTIV (PL die **Instinkte**)
instinct
instinktiv ADJEKTIV
instinctive
das **Instrument** SUBSTANTIV (PL die **Instrumente**)
instrument
intellektuell ADJEKTIV
intellectual
intelligent ADJEKTIV
intelligent
die **Intelligenz** SUBSTANTIV
intelligence
intensiv ADJEKTIV
intensive
interessant ADJEKTIV
interesting
das **Interesse** SUBSTANTIV (PL die **Interessen**)
interest
◆ **Interesse haben an** to be interested in ◇ *Hast du Interesse an einem gebrauchten Notebook?* Are you interested in a used notebook? ◇ *Manfred scheint Interesse an dir zu haben.* Manfred seems to be interested in you.
interessieren VERB (PERFECT **hat interessiert**)
to interest ◇ *Es interessiert mich, was du*

in den Ferien erlebt hast. I'm interested to know what you did in your holidays.
◆ **sich interessieren für** to be interested in ◇ *Ich interessiere mich für Kunst.* I'm interested in art.

das **Internat** SUBSTANTIV (PL die **Internate**)
boarding school

international ADJEKTIV
international

interpretieren VERB (PERFECT **hat interpretiert**)
to interpret

intransitiv ADJEKTIV
intransitive

inwiefern ADVERB
how far ◇ *Ich weiß nicht, inwiefern das stimmt.* I don't know how far that's right.

inzwischen ADVERB
meanwhile

der **Irak** SUBSTANTIV
Iraq
◆ **aus dem Irak** from Iraq
◆ **im Irak** in Iraq
◆ **in den Irak** to Iraq

irakisch ADJEKTIV
Iraqi

der **Iran** SUBSTANTIV
Iran
◆ **aus dem Iran** from Iran
◆ **im Iran** in Iran
◆ **in den Iran** to Iran

iranisch ADJEKTIV
Iranian

der **Ire** SUBSTANTIV (GEN des **Iren**, PL die **Iren**)
Irishman (PL *Irishmen*)
◆ **die Iren** the Irish

irgend ADVERB
at all ◇ *Komm, wenn es irgend geht.* Come if it's at all possible.
◆ **irgend jemand** somebody
◆ **irgend etwas** something

irgendein ADJEKTIV
[1] *some* ◇ *Irgendein Mann hat mir das gesagt.* Some man told me. ◇ *Irgendeine Ausrede wird dir schon einfallen.* You'll think of some excuse.
◆ **Bring mir irgendein Getränk mit.** Bring me something to drink.
◆ **Welchen Kuli willst du? – Irgendeinen.** Which pen do you want? – Any one.
[2] *any*
any *wird vor allem in verneinten Sätzen benutzt.*
◇ *Ich will nicht irgendeinen Computer.* I don't just want any computer. ◇ *Gibt es nicht irgendeine Möglichkeit?* Isn't there any chance?

irgendwann ADVERB
sometime

irgendwie ADVERB
somehow

irgendwo ADVERB
somewhere

irgendwohin ADVERB
somewhere ◇ *Ich habe das irgendwohin gelegt.* I've put it somewhere.
◆ **Stell es irgendwohin.** Put it anywhere.

die **Irin** SUBSTANTIV
Irishwoman (PL *Irishwomen*)

irisch ADJEKTIV
Irish

Irland NEUT SUBSTANTIV
Ireland
◆ **aus Irland** from Ireland
◆ **in Irland** in Ireland
◆ **nach Irland** to Ireland

die **Ironie** SUBSTANTIV
irony

ironisch ADJEKTIV
ironic ◇ *Das war ironisch gemeint.* That was meant to be ironic.

irre ADJEKTIV
[1] *mad* ◇ *Wer ist denn auf diese irre Idee gekommen?* Who thought up this mad idea?
[2] *fantastic* (*toll*) ◇ *Das war ein irres Konzert.* That was a fantastic concert.
[3] *incredibly* ◇ *Er ist irre schnell gefahren.* He drove incredibly fast. ◇ *Die Party war irre gut.* The party was incredibly good.

irreführen VERB (PERFECT **hat irregeführt**)
to mislead (*misled, misled*)

irren VERB
Use haben *to form the perfect tense for* **to be mistaken** *but* sein *for* **to wander about**.
◆ **sich irren** to be mistaken ◇ *Du hast dich geirrt.* You were mistaken.
to wander about ◇ *Sie ist durch die Straßen geirrt.* She wandered about the streets.

irrsinnig ADJEKTIV
[1] *crazy* ◇ *Das ist doch eine irrsinnige Idee.* That's a crazy idea.
[2] *incredibly* ◇ *Er ist irrsinnig schnell gefahren.* He drove incredibly fast.

der **Irrtum** SUBSTANTIV (PL die **Irrtümer**)
mistake

der **Islam** SUBSTANTIV
Islam

Island NEUT SUBSTANTIV
Iceland
◆ **nach Island** to Iceland

Israel NEUT SUBSTANTIV
Israel
◆ **aus Israel** from Israel
◆ **nach Israel** to Israel

der/die **Israeli** SUBSTANTIV (PL die **Israelis**)
Israeli ◇ *Sie ist mit einem Israeli verheiratet.* He is married to an Israeli.

israelisch ADJEKTIV
Israeli

isst ⚠ VERB *siehe* **essen**

ist VERB *siehe* **sein**

Italien NEUT SUBSTANTIV
Italy
◆ **aus Italien** from Italy

- **in Italien** in Italy
- **nach Italien** to Italy

der **Italiener** SUBSTANTIV (PL die **Italiener**)
Italian

die **Italienerin** SUBSTANTIV
Italian

italienisch ADJEKTIV
Italian

J

ja ADVERB
[1] *yes* ◇ *Hast du das gesehen? – Ja.* Did you see that? – Yes, I did.
◆ **Ich glaube ja.** I think so.
[2] *really?* (*fragend*) ◇ *Ich habe mir ein neues Auto gekauft. – Ach ja?* I've bought a new car. – Really?
◆ **Ich habe gekündigt. – Ja?** I've quit. – Have you?
◆ **Du kommst, ja?** You're coming, aren't you?
◆ **Sei ja vorsichtig!** Do be careful.
◆ **Sie wissen ja, dass...** As you know,...
◆ **Tu das ja nicht!** Don't you dare do that!
◆ **Ich habe es ja gewusst.** I just knew it.
◆ **ja, also...** well... ◇ *Ja, also wenn ihr alle geht, dann gehe ich mit.* Well, if you're all going, then I'm going too.

die **Jacht** SUBSTANTIV
yacht

die **Jacke** SUBSTANTIV
[1] *jacket* ◇ *Sie trug einen blauen Rock und eine schwarze Jacke.* She was wearing a blue skirt and a black jacket.
[2] *cardigan* (*Wolljacke*) ◇ *Wenn es dir kalt ist, solltest du eine Jacke anziehen.* If you're cold, you should put on a cardigan.

das **Jackett** SUBSTANTIV (PL die **Jacketts**)
jacket

die **Jagd** SUBSTANTIV (PL die **Jagden**)
[1] *hunt* ◇ *Er fiel während der Jagd vom Pferd.* He fell off his horse during the hunt.
[2] *hunting* (*Jagen*) ◇ *Alan geht oft zur Jagd.* Alan often goes hunting.

jagen VERB
Use haben *to form the perfect tense for* **to hunt** *or* **to chase** *but* sein *for* **to race**.
[1] *to hunt* ◇ *Sonntags geht er jagen.* He goes hunting on Sundays. ◇ *Er hat in Afrika Löwen gejagt.* He hunted lions in Africa. ◇ *Meine Katze jagt Mäuse.* My cat hunts mice.
[2] *to chase* (*verfolgen*) ◇ *Die Polizei hat die Bankräuber gejagt, aber nicht eingeholt.* The police chased the bank robbers but didn't catch them.
[3] *to race* ◇ *Wir sind mit ihr ins Krankenhaus gejagt.* We raced with her to the hospital.
◆ **Damit kann man mich jagen.** I can't stand that.

das **Jahr** SUBSTANTIV (PL die **Jahre**)
year ◇ *Ich bin vierzehn Jahre alt.* I'm fourteen years old.
◆ **die neunziger Jahre** the nineties

jahrelang ADVERB
for years

die **Jahreszeit** SUBSTANTIV
season
◆ **zu jeder Jahreszeit** throughout the year ◇ *Man bekommt inzwischen zu jeder Jahreszeit Erdbeeren.* You can now get strawberries throughout the year.

der **Jahrgang** SUBSTANTIV (PL die **Jahrgänge**)
◆ **Sie ist mein Jahrgang.** She was born in the same year as me.
◆ **Welcher Jahrgang bist du?** In which year were you born?

das **Jahrhundert** SUBSTANTIV (PL die **Jahrhunderte**)
century (PL *centuries*)

jährlich ADJEKTIV, ADVERB
yearly

jähzornig ADJEKTIV
hot-tempered

die **Jalousie** SUBSTANTIV
Venetian blind

der **Jammer** SUBSTANTIV
misery
◆ **Es ist ein Jammer, dass...** It's a crying shame that...

jämmerlich ADJEKTIV
pitiful ◇ *ein jämmerliches Miauen* a pitiful miaowing
◆ **jämmerlich weinen** to cry bitterly

jammern VERB
to whine ◇ *Hör auf zu jammern!* Stop whining.

der **Januar** SUBSTANTIV (GEN des **Januar** *or* **Januars**, PL die **Januare**)
January ◇ *im Januar* in January ◇ *am dritten Januar* on the third of January ◇ *Ulm, den 3. Januar 1990* Ulm, 3 January 1990 ◇ *Heute ist der dritte Januar.* Today is the third of January.

Japan NEUT SUBSTANTIV
Japan
◆ **aus Japan** from Japan
◆ **nach Japan** to Japan

der **Japaner** SUBSTANTIV (PL die **Japaner**)
Japanese

die **Japanerin** SUBSTANTIV
Japanese

japanisch ADJEKTIV
Japanese

jaulen VERB
to howl

je ADVERB, KONJUNKTION
[1] *ever* ◇ *Warst du je in Italien?* Have you ever been to Italy? ◇ *Hast du so was je gesehen?* Did you ever see anything like it?
[2] *each* ◇ *Wir haben je zwei Stück bekommen.* We got two pieces each. ◇ *Sie zahlten je drei Mark.* They paid three marks each.
◆ **je nach** depending on ◇ *Je nach Größe sind sie verschieden teuer.* Prices vary depending on size.
◆ **je nachdem** it depends ◇ *Wir kommen vielleicht etwas später, je nachdem, wie lange wir unterwegs sind.* We'll perhaps be a little

late, it depends how long we take to get there.

- **je nachdem, ob...** depending on whether... ◇ *Wir kommen vielleicht mit den Kindern, je nachdem ob sie Lust haben.* We'll come with the children depending on whether they feel like it or not.
- **je...um so...** the...the... ◇ *Je schneller er fuhr, um so mehr Angst hatte sie.* The faster he drove, the more frightened she was.
- **je eher, desto besser** the sooner the better
- **besser denn je** better than ever
- **Es geht mir besser denn je.** Things have never been better.

die **Jeans** SUBSTANTIV (PL die **Jeans**)
jeans PL
- **eine Jeans** a pair of jeans ◇ *Ich habe mir eine neue Jeans gekauft.* I've bought myself a new pair of jeans.

jede ADJEKTIV, PRONOMEN
1 *every* ◇ *Jeder Schüler bekommt ein Zeugnis.* Every pupil receives a report. ◇ *Ich besuche sie jede Woche.* I visit her every week. ◇ *Er gab jedem Mädchen ein Bonbon.* He gave every girl a sweet.
- **jeder** everybody ◇ *Jeder weiß, dass das nicht erlaubt ist.* Everybody knows that that's not allowed.

2 *each* (*jede einzelne*) ◇ *Jeder von euch bekommt ein Stück.* Each of you will get a piece. ◇ *Jede seiner Freundinnen war anders.* Each of his girlfriends was different.
- **Jedes der Kinder hat mir etwas geschenkt.** Each child gave me something.

jedenfalls ADVERB
in any case

jedermann PRONOMEN
everyone

jederzeit ADVERB
at any time

jedesmal ADVERB
every time

jedoch ADVERB
however

jemals ADVERB
ever

jemand PRONOMEN
1 *somebody* ◇ *Jemand hat mir gesagt, dass du krank bist.* Somebody told me that you were ill.
2 *anybody*
In Fragen wird **anybody** *benutzt.*
◇ *War jemand zu Hause?* Was anybody at home?

jetzt ADVERB
now ◇ *Sie ist jetzt in der Schweiz.* She's in Switzerland now.

jeweils ADVERB
- **jeweils zwei zusammen** two at a time
- **zu jeweils fünf Mark** at five marks each

das **Jod** SUBSTANTIV
iodine

jodeln VERB
to yodel

joggen VERB
Use haben *for the perfect tense when you describe the activity and* sein *when you describe the motion.*
to jog ◇ *Früher habe ich oft gejoggt.* I used to jog a lot. ◇ *Wir sind durch den Wald gejoggt.* We jogged through the woods.

der **Jogginganzug** SUBSTANTIV (PL die **Jogginganzüge**)
tracksuit

der **Joghurt** SUBSTANTIV (PL die **Joghurts**)
yogurt

die **Johannisbeere** SUBSTANTIV
redcurrant ◇ *Johannisbeeren sind mir zu sauer.* Redcurrants are too sour for me.
- **schwarze Johannisbeere** blackcurrant

jubeln VERB
to rejoice

das **Jubiläum** SUBSTANTIV (PL die **Jubiläen**)
anniversary (PL *anniversaries*)
◇ *Nächstes Jahr feiert unsere Schule ihr zwanzigjähriges Jubiläum.* Our school's celebrating its twentieth anniversary next year.

jucken VERB
to be itchy ◇ *Meine Nase juckt.* My nose is itchy.
- **Es juckt mich am Arm.** My arm's itchy.
- **Das juckt mich.** That's itchy.

der **Jude** SUBSTANTIV (GEN des **Juden**, PL die **Juden**)
Jew

die **Jüdin** SUBSTANTIV
Jew

jüdisch ADJEKTIV
Jewish

die **Jugend** SUBSTANTIV
youth ◇ *In meiner Jugend habe ich Fußball gespielt.* I used to play football in my youth. ◇ *die Jugend von heute* the youth of today

die **Jugendherberge** SUBSTANTIV
youth hostel

jugendlich ADJEKTIV
youthful ◇ *Er hat ein jugendliches Gesicht.* He has a youthful face. ◇ *Sie sieht sehr jugendlich aus.* She looks very youthful.

der/die **Jugendliche** SUBSTANTIV (GEN des/der **Jugendlichen**, PL die **Jugendlichen**)
teenager ◇ *Ich habe einen Jugendlichen dabei beobachtet, wie er die Wand besprüht hat.* I watched a teenager spray the wall.

Jugoslawien NEUT SUBSTANTIV
Yugoslavia ◇ *das frühere Jugoslawien* the former Yugoslavia

jugoslawisch ADJEKTIV
Yugoslavian

der **Juli** SUBSTANTIV (GEN des **Juli** *or* **Julis**, PL die **Julis**)
July ◇ *im Juli* in July ◇ *am dritten Juli* on the third of July ◇ *Ulm, den 3. Juli 1998* Ulm, 3 July 1998 ◇ *Heute ist der dritte Juli.* Today is the third of July.

jung ADJEKTIV
young ◇ *Er ist drei Jahre jünger als ich.* He's three years younger than me.

J

der **Junge** SUBSTANTIV (GEN des **Jungen**, PL die **Jungen**)
siehe auch das Junge SUBSTANTIV
boy ◇ *In unserer Klasse gibt es zehn Jungen und fünfzehn Mädchen.* There are ten boys and fifteen girls in our class.

das **Junge** SUBSTANTIV (GEN des **Jungen**, PL die **Jungen**)
siehe auch der Junge SUBSTANTIV
young animal
◆ **eine Löwin mit ihren Jungen** a lioness with her young

die **Jungfrau** SUBSTANTIV
1 *virgin*
2 *Virgo* (*Sternzeichen*) ◇ *Veronika ist Jungfrau.* Veronika's Virgo.

jüngste ADJEKTIV
1 *youngest* ◇ *Er ist der jüngste Schüler der Klasse.* He's the youngest pupil in the class.
2 *latest* ◇ *die jüngsten Entwicklungen* the latest developments

der **Juni** SUBSTANTIV (GEN des **Juni** *or* **Junis**, PL die **Junis**)
June ◇ *im Juni* in June ◇ *am fünfzehnten Juni* on the fifteenth of June ◇ *Ulm, den 3. Juni 1999* Ulm, 3 June 1999 ◇ *Heute ist der dritte Juni.* Today is the third of June.

der **Jux** SUBSTANTIV
laugh ◇ *Das war ein Jux!* That was a laugh! ◇ *Wir haben das aus Jux gemacht.* We did it for a laugh.

K

das **Kabel** SUBSTANTIV (PL die **Kabel**)
1 *wire* ◇ *Das Kabel des Telefons ist zu kurz.* The telephone wire is too short.
2 *cable* ◇ *Das Kabel der Seilbahn muss regelmäßig überprüft werden.* The cable on the cable car has to be checked regularly.

das **Kabelfernsehen** SUBSTANTIV
cable television

die **Kabine** SUBSTANTIV
1 *cabin* ◇ *Wir hatten zu zweit eine Kabine auf dem Schiff.* The two of us shared a cabin on the ship.
2 *cubicle* ◇ *Sie können das Kleid dort hinten in der Kabine anprobieren.* You can try the dress on in the cubicle over there.

der **Käfer** SUBSTANTIV (PL die **Käfer**)
beetle

der **Kaffee** SUBSTANTIV (PL die **Kaffees** *or* **Kaffee**)
coffee ◇ *Herr Ober, zwei Kaffee bitte.* Two coffees please, waiter.

die **Kaffeekanne** SUBSTANTIV
coffeepot

der **Käfig** SUBSTANTIV (PL die **Käfige**)
cage

kahl ADJEKTIV
bald ◇ *sein kahler Kopf* his bald head
◆ **die kahlen Bäume im Winter** the bare trees in winter

kahlgeschoren ADJEKTIV
shaven

der **Kaiser** SUBSTANTIV (PL die **Kaiser**)
emperor

der **Kakao** SUBSTANTIV (PL die **Kakaos** *or* **Kakao**)
cocoa ◇ *Herr Ober, zwei Kakao bitte.* Two cups of cocoa please, waiter.

das **Kalb** SUBSTANTIV (PL die **Kälber**)
calf (PL *calves*) (*animal*)

das **Kalbfleisch** SUBSTANTIV
veal

der **Kalender** SUBSTANTIV (PL die **Kalender**)
1 *calendar* ◇ *An der Wand hing ein Kalender mit Bildern von Picasso.* A calendar with pictures by Picasso was hanging on the wall.
2 *diary* (PL *diaries*) (*Taschenkalender*) ◇ *Sie holte ihren Kalender aus der Tasche.* She got her diary out of her bag.

der **Kalk** SUBSTANTIV
1 *lime* (*Gestein*)
2 *calcium* ◇ *Ein Mangel an Kalk kann zu schlechten Zähnen führen.* A lack of calcium can lead to bad teeth.

die **Kalorie** SUBSTANTIV
calorie

kalorienarm ADJEKTIV
low in calories

kalt ADJEKTIV
cold ◇ *Heute ist es kälter als gestern.* It's colder today than yesterday.
◆ **Mir ist kalt.** I'm cold.
◆ **etwas kalt stellen** to chill something ◇ *Du solltest den Weißwein kalt stellen.* You should chill the white wine.

die **Kälte** SUBSTANTIV
1 *cold* ◇ *Bei dieser Kälte gehe ich nicht raus.* I'm not going out in this cold.
2 *coldness* ◇ *Die Kälte des Wassers hat uns vom Baden abgehalten.* The coldness of the water stopped us from bathing.

kam VERB *siehe* **kommen**

das **Kamel** SUBSTANTIV (PL die **Kamele**)
camel

die **Kamera** SUBSTANTIV (PL die **Kameras**)
camera

der **Kamerad** SUBSTANTIV (GEN des **Kameraden**, PL die **Kameraden**)
friend

der **Kamillentee** SUBSTANTIV (PL die **Kamillentees**)
camomile tea

der **Kamin** SUBSTANTIV (PL die **Kamine**)
open fire
◆ **Wir saßen am Kamin.** We sat by the fire.

der **Kamm** SUBSTANTIV (PL die **Kämme**)
comb

kämmen VERB
to comb ◇ *Sie kann es nicht leiden, wenn man sie kämmt.* She can't stand having her hair combed. ◇ *Ich muss meiner kleinen Schwester die Haare kämmen.* I have to comb my little sister's hair.
◆ **sich kämmen** to comb one's hair

der **Kampf** SUBSTANTIV (PL die **Kämpfe**)
1 *fight* ◇ *der Kampf zwischen Tyson und Bruno* the fight between Tyson and Bruno
2 *contest* (*Wettbewerb*) ◇ *Dieses Jahr findet der Kampf um den Pokal in Großbritannien statt.* The contest for the cup is taking place in Great Britain this year.
3 *struggle* (*Anstrengung*) ◇ *Ich habe die Prüfung geschafft, aber es war ein Kampf.* I passed the exam but it was a struggle.

kämpfen VERB
to fight (*fought, fought*)

Kanada NEUT SUBSTANTIV
Canada
◆ **aus Kanada** from Canada
◆ **in Kanada** in Canada
◆ **nach Kanada** to Canada

der **Kanadier** SUBSTANTIV (PL die **Kanadier**)
Canadian

die **Kanadierin** SUBSTANTIV
Canadian

kanadisch ADJEKTIV
Canadian

der **Kanal** SUBSTANTIV (PL die **Kanäle**)
1 *canal* ◇ *Diese beiden Flüsse sind durch einen Kanal verbunden.* These two rivers are connected by a canal.
2 *drain* (*für Abfluss*)

die **Kanalinseln** FEM PL SUBSTANTIV
the Channel Islands PL

der **Kanarienvogel** SUBSTANTIV (PL die **Kanarienvögel**)
canary (PL *canaries*)

kanarisch ADJEKTIV
◆ **die Kanarischen Inseln** the Canaries PL

der **Kandidat** SUBSTANTIV (GEN des **Kandidaten**, PL die **Kandidaten**)
candidate

das **Känguru** ⚠ SUBSTANTIV (PL die **Kängurus**)
kangaroo

das **Kaninchen** SUBSTANTIV (PL die **Kaninchen**)
rabbit

der **Kanister** SUBSTANTIV (PL die **Kanister**)
can ◇ *ein Benzinkanister* a petrol can

kann VERB *siehe* **können**

das **Kännchen** SUBSTANTIV (PL die **Kännchen**)
pot ◇ *ein Kännchen Kaffee* a pot of coffee
◆ **ein Kännchen mit Milch** a jug of milk

die **Kanne** SUBSTANTIV
1 *pot* (*Kaffeekanne*)
2 *churn* (*Milchkanne*)
3 *watering can* (*Gießkanne*)

die **Kante** SUBSTANTIV
edge

die **Kantine** SUBSTANTIV
canteen ◇ *Mittags isst sie in der Kantine.* She eats in the canteen at lunchtime.

das **Kanu** SUBSTANTIV (PL die **Kanus**)
canoe
◆ **Kanu fahren** to go canoeing

der **Kanzler** SUBSTANTIV (PL die **Kanzler**)
chancellor

die **Kapelle** SUBSTANTIV
1 *chapel* ◇ *Auf dem Berg stand eine Kapelle.* There was a chapel on the mountain.
2 *band* ◇ *Die Kapelle spielte einen Walzer.* The band was playing a waltz.

kapieren VERB (PERFECT **hat kapiert**)
to understand (*understood, understood*) ◇ *Ich habe heute in Mathe nichts kapiert.* I didn't understand anything in maths today. ◇ *Hast du das endlich kapiert?* Have you finally understood?
◆ **Sie hat den Witz nicht kapiert.** She didn't get the joke.

das **Kapital** SUBSTANTIV
capital (*money*)

der **Kapitän** SUBSTANTIV (PL die **Kapitäne**)
captain

das **Kapitel** SUBSTANTIV (PL die **Kapitel**)
chapter

die **Kappe** SUBSTANTIV
cap

kaputt ADJEKTIV
1 *broken* ◇ *Mein Computer ist kaputt.* My computer's broken.
◆ **Am Auto ist etwas kaputt.** There's something wrong with the car.
2 *knackered* (*Umgangssprache*) ◇ *Ich bin von der Wanderung total kaputt.* I'm completely knackered after the walk.

kaputtgehen VERB (IMPERFECT **ging kaputt**, PERFECT **ist kaputtgegangen**)
1 *to break* (*broke, broken*) ◇ *Mein Computer ist gestern kaputtgegangen.* My computer broke yesterday.
2 *to wear out* (*wore, worn*) (*Stoff*)
3 *to die* (*Pflanze*)
4 *to break up* (*broke, broken*) (*Beziehung*)

kaputtmachen VERB (PERFECT **hat kaputtgemacht**)
1 *to break* (*broke, broken*) ◇ *Mach mir bloß mein Fahrrad nicht kaputt!* Don't you dare break my bike! ◇ *Sie hat den Teller kaputtgemacht.* She's broken the plate.
2 *to wear out* (*wore, worn*) ◇ *Die viele Arbeit macht mich noch kaputt.* All this work is wearing me out.
◆ **sich kaputtmachen** to wear oneself out ◇ *Du solltest mal Ferien machen, du machst dich ja kaputt.* You should take a holiday, you're wearing yourself out.

die **Kapuze** SUBSTANTIV
hood ◇ *ein Anorak mit Kapuze* an anorak with a hood

der **Karfreitag** SUBSTANTIV
Good Friday

die **Karibik** SUBSTANTIV
the Caribbean ◇ *Wir fahren in die Karibik.* We're going to the Caribbean. ◇ *Wir machen in der Karibik Ferien.* We're spending our holidays in the Caribbean.

karibisch ADJEKTIV
◆ **die Karibischen Inseln** the Caribbean Islands PL

kariert ADJEKTIV
1 *checked* ◇ *Sie hatte ein kariertes Kleid an.* She was wearing a checked dress.
2 *squared* ◇ *Für Mathe brauchst du ein Heft mit kariertem Papier.* You need an exercise book with squared paper for maths.

die **Karies** SUBSTANTIV
tooth decay ◇ *Sie hat Karies.* She has tooth decay.

der **Karneval** SUBSTANTIV (PL die **Karnevale** *or* **Karnevals**)
carnival

The German carnival season lasts from 11 November to Shrove Tuesday but most events, fancy-dress processions and parties take place in the week leading up to Ash Wednesday.

das **Karo** SUBSTANTIV (PL die **Karos**)
1 *square* ◇ *Das Muster bestand aus kleinen Karos.* The pattern was made up of little squares.
2 *diamonds* SING (*Karten*) ◇ *Karo ist Trumpf.* Diamonds is trumps.

die **Karotte** SUBSTANTIV
carrot

die **Karriere** SUBSTANTIV
career
◆ **Karriere machen** to get on ◇ *Es ist schwer für Frauen, in der Politik Karriere zu machen.* It's hard for women to get on in

politics.

die **Karte** SUBSTANTIV

[1] *card* ◇ *Sie hat uns aus dem Urlaub eine Karte geschickt.* She sent us a card from her holiday. ◇ *Ich weiß nicht, welche Karte ich ausspielen soll.* I don't know which card I should play.

◆ **die gelbe Karte** the yellow card

◆ **die rote Karte** the red card

[2] *map* (*Landkarte*) ◇ *Sieh mal auf der Karte nach, wie weit wir noch fahren müssen.* Look on the map to see how far we still have to go.

[3] *menu* (*Speisekarte*) ◇ *Der Ober brachte uns die Karte.* The waiter brought us the menu.

[4] *ticket* (*Eintrittskarte, Fahrkarte*) ◇ *Kannst du Karten fürs Konzert besorgen?* Can you get us tickets for the concert? ◇ *Ich fahre morgen nach Bonn, die Karte habe ich schon gekauft.* I'm going to Bonn tomorrow, I've already bought my ticket.

◆ **alles auf eine Karte setzen** to put all one's eggs in one basket

das **Kartenspiel** SUBSTANTIV (PL die **Kartenspiele**)

[1] *card game* ◇ *Ich habe ein neues Kartenspiel gelernt.* I've learned a new card game.

[2] *pack of cards* ◇ *Hast du ein Kartenspiel da?* Have you got a pack of cards?

die **Kartoffel** SUBSTANTIV

potato (PL *potatoes*)

der **Kartoffelbrei** SUBSTANTIV

mashed potatoes PL

der **Kartoffelsalat** SUBSTANTIV (PL die **Kartoffelsalate**)

potato salad

der **Karton** SUBSTANTIV (PL die **Kartons**)

[1] *cardboard* ◇ *Wir haben das Bild auf Karton aufgezogen.* We mounted the picture on cardboard.

[2] *cardboard box* (PL *boxes*) ◇ *Sie packte die Bücher in einen Karton.* She packed the books in a cardboard box.

das **Karussell** SUBSTANTIV (PL die **Karussells**)

roundabout ◇ *Ich möchte Karussell fahren.* I'd like to go on the roundabout.

der **Käse** SUBSTANTIV (PL die **Käse**)

cheese

der **Käsekuchen** SUBSTANTIV (PL die **Käsekuchen**)

cheesecake

die **Kaserne** SUBSTANTIV

barracks PL or SING ◇ *In unserer Nähe gibt es eine Kaserne.* There's a barracks near us.

die **Kasse** SUBSTANTIV

[1] *till* ◇ *Die meisten Geschäfte haben elektronische Kassen.* Most shops have an electronic till.

[2] *checkout* ◇ *Es war nur eine von fünf Kassen besetzt.* Only one of the five checkouts was open.

◆ **an der Kasse** at the checkout

[3] *box office* (*Kinokasse, Theaterkasse etc*) ◇ *Sie können Ihre Karten telefonisch vorbestellen und an der Kasse abholen.* You may order your tickets in advance and collect them from the box office.

[4] *ticket office* ◇ *Karten fürs Fußballspiel bekommen Sie auch an der Kasse des Stadions.* You can also get tickets for the football match at the ticket office in the stadium.

[5] *cash box* (PL *boxes*) ◇ *Alle Barbeträge bewahren wir in dieser Kasse auf.* We keep all the cash in this cash box.

[6] *health insurance* (*Krankenkasse*) ◇ *Bei welcher Kasse sind Sie versichert?* What health insurance have you got?

In Germany one can choose between different health insurance schemes. There is no "National Health Service".

◆ **gut bei Kasse sein** to be in the money (*Umgangssprache*)

der **Kassenzettel** SUBSTANTIV (PL die **Kassenzettel**)

receipt

die **Kassette** SUBSTANTIV

[1] *tape* ◇ *Diesen Song habe ich auf Kassette.* I've got this song on tape. ◇ *eine Videokassette* a video tape

[2] *small box* (PL *boxes*) ◇ *Sie bewahrt ihren Schmuck in einer Kassette auf.* She keeps her jewellery in a small box.

der **Kassettenrecorder** SUBSTANTIV (PL die **Kassettenrecorder**)

tape recorder

kassieren VERB (PERFECT **hat kassiert**)

to take (*took, taken*) ◇ *Die Polizei hat seinen Führerschein kassiert.* The police took his driving licence.

◆ **Der Parkwächter hat sechs Mark Parkgebühren kassiert.** The park attendant charged us six marks to park the car.

◆ **Darf ich kassieren?** Would you like to pay now?

die **Kastanie** SUBSTANTIV

[1] *chestnut* (*Frucht*)

[2] *chestnut tree* (*Baum*)

der **Kasten** SUBSTANTIV (PL die **Kästen**)

[1] *box* (PL *boxes*) ◇ *Er warf den Brief in den Kasten.* He put the letter in the box.

[2] *case* ◇ *Sie legte die Geige zurück in den Kasten.* She put the violin back in its case.

◆ **ein Kasten Bier** a crate of beer

der **Katalog** SUBSTANTIV (PL die **Kataloge**)

catalogue

der **Katalysator** SUBSTANTIV (PL die **Katalysatoren**)

catalytic converter ◇ *ein Auto mit Katalysator* a car with catalytic converter

katastrophal ADJEKTIV, ADVERB

catastrophic

◆ **katastrophal schlecht** appallingly bad

die **Katastrophe** SUBSTANTIV

disaster

K

die **Kategorie** SUBSTANTIV
category (PL *categories*)

der **Kater** SUBSTANTIV (PL die **Kater**)
1 *tomcat* ◇ *Wir haben einen Kater und eine Katze.* We have a tomcat and a female cat.
2 *hangover* ◇ *Nach der Party hatte ich einen furchtbaren Kater.* I had a terrible hangover after the party.

die **Kathedrale** SUBSTANTIV
cathedral

katholisch ADJEKTIV
Catholic

das **Kätzchen** SUBSTANTIV (PL die **Kätzchen**)
kitten

die **Katze** SUBSTANTIV
cat
◆ **für die Katz** for nothing

kauen VERB
to chew

der **Kauf** SUBSTANTIV (PL die **Käufe**)
purchase ◇ *der Kauf eines Autos* the purchase of a car
◆ **ein guter Kauf** a bargain

kaufen VERB
to buy (*bought, bought*)

der **Käufer** SUBSTANTIV (PL die **Käufer**)
buyer

das **Kaufhaus** SUBSTANTIV (GEN des **Kaufhauses**, PL die **Kaufhäuser**)
department store

der **Kaugummi** SUBSTANTIV (PL die **Kaugummis**)
chewing gum KEIN PL

kaum ADVERB
hardly ◇ *Ich habe kaum geschlafen.* I hardly slept.

der **Kegel** SUBSTANTIV (PL die **Kegel**)
1 *skittle* (*zum Spielen*)
2 *cone* ◇ *die Form eines Kegels haben* to be shaped like a cone

die **Kegelbahn** SUBSTANTIV
skittle alley

kegeln VERB
to play skittles

die **Kehle** SUBSTANTIV
throat

der **Keil** SUBSTANTIV (PL die **Keile**)
wedge

der **Keim** SUBSTANTIV (PL die **Keime**)
1 *shoot* ◇ *Eine Woche nach der Aussaat zeigen sich die ersten Keime.* The first shoots appear a week after sowing.
2 *germ* ◇ *Das Mittel tötete die Keime ab.* The medicine killed the germs.
◆ **etwas im Keim ersticken** to nip something in the bud

kein ADJEKTIV, PRONOMEN
When combined with a noun, kein *is used for masculine and neuter nouns,* keine *for feminine and plural nouns. On its own* keiner *is used for masculine,* keine *for feminine and plural, and* keines *or* keins *for neuter.*
1 *not...any* ◇ *Ich habe keine Geschwister.* I don't have any brothers or sisters. ◇ *Ich will keinen Streit.* I don't want any quarrelling. ◇ *Er zeigt kein Interesse an Computern.* He doesn't show any interest in computers. ◇ *Er behauptet, hier gäbe es Mäuse, ich habe aber noch keine gesehen.* He claims that there are mice here but I haven't seen any. ◇ *Von den Autos hat mir keines gefallen.* I din't like any of the cars.
2 *no* ◇ *Kein Tier könnte in diesem Klima überleben.* No animal could survive in this climate.
◆ **"Kein Zutritt"** "No entry"
◆ **Ich habe keine Lust.** I don't feel like it.
◆ **Ich habe keinen Hunger.** I'm not hungry.
3 *nobody* ◇ *Alle waren eingeladen, es ist aber keiner gekommen.* Everybody was invited but nobody came.
◆ **Ich kenne hier keinen.** I don't know anybody here.
◆ **Warum hat er eine Einladung bekommen und ich keine?** Why did he get an invitation and not me?

keinerlei ADJEKTIV
no...whatsoever ◇ *Ich habe damit keinerlei Probleme.* I don't have any problems with it whatsoever.

keinesfalls ADVERB
on no account

keineswegs ADVERB
by no means

der **Keks** SUBSTANTIV (PL die **Kekse**)
biscuit

der **Keller** SUBSTANTIV (PL die **Keller**)
cellar

der **Kellner** SUBSTANTIV (PL die **Kellner**)
waiter

die **Kellnerin** SUBSTANTIV
waitress (PL *waitresses*)

kennen VERB (IMPERFECT **kannte**, PERFECT **hat gekannt**)
to know (*knew, known*) ◇ *Ich kenne ihn nicht.* I don't know him. ◇ *Ich kenne London gut.* I know London well.
◆ **kennen lernen (1)** to meet ◇ *Sie hat ihren Freund bei einem Fußballspiel kennen gelernt.* She met her boyfriend at a football match.
◆ **kennen lernen (2)** to get to know ◇ *Ich würde ihn gern besser kennen lernen.* I'd like to get to know him better.
◆ **sich kennen lernen (1)** to meet ◇ *Wir haben uns auf einer Party kennen gelernt.* We met at a party.
◆ **sich kennen lernen (2)** to get to know each other ◇ *Wir haben uns im Laufe der Zeit immer besser kennengelernt.* We got to know each other better and better as time went on.

die **Kenntnis** SUBSTANTIV (PL die **Kenntnisse**)
knowledge KEIN PL ◇ *Deutschkenntnisse wären von Vorteil.* Knowledge of German would be an advantage.

- **etwas zur Kenntnis nehmen** to note something
- **jemanden in Kenntnis setzen** to inform somebody

das **Kennzeichen** SUBSTANTIV (PL die **Kennzeichen**)
mark ◇ *unveränderliche Kennzeichen* distinguishing marks
- **das Auto mit dem Kennzeichen S-MJ 2714** the car with the registration S-MJ 2714

der **Kerl** SUBSTANTIV (PL die **Kerle**)
bloke
- **Sie ist ein netter Kerl.** She's a good sort.

der **Kern** SUBSTANTIV (PL die **Kerne**)
1 *pip* ◇ *Clementinen haben keine Kerne.* Clementines don't have any pips.
2 *stone* ◇ *der Kern der Kirsche* the cherry stone
3 *kernel* (*von Nuss*)
4 *nucleus* (PL *nuclei*) (*Atomkern*)
5 *core* ◇ *der Reaktorkern* the reactor core
- **Wir sollten zum Kern des Problems kommen.** We should to get to the heart of the problem.

die **Kernenergie** SUBSTANTIV
nuclear energy

kerngesund ADJEKTIV
fit as a fiddle

das **Kernkraftwerk** SUBSTANTIV (PL die **Kernkraftwerke**)
nuclear power station

die **Kernwaffen** FEM PL SUBSTANTIV
nuclear weapons PL

die **Kerze** SUBSTANTIV
1 *candle* ◇ *Sie zündete eine Kerze an.* She lit a candle.
2 *plug* (*Zündkerze*) ◇ *Bei der Inspektion werden die Kerzen erneuert.* The plugs are changed while the car is being serviced.

die **Kette** SUBSTANTIV
chain

keuchen VERB
to pant

der **Keuchhusten** SUBSTANTIV
whooping cough ◇ *Meine Schwester hat Keuchhusten.* My sister has whooping cough.

die **Keule** SUBSTANTIV
1 *club* ◇ *Er schlug ihm mit einer Keule über den Kopf.* He hit him over the head with a club.
2 *leg* ◇ *Beim Hähnchen mag ich am liebsten die Keule.* My favourite part of a chicken is the leg.

kg ABKÜRZUNG (= *Kilogramm*)
kg

kichern VERB
to giggle

der **Kiefer** SUBSTANTIV (PL die **Kiefer**)
siehe auch die Kiefer SUBSTANTIV
jaw

die **Kiefer** SUBSTANTIV
siehe auch der Kiefer SUBSTANTIV
pine tree

der **Kies** SUBSTANTIV
gravel

das **Kilo** SUBSTANTIV (PL die **Kilos** *or* **Kilo**)
kilo ◇ *Ich muss ein paar Kilos loswerden.* I need to lose a couple of kilos. ◇ *Ich hätte gern zwei Kilo Tomaten.* Can I have two kilos of tomatoes.

In Großbritannien werden Gewichte häufig noch in stones *angegeben. Ein* stone *ist ca. 6,3 Kilo.*

◇ *Ich wiege fünfzig Kilo.* I weigh eight stone.

das **Kilogramm** SUBSTANTIV (PL die **Kilogramme** *or* **Kilogramm**)
kilogram ◇ *zwei Kilogramm Äpfel* two kilograms of apples

der **Kilometer** SUBSTANTIV (PL die **Kilometer**)
kilometre

In Großbritannien werden Entfernungen und Geschwindigkeiten in der Regel in miles *ausgedrückt. Eine* mile *ist ca. 1,6 Kilometer.*

◇ *mit achtzig Kilometern pro Stunde* at fifty miles per hour

das **Kind** SUBSTANTIV (PL die **Kinder**)
child (PL *children*)
- **von Kind auf** from childhood
- **ein Kind bekommen** to have a baby

der **Kindergarten** SUBSTANTIV (PL die **Kindergärten**)
kindergarten

Britische Kindergärten werden auch als nursery schools *bezeichnet.*

die **Kindergärtnerin** SUBSTANTIV
kindergarten teacher

das **Kindergeld** SUBSTANTIV
child benefit

die **Kinderkrippe** SUBSTANTIV
crèche

die **Kinderlähmung** SUBSTANTIV
polio ◇ *Sie hatte als Kind Kinderlähmung.* She had polio as a child.

kinderleicht ADJEKTIV
child's play ◇ *Es war kinderleicht.* It was child's play.

die **Kindertagesstätte** SUBSTANTIV
day nursery (PL *nurseries*)

der **Kinderwagen** SUBSTANTIV (PL die **Kinderwagen**)
pram

die **Kindheit** SUBSTANTIV
childhood

kindisch ADJEKTIV
childish
- **sich kindisch benehmen** to behave childishly

kindlich ADJEKTIV
childlike

das **Kinn** SUBSTANTIV (PL die **Kinne**)
chin

das **Kino** SUBSTANTIV (PL die **Kinos**)
cinema ◇ *ins Kino gehen* to go to the cinema

die **Kirche** SUBSTANTIV
church (PL *churches*)

die **Kirsche** SUBSTANTIV
cherry (PL *cherries*)

das **Kissen** SUBSTANTIV (PL die **Kissen**)
1 *cushion* ◇ *Auf dem Sofa lagen bunte Kissen.* There were brightly-coloured cushions on the sofa.
2 *pillow* ◇ *Er schläft ohne Kissen.* He sleeps without a pillow.

kitschig ADJEKTIV
kitschy

kitzeln VERB
to tickle

kitzlig ADJEKTIV
ticklish ◇ *Ich bin kitzlig an den Füßen.* My feet are ticklish. ◇ *Das ist eine ganz kitzlige Angelegenheit.* That's a very ticklish matter.

die **Kiwi** SUBSTANTIV (PL die **Kiwis**)
kiwi fruit

klagen VERB
1 *to wail* ◇ *"Hätte ich doch nur auf dich gehört", klagte er.* "If only I had listened to you", he wailed.
◆ **über jemanden klagen** to complain about somebody ◇ *Sie klagt dauernd über ihre Kinder.* She's constantly complaining about her children.
◆ **Sie klagt in letzter Zeit oft über Kopfschmerzen.** She's been complaining of headaches a lot recently.
2 *to sue* (*vor Gericht*) ◇ *Wir werden gegen ihn klagen.* We're going to sue him.
◆ **Sie hat mir ihr Leid geklagt.** She poured out her sorrows to me.

die **Klammer** SUBSTANTIV (PL die **Klammern**)
1 *bracket* ◇ *Sie schrieb in Klammern eine Erklärung dazu.* She wrote an explanation in brackets.
2 *peg* (*Wäscheklammer*)
3 *brace* (*Zahnklammer*) ◇ *Viele Kinder müssen eine Klammer tragen.* Many children have to wear a brace.

der **Klang** SUBSTANTIV (PL die **Klänge**)
sound

die **Klappe** SUBSTANTIV
1 *flap* ◇ *Über dem Briefkasten ist eine Klappe.* There's a flap over the letterbox.
2 *valve* ◇ *Die Klappe an seinem Herzen hat ein Loch.* His heart valve has a hole in it.
3 *trap* (*Umgangssprache*) ◇ *Er soll die Klappe halten.* He should keep his trap shut.
◆ **Sie hat eine große Klappe.** She's got a big mouth.

klappen VERB
to work ◇ *Das kann ja nicht klappen.* That won't work. ◇ *Das Experiment hat geklappt.* The experiment worked.
◆ **etwas klappen** to tip something ◇ *Sie klappte den Sitz nach oben.* She tipped up the seat. ◇ *Er klappte den Deckel der Kiste nach hinten.* He tipped the lid of the chest back.

klappern VERB
to rattle

klar ADJEKTIV
clear ◇ *Das Wasser ist sehr klar.* The water is very clear. ◇ *Ich brauche einen klaren Kopf.* I need a clear head. ◇ *eine klare Antwort* a clear answer
◆ **Mir ist nicht klar, was er eigentlich will.** I'm not clear about what he really wants.
◆ **sich über etwas im Klaren sein** to be clear about something ◇ *Bist du dir über die Konsequenzen im Klaren?* Are you clear about the consequences?
◆ **Na klar!** Of course!

klären VERB
1 *to clarify* (*clarified, clarified*) ◇ *Wir sollten diese Frage klären.* We should clarify this matter.
◆ **Ich muss zuerst mit meinen Eltern klären, ob das geht.** I'll have to ask my parents if it's OK.
◆ **Die Polizei hat diesen Fall nie geklärt.** The police have never solved this case.
2 *to purify* (*purified, purified*) ◇ *In dieser Anlage wird das Abwasser geklärt.* The sewage is purified in this plant.
◆ **sich klären** to clear itself up ◇ *Dieses Problem hat sich inzwischen geklärt.* The problem has cleared itself up in the meantime.

die **Klarheit** SUBSTANTIV
1 *clarity* (*Deutlichkeit*)
◆ **Wir brauchen in dieser Sache Klarheit.** This matter must be clarified.
2 *clearness* (*Reinheit*) ◇ *die Klarheit des Wassers* the clearness of the water

die **Klarinette** SUBSTANTIV
clarinet ◇ *Oliver spielt Klarinette.* Oliver plays the clarinet.

klarstellen VERB (PERFECT **hat klargestellt**)
to make clear (*made, made*) ◇ *Ich möchte doch mal klarstellen, dass ich das nie gesagt habe.* I would like to make it quite clear that I never said that.

die **Klasse** SUBSTANTIV
siehe auch klasse ADJEKTIV
class (PL *classes*) ◇ *Wir sind in der ersten Klasse gefahren.* We travelled first class. ◇ *Unsere Klasse fährt nach England.* Our class is going to England.
◆ **große Klasse sein** to be great ◇ *Unser Sportlehrer ist große Klasse.* Our sports teacher's really great.

klasse ADJEKTIV
siehe auch die Klasse SUBSTANTIV
smashing (*Umgangssprache*) ◇ *Er ist ein klasse Lehrer.* He's a smashing teacher.

die **Klassenarbeit** SUBSTANTIV
test
The Klassenarbeit *is the main form of assessment in German schools. Over the school year, German pupils write between 6 and 8* Klassenarbeiten, *usually 45 minutes long, in their core subjects (generally maths, German and English).*
◇ *Wir schreiben morgen in Englisch eine*

Klassenarbeit. We've got a written English test tomorrow.

der **Klassenlehrer** SUBSTANTIV (PL die **Klassenlehrer**)
class teacher

die **Klassenlehrerin** SUBSTANTIV
class teacher

der **Klassensprecher** SUBSTANTIV (PL die **Klassensprecher**)
class representative

die **Klassensprecherin** SUBSTANTIV
class representative

das **Klassenzimmer** SUBSTANTIV (PL die **Klassenzimmer**)
classroom

klassisch ADJEKTIV
classical

der **Klatsch** SUBSTANTIV (GEN des **Klatsches**)
gossip ◇ *Hast du schon den neuesten Klatsch gehört?* Have you heard the latest gossip?

klatschen VERB
[1] *to clap* ◇ *Die Zuschauer klatschten.* The audience clapped.
[2] *to gossip* ◇ *Über das Königshaus wird viel geklatscht.* There's a lot of gossip about the royal family.
[3] *to batter* ◇ *Der Regen klatschte gegen die Scheiben.* The rain battered against the panes.
◆ **jemandem Beifall klatschen** to applaud somebody

das **Klavier** SUBSTANTIV
piano (PL *pianos*) ◇ *Bettina spielt Klavier.* Bettina plays the piano.

kleben VERB
to stick (*stuck, stuck*) ◇ *Ich habe die zerbrochene Vase wieder geklebt.* I've stuck the broken vase together again.
◆ **etwas an etwas kleben** to stick something on something ◇ *Sie hat das Bild der Gruppe an ihre Wand geklebt.* She stuck the picture of the band on her wall.
◆ **an etwas kleben** to stick to something ◇ *An der Windschutzscheibe klebten lauter tote Insekten.* There were lots of dead insects stuck to the windscreen.
◆ **Das klebt nicht.** It doesn't stick.
◆ **jemandem eine kleben** to thump somebody (*Umgangssprache*)

klebrig ADJEKTIV
sticky

der **Klebstoff** SUBSTANTIV (PL die **Klebstoffe**)
glue

der **Klebstreifen** SUBSTANTIV (PL die **Klebstreifen**)
adhesive tape

der **Klecks** SUBSTANTIV (PL die **Kleckse**)
stain

der **Klee** SUBSTANTIV
clover

das **Kleid** SUBSTANTIV (PL die **Kleider**)
dress (PL *dresses*) ◇ *Sie trug ein rotes Kleid.* She was wearing a red dress.
◆ **Kleider** clothes PL ◇ *Er räumte seine Kleider auf.* He put his clothes away.

der **Kleiderbügel** SUBSTANTIV (PL die **Kleiderbügel**)
coat hanger

der **Kleiderschrank** SUBSTANTIV (PL die **Kleiderschränke**)
wardrobe (*cupboard*)

die **Kleidung** SUBSTANTIV
clothing

das **Kleidungsstück** SUBSTANTIV (PL die **Kleidungsstücke**)
garment

klein ADJEKTIV
small ◇ *ein kleines Kind* a small child ◇ *ein kleiner Betrag* a small amount
◆ **als ich klein war** when I was little

das **Kleingeld** SUBSTANTIV
small change

der **Klempner** SUBSTANTIV (PL die **Klempner**)
plumber

klettern VERB (PERFECT **ist geklettert**)
to climb

das **Klima** SUBSTANTIV (PL die **Klimas**)
climate

die **Klimaanlage** SUBSTANTIV
air conditioning

die **Klingel** SUBSTANTIV
bell

klingeln VERB
to ring (*rang, rung*)
◆ **Es klingelte.** The doorbell rang.

klingen VERB (IMPERFECT **klang**, PERFECT **hat geklungen**)
to sound ◇ *Das Klavier klingt verstimmt.* The piano sounds out of tune. ◇ *Der Vorschlag klingt gut.* The suggestion sounds good. ◇ *Du klingst deprimiert.* You sound depressed.

die **Klinik** SUBSTANTIV
clinic

die **Klinke** SUBSTANTIV
handle (*of door*)

das **Klo** SUBSTANTIV (PL die **Klos**)
loo (*Umgangssprache*)

klopfen VERB
[1] *to knock* ◇ *Sie klopfte an die Tür.* She knocked on the door.
◆ **Es klopft.** There's somebody knocking on the door.
[2] *to pound* ◇ *Mein Herz klopfte vor Aufregung.* My heart was pounding with excitement.
◆ **jemandem auf die Schulter klopfen** to tap somebody on the shoulder

das **Kloster** SUBSTANTIV (PL die **Klöster**)
[1] *monastery* (PL *monasteries*) (*Männerkloster*)
[2] *convent* (*Frauenkloster*)

klug ADJEKTIV
intelligent
◆ **Es wäre klüger gewesen, nichts zu sagen.** It would have been more sensible not to say anything.

K

die **Klugheit** SUBSTANTIV
intelligence

km ABKÜRZUNG (= *Kilometer*)
km

knabbern VERB
to nibble ◇ *Sie knabberte an einem Keks.* She nibbled a biscuit.

das **Knäckebrot** SUBSTANTIV
crispbread

knacken VERB
to crack ◇ *Nüsse knacken* to crack nuts ◇ *einen Code knacken* to crack a code
◆ **ein Auto knacken** to break into a car

der **Knall** SUBSTANTIV (PL die **Knalle**)
bang ◇ *Die Tür schlug mit einem lauten Knall zu.* The door closed with a loud bang.

knapp ADJEKTIV
1 *tight* ◇ *Sie hatte einen sehr knappen Pulli an.* She was wearing a very tight pullover.
2 *scarce* ◇ *Benzin ist knapp.* Petrol is scarce.
◆ **knapp bei Kasse** short of money
◆ **Wenn das Taschengeld knapp wird, geht sie immer zu ihren Großeltern.** When her pocket money runs out she always goes to her grandparents.
3 *just* (mit Zahlen) ◇ *Sie ist knapp fünfzehn Jahre alt.* She has just turned fifteen.
◆ **eine knappe Stunde** just under an hour
◆ **knapp unter** just under ◇ *Das kostet knapp unter tausend Mark.* That costs just under a thousand marks.
◆ **Wir haben knapp verloren.** We only just lost.

kneifen VERB (IMPERFECT **kniff**, PERFECT **hat gekniffen**)
1 *to pinch* ◇ *Er hat mich in den Arm gekniffen.* He pinched my arm.
2 *to back out* ◇ *Als er springen sollte, hat er gekniffen.* When it was his turn to jump, he backed out.

die **Kneipe** SUBSTANTIV
pub

das **Knie** SUBSTANTIV (PL die **Knie**)
knee

der **Kniestrumpf** SUBSTANTIV (PL die **Kniestrümpfe**)
knee-length sock

der **Knoblauch** SUBSTANTIV
garlic

die **Knoblauchzehe** SUBSTANTIV
clove of garlic

der **Knöchel** SUBSTANTIV (PL die **Knöchel**)
1 *knuckle* ◇ *Ich habe mir die Knöchel an der rechten Hand geschürft.* I've scraped the knuckles of my right hand.
2 *ankle* (Fußknöchel) ◇ *Bei dem Sprung habe ich mir den Knöchel verstaucht.* I sprained my ankle when I jumped.

der **Knochen** SUBSTANTIV (PL die **Knochen**)
bone

der **Knopf** SUBSTANTIV (PL die **Knöpfe**)
button

der **Knoten** SUBSTANTIV (PL die **Knoten**)
1 *knot* ◇ *Sie machte einen Knoten in die Schnur.* She tied a knot in the string.
2 *bun* ◇ *Sie trug das Haar in einem Knoten.* She wore her hair in a bun.
3 *lump* ◇ *Sie hat einen Knoten in der Brust entdeckt.* She noticed a lump in her breast.

der **Knüppel** SUBSTANTIV (PL die **Knüppel**)
1 *cudgel* ◇ *Die Robbenbabys werden mit Knüppel erschlagen.* The baby seals are beaten with cudgels.
2 *truncheon* (Polizeiknüppel) ◇ *Die Polizisten gingen mit Knüppeln gegen die Demonstranten vor.* The police used truncheons against the demonstrators.
3 *joystick* (Steuerknüppel)

der **Koch** SUBSTANTIV (PL die **Köche**)
cook

kochen VERB
1 *to cook* ◇ *Was kochst du heute?* What are you cooking today?
◆ **Sie kann gut kochen.** She's a good cook.
◆ **Ich koche gern.** I like cooking.
2 *to boil* ◇ *Das Wasser kocht.* The water's boiling.

die **Köchin** SUBSTANTIV
cook

der **Kochtopf** SUBSTANTIV (PL die **Kochtöpfe**)
saucepan

der **Koffer** SUBSTANTIV (PL die **Koffer**)
suitcase

der **Kohl** SUBSTANTIV
cabbage

die **Kohle** SUBSTANTIV
1 *coal* ◇ *Wir heizen mit Kohle.* We use coal for heating.
2 *charcoal* (Holzkohle) ◇ *Wir brauchen noch Kohle zum Grillen.* We need charcoal for the barbecue.
3 *dough* (Umgangssprache: Geld)
◆ **Ich habe keine Kohle.** I'm broke. (Umgangssprache)

das **Kohlenhydrat** SUBSTANTIV (PL die **Kohlenhydrate**)
carbohydrate

die **Kohlensäure** SUBSTANTIV
carbon dioxide
◆ **Mineralwasser mit Kohlensäure** sparkling mineral water

die **Kokosnuss** ⚠ SUBSTANTIV (PL die **Kokosnüsse**)
coconut

der **Komiker** SUBSTANTIV (PL die **Komiker**)
comedian

komisch ADJEKTIV
funny ◇ *ein komischer Film* a funny film ◇ *ein komisches Gefühl* a funny feeling

das **Komma** SUBSTANTIV (PL die **Kommas**)
comma
◆ **zwei Komma drei (2,3)** two point three (2.3)

kommen VERB (IMPERFECT **kam**, PERFECT **ist gekommen**)
[1] *to come* (*came, come*) ◇ *Wann ist der Brief gekommen?* When did the letter come? ◇ *Kommst du auch zur Party?* Are you coming to the party too?
- **Komm gut nach Hause!** Safe journey home.
[2] *to get* (*got, got*) (*gelangen, geraten*) ◇ *Wie komme ich zum Bahnhof?* How do I get to the station?
- **unter ein Auto kommen** to be run over by a car
[3] *to appear* (*erscheinen*) ◇ *Es wird Frühling, die Schneeglöckchen kommen schon.* Spring is coming, the snowdrops are appearing.
- **Bei Felix kommen jetzt die zweiten Zähne.** Felix's second teeth are coming through.
[4] *to go* (*goes, went, gone*) ◇ *Er ist gestern ins Krankenhaus gekommen.* He went into hospital yesterday. ◇ *Das kommt in den Schrank.* That goes in the cupboard.
- **Mit sechs kommt man in die Schule.** You start school at six.
- **Wer kommt zuerst?** Who's first?
- **Jetzt kommst du an die Reihe.** It's your turn now.
- **kommenden Sonntag** next Sunday
- **kommen lassen** to send for ◇ *Ich habe mir den Katalog kommen lassen.* I've sent for the catalogue. ◇ *Der Direktor hat ihn kommen lassen.* The headmaster sent for him.
- **auf etwas kommen** to think of something ◇ *Darauf bin ich nicht gekommen.* I didn't think of that.
- **Wie kommst du auf die Idee?** What gave you that idea?
- **Ich komme nicht auf seinen Namen.** His name escapes me.
- **Er kommt aus Bayern.** He comes from Bavaria. ◇ *Kiwis kommen aus Neuseeland.* Kiwi fruit come from New Zealand.
- **Sie ist durchs Abitur gekommen.** She got through her Abitur.
- **ums Leben kommen** to lose one's life ◇ *Sie ist bei einem Unfall ums Leben gekommen.* She lost her life in an accident.
- **Das kommt davon!** That's what you get!
- **zu sich kommen** to come round ◇ *Die Patientin ist noch nicht wieder zu sich gekommen.* The patient hasn't come round again yet.
- **zu etwas kommen (1)** to get something ◇ *Wie bist du zu dem Computer gekommen?* How did you get the computer?
- **zu etwas kommen (2)** to get round to something ◇ *Ich mache das, sobald ich dazu komme.* I'll do it as soon as I get round to it.

der **Kommunismus** SUBSTANTIV (GEN des **Kommunismus**)
communism

die **Komödie** SUBSTANTIV
comedy (PL *comedies*)

kompatibel ADJEKTIV
compatible

kompetent ADJEKTIV
competent

das **Kompliment** SUBSTANTIV (PL die **Komplimente**)
compliment ◇ *Er hat ihr zu ihrem Kuchen ein Kompliment gemacht.* He complimented her on her cake.

kompliziert ADJEKTIV
complicated

der **Komponist** SUBSTANTIV (GEN des **Komponisten**, PL die **Komponisten**)
composer

das **Kompott** SUBSTANTIV (PL die **Kompotte**)
compote

das **Kondom** SUBSTANTIV (PL die **Kondome**)
condom

der **Konflikt** SUBSTANTIV (PL die **Konflikte**)
conflict

der **König** SUBSTANTIV (PL die **Könige**)
king

die **Königin** SUBSTANTIV
queen

königlich ADJEKTIV
royal

das **Königreich** SUBSTANTIV (PL die **Königreiche**)
kingdom

die **Konjugation** SUBSTANTIV
conjugation

konjugieren VERB (PERFECT **hat konjugiert**)
to conjugate

die **Konjunktion** SUBSTANTIV
conjunction

der **Konjunktiv** SUBSTANTIV (PL die **Konjunktive**)
subjunctive

die **Konkurrenz** SUBSTANTIV
[1] *competition* ◇ *Auf diesem Sektor ist die Konkurrenz groß.* Competition is keen in this sector.
[2] *competitors* PL ◇ *Sie ist zur Konkurrenz gegangen.* She's gone over to our competitors.

können VERB (PRESENT **kann**, IMPERFECT **konnte**, PERFECT **hat gekonnt** *or* **können**)
siehe auch das **Können** SUBSTANTIV
The past participle **können** *is used when* **können** *is a modal auxiliary.*
[1] *can* (*could*) ◇ *Kannst du schwimmen?* Can you swim? ◇ *Sie hat nicht früher kommen können.* She couldn't come earlier.
can *wird nicht in allen Zeiten verwendet, als Ersatz nimmt man* **to be able to**.
◇ *Morgen werde ich nicht kommen können.* I won't be able to come tomorrow.
- **Ich kann nicht...** I can't...
- **Ich kann nicht mehr. (1)** I can't go on. ◇ *Ich mache jetzt Schluss, ich kann nicht mehr.* I'll have to stop now, I can't go on.
- **Ich kann nicht mehr. (2)** I'm full up. ◇ *Willst du noch ein Stück Kuchen? – Nein danke, ich kann nicht mehr.* Would you like another piece of cake? – No thanks, I'm full

up.
[2] *may* (*dürfen*) ◇ *Kann ich gehen?* May I go? ◇ *Sie könnten Recht haben.* You may be right.
◆ **es kann sein, dass...** it may be that... ◇ *Es kann sein, dass ich etwas später komme.* It may be that I'll come a little later.
may *wird nicht in allen Zeiten verwendet, als Ersatz nimmt man* **to be allowed to**.
◇ *Am Wochenende durften sie ins Kino.* They were allowed to go to the cinema at the weekend.
◆ **Kann ich mit?** Can I come with you?
◆ **Ich kann nichts dafür.** It's not my fault.
◆ **Das kann sein.** That's possible.
[3] *to know* (*knew, known*) (*wissen, beherrschen*) ◇ *Er kann viele Geschichtszahlen.* He knows a lot of historical dates.
◆ **Können Sie Deutsch?** Can you speak German?
◆ **Sie kann keine Mathematik.** She can't do mathematics.

das **Können** SUBSTANTIV
siehe auch können VERB
ability ◇ *Sie hat ihr Können bewiesen.* She has proved her ability.

konnte VERB *siehe* **können**

konservativ ADJEKTIV
conservative

die **Konserve** SUBSTANTIV
tinned food

die **Konservenbüchse** SUBSTANTIV
tin

der **Konsonant** SUBSTANTIV (GEN des **Konsonanten**, PL die **Konsonanten**)
consonant

der **Kontakt** SUBSTANTIV (PL die **Kontakte**)
contact

die **Kontaktlinsen** FEM PL SUBSTANTIV
contact lenses PL

der **Kontinent** SUBSTANTIV (PL die **Kontinente**)
continent

das **Konto** SUBSTANTIV (PL die **Konten**)
account ◇ *Geld auf ein Konto einzahlen* to pay money into an account

die **Kontrolle** SUBSTANTIV
control ◇ *die Passkontrolle* passport control ◇ *Sie hat die Kontrolle über das Fahrzeug verloren.* She lost control of the vehicle. ◇ *etwas unter Kontrolle haben* to have something under control

sich **konzentrieren** VERB (PERFECT **hat sich konzentriert**)
to concentrate ◇ *Ich kann mich nicht konzentrieren.* I can't concentrate.

das **Konzert** SUBSTANTIV (PL die **Konzerte**)
[1] *concert* ◇ *Wir waren gestern Abend im Konzert.* We were at a concert yesterday evening.
[2] *concerto* (PL *concertos*) (*Stück*) ◇ *ein Konzert für Klavier und Violine* a concerto for piano and violin

der **Kopf** SUBSTANTIV (PL die **Köpfe**)
head

der **Kopfhörer** SUBSTANTIV (PL die **Kopfhörer**)
headphones PL

der **Kopfsalat** SUBSTANTIV (PL die **Kopfsalate**)
lettuce

die **Kopfschmerzen** MASC PL SUBSTANTIV
headache SING ◇ *Ich habe Kopfschmerzen.* I've got a headache.

die **Kopie** SUBSTANTIV
copy (PL *copies*)

kopieren VERB (PERFECT **hat kopiert**)
to copy (*copied, copied*)

das **Kopiergerät** SUBSTANTIV (PL die **Kopiergeräte**)
photocopier

der **Korb** SUBSTANTIV (PL die **Körbe**)
basket
◆ **jemandem einen Korb geben** to turn somebody down

der **Korken** SUBSTANTIV (PL die **Korken**)
cork

der **Korkenzieher** SUBSTANTIV (PL die **Korkenzieher**)
corkscrew

das **Korn** SUBSTANTIV (PL die **Körner**)
corn

der **Körper** SUBSTANTIV (PL die **Körper**)
body (PL *bodies*)

körperbehindert ADJEKTIV
disabled

der **Körperteil** SUBSTANTIV (PL die **Körperteile**)
part of the body

die **Korrektur** SUBSTANTIV
correction ◇ *Wir müssen die Korrektur ins gleiche Heft wie die Arbeit schreiben.* We have to write the corrections in the same exercise book as the test. ◇ *Der Text war voller Korrekturen.* The text was full of corrections.
◆ **Die Mathelehrerin ist noch nicht fertig mit den Korrekturen.** The maths teacher hasn't finished her marking yet.

korrigieren VERB (PERFECT **hat korrigiert**)
to correct

die **Kosmetik** SUBSTANTIV
cosmetics PL

kosmetisch ADJEKTIV
cosmetic

die **Kost** SUBSTANTIV
[1] *food* ◇ *Sie ernährt sich von gesunder Kost.* She eats healthy food.
[2] *board* ◇ *Für Kost und Unterkunft ist gesorgt.* Board and lodging will be provided.

kostbar ADJEKTIV
precious ◇ *Du vergeudest meine kostbare Zeit.* You're wasting my precious time.

die **Kosten** PL SUBSTANTIV
siehe auch kosten VERB
[1] *costs* PL ◇ *die Kosten tragen* to bear the costs
[2] *expense* (*Ausgaben*) ◇ *Bei vielen Kindern hat man auch viele Kosten.* Lots of

children mean a lot of expense.

- **auf jemandes Kosten** at somebody's expense ◇ *Sie ist auf Kosten der Firma zu der Konferenz gefahren.* She went to the conference at the company's expense.

kosten VERB
siehe auch die Kosten SUBSTANTIV
[1] *to cost* (*cost, cost*) ◇ *Mein Fahrrad hat zweitausend Mark gekostet.* My bike cost two thousand marks.

- **Was kostet...?** How much is...?

[2] *to taste* (*versuchen*) ◇ *Willst du die Soße mal kosten?* Would you like to taste the sauce? ◇ *Koste mal, ob das schmeckt.* Taste it and see if it's good.

köstlich ADJEKTIV
[1] *hilarious* ◇ *Das war ein köstlicher Film.* That was a hilarious film. ◇ *ein köstlicher Witz* a hilarious joke
[2] *delicious* (*Essen*)

- **sich köstlich amüsieren** to have a marvellous time

das **Kostüm** SUBSTANTIV (PL die **Kostüme**)
costume

- **ein Damenkostüm** a ladies' suit

das **Kotelett** SUBSTANTIV (PL die **Koteletts**)
chop

krabbeln VERB (PERFECT **ist gekrabbelt**)
to crawl

der **Krach** SUBSTANTIV
[1] *crash* ◇ *Die Vase fiel mit einem lauten Krach zu Boden.* The vase fell on the ground with a loud crash.
[2] *noise* ◇ *Unsere Nachbarn machen viel Krach.* Our neighbours make a lot of noise.
[3] *row* ◇ *Sie hat Krach mit ihrem Freund.* She had a row with her boyfriend.

die **Kraft** SUBSTANTIV (PL die **Kräfte**)
strength ◇ *Samson hat seine Kraft verloren.* Samson lost his strength.

- **Er hat viel Kraft.** He's very strong.
- **mit aller Kraft** with all one's might
- **Kinder kosten viel Kraft.** Children require a lot of energy.
- **Sie scheint magische Kräfte zu haben.** She seems to have magic powers.
- **Das Gesetz tritt am ersten August in Kraft.** The law comes into effect on the first of August.

das **Kraftfahrzeug** SUBSTANTIV (PL die **Kraftfahrzeuge**)
motor vehicle

kräftig ADJEKTIV, ADVERB
[1] *strong* ◇ *Er ist ein kräftiger Junge.* He is a strong boy.
[2] *hard* ◇ *ein kräftiger Schlag* a hard blow ◇ *kräftig schütteln* to shake hard

- **kräftig üben** to practise a lot ◇ *Wenn du kräftig übst, dann schaffst du es.* If you practise a lot, you'll do it.

das **Kraftwerk** SUBSTANTIV (PL die **Kraftwerke**)
power station

der **Kragen** SUBSTANTIV (PL die **Kragen**)
collar

die **Kralle** SUBSTANTIV
[1] *claw* ◇ *die Krallen der Katze* the cat's claws
[2] *talon* ◇ *die Krallen des Vogels* the bird's talons

der **Kram** SUBSTANTIV
stuff (*Umgangssprache*) ◇ *Ich habe den ganzen Kram weggeworfen.* I threw all the stuff away.

- **Mach doch deinen Kram allein!** Do it yourself!
- **Das passt mir nicht in den Kram.** It doesn't suit me.

krank ADJEKTIV
ill ◇ *Ich bin krank.* I'm ill. ◇ *Ich habe eine kranke Mutter.* My mother's ill.

- **jemanden krank schreiben** to give somebody a sick note ◇ *Der Arzt hat ihn für eine Woche krank geschrieben.* The doctor gave him a sick note for a week.

das **Krankenhaus** SUBSTANTIV (GEN des **Krankenhauses**, PL die **Krankenhäuser**)
hospital

die **Krankenkasse** SUBSTANTIV
health insurance

In Germany one can choose between different health insurance schemes. There is no "National Health Service".

die **Krankenschwester** SUBSTANTIV
nurse

die **Krankenversicherung** SUBSTANTIV
health insurance

der **Krankenwagen** SUBSTANTIV (PL die **Krankenwagen**)
ambulance

die **Krankheit** SUBSTANTIV
illness (PL *illnesses*)

kratzen VERB
to scratch

- **sich kratzen** to scratch oneself

kraus ADJEKTIV
frizzy ◇ *krause Haare* frizzy hair

das **Kraut** SUBSTANTIV (PL die **Kräuter**)
[1] *herb* ◇ *eine Salatsoße mit frischen Kräutern* a salad dressing with fresh herbs
[2] *sauerkraut* ◇ *Heute gibt es Würstchen mit Kraut.* We're having sausages and sauerkraut today.

die **Krawatte** SUBSTANTIV
tie

kreativ ADJEKTIV
creative

der **Krebs** SUBSTANTIV (GEN des **Krebses**, PL die **Krebse**)
[1] *crab* ◇ *Krebse bewegen sich seitlich voran.* Crabs move sideways.
[2] *cancer* ◇ *Sie ist an Krebs gestorben.* She died of cancer.
[3] *Cancer* (*Sternzeichen*)

- **Beate ist Krebs.** Beate's Cancer.

der **Kredit** SUBSTANTIV (PL die **Kredite**)
credit ◇ *auf Kredit* on credit

die **Kreditkarte** SUBSTANTIV
credit card

die **Kreide** SUBSTANTIV
chalk

der **Kreis** SUBSTANTIV (GEN des **Kreises**, PL die **Kreise**)
[1] *circle* ◇ *Stellt euch im Kreis auf.* Form a circle. ◇ *mein Freundeskreis* my circle of friends
[2] *district* ◇ *Blaubeuren liegt im Kreis Ulm.* Blaubeuren is in the district of Ulm.
◆ **im Kreis gehen** to go round in circles

kreischen VERB
to shriek ◇ *Sie kreischte laut.* She shrieked loudly.

der **Kreislauf** SUBSTANTIV
circulation ◇ *Sie hat einen labilen Kreislauf.* She has bad circulation.

das **Kreuz** SUBSTANTIV (GEN des **Kreuzes**, PL die **Kreuze**)
[1] *cross* (PL *crosses*) ◇ *Sie markierte die Stelle mit einem Kreuz.* She marked the place with a cross.
◆ **Mir tut das Kreuz weh.** My back's sore.
[2] *clubs* SING (*Karten*) ◇ *Kreuz ist Trumpf.* Clubs is trumps.

die **Kreuzung** SUBSTANTIV
[1] *crossroads* SING or PL ◇ *An der Kreuzung fährst du links.* You go left at the crossroads.
[2] *cross* (PL *crosses*) ◇ *Das ist eine Kreuzung zwischen Pferd und Esel.* It's a cross between a horse and a donkey.

das **Kreuzworträtsel** SUBSTANTIV (PL die **Kreuzworträtsel**)
crossword puzzle

kriechen VERB (IMPERFECT **kroch**, PERFECT **ist gekrochen**)
[1] *to crawl* ◇ *Das Baby kroch zur Tür.* The baby crawled towards the door. ◇ *Der Verkehr kriecht.* The traffic is crawling.
[2] *to grovel* ◇ *Er kriecht vor seinem Chef.* He's grovelling to his boss.

der **Krieg** SUBSTANTIV (PL die **Kriege**)
war

kriegen VERB
to get (*got, got*) ◇ *Ich kriege einen Schnupfen.* I'm getting a cold.
◆ **Sie kriegt ein Kind.** She's going to have a baby.

der **Krimi** SUBSTANTIV (PL die **Krimis**)
thriller

der **Kriminalroman** SUBSTANTIV (PL die **Kriminalromane**)
detective story (PL *stories*)

kriminell ADJEKTIV
criminal

die **Krise** SUBSTANTIV
crisis (PL *crises*)

kritisch ADJEKTIV
critical

kritisieren VERB (PERFECT **hat kritisiert**)
to criticize

Kroatien NEUT SUBSTANTIV
Croatia
◆ **aus Kroatien** from Croatia
◆ **nach Kroatien** to Croatia

das **Krokodil** SUBSTANTIV (PL die **Krokodile**)
crocodile

die **Krone** SUBSTANTIV
crown

die **Kröte** SUBSTANTIV
toad

der **Krug** SUBSTANTIV (PL die **Krüge**)
[1] *jug* ◇ *Sie stellte einen Krug Saft auf den Tisch.* She put a jug of juice on the table.
[2] *beer mug* ◇ *Er trinkt sein Bier immer aus einem Krug.* He always drinks his beer out of a beer mug.

krumm ADJEKTIV
◆ **ein krummer Rücken** a humped back
◆ **Mach nicht so einen krummen Rücken.** Don't slouch.
◆ **Sitz nicht so krumm.** Sit up straight.

die **Küche** SUBSTANTIV
[1] *kitchen*
[2] *cooking* ◇ *die französische Küche* French cooking

der **Kuchen** SUBSTANTIV (PL die **Kuchen**)
[1] *cake* ◇ *ein Marmorkuchen* a marble cake
[2] *flan* ◇ *ein Obstkuchen* a fruit flan

der **Kuckuck** SUBSTANTIV (PL die **Kuckucke**)
cuckoo

die **Kugel** SUBSTANTIV
[1] *bullet* ◇ *Er wurde von einer Kugel getroffen.* He was hit by a bullet.
[2] *ball* ◇ *Die Wahrsagerin hat eine Kugel aus Glas.* The fortune teller has a crystal ball.

der **Kugelschreiber** SUBSTANTIV (PL die **Kugelschreiber**)
Biro ® (PL *Biros*)

die **Kuh** SUBSTANTIV (PL die **Kühe**)
cow

kühl ADJEKTIV
cool ◇ *Abends wurde es kühl.* In the evenings it got cool.

der **Kühlschrank** SUBSTANTIV (PL die **Kühlschränke**)
fridge

die **Kühltruhe** SUBSTANTIV
freezer

kühn ADJEKTIV
bold

der **Kuli** SUBSTANTIV (PL die **Kulis**)
Biro ® (PL *Biros*)

die **Kultur** SUBSTANTIV
[1] *culture*
◆ **Kultur haben** to be cultured
[2] *civilization* ◇ *die abendländische Kultur* Western civilization

der **Kulturbeutel** SUBSTANTIV (PL die **Kulturbeutel**)
toilet bag

kulturell ADJEKTIV
cultural

der **Kümmel** SUBSTANTIV (PL die **Kümmel**)
caraway seed

der **Kummer** SUBSTANTIV
sorrow
◆ **Hast du Kummer?** Have you got problems?

kümmern VERB
to concern ◇ *Was kümmert mich seine Kritik?* Why should his criticism concern me?
◆ **Das kümmert mich nicht.** That doesn't worry me.
◆ **sich um jemanden kümmern** to look after somebody
◆ **sich um etwas kümmern** to see to something ◇ *Kannst du dich um meine Pflanzen kümmern?* Can you see to my plants? ◇ *Ich kümmere mich darum, dass das gemacht wird.* I'll see to it that it's done.
◆ **Sie kümmert sich nicht um das Gerede der Leute.** She doesn't care about what people say.

der **Kunde** SUBSTANTIV (GEN des **Kunden**, PL die **Kunden**)
customer

kündigen VERB
1 *to hand in one's notice* ◇ *Die Arbeit gefällt mir nicht, ich werde kündigen.* I don't like the job, I'm going to hand in my notice.
◆ **die Stellung kündigen** to hand in one's notice
◆ **Der Chef hat ihr gekündigt.** The boss gave her her notice.
◆ **die Wohnung kündigen** to give notice on one's flat
2 *to cancel* ◇ *Ich habe mein Abonnement gekündigt.* I've cancelled my subscription.

die **Kündigung** SUBSTANTIV
notice ◇ *Er reichte seine Kündigung ein.* He handed in his notice.

die **Kundin** SUBSTANTIV
customer

die **Kunst** SUBSTANTIV (PL die **Künste**)
1 *art* ◇ *Sie interessiert sich für Kunst.* She's interested in art.
2 *knack* ◇ *Er beherrscht die Kunst, andere zu überzeugen.* He's got the knack of persuading others.
◆ **Das ist doch keine Kunst.** It's easy.

die **Kunstfaser** SUBSTANTIV
man-made fibre

der **Künstler** SUBSTANTIV (PL die **Künstler**)
artist

die **Künstlerin** SUBSTANTIV
artist

künstlerisch ADJEKTIV
artistic ◇ *künstlerisch begabt sein* to have artistic talents

künstlich ADJEKTIV
artificial

der **Kunststoff** SUBSTANTIV (PL die **Kunststoffe**)
synthetic material

das **Kunststück** SUBSTANTIV (PL die **Kunststücke**)
trick

das **Kunstwerk** SUBSTANTIV (PL die **Kunstwerke**)
work of art

das **Kupfer** SUBSTANTIV
copper (*metal*)

die **Kupplung** SUBSTANTIV
clutch (PL *clutches*) ◇ *Bei Automatikwagen gibt es keine Kupplung.* Automatic cars don't have a clutch.

der **Kürbis** SUBSTANTIV (GEN des **Kürbisses**, PL die **Kürbisse**)
pumpkin

der **Kurort** SUBSTANTIV (PL die **Kurorte**)
health resort

der **Kurs** SUBSTANTIV (GEN des **Kurses**, PL die **Kurse**)
1 *course* ◇ *Ich mache einen Kurs, um Spanisch zu lernen.* I'm doing a course to learn Spanish.
2 *rate* ◇ *Wie ist der Kurs des Pfunds?* What's the rate for the pound?

die **Kurve** SUBSTANTIV
1 *bend* ◇ *Ein Auto bog um die Kurve.* A car came round the bend.
2 *curve* ◇ *die Kurve eines Schaubilds* the curve on a graph

kurz ADJEKTIV
short ◇ *Sie hat kurze Haare.* She has short hair. ◇ *Wir fahren über Feuerbach, das ist kürzer.* We'll go via Feuerbach, it's shorter. ◇ *Sie hat eine kurze Rede gehalten.* She made a short speech.
◆ **kurz gesagt** in short
◆ **zu kurz kommen** to come off badly
◆ **den Kürzeren ziehen** to get the worst of it

die **Kürze** SUBSTANTIV
shortness

kürzen VERB
1 *to shorten* ◇ *Du solltest den Aufsatz etwas kürzen.* You should shorten your essay a little.
2 *to cut* ◇ *Mein Vater hat mir das Taschengeld gekürzt.* My father has cut my pocket money.

die **Kurzgeschichte** SUBSTANTIV
short story (PL *stories*)

kürzlich ADVERB
recently

kurzsichtig ADJEKTIV
short-sighted

die **Kusine** SUBSTANTIV
cousin

der **Kuss** ⚠ SUBSTANTIV (GEN des **Kusses**, PL die **Küsse**)
kiss (PL *kisses*)

küssen VERB (PRESENT **küsst**, IMPERFECT **küsste**, PERFECT **hat geküsst**)
to kiss ◇ *Sie hat mich geküsst.* She kissed me.
◆ **sich küssen** to kiss ◇ *Sie küssten sich.* They kissed.

die **Küste** SUBSTANTIV
coast

K

L

das **Labor** SUBSTANTIV (PL die **Labore** *or* **Labors**)
lab
lächeln VERB
siehe auch das Lächeln SUBSTANTIV
to smile
das **Lächeln** SUBSTANTIV
siehe auch lächeln VERB
smile
lachen VERB
to laugh
lächerlich ADJEKTIV
ridiculous
der **Lachs** SUBSTANTIV (GEN des **Lachses**, PL die **Lachse**)
salmon ◇ *drei Lachse* three salmon
der **Lack** SUBSTANTIV (PL die **Lacke**)
1 *varnish* (PL *varnishes*) ◇ *Er hat das Holz mit Lack behandelt.* He treated the wood with varnish.
2 *paint* ◇ *Der Lack an meinem Auto ist stumpf geworden.* The paint on my car has become dull.
lackieren VERB (PERFECT **hat lackiert**)
1 *to varnish* ◇ *Ich lackiere mir die Nägel.* I'm varnishing my nails.
2 *to spray* ◇ *Das Auto muss lackiert werden.* The car has will have be sprayed.
der **Laden** SUBSTANTIV (PL die **Läden**)
siehe auch laden VERB
1 *shop* ◇ *In welchem Laden hast du das gekauft?* Which shop did you buy it in?
2 *shutter* ◇ *Im Sommer machen wir tagsüber die Läden zu.* In summer we close the shutters during the day.
laden VERB (PRESENT **lädt**, IMPERFECT **lud**, PERFECT **hat geladen**)
siehe auch der Laden SUBSTANTIV
1 *to load* ◇ *Wir haben das Gepäck ins Auto geladen.* We loaded the luggage into the car. ◇ *Das Programm wird geladen.* The program is being loaded. ◇ *eine Waffe laden* to load a weapon
◆ **eine Batterie laden** to charge a battery
2 *to summon* ◇ *Ich wurde als Zeugin geladen.* I was summoned as a witness.
die **Ladung** SUBSTANTIV
1 *cargo* (PL *cargoes*) ◇ *Das Flugzeug hatte zu viel Ladung an Bord.* The plane had too much cargo on board.
2 *loading* ◇ *Ein Arbeiter ist bei der Ladung des Schiffes verunglückt.* A worker was injured while loading the ship.
3 *summons* SING ◇ *Wenn Sie eine Ladung als Zeuge bekommen, müssen Sie erscheinen.* If you receive a summons to appear as a witness, you have to attend.
4 *charge* ◇ *eine Ladung Dynamit* a charge of dynamite
die **Lage** SUBSTANTIV
1 *situation* ◇ *Die politische Lage auf dem Balkan ist brisant.* The political situation in the Balkans is explosive.
2 *layer* ◇ *Die Torte bestand aus mehreren Lagen.* The gateau was made up of several layers.
◆ **in der Lage sein, etwas zu tun** to be in a position to do something
das **Lager** SUBSTANTIV (PL die **Lager**)
1 *camp* ◇ *Er fährt im Sommer in ein Lager der Pfadfinder.* He's going to a scout camp in the summer.
2 *warehouse* ◇ *Die Fabrik hat ein eigenes Lager.* The factory has its own warehouse.
3 *stockroom* ◇ *Die Verkäuferin hat im Lager nachgesehen.* The sales assistant looked in the stockroom.
lagern VERB
1 *to store* ◇ *kühl lagern* to store in a cool place ◇ *trocken lagern* to store in a dry place
2 *to lay down* (*laid, laid*) ◇ *Der Verletzte sollte auf der Seite gelagert werden.* The injured person should be laid down on his side.
3 *to camp* ◇ *Die Indianer lagerten am Fluss.* The Indians camped by the river.
lahm ADJEKTIV
1 *lame* ◇ *Das Pferd ist lahm.* The horse is lame.
2 *slow* (*langsam*) ◇ *Er ist furchtbar lahm.* He is terribly slow.
lähmen VERB
to paralyse
die **Lähmung** SUBSTANTIV
paralysis
der **Laib** SUBSTANTIV (PL die **Laibe**)
loaf (PL *loaves*)
der **Laie** SUBSTANTIV (GEN des **Laien**, PL die **Laien**)
layman (PL *laymen*)
das **Laken** SUBSTANTIV (PL die **Laken**)
sheet (*on bed*)
die **Lakritze** SUBSTANTIV
liquorice
das **Lamm** SUBSTANTIV (PL die **Lämmer**)
lamb
die **Lampe** SUBSTANTIV
lamp
das **Lampenfieber** SUBSTANTIV
stage fright
das **Land** SUBSTANTIV (PL die **Länder**)
1 *country* (PL *countries*) ◇ *Italien ist ein schönes Land.* Italy is a beautiful country. ◇ *Am Wochenende fahren wir aufs Land.* We're going to the country at the weekend.
◆ **auf dem Land** in the country
◆ **an Land** on land ◇ *Wenn wir wieder an Land sind...* When we're on land again...
2 *state* ◇ *Die Bundesrepublik besteht aus sechzehn Ländern.* The Federal Republic consists of sixteen states.

Das britische Äquivalent zu den Ländern *sind die* counties.

die **Landebahn** SUBSTANTIV
runway

landen VERB (PERFECT **ist gelandet**)
to land

die **Landkarte** SUBSTANTIV
map

der **Landkreis** SUBSTANTIV (GEN des **Landkreises**, PL die **Landkreise**)
administrative district

The German administrative hierarchy starts with the Stadt/Gemeinde *(town/community), and continues via the* Landkreis *(administrative district) and* Land *(federal state) to the* Bund *(federation).*

ländlich ADJEKTIV
rural

die **Landschaft** SUBSTANTIV
[1] *countryside* ◇ *Die toskanische Landschaft ist sehr schön.* The Tuscan countryside is very beautiful.
[2] *landscape* ◇ *Turner hat viele Landschaften gemalt.* Turner painted many landscapes.

die **Landstraße** SUBSTANTIV
country road

die **Landung** SUBSTANTIV
landing ◇ *Das Flugzeug verunglückte bei der Landung.* The plane crashed on landing.

der **Landwirt** SUBSTANTIV (PL die **Landwirte**)
farmer

die **Landwirtschaft** SUBSTANTIV
agriculture

lang ADJEKTIV
[1] *long* ◇ *Sie hat lange Haare.* She has long hair. ◇ *Das war eine lange Rede.* That was a long speech. ◇ *Sie war länger als erwartet weg.* She was away longer than expected. ◇ *Es wird nicht lang dauern.* It won't take long.
[2] *tall* ◇ *Mathis ist der Längste in unserer Klasse.* Mathis is the tallest in our class.

langatmig ADJEKTIV
long-winded

lange ADVERB
for a long time ◇ *Sie war lange krank.* She was ill for a long time.
◆ **lange dauern** to last a long time
◆ **lange brauchen** to take a long time

die **Länge** SUBSTANTIV
length ◇ *Sie hat die Länge und Breite des Zimmers ausgemessen.* She measured the length and breadth of the room. ◇ *die Länge eines Films* the length of a film

langen VERB
to have enough (*had, had*) ◇ *Meinst du das Geld langt?* Do you think we have enough money?
◆ **Das Fleisch hat nicht für alle gelangt.** There wasn't enough meat to go round.
◆ **Es langt mir.** I've had enough.
◆ **nach etwas langen** to reach for something ◇ *Er langte nach dem Apfel.* He reached for the apple.

die **Langeweile** SUBSTANTIV
boredom

langfristig ADJEKTIV, ADVERB
long-term ◇ *eine langfristige Besserung* a long-term improvement ◇ *Wir müssen langfristig planen.* We have to plan long-term.

der **Langlauf** SUBSTANTIV
cross-country skiing ◇ *Sie macht gern Langlauf.* She likes to go cross-country skiing.

länglich ADJEKTIV
longish

langsam ADJEKTIV, ADVERB
[1] *slow*
[2] *slowly* ◇ *langsam fahren* to drive slowly
◆ **Das wird langsam langweilig.** This is getting boring.

die **Langsamkeit** SUBSTANTIV
slowness

der **Langschläfer** SUBSTANTIV (PL die **Langschläfer**)
late riser

die **Langspielplatte** SUBSTANTIV
LP

längst ADVERB
◆ **Das ist längst fertig.** That was finished a long time ago.
◆ **Das weiß ich längst.** I've known that for a long time.
◆ **Er ist längst nicht so gescheit wie seine Schwester.** He's far from being as bright as his sister.

längste ADJEKTIV
longest ◇ *der längste Tag des Jahres* the longest day of the year

langweilen VERB
to bore ◇ *Langweile ich dich?* Am I boring you?
◆ **sich langweilen** to be bored

langweilig ADJEKTIV
boring

langwierig ADJEKTIV
lengthy

der **Lappen** SUBSTANTIV (PL die **Lappen**)
rag ◇ *mit einem feuchten Lappen* with a damp rag

der **Laptop** SUBSTANTIV (PL die **Laptops**)
laptop

der **Lärm** SUBSTANTIV
noise

der **Laser** SUBSTANTIV (PL die **Laser**)
laser

lassen VERB (PRESENT **lässt**, IMPERFECT **ließ**, PERFECT **gelassen** *or* **lassen**)

The past participle lassen *is used when* lassen *is a modal auxiliary.*

[1] *to stop* ◇ *Du solltest das Rauchen lassen.* You should stop smoking. ◇ *Er kann das Trinken nicht lassen.* He can't stop drinking. ◇ *Sie kann's nicht lassen.* She won't stop doing it.

L

◆ **Lass das!** (*hör auf*) Stop that!
[2] *to leave* (*left, left*) ◇ *Kann ich die Kinder hier lassen?* Can I leave the children here? ◇ *jemanden allein lassen* to leave somebody alone ◇ *Wir haben das Auto zu Hause gelassen.* We left the car at home. ◇ *etwas lassen, wie es ist* to leave something as it is
◆ **Lassen wir das!** Let's leave it.
◆ **Lass mal, ich mache das schon.** Leave it, I'll do it.
◆ **Lass mich!** Leave me alone.
◆ **jemanden irgendwohin lassen** to let somebody go somewhere ◇ *Sie lässt die Katze nicht ins Schlafzimmer.* She doesn't let the cat into the bedroom. ◇ *jemanden ins Haus lassen* to let somebody into the house
◆ **etwas machen lassen** to have something done ◇ *Ich habe mir den Katalog schicken lassen.* I had the catalogue sent to me. ◇ *Sie hat sich die Haare schneiden lassen.* She had her hair cut.
◆ **jemanden etwas tun lassen** to let somebody do something ◇ *Sie hat uns nicht ins Kino gehen lassen.* She didn't let us go to the cinema.
◆ **jemanden etwas wissen lassen** to let somebody know something
◆ **jemanden warten lassen** to keep somebody waiting
◆ **Das lässt sich machen.** That can be done.
◆ **Lass uns gehen.** Let's go.

lässig ADJEKTIV
casual

die **Last** SUBSTANTIV
load ◇ *Er stöhnte unter der schweren Last.* He groaned under the heavy load.
◆ **jemandem zur Last fallen** to be a burden to somebody

lästern VERB
to make nasty remarks (*made, made*) ◇ *Lästert ihr schon wieder über eure Lehrerin?* Are you making nasty remarks about your teacher again?

lästig ADJEKTIV
tiresome

der **Lastwagen** SUBSTANTIV (PL die **Lastwagen**)
lorry (PL *lorries*)

das **Latein** SUBSTANTIV
Latin

Lateinamerika NEUT SUBSTANTIV
Latin America

die **Laterne** SUBSTANTIV
[1] *lantern* ◇ *Die Kinder trugen Laternen.* The children carried lanterns.
[2] *streetlamp* ◇ *Vor unserem Haus steht eine Laterne.* There's a streetlamp in front of our house.

der **Lauch** SUBSTANTIV (PL die **Lauche**)
leek

der **Lauf** SUBSTANTIV (PL die **Läufe**)
[1] *run* ◇ *Er machte einen Lauf durch den Wald.* He went for a run through the forest.
[2] *race* ◇ *Sie hat den Lauf über vierhundert Meter gewonnen.* She won the four-hundred-metre race.
[3] *course* ◇ *der Lauf des Flusses* the course of the river
[4] *barrel* ◇ *Er richtete den Lauf seiner Pistole auf mich.* He aimed the barrel of his pistol at me.
◆ **im Laufe der Woche** in the course of the week
◆ **einer Sache ihren Lauf lassen** to let something take its course

die **Laufbahn** SUBSTANTIV
career

laufen VERB (PRESENT **läuft**, IMPERFECT **lief**, PERFECT **ist gelaufen**)
[1] *to run* (*ran, run*) ◇ *Sie liefen, so schnell sie konnten.* They ran as fast as they could. ◇ *Er läuft Marathon.* He runs marathons.
[2] *to walk* ◇ *Wir mussten nach Hause laufen.* We had to walk home.

laufend ADJEKTIV, ADVERB
[1] *running* ◇ *bei laufendem Motor* with the engine running
[2] *current* ◇ *die laufenden Ausgaben* current expenses
◆ **auf dem Laufenden sein** to be up to date
◆ **auf dem Laufenden halten** to keep up to date
[3] *always* ◇ *Musst du mich laufend stören?* Do you always have to interrupt me?

der **Läufer** SUBSTANTIV (PL die **Läufer**)
[1] *runner* ◇ *Die Läufer standen am Start.* The runners were at the start. ◇ *Im Flur liegt ein roter Läufer.* There's a red runner in the hall.
[2] *bishop* (*Schach*) ◇ *Sie zog mit dem Läufer.* She moved her bishop.

die **Läuferin** SUBSTANTIV
runner

die **Laufmasche** SUBSTANTIV
ladder (*in tights*)

das **Laufwerk** SUBSTANTIV (PL die **Laufwerke**)
disk drive ◇ *Die Diskette in Laufwerk A einlegen.* Put the diskette in disk drive A.

die **Laune** SUBSTANTIV
mood ◇ *Was hat sie für eine Laune?* What kind of mood is she in? ◇ *Ich habe gute Laune.* I'm in a good mood.
◆ **Ich bin deine Launen leid.** I'm fed up with your bad moods.
◆ **Sie ist aus einer Laune heraus nach Italien gefahren.** She took it into her head to go off to Italy.

launisch ADJEKTIV
[1] *temperamental* ◇ *Sie ist ein sehr launischer Mensch.* She's very temperamental.
[2] *bad-tempered* ◇ *Er war heute schrecklich launisch.* He was terribly bad-tempered today.

die **Laus** SUBSTANTIV (PL die **Läuse**)
louse (PL *lice*)
laut ADJEKTIV, ADVERB, PRÄPOSITION
siehe auch der Laut SUBSTANTIV
1 *loud* ◇ *Ich mag laute Musik nicht.* I don't like loud music.
◆ **Hier ist es schrecklich laut.** It's terribly noisy here.
2 *loudly* ◇ *Sie schrie, so laut sie konnte.* She screamed as loudly as she could.
◆ **laut lesen** to read aloud
3 *according to* ◇ *Laut unserem Vertrag...* According to our contract...
der **Laut** SUBSTANTIV (PL die **Laute**)
siehe auch laut ADJEKTIV
sound
lauten VERB
1 *to go* (*goes, went, gone*) ◇ *Wie lautet die zweite Strophe des Lieds?* How does the second verse of the song go?
2 *to be* (*is, was, been*) ◇ *Das Urteil lautete auf zehn Jahre Gefängnis.* The sentence was ten years' imprisonment.
läuten VERB
to ring (*rang, rung*) ◇ *Die Glocken läuten.* The bells are ringing. ◇ *Ich habe geläutet, es hat aber niemand aufgemacht.* I rang but nobody answered.
lauter ADVERB
nothing but ◇ *Sie hat lauter Lügen erzählt.* She told nothing but lies.
die **Lautschrift** SUBSTANTIV
phonetics PL
der **Lautsprecher** SUBSTANTIV (PL die **Lautsprecher**)
loudspeaker
die **Lautstärke** SUBSTANTIV
volume
lauwarm ADJEKTIV
lukewarm
die **Lawine** SUBSTANTIV
avalanche
das **Leben** SUBSTANTIV (PL die **Leben**)
siehe auch leben VERB
life (PL *lives*)
◆ **ums Leben kommen** to lose one's life ◇ *Er ist bei einem Unfall ums Leben gekommen.* He lost his life in an accident.
leben VERB
siehe auch das Leben SUBSTANTIV
to live
lebend ADJEKTIV
living
lebendig ADJEKTIV
1 *alive* ◇ *Er konnte lebendig aus den Trümmern geborgen werden.* He was rescued from the ruins alive.
2 *lively* ◇ *Sie ist ein sehr lebendiges Kind.* She's a very lively child.
lebensgefährlich ADJEKTIV
1 *dangerous* ◇ *eine lebensgefährliche Kurve* a dangerous corner
2 *critical* ◇ *eine lebensgefährliche Krankheit* a critical illness
◆ **lebensgefährlich verletzt** critically injured
die **Lebenshaltungskosten** PL SUBSTANTIV
cost of living SING
lebenslänglich ADJEKTIV
for life
◆ **Er hat eine lebenslängliche Gefängnisstrafe bekommen.** He received a life sentence.
der **Lebenslauf** SUBSTANTIV (PL die **Lebensläufe**)
CV (= curriculum vitae)
die **Lebensmittel** NEUT PL SUBSTANTIV
food SING
der **Lebensstandard** SUBSTANTIV
standard of living
der **Lebensunterhalt** SUBSTANTIV
livelihood
die **Lebensversicherung** SUBSTANTIV
life insurance
die **Leber** SUBSTANTIV
liver
der **Leberfleck** SUBSTANTIV (PL die **Leberflecke**)
mole (*on skin*)
die **Leberwurst** SUBSTANTIV (PL die **Leberwürste**)
liver sausage
das **Lebewesen** SUBSTANTIV (PL die **Lebewesen**)
creature
lebhaft ADJEKTIV
lively
der **Lebkuchen** SUBSTANTIV (PL die **Lebkuchen**)
gingerbread
lecken VERB
1 *to leak* ◇ *Der Behälter leckt.* The container's leaking.
2 *to lick* ◇ *Die Katze leckte sich das Fell.* The cat licked its fur. ◇ *Sie leckte am Eis.* She licked her ice.
lecker ADJEKTIV
delicious ◇ *lecker schmecken* to taste delicious
das **Leder** SUBSTANTIV (PL die **Leder**)
leather
die **Lederhose** SUBSTANTIV
leather trousers PL
Lederhosen *are the traditional dress in South Germany and Austria.*
ledig ADJEKTIV
single ◇ *"Familienstand: ledig"* "Marital status: single"
leer ADJEKTIV
empty ◇ *eine leere Flasche* an empty bottle ◇ *leere Drohungen* empty threats
◆ **ein leeres Blatt Papier** a blank sheet of paper
◆ **ein leerer Blick** a vacant expression
◆ **leer machen** to empty
die **Leere** SUBSTANTIV
emptiness
leeren VERB
to empty (*emptied, emptied*)
legal ADJEKTIV
legal
legen VERB
1 *to put* (*put, put*) ◇ *Sie legte das Kind ins Bett.* She put the child to bed. ◇ *Leg*

L

das Besteck in die Schublade. Put the cutlery in the drawer. ◇ *Er legte das Buch aus der Hand.* He put the book down.
[2] *to lay* (*laid, laid*) ◇ *Sie legten den Verletzten auf eine Decke.* They laid the injured man on a blanket. ◇ *Sie legte ihren Mantel über den Stuhl.* She laid her coat over the chair. ◇ *ein Ei legen* to lay an egg
◆ **sich legen (1)** to lie down ◇ *Sie legte sich auf das Sofa.* She lay down on the sofa. ◇ *Ich lege mich ins Bett.* I'm going to lie down. ◇ *Wir legten uns an den Strand.* We lay down on the beach.
◆ **sich legen (2)** to drop ◇ *Der Wind hat sich gelegt.* The wind has dropped.
◆ **Das wird sich legen.** That will sort itself out.

die **Lehne** SUBSTANTIV
[1] *arm* ◇ *Sie saß auf der Lehne des Sofas.* She sat on the arm of the sofa.
[2] *back* ◇ *Der Sessel hat eine hohe Lehne.* The chair has a high back.

lehnen VERB
to lean

der **Lehrer** SUBSTANTIV (PL die **Lehrer**)
teacher

die **Lehrerin** SUBSTANTIV
teacher

das **Lehrerzimmer** SUBSTANTIV (PL die **Lehrerzimmer**)
staff room

der **Lehrling** SUBSTANTIV (PL die **Lehrlinge**)
apprentice

der **Lehrplan** SUBSTANTIV (PL die **Lehrpläne**)
syllabus (PL *syllabuses*)

die **Lehrstelle** SUBSTANTIV
apprenticeship

die **Leiche** SUBSTANTIV
corpse

leicht ADJEKTIV
[1] *light* ◇ *leichtes Gepäck* light luggage
[2] *easy* ◇ *Die Klassenarbeit war leicht.* The class test was easy.
◆ **jemandem leicht fallen** to be easy for somebody
◆ **es sich leicht machen** to make things easy for oneself ◇ *Du machst es dir wirklich zu leicht.* You really make things too easy for yourself.

die **Leichtathletik** SUBSTANTIV
athletics SING

leichtfallen VERB *siehe* **leicht**

leichtmachen VERB *siehe* **leicht**

der **Leichtsinn** SUBSTANTIV
carelessness

leichtsinnig ADJEKTIV
careless

das **Leid** SUBSTANTIV
siehe auch leid ADJEKTIV
sorrow
◆ **zu Leide** *siehe* **zuleide**

leid ADJEKTIV
siehe auch das Leid SUBSTANTIV
◆ **etwas leid sein** to be tired of something ◇ *Ich bin deine ewigen Klagen leid.* I'm tired of your constant complaining.
◆ **Es tut mir leid.** I'm sorry.
◆ **Er tut mir leid.** I'm sorry for him.

leiden VERB (IMPERFECT **litt**, PERFECT **hat gelitten**)
to suffer ◇ *Sie leidet an Asthma.* She suffers from asthma. ◇ *Wir leiden unter der Hitze.* We're suffering from the heat.
◆ **jemanden gut leiden können** to like somebody
◆ **Ich kann ihn nicht leiden.** I can't stand him.

leider ADVERB
unfortunately ◇ *Ich kann leider nicht kommen.* Unfortunately I can't come.
◆ **Ja, leider.** Yes, I'm afraid so.
◆ **Leider nicht.** I'm afraid not. ◇ *Er hat mir leider nicht geholfen.* I'm afraid he didn't help me.

leihen VERB (IMPERFECT **lieh**, PERFECT **hat geliehen**)
to lend (*lent, lent*) ◇ *Kannst du mir fünfzig Mark leihen?* Can you lend me fifty marks?
◆ **sich etwas leihen** to borrow something ◇ *Das ist nicht mein Fahrrad, ich habe es mir von meiner Schwester geliehen.* That's not my bike, I've borrowed it from my sister.

der **Leim** SUBSTANTIV (PL die **Leime**)
glue

die **Leine** SUBSTANTIV
[1] *line* ◇ *Sie hängte die Wäsche auf die Leine.* She hung the washing on the line.
[2] *lead* ◇ *Hunde müssen an der Leine geführt werden.* Dogs must be kept on a lead.

das **Leinen** SUBSTANTIV (PL die **Leinen**)
linen

leise ADJEKTIV, ADVERB
[1] *quiet* ◇ *Seid bitte leise.* Please be quiet.
[2] *quietly* ◇ *Sie sprach mit leiser Stimme.* She spoke quietly. ◇ *Sie kam ganz leise ins Zimmer.* She came into the room very quietly.

leisten VERB
[1] *to do* (*does, did, done*) ◇ *Du hast gute Arbeit geleistet.* You've done a good job.
[2] *to achieve* ◇ *Sie hat viel geleistet im Leben.* She's achieved a lot in her life.
◆ **jemandem Gesellschaft leisten** to keep somebody company
◆ **sich etwas leisten** to treat oneself to something ◇ *Ich leiste mir heute einen freien Tag.* I'm going to treat myself to a day off today.
◆ **sich etwas leisten können** to be able to afford something ◇ *Ich kann mir keinen neuen Computer leisten.* I can't afford a new computer. ◇ *Ich kann es mir nicht leisten, schon wieder zu spät zu kommen.* I can't afford to be late again.

die **Leistung** SUBSTANTIV
[1] *performance* ◇ *Sie haben die Leistung des Motors verbessert.* They've improved the performance of the engine.
◆ **schulische Leistungen** school results
[2] *achievement* ◇ *eine sportliche Leistung* a sporting achievement ◇ *Das war wirklich eine Leistung!* That really was an achievement.

leiten VERB
[1] *to direct* ◇ *Das Wasser wird durch Rohre geleitet.* The water is directed through pipes.
[2] *to lead* (*led, led*) ◇ *eine Partei leiten* to lead a party
[3] *to run* (*ran, run*) ◇ *Wer leitet diese Firma?* Who runs this company?
[4] *to chair* ◇ *Wer hat die Versammlung geleitet?* Who chaired the meeting?
◆ **Metall leitet Strom besonders gut.** Metal is a good conductor of electricity.

der **Leiter** SUBSTANTIV (PL die **Leiter**)
siehe auch die Leiter SUBSTANTIV
head ◇ *der Leiter des Museums* the head of the museum

die **Leiter** SUBSTANTIV
siehe auch der Leiter SUBSTANTIV
ladder ◇ *eine Leiter hinaufklettern* to climb a ladder

die **Leitung** SUBSTANTIV
[1] *management* ◇ *Ihr wurde die Leitung der Abteilung übertragen.* She was entrusted with the management of the department.
◆ **Wer hatte bei der Diskussion die Leitung?** Who chaired the discussion?
[2] *direction* ◇ *der Jugendchor unter Leitung von...* the youth choir under the direction of...
[3] *pipe* ◇ *In unserer Straße werden neue Leitungen für Wasser und Gas verlegt.* They're laying new water and gas pipes in our road.
[4] *cable* ◇ *Die Leitung steht unter Strom.* The cable is live.
[5] *line* (*Telefonleitung*) ◇ *Alle Leitungen waren besetzt.* All the lines were busy.
◆ **eine lange Leitung haben** to be slow on the uptake

die **Lektion** SUBSTANTIV
lesson

die **Lektüre** SUBSTANTIV
[1] *reading* ◇ *Stör sie nicht bei der Lektüre.* Don't disturb her while she's reading.
[2] *reading matter* ◇ *Das ist die richtige Lektüre für die Ferien.* That's the right reading matter for the holidays.
[3] *set text* ◇ *Welche Lektüre habt ihr dieses Jahr in Englisch?* What are your set texts in English this year?

lenken VERB
to steer ◇ *ein Fahrzeug lenken* to steer a car
◆ **Sie lenkte das Gespräch auf ein anderes Thema.** She led the conversation round to another subject.

das **Lenkrad** SUBSTANTIV (PL die **Lenkräder**)
steering wheel

die **Lenkstange** SUBSTANTIV
handlebars PL

lernen VERB
to learn

das **Lesebuch** SUBSTANTIV (PL die **Lesebücher**)
reading book

lesen VERB (PRESENT **liest**, IMPERFECT **las**, PERFECT **hat gelesen**)
to read (*read, read*)

leserlich ADJEKTIV
legible ◇ *eine leserliche Handschrift* legible handwriting ◇ *leserlich schreiben* to write legibly

letzte ADJEKTIV
[1] *last* ◇ *In der letzten Arbeit habe ich eine Zwei geschrieben.* I got a "B" in the last test. ◇ *Ich habe noch einen letzten Wunsch.* I have one last wish. ◇ *letzte Woche* last week
◆ **als Letzter** last ◇ *Franz kam als Letzter.* Franz arrived last.
◆ **zum letzten Mal** for the last time
[2] *latest* (*neueste*) ◇ *Laut letzten Informationen kam es zu schweren Unruhen.* According to latest reports there were serious riots.

leuchten VERB
to shine (*shone, shone*) ◇ *jemandem ins Gesicht leuchten* to shine a light in somebody's face

der **Leuchter** SUBSTANTIV (PL die **Leuchter**)
candlestick

der **Leuchtstift** SUBSTANTIV (PL die **Leuchtstifte**)
highlighter

der **Leuchtturm** SUBSTANTIV (PL die **Leuchttürme**)
lighthouse

die **Leute** PL SUBSTANTIV
people PL

das **Lexikon** SUBSTANTIV (PL die **Lexika**)
encyclopedia

das **Licht** SUBSTANTIV (PL die **Lichter**)
light

das **Lichtjahr** SUBSTANTIV (PL die **Lichtjahre**)
light year

der **Lichtschalter** SUBSTANTIV (PL die **Lichtschalter**)
light switch (PL *switches*)

das **Lid** SUBSTANTIV (PL die **Lider**)
eyelid

der **Lidschatten** SUBSTANTIV (PL die **Lidschatten**)
eyeshadow

lieb ADJEKTIV
dear ◇ *Liebe Bettina* Dear Bettina ◇ *Lieber Herr Schlüter* Dear Mr Schlüter
◆ **Das ist lieb von dir.** That's nice of you.
◆ **jemanden lieb haben** to be fond of somebody

die **Liebe** SUBSTANTIV
love

lieben VERB
to love

liebenswürdig ADJEKTIV
kind

die **Liebenswürdigkeit** SUBSTANTIV
kindness

lieber ADVERB
rather ◇ *Ich hätte jetzt lieber einen Kaffee.* I'd rather have a coffee just now. ◇ *Ich gehe lieber nicht.* I'd rather not go.
- **Lass das lieber!** I'd leave that if I were you.
- **Ich sage lieber nichts.** I'd better not say anything.
- **etwas lieber haben** to prefer something ◇ *Was hast du lieber, Mathe oder Chemie?* What do you prefer, maths or chemistry?

der **Liebesbrief** SUBSTANTIV (PL die **Liebesbriefe**)
love letter

der **Liebeskummer** SUBSTANTIV
- **Liebeskummer haben** to be lovesick

liebevoll ADJEKTIV
loving

liebhaben VERB *siehe* **lieb**

der **Liebling** SUBSTANTIV (PL die **Lieblinge**)
darling

Lieblings- PRÄFIX
favourite ◇ *Was ist dein Lieblingsfach?* What's your favourite subject?

das **Lied** SUBSTANTIV (PL die **Lieder**)
song

lief VERB *siehe* **laufen**

liefern VERB
[1] *to deliver* ◇ *Wir liefern die Möbel ins Haus.* We deliver the furniture to your door.
[2] *to supply* (*supplied, supplied*) ◇ *Das Kraftwerk liefert den Strom für die ganze Gegend.* The power station supplies electricity to the whole area.
- **den Beweis liefern** to produce proof

liegen VERB (IMPERFECT **lag**, PERFECT **hat gelegen**)
[1] *to lie* (*lay, lain*) ◇ *Sie lag auf dem Bett.* She lay on the bed. ◇ *Wir haben den ganzen Tag am Strand gelegen.* We lay on the beach all day. ◇ *Auf meinem Schreibtisch liegt eine Menge Papier.* There's a lot of paper lying on my desk.
- **Es lag viel Schnee.** There was a lot of snow.

[2] *to be* (*is, was, been*) ◇ *Unser Haus liegt sehr zentral.* Our house is very central. ◇ *Ulm liegt an der Donau.* Ulm is on the Danube.
- **nach Süden liegen** to face south
- **Mir liegt viel daran.** It matters a lot to me..
- **Mir liegt nichts daran.** It doesn't matter to me.
- **Es liegt bei dir, ob...** It's up to you whether...
- **Sprachen liegen mir nicht.** Languages are not my thing.
- **Woran liegt es?** How come?
- **Das liegt am Wetter.** It's because of the weather.
- **liegen bleiben (1)** to lie in ◇ *Morgen ist Sonntag, da kann ich liegen bleiben.* It's Sunday tomorrow, so I can lie in.
- **liegen bleiben (2)** not to get up ◇ *Der verletzte Spieler blieb liegen.* The injured player didn't get up.
- **liegen bleiben (3)** to be left behind ◇ *Der Schirm ist liegen geblieben.* The umbrella's been left behind.
- **Unser Auto ist liegen geblieben.** Our car has broken down.
- **etwas liegen lassen** to leave something ◇ *Ich muss diese Arbeit liegen lassen.* I'll have to leave this job. ◇ *Ich habe meinen Schirm liegen lassen.* I've left my umbrella.

der **Liegestuhl** SUBSTANTIV (PL die **Liegestühle**)
deck chair

der **Liegewagen** SUBSTANTIV (PL die **Liegewagen**)
couchette

lila ADJEKTIV
purple ◇ *Sie hatte einen lila Hut auf.* She was wearing a purple hat.

die **Limo** SUBSTANTIV (PL die **Limos**)
lemonade

die **Limonade** SUBSTANTIV
lemonade

die **Limone** SUBSTANTIV
lime

das **Lineal** SUBSTANTIV (PL die **Lineale**)
ruler ◇ *einen Strich mit dem Lineal ziehen* to draw a line with a ruler

die **Linie** SUBSTANTIV
line

die **Linke** SUBSTANTIV (GEN der **Linken**)
siehe auch linke ADJEKTIV
[1] *left* ◇ *Zu Ihrer Linken sehen Sie das Rathaus.* On your left you'll see the town hall.
[2] *left hand* ◇ *Er schlug mit der Linken zu.* He hit out with his left hand.

linke ADJEKTIV
siehe auch die Linke SUBSTANTIV *und* links ADVERB
left ◇ *In Großbritannien fährt man auf der linken Seite.* In Great Britain they drive on the left. ◇ *Mein linkes Auge tut weh.* My left eye's hurting. ◇ *Er hat sich den linken Arm gebrochen.* He broke his left arm.

links ADVERB
siehe auch linke ADJEKTIV
left ◇ *links abbiegen* to turn left
- **links fahren** to drive on the left
- **links überholen** to overtake on the left
- **Er schreibt mit links.** He writes with his left hand.
- **Links sehen Sie das Rathaus.** On the left you'll see the town hall.
- **links von der Kirche** to the left of the church
- **links von mir** on my left
- **links wählen** to vote for a left-wing party
- **etwas mit links machen** to do something easily

der **Linkshänder** SUBSTANTIV (PL die **Linkshänder**)
- **Er ist Linkshänder.** He's left-handed.

die **Linkshänderin** SUBSTANTIV
- **Sie ist Linkshänderin.** She's left-handed.

die **Linkskurve** SUBSTANTIV
left-hand bend

der **Linksverkehr** SUBSTANTIV
driving on the left
- **In Großbritannien ist Linksverkehr.** They drive on the left in Britain.

die **Linse** SUBSTANTIV
1 *lentil* ◇ *Linsensuppe* lentil soup
2 *lens* (PL *lenses*) ◇ *die Linse der Kamera* the camera lens

die **Lippe** SUBSTANTIV
lip

der **Lippenstift** SUBSTANTIV (PL die **Lippenstifte**)
lipstick

lispeln VERB
to lisp

die **Liste** SUBSTANTIV
list

der **Liter** SUBSTANTIV (PL die **Liter**)
You can also say das Liter.
litre

die **Literatur** SUBSTANTIV
literature

live ADVERB
live

die **Lizenz** SUBSTANTIV
licence

der **Lkw** SUBSTANTIV (= *Lastkraftwagen*) (GEN des **Lkw** *or* **Lkws**, PL die **Lkws**)
lorry (PL *lorries*)

das **Lob** SUBSTANTIV
praise

loben VERB
to praise

das **Loch** SUBSTANTIV (PL die **Löcher**)
hole

die **Locke** SUBSTANTIV
curl
- **Sie hat Locken.** She has curly hair.

der **Lockenwickler** SUBSTANTIV (PL die **Lockenwickler**)
curler

locker ADJEKTIV
1 *loose* ◇ *ein lockerer Zahn* a loose tooth
2 *relaxed* ◇ *eine lockere Atmosphäre* a relaxed atmosphere

lockerlassen VERB (PRESENT **lässt locker**, IMPERFECT **ließ locker**, PERFECT **hat lockergelassen**)
- **nicht lockerlassen** not to let up ◇ *Er ließ nicht locker mit seinen Fragen.* He didn't let up with his questions.

lockig ADJEKTIV
curly

der **Löffel** SUBSTANTIV (PL die **Löffel**)
spoon
- **ein Löffel Zucker** a spoonful of sugar

die **Logik** SUBSTANTIV
logic

logisch ADJEKTIV
logical

der **Lohn** SUBSTANTIV (PL die **Löhne**)
1 *wages* PL ◇ *Freitags wird der Lohn ausbezahlt.* The wages are paid on Fridays.
2 *reward* ◇ *Das ist jetzt der Lohn für meine Mühe!* That's the reward for my efforts.

lohnen VERB
- **Das lohnt sich.** It's worth it.

lohnend ADJEKTIV
worthwhile

die **Lohnsteuer** SUBSTANTIV
income tax

das **Lokal** SUBSTANTIV (PL die **Lokale**)
pub

die **Lokomotive** SUBSTANTIV
locomotive

das **Lorbeerblatt** SUBSTANTIV (PL die **Lorbeerblätter**)
bay leaf (PL *leaves*)

das **Los** SUBSTANTIV (GEN des **Loses**, PL die **Lose**)
siehe auch los ADJEKTIV
lottery ticket ◇ *Mein Los hat gewonnen.* My lottery ticket has won.

los ADJEKTIV
siehe auch das Los SUBSTANTIV
loose ◇ *Die Schraube ist los.* The screw's loose.
- **Dort ist viel los.** There's a lot going on there.
- **Dort ist nichts los.** There's nothing going on there.
- **Was ist los?** What's the matter?
- **Den Schirm bist du los.** You've lost that umbrella for good.
- **Los!** Go on!

losbinden VERB (IMPERFECT **band los**, PERFECT **hat losgebunden**)
to untie

löschen VERB
to put out (*put, put*) ◇ *ein Feuer löschen* to put out a fire ◇ *das Licht löschen* to put out the light
- **den Durst löschen** to quench one's thirst
- **eine Datei löschen** to delete a file
- **ein Tonband löschen** to erase a tape

die **Löschtaste** SUBSTANTIV
delete key

lose ADJEKTIV
loose ◇ *lose Blätter* loose sheets ◇ *etwas lose verkaufen* to sell something loose
- **ein loses Mundwerk** a big mouth

lösen VERB
1 *to solve* ◇ *ein Rätsel lösen* to solve a puzzle ◇ *ein Problem lösen* to solve a problem
2 *to loosen* ◇ *Kannst du diesen Knoten lösen?* Can you loosen the knot?
- **etwas von etwas lösen** to remove something from something ◇ *Sie löste das Etikett vom Glas.* She removed the label from the jar.
- **sich lösen (1)** to come loose ◇ *Eine Schraube hatte sich gelöst.* A screw had come loose.
- **sich lösen (2)** to dissolve ◇ *Die Tablette löst sich in Wasser.* The pill dissolves in

water.

◆ **sich lösen (3)** (*Problem, Schwierigkeit*) to resolve itself ◇ *Das Problem hat sich inzwischen gelöst.* The problem has resolved itself in the meantime.

◆ **eine Fahrkarte lösen** to buy a ticket

losfahren VERB (PRESENT **fährt los**, IMPERFECT **fuhr los**, PERFECT **ist losgefahren**)
to leave (*left, left*)

losgehen VERB (IMPERFECT **ging los**, PERFECT **ist losgegangen**)
[1] *to set out* (*set, set*) ◇ *Wir sollten so langsam losgehen.* It's time we were setting out.
[2] *to start* ◇ *Wann geht der Film los?* When does the film start?

◆ **auf jemanden losgehen** to go for somebody ◇ *Er ging mit einem Messer auf sie los.* He went for her with a knife.

loslassen VERB (PRESENT **lässt los**, IMPERFECT **ließ los**, PERFECT **hat losgelassen**)
to let go of (*let, let*)

loslaufen VERB (PRESENT **läuft los**, IMPERFECT **lief los**, PERFECT **ist losgelaufen**)
to run off (*ran, run*)

löslich ADJEKTIV
soluble

die **Lösung** SUBSTANTIV
solution ◇ *Weißt du die Lösung des Rätsels?* Do you know the solution to the puzzle?

loswerden VERB (PRESENT **wird los**, IMPERFECT **wurde los**, PERFECT **ist losgeworden**)
to get rid of (*got, got*)

das **Lotto** SUBSTANTIV (PL die **Lottos**)
National Lottery

die **Lottozahlen** FEM PL SUBSTANTIV
winning lottery numbers PL

der **Löwe** SUBSTANTIV (GEN des **Löwen**, PL die **Löwen**)
[1] *lion*
[2] *Leo* (*Sternzeichen*) ◇ *Manfred ist Löwe.* Manfred's Leo.

die **Lücke** SUBSTANTIV
gap

die **Luft** SUBSTANTIV (PL die **Lüfte**)
air ◇ *Ich brauche frische Luft.* I need some fresh air.

◆ **in der Luft liegen** to be in the air

◆ **jemanden wie Luft behandeln** to ignore somebody

der **Luftballon** SUBSTANTIV (PL die **Luftballons** *or* **Luftballone**)
balloon

der **Luftdruck** SUBSTANTIV
atmospheric pressure

das **Luftkissenfahrzeug** SUBSTANTIV (PL die **Luftkissenfahrzeuge**)
hovercraft

die **Luftlinie** SUBSTANTIV

◆ **in der Luftlinie** as the crow flies

die **Luftmatratze** SUBSTANTIV
air bed

die **Luftpost** SUBSTANTIV
airmail ◇ *per Luftpost* by airmail

die **Luftverschmutzung** SUBSTANTIV
air pollution

die **Lüge** SUBSTANTIV
lie

lügen VERB (IMPERFECT **log**, PERFECT **hat gelogen**)
to lie ◇ *Ich müsste lügen, wenn...* I would be lying if...

◆ **Er lügt ständig.** He's always telling lies.

der **Lügner** SUBSTANTIV (PL die **Lügner**)
liar

der **Lumpen** SUBSTANTIV (PL die **Lumpen**)
rag ◇ *in Lumpen herumlaufen* to go around in rags

die **Lunge** SUBSTANTIV
lung

die **Lungenentzündung** SUBSTANTIV
pneumonia

die **Lupe** SUBSTANTIV
magnifying glass (PL *glasses*)

◆ **unter die Lupe nehmen** to scrutinize

die **Lust** SUBSTANTIV

◆ **Lust haben, etwas zu tun** to feel like doing something ◇ *Hast du Lust, ins Kino zu gehen?* Do you feel like going to the cinema?

◆ **keine Lust haben, etwas zu tun** not to feel like doing something ◇ *Sie hatte keine Lust, mit auf die Party zu kommen.* She didn't feel like coming to the party.

◆ **Lust auf etwas haben** to feel like something ◇ *Ich habe Lust auf eine kalte Limonade.* I feel like some cold lemonade.

lustig ADJEKTIV
funny ◇ *eine lustige Geschichte* a funny story

lutschen VERB
to suck ◇ *am Daumen lutschen* to suck one's thumb

der **Lutscher** SUBSTANTIV (PL die **Lutscher**)
lollipop

Luxemburg NEUT SUBSTANTIV
Luxembourg

◆ **aus Luxemburg** from Luxembourg

◆ **nach Luxemburg** to Luxembourg

der **Luxus** SUBSTANTIV (GEN des **Luxus**)
luxury

M

machbar ADJEKTIV
feasible
machen VERB
[1] *to do* (*does, did, done*) (*tun, erledigen*) ◇ *Hausaufgaben machen* to do one's homework ◇ *etwas sorgfältig machen* to do something carefully ◇ *Was machst du heute Nachmittag?* What are you doing this afternoon? ◇ *Lass mal, ich mach das schon.* Leave it, I'll do it.
◆ **eine Prüfung machen** to sit an exam
◆ **den Führerschein machen** to take driving lessons
[2] *to make* (*made, made*) ◇ *aus Holz gemacht* made of wood ◇ *Kaffee machen* to make coffee ◇ *einen Fehler machen* to make a mistake ◇ *Krach machen* to make a noise ◇ *jemanden traurig machen* to make somebody sad ◇ *Das macht müde.* It makes you tired.
◆ **Schluss machen** to finish
◆ **ein Foto machen** to take a photo
◆ **das Radio leiser machen** to turn the radio down
[3] *to cause* (*verursachen*) ◇ *Das hat mir viel Mühe gemacht.* This caused me a lot of trouble. ◇ *Ich möchte Ihnen keine Schwierigkeiten machen.* I don't want to cause you any difficulties.
◆ **viel Arbeit machen** to cause a lot of work
◆ **Das macht die Kälte.** It's the cold that does that.
[4] *to be* (*is, was, been*) (*kosten, ergeben*) ◇ *Drei und fünf macht acht.* Three and five is eight. ◇ *Was macht das?* How much is that? ◇ *Das macht drei Mark.* That's three marks.
◆ **Was macht die Arbeit?** How's the work going?
◆ **Was macht dein Bruder?** How's your brother doing?
◆ **Das macht nichts.** That doesn't matter.
◆ **Die Kälte macht mir nichts.** I don't mind the cold.
◆ **sich machen** to come on ◇ *Eine Zwei in Physik, du machst dich!* A "B" in physics, you're coming on.
◆ **sich verständlich machen** to make oneself understood
◆ **sich nichts aus etwas machen** not to be very keen on something ◇ *Ich mache mir nichts aus Süßigkeiten.* I'm not very keen on sweets.
◆ **Mach's gut!** Take care!
◆ **Mach schon!** Come on!
die **Macht** SUBSTANTIV (PL die **Mächte**)
power
das **Mädchen** SUBSTANTIV (PL die **Mädchen**)
girl
der **Mädchenname** SUBSTANTIV (GEN des **Mädchennamens**, PL die **Mädchennamen**)
maiden name
mag VERB *siehe* **mögen**
der **Magen** SUBSTANTIV (PL die **Magen** *or* **Mägen**)
stomach
die **Magenschmerzen** MASC PL SUBSTANTIV
stomachache SING ◇ *Ich habe Magenschmerzen.* I've got a stomachache.
mager ADJEKTIV
[1] *lean* ◇ *mageres Fleisch* lean meat
[2] *thin* (*dünn*) ◇ *Sie ist furchtbar mager.* She's terribly thin.
der **Magnet** SUBSTANTIV (GEN des **Magnets** *or* **Magneten**, PL die **Magneten**)
magnet
magnetisch ADJEKTIV
magnetic
mähen VERB
to mow
mahlen VERB (PERFECT **hat gemahlen**)
to grind (*ground, ground*)
die **Mahlzeit** SUBSTANTIV
meal ◇ *Wir essen drei Mahlzeiten am Tag.* We eat three meals a day.
der **Mai** SUBSTANTIV (GEN des **Mai** *or* **Mais**, PL die **Maie**)
May ◇ *im Mai* in May ◇ *am sechsten Mai* on 6 May ◇ *Ulm, den 6. Mai 1998* Ulm, 6 May 1998 ◇ *Heute ist der sechste Mai.* Today is the sixth of May.
◆ **der Erste Mai** May Day
das **Maiglöckchen** SUBSTANTIV (PL die **Maiglöckchen**)
lily of the valley (PL *lilies*)
der **Maikäfer** SUBSTANTIV (PL die **Maikäfer**)
cockchafer
der **Mais** SUBSTANTIV (GEN des **Maises**)
maize
der **Majoran** SUBSTANTIV
marjoram
das **Mal** SUBSTANTIV (PL die **Male**)
siehe auch mal ADVERB
[1] *time* ◇ *das fünfte Mal* the fifth time ◇ *zum ersten Mal* for the first time ◇ *Wie viele Male hast du es versucht?* How many times have you tried?
[2] *mark* ◇ *Sie hat ein rotes Mal im Gesicht.* She has a red mark on her face.
mal ADVERB
siehe auch das Mal SUBSTANTIV
times ◇ *zwei mal fünf* two times five ◇ *Wir haben sechsmal geklingelt.* We rang six times.
◆ **Warst du schon mal in Paris?** Have you ever been to Paris?
◆ **Wir möchten auch mal nach England fahren.** We'd like to go to England sometime.
malen VERB
to paint
der **Maler** SUBSTANTIV (PL die **Maler**)
painter

malerisch ADJEKTIV
picturesque

das **Mallorca** SUBSTANTIV
Majorca
- **nach Mallorca** to Majorca

malnehmen VERB (PRESENT **nimmt mal,** IMPERFECT **nahm mal,** PERFECT **hat malgenommen**)
to multiply (multiplied, multiplied)

das **Malz** SUBSTANTIV (GEN des **Malzes**)
malt

die **Mama** SUBSTANTIV (PL die **Mamas**)
mum (Umgangssprache)

die **Mami** SUBSTANTIV (PL die **Mamis**)
mummy (Umgangssprache)

man PRONOMEN
you ◇ *Man kann nie wissen.* You never know. ◇ *Wie schreibt man das?* How do you spell that?
- **man sagt,...** they say...
- **Man hat mir gesagt...** I was told that...

manche PRONOMEN
some ◇ *Manche Bücher sind langweilig.* Some books are boring. ◇ *Manche Schüler meinen wohl, man müsste keine Hausaufgaben machen.* Some pupils seem to think they don't have to do any homework.

manchmal ADVERB
sometimes

die **Mandarine** SUBSTANTIV
mandarin orange

die **Mandel** SUBSTANTIV
1 *almond* ◇ *ein Kuchen mit Nüssen und Mandeln* a cake with nuts and almonds
2 *tonsil* ◇ *Sie hat entzündete Mandeln.* Her tonsils are inflamed.

die **Mandelentzündung** SUBSTANTIV
tonsillitis

der **Mangel** SUBSTANTIV (PL die **Mängel**)
1 *lack* ◇ *Schlafmangel* lack of sleep
2 *shortage* ◇ *Der Mangel an Arbeitsplätzen führt zu immer größerer Arbeitslosigkeit.* The shortage of jobs is causing rising unemployment.
3 *fault* (Fehler) ◇ *Das Gerät weist mehrere Mängel auf.* The appliance has several faults.

mangelhaft ADJEKTIV
1 *poor* ◇ *Wegen seiner schlechten Grammatikkenntnisse hat er mangelhaft bekommen.* He got a poor mark because of his bad grammar.

German marks range from one (sehr gut) *to six* (ungenügend).

2 *faulty* ◇ *Mangelhafte Waren kann man zurückgehen lassen.* You can return faulty goods.

mangels PRÄPOSITION

The preposition **mangels** *takes the genitive.*

for lack of ◇ *Er wurde mangels Beweisen freigesprochen.* He was acquitted for lack of evidence.

die **Manieren** PL SUBSTANTIV
manners PL ◇ *Sie hat keine Manieren.* She doesn't have any manners.

der **Mann** SUBSTANTIV (PL die **Männer**)
1 *man* (PL *men*) ◇ *Es war ein Mann am Telefon.* There was a man on the phone.
2 *husband* (Ehemann) ◇ *Frau Maier kam mit ihrem Mann.* Mrs Maier came with her husband.
- **seinen Mann stehen** to hold one's own
- **Alle Mann an Deck!** All hands on deck!

männlich ADJEKTIV
1 *male* ◇ *meine männlichen kollegen* my male colleagues
- **Eine männliche Person wurde am Tatort gesehen.** A man was seen at the scene of the crime.

2 *masculine* ◇ *ein männliches Substantiv* a masculine noun

die **Mannschaft** SUBSTANTIV
1 *team* ◇ *die deutsche Mannschaft* the German team
2 *crew* ◇ *der Kapitän und seine Mannschaft* the captain and his crew

der **Mantel** SUBSTANTIV (PL die **Mäntel**)
coat ◇ *Er hatte einen Mantel an.* He was wearing a coat.

die **Mappe** SUBSTANTIV
1 *briefcase* (Tasche)
2 *folder* (Aktenmappe)

das **Märchen** SUBSTANTIV (PL die **Märchen**)
fairy tale

die **Margarine** SUBSTANTIV
margarine

der **Marienkäfer** SUBSTANTIV (PL die **Marienkäfer**)
ladybird

die **Marine** SUBSTANTIV
navy ◇ *Er ist bei der Marine.* He's in the navy.

die **Marionette** SUBSTANTIV
puppet

die **Mark** SUBSTANTIV (PL die **Mark**)
mark ◇ *Das kostet fünf Mark.* It costs five marks.

die **Marke** SUBSTANTIV
1 *brand* (Warensorte) ◇ *Für diese Marke sieht man in letzter Zeit viel Werbung.* There's been a lot of advertising for this brand recently.
2 *make* (Fabrikat) ◇ *Welche Marke fährt dein Vater?* What make of car does your father drive?
3 *voucher* (Essensmarke)
- **eine Briefmarke** a postage stamp

markieren VERB (PERFECT **hat markiert**)
to mark ◇ *Sie hat die Stelle mit Leuchtstift markiert.* She marked the place with a highlighter.

das **Markstück** SUBSTANTIV (PL die **Markstücke**)
one-mark piece

der **Markt** SUBSTANTIV (PL die **Märkte**)
market

der **Marktplatz** SUBSTANTIV (GEN des **Marktplatzes,** PL die **Marktplätze**) *market place*

die **Marmelade** SUBSTANTIV
jam ◇ *Erdbeermarmelade* strawberry jam
◆ **Orangenmarmelade** marmalade

der **Marmor** SUBSTANTIV (PL die **Marmore**)
marble

der **März** SUBSTANTIV (GEN des **März** *or* **Märzes**, PL die **Märze**)
March (PL *Marches*) ◇ *im März* in March ◇ *am dritten März* on the third of March ◇ *Ulm, den 3. März 1998* Ulm, 3 March 1998 ◇ *Heute ist der dritte März.* Today is the third of March.

das **Marzipan** SUBSTANTIV (PL die **Marzipane**)
marzipan

die **Masche** SUBSTANTIV
1 *mesh* KEIN PL ◇ *Das Netz hatte feine Maschen.* The net had a very fine mesh.
2 *stitch* (PL *stitches*) (*Handarbeit*)
◆ **Das ist die neueste Masche.** That's the latest thing.

die **Maschine** SUBSTANTIV
1 *machine* ◇ *Werkzeug wird heutzutage von Maschinen hergestellt.* Nowadays tools are manufactured by machines. ◇ *Kannst du die schmutzige Wäsche bitte in die Maschine tun?* Can you put the dirty washing in the machine?
2 *engine* ◇ *Dieses Motorrad hat eine starke Maschine.* This motorbike has a powerful engine.
3 *typewriter* (*Schreibmaschine*) ◇ *Sie hat ihr Referat mit der Maschine geschrieben.* She typed her assignment.
4 *plane* (*Flugzeug*)

das **Maschinengewehr** SUBSTANTIV (PL die **Maschinengewehre**)
machine gun

die **Masern** PL SUBSTANTIV
measles SING ◇ *Masern sind bei Erwachsenen ziemlich gefährlich.* Measles is quite dangerous for adults.

die **Maske** SUBSTANTIV
mask

sich **maskieren** VERB (PERFECT **hat sich maskiert**)
1 *to disguise oneself* ◇ *Die Täter hatten sich maskiert.* The culprits had disguised themselves.
2 *to dress up* ◇ *Als was wirst du dich maskieren?* What are you dressing up as?
◆ **Die Bankräuber waren maskiert.** The bank robbers were masked.

das **Maß** SUBSTANTIV (GEN des **Maßes**, PL die **Maße**)
siehe auch die Maß SUBSTANTIV
1 *measure* ◇ *In Deutschland werden metrische Maße verwendet.* Metric measures are used in Germany.
◆ **Wie sind die Maße des Zimmers?** What are the measurements of the room?
2 *extent* ◇ *Sie war zu einem hohen Maß selbst schuld.* To a large extent she had only herself to blame.
◆ **Maß halten** to show moderation

die **Maß** SUBSTANTIV (PL die **Maß**)
siehe auch das Maß SUBSTANTIV
litre of beer

die **Massage** SUBSTANTIV
massage

die **Masse** SUBSTANTIV
mass (PL *masses*)

massenhaft ADJEKTIV
masses of (*Umgangssprache*) ◇ *Du hast massenhaft Fehler gemacht.* You've made masses of mistakes.

die **Massenmedien** NEUT PL SUBSTANTIV
mass media PL

maßhalten VERB *siehe* **Maß**

massieren VERB (PERFECT **hat massiert**)
to massage ◇ *Kannst du mir bitte den Rücken massieren?* Can you massage my back, please?

mäßig ADJEKTIV
moderate

der **Maßkrug** SUBSTANTIV (PL die **Maßkrüge**)
tankard

die **Maßnahme** SUBSTANTIV
step ◇ *Maßnahmen ergreifen* to take steps

der **Maßstab** SUBSTANTIV (PL die **Maßstäbe**)
1 *standard* ◇ *Dieses Gerät setzt neue Maßstäbe.* This appliance sets new standards.
2 *scale* ◇ *In welchem Maßstab ist diese Karte?* What's the scale of this map?

der **Mast** SUBSTANTIV (PL die **Maste** *or* **Masten**)
1 *mast* ◇ *Am Mast hing die britische Fahne.* The Union Jack was hanging from the mast.
2 *pylon* ◇ *Neben unserem Garten steht ein Hochspannungsmast.* There's a high-tension pylon beside our garden.

das **Material** SUBSTANTIV (PL die **Materialien**)
material ◇ *Aus welchem Material ist das gemacht?* What material is it made of? ◇ *Ich sammle Material für mein Referat.* I'm collecting material for my assignment.

materialistisch ADJEKTIV
materialistic ◇ *materialistisch eingestellt sein* to be materialistic

die **Mathe** SUBSTANTIV
maths SING (*Umgangssprache*)

die **Mathematik** SUBSTANTIV
mathematics SING ◇ *Mathematik ist mein Lieblingsfach.* Mathematics is my favourite subject.

mathematisch ADJEKTIV
mathematical

der **Matjeshering** SUBSTANTIV (PL die **Matjesheringe**)
young herring

die **Matratze** SUBSTANTIV
mattress (PL *mattresses*)

der **Matrose** SUBSTANTIV (GEN des **Matrosen**, PL die **Matrosen**)
sailor

der **Matsch** SUBSTANTIV
1 *mud* ◇ *Deine Schuhe sind voller Matsch.* Your shoes are covered in mud.
2 *slush* (*Schneematsch*)

matschig ADJEKTIV
1 *muddy* ◇ *Nach dem Regen war der Weg sehr matschig.* The path was very muddy after the rain.
2 *slushy* ◇ *Bei matschigem Schnee macht das Skifahren keinen Spaß.* Skiing isn't fun when the snow is slushy.

matt ADJEKTIV
1 *weak* ◇ *Bei der Hitze fühle ich mich so matt.* I feel so weak in this heat.
2 *dull* (*glanzlos*) ◇ *Ihre Augen waren ganz matt.* Her eyes were really dull.
3 *matt* ◇ *Möchten Sie die Abzüge Hochglanz oder matt?* Would you like the prints glossy or matt?
4 *mate* (*Schach*) ◇ *Schach und matt* checkmate

die **Matte** SUBSTANTIV
mat

die **Mauer** SUBSTANTIV
wall

das **Maul** SUBSTANTIV (PL die **Mäuler**)
mouth ◇ *Die katze hatte einen Vogel im Maul.* The cat had a bird in its mouth.
◆ **Halt's Maul!** Shut your face! (*Umgangssprache*)

der **Maulkorb** SUBSTANTIV (PL die **Maulkörbe**)
muzzle

der **Maulwurf** SUBSTANTIV (PL die **Maulwürfe**)
mole

der **Maurer** SUBSTANTIV (PL die **Maurer**)
bricklayer

die **Maus** SUBSTANTIV (PL die **Mäuse**)
mouse (PL *mice*) ◇ *Sie hat Angst vor Mäusen.* She's afraid of mice. ◇ *Du musst zweimal mit der Maus klicken.* You have to click the mouse twice.

die **Mausefalle** SUBSTANTIV
mousetrap

maximal ADJEKTIV, ADVERB
1 *maximum* ◇ *der maximale Betrag* the maximum amount
2 *at most* ◇ *Wir können maximal eine Woche wegfahren.* We can go away for a week at most.

die **Mayonnaise** SUBSTANTIV
mayonnaise

der **Mechaniker** SUBSTANTIV (PL die **Mechaniker**)
mechanic

mechanisch ADJEKTIV, ADVERB
mechanical ◇ *Das Gerät hat einen mechanischen Schaden.* The appliance has a mechanical fault.
◆ **etwas mechanisch tun** to do something mechanically

der **Mechanismus** SUBSTANTIV (GEN des **Mechanismus**, PL die **Mechanismen**)
mechanism

meckern VERB
to moan ◇ *Müsst ihr über alles meckern?* Do you have to moan about everything?

das **Mecklenburg-Vorpommern** SUBSTANTIV
Mecklenburg-Western Pomerania

> Mecklenburg-Vorpommern *is one of the 16* Länder. *Its capital is Schwerin. It is Germany's most rural and thinly populated* Land, *and is becoming increasingly popular with tourists.*

die **Medaille** SUBSTANTIV
medal

das **Medikament** SUBSTANTIV (PL die **Medikamente**)
drug ◇ *verschreibungspflichtige Medikamente* prescribed drugs

die **Medizin** SUBSTANTIV
medicine

medizinisch ADJEKTIV
medical

das **Meer** SUBSTANTIV (PL die **Meere**)
sea ◇ *Wir wohnen am Meer.* We live by the sea.

der **Meeresspiegel** SUBSTANTIV
sea level

der **Meerrettich** SUBSTANTIV
horseradish

das **Meerschweinchen** SUBSTANTIV (PL die **Meerschweinchen**)
guinea pig

das **Mehl** SUBSTANTIV (PL die **Mehle**)
flour

mehr ADJEKTIV, ADVERB
more

mehrdeutig ADJEKTIV
ambiguous

mehrere ADJEKTIV
several

mehreres PRONOMEN
several things

mehrfach ADJEKTIV, ADVERB
1 *many* ◇ *Das Gerät hat mehrfache Verwendungsmöglichkeiten.* This gadget has many uses.
2 *repeated* (*wiederholt*) ◇ *Es ist mir erst nach mehrfachen Versuchen gelungen.* I only managed after repeated attempts. ◇ *Ich habe mehrfach versucht, dich zu erreichen.* I've tried repeatedly to get hold of you.

die **Mehrheit** SUBSTANTIV
majority (PL *majorities*)

mehrmalig ADJEKTIV
repeated

mehrmals ADVERB
repeatedly

die **Mehrwertsteuer** SUBSTANTIV
value added tax

die **Mehrzahl** SUBSTANTIV
1 *majority* ◇ *Die Mehrzahl der Schüler besitzt einen Computer.* The majority of pupils have a computer.
2 *plural* ◇ *Wie heißt die Mehrzahl von "woman"?* What's the plural of "woman"?

meiden VERB (IMPERFECT **mied**, PERFECT **hat gemieden**)
to avoid

die **Meile** SUBSTANTIV
mile

mein ADJEKTIV, PRONOMEN

1 *my* ◇ *Mein Englischlehrer ist nett.* My English teacher's nice. ◇ *Meine Mutter erlaubt es nicht.* My mother won't allow it. ◇ *Ich finde mein Buch nicht.* I can't find my book. ◇ *Meine Eltern sind Klasse.* My parents are great.

2 *mine* ◇ *Das ist nicht mein Füller, meiner ist blau.* That's not my pen, mine's blue. ◇ *Seine Mutter heißt Anne, meine auch.* His mother's called Anne, so's mine. ◇ *Wenn dein Fahrrad kaputt ist, kannst du meins nehmen.* If your bike's broken you can use mine. ◇ *Sie hat schlechte Noten, aber meine sind auch nicht besser.* Her marks are bad but mine aren't any better.

meinen VERB

1 *to think* (*thought, thought*) ◇ *Ich meine, wir sollten jetzt gehen.* I think we should go now. ◇ *Was meint deine Mutter zu deinem Freund?* What does your mother think about your boyfriend? ◇ *Sollen wir sie einladen, was meinst du?* Should we invite her, what do you think?

2 *to say* (*said, said*) (*sagen*) ◇ *Unser Lehrer meint, wir sollten am Wochenende keine Aufgaben machen.* Our teacher says that we shouldn't do any homework at the weekend.

3 *to mean* (*meant, meant*) (*sagen wollen*) ◇ *Was meint er mit diesem Wort?* What does he mean by this word? ◇ *Ich verstehe nicht, was du meinst.* I don't understand what you mean. ◇ *So habe ich das nicht gemeint.* I didn't mean it like that.

◆ **Das will ich meinen!** I should think so.

meinetwegen ADVERB

1 *for my sake* ◇ *Ihr müsst meinetwegen nicht auf euren Urlaub verzichten.* You don't have to do without your holiday for my sake.

2 *on my account* ◇ *Hat er sich meinetwegen so aufgeregt?* Did he get so upset on my account?

3 *as far as I'm concerned* ◇ *Meinetwegen kannst du gehen.* As far as I'm concerned you can go.

◆ **Kann ich das machen? – Meinetwegen.** Can I do that? – I don't mind.

die **Meinung** SUBSTANTIV

opinion ◇ *Er hat mich nach meiner Meinung zu diesem Punkt gefragt.* He asked for my opinion on this subject.

◆ **meiner Meinung nach** in my opinion ◇ *Meiner Meinung nach sollten Kinder nicht so viel fernsehen.* In my opinion children shouldn't watch so much television.

◆ **Ganz meine Meinung!** I quite agree.

◆ **jemandem die Meinung sagen** to give somebody a piece of one's mind

die **Meinungsumfrage** SUBSTANTIV

opinion poll

meist ADVERB

usually ◇ *Samstags bin ich meist zu Hause.* I'm usually at home on Saturdays.

meiste ADJEKTIV

most ◇ *Die meisten Bücher habe ich schon gelesen.* I've already read most of the books. ◇ *Hast du die Bücher alle gelesen? – Ja, die meisten.* Have you read all the books? – Yes, most of them. ◇ *Die meisten meinen, das sei einfach.* Most people think it's easy. ◇ *Die meisten von euch kennen dieses Wort sicher.* Most of you must know this word.

◆ **am meisten (1)** most ◇ *Darüber hat sie sich am meisten aufgeregt.* This upset her most.

◆ **am meisten (2)** the most ◇ *Er hat am meisten gewonnen.* He won the most.

meistens ADVERB

usually ◇ *Samstags bin ich meistens zu Hause.* I'm usually at home on Saturdays.

der **Meister** SUBSTANTIV (PL die **Meister**)

1 *champion* ◇ *Er ist deutscher Meister im Ringen.* He's the German wrestling champion.

2 *master craftsman* (PL *craftsmen*) ◇ *Der Meister bildet Lehrlinge aus.* The master craftsman trains apprentices.

die **Meisterschaft** SUBSTANTIV

championship ◇ *Wer hat die Meisterschaft gewonnen?* Who won the championship?

die **Melodie** SUBSTANTIV

tune

die **Melone** SUBSTANTIV

1 *melon*

2 *bowler hat* ◇ *Er trug eine Melone.* He was wearing a bowler hat.

die **Menge** SUBSTANTIV

1 *quantity* (PL *quantities*) ◇ *etwas in großen Mengen bestellen* to order a large quantity of something

2 *crowd* ◇ *Ich habe ihn in der Menge verloren.* I lost him in the crowd.

◆ **eine Menge** a lot of ◇ *Du hast eine Menge Fehler gemacht.* You've made a lot of mistakes. ◇ *Hast du CDs? – Ja, eine Menge.* Have you got any CDs? – Yes, lots.

der **Mensch** SUBSTANTIV (GEN des **Menschen**, PL die **Menschen**)

human being ◇ *Es heißt, dass sich der Mensch durch die Sprache vom Tier unterscheidet.* It's said that what distinguishes human beings from animals is language.

◆ **Wie viele Menschen sind schon glücklich?** How many people are happy?

◆ **kein Mensch** nobody

der **Menschenverstand** SUBSTANTIV

◆ **gesunder Menschenverstand** common sense

die **Menschheit** SUBSTANTIV

mankind

menschlich ADJEKTIV

human

die **Mentalität** SUBSTANTIV

mentality

M

das **Menü** SUBSTANTIV (PL die **Menüs**)
set meal

merken VERB
to notice ◇ *Hat sie gemerkt, dass ich gefehlt habe?* Did she notice that I wasn't there? ◇ *Ich habe den Fehler nicht gemerkt.* I didn't notice the mistake.
◆ **sich etwas merken** to remember something ◇ *Dieses Wort kann ich mir nie merken.* I can never remember that word.
◆ **Das werd' ich mir merken!** I won't forget that in a hurry!

merkwürdig ADJEKTIV
odd
◆ **sich merkwürdig benehmen** to behave strangely

die **Messe** SUBSTANTIV
1 *fair* ◇ *Auf der Messe wurden die neuesten Modelle gezeigt.* The latest models were shown at the fair.
2 *mass* ◇ *Sie geht jeden Sonntag zur Messe.* She goes to mass every Sunday.

messen VERB (PRESENT **misst**, IMPERFECT **maß**, PERFECT **hat gemessen**)
to measure ◇ *Hast du die Länge gemessen?* Have you measured the length?
◆ **bei jemandem Fieber messen** to take somebody's temperature
◆ **Mit ihm kannst du dich nicht messen.** You're no match for him.

das **Messer** SUBSTANTIV (PL die **Messer**)
knife (PL *knives*)

das **Messgerät** ⚠ SUBSTANTIV (PL die **Messgeräte**)
gauge

das **Messing** SUBSTANTIV
brass

das **Metall** SUBSTANTIV (PL die **Metalle**)
metal

der **Meter** SUBSTANTIV (PL die **Meter**)
metre

das **Metermaß** SUBSTANTIV (GEN des **Metermaßes**, PL die **Metermaße**)
tape measure

die **Methode** SUBSTANTIV
method

der **Metzger** SUBSTANTIV (PL die **Metzger**)
butcher ◇ *Er ist Metzger.* He's a butcher. ◇ *beim Metzger* at the butcher's

die **Metzgerei** SUBSTANTIV
butcher's

miauen VERB
to miaow

mich PRONOMEN
mich *is the accusative of* ich.
1 *me* ◇ *Er hat mich zu seiner Party eingeladen.* He's invited me to his party.
2 *myself* ◇ *Ich sehe mich im Spiegel.* I can see myself in the mirror.

die **Miene** SUBSTANTIV
look
◆ **eine finstere Miene machen** to look grim

mies ADJEKTIV
lousy (*Umgangssprache*) ◇ *Mir geht's mies.* I feel lousy.

die **Miete** SUBSTANTIV
rent
◆ **zur Miete wohnen** to live in rented accommodation

mieten VERB
1 *to rent*
It is far more usual to live in rented accommodation in Germany than it is in Britain. Flats are mainly rented unfurnished.
◇ *Wir haben eine Ferienwohnung gemietet.* We've rented a holiday flat.
2 *to hire* ◇ *Man kann am Flughafen ein Auto mieten.* You can hire a car at the airport.

das **Mietshaus** SUBSTANTIV (GEN des **Mietshauses**, PL die **Mietshäuser**)
block of rented flats

der **Mietvertrag** SUBSTANTIV (PL die **Mietverträge**)
lease

das **Mikrofon** SUBSTANTIV (PL die **Mikrofone**)
microphone

das **Mikroskop** SUBSTANTIV (PL die **Mikroskope**)
microscope

der **Mikrowellenherd** SUBSTANTIV (PL die **Mikrowellenherde**)
microwave

die **Milch** SUBSTANTIV
milk

mild ADJEKTIV
1 *mild* ◇ *eine milde Seife* a mild soap ◇ *mildes Wetter* mild weather
2 *lenient* ◇ *ein mildes Urteil* a lenient sentence ◇ *ein milder Richter* a lenient judge

das **Militär** SUBSTANTIV
army ◇ *zum Militär gehen* to join the army

militärisch ADJEKTIV
military

die **Milliarde** SUBSTANTIV
billion

der **Millimeter** SUBSTANTIV (PL die **Millimeter**)
millimetre

die **Million** SUBSTANTIV
million

der **Millionär** SUBSTANTIV (PL die **Millionäre**)
millionaire ◇ *Er ist Millionär.* He's a millionaire.

die **Minderheit** SUBSTANTIV
minority (PL *minorities*) ◇ *in der Minderheit sein* to be in the minority

minderjährig ADJEKTIV
underage ◇ *Sie ist noch minderjährig.* She's still underage.

der/die **Minderjährige** SUBSTANTIV (GEN des/der **Minderjährigen**, PL die **Minderjährigen**)
minor ◇ *Minderjährige dürfen keinen Alkohol kaufen.* Minors are not allowed to buy alcohol.

minderwertig ADJEKTIV
inferior

das **Mindestalter** SUBSTANTIV
minimum age

mindeste ADJEKTIV
- **das mindeste** the least ◇ *Das ist das mindeste, was du tun kannst.* That's the least you can do.
- **nicht im mindesten** not in the least ◇ *Sie war nicht im mindesten überrascht.* She wasn't in the least surprised.
- **zum mindesten** at least ◇ *Zum mindesten hättest du ja anrufen können.* You could at least have phoned.

mindestens ADVERB
at least

das **Mineral** SUBSTANTIV (PL die **Minerale** *or* **Mineralien**)
mineral

das **Mineralwasser** SUBSTANTIV (PL die **Mineralwasser**)
mineral water

das **Minirock** SUBSTANTIV (PL die **Miniröcke**)
miniskirt

der **Minister** SUBSTANTIV (PL die **Minister**)
minister (*in government*)

das **Ministerium** SUBSTANTIV (PL die **Ministerien**)
ministry (PL *ministries*)

minus ADVERB
minus

die **Minute** SUBSTANTIV
minute

mir PRONOMEN
mir *is the dative of* ich.
[1] *me* ◇ *Kannst du mir sagen, wie spät es ist?* Can you tell me the time?
[2] *to me* ◇ *Gib es mir!* Give it to me.
- **mir nichts, dir nichts** just like that ◇ *Sie war mir nichts, dir nichts verschwunden.* She disappeared just like that.

mischen VERB
to mix

die **Mischung** SUBSTANTIV
mixture

miserabel ADJEKTIV
dreadful ◇ *Mir geht's miserabel.* I feel dreadful.

missbilligen ⚠ VERB (PERFECT **hat missbilligt**)
to disapprove of

der **Missbrauch** ⚠ SUBSTANTIV
abuse

der **Misserfolg** ⚠ SUBSTANTIV (PL die **Misserfolge**)
failure

misshandeln ⚠ VERB (PERFECT **hat misshandelt**)
to ill-treat

missmutig ⚠ ADJEKTIV
sullen

misstrauen ⚠ VERB (PERFECT **hat misstraut**)
siehe auch das Misstrauen SUBSTANTIV
- **jemandem misstrauen** to mistrust somebody

das **Misstrauen** ⚠ SUBSTANTIV
siehe auch misstrauen VERB
suspicion

misstrauisch ⚠ ADJEKTIV
suspicious

das **Missverständnis** ⚠ SUBSTANTIV (GEN des **Missverständnisses**, PL die **Missverständnisse**)
misunderstanding

missverstehen ⚠ VERB (IMPERFECT **missverstand**, PERFECT **hat missverstanden**)
to misunderstand (*misunderstood, misunderstood*)

der **Mist** SUBSTANTIV
[1] *manure* ◇ *Im Frühling werden die Felder mit Mist gedüngt.* The fields are fertilized with manure in the spring.
[2] *rubbish* (*Umgangssprache*) ◇ *Warum isst du so einen Mist?* Why do you eat such rubbish? ◇ *Heute kommt wieder nur Mist im Fernsehen.* There's nothing but rubbish on TV again today. ◇ *Du redest Mist.* You're talking rubbish.
- **Mist!** Blast!

die **Mistel** SUBSTANTIV
mistletoe

mit PRÄPOSITION, ADVERB
The preposition mit *takes the dative.*
[1] *with* ◇ *Er ist mit seiner Freundin gekommen.* He came with his girlfriend. ◇ *mit Filzstift geschrieben* written with a felt-tip pen
[2] *by* ◇ *mit dem Auto* by car ◇ *mit der Bahn* by train ◇ *mit dem Bus* by bus
- **mit zehn Jahren** at the age of ten
- **Sie ist mit die Beste in ihrer Klasse.** She is one of the best in her class.
- **Wollen Sie mit?** Do you want to come along?

mitbringen VERB (IMPERFECT **brachte mit**, PERFECT **hat mitgebracht**)
to bring along (*brought, brought*)
◇ *Kann ich meine Freundin mitbringen?* Can I bring my girlfriend along?
- **Wir haben Tante Anita ein Geschenk mitgebracht.** We took a present for Aunt Anita.

miteinander ADVERB
with each another

der **Mitesser** SUBSTANTIV (PL die **Mitesser**)
blackhead

mitfahren VERB (PRESENT **fährt mit**, IMPERFECT **fuhr mit**, PERFECT **ist mitgefahren**)
- **Wir fahren nach Berlin. Willst du mitfahren?** We're going to Berlin. Do you want to come too?
- **Die Klasse fährt nach England, aber ich fahre nicht mit.** The class are going to England but I'm not going with them.
- **Willst du mit uns im Auto mitfahren?** Do you want a lift in our car?

mitgeben VERB (PRESENT **gibt mit**, IMPERFECT **gab mit**, PERFECT **hat mitgegeben**)
to give (*gave, given*)

das **Mitglied** SUBSTANTIV (PL die **Mitglieder**)
member

die **Mitgliedschaft** SUBSTANTIV
membership

mithelfen VERB (PRESENT **hilft mit**, IMPERFECT **half mit**, PERFECT **hat mitgeholfen**)
to help

mitkommen VERB (IMPERFECT **kam mit**, PERFECT **ist mitgekommen**)
1 *to come along* (*came, come*) ◇ *Willst du nicht mitkommen?* Wouldn't you like to come along?
2 *to keep up* (*kept, kept*) ◇ *In Mathe komme ich nicht mit.* I can't keep up in maths.

das **Mitleid** SUBSTANTIV
1 *sympathy* (*Mitgefühl*)
◆ **Ich habe wirklich Mitleid mit dir.** I really sympathize with you.
2 *pity* (*Erbarmen*) ◇ *Er kennt kein Mitleid.* He knows no pity.

mitmachen VERB (PERFECT **hat mitgemacht**)
to join in

mitnehmen VERB (PRESENT **nimmt mit**, IMPERFECT **nahm mit**, PERFECT **hat mitgenommen**)
1 *to take* (*took, taken*) ◇ *Kannst du den Brief zur Post mitnehmen?* Can you take the letter to the post office? ◇ *Ich habe meine Freundin zur Party mitgenommen.* I took my girlfriend to the party.
◆ **Die Polizei ist gekommen und hat ihn mitgenommen.** The police came and took him away.
2 *to affect* ◇ *Die Scheidung ihrer Eltern hat sie sehr mitgenommen.* Her parents' divorce really affected her.
◆ **zum Mitnehmen** to take away

der **Mitschüler** SUBSTANTIV (PL die **Mitschüler**)
schoolmate

die **Mitschülerin** SUBSTANTIV
schoolmate

mitspielen VERB
to join in ◇ *Willst du nicht mitspielen?* Don't you want to join in?
◆ **Wer hat bei dem Match mitgespielt?** Who played in the match?

der **Mittag** SUBSTANTIV (PL die **Mittage**)
midday ◇ *gegen Mittag* around midday
◆ **zu Mittag essen** to have lunch
◆ **heute Mittag** at lunchtime
◆ **morgen Mittag** tomorrow lunchtime
◆ **gestern Mittag** yesterday lunchtime

das **Mittagessen** SUBSTANTIV (PL die **Mittagessen**)
lunch (PL *lunches*)

mittags ADVERB
at lunchtime

die **Mittagspause** SUBSTANTIV
lunch break

die **Mitte** SUBSTANTIV
middle

mitteilen VERB
◆ **jemandem etwas mitteilen** to inform somebody of something

die **Mitteilung** SUBSTANTIV
communication

das **Mittel** SUBSTANTIV (PL die **Mittel**)
means SING ◇ *Wir werden jedes Mittel einsetzen, um die Genehmigung zu bekommen.* We will use every means to gain approval. ◇ *ein Mittel zum Zweck* a means to an end ◇ *Sie griff zu ziemlich unfairen Mitteln.* She used rather unfair means.
◆ **ein Mittel gegen Husten** something for a cough
◆ **ein Mittel gegen Flecken** a stain remover
◆ **öffentliche Mittel** (*Gelder*) public funds

das **Mittelalter** SUBSTANTIV
Middle Ages PL ◇ *im Mittelalter* in the Middle Ages

mittelmäßig ADJEKTIV
mediocre

das **Mittelmeer** SUBSTANTIV
the Mediterranean

der **Mittelpunkt** SUBSTANTIV (PL die **Mittelpunkte**)
centre

der **Mittelstürmer** SUBSTANTIV (PL die **Mittelstürmer**)
centre-forward

die **Mittelwelle** SUBSTANTIV
medium wave

mitten ADVERB
in the middle ◇ *mitten auf der Straße* in the middle of the street ◇ *mitten am Tag* in the middle of the day ◇ *mitten in der Nacht* in the middle of the night

die **Mitternacht** SUBSTANTIV
midnight ◇ *um Mitternacht* at midnight

mittlere ADJEKTIV
1 *middle* ◇ *Das mittlere von den Fahrrädern ist meins.* The bike in the middle is mine. ◇ *Der mittlere Teil des Buches ist langweilig.* The middle section of the book is boring.
2 *average* (*durchschnittlich*) ◇ *Die mittleren Temperaturen liegen bei zwanzig Grad.* The average temperature is twenty degrees.
◆ **mittleren Alters** middle-aged ◇ *eine Frau mittleren Alters* a middle-age woman

mittlerweile ADVERB
meanwhile

der **Mittwoch** SUBSTANTIV (PL die **Mittwoche**)
Wednesday ◇ *am Mittwoch* on Wednesday

mittwochs ADVERB
on Wednesdays

die **Möbel** NEUT PL SUBSTANTIV
furniture SING

der **Möbelwagen** SUBSTANTIV (PL die **Möbelwagen**)
removal van

das **Mobiltelefon** SUBSTANTIV (PL die **Mobiltelefone**)
mobile phone

möblieren VERB (PERFECT **hat möbliert**)

to furnish ◇ *Sie hat ihre Wohnung sehr geschmackvoll möbliert.* She has furnished her flat very tastefully.
- **möbliert wohnen** to live in furnished accommodation

möchte VERB *siehe* **mögen**

die **Mode** SUBSTANTIV
fashion

das **Modell** SUBSTANTIV (PL die **Modelle**)
model

modern ADJEKTIV
modern

modernisieren VERB (PERFECT **hat modernisiert**)
to modernize

modisch ADJEKTIV
fashionable ◇ *Jane trägt sehr modische Kleidung.* Jane wears very fashionable clothes.

das **Mofa** SUBSTANTIV (PL die **Mofas**)
small moped

mogeln VERB
to cheat

mögen VERB (PRESENT **mag**, IMPERFECT **mochte**, PERFECT **hat gemocht** *or* **mögen**)
The past participle mögen *is used when* mögen *is a modal auxiliary.*
to like ◇ *Ich mag Süßes.* I like sweet things. ◇ *Ich habe sie noch nie gemocht.* I've never liked her.
- **Ich möchte...** I'd like... ◇ *Ich möchte ein Erdbeereis.* I'd like a strawberry ice cream. ◇ *Er möchte in die Stadt.* He'd like to go into town. ◇ *Möchtest du...?* Would you like...?
- **Ich möchte nicht, dass du...** I wouldn't like you to... ◇ *Ich möchte nicht, dass du dich übergangen fühlst.* I wouldn't like you to feel you were being ignored.
- **Ich mag nicht mehr.** I've had enough.
- **etwas tun mögen** to like to do something ◇ *Magst du noch mit zu mir kommen?* Would you like to come back to my place? ◇ *Möchtest du etwas essen?* Would you like something to eat?
- **etwas nicht tun mögen** not to want to do something ◇ *Sie mag nicht bleiben.* She doesn't want to stay. ◇ *Ich möchte nicht, dass du so spät nach Hause kommst.* I don't want you coming home so late.

möglich ADJEKTIV
possible ◇ *Das ist gar nicht möglich!* That's not possible. ◇ *so viel wie möglich* as much as possible

möglicherweise ADVERB
possibly

die **Möglichkeit** SUBSTANTIV
possibility (PL *possibilities*)
- **nach Möglichkeit** if possible

möglichst ADVERB
as...as possible ◇ *Komm möglichst bald.* Come as soon as possible.

die **Möhre** SUBSTANTIV
carrot

der **Moment** SUBSTANTIV (PL die **Momente**)
moment ◇ *Wir müssen den richtigen Moment abwarten.* We have to wait for the right moment.
- **im Moment** at the moment
- **Moment mal!** Just a moment.

momentan ADJEKTIV, ADVERB
[1] *momentary* ◇ *Das ist nur eine momentane Schwäche.* It's only a momentary weakness.
[2] *at the moment* ◇ *Ich bin momentan beschäftigt.* I'm busy at the moment.

die **Monarchie** SUBSTANTIV
monarchy

der **Monat** SUBSTANTIV (PL die **Monate**)
month

monatelang ADVERB
for months

monatlich ADJEKTIV, ADVERB
monthly

die **Monatskarte** SUBSTANTIV
monthly ticket

der **Mond** SUBSTANTIV (PL die **Monde**)
moon

der **Montag** SUBSTANTIV (PL die **Montage**)
Monday ◇ *am Montag* on Monday

montags ADVERB
on Mondays

das **Moor** SUBSTANTIV (PL die **Moore**)
moor

das **Moped** SUBSTANTIV (PL die **Mopeds**)
moped

die **Moral** SUBSTANTIV
[1] *morals* PL ◇ *Sie hat keine Moral.* She hasn't any morals.
[2] *moral* ◇ *Und die Moral der Geschichte ist:...* And the moral of the story is:...

moralisch ADJEKTIV
moral

der **Mord** SUBSTANTIV (PL die **Morde**)
murder

der **Mörder** SUBSTANTIV (PL die **Mörder**)
murderer

die **Mörderin** SUBSTANTIV
murderer

morgen ADVERB
siehe auch der Morgen SUBSTANTIV
tomorrow
- **morgen früh** tomorrow morning

der **Morgen** SUBSTANTIV (PL die **Morgen**)
siehe auch morgen ADVERB
morning ◇ *Wir haben den ganzen Morgen Unterricht.* We've got lessons all morning.
- **Guten Morgen!** Good morning.

morgig ADJEKTIV
tomorrow's ◇ *das morgige Fest* tomorrow's party
- **der morgige Tag** tomorrow

das **Motiv** SUBSTANTIV (PL die **Motive**)
motive ◇ *Was war sein Motiv?* What was his motive?

die **Motivation** SUBSTANTIV
motivation

motivieren VERB (PERFECT **hat motiviert**)
to motivate

der **Motor** SUBSTANTIV (PL die **Motoren**)
1 *engine* ◇ *Das Auto hat einen starken Motor.* The car has a powerful engine.
2 *motor* (*elektrisch*) ◇ *ein Außenbordmotor* an outboard motor

das **Motorboot** SUBSTANTIV (PL die **Motorboote**)
motorboat

das **Motorrad** SUBSTANTIV (PL die **Motorräder**)
motorcycle

die **Möwe** SUBSTANTIV
seagull

die **Mücke** SUBSTANTIV
midge

der **Mückenstich** SUBSTANTIV (PL die **Mückenstiche**)
midge bite

müde ADJEKTIV
tired ◇ *Ich bin sehr müde.* I'm very tired.

die **Müdigkeit** SUBSTANTIV
tiredness

die **Mühe** SUBSTANTIV
trouble ◇ *Das macht gar keine Mühe.* That's no trouble.
- **mit Müh und Not** with great difficulty
- **sich Mühe geben** to go to a lot of trouble ◇ *Die Gastgeberin hat sich viele Mühe gegeben.* The hostess went to a lot of trouble.
- **Du solltest dir in Englisch mehr Mühe geben.** You should try harder in English.

die **Mühle** SUBSTANTIV
mill ◇ *In dieser Mühle wird Korn gemahlen.* Corn is ground in this mill. ◇ *Hast du eine Mühle, um den Kaffee zu mahlen?* Do you have a coffee mill?

der **Müll** SUBSTANTIV
refuse

die **Müllabfuhr** SUBSTANTIV
1 *disposal of rubbish* ◇ *Die Gebühren für die Müllabfuhr sollen erhöht werden.* The charges for the disposal of rubbish are to be increased.
2 *dustmen* PL ◇ *Morgen kommt die Müllabfuhr.* The dustmen come tomorrow.

der **Mülleimer** SUBSTANTIV (PL die **Mülleimer**)
rubbish bin

die **Mülltonne** SUBSTANTIV
dustbin

die **Müllverbrennungsanlage** SUBSTANTIV
waste incineration plant

multiplizieren VERB (PERFECT **hat multipliziert**)
to multiply (*multiplied, multiplied*)

der **Mumps** SUBSTANTIV (GEN des **Mumps**)
mumps SING ◇ *Mumps ist sehr unangenehm.* Mumps is very unpleasant.

der **Mund** SUBSTANTIV (PL die **Münder**)
mouth
- **Halt den Mund!** Shut up! (*Umgangssprache*)

der **Mundgeruch** SUBSTANTIV
bad breath ◇ *Sie hat Mundgeruch.* She has bad breath.

die **Mundharmonika** SUBSTANTIV
mouth organ

mündlich ADJEKTIV
oral ◇ *eine mündliche Prüfung* an oral exam

die **Munition** SUBSTANTIV
ammunition

das **Münster** SUBSTANTIV (PL die **Münster**)
cathedral

munter ADJEKTIV
lively

die **Münze** SUBSTANTIV
coin

der **Münzfernsprecher** SUBSTANTIV (PL die **Münzfernsprecher**)
payphone

murmeln VERB
to mumble ◇ *Er murmelte irgendwas vor sich hin.* He mumbled something.

mürrisch ADJEKTIV
sullen

die **Muschel** SUBSTANTIV
1 *mussel* ◇ *Ich esse gern Muscheln.* I like mussels.
2 *shell* ◇ *Wir haben am Strand Muscheln gesammelt.* We collected shells on the beach.
3 *receiver* ◇ *Du musst in die Muschel sprechen.* You have to speak into the receiver.

das **Museum** SUBSTANTIV (PL die **Museen**)
museum

die **Musik** SUBSTANTIV
music

musikalisch ADJEKTIV
musical ◇ *musikalisch begabt sein* to be musically gifted

die **Musikbox** SUBSTANTIV
jukebox (PL *jukeboxes*)

der **Musiker** SUBSTANTIV (PL die **Musiker**)
musician

das **Musikinstrument** SUBSTANTIV (PL die **Musikinstrumente**)
musical instrument

musizieren VERB (PERFECT **hat musiziert**)
to make music (*made, made*)

der **Muskat** SUBSTANTIV (PL die **Muskate**)
nutmeg

der **Muskel** SUBSTANTIV (PL die **Muskeln**)
muscle

das **Müsli** SUBSTANTIV (PL die **Müsli**)
muesli

müssen VERB (PRESENT **muss**, IMPERFECT **musste**, PERFECT **hat gemusst** *or* **müssen**)

The past participle müssen *is used when* müssen *is a modal auxiliary.*

must ◇ *Ich muss es tun.* I must do it. ◇ *Er hat gehen müssen.* He had to go.

must *wird nur im Präsens benutzt, in den anderen Zeiten und in verneinten Sätzen verwendet man* **to have to**.

◇ *Ich musste es tun.* I had to do it. ◇ *Er muss es nicht tun.* He doesn't have to do it.
- **Muss ich?** Do I have to?

- **Muss das sein?** Is that really necessary?
- **Das hättest du nicht tun müssen.** You needn't have done that.
- **Es muss nicht wahr sein.** It needn't be true.
- **Sie hätten ihn fragen müssen.** You should have asked him.
- **Es muss geregnet haben.** It must have rained.
- **Ich muss mal.** I need the loo. (*Umgangssprache*)

das **Muster** SUBSTANTIV (PL die **Muster**)
[1] *pattern* ◇ *ein Kleid mit einem geometrischen Muster* a dress with a geometric pattern
[2] *sample* ◇ *Lass dir von dem Stoff doch ein Muster geben.* Ask them to give you a sample of the material.

der **Mut** SUBSTANTIV
courage
- **Nur Mut!** Cheer up!
- **jemandem Mut machen** to encourage somebody
- **zu Mute** *siehe* **zumute**

mutig ADJEKTIV
courageous

die **Mutter (1)** SUBSTANTIV (PL die **Mütter**)
mother ◇ *Meine Mutter erlaubt das nicht.* My mother doesn't allow that.

die **Mutter (2)** SUBSTANTIV (PL die **Muttern**)
nut ◇ *Hast du die Mutter zu dieser Schraube gesehen?* Have you seen the nut for this bolt?

die **Muttersprache** SUBSTANTIV
mother tongue

der **Muttertag** SUBSTANTIV (PL die **Muttertage**)
Mother's Day
Mother's Day *in Großbritannien ist am dritten Sonntag vor Ostern.*

die **Mutti** SUBSTANTIV (PL die **Muttis**)
mummy (*Umgangssprache*)

die **Mütze** SUBSTANTIV
cap

MwSt. ABKÜRZUNG (= *Mehrwertsteuer*)
VAT (= value added tax)

N

na INTERJEKTION
well ◇ *Na, kommst du mit?* Well, are you coming?
◆ **Na gut.** Okay then.

der **Nabel** SUBSTANTIV (PL die **Nabel**)
navel

nach PRÄPOSITION, ADVERB
The preposition **nach** takes the dative.
[1] *to* ◇ *nach Berlin* to Berlin ◇ *nach Italien* to Italy
◆ **nach Süden** south
◆ **nach links** left
◆ **nach rechts** right
◆ **nach oben** up
◆ **nach hinten** back
[2] *after* ◇ *Ich fange nach Weihnachten damit an.* I'll start on it after Christmas. ◇ *die nächste Straße nach der Kreuzung* the first street after the crossroads ◇ *einer nach dem anderen* one after the other ◇ *Nach Ihnen!* After you!
◆ **Ihm nach!** After him!
◆ **zehn nach drei** ten past three
[3] *according to* (*gemäß*) ◇ *Nach unserer Englischlehrerin wird das so geschrieben.* According to our English teacher, that's how it's spelt.
◆ **nach und nach** little by little
◆ **nach wie vor** still

nachahmen VERB (PERFECT **hat nachgeahmt**)
to imitate

der **Nachbar** SUBSTANTIV (GEN des **Nachbarn**, PL die **Nachbarn**)
neighbour

die **Nachbarin** SUBSTANTIV
neighbour

die **Nachbarschaft** SUBSTANTIV
neighbourhood

nachdem KONJUNKTION
[1] *after* ◇ *Nachdem er gegangen war, haben wir Witze erzählt.* After he left we told jokes.
[2] *since* ◇ *Nachdem du sowieso zur Post gehst, könntest du mein Päckchen aufgeben?* Since you're going to the post office anyway, could you post my parcel?
◆ **je nachdem** it depends ◇ *Du kommst doch auch mit?–Je nachdem.* You're coming along too, aren't you?–It depends.
◆ **je nachdem, ob** depending on whether ◇ *Wir kommen mit dem Rad oder dem Auto, je nachdem, ob es regnet oder nicht.* We'll be coming by bike or by car, depending on whether it rains or not.

nachdenken VERB (IMPERFECT **dachte nach**, PERFECT **hat nachgedacht**)
◆ **nachdenken über** to think about ◇ *Ich habe über deine Frage nachgedacht.* I've been thinking about your question.

nachdenklich ADJEKTIV
pensive

nacheinander ADVERB
one after the other

nachgeben VERB (PRESENT **gibt nach**, IMPERFECT **gab nach**, PERFECT **hat nachgegeben**)
[1] *to give way* (*gave, given*) ◇ *Das Brett hat nachgegeben.* The plank gave way.
[2] *to give in* ◇ *Ich werde nicht nachgeben.* I won't give in.

nachgehen VERB (IMPERFECT **ging nach**, PERFECT **ist nachgegangen**)
◆ **jemandem nachgehen** to follow somebody
◆ **einer Sache nachgehen** to look into something ◇ *Wir werden Ihrer Beschwerde nachgehen.* We will look into your complaint.
◆ **Die Uhr geht nach.** The clock is slow.

nachgiebig ADJEKTIV
indulgent

nachher ADVERB
afterwards

der **Nachhilfeunterricht** SUBSTANTIV
extra tuition

nachholen VERB (PERFECT **hat nachgeholt**)
[1] *to catch up on* (*caught, caught*) ◇ *Weil er gefehlt hat, muss er jetzt viel nachholen.* As he was absent, he's got a lot to catch up on.
[2] *to make up for* (*made, made*) ◇ *Wir konnten meinen Geburtstag nicht feiern, werden das aber nachholen.* We weren't able to celebrate my birthday, but we'll make up for it.
◆ **eine Prüfung nachholen** to do an exam at a later date

nachkommen VERB (IMPERFECT **kam nach**, PERFECT **ist nachgekommen**)
to come later (*came, come*) ◇ *Wir gehen schon mal, du kannst ja später nachkommen.* We'll go on and you can come later.
◆ **einer Verpflichtung nachkommen** to fulfil an obligation

nachlassen VERB (PRESENT **lässt nach**, IMPERFECT **ließ nach**, PERFECT **hat nachgelassen**)
[1] *to deteriorate* ◇ *Seine Leistungen haben merklich nachgelassen.* His marks have deteriorated considerably.
◆ **Ihr Gedächtnis lässt nach.** Her memory is going.
◆ **Er hat nachgelassen.** He's got worse.
[2] *to ease off* ◇ *Die Schmerzen haben nachgelassen.* The pain has eased off.
[3] *to die down* ◇ *sobald der Sturm nachlässt* as soon as the storm dies down
◆ **Der Händler hat mir zwanzig Mark nachgelassen.** The salesman gave me twenty marks off.

nachlässig ADJEKTIV
careless
◆ **etwas nachlässig machen** to do something

carelessly ◇ *Sie macht ihre Hausaufgaben ziemlich nachlässig.* She does her homework pretty carelessly.

nachlaufen VERB (PRESENT **läuft nach**, IMPERFECT **lief nach**, PERFECT **ist nachgelaufen**)
- **jemandem nachlaufen** to run after somebody ◇ *Sie hat ihren Schirm vergessen, lauf ihr schnell nach.* She's forgotten her umbrella. Quick, run after her.

to chase ◇ *Er läuft allen Mädchen nach.* He chases all the girls.

nachmachen VERB (PERFECT **hat nachgemacht**)

1 *to copy* (*copied, copied*) ◇ *Macht alle meine Bewegungen nach.* Copy all my movements.

2 *to imitate* ◇ *Sie kann unsere Mathelehrerin gut nachmachen.* She's good at imitating our maths teacher.

3 *to forge* ◇ *ein Gemälde nachmachen* to forge a painting
- **Das ist nicht echt, sondern nachgemacht.** This isn't genuine, it's a fake.

der **Nachmittag** SUBSTANTIV (PL die **Nachmittage**)

afternoon ◇ *am Nachmittag* in the afternoon
- **heute Nachmittag** this afternoon

nachmittags ADVERB

in the afternoon

nachprüfen VERB (PERFECT **hat nachgeprüft**)

to check ◇ *nachprüfen, ob* to check whether

die **Nachricht** SUBSTANTIV

1 *news* SING ◇ *Wir haben noch keine Nachricht von ihr.* We still haven't had any news of her.
- **die Nachrichten** the news ◇ *Was kommt in den Nachrichten?* What's on the news?

2 *message* ◇ *Kannst du ihm eine Nachricht von mir übermitteln?* Can you give him a message from me?

nachschicken VERB (PERFECT **hat nachgeschickt**)

to forward

nachschlagen VERB (PRESENT **schlägt nach**, IMPERFECT **schlug nach**, PERFECT **hat nachgeschlagen**)

to look up (*in dictionary*)

nachsehen VERB (PRESENT **sieht nach**, IMPERFECT **sah nach**, PERFECT **hat nachgesehen**)

to check ◇ *Sieh mal nach, ob noch genügend Brot da ist.* Check whether we've still got enough bread. ◇ *Ich habe im Wörterbuch nachgesehen.* I've checked in the dictionary. ◇ *Mein Vater sieht immer meine Englischaufgaben nach.* My father always checks my English homework.
- **jemandem etwas nachsehen** to forgive somebody something ◇ *Den kleinen Fehler sollten wir ihm nachsehen.* We ought to forgive him this little mistake.
- **das Nachsehen haben** to come off worst

nachsenden VERB (IMPERFECT **sendete** *or* **sandte nach**, PERFECT **hat nachgesendet** *or* **nachgesandt**)

to send on (*sent, sent*) ◇ *Ich habe ihr den Brief nachgesendet.* I've sent the letter on to her.

nachsichtig ADJEKTIV

lenient

nachsitzen VERB (IMPERFECT **saß nach**, PERFECT **hat nachgesessen**)
- **nachsitzen müssen** to be kept in ◇ *Er musste nachsitzen, weil er seine Hausaufgaben vergessen hatte.* He was kept in because he had forgotten to do his homework.

nachsprechen VERB (PRESENT **spricht nach**, IMPERFECT **sprach nach**, PERFECT **hat nachgesprochen**)
- **jemandem nachsprechen** to repeat after somebody ◇ *Ich sage es vor, und ihr sprecht nach.* I'll say it, and you repeat after me. ◇ *Sie spricht ihrem Vater alles nach.* She repeats everything her father says.

nächste ADJEKTIV

siehe auch nahe *und* näher

1 *next* ◇ *Wir nehmen den nächsten Zug.* We'll take the next train. ◇ *Beim nächsten Mal passt du besser auf.* Be more careful next time. ◇ *nächstes Jahr* next year
- **als Nächstes** next ◇ *Was machen wir als Nächstes?* What'll we do next?
- **Der Nächste bitte!** Next, please!

2 *nearest* ◇ *Wo ist hier die nächste Post?* Where's the nearest post office?
- **Das ist der nächste Weg.** That's the shortest way.

die **Nacht** SUBSTANTIV (PL die **Nächte**)

night
- **Gute Nacht!** Good night.

der **Nachteil** SUBSTANTIV (PL die **Nachteile**)

disadvantage

das **Nachthemd** SUBSTANTIV (PL die **Nachthemden**)

nightshirt

die **Nachtigall** SUBSTANTIV

nightingale

der **Nachtisch** SUBSTANTIV

pudding ◇ *Was gibt's zum Nachtisch?* What's for pudding?

das **Nachtleben** SUBSTANTIV

nightlife

nächtlich ADJEKTIV

nightly

nachträglich ADJEKTIV, ADVERB

1 *subsequent* ◇ *eine nachträgliche Korrektur* a subsequent correction
- **nachträgliche Glückwünsche** belated best wishes

2 *later* ◇ *Nachträglich habe ich eingesehen, dass das ein Fehler war.* I later realized that it was a mistake.

nachts ADVERB

at night

der **Nacken** SUBSTANTIV (PL die **Nacken**)

nape of the neck

nackt ADJEKTIV

naked ◇ *Er war nackt.* He was naked.
◆ **nackte Arme** bare arms
◆ **nackte Tatsachen** plain facts

die **Nadel** SUBSTANTIV
[1] *needle* ◇ *Ich brauche Nadel und Faden.* I need a needle and thread.
[2] *pin* ◇ *Ich habe mich an der Nadel des Ansteckers gestochen.* I've pricked myself on the pin of my badge.

der **Nagel** SUBSTANTIV (PL die **Nägel**)
nail

die **Nagelbürste** SUBSTANTIV
nailbrush (PL *nailbrushes*)

die **Nagelfeile** SUBSTANTIV
nailfile

der **Nagellack** SUBSTANTIV (PL die **Nagellacke**)
nail varnish

nagelneu ADJEKTIV
brand-new

die **Nagelschere** SUBSTANTIV
nail scissors PL ◇ *eine Nagelschere* a pair of nail scissors

nagen VERB
to gnaw ◇ *an etwas nagen* to gnaw on something

das **Nagetier** SUBSTANTIV (PL die **Nagetiere**)
rodent

nahe ADJEKTIV, ADVERB, PRÄPOSITION
siehe auch näher *und* nächste ADJEKTIV
[1] *near* ◇ *in der nahen Zukunft* in the near future
◆ **nahe bei** near ◇ *nahe bei der Kirche* near the church
[2] *close* ◇ *Der Bahnhof ist ganz nah.* The station's quite close. ◇ *nahe Verwandte* close relatives ◇ *nahe Freunde* close friends ◇ *Unser Haus ist nahe der Universität.* Our house is close to the university. ◇ *den Tränen nahe* close to tears
◆ **mit jemandem nah verwandt sein** to be closely related to somebody
◆ **der Nahe Osten** the Middle East
◆ **Die Prüfungen rücken näher.** The exams are getting closer.
◆ **nahe daran sein, etwas zu tun** to be close to doing something ◇ *Ich war nahe daran aufzugeben.* I was close to giving up.
◆ **jemandem etwas nahe legen** to suggest something to somebody
◆ **nahe liegend** obvious

die **Nähe** SUBSTANTIV
◆ **in der Nähe** near ◇ *Unsere Schule liegt in der Nähe des Bahnhofs.* Our school is near the station. ◇ *Ich wohne in der Nähe von Rostock.* I live near Rostock.
◆ **aus der Nähe** close up ◇ *wenn man das aus der Nähe betrachtet* if you look at it close up

nahelegen VERB *siehe* **nahe**

naheliegend ADJEKTIV *siehe* **nahe**

nähen VERB
to sew (*sewed, sewn*)

näher ADJEKTIV, ADVERB
siehe auch nahe *und* nächste
[1] *nearer* ◇ *Die Straßenbahnhaltestelle ist näher als die Bushaltestelle.* The tram stop is nearer than the bus stop.
[2] *more detailed* ◇ *Nähere Auskünfte erteilt Ihnen unser Informationsdienst.* Our information service will give you more detailed information.
◆ **Näheres** details PL ◇ *Ich wüsste gern Näheres.* I'd like to have more details.
◆ **näher kommen** to get closer

sich **nähern** VERB
to get closer ◇ *Wir näherten uns dem Bahnhof.* We were approaching the station.

nahezu ADVERB
nearly

nahm VERB *siehe* **nehmen**

die **Nähmaschine** SUBSTANTIV
sewing machine

die **Nähnadel** SUBSTANTIV
needle

nahrhaft ADJEKTIV
nourishing

die **Nahrung** SUBSTANTIV
food ◇ *feste Nahrung* solid food

das **Nahrungsmittel** SUBSTANTIV (PL die **Nahrungsmittel**)
foodstuffs PL

die **Naht** SUBSTANTIV (PL die **Nähte**)
seam ◇ *Die Hose ist an der Naht geplatzt.* The trousers have split along the seam.

der **Nahverkehr** SUBSTANTIV
local traffic

der **Nahverkehrszug** SUBSTANTIV (PL die **Nahverkehrszüge**)
local train

der **Name** SUBSTANTIV (GEN des **Namens**, PL die **Namen**)
name ◇ *Mein Name ist...* My name is...
◆ **im Namen von** on behalf of

nämlich ADVERB
[1] *you see* ◇ *Sie ist nämlich meine beste Freundin.* You see, she's my best friend.
[2] *that is to say* ◇ *Nächstes Jahr, nämlich im März.* Next year, that is to say in March.
◆ **Ich kann nicht kommen, ich bin nämlich krank.** I can't come, I'm ill.

nannte VERB *siehe* **nennen**

nanu INTERJEKTION
well, well!

die **Narbe** SUBSTANTIV
scar

die **Narkose** SUBSTANTIV
anaesthetic

naschen VERB
◆ **Sie nascht gern.** She's got a sweet tooth.
◆ **Wer hat von der Torte genascht?** Who's been at the cake?

die **Nase** SUBSTANTIV
nose ◇ *Meine Nase blutet.* My nose is bleeding.

das **Nasenbluten** SUBSTANTIV

nosebleed ◇ *Ich hatte Nasenbluten.* I had a nosebleed.

nass ⚠ ADJEKTIV
wet ◇ *Nach dem Regen war die Wäsche noch nässer.* After the rain, the washing was even wetter.

die **Nation** SUBSTANTIV
nation

die **Nationalhymne** SUBSTANTIV
national anthem

die **Nationalität** SUBSTANTIV
nationality (PL *nationalities*)

die **Natur** SUBSTANTIV
1 *country* ◇ *Wir gehen gern in der Natur spazieren.* We like to go for a walk in the country.
2 *constitution* ◇ *Sie hat eine robuste Natur.* She's got a strong constitution.

natürlich ADJEKTIV, ADVERB
1 *natural* ◇ *Das ist ihre natürliche Haarfarbe.* That's her natural hair colour.
2 *of course* ◇ *Wir kommen natürlich.* Of course we'll come. ◇ *Sie hat das natürlich wieder vergessen.* She's forgotten it again, of course. ◇ *Ja, natürlich!* Yes, of course.

das **Naturschutzgebiet** SUBSTANTIV (PL die **Naturschutzgebiete**)
nature reserve

die **Naturwissenschaft** SUBSTANTIV
natural science

der **Naturwissenschaftler** SUBSTANTIV (PL die **Naturwissenschaftler**)
scientist

der **Nazi** SUBSTANTIV (PL die **Nazis**)
Nazi ◇ *Sie ist ein Nazi.* She's a Nazi.

der **Nebel** SUBSTANTIV (PL die **Nebel**)
1 *mist* (*leichter Nebel*)
2 *fog* (*dichter Nebel*)

nebelig ADJEKTIV
1 *misty* (*leichter Nebel*)
2 *foggy* (*dichter Nebel*)

neben PRÄPOSITION
Use the accusative to express movement or a change of place. Use the dative when there is no change of place.
1 *next to* ◇ *Dein Rad steht neben meinem.* Your bike's next to mine. ◇ *Stell dein Rad neben meines.* Put your bike next to mine.
2 *apart from*
neben *takes the dative in this sense.*
◇ *Neben den Sehenswürdigkeiten haben wir uns auch ein Theaterstück angesehen.* Apart from the sights, we also saw a play.

nebenan ADVERB
next door

nebenbei ADVERB
1 *at the same time* ◇ *Ich kann nicht Hausaufgaben machen und nebenbei fernsehen.* I can't do my homework and watch TV at the same time.
2 *on the side* ◇ *Sie hat nebenbei noch einen anderen Job.* She has another job on the side.
◆ **Sie sagte ganz nebenbei, dass sie nicht mitkommen wollte.** She mentioned quite casually that she didn't want to come along.
◆ **Nebenbei bemerkt,...** Incidentally,...

nebeneinander ADVERB
side by side

das **Nebenfach** SUBSTANTIV (PL die **Nebenfächer**)
subsidiary subject

der **Nebenfluss** ⚠ SUBSTANTIV (GEN des **Nebenflusses**, PL die **Nebenflüsse**)
tributary (PL *tributaries*)

nebenher ADVERB (*zusätzlich*)
1 *on the side* ◇ *Er verdient nebenher noch Geld durch Zeitungaustragen.* He also earns money on the side doing a paper round.
2 *at the same time* ◇ *Sie bügelt und sieht nebenher fern.* She does the ironing and watches TV at the same time.
3 *alongside* ◇ *Wir sind mit dem Rad gefahren, der Hund lief nebenher.* We rode our bikes and the dog ran alongside.

die **Nebenstraße** SUBSTANTIV
side street

neblig ADJEKTIV
1 *misty* (*leichter Nebel*)
2 *foggy* (*dichter Nebel*)

der **Neffe** SUBSTANTIV (GEN des **Neffen**, PL die **Neffen**)
nephew

negativ ADJEKTIV
siehe auch das Negativ SUBSTANTIV
negative ◇ *HIV-negativ* HIV-negative

das **Negativ** SUBSTANTIV (PL die **Negative**)
siehe auch negativ ADJEKTIV
negative ◇ *Kann ich von den Bildern das Negativ haben?* Can I have the negatives of these pictures?

nehmen VERB (PRESENT **nimmt**, IMPERFECT **nahm**, PERFECT **hat genommen**)
to take (*took, taken*) ◇ *Sie nahm eine Mark aus dem Geldbeutel.* She took a mark out of her purse. ◇ *Wir nehmen besser den Bus in die Stadt.* We'd better take the bus into town. ◇ *Hast du deine Medizin genommen?* Have you taken your medicine? ◇ *Nimm ihn nicht ernst!* Don't take him seriously.
◆ **Ich nehme ein Erdbeereis.** I'll have a strawberry ice cream.
◆ **Nimm dir doch bitte!** Please help yourself.
◆ **Wir haben eine Kleinigkeit zu uns genommen.** We had a bite to eat.

der **Neid** SUBSTANTIV
envy

neidisch ADJEKTIV
envious ◇ *Sie ist neidisch auf ihren Bruder.* She's envious of her brother.

nein ADVERB
no ◇ *Hast du das gesehen?–Nein.* Did you see that?–No, I didn't.
◆ **Ich glaube nein.** I don't think so.

die **Nektarine** SUBSTANTIV
nectarine

die **Nelke** SUBSTANTIV

N

[1] *carnation* ◇ *Er brachte mir einen Strauß Nelken.* He brought me a bunch of carnations.
[2] *clove* ◇ *Zum Glühwein braucht man Nelken.* You need cloves to make mulled wine.

nennen VERB (IMPERFECT **nannte**, PERFECT **hat genannt**)
[1] *to call* ◇ *Sie haben ihren Sohn Manfred genannt.* They called their son Manfred. ◇ *Die Band nennt sich "Die Zerstörer".* The band call themselves "The Destroyers". ◇ *Wie nennt man...?* What do you call...?
[2] *to name* ◇ *Kannst du mir einen Fluss in England nennen?* Can you name a river in England?

das **Neonlicht** SUBSTANTIV
neon light

die **Neonröhre** SUBSTANTIV
strip light

der **Nerv** SUBSTANTIV (PL die **Nerven**)
nerve
◆ **jemandem auf die Nerven gehen** to get on somebody's nerves

die **Nervensäge** SUBSTANTIV
pain in the neck (*Umgangssprache*)

der **Nervenzusammenbruch** SUBSTANTIV (PL die **Nervenzusammenbrüche**)
nervous breakdown

nervös ADJEKTIV
nervous

die **Nervosität** SUBSTANTIV
nervousness

das **Nest** SUBSTANTIV (PL die **Nester**)
[1] *nest* ◇ *Der Vogel hat ein Nest gebaut.* The bird has built a nest.
[2] *dump* (*Umgangssprache*) ◇ *Wiblingen ist ein Nest.* Wiblingen is a dump.

nett ADJEKTIV
[1] *lovely* ◇ *Vielen Dank für den netten Abend.* Thanks for a lovely evening.
[2] *nice* ◇ *Wir haben uns nett unterhalten.* We had a nice talk.
[3] *kind* ◇ *Wären Sie vielleicht so nett, mir zu helfen?* Would you be so kind as to help me? ◇ *Das war sehr nett von dir.* That was very kind of you.
◆ **Er war ganz nett frech.** He was pretty damn cheeky. (*Umgangssprache*)

netto ADVERB
net ◇ *Sie verdient dreitausend Mark netto.* She earns three thousand marks net.

das **Netz** SUBSTANTIV (GEN des **Netzes**, PL die **Netze**)
[1] *net* ◇ *Die Fischer werfen ihre Netze aus.* The fishermen cast their nets. ◇ *Der Ball ging ins Netz.* The ball went into the net.
[2] *string bag* ◇ *Sie packte die Einkäufe ins Netz.* She packed her shopping into a string bag.
[3] *network* ◇ *ein weit verzweigtes Netz an Rohren* an extensive network of pipes ◇ *einen Computer ans Netz anschließen* to connect a computer to the network

neu ADJEKTIV
new ◇ *Ist der Pulli neu?* Is that pullover new? ◇ *Sie hat einen neuen Freund.* She's got a new boyfriend. ◇ *Ich bin neu hier.* I'm new here.
◆ **neue Sprachen** modern languages
◆ **neueste** latest ◇ *die neuesten Nachrichten* the latest news
◆ **seit neuestem** recently
◆ **neu schreiben** to rewrite
◆ **Das ist mir neu!** That's news to me.

neuartig ADJEKTIV
new kind of ◇ *ein neuartiges Wörterbuch* a new kind of dictionary

die **Neugier** SUBSTANTIV
curiosity

neugierig ADJEKTIV
curious

die **Neuheit** SUBSTANTIV
[1] *new product* ◇ *Auf der Messe werden alle Neuheiten vorgestellt.* All new products are presented at the trade fair.
[2] *newness* ◇ *Ich muss mich erst auf die Neuheit dieser Situation einstellen.* I've still got to get used to the newness of the situation.

die **Neuigkeit** SUBSTANTIV
news SING ◇ *Gibt es irgendwelche Neuigkeiten?* Is there any news?

das **Neujahr** SUBSTANTIV
New Year

neulich ADVERB
the other day

neun ZAHL
nine

neunte ADJEKTIV
ninth ◇ *Heute ist der neunte Juni.* Today is the ninth of June.

neunzehn ZAHL
nineteen

neunzig ZAHL
ninety

neurotisch ADJEKTIV
neurotic

Neuseeland NEUT SUBSTANTIV
New Zealand
◆ **aus Neuseeland** from New Zealand
◆ **nach Neuseeland** to New Zealand

der **Neuseeländer** SUBSTANTIV (PL die **Neuseeländer**)
New Zealander

die **Neuseeländerin** SUBSTANTIV
New Zealander

neutral ADJEKTIV
neutral

das **Neutrum** SUBSTANTIV (PL die **Neutra** *or* **Neutren**)
neuter

nicht ADVERB
not ◇ *Ich bin nicht müde.* I'm not tired. ◇ *Er ist es nicht.* It's not him.
◆ **Er raucht nicht. (1)** (*gerade*) He isn't smoking.

- **Er raucht nicht. (2)** (*gewöhnlich*) He doesn't smoke.
- **Ich kann das nicht. – Ich auch nicht.** I can't do it. – Neither can I.
- **Es regnet nicht mehr.** It's not raining any more.
- **Nicht!** Don't!
- **Nicht berühren!** Do not touch!
- **Du bist müde, nicht wahr?** You're tired, aren't you?
- **Das ist schön, nicht wahr?** It's nice, isn't it?
- **Was du nicht sagst!** You don't say!

die **Nichte** SUBSTANTIV
niece

der **Nichtraucher** SUBSTANTIV (PL die **Nichtraucher**)
nonsmoker

nichts PRONOMEN
nothing ◇ *nichts zu verzollen* nothing to declare ◇ *nichts Neues* nothing new
- **Ich habe nichts gesagt.** I didn't say anything.
- **Nichts ist so wie früher.** Things aren't what they used to be.
- **Das macht nichts.** It doesn't matter.
- **für nichts und wieder nichts** for nothing

der **Nichtschwimmer** SUBSTANTIV (PL die **Nichtschwimmer**)
nonswimmer

nicken VERB
to nod

nie ADVERB
never ◇ *Das habe ich nie gesagt.* I never said that. ◇ *Das werde ich nie vergessen.* I'll never forget that. ◇ *Das habe ich noch nie gehört.* I've never heard that. ◇ *Ich war noch nie in Indien.* I've never been to India.
- **nie wieder** never again ◇ *Tu das nie wieder.* Don't ever do that again.
- **nie mehr** never again ◇ *Sie hat nie mehr geschrieben.* She never wrote to me again.
- **nie und nimmer** no way ◇ *Das kann nie und nimmer stimmen.* There's no way that can be right.

nieder ADJEKTIV, ADVERB
1 *low* ◇ *ein niederer Rang* a low rank
- **ein niederer Beamter** a low-ranking government officer

2 *base* ◇ *niedere Instinkte* base instincts
- **Nieder mit...!** Down with...! ◇ *Nieder mit dem Diktator!* Down with the dictator!

niedergeschlagen ADJEKTIV
dejected

die **Niederlage** SUBSTANTIV
defeat

die **Niederlande** NEUT PL SUBSTANTIV
the Netherlands PL
- **aus den Niederlanden** from the Netherlands
- **in den Niederlanden** in the Netherlands
- **in die Niederlande** to the Netherlands

der **Niederländer** SUBSTANTIV (PL die **Niederländer**)
Dutchman (PL *Dutchmen*)
- **Er ist Niederländer.** He's Dutch.

die **Niederländerin** SUBSTANTIV
Dutchwoman (PL *Dutchwomen*)
- **Sie ist Niederländerin.** She's Dutch.

niederländisch ADJEKTIV
Dutch

Niedersachsen NEUT SUBSTANTIV
Lower Saxony

> Niedersachsen *is one of the 16* Länder. *Its capital is Hannover. Its most important industries are mining and car manufacturing (Volkswagen). The Hannover Industrial Fair is the largest in the world.*

niedlich ADJEKTIV
sweet ◇ *niedlich aussehen* to look sweet

niedrig ADJEKTIV
1 *low* ◇ *Die Decke ist sehr niedrig.* The ceiling is very low. ◇ *niedrige Temperaturen* low temperatures
2 *shallow* ◇ *Hier ist der Fluss niedriger.* The river is shallower here.
3 *base* ◇ *niedrige Motive* base motives

niemals ADVERB
never

niemand PRONOMEN
1 *nobody* ◇ *Niemand hat mir Bescheid gesagt.* Nobody told me.
2 *not...anybody* ◇ *Ich habe niemanden gesehen.* I haven't seen anybody. ◇ *Sie hat mit niemandem darüber gesprochen.* She hasn't mentioned it to anybody.

die **Niere** SUBSTANTIV
kidney

nieseln VERB
to drizzle

niesen VERB
to sneeze

die **Niete** SUBSTANTIV
1 *stud* ◇ *Jeans mit Nieten* jeans with studs
2 *blank* ◇ *Ich habe eine Niete gezogen.* I've drawn a blank.
- **In Mathe ist er eine Niete.** He's useless at maths.

das **Nikotin** SUBSTANTIV
nicotine

nimmt VERB *siehe* **nehmen**

nirgends ADVERB
1 *nowhere* ◇ *Nirgends sonst gibt es so schöne Blumen.* Nowhere else will you find such beautiful flowers.
2 *not...anywhere* ◇ *Hier gibt es nirgends ein Schwimmbad.* There isn't a swimming pool anywhere here. ◇ *Ich habe ihn nirgends gesehen.* I haven't seen him anywhere.

nirgendwo ADVERB *siehe* **nirgends**

das **Niveau** SUBSTANTIV (PL die **Niveaus**)
level

noch ADVERB, KONJUNKTION
still ◇ *Ich habe noch Hunger.* I'm still hungry. ◇ *Das kann noch passieren.* That might still happen.
- **Bleib doch noch ein bisschen!** Stay a bit longer.

N

- **Das wirst du noch lernen.** You'll learn.
- **Er wird noch kommen.** He'll come.
- **heute noch** today
- **noch am selben Tag** the very same day
- **noch vor einer Woche** only a week ago
- **noch im neunzehnten Jahrhundert** as late as the nineteenth century
- **Wer noch?** Who else? ◇ *Wer war noch da?* Who else was there?
- **Was noch?** What else? ◇ *Was will er noch?* What else does he want?
- **noch nicht** not yet ◇ *Ich bin noch nicht fertig.* I haven't finished yet.
- **noch nie** never ◇ *Ich war noch nie in Leeds.* I've never been to Leeds.
- **immer noch** still ◇ *Du bist ja immer noch da!* How come you're still here? ◇ *Das Haus ist immer noch nicht fertig.* The house still isn't finished.
- **noch einmal** again
- **noch dreimal** three more times
- **noch einer** another one
- **noch größer** even bigger
- **Das ist noch besser.** That's better still.
- **Geld noch und noch** loads of money (*Umgangssprache*)
- **weder...noch...** neither...nor...

nochmals ADVERB
again

der **Nominativ** SUBSTANTIV (PL die **Nominative**)
nominative

Nordamerika NEUT SUBSTANTIV
North America

der **Norden** SUBSTANTIV
north

Nordirland NEUT SUBSTANTIV
Northern Ireland
- **aus Nordirland** from Northern Ireland
- **in Nordirland** in Northern Ireland
- **nach Nordirland** to Northern Ireland

nördlich ADJEKTIV, PRÄPOSITION, ADVERB
northerly ◇ *Wir fuhren in nördlicher Richtung.* We drove in a northerly direction.
- **nördlich einer Sache** to the north of something ◇ *Das Kraftwerk liegt nördlich der Stadt.* The power station is to the north of the city.
- **nördlich von** north of ◇ *Düsseldorf liegt nördlich von Köln.* Düsseldorf is north of Cologne.

der **Nordosten** SUBSTANTIV
northeast

der **Nordpol** SUBSTANTIV
North Pole ◇ *am Nordpol* at the North Pole

Nordrhein-Westfalen NEUT SUBSTANTIV
North Rhine-Westphalia

> Nordrhein-Westphalen *is one of the 16* Länder. *Its capital is Düsseldorf. It is Germany's most densely populated state, and includes the Ruhr district.*

die **Nordsee** SUBSTANTIV
the North Sea ◇ *Wir fahren an die Nordsee.* We're going to the North Sea. ◇ *Wir waren an der Nordsee.* We've been to the North Sea.

der **Nordwesten** SUBSTANTIV
northwest

nörgeln VERB
to moan ◇ *Er hat immer etwas zu nörgeln.* He always finds something to moan about.

die **Norm** SUBSTANTIV
standard ◇ *Für die meisten technischen Geräte gibt es Normen.* There are set standards for most technical equipment.

normal ADJEKTIV
normal

das **Normalbenzin** SUBSTANTIV
regular petrol

> *The type of petrol generally used in Germany is unleaded.*

normalerweise ADVERB
normally

Norwegen NEUT SUBSTANTIV
Norway
- **aus Norwegen** from Norway
- **nach Norwegen** to Norway

der **Norweger** SUBSTANTIV (PL die **Norweger**)
Norwegian

die **Norwegerin** SUBSTANTIV
Norwegian

norwegisch ADJEKTIV
Norwegian

die **Not** SUBSTANTIV
- **zur Not** if necessary ◇ *Zur Not kannst du ja später nachkommen.* You can join us later if necessary.

der **Notausgang** SUBSTANTIV (PL die **Notausgänge**)
emergency exit

die **Notbremse** SUBSTANTIV
emergency brake

notdürftig ADJEKTIV
makeshift ◇ *eine notdürftige Reparatur* a makeshift repair

die **Note** SUBSTANTIV
1 *mark* ◇ *Max hat gute Noten.* Max has got good marks.
2 *note* ◇ *Welche Note hast du eben gespielt?* What note did you just play?

der **Notfall** SUBSTANTIV (PL die **Notfälle**)
emergency (PL *emergencies*)

notfalls ADVERB
if need be

notieren VERB (PERFECT **hat notiert**)
to note down

nötig ADJEKTIV
necessary ◇ *wenn nötig* if necessary
- **etwas nötig haben** to need something

die **Notiz** SUBSTANTIV
1 *note* ◇ *Sein Kalender ist voller Notizen.* His diary is full of notes.
2 *item* ◇ *Das stand heute in einer kleinen Notiz in der Zeitung.* There was a short item on it in the newspaper today.
- **Notiz nehmen von** to take notice of ◇ *Er*

hat von mir überhaupt keine Notiz genommen. He didn't take any notice of me at all.

der **Notizblock** SUBSTANTIV (PL die **Notizblöcke**)
notepad

das **Notizbuch** SUBSTANTIV (PL die **Notizbücher**)
notebook

notlanden VERB (PERFECT **ist notgelandet**)
to make an emergency landing (*made, made*)

der **Notruf** SUBSTANTIV (PL die **Notrufe**)
emergency call

die **Notrufsäule** SUBSTANTIV
emergency telephone

notwendig ADJEKTIV
necessary

der **November** SUBSTANTIV (GEN des **November** *or* **Novembers**, PL die **November**)
November ◇ *im November* in November ◇ *am neunten November* on the ninth of November ◇ *Freiburg, den 9. November 1998* Freiburg, 9 November 1998 ◇ *Heute ist der neunte November.* Today is the ninth of November.

der **Nu** SUBSTANTIV
◆ **im Nu** in an instant

nüchtern ADJEKTIV
1 *sober* ◇ *Nach drei Gläsern Wein bist du nicht mehr nüchtern.* After three glasses of wine you aren't sober any more.
◇ *nüchterne Tatsachen* sober facts
2 *with an empty stomach* ◇ *Kommen Sie nüchtern ins Krankenhaus.* Come to the hospital with an empty stomach.
◆ **auf nüchternen Magen** on an empty stomach
◆ **Wenn ich mir die Lage nüchtern betrachte...** When I look at the situation in a matter-of-fact way...

die **Nudel** SUBSTANTIV
noodle ◇ *Es waren Nudeln in der Suppe.* There were noodles in the soup.
◆ **Nudeln** pasta SING ◇ *Nudeln sind meine Lieblingsspeise.* Pasta is my favourite food.

die **Null** SUBSTANTIV
siehe auch null ZAHL
1 *zero* ◇ *Du musst zuerst eine Null wählen.* You have to dial zero first.
2 *nonentity* ◇ *Er ist doch eine völlige Null.* He's a complete nonentity.

null ZAHL
siehe auch die Null SUBSTANTIV
1 *nil* ◇ *Sie haben eins zu null gespielt.* They won one nil.
2 *no* ◇ *Ich hatte null Fehler.* I had no mistakes.
◆ **null Uhr** midnight
◆ **null und nichtig** null and void

numerieren VERB *siehe* **nummerieren**

die **Nummer** SUBSTANTIV
1 *number* ◇ *Ich kann seine Nummer auswendig.* I know his number by heart.
2 *size* ◇ *Die Schuhe sind eine Nummer zu groß.* These shoes are a size too big.

nummerieren ⚠ VERB (PERFECT **hat nummeriert**)
to number

das **Nummernschild** SUBSTANTIV (PL die **Nummernschilder**)
number plate

Der erste Buchstabe auf britischen Nummernschildern zeigt in der Regel an, in welchem Jahr das Fahrzeug zugelassen wurde; so stehen z.B. "M" für das Zulassungsjahr 1994/95 und "P" für das Zulassungsjahr 1996/97.

nun ADVERB, INTERJEKTION
1 *now* ◇ *von nun an* from now on
2 *well* ◇ *Nun, was gibt's Neues?* Well, what's new?
◆ **Das ist nun mal so.** That's the way it is.

nur ADVERB
only ◇ *Das hat nur zwanzig Mark gekostet.* It only cost twenty marks. ◇ *Es sind nur fünf Leute da gewesen.* There were only five people there.
◆ **Wo bleibt er nur?** Where on earth can he be?
◆ **Was hat sie nur?** What on earth's wrong with her?

die **Nuss** ⚠ SUBSTANTIV (PL die **Nüsse**)
nut

der **Nutzen** SUBSTANTIV
siehe auch nutzen VERB
◆ **von Nutzen** useful ◇ *Sprachkenntnisse sind immer von Nutzen.* It's always useful to know a foreign language.
◆ **Das ist bestimmt zu deinem Nutzen.** It's for your own good.

nutzen VERB
siehe auch der Nutzen SUBSTANTIV
to help ◇ *Sprachkenntnisse können dir im Ausland viel nutzen.* Knowing a language can help you a lot abroad.
◆ **etwas nutzen** to make use of something ◇ *Du solltest die Zeit nutzen.* You ought to make use of the time.
◆ **Das nutzt ja doch nichts.** That's pointless.
◆ **Es nutzt alles nichts, wir müssen...** There's no getting around it, we'll have to...

nützen VERB *siehe* **nutzen**

nützlich ADJEKTIV
useful ◇ *sich nützlich machen* to make oneself useful

nutzlos ADJEKTIV
useless

N

O

die **Oase** SUBSTANTIV
oasis (PL *oases*)
ob KONJUNKTION
[1] *whether* ◇ *Ich weiß nicht, ob ich kommen kann.* I don't know whether I can come.
[2] *if* ◇ *Sie fragt, ob du auch kommst.* She wants to know if you're coming too.
◆ **Ob das wohl wahr ist?** Can that be true?
◆ **Und ob!** You bet!
obdachlos ADJEKTIV
homeless
oben ADVERB
on top ◇ *oben auf dem Schrank* on top of the cupboard
◆ **oben auf dem Berg** up on the mountain
◆ **Die Schlafzimmer sind oben.** The bedrooms are upstairs.
◆ **nach oben** up ◇ *Der Fahrstuhl fährt nach oben.* The lift is going up. ◇ *Ich gehe nach oben in mein Zimmer.* I'm going up to my room.
◆ **von oben** down ◇ *Der Fahrstuhl kommt von oben.* The lift is going down. ◇ *Bringst du mir von oben die Bettwäsche mit?* Bring the bed clothes down with you.
◆ **oben ohne** topless
◆ **jemanden von oben bis unten ansehen** to look somebody up and down
◆ **Befehl von oben** orders from above
obere ADJEKTIV
siehe auch oberste ADJEKTIV
upper ◇ *die oberen Stockwerke* the upper floors
◆ **Nimm das obere Buch.** Take the book from the top of the pile.
◆ **die oberen Klassen** the senior classes
die **Oberfläche** SUBSTANTIV
surface
oberflächlich ADJEKTIV
superficial ◇ *Er ist sehr oberflächlich in seiner Arbeit.* His work is very superficial.
◆ **jemanden nur oberflächlich kennen** to know somebody only slightly
das **Oberhaus** SUBSTANTIV (GEN des **Oberhauses**)
upper chamber
der **Oberschenkel** SUBSTANTIV (PL die **Oberschenkel**)
thigh
die **Oberschule** SUBSTANTIV
grammar school
oberste ADJEKTIV
siehe auch obere ADJEKTIV
topmost ◇ *Das Buch steht auf dem obersten Regalbrett.* The book is on the topmost shelf.
◆ **Sie ist in der obersten Klasse.** She's in the top class.
die **Oberstufe** SUBSTANTIV
upper school
das **Oberteil** SUBSTANTIV (PL die **Oberteile**)
upper part
die **Oberweite** SUBSTANTIV
bust measurement
das **Objekt** SUBSTANTIV (PL die **Objekte**)
object
das **Objektiv** SUBSTANTIV (PL die **Objektive**)
siehe auch objektiv ADJEKTIV
lens (PL *lenses*) (*of camera*)
objektiv ADJEKTIV
siehe auch das Objektiv SUBSTANTIV
objective
das **Obst** SUBSTANTIV
fruit
der **Obstbaum** SUBSTANTIV (PL die **Obstbäume**)
fruit tree
der **Obstkuchen** SUBSTANTIV (PL die **Obstkuchen**)
fruit tart
der **Obstsalat** SUBSTANTIV (PL die **Obstsalate**)
fruit salad
obwohl KONJUNKTION
although ◇ *Obwohl sie müde war, blieb sie lange auf.* Although she was tired, she stayed up late.
der **Ochse** SUBSTANTIV (GEN des **Ochsen**, PL die **Ochsen**)
ox (PL *oxen*)
öde ADJEKTIV
dull ◇ *eine öde Landschaft* a dull landscape
◆ **Diese Arbeit ist echt öde.** This job's really the pits. (*Umgangssprache*)
oder KONJUNKTION
or ◇ *entweder ich oder du* either me or you
◆ **Das stimmt, oder?** That's right, isn't it?
der **Ofen** SUBSTANTIV (PL die **Öfen**)
[1] *oven* ◇ *Der Kuchen ist im Ofen.* The cake's in the oven.
[2] *heater* (*Heizofen*)
◆ **Mach bitte den Ofen an, mir ist kalt.** Put the fire on, I'm cold.
offen ADJEKTIV
open ◇ *Das Fenster ist offen.* The window's open. ◇ *Die Banken sind bis sechzehn Uhr offen.* The banks are open until four o'clock. ◇ *Sie ist ein sehr offener Mensch.* She's a very open person.
◆ **offen gesagt** to be honest
◆ **Ich gebe dir eine offene Antwort.** I'll be frank with you.
◆ **eine offene Stelle** a vacancy
◆ **offen bleiben (1)** to stay open ◇ *Soll das Fenster offen bleiben?* Is the window supposed to stay open?
◆ **offen bleiben (2)** to remain open ◇ *Diese Möglichkeit bleibt uns noch offen.* This option remains open to us.
offensichtlich ADJEKTIV, ADVERB
[1] *obvious* ◇ *ein offensichtlicher Fehler* an obvious mistake

2 *obviously* ◇ *Er ist offensichtlich nicht zufrieden.* He's obviously dissatisfied.

öffentlich ADJEKTIV
public

die **Öffentlichkeit** SUBSTANTIV
public ◇ *Die Öffentlichkeit wurde nicht informiert.* The public were not informed.
◆ **in aller Öffentlichkeit** in public

offiziell ADJEKTIV
official

der **Offizier** SUBSTANTIV (PL die **Offiziere**)
officer

öffnen VERB
to open ◇ *jemandem die Tür öffnen* to open the door for somebody

der **Öffner** SUBSTANTIV (PL die **Öffner**)
opener

die **Öffnung** SUBSTANTIV
opening

die **Öffnungszeiten** FEM PL SUBSTANTIV
opening times PL

oft ADVERB
siehe auch öfter ADVERB
often ◇ *Wie oft warst du schon in London?* How often have you been to London?

öfter ADVERB
siehe auch oft ADVERB
more often ◇ *Ich würde dich gern öfter besuchen.* I would like to visit you more often.
◆ **Sie war in letzter Zeit öfter krank.** She's been ill a lot recently.

öfters ADVERB
often

oh INTERJEKTION
oh ◇ *Oh, das wusste ich nicht.* Oh, I didn't know that.

ohne PRÄPOSITION, KONJUNKTION
The preposition ohne *takes the accusative.*
without ◇ *Ich fahre ohne meine Eltern in Ferien.* I'm going on holiday without my parents. ◇ *Ich habe das ohne Wörterbuch übersetzt.* I translated it without a dictionary.
◆ **Das ist nicht ohne.** It's not half bad. (*Umgangssprache*)
◆ **ohne weiteres** easily ◇ *Das ist ohne weiteres in einer Woche zu schaffen.* That can easily be done in a week.
◆ **Du kannst doch nicht so ohne weiteres gehen.** You can't just leave.
◆ **ohne etwas zu tun** without doing something ◇ *Sie ist gegangen, ohne Bescheid zu sagen.* She left without telling anyone. ◇ *ohne zu fragen* without asking

die **Ohnmacht** SUBSTANTIV
◆ **in Ohnmacht fallen** to faint

ohnmächtig ADJEKTIV
◆ **ohnmächtig werden** to faint
◆ **Sie ist ohnmächtig.** She's fainted.

das **Ohr** SUBSTANTIV (PL die **Ohren**)
ear
◆ **Er hat sehr gute Ohren.** His hearing is very good.

die **Ohrenschmerzen** MASC PL SUBSTANTIV
earache SING ◇ *Sie hat Ohrenschmerzen.* She's got earache.

die **Ohrfeige** SUBSTANTIV
slap across the face

ohrfeigen VERB
◆ **jemanden ohrfeigen** to slap somebody across the face

der **Ohrring** SUBSTANTIV (PL die **Ohrringe**)
earring

oje INTERJEKTION
oh dear!

ökologisch ADJEKTIV
ecological

der **Oktober** SUBSTANTIV (GEN des **Oktober** *or* **Oktobers**, PL die **Oktober**)
October ◇ *im Oktober* in October ◇ *am dritten Oktober* on the third of October ◇ *Ulm, den 3. Oktober 1998* Ulm, 3 October 1998. ◇ *Heute ist der dritte Oktober.* Today is the third of October.

das **Öl** SUBSTANTIV (PL die **Öle**)
oil

die **Ölfarbe** SUBSTANTIV
oil paint

die **Ölheizung** SUBSTANTIV
oil-fired central heating

ölig ADJEKTIV
oily

oliv ADJEKTIV
olive-green

die **Olive** SUBSTANTIV
olive

der **Ölmessstab** ⚠ SUBSTANTIV (PL die **Ölmessstäbe**)
dipstick

die **Ölsardine** SUBSTANTIV
sardine

der **Ölwechsel** SUBSTANTIV (PL die **Ölwechsel**)
oil change

die **Olympiade** SUBSTANTIV
Olympic Games PL

der **Olympiasieger** SUBSTANTIV (PL die **Olympiasieger**)
Olympic champion

die **Olympiasiegerin** SUBSTANTIV
Olympic champion

olympisch ADJEKTIV
Olympic

das **Ölzeug** SUBSTANTIV
oilskins PL

die **Oma** SUBSTANTIV (PL die **Omas**)
granny (PL *grannies*) (*Umgangssprache*)

das **Omelett** SUBSTANTIV (PL die **Omeletts**)
omelette

der **Onkel** SUBSTANTIV (PL die **Onkel**)
uncle

der **Opa** SUBSTANTIV (PL die **Opas**)
grandpa (*Umgangssprache*)

die **Oper** SUBSTANTIV
1 *opera* ◇ *eine Oper von Verdi* an opera by Verdi
2 *opera house* ◇ *Die Mailänder Oper ist berühmt.* The Milan opera house is famous.

die **Operation** SUBSTANTIV
operation

der **Operationssaal** SUBSTANTIV (PL die **Operationssäle**)
operating theatre

die **Operette** SUBSTANTIV
operetta

operieren VERB (PERFECT **hat operiert**)
to operate on ◇ *jemanden operieren* to operate on somebody
- **Sie muss operiert werden.** She has to have an operation.
- **Sie wurde am Auge operiert.** She had an eye operation.

das **Opfer** SUBSTANTIV (PL die **Opfer**)
[1] *sacrifice* ◇ *Das war ein großes Opfer für ihn.* It was a great sacrifice for him.
[2] *victim* ◇ *Der Unfall hat viele Opfer gefordert.* The accident claimed a lot of victims.

die **Opposition** SUBSTANTIV
opposition

die **Optik** SUBSTANTIV
optics SING

der **Optiker** SUBSTANTIV (PL die **Optiker**)
optician

optimal ADJEKTIV, ADVERB
optimum ◇ *Das ist die optimale Lösung.* That's the optimum solution.
- **Sie hat das optimal gelöst.** She solved it in the best possible way.
- **Wir haben den Platz optimal genutzt.** We made the best possible use of the space available.

der **Optimismus** SUBSTANTIV (GEN des **Optimismus**)
optimism

der **Optimist** SUBSTANTIV (GEN des **Optimisten**, PL die **Optimisten**)
optimist

optimistisch ADJEKTIV
optimistic

die **Orange** SUBSTANTIV
siehe auch orange ADJEKTIV
orange

orange ADJEKTIV
siehe auch die Orange SUBSTANTIV
orange

das **Orchester** SUBSTANTIV (PL die **Orchester**)
orchestra

ordentlich ADJEKTIV, ADVERB
[1] *tidy* ◇ *Seine Wohnung ist sehr ordentlich.* His flat's very tidy. ◇ *Ich bin ein ordentlicher Mensch.* I'm a tidy person.
[2] *decent* ◇ *Das sind ordentliche Leute.* They're decent people. ◇ *Das ist doch kein ordentliches Gehalt.* That's not a decent wage. ◇ *eine ordentliche Portion* a decent portion
- **Ich brauche jetzt etwas Ordentliches zu essen.** Now I need a decent meal.

[3] *respectable* ◇ *Das ist eine ordentliche Leistung.* That's a respectable achievement. ◇ *Du solltest dir einen ordentlichen Beruf aussuchen.* You ought to look for a respectable job.
[4] *neatly* ◇ *Du solltest ordentlicher schreiben.* You should write more neatly.
[5] *properly* ◇ *Kannst du dich nicht ordentlich benehmen?* Can't you behave properly?
- **Es hat ordentlich geschneit.** There's been a fair bit of snow.
- **Sie haben ihn ordentlich verprügelt.** They beat him up good and proper. (*Umgangssprache*)

ordinär ADJEKTIV
vulgar
- **sich ordinär ausdrücken** to use vulgar expressions

ordnen VERB
to put in order (*put, put*)

der **Ordner** SUBSTANTIV (PL die **Ordner**)
file
- **Diese Unterlagen hefte ich in einem Ordner ab.** I'll file these documents away.

die **Ordnung** SUBSTANTIV
order ◇ *Ruhe und Ordnung* law and order
- **Auf meinem Schreibtisch herrscht Ordnung.** On my desk, everything is in its place.
- **Sie liebt Ordnung.** She likes everything to be in its place.
- **Das hat schon alles seine Ordnung.** Everything is as it should be.
- **Ordnung machen** to tidy up ◇ *Du solltest in deinem Zimmer Ordnung machen.* You should tidy up your room.
- **Mit meinem Auto ist etwas nicht in Ordnung.** Something's wrong with my car.
- **etwas wieder in Ordnung bringen** to repair something ◇ *Er hat das defekte Gerät wieder in Ordnung gebracht.* He repaired the faulty appliance.
- **Ich muss meine Wohnung in Ordnung bringen.** I'll have to tidy up my flat.
- **Ist alles in Ordnung?** Is everything okay?
- **In Ordnung!** Okay!

das **Organ** SUBSTANTIV (PL die **Organe**)
organ ◇ *die inneren Organe* internal organs
- **Er hat ein lautes Organ.** He's got a loud voice.

die **Organisation** SUBSTANTIV
organization

organisch ADJEKTIV
organic

organisieren VERB (PERFECT **hat organisiert**)
to organize ◇ *Wer hat das Fest organisiert?* Who organized the party? ◇ *Mal sehen, ob ich Karten für das Konzert organisieren kann.* Perhaps I can organize tickets for the concert.

die **Orgel** SUBSTANTIV
organ ◇ *Sie spielt Orgel.* She plays the organ.

der **Orient** SUBSTANTIV
Orient

orientalisch ADJEKTIV
oriental

sich **orientieren** VERB (PERFECT **hat sich orientiert**)
[1] *to find one's way around* (*found, found*) ◇ *Ich brauche einen Stadtplan, um mich besser orientieren zu können.* I need a city map to be able to find my way around better.
[2] *to find out* ◇ *Ich muss mich orientieren, wie das gehandhabt wird.* I'll have to find out what the procedure is.

die **Orientierung** SUBSTANTIV
[1] *bearings* PL ◇ *Wir haben die Orientierung verloren.* We've lost our bearings.
[2] *information* ◇ *Diese Broschüre ist zu Ihrer Orientierung.* This brochure is for your information.

das **Original** SUBSTANTIV (PL die **Originale**)
original

originell ADJEKTIV
original ◇ *ein origineller Einfall* an original idea

der **Orkan** SUBSTANTIV (PL die **Orkane**)
hurricane

der **Ort** SUBSTANTIV (PL die **Orte**)
place
- **an Ort und Stelle** on the spot

die **Orthographie** SUBSTANTIV
spelling

örtlich ADJEKTIV
local

das **Ortsgespräch** SUBSTANTIV (PL die **Ortsgespräche**)
local phone call

der **Osten** SUBSTANTIV
east

das **Osterei** SUBSTANTIV (PL die **Ostereier**)
Easter egg

der **Osterhase** SUBSTANTIV (GEN des **Osterhasen**, PL die **Osterhasen**)
Easter bunny (PL *Easter bunnies*)

der **Ostermontag** SUBSTANTIV (PL die **Ostermontage**)
Easter Monday

das **Ostern** SUBSTANTIV (PL die **Ostern**)
Easter ◇ *an Ostern* at Easter

das **Österreich** SUBSTANTIV
Austria

Austria borders on Germany, the Czech Republic, Slovakia, Hungary, Slovenia, Italy and Switzerland. Its capital is Vienna and its currency the Schilling.

- **aus Österreich** from Austria
- **in Österreich** in Austria
- **nach Österreich** to Austria

der **Österreicher** SUBSTANTIV (PL die **Österreicher**)
Austrian

die **Österreicherin** SUBSTANTIV
Austrian

österreichisch ADJEKTIV
Austrian

People in Austria speak a dialect of German.

östlich ADJEKTIV, PRÄPOSITION, ADVERB
easterly ◇ *Wir fuhren in östlicher Richtung.* We drove in an easterly direction.
- **östlich einer Sache** to the east of something ◇ *Das Kraftwerk liegt östlich der Stadt.* The power station is to the east of the city.
- **östlich von** east of ◇ *Jena liegt östlich von Erfurt.* Jena is east of Erfurt.

die **Ostsee** SUBSTANTIV
Baltic ◇ *Wir fahren an die Ostsee.* We're going to the Baltic. ◇ *Wir waren an der Ostsee.* We've been to the Baltic.

oval ADJEKTIV
oval

der **Ozean** SUBSTANTIV (PL die **Ozeane**)
ocean

das **Ozon** SUBSTANTIV
ozone

das **Ozonloch** SUBSTANTIV (PL die **Ozonlöcher**)
ozone hole

die **Ozonschicht** SUBSTANTIV
ozone layer

P

das **Paar** SUBSTANTIV (PL die **Paare**)
1 *pair* ◇ *Ich habe ein Paar Schuhe gekauft.* I've bought a pair of shoes.
2 *couple* ◇ *Sie sind ein sehr glückliches Paar.* They're a very happy couple.
◆ **ein paar** a few

paarmal ADVERB
◆ **ein paarmal** a few times

paarweise ADVERB
in pairs ◇ *Sie hängt die Socken paarweise auf die Leine.* She's hanging out the socks in pairs. ◇ *Stellt euch bitte paarweise auf.* Line up in pairs, please.

das **Päckchen** SUBSTANTIV (PL die **Päckchen**)
1 *small parcel* ◇ *Wie viel kostet ein Päckchen ins Ausland?* How much does it cost to post a small parcel abroad?
2 *packet* ◇ *Sie raucht ein Päckchen pro Tag.* She smokes a packet a day.

packen VERB
1 *to pack* ◇ *Hast du deinen Koffer schon gepackt?* Have you already packed your suitcase?
2 *to grasp* ◇ *Sie packte mich am Arm.* She grasped my arm.
◆ **Er hat die Prüfung nicht gepackt.** He didn't manage to get through the exam.

das **Packpapier** SUBSTANTIV
brown paper

die **Packung** SUBSTANTIV
packet ◇ *eine Packung Tee* a packet of tea ◇ *eine Packung Zigaretten* a packet of cigarettes
◆ **eine Packung Pralinen** a box of chocolates

pädagogisch ADJEKTIV
educational

das **Paket** SUBSTANTIV (PL die **Pakete**)
1 *packet* ◇ *Ich habe ein Paket Waschpulver gekauft.* I bought a packet of washing powder.
2 *parcel* ◇ *Die Gebühren für Pakete stehen in dieser Liste.* Parcel rates are in this list.

der **Palast** SUBSTANTIV (PL die **Paläste**)
palace

die **Palme** SUBSTANTIV
palm tree

die **Panik** SUBSTANTIV
panic

panisch ADJEKTIV
◆ **panische Angst vor etwas haben** to be terrified of something
◆ **panisch reagieren** to panic

die **Panne** SUBSTANTIV
1 *breakdown* ◇ *Wir hatten eine Panne auf der Autobahn.* We had a breakdown on the motorway.
2 *slip* ◇ *Mir ist da eine kleine Panne passiert.* I made a slight slip.

der **Panzer** SUBSTANTIV (PL die **Panzer**)
1 *tank* ◇ *Die Armee setzte Panzer ein.* The army used tanks.
2 *shell* ◇ *der Panzer einer Schildkröte* a tortoise's shell

der **Papa** SUBSTANTIV (PL die **Papas**)
daddy (PL *daddies*) (*Umgangssprache*)

der **Papagei** SUBSTANTIV (PL die **Papageien**)
parrot

das **Papier** SUBSTANTIV (PL die **Papiere**)
paper

der **Papierkorb** SUBSTANTIV (PL die **Papierkörbe**)
wastepaper basket

die **Papiertüte** SUBSTANTIV
paper bag

die **Pappe** SUBSTANTIV
cardboard

der **Paprika** SUBSTANTIV (PL die **Paprikas**)
1 *paprika* ◇ *Ich habe das Hähnchen mit Paprika gewürzt.* I've seasoned the chicken with paprika.
2 *pepper* ◇ *Heute gibt es gefüllte Paprikas.* We're having stuffed peppers today.

der **Papst** SUBSTANTIV (PL die **Päpste**)
pope

die **Parabolantenne** SUBSTANTIV
satellite dish (PL *dishes*)

das **Paradies** SUBSTANTIV (GEN des **Paradieses**, PL die **Paradiese**)
paradise

parallel ADJEKTIV
parallel

die **Parallele** SUBSTANTIV
parallel

das **Pärchen** SUBSTANTIV (PL die **Pärchen**)
couple ◇ *Auf der Parkbank saß ein Pärchen.* There was a couple sitting on the bench in the park.

das **Parfüm** SUBSTANTIV (PL die **Parfüms** *or* **Parfüme**)
perfume

der **Pariser** SUBSTANTIV (PL die **Pariser**)
1 *Parisian*
2 *condom* ◇ *Auf den meisten Toiletten gibt es Automaten mit Parisern.* Most toilets have condom machines.

die **Pariserin** SUBSTANTIV
Parisian

der **Park** SUBSTANTIV (PL die **Parks**)
park

parken VERB
to park

das **Parkhaus** SUBSTANTIV (GEN des **Parkhauses**, PL die **Parkhäuser**)
multistorey car park

die **Parklücke** SUBSTANTIV
parking space

der **Parkplatz** SUBSTANTIV (GEN des **Parkplatzes**, PL die **Parkplätze**)
car park

die **Parkscheibe** SUBSTANTIV
parking disc

die **Parkuhr** SUBSTANTIV
parking meter

das **Parkverbot** SUBSTANTIV (PL die **Parkverbote**)
◆ **Hier ist Parkverbot.** You're not allowed to park here.

das **Parlament** SUBSTANTIV (PL die **Parlamente**)
parliament

die **Parole** SUBSTANTIV
[1] *motto* ◇ *"Morgenstund hat Gold im Mund" ist seine Parole.* His motto is: "The early bird catches the worm".
[2] *slogan* ◇ *ausländerfeindliche Parolen* racist slogans

die **Partei** SUBSTANTIV
party (PL *parties*) (*political*)
◆ **Partei für jemanden ergreifen** to take somebody's side

parteiisch ADJEKTIV
biased

die **Partie** SUBSTANTIV
[1] *area* ◇ *Die Creme auf die Augenpartie auftragen.* Apply the cream to the area around the eyes.
[2] *game* ◇ *eine Partie Schach* a game of chess
◆ **mit von der Partie sein** to join in

das **Partizip** SUBSTANTIV (PL die **Partizipien**)
participle

der **Partner** SUBSTANTIV (PL die **Partner**)
partner

die **Partnerin** SUBSTANTIV
partner

die **Partnerstadt** SUBSTANTIV (PL die **Partnerstädte**)
twin town

die **Party** SUBSTANTIV (PL die **Partys** *or* **Parties**)
party (PL *parties*) ◇ *eine Party veranstalten* to have a party

der **Pass** ⚠ SUBSTANTIV (GEN des **Passes**, PL die **Pässe**)
[1] *passport* ◇ *Für Indien brauchst du einen Pass.* You need a passport for India.
[2] *pass* ◇ *Im Winter ist der Pass gesperrt.* The pass is closed in winter.

der **Passagier** SUBSTANTIV (PL die **Passagiere**)
passenger

passen VERB (PRESENT **passt**, IMPERFECT **passte**, PERFECT **hat gepasst**)
[1] *to fit* ◇ *Die Hose passt nicht.* The trousers don't fit. ◇ *Es ist zu groß und passt nicht in meinen Koffer.* It's too big and doesn't fit in my suitcase.
[2] *to suit* ◇ *Passt dir Dienstag?* Does Tuesday suit you? ◇ *Dieser Termin passt mir nicht.* That date doesn't suit me.
◆ **Es passt mir nicht, dass du so frech bist.** I don't like you being so cheeky.
◆ **zu etwas passen** to go with something ◇ *Der Rock passt nicht zu deiner Bluse.* The skirt doesn't go with your blouse.
◆ **zu jemandem passen** to be right for somebody ◇ *Er passt nicht zu dir.* He's not right for you.
[3] *to pass* ◇ *Auf die Frage muss ich passen.* I'll have to pass on that question.

passend ADJEKTIV
[1] *matching* ◇ *Ich muss jetzt dazu passende Schuhe kaufen.* I now must buy some matching shoes.
◆ **Ich suche zu dem Rock noch eine passende Bluse.** I'm looking for a blouse to match this skirt.
[2] *appropriate* ◇ *Sie hat ein paar passende Worte gesprochen.* She said a few appropriate words.
[3] *convenient* ◇ *Das ist nicht die passende Gelegenheit.* This isn't a convenient time.

passieren VERB (PERFECT **ist passiert**)
to happen ◇ *Was ist passiert?* What happened? ◇ *Mir ist etwas Lustiges passiert.* Something funny happened to me.

passiv ADJEKTIV, ADVERB
siehe auch das **Passiv** SUBSTANTIV
passive ◇ *passives Rauchen* passive smoking ◇ *passiv zusehen* to watch passively

das **Passiv** SUBSTANTIV (PL die **Passive**)
siehe auch **passiv** ADJEKTIV
passive

das **Passivrauchen** SUBSTANTIV
passive smoking

die **Passkontrolle** ⚠ SUBSTANTIV
passport control

die **Paste** SUBSTANTIV
paste

die **Pastete** SUBSTANTIV
pie (*savoury*)

der **Pate** SUBSTANTIV (GEN des **Paten**, PL die **Paten**)
godfather

das **Patenkind** SUBSTANTIV (PL die **Patenkinder**)
godchild (PL *godchildren*)

das **Patent** SUBSTANTIV (PL die **Patente**)
patent

die **Patentante** SUBSTANTIV
godmother

der **Patient** SUBSTANTIV (GEN des **Patienten**, PL die **Patienten**)
patient

die **Patientin** SUBSTANTIV
patient

die **Patin** SUBSTANTIV
godmother

die **Patrone** SUBSTANTIV
cartridge

patschnass ⚠ ADJEKTIV
soaking wet

die **Pauke** SUBSTANTIV
kettledrum ◇ *Er spielt Pauke.* He plays the kettledrum.
◆ **auf die Pauke hauen** to live it up (*Umgangssprache*)

pauken VERB
[1] *to swot* (*Umgangssprache*) ◇ *Vor der Arbeit habe ich ziemlich gepaukt.* I swotted quite a lot before the test.

P

[2] *to swot up* (*Umgangssprache*) ◇ *Ich muss Vokabeln pauken.* I have to swot up my vocabulary.

die **Pauschalreise** SUBSTANTIV
package tour

die **Pause** SUBSTANTIV
[1] *break* ◇ *eine Pause machen* to have a break ◇ *die große Pause* the long break
[2] *interval* ◇ *In der Pause haben wir über das Stück gesprochen.* We talked about the play during the interval.

der **Pazifik** SUBSTANTIV
Pacific

der **PC** SUBSTANTIV (GEN des **PCs**, PL die **PCs**)
PC

das **Pech** SUBSTANTIV
bad luck ◇ *Das war Pech!* That was bad luck.
◆ **Pech haben** to be unlucky
◆ **Pech!** Hard luck!

das **Pedal** SUBSTANTIV (PL die **Pedale**)
pedal

der **Pegel** SUBSTANTIV (PL die **Pegel**)
water level

peinlich ADJEKTIV
[1] *embarrassing* ◇ *eine peinliche Frage* an embarrassing question
[2] *awkward* ◇ *eine peinliche Angelegenheit* an awkward situation
◆ **Das ist mir aber peinlich.** I'm dreadfully sorry.
◆ **peinlich genau** painstakingly ◇ *Sie hat das peinlich genau überprüft.* She checked it painstakingly.

die **Peitsche** SUBSTANTIV
whip

die **Pelle** SUBSTANTIV
skin

die **Pellkartoffeln** FEM PL SUBSTANTIV
potatoes boiled in their skins PL

der **Pelz** SUBSTANTIV (GEN des **Pelzes**, PL die **Pelze**)
fur

das **Pendel** SUBSTANTIV (PL die **Pendel**)
pendulum

pendeln VERB (PERFECT **ist gependelt**)
to commute ◇ *Er pendelt zwischen Tübingen und Stuttgart.* He commutes between Tübingen and Stuttgart.
◆ **Der Bus pendelt zwischen Bahnhof und Flughafen.** A shuttle bus runs between the station and the airport.

der **Pendelverkehr** SUBSTANTIV
[1] *shuttle service* ◇ *Die Fluggesellschaft hat einen Pendelverkehr zwischen Köln und Berlin eingerichtet.* The airline set up a shuttle service between Cologne and Berlin.
[2] *commuter traffic* ◇ *Zwischen Tübingen und Stuttgart besteht ein reger Pendelverkehr.* There is heavy commuter traffic between Tübingen and Stuttgart.

der **Pendler** SUBSTANTIV (PL die **Pendler**)
commuter

penetrant ADJEKTIV
[1] *overpowering* ◇ *ein penetranter Geruch* an overpowering smell
[2] *pushy* ◇ *ein penetranter Vertreter* a pushy salesman
◆ **penetrant werden** to get aggressive

der **Penis** SUBSTANTIV (GEN des **Penis**, PL die **Penisse**)
penis (PL *penises*)

pennen VERB
to kip (*Umgangssprache*) ◇ *Ich habe auf dem Fußboden gepennt.* I kipped on the floor.
◆ **Was macht er? – Er pennt.** What's he doing? – He's having a kip.

der **Penner** SUBSTANTIV (PL die **Penner**)
dosser (*Umgangssprache*)

die **Pension** SUBSTANTIV
[1] *pension* ◇ *Er bezieht eine ordentliche Pension.* He gets a decent pension.
◆ **in Pension gehen** to retire
[2] *guesthouse* ◇ *Wir haben in einer Pension übernachtet.* We stayed overnight in a guesthouse.

pensioniert ADJEKTIV
retired

das **Perfekt** SUBSTANTIV (PL die **Perfekte**)
siehe auch **perfekt** ADJEKTIV
perfect

perfekt ADJEKTIV
siehe auch **das Perfekt** SUBSTANTIV
perfect ◇ *ein perfektes Alibi* a perfect alibi ◇ *perfekt passen* to fit perfectly

die **Periode** SUBSTANTIV
period

die **Perle** SUBSTANTIV
pearl

perplex ADJEKTIV
dumbfounded

die **Person** SUBSTANTIV
person
◆ **ich für meine Person...** personally I...

das **Personal** SUBSTANTIV
staff ◇ *das Personal der Firma* the staff of the company ◇ *das Hotelpersonal* the hotel staff

der **Personalausweis** SUBSTANTIV (GEN des **Personalausweises**, PL die **Personalausweise**)
identity card
In Großbritannien besteht keine Pflicht zum Besitz eines Personalausweises. Zur Identifikation genügt der Reisepass oder Führerschein.

der **Personalcomputer** SUBSTANTIV (PL die **Personalcomputer**)
personal computer

die **Personalien** FEM PL SUBSTANTIV
particulars PL

das **Personalpronomen** SUBSTANTIV (PL die **Personalpronomen**)
personal pronoun

persönlich ADJEKTIV, ADVERB
[1] *personal* ◇ *das persönliche Fürwort* the personal pronoun ◇ *eine persönliche Beleidigung* a personal insult ◇ *persönlich*

werden to get personal
[2] *in person* ⋄ *persönlich erscheinen* to appear in person
[3] *personally* ⋄ *jemanden persönlich kennen* to know somebody personally
⋄ *Das war nicht persönlich gemeint.* It wasn't meant personally.

die **Persönlichkeit** SUBSTANTIV
personality (PL *personalities*)

die **Perücke** SUBSTANTIV
wig

der **Pessimismus** SUBSTANTIV (GEN des **Pessimismus**)
pessimism

der **Pessimist** SUBSTANTIV (GEN des **Pessimisten**, PL die **Pessimisten**)
pessimist

pessimistisch ADJEKTIV
pessimistic

die **Petersilie** SUBSTANTIV
parsley

das **Petroleum** SUBSTANTIV
paraffin

der **Pfad** SUBSTANTIV (PL die **Pfade**)
path

der **Pfadfinder** SUBSTANTIV (PL die **Pfadfinder**)
boy scout

die **Pfadfinderin** SUBSTANTIV
girl guide

das **Pfand** SUBSTANTIV (PL die **Pfänder**)
[1] *deposit* ⋄ *Auf der Flasche ist ein Pfand von dreißig Pfennig.* There's a deposit of thirty pfennigs on the bottle.
[2] *forfeit* ⋄ *Wer die Frage nicht beantworten kann, muss ein Pfand geben.* Anyone who cannot answer the question must pay a forfeit.

die **Pfanne** SUBSTANTIV
frying pan

der **Pfannkuchen** SUBSTANTIV (PL die **Pfannkuchen**)
pancake

der **Pfarrer** SUBSTANTIV (PL die **Pfarrer**)
parish priest

der **Pfau** SUBSTANTIV (PL die **Pfauen**)
peacock

der **Pfeffer** SUBSTANTIV (PL die **Pfeffer**)
pepper

das **Pfefferkorn** SUBSTANTIV (PL die **Pfefferkörner**)
peppercorn

der **Pfefferkuchen** SUBSTANTIV (PL die **Pfefferkuchen**)
gingerbread

das **Pfefferminzbonbon** SUBSTANTIV (PL die **Pfefferminzbonbons**)
peppermint

die **Pfefferminze** SUBSTANTIV
mint

die **Pfeffermühle** SUBSTANTIV
pepper mill

die **Pfeife** SUBSTANTIV
[1] *whistle* ⋄ *die Pfeife des Schiedsrichters* the referee's whistle
[2] *pipe* ⋄ *Mein Bruder raucht Pfeife.* My brother smokes a pipe.

pfeifen VERB (IMPERFECT **pfiff**, PERFECT **hat gepfiffen**)
to whistle

der **Pfeil** SUBSTANTIV (PL die **Pfeile**)
arrow

der **Pfennig** SUBSTANTIV (PL die **Pfennige** *or* **Pfennig**)
pfennig
There are 100 Pfennige *in a* Mark.
⋄ *Eine Kopie kostet dreißig Pfennig.* One copy costs thirty pfennigs.

das **Pferd** SUBSTANTIV (PL die **Pferde**)
horse

das **Pferderennen** SUBSTANTIV (PL die **Pferderennen**)
[1] *race meeting* ⋄ *Er geht regelmäßig zu Pferderennen.* He regularly goes to race meetings.
[2] *horse-racing* ⋄ *Ich interessiere mich nicht für Pferderennen.* I'm not interested in horse-racing.

der **Pferdeschwanz** SUBSTANTIV (GEN des **Pferdeschwanzes**, PL die **Pferdeschwänze**)
ponytail

der **Pferdestall** SUBSTANTIV (PL die **Pferdeställe**)
stable

das **Pfingsten** SUBSTANTIV (GEN des **Pfingsten**, PL die **Pfingsten**)
Whitsun ⋄ *an Pfingsten* at Whitsun

der **Pfirsich** SUBSTANTIV (PL die **Pfirsiche**)
peach (PL *peaches*)

die **Pflanze** SUBSTANTIV
plant

pflanzen VERB
to plant

das **Pflaster** SUBSTANTIV (PL die **Pflaster**)
[1] *plaster* ⋄ *Sie klebte ein Pflaster auf die Wunde.* She put a plaster on the cut.
[2] *paving stones* PL ⋄ *Jemand hatte das Pflaster in der Fußgängerzone bemalt.* Somebody had been painting on the paving stones in the pedestrian precinct.

die **Pflaume** SUBSTANTIV
plum

die **Pflege** SUBSTANTIV
[1] *care* ⋄ *Diese Pflanze braucht nicht viel Pflege.* This plant doesn't need much care.
⋄ *ein Mittel zur Pflege von Leder* a leather-care product
[2] *nursing* ⋄ *Ein krankes Baby braucht viel Pflege.* A sick baby needs a lot of nursing.
◆ **ein Kind in Pflege geben** to have a child fostered

die **Pflegeeltern** PL SUBSTANTIV
foster parents PL

das **Pflegekind** SUBSTANTIV (PL die **Pflegekinder**)
foster child (PL *children*)

pflegeleicht ADJEKTIV
easy-care ⋄ *ein pflegeleichter Stoff* an easy-care fabric
◆ **ein pflegeleichter Mensch** an uncomplicated person

P

pflegen VERB
[1] *to nurse* ◇ *Sie pflegt ihre kranke Mutter.* She's nursing her sick mother.
[2] *to look after* ◇ *Briten pflegen ihren Rasen.* The British look after their lawns.
◆ **Womit pflegst du dein Gesicht?** How do you care for your face?
◆ **gepflegte Hände** well-cared-for hands
◆ **gepflegt aussehen** to look well-groomed

der **Pfleger** SUBSTANTIV (PL die **Pfleger**)
male nurse

die **Pflicht** SUBSTANTIV
duty (PL *duties*) ◇ *Es ist deine Pflicht, dich darum zu kümmern.* It's your duty to take care of it.

pflichtbewusst ⚠ ADJEKTIV
conscientious

das **Pflichtfach** SUBSTANTIV (PL die **Pflichtfächer**)
compulsory subject

pflücken VERB
to pick ◇ *Wir haben Himbeeren gepflückt.* We picked raspberries. ◇ *einen Strauß pflücken* to pick a bunch of flowers

die **Pforte** SUBSTANTIV
gate

der **Pförtner** SUBSTANTIV (PL die **Pförtner**)
doorman (PL *doormen*)

der **Pfosten** SUBSTANTIV (PL die **Pfosten**)
post ◇ *Der Ball traf den Pfosten.* The ball hit the post.

die **Pfote** SUBSTANTIV
paw ◇ *Der Hund hat schmutzige Pfoten.* The dog's paws are dirty.

pfui INTERJEKTION
ugh!

das **Pfund** SUBSTANTIV (PL die **Pfunde** *or* **Pfund**)
pound ◇ *drei Pfund Äpfel* three pounds of apples ◇ *dreißig britische Pfund* thirty pounds sterling

pfuschen VERB
to be sloppy (*is, was, been*)
(*Umgangssprache*)
◆ **Die Handwerker haben gepfuscht.** The craftsmen produced sloppy work.
◆ **jemandem ins Handwerk pfuschen** to stick one's nose into somebody's business

die **Pfütze** SUBSTANTIV
puddle

die **Phantasie** SUBSTANTIV
imagination KEIN PL

phantasielos ADJEKTIV
unimaginative

phantasieren VERB (PERFECT **hat phantasiert**)
to fantasize ◇ *Er phantasierte von einem Lottogewinn.* He fantasized about a win on the lottery.

phantasievoll ADJEKTIV
imaginative

phantastisch ADJEKTIV
fantastic

die **Philosophie** SUBSTANTIV
philosophy (PL *philosophies*)

philosophisch ADJEKTIV
philosophical

phlegmatisch ADJEKTIV
lethargic

die **Phonetik** SUBSTANTIV
phonetics SING *or* PL ◇ *Die Phonetik steht in eckigen Klammern.* Phonetics are given in square brackets.

phonetisch ADJEKTIV
phonetic

das **Photo** SUBSTANTIV (PL die **Photos**)
photo

die **Physik** SUBSTANTIV
physics SING ◇ *Physik ist mein Lieblingsfach.* Physics is my favourite subject.

der **Physiker** SUBSTANTIV (PL die **Physiker**)
physicist

physisch ADJEKTIV
physical

der **Pickel** SUBSTANTIV (PL die **Pickel**)
[1] *pimple* ◇ *Du hast einen Pickel auf der Nase.* You've got a pimple on your nose.
[2] *pickaxe* ◇ *Die Arbeiter haben den Straßenbelag mit Pickeln aufgeschlagen.* The workers broke up the road surface with pickaxes.
[3] *ice axe* ◇ *Die Bergsteiger hatten Seile und Pickel dabei.* The mountaineers had ropes and ice axes with them.

pickelig ADJEKTIV
spotty

das **Picknick** SUBSTANTIV (PL die **Picknicks**)
picnic ◇ *Picknick machen* to have a picnic

der **Piepser** SUBSTANTIV (PL die **Piepser**)
bleeper (*Umgangssprache*)

das **Pik** SUBSTANTIV (PL die **Pik**)
spades SING ◇ *Pik ist Trumpf.* Spades is trumps.

pikant ADJEKTIV
spicy

die **Pille** SUBSTANTIV
pill ◇ *Sie nimmt die Pille.* She's on the pill.

der **Pilot** SUBSTANTIV (GEN des **Piloten**, PL die **Piloten**)
pilot

der **Pilz** SUBSTANTIV (GEN des **Pilzes**, PL die **Pilze**)
[1] *mushroom* (*essbar*) ◇ *eine Soße mit Pilzen* a mushroom sauce
[2] *toadstool* (*giftig*) ◇ *Der Fliegenpilz ist giftig.* The fly agaric is a toadstool.

pinkeln VERB
to pee (*Umgangssprache*)

die **Pinnwand** SUBSTANTIV (PL die **Pinnwände**)
noticeboard

der **Pinsel** SUBSTANTIV (PL die **Pinsel**)
paintbrush (PL *paintbrushes*)

die **Pinzette** SUBSTANTIV
tweezers PL ◇ *eine Pinzette* a pair of tweezers

der **Pirat** SUBSTANTIV (GEN des **Piraten**, PL die **Piraten**) *pirate*

die **Piste** SUBSTANTIV
[1] *run* ◇ *Wir sind die blaue Piste runtergefahren.* We skied down the blue run.
[2] *runway* ◇ *Das Flugzeug stand auf der Piste und wartete auf die Starterlaubnis.* The plane stood on the runway waiting for clearance for takeoff.

die **Pistole** SUBSTANTIV
pistol

die **Pizza** SUBSTANTIV (PL die **Pizzas**)
pizza

der **Pkw** SUBSTANTIV (= *Personenkraftwagen*) (GEN des **Pkw** *or* **Pkws**, PL die **Pkws**)
car

plagen VERB
to bother ◇ *Was plagt dich denn?* What's bothering you?
◆ **Mich plagen Zahnschmerzen.** I've got dreadful toothache.
◆ **Sie muss sich in der Schule ziemlich plagen.** She finds school hard going.
◆ **Mit diesem Problem plage ich mich schon seit einiger Zeit.** I've been wrestling with this problem for some time now.

das **Plakat** SUBSTANTIV (PL die **Plakate**)
poster

der **Plan** SUBSTANTIV (PL die **Pläne**)
[1] *plan* ◇ *Unser Plan war, vor ihm da zu sein.* Our plan was to arrive before him.
[2] *map* ◇ *Hast du einen Plan von München?* Have you got a map of Munich?

planen VERB
to plan ◇ *Wir planen unseren nächsten Urlaub.* We're planning our next holiday.
◆ **einen Mord planen** to plot a murder

der **Planet** SUBSTANTIV (GEN des **Planeten**, PL die **Planeten**)
planet

planmäßig ADJEKTIV
[1] *according to plan* ◇ *Alles verlief planmäßig.* Everything went according to plan.
[2] *scheduled* ◇ *planmäßige Ankunft* scheduled arrival
◆ **Die Maschine ist planmäßig gelandet.** The plane landed on time.

das **Plastik** SUBSTANTIV
siehe auch die Plastik SUBSTANTIV
plastic ◇ *Die meisten Spielzeuge sind heute aus Plastik.* Most toys these days are made of plastic.

die **Plastik** SUBSTANTIV
siehe auch das Plastik SUBSTANTIV
sculpture

der **Plastikbeutel** SUBSTANTIV (PL die **Plastikbeutel**)
plastic bag

die **Plastiktüte** SUBSTANTIV
plastic bag

platt ADJEKTIV
flat ◇ *ein platter Reifen* a flat tyre ◇ *plattes Land* flat country
◆ **etwas platt drücken** to flatten something
◆ **Ich bin platt!** I'm flabbergasted! (*Umgangssprache*)

plattdeutsch ADJEKTIV
low German

die **Platte** SUBSTANTIV
[1] *plate* ◇ *Sie stellte den Topf auf die Platte.* She put the saucepan on the plate.
◆ **eine Platte mit Käseaufschnitt** a platter of assorted cheeses
◆ **Die Platte des Tisches war zerkratzt.** The tabletop was scratched.
◆ **ein Loch mit einer Platte aus Holz abdecken** to cover a hole with a wooden board
[2] *record* ◇ *Sie hat alle Platten der Beatles.* She's got all the Beatles' records.

der **Plattenspieler** SUBSTANTIV (PL die **Plattenspieler**)
record player

der **Plattfuß** SUBSTANTIV (GEN des **Plattfußes**, PL die **Plattfüße**)
flat foot (PL *feet*)
◆ **Sie hat Plattfüße.** She's flat-footed.

der **Platz** SUBSTANTIV (GEN des **Platzes**, PL die **Plätze**)
[1] *place* ◇ *Das ist ein schöner Platz zum Zelten.* That's a good place to pitch a tent. ◇ *Das Buch steht nicht an seinem Platz.* The book isn't in its place. ◇ *der erste Platz* the first place
[2] *seat* ◇ *Wir hatten Plätze in der ersten Reihe.* We had seats in the front row. ◇ *Ist hier noch ein Platz frei?* Are all these seats taken?
◆ **Platz nehmen** to take a seat
[3] *room* ◇ *Das Sofa braucht zu viel Platz.* The sofa takes up too much room. ◇ *jemandem Platz machen* to make room for somebody
[4] *square* ◇ *Auf dem Platz vor der Kirche ist zweimal die Woche Markt.* There's a market twice a week on the square in front of the church.
[5] *playing field* (*Sportplatz*)
◆ **Der Schiedsrichter schickte ihn vom Platz.** The referee sent him off.

das **Plätzchen** SUBSTANTIV (PL die **Plätzchen**)
[1] *spot* ◇ *ein hübsches Plätzchen* a beautiful spot
[2] *biscuit* ◇ *Zum Kaffee gab es Plätzchen.* There were biscuits with the coffee.

platzen VERB (PERFECT **ist geplatzt**)
[1] *to burst* (*burst, burst*) ◇ *Der Luftballon ist geplatzt.* The balloon has burst.
[2] *to explode* ◇ *In der Innenstadt ist gestern eine Bombe geplatzt.* A bomb exploded in the town centre yesterday.
◆ **vor Wut platzen** to be livid (*Umgangssprache*)

die **Platzkarte** SUBSTANTIV
seat reservation

plaudern VERB
to chat

die **Pleite** SUBSTANTIV
siehe auch pleite ADJEKTIV

P

[1] *bankruptcy* (PL *bankruptcies*) ◇ *die Pleite einer Firma* the bankruptcy of a company
◆ **Pleite machen** to go bust (*Umgangssprache*)
[2] *flop* (*Umgangssprache*) ◇ *Die Veranstaltung war eine Pleite.* The event was a flop.

pleite ADJEKTIV
siehe auch die Pleite SUBSTANTIV
broke (*Umgangssprache*) ◇ *Ich bin total pleite.* I'm stony-broke.

die **Plombe** SUBSTANTIV
filling ◇ *Ich habe noch keine einzige Plombe.* I still haven't got a single filling.

plombieren VERB (PERFECT **hat plombiert**)
to fill ◇ *Ein Zahn muss plombiert werden.* One tooth will have to be filled.

plötzlich ADJEKTIV, ADVERB
[1] *sudden* ◇ *ihr plötzliches Erscheinen* her sudden appearance
[2] *suddenly* ◇ *Sie war plötzlich weg.* Suddenly she was gone.

plump ADJEKTIV
clumsy ◇ *plumpe Bewegungen* clumsy movements
◆ **ein plumper Körper** a shapeless body
◆ **eine plumpe Lüge** a blatant lie

der **Plural** SUBSTANTIV (PL die **Plurale**)
plural

das **Plus** SUBSTANTIV (GEN des **Plus**)
siehe auch plus ADVERB
[1] *plus* ◇ *Steht vor der Zahl ein Plus oder ein Minus?* Is there a plus or a minus in front of the figure?
[2] *profit* ◇ *Die Firma hat dieses Jahr ein Plus gemacht.* The company has made a profit this year.
[3] *advantage* ◇ *Sprachkenntnisse sind immer ein Plus.* Language skills are always an advantage.

plus ADVERB
siehe auch das Plus SUBSTANTIV
plus

das **Plutonium** SUBSTANTIV
plutonium

PLZ ABKÜRZUNG (= *Postleitzahl*)
post code

der **Po** SUBSTANTIV (PL die **Pos**)
bum (*Umgangssprache*)

der **Pokal** SUBSTANTIV (PL die **Pokale**)
[1] *cup* ◇ *Welche Mannschaft hat den Pokal gewonnen?* Which team won the cup?
[2] *goblet* ◇ *Sie tranken Wein aus Pokalen.* They drank wine out of goblets.

das **Pokalspiel** SUBSTANTIV (PL die **Pokalspiele**)
cup tie

der **Pol** SUBSTANTIV (PL die **Pole**)
pole ◇ *am Pol* at the Pole

der **Pole** SUBSTANTIV (GEN des **Polen**, PL die **Polen**)
Pole
◆ **Er ist Pole.** He's Polish.

Polen NEUT SUBSTANTIV
Poland
◆ **aus Polen** from Poland
◆ **nach Polen** to Poland

die **Police** SUBSTANTIV
insurance policy (PL *policies*)

polieren VERB (PERFECT **hat poliert**)
to polish

die **Polin** SUBSTANTIV
Pole
◆ **Sie ist Polin.** She's Polish.

die **Politik** SUBSTANTIV
[1] *politics* SING ◇ *Politik interessiert mich nicht.* Politics doesn't interest me.
[2] *policy* (PL *policies*) ◇ *Die Politik Großbritanniens in Bezug auf BSE wird innerhalb der EU heftig kritisiert.* Great Britain's policy on BSE is being strongly criticized in the EU.

der **Politiker** SUBSTANTIV (PL die **Politiker**)
politician

politisch ADJEKTIV
political

die **Polizei** SUBSTANTIV
police
Note that **Polizei** *is used with a singular verb and* police *with a plural verb.*
◇ *Die Polizei ist noch nicht da.* The police haven't arrived yet.

der **Polizeibeamte** SUBSTANTIV (GEN des **Polizeibeamten**, PL die **Polizeibeamten**)
police officer ◇ *Wir wurden von einem Polizeibeamten angehalten.* We were stopped by a police officer.

die **Polizeibeamtin** SUBSTANTIV
police officer ◇ *Sie ist Polizeibeamtin.* She's a police officer.

polizeilich ADJEKTIV
◆ **Er wird polizeilich gesucht.** The police are looking for him.

die **Polizeistunde** SUBSTANTIV
closing time (*of bars*)

der **Polizist** SUBSTANTIV (GEN des **Polizisten**, PL die **Polizisten**)
policeman (PL *policemen*) ◇ *Dietmar ist Polizist.* Dietmar's a policeman.

die **Polizistin** SUBSTANTIV
policewoman (PL *policewomen*)
◇ *Ursula ist Polizistin.* Ursula's a policewoman.

der **Pollen** SUBSTANTIV (PL die **Pollen**)
pollen

polnisch ADJEKTIV
Polish

die **Polypen** PL SUBSTANTIV
adenoids PL ◇ *Ihm wurden die Polypen entfernt.* He had his adenoids removed.

die **Pommes** PL SUBSTANTIV
chips PL ◇ *Pommes mit Mayonnaise* chips with mayonnaise

die **Pommes frites** PL SUBSTANTIV
chips PL ◇ *Würstchen mit Pommes frites* sausages and chips

pompös ADJEKTIV
ostentatious

das **Pony** SUBSTANTIV (PL die **Ponys**)
siehe auch der Pony SUBSTANTIV
pony (PL *ponies*) ◇ *Wir sind auf Ponys geritten.* We rode ponies.

der **Pony** SUBSTANTIV (PL die **Ponys**)
siehe auch das Pony SUBSTANTIV
fringe ◇ *Sie trägt einen Pony.* She's got a fringe.

die **Popmusik** SUBSTANTIV
pop music

poppig ADJEKTIV
bright ◇ *poppige Farben* bright colours

die **Pore** SUBSTANTIV
pore

die **Pornographie** SUBSTANTIV
pornography

porös ADJEKTIV
porous

der **Porree** SUBSTANTIV (PL die **Porrees**)
leek

das **Portemonnaie** SUBSTANTIV (PL die **Portemonnaies**)
purse

die **Portion** SUBSTANTIV
portion ◇ *eine große Portion* a big portion ◇ *Zwei Portionen Pommes frites, bitte.* Two portions of chips, please.
◆ **Dazu gehört eine ordentliche Portion Mut.** You need quite a bit of courage for that.

das **Portmonee** ⚠ SUBSTANTIV (PL die **Portmonees**)
purse

das **Porto** SUBSTANTIV (PL die **Portos**)
postage

Portugal NEUT SUBSTANTIV
Portugal
◆ **aus Portugal** from Portugal
◆ **nach Portugal** to Portugal

der **Portugiese** SUBSTANTIV (GEN des **Portugiesen**, PL die **Portugiesen**)
Portuguese

die **Portugiesin** SUBSTANTIV
Portuguese

portugiesisch ADJEKTIV
Portuguese

das **Porzellan** SUBSTANTIV
1 *porcelain* ◇ *eine Figur aus Porzellan* a porcelain figurine
2 *china* ◇ *Das Porzellan habe ich von meiner Oma geerbt.* I inherited the china from my grandma.

die **Posaune** SUBSTANTIV
trombone ◇ *Franz spielt Posaune.* Franz plays the trombone.

positiv ADJEKTIV
positive ◇ *HIV-positiv* HIV-positive

das **Possessivpronomen** SUBSTANTIV (PL die **Possessivpronomen**)
possessive pronoun

die **Post** SUBSTANTIV
1 *post office* ◇ *Bring bitte das Päckchen zur Post.* Please take the parcel to the post office.
2 *mail* ◇ *Ist Post für mich gekommen?* Was there any mail for me?

das **Postamt** SUBSTANTIV (PL die **Postämter**)
post office

der **Posten** SUBSTANTIV (PL die **Posten**)
1 *post* ◇ *Sie hat einen guten Posten als Chefsekretärin.* She's got a good post as a director's secretary.
2 *sentry* (PL *sentries*) ◇ *Die Armee hat vor dem Gebäude Posten aufgestellt.* The army posted sentries in front of the building.
3 *item* ◇ *Dieser Posten ist nicht auf der Preisliste aufgeführt.* This item doesn't appear on the price list.

das **Poster** SUBSTANTIV (PL die **Poster**)
poster

das **Postfach** SUBSTANTIV (PL die **Postfächer**)
post office box (PL *boxes*)

die **Postkarte** SUBSTANTIV
postcard

postlagernd ADVERB
poste restante

die **Postleitzahl** SUBSTANTIV
post code

Britische Postleitzahlen beginnen in der Regel mit einem oder zwei Buchstaben, die den nächstgelegen größeren Ort bezeichnen; so steht z.B. "G" für Glasgow, "NE" für Newcastle usw.

postwendend ADVERB
by return of post

die **Pracht** SUBSTANTIV
splendour

prächtig ADJEKTIV, ADVERB
1 *magnificent* ◇ *ein prächtiges Haus* a magnificent house
2 *marvellous* ◇ *Wir haben uns prächtig amüsiert.* We had a marvellous time.

prachtvoll ADJEKTIV
splendid

das **Prädikat** SUBSTANTIV (PL die **Prädikate**)
predicate ◇ *Subjekt und Prädikat eines Satzes* subject and predicate of a sentence

prahlen VERB
to brag

der **Praktikant** SUBSTANTIV (GEN des **Praktikanten**, PL die **Praktikanten**)
trainee

die **Praktikantin** SUBSTANTIV
trainee

das **Praktikum** SUBSTANTIV (GEN des **Praktikums**, PL die **Praktika**)
practical training ◇ *Sie absolviert ihr Praktikum.* She's doing her practical training.

praktisch ADJEKTIV
1 *practical* ◇ *ein praktischer Mensch* a practical person ◇ *eine praktische Lösung* a practical solution ◇ *praktische Erfahrung* practical experience
2 *handy* ◇ *ein praktisches Gerät* a handy gadget
◆ **praktischer Arzt** general practitioner
◆ **praktisch begabt sein** to be good with one's hands

die **Praline** SUBSTANTIV
chocolate

P

die **Präposition** SUBSTANTIV
preposition

das **Präsens** SUBSTANTIV (GEN des **Präsens**)
present tense

das **Präservativ** SUBSTANTIV (PL die **Präservative**)
condom

der **Präsident** SUBSTANTIV (GEN des **Präsidenten**, PL die **Präsidenten**)
president

die **Praxis** SUBSTANTIV (PL die **Praxen**)
1 *practical experience* ◇ *Ihr fehlt die Praxis.* She lacks practical experience.
◆ **etwas in die Praxis umsetzen** to put something into practice
2 *surgery* (PL *surgeries*) ◇ *Kommen Sie zur Behandlung in die Praxis.* Come to the surgery for treatment.
3 *practice* ◇ *Mein Anwalt hat seine eigene Praxis aufgemacht.* My solicitor has opened his own practice.

die **Predigt** SUBSTANTIV
sermon

der **Preis** SUBSTANTIV (GEN des **Preises**, PL die **Preise**)
1 *price* ◇ *Die Preise für Computer sind gefallen.* Computer prices have fallen.
2 *prize* ◇ *Ihr Hund hat einen Preis gewonnen.* Her dog's won a prize.
◆ **um keinen Preis** not at any price ◇ *Das mache ich um keinen Preis.* I won't do it at any price.

die **Preiselbeere** SUBSTANTIV
cranberry (PL *cranberries*)

preisgünstig ADJEKTIV
inexpensive

die **Preislage** SUBSTANTIV
price range

das **Preisschild** SUBSTANTIV (PL die **Preisschilder**)
price tag

der **Preisträger** SUBSTANTIV (PL die **Preisträger**)
prizewinner

preiswert ADJEKTIV
inexpensive

die **Prellung** SUBSTANTIV
bruise

der **Premierminister** SUBSTANTIV (PL die **Premierminister**)
prime minister

die **Presse** SUBSTANTIV
press

pressen VERB (PRESENT **presst**, IMPERFECT **presste**, PERFECT **hat gepresst**)
to press

der **Priester** SUBSTANTIV (PL die **Priester**)
priest

prima ADJEKTIV
super ◇ *Es ist ein prima Hotel.* It's a super hotel.

der **Prinz** SUBSTANTIV (GEN des **Prinzen**, PL die **Prinzen**)
prince

die **Prinzessin** SUBSTANTIV
princess (PL *princesses*)

das **Prinzip** SUBSTANTIV (PL die **Prinzipien**)
principle
◆ **aus Prinzip** as a matter of principle

privat ADJEKTIV
private

der **Privatpatient** SUBSTANTIV (GEN des **Privatpatienten**, PL die **Privatpatienten**)
private patient

die **Privatschule** SUBSTANTIV
fee-paying school

das **Privileg** SUBSTANTIV (PL die **Privilegien**)
privilege

pro PRÄPOSITION
The preposition pro *takes the accusative.*
per ◇ *zwei Mark pro Person* two marks per person
◆ **einmal pro Woche** once a week

die **Probe** SUBSTANTIV
1 *test* ◇ *Wir müssen eine Probe machen, ob er geeignet ist.* We need to do a test to see if he's suitable. ◇ *Wir haben in Englisch morgen eine Probe.* We've got an English test tomorrow.
2 *sample* ◇ *Die Probe wird im Labor untersucht.* The sample's being examined in the laboratory.
3 *rehearsal* ◇ *die letzte Probe vor der Aufführung* the final rehearsal before the performance
◆ **jemanden auf die Probe stellen** to test somebody

probieren VERB (PERFECT **hat probiert**)
to try (*tried, tried*) ◇ *Probier mal eine andere Methode.* Try a different method. ◇ *Willst du mal von dem Käse probieren?* Would you like to try some of the cheese?
◆ **Ich werde probieren, ob ich das kann.** I'll give it a try.

das **Problem** SUBSTANTIV (PL die **Probleme**)
problem ◇ *Kein Problem!* No problem.

das **Produkt** SUBSTANTIV (PL die **Produkte**)
product

die **Produktion** SUBSTANTIV
1 *production* ◇ *die Produktion von Luxusautos* the production of luxury cars
2 *output* ◇ *Wir müssen unsere Produktion erhöhen.* We must increase our output.

produzieren VERB (PERFECT **hat produziert**)
to produce

der **Professor** SUBSTANTIV (PL die **Professoren**)
professor

der **Profi** SUBSTANTIV (PL die **Profis**)
pro (*Umgangssprache*) ◇ *Er spielt wie ein Profi.* He plays like a pro.

der **Profit** SUBSTANTIV (PL die **Profite**)
profit

profitieren VERB (PERFECT **hat profitiert**)
◆ **von etwas profitieren** to profit from something

das **Programm** SUBSTANTIV (PL die **Programme**)
1 *programme* ◇ *das Programm des heutigen Abends* this evening's programme

[2] *program* ◇ *Für die Kalkulation arbeite ich mit einem anderen Programm.* I've got a different program for spreadsheets.

programmieren VERB (PERFECT **hat programmiert**)
to program

der **Programmierer** SUBSTANTIV (PL die **Programmierer**)
programmer

das **Projekt** SUBSTANTIV (PL die **Projekte**)
project

das **Promille** SUBSTANTIV (PL die **Promille**)
alcohol level ◇ *Er hatte drei Promille.* He had an alcohol level of three hundred milligrams in a hundred millilitres of blood.

das **Pronomen** SUBSTANTIV (PL die **Pronomen**)
pronoun

der **Prophet** SUBSTANTIV (GEN des **Propheten**, PL die **Propheten**)
prophet

die **Proportion** SUBSTANTIV
proportion

die **Prosa** SUBSTANTIV
prose

der **Prospekt** SUBSTANTIV (PL die **Prospekte**)
brochure

prost INTERJEKTION
cheers!

die **Prostituierte** SUBSTANTIV (GEN der **Prostituierten**)
prostitute

die **Prostitution** SUBSTANTIV
prostitution

das **Protein** SUBSTANTIV (PL die **Proteine**)
protein

der **Protest** SUBSTANTIV (PL die **Proteste**)
protest

protestantisch ADJEKTIV
Protestant

protestieren VERB (PERFECT **hat protestiert**)
to protest ◇ *Wir protestieren gegen diese Maßnahmen.* We're protesting against these measures.

das **Protokoll** SUBSTANTIV (PL die **Protokolle**)
[1] *minutes* PL ◇ *Wer schreibt das Protokoll der heutigen Besprechung?* Who is taking the minutes of today's meeting?
[2] *statement* ◇ *Der Zeuge muss das polizeiliche Protokoll unterschreiben.* The witness must sign the statement he made to the police.

protzen VERB
to show off (*showed, shown*) ◇ *Sie protzt mit ihrem neuen Mountainbike.* She's showing off with her new mountain bike.

protzig ADJEKTIV
showy ◇ *ein protziges Auto* a showy car

der **Proviant** SUBSTANTIV (PL die **Proviante**)
provisions PL

provisorisch ADJEKTIV
provisional

provozieren VERB (PERFECT **hat provoziert**)
to provoke

das **Prozent** SUBSTANTIV (PL die **Prozente**)
per cent ◇ *zehn Prozent* ten per cent

der **Prozess** ⚠ SUBSTANTIV (GEN des **Prozesses**, PL die **Prozesse**)
trial ◇ *der Prozess gegen die Terroristen* the trial of the terrorists
◆ **einen Prozess gewinnen** to win a case

prüde ADJEKTIV
prudish

prüfen VERB
[1] *to test* ◇ *Wir werden morgen in Chemie geprüft.* We're having a chemistry test tomorrow.
[2] *to check* ◇ *Vor der Reise sollte man den Ölstand prüfen.* You should check the oil before your journey.

der **Prüfer** SUBSTANTIV (PL die **Prüfer**)
examiner

die **Prüfung** SUBSTANTIV
[1] *examination* ◇ *Sie hat die Prüfung bestanden.* She's passed the examination.
[2] *check* ◇ *Bei der Prüfung der Bremsen haben wir einen Defekt festgestellt.* During a check on the brakes we found a fault.

der **Prügel** SUBSTANTIV (PL die **Prügel**)
stick ◇ *Er schlug ihn mit einem Prügel.* He hit him with a stick.
◆ **Prügel bekommen** to get a hiding (*Umgangssprache*) ◇ *Ich habe als Kind nie Prügel bekommen.* I never got a hiding as a child.
◆ **Er hat von seinen Freunden Prügel bekommen.** His friends beat him up.

die **Prügelei** SUBSTANTIV
fight

prügeln VERB
to beat (*beat, beaten*) ◇ *Eltern sollten ihre Kinder nicht prügeln.* Parents shouldn't beat their children.
◆ **sich prügeln** to fight ◇ *Ich will mich nicht mit dir prügeln.* I don't want to fight you.
◆ **Die beiden haben sich in der Pause geprügelt.** The two of them had a fight in the break.

die **Prügelstrafe** SUBSTANTIV
corporal punishment

psychisch ADJEKTIV
psychological

der **Psychologe** SUBSTANTIV (GEN des **Psychologen**, PL die **Psychologen**)
psychologist ◇ *Ihr Vater ist Psychologe.* Her father is a psychologist.

die **Psychologie** SUBSTANTIV
psychology

psychologisch ADJEKTIV
psychological

der **Psychotherapeut** SUBSTANTIV (GEN des **Psychotherapeuten**, PL die **Psychotherapeuten**)
psychotherapist ◇ *Herr Müller ist Psychotherapeut.* Mr Müller is a psychotherapist.

die **Pubertät** SUBSTANTIV
puberty ◇ *während der Pubertät* during puberty

das **Publikum** SUBSTANTIV

audience ◇ *Am Ende des Stückes klatschte das Publikum.* The audience clapped at the end of the play.

der **Pudding** SUBSTANTIV (PL die **Puddinge** *or* **Puddings**)
blancmange
Das englische Wort **pudding** *bedeutet "Nachtisch".*

der **Puder** SUBSTANTIV (PL die **Puder**)
powder

der **Puffer** SUBSTANTIV (PL die **Puffer**)
buffer

der **Pulli** SUBSTANTIV (PL die **Pullis**)
pullover

der **Pullover** SUBSTANTIV (PL die **Pullover**)
pullover

der **Puls** SUBSTANTIV (GEN des **Pulses**, PL die **Pulse**)
pulse
- **jemandem den Puls fühlen** to take somebody's pulse

das **Pulver** SUBSTANTIV (PL die **Pulver**)
powder

der **Pulverschnee** SUBSTANTIV
powder snow

die **Pumpe** SUBSTANTIV
pump

pumpen VERB
[1] *to pump* ◇ *Das Öl wird durch die Pipeline gepumpt.* The oil's pumped along the pipeline.
[2] *to lend* ◇ *Kannst du mir mal deinen Walkman pumpen?* Can you lend me your Walkman?
[3] *to borrow* ◇ *Ich habe mir das Rad meiner Schwester gepumpt.* I've borrowed my sister's bike.

der **Punkt** SUBSTANTIV (PL die **Punkte**)
[1] *full stop* ◇ *Am Satzende steht ein Punkt.* A full stop goes at the end of a sentence.
[2] *point* ◇ *In diesem Punkt gebe ich dir Recht.* On this point I agree with you.
[3] *dot* ◇ *Das Schiff war nur noch ein kleiner Punkt am Horizont.* The ship was only a small dot on the horizon. ◇ *Sie trug ein rotes Kleid mit weißen Punkten.* She was wearing a red dress with white dots.

pünktlich ADJEKTIV
[1] *punctual* ◇ *Sie ist nicht sehr pünktlich.* She's not very punctual.
[2] *on time* ◇ *Der Zug kam pünktlich an.* The train arrived on time.

die **Pünktlichkeit** SUBSTANTIV
punctuality

die **Puppe** SUBSTANTIV
doll

pur ADJEKTIV
pure ◇ *Das ist pures Gold.* That's pure gold. ◇ *Das ist doch der pure Wahnsinn.* But that's pure madness.
- **etwas pur trinken** to drink something neat
- **Whisky pur** neat whisky

die **Pute** SUBSTANTIV
turkey

der **Puter** SUBSTANTIV (PL die **Puter**)
turkey

putzen VERB
[1] *to clean* ◇ *Sie putzt jeden Samstag das Haus.* She cleans the house every Saturday.
[2] *to wipe* ◇ *Putz dir die Schuhe, bevor du reinkommst.* Wipe your shoes before you come in.
- **sich die Nase putzen** to blow one's nose ◇ *Putz dir mal die Nase!* Blow your nose.

die **Putzfrau** SUBSTANTIV
cleaner

der **Putzmann** SUBSTANTIV (PL die **Putzmänner**)
cleaner

das **Puzzle** SUBSTANTIV (PL die **Puzzles**)
jigsaw

der **Pyjama** SUBSTANTIV (PL die **Pyjamas**)
pyjamas PL ◇ *ein Pyjama* a pair of pyjamas

die **Pyramide** SUBSTANTIV
pyramid

Q

das **Quadrat** SUBSTANTIV (PL die **Quadrate**)
square

quadratisch ADJEKTIV
square

der **Quadratmeter** SUBSTANTIV (PL die **Quadratmeter**)
square metre ◇ *eine Wohnung von achtzig Quadratmetern* a flat of eighty square metres

quaken VERB
1 *to croak* (*Frosch*)
2 *to quack* (*Ente*)

die **Qual** SUBSTANTIV
1 *agony* (PL *agonies*) ◇ *Treppensteigen ist für sie eine Qual.* Climbing the stairs is agony for her.
2 *anguish* KEIN PL ◇ *Die Qualen, die ich bei dieser Prüfung ausgestanden habe...* The anguish I went through in that exam...

quälen VERB
to treat cruelly ◇ *Tiere quälen* to treat animals cruelly
◆ **sich quälen (1)** to struggle ◇ *Sie quälte sich die Treppe hinauf.* She struggled up the steps.
◆ **sich quälen (2)** to torment oneself ◇ *Quäl dich nicht so!* Don't torment yourself like that.
◆ **Er muss sich in der Schule ziemlich quälen.** School's quite a trial for him.

sich **qualifizieren** VERB (PERFECT **hat sich qualifiziert**)
to qualify (*qualified, qualified*) ◇ *Sie hat sich für die Weltmeisterschaft qualifiziert.* She qualified for the world championships.

die **Qualität** SUBSTANTIV
quality (PL *qualities*)

die **Qualle** SUBSTANTIV
jellyfish ◇ *zwei Quallen* two jellyfish

der **Qualm** SUBSTANTIV
thick smoke

qualmen VERB
to smoke ◇ *Der Schornstein qualmt.* The chimney is smoking.

die **Quantität** SUBSTANTIV
quantity (PL *quantities*)

der **Quark** SUBSTANTIV
quark

der **Quarz** SUBSTANTIV (GEN des **Quarzes**)
quartz

quasseln VERB
to natter (*Umgangssprache*)

der **Quatsch** SUBSTANTIV
rubbish (*Umgangssprache*) ◇ *Erzähl keinen Quatsch.* Don't talk rubbish.
◆ **Quatsch machen** to fool around
◆ **Mach keinen Quatsch!** Don't be foolish!

quatschen VERB
to natter (*Umgangssprache*)

die **Quelle** SUBSTANTIV
1 *spring* ◇ *heiße Quellen* hot springs
2 *source* ◇ *aus zuverlässiger Quelle* from a reliable source

quer ADVERB
1 *diagonally* ◇ *Die Streifen auf dem Stoff verlaufen quer.* The stripes run diagonally across the material.
◆ **quer auf dem Bett** across the bed
2 *at right angles* ◇ *Die Mannstraße verläuft quer zur Müllerstraße.* Mann Street runs at right angles to Müller Street.

die **Querflöte** SUBSTANTIV
flute ◇ *Cordula spielt Querflöte.* Cordula plays the flute.

querschnittsgelähmt ADJEKTIV
paraplegic

die **Querstraße** SUBSTANTIV
◆ **eine Straße mit vielen Querstraßen** a road with a lot of side streets off it
◆ **Biegen Sie an der zweiten Querstraße links ab.** Take the second street on the left.

quetschen VERB
1 *to squash* ◇ *Pass auf, dass die Tomaten nicht gequetscht werden.* Mind the tomatoes don't get squashed.
2 *to cram* ◇ *Sie quetschte das Kleid noch in ihren Koffer.* She crammed the dress into her case.
◆ **Ich habe mir den Finger in der Tür gequetscht.** I trapped my finger in the door.

die **Quetschung** SUBSTANTIV
bruise

quietschen VERB
to squeak

quitt ADJEKTIV
quits ◇ *Jetzt sind wir quitt.* We're quits now.

die **Quittung** SUBSTANTIV
receipt ◇ *Brauchen Sie eine Quittung?* Do you need a receipt?

R

der **Rabatt** SUBSTANTIV (PL die **Rabatte**)
discount
die **Rache** SUBSTANTIV
revenge
der **Rachen** SUBSTANTIV (PL die **Rachen**)
throat
rächen VERB
- **etwas rächen** to avenge something
- **sich rächen** to take revenge
- **Das wird sich rächen.** You'll pay for that.

das **Rad** SUBSTANTIV (PL die **Räder**)
1 *wheel*
2 *bike* (*Fahrrad*) ◇ *Wir sind mit dem Rad gekommen.* We came by bike.
- **Rad fahren** to cycle

der **Radar** SUBSTANTIV (PL die **Radare**)
You can also say das Radar.
radar
die **Radarfalle** SUBSTANTIV
speed trap
die **Radarkontrolle** SUBSTANTIV
radar-controlled speed check
radebrechen VERB
- **Deutsch radebrechen** to speak broken German

radeln VERB (PERFECT **ist geradelt**)
to cycle ◇ *Wir sind an den Bodensee geradelt.* We cycled to Lake Constance.
radfahren VERB *siehe* **Rad**
der **Radfahrer** SUBSTANTIV (PL die **Radfahrer**)
cyclist
der **Radfahrweg** SUBSTANTIV (PL die **Radfahrwege**)
cycle track
der **Radiergummi** SUBSTANTIV (PL die **Radiergummis**)
rubber
das **Radieschen** SUBSTANTIV (PL die **Radieschen**)
radish (PL *radishes*)
das **Radio** SUBSTANTIV (PL die **Radios**)
radio (PL *radios*)
radioaktiv ADJEKTIV
radioactive
die **Radioaktivität** SUBSTANTIV
radioactivity
das **Radrennen** SUBSTANTIV (PL die **Radrennen**)
1 *cycle race* ◇ *Er hat an dem Radrennen teilgenommen.* He took part in the cycle race.
2 *cycle racing* ◇ *Sie begeistert sich für Radrennen.* She's a cycle racing fan.
der **Radsport** SUBSTANTIV
cycling
der **Rahm** SUBSTANTIV
cream
der **Rahmen** SUBSTANTIV (PL die **Rahmen**)
frame ◇ *der Rahmen eines Bildes* the frame of a picture
- **im Rahmen des Möglichen** within the bounds of possibility

die **Rakete** SUBSTANTIV
rocket
der **Rand** SUBSTANTIV (PL die **Ränder**)
1 *edge* ◇ *Er stand am Rand des Schwimmbeckens.* He stood on the edge of the swimming pool.
2 *rim* ◇ *der Rand der Tasse* the rim of the cup
- **eine Brille mit Goldrand** a pair of gold-rimmed glasses

3 *margin* ◇ *Lass an der Seite des Blattes einen Rand.* Leave a margin at the edge of the page.
4 *ring* ◇ *In der Badewanne waren dunkle Ränder.* There were dark rings in the bath tub.
5 *verge* ◇ *Die Firma steht am Rand des Bankrotts.* The company's on the verge of bankruptcy.
- **außer Rand und Band** out of control

randalieren VERB (PERFECT **hat randaliert**)
to go on the rampage (*goes, went, gone*)
ranzig ADJEKTIV
rancid
der **Rappen** SUBSTANTIV (PL die **Rappen**)
rappen ◇ *Der Schweizer Franken hat hundert Rappen.* There're one hundred rappen in a Swiss franc.
In the French-speaking part of Switzerland you talk about centime *rather than* Rappen.
rasch ADJEKTIV, ADVERB
quick ◇ *Das war rasch gemacht.* That was quickly done.
- **Ich gehe noch rasch beim Bäcker vorbei.** I'll just pop round to the baker's.

der **Rasen** SUBSTANTIV (PL die **Rasen**)
siehe auch rasen VERB
lawn
rasen VERB (PERFECT **ist gerast**)
siehe auch der Rasen SUBSTANTIV
to race ◇ *Wir sind durch die engen Straßen gerast.* We raced along the narrow streets.
der **Rasenmäher** SUBSTANTIV (PL die **Rasenmäher**)
lawnmower
der **Rasierapparat** SUBSTANTIV (PL die **Rasierapparate**)
shaver
die **Rasiercreme** SUBSTANTIV (PL die **Rasiercremes**)
shaving cream
rasieren VERB (PERFECT **hat rasiert**)
to shave
- **sich rasieren** to shave

die **Rasierklinge** SUBSTANTIV
razor blade
das **Rasiermesser** SUBSTANTIV (PL die **Rasiermesser**)
razor
die **Rasse** SUBSTANTIV

1 *race* ◇ *Rassenunruhen* race riots
2 *breed* ◇ *Welche Rasse ist Ihr Hund?* What breed is your dog?

der **Rassenhass** ⚠ SUBSTANTIV (GEN des **Rassenhasses**)
racial hatred

die **Rassentrennung** SUBSTANTIV
racial segregation

der **Rassismus** SUBSTANTIV (GEN des **Rassismus**)
racism

die **Rast** SUBSTANTIV
rest
◆ **Rast machen** to stop for a break

rasten VERB
to rest

der **Rasthof** SUBSTANTIV (PL die **Rasthöfe**)
services PL (*motorway*)

der **Rastplatz** SUBSTANTIV (GEN des **Rastplatzes**, PL die **Rastplätze**)
lay-by (PL *lay-bys*)

die **Raststätte** SUBSTANTIV
service area

die **Rasur** SUBSTANTIV
shaving

der **Rat** SUBSTANTIV (PL die **Ratschläge**)
advice KEIN PL ◇ *Ich habe viele Ratschläge bekommen.* I've been given a lot of advice.
◆ **ein Rat** a piece of advice
◆ **jemanden zu Rate ziehen** to consult somebody
◆ **Ich weiß keinen Rat.** I don't know what to do.

die **Rate** SUBSTANTIV
instalment

raten VERB (PRESENT **rät**, IMPERFECT **riet**, PERFECT **hat geraten**)
to guess ◇ *Rat mal, wie alt ich bin.* Guess how old I am.
◆ **jemandem raten** to advise somebody ◇ *Sie hat mir geraten, einen Arzt aufzusuchen.* She advised me to see a doctor.

das **Rathaus** SUBSTANTIV (GEN des **Rathauses**, PL die **Rathäuser**)
town hall

die **Ration** SUBSTANTIV
ration

rationalisieren VERB (PERFECT **hat rationalisiert**)
to rationalize

rationell ADJEKTIV
efficient

ratlos ADJEKTIV
at a loss ◇ *Ich bin ratlos, was ich tun soll.* I'm at a loss as to what to do.
◆ **Sie sah mich ratlos an.** She gave me a helpless look.

das **Rätsel** SUBSTANTIV (PL die **Rätsel**)
1 *puzzle* ◇ *Sie löst gern Rätsel.* She likes solving puzzles.
2 *mystery* ◇ *Das ist mir ein Rätsel.* It's a mystery to me.

rätselhaft ADJEKTIV
mysterious
◆ **Es ist mir rätselhaft...** It's a mystery to me...

die **Ratte** SUBSTANTIV
rat

rau ⚠ ADJEKTIV
1 *rough* ◇ *raue Haut* rough skin
2 *husky* ◇ *eine raue Stimme* a husky voice
3 *sore* ◇ *ein rauer Hals* a sore throat
4 *harsh* ◇ *raues Wetter* harsh weather ◇ *ein rauer Wind* a harsh wind
◆ **Hier herrschen raue Sitten.** People here have rough-and-ready ways.

der **Raub** SUBSTANTIV
robbery (PL *robberies*)

das **Raubtier** SUBSTANTIV (PL die **Raubtiere**)
predator

der **Rauch** SUBSTANTIV
smoke

rauchen VERB
to smoke ◇ *Er raucht Pfeife.* He smokes a pipe.
◆ **"Rauchen verboten"** "No smoking"

der **Raucher** SUBSTANTIV (PL die **Raucher**)
smoker

das **Raucherabteil** SUBSTANTIV (PL die **Raucherabteile**)
smoking compartment

räuchern VERB
to smoke ◇ *Fisch räuchern* to smoke fish

das **Rauchfleisch** SUBSTANTIV
smoked meat

rauh ADJEKTIV *siehe* **rau**

der **Raum** SUBSTANTIV (PL die **Räume**)
1 *space* ◇ *Sie haben eine Rakete in den Raum geschossen.* They launched a rocket into space. ◇ *Raum und Zeit* space and time
2 *room* ◇ *Eine Wohnung mit vier Räumen ist nicht groß genug für uns.* A four-roomed flat isn't big enough for us. ◇ *Dieses Gerät braucht wenig Raum.* This appliance doesn't take up much room.
3 *area* ◇ *Im Raum Stuttgart kommt es morgen zu Gewittern.* There will be thunderstorms in the Stuttgart area tomorrow.

räumen VERB
1 *to clear* ◇ *Im Winter müssen die Bürgersteige von Schnee geräumt werden.* The pavements have to be cleared of snow in winter. ◇ *Die Polizei hat das besetzte Haus geräumt.* The police cleared the squat.
2 *to move away from* ◇ *Die Polizei forderte die Schaulustigen auf, die Unfallstelle zu räumen.* The police ordered the onlookers to move away from the scene of the accident.
3 *to vacate* ◇ *Bitte räumen Sie Ihr Zimmer bis spätestens zehn Uhr.* Please vacate your room by ten o'clock at the latest.
4 *to clear away* ◇ *Könnt ihr bitte das Geschirr vom Tisch räumen?* Could you clear away the dishes, please?
5 *to put away* (*put, put*) ◇ *Räum bitte deine Spielsachen in den Schrank.* Please put your toys away in the cupboard.

die **Raumfähre** SUBSTANTIV
space shuttle

die **Raumfahrt** SUBSTANTIV
space travel

der **Rauminhalt** SUBSTANTIV (PL die **Rauminhalte**)
volume

räumlich ADJEKTIV
spatial

die **Räumlichkeiten** FEM PL SUBSTANTIV
premises PL

das **Raumschiff** SUBSTANTIV (PL die **Raumschiffe**)
spaceship

der **Rausch** SUBSTANTIV (PL die **Räusche**)
- **einen Rausch haben** to be drunk
- **seinen Rausch ausschlafen** to sleep it off

das **Rauschgift** SUBSTANTIV (PL die **Rauschgifte**)
drug

der/die **Rauschgiftsüchtige** SUBSTANTIV (GEN des/der **Rauschgiftsüchtigen**, PL die **Rauschgiftsüchtigen**)
drug addict ◇ *Gestern wurde ein Rauschgiftsüchtiger tot aufgefunden.* A drug addict was found dead yesterday.

sich **räuspern** VERB
to clear one's throat

reagieren VERB (PERFECT **hat reagiert**)
1 *to react* ◇ *Wie hat sie auf diesen Vorwurf reagiert?* How did she react to the allegation?
2 *to respond* ◇ *Die Bremsen haben nicht reagiert.* The brakes didn't respond.

die **Reaktion** SUBSTANTIV
reaction

reaktionär ADJEKTIV
reactionary

der **Reaktor** SUBSTANTIV (PL die **Reaktoren**)
reactor

realisieren VERB (PERFECT **hat realisiert**)
1 *to fulfil* ◇ *Er hat seine Träume realisiert.* He's fulfilled his dreams.
2 *carry out* (*carried, carried*) ◇ *Wir sollten diese Pläne realisieren.* We ought to carry out these plans.
3 *realize* ◇ *Sie hat gar nicht realisiert, dass er schon längst weg war.* She simply didn't realize that he had long since left.

realistisch ADJEKTIV
realistic

die **Realschule** SUBSTANTIV
secondary school

Pupils enter Realschule *at the age of about ten, and leave after six years. It is not as academically oriented as the* Gymnasium.

der **Rechen** SUBSTANTIV (PL die **Rechen**)
rake

rechnen VERB
siehe auch das Rechnen SUBSTANTIV
to work out ◇ *Lass mich rechnen, wie viel das wird.* Let me work out how much that's going to be.
- **Bettina kann gut rechnen.** Bettina's good at arithmetic.
- **Klinsmann wird zu den besten Fußballspielern gerechnet.** Klinsmann is regarded as one of the best footballers.
- **Man rechnet Mexico City zu den Megastädten.** Mexico City is classed as one of the metropolises.
- **rechnen mit (1)** to reckon with ◇ *Mit wie vielen Besuchern können wir rechnen?* How many visitors can we reckon with?
- **rechnen mit (2)** to reckon on ◇ *Mit dieser Reaktion hatte ich nicht gerechnet.* I hadn't reckoned on this reaction.
- **rechnen auf** to count on ◇ *Wir rechnen auf deine Unterstützung.* We're counting on your support.

das **Rechnen** SUBSTANTIV
siehe auch rechnen VERB
arithmetic ◇ *Bettina ist gut im Rechnen.* Bettina's good at arithmetic.

der **Rechner** SUBSTANTIV (PL die **Rechner**)
1 *calculator* ◇ *Ich habe das mit meinem Rechner nachgerechnet.* I've checked it with my calculator.
2 *computer* ◇ *Er hat sich für seinen Rechner einen neuen Prozessor gekauft.* He's bought a new CPU for his computer.

die **Rechnung** SUBSTANTIV
1 *calculations* PL ◇ *Meine Rechnung ergibt, dass wir noch zweihundert Mark haben.* According to my calculations, we still have two hundred marks left.
2 *invoice* ◇ *Die Rechnung liegt der Sendung bei.* The invoice is enclosed.

das **Recht** SUBSTANTIV (PL die **Rechte**)
siehe auch recht ADJEKTIV, ADVERB
1 *right* ◇ *Es ist mein Recht, das zu erfahren.* It's my right to know that. ◇ *Ich habe ein Recht auf eine Erklärung.* I've got a right to an explanation.
- **im Recht sein** to be in the right ◇ *Obwohl er im Recht war, hat er nachgegeben.* Although he was in the right, he gave in.
- **Recht haben** to be right ◇ *Wer hat nun Recht?* Who's right? ◇ *Sie will immer Recht haben.* She always has to be right.
- **jemandem Recht geben** to agree with somebody ◇ *Ich muss dir Recht geben, das war nicht nett.* I have to agree with you – that wasn't nice.

2 *law* ◇ *Sie wurde nach deutschem Recht zu zehn Jahren Gefängnis verurteilt.* She was sentenced under German law to ten years' imprisonment.
- **Recht sprechen** to administer justice
- **etwas mit Recht tun** to be right to do something ◇ *Sie hat sich mit Recht beschwert.* She was right to complain.

recht ADJEKTIV, ADVERB
siehe auch das Recht SUBSTANTIV, rechte ADJEKTIV, rechts ADVERB
1 *right* ◇ *Es war nicht recht, dass du sie belogen hast.* It wasn't right of you to lie to her. ◇ *Dies ist nicht der rechte Moment, um darüber zu sprechen.* This isn't the right

moment to talk about it.
- **Wenn ich dich recht verstehe...** If I understand you correctly...
- **Das geschieht dir recht!** Serves you right!

[2] *quite* ◇ *Das scheint recht einfach.* It seems quite simple.
- **jemandem recht sein** to be all right with somebody ◇ *Wenn es deiner Mutter recht ist, übernachte ich gern bei euch.* If it's all right with your mother, I'd like to stay the night at your place.
- **Das ist mir recht.** That suits me.
- **es jemandem recht machen** to please somebody ◇ *Dir kann man es auch nie recht machen!* There's no pleasing you.
- **Jetzt erst recht!** Now more than ever.

die **Rechte** SUBSTANTIV (GEN der **Rechten**)
siehe auch rechte ADJEKTIV, das Rechte SUBSTANTIV
[1] *right* ◇ *Zu Ihrer Rechten sehen Sie das Rathaus.* On your right you'll see the town hall.
[2] *right hand* ◇ *Er schlug mit der Rechten zu.* He hit out with his right hand.
[3] *right-wing* ◇ *eine Partei der Rechten* a right-wing party

rechte ADJEKTIV
siehe auch recht ADJEKTIV, die Rechte SUBSTANTIV, das Rechte SUBSTANTIV, rechts ADVERB
right ◇ *In Deutschland fährt man auf der rechten Seite.* They drive on the right in Germany. ◇ *Mein rechtes Auge tut weh.* My right eye's hurting. ◇ *Er hat sich den rechten Arm gebrochen.* He broke his right arm.

das **Rechte** SUBSTANTIV (GEN des **Rechten**)
siehe auch die Rechte SUBSTANTIV, rechte ADJEKTIV
right thing ◇ *Pass auf, dass du das Rechte sagst.* Make sure you say the right thing.
- **etwas Rechtes** something proper ◇ *Du solltest etwas Rechtes lernen.* You ought to learn something proper.
- **nichts Rechtes** nothing decent ◇ *Ich habe den ganzen Tag noch nichts Rechtes gegessen.* I haven't had anything decent to eat all day.

rechteckig ADJEKTIV
rectangular

rechtfertigen VERB
to justify (*justified, justified*) ◇ *Wie kannst du dein Verhalten rechtfertigen?* How can you justify your behaviour?
- **sich rechtfertigen** to justify oneself

rechtmäßig ADJEKTIV
lawful

rechts ADVERB
siehe auch rechte ADJEKTIV
right ◇ *rechts abbiegen* to turn right
- **rechts überholen** to overtake on the right
- **Er schreibt mit rechts.** He writes with his right hand.
- **Rechts sehen Sie das Rathaus.** On the right you'll see the town hall.
- **rechts von der Kirche** to the right of the church
- **rechts von mir** on my right
- **rechts wählen** to vote for a right-wing party

der **Rechtsanwalt** SUBSTANTIV (PL die **Rechtsanwälte**)
lawyer
Im Englischen gibt es mehrere Wörter für Anwalt. Am neutralsten ist das Wort lawyer. *Vor Gericht wird man von einem* counsel *vertreten. Im britischen Englisch unterscheidet man weiterhin zwischen einem Anwalt für niedrigere Gerichte* solicitor *und einem Anwalt für hohe Gerichte* barrister. *Im amerikanischen Englisch benutzt man häufiger das Wort* attorney.

die **Rechtsanwältin** SUBSTANTIV
lawyer

die **Rechtschreibung** SUBSTANTIV
spelling

der **Rechtshänder** SUBSTANTIV (PL die **Rechtshänder**)
- **Er ist Rechtshänder.** He's right-handed.

die **Rechtshänderin** SUBSTANTIV
- **Sie ist Rechtshänderin.** She's right-handed.

die **Rechtskurve** SUBSTANTIV
right-hand bend

der **Rechtsverkehr** SUBSTANTIV
driving on the right
- **In Deutschland ist Rechtsverkehr.** They drive on the right in Germany.

rechtwinklig ADJEKTIV
right-angled

rechtzeitig ADJEKTIV, ADVERB
in time ◇ *Ich bitte um rechtzeitige Benachrichtigung.* Please let me know in time. ◇ *Wir sind rechtzeitig angekommen.* We arrived in time.

der **Redakteur** SUBSTANTIV (PL die **Redakteure**)
editor

die **Redaktion** SUBSTANTIV
[1] *editing* ◇ *die Redaktion eines Buches* the editing of a book
[2] *editorial staff* ◇ *Die Redaktion hat das Manuskript abgelehnt.* The editorial staff rejected the manuscript.
[3] *editorial office* ◇ *Er arbeitet in unserer Redaktion.* He works in our editorial office.

die **Rede** SUBSTANTIV
speech (PL *speeches*) ◇ *Er hat eine witzige Rede gehalten.* He made an amusing speech.
- **jemanden zur Rede stellen** to take somebody to task

reden VERB
[1] *to talk* ◇ *Wir haben über das Wetter geredet.* We talked about the weather. ◇ *Du redest Unsinn.* You're talking nonsense.
[2] *to speak* (*spoke, spoken*) ◇ *Ich werde mit deiner Mutter reden.* I'll speak to your mother. ◇ *Ich rede nicht gern vor so vielen Menschen.* I don't like speaking in front of so many people. ◇ *Der Präsident redet zum Volk.* The President's speaking to the

R

country.
[3] *to say* (*said, said*) ◇ *Was reden die Leute über uns?* What are people saying about us?

die **Redewendung** SUBSTANTIV
expression

der **Redner** SUBSTANTIV (PL die **Redner**)
speaker

reduzieren VERB (PERFECT **hat reduziert**)
to reduce

das **Referat** SUBSTANTIV (PL die **Referate**)
[1] *assignment* ◇ *Ich muss in Geographie ein Referat schreiben.* I have to write an assignment in geography.
[2] *paper* ◇ *Sie hat ein Referat über Shakespeare gehalten.* She gave a paper on Shakespeare.
[3] *section* ◇ *Er ist Leiter des Referats Umweltschutz.* He's head of the environmental protection section.

der **Reflex** SUBSTANTIV (GEN des **Reflexes**, PL die **Reflexe**)
reflex (PL *reflexes*)

reflexiv ADJEKTIV
reflexive

die **Reform** SUBSTANTIV
reform

das **Regal** SUBSTANTIV (PL die **Regale**)
[1] *bookcase* ◇ *In ihrem Regal stehen viele Krimis.* There are a lot of detective stories in her bookcase.
[2] *rack* ◇ *ein Regal für Weinflaschen* a wine rack
[3] *shelf* (PL *shelves*) ◇ *Auf dem Regal standen Kräuter.* There were herbs on the shelf.

die **Regel** SUBSTANTIV
[1] *rule* ◇ *Keine Regel ohne Ausnahme.* The exception proves the rule.
[2] *period* ◇ *Meine Regel ist ausgeblieben.* I've missed a period.

regelmäßig ADJEKTIV, ADVERB
regular ◇ *in regelmäßigen Abständen* at regular intervals ◇ *Die Busse verkehren regelmäßig.* The buses run regularly.

die **Regelmäßigkeit** SUBSTANTIV
regularity

regeln VERB
[1] *to direct* ◇ *Ein Polizist regelte den Verkehr.* A policeman was directing the traffic.
[2] *to control* ◇ *die Lautstärke regeln* to control the volume
[3] *to settle* ◇ *Ich habe da noch eine Sache mit ihm zu regeln.* I've still got something to settle with him.
[4] *to arrange* ◇ *Wir haben das so geregelt, dass er abwäscht und ich putze.* We've arranged things so that he washes the dishes and I do the cleaning.
◆ **sich von selbst regeln** to take care of itself

der **Regen** SUBSTANTIV (PL die **Regen**)
rain

der **Regenbogen** SUBSTANTIV (PL die **Regenbogen**)
rainbow

der **Regenmantel** SUBSTANTIV (PL die **Regenmäntel**)
raincoat

der **Regenschirm** SUBSTANTIV (PL die **Regenschirme**)
umbrella

der **Regenwurm** SUBSTANTIV (PL die **Regenwürmer**)
earthworm

regieren VERB (PERFECT **hat regiert**)
[1] *to govern* ◇ *Wer regiert zur Zeit Russland?* Who governs Russia nowadays?
[2] *to reign* ◇ *Wann hat Elisabeth die Erste regiert?* When did Elizabeth the First reign?

die **Regierung** SUBSTANTIV
[1] *government* ◇ *die deutsche Regierung* the German government
[2] *reign* ◇ *England unter der Regierung von Elisabeth der Zweiten* England during the reign of Elizabeth the Second

regnen VERB
to rain ◇ *Es regnet.* It's raining.

regnerisch ADJEKTIV
rainy

das **Reh** SUBSTANTIV (PL die **Rehe**)
deer

reiben VERB (IMPERFECT **rieb**, PERFECT **hat gerieben**)
[1] *to rub* ◇ *Warum reibst du dir die Augen?* Why are you rubbing your eyes?
[2] *to grate* ◇ *Er rieb Käse über die Kartoffeln.* He grated cheese over the potatoes.

die **Reibung** SUBSTANTIV
friction

das **Reich** SUBSTANTIV (PL die **Reiche**)
siehe auch reich ADJEKTIV
[1] *empire* ◇ *Das Reich Hadrians erstreckte sich bis Schottland.* Hadrian's empire reached as far as Scotland.
[2] *kingdom* ◇ *das Reich der Tiere* the animal kingdom
◆ **das Dritte Reich** the Third Reich

reich ADJEKTIV
siehe auch das Reich SUBSTANTIV
rich

reichen VERB
[1] *to be enough* (*is, was, been*) ◇ *Der Kuchen wird nicht für alle reichen.* There won't be enough cake for everybody.
[2] *to give* (*gave, given*) ◇ *Sie reichte mir die Hand.* She gave me her hand.
◆ **jemandem etwas reichen** to pass somebody something ◇ *Kannst du mir bitte die Butter reichen?* Can you pass me the butter, please?
◆ **Nur ein Salat reicht ihm nicht.** A salad won't be enough for him.
◆ **Das Gehalt reicht ihr nicht, sie will mehr.** She can't get by on her salary, she wants more.

- **Mir reicht's!** I've had enough.
- **Unser Garten reicht bis zum Fluss.** Our garden goes right down to the river.

reif ADJEKTIV
[1] *ripe* ◇ *Die Äpfel sind noch nicht reif.* The apples aren't ripe yet.
[2] *mature* ◇ *Für sein Alter ist er schon sehr reif.* He's very mature for his age.

der **Reifen** SUBSTANTIV (PL die **Reifen**)
[1] *tyre* ◇ *Mir ist ein Reifen geplatzt.* I've got a burst tyre.
[2] *hoop* ◇ *ein Hula-Hoop-Reifen* a hula hoop

die **Reihe** SUBSTANTIV
row ◇ *Stellt euch in einer Reihe auf.* Stand in a row. ◇ *Wie saßen in der zweiten Reihe.* We sat in the second row.
- **Eine ganze Reihe von Menschen ist abergläubisch.** A whole lot of people are superstitious.
- **der Reihe nach** in turn
- **Er ist an der Reihe.** It's his turn.
- **an die Reihe kommen** to have one's turn

die **Reihenfolge** SUBSTANTIV
order ◇ *alphabetische Reihenfolge* alphabetical order

rein ADJEKTIV, ADVERB
[1] *pure* ◇ *Das ist reines Gold.* That's pure gold. ◇ *reine Seide* pure silk
[2] *clean* ◇ *Damit wird die Wäsche rein.* This will get the washing clean. ◇ *reine Luft* clean air ◇ *reine Haut* clear skin
[3] *sheer* ◇ *Das ist der reine Wahnsinn.* That's sheer madness. ◇ *Das ist das reinste Vergnügen.* It's sheer pleasure.
[4] *purely* ◇ *Rein technisch ist das machbar.* From a purely technical point of view it's feasible.
- **rein gar nichts** absolutely nothing
- **etwas ins Reine schreiben** to make a fair copy of something
- **etwas ins Reine bringen** to clear something up

[5] *in* ◇ *Deckel auf und rein mit dem Müll.* Off with the lid and in with the rubbish. ◇ *Los rein mit dir, Zeit fürs Bett!* Come on, in you come, it's time for bed.

der **Reinfall** SUBSTANTIV (PL die **Reinfälle**)
let-down

die **Reinheit** SUBSTANTIV
purity ◇ *die Reinheit des Biers* the purity of beer
- **Für die Reinheit Ihrer Wäsche...** To get your washing really clean...

reinigen VERB
to clean

die **Reinigung** SUBSTANTIV
[1] *cleaning* ◇ *ein Mittel zur Reinigung der Polster* an cleaning agent for upholstery
[2] *cleaner's* SING ◇ *Bring bitte meine Hose in die Reinigung.* Please take my trousers to the cleaner's.
- **chemische Reinigung (1)** dry cleaning ◇ *Bei diesem Stoff empfehlen wir eine chemische Reinigung.* We recommend dry cleaning for this material.
- **chemische Reinigung (2)** dry cleaner's ◇ *Im Einkaufszentrum gibt es auch eine chemische Reinigung.* There's also a dry cleaner's in the shopping mall.

der **Reis** SUBSTANTIV (GEN des **Reises**)
rice

die **Reise** SUBSTANTIV
journey ◇ *Auf meiner letzten Reise durch Ägypten habe ich viel gesehen.* I saw a lot on my last journey through Egypt.
- **Reisen** travels ◇ *Auf seinen Reisen hat er viel erlebt.* He has experienced a lot on his travels.
- **Gute Reise!** Have a good journey.

das **Reiseandenken** SUBSTANTIV (PL die **Reiseandenken**)
souvenir

das **Reisebüro** SUBSTANTIV (PL die **Reisebüros**)
travel agency (PL *agencies*)

der **Reiseführer** SUBSTANTIV (PL die **Reiseführer**)
[1] *guidebook* ◇ *Ich habe einen Reiseführer für Griechenland gekauft.* I've bought a guidebook to Greece.
[2] *travel guide* ◇ *Unser Reiseführer hat uns alles erklärt.* Our travel guide explained everything to us.

der **Reiseleiter** SUBSTANTIV (PL die **Reiseleiter**)
courier

reisen VERB (PERFECT **ist gereist**)
to travel ◇ *Ich reise gern.* I like travelling.
- **reisen nach** to go to ◇ *In den Ferien wollen wir nach Griechenland reisen.* We want to go to Greece in the holidays.

der/die **Reisende** SUBSTANTIV (GEN des/der **Reisenden**, PL die **Reisenden**)
traveller ◇ *Ein Reisender hatte sich verirrt.* A traveller has got lost.

der **Reisepass** ⚠ SUBSTANTIV (GEN des **Reisepasses**, PL die **Reisepässe**)
passport

der **Reisescheck** SUBSTANTIV (PL die **Reiseschecks**)
traveller's cheque

das **Reiseziel** SUBSTANTIV (PL die **Reiseziele**)
destination

reißen VERB (IMPERFECT **riss**, PERFECT **hat/ist gerissen**)
Use **haben** *to form the perfect tense. Use* **sein** *to form the perfect tense for* **to break.**
[1] *to tear* (*tore, torn*) ◇ *Er riss ihren Brief in tausend Stücke.* He tore her letter into a thousand pieces. ◇ *Sie riss sich die Kleider vom Leib.* She tore her clothes off.
[2] *to break* (*broke, broken*) ◇ *Das Seil ist gerissen.* The rope has broken.
[3] *to snatch* ◇ *Er hat mir den Geldbeutel aus der Hand gerissen.* He snatched my purse from my hand.
[4] *to drag* ◇ *Sie hat ihn zu Boden gerissen.* She dragged him to the floor.
[5] *to wrench* ◇ *Er riss das Steuer nach links.* He wrenched the steering wheel to the

R

left.
[6] *to tug* ◇ *Er riss an der Leine.* He tugged at the rope.
◆ **Witze reißen** to crack jokes
◆ **etwas an sich reißen** to seize something ◇ *Er hat versucht, die Macht an sich zu reißen.* He tried to seize power.
◆ **Ich habe das Kind in letzter Minute an mich gerissen.** I pulled the child towards me in the nick of time.
◆ **sich um etwas reißen** to scramble for something ◇ *Die Kinder haben sich um die Luftballons gerissen.* The children scrambled for the balloons.

der **Reißnagel** SUBSTANTIV (PL die **Reißnägel**)
drawing pin

der **Reißverschluss** ⚠ SUBSTANTIV (GEN des **Reißverschlusses**, PL die **Reißverschlüsse**)
zip

reiten VERB (IMPERFECT **ritt**, PERFECT **ist geritten**)
to ride (*rode, ridden*)

der **Reiter** SUBSTANTIV (PL die **Reiter**)
rider

der **Reiz** SUBSTANTIV (GEN des **Reizes**, PL die **Reize**)
[1] *charm* ◇ *der Reiz dieser Stadt* the charm of this town ◇ *Er war von ihren Reizen ganz begeistert.* He was quite taken with her charms.
[2] *appeal* ◇ *der Reiz der Großstadt* the appeal of the big city

reizbar ADJEKTIV
irritable

reizen VERB
[1] *to appeal to* ◇ *Diese Arbeit reizt mich sehr.* The work greatly appeals to me. ◇ *Es würde mich reizen, mal nach Kreta zu fahren.* The idea of going to Crete appeals to me.
[2] *to annoy* ◇ *Du musst den Hund nicht reizen.* Don't annoy the dog.
[3] *to irritate* ◇ *Der Rauch reizt die Augen.* Smoke irritates the eyes.

reizend ADJEKTIV
charming

reizvoll ADJEKTIV
attractive

der **Rekord** SUBSTANTIV (PL die **Rekorde**)
record ◇ *Der Rekord liegt bei zehn Metern.* The record is ten metres. ◇ *einen neuen Rekord aufstellen* to set a new record

der **Rektor** SUBSTANTIV (PL die **Rektoren**)
[1] *headteacher* ◇ *Der Rektor ist bei uns für die Stundenpläne zuständig.* At our school, the headteacher's in charge of timetables.
[2] *vice-chancellor* ◇ *Zu Semesterbeginn hält der Rektor eine Rede.* At the beginning of term the vice-chancellor gives a speech.

das **Rektorat** SUBSTANTIV (PL die **Rektorate**)
headteacher's office ◇ *Franz, du sollst aufs Rektorat kommen.* Franz, you're to go to the headteacher's office.

relativ ADVERB
relatively ◇ *Das ist relativ einfach.* That's relatively easy.

die **Religion** SUBSTANTIV
religion

religiös ADJEKTIV
religious

das **Rendezvous** SUBSTANTIV (GEN des **Rendezvous**, PL die **Rendezvous**)
date ◇ *Sie hatte gestern Abend ein Rendezvous mit Michael.* She had a date with Michael last night.

rennen VERB (IMPERFECT **rannte**, PERFECT **ist gerannt**)
siehe auch das Rennen SUBSTANTIV
to run (*ran, run*)

das **Rennen** SUBSTANTIV (PL die **Rennen**)
siehe auch rennen VERB
race ◇ *ein Pferderennen* a horse race ◇ *ein Autorennen* a motor race

der **Rennfahrer** SUBSTANTIV (PL die **Rennfahrer**)
racing driver

das **Rennpferd** SUBSTANTIV (PL die **Rennpferde**)
racehorse

der **Rennwagen** SUBSTANTIV (PL die **Rennwagen**)
racing car

renovieren VERB (PERFECT **hat renoviert**)
to renovate

rentabel ADJEKTIV
[1] *lucrative* ◇ *eine rentable Arbeit* a lucrative job
[2] *profitable* ◇ *Das wäre nicht rentabel.* That wouldn't be profitable.

die **Rentabilität** SUBSTANTIV
profitability

die **Rente** SUBSTANTIV
pension
◆ **in Rente gehen** to retire

sich **rentieren** VERB (PERFECT **hat sich rentiert**)
to be profitable (*is, was, been*) ◇ *Das Geschäft rentiert sich nicht mehr.* The business is no longer profitable.
◆ **Das hat sich rentiert.** That was worthwhile.

der **Rentner** SUBSTANTIV (PL die **Rentner**)
pensioner

die **Reparatur** SUBSTANTIV
repair

reparieren VERB (PERFECT **hat repariert**)
to repair

die **Reportage** SUBSTANTIV
[1] *report* ◇ *Ich habe eine Reportage über die Zustände in Rumänien gelesen.* I read a report about conditions in Romania.
[2] *live commentary* ◇ *Hast du im Radio die Reportage des Europapokalspiels gehört?* Did you hear the live commentary on the European cup game on the radio?

der **Reporter** SUBSTANTIV (PL die **Reporter**)
reporter

das **Reptil** SUBSTANTIV (PL die **Reptilien**)
reptile

die **Republik** SUBSTANTIV
republic

republikanisch ADJEKTIV

republican

das **Reservat** SUBSTANTIV (PL die **Reservate**)
reservation

die **Reserve** SUBSTANTIV
reserve

das **Reserverad** SUBSTANTIV (PL die **Reserveräder**)
spare wheel

reservieren VERB (PERFECT **hat reserviert**)
to reserve ◇ *Ich habe einen Tisch für heute Abend reservieren lassen.* I've reserved a table for this evening.

der **Respekt** SUBSTANTIV
respect

respektieren VERB (PERFECT **hat respektiert**)
to respect

respektlos ADJEKTIV
disrespectful

respektvoll ADJEKTIV
respectful

der **Rest** SUBSTANTIV (PL die **Reste**)
1 *rest* ◇ *Den Rest bezahle ich später.* I'll pay the rest later. ◇ *Die meisten sind früher gegangen, der Rest hat noch lange gefeiert.* Most left early, but the rest carried on celebrating for a long time.
2 *left-over* ◇ *Heute gab's die Reste von gestern.* Today we had yesterday's left-overs.
◆ **die Reste** the remains ◇ *Das sind die Reste der alten Stadtmauer.* These are the remains of the old town walls.

das **Restaurant** SUBSTANTIV (PL die **Restaurants**)
restaurant

restaurieren VERB (PERFECT **hat restauriert**)
to restore

restlich ADJEKTIV
remaining

das **Resultat** SUBSTANTIV (PL die **Resultate**)
result

retten VERB
to rescue

der **Rettich** SUBSTANTIV (PL die **Rettiche**)
radish (PL *radishes*)

die **Rettung** SUBSTANTIV
1 *rescue* ◇ *Alle zeigten bei der Rettung großen Mut.* They all showed great courage during the rescue.
2 *salvation* ◇ *Das war meine Rettung.* That was my salvation.
3 *hope* ◇ *seine letzte Rettung* his last hope

das **Rettungsboot** SUBSTANTIV (PL die **Rettungsboote**)
lifeboat

der **Rettungsring** SUBSTANTIV (PL die **Rettungsringe**)
lifebelt

der **Rettungswagen** SUBSTANTIV (PL die **Rettungswagen**)
ambulance

die **Reue** SUBSTANTIV
remorse ◇ *Der Täter zeigt keine Reue.* The culprit doesn't show any remorse.

das **Revier** SUBSTANTIV (PL die **Reviere**)
1 *police station* ◇ *Der Polizist nahm ihn mit aufs Revier.* The policeman took him to the police station.
2 *territory* (PL *territories*) ◇ *Das männliche Tier verteidigt sein Revier.* The male animal defends his territory.

die **Revolution** SUBSTANTIV
revolution ◇ *die Revolution von 1789* the revolution of 1789

das **Rezept** SUBSTANTIV (PL die **Rezepte**)
1 *recipe* ◇ *Kannst du mir mal das Rezept von deinem Käsekuchen geben?* Can you give me your cheesecake recipe?
2 *prescription* ◇ *Dieses Medikament bekommt man nur auf Rezept.* You can only get this medicine on prescription.

rezeptpflichtig ADJEKTIV
available only on prescription
◆ **rezeptpflichtige Medikamente** prescribed drugs

der **Rhabarber** SUBSTANTIV
rhubarb

der **Rhein** SUBSTANTIV
Rhine

The Rhine is 1320 km long and the entire 865 km which flows through Germany is navigable, making it an important inland waterway. It flows past such important cities as Karlsruhe, Mannheim, Ludwigshafen, Mainz, Cologne, Düsseldorf and Duisburg.

Rheinland-Pfalz NEUT SUBSTANTIV
Rhineland-Palatinate

Rheinland-Pfalz *is one of the 16* Länder. *Its capital is Mainz. It is home to the BASF chemicals giant and to Germany's biggest television network, ZDF (Channel 2).*

das **Rheuma** SUBSTANTIV
rheumatism ◇ *Meine Oma hat Rheuma.* My granny's got rheumatism.

der **Rhythmus** SUBSTANTIV (GEN des **Rhythmus**, PL die **Rhythmen**)
rhythm

richten VERB
1 *to point* ◇ *Er richtete das Fernrohr zum Himmel.* He pointed the telescope at the sky.
◆ **eine Waffe auf jemanden richten** to aim a weapon at somebody
2 *to prepare* ◇ *Er hatte das Mittagessen schon gerichtet.* He had already prepared lunch.
◆ **etwas an jemanden richten** to address something to somebody ◇ *Der Brief war an meine Eltern gerichtet.* The letter was addressed to my parents.
◆ **Ich richte mich ganz nach dir.** I'll do whatever you want.
◆ **sich nach etwas richten (1)** to conform to something ◇ *Auch du solltest dich danach richten, wie wir das hier machen.* You should conform to our way of doing things.
◆ **sich nach etwas richten (2)** to be determined by something ◇ *Das Angebot richtet sich nach der Nachfrage.* Supply is determined by demand.

R

der **Richter** SUBSTANTIV (PL die **Richter**)
judge

richtig ADJEKTIV, ADVERB
1 *right* ◇ *Wir müssen den richtigen Zeitpunkt abwarten.* We must wait for the right moment. ◇ *Es war nicht richtig von dir, ihn zu belügen.* It wasn't right of you to lie to him. ◇ *Das war nicht die richtige Antwort.* That wasn't the right answer.
◆ **Bin ich hier richtig?** Have I come to the right place?
◆ **der Richtige** the right person
◆ **das Richtige** the right thing
2 *correctly* ◇ *Du hast das nicht richtig geschrieben.* You haven't written that correctly.
3 *proper* ◇ *Ich will ein richtiges Motorrad und kein Moped.* I want a proper motorbike, not a moped.
4 *really* ◇ *Wir waren richtig froh, als es vorbei war.* We were really glad when it was over.

die **Richtung** SUBSTANTIV
direction ◇ *Wir gehen in die falsche Richtung.* We are going in the wrong direction. ◇ *in östlicher Richtung* in an easterly direction

rieb VERB *siehe* **reiben**

riechen VERB (IMPERFECT **roch**, PERFECT **hat gerochen**)
to smell ◇ *Ich rieche Gas.* I can smell gas. ◇ *Das riecht gut.* That smells good. ◇ *Ich kann nichts riechen.* I can't smell anything.
◆ **an etwas riechen** to smell something ◇ *Sie roch an der Rose.* She smelled the rose.
◆ **nach etwas riechen** to smell of something ◇ *Hier riecht es nach Benzin.* It smells of petrol here.
◆ **Ich kann ihn nicht riechen.** I can't stand him.

rief VERB *siehe* **rufen**

der **Riegel** SUBSTANTIV (PL die **Riegel**)
1 *bolt* ◇ *Sie schob den Riegel vor die Tür.* She bolted the door.
2 *bar* ◇ *Für unterwegs haben wir einen Schokoriegel mitgenommen.* We've brought a bar of chocolate to eat on the way.

der **Riese** SUBSTANTIV (GEN des **Riesen**, PL die **Riesen**)
giant

der **Riesenerfolg** SUBSTANTIV (PL die **Riesenerfolge**)
enormous success (PL *successes*)

riesengroß ADJEKTIV
gigantic

das **Riesenrad** SUBSTANTIV (PL die **Riesenräder**)
big wheel ◇ *mit dem Riesenrad fahren* to go on the big wheel

riesig ADJEKTIV
huge

riet VERB *siehe* **raten**

die **Rille** SUBSTANTIV
groove

das **Rind** SUBSTANTIV (PL die **Rinder**)
1 *ox* (PL *oxen*) (*männlich*)
2 *cow* (*weiblich*)
◆ **Rinder** cattle ◇ *Seine Rinder sind im Sommer auf der Weide.* His cattle spend the summer on the meadow.
3 *beef* ◇ *Wir essen kaum noch Rind.* We hardly eat beef any more.

die **Rinde** SUBSTANTIV
1 *rind* ◇ *Er schnitt die Rinde vom Käse ab.* He cut the rind off the cheese.
2 *crust* ◇ *frisches Brot mit knuspriger Rinde* fresh crusty bread
3 *bark* ◇ *Er ritzte ihren Namen in die Rinde einer Eiche.* He carved her name into the bark of an oak tree.

das **Rindfleisch** SUBSTANTIV
beef

der **Ring** SUBSTANTIV (PL die **Ringe**)
ring

das **Ringbuch** SUBSTANTIV (PL die **Ringbücher**)
ring binder

das **Ringen** SUBSTANTIV
wrestling ◇ *Ringen ist sein Hobby.* His hobby is wrestling.

der **Ringkampf** SUBSTANTIV (PL die **Ringkämpfe**)
wrestling bout

der **Ringrichter** SUBSTANTIV (PL die **Ringrichter**)
referee

ringsum ADVERB
all around ◇ *Wir sahen ringsum Menschen.* We saw people all around. ◇ *Er blickte ringsum.* He looked all around.

die **Rippe** SUBSTANTIV
rib

das **Risiko** SUBSTANTIV (PL die **Risiken**)
risk

riskant ADJEKTIV
risky

riskieren VERB (PERFECT **hat riskiert**)
to risk

der **Riss** ⚠ SUBSTANTIV (GEN des **Risses**, PL die **Risse**)
1 *crack* ◇ *Die Maus verschwand durch einen Riss in der Mauer.* The mouse disappeared into a crack in the wall. ◇ *Der trockene Boden war voller Risse.* The dry soil was full of cracks.
2 *tear* ◇ *Er hatte einen Riss in der Hose.* There was a tear in his trousers.

rissig ADJEKTIV
1 *cracked* ◇ *Von der Trockenheit ist die Erde rissig geworden.* The soil is cracked as a result of the drought.
2 *chapped* ◇ *Vom vielen Waschen hat sie ganz rissige Hände.* Her hands are all chapped from doing so much washing.

ritt VERB *siehe* **reiten**

der **Ritter** SUBSTANTIV (PL die **Ritter**)
knight

der **Rivale** SUBSTANTIV (GEN des **Rivalen**, PL die **Rivalen**)
rival

die **Robbe** SUBSTANTIV
seal ◇ *ein Robbenbaby* a seal pup
der **Roboter** SUBSTANTIV (PL die **Roboter**)
robot
roch VERB *siehe* **riechen**
der **Rock** SUBSTANTIV (PL die **Röcke**)
skirt
der **Roggen** SUBSTANTIV
rye
roh ADJEKTIV
1 *raw* ◇ *rohes Fleisch* raw meat ◇ *Karotten esse ich am liebsten roh.* I like carrots best raw.
2 *callous* ◇ *Sei nicht so roh.* Don't be so callous.
3 *rough* ◇ *Er hat sie ziemlich roh mit sich gezogen.* He dragged her off pretty roughly.
das **Rohr** SUBSTANTIV (PL die **Rohre**)
1 *pipe* ◇ *Das Abwasser wird durch Rohre in die Kanalisation geleitet.* Sewage is fed into the sewer via pipes.
2 *cane* ◇ *ein Stuhl aus Rohr* a cane chair
3 *reeds* PL ◇ *In dem Teich wuchs Rohr.* Reeds were growing in the pond.
der **Rohstoff** SUBSTANTIV (PL die **Rohstoffe**)
raw material
der **Rolladen** SUBSTANTIV *siehe* **Rollladen**
die **Rolle** SUBSTANTIV
1 *role* ◇ *Der Schauspieler hat die Rolle des Königs gut gespielt.* The actor was good in the role of the king. ◇ *Die Rolle der Frau hat sich geändert.* The role of women has changed.
2 *castor* ◇ *ein Stuhl mit Rollen* a chair with castors
3 *roll* ◇ *eine Rolle Toilettenpapier* a roll of toilet paper
4 *reel* ◇ *Sie hat den Faden von der Rolle abgewickelt.* She unwound the thread from the reel.
◆ **keine Rolle spielen** not to matter ◇ *Das Wetter spielt keine Rolle.* The weather doesn't matter.
◆ **eine wichtige Rolle spielen bei** to play a major role in ◇ *Er hat bei der Planung des Abschlussfestes eine wichtige Rolle gespielt.* He played a major role in organizing the end-of-term party.
rollen VERB (PERFECT **hat/ist gerollt**)
For the perfect tense use haben *when the verb has an object and* sein *when there is no object.*
to roll ◇ *Sie haben den Stein den Berg hinunter gerollt.* They rolled the stone down the hill. ◇ *Der Ball ist direkt vor ein Auto gerollt.* The ball rolled right in front of a car.
der **Rollkragen** SUBSTANTIV (PL die **Rollkragen**)
polo neck
der **Rollladen** ⚠ SUBSTANTIV (PL die **Rollläden**)
shutter
der **Rollschuh** SUBSTANTIV (PL die **Rollschuhe**)
roller skate
der **Rollstuhl** SUBSTANTIV (PL die **Rollstühle**)
wheelchair
die **Rolltreppe** SUBSTANTIV
escalator
der **Roman** SUBSTANTIV (PL die **Romane**)
novel
romantisch ADJEKTIV
romantic
römisch ADJEKTIV
Roman
röntgen VERB
to X-ray
rosa ADJEKTIV
pink ◇ *Sie hatte ein rosa Kleid an.* She was wearing a pink dress.
die **Rose** SUBSTANTIV
rose
der **Rosenkohl** SUBSTANTIV
Brussels sprouts PL ◇ *Rosenkohl ist mein Lieblingsgemüse.* Brussels sprouts are my favourite vegetable.
der **Rosenmontag** SUBSTANTIV (PL die **Rosenmontage**)
Monday before Shrove Tuesday
Rosenmontag *is an important day in the carnival festivities. Cities such as Cologne, Düsseldorf and Mainz traditionally have long processions with carnival floats on* Rosenmontag.
die **Rosine** SUBSTANTIV
raisin
der **Rosmarin** SUBSTANTIV
rosemary
die **Rosskastanie** ⚠ SUBSTANTIV
horse chestnut
der **Rost** SUBSTANTIV (PL die **Roste**)
rust ◇ *An diesem Auto ist viel Rost.* This car has a lot of rust on it..
◆ **ein Bratrost** a grill
rosten VERB (PERFECT **ist gerostet**)
to rust
rösten VERB
1 *to roast* ◇ *geröstete Erdnüsse* roasted peanuts
2 *to toast* ◇ *Brot rösten* to toast bread
3 *to grill* ◇ *Würstchen auf dem Grill rösten* to grill sausages
rostig ADJEKTIV
rusty
rot ADJEKTIV
red ◇ *Sein Gesicht wurde immer röter.* His face got redder and redder.
◆ **in den roten Zahlen** in the red
◆ **das Rote Meer** the Red Sea
die **Röteln** PL SUBSTANTIV
German measles SING ◇ *Röteln sind für schwangere Frauen gefährlich.* German measles is dangerous for pregnant women.
rothaarig ADJEKTIV
red-haired
der **Rotwein** SUBSTANTIV (PL die **Rotweine**)
red wine
die **Roulade** SUBSTANTIV
beef olive
die **Route** SUBSTANTIV
route
die **Rübe** SUBSTANTIV

R

beet ◇ *Der Bauer füttert die Kühe mit Rüben.* The farmer feeds his cows on beet.
◆ **gelbe Rübe** carrot
◆ **rote Rübe** beetroot
rüber ADVERB
over ◇ *Komm hier rüber, da siehst du besser.* Come over here, you'll get a better view. ◇ *Ich geh mal zu den Nachbarn rüber.* I'm just going over to our neighbours.
der **Rücken** SUBSTANTIV (PL die **Rücken**)
siehe auch rücken VERB
back ◇ *Er schläft auf dem Rücken.* He sleeps on his back.
rücken VERB (PERFECT **ist/hat gerückt**)
siehe auch der Rücken SUBSTANTIV
For the perfect tense use haben *when the verb has an object and* sein *when there is no object.*
1 *to move over* ◇ *Rück mal ein bisschen.* Move over a bit.
2 *to shift* ◇ *Sie rückten den Schrank zur Seite.* They shifted the cupboard to one side.
das **Rückenmark** SUBSTANTIV
spinal cord
das **Rückenschwimmen** SUBSTANTIV
backstroke
die **Rückfahrkarte** SUBSTANTIV
return ticket
die **Rückfahrt** SUBSTANTIV
return journey
der **Rückflug** SUBSTANTIV (PL die **Rückflüge**)
return flight
rückgängig ADJEKTIV
◆ **etwas rückgängig machen** to cancel something
das **Rückgrat** SUBSTANTIV (PL die **Rückgrate**)
spine
die **Rückkehr** SUBSTANTIV
return ◇ *bei unserer Rückkehr* on our return
das **Rücklicht** SUBSTANTIV (PL die **Rücklichter**)
rear light
die **Rückreise** SUBSTANTIV
return journey
der **Rucksack** SUBSTANTIV (PL die **Rucksäcke**)
rucksack
die **Rücksicht** SUBSTANTIV
consideration
◆ **auf jemanden Rücksicht nehmen** to show consideration for somebody ◇ *Du solltest mehr Rücksicht auf deine Mitschüler nehmen.* You should show more consideration for your fellow pupils.
rücksichtslos ADJEKTIV
inconsiderate
◆ **ein rücksichtsloser Fahrer** a reckless driver
rücksichtsvoll ADJEKTIV
considerate
der **Rücksitz** SUBSTANTIV (PL die **Rücksitze**)
back seat ◇ *Dieser Sportwagen hat keine Rücksitze.* This sports car has no back seats.
◆ **Kinder sollten auf dem Rücksitz mitfahren.** Children should travel in the back.
der **Rückspiegel** SUBSTANTIV (PL die **Rückspiegel**)
rear-view mirror
das **Rückspiel** SUBSTANTIV (PL die **Rückspiele**)
return match (PL *matches*)
der **Rücktritt** SUBSTANTIV (PL die **Rücktritte**)
resignation
rückwärts ADVERB
backwards ◇ *rückwärts zählen* to count backwards
◆ **rückwärts fahren** to reverse ◇ *Er fuhr rückwärts in die Garage.* He reversed into the garage.
der **Rückwärtsgang** SUBSTANTIV (PL die **Rückwärtsgänge**)
reverse gear
der **Rückweg** SUBSTANTIV (PL die **Rückwege**)
way back
das **Ruder** SUBSTANTIV (PL die **Ruder**)
1 *oar* ◇ *ein Boot mit zwei Rudern* a boat with two oars
2 *rudder* ◇ *Der Steuermann steht am Ruder.* The helmsman stands at the rudder.
das **Ruderboot** SUBSTANTIV (PL die **Ruderboote**)
rowing boat
rudern VERB (PERFECT **hat/ist gerudert**)
Use haben *for the perfect tense when you describe the activity and* sein *when you describe the motion.*
to row ◇ *Zuerst hat er gerudert, dann sie.* First he rowed, then she did. ◇ *Wir sind über den See gerudert.* We rowed across the lake.
der **Ruf** SUBSTANTIV (PL die **Rufe**)
1 *shout* ◇ *Wir hörten seine Rufe.* We heard his shouts.
2 *reputation* ◇ *Das schadet seinem Ruf.* This will damage his reputation.
rufen VERB (IMPERFECT **rief**, PERFECT **hat gerufen**)
1 *to call out* ◇ *Ich habe gerufen, es hat mich aber niemand gehört.* I called out, but nobody heard me.
◆ **Der Patient rief nach der Schwester.** The patient called for the nurse.
2 *to call* ◇ *Wir sollten den Arzt rufen.* We ought to call the doctor. ◇ *Sie hat mir ein Taxi gerufen.* She called me a taxi.
3 *to shout* ◇ *Sie rief um Hilfe.* She shouted for help.
die **Rufnummer** SUBSTANTIV
telephone number
die **Ruhe** SUBSTANTIV
1 *rest* ◇ *Nach den anstrengenden Tagen brauche ich etwas Ruhe.* After the strain of the last few days I need a rest.
2 *peace* ◇ *Jetzt kann ich in Ruhe arbeiten.* Now I can work in peace.
3 *peace and quiet* ◇ *Die Kinder sind weg, ich genieße die Ruhe.* The children are out and I'm enjoying the peace and quiet.
◆ **in aller Ruhe** calmly
◆ **jemanden aus der Ruhe bringen** to unsettle somebody ◇ *Dieser Anruf hat mich aus der Ruhe gebracht.* The phone call unsettled me.

[4] *silence* ◇ *Ich bitte um etwas mehr Ruhe.* I would ask you for a bit more silence.

- **Ruhe!** Silence!
- **jemanden in Ruhe lassen** to leave somebody alone ◇ *Lass endlich deine Schwester in Ruhe.* Will you leave your sister alone!
- **sich zur Ruhe setzen** to retire

der **Ruhestand** SUBSTANTIV
retirement

- **Mein Vater ist im Ruhestand.** My father has retired.

die **Ruhestörung** SUBSTANTIV
breach of the peace (PL *breaches*)

ruhig ADJEKTIV, ADVERB
[1] *quiet* ◇ *Im Haus war alles ruhig.* The house was completely quiet. ◇ *Die Kinder haben ruhig gespielt.* The children played quietly. ◇ *Seid endlich ruhig!* Will you be quiet!
[2] *still* ◇ *Bleib ruhig stehen, dann tut dir der Hund nichts.* If you keep still the dog won't hurt you.

- **eine ruhige Hand** a steady hand

[3] *calm* ◇ *Wie kannst du so ruhig bleiben?* How can you stay so calm? ◇ *Ich bin ganz ruhig in die Prüfung gegangen.* I went quite calmly into the exam.

- **ein ruhiges Gewissen** a clear conscience
- **Kommen Sie ruhig herein!** Come on in.

der **Ruhm** SUBSTANTIV
fame

das **Rührei** SUBSTANTIV (PL die **Rühreier**)
scrambled eggs PL

rühren VERB
[1] *to stir* ◇ *Sie rührte mit dem Löffel in der Soße.* She stirred the sauce with the spoon.
[2] *to move* ◇ *Ich kann meine Beine nicht rühren.* I can't move my legs.

- **sich rühren** to move ◇ *Sie hatte so Angst, dass sie sich nicht rührte.* She was so afraid that she didn't move.
- **jemanden rühren** to move somebody ◇ *Die Armut der Kinder hat uns gerührt.* The children's poverty moved us.
- **rühren an (1)** to touch ◇ *Rühr nicht an den Draht, da ist Strom drauf.* Don't touch the wire, it's live.
- **rühren an (2)** to bring up ◇ *An dieses Thema solltest du nicht rühren.* You shouldn't bring this subject up.

rührend ADJEKTIV
touching ◇ *eine rührende Geschichte* a touching story ◇ *Er ist rührend naiv.* He's touchingly naive.

die **Ruine** SUBSTANTIV
ruin

ruinieren VERB (PERFECT **hat ruiniert**)
to ruin

rülpsen VERB
to belch

der **Rumäne** SUBSTANTIV (GEN des **Rumänen**, PL die **Rumänen**)
Romanian

Rumänien NEUT SUBSTANTIV
Romania

- **aus Rumänien** from Romania
- **nach Rumänien** to Romania

die **Rumänin** SUBSTANTIV
Romanian

rumänisch ADJEKTIV
Romanian

der **Rummel** SUBSTANTIV
[1] *hullabaloo* (*Umgangssprache*) ◇ *Das war vielleicht ein Rummel in der Stadt.* There was quite a hullabaloo in town.
[2] *fair* ◇ *Wir sind auf dem Rummel Karussell gefahren.* We went on a roundabout at the fair.

der **Rummelplatz** SUBSTANTIV (GEN des **Rummelplatzes**, PL die **Rummelplätze**)
fairground

rund ADJEKTIV, ADVERB
[1] *round* ◇ *Sie hat ein rundes Gesicht.* She's got a round face.
[2] *about* ◇ *Das kostet rund hundert Mark.* It costs about a hundred marks.

- **rund um etwas** around something ◇ *Die Stadtmauer geht rund um die Stadt.* The town walls go around the town.

die **Runde** SUBSTANTIV
[1] *lap* ◇ *Das Auto fuhr ein paar Runden.* The car drove a few laps.
[2] *round* ◇ *Diese Runde zahle ich.* I'll get this round.

It isn't usual to buy rounds in Germany. Normally people just order what they want from the waiter, and pay when they leave. You can, however, buy a round (eine Runde schmeißen) *if you're feeling generous.*

[3] *lap* ◇ *Er liegt in der letzten Runde in Führung.* He's in the lead on the last lap.
[4] *party* (PL *parties*) ◇ *Wir waren eine fröhliche Runde.* We were a merry party.

die **Rundfahrt** SUBSTANTIV
round trip

der **Rundfunk** SUBSTANTIV
broadcasting

- **im Rundfunk** on the radio

runter ADVERB
[1] *off* ◇ *Runter vom Tisch!* Get off the table!
[2] *down* ◇ *Dann ging's den Berg runter.* Then off we went down the mountain.

der **Ruß** SUBSTANTIV (GEN des **Rußes**)
soot

der **Russe** SUBSTANTIV (GEN des **Russen**, PL die **Russen**)
Russian

der **Rüssel** SUBSTANTIV (PL die **Rüssel**)
[1] *snout* ◇ *der Rüssel eines Schweins* a pig's snout
[2] *trunk* ◇ *der Rüssel eines Elefanten* an elephant's trunk

rußig ADJEKTIV
sooty

die **Russin** SUBSTANTIV
Russian

R

russisch ADJEKTIV
Russian
Russland ⚠ NEUT SUBSTANTIV
Russia
- **aus Russland** from Russia
- **nach Russland** to Russia

die **Rüstung** SUBSTANTIV
[1] *suit of armour* ◇ *In der Burg standen ein paar rostige Rüstungen.* There were a couple of rusty suits of armour in the castle.
[2] *armaments* PL ◇ *Es wird viel Geld für Rüstung ausgegeben.* A lot of money is spent on armaments.

die **Rutschbahn** SUBSTANTIV
slide
rutschen VERB (PERFECT **ist gerutscht**)
[1] *to slip* ◇ *Sie ist auf dem Eis gerutscht und hingefallen.* She slipped and fell on the ice. ◇ *Der Teller ist mir aus der Hand gerutscht.* The plate slipped out of my hand.
[2] *to move over* ◇ *Rutsch mal ein bisschen!* Move over a bit.
rutschig ADJEKTIV
slippery

S

der **Saal** SUBSTANTIV (PL die **Säle**)
hall

das **Saarland** SUBSTANTIV
Saarland

The Saarland *is one of the 16* Länder. *Its capital is Saarbrücken. While its coal and steel industries have been in crisis, it still has flourishing ceramics and glass industries.*

die **Sache** SUBSTANTIV
1 *thing* ◇ *Räum bitte deine Sachen weg.* Please put your things away. ◇ *Pack warme Sachen ein.* Pack warm things.
2 *matter* ◇ *Wir sollten diese Sache ausdiskutieren.* We should discuss this matter fully. ◇ *Die Polizei wird dieser Sache nachgehen.* The police will investigate this affair.
3 *job* ◇ *Es ist deine Sache, dich darum zu kümmern.* It's your job to see to it.
◆ **Mach keine Sachen!** Don't be silly!
◆ **Was machst du denn für Sachen?** The things you do!
◆ **zur Sache** to the point ◇ *Komm endlich zur Sache!* Get to the point!

sachlich ADJEKTIV
1 *objective* ◇ *ein sehr sachlicher Bericht* a very objective report ◇ *Du solltest sachlich bleiben.* You should remain objective.
2 *factual* ◇ *Was er sagt, ist sachlich falsch.* What he says is factually inaccurate.

sächlich ADJEKTIV
neuter

Sachsen NEUT SUBSTANTIV
Saxony

Sachsen *is one of the 16* Länder. *Its capital is Dresden. Its largest city, Leipzig, is famous for its industrial fair and was one of the main centres of the peaceful revolt against the DDR regime.*

Sachsen-Anhalt NEUT SUBSTANTIV
Saxony-Anhalt

Sachsen-Anhalt *is one of the 16* Länder. *Its capital is Magdeburg. It has a rich cultural past: Martin Luther and Georg Friedrich Händel were born here, and the Bauhaus school of architecture was situated in Dessau.*

sächsisch ADJEKTIV
Saxon

sachte ADVERB
softly

der **Sack** SUBSTANTIV (PL die **Säcke**)
sack

die **Sackgasse** SUBSTANTIV
cul-de-sac

der **Saft** SUBSTANTIV (PL die **Säfte**)
juice

saftig ADJEKTIV
juicy

die **Säge** SUBSTANTIV
saw

sagen VERB
1 *to say* (*said, said*) ◇ *Ich kann noch nicht sagen, ob ich komme.* I can't say yet if I'll come. ◇ *Habe ich etwas Falsches gesagt?* Have I said something wrong? ◇ *Wie sagt man "danke" auf japanisch?* How do you say "thank you" in Japanese? ◇ *Was sagst du zu meinem Vorschlag?* What do you say to my suggestion? ◇ *Sie sagt, sie habe das nicht gewusst.* She says that she didn't know that.
◆ **Man sagt, dass...** It's said that...
2 *to tell* (*told, told*) ◇ *Kannst du ihm bitte sagen, er soll seine Eltern anrufen.* Can you tell him to call his parents. ◇ *Ich werde es ihr sagen.* I'll tell her. ◇ *Sag ihm, er solle das nicht tun.* Tell him he shouldn't do it. ◇ *sagen Sie ihm, dass...* tell him that...
◆ **etwas zu jemandem sagen** to call somebody something ◇ *Die Kinder sagen Onja zu mir.* The children call me Onja.
◆ **zu sagen haben** to have a say ◇ *Du hast hier nichts zu sagen.* You don't have a say in this matter.
◆ **Es hat nichts zu sagen, dass er sich noch nicht gemeldet hat.** The fact that he hasn't called doesn't mean anything.

sägen VERB
to saw (*sawed, sawn*)

sagenhaft ADJEKTIV
1 *legendary* ◇ *der sagenhafte König Artus* the legendary King Arthur
2 *terrific* (*Umgangssprache*) ◇ *Das war ein sagenhaftes Glück.* That was terrific luck.

sah VERB *siehe* **sehen**

die **Sahne** SUBSTANTIV
cream

die **Saison** SUBSTANTIV (PL die **Saisons**)
season

die **Saite** SUBSTANTIV
string

das **Saiteninstrument** SUBSTANTIV (PL die **Saiteninstrumente**)
stringed instrument

der **Salat** SUBSTANTIV (PL die **Salate**)
1 *salad* ◇ *Es gab verschiedene Salate.* There were various salads.
2 *lettuce* ◇ *Am liebsten mag ich grünen Salat.* I like lettuce best.

die **Salatsoße** SUBSTANTIV
salad dressing

die **Salbe** SUBSTANTIV
ointment

der **Salbei** SUBSTANTIV (GEN des **Salbeis**)
sage

das **Salz** SUBSTANTIV (GEN des **Salzes**)
salt

salzen VERB (PERFECT **hat gesalzen**)
to salt

salzig ADJEKTIV
salty

die **Salzkartoffeln** FEM PL SUBSTANTIV
boiled potatoes PL

das **Salzwasser** SUBSTANTIV
salt water

der **Samen** SUBSTANTIV (PL die **Samen**)
seed ◇ *Hast du die Blumensamen schon ausgesät?* Have you sown the flower seeds yet?

sammeln VERB
1 *to collect* ◇ *Er sammelt Briefmarken.* He collects stamps. ◇ *Sie sammeln für ein Waisenhaus.* They're collecting for an orphanage. ◇ *Altpapier wird gesammelt und wiederverwertet.* Waste paper is collected and recycled.
2 *to gather* ◇ *Wir haben Pilze gesammelt.* We gathered mushrooms.

die **Sammlung** SUBSTANTIV
collection

der **Samstag** SUBSTANTIV (PL die **Samstage**)
Saturday ◇ *am Samstag* on Saturday

samstags ADVERB
on Saturdays

der **Samt** SUBSTANTIV (PL die **Samte**)
siehe auch **samt** PRÄPOSITION
velvet

samt PRÄPOSITION
siehe auch **der Samt** SUBSTANTIV
The preposition **samt** *takes the dative.*
with ◇ *Sie kamen samt Kindern und Hund.* They came with their children and dog.

der **Sand** SUBSTANTIV
sand

die **Sandale** SUBSTANTIV
sandal

sandig ADJEKTIV
sandy

der **Sandkasten** SUBSTANTIV (PL die **Sandkästen**)
sandpit

der **Sandstein** SUBSTANTIV (PL die **Sandsteine**)
sandstone

sandstrahlen VERB
to sandblast ◇ *Die Gebäude wurden alle gesandstrahlt.* All the buildings were sandblasted.

der **Sandstrand** SUBSTANTIV (PL die **Sandstrände**)
sandy beach (PL *beaches*)

sandte VERB *siehe* **senden**

sanft ADJEKTIV
gentle ◇ *etwas sanft berühren* to touch something gently

sang VERB *siehe* **singen**

der **Sänger** SUBSTANTIV (PL die **Sänger**)
singer

die **Sängerin** SUBSTANTIV
singer

die **Sardelle** SUBSTANTIV
anchovy (PL *anchovies*)

die **Sardine** SUBSTANTIV
sardine

der **Sarg** SUBSTANTIV (PL die **Särge**)
coffin

der **Sarkasmus** SUBSTANTIV (GEN des **Sarkasmus**, PL die **Sarkasmen**)
sarcasm

saß VERB *siehe* **sitzen**

der **Satellit** SUBSTANTIV (GEN des **Satelliten**, PL die **Satelliten**)
satellite

das **Satellitenfernsehen** SUBSTANTIV
satellite television

satt ADJEKTIV
full ◇ *Ich bin satt.* I'm full.
- **Wir sind nicht satt geworden.** We didn't get enough to eat.
- **sich satt essen** to eat one's fill
- **satt machen** to be filling
- **satte Farben** rich colours ◇ *ein sattes Rot* a rich red
- **jemanden satt sein** to be fed up with somebody
- **etwas satt haben** to be fed up with something

der **Sattel** SUBSTANTIV (PL die **Sättel**)
saddle

der **Satz** SUBSTANTIV (GEN des **Satzes**, PL die **Sätze**)
1 *sentence* ◇ *Bitte antworte mit einem ganzen Satz.* Please answer in a complete sentence.
- **ein Nebensatz** a subordinate clause
- **ein Adverbialsatz** an adverbial clause

2 *theorem* ◇ *der Satz des Pythagoras* Pythagoras' theorem
3 *set* ◇ *Becker hat den ersten Satz verloren.* Becker lost the first set. ◇ *ein Satz Schraubenschlüssel* a set of screwdrivers
4 *rate* ◇ *Die Krankenversicherung hat ihre Sätze erhöht.* The health insurance has increased its rates.

das **Satzzeichen** SUBSTANTIV (PL die **Satzzeichen**)
punctuation mark

sauber ADJEKTIV
1 *clean* ◇ *Die Wäsche ist nicht sauber geworden.* The washing hasn't come up clean.
2 *fine* ◇ *Du bist mir ein sauberer Freund!* You're a fine friend!
- **sauber machen** to clean

die **Sauberkeit** SUBSTANTIV
cleanness

saubermachen VERB *siehe* **sauber**

die **Sauce** SUBSTANTIV
sauce

sauer ADJEKTIV
1 *sour* ◇ *Der Apfel ist sauer.* The apple is sour. ◇ *Die Milch ist sauer geworden.* The milk has turned sour.
2 *acid* ◇ *saurer Regen* acid rain
3 *cross* ◇ *Ich bin sauer auf meine Freundin.* I'm cross with my girlfriend.

die **Sauerei** SUBSTANTIV
1 *scandal* ◇ *Es ist eine Sauerei, dass wir länger arbeiten müssen.* It's a scandal that we have to work longer hours.
2 *mess* ◇ *Wer hat denn die Sauerei im Bad gemacht?* Who made the mess in the bathroom?
3 *obscenity* (PL *obscenities*) ◇ *Über*

solche Sauereien kann ich nicht lachen. I can't laugh at such obscenities.

der **Sauerstoff** SUBSTANTIV
oxygen

saufen VERB (PRESENT **säuft**, IMPERFECT **soff**, PERFECT **hat gesoffen**)
to booze (*Umgangssprache*)

saugen VERB (IMPERFECT **saugte** *or* **sog**, PERFECT **hat gesaugt** *or* **gesogen**)
to suck

das **Säugetier** SUBSTANTIV (PL die **Säugetiere**)
mammal

der **Säugling** SUBSTANTIV (PL die **Säuglinge**)
infant

die **Säule** SUBSTANTIV
column

die **Sauna** SUBSTANTIV (PL die **Saunas**)
sauna

die **Säure** SUBSTANTIV
acid ◇ *Die Säure hat den Stein zerfressen.* The acid has eaten away at the stone.

das **Saxophon** SUBSTANTIV (PL die **Saxophone**)
saxophone ◇ *Er spielt Saxophon.* He plays the saxophone.

die **S-Bahn** SUBSTANTIV
suburban railway

das **Schach** SUBSTANTIV
chess ◇ *Ich kann nicht Schach spielen.* I can't play chess.

das **Schachbrett** SUBSTANTIV (PL die **Schachbretter**)
chessboard

die **Schachfigur** SUBSTANTIV
chessman (PL *chessmen*)

die **Schachtel** SUBSTANTIV
box (PL *boxes*)

schade ADJEKTIV, INTERJEKTION
a pity ◇ *Es ist schade um das gute Essen.* It's a pity to waste good food. ◇ *Das ist aber schade.* That's a pity.
- **Wie schade!** What a pity! ◇ *Wie schade, dass du nicht mitkommen kannst.* What a pity you can't come.
- **für etwas zu schade sein** to be too good for something ◇ *Diese Decke ist doch zu schade für ein Picknick.* This blanket is too good for a picnic.
- **sich zu schade sein für etwas** to consider oneself too good for something ◇ *Du bist dir für so eine Arbeit wohl zu schade?* So you consider yourself too good for a job like that?

der **Schädel** SUBSTANTIV (PL die **Schädel**)
skull

der **Schaden** SUBSTANTIV (PL die **Schäden**)
siehe auch schaden VERB
[1] *damage* ◇ *Der Schaden an seinem Auto war nicht so groß.* The damage to his car wasn't too bad.
[2] *injury* (PL *injuries*) ◇ *Sie hat den Unfall ohne Schaden überstanden.* She came out of the accident without injury.
[3] *disadvantage* ◇ *Es soll dein Schaden nicht sein.* It won't be to your disadvantage.

schaden VERB
siehe auch der Schaden SUBSTANTIV
- **jemandem schaden** to harm somebody ◇ *Ich habe den Eindruck, dass sie mir schaden will.* I've got the feeling that she wants to harm me.
- **einer Sache schaden** to damage something ◇ *Das hat unserem Ruf geschadet.* That's damaged our reputation.
- **es kann nicht schaden...** it can't do any harm... ◇ *Es kann nicht schaden, wenn du die Vokabeln noch einmal wiederholst.* It can't do any harm for you to go over the vocabulary once more.

der **Schadenersatz** SUBSTANTIV (GEN des **Schadenersatzes**)
compensation

schädlich ADJEKTIV
harmful ◇ *Rauchen ist schädlich.* Smoking is harmful. ◇ *Alkohol ist für die Leber schädlich.* Alcohol is harmful to your liver.

der **Schadstoff** SUBSTANTIV (PL die **Schadstoffe**)
harmful substance

das **Schaf** SUBSTANTIV (PL die **Schafe**)
sheep (PL *sheep*) ◇ *zehn Schafe* ten sheep

der **Schäferhund** SUBSTANTIV (PL die **Schäferhunde**)
Alsatian

schaffen (1) VERB (IMPERFECT **schuf**, PERFECT **hat geschaffen**)
to create ◇ *Die Regierung will neue Arbeitsplätze schaffen.* The government wants to create new jobs.

schaffen (2) VERB (IMPERFECT **schaffte**, PERFECT **hat geschafft**)
to manage ◇ *Die Übersetzung schaffe ich heute noch.* I'll manage that translation today. ◇ *Er schafft das nicht allein.* He won't manage to do that on his own.
- **Wir haben den Zug gerade noch geschafft.** We just managed to catch the train.
- **eine Prüfung schaffen** to pass an exam
- **Ich bin geschafft!** I'm shattered!

der **Schal** SUBSTANTIV (PL die **Schale** *or* **Schals**)
scarf (PL *scarfs* or *scarves*)

die **Schale** SUBSTANTIV
[1] *skin* ◇ *eine Bananenschale* a banana skin
[2] *peel* KEIN PL ◇ *Kartoffelschalen* potato peel ◇ *eine Zitronenschale* lemon peel
[3] *shell* ◇ *Die Nussschalen nicht in den Kompost werfen.* Don't throw the nutshells onto the compost heap. ◇ *Diese Eier haben sehr dünne Schalen.* These eggs have very thin shells.
[4] *bowl* ◇ *Auf dem Tisch stand eine Schale mit Obst.* There was a bowl of fruit on the table.

schälen VERB
[1] *to peel* ◇ *einen Apfel schälen* to peel an apple
[2] *to shell* ◇ *Nüsse schälen* to shell nuts

S

- **sich schälen** to peel ◇ *Ich schäle mich auf der Nase.* My nose is peeling.

der **Schall** SUBSTANTIV
sound

der **Schalldämpfer** SUBSTANTIV (PL die **Schalldämpfer**)
silencer

die **Schallmauer** SUBSTANTIV
sound barrier

die **Schallplatte** SUBSTANTIV
record

schalten VERB
1 *to switch* ◇ *den Herd auf "aus" schalten* to switch the oven to "off"
2 *to change gear* ◇ *Du solltest schalten.* You should change gear.
- **in den vierten Gang schalten** to change into fourth

3 *to catch on* (*caught*, *caught*) (*Umgangssprache: begreifen*) ◇ *Ich habe zu spät geschaltet.* I caught on too late.

der **Schalter** SUBSTANTIV (PL die **Schalter**)
1 *counter* ◇ *Zahlen Sie bitte am Schalter dort drüben.* Please pay at the counter over there.
2 *switch* (PL *switches*) ◇ *Wo ist der Lichtschalter?* Where is the light switch?

das **Schaltjahr** SUBSTANTIV (PL die **Schaltjahre**)
leap year

sich **schämen** VERB
to be ashamed (*is*, *was*, *been*) ◇ *sich einer Sache schämen* to be ashamed of something

die **Schande** SUBSTANTIV
disgrace

scharf ADJEKTIV
1 *sharp* ◇ *ein scharfes Messer* a sharp knife ◇ *eine scharfe Kurve* a sharp corner
- **ein scharfer Wind** a biting wind

2 *hot* ◇ *Indisches Essen ist schärfer als deutsches.* Indian food is hotter than German food.
- **scharfe Munition** live ammunition
- **scharf schießen** to shoot with live ammunition
- **scharf nachdenken** to think hard
- **auf etwas scharf sein** to be mad about something (*Umgangssprache*) ◇ *Er ist ganz scharf auf Gummibärchen.* He is mad about jelly bears.
- **auf jemanden scharf sein** to fancy somebody ◇ *Ich glaube, Manfred ist scharf auf dich.* I think Manfred fancies you.

der **Schaschlik** SUBSTANTIV (PL die **Schaschliks**)
You can also say das Schaschlik.
kebab

der **Schatten** SUBSTANTIV (PL die **Schatten**)
shadow
- **Wir saßen im Schatten.** We sat in the shade.

schattig ADJEKTIV
shady

der **Schatz** SUBSTANTIV (GEN des **Schatzes**, PL die **Schätze**)
1 *treasure* ◇ *der Schatz der Piraten* the pirates' treasure
2 *darling* ◇ *Du bist ein Schatz!* You're a darling! ◇ *Mein Schatz.* My darling.

das **Schätzchen** SUBSTANTIV (PL die **Schätzchen**)
darling

schätzen VERB
1 *to guess* ◇ *Schätz mal, wie viel das gekostet hat.* Guess how much that cost.
- **Man kann sein Alter schlecht schätzen.** It's difficult to tell how old he is.

2 *to value* ◇ *Ich werde die alte Uhr schätzen lassen.* I'm going to have the old clock valued.
3 *to appreciate* ◇ *Ich schätze deine Hilfe sehr.* I really appreciate your help.

das **Schaubild** SUBSTANTIV (PL die **Schaubilder**)
diagram

die **Schaufel** SUBSTANTIV
shovel

das **Schaufenster** SUBSTANTIV (PL die **Schaufenster**)
shop window

die **Schaukel** SUBSTANTIV
swing

schaukeln VERB
to swing (*swung*, *swung*)

der **Schaumgummi** SUBSTANTIV
foam rubber

der **Schauspieler** SUBSTANTIV (PL die **Schauspieler**)
actor

die **Schauspielerin** SUBSTANTIV
actress (PL *actresses*)

der **Scheck** SUBSTANTIV (PL die **Schecks**)
cheque

das **Scheckheft** SUBSTANTIV (PL die **Scheckhefte**)
cheque book
Britische Banken stellen ihren Kunden meist Scheckhefte zur Verfügung, die ca. 30 Schecks enthalten.

die **Scheckkarte** SUBSTANTIV
cheque card

die **Scheibe** SUBSTANTIV
slice ◇ *Sie belegte das Brot mit mehreren Scheiben Wurst.* She put several slices of cold meat on the bread.

scheiden VERB (IMPERFECT **schied**, PERFECT **hat geschieden**)
- **sich scheiden lassen** to get a divorce
- **geschieden sein** to be divorced

die **Scheidung** SUBSTANTIV
divorce

der **Schein** SUBSTANTIV (PL die **Scheine**)
1 *light* ◇ *beim Schein einer Kerze* by the light of a candle
2 *appearance* ◇ *Der Schein trügt.* Appearances are deceptive.
3 *note* ◇ *Er hat in großen Scheinen bezahlt.* He paid in large notes.
4 *certificate* ◇ *Am Ende des Semesters bekommt man einen Schein.* You get a

certificate at the end of the semester.

- **etwas zum Schein tun** to pretend to do something ◇ *Er ging zum Schein auf den Vorschlag ein.* He pretended to go along with the suggestion.

scheinbar ADVERB
apparently

scheinen VERB (IMPERFECT **schien**, PERFECT **hat geschienen**)
1 *to shine* (*shone, shone*) ◇ *Die Sonne scheint.* The sun is shining.
2 *to seem* ◇ *Sie scheint glücklich zu sein.* She seems to be happy.

der **Scheinwerfer** SUBSTANTIV (PL die **Scheinwerfer**)
1 *headlamp* ◇ *Die Scheinwerfer des entgegenkommenden Autos haben mich geblendet.* The headlamps of the approaching car blinded me.
2 *floodlight* ◇ *Die Scheinwerfer beleuchteten das Stadion.* The floodlights lit the stadium.
3 *spotlight* ◇ *Das Gemälde wird von einem Scheinwerfer angestrahlt.* The painting is lit up by a spotlight.

die **Scheiße** SUBSTANTIV
shit (*Umgangssprache*)

scheitern VERB (PERFECT **ist gescheitert**)
to fail

der **Schenkel** SUBSTANTIV (PL die **Schenkel**)
thigh

schenken VERB
1 *to give* (*gave, given*) ◇ *Was haben dir deine Eltern zum Geburtstag geschenkt?* What did your parents give you for your birthday? ◇ *Das habe ich geschenkt bekommen.* I was given it as a present.
2 *to pour* ◇ *Sie schenkte ihm noch etwas Rotwein ins Glas.* She poured some more red wine into his glass.

- **sich etwas schenken** to skip something ◇ *Das Frühstück werde ich mir heute schenken.* I'm going to skip breakfast today.
- **Das ist geschenkt! (1)** (*billig*) That's a giveaway!
- **Das ist geschenkt! (2)** (*taugt nichts*) That's worthless!

die **Scherbe** SUBSTANTIV
piece ◇ *eine Glasscherbe* a piece of glass

die **Schere** SUBSTANTIV
1 *scissors* PL ◇ *eine Schere* a pair of scissors
2 *shears* PL ◇ *Wo ist die Schere um die Hecke zu schneiden?* Where are the shears for cutting the hedge?

scheren (1) VERB (IMPERFECT **schor**, PERFECT **hat geschoren**)

- **Schafe scheren** to shear sheep

scheren (2) VERB (IMPERFECT **scherte**, PERFECT **hat geschert**)
to bother ◇ *Es schert mich wenig, was die Leute sagen.* It doesn't really bother me what people say.

- **sich um etwas scheren** to care about something ◇ *Sie schert sich nicht um die Spielregeln.* She doesn't care about the rules.
- **Scher dich um deine eigenen Angelegenheiten.** Mind your own business!
- **Scher dich zum Teufel!** Go to hell! (*Umgangssprache*)

der **Scherz** SUBSTANTIV (GEN des **Scherzes**, PL die **Scherze**)
joke ◇ *Das war doch nur ein Scherz!* It was only a joke.

- **zum Scherz** for fun

scheußlich ADJEKTIV
dreadful ◇ *Das Wetter war scheußlich.* The weather was dreadful.

- **Das tut scheußlich weh.** It hurts dreadfully.

der **Schi** SUBSTANTIV (PL die **Schi** *or* **Schier**)
ski

die **Schicht** SUBSTANTIV
1 *layer* ◇ *Auf dem Weg lag eine Schicht Sand.* There was a layer of sand on the path.
2 *class* (PL *classes*) ◇ *soziale Schichten* social classes
3 *shift* ◇ *Mein Vater arbeitet Schicht.* My father works shifts.

schick ADJEKTIV
stylish ◇ *ein schicker Hosenanzug* a stylish trouser suit

- **schick angezogen** stylishly dressed

schicken VERB
to send (*sent, sent*) ◇ *Ich habe ihr ein Päckchen geschickt.* I've sent her a parcel. ◇ *Sie hat ihren Sohn zum Bäcker geschickt.* She sent her son to the baker's.

das **Schicksal** SUBSTANTIV
fate

schieben VERB (IMPERFECT **schob**, PERFECT **hat geschoben**)
to push ◇ *Wir mussten das Auto schieben.* We had to push the car. ◇ *Könnt ihr mal schieben?* Could you lot push?

- **die Schuld auf jemanden schieben** to put the blame on somebody

der **Schiedsrichter** SUBSTANTIV (PL die **Schiedsrichter**)
1 *referee* ◇ *Der Schiedsrichter pfiff das Spiel an.* The referee blew the whistle to start the game.
2 *umpire* ◇ *Bei einem Tennisspiel sagt der Schiedsrichter den Spielstand an.* In a tennis match the umpire gives the score.

schief ADJEKTIV, ADVERB
crooked ◇ *Die Wände des Hauses sind schief.* The walls of the house are crooked.

- **der schiefe Turm von Pisa** the Leaning Tower of Pisa
- **ein schiefer Blick** a funny look ◇ *Das Bild hängt schief.* The picture isn't hanging straight.
- **Er hatte seinen Hut schief aufgesetzt.** He was wearing his hat at an angle.
- **schief gehen** to go wrong

schielen VERB
to squint

schien VERB *siehe* **scheinen**

die **Schiene** SUBSTANTIV
1 *rail* ◇ *Die Schienen sind verrostet.* The rails have rusted.
2 *splint* ◇ *Sie hatte den Arm in einer Schiene.* She had her arm in a splint.

schießen VERB (IMPERFECT **schoss**, PERFECT **hat geschossen**)
1 *to shoot* (*shot, shot*) ◇ *Nicht schießen!* Don't shoot! ◇ *Er hat ein Kaninchen geschossen.* He shot a rabbit. ◇ *Er hat auf einen Polizisten geschossen.* He shot at a policeman.
2 *to kick* ◇ *Sie schoss den Ball ins Tor.* She kicked the ball into the goal.

das **Schiff** SUBSTANTIV (PL die **Schiffe**)
ship

die **Schifffahrt** ⚠ SUBSTANTIV
shipping

der **Schikoree** ⚠ SUBSTANTIV
chicory

das **Schild** SUBSTANTIV (PL die **Schilder**)
sign ◇ *Das ist eine Einbahnstraße, hast du das Schild nicht gesehen?* This is a one-way street, didn't you see the sign?
◆ **ein Namensschild** a nameplate

der **Schilling** SUBSTANTIV (PL die **Schillinge** *or* **Schilling**)
schilling ◇ *Das kostet hundert Schilling.* It costs a hundred schillings. ◇ *Ich muss noch Schillinge besorgen.* I still have to get some schillings.

der **Schimmel** SUBSTANTIV (PL die **Schimmel**)
1 *mould* ◇ *Auf dem Käse ist Schimmel.* There's mould on the cheese.
2 *white horse* ◇ *Sie ritt auf einem Schimmel.* She rode a white horse.

schimmelig ADJEKTIV
mouldy

schimmeln VERB
to go mouldy (*went, gone*)

der **Schimpanse** SUBSTANTIV (GEN des **Schimpansen**, PL die **Schimpansen**)
chimpanzee

schimpfen VERB
to scold ◇ *Hat deine Mutter geschimpft?* Did your mother scold you?
◆ **auf jemanden schimpfen** to curse somebody ◇ *Schüler schimpfen gern auf ihre Lehrer.* Pupils like cursing their teachers.
◆ **über etwas schimpfen** to complain about something ◇ *Meine Kinder schimpfen über zu viel Hausaufgaben.* My children complain about having too much homework.

das **Schimpfwort** SUBSTANTIV (PL die **Schimpfwörter**)
term of abuse

der **Schinken** SUBSTANTIV (PL die **Schinken**)
ham

der **Schirm** SUBSTANTIV (PL die **Schirme**)
umbrella ◇ *Nimm einen Schirm mit!* Take an umbrella!
◆ **der Sonnenschirm** the sunshade
◆ **eine Mütze mit Schirm** a peaked cap

die **Schlacht** SUBSTANTIV
battle

schlachten VERB
to slaughter

der **Schlachter** SUBSTANTIV (PL die **Schlachter**)
butcher

das **Schlachtfeld** SUBSTANTIV (PL die **Schlachtfelder**)
battlefield

der **Schlachthof** SUBSTANTIV (PL die **Schlachthöfe**)
slaughterhouse

der **Schlaf** SUBSTANTIV
sleep

der **Schlafanzug** SUBSTANTIV (PL die **Schlafanzüge**)
pyjamas PL ◇ *ein Schlafanzug* a pair of pyjamas

schlafen VERB (PRESENT **schläft**, IMPERFECT **schlief**, PERFECT **hat geschlafen**)
to sleep (*slept, slept*) ◇ *Hast du gut geschlafen?* Did you sleep well? ◇ *Schlaf gut!* Sleep well.
◆ **schlafen gehen** to go to bed

schlaff ADJEKTIV
1 *drained* ◇ *Ich bin total schlaff.* I'm drained.
◆ **Bei der Hitze bin ich so schlaff.** The heat really takes it out of me.
2 *exhausted* ◇ *Nach der Gartenarbeit war ich total schlaff.* I was completely exhausted after working in the garden.
3 *slack* ◇ *Das Seil ist zu schlaff.* The rope is too slack.

der **Schlafsaal** SUBSTANTIV (PL die **Schlafsäle**)
dormitory (PL *dormitories*)

der **Schlafsack** SUBSTANTIV (PL die **Schlafsäcke**)
sleeping bag

die **Schlaftablette** SUBSTANTIV
sleeping pill

der **Schlafwagen** SUBSTANTIV (PL die **Schlafwagen**)
sleeping car

das **Schlafzimmer** SUBSTANTIV (PL die **Schlafzimmer**)
bedroom

der **Schlag** SUBSTANTIV (PL die **Schläge**)
1 *blow* ◇ *ein Schlag auf den Kopf* a blow to the head ◇ *Ich bin durchgefallen, das ist ein Schlag.* I've failed, that's a blow.
2 *stroke* ◇ *Mein Opa hat einen Schlag gehabt und ist gelähmt.* My granddad's had a stroke and he's now paralysed.
3 *shock* ◇ *Fass nicht an den Draht, sonst bekommst du einen Schlag.* Don't touch that wire, otherwise you'll get a shock.
◆ **Er hat von seinem Vater Schläge bekommen.** His father gave him a hiding. (*Umgangssprache*)
◆ **mit einem Schlag** all at once

schlagen VERB (PRESENT **schlägt**, IMPERFECT **schlug**, PERFECT **hat geschlagen**)

⚠ = *Informationen zur Rechtschreibreform Seite 621 / for details of spelling reform see page 621*

1 *to beat* (*beat, beaten*) ◇ *Meine Eltern haben mich noch nie geschlagen.* My parents have never beaten me. ◇ *England hat Holland vier zu eins geschlagen.* England beat Holland four one. ◇ *Ihr Herz schlug schneller.* Her heart beat faster.
- **Sahne schlagen** to whip cream

2 *to hit* (*hit, hit*) ◇ *Er schlug mit dem Hammer auf den Nagel.* He hit the nail with the hammer. ◇ *Sie schlug mit der Faust auf den Tisch.* She hit the table with her fist.
- **Er schlägt den Nagel in die Wand.** He hammers the nail into the wall.
- **Die Uhr schlägt zehn.** The clock strikes ten.
- **Es hat eben zehn geschlagen.** It's just struck ten.
- **nach jemandem schlagen** to take after somebody ◇ *Sie schlägt nach ihrer Mutter.* She takes after her mother.
- **sich gut schlagen** to do well ◇ *Er hat sich in der Prüfung gut geschlagen.* He did well in the exam.

der **Schlager** SUBSTANTIV (PL die **Schlager**)
hit

der **Schläger** SUBSTANTIV (PL die **Schläger**)
1 *thug* ◇ *Franz ist ein Schläger.* Franz is a thug.
2 *bat* ◇ *Baseball und Tischtennis spielt man mit einem Schläger.* You play baseball and table tennis with a bat.
3 *racket* ◇ *Für Tennis, Federball und Squash braucht man einen Schläger.* You need a racket for tennis, badminton and squash.
- **ein Golfschläger** a golf club
- **ein Hockeyschläger** a hockey stick

die **Schlägerei** SUBSTANTIV
fight

schlagfertig ADJEKTIV
quick-witted

die **Schlagsahne** SUBSTANTIV
whipped cream

die **Schlagzeile** SUBSTANTIV
headline

das **Schlagzeug** SUBSTANTIV (PL die **Schlagzeuge**)
drums PL ◇ *Er spielt Schlagzeug.* He plays the drums. ◇ *Am Schlagzeug: Freddy Braun.* On drums: Freddy Braun.

der **Schlagzeuger** SUBSTANTIV (PL die **Schlagzeuger**)
drummer

der **Schlamm** SUBSTANTIV
mud

schlampen VERB
to be sloppy (*is, was, been*) (*Umgangssprache*)
- **Bei den Hausaufgaben hast du geschlampt.** Your homework's sloppy.

die **Schlamperei** SUBSTANTIV
1 *untidiness* ◇ *Deine Schlamperei regt mich auf.* Your untidiness gets on my nerves.
2 *sloppy work* ◇ *So eine Schlamperei kannst du doch nicht abgeben.* You can't possibly hand in such sloppy work.

schlampig ADJEKTIV
sloppy (*Umgangssprache*)

die **Schlange** SUBSTANTIV
1 *snake* ◇ *eine giftige Schlange* a poisonous snake
2 *queue* ◇ *Vor dem Kino stand eine lange Schlange.* There was a long queue outside the cinema.
- **Schlange stehen** to queue ◇ *Wir mussten für die Karten Schlange stehen.* We had to queue for the tickets.

schlank ADJEKTIV
slim ◇ *Sie ist sehr schlank.* She's very slim.

die **Schlankheitskur** SUBSTANTIV
diet ◇ *eine Schlankheitskur machen* to be on a diet

schlapp ADJEKTIV
worn out ◇ *Ich fühle mich schlapp.* I feel worn out.

schlau ADJEKTIV
cunning

der **Schlauch** SUBSTANTIV (PL die **Schläuche**)
1 *hose* ◇ *Er hat den Garten mit dem Schlauch gespritzt.* He watered the garden with the hose.
2 *inner tube* ◇ *Ich brauche einen neuen Schlauch für mein Fahrrad.* I need a new inner tube for my bike.

das **Schlauchboot** SUBSTANTIV (PL die **Schlauchboote**)
rubber dinghy (PL *dinghies*)

schlecht ADJEKTIV, ADVERB
1 *bad* ◇ *Er ist in Mathe schlecht.* He is bad at maths. ◇ *Meine Augen werden immer schlechter.* My eyes are getting worse.
- **ein schlechtes Gewissen** a guilty conscience
- **Die Milch ist schlecht geworden.** The milk's turned.

2 *badly* ◇ *Ich habe schlecht geschlafen.* I slept badly. ◇ *Sie hat die Arbeit schlecht gemacht.* She did badly in the test.
- **schlecht gelaunt** in a bad mood
- **Mir ist schlecht.** I feel sick.
- **Ihm geht es schlecht.** He's in a bad way.
- **jemanden schlecht machen** to run somebody down ◇ *Du solltest ihn nicht dauernd schlecht machen.* You shouldn't constantly run him down.

schleichen VERB (IMPERFECT **schlich**, PERFECT **ist geschlichen**)
to creep (*crept, crept*)

die **Schleife** SUBSTANTIV
1 *loop* ◇ *Der Fluss macht eine Schleife.* The river makes a loop.
2 *bow* ◇ *Sie hatte eine Schleife im Haar.* She had a bow in her hair.

Schleswig-Holstein NEUT SUBSTANTIV
Schleswig-Holstein

Schleswig-Holstein *is one of the 16* Länder. *Its capital is Kiel. It is Germany's northernmost state, bordered by the North Sea and the Baltic, and by Denmark in the north.*

S

die **Schleuder** SUBSTANTIV
[1] *catapult* ◇ *Er hat mit seiner Schleuder ein Fenster getroffen.* He hit a window with his catapult.
[2] *spin-dryer* ◇ *Tu die nassen Sachen in die Schleuder.* Put your wet things in the spin-dryer.

schleudern VERB (PERFECT **hat/ist geschleudert**)
For the perfect tense use haben *when the verb has an object and* sein *when there is no object.*
[1] *to hurl* ◇ *Sie hat das Buch in die Ecke geschleudert.* She hurled the book into the corner.
[2] *to spin* (*spun, spun*) ◇ *Du solltest die nasse Wäsche schleudern.* You should spin the wet washing.
[3] *to skid* ◇ *Das Auto ist geschleudert.* The car skidded.

schlief VERB *siehe* **schlafen**

schließen VERB (IMPERFECT **schloss**, PERFECT **hat geschlossen**)
to shut (*shut, shut*) ◇ *Schließ bitte das Fenster.* Please shut the window. ◇ *Wann schließen die Geschäfte?* When do the shops shut? ◇ *Sie hatte die Augen geschlossen.* She had her eyes shut. ◇ *Der Betrieb wurde geschlossen.* The company was shut down.
- **mit jemandem Freundschaft schließen** to make friends with somebody
- **etwas aus etwas schließen** to gather something from something ◇ *Aus dem, was er sagte, schließe ich, dass er nicht mitkommen will.* I gather from what he said that he doesn't want to come.
- **Schließ bitte nicht von dir auf andere.** Don't judge others by your own standards.

schließlich ADVERB
finally
- **schließlich doch** after all

schlimm ADJEKTIV
bad

schlimmer ADJEKTIV
worse

schlimmste ADJEKTIV
worst ◇ *mein schlimmster Feind* my worst enemy

schlimmstenfalls ADVERB
at the worst

der **Schlitten** SUBSTANTIV (PL die **Schlitten**)
sledge ◇ *Im Winter sind wir viel Schlitten gefahren.* We went sledging a lot in the winter.

das **Schlittenfahren** SUBSTANTIV
sledging

der **Schlittschuh** SUBSTANTIV (PL die **Schlittschuhe**)
skate
- **Schlittschuh laufen** to skate

der **Schlitz** SUBSTANTIV (GEN des **Schlitzes**, PL die **Schlitze**)
[1] *slit* ◇ *Der Rock hat hinten einen Schlitz.* The skirt has a slit at the back.
[2] *slot* ◇ *Du musst das Markstück in den Schlitz werfen.* You have to put the mark in the slot.
[3] *flies* PL ◇ *Der Schlitz an deiner Hose ist auf.* Your flies are open.

das **Schloss** ⚠ SUBSTANTIV (GEN des **Schlosses**, PL die **Schlösser**)
[1] *lock* ◇ *Sie steckte den Schlüssel ins Schloss.* She put the key in the lock.
[2] *clasp* ◇ *Kannst du mir bitte das Schloss an meiner Kette aufmachen?* Can you please open the clasp of my necklace?
[3] *chateau* (PL *chateaux*) ◇ *das Schloss in Versailles* the chateau of Versailles

schloss ⚠ VERB *siehe* **schließen**

schluchzen VERB
to sob

der **Schluckauf** SUBSTANTIV
hiccups PL ◇ *Er hatte einen Schluckauf.* He had hiccups.

schlucken VERB
to swallow

schludern VERB
to do sloppy work (*does, did, done*)

schlug VERB *siehe* **schlagen**

der **Schluss** ⚠ SUBSTANTIV (GEN des **Schlusses**, PL die **Schlüsse**)
[1] *end* ◇ *am Schluss des Jahres* at the end of the year
- **Das Buch hat einen traurigen Schluss.** The book has a sad ending.

[2] *conclusion* ◇ *Ich habe meine Schlüsse gezogen.* I've drawn my conclusions.
- **zum Schluss** finally ◇ *Zum Schluss haben wir noch ein Lied gesungen.* Finally we sang a song.
- **Schluss machen** to finish ◇ *Wir sollten langsam Schluss machen.* We should be finishing now.
- **mit jemandem Schluss machen** to finish with somebody ◇ *Warum hast du mit Manfred Schluss gemacht?* Why did you finish with Manfred?

der **Schlüssel** SUBSTANTIV (PL die **Schlüssel**)
key ◇ *Wo ist mein Fahrradschlüssel?* Where's the key for my bike? ◇ *der Schlüssel zum Erfolg* the key to success

das **Schlüsselbein** SUBSTANTIV (PL die **Schlüsselbeine**)
collar bone

schmal ADJEKTIV
narrow ◇ *ein schmaler Durchgang* a narrow passageway
- **Sie hat ein schmales Gesicht.** She has a thin face.
- **Du bist schmäler geworden.** You've lost weight.

schmatzen VERB
to eat noisily (*ate, eaten*)

schmecken VERB
to taste ◇ *Wie schmeckt eine Mango?* What does a mango taste like? ◇ *Das*

schmeckt gut. That tastes good.
◆ **Es schmeckt ihm.** He likes it.

schmeicheln VERB
◆ **jemandem schmeicheln** to flatter somebody

schmeißen VERB (IMPERFECT **schmiss**, PERFECT **hat geschmissen**)
to throw (*threw*, *thrown*)

schmelzen VERB (PRESENT **schmilzt**, IMPERFECT **schmolz**, PERFECT **hat/ist geschmolzen**)
For the perfect tense use haben *when the verb has an object and* sein *when there is no object.*
to melt ◇ *Sie haben Schnee geschmolzen.* They melted snow. ◇ *Das Eis ist geschmolzen.* The ice has melted.

der **Schmerz** SUBSTANTIV (GEN des **Schmerzes**, PL die **Schmerzen**)
1 *pain* ◇ *ein stechender Schmerz in der Seite* a stabbing pain in the side
2 *grief* ◇ *Sie verbarg ihren Schmerz über diesen Verlust.* She hid her grief over her loss.

das **Schmerzmittel** SUBSTANTIV (PL die **Schmerzmittel**)
painkiller

die **Schmerztablette** SUBSTANTIV
painkiller

der **Schmetterling** SUBSTANTIV (PL die **Schmetterlinge**)
butterfly (PL *butterflies*)

die **Schminke** SUBSTANTIV
make-up

schminken VERB
to make up (*made*, *made*) ◇ *Hast du dir die Augen geschminkt?* Have you made up your eyes?
◆ **Ich schminke mich selten.** I seldom use make-up.

schmollen VERB
to sulk

der **Schmuck** SUBSTANTIV
1 *jewellery* ◇ *Sie trägt selten Schmuck.* She seldom wears jewellery.
2 *decoration* ◇ *bunte Kugeln als Schmuck für den Weihnachtsbaum* bright baubles as Christmas tree decorations

schmücken VERB
to decorate

schmuggeln VERB
to smuggle

schmusen VERB
to cuddle ◇ *Sie hat mit Felix geschmust.* She cuddled Felix.

der **Schmutz** SUBSTANTIV (GEN des **Schmutzes**)
dirt

schmutzig ADJEKTIV
dirty

der **Schnabel** SUBSTANTIV (PL die **Schnäbel**)
beak ◇ *Der Schnabel der Amsel ist gelb.* The blackbird's beak is yellow.

die **Schnalle** SUBSTANTIV
buckle

der **Schnaps** SUBSTANTIV (GEN des **Schnapses**, PL die **Schnäpse**)
schnapps

schnarchen VERB
to snore

schnaufen VERB
to puff

die **Schnauze** SUBSTANTIV
1 *nose* ◇ *Der Hund hat eine kalte Schnauze.* The dog has a cold nose.
2 *gob* (*Umgangssprache*) ◇ *Halt die Schnauze!* Shut your gob!
◆ **die Schnauze von etwas voll haben** to be fed up to the back teeth of something

sich **schnäuzen** ⚠ VERB
to blow one's nose (*blew*, *blown*)

die **Schnecke** SUBSTANTIV
snail
◆ **eine Nacktschnecke** a slug

der **Schnee** SUBSTANTIV
snow ◇ *Heute Nacht ist viel Schnee gefallen.* A lot of snow fell last night.

der **Schneeball** SUBSTANTIV (PL die **Schneebälle**)
snowball

der **Schneemann** SUBSTANTIV (PL die **Schneemänner**)
snowman (PL *snowmen*)

der **Schneepflug** SUBSTANTIV (PL die **Schneepflüge**)
snowplough

schneiden VERB (IMPERFECT **schnitt**, PERFECT **hat geschnitten**)
to cut (*cut*, *cut*) ◇ *Kannst du bitte Brot schneiden?* Can you cut some bread, please? ◇ *jemandem die Haare schneiden* to cut somebody's hair ◇ *Du solltest dir die Haare schneiden lassen.* You should have your hair cut.
◆ **sich schneiden (1)** to cut oneself ◇ *Ich habe mich geschnitten.* I've cut myself. ◇ *Ich habe mir in den Finger geschnitten.* I've cut my finger.
◆ **sich schneiden (2)** to intersect ◇ *Die beiden Geraden schneiden sich.* The two straight lines intersect.

schneien VERB
◆ **Es schneit.** It's snowing.

schnell ADJEKTIV, ADVERB
1 *fast* ◇ *Sie hat ein schnelles Auto.* She has a fast car. ◇ *Sie ist schnell gefahren.* She drove fast.
2 *quickly* ◇ *Ich rief schnell einen Krankenwagen.* I quickly phoned for an ambulance.
◆ **Ich gehe noch schnell bei meiner Freundin vorbei.** I'm just popping in to my girlfriend's.

die **Schnelligkeit** SUBSTANTIV
speed

der **Schnellimbiss** ⚠ SUBSTANTIV (GEN des **Schnellimbisses**, PL die **Schnellimbisse**)
snack bar

schnellstens ADVERB
as quickly as possible

sich **schneuzen** VERB *siehe* **schnäuzen**

der **Schnitt** SUBSTANTIV (PL die **Schnitte**)
1 *cut* ◇ *Der Schnitt blutet.* The cut's bleeding. ◇ *Das Kleid hat einen eleganten Schnitt.* The dress has an elegant cut.
2 *average* ◇ *Ich habe im Zeugnis einen Schnitt von drei.* I've got an average of "C" in my report.
3 *pattern* ◇ *Hast du zu dem Rock einen Schnitt?* Have you got a pattern for this skirt?

schnitt VERB *siehe* **schneiden**

der **Schnittlauch** SUBSTANTIV
chive

die **Schnittstelle** SUBSTANTIV
interface

die **Schnittwunde** SUBSTANTIV
cut

das **Schnitzel** SUBSTANTIV (PL die **Schnitzel**)
escalope ◇ *Ich bestelle mir ein Schnitzel.* I'm going to order an escalope.

schnitzen VERB
to carve

der **Schnorchel** SUBSTANTIV (PL die **Schnorchel**)
snorkel

schnüffeln VERB
to sniff

der **Schnuller** SUBSTANTIV (PL die **Schnuller**)
dummy (PL *dummies*) ◇ *Das Baby saugte am Schnuller.* The baby sucked the dummy.

der **Schnupfen** SUBSTANTIV (PL die **Schnupfen**)
cold ◇ *Meine Schwester hat Schnupfen.* My sister has a cold.

die **Schnur** SUBSTANTIV (PL die **Schnüre**)
1 *string* ◇ *Du solltest eine Schnur um das Päckchen machen.* You should put string round the parcel.
2 *flex* (PL *flexes*) ◇ *Die Schnur von der Lampe ist zu kurz.* The flex of the lamp is too short.

der **Schnurrbart** SUBSTANTIV (PL die **Schnurrbärte**)
moustache

schnurren VERB
to purr

der **Schnürsenkel** SUBSTANTIV (PL die **Schnürsenkel**)
shoelace

der **Schock** SUBSTANTIV (PL die **Schocks**)
shock

schockieren VERB (PERFECT **hat schockiert**)
to shock

die **Schokolade** SUBSTANTIV
chocolate ◇ *eine heiße Schokolade* a hot chocolate

schon ADVERB
already ◇ *Ich bin schon fertig.* I've already finished.
- **Ist er schon da?** Is he there yet?
- **Warst du schon einmal da?** Have you ever been there?
- **Ich war schon einmal da.** I've been there before.
- **Das war schon immer so.** That's always been the case.
- **Hast du schon gehört?** Have you heard?
- **schon oft** often
- **schon der Gedanke** the very thought
- **Du wirst schon sehen.** You'll see.
- **Das wird schon noch gut.** That'll be OK.
- **ja schon, aber...** yes, but...
- **schon möglich** possible
- **Schon gut!** OK!
- **Du weißt schon.** You know.
- **Komm schon!** Come on!

schön ADJEKTIV
1 *beautiful* ◇ *Sie haben ein schönes Haus.* They have a beautiful house.
2 *nice* ◇ *Es waren schöne Ferien.* The holidays were nice. ◇ *Schönes Wochenende!* Have a nice weekend.
- **Schöne Grüße an deine Eltern!** Regards to your parents.
- **Sie ist ganz schön frech.** She's pretty damn cheeky. (*Umgangssprache*)
- **na schön** very well ◇ *Na schön, dann geht halt spielen.* Very well then, go and play.

schonend ADJEKTIV, ADVERB
gentle ◇ *jemandem etwas schonend beibringen* to break something gently to somebody

die **Schönheit** SUBSTANTIV
beauty (PL *beauties*)

sich **schönmachen** VERB (PERFECT **hat sich schöngemacht**)
to make oneself look nice (*made, made*)

schöpfen VERB
to ladle ◇ *Sie schöpfte Suppe in die Teller.* She ladled soup into the plates.
- **Luft schöpfen** to get some air

die **Schöpfung** SUBSTANTIV
creation

der **Schornstein** SUBSTANTIV (PL die **Schornsteine**)
chimney

schoss ⚠ VERB *siehe* **schießen**

der **Schotte** SUBSTANTIV (GEN des **Schotten**, PL die **Schotten**)
Scot
- **Er ist Schotte.** He's Scottish.

die **Schottin** SUBSTANTIV
Scot
- **Sie ist Schottin.** She's Scottish.

schottisch ADJEKTIV
Scottish

Schottland NEUT SUBSTANTIV
Scotland
- **aus Schottland** from Scotland
- **in Schottland** in Scotland
- **nach Schottland** to Scotland

schräg ADJEKTIV
sloping ◇ *Das Haus hat ein schräges Dach.* The house has a sloping roof.
- **etwas schräg stellen** to put something at an angle
- **schräg gegenüber** diagonally opposite

der **Schrägstrich** SUBSTANTIV (PL die

Schrägstriche)
slash (PL *slashes*)

der **Schrank** SUBSTANTIV (PL die **Schränke**)
[1] *cupboard* ◇ *Der Besen ist im Schrank in der Küche.* The broom's in the cupboard in the kitchen.
[2] *wardrobe* ◇ *Ich räume meine Kleider in den Schrank.* I'll put my clothes away in the wardrobe.

die **Schranke** SUBSTANTIV
barrier

die **Schraube** SUBSTANTIV
[1] *screw*
[2] *bolt* (*Bolzen*)

der **Schraubenschlüssel** SUBSTANTIV (PL die **Schraubenschlüssel**)
spanner

der **Schraubenzieher** SUBSTANTIV (PL die **Schraubenzieher**)
screwdriver

der **Schreck** SUBSTANTIV
fright ◇ *Ich habe einen furchtbaren Schreck bekommen.* I got a terrible fright.

schreckhaft ADJEKTIV
jumpy

schrecklich ADJEKTIV, ADVERB
[1] *terrible* ◇ *Das Wetter war schrecklich schlecht.* The weather was terrible.
[2] *terribly* ◇ *Das tut schrecklich weh.* It hurts terribly. ◇ *Es tut mir schrecklich leid.* I'm terribly sorry.

der **Schrei** SUBSTANTIV (PL die **Schreie**)
[1] *scream* ◇ *Als sie die Spinne sah, stieß sie einen Schrei aus.* When she saw the spider she let out a scream.
[2] *shout* ◇ *Wir hörten einen Schrei um Hilfe.* We heard a shout for help.

der **Schreibblock** SUBSTANTIV (PL die **Schreibblöcke**)
writing pad

schreiben VERB (IMPERFECT **schrieb**, PERFECT **hat geschrieben**)
[1] *to write* (*wrote, written*) ◇ *Ich habe ihr einen Brief geschrieben.* I've written her a letter.
◆ **Wir schreiben morgen eine Arbeit in Englisch.** We've got a written English test tomorrow.
[2] *to spell* (*spelt, spelt*) ◇ *Wie schreibt man seinen Namen?* How do you spell his name?

die **Schreibmaschine** SUBSTANTIV
typewriter

der **Schreibtisch** SUBSTANTIV (PL die **Schreibtische**)
desk

die **Schreibwaren** FEM PL SUBSTANTIV
stationery SING

das **Schreibzeug** SUBSTANTIV
writing materials PL

schreien VERB (IMPERFECT **schrie**, PERFECT **hat geschrien**)
[1] *to scream* ◇ *Sie schrie vor Schmerzen.* She screamed with pain.
[2] *to shout* ◇ *Wir haben geschrien, du hast uns aber nicht gehört.* We shouted but you didn't hear us.

der **Schreiner** SUBSTANTIV (PL die **Schreiner**)
joiner

schrieb VERB *siehe* **schreiben**

die **Schrift** SUBSTANTIV
[1] *writing* ◇ *Sie hat eine schöne Schrift.* She has lovely writing.
[2] *font* ◇ *Welche Schrift soll ich für das Dokument nehmen?* Which font should I use for the document?

schriftlich ADJEKTIV, ADVERB
written ◇ *eine schriftliche Entschuldigung* a written apology
◆ **etwas schriftlich festhalten** to put something in writing

schrill ADJEKTIV
shrill

der **Schritt** SUBSTANTIV (PL die **Schritte**)
[1] *step* ◇ *Er machte einen vorsichtigen Schritt nach vorn.* He took a careful step forward.
[2] *walk* ◇ *Ich habe dich an deinem Schritt erkannt.* I recognized you by your walk.
[3] *pace* ◇ *Sie ging mit schnellen Schritten nach Hause.* She walked home at a brisk pace.
◆ **Schritt fahren** to drive at walking pace

der **Schrott** SUBSTANTIV
scrap metal

schrumpfen VERB (PERFECT **ist geschrumpft**)
[1] *to shrink* (*shrank, shrunk*) ◇ *Der Pulli ist in der Wäsche geschrumpft.* The pullover shrank in the wash.
[2] *to shrivel* ◇ *Die Äpfel sind geschrumpft.* The apples have shrivelled.

schüchtern ADJEKTIV
shy

der **Schuh** SUBSTANTIV (PL die **Schuhe**)
shoe

die **Schuhcreme** SUBSTANTIV (PL die **Schuhcremes**)
shoe polish (PL *polishes*)

die **Schuhgröße** SUBSTANTIV
shoe size ◇ *Welche Schuhgröße hast du?* What shoe size are you?

die **Schularbeiten** FEM PL SUBSTANTIV
homework SING ◇ *Hast du deine Schularbeiten schon gemacht?* Have you done your homework?

die **Schulaufgaben** FEM PL SUBSTANTIV
homework SING ◇ *Heute haben wir keine Schulaufgaben bekommen.* We didn't get any homework today.

das **Schulbuch** SUBSTANTIV (PL die **Schulbücher**)
school book

die **Schuld** SUBSTANTIV
siehe auch **schuld** ADJEKTIV
[1] *guilt* ◇ *Seine Schuld konnte nicht bewiesen werden.* His guilt couldn't be proved.
[2] *fault* ◇ *Es war deine Schuld, dass wir zu spät kamen.* It was your fault that we arrived late.

S

◆ **jemandem Schuld geben** to blame somebody

schuld ADJEKTIV
siehe auch die Schuld SUBSTANTIV
◆ **an etwas schuld sein** to be to blame for something ◇ *Du bist an der Verspätung schuld.* You are to blame for the delay.
◆ **Sie ist schuld, dass wir eine Strafarbeit bekommen haben.** It's her fault that we got lines.
◆ **Er ist schuld.** It's his fault.

die **Schulden** PL SUBSTANTIV
siehe auch schulden VERB
debt SING ◇ *Ich muss noch meine Schulden bei dir bezahlen.* I still have to pay off my debts to you. ◇ *Staatsschulden* national debt

schulden VERB
siehe auch die Schulden SUBSTANTIV
to owe ◇ *Was schulde ich dir?* How much do I owe you?

schuldig ADJEKTIV
guilty ◇ *Meinst du, dass die Angeklagte schuldig ist?* Do you think that the accused is guilty?
◆ **jemandem etwas schuldig sein** to owe somebody something ◇ *Was bin ich dir schuldig?* How much do I owe you?
◆ **Er ist mir noch immer eine Antwort schuldig.** He still hasn't given me an answer.

die **Schule** SUBSTANTIV
school ◇ *in der Schule* at school

der **Schüler** SUBSTANTIV (PL die **Schüler**)
pupil

die **Schülerin** SUBSTANTIV
pupil

die **Schulferien** PL SUBSTANTIV
school holidays PL

schulfrei ADJEKTIV
◆ **ein schulfreier Tag** a holiday
◆ **Sonntag ist schulfrei.** Sunday isn't a school day.

der **Schulhof** SUBSTANTIV (PL die **Schulhöfe**)
playground

das **Schuljahr** SUBSTANTIV (PL die **Schuljahre**)
school year

schulpflichtig ADJEKTIV
of school age

die **Schulstunde** SUBSTANTIV
period

die **Schultasche** SUBSTANTIV
school bag

die **Schulter** SUBSTANTIV
shoulder

das **Schulzeugnis** SUBSTANTIV (GEN des **Schulzeugnisses**, PL die **Schulzeugnisse**)
school report

schummeln VERB
to cheat ◇ *Du schummelst!* You're cheating!

die **Schuppe** SUBSTANTIV
scale ◇ *Der Fisch hat glänzende Schuppen.* The fish has shiny scales.
◆ **Schuppen** dandruff SING ◇ *ein Haarwaschmittel gegen Schuppen* an anti-dandruff shampoo

die **Schürze** SUBSTANTIV
apron

der **Schuss** ⚠ SUBSTANTIV (GEN des **Schusses**, PL die **Schüsse**)
shot ◇ *Wir hörten einen Schuss.* We heard a shot.

die **Schüssel** SUBSTANTIV
bowl

die **Schusswaffe** ⚠ SUBSTANTIV
firearm

der **Schuster** SUBSTANTIV (PL die **Schuster**)
cobbler

der **Schutt** SUBSTANTIV
rubble ◇ *Der Schutt von der Baustelle wird morgen weggebracht.* The rubble from the building site will be removed tomorrow.
◆ **Schutt abladen verboten!** No dumping!

der **Schuttabladeplatz** SUBSTANTIV (GEN des **Schuttabladeplatzes**, PL die **Schuttabladeplätze**)
refuse dump

schütteln VERB
to shake (*shook, shaken*)
◆ **sich schütteln** to shake oneself

schütten VERB
[1] *to pour* ◇ *Soll ich dir Saft ins Glas schütten?* Shall I pour you some juice?
[2] *to spill* ◇ *Pass auf, dass du den Kaffee nicht auf die Tischdecke schüttest.* Be careful that you don't spill coffee on the tablecloth.
◆ **Es schüttet.** It's pouring down.

der **Schutz** SUBSTANTIV (GEN des **Schutzes**)
[1] *protection* ◇ *Zum Schutz gegen die Sonne solltest du dich eincremen.* You should put some cream on to protect against the sun.
[2] *shelter* ◇ *Sie suchten Schutz in der Berghütte.* They took shelter in a mountain hut.
◆ **jemanden in Schutz nehmen** to stand up for somebody

der **Schütze** SUBSTANTIV (GEN des **Schützen**, PL die **Schützen**)
[1] *marksman* (PL *marksmen*) ◇ *Er ist ein guter Schütze.* He's a good marksman.
[2] *Sagittarius* (*Sternzeichen*) ◇ *Martin ist Schütze.* Martin's Sagittarius.

schützen VERB
to protect ◇ *Die Pflanzen sollten vor zu großer Hitze geschützt werden.* The plants should be protected from too much heat. ◇ *Diese Creme schützt die Haut gegen Sonnenbrand.* This cream protects the skin from sunburn.
◆ **sich gegen etwas schützen** to protect oneself from something ◇ *Schützen Sie sich gegen Sonnenbrand.* Protect yourself from sunburn.

schwach ADJEKTIV
weak ◇ *Ihre Stimme wurde immer*

schwächer. Her voice became weaker and weaker.
- **Das war eine schwache Leistung!** That wasn't very good.

die **Schwäche** SUBSTANTIV
weakness (PL *weaknesses*)

der **Schwächling** SUBSTANTIV (PL die **Schwächlinge**)
weakling

der **Schwachsinn** SUBSTANTIV
balderdash

schwachsinnig ADJEKTIV
idiotic ◇ *So eine schwachsinnige Idee!* What an idiotic idea!

der **Schwager** SUBSTANTIV (PL die **Schwäger**)
brother-in-law (PL *brothers-in-law*)

die **Schwägerin** SUBSTANTIV
sister-in-law (PL *sisters-in-law*)

der **Schwamm** SUBSTANTIV (PL die **Schwämme**)
sponge

schwamm VERB *siehe* **schwimmen**

schwanger ADJEKTIV
pregnant ◇ *Sie ist im dritten Monat schwanger.* She's three months pregnant.

schwanken VERB
1 *to sway* ◇ *Das Schiff schwankte.* The ship swayed.
2 *to stagger* ◇ *Er schwankte und fiel dann um.* He staggered and fell down.
3 *to fluctuate* ◇ *Die Temperaturen schwanken.* Temperatures are fluctuating. ◇ *Der Kurs des Pfunds schwankt.* The exchange rate of the pound is fluctuating.

der **Schwanz** SUBSTANTIV (GEN des **Schwanzes**, PL die **Schwänze**)
tail

schwänzen VERB
to skive off (*Umgangssprache*) ◇ *Ich habe heute die Turnstunde geschwänzt.* I skived off PE today.

der **Schwarm** SUBSTANTIV (PL die **Schwärme**)
swarm ◇ *ein Schwarm Fliegen* a swarm of flies
- **Er ist mein Schwarm.** I have a crush on him. (*Umgangssprache*)

schwärmen VERB (PERFECT **hat/ist geschwärmt**)
Use **sein** *to form the perfect tense for* **to swarm**.
to swarm ◇ *Die Bienen sind aus dem Bienenhaus geschwärmt.* The bees swarmed out of the hive.
- **schwärmen für** to have a crush on (*Umgangssprache*) ◇ *Sie schwärmt für ihren Mathelehrer.* She has a crush on her maths teacher.
- **schwärmen von** to rave about ◇ *Er hat von dem Konzert geschwärmt.* He raved about the concert.

schwarz ADJEKTIV
black ◇ *Der Himmel wurde immer schwärzer.* The sky turned blacker and blacker.
- **schwarz sehen** to look on the black side of things ◇ *Sieh doch nicht immer so schwarz.* Don't always look on the black side of things.
- **schwarzes Brett** notice board
- **ins Schwarze treffen** to hit the bull's eye

das **Schwarzbrot** SUBSTANTIV (PL die **Schwarzbrote**)
brown rye bread

der/die **Schwarze** SUBSTANTIV (GEN des/der **Schwarzen**, PL die **Schwarzen**)
black

schwarzfahren VERB (PRESENT **fährt schwarz**, IMPERFECT **fuhr schwarz**, PERFECT **ist schwarzgefahren**)
- **Sie fährt in der Straßenbahn immer schwarz.** She never pays her tram fare.

schwarzsehen VERB *siehe* **schwarz**

der **Schwarzwald** SUBSTANTIV
Black Forest

schwarzweiß ADJEKTIV
black and white

schwätzen VERB
to chatter

der **Schwätzer** SUBSTANTIV (PL die **Schwätzer**)
windbag (*Umgangssprache*)

der **Schwede** SUBSTANTIV (GEN des **Schweden**, PL die **Schweden**)
Swede
- **Er ist Schwede.** He's Swedish.

Schweden NEUT SUBSTANTIV
Sweden
- **aus Schweden** from Sweden
- **nach Schweden** to Sweden

die **Schwedin** SUBSTANTIV
Swede

schwedisch ADJEKTIV
Swedish

der **Schwefel** SUBSTANTIV
sulphur

schweigen VERB (IMPERFECT **schwieg**, PERFECT **hat geschwiegen**)
1 *to be silent* (*is, was, been*) ◇ *Die Kinder finden es schwierig, mehr als fünf Minuten lang zu schweigen.* The children find it difficult to be silent for more than five minutes.
2 *to stop talking* ◇ *Sag ihm, er soll schweigen.* Tell him to stop talking.

das **Schwein** SUBSTANTIV (PL die **Schweine**)
pig
- **Schwein haben** to be really lucky ◇ *Da hatten wir ja noch mal Schwein.* We were really lucky there.

das **Schweinefleisch** SUBSTANTIV
pork

die **Schweinerei** SUBSTANTIV
1 *scandal* ◇ *Es ist eine Schweinerei, dass wir länger arbeiten müssen.* It's a scandal that we have to work longer hours.
2 *mess* ◇ *Wer hat denn die Schweinerei im Bad gemacht?* Who made the mess in the bathroom?
3 *obscenity* (PL *obscenities*) ◇ *Über solche Schweinereien kann ich nicht lachen.* I can't laugh at such obscenities.

S

der **Schweiß** SUBSTANTIV (GEN des **Schweißes**)
sweat

die **Schweiz** SUBSTANTIV
Switzerland

Switzerland is bordered by Germany, Austria, Liechstenstein, Italy and France. Its capital is Berne and its currency the Franken. Roughly 60% of the population (mainly in the North and East) speak a German dialect. French, Italian and Rhaeto-Romanic are also spoken.

- **aus der Schweiz** from Switzerland
- **in der Schweiz** in Switzerland
- **in die Schweiz** to Switzerland

der **Schweizer** SUBSTANTIV (PL die **Schweizer**)
Swiss ◇ *die Schweizer* the Swiss

die **Schweizerin** SUBSTANTIV
Swiss

schweizerisch ADJEKTIV
Swiss

die **Schwellung** SUBSTANTIV
swelling

schwer ADJEKTIV, ADVERB
[1] *heavy* ◇ *Ich habe einen schweren Koffer.* I have a heavy suitcase. ◇ *Er hat eine schwere Erkältung.* He has a heavy cold.
- **Ich habe einen schweren Kopf.** I've got a headache.

[2] *difficult* ◇ *Die Mathearbeit war schwer.* The maths test was difficult.
- **Sie ist schwer in Ordnung.** She's a great person.
- **Er ist schwer verletzt.** He's badly injured.
- **jemandem schwer fallen** to be difficult for somebody ◇ *Das dürfte dir nicht schwer fallen.* That shouldn't be too difficult for you.

das **Schwert** SUBSTANTIV (PL die **Schwerter**)
sword

die **Schwester** SUBSTANTIV
[1] *sister* ◇ *Meine Schwester ist jünger als ich.* My sister's younger than me.
[2] *nurse* ◇ *Die Schwester hat mir eine Schmerztablette gegeben.* The nurse gave me a painkiller.

die **Schwiegereltern** PL SUBSTANTIV
parents-in-law PL

die **Schwiegermutter** SUBSTANTIV (PL die **Schwiegermütter**)
mother-in-law (PL *mothers-in-law*)

der **Schwiegersohn** SUBSTANTIV (PL die **Schwiegersöhne**)
son-in-law (PL *sons-in-law*)

die **Schwiegertochter** SUBSTANTIV (PL die **Schwiegertöchter**)
daughter-in-law (PL *daughters-in-law*)

der **Schwiegervater** SUBSTANTIV (PL die **Schwiegerväter**)
father-in-law (PL *fathers-in-law*)

schwierig ADJEKTIV
difficult

die **Schwierigkeit** SUBSTANTIV
difficulty (PL *difficulties*)

das **Schwimmbad** SUBSTANTIV (PL die **Schwimmbäder**)
swimming pool

das **Schwimmbecken** SUBSTANTIV (PL die **Schwimmbecken**)
swimming pool

schwimmen VERB (IMPERFECT **schwamm**, PERFECT **ist geschwommen**)
[1] *to swim* (*swam*, *swum*) ◇ *Er kann nicht schwimmen.* He can't swim.
[2] *to float* ◇ *Auf dem Fluss schwammen Äste.* Branches were floating on the river.
[3] *to flounder* ◇ *Bei der Prüfung bin ich ganz schön geschwommen.* I really floundered in the exam.

die **Schwimmweste** SUBSTANTIV
life jacket

der **Schwindel** SUBSTANTIV
[1] *dizzy spell* ◇ *Bei hohem Fieber muss man auch mit Schwindel rechnen.* If you have a high temperature, you can also expect to have dizzy spells.
[2] *fraud* ◇ *Der Schwindel wurde entdeckt.* The fraud was discovered.

schwindelfrei ADJEKTIV
- **schwindelfrei sein** to have a good head for heights ◇ *Ich bin nicht schwindelfrei.* I don't have a good head for heights.

schwindeln VERB
to fib (*Umgangssprache*)

schwindlig ADJEKTIV
dizzy
- **Mir ist schwindlig.** I feel dizzy.

der **Schwips** SUBSTANTIV (GEN des **Schwipses**, PL die **Schwipse**)
- **einen Schwips haben** to be tipsy

schwitzen VERB
to sweat

schwören VERB (IMPERFECT **schwor**, PERFECT **hat geschworen**)
to swear (*swore*, *sworn*)

schwul ADJEKTIV
gay

schwül ADJEKTIV
close

der **Schwule** SUBSTANTIV (GEN des/der **Schwulen**,
die PL die **Schwulen**)
gay ◇ *Ich habe nichts gegen Schwule.* I have nothing against gays.

der **Schwung** SUBSTANTIV (PL die **Schwünge**)
swing ◇ *Sie setzte das Pendel in Schwung.* She started the pendulum swinging.
- **Der Party fehlte irgendwie der Schwung.** The party never really got going.
- **Ein heißes Bad wird mich wieder in Schwung bringen.** A hot bath will get me going again.

sechs ZAHL
siehe auch die Sechs SUBSTANTIV
six

die **Sechs** SUBSTANTIV
siehe auch sechs ZAHL
[1] *six*

[2] *unsatisfactory* (*Schulnote*)
German marks range from one (sehr gut) *to six* (ungenügend).

sechshundert ZAHL
six hundred

sechste ADJEKTIV
sixth ◇ *Er kam als Sechster.* He was the sixth to arrive.

das **Sechstel** SUBSTANTIV (PL die **Sechstel**)
sixth

sechzehn ZAHL
sixteen

sechzig ZAHL
sixty

die **See** SUBSTANTIV
siehe auch der See SUBSTANTIV
sea ◇ *auf See* at sea
◆ **Wir fahren im Sommer an die See.** We're going to the seaside in the summer.

der **See** SUBSTANTIV (PL die **Seen**)
siehe auch die See SUBSTANTIV
lake ◇ *der Genfer See* Lake Geneva

der **Seehund** SUBSTANTIV (PL die **Seehunde**)
seal

seekrank ADJEKTIV
seasick

der **Seelachs** SUBSTANTIV (GEN des **Seelachses**, PL die **Seelachse**)
rock salmon

die **Seele** SUBSTANTIV
soul

seelenruhig ADVERB
calmly

der **Seeräuber** SUBSTANTIV (PL die **Seeräuber**)
pirate

das **Segel** SUBSTANTIV (PL die **Segel**)
sail

das **Segelboot** SUBSTANTIV (PL die **Segelboote**)
yacht

das **Segelfliegen** SUBSTANTIV
gliding

das **Segelflugzeug** SUBSTANTIV (PL die **Segelflugzeuge**)
glider

segeln VERB (PERFECT **ist gesegelt**)
to sail

das **Segelschiff** SUBSTANTIV (PL die **Segelschiffe**)
sailing ship

der **Segen** SUBSTANTIV (PL die **Segen**)
blessing

sehen VERB (PRESENT **sieht**, IMPERFECT **sah**, PERFECT **hat gesehen**)
[1] *to see* (*saw, seen*) ◇ *Hast du den Film schon gesehen?* Have you seen the film yet?
◆ **siehe Seite fünf** see page five
[2] *to look* ◇ *Sieh mal an die Tafel.* Look at the board.
◆ **schlecht sehen** to have bad eyesight ◇ *Sie sieht schlecht.* She has bad eyesight.
◆ **mal sehen, ob...** let's see if... ◇ *Mal sehen, ob Post für mich gekommen ist.* Let's see if there's any post for me.
◆ **Kommst du mit? – Mal sehen.** Are you coming? – I'll see.

sehenswert ADJEKTIV
worth seeing

die **Sehenswürdigkeiten** FEM PL SUBSTANTIV
sights PL

sich **sehnen** VERB
◆ **sich sehnen nach** to long for

die **Sehnsucht** SUBSTANTIV (PL die **Sehnsüchte**)
longing

sehnsüchtig ADJEKTIV
longing

sehr ADVERB
[1] *very* ◇ *Das ist sehr schön.* That's very nice.
◆ **sehr gut** (*Schulnote*) very good
German marks range from one (sehr gut) *to six* (ungenügend).
[2] *a lot* ◇ *Sie hat sehr geweint.* She cried a lot.
◆ **zu sehr** too much
◆ **Sehr geehrter Herr Ahlers** Dear Mr Ahlers

die **Seide** SUBSTANTIV
silk

die **Seife** SUBSTANTIV
soap

das **Seil** SUBSTANTIV (PL die **Seile**)
[1] *rope* ◇ *Sie hatten ihn mit einem Seil gefesselt.* They had tied him up with a rope.
[2] *cable* ◇ *das Seil des Skilifts* the cable of the ski lift

die **Seilbahn** SUBSTANTIV
cable car

sein VERB (PRESENT **ist**, IMPERFECT **war**, PERFECT **ist gewesen**)
siehe auch sein ADJEKTIV
to be (*is, was, been*) ◇ *Ich bin müde.* I'm tired. ◇ *Du bist doof.* You're stupid. ◇ *Er ist reich.* He's rich. ◇ *Sie ist Lehrerin.* She's a teacher. ◇ *Es ist kalt.* It's cold. ◇ *Wir sind Schüler am Gymnasium.* We're pupils at the grammar school. ◇ *Ihr seid spät dran.* You're late. ◇ *Sie sind vom Zirkus.* They're from the circus. ◇ *Wir waren dort.* We were there. ◇ *Wir sind im Schwimmbad gewesen.* We've been to the swimming pool. ◇ *Seien Sie nicht böse.* Don't be angry.
◆ **Das wäre gut.** That would be a good thing.
◆ **Wenn ich Sie wäre...** If I were you...
◆ **Das wär's.** That's it.
◆ **Morgen bin ich in Rom.** Tomorrow I'll be in Rome.
◆ **Waren Sie mal in Rom?** Have you ever been to Rome?
◆ **Mir ist kalt.** I'm cold.
◆ **Was ist?** What's the matter?
◆ **Ist was?** Is something the matter?
◆ **es sei denn, dass...** unless...
◆ **wie dem auch sei** be that as it may
◆ **Wie wäre es mit...?** How about...?
◆ **Lass das sein!** Stop that!

sein ADJEKTIV
siehe auch sein VERB
[1] *his* ◇ *Sein Deutschlehrer ist nett.* His German teacher's nice. ◇ *Seine Mutter erlaubt das nicht.* His mother doesn't allow

it. ◇ *Das ist sein Buch* That's his book. ◇ *Seine Eltern sind klasse.* His parents are great. ◇ *Das ist nicht mein Füller, das ist seiner.* That's not my pen, it's his. ◇ *Meine Mutter heißt Anne, seine auch.* My mother's called Anne, so is his. ◇ *Mein Fahrrad war kaputt, also habe ich seins genommen.* My bike was broken, so I took his. ◇ *Ich habe schlechte Noten, aber seine sind nicht besser.* My marks are bad, but his aren't much better.

[2] *its*

Wenn sich sein *auf Dinge oder Tiere bezieht, sagt man* **its**.

◇ *Der Fuchs kam aus seiner Höhle.* The fox came out of its lair. ◇ *Jedes Buch hat seinen Platz.* Each book has its place.

seiner PRONOMEN

seiner *is the genitive of* er.

of him ◇ *Wir gedenken seiner.* We're thinking of him.

seinetwegen ADVERB

[1] *for his sake* ◇ *Ihr müsst seinetwegen nicht auf euren Urlaub verzichten.* You don't have to do without your holiday for his sake.

[2] *on his account* ◇ *Hat sie sich seinetwegen so aufgeregt?* Did she get so upset on his account?

[3] *as far as he's concerned* ◇ *Er sagt, dass du seinetwegen gehen kannst.* He says that as far as he's concerned you can go.

seit PRÄPOSITION, KONJUNKTION

The preposition seit *takes the dative.*

since ◇ *Seit er verheiratet ist, spielt er nicht mehr Fußball.* He's stopped playing football since he got married. ◇ *Seit letztem Jahr habe ich nichts mehr von ihm gehört.* I haven't heard anything from him since last year.

- **Er ist seit einer Woche hier.** He's been here for a week.
- **seit langem** for a long time

seitdem ADVERB, KONJUNKTION

since ◇ *Seitdem sie im Gymnasium ist, hat sie kaum mehr Zeit.* Since she's been going to grammar school, she's hardly had any time.

- **Ich habe seitdem nichts mehr von ihr gehört.** I haven't heard from her since then.

die **Seite** SUBSTANTIV

[1] *side* ◇ *Die rechte Seite des Autos war beschädigt.* The right side of the car was damaged.

[2] *page* ◇ *Das steht auf Seite fünfzig.* It's on page fifty.

das **Seitenstechen** SUBSTANTIV

stitch ◇ *Ich habe Seitenstechen.* I've got a stitch.

der **Sekt** SUBSTANTIV (PL die **Sekte**)

sparkling wine

die **Sekunde** SUBSTANTIV

second ◇ *zehn Sekunden* ten seconds

selbst PRONOMEN, ADVERB

[1] *on one's own* ◇ *Das Kind kann sich selbst anziehen.* The child can get dressed on her own. ◇ *Ich werde schon selbst eine Lösung finden.* I'll find a solution on my own.

- **ich selbst** I myself
- **er selbst** he himself
- **wir selbst** we ourselves
- **Sie ist die Liebenswürdigkeit selbst.** She's kindness itself.
- **Er braut sein Bier selbst.** He brews his own beer.
- **Wie geht's? – Gut, und selbst?** How are things? – Fine, and yourself?
- **von selbst** by itself ◇ *Die Bombe ist von selbst losgegangen.* The bomb went off by itself.

[2] *even* ◇ *Selbst meine Mutter findet Oasis gut.* Even my mother likes Oasis.

- **selbst wenn** even if ◇ *Du musst das machen, selbst wenn du keine Lust hast.* You have to do it even if you don't feel like it.

selbständig ADJEKTIV

independent ◇ *Du solltest langsam selbständiger werden.* It's about time you started to become more independent. ◇ *ein selbständiger Staat* an independent country

- **Kannst du das nicht selbständig entscheiden?** Can't you decide on your own?
- **sich selbständig machen** to become self-employed
- **Sie hat sich als Übersetzerin selbständig gemacht.** She set herself up as a self-employed translator.

die **Selbstbedienung** SUBSTANTIV

self-service

selbstbewusst ⚠ ADJEKTIV

self-confident

der **Selbstmord** SUBSTANTIV (PL die **Selbstmorde**)

suicide ◇ *Selbstmord begehen* to commit suicide

selbstsicher ADJEKTIV

self-assured

selbstständig ⚠ ADJEKTIV *siehe* **selbständig**

selbstverständlich ADJEKTIV, ADVERB

[1] *obvious* ◇ *Das ist für mich durchaus nicht selbstverständlich.* It's not at all obvious to me.

- **Es ist doch selbstverständlich, dass man da hilft.** It goes without saying that you should help.
- **Ich halte das für selbstverständlich.** I take that for granted.

[2] *of course* ◇ *Ich habe mich selbstverständlich sofort bedankt.* Of course I said thank you immediately. ◇ *Kommt er mit? – Selbstverständlich.* Is he coming? – Of course. ◇ *Ich habe selbstverständlich nicht unterschrieben.* Of course I didn't sign.

das **Selbstvertrauen** SUBSTANTIV

self-confidence

selig ADJEKTIV
blissful ◇ *Er hatte ein seliges Lächeln auf dem Gesicht.* He had a blissful smile on his face.
◆ **Sie war selig, als sie ihn sah.** She was overjoyed to see him.

der **Sellerie** SUBSTANTIV
celeriac

selten ADJEKTIV, ADVERB
[1] *rare* ◇ *eine seltene Pflanze* a rare plant
[2] *rarely* ◇ *Wir gehen selten ins Kino.* We rarely go to the cinema.

seltsam ADJEKTIV
curious

das **Semester** SUBSTANTIV (PL die **Semester**)
semester

das **Semikolon** SUBSTANTIV (PL die **Semikolons** *or* **Semikola**)
semicolon

das **Seminar** SUBSTANTIV (PL die **Seminare**)
seminar ◇ *Ich mache dieses Semester ein Seminar über Steinbeck.* I'm doing a seminar on Steinbeck this semester.

die **Semmel** SUBSTANTIV
roll

senden VERB (IMPERFECT **sendete** *or* **sandte**, PERFECT **hat gesendet** *or* **gesandt**)
[1] *to send* (*sent, sent*) ◇ *Bitte senden Sie mir Ihren neuesten Katalog.* Please send me your latest catalogue.
[2] *to broadcast* (*broadcast, broadcast*) ◇ *Der Spielfilm wird im dritten Programm gesendet.* The film will be broadcast on Channel three. ◇ *Wir senden bis Mitternacht.* We broadcast until midnight.

die **Sendung** SUBSTANTIV
[1] *transmission* ◇ *Während der Sendung darf das Studio nicht betreten werden.* Nobody's allowed to enter the studio during transmission.
[2] *programme* ◇ *Kennst du die Sendung "Tiere im Zoo"?* Do you know the programme "Animals in the Zoo"?
[3] *consignment* ◇ *Für Sie ist eine Sendung mit Mustern angekommen.* A consignment of samples has arrived for you.

der **Senf** SUBSTANTIV (PL die **Senfe**)
mustard

die **Sensation** SUBSTANTIV
sensation

sensibel ADJEKTIV
sensitive ◇ *Sie ist ein sehr sensibler Mensch.* She's a very sensitive person.

sentimental ADJEKTIV
sentimental ◇ *Nun werd nicht sentimental!* Now don't get sentimental.

der **September** SUBSTANTIV
September ◇ *im September* in September ◇ *am elften September* on the eleventh of September ◇ *Ulm, den 11. September 1998* Ulm, 11 September 1998 ◇ *Heute ist der elfte September.* Today is the eleventh of September.

die **Serie** SUBSTANTIV
series SING

seriös ADJEKTIV
respectable

das **Service** SUBSTANTIV (GEN des **Service** *or* **Services**, PL die **Service**)
siehe auch der Service SUBSTANTIV
set ◇ *Sie hat ein hübsches Teeservice aus Porzellan.* She has a lovely china tea set.

der **Service** SUBSTANTIV (GEN des **Service**, PL die **Services**)
siehe auch das Service SUBSTANTIV
service ◇ *In dem Hotel ist der Service ausgezeichnet.* The service in the hotel is excellent.

die **Serviette** SUBSTANTIV
serviette

der **Sessel** SUBSTANTIV (PL die **Sessel**)
armchair

der **Sessellift** SUBSTANTIV (PL die **Sessellifte**)
chairlift

setzen VERB
to put (*put, put*) ◇ *Sie setzte das Kind auf den Stuhl.* She put the child on the chair. ◇ *Er setzte das Glas an den Mund.* He put the glass to his lips. ◇ *Hast du meinen Namen auf die Liste gesetzt?* Have you put my name on the list?
◆ **ein Komma setzen** to put a comma
◆ **jemandem eine Frist setzen** to set somebody a deadline
◆ **sich setzen (1)** to settle ◇ *Der Kaffeesatz hat sich gesetzt.* The coffee grounds have settled.
◆ **sich setzen (2)** to sit down ◇ *Setz dich doch!* Do sit down! ◇ *Er setzte sich aufs Sofa.* He sat down on the sofa.
◆ **Sie setzte sich aufs Fahrrad.** She got on her bike.
◆ **auf etwas setzen** to bet on something ◇ *Er hat hundert Mark auf die Nummer zwei gesetzt.* He bet a hundred marks on number two.

die **Seuche** SUBSTANTIV
epidemic

seufzen VERB
to sigh

der **Sex** SUBSTANTIV (GEN des **Sex** *or* **Sexes**)
sex

sexuell ADJEKTIV
sexual

das **Shampoo** SUBSTANTIV (PL die **Shampoos**)
shampoo

Sibirien NEUT SUBSTANTIV
Siberia

sibirisch ADJEKTIV
Siberian

sich PRONOMEN
[1] *himself* ◇ *Er redet mit sich selbst.* He's talking to himself.
herself ◇ *Sie spricht nicht gern über sich selbst.* She doesn't like to talk about herself. ◇ *Sie hat sich einen Pullover gekauft.* She bought herself a jumper.

itself ◇ *Das Boot hat sich wieder aufgerichtet.* The boat righted itself.
[2] *themselves* ◇ *Meine Eltern haben sich ein neues Auto gekauft.* My parents have bought themselves a new car. ◇ *Sie bleiben gern unter sich.* They keep themselves to themselves.
[3] *each other* ◇ *Sie lieben sich.* They love each other.
- **Sie wäscht sich.** She's washing herself.
- **Sie wäscht sich die Haare.** She's washing her hair.
- **Er schneidet sich die Nägel.** He's cutting his nails.
- **Man fragt sich, ob...** One wonders whether...
- **Sie wiederholen sich.** You're repeating yourself.
- **Haben Sie Ihren Ausweis bei sich?** Do you have your pass on you?
- **Er hat nichts bei sich.** He's got nothing on him.
- **Dieses Auto fährt sich gut.** This car drives well.
- **Dieser Artikel verkauft sich gut.** This article sells well.
- **Hier sitzt es sich gut.** This is a good place to sit.

sicher ADJEKTIV, ADVERB
[1] *safe* ◇ *Das ist ein sehr sicheres Auto.* It's a very safe car.
[2] *certain* ◇ *Der Termin ist noch nicht sicher.* The date isn't certain yet.
- **Ich bin nicht sicher.** I'm not sure.

[3] *reliable* ◇ *eine sichere Methode* a reliable method
- **vor jemandem sicher sein** to be safe from somebody ◇ *In einer Großstadt ist man vor Taschendieben nicht sicher.* You're never safe from pickpockets in a city.
- **vor etwas sicher sein** to be safe from something ◇ *Bei ihr ist man vor Überraschungen nie sicher.* With her you're never safe from surprises.

[4] *definitely* ◇ *Sie kommt sicher nicht mehr.* She's definitely not coming anymore.
- **Er weiß das sicher schon.** I'm sure he knows that already.
- **sicher nicht** surely not
- **Aber sicher!** Of course!

die **Sicherheit** SUBSTANTIV
safety KEIN PL ◇ *Tragen Sie einen Helm zu Ihrer eigenen Sicherheit.* Wear a helmet for your own safety.
- **Hier sind wir in Sicherheit.** We're safe here. ◇ *Diese Maßnahmen dienen der Sicherheit der Fluggäste.* These measures are for passenger safety.
- **Ich kann nicht mit Sicherheit sagen, ob ich komme.** I can't say for sure if I'll come.

sicherlich ADVERB
certainly

sichern VERB
to secure ◇ *Maßnahmen, die Arbeitsplätze sichern* measures to secure jobs
- **Daten sichern** to back up data ◇ *Die Daten werden stündlich auf Band gesichert.* The data are backed up onto tape every hour.
- **jemandem etwas sichern** to secure something for somebody ◇ *Ich habe dir einen guten Platz gesichert.* I've secured a good place for you.

die **Sicherung** SUBSTANTIV
[1] *securing* ◇ *Maßnahmen zur Sicherung der Arbeitsplätze* measures for securing jobs
[2] *fuse* ◇ *Die Sicherung ist durchgebrannt.* The fuse has blown.

die **Sicherungskopie** SUBSTANTIV
backup copy (PL *copies*)

die **Sicht** SUBSTANTIV
view ◇ *Wir hatten eine gute Sicht auf die Berge.* We had a good view of the mountains. ◇ *Du versperrst mir die Sicht.* You're blocking my view.
- **auf lange Sicht** on a long-term basis
- **aus jemandes Sicht** as somebody sees it ◇ *Aus meiner Sicht ist das zu schaffen.* As I see it, it can be done.

sichtbar ADJEKTIV
visible

Sie PRONOMEN
siehe auch **sie** PRONOMEN
you

The formal form of address Sie *(singular and plural) is used when addressing people you don't know or your superiors. Teachers say* Sie *to children over the age of 16.*

◇ *Möchten Sie mitkommen?* Would you like to come? ◇ *Ich kenne Sie.* I know you.

sie PRONOMEN
siehe auch **Sie** PRONOMEN
[1] *she* ◇ *Sie ist sehr hübsch.* She's very pretty.
[2] *it* ◇ *Schöne Tasche, ist sie neu?* Lovely bag, is it new? ◇ *Kann ich deine Tasche haben, oder brauchst du sie noch?* Can I have your bag or do you need it?
[3] *her* ◇ *Ich kenne sie nicht.* I don't know her.
[4] *they* ◇ *Sie sind alle gekommen.* They all came.
[5] *them* ◇ *Ich habe sie alle eingeladen.* I've invited all of them.

das **Sieb** SUBSTANTIV (PL die **Siebe**)
[1] *sieve* ◇ *Wir sollten da Mehl durch ein Sieb schütten.* We should rub the flour through a sieve.
[2] *strainer* ◇ *Hast du ein Teesieb?* Have you got a tea strainer?

sieben ZAHL
seven

siebenhundert ZAHL
seven hundred

siebte ADJEKTIV
seventh ◇ *Er kam als Siebter.* He was the seventh to arrive.

siebzehn ZAHL

seventeen

siebzig ZAHL
seventy

die **Siedlung** SUBSTANTIV
1 *settlement* ◇ *eine indianische Siedlung* an Indian settlement
2 *estate* ◇ *Sie wohnt in unserer Siedlung.* She lives on our estate.

der **Sieg** SUBSTANTIV (PL die **Siege**)
victory (PL *victories*)

siegen VERB
to win (*won, won*) ◇ *Welche Mannschaft hat gesiegt?* Which team won?

der **Sieger** SUBSTANTIV (PL die **Sieger**)
winner ◇ *Brasilien war 1994 Sieger der Fußballweltmeisterschaft.* Brazil was the winner of the 1994 World Cup.

siehe VERB *siehe* **sehen**

siezen VERB
to address as "Sie"
The formal form of address Sie *(singular and plural) is used when addressing people you don't know or your superiors. Teachers say* Sie *to children over the age of 16.*

die **Silbe** SUBSTANTIV
syllable

das **Silber** SUBSTANTIV
silver

das **Silvester** SUBSTANTIV (PL die **Silvester**)
New Year's Eve

singen VERB (IMPERFECT **sang**, PERFECT **hat gesungen**)
to sing (*sang, sung*)

der **Singular** SUBSTANTIV (PL die **Singulare**)
singular

sinken VERB (IMPERFECT **sank**, PERFECT **ist gesunken**)
1 *to sink* (*sank, sunk*) ◇ *Das Schiff ist gesunken.* The ship has sunk.
2 *to fall* (*fell, fallen*) ◇ *Die Preise für Computer sind gesunken.* The prices of computers have fallen.

der **Sinn** SUBSTANTIV (PL die **Sinne**)
1 *sense* ◇ *die fünf Sinne* the five senses
2 *meaning* ◇ *Ich verstehe den Sinn dieses Satzes nicht.* I don't understand the meaning of this sentence. ◇ *Was ist der Sinn des Lebens?* What's the meaning of life?
◆ **Sinn für etwas haben** to have a sense of something ◇ *Sie hat viel Sinn für Humor.* She has a great sense of humour.
◆ **jemandem in den Sinn kommen** to come to somebody ◇ *Die Idee kam mir plötzlich in den Sinn.* The idea suddenly came to me.
◆ **Es hat keinen Sinn.** There's no point.

sinnlos ADJEKTIV
1 *pointless* ◇ *Es ist sinnlos, das zu tun.* It's pointless doing that.
2 *meaningless* ◇ *Er hat sinnloses Zeug geredet.* He talked meaningless rubbish.

sinnvoll ADJEKTIV
sensible ◇ *Das wäre eine sinnvolle Änderung.* That would be a sensible change.

die **Situation** SUBSTANTIV
situation

der **Sitz** SUBSTANTIV (GEN des **Sitzes**, PL die **Sitze**)
seat

sitzen VERB (IMPERFECT **saß**, PERFECT **hat gesessen**)
to sit (*sat, sat*) ◇ *Er saß auf dem Stuhl.* He was sitting on the chair.
◆ **sitzen bleiben (1)** to remain seated ◇ *Bitte bleiben Sie sitzen.* Please remain seated.
◆ **sitzen bleiben (2)** to have to repeat a year
In Germany, pupils do not automatically move up (werden versetzt) *to the next class at the end of the school year. If their performance is not good enough, they have to repeat the school year. This is known as* sitzen bleiben.
◇ *Ich habe Angst, dass ich dieses Jahr sitzen bleibe.* I'm worried that I'll have to repeat this year.
◆ **Diese Hose sitzt.** These trousers fit well.

die **Sitzgelegenheit** SUBSTANTIV
place to sit down

der **Sitzplatz** SUBSTANTIV (GEN des **Sitzplatzes**, PL die **Sitzplätze**)
seat

der **Skandal** SUBSTANTIV (PL die **Skandale**)
scandal

Skandinavien NEUT SUBSTANTIV
Scandinavia
◆ **aus Skandinavien** from Scandinavia
◆ **nach Skandinavien** to Scandinavia

skandinavisch ADJEKTIV
Scandinavian

das **Skelett** SUBSTANTIV (PL die **Skelette**)
skeleton

der **Ski** SUBSTANTIV (PL die **Ski** *or* **Skier**)
ski
◆ **Ski fahren** to ski

der **Skifahrer** SUBSTANTIV (PL die **Skifahrer**)
skier

der **Skilehrer** SUBSTANTIV (PL die **Skilehrer**)
ski instructor

der **Skilift** SUBSTANTIV (PL die **Skilifte** *or* **Skilifts**)
ski lift

der **Skistock** SUBSTANTIV (PL die **Skistöcke**)
ski pole

der **Skorpion** SUBSTANTIV (PL die **Skorpione**)
1 *scorpion*
2 *Scorpio* (*Sternzeichen*) ◇ *Sie ist Skorpion.* She's Scorpio.

der **Slip** SUBSTANTIV (PL die **Slips**)
pants PL ◇ *ein Slip* a pair of pants

der **Smoking** SUBSTANTIV (PL die **Smokings**)
dinner jacket

so ADVERB, KONJUNKTION, INTERJEKTION
1 *so* ◇ *Ich hatte mich so darauf gefreut.* I was so looking forward to it. ◇ *so schön* so nice ◇ *zwanzig oder so* twenty or so
◆ **so groß wie...** as big as...
◆ **das hat ihn so geärgert, dass...** that annoyed him so much that...
◆ **so einer wie ich** somebody like me
2 *like that* ◇ *Mach es nicht so.* Don't do it like that.
◆ **...oder so was** ...or something like that

S

- **Na so was!** Well, well!
- **und so weiter** and so on
- **Ich habe es so bekommen.** (*umsonst*) I got it for nothing.
- **so dass** so that
- **So?** Really?
- **So, das wär's.** So, that's it then.

das **Söckchen** SUBSTANTIV (PL die **Söckchen**)
ankle sock

die **Socke** SUBSTANTIV
sock

das **Sofa** SUBSTANTIV (PL die **Sofas**)
sofa

sofort ADVERB
immediately

sogar ADVERB
even

die **Sohle** SUBSTANTIV
sole

der **Sohn** SUBSTANTIV (PL die **Söhne**)
son

solch PRONOMEN
such ◇ *Sie ist solch eine nette Frau.* She's such a nice lady.

- **ein solcher** a...like that ◇ *Ein solcher Fehler sollte nicht passieren.* A mistake like that shouldn't happen. ◇ *Eine solche Wohnung würde mir auch gefallen.* I'd like a flat like that. ◇ *Ein solches Mountainbike hätte ich auch gern.* I'd also really like to have a mountain bike like that.
- **Solche Fehler solltest du nicht mehr machen.** You shouldn't be making mistakes like that any more.
- **eine solche Frechheit** such a cheek

der **Soldat** SUBSTANTIV (GEN des **Soldaten**, PL die **Soldaten**)
soldier

solide ADJEKTIV
[1] *solid* ◇ *Dieser Tisch ist aus solidem Holz.* This table is of solid wood.

- **Sie hat solide Grammatikkenntnisse.** Her grammar is sound.

[2] *respectable* ◇ *Wir führen ein solides Leben.* We lead a respectable life. ◇ *Er ist solide geworden.* He's become respectable.

sollen VERB (IMPERFECT **sollte**, PERFECT **hat gesollt** *or* **sollen**)

The past participle **sollen** *is used when* **sollen** *is a modal auxiliary.*

[1] *to be supposed to* (*is, was, been*) ◇ *Ich soll um fünf Uhr dort sein.* I'm supposed to be there at five o'clock. ◇ *Was soll das heißen?* What's that supposed to mean? ◇ *Morgen soll es schön werden.* It's supposed to be nice tomorrow.
[2] *to have to* (*had, had*) ◇ *Du sollst sofort nach Hause.* You have to go home immediately. ◇ *Sie sagt, du sollst nach Hause kommen.* She says that you have to come home.

- **Sag ihm, er soll warten.** Tell him he's to wait.

[3] *should* ◇ *Ich sollte meine Hausaufgaben machen.* I should do my homework. ◇ *Du hättest nicht gehen sollen.* You shouldn't have gone. ◇ *Was soll ich machen?* What should I do? ◇ *sollte das passieren,...* if that should happen...

- **Sie soll verheiratet sein.** She's said to be married.
- **man sollte glauben, dass...** you would think that...
- **Soll ich dir helfen?** Shall I help you?
- **Soll ich?** Shall I?
- **Ich hätte eigentlich nicht gesollt.** I really shouldn't have.
- **Was soll das?** What's all this?
- **Das sollst du nicht.** You shouldn't do that.
- **Was soll's?** What the hell! (*Umgangssprache*)

der **Sommer** SUBSTANTIV (PL die **Sommer**)
summer ◇ *im Sommer* in summer

sommerlich ADJEKTIV
[1] *summery* ◇ *ein sommerliches Kleid* a summery dress
[2] *summer* ◇ *sommerliche Kleidung* summer clothes ◇ *sommerliches Wetter* summer weather

der **Sommerschlussverkauf** ⚠ SUBSTANTIV (PL die **Sommerschlussverkäufe**)
summer sale

die **Sommersprossen** FEM PL SUBSTANTIV
freckles PL

das **Sonderangebot** SUBSTANTIV (PL die **Sonderangebote**)
special offer

sonderbar ADJEKTIV
strange

sondern KONJUNKTION
but

- **nicht nur..., sondern auch** not only..., but also

der **Sonnabend** SUBSTANTIV (PL die **Sonnabende**)
Saturday ◇ *am Sonnabend* on Saturday

sonnabends ADVERB
on Saturdays

die **Sonne** SUBSTANTIV
sun

sich **sonnen** VERB
to sun oneself

der **Sonnenbrand** SUBSTANTIV (PL die **Sonnenbrände**)
sunburn

die **Sonnenbrille** SUBSTANTIV
sunglasses PL ◇ *Sie trug eine Sonnenbrille.* She was wearing sunglasses.

die **Sonnencreme** SUBSTANTIV (PL die **Sonnencremes**)
suntan lotion

die **Sonnenenergie** SUBSTANTIV
solar power

der **Sonnenschirm** SUBSTANTIV (PL die **Sonnenschirme**)
sunshade

der **Sonnenstich** SUBSTANTIV
sunstroke

sonnig ADJEKTIV
sunny

der **Sonntag** SUBSTANTIV (PL die **Sonntage**)
Sunday ◇ *am Sonntag* on Sunday

sonntags ADVERB
on Sundays

sonst ADVERB, KONJUNKTION
[1] *normally* ◇ *Was ist mit dir? Du bist doch sonst nicht so still.* What's wrong with you? You're not normally so quiet. ◇ *Die Kinder sind sonst eigentlich artiger.* The children normally behave better.
[2] *else* ◇ *Wer sonst?* Who else? ◇ *Was sonst?* What else? ◇ *Sonst war niemand da.* Nobody else was there. ◇ *sonst nichts* nothing else
◆ **sonst noch** else ◇ *Was hast du sonst noch bekommen?* What else did you get?
◆ **Haben Sie sonst noch einen Wunsch?** Would you like anything else?
◆ **Sonst noch etwas?** Anything else?
[3] *otherwise* ◇ *Ich habe etwas Kopfschmerzen, aber sonst geht's mir gut.* I've got a headache, otherwise I feel fine.
◇ *Geh besser nach Hause, sonst macht sich deine Mutter Sorgen.* You'd better go home otherwise your mother will be worried.

sonstig ADJEKTIV
other

sonstwo ADVERB
somewhere else

sooft KONJUNKTION
whenever

die **Sorge** SUBSTANTIV
worry (PL *worries*)
◆ **Ich mache mir Sorgen.** I'm worried.

sorgen VERB
◆ **für jemanden sorgen** to look after somebody
◆ **für etwas sorgen** to see to something
◆ **sich um jemanden sorgen** to worry about somebody

sorgfältig ADJEKTIV
careful

sortieren VERB (PERFECT **hat sortiert**)
to sort out

die **Soße** SUBSTANTIV
[1] *sauce* ◇ *Eis mit Himbeersoße* ice cream with raspberry sauce
[2] *gravy* ◇ *Schweinebraten mit Soße* roast pork with gravy
[3] *dressing* ◇ *Salat mit einer Joghurtsoße* salad with a yoghurt dressing

soviel ADVERB *siehe* **viel**

soviel KONJUNKTION
as far as
◆ **soviel ich weiß** as far as I know

soweit ADVERB *siehe* **weit**

soweit KONJUNKTION
as far as ◇ *Soweit ich weiß, kann er nicht kommen.* As far as I know, he can't come.

sowenig ADVERB *siehe* **wenig**

sowie KONJUNKTION
as soon as ◇ *Ich rufe an, sowie ich Bescheid weiß.* I'll phone as soon as I know.

sowieso ADVERB
anyway

sowohl KONJUNKTION
◆ **sowohl...als auch** both...and

sozial ADJEKTIV
social

der **Sozialdemokrat** SUBSTANTIV (GEN des **Sozialdemokraten**, PL die **Sozialdemokraten**)
social democrat

die **Sozialhilfe** SUBSTANTIV
social security ◇ *Sozialhilfe bekommen* to be on social security

die **Sozialversicherung** SUBSTANTIV
social security

sozusagen ADVERB
so to speak

die **Spalte** SUBSTANTIV
[1] *crack* ◇ *Durch die Trockenheit hatten sich tiefe Spalten gebildet.* Deep cracks had formed as a result of the dry spell.
[2] *column* ◇ *Der Text ist in zwei Spalten gedruckt.* The text is printed in two columns.

spalten VERB
to split (*split*, *split*)

Spanien NEUT SUBSTANTIV
Spain
◆ **aus Spanien** from Spain
◆ **in Spanien** in Spain
◆ **nach Spanien** to Spain

der **Spanier** SUBSTANTIV (PL die **Spanier**)
Spaniard
◆ **Er ist Spanier.** He's Spanish.
◆ **die Spanier** the Spanish

die **Spanierin** SUBSTANTIV
Spaniard (PL *women*)
◆ **Sie ist Spanierin.** She's Spanish.

spanisch ADJEKTIV
Spanish

spannend ADJEKTIV
exciting

die **Spannung** SUBSTANTIV
[1] *suspense* ◇ *ein Film voller Spannung* a film full of suspense
◆ **Sie erwartet die Prüfungsergebnisse mit Spannung.** She can't wait for the exam results.
[2] *tension* ◇ *Das führte zu Spannungen zwischen den beiden Ländern.* That caused tension between the two countries.

das **Sparbuch** SUBSTANTIV (PL die **Sparbücher**)
savings book

die **Sparbüchse** SUBSTANTIV
money box (PL *boxes*)

sparen VERB
to save ◇ *Wir müssen sparen.* We have to save. ◇ *Sie hat hundert Mark gespart.* She's saved a hundred marks. ◇ *Energie sparen* to save energy ◇ *Er spart für ein Mountainbike.* He's saving for a mountain bike.

- **sich etwas sparen (1)** not to bother with something ◇ *Den Film kannst du dir sparen.* Don't bother with that film.
- **sich etwas sparen (2)** to keep something to oneself ◇ *Spar dir deine Bemerkungen.* You can keep your remarks to yourself.
- **mit etwas sparen** to be sparing with something
- **an etwas sparen** to economize on something ◇ *Sie spart am Essen.* She's been economizing on food.

der **Spargel** SUBSTANTIV
asparagus

die **Sparkasse** SUBSTANTIV
savings bank

sparsam ADJEKTIV
[1] *economical* ◇ *ein sparsames Auto* an economical car ◇ *Wir sollten mit den Rohstoffen sparsam umgehen.* We should be economical with raw materials.
[2] *thrifty* ◇ *Sie ist sehr sparsam.* She's very thrifty.

das **Sparschwein** SUBSTANTIV (PL die **Sparschweine**)
piggy bank

der **Spaß** SUBSTANTIV (GEN des **Spaßes**, PL die **Späße**)
fun ◇ *Wir hatten in den Ferien viel Spaß.* We had great fun in the holidays.
- **Sie versteht keinen Spaß.** She has no sense of humour.
- **Skifahren macht mir Spaß.** I like skiing.
- **zum Spaß** for fun ◇ *Ich mache den Kurs nur zum Spaß.* I'm doing the course for fun.
- **Ich habe das doch nur zum Spaß gesagt.** I only said it as a joke.
- **Viel Spaß!** Have fun!

spät ADJEKTIV, ADVERB
late ◇ *Es wird spät.* It's getting late.
- **Wir kamen zu spät.** We were late.
- **Wie spät ist es?** What's the time?

später ADJEKTIV, ADVERB
later

spätestens ADVERB
at the latest

der **Spatz** SUBSTANTIV (GEN des **Spatzen**, PL die **Spatzen**)
sparrow

spazieren VERB
- **spazieren fahren** to go for a drive
- **spazieren gehen** to go for a walk

der **Spaziergang** SUBSTANTIV (PL die **Spaziergänge**)
walk ◇ *einen Spaziergang machen* to go for a walk

der **Speck** SUBSTANTIV
bacon

der **Speicher** SUBSTANTIV (PL die **Speicher**)
[1] *loft* ◇ *Die alten Möbel sind auf dem Speicher.* The old furniture's in the loft.
[2] *storehouse* ◇ *Die alten Speicher am Hafen wurden zu Wohnungen umgebaut.* The old storehouses at the harbour were converted into flats.
[3] *memory* (PL *memories*) ◇ *Ich will den Speicher meines Computers erweitern.* I want to expand the memory of my computer.

die **Speisekarte** SUBSTANTIV
menu ◇ *Könnte ich bitte die Speisekarte haben?* Could I have the menu please?

der **Speisewagen** SUBSTANTIV (PL die **Speisewagen**)
dining car

die **Spende** SUBSTANTIV
donation

spenden VERB
to donate ◇ *Ich habe zehn Mark gespendet.* I've donated ten marks.
- **Bitte spenden Sie für die Flüchtlinge.** Please give a donation for the refugees.
- **Blut spenden** to give blood

der **Spender** SUBSTANTIV (PL die **Spender**)
donor

spendieren VERB (PERFECT **hat spendiert**)
- **jemandem etwas spendieren** to stand somebody something (*Umgangssprache*) ◇ *Mutti hat uns ein Eis spendiert.* Mum stood us all an ice cream.

die **Spezialität** SUBSTANTIV
speciality (PL *specialities*)

der **Spiegel** SUBSTANTIV (PL die **Spiegel**)
mirror ◇ *Er sah in den Spiegel.* He looked in the mirror.

das **Spiegelbild** SUBSTANTIV (PL die **Spiegelbilder**)
reflection

das **Spiegelei** SUBSTANTIV (PL die **Spiegeleier**)
fried egg

das **Spiel** SUBSTANTIV (PL die **Spiele**)
[1] *game* ◇ *Sollen wir ein Spiel spielen?* Shall we play a game? ◇ *Hast du das Spiel England gegen Deutschland gesehen?* Did you see the England-Germany game? ◇ *Sie hat das erste Spiel des zweiten Satzes verloren.* She lost the first game of the second set.
[2] *pack* ◇ *Hast du ein Spiel Karten?* Do you have a pack of cards?
- **ein Theaterspiel** a play

spielen VERB
to play ◇ *Die Kinder spielen im Garten.* The children are playing in the garden. ◇ *Wollen wir Tennis spielen?* Shall we play tennis? ◇ *Wer spielt den Hamlet?* Who's playing Hamlet? ◇ *Wir haben um Geld gespielt.* We played for money.

spielend ADVERB
easily

der **Spieler** SUBSTANTIV (PL die **Spieler**)
[1] *player* ◇ *Wir brauchen noch einen dritten Spieler.* We still need a third player.
[2] *gambler* ◇ *Er ist ein leidenschaftlicher Spieler.* He's a passionate gambler.

das **Spielfeld** SUBSTANTIV (PL die **Spielfelder**)
pitch (PL *pitches*)

der **Spielfilm** SUBSTANTIV (PL die **Spielfilme**)

feature film

der **Spielplatz** SUBSTANTIV (GEN des **Spielplatzes**, PL die **Spielplätze**)
playground

die **Spielregel** SUBSTANTIV
rule ◇ *Ich erkläre euch die Spielregeln.* I'll explain the rules of the game to you.

die **Spielsachen** FEM PL SUBSTANTIV
toys PL

der **Spielverderber** SUBSTANTIV (PL die **Spielverderber**)
spoilsport

das **Spielzeug** SUBSTANTIV (PL die **Spielzeuge**)
toy

der **Spinat** SUBSTANTIV
spinach

die **Spinne** SUBSTANTIV
spider

spinnen VERB (IMPERFECT **spann**, PERFECT **hat gesponnen**)
[1] *to spin* (*spun, spun*) ◇ *Wolle spinnen* to spin wool
[2] *to be crazy* (*is, was, been*) ◇ *Du spinnst wohl!* You're crazy!

spionieren VERB (PERFECT **hat spioniert**)
to spy (*spied, spied*)

spitz ADJEKTIV
pointed
- **ein spitzer Winkel** an acute angle
- **eine spitze Zunge** a sharp tongue
- **eine spitze Bemerkung** a caustic remark

die **Spitze** SUBSTANTIV
[1] *point* ◇ *Die Spitze des Bleistifts ist abgebrochen.* The point of the pencil has broken off.
[2] *peak* ◇ *Die Spitzen der Berge waren schneebedeckt.* The peaks of the mountains were covered with snow.
[3] *top* ◇ *Welche Mannschaft liegt an der Spitze?* Which team is top?
[4] *lace* ◇ *An ihrem Kleid war ein Kragen aus Spitze.* Her dress had a lace collar.
- **Das war Spitze!** That was great! (*Umgangssprache*)

spitzen VERB
to sharpen

der **Spitzname** SUBSTANTIV (GEN des **Spitznamens**, PL die **Spitznamen**)
nickname

der **Splitter** SUBSTANTIV (PL die **Splitter**)
splinter

sponsern VERB
to sponsor

der **Sport** SUBSTANTIV
sport

der **Sportler** SUBSTANTIV (PL die **Sportler**)
sportsman (PL *sportsmen*)

die **Sportlerin** SUBSTANTIV
sportswoman (PL *sportswomen*)

sportlich ADJEKTIV
sporty ◇ *Bettina ist sehr sportlich.* Bettina is very sporty.

der **Sportplatz** SUBSTANTIV (GEN des **Sportplatzes**, PL die **Sportplätze**)
sports field

der **Sportschuh** SUBSTANTIV (PL die **Sportschuhe**)
trainer

der **Sportverein** SUBSTANTIV (PL die **Sportvereine**)
sports club

spotten VERB
- **spotten über** to ridicule ◇ *Ich kann es nicht leiden, wenn man über mich spottet.* I can't stand being ridiculed.

sprach VERB *siehe* **sprechen**

die **Sprache** SUBSTANTIV
language

der **Sprachführer** SUBSTANTIV (PL die **Sprachführer**)
phrase book

das **Sprachlabor** SUBSTANTIV (PL die **Sprachlabors** *or* **Sprachlabore**)
language laboratory (PL *laboratories*)

sprachlich ADJEKTIV
linguistic

sprachlos ADJEKTIV
speechless

sprang VERB *siehe* **springen**

sprechen VERB (PRESENT **spricht**, IMPERFECT **sprach**, PERFECT **hat gesprochen**)
[1] *to talk* ◇ *Seid bitte ruhig, wenn ich spreche.* Please be quiet, I'm talking. ◇ *Du sprichst so leise.* You talk so quietly. ◇ *Wir haben von dir gesprochen.* We were talking about you.
[2] *to say* (*said, said*) ◇ *Sie hat kein Wort gesprochen.* She didn't say a word.
[3] *to speak* (*spoke, spoken*) ◇ *Ich spreche Italienisch ziemlich schlecht.* I speak Italian pretty badly.
- **jemanden sprechen** to speak to somebody ◇ *Der Direktor will dich sprechen.* The headmaster wants to speak to you.
- **mit jemandem über etwas sprechen** to speak to somebody about something
- **Das spricht für ihn.** That's a point in his favour.

spricht VERB *siehe* **sprechen**

das **Sprichwort** SUBSTANTIV (PL die **Sprichwörter**)
proverb

springen VERB (IMPERFECT **sprang**, PERFECT **ist gesprungen**)
[1] *to jump* ◇ *Er sprang über den Zaun.* He jumped over the fence.
[2] *to crack* ◇ *Das Glas ist gesprungen.* The glass has cracked.

die **Spritze** SUBSTANTIV
[1] *syringe* ◇ *Die Spritze muss steril sein.* The syringe has to be sterile.
[2] *injection* ◇ *Der Arzt hat mir eine Spritze gegeben.* The doctor gave me an injection.
[3] *nozzle* ◇ *Die Spritze am Gartenschlauch ist nicht dicht.* The nozzle on the garden hose leaks.

spritzen VERB (PERFECT **hat/ist gespritzt**)
Use haben *to form the perfect tense. Use* sein *to form the perfect tense for* **to spurt out**.

1 *to spray* ◇ *Er hat sein Fahrrad grün gespritzt.* He's sprayed his bike green.
- **den Garten spritzen** to water the garden
- **jemanden nass spritzen** to splash somebody
- **Als er durch die Pfütze fuhr, hat es gespritzt.** When he drove through the puddle, the water splashed up.

2 *to spurt out* ◇ *Das Wasser ist nach allen Seiten gespritzt.* The water spurted out all over the place. ◇ *Das Blut spritzte aus der Wunde.* The blood spurted out of the wound.

der **Sprudel** SUBSTANTIV (PL die **Sprudel**)
mineral water
- **süßer Sprudel** lemonade

sprühen VERB (PERFECT **hat/ist gesprüht**)
For the perfect tense use haben *when the verb has an object and* sein *when there is no object. Use* haben *to form the perfect tense for* **to sparkle**.

1 *to spray* ◇ *Sie hat Haarspray auf ihre Haare gesprüht.* She sprayed her hair with hairspray.

2 *to fly* (*flew, flown*) ◇ *In alle Richtungen sind Funken gesprüht.* Sparks flew in all directions.

3 *to sparkle* ◇ *Er hat gestern Abend vor Witz gesprüht.* He was sparkling with humour yesterday evening.

der **Sprung** SUBSTANTIV (PL die **Sprünge**)
1 *jump* ◇ *Das war ein weiter Sprung.* That was a long jump.
2 *crack* ◇ *Die Tasse hat einen Sprung.* There is a crack in the cup.

das **Sprungbrett** SUBSTANTIV (PL die **Sprungbretter**)
springboard

die **Spucke** SUBSTANTIV
spit

spucken VERB
to spit (*spat, spat*)

die **Spüle** SUBSTANTIV
kitchen sink

spülen VERB
1 *to rinse* ◇ *Wollsachen muss man gut spülen.* Woollens have to be rinsed well.
2 *to wash up* ◇ *Wenn du spülst, dann trockne ich ab.* If you wash up I'll dry.

die **Spülmaschine** SUBSTANTIV
dishwasher

das **Spülmittel** SUBSTANTIV (PL die **Spülmittel**)
washing-up liquid

die **Spur** SUBSTANTIV
1 *track* ◇ *Wir sahen Spuren im Sand.* We saw tracks in the sand. ◇ *Das Band hat eine Spur für Bilder und eine andere für den Ton.* The tape has one track for pictures and another for sound.
2 *lane* ◇ *Der Fahrer vor mir hat plötzlich die Spur gewechselt.* The driver in front of me suddenly changed lane.
3 *trace* ◇ *Auf ihrem Gesicht sah man die Spuren der Anstrengung.* You could see the traces of strain on her face.
- **eine Bremsspur** skidmarks PL

4 *trail* ◇ *Die Polizei verfolgte seine Spur.* The police followed his trail.
- **Das Essen war eine Spur zu scharf.** The meal was a touch too spicy.

spüren VERB
to feel (*felt, felt*)

der **Staat** SUBSTANTIV (PL die **Staaten**)
state
- **die Vereinigten Staaten von Amerika** the United States of America

staatlich ADJEKTIV
1 *state* ◇ *staatliche Fördermittel* state subsidies ◇ *ein staatliche Schule* a state school
2 *state-run* ◇ *eine staatliche Einrichtung* a state-run organization

die **Staatsangehörigkeit** SUBSTANTIV
nationality (PL *nationalities*)

stabil ADJEKTIV
1 *stable* ◇ *Die Lage ist stabil.* The situation is stable. ◇ *Sie ist psychisch stabil.* She's mentally stable.
2 *sturdy* ◇ *stabile Möbel* sturdy furniture

der **Stachel** SUBSTANTIV (PL die **Stacheln**)
1 *spike* ◇ *Ich habe mir die Hose an einem Stachel aufgerissen.* I've torn my trousers on a spike.
2 *spine* ◇ *Ein Igel hat Stacheln.* A hedgehog has spines. ◇ *Dieser Kaktus hat lange Stacheln.* This cactus has long spines.
3 *sting* ◇ *Ich habe versucht, den Stachel der Biene herauszuziehen.* I tried to take the bee sting out.

die **Stachelbeere** SUBSTANTIV
gooseberry (PL *gooseberries*)

der **Stacheldraht** SUBSTANTIV (PL die **Stacheldrähte**)
barbed wire

das **Stadion** SUBSTANTIV (PL die **Stadien**)
stadium

die **Stadt** SUBSTANTIV (PL die **Städte**)
town

städtisch ADJEKTIV
municipal

die **Stadtmitte** SUBSTANTIV
town centre

der **Stadtplan** SUBSTANTIV (PL die **Stadtpläne**)
street map

der **Stahl** SUBSTANTIV
steel

stahl VERB *siehe* **stehlen**

der **Stamm** SUBSTANTIV (PL die **Stämme**)
1 *trunk* ◇ *Der Baum hat einen dicken Stamm.* The tree has a thick trunk.
2 *tribe* ◇ *Er gehört zum Stamm der Bantus.* He belongs to the Bantu tribe.
3 *stem* ◇ *Die Endung wird an den Stamm des Verbs angehängt.* The ending's added to the stem of the verb.

stammen VERB
- **stammen aus** to come from

der **Stammgast** SUBSTANTIV (PL die **Stammgäste**)

regular customer

der **Stammtisch** SUBSTANTIV (PL die **Stammtische**)
table for the regulars

In Germany it is usual for a group of friends to reserve a table in the same pub or restaurant for the same time each week.

der **Stand** SUBSTANTIV (PL die **Stände**)
[1] *state* ◇ *Was ist der Stand der Dinge?* What's the state of affairs?
[2] *score* ◇ *Sie sind beim Stand von eins zu eins in die Pause.* The score was one all at half-time.
[3] *stand* ◇ *An welchen Stand hast du den Luftballon gekauft?* Which stand did you buy the balloon at?
[4] *level* ◇ *Prüf mal den Ölstand.* Check the oil level.
◆ **zu Stande** *siehe* **zustande**

stand VERB *siehe* **stehen**

ständig ADJEKTIV
constant ◇ *Musst du ständig stören?* Do you constantly have to interrupt?

der **Stapel** SUBSTANTIV (PL die **Stapel**)
pile

starb VERB *siehe* **sterben**

stark ADJEKTIV
[1] *strong* ◇ *Mein Bruder ist stärker als du.* My brother's stronger than you.
[2] *heavy* ◇ *starke Regenfälle* heavy rain
◆ **starke Kopfschmerzen** a splitting headache
[3] *great* (*Umgangssprache: gut*) ◇ *Das war stark!* That was great!

der **Start** SUBSTANTIV (PL die **Starts**)
[1] *start* ◇ *Es waren über hundert Läufer am Start.* There were over a hundred runners at the start.
[2] *takeoff* ◇ *Die Maschine war bereit zum Start.* The machine was ready for takeoff.

die **Station** SUBSTANTIV
[1] *station* ◇ *An welcher Station müssen wir aussteigen?* Which station do we have to get off at?
[2] *hospital ward* ◇ *Der Patient wurde auf eine andere Station verlegt.* The patient's been moved to another ward.

statt KONJUNKTION, PRÄPOSITION

The preposition **statt** *takes the genitive or the dative.*

instead of ◇ *Statt nach Hause zu gehen, sind wir noch in die Disko.* Instead of going home, we went to the disco. ◇ *Sie kam statt ihres Bruders.* She came instead of her brother.

stattfinden VERB (IMPERFECT **fand statt**, PERFECT **hat stattgefunden**)
to take place (*took, taken*)

der **Stau** SUBSTANTIV (PL die **Staus**)
traffic jam ◇ *Wir sind im Stau stecken geblieben.* We were stuck in a traffic jam.

der **Staub** SUBSTANTIV
dust

staubig ADJEKTIV
dusty

staubsaugen VERB (PERFECT **hat staubgesaugt**)
to hoover

der **Staubsauger** SUBSTANTIV (PL die **Staubsauger**)
vacuum cleaner

staunen VERB
to be astonished (*is, was, been*)

stechen VERB (PRESENT **sticht**, IMPERFECT **stach**, PERFECT **hat gestochen**)
[1] *to prick* ◇ *Ich habe mich mit der Nadel gestochen.* I've pricked myself with the needle.
[2] *to sting* (*stung, stung*) ◇ *Mich hat eine Biene gestochen.* A bee stung me.
[3] *to bite* (*bit, bitten*) ◇ *Reibe dich ein, damit du nicht gestochen wirst.* Rub something on so that you won't be bitten.
[4] *to take* (*took, taken*) ◇ *Sie hat meine Dame mit dem König gestochen.* She took my queen with her king.

die **Steckdose** SUBSTANTIV
socket

stecken VERB
[1] *to put* (*put, put*) ◇ *Sie steckte ihren Geldbeutel in die Tasche.* She put her purse in her bag.
[2] *to insert* ◇ *Stecken Sie die Münze in den Schlitz.* Insert the coin into the slot.
[3] *to stick* (*stuck, stuck*) ◇ *Steck deinen Finger nicht in das Loch!* Don't stick your finger in the hole.
[4] *to pin* ◇ *Ich steckte das Abzeichen an meine Jacke.* I pinned the badge onto my jacket.
[5] *to be stuck* (*is, was, been*) ◇ *Wir stecken im Stau.* We are stuck in a traffic jam.
◆ **Wo steckt sie nur?** Where on earth is she?

der **Stecker** SUBSTANTIV (PL die **Stecker**)
plug

die **Stecknadel** SUBSTANTIV
pin

stehen VERB (IMPERFECT **stand**, PERFECT **hat gestanden**)
[1] *to stand* (*stood, stood*) ◇ *Es war so voll, dass wir stehen mussten.* It was so full that we had to stand.
[2] *to be* (*is, was, been*) ◇ *Vor unserem Haus steht eine Kastanie.* There's a chestnut tree in front of our house.
[3] *to say* (*said, said*) ◇ *In der Zeitung steht, dass das Wetter besser wird.* It says in the newspaper that the weather will improve.
◆ **zum Stehen kommen** to come to a halt ◇ *Der Verkehr kam zum Stehen.* The traffic came to a halt.
◆ **Es steht schlecht um ihn.** Things are bad for him.
◆ **jemandem stehen** to suit somebody ◇ *Blau steht dir gut.* Blue suits you.
◆ **Wie steht's? (1)** How are things?
◆ **Wie steht's? (2)** (*Sport*) What's the score?
◆ **stehen bleiben** to stop ◇ *Meine Uhr ist*

S

stehen geblieben. My watch has stopped.

stehlen VERB (PRESENT **stiehlt**, IMPERFECT **stahl**, PERFECT **hat gestohlen**)
to steal (*stole, stolen*)

steif ADJEKTIV
stiff

steigen VERB (IMPERFECT **stieg**, PERFECT **ist gestiegen**)
1 *to rise* (*rose, risen*) ◇ *Der Ballon stieg zum Himmel.* The balloon rose into the sky.
2 *to climb* ◇ *Sie ist auf die Leiter gestiegen.* She climbed up the ladder.
◆ **in etwas steigen** to get into something ◇ *Er stieg ins Auto.* He got into the car
◆ **Sie stieg in den Zug.** She got on the train.
◆ **auf etwas steigen** to get on something ◇ *Sie stieg aufs Fahrrad.* She got on her bike.

die **Steigung** SUBSTANTIV
incline

steil ADJEKTIV
steep

der **Stein** SUBSTANTIV (PL die **Steine**)
stone

der **Steinbock** SUBSTANTIV (PL die **Steinböcke**)
Capricorn ◇ *Er ist Steinbock.* He's Capricorn.

steinig ADJEKTIV
stony

die **Stelle** SUBSTANTIV
1 *place* ◇ *Ich habe mir die Stelle im Buch angestrichen.* I've marked the place in the book.
◆ **an dieser Stelle** here
2 *job* ◇ *Ich suche eine neue Stelle.* I'm looking for a new job.
3 *office* ◇ *Bei welcher Stelle kann man einen Pass bekommen?* In which office can you get a passport?
◆ **An deiner Stelle würde ich das nicht tun.** I wouldn't do it if I were you.

stellen VERB
1 *to put* (*put, put*) ◇ *Ich habe die Vase auf den Tisch gestellt.* I put the vase on the table.
2 *to set* (*set, set*) ◇ *Stell deine Uhr nach meiner.* Set your watch by mine.
3 *to supply* (*supplied, supplied*) ◇ *Die Lehrbücher werden gestellt.* The course books will be supplied.
◆ **sich irgendwohin stellen** to stand somewhere ◇ *Stellt euch bitte an die Wand.* Please stand against the wall.
◆ **sich stellen** to give oneself up ◇ *Der Dieb hat sich gestellt.* The thief gave himself up.
◆ **sich dumm stellen** to pretend to be stupid

die **Stellung** SUBSTANTIV
position ◇ *In welcher Stellung schläfst du?* Which position do you sleep in? ◇ *Er hat eine gute Stellung.* He has a good position.
◆ **zu etwas Stellung nehmen** to comment on something

der **Stellvertreter** SUBSTANTIV (PL die **Stellvertreter**)
deputy (PL *deputies*)

der **Stempel** SUBSTANTIV (PL die **Stempel**)
stamp

stempeln VERB
to stamp
◆ **jemanden zum Sündenbock stempeln** to make somebody a scapegoat

die **Steppdecke** SUBSTANTIV
quilt

die **Sterbehilfe** SUBSTANTIV
euthanasia

sterben VERB (PRESENT **stirbt**, IMPERFECT **starb**, PERFECT **ist gestorben**)
to die

die **Stereoanlage** SUBSTANTIV
stereo (PL *stereos*)

der **Stern** SUBSTANTIV (PL die **Sterne**)
star ◇ *die Sterne am Himmel* the stars in the sky

das **Sternzeichen** SUBSTANTIV (PL die **Sternzeichen**)
star sign ◇ *Was ist dein Sternzeichen?* What star sign are you?

das **Steuer** SUBSTANTIV (PL die **Steuer**)
siehe auch die Steuer SUBSTANTIV
wheel ◇ *Wer saß am Steuer?* Who was at the wheel?

die **Steuer** SUBSTANTIV
siehe auch das Steuer SUBSTANTIV
tax (PL *taxes*) ◇ *Wir müssen viel Steuern bezahlen.* We have to pay a lot of tax.

der **Steward** SUBSTANTIV (PL die **Stewards**)
steward

die **Stewardess** ⚠ SUBSTANTIV (PL die **Stewardessen**)
stewardess (PL *stewardesses*)

der **Stich** SUBSTANTIV (PL die **Stiche**)
1 *bite* ◇ *Das Mittel schützt vor Stichen.* This gives protection from bites. ◇ *ein Mückenstich* a midge bite
◆ **ein Bienenstich** a bee sting
2 *stab* ◇ *Er tötete sie mit zwölf Stichen.* He killed her by stabbing her twelve times.
3 *stitch* (PL *stitches*) ◇ *Sie hat den Aufhänger mit ein paar Stichen angenäht.* She sewed on the loop with a couple of stitches. ◇ *Die Wunde wurde mit drei Stichen genäht.* Three stitches were put in the wound.
4 *trick* ◇ *Ich habe beim letzten Spiel keinen Stich gemacht.* I didn't win any tricks in the last game.
5 *engraving* ◇ *ein Kupferstich* a copper engraving
◆ **jemanden im Stich lassen** to leave somebody in the lurch

sticken VERB
to embroider

der **Stickstoff** SUBSTANTIV
nitrogen

der **Stiefel** SUBSTANTIV (PL die **Stiefel**)
boot

das **Stiefkind** SUBSTANTIV (PL die **Stiefkinder**)
stepchild (PL *stepchildren*)

die **Stiefmutter** SUBSTANTIV (PL die **Stiefmütter**)
stepmother

der **Stiefvater** SUBSTANTIV (PL die **Stiefväter**)
stepfather

stiehlt VERB *siehe* **stehlen**

der **Stiel** SUBSTANTIV (PL die **Stiele**)
1 *handle* ◇ *der Stiel des Besens* the broom handle
2 *stem* ◇ *Er hat den Stiel der Tulpe abgeknickt.* He snapped the stem off the tulip.

der **Stier** SUBSTANTIV (PL die **Stiere**)
1 *bull* ◇ *Der Stier wurde getötet.* The bull was killed.
2 *Taurus* (*Sternzeichen*) ◇ *Brigitte ist Stier.* Brigitte's Taurus.

der **Stift** SUBSTANTIV (PL die **Stifte**)
1 *peg* ◇ *Das Brett wird mit Stiften an der Wand befestigt.* The board is fixed to the wall with pegs.
2 *crayon* ◇ *Sebastian hat lauter bunte Stifte bekommen.* Sebastian got lots of coloured crayons.
3 *pencil* ◇ *Schreib lieber mit Kuli als mit einem Stift.* I'd rather you wrote with a Biro than a pencil.

stiften VERB
◆ **Sie hat eine Runde Eis gestiftet.** She bought us all an ice cream.
◆ **Unruhe stiften** to cause trouble

der **Stil** SUBSTANTIV (PL die **Stile**)
style

still ADJEKTIV
quiet ◇ *Seid mal still.* Be quiet.
◆ **Sie stand ganz still.** She stood quite still.

die **Stille** SUBSTANTIV
quietness
◆ **in aller Stille** quietly

stillhalten VERB (PRESENT **hält still**, IMPERFECT **hielt still**, PERFECT **hat stillgehalten**)
to keep still (*kept, kept*)

stillschweigend ADVERB
tacitly

die **Stimme** SUBSTANTIV
1 *voice* ◇ *Er hat eine laute Stimme.* He has a loud voice.
2 *vote* ◇ *Er bekam nur zwanzig Stimmen.* He only got twenty votes.
◆ **Wem hast du deine Stimme gegeben?** Who did you vote for?

stimmen VERB
to be right (*is, was, been*) ◇ *Die Übersetzung stimmt nicht.* The translation isn't right. ◇ *Das stimmt nicht!* That's not right!
◆ **ein Instrument stimmen** to tune an instrument
◆ **stimmen für** to vote for
◆ **stimmen gegen** to vote against
◆ **Stimmt so!** Keep the change.

die **Stimmung** SUBSTANTIV
mood

stinken VERB (IMPERFECT **stank**, PERFECT **hat gestunken**)
to stink (*stank, stunk*)

das **Stipendium** SUBSTANTIV (PL die **Stipendien**)
grant

stirbt VERB *siehe* **sterben**

die **Stirn** SUBSTANTIV
forehead

der **Stock (1)** SUBSTANTIV (PL die **Stöcke**)
stick ◇ *Er hat ihn mit einem Stock geschlagen.* He hit him with a stick.

der **Stock (2)** SUBSTANTIV (PL die **Stock** *or* **Stockwerke**)
floor ◇ *Wir wohnen im dritten Stock.* We live on the third floor.

der **Stoff** SUBSTANTIV (PL die **Stoffe**)
1 *fabric* ◇ *Das ist ein hübscher Stoff.* That's a pretty fabric.
2 *material* ◇ *Ich sammle Stoff für mein Referat.* I'm collecting material for my assignment.

stöhnen VERB
to groan

stolpern VERB (PERFECT **ist gestolpert**)
1 *to stumble* ◇ *Er ist gestolpert und gefallen.* He stumbled and fell.
2 *to trip* ◇ *Er ist über einen Stein gestolpert.* He tripped over a stone.

stolz ADJEKTIV
proud ◇ *Ich bin stolz auf dich.* I'm proud of you.

stören VERB
to disturb ◇ *Störe ich?* Am I disturbing you? ◇ *Ich will nicht länger stören.* I won't disturb you any longer.
◆ **Stört es dich, wenn ich rauche?** Do you mind if I smoke?
◆ **Das stört meine Konzentration.** That's stopping me from concentrating.
◆ **Die Leitung war gestört.** It was a bad line.
◆ **sich an etwas stören** to worry about something ◇ *Stör dich nicht an der Schrift, der Inhalt ist wichtig.* Don't worry about the writing, it's the content that counts.

störend ADJEKTIV
disturbing

die **Störung** SUBSTANTIV
1 *interruption* ◇ *Diese dauernden Störungen regen mich auf.* These constant interruptions are getting on my nerves.
2 *interference* ◇ *Es war eine Störung beim Bild.* There was interference to the picture.

stoßen VERB (PRESENT **stößt**, IMPERFECT **stieß**, PERFECT **hat gestoßen**)
◆ **den Kopf an etwas stoßen** to bump one's head on something ◇ *Ich habe mir an der niedrigen Decke den Kopf gestoßen.* I bumped my head on the low ceiling.
◆ **sich stoßen** to bump oneself ◇ *Sie hat einen blauen Fleck, wo sie sich gestoßen hat.* She has a bruise where she bumped herself.
◆ **sich an etwas stoßen** to take exception to something ◇ *Sie hat sich an seinem*

S

schlechten Benehmen gestoßen. She took exception to his bad behaviour.

◆ **an etwas stoßen** to bump into something ◇ *Pass auf, dass du nicht an die Statue stößt.* Watch out that you don't bump into the statue.

◆ **auf etwas stoßen** to come across ◇ *Heute bin ich auf dem Flohmarkt auf ein tolles Buch gestoßen.* I came across a great book at the flea market today.

stottern VERB
to stutter

die **Strafarbeit** SUBSTANTIV
lines PL ◇ *Ich habe eine Strafarbeit bekommen.* I got lines.

die **Strafe** SUBSTANTIV
[1] *punishment* ◇ *Zur Strafe müsst ihr länger bleiben.* You'll be kept in after school as a punishment.
◆ **eine Gefängnisstrafe** a prison sentence
[2] *fine* ◇ *Er musste eine Strafe von dreißig Mark bezahlen.* He had to pay a thirty mark fine.

der **Strahl** SUBSTANTIV (PL die **Strahlen**)
[1] *ray* ◇ *radioaktive Strahlen* radioactive rays ◇ *ein Sonnenstrahl* a ray of sunlight
◆ **ein Lichtstrahl** a beam of light
[2] *jet* ◇ *ein Wasserstrahl* a jet of water

strahlen VERB
[1] *to shine* (*shone, shone*) ◇ *Die Sterne strahlten hell.* The stars shone brightly.
[2] *to beam* ◇ *Sie strahlte, als sie das hörte.* She beamed when she heard that.

die **Strahlung** SUBSTANTIV
radiation

der **Strand** SUBSTANTIV (PL die **Strände**)
[1] *beach* (PL *beaches*) ◇ *Wir haben den ganzen Tag am Strand gelegen.* We lay on the beach all day.
[2] *shore* ◇ *Das wurde an den Strand gespült.* That was washed up on the shore.

die **Strapaze** SUBSTANTIV
strain

strapazieren VERB (PERFECT **hat strapaziert**)
[1] *to be hard on* ◇ *Du hast heute deinen Computer ganz schön strapaziert.* You've been really hard on your computer today.
[2] *to wear out* (*wore, worn*) ◇ *Die Wanderung hat uns ziemlich strapaziert.* The walk has really worn us out.

die **Straße** SUBSTANTIV
[1] *street* ◇ *In welcher Straße wohnt Thomas?* Which street does Thomas live in?
[2] *road* ◇ *Wir sind die Straße entlang der Küste gefahren.* We drove along the coast road.

die **Straßenbahn** SUBSTANTIV
tram

der **Strauß** SUBSTANTIV (GEN des **Straußes**, PL die **Sträuße**)
bunch of flowers (PL *bunches*) ◇ *Wir haben unserer Gastgeberin einen Strauß mitgebracht.* We brought our hostess a bunch of flowers.

der **Streber** SUBSTANTIV (PL die **Streber**)
swot (*Umgangssprache*)

die **Strecke** SUBSTANTIV
[1] *distance* ◇ *Wir haben diese Strecke an einem Tag zurückgelegt.* We covered this distance in one day. ◇ *Bis zu ihm ist es noch eine ziemliche Strecke.* It's still quite a distance to his place.
[2] *line* ◇ *Auf der Strecke zwischen Stuttgart und Ulm gab es ein Zugunglück.* There's been a train accident on the Stuttgart to Ulm line.

der **Streich** SUBSTANTIV (PL die **Streiche**)
trick ◇ *Sie haben dem Lehrer einen Streich gespielt.* They played a trick on the teacher.

streicheln VERB
to stroke

streichen VERB (IMPERFECT **strich**, PERFECT **hat gestrichen**)
[1] *to stroke* ◇ *Sie strich über seine Haare.* She stroked his hair.
[2] *to spread* (*spread, spread*) ◇ *Sie strich Honig aufs Brot.* She spread honey on the bread.
◆ **Butter aufs Brot streichen** to butter bread
[3] *to paint* ◇ *Ich muss dringend mein Zimmer streichen.* I really must paint my room.
[4] *to delete* ◇ *Den zweiten Satz kannst du streichen.* You can delete the second sentence.
[5] *to cancel* ◇ *Der Direktor hat den Schulausflug gestrichen.* The headmaster has cancelled the school trip.

das **Streichholz** SUBSTANTIV (GEN des **Streichholzes**, PL die **Streichhölzer**)
match (PL *matches*)

der **Streifen** SUBSTANTIV (PL die **Streifen**)
strip

der **Streik** SUBSTANTIV (PL die **Streiks**)
strike

streiken VERB
to go on strike (*goes, went, gone*)
◆ **Sie streiken.** They're on strike.

der **Streit** SUBSTANTIV (PL die **Streite**)
argument

streiten VERB (IMPERFECT **stritt**, PERFECT **hat gestritten**)
to argue

streng ADJEKTIV
[1] *strict* ◇ *Meine Eltern sind furchtbar streng.* My parents are terribly strict.
[2] *severe* ◇ *Es war ein strenger Winter.* It was a severe winter. ◇ *Das wird streng bestraft.* That will be severely punished.
[3] *sharp* ◇ *Wo kommt der strenge Geruch her?* Where's that sharp smell coming from?

der **Stress** ⚠ SUBSTANTIV (GEN des **Stresses**)
stress
◆ **Ich bin im Stress!** I'm stressed out. (*Umgangssprache*)

stressen VERB (PRESENT **stresst**, IMPERFECT **stresste**, PERFECT **hat gestresst**)
to put under stress (*put, put*)

stressig ADJEKTIV
stressful

der **Strich** SUBSTANTIV (PL die **Striche**)
1 *line* ◇ *Mach einen Strich unter die Spalte.* Draw a line under the column.
2 *stroke* ◇ *Mit ein paar Strichen zeichnete er ein Haus.* He drew a house with a couple of strokes.
◆ **auf den Strich gehen** to be on the game (*Umgangssprache*)

der **Strichkode** SUBSTANTIV (PL die **Strichkodes**)
bar code

der **Strichpunkt** SUBSTANTIV (PL die **Strichpunkte**)
semicolon

der **Strick** SUBSTANTIV (PL die **Stricke**)
rope

stricken VERB
to knit

das **Stroh** SUBSTANTIV
straw

der **Strohhalm** SUBSTANTIV (PL die **Strohhalme**)
drinking straw

der **Strom** SUBSTANTIV (PL die **Ströme**)
current ◇ *der Wechselstrom* alternating current
◆ **Vorsicht, auf dem Draht ist Strom.** Be careful, the wire is live.
◆ **Sie haben den Strom abgeschaltet.** They've cut off the electricity.
◆ **Ein Strom von Zuschauern kam aus dem Stadion.** A stream of spectators was coming out of the stadium.

die **Strömung** SUBSTANTIV
current

der **Strumpf** SUBSTANTIV (PL die **Strümpfe**)
stocking

die **Strumpfhose** SUBSTANTIV
tights PL ◇ *eine Strumpfhose* a pair of tights

das **Stück** SUBSTANTIV (PL die **Stücke**)
1 *piece* ◇ *Sie schnitt ein Stück Käse ab.* She cut off a piece of cheese.
2 *play* ◇ *Wir haben ein Stück von Brecht angesehen.* We saw a play by Brecht.

das **Stückchen** SUBSTANTIV (PL die **Stückchen**)
little piece

der **Student** SUBSTANTIV (GEN des **Studenten**, PL die **Studenten**)
student

die **Studentin** SUBSTANTIV
student

studieren VERB (PERFECT **hat studiert**)
to study (*studied, studied*) ◇ *Mein Bruder studiert Physik.* My brother's studying physics.

das **Studium** SUBSTANTIV (PL die **Studien**)
studies PL

die **Stufe** SUBSTANTIV
1 *step* ◇ *Vorsicht, Stufe!* Mind the step!
2 *stage* ◇ *Er hat bereits eine fortgeschrittene Stufe erreicht.* He's already reached an advanced stage. ◇ *eine Entwicklungsstufe* a stage of development

der **Stuhl** SUBSTANTIV (PL die **Stühle**)
chair

stumm ADJEKTIV
1 *silent* ◇ *Sie blieb stumm.* She remained silent.
2 *dumb* ◇ *Sie ist von Geburt an stumm.* She's been dumb from birth.

stumpf ADJEKTIV
blunt ◇ *Er wurde mit einem stumpfen Gegenstand am Kopf getroffen.* He was hit on the head with a blunt object.
◆ **ein stumpfer Winkel** an obtuse angle

stumpfsinnig ADJEKTIV
mindless

die **Stunde** SUBSTANTIV
1 *hour* ◇ *Ich komme in einer Stunde.* I'll come in an hour.
2 *lesson* ◇ *Was haben wir in der letzten Stunde behandelt?* What did we do in the last lesson?

der **Stundenplan** SUBSTANTIV (PL die **Stundenpläne**)
timetable

stündlich ADJEKTIV
hourly ◇ *stündlich verkehren* to run hourly

stur ADJEKTIV
obstinate

der **Sturm** SUBSTANTIV (PL die **Stürme**)
storm

stürmen VERB (PERFECT **ist/hat gestürmt**)

> *Use* sein *to form the perfect tense for* **to storm (out)**. *Use* haben *to form the perfect tense for all other meanings.*

to storm ◇ *Er ist aus dem Zimmer gestürmt.* He stormed out of the room. ◇ *Die Polizei hat das Gebäude gestürmt.* The police stormed the building.
◆ **Es stürmt.** There's a gale blowing.

stürmisch ADJEKTIV
stormy

der **Sturz** SUBSTANTIV (GEN des **Sturzes**, PL die **Stürze**)
1 *fall* ◇ *Bei dem Sturz hat sie sich das Bein gebrochen.* She broke her leg in the fall.
2 *overthrow* ◇ *Alle freuten sich über den Sturz des Diktators.* Everybody was pleased about the overthrow of the dictator.

stürzen VERB (PERFECT **hat/ist gestürzt**)

> *Use* sein *to form the perfect tense. Use* haben *to form the perfect tense for* **to overthrow** *and for* sich stürzen.

1 *to fall* (*fell, fallen*) ◇ *Sie ist vom Pferd gestürzt.* She fell off a horse.
◆ **Das Flugzeug ist ins Meer gestürzt.** The plane crashed into the sea.
2 *to rush* ◇ *Er kam ins Zimmer gestürzt.* He rushed into the room.
3 *to overthrow* (*overthrew, overthrown*) ◇ *Die Regierung wurde gestürzt.* The government has been overthrown.

S

- **sich stürzen** to plunge ◇ *Sie stürzte sich ins Wasser.* She plunged into the water.
- **Er hat sich vom Fernsehturm gestürzt.** He threw himself off the television tower.

der **Sturzhelm** SUBSTANTIV (PL die **Sturzhelme**)
crash helmet

die **Stütze** SUBSTANTIV
support

das **Styropor** ® SUBSTANTIV
polystyrene

das **Subjekt** SUBSTANTIV (PL die **Subjekte**)
subject

das **Substantiv** SUBSTANTIV (PL die **Substantive**)
noun

subtrahieren VERB (PERFECT **hat subtrahiert**)
to subtract

die **Subvention** SUBSTANTIV
subsidy (PL *subsidies*)

die **Suche** SUBSTANTIV
search (PL *searches*)

suchen VERB
to look for ◇ *Ich suche meinen Radiergummi.* I'm looking for my rubber. ◇ *Wir haben gesucht, es aber nicht gefunden.* We looked for it but couldn't find it.
- **Er wird von der Polizei gesucht.** The police are looking for him.
- **nach etwas suchen** to look for something ◇ *Wonach suchst du?* What are you looking for?

süchtig ADJEKTIV
addicted ◇ *heroinsüchtig* addicted to heroin

der **Süchtige** SUBSTANTIV (GEN des/der **Süchtigen**,
die PL die **Süchtigen**)
addict ◇ *Ein Süchtiger hat uns erzählt, wie er süchtig geworden ist.* An addict told us how he became addicted.

Südafrika NEUT SUBSTANTIV
South Africa
- **aus Südafrika** from South Africa
- **nach Südafrika** to South Africa

Südamerika NEUT SUBSTANTIV
South America
- **aus Südamerika** from South America
- **nach Südamerika** to South America

der **Süden** SUBSTANTIV
south

südlich ADJEKTIV, PRÄPOSITION, ADVERB
southerly ◇ *in südlicher Richtung* in a southerly direction
- **südlich einer Sache** to the south of something ◇ *Das Kraftwerk liegt südlich der Stadt.* The power station's to south of the city.
- **südlich von** south of ◇ *Das liegt südlich von Rom.* It is south of Rome.

der **Südosten** SUBSTANTIV
southeast

der **Südpol** SUBSTANTIV
South Pole ◇ *am Südpol* at the South Pole

der **Südwesten** SUBSTANTIV
southwest

die **Summe** SUBSTANTIV
total

summen VERB
[1] *to buzz* ◇ *Die Bienen summten.* The bees were buzzing.
[2] *to hum* ◇ *Sie summte vor sich hin.* She was humming. ◇ *Er hat ein Lied gesummt.* He hummed a song.

der **Sumpf** SUBSTANTIV (PL die **Sümpfe**)
swamp

die **Sünde** SUBSTANTIV
sin

das **Super** SUBSTANTIV
four star ◇ *Ich tanke Super.* My car takes four star.

der **Superlativ** SUBSTANTIV (PL die **Superlative**)
superlative

der **Supermarkt** SUBSTANTIV (PL die **Supermärkte**)
supermarket

die **Suppe** SUBSTANTIV
soup

süß ADJEKTIV
sweet

die **Süßigkeit** SUBSTANTIV
sweet ◇ *Sie isst gern Süßigkeiten.* She likes eating sweets.

der **Süßstoff** SUBSTANTIV (PL die **Süßstoffe**)
sweetener

das **Süßwasser** SUBSTANTIV
fresh water

das **Symbol** SUBSTANTIV (PL die **Symbole**)
symbol

symmetrisch ADJEKTIV
symmetrical

die **Sympathie** SUBSTANTIV
fondness ◇ *Ihre Sympathie für ihn ist offensichtlich.* Her fondness for him is obvious.

sympathisch ADJEKTIV
likeable ◇ *Er ist ein sympathischer Mensch.* He's a likeable person.
- **Er ist mir sympathisch.** I like him.

die **Synagoge** SUBSTANTIV
synagogue

das **Synonym** SUBSTANTIV (PL die **Synonyme**)
synonym

synthetisch ADJEKTIV
synthetic

das **System** SUBSTANTIV (PL die **Systeme**)
system

systematisch ADJEKTIV
systematic

die **Szene** SUBSTANTIV
scene

T

der **Tabak** SUBSTANTIV (PL die **Tabake**)
tobacco (PL *tobaccos*)
die **Tabelle** SUBSTANTIV
table
das **Tablett** SUBSTANTIV (PL die **Tablette**)
tray
die **Tablette** SUBSTANTIV
tablet
der **Tachometer** SUBSTANTIV (PL die **Tachometer**)
speedometer
tadellos ADJEKTIV
faultless
die **Tafel** SUBSTANTIV
blackboard ◇ *Der Lehrer schrieb das Wort an die Tafel.* The teacher wrote the word on the blackboard.
◆ **eine Tafel Schokolade** a bar of chocolate
der **Tag** SUBSTANTIV (PL die **Tage**)
[1] *day* ◇ *Ich war den ganzen Tag weg.* I was away all day.
[2] *daylight* ◇ *Wir möchten noch bei Tag ankommen.* We want to arrive in daylight.
◆ **an den Tag kommen** to come to light
◆ **Guten Tag!** Hello!
das **Tagebuch** SUBSTANTIV (PL die **Tagebücher**)
diary (PL *diaries*) ◇ *ein Tagebuch führen* to keep a diary
tagelang ADVERB
for days
der **Tagesanbruch** SUBSTANTIV
dawn ◇ *bei Tagesanbruch* at dawn
die **Tageskarte** SUBSTANTIV
[1] *menu of the day* (*Speisekarte*)
[2] *day ticket* (*Fahrkarte*)
das **Tageslicht** SUBSTANTIV
daylight
die **Tageszeit** SUBSTANTIV
time of day
die **Tageszeitung** SUBSTANTIV
daily paper
täglich ADJEKTIV, ADVERB
daily
tagsüber ADVERB
during the day
die **Taille** SUBSTANTIV
waist
der **Takt** SUBSTANTIV (PL die **Takte**)
tact ◇ *Sie behandelte die Sache mit viel Takt.* She showed great tact in dealing with the matter.
◆ **Er hat überhaupt keinen Takt.** He's completely tactless.
◆ **den Takt angeben** to keep time ◇ *Der Lehrer gab den Takt an.* The teacher kept time.
◆ **im Stundentakt** at hourly intervals
die **Taktik** SUBSTANTIV
tactics PL ◇ *Das ist die falsche Taktik.* Those are the wrong tactics.
taktisch ADJEKTIV
tactical ◇ *Das war taktisch unklug.* That was a tactical mistake.
taktlos ADJEKTIV
tactless
taktvoll ADJEKTIV
tactful
das **Tal** SUBSTANTIV (PL die **Täler**)
valley
das **Talent** SUBSTANTIV (PL die **Talente**)
talent
talentiert ADJEKTIV
talented
der **Tampon** SUBSTANTIV (PL die **Tampons**)
tampon
der **Tank** SUBSTANTIV (PL die **Tanks**)
tank
tanken VERB
to get petrol (*got, got*) ◇ *Wir müssen noch tanken.* We still have to get petrol.
die **Tankstelle** SUBSTANTIV
petrol station
die **Tanne** SUBSTANTIV
fir
der **Tannenzapfen** SUBSTANTIV (PL die **Tannenzapfen**)
fir cone
die **Tante** SUBSTANTIV
aunt
der **Tanz** SUBSTANTIV (GEN des **Tanzes**, PL die **Tänze**)
dance
tanzen VERB
to dance
die **Tanzschule** SUBSTANTIV
dancing school
It is very common for German boys and girls to go to a Tanzschule *when they are about 14.*
die **Tapete** SUBSTANTIV
wallpaper
tapezieren VERB (PERFECT **hat tapeziert**)
to wallpaper
tapfer ADJEKTIV
brave
die **Tapferkeit** SUBSTANTIV
bravery
die **Tasche** SUBSTANTIV
[1] *pocket* ◇ *Er hatte die Hände in der Hosentasche.* He had his hands in his trouser pockets.
[2] *bag* ◇ *Sie kann ihre Tasche nicht finden.* She can't find her bag.
das **Taschenbuch** SUBSTANTIV (PL die **Taschenbücher**)
paperback
das **Taschengeld** SUBSTANTIV (PL die **Taschengelder**)
pocket money
die **Taschenlampe** SUBSTANTIV
torch (PL *torches*)
das **Taschenmesser** SUBSTANTIV (PL die **Taschenmesser**)
penknife (PL *penknives*)
der **Taschenrechner** SUBSTANTIV (PL die

Taschenrechner)
pocket calculator

das **Taschentuch** SUBSTANTIV (PL die **Taschentücher**)
handkerchief

die **Tasse** SUBSTANTIV
cup ◇ *eine Tasse Tee* a cup of tea

die **Tastatur** SUBSTANTIV
keyboard

die **Taste** SUBSTANTIV
1 *button* ◇ *Welche Taste muss ich drücken, um die Waschmaschine anzustellen?* What button do I have to press to start the washing machine?
2 *key* ◇ *Bei der Schreibmaschine und der Computertastatur gibt es eine Hochstelltaste.* There's a shift key on the typewriter and the computer keyboard.

die **Tat** SUBSTANTIV (PL die **Taten**)
deed ◇ *Das war eine tapfere Tat.* That was a brave deed. ◇ *eine gute Tat* a good deed
◆ **Der Beschuldigte hat die Tat gestanden.** The accused confessed to the crime.
◆ **in der Tat** indeed

tat VERB *siehe* **tun**

der **Täter** SUBSTANTIV (PL die **Täter**)
culprit

die **Tätigkeit** SUBSTANTIV
1 *activity* (PL *activities*) ◇ *kriminelle Tätigkeiten* criminal activities
2 *occupation* ◇ *Welche Tätigkeit übt dein Vater aus?* What's your father's occupation?

tätowieren VERB (PERFECT **hat tätowiert**)
to tattoo

die **Tatsache** SUBSTANTIV
fact

tatsächlich ADJEKTIV, ADVERB
1 *actual* ◇ *Der tatsächliche Grund war ein anderer als der, den sie angegeben hatte.* The actual reason was different from the one she gave.
2 *really* ◇ *Das hat sie tatsächlich gesagt.* She really did say that. ◇ *Er ist tatsächlich rechtzeitig gekommen.* He really has come in time.

taub ADJEKTIV
deaf ◇ *Sie ist auf dem rechten Ohr taub.* She's deaf in her right ear.

die **Taube** SUBSTANTIV
1 *pigeon* ◇ *die Tauben auf dem Marktplatz* the pigeons in the market square
2 *dove* ◇ *die Friedenstaube* the dove of peace

die **Taubheit** SUBSTANTIV
deafness

taubstumm ADJEKTIV
deaf-mute

tauchen VERB (PERFECT **hat/ist getaucht**)

> *Use* haben *for the perfect tense when you describe the activity and* sein *when you describe the motion.*

1 *to dip* ◇ *Sie hat ihren Zeh ins Wasser getaucht.* She dipped her toe into the water.
2 *to dive* ◇ *Als Kind habe ich viel getaucht.* I used to dive a lot as a child. ◇ *Er ist nach dem versunkenen Schatz getaucht.* He dived in search of the sunken treasure.

der **Taucheranzug** SUBSTANTIV (PL die **Taucheranzüge**)
diving suit

tauen VERB
◆ **Es taut.** It's thawing.

die **Taufe** SUBSTANTIV
christening

taufen VERB
to christen

taugen VERB
◆ **nichts taugen** to be no good ◇ *Das Programm taugt nichts.* The program's no good.

tauschen VERB
to exchange

täuschen VERB
1 *to deceive* ◇ *Du hast mich bewusst getäuscht.* You deliberately deceived me.
2 *to be deceptive* (*is, was, been*) ◇ *Der äußere Anschein täuscht oft.* Appearances are often deceptive.
◆ **sich täuschen** to be wrong

die **Täuschung** SUBSTANTIV
deception
◆ **eine optische Täuschung** an optical illusion

tausend ZAHL
thousand

das **Taxi** SUBSTANTIV (GEN des **Taxis**, PL die **Taxis**)
taxi

der **Taxistand** SUBSTANTIV (PL die **Taxistände**)
taxi rank

die **Technik** SUBSTANTIV
1 *technology* (PL *technologies*) ◇ *hochentwickelte Technik* advanced technology
◆ **die Gentechnik** genetic engineering
2 *technique* ◇ *Sie beherrscht diese Technik des Hochsprungs noch nicht.* She hasn't mastered this high-jump technique yet.

der **Techniker** SUBSTANTIV (PL die **Techniker**)
technician

technisch ADJEKTIV
technical

die **Technologie** SUBSTANTIV
technology (PL *technologies*)

der **Tee** SUBSTANTIV (PL die **Tees**)
tea

> *In Großbritannien wird Tee gewöhnlich mit Milch getrunken. Früchte- und Kräutertees sind wesentlich seltener als in Deutschland.*

◇ *Tee mit Milch und Zucker* tea with milk and sugar ◇ *Tee mit Zitrone* lemon tea
◆ **der Kamillentee** camomile tea

der **Teebeutel** SUBSTANTIV (PL die **Teebeutel**)
tea bag

die **Teekanne** SUBSTANTIV
teapot

der **Teelöffel** SUBSTANTIV (PL die **Teelöffel**)
teaspoon
- **ein Teelöffel Zucker** a teaspoonful of sugar

der **Teer** SUBSTANTIV
tar

das **Teesieb** SUBSTANTIV (PL die **Teesiebe**)
tea strainer

der **Teich** SUBSTANTIV (PL die **Teiche**)
pond

der **Teig** SUBSTANTIV (PL die **Teige**)
dough

die **Teigwaren** FEM PL SUBSTANTIV
pasta SING

der **Teil** SUBSTANTIV (PL die **Teile**)
You can also say das Teil.
[1] *part* ◇ *der erste Teil des Buches* the first part of the book
- **das Ersatzteil** the spare part

[2] *share* ◇ *Ich möchte meinen Teil am Gewinn.* I would like my share of the profit.
[3] *component part* ◇ *Er hat das Fahrrad in seine Teile zerlegt.* He dismantled the bike into its component parts.
- **Sie waren zum Teil beschädigt.** Some of them were damaged.

teilen VERB
to divide
- **mit jemandem teilen** to share with somebody

teilnehmen VERB (PRESENT **nimmt teil**, IMPERFECT **nahm teil**, PERFECT **hat teilgenommen**)
- **an etwas teilnehmen** to take part in something ◇ *Du solltest am Wettbewerb teilnehmen!* You ought to take part in the competition.

der **Teilnehmer** SUBSTANTIV (PL die **Teilnehmer**)
participant

teils ADVERB
partly

teilweise ADVERB
in parts ◇ *Das Buch war teilweise sehr spannend.* The book was thrilling in parts.
- **Sie waren teilweise beschädigt.** Some of them were damaged.

die **Teilzeitarbeit** SUBSTANTIV
part-time work

der **Teint** SUBSTANTIV (PL die **Teints**)
complexion

das **Telefax** SUBSTANTIV (GEN des **Telefax**, PL die **Telefaxe**)
fax (PL *faxes*)

das **Telefon** SUBSTANTIV (PL die **Telefone**)
telephone

der **Telefonanruf** SUBSTANTIV (PL die **Telefonanrufe**)
telephone call

das **Telefonbuch** SUBSTANTIV (PL die **Telefonbücher**)
phone book

der **Telefonhörer** SUBSTANTIV (PL die **Telefonhörer**)
receiver ◇ *Er nahm den Telefonhörer ab.* He picked up the receiver.

telefonieren VERB (PERFECT **hat telefoniert**)
to telephone
- **Ich habe gestern mit ihr telefoniert.** I talked to her on the phone yesterday.

telefonisch ADJEKTIV
telephone ◇ *eine telefonische Nachricht* a telephone message
- **Sie können mich telefonisch erreichen.** You can contact me by phone.

die **Telefonkarte** SUBSTANTIV
phonecard

die **Telefonnummer** SUBSTANTIV
telephone number

die **Telefonzelle** SUBSTANTIV
call box (PL *boxes*)

das **Telegramm** SUBSTANTIV (PL die **Telegramme**)
telegram

das **Teleobjektiv** SUBSTANTIV (PL die **Teleobjektive**)
telephoto lens (PL *lenses*)

das **Teleskop** SUBSTANTIV (PL die **Teleskope**)
telescope

der **Teller** SUBSTANTIV (PL die **Teller**)
plate

das **Temperament** SUBSTANTIV (PL die **Temperamente**)
- **Sie hat das Stück mit Temperament gespielt.** She gave a lively rendition of the piece.
- **Sie hat ein ziemlich lebhaftes Temperament.** She's quite a vivacious person.

temperamentvoll ADJEKTIV
vivacious

die **Temperatur** SUBSTANTIV
temperature

das **Tempo** SUBSTANTIV (PL die **Tempos**)
[1] *speed* ◇ *Er ist mit einem irren Tempo gefahren.* He drove at breakneck speed.
[2] *rate* ◇ *Wir müssen unser Arbeitstempo steigern.* We must increase our work rate.

tendieren VERB (PERFECT **hat tendiert**)
- **zu etwas tendieren** to tend towards something

das **Tennis** SUBSTANTIV (GEN des **Tennis**)
tennis

der **Tennisplatz** SUBSTANTIV (GEN des **Tennisplatzes**, PL die **Tennisplätze**)
tennis court

der **Tennisschläger** SUBSTANTIV (PL die **Tennisschläger**)
tennis racket

der **Tennisspieler** SUBSTANTIV (PL die **Tennisspieler**)
tennis player

der **Teppich** SUBSTANTIV (PL die **Teppiche**)
carpet

der **Termin** SUBSTANTIV (PL die **Termine**)
[1] *date* ◇ *Habt ihr schon einen Termin ausgemacht?* Have you already arranged a date?
[2] *deadline* ◇ *Ich muss den Aufsatz bis zu dem Termin fertig haben.* I must have the

essay finished by that deadline.
[3] *appointment* ◇ *Ich habe einen Termin beim Zahnarzt.* I've got an appointment with the dentist.

der **Terminkalender** SUBSTANTIV (PL die **Terminkalender**)
appointments diary (PL *diaries*)

die **Terrasse** SUBSTANTIV
terrace

der **Terror** SUBSTANTIV
terror

der **Terrorismus** SUBSTANTIV (GEN des **Terrorismus**)
terrorism

der **Terrorist** SUBSTANTIV (GEN des **Terroristen**, PL die **Terroristen**)
terrorist

der **Tesafilm** ® SUBSTANTIV
Sellotape ®

der **Test** SUBSTANTIV (PL die **Tests**)
test

das **Testament** SUBSTANTIV (PL die **Testamente**)
will ◇ *sein Testament machen* to make one's will

testen VERB
to test

teuer ADJEKTIV
expensive

der **Teufel** SUBSTANTIV (PL die **Teufel**)
devil

der **Text** SUBSTANTIV (PL die **Texte**)
[1] *text* ◇ *Lest den Text auf Seite zehn.* Read the text on page ten.
[2] *lyrics* PL ◇ *Kannst du mir den Text von dem Song übersetzen?* Can you translate the lyrics of the song for me?

die **Textilien** FEM PL SUBSTANTIV
textiles PL

die **Textverarbeitung** SUBSTANTIV
word processing

das **Theater** SUBSTANTIV (PL die **Theater**)
[1] *theatre* ◇ *Wir gehen ins Theater.* We're going to the theatre.
◆ **Theater spielen** to act
[2] *fuss* (*Umgangssprache*) ◇ *Mach nicht so ein Theater!* Don't make such a fuss.

das **Theaterstück** SUBSTANTIV (PL die **Theaterstücke**)
play

die **Theke** SUBSTANTIV
[1] *bar* ◇ *Er stand an der Theke und trank ein Bier.* He stood at the bar drinking a beer.
[2] *counter* ◇ *Das bekommen Sie an der Käsetheke.* You'll get that at the cheese counter.

das **Thema** SUBSTANTIV (PL die **Themen**)
subject

die **Themse** SUBSTANTIV
the Thames

theoretisch ADJEKTIV
theoretical ◇ *Rein theoretisch betrachtet ist das richtig.* From a purely theoretical point of view, that's correct.

die **Theorie** SUBSTANTIV
theory (PL *theories*)

die **Therapie** SUBSTANTIV
therapy (PL *therapies*)

das **Thermometer** SUBSTANTIV (PL die **Thermometer**)
thermometer

die **Thermosflasche** SUBSTANTIV
Thermos ®

die **These** SUBSTANTIV
thesis (PL *theses*)

der **Thron** SUBSTANTIV (PL die **Throne**)
throne

der **Thunfisch** SUBSTANTIV (PL die **Thunfische**)
tuna

das **Thüringen** SUBSTANTIV
Thuringia
Thüringen *is one of the 16* Länder. *Its capital is Erfurt. With its extensive forests, it is sometimes called "Germany's green heartland". It is not only rural, however: the Zeiss precision engineering company is based in Jena.*

der **Thymian** SUBSTANTIV (PL die **Thymiane**)
thyme

ticken VERB
to tick ◇ *Die Uhr tickte.* The clock was ticking.
◆ **Du tickst ja nicht richtig!** You're off your rocker! (*Umgangssprache*)

tief ADJEKTIV
siehe auch das Tief SUBSTANTIV
[1] *deep* ◇ *Wie tief ist das Wasser?* How deep's the water?
[2] *low* (*Ausschnitt, Preis, Ton*) ◇ *ein tief ausgeschnittenes Kleid* a low-cut dress

das **Tief** SUBSTANTIV (PL die **Tiefs**)
siehe auch tief ADJEKTIV
depression ◇ *ein Tief über Norddeutschland* a depression over North Germany

die **Tiefe** SUBSTANTIV
depth

die **Tiefgarage** SUBSTANTIV
underground garage

tiefgekühlt ADJEKTIV
frozen

die **Tiefkühlkost** SUBSTANTIV
frozen food

die **Tiefkühltruhe** SUBSTANTIV
freezer

das **Tier** SUBSTANTIV (PL die **Tiere**)
animal

der **Tierarzt** SUBSTANTIV (GEN des **Tierarztes**, PL die **Tierärzte**)
vet

tierisch ADJEKTIV
animal ◇ *tierische Fette* animal fats
◆ **Du hast dich tierisch benommen.** You behaved terribly.

der **Tierkreis** SUBSTANTIV (GEN des **Tierkreises**)
zodiac

die **Tierquälerei** SUBSTANTIV
cruelty to animals

die **Tinte** SUBSTANTIV
ink

der **Tintenfisch** SUBSTANTIV (PL die **Tintenfische**)
squid

der **Tipp** ⚠ SUBSTANTIV (PL die **Tipps**)
tip

tippen VERB
1 *to tap* ◇ *Sie tippte leicht an die Statue.* She lightly tapped the statue.
2 *to type* ◇ *Tippst du dein Referat?* Are you typing your assignment?
◆ **Mein Freund tippt im Lotto.** My friend plays the lottery.
◆ **Auf wen tippst du bei den Wahlen?** Who're you tipping to win the elections?

der **Tippfehler** SUBSTANTIV (PL die **Tippfehler**)
typing error

Tirol NEUT SUBSTANTIV
Tyrol

der **Tiroler** SUBSTANTIV (PL die **Tiroler**)
Tyrolean

die **Tirolerin** SUBSTANTIV
Tyrolean

der **Tisch** SUBSTANTIV (PL die **Tische**)
table ◇ *bei Tisch* at table

die **Tischdecke** SUBSTANTIV
tablecloth

der **Tischler** SUBSTANTIV (PL die **Tischler**)
joiner

das **Tischtennis** SUBSTANTIV
table tennis

das **Tischtuch** SUBSTANTIV (PL die **Tischtücher**)
tablecloth

der **Titel** SUBSTANTIV (PL die **Titel**)
title

der **Toast** SUBSTANTIV (PL die **Toasts**)
toast

das **Toastbrot** SUBSTANTIV (PL die **Toastbrote**)
bread for toasting

der **Toaster** SUBSTANTIV (PL die **Toaster**)
toaster

toben VERB
1 *to rage* ◇ *Der Sturm tobte die ganze Nacht.* The storm raged all night long.
◆ **Wenn er das erfährt, wird er toben.** If he finds out he'll go mad.
2 *to romp about* ◇ *Die Kinder toben im Garten.* The children are romping about in the garden.

die **Tochter** SUBSTANTIV (PL die **Töchter**)
daughter

der **Tod** SUBSTANTIV (PL die **Tode**)
death

todernst ADJEKTIV, ADVERB
grave ◇ *ein todernstes Gesicht* a grave face
◆ **Er hat das todernst gesagt.** He said it in deadly earnest.

die **Todesstrafe** SUBSTANTIV
death penalty (PL *penalties*)

todkrank ADJEKTIV
critically ill

tödlich ADJEKTIV
deadly ◇ *eine tödliche Waffe* a deadly weapon
◆ **ein tödlicher Unfall** a fatal accident

todmüde ADJEKTIV
exhausted

todschick ADJEKTIV
smart

die **Toilette** SUBSTANTIV
toilet

tolerant ADJEKTIV
tolerant

toll ADJEKTIV
terrific (*Umgangssprache*)

die **Tollwut** SUBSTANTIV
rabies SING

die **Tomate** SUBSTANTIV
tomato (PL *tomatoes*)

das **Tomatenmark** SUBSTANTIV
tomato purée

der **Ton** SUBSTANTIV (PL die **Töne**)
1 *sound* ◇ *Es war kein Ton zu hören.* Not a sound could be heard.
2 *note* ◇ *Mit welchen Ton fängt das Lied an?* What note does the song start on?
3 *tone of voice* ◇ *Sein Ton gefiel mir nicht.* I didn't like his tone of voice.
4 *shade* ◇ *Pastelltöne sind in.* Pastel shades are in.
5 *stress* ◇ *Bei Substantiven liegt der Ton meist auf der ersten Silbe.* Nouns are usually stressed on the first syllable.

das **Tonband** SUBSTANTIV (PL die **Tonbänder**)
tape

die **Tonne** SUBSTANTIV
ton ◇ *Es wiegt drei Tonnen.* It weighs three tons.

der **Topf** SUBSTANTIV (PL die **Töpfe**)
pot

das **Tor** SUBSTANTIV (PL die **Tore**)
1 *gate* ◇ *Das Tor war offen.* The gate was open.
2 *goal* ◇ *Wer hat das zweite Tor geschossen?* Who scored the second goal?

der **Torf** SUBSTANTIV
peat

die **Torte** SUBSTANTIV
1 *gateau* (PL *gateaux*)
2 *flan* (*Obsttorte*)

der **Torwart** SUBSTANTIV (PL die **Torwarte**)
goalkeeper

tot ADJEKTIV
dead
◆ **Er war sofort tot.** He was killed instantly.

total ADJEKTIV, ADVERB
1 *complete* ◇ *Das ist doch der totale Wahnsinn.* But that's complete madness.
2 *completely* ◇ *Das ist total verrückt.* That's completely mad.

totalitär ADJEKTIV
totalitarian

der **Totalschaden** SUBSTANTIV (PL die **Totalschäden**)
complete write-off

der/die **Tote** SUBSTANTIV (GEN des/der **Toten**, PL die **Toten**)
dead body (PL *bodies*) ◇ *Auf der Straße lag ein Toter.* There was a dead body lying in the road.
◆ **die Toten begraben** to bury the dead

töten VERB
to kill

sich **totlachen** VERB (PERFECT **hat sich totgelacht**)
to laugh one's head off (*Umgangssprache*)

der **Tourismus** SUBSTANTIV (GEN des **Tourismus**)
tourism

der **Tourist** SUBSTANTIV (GEN des **Touristen**, PL die **Touristen**)
tourist

die **Touristenklasse** SUBSTANTIV
tourist class

die **Tournee** SUBSTANTIV
tour ◇ *Bon Jovi auf Tournee* Bon Jovi on tour ◇ *auf Tournee gehen* to go on tour

die **Tracht** SUBSTANTIV
traditional costume ◇ *Im Schwarzwald tragen die Frauen noch Tracht.* Women still wear traditional costume in the Black Forest.
◆ **eine Tracht Prügel** a sound beating

die **Tradition** SUBSTANTIV
tradition

traditionell ADJEKTIV
traditional

traf VERB *siehe* **treffen**

tragbar ADJEKTIV
portable ◇ *ein tragbarer Fernseher* a portable TV

träge ADJEKTIV
sluggish

tragen VERB (PRESENT **trägt**, IMPERFECT **trug**, PERFECT **hat getragen**)
1 *to carry* (*carried, carried*) ◇ *Kannst du meinen Koffer tragen?* Can you carry my case?
2 *to bear* (*bore, borne*) ◇ *die Verantwortung tragen* to bear responsibility
3 *to wear* (*wore, worn*) (*Kleidung, Brille*) ◇ *Sie trug ein weißes Kleid und eine Sonnenbrille.* She was wearing a white dress and sunglasses.
◆ **Ich trag's mit Fassung.** I'll just have to grin and bear it.

die **Tragetasche** SUBSTANTIV
carrier bag

die **Trägheit** SUBSTANTIV
laziness

tragisch ADJEKTIV
tragic

die **Tragödie** SUBSTANTIV
tragedy (PL *tragedies*)

der **Trainer** SUBSTANTIV (PL die **Trainer**)
coach

trainieren VERB (PERFECT **hat trainiert**)
1 *to train* ◇ *Sie trainiert täglich für den Wettkampf.* She trains for the competition every day.
2 *to coach* ◇ *Wer trainiert diese Tennisspielerin?* Who coaches this tennis player?
3 *to practise* ◇ *Diese Übung muss ich noch mehr trainieren.* I need to practise this exercise more.

das **Training** SUBSTANTIV (PL die **Trainings**)
training KEIN PL

der **Trainingsanzug** SUBSTANTIV (PL die **Trainingsanzüge**)
track suit

trampen VERB
to hitchhike

der **Tramper** SUBSTANTIV (PL die **Tramper**)
hitchhiker

die **Tramperin** SUBSTANTIV
hitchhiker

die **Träne** SUBSTANTIV
tear ◇ *in Tränen ausbrechen* to burst into tears

das **Tränengas** SUBSTANTIV (GEN des **Tränengases**)
tear gas

trank VERB *siehe* **trinken**

die **Transplantation** SUBSTANTIV
transplant ◇ *eine Herztransplantation* a heart transplant
◆ **eine Hauttransplantation** a skin graft

der **Transport** SUBSTANTIV (PL die **Transporte**)
transport

transportieren VERB (PERFECT **hat transportiert**)
to transport

das **Transportmittel** SUBSTANTIV (PL die **Transportmittel**)
means of transport SING

die **Traube** SUBSTANTIV
grape

der **Traubenzucker** SUBSTANTIV (PL die **Traubenzucker**)
glucose

trauen VERB
◆ **jemandem trauen** to trust somebody
◆ **sich trauen** to dare ◇ *Ich wette, du traust dich nicht!* I bet you don't dare.

der **Traum** SUBSTANTIV (PL die **Träume**)
dream

träumen VERB
to dream (*dreamt, dreamt*) ◇ *Ich habe von dir geträumt.* I dreamt about you.

traumhaft ADJEKTIV
wonderful ◇ *Es waren traumhafte Ferien.* It was a wonderful holiday.

traurig ADJEKTIV
sad

die **Traurigkeit** SUBSTANTIV
sadness

treffen VERB (PRESENT **trifft**, IMPERFECT **traf**, PERFECT **hat getroffen**)
siehe auch das Treffen SUBSTANTIV
1 *to hit* (*hit, hit*) ◇ *Er hat die Zielscheibe getroffen.* He hit the target. ◇ *Sie wurde am Kopf getroffen.* She was hit on the head.
◆ **Du hast nicht getroffen.** You missed.

[2] *to meet* (*met, met*) ◇ *Ich habe ihn gestern im Supermarkt getroffen.* I met him yesterday in the supermarket. ◇ *Wir sind in London auf ihn getroffen.* We met him in London.

- **sich treffen** to meet ◇ *Wir treffen uns am Bahnhof.* We'll meet at the station. ◇ *Sie treffen sich einmal in der Woche.* They meet once a week.

[3] *to affect* ◇ *Die Bemerkung hat sie sehr getroffen.* The remark affected her deeply.

- **eine Entscheidung treffen** to make a decision
- **Maßnahmen treffen** to take steps
- **es traf sich, dass...** it so happened that...
- **Das trifft sich gut!** How very convenient!

das **Treffen** SUBSTANTIV (PL die **Treffen**)
siehe auch treffen VERB
meeting

treffend ADJEKTIV
pertinent

der **Treffer** SUBSTANTIV (PL die **Treffer**)
[1] *hit* ◇ *Das Schiff musste einen Volltreffer hinnehmen.* The ship took a direct hit.
[2] *goal* ◇ *Klinsmann hat einen Treffer erzielt.* Klinsmann scored a goal. ◇ *Ich hatte vier Treffer im Lotto.* I got four numbers in the lottery.

der **Treffpunkt** SUBSTANTIV (PL die **Treffpunkte**)
meeting place

treiben VERB (IMPERFECT **trieb**, PERFECT **hat/ist getrieben**)
Use haben *to form the perfect tense. Use* sein *to form the perfect tense for* **to drift**.
[1] *to drive* (*drove, driven*) ◇ *Sie trieben die Kühe auf das Feld.* They drove the cows into the field.

- **Sport treiben** to do sport
- **Unsinn treiben** to fool around
- **jemanden zu etwas treiben** to drive somebody to something ◇ *Du treibst mich zur Verzweiflung.* You drive me to despair.
- **Sie hat uns zur Eile getrieben.** She made us hurry up.

[2] *to drift* ◇ *Das Schiff ist aufs Meer getrieben.* The ship drifted out to sea.

das **Treibhaus** SUBSTANTIV (GEN des **Treibhauses**, PL die **Treibhäuser**)
greenhouse

der **Treibhauseffekt** SUBSTANTIV
greenhouse effect

der **Treibstoff** SUBSTANTIV (PL die **Treibstoffe**)
fuel

trennen VERB
[1] *to separate* ◇ *Er hat die beiden Raufbolde getrennt.* He separated the two ruffians.
[2] *to make a distinction between* (*made, made*) ◇ *Diese beiden Begriffe muss man sauber trennen.* You have to make a clear distinction between these two concepts.
[3] *to hyphenate* ◇ *Wie wird dieses Wort getrennt?* Where do you hyphenate this word?

- **sich trennen** to separate ◇ *Die beiden haben sich getrennt.* The two of them have separated.
- **Du solltest dich von ihm trennen.** You ought to leave him.
- **sich von etwas trennen** to part with something ◇ *Ich trenne mich ungern von dem Buch.* I'm loath to part with this book.

die **Trennung** SUBSTANTIV
separation

die **Treppe** SUBSTANTIV
stairs PL

das **Treppenhaus** SUBSTANTIV (GEN des **Treppenhauses**, PL die **Treppenhäuser**)
staircase

treten VERB (PRESENT **tritt**, IMPERFECT **trat**, PERFECT **hat/ist getreten**)
For the perfect tense use haben *when the verb has an object and* sein *when there is no object.*
[1] *to step* ◇ *Sie ist in die Pfütze getreten.* She stepped in the puddle. ◇ *Er trat auf die Bremse.* He stepped on the brakes. ◇ *Er trat ans Mikrophon.* He stepped up to the microphone.

- **mit jemandem in Verbindung treten** to get in touch with somebody
- **in Erscheinung treten** to appear
- **Mir sind die Tränen in die Augen getreten.** Tears came to my eyes.

[2] *to kick* ◇ *Sie hat mich getreten.* She kicked me.
[3] *to tread* (*trod, trodden*) ◇ *Er ist mir auf den Fuß getreten.* He trod on my foot.

- **Sie trat nach dem Hund.** She kicked the dog.

treu ADJEKTIV
faithful ◇ *Bist du mir auch treu gewesen?* Have you been faithful to me?

die **Treue** SUBSTANTIV
faithfulness

die **Tribüne** SUBSTANTIV
[1] *grandstand* ◇ *Die Fans auf der Tribüne pfiffen.* The fans on the grandstand whistled.
[2] *platform* ◇ *Der Redner stand auf einer Tribüne.* The speaker stood on a platform.

der **Trichter** SUBSTANTIV (PL die **Trichter**)
[1] *funnel* ◇ *Sie hat das Öl mit einem Trichter in die Flasche gefüllt.* She used a funnel to fill the bottle with oil.
[2] *crater* ◇ *Das Gelände war von Bombentrichtern übersät.* The area was pitted with bomb craters.

der **Trick** SUBSTANTIV (PL die **Tricks**)
trick ◇ *Das war ein fauler Trick.* That was a dirty tricks.

der **Trickfilm** SUBSTANTIV (PL die **Trickfilme**)
cartoon

trieb VERB *siehe* **treiben**

trifft VERB *siehe* **treffen**

trinkbar ADJEKTIV
drinkable

trinken VERB (IMPERFECT **trank**, PERFECT **hat**

getrunken)
to drink (*drank, drunk*)
◆ **Ich habe zu viel getrunken.** I've had too much to drink.

das **Trinkgeld** SUBSTANTIV (PL die **Trinkgelder**)
tip ◇ *Er gab dem Taxifahrer ein großzügiges Trinkgeld.* He gave the taxi driver a generous tip.

das **Trinkwasser** SUBSTANTIV (PL die **Trinkwässer**)
drinking water

trocken ADJEKTIV
dry

trocknen VERB
to dry (*dried, dried*)

der **Trödel** SUBSTANTIV
junk (*Umgangssprache*)

der **Trödelmarkt** SUBSTANTIV (PL die **Trödelmärkte**)
flea market

trödeln VERB
to dawdle

die **Trommel** SUBSTANTIV
drum ◇ *Er spielt Trommel.* He plays the drums.

das **Trommelfell** SUBSTANTIV (PL die **Trommelfelle**)
eardrum

trommeln VERB
to drum

die **Trompete** SUBSTANTIV
trumpet ◇ *Sie spielt Trompete.* She plays the trumpet.

der **Trompeter** SUBSTANTIV (PL die **Trompeter**)
trumpeter

die **Tropen** PL SUBSTANTIV
tropics PL

der **Tropfen** SUBSTANTIV (PL die **Tropfen**)
drop

tropisch ADJEKTIV
tropical

der **Trost** SUBSTANTIV
consolation

trösten VERB
to console

trostlos ADJEKTIV
bleak ◇ *eine trostlose Landschaft* a bleak landscape

der **Trostpreis** SUBSTANTIV (GEN des **Trostpreises**, PL die **Trostpreise**)
consolation prize

der **Trottel** SUBSTANTIV (PL die **Trottel**)
prat (*Umgangssprache*)

der **Trotz** SUBSTANTIV (GEN des **Trotzes**)
siehe auch trotz PRÄPOSITION
defiance ◇ *ihm zum Trotz* in defiance of him
◆ **etwas aus Trotz tun** to do something defiantly

trotz PRÄPOSITION
siehe auch der Trotz SUBSTANTIV
The preposition trotz *takes the dative or genitive.*
in spite of

trotzdem ADVERB
all the same ◇ *Ich gehe trotzdem.* I'm going all the same.

trotzig ADJEKTIV
defiant

trüb ADJEKTIV
1 *dull* ◇ *Es war ein trüber Tag.* It was a dull day.
2 *cloudy* ◇ *Das Wasser war trüb.* The water was cloudy.
3 *gloomy* ◇ *Die Zukunftsaussichten sind ziemlich trüb.* Prospects for the future are pretty gloomy.

der **Trubel** SUBSTANTIV
hurly-burly

der **Trübsinn** SUBSTANTIV
gloom

trübsinnig ADJEKTIV
gloomy

trug VERB *siehe* **tragen**

trügen VERB (IMPERFECT **trog**, PERFECT **hat getrogen**)
to be deceptive (*is, was, been*) ◇ *Der Schein trügt.* Appearances are deceptive.

der **Trugschluss** ⚠ SUBSTANTIV (GEN des **Trugschlusses**, PL die **Trugschlüsse**)
false conclusion

die **Trümmer** PL SUBSTANTIV
1 *wreckage* SING ◇ *die Trümmer des Flugzeugs* the wreckage of the aeroplane
2 *ruins* PL ◇ *Nach dem Bombenangriff war die Stadt voller Trümmer.* After the air raid the town was in ruins.

der **Trumpf** SUBSTANTIV (PL die **Trümpfe**)
trump ◇ *Herz ist Trumpf.* Hearts is trumps.

die **Trunkenheit** SUBSTANTIV
drunkenness
◆ **Trunkenheit am Steuer** drink-driving

die **Truppen** FEM PL SUBSTANTIV
troops PL

der **Truthahn** SUBSTANTIV (PL die **Truthähne**)
turkey

der **Tscheche** SUBSTANTIV (GEN des **Tschechen**, PL die **Tschechen**)
Czech

die **Tschechin** SUBSTANTIV
Czech

tschechisch ADJEKTIV
Czech

tschüss ⚠ INTERJEKTION
cheerio!

das **T-Shirt** SUBSTANTIV (PL die **T-Shirts**)
T-shirt

die **Tube** SUBSTANTIV
tube ◇ *eine Tube Zahnpasta* a tube of toothpaste

das **Tuch** SUBSTANTIV (PL die **Tücher**)
1 *cloth* ◇ *Mit welchem Tuch soll ich abstauben?* Which cloth should I use for dusting?
2 *towel* ◇ *Nimm dir ein großes Tuch ins Schwimmbad mit.* Take a large towel with

you to the swimming baths.
[3] *scarf* (PL *scarves* or *scarfs*) ◇ *Sie hatte ein seidenes Tuch um den Hals.* She wore a silk scarf around her neck.

tüchtig ADJEKTIV
competent ◇ *Er ist ein sehr tüchtiger Mensch.* He's a very competent person.
◆ **Er nahm einen tüchtigen Schluck aus der Flasche.** He took a hefty swig from the bottle. (*Umgangssprache*)

die **Tugend** SUBSTANTIV
virtue

die **Tulpe** SUBSTANTIV
tulip

der **Tumor** SUBSTANTIV (PL die **Tumore**)
tumour

tun VERB (IMPERFECT **tat**, PERFECT **hat getan**)
[1] *to do* (*does, did, done*) ◇ *Was sollen wir jetzt tun?* What shall we do now? ◇ *Er hat den ganzen Tag nichts getan.* He hasn't done anything all day. ◇ *Kann ich etwas für dich tun?* Can I do anything for you? ◇ *Was kann ich für Sie tun?* What can I do for you?
[2] *to put* (*put, put*) ◇ *Sie tat die Teller in den Schrank.* She put the plates in the cupboard.
[3] *to act* ◇ *Tu nicht so unschuldig!* Don't act so innocent.
[4] *to pretend* ◇ *Sie tat, als ob sie schliefe.* She pretended to be sleeping. ◇ *Er ist nicht krank, er tut nur so.* He isn't ill, he's only pretending.
◆ **Der Hund tut dir bestimmt nichts.** The dog won't hurt you.
◆ **Hoffentlich hast du dir bei dem Sturz nichts getan.** I hope you didn't hurt yourself when you fell.
◆ **Es tut sich viel.** A lot's happening.
◆ **Ein belegtes Brot tut es auch.** A sandwich will do.
◆ **mit etwas zu tun haben** to have something to do with something ◇ *Seine Laune hat etwas mit seiner Krankheit zu tun.* His mood has something to do with his illness.
◆ **Mit ihm will ich nichts zu tun haben.** I won't have anything to do with him.
◆ **Das tut nichts zur Sache.** That's neither here nor there.

der **Tunfisch** ⚠ SUBSTANTIV (PL die **Tunfische**)
tuna

der **Tunnel** SUBSTANTIV (PL die **Tunnel**)
tunnel

der **Tupfen** SUBSTANTIV (PL die **Tupfen**)
dot

die **Tür** SUBSTANTIV
door

der **Türke** SUBSTANTIV (GEN des **Türken**, PL die **Türken**)
Turk

die **Türkei** SUBSTANTIV
Turkey
◆ **aus der Türkei** from Turkey
◆ **in der Türkei** in Turkey
◆ **in die Türkei** to Turkey

die **Türkin** SUBSTANTIV
Turk

türkis ADJEKTIV
turquoise

türkisch ADJEKTIV
Turkish

der **Turm** SUBSTANTIV (PL die **Türme**)
[1] *tower* ◇ *die Türme der Burg* the castle towers
[2] *steeple* ◇ *Das Ulmer Münster hat den höchsten Kirchturm der Welt.* Ulm Cathedral has the world's highest steeple.
[3] *rook* ◇ *Er machte einen Zug mit dem Turm.* He moved his rook.

turnen VERB
siehe auch das Turnen SUBSTANTIV
[1] *to do gymnastics* (*does, did, done*) ◇ *Sie turnt nicht gern.* She doesn't like doing gymnastics.
[2] *to perform* ◇ *Sie hat die Kür hervorragend geturnt.* She performed the free programme brilliantly.

das **Turnen** SUBSTANTIV
siehe auch turnen VERB
[1] *gymnastics* SING ◇ *Die Russinnen sind im Turnen gut.* The Russian women are good at gymnastics.
[2] *physical education* ◇ *Wir haben in der vierten Stunde Turnen.* We have PE in the fourth period.

die **Turnhalle** SUBSTANTIV
gym

die **Turnhose** SUBSTANTIV
gym shorts PL ◇ *eine Turnhose* a pair of gym shorts

das **Turnier** SUBSTANTIV (PL die **Turniere**)
tournament

der **Turnschuh** SUBSTANTIV (PL die **Turnschuhe**)
trainer ◇ *ein Paar Turnschuhe* a pair of trainers

der **Turnverein** SUBSTANTIV (PL die **Turnvereine**)
sports club

das **Turnzeug** SUBSTANTIV
gym things PL ◇ *Wo ist mein Turnzeug?* Where are my gym things?

die **Tüte** SUBSTANTIV
bag

der **TÜV** SUBSTANTIV (= *Technischer Überwachungsverein*) (PL die **TÜVs**)
MOT ◇ *Mein Auto ist nicht durch den TÜV gekommen.* My car failed its MOT.

der **Typ** SUBSTANTIV (PL die **Typen**)
[1] *type* ◇ *Er ist ein athletischer Typ.* He's an athletic type.
[2] *bloke* (*Umgangssprache*) ◇ *der Typ da drüben* the bloke over there

typisch ADJEKTIV
typical ◇ *typisch für* typical of

U

die **U-Bahn** SUBSTANTIV
underground ◇ *mit der U-Bahn fahren* to travel by underground

übel ADJEKTIV
bad ◇ *ein übler Geruch* a bad smell ◇ *eine üble Lage* a bad situation ◇ *Nicht übel!* Not bad.
- **jemandem ist übel** somebody feels sick
- **Sie hat dir die Bemerkung übel genommen.** She was offended by your remark.

die **Übelkeit** SUBSTANTIV
nausea

übelnehmen VERB *siehe* **übel**

üben VERB
to practise

über PRÄPOSITION, ADVERB

Use the accusative to express movement or a change of place. Use the dative when there is no change of place.

1 *over* ◇ *Über dem Tisch hängt eine Lampe.* There's a lamp hanging over the table. ◇ *Sie legten ein Brett über das Loch.* They put a board over the hole. ◇ *Flugzeuge dürfen nicht über dieses Gebiet fliegen.* Planes are not allowed to fly over this area. ◇ *Über Weihnachten bin ich zu Hause.* I'm at home over Christmas. ◇ *Wir fahren über die Feiertage zu meinen Eltern.* We're going to my parents over the holidays. ◇ *Kinder über zwölf Jahren* children over twelve years of age ◇ *Das hat über hundert Mark gekostet.* It cost over a hundred marks.
- **Das Flugzeug flog hoch über der Stadt.** The plane flew high above the town.
- **Ich bin den ganzen Tag über zu Hause.** I'm at home all day long.
- **zwei Grad über Null** two degrees above zero
- **ein Scheck über zweihundert Mark** a cheque for two hundred marks

2 *across* ◇ *Er ging quer über das Feld.* He went across the field.
3 *via* ◇ *nach Köln über Aachen* to Cologne via Aachen ◇ *über Satellit* via satellite
4 *about* ◇ *Wir haben über das Wetter geredet.* We talked about the weather. ◇ *ein Buch über...* a book about...
5 *through* ◇ *Ich habe den Job über einen Freund bekommen.* I got the job through a friend.
- **über jemanden lachen** to laugh at somebody
- **Sie liebt ihn über alles.** She loves him more than anything.
- **über und über** over and over
- **über kurz oder lang** sooner or later
- **etwas über haben** to be fed up with something (*Umgangssprache*) ◇ *Ich habe Kartoffeln langsam über.* I'm getting fed up with potatoes.

überall ADVERB
everywhere

sich **überanstrengen** VERB (PERFECT **hat sich überanstrengt**)
to overexert oneself

überaus ADVERB
exceedingly

überbieten VERB (IMPERFECT **überbot**, PERFECT **hat überboten**)
to outbid (*outbid, outbid*) ◇ *Er bot zweitausend Mark, aber wir haben ihn überboten.* He bid two thousand marks but we outbid him.
- **einen Rekord überbieten** to break a record
- **sich überbieten** to excel oneself

der **Überblick** SUBSTANTIV (PL die **Überblicke**)
1 *view* ◇ *Von hier aus hat man einen guten Überblick über das Gelände.* You can get a good view of the area from here.
2 *overview* ◇ *ein Überblick über die unregelmäßigen Verben* an overview of irregular verbs
3 *overall impression* ◇ *Ich muss mir erst mal einen Überblick verschaffen.* I have to get an overall impression first.
- **den Überblick verlieren** to lose track of things
- **Sie hat den Überblick über ihre Arbeit verloren.** She has no idea where she is with her work.

überdenken VERB (IMPERFECT **überdachte**, PERFECT **hat überdacht**)
to think over (*thought, thought*)

der **Überdruss** ⚠ SUBSTANTIV (GEN des **Überdrusses**)
- **bis zum Überdruss** ad nauseam

übereifrig ADJEKTIV
overeager

übereinander ADVERB
one on top of the other ◇ *Sie legte die Bücher übereinander.* She put one book on top of the other.
- **übereinander sprechen** to talk about each other

überempfindlich ADJEKTIV
hypersensitive

überfahren VERB (PRESENT **überfährt**, IMPERFECT **überfuhr**, PERFECT **hat überfahren**)
to run over (*ran, run*) ◇ *Die Katze wurde von einem Auto überfahren.* The cat was run over by a car.

die **Überfahrt** SUBSTANTIV
crossing

der **Überfall** SUBSTANTIV (PL die **Überfälle**)
1 *raid* ◇ *ein Banküberfall* a bank raid ◇ *ein Überfall auf ein fremdes Land* a raid on a foreign country
2 *assault* ◇ *Er wurde das Opfer eines Überfalls.* He was the victim of an assault.

überfallen VERB (PRESENT **überfällt**, IMPERFECT **überfiel**, PERFECT **hat überfallen**)
[1] *to attack* ◇ *Sie ist im Park überfallen worden.* She was attacked in the park.
◆ **eine Bank überfallen** to raid a bank
[2] *to descend on* ◇ *Am Wochenende hat mich meine Freundin mit ihren Eltern überfallen.* My girlfriend and her parents descended on me at the weekend.

überfällig ADJEKTIV
overdue

überfliegen VERB (IMPERFECT **überflog**, PERFECT **hat überflogen**)
[1] *to fly over* (*flew, flown*) ◇ *Flugzeuge dürfen Wohngebiete nicht überfliegen.* Planes are not allowed to fly over residential areas.
[2] *to skim through* ◇ *Ich habe das Buch nur überflogen.* I only skimmed through the book.

überflüssig ADJEKTIV
superfluous

überfordern VERB (PERFECT **hat überfordert**)
to ask too much of ◇ *Unser Mathelehrer überfordert uns.* Our maths teacher asks too much of us.
◆ **Du solltest dich nicht überfordern.** You shouldn't overtax yourself.

überfüllt ADJEKTIV
[1] *overcrowded* ◇ *Die Gefängnisse sind völlig überfüllt.* The prisons are completely overcrowded.
◆ **Die Straßen waren überfüllt.** The streets were crowded with people.
[2] *oversubscribed* ◇ *Der Computerkurs ist überfüllt.* The computer course is oversubscribed.

der **Übergang** SUBSTANTIV (PL die **Übergänge**)
[1] *crossing* ◇ *ein Fußgängerübergang* a pedestrian crossing
[2] *transition* ◇ *der Übergang vom Sommer zum Herbst* the transition from summer to autumn

übergeben VERB (PRESENT **übergibt**, IMPERFECT **übergab**, PERFECT **hat übergeben**)
to hand over ◇ *Sie hat uns die Schlüssel übergeben.* She handed the keys over to us.
◆ **sich übergeben** to be sick

überglücklich ADJEKTIV
overjoyed

überhaupt ADVERB
[1] *at all* ◇ *Kannst du überhaupt Auto fahren?* Can you drive a car at all? ◇ *Hast du überhaupt zugehört?* Have you been listening at all? ◇ *Ich habe überhaupt keine Lust.* I don't feel like it at all.
[2] *in general* ◇ *Die Engländer sind überhaupt sehr höflich.* In general the English are very polite.
◆ **überhaupt nicht** not at all ◇ *Der Film hat mir überhaupt nicht gefallen.* I didn't like the film at all.
◆ **überhaupt nichts** nothing at all ◇ *Was hat er gesagt? – Überhaupt nichts.* What did he say? – Nothing at all.
◆ **Er hat überhaupt nichts gesagt.** He didn't say anything at all.

überheblich ADJEKTIV
arrogant

überholen VERB (PERFECT **hat überholt**)
[1] *to overtake* (*overtook, overtaken*) ◇ *Er hat rechts überholt.* He overtook on the right.
[2] *to check over* ◇ *Ich muss mein Fahrrad überholen.* I have to check my bike over.

überholt ADJEKTIV
out-of-date

das **Überholverbot** SUBSTANTIV (PL die **Überholverbote**)
restriction on overtaking

überhören VERB (PERFECT **hat überhört**)
[1] *not to hear* (*heard, heard*) ◇ *Sie hat das Klingeln überhört.* She didn't hear the bell.
[2] *to ignore* ◇ *Deine Frechheit überhöre ich.* I shall ignore your cheek.

überlassen VERB (PRESENT **überlässt**, IMPERFECT **überließ**, PERFECT **hat überlassen**)
◆ **jemandem etwas überlassen** to leave something up to somebody ◇ *Ich überlasse es dir, wann du das machst.* I'll leave it up to you when you do it.

überlasten VERB (PERFECT **hat überlastet**)
to overload ◇ *Der Aufzug war überlastet.* The lift was overloaded.
◆ **Ich fühle mich überlastet.** I feel overworked.

überleben VERB (PERFECT **hat überlebt**)
to survive

überlegen VERB (PERFECT **hat überlegt**)
siehe auch überlegen ADJEKTIV
to think about (*thought, thought*) ◇ *Ich muss mir deinen Vorschlag überlegen.* I'll have to think about your suggestion.
◇ *Überleg doch mal.* Think about it.

überlegen ADJEKTIV
siehe auch überlegen VERB
better ◇ *Er ist ihr in Englisch überlegen.* He's better at English than she is.
◆ **Unsere Mannschaft hat überlegen gewonnen.** Our team won convincingly.

die **Überlegung** SUBSTANTIV
consideration

die **Überlieferung** SUBSTANTIV
tradition

überlisten VERB (PERFECT **hat überlistet**)
to outwit

überm = **über dem**

übermäßig ADJEKTIV
excessive

übermorgen ADVERB
the day after tomorrow

übernächste ADJEKTIV
next but one
◆ **An der übernächsten Haltestelle muss ich aussteigen.** I need to get off at the next stop but one.

übernachten VERB (PERFECT **hat**

übernachtet)

◆ **bei jemandem übernachten** to spend the night at somebody's house

übernehmen VERB (PRESENT **übernimmt**, IMPERFECT **übernahm**, PERFECT **hat übernommen**)
to take over (*took, taken*) ◇ *Er hat das Geschäft seines Vaters übernommen.* He's taken over his father's business. ◇ *Er hat das Amt des Klassensprechers übernommen.* He took over as class representative.

◆ **sich übernehmen** to take on too much

überprüfen VERB (PERFECT **hat überprüft**)
to check

überqueren VERB (PERFECT **hat überquert**)
to cross

überraschen VERB (PERFECT **hat überrascht**)
to surprise

die **Überraschung** SUBSTANTIV
surprise

überreden VERB (PERFECT **hat überredet**)
to persuade ◇ *Kannst du sie nicht überreden mitzukommen?* Can't you persuade her to come?

übers = **über das**

das **Überschallflugzeug** SUBSTANTIV (PL die **Überschallflugzeuge**)
supersonic jet

überschätzen VERB (PERFECT **hat überschätzt**)
to overestimate

überschlagen VERB (PRESENT **überschlägt**, IMPERFECT **überschlug**, PERFECT **hat überschlagen**)
to estimate ◇ *Wir sollten die Kosten für das Fest überschlagen.* We should estimate how much the party will cost.

◆ **eine Seite überschlagen** to miss a page

◆ **Das Auto hat sich überschlagen.** The car rolled.

überschnappen VERB (PERFECT **ist übergeschnappt**)
to flip one's lid (*Umgangssprache*) ◇ *Du bist wohl übergeschnappt!* You've flipped your lid!

die **Überschrift** SUBSTANTIV
heading

der **Überschuss** ⚠ SUBSTANTIV (GEN des **Überschusses**, PL die **Überschüsse**)

◆ **ein Überschuss an** a surplus of

überschüssig ADJEKTIV
surplus

überschütten VERB (PERFECT **hat überschüttet**)

◆ **jemanden mit etwas überschütten** to shower somebody with something ◇ *Sie haben uns mit Geschenken überschüttet.* They showered us with presents.

die **Überschwemmung** SUBSTANTIV
flood

übersehen VERB (PRESENT **übersieht**, IMPERFECT **übersah**, PERFECT **hat übersehen**)
[1] *to overlook* ◇ *Sie hat ein paar Fehler übersehen.* She overlooked a couple of mistakes.
[2] *to see* (*saw, seen*) ◇ *Wir können die Folgen noch nicht übersehen.* We can't see the consequences yet.

übersetzen VERB (PERFECT **hat übersetzt**)
to translate ◇ *Übersetzt den Text ins Englische.* Translate the text into English.

der **Übersetzer** SUBSTANTIV (PL die **Übersetzer**)
translator

die **Übersetzerin** SUBSTANTIV
translator

die **Übersetzung** SUBSTANTIV
translation ◇ *Das war eine schwierige Übersetzung.* That was a difficult translation.

die **Übersicht** SUBSTANTIV
[1] *view* ◇ *Von hier aus hat man eine gute Übersicht.* You get a good view from here.
[2] *overview* ◇ *eine Übersicht über die unregelmäßigen Verben* an overview of irregular verbs

übersichtlich ADJEKTIV
clear ◇ *Die Tabelle ist nicht besonders übersichtlich.* The table isn't particularly clear. ◇ *etwas übersichtlich gestalten* to arrange something clearly

◆ **ein übersichtliches Gelände** open country

überspringen VERB (IMPERFECT **übersprang**, PERFECT **hat übersprungen**)
[1] *to jump over* ◇ *Er hat die Hürde übersprungen.* He jumped over the hurdle.
[2] *to skip* ◇ *Das nächste Kapitel können wir überspringen.* We can skip the next chapter.

überstehen VERB (IMPERFECT **überstand**, PERFECT **hat überstanden**)
[1] *to get over* (*got, got*) ◇ *Wir haben das Schlimmste überstanden.* We've got over the worst.
[2] *to survive* ◇ *Die Pflanze hat den Winter nicht überstanden.* The plant didn't survive the winter.

übersteigen VERB (IMPERFECT **überstieg**, PERFECT **hat überstiegen**)
to exceed ◇ *Das übersteigt unsere Erwartungen.* That exceeds our expectations.

überstimmen VERB (PERFECT **hat überstimmt**)
to outvote

die **Überstunden** FEM PL SUBSTANTIV
overtime SING ◇ *Er macht viele Überstunden.* He does a lot of overtime.

überstürzen VERB (PERFECT **hat überstürzt**)
to rush ◇ *Du solltest nichts überstürzen.* You shouldn't rush into things.

◆ **sich überstürzen** to follow one another in rapid succession ◇ *Die Ereignisse überstürzten sich.* One event followed another in rapid succession.

überstürzt ADJEKTIV
rash ◇ *eine überstürzte Entscheidung* a rash decision

◆ **Sie sind überstürzt abgereist.** They left in a rush.

übertragen VERB (PRESENT **überträgt**, IMPERFECT **übertrug**, PERFECT **hat übertragen**)
siehe auch übertragen ADJEKTIV
1 *to broadcast* (*broadcast, broadcast*) ◇ *Wir übertragen das Spiel live.* We're broadcasting the game live.
2 *to copy* ◇ *Sie hat den Text in ihr Heft übertragen.* She copied the text into her exercise book.
◆ **eine Krankheit übertragen** to transmit an illness
◆ **Sie hat mir diese Aufgabe übertragen.** She has assigned this task to me.
◆ **sich übertragen auf** to spread to ◇ *Ihre Nervosität hat sich auf die Kinder übertragen.* Her nervousness spread to the children.

übertragen ADJEKTIV
siehe auch übertragen VERB
figurative ◇ *die übertragene Bedeutung eines Wortes* the figurative meaning of a word

übertreffen VERB (PRESENT **übertrifft**, IMPERFECT **übertraf**, PERFECT **hat übertroffen**)
to surpass

übertreiben VERB (IMPERFECT **übertrieb**, PERFECT **hat übertrieben**)
to exaggerate

die **Übertreibung** SUBSTANTIV
exaggeration

übertrieben ADJEKTIV
excessive

überwachen VERB (PERFECT **hat überwacht**)
1 *to supervise* ◇ *Wer soll die Kinder überwachen?* Who will supervise the children?
2 *to keep under surveillance* (*kept, kept*) ◇ *Die Polizei überwacht ihn.* The police are keeping him under surveillance.

überwältigend ADJEKTIV
overwhelming

überweisen VERB (IMPERFECT **überwies**, PERFECT **hat überwiesen**)
to transfer

überwinden VERB (IMPERFECT **überwand**, PERFECT **hat überwunden**)
to overcome (*overcame, overcome*)
◇ *Jetzt haben wir alle Schwierigkeiten überwunden.* Now we've overcome all difficulties.
◆ **sich überwinden** to force oneself ◇ *Ich musste mich überwinden, das zu essen.* I had to force myself to eat it.

überzeugen VERB (PERFECT **hat überzeugt**)
to convince

überzeugend ADJEKTIV
convincing

die **Überzeugung** SUBSTANTIV
conviction ◇ *Er sagte es one große Überzeugung.* He said it without much conviction.

üblich ADJEKTIV
usual

das **U-Boot** SUBSTANTIV (PL die **U-Boote**)
submarine

übrig ADJEKTIV
remaining ◇ *Die übrigen Gäste sind auch bald gegangen.* The remaining guests left soon afterwards.
◆ **Ist noch Kuchen übrig?** Is there any cake left?
◆ **für jemanden etwas übrig haben** to be fond of somebody
◆ **die übrigen** the others
◆ **das übrige** the rest
◆ **im übrigen** besides
◆ **übrig bleiben** to be left
◆ **übrig lassen** to leave ◇ *Habt ihr uns etwas Kuchen übriggelassen?* Have you left us any cake?

übrigens ADVERB
by the way ◇ *Übrigens, du schuldest mir noch zehn Mark.* By the way, you still owe me ten marks.

übriglassen VERB *siehe* **übrig**

die **Übung** SUBSTANTIV
1 *practice* ◇ *Mir fehlt die Übung.* I need more practice.
◆ **Übung macht den Meister.** Practice makes perfect.
2 *exercise* ◇ *Bitte macht jetzt Übung dreizehn.* Please do exercise thirteen now.
◇ *eine Turnübung* a gym exercise

das **Ufer** SUBSTANTIV (PL die **Ufer**)
1 *bank* ◇ *Wir saßen am Ufer des Rheins.* We sat on the bank of the Rhine.
2 *shore* ◇ *Treibholz, das ans Ufer gespült wurde* driftwood which was washed up onto the shore

die **Uhr** SUBSTANTIV
1 *clock* ◇ *Die Uhr am Bahnhof sollte richtig gehen.* The station clock should be right.
2 *watch* (PL *watches*) ◇ *Er sah auf seine Uhr.* He looked at his watch.
◆ **Wie viel Uhr ist es?** What time is it?
◆ **ein Uhr** one o'clock
◆ **zwanzig Uhr** eight o'clock in the evening
◆ **um fünf Uhr** at five o'clock

der **Uhrzeiger** SUBSTANTIV (PL die **Uhrzeiger**)
hand

der **Uhrzeigersinn** SUBSTANTIV
◆ **im Uhrzeigersinn** clockwise
◆ **entgegen dem Uhrzeigersinn** anticlockwise

die **Uhrzeit** SUBSTANTIV
time

ulkig ADJEKTIV
funny

der **Ultraschall** SUBSTANTIV
ultrasound

um PRÄPOSITION, KONJUNKTION, ADVERB
The preposition um *takes the accusative.*
1 *round* ◇ *Sie legte sich einen Schal um den Hals.* She wrapped a scarf round her neck. ◇ *Wir sind um die Stadt herumgefahren.* We drove round the town.
◆ **um Weihnachten** around Christmas
2 *at* ◇ *um acht Uhr* at eight o'clock
3 *by* ◇ *etwas um vier Zentimeter kürzen*

to shorten something by four centimetres
- **um zehn Prozent teurer** ten per cent more expensive
- **um vieles besser** better by far
- **um so besser** so much the better
- **um so schlimmer** so much the worse
- **der Kampf um den Titel** the battle for the titie
- **um Geld spielen** to play for money
- **um...willen** for the sake of...

um...willen *takes the genitive.*

◇ *um deinetwillen* for your sake ◇ *um meiner Mutter willen* for my mother's sake
- **um...zu** in order to...

um...zu *is used with the infinitive.*

◇ *Ich gehe in die Schule, um etwas zu lernen.* I go to school in order to learn something.
- **zu klug, um zu...** too clever to...

[4] *about* ◇ *um die dreißig Leute* about thirty people
- **Die zwei Stunden sind um.** The two hours are up.

umarmen VERB (PERFECT **hat umarmt**)
to hug ◇ *Sie umarmten sich.* They hugged.

umblättern VERB (PERFECT **hat umgeblättert**)
to turn over

umbringen VERB (IMPERFECT **brachte um**, PERFECT **hat umgebracht**)
to kill

umdrehen VERB (PERFECT **hat umgedreht**)
to turn round ◇ *Dreh das Bild mal um.* Turn the picture round.
- **sich umdrehen** to turn round

umfallen VERB (PRESENT **fällt um**, IMPERFECT **fiel um**, PERFECT **ist umgefallen**)
to fall down (*fell, fallen*)

der **Umfang** SUBSTANTIV
[1] *extent* ◇ *Der Umfang der Arbeiten war am Anfang nicht absehbar.* The extent of the work couldn't be seen at the beginning.
[2] *circumference* ◇ *Berechnet den Umfang des Kreises.* Calculate the circumference of the circle.

die **Umfrage** SUBSTANTIV
poll

der **Umgang** SUBSTANTIV
- **Solche Leute sind kein Umgang für dich.** You shouldn't go about with people like that.
- **Sie ist erfahren im Umgang mit Kindern.** She's very experienced in dealing with children.
- **Für Schüler ist der Umgang mit dem Computer selbstverständlich geworden.** It's become a matter of course for pupils to work with computers.

umgänglich ADJEKTIV
sociable

die **Umgangsformen** FEM PL SUBSTANTIV
manners PL

die **Umgangssprache** SUBSTANTIV
colloquial language

umgeben VERB (PRESENT **umgibt**, IMPERFECT **umgab**, PERFECT **hat umgeben**)
to surround

die **Umgebung** SUBSTANTIV
[1] *surroundings* PL ◇ *ein Haus in schöner Umgebung* a house in beautiful surroundings
[2] *environment* ◇ *Diese Pflanze wächst am besten in sonniger Umgebung.* This plant grows best in a sunny environment.

umgehen (1) VERB (IMPERFECT **ging um**, PERFECT **ist umgegangen**)

Note that here the stress is on um.
- **mit jemandem grob umgehen** to treat somebody roughly
- **mit Geld sparsam umgehen** to be careful with one's money
- **Sie kann nicht gut mit Geld umgehen.** She's not very good with money.

umgehen (2) VERB (IMPERFECT **umging**, PERFECT **hat umgangen**)

Note that here the stress is on gehen.

to avoid ◇ *Dieses Problem sollten wir besser umgehen.* It would be better if we could avoid this problem.

umgehend ADJEKTIV
immediate

die **Umgehungsstraße** SUBSTANTIV
bypass (PL *bypasses*)

umgekehrt ADJEKTIV, ADVERB
[1] *reverse* ◇ *in umgekehrter Reihenfolge* in reverse order
- **Es war nicht so, es war genau umgekehrt.** It wasn't like that, it was exactly the opposite.

[2] *the other way around* ◇ *Du musst das Bild umgekehrt hängen.* You'll have to hang the picture the other way round. ◇ *Mach das doch umgekehrt, und fang hiermit an.* Do it the other way round and start here.
- **...und umgekehrt** ...and vice versa

umhauen VERB (PERFECT **hat umgehauen**)
[1] *to bowl over* ◇ *Die Neuigkeit wird dich umhauen.* The news will bowl you over.
[2] *to fell* ◇ *Sie haben die alte Eiche umgehauen.* They've felled the old oak tree.

umherziehen VERB (IMPERFECT **zog umher**, PERFECT **ist umhergezogen**)
to wander from place to place

sich **umhören** VERB (PERFECT **hat sich umgehört**)
to ask around

umkehren VERB (PERFECT **hat/ist umgekehrt**)

For the perfect tense use haben *when the verb has an object and* sein *when there is no object.*

[1] *to turn back* ◇ *Wir sind auf halbem Weg umgekehrt.* We turned back halfway.
[2] *to turn round* ◇ *Warum hast du das Bild umgekehrt?* Why did you turn the picture round?
[3] *to turn inside out* ◇ *Sie hat ihre Tasche umgekehrt, den Schlüssel aber nicht gefunden.* She turned her bag inside out but couldn't find the key.

4 *to turn upside down* ◇ *Kehr mal den Eimer um, dann kann ich mich draufstellen.* Turn the bucket upside down so that I can stand on it.

umkippen VERB (PERFECT **hat/ist umgekippt**)

For the perfect tense use haben *when the verb has an object and* sein *when there is no object.*

1 *to tip over* ◇ *Der Stuhl ist umgekippt.* The chair tipped over.
2 *to overturn* ◇ *Sie haben das Boot umgekippt.* They overturned the boat.
3 *to keel over* (*Umgangssprache*) ◇ *Wenn ich Blut sehe, kippe ich immer um.* I keel over whenever I see blood.

die **Umkleidekabine** SUBSTANTIV
changing cubicle

der **Umkleideraum** SUBSTANTIV (PL die **Umkleideräume**)
changing room

umkommen VERB (IMPERFECT **kam um**, PERFECT **ist umgekommen**)
to be killed ◇ *Alle Passagiere sind umgekommen.* All the passengers were killed.

der **Umkreis** SUBSTANTIV (GEN des **Umkreises**, PL die **Umkreise**)
neighbourhood
◆ **im Umkreis von** within a radius of

die **Umlage** SUBSTANTIV
◆ **Wir haben eine Umlage gemacht.** We shared the costs.

der **Umlaut** SUBSTANTIV (PL die **Umlaute**)
umlaut

umlegen VERB (PERFECT **hat umgelegt**)
1 *to put on* (*put, put*) ◇ *Du solltest dir eine Jacke umlegen.* You should put on a jacket.
◆ **die Kosten für etwas umlegen** to divide the cost of something
2 *to bump off* (*Umgangssprache*) ◇ *Er ist von der Mafia umgelegt worden.* He was bumped off by the Mafia.

umleiten VERB (PERFECT **hat umgeleitet**)
to divert

die **Umleitung** SUBSTANTIV
diversion

umrechnen VERB (PERFECT **hat umgerechnet**)
to convert

die **Umrechnung** SUBSTANTIV
conversion

der **Umrechnungskurs** SUBSTANTIV (GEN des **Umrechnungskurses**, PL die **Umrechnungskurse**)
rate of exchange

der **Umriss** ⚠ SUBSTANTIV (GEN des **Umrisses**, PL die **Umrisse**)
outline

umrühren VERB (PERFECT **hat umgerührt**)
to stir

ums = **um das**

der **Umsatz** SUBSTANTIV (GEN des **Umsatzes**, PL die **Umsätze**)
turnover

umschalten VERB (PERFECT **hat umgeschaltet**)
to switch ◇ *Schalt bitte ins zweite Programm um.* Please switch over to Channel two.
◆ **Die Ampel hat auf Gelb umgeschaltet.** The traffic lights changed to amber.
◆ **Wir schalten um ins Studio.** We'll now go back to the studio.

sich **umschauen** VERB (PERFECT **hat sich umgeschaut**)
to look round

der **Umschlag** SUBSTANTIV (PL die **Umschläge**)
1 *cover* ◇ *Alle meine Mathehefte haben einen schwarzen Umschlag.* All my maths exercise books have a black cover.
2 *jacket* ◇ *Ich habe den Umschlag von dem Wörterbuch abgemacht.* I took the jacket off the dictionary.
3 *envelope* ◇ *Sie steckte den Brief in den Umschlag.* She put the letter in the envelope.
4 *compress* (PL *compresses*) ◇ *Bei Fieber helfen kalte Umschläge.* Cold compresses help if you have a temperature.

die **Umschweife** MASC PL SUBSTANTIV
◆ **ohne Umschweife** without beating about the bush

sich **umsehen** VERB (PRESENT **sieht sich um**, IMPERFECT **sah sich um**, PERFECT **hat sich umgesehen**)
to look around ◇ *Als sie Schritte hörte, sah sie sich um.* When she heard steps, she looked around.
◆ **sich nach etwas umsehen** to look for something ◇ *Ich sehe mich zur Zeit nach einer neuen Wohnung um.* I'm looking for a new flat at the moment.

umsonst ADVERB
1 *in vain* ◇ *Wir haben umsonst gewartet.* We waited in vain.
2 *for nothing* ◇ *Wir sind umsonst ins Museum gekommen.* We got into the museum for nothing.
◆ **Diese Broschüre gibt es umsonst.** This brochure is free of charge.

der **Umstand** SUBSTANTIV (PL die **Umstände**)
circumstance ◇ *unter keinen Umständen* under no circumstances
◆ **Wenn es keine Umstände macht.** If it's no trouble.
◆ **unter Umständen** possibly
◆ **in anderen Umständen sein** to be pregnant

umständlich ADJEKTIV
1 *complicated* ◇ *Das ist aber umständlich, wie du das machst.* The way you do it is complicated.
2 *long-winded* ◇ *eine umständliche Erklärung* a long-winded explanation
◆ **Werner ist ziemlich umständlich.** Werner makes life difficult for himself.

umsteigen VERB (IMPERFECT **stieg um**, PERFECT **ist umgestiegen**)
to change ◇ *Wir müssen in München umsteigen.* We have to change in Munich.

umstellen (1) VERB (PERFECT **hat umgestellt**)

Note that here the stress is on um.

to move ◇ *Ich werde meinen Schreibtisch umstellen.* I'm going to move my desk.

◆ **Wann wurde in Großbritannien auf metrische Maße umgestellt?** When did Great Britain go over to the metric system?

◆ **sich umstellen** to adapt ◇ *Jetzt, wo das Baby da ist, müssen wir uns umstellen.* Now that the baby's here we have to adapt.

umstellen (2) VERB (PERFECT **hat umstellt**)

Note that here the stress is on **stellen.**

to surround ◇ *Die Polizei hat das Haus umstellt.* The police have surrounded the house.

umstritten ADJEKTIV

controversial ◇ *ein umstrittenes Thema* a controversial subject

umtauschen VERB (PERFECT **hat umgetauscht**)

to exchange

der **Umweg** SUBSTANTIV (PL die **Umwege**)

detour ◇ *Wir haben einen Umweg gemacht.* We made a detour.

die **Umwelt** SUBSTANTIV

environment

umweltfeindlich ADJEKTIV

ecologically harmful

umweltfreundlich ADJEKTIV

environment-friendly

der **Umweltschützer** SUBSTANTIV (PL die **Umweltschützer**)

environmentalist

die **Umweltverschmutzung** SUBSTANTIV

environmental pollution

umwerfen VERB (PRESENT **wirft um**, IMPERFECT **warf um**, PERFECT **hat umgeworfen**)

to knock over ◇ *Wer hat den Stuhl umgeworfen?* Who knocked the chair over?

◆ **Diese Nachricht hat mich umgeworfen.** The news really threw me.

umwerfend ADJEKTIV

fantastic

umziehen VERB (IMPERFECT **zog um**, PERFECT **hat/ist umgezogen**)

Use **haben** *to form the perfect tense. Use* **sein** *to form the perfect tense for* **to move.**

1 *to change* ◇ *Ich habe Carolin heute schon zweimal umgezogen.* I've already changed Carolin's clothes twice today.

◆ **sich umziehen** to get changed ◇ *Wenn ich mich umgezogen habe, können wir gehen.* We can go when I've got changed.

2 *to move* ◇ *Mein Freund ist nach Bremen umgezogen.* My friend's moved to Bremen.

der **Umzug** SUBSTANTIV (PL die **Umzüge**)

1 *move* ◇ *Alle meine Freunde haben beim Umzug geholfen.* All my friends helped with the move.

2 *procession* ◇ *Zu Karneval finden überall Umzüge statt.* There are processions everywhere during the Carnival.

unabhängig ADJEKTIV

independent

die **Unabhängigkeit** SUBSTANTIV

independence

unangebracht ADJEKTIV

uncalled-for

unangenehm ADJEKTIV

unpleasant

die **Unannehmlichkeiten** FEM PL SUBSTANTIV

trouble SING ◇ *Das gibt Unannehmlichkeiten mit dem Klassenlehrer.* That'll cause trouble with the class teacher.

unanständig ADJEKTIV

improper

unartig ADJEKTIV

naughty

unaufmerksam ADJEKTIV

inattentive

unausgeglichen ADJEKTIV

moody

unausstehlich ADJEKTIV

intolerable

unbeabsichtigt ADJEKTIV

unintentional

unbedeutend ADJEKTIV

unimportant

unbedingt ADJEKTIV, ADVERB

1 *unconditional* ◇ *Ich verlange unbedingten Gehorsam.* I demand unconditional obedience.

2 *really* ◇ *Er wollte unbedingt nach Hause.* He really wanted to go home. ◇ *Den Film musst du dir unbedingt ansehen.* You really have to see that film.

unbefriedigend ADJEKTIV

unsatisfactory

unbefriedigt ADJEKTIV

unsatisfied

unbegreiflich ADJEKTIV

inconceivable

unbehaglich ADJEKTIV

uncomfortable ◇ *Mir war's unbehaglich.* I felt uncomfortable. ◇ *Der Stuhl ist unbehaglich.* The chair is uncomfortable.

◆ **ein unbehagliches Gefühl** an uneasy feeling

unbekannt ADJEKTIV

unknown

unbeliebt ADJEKTIV

unpopular

unbequem ADJEKTIV

uncomfortable ◇ *Das Bett ist unbequem.* The bed's uncomfortable.

◆ **Er ist ein sehr unbequemer Mensch.** He's a very awkward person.

unbestimmt ADJEKTIV

1 *indefinite* ◇ *der unbestimmte Artikel* the indefinite article

2 *uncertain* ◇ *Es ist noch unbestimmt, wann wir Ferien machen.* It's still uncertain when we're going on holiday.

unbewusst ⚠ ADJEKTIV

unconscious

und KONJUNKTION

and

⚠ = *Informationen zur Rechtschreibreform Seite 621 / for details of spelling reform see page 621*

◆ **und so weiter** and so on
◆ **Na und?** So what?

undankbar ADJEKTIV
ungrateful

undeutlich ADJEKTIV
indistinct

uneben ADJEKTIV
uneven

unempfindlich ADJEKTIV
practical ◇ *Wir brauchen für das Sofa einen unempfindlichen Bezug.* We need a practical cover for the sofa.
◆ **Ich bin gegen Kälte unempfindlich.** I don't feel the cold.

unendlich ADJEKTIV
infinite

unentschieden ADJEKTIV
undecided
◆ **unentschieden enden** to end in a draw

unerfahren ADJEKTIV
inexperienced

unerfreulich ADJEKTIV
unpleasant

unerträglich ADJEKTIV
unbearable ◇ *Die Schmerzen sind unerträglich.* The pain's unbearable.

unerwünscht ADJEKTIV
undesirable

unfähig ADJEKTIV
incapable ◇ *zu etwas unfähig sein* to be incapable of something

unfair ADJEKTIV
unfair

der **Unfall** SUBSTANTIV (PL die **Unfälle**)
accident

unfreundlich ADJEKTIV
unfriendly

die **Unfreundlichkeit** SUBSTANTIV
unfriendliness

der **Unfug** SUBSTANTIV
1 *mischief* ◇ *Die Kinder machen dauernd Unfug.* The children are always getting up to mischief.
2 *nonsense* ◇ *Red nicht so einen Unfug.* Don't talk such nonsense.

der **Ungar** SUBSTANTIV (GEN des **Ungarn**, PL die **Ungarn**)
Hungarian

die **Ungarin** SUBSTANTIV
Hungarian

ungarisch ADJEKTIV
Hungarian

Ungarn NEUT SUBSTANTIV
Hungary
◆ **aus Ungarn** from Hungary
◆ **nach Ungarn** to Hungary

ungebildet ADJEKTIV
uneducated

die **Ungeduld** SUBSTANTIV
impatience

ungeduldig ADJEKTIV
impatient

ungeeignet ADJEKTIV
unsuitable

ungefähr ADJEKTIV
approximate ◇ *Kannst du mir eine ungefähre Zeit nennen?* Can you give me an approximate time? ◇ *um ungefähr zwei Uhr* at approximately two o'clock

ungefährlich ADJEKTIV
harmless

ungeheuer ADJEKTIV, ADVERB
siehe auch das Ungeheuer SUBSTANTIV
1 *huge* ◇ *eine ungeheure Menge* a huge amount
2 *extremely* ◇ *Das war ungeheuer nett von dir.* That was extremely nice of you.

das **Ungeheuer** SUBSTANTIV (PL die **Ungeheuer**)
siehe auch ungeheuer ADJEKTIV, ADVERB
monster ◇ *das Ungeheuer von Loch Ness* the Loch Ness monster

ungehörig ADJEKTIV
impertinent

ungehorsam ADJEKTIV
siehe auch der Ungehorsam SUBSTANTIV
disobedient

der **Ungehorsam** SUBSTANTIV
siehe auch ungehorsam ADJEKTIV
disobedience

ungeklärt ADJEKTIV
unsolved ◇ *ein ungeklärtes Rätsel* an unsolved puzzle

ungelegen ADJEKTIV
inconvenient ◇ *Ich hoffe, ich komme nicht ungelegen.* I hope I haven't come at an inconvenient time.

ungemütlich ADJEKTIV
1 *uncomfortable* ◇ *ein ungemütlicher Stuhl* an uncomfortable chair
2 *disagreeable* ◇ *Jetzt wird er ungemütlich.* Now he's going to get disagreeable.

ungenau ADJEKTIV
inaccurate

ungenießbar ADJEKTIV
1 *inedible* ◇ *Das Essen war ungenießbar.* The food was inedible.
2 *undrinkable* ◇ *Diese Limonade ist ungenießbar.* This lemonade's undrinkable.
3 *unbearable* ◇ *Du bist heute aber ungenießbar.* You're really unbearable today.

ungenügend ADJEKTIV
1 *insufficient* ◇ *eine ungenügende Menge* an insufficient amount
2 *unsatisfactory* (*Schulnote*)
German marks range from one (sehr gut) *to six* (ungenügend).

ungepflegt ADJEKTIV
◆ **ein ungepflegter Garten** a neglected garden
◆ **ungepflegte Hände** uncared-for hands

ungerade ADJEKTIV
◆ **eine ungerade Zahl** an odd number

ungerecht ADJEKTIV
unjust

die **Ungerechtigkeit** SUBSTANTIV
injustice

ungern ADVERB
reluctantly

ungeschickt ADJEKTIV
clumsy

ungestört ADJEKTIV
undisturbed

ungesund ADJEKTIV
unhealthy

ungewiss ⚠ ADJEKTIV
uncertain

die **Ungewissheit** ⚠ SUBSTANTIV
uncertainty

ungewöhnlich ADJEKTIV
unusual

ungewohnt ADJEKTIV
unaccustomed

das **Ungeziefer** SUBSTANTIV
vermin

ungezogen ADJEKTIV
rude

ungezwungen ADJEKTIV
natural

unglaublich ADJEKTIV
incredible

das **Unglück** SUBSTANTIV (PL die **Unglücke**)
1 *accident* ◇ *Er ist bei einem Unglück ums Leben gekommen.* He lost his life in an accident.
2 *misfortune* ◇ *Lass sie in ihrem Unglück nicht allein.* Don't leave her alone in her misfortune.
◆ **Eine schwarze Katze bringt Unglück.** A black cat means bad luck.

unglücklich ADJEKTIV
1 *unhappy* ◇ *Sie ist furchtbar unglücklich.* She's terribly unhappy.
2 *unfortunate* ◇ *ein unglücklicher Zufall* an unfortunate coincidence ◇ *eine unglückliche Formulierung* an unfortunate choice of words
◆ **Sie ist unglücklich gefallen.** She fell awkwardly.

unglücklicherweise ADVERB
unfortunately

ungültig ADJEKTIV
invalid

ungünstig ADJEKTIV
unfavourable

unheilbar ADJEKTIV
incurable

unheimlich ADJEKTIV, ADVERB
1 *weird* ◇ *Das war ein unheimliches Geräusch.* That was a weird noise.
◆ **Mir wird's etwas unheimlich.** I'm getting a bit scared.
2 *incredibly* ◇ *Das hat mich unheimlich gefreut.* I was incredibly pleased about it.

unhöflich ADJEKTIV
impolite

die **Uni** SUBSTANTIV (PL die **Unis**)
uni (*Umgangssprache*)

die **Uniform** SUBSTANTIV
uniform

uninteressant ADJEKTIV
uninteresting

die **Universität** SUBSTANTIV
university (PL *universities*)

die **Unkenntnis** SUBSTANTIV
ignorance

unklar ADJEKTIV
unclear
◆ **über etwas im Unklaren sein** to be unclear about something ◇ *Ich bin mir über mein Berufsziel noch im Unklaren.* I'm still unclear about what I want to do.
◆ **jemanden über etwas im Unklaren lassen** to leave somebody in the dark about something

unklug ADJEKTIV
unwise

die **Unkosten** PL SUBSTANTIV
expenses PL

unleserlich ADJEKTIV
illegible

unlogisch ADJEKTIV
illogical

unlösbar ADJEKTIV
insoluble ◇ *ein unlösbares Problem* an insoluble problem

unmissverständlich ⚠ ADJEKTIV
unmistakeable

unmittelbar ADJEKTIV
immediate

unmöglich ADJEKTIV
impossible

die **Unmöglichkeit** SUBSTANTIV
impossibility

unmoralisch ADJEKTIV
immoral

unnötig ADJEKTIV
unnecessary

unordentlich ADJEKTIV
untidy

die **Unordnung** SUBSTANTIV
disorder

unparteiisch ADJEKTIV
impartial

unpassend ADJEKTIV
1 *inappropriate* ◇ *unpassende Kleidung* inappropriate clothes
2 *inopportune* ◇ *zu einer unpassenden Zeit* at an inopportune time

unpersönlich ADJEKTIV
impersonal ◇ *das unpersönliche Fürwort* the impersonal pronoun

unpraktisch ADJEKTIV
unpractical

unpünktlich ADJEKTIV
◆ **Sie ist immer unpünktlich.** She's always late.

unrecht ADJEKTIV
siehe auch das Unrecht SUBSTANTIV
wrong ◇ *Du tust ihr unrecht.* You are wronging her.

das **Unrecht** SUBSTANTIV
siehe auch unrecht ADJEKTIV
wrong ◇ *ein großes Unrecht* a great wrong
◆ **zu Unrecht** wrongly

◆ **Unrecht haben** to be wrong

unregelmäßig ADJEKTIV
irregular ◇ *ein unregelmäßiges Verb* an irregular verb

unreif ADJEKTIV
1 *not ripe* ◇ *Der Apfel ist noch unreif.* The apple's not ripe yet.
2 *immature* ◇ *Elisabeth ist noch furchtbar unreif.* Elisabeth's still terribly immature.

unrichtig ADJEKTIV
incorrect

die **Unruhe** SUBSTANTIV
unrest

der **Unruhestifter** SUBSTANTIV (PL die **Unruhestifter**)
troublemaker

unruhig ADJEKTIV
restless

uns PRONOMEN
uns *is the accusative and dative of* wir.
1 *us* ◇ *Sie haben uns eingeladen.* They've invited us.
2 *to us* ◇ *Sie haben es uns gegeben.* They gave it to us.
3 *ourselves* ◇ *Wir fragen uns, ob das sein muss.* We're asking ourselves whether that is necessary.
4 *each other* ◇ *Wir lieben uns.* We love each other.

unschlagbar ADJEKTIV
invincible

die **Unschuld** SUBSTANTIV
innocence

unschuldig ADJEKTIV
innocent

unselbständig ADJEKTIV
dependent

unser ADJEKTIV
1 *our* ◇ *Unser Deutschlehrer ist nett.* Our German teacher's nice. ◇ *Unsere Mathelehrerin ist streng.* Our maths teacher's strict. ◇ *Unser Haus ist ganz in der Nähe der Schule.* Our house is very near the school. ◇ *Unsere Lehrer sind prima.* Our teachers are great.
2 *ours* ◇ *Das ist nicht euer Lehrer, das ist unserer.* He's not your teacher, he's ours. ◇ *Seine Note war besser als unsere.* His mark was better than ours. ◇ *Wenn du kein Wörterbuch hast, kannst du unseres mitbenutzen.* If you don't have a dictionary, you can use ours. ◇ *Deine Eltern sind netter als unsere.* Your parents are nicer than ours.

unseretwegen ADVERB
1 *for our sake* ◇ *Ihr braucht unseretwegen nicht zu warten.* You needn't wait for our sake.
2 *on our account* ◇ *Hat sie sich unseretwegen so aufgeregt?* Did she get so upset on our account?
3 *as far as we're concerned* ◇ *Unseretwegen kann man das gern anders machen.* As far as we're concerned you're welcome to do it differently.

unsicher ADJEKTIV
1 *uncertain* ◇ *Es ist unsicher, ob wir kommen können.* It's uncertain whether we can come.
2 *insecure* ◇ *Elisabeth ist sehr unsicher.* Elisabeth's very insecure.

unsichtbar ADJEKTIV
invisible

der **Unsinn** SUBSTANTIV
nonsense ◇ *Unsinn erzählen* to talk nonsense
◆ **Unsinn machen** to do silly things

unsportlich ADJEKTIV
not sporty ◇ *Tobias ist ziemlich unsportlich.* Tobias is not at all sporty.
◆ **unsportliches Verhalten** unsportsmanlike behaviour

unsre = **unsere**

unsympathisch ADJEKTIV
unpleasant ◇ *ein unsympathischer Mensch* an unpleasant person
◆ **Er ist mir unsympathisch.** I don't like him.

unten ADVERB
1 *at the bottom* ◇ *Das beste Buch lag unten auf dem Stapel.* The best book was at the bottom of the pile.
2 *downstairs* ◇ *Mutter ist unten in der Küche.* Mother's downstairs in the kitchen.
3 *at the bottom* ◇ *Er stand unten an der Treppe.* He was standing at the bottom of the stairs. ◇ *unten am Berg* at the bottom of the mountain
◆ **nach unten** down

unter PRÄPOSITION
1 *under*
Use the accusative to express movement or a change of place. Use the dative when there is no change of place.
◇ *Die Katze lag unter dem Tisch.* The cat lay under the table. ◇ *Der Ball rollte unter den Tisch.* The ball rolled under the table.
◇ *unter achtzehn Jahren* under eighteen years of age
◆ **Die Temperaturen sanken unter Null.** The temperatures dropped below zero degrees.
2 *among* ◇ *Unter den Büchern war auch ein Atlas.* There was also an atlas among the books.
◆ **Sie waren unter sich.** They were by themselves.
◆ **einer unter ihnen** one of them
◆ **unter anderem** among other things

das **Unterbewusstsein** ⚠ SUBSTANTIV
subconscious

unterbrechen VERB (PRESENT **unterbricht**, IMPERFECT **unterbrach**, PERFECT **hat unterbrochen**)
to interrupt

die **Unterbrechung** SUBSTANTIV
interruption

unterdrücken VERB (PERFECT **hat unterdrückt**)
to suppress ◇ *Sie unterdrückte ein Lächeln.* She suppressed a smile.

U

◆ **Menschen unterdrücken** to oppress people

untere ADJEKTIV
lower ◇ *die unteren Stockwerke* the lower floors

die **Unterführung** SUBSTANTIV
underpass

untergehen VERB (IMPERFECT **ging unter**, PERFECT **ist untergegangen**)
1 *to sink* (*sank, sunk*) (*Schiff*)
2 *to set* (*set, set*) (*Sonne*) ◇ *sobald die Sonne untergegangen ist...* as soon as the sun has set...
◆ **Die Welt geht unter.** The world's coming to an end.
◆ **Seine Rede ging im Lärm unter.** His speech was drowned out by the noise.

unterhalb PRÄPOSITION
The preposition unterhalb *takes the genitive.*
below ◇ *Ihr Haus befindet sich unterhalb der Kirche.* Her house is below the church.

unterhalten VERB (PRESENT **unterhält**, IMPERFECT **unterhielt**, PERFECT **hat unterhalten**)
1 *to entertain* ◇ *Sie hat uns den ganzen Abend mit lustigen Geschichten unterhalten.* She entertained us with funny stories all evening.
2 *to run* ◇ *Das Schwimmbad wird von der Stadt unterhalten.* The swimming pool is run by the town council.
◆ **sich unterhalten** to talk ◇ *Wir haben uns über dich unterhalten.* We talked about you.

unterhaltsam ADJEKTIV
entertaining

die **Unterhaltung** SUBSTANTIV
1 *talk* ◇ *Es war eine sehr aufschlussreiche Unterhaltung.* It was a very informative talk.
2 *entertainment* ◇ *Zur Unterhaltung der Gäste spielt die örtliche Musikkapelle.* Entertainment will be provided by the local brass band.

das **Unterhemd** SUBSTANTIV (PL die **Unterhemden**)
vest

die **Unterhose** SUBSTANTIV
underpants PL ◇ *eine Unterhose* a pair of underpants

die **Unterkunft** SUBSTANTIV (PL die **Unterkünfte**)
accommodation KEIN PL

der **Untermieter** SUBSTANTIV (PL die **Untermieter**)
lodger

unternehmen VERB (PRESENT **unternimmt**, IMPERFECT **unternahm**, PERFECT **hat unternommen**)
siehe auch das Unternehmen SUBSTANTIV
◆ **Was sollen wir heute unternehmen?** What shall we do today?

das **Unternehmen** SUBSTANTIV (PL die **Unternehmen**)
siehe auch unternehmen VERB
enterprise

der **Unternehmer** SUBSTANTIV (PL die **Unternehmer**)
entrepreneur

der **Unterricht** SUBSTANTIV
lessons PL ◇ *Nachmittags haben wir selten Unterricht.* We seldom have lessons in the afternoon.

unterrichten VERB (PERFECT **hat unterrichtet**)
1 *to teach* (*taught, taught*) ◇ *Sie unterrichtet Englisch und Französisch.* She teaches English and French.
◆ **Wer unterrichtet euch in Sport?** Who do you have for sport?
2 *to inform* ◇ *Wir müssen deine Eltern davon unterrichten.* We'll have to inform your parents.

das **Unterrichtsfach** SUBSTANTIV (PL die **Unterrichtsfächer**)
subject

der **Unterrock** SUBSTANTIV (PL die **Unterröcke**)
underskirt

unterschätzen VERB (PERFECT **hat unterschätzt**)
to underestimate

unterscheiden VERB (IMPERFECT **unterschied**, PERFECT **hat unterschieden**)
to distinguish ◇ *Man muss zwischen Sachlichkeit und Unfreundlichkeit unterscheiden.* You have to distinguish between objectivity and unfriendliness.
◆ **sich unterscheiden** to differ

der **Unterschied** SUBSTANTIV (PL die **Unterschiede**)
difference
◆ **im Unterschied zu** as distinct from

unterschiedlich ADJEKTIV
different ◇ *Sie haben sehr unterschiedliche Begabungen.* They have very different talents. ◇ *Sie sind unterschiedlich groß.* They're different sizes.
◆ **Das Wetter war sehr unterschiedlich.** The weather was mixed.
◆ **Frauen wehren sich gegen die unterschiedliche Behandlung zu Männern.** Women object to being treated differently from men.

unterschreiben VERB (IMPERFECT **unterschrieb**, PERFECT **hat unterschrieben**)
to sign ◇ *Du musst das Zeugnis unterschreiben lassen.* You have to have the report signed.

die **Unterschrift** SUBSTANTIV
signature

unterste ADJEKTIV
bottom ◇ *Es ist im untersten Fach.* It's on the bottom shelf.
◆ **Sie ist in der untersten Klasse.** She's in the first form.

sich **unterstellen (1)** VERB (PERFECT **hat sich untergestellt**)
Note that here the stress is on unter.
to take shelter (*took, taken*) ◇ *Es hat so stark geregnet, dass wir uns unterstellen mussten.* It was raining so heavily that we had to take shelter.

unterstellen (2) VERB (PERFECT **hat unterstellt**)
Note that here the stress is on stellen.
to imply (*implied, implied*) ◇ *Willst du mir vielleicht unterstellen, dass ich das absichtlich getan habe?* Are you perhaps implying that I did it on purpose?

unterstreichen VERB (IMPERFECT **unterstrich**, PERFECT **hat unterstrichen**)
to underline

die **Unterstufe** SUBSTANTIV
lower school

unterstützen VERB (PERFECT **hat unterstützt**)
to support

die **Unterstützung** SUBSTANTIV
support

untersuchen VERB (PERFECT **hat untersucht**)
to examine

die **Untersuchung** SUBSTANTIV
examination

die **Untertasse** SUBSTANTIV
saucer ◇ *eine fliegende Untertasse* a flying saucer

das **Unterteil** SUBSTANTIV (PL die **Unterteile**)
lower part

unterteilen VERB (PERFECT **hat unterteilt**)
to divide up

der **Untertitel** SUBSTANTIV (PL die **Untertitel**)
subtitle

die **Unterwäsche** SUBSTANTIV
underwear

unterwegs ADVERB
on the way

untreu ADJEKTIV
unfaithful ◇ *Ich hoffe, du warst mir nicht untreu.* I hope you weren't unfaithful to me.

untröstlich ADJEKTIV
inconsolable

unübersichtlich ADJEKTIV
unclear ◇ *eine unübersichtliche Darstellung* an unclear presentation
◆ **eine unübersichtliche Kurve** a blind corner

ununterbrochen ADJEKTIV
uninterrupted

unveränderlich ADJEKTIV
unchangeable

unverantwortlich ADJEKTIV
irresponsible

unverbesserlich ADJEKTIV
incorrigible

unverbleit ADJEKTIV
unleaded ◇ *Ich fahre unverbleit.* I use unleaded.

unvergesslich ⚠ ADJEKTIV
unforgettable

unvermeidlich ADJEKTIV
unavoidable

unvernünftig ADJEKTIV
foolish

unverschämt ADJEKTIV
impudent

die **Unverschämtheit** SUBSTANTIV
impudence

unverständlich ADJEKTIV
unintelligible ◇ *Sie gab eine unverständliche Antwort.* She gave an unintelligible answer.
◆ **Es ist mir unverständlich, wie...** I just don't understand how...

unverzeihlich ADJEKTIV
unpardonable

unvollkommen ADJEKTIV
imperfect

unvollständig ADJEKTIV
incomplete

unvorbereitet ADJEKTIV
unprepared

unvoreingenommen ADJEKTIV
unbiased

unvorsichtig ADJEKTIV
careless

unvorstellbar ADJEKTIV
inconceivable

unwahr ADJEKTIV
untrue

unwahrscheinlich ADJEKTIV, ADVERB
1 *unlikely* ◇ *eine unwahrscheinliche Geschichte* an unlikely story
2 *incredibly* ◇ *Ich habe mich unwahrscheinlich gefreut.* I was incredibly pleased.

unwichtig ADJEKTIV
unimportant

unwirksam ADJEKTIV
ineffective

unzählig ADJEKTIV
countless

unzerbrechlich ADJEKTIV
unbreakable

unzertrennlich ADJEKTIV
inseparable

unzufrieden ADJEKTIV
dissatisfied

unzutreffend ADJEKTIV
incorrect

uralt ADJEKTIV
ancient

der **Ureinwohner** SUBSTANTIV (PL die **Ureinwohner**)
original inhabitant

der **Urin** SUBSTANTIV (PL die **Urine**)
urine

die **Urkunde** SUBSTANTIV
certificate

der **Urlaub** SUBSTANTIV (PL die **Urlaube**)
holiday ◇ *Wir fahren morgen in Urlaub.* We're going on holiday tomorrow. ◇ *Wo warst du im Urlaub?* Where did you go on holiday?

die **Ursache** SUBSTANTIV
cause
◆ **Keine Ursache!** That's all right.

ursprünglich ADJEKTIV, ADVERB
1 *original* ◇ *Wir mussten unsere ursprünglichen Pläne aufgeben.* We had to abandon our original plans.
2 *originally* ◇ *Ursprünglich wollten wir nach Griechenland fahren.* We originally

wanted to go to Greece.

das **Urteil** SUBSTANTIV (PL die **Urteile**)

1 *opinion* ◇ *Wie lautet dein Urteil?* What's your opinion?

2 *sentence* ◇ *Die Richter haben das Urteil noch nicht verkündet.* The judges haven't passed sentence yet.

urteilen VERB

to judge

der **Urwald** SUBSTANTIV (PL die **Urwälder**)

jungle

die **Urzeit** SUBSTANTIV

prehistoric times PL

die **USA** PL SUBSTANTIV

USA SING

- **aus den USA** from the USA
- **in den USA** in the USA
- **nach den USA** to the USA

usw. ABKÜRZUNG (= *und so weiter*)

etc

utopisch ADJEKTIV

utopian

V

vage ADJEKTIV
vague

der **Vampir** SUBSTANTIV (PL die **Vampire**)
vampire

die **Vanille** SUBSTANTIV
vanilla

die **Vase** SUBSTANTIV
vase

der **Vater** SUBSTANTIV (PL die **Väter**)
father

väterlich ADJEKTIV
fatherly

das **Vaterunser** SUBSTANTIV (PL die **Vaterunser**)
Lord's prayer

der **Vati** SUBSTANTIV (PL die **Vatis**)
daddy (PL *daddies*) (*Umgangssprache*)

der **Vegetarier** SUBSTANTIV (PL die **Vegetarier**)
vegetarian

die **Vegetarierin** SUBSTANTIV
vegetarian

vegetarisch ADJEKTIV
vegetarian

das **Veilchen** SUBSTANTIV (PL die **Veilchen**)
violet

die **Vene** SUBSTANTIV
vein

das **Ventil** SUBSTANTIV (PL die **Ventile**)
valve

der **Ventilator** SUBSTANTIV (PL die **Ventilatoren**)
fan

verabreden VERB (PERFECT **hat verabredet**)
to arrange ◇ *Wir sollten Zeit und Ort des Treffens verabreden.* We ought to arrange when and where to meet.
- **sich mit jemandem verabreden** to arrange to meet somebody
- **mit jemandem verabredet sein** to have arranged to meet somebody ◇ *Ich bin mit meiner Mutter verabredet.* I've arranged to meet my mother.
- **Ich bin heute Abend mit meiner Freundin verabredet.** I'm seeing my girlfriend tonight.

die **Verabredung** SUBSTANTIV
date (*mit Freund, Freundin*)
- **Ich habe eine Verabredung um fünf mit meiner Mutter.** I'm meeting my mother at five.

verallgemeinern VERB (PERFECT **hat verallgemeinert**)
to generalize

veralten VERB (PERFECT **ist veraltet**)
to become obsolete (*became, become*)

veränderlich ADJEKTIV
changeable

verändern VERB (PERFECT **hat verändert**)
to change
- **sich verändern** to change ◇ *Sie hat sich in den letzten beiden Monaten verändert.* She's changed in the last couple of months.

die **Veränderung** SUBSTANTIV
change

die **Veranlagung** SUBSTANTIV
disposition ◇ *eine nervöse Veranlagung* a nervous disposition

veranlassen VERB (PRESENT **veranlasst**, IMPERFECT **veranlasste**, PERFECT **hat veranlasst**)
- **etwas veranlassen** to have something done
- **Was hat dich veranlasst, so zu reagieren?** What made you react like that?
- **sich veranlasst sehen, etwas zu tun** to be prompted to do something

veranschaulichen VERB (PERFECT **hat veranschaulicht**)
to illustrate

veranstalten VERB (PERFECT **hat veranstaltet**)
to organize

der **Veranstalter** SUBSTANTIV (PL die **Veranstalter**)
organizer

die **Veranstaltung** SUBSTANTIV
event

verantworten VERB (PERFECT **hat verantwortet**)
to take responsibility for (*took, taken*) ◇ *Wenn das nicht klappt, hast du das zu verantworten.* If it doesn't work, you'll have to take responsibility for it.
- **Das kann ich nicht verantworten.** I couldn't possibly allow that.

verantwortlich ADJEKTIV
responsible

die **Verantwortung** SUBSTANTIV
responsibility

verantwortungsbewusst ⚠ ADJEKTIV
responsible

verantwortungslos ADJEKTIV
irresponsible

verarbeiten VERB (PERFECT **hat verarbeitet**)
1 *to process* ◇ *In diesem Werk wird Metall verarbeitet.* Metal is processed in this factory.
- **etwas zu etwas verarbeiten** to make something into something ◇ *Der Plastikmüll wird zu Parkbänken verarbeitet.* Plastic waste is made into park benches.

2 *to digest* ◇ *Ich muss die Reiseeindrücke erst noch verarbeiten.* I still have to digest my impressions from the journey.

verärgern VERB (PERFECT **hat verärgert**)
to annoy

das **Verb** SUBSTANTIV (PL die **Verben**)
verb

der **Verband** SUBSTANTIV (PL die **Verbände**)
1 *dressing*
- **Die Schwester hat ihm einen Verband angelegt.** The nurse dressed his wound.

2 *association* ◇ *Die Bauern haben sich zu einem Verband zusammengeschlossen.* The farmers have formed an association.

der **Verbandskasten** SUBSTANTIV (PL die

Verbandskästen)
first-aid box (PL *boxes*)

das **Verbandszeug** SUBSTANTIV
first-aid kit

verbergen VERB (PRESENT **verbirgt**, IMPERFECT **verbarg**, PERFECT **hat verborgen**)
to hide (*hid, hidden*)
◆ **sich vor jemandem verbergen** to hide from somebody

verbessern VERB (PERFECT **hat verbessert**)
1 *to improve* ◇ *Ich konnte meine Noten verbessern.* I was able to improve my marks.
2 *to correct* ◇ *Meine Mutter hat meine Hausaufgaben verbessert.* My mother corrected my homework.
◆ **sich verbessern** to improve ◇ *In Mathe habe ich mich verbessert.* I've improved in maths.

die **Verbesserung** SUBSTANTIV
1 *improvement* ◇ *eine Verbesserung seiner Leistungen* an improvement in his work
2 *correction* ◇ *Schreibt bitte die Verbesserung ins Heft.* Please write the correction in your exercise book.

verbiegen VERB (IMPERFECT **verbog**, PERFECT **hat verbogen**)
to bend (*bent, bent*)

verbieten VERB (IMPERFECT **verbot**, PERFECT **hat verboten**)
to forbid (*forbade, forbidden*) ◇ *Meine Mutter hat mir verboten, mit Frank auszugehen.* My mother forbade me to go out with Frank.

verbinden VERB (IMPERFECT **verband**, PERFECT **hat verbunden**)
1 *to combine* ◇ *Ich habe das Nützliche mit dem Angenehmen verbunden.* I was able to combine business with pleasure.
2 *to bandage* ◇ *Die Wunde muss verbunden werden.* The wound has to be bandaged.
◆ **jemandem die Augen verbinden** to blindfold somebody
3 *to connect* ◇ *Ein Kanal verbindet die beiden Flüsse.* A canal connects the two rivers.
4 *to put through* (*put, put*) ◇ *Können Sie mich bitte mit Frau Karl verbinden?* Can you put me through to Mrs Karl, please? ◇ *Ich verbinde!* I'm putting you through.

verbindlich ADJEKTIV
1 *definite* ◇ *Ich hätte gern eine verbindliche Antwort.* I'd like a definite answer.
2 *obliging* ◇ *Die Verkäuferin war äußerst verbindlich.* The shop assistant was extremely obliging.

verbleit ADJEKTIV
leaded

verblüffen VERB (PERFECT **hat verblüfft**)
to amaze

die **Verblüffung** SUBSTANTIV
amazement

verbluten VERB (PERFECT **ist verblutet**)
to bleed to death (*bled, bled*)

verborgen ADJEKTIV
hidden

das **Verbot** SUBSTANTIV (PL die **Verbote**)
ban ◇ *Die Regierung verhängte ein Verbot für Rindfleischimporte aus England.* The government imposed a ban on beef imports from England.

verboten ADJEKTIV
forbidden
◆ **Rauchen verboten!** No smoking

der **Verbrauch** SUBSTANTIV
consumption

verbrauchen VERB (PERFECT **hat verbraucht**)
to use up ◇ *Das Gerät verbraucht viel Strom.* The machine uses up a lot of electricity.

der **Verbraucher** SUBSTANTIV (PL die **Verbraucher**)
consumer

das **Verbrechen** SUBSTANTIV (PL die **Verbrechen**)
crime

der **Verbrecher** SUBSTANTIV (PL die **Verbrecher**)
criminal

verbreiten VERB (PERFECT **hat verbreitet**)
1 *to spread* (*spread, spread*) ◇ *eine Krankheit verbreiten* to spread a disease
2 *to broadcast* (*broadcast, broadcast*) ◇ *eine Nachricht verbreiten* to broadcast a message
◆ **sich verbreiten** to spread ◇ *Die Seuche hat sich inzwischen im ganzen Land verbreitet.* The epidemic has since spread all over the country. ◇ *Die Nachricht von seinem Tod hat sich schnell verbreitet.* The news of his death spread quickly.

verbrennen VERB (IMPERFECT **verbrannte**, PERFECT **hat verbrannt**)
1 *to burn* (*burnt, burnt*) ◇ *In dieser Anlage wird der Müll verbrannt.* Waste is burnt in this plant.
2 *to cremate* ◇ *Sie möchte nach ihrem Tod verbrannt werden.* She'd like to be cremated when she dies.

verbringen VERB (IMPERFECT **verbrachte**, PERFECT **hat verbracht**)
to spend (*spent, spent*) ◇ *Wir haben das Wochenende im Schwarzwald verbracht.* We spent the weekend in the Black Forest.

verbrühen VERB (PERFECT **hat verbrüht**)
to scald ◇ *Ich habe mir den Arm verbrüht.* I've scalded my arm.
◆ **sich verbrühen** to scald oneself ◇ *Pass auf, dass du dich nicht verbrühst.* Careful you don't scald yourself.

der **Verdacht** SUBSTANTIV (PL die **Verdachte**)
suspicion

verdächtig ADJEKTIV
suspicious

verdächtigen VERB (PERFECT **hat verdächtigt**)

to suspect

verdammt ADJEKTIV, ADVERB
damned (*Umgangssprache*) ◇ *Diese verdammten Fliegen!* These damned flies!
◆ **Verdammt noch mal!** Damn it all!
◆ **Verdammt!** Damn!

verdampfen VERB (PERFECT **ist verdampft**)
to evaporate

verdanken VERB (PERFECT **hat verdankt**)
◆ **jemandem sein Leben verdanken** to owe your life to somebody ◇ *Sie verdankt ihm ihr Leben.* She owes her life to him.

verdauen VERB (PERFECT **hat verdaut**)
to digest

verdaulich ADJEKTIV
◆ **Das ist schwer verdaulich.** That's hard to digest.

die **Verdauung** SUBSTANTIV
digestion

verderben VERB (PRESENT **verdirbt**, IMPERFECT **verdarb**, PERFECT **hat/ist verdorben**)
Use **haben** *to form the perfect tense. Use* **sein** *to form the perfect tense for* **to go bad**.
1 *to ruin* ◇ *Du verdirbst dir bei dem schlechten Licht die Augen.* You'll ruin your eyes in this bad light. ◇ *Er hat mir den Urlaub verdorben.* He ruined my holiday.
2 *to corrupt* ◇ *Geld verdirbt den Menschen.* Money corrupts people.
◆ **es mit jemandem verderben** to get into somebody's bad books ◇ *Sie will es mit keinem verderben.* She doesn't want to get into anybody's bad books.
3 *to go bad* (*goes, went, gone*) ◇ *Die Wurst ist verdorben.* The sausage has gone bad.

verdienen VERB (PERFECT **hat verdient**)
1 *to earn* ◇ *Wie viel verdient dein Vater?* How much does your father earn?
2 *to deserve* ◇ *Du hast die Strafe verdient.* You deserved the punishment.

verdoppeln VERB (PERFECT **hat verdoppelt**)
to double

verdreifachen VERB (PERFECT **hat verdreifacht**)
to treble

verdünnen VERB (PERFECT **hat verdünnt**)
to dilute

verdunsten VERB (PERFECT **ist verdunstet**)
to evaporate

verdursten VERB (PERFECT **ist verdurstet**)
to die of thirst

verdutzt ADJEKTIV
nonplussed

der **Verein** SUBSTANTIV (PL die **Vereine**)
club ◇ *ein Sportverein* a sports club

vereinbar ADJEKTIV
◆ **mit etwas vereinbar** compatible with something

vereinbaren VERB (PERFECT **hat vereinbart**)
to agree on

die **Vereinbarung** SUBSTANTIV
agreement

vereinen VERB (PERFECT **hat vereint**)
1 *to unite* ◇ *Das geteilte Land wurde wieder vereint.* The divided country was reunited.
2 *to reconcile* ◇ *Ich kann das nicht mit meinem Gewissen vereinen.* I can't reconcile that with my conscience.
◆ **Mit vereinten Kräften schaffen wir das.** If we all pull together, we'll manage to do it.
◆ **die Vereinten Nationen** the United Nations

vereinfachen VERB (PERFECT **hat vereinfacht**)
to simplify (*simplified, simplified*)

vereinigen VERB (PERFECT **hat vereinigt**)
to unite

vereinzelt ADJEKTIV
isolated ◇ *vereinzelte Schauer* isolated showers

vererben VERB (PERFECT **hat vererbt**)
to leave (*left, left*) ◇ *Meine Oma hat mir all ihre Bücher vererbt.* My granny left me all her books.
◆ **sich vererben** to be hereditary ◇ *Krampfadern vererben sich.* Varicose veins are hereditary.

das **Verfahren** SUBSTANTIV (PL die **Verfahren**)
1 *process* (PL *processes*) ◇ *Das ist ein neuartiges Verfahren zum Recyceln von Plastik.* This is a new recycling process for plastic.
2 *proceedings* PL ◇ *ein Verfahren gegen jemanden einleiten* to bring proceedings against somebody

die **Verfassung** SUBSTANTIV
1 *constitution* ◇ *Die Opposition hat eine Änderung der Verfassung beantragt.* The opposition's called for an amendment to the constitution.
2 *state* ◇ *Ich bin nicht in der Verfassung, da mitzumachen.* I'm in no state to join in.

verfaulen VERB (PERFECT **ist verfault**)
to rot

verflixt ADJEKTIV
damn (*Umgangssprache*)

verfolgen VERB (PERFECT **hat verfolgt**)
1 *to pursue* ◇ *Die Polizei verfolgte die Täter.* The police pursued the culprits.
◆ **Die Hunde verfolgten ihre Fährte.** The dogs tracked them.
2 *to persecute* ◇ *In vielen Ländern werden Minderheiten verfolgt.* Minorities are persecuted in many countries.

die **Verfolgung** SUBSTANTIV
1 *hunt* ◇ *Die Verfolgung der Täter war erfolgreich.* The hunt for the culprits had a successful outcome.
2 *persecution* ◇ *die Verfolgung von Minderheiten* the persecution of minorities

verfügbar ADJEKTIV
available

die **Verfügung** SUBSTANTIV
◆ **etwas zur Verfügung haben** to have something at one's disposal ◇ *Nicht alle Schüler haben einen Computer zur Verfügung.* Not all pupils have a computer at their disposal.

- **Die Bibliothek steht allen Schülern zur Verfügung.** The library's open to all pupils.
- **Sollten Sie meine Hilfe brauchen, stehe ich Ihnen zur Verfügung.** If you should need my help, I will be at your service.

verführen VERB (PERFECT **hat verführt**)
[1] *to tempt* ◇ *Verführ mich nicht, ich habe schon zwei Stück Kuchen gegessen.* Don't tempt me, I've already had two pieces of cake.
[2] *to seduce* ◇ *Er hat versucht, sie zu verführen.* He tried to seduce her.

vergammeln VERB (PERFECT **ist vergammelt**)
to go off (*goes, went, gone*) ◇ *Pfui, das Fleisch ist ja total vergammelt.* Ugh, the meat's gone right off.
- **etwas vergammeln lassen** to let something go ◇ *Wir haben den Garten ziemlich vergammeln lassen.* We've rather let the garden go.

die **Vergangenheit** SUBSTANTIV
past ◇ *in der Vergangenheit* in the past

vergasen VERB (PERFECT **hat vergast**)
to gas

der **Vergaser** SUBSTANTIV (PL die **Vergaser**)
carburettor

vergaß VERB *siehe* **vergessen**

vergeben VERB (PRESENT **vergibt**, IMPERFECT **vergab**, PERFECT **hat vergeben**)
to forgive (*forgave, forgiven*) ◇ *Kannst du mir noch einmal vergeben?* Can you forgive me one more time? ◇ *Diese Lüge werde ich dir nie vergeben.* I'll never forgive you for that lie.
- **vergeben sein** to be taken ◇ *Tut mir leid, die Stelle ist schon vergeben.* Sorry, the job's already taken.
- **Er ist schon vergeben.** He's already spoken for.

vergeblich ADVERB, ADJEKTIV
in vain ◇ *Wir haben uns vergeblich bemüht.* We tried, but in vain. ◇ *All mein Reden war vergeblich.* All my words were in vain.

vergehen VERB (IMPERFECT **verging**, PERFECT **ist vergangen**)
to pass
- **Wie schnell die Zeit doch vergeht!** How time flies!
- **Mir ist der Appetit vergangen.** I've lost my appetite.
- **sich an jemandem vergehen** to indecently assault somebody ◇ *Er soll sich an kleinen Mädchen vergangen haben.* He's said to have indecently assaulted young girls.

vergessen VERB (PRESENT **vergisst**, IMPERFECT **vergaß**, PERFECT **hat vergessen**)
to forget (*forgot, forgotten*) ◇ *Ich habe seinen Namen vergessen.* I've forgotten his name.
- **Vergiss nicht, die Blumen zu gießen.** Remember to water the flowers.

vergesslich ⚠ ADJEKTIV
forgetful

vergeuden VERB (PERFECT **hat vergeudet**)
to squander

vergewaltigen VERB (PERFECT **hat vergewaltigt**)
to rape ◇ *Er hat eine Frau vergewaltigt.* He raped a woman.

die **Vergewaltigung** SUBSTANTIV
rape

sich **vergewissern** VERB (PERFECT **hat sich vergewissert**)
to make sure (*made, made*)

vergiften VERB (PERFECT **hat vergiftet**)
to poison

die **Vergiftung** SUBSTANTIV
poisoning

das **Vergissmeinnicht** ⚠ SUBSTANTIV (PL die **Vergissmeinnicht**)
forget-me-not

vergisst ⚠ VERB *siehe* **vergessen**

der **Vergleich** SUBSTANTIV (PL die **Vergleiche**)
comparison
- **im Vergleich zu** compared with

vergleichen VERB (IMPERFECT **verglich**, PERFECT **hat verglichen**)
to compare ◇ *Er hat mein Wörterbuch mit seinem verglichen.* He compared my dictionary with his. ◇ *Man kann doch Äpfel und Birnen nicht vergleichen.* You can't compare apples and pears.

das **Vergnügen** SUBSTANTIV (PL die **Vergnügen**)
pleasure
- **Viel Vergnügen!** Have fun!

vergnügt ADJEKTIV
cheerful

vergraben VERB (PRESENT **vergräbt**, IMPERFECT **vergrub**, PERFECT **hat vergraben**)
to bury (*buried, buried*)

vergrößern VERB (PERFECT **hat vergrößert**)
[1] *to enlarge* ◇ *Ich habe das Foto vergrößern lassen.* I had the photo enlarged.
[2] *to extend* ◇ *Wir wollen das Haus vergrößern.* We want to extend the house.
- **sich vergrößern** to grow larger ◇ *Die Klasse hat sich stark vergrößert.* The class has grown considerably larger.

die **Vergrößerung** SUBSTANTIV
[1] *enlargement* ◇ *Kann man mit dem Kopierer auch Vergrößerungen machen?* Can you do enlargements with the copier as well?
[2] *expansion* ◇ *eine Vergrößerung der Firma* an expansion of the company

das **Vergrößerungsglas** SUBSTANTIV (GEN des **Vergrößerungsglases**, PL die **Vergrößerungsgläser**)
magnifying glass (PL *glasses*)

verhaften VERB (PERFECT **hat verhaftet**)
to arrest

sich **verhalten** VERB (PRESENT **verhält sich**, IMPERFECT **verhielt sich**, PERFECT **hat sich verhalten**)
siehe auch das Verhalten SUBSTANTIV
to behave ◇ *Er hat sich uns gegenüber*

sehr fair verhalten. He behaved very fairly towards us.

das **Verhalten** SUBSTANTIV
siehe auch verhalten VERB
behaviour

das **Verhältnis** SUBSTANTIV (GEN des **Verhältnisses**, PL die **Verhältnisse**)
1 *affair* ◇ *Er hat ein Verhältnis mit einer verheirateten Frau.* He's having an affair with a married woman.
2 *proportion* ◇ *Unser Gehalt steht in keinem Verhältnis zu unserer Leistung.* Our salary is not in proportion to our efforts.
- **Verhältnisse (1)** conditions ◇ *Wenn die Verhältnisse anders wären, könnten wir die Arbeit schneller beenden.* If conditions were different we could get the work finished sooner.
- **Verhältnisse (2)** background SING ◇ *Er kommt aus bescheidenen Verhältnissen.* He comes from a modest background.
- **über seine Verhältnisse leben** to live beyond one's means

verhältnismäßig ADVERB
relatively

verhandeln VERB (PERFECT **hat verhandelt**)
to negotiate ◇ *Sie verhandeln einen Waffenstillstand.* They're negotiating a ceasefire.
- **Mein Fall wird nächste Woche vor dem Arbeitsgericht verhandelt.** My case is being heard by the industrial tribunal next week.

die **Verhandlung** SUBSTANTIV
1 *negotiation* ◇ *die Friedensverhandlungen* peace negotiations ◇ *Wir sind mit der Firma noch in Verhandlung.* We're still involved in negotiations with the company.
2 *trial* ◇ *Die Verhandlung gegen Klitt ist morgen.* Klitt's trial is tomorrow.
3 *hearing* ◇ *die Verhandlung vor dem Arbeitsgericht* the hearing before the industrial tribunal

verharmlosen VERB (PERFECT **hat verharmlost**)
to play down

verhauen VERB (PERFECT **hat verhauen**)
to beat up (*beat, beaten*)

verheerend ADJEKTIV
devastating

verheimlichen VERB (PERFECT **hat verheimlicht**)
- **jemandem etwas verheimlichen** to keep something secret from somebody

verheiratet ADJEKTIV
married

verhexen VERB (PERFECT **hat verhext**)
- **Es ist wie verhext.** It's jinxed.

verhindern VERB (PERFECT **hat verhindert**)
to prevent
- **verhindert sein** to be unable to make it ◇ *Ich bin leider verhindert.* I'm afraid I can't make it.

verhören VERB (PERFECT **hat verhört**)
1 *to interrogate* ◇ *Die Polizei hat ihn verhört.* The police interrogated him.
2 *to examine* ◇ *Der Zeuge wurde verhört.* The witness was examined.
- **sich verhören** to mishear ◇ *Ich muss mich wohl verhört haben.* I must have misheard.

verhungern VERB (PERFECT **ist verhungert**)
to starve to death

das **Verhütungsmittel** SUBSTANTIV (PL die **Verhütungsmittel**)
contraceptive

sich **verirren** VERB (PERFECT **hat sich verirrt**)
to get lost ◇ *Wir hatten uns im Nebel verirrt.* We lost our way in the fog.

der **Verkauf** SUBSTANTIV (PL die **Verkäufe**)
sale

verkaufen VERB (PERFECT **hat verkauft**)
to sell (*sold, sold*)

der **Verkäufer** SUBSTANTIV (PL die **Verkäufer**)
shop assistant ◇ *Der Verkäufer hat uns sehr gut beraten.* The shop assistant was extremely helpful.

die **Verkäuferin** SUBSTANTIV
shop assistant ◇ *Sie ist Verkäuferin in einer Modeboutique.* She's a shop assistant in a fashion boutique.

der **Verkehr** SUBSTANTIV
1 *traffic* ◇ *Heute war viel Verkehr auf den Straßen.* There was heavy traffic on the roads today.
2 *intercourse* ◇ *Haben Sie mit der Frau Verkehr gehabt?* Did you have intercourse with this woman?

das **Verkehrsmittel** SUBSTANTIV (PL die **Verkehrsmittel**)
means of transport SING

das **Verkehrsschild** SUBSTANTIV (PL die **Verkehrsschilder**)
road sign

der **Verkehrsunfall** SUBSTANTIV (PL die **Verkehrsunfälle**)
traffic accident

das **Verkehrszeichen** SUBSTANTIV (PL die **Verkehrszeichen**)
traffic sign

verkehrt ADJEKTIV
wrong ◇ *Das war die verkehrte Antwort.* That was the wrong answer.
- **verkehrt herum** back to front ◇ *Du hast deinen Pulli verkehrt herum an.* You've got your pullover on back to front.

sich **verkleiden** VERB (PERFECT **hat sich verkleidet**)
to dress up ◇ *Sie hatte sich als Hexe verkleidet.* She dressed up as a witch.

verkleinern VERB (PERFECT **hat verkleinert**)
to reduce ◇ *Wir sollten den Zeilenabstand verkleinern.* We should reduce the line spacing.
- **sich verkleinern** to grow smaller ◇ *Die Klasse hat sich stark verkleinert.* The class has grown considerably smaller.

verklemmt ADJEKTIV
inhibited

der **Verlag** SUBSTANTIV (PL die **Verlage**)
publisher

verlangen VERB (PERFECT **hat verlangt**)
to ask for ◇ *Ich verlange etwas mehr Verständnis.* I'm asking for a bit more understanding. ◇ *Wie viel hat er dafür verlangt?* How much did he ask for it?
◆ **Er hat zehn Mark dafür verlangt.** He charged ten marks for it.
◆ **etwas von jemandem verlangen** to expect something of somebody ◇ *Unser Chemielehrer verlangt zuviel von uns.* Our chemistry teacher expects too much of us.

verlängern VERB (PERFECT **hat verlängert**)
1 *to extend* ◇ *Wir haben die Ferien um eine Woche verlängert.* We've extended our holiday by a week.
2 *to lengthen* ◇ *Wir müssen das Seil verlängern.* We'll have to lengthen the rope.

die **Verlängerungsschnur** SUBSTANTIV (PL die **Verlängerungsschnüre**)
extension cable

verlassen VERB (PRESENT **verlässt**, IMPERFECT **verließ**, PERFECT **hat verlassen**)
siehe auch verlassen ADJEKTIV
to leave (*left*, *left*) ◇ *Er hat seine Frau und Kinder verlassen.* He's left his wife and children.
◆ **Verlassen Sie sofort das Gebäude!** Get out of the building immediately.
◆ **sich verlassen auf** to depend on ◇ *Ich kann mich doch auf dich verlassen.* I hope I can depend on you.

verlassen ADJEKTIV
siehe auch verlassen VERB
1 *deserted* ◇ *eine verlassene Gegend* a deserted area ◇ *die verlassene Ehefrau* the deserted wife
2 *empty* ◇ *ein verlassenes Haus* an empty house
◆ **Sie fühlte sich allein und verlassen.** She felt all alone.

sich **verlaufen** VERB (PRESENT **verläuft sich**, IMPERFECT **verlief sich**, PERFECT **hat sich verlaufen**)
1 *to get lost* (*got*, *got*) ◇ *Wir haben uns im Wald verlaufen.* We got lost in the forest.
2 *to disperse* ◇ *Nach Ende der Veranstaltung verlief sich die Menge.* After the event the crowd dispersed.

verlegen ADJEKTIV
embarrassed
◆ **nicht verlegen um** never at a loss for ◇ *Sie ist nie um eine Ausrede verlegen.* She's never at a loss for an excuse.

der **Verleih** SUBSTANTIV (PL die **Verleihe**)
hire
◆ **ein Fahrradverleih** a bicycle hire shop

verleihen VERB (IMPERFECT **verlieh**, PERFECT **hat verliehen**)
1 *to lend* (*lent*, *lent*) ◇ *Ich habe ihr mein Wörterbuch verliehen.* I've lent her my dictionary.
2 *to hire out* ◇ *Ich suche jemanden, der Fahrräder verleiht.* I'm looking for somebody who hires out bikes.
3 *to award* ◇ *Sie hat einen Preis verliehen bekommen.* She was awarded a prize.

verleiten VERB (PERFECT **hat verleitet**)
◆ **jemanden dazu verleiten, etwas zu tun** to tempt somebody into doing something

verlernen VERB (PERFECT **hat verlernt**)
to forget (*forgot*, *forgotten*)

verletzen VERB (PERFECT **hat verletzt**)
1 *to hurt* (*hurt*, *hurt*) ◇ *Ihre Bemerkung hat mich verletzt.* Your remark hurt me.
2 *to injure* ◇ *Sie ist schwer verletzt.* She's seriously injured.
◆ **ein Gesetz verletzen** to violate a law

der/die **Verletzte** SUBSTANTIV (GEN des/der **Verletzten**, PL die **Verletzten**)
injured person ◇ *Auf der Straße lag ein Verletzter.* An injured person was lying in the street.

die **Verletzung** SUBSTANTIV
injury (PL *injuries*)
◆ **Er hatte schwere Verletzungen.** He was seriously injured.
◆ **Das ist eine Verletzung der Spielregeln.** That's against the rules of the game.

sich **verlieben** VERB (PERFECT **hat sich verliebt**)
◆ **sich in jemanden verlieben** to fall in love with somebody

verliebt ADJEKTIV
in love ◇ *Ich bin in Anke verliebt.* I'm in love with Anke.

verlieren VERB (IMPERFECT **verlor**, PERFECT **hat verloren**)
to lose (*lost*, *lost*)

der **Verlierer** SUBSTANTIV (PL die **Verlierer**)
loser

sich **verloben** VERB (PERFECT **hat sich verlobt**)
◆ **sich mit jemandem verloben** to get engaged to somebody

der **Verlobte** SUBSTANTIV (GEN des **Verlobten**, PL die **Verlobten**)
siehe auch die Verlobte SUBSTANTIV
fiancé ◇ *Mathias ist mein Verlobter.* Mathias is my fiancé.

die **Verlobte** SUBSTANTIV (GEN der **Verlobten**, PL die **Verlobten**)
siehe auch der Verlobte SUBSTANTIV
fiancée ◇ *Ingrid ist seine Verlobte.* Ingrid's his fiancée.

die **Verlobung** SUBSTANTIV
engagement

verlor, verloren VERB *siehe* **verlieren**

verloren ADJEKTIV
lost ◇ *die verlorene Zeit wieder einholen* to make up for lost time
◆ **verlorene Eier** poached eggs
◆ **verloren gehen** to get lost

die **Verlosung** SUBSTANTIV
raffle

der **Verlust** SUBSTANTIV (PL die **Verluste**)

loss (PL *losses*)

vermehren VERB (PERFECT **hat vermehrt**)
increase ◇ *Die Firma hat ihren Umsatz vermehrt.* The company has increased its turnover.
◆ **sich vermehren** to reproduce ◇ *Wie vermehren sich Regenwürmer?* How do earthworms reproduce?

vermeiden VERB (IMPERFECT **vermied**, PERFECT **hat vermieden**)
to avoid

vermieten VERB (PERFECT **hat vermietet**)
1 *to let* (*let, let*) ◇ *"Zimmer zu vermieten"* "Rooms to let"
2 *to rent* ◇ *Sie vermietet Zimmer.* She rents rooms.
3 *to hire out* ◇ *Wir vermieten Boote und Fahrräder.* We hire out boats and bikes.

der **Vermieter** SUBSTANTIV (PL die **Vermieter**)
landlord

die **Vermieterin** SUBSTANTIV
landlady (PL *landladies*)

vermissen VERB (PRESENT **vermisst**, IMPERFECT **vermisste**, PERFECT **hat vermisst**)
to miss ◇ *Ich habe dich vermisst.* I missed you.
◆ **Ich vermisse eines meiner Bücher.** One of my books is missing.

das **Vermögen** SUBSTANTIV (PL die **Vermögen**)
wealth
◆ **ein Vermögen kosten** to cost a fortune

vermuten VERB (PERFECT **hat vermutet**)
1 *to guess* ◇ *Ich kann nur vermuten, was er damit gemeint hat.* I can only guess what he meant by that.
◆ **Man vermutet, dass er im Ausland ist.** He is thought to be abroad.
2 *to suspect* ◇ *Die Polizei vermutet, dass er der Täter ist.* The police suspect that he's the culprit.
3 *to suppose* ◇ *Ich vermute, dass er das noch nicht weiß.* I don't suppose that he knows that yet.

vermutlich ADJEKTIV, ADVERB
1 *probable* ◇ *die vermutliche Ursache* the probable cause
2 *probably* ◇ *Sie ist vermutlich schon gegangen.* She has probably already left.

die **Vermutung** SUBSTANTIV
1 *supposition* ◇ *Das legt die Vermutung nahe, dass sie schon gegangen ist.* It seems a likely supposition that she's already gone.
2 *suspicion* ◇ *Die Polizei hat eine Vermutung, wer der Täter gewesen sein könnte.* The police have a suspicion as to who the culprit could have been.

vernachlässigen VERB (PERFECT **hat vernachlässigt**)
to neglect

vernichten VERB (PERFECT **hat vernichtet**)
to destroy
◆ **Insekten vernichten** to exterminate insects
◆ **Unkraut vernichten** to eradicate weeds

vernichtend ADJEKTIV
crushing ◇ *Unsere Mannschaft wurde vernichtend geschlagen.* Our team suffered a crushing defeat.
◆ **ein vernichtender Blick** a withering look
◆ **eine vernichtende Kritik** a scathing review

die **Vernunft** SUBSTANTIV
reason

vernünftig ADJEKTIV
reasonable ◇ *Sei doch vernünftig!* Be reasonable! ◇ *ein vernünftiger Preis* a reasonable price
◆ **etwas Vernünftiges essen** to eat something decent

veröffentlichen VERB (PERFECT **hat veröffentlicht**)
to publish

die **Verpackung** SUBSTANTIV
packing KEIN PL

das **Verpackungsmaterial** SUBSTANTIV (PL die **Verpackungsmaterialien**)
packaging KEIN PL

verpassen VERB (PRESENT **verpasst**, IMPERFECT **verpasste**, PERFECT **hat verpasst**)
to miss
◆ **jemandem eine Ohrfeige verpassen** to give somebody a clip round the ear

verpflegen VERB (PERFECT **hat verpflegt**)
to cater for ◇ *Die Flüchtlinge wurden vom Roten Kreuz versorgt.* The Red Cross catered for the refugees.

die **Verpflegung** SUBSTANTIV
food ◇ *Für Ihre Verpflegung wird gesorgt.* Food will be laid on. ◇ *Die Verpflegung im Schullandheim war gut.* The food at the school camp was good.

verpflichten VERB (PERFECT **hat verpflichtet**)
to sign ◇ *Der VfB will Köpke verpflichten.* VfB want to sign Köpke.
◆ **sich verpflichten, etwas zu tun** to promise to do something ◇ *Du hast dich verpflichtet, für die Musik zu sorgen.* You promised to organize the music.
◆ **Sie haben sich verpflichtet, für Ersatz zu sorgen.** You undertook to find a replacement.
◆ **verpflichtet sein, etwas zu tun** to be obliged to do something
◆ **Er ist zum Stillschweigen verpflichtet.** He's sworn to silence.
◆ **Das verpflichtet Sie zu nichts.** This doesn't commit you to anything.
◆ **jemandem zu Dank verpflichtet sein** to be obliged to somebody

verprügeln VERB (PERFECT **hat verprügelt**)
to beat up (*beat, beat*)

verraten VERB (PRESENT **verrät**, IMPERFECT **verriet**, PERFECT **hat verraten**)
1 *to betray* ◇ *Er hat seine Mittäter verraten.* He betrayed his accomplices.
2 *to report* ◇ *Fritz hat uns beim Lehrer verraten.* Fritz reported us to the teacher.
3 *to tell* (*told, told*) ◇ *Verrate mir doch, wer es war.* Tell me who it was. ◇ *Ich habe dieses Geheimnis niemandem verraten.* I

haven't told anyone the secret.
- **sich verraten** to give oneself away

verregnet ADJEKTIV
rainy

verreisen VERB (PERFECT **ist verreist**)
to go away (*goes, went, gone*) ◇ *Ich möchte diesen Sommer verreisen.* I'd like to go away this summer.
- **Wir wollen nach Israel verreisen.** We intend to go to Israel.

verrosten VERB (PERFECT **ist verrostet**)
to rust

verrückt ADJEKTIV
crazy

der/die **Verrückte** SUBSTANTIV (GEN des/der **Verrückten**, PL die **Verrückten**)
maniac ◇ *Er ist gefahren wie ein Verrückter.* He drove like a maniac.

die **Verrücktheit** SUBSTANTIV
madness

verrufen ADJEKTIV
disreputable

der **Vers** SUBSTANTIV (GEN des **Verses**, PL die **Verse**)
verse

der **Versager** SUBSTANTIV (PL die **Versager**)
failure

versalzen VERB (PERFECT **hat versalzen**)
to put too much salt in (*put, put*) ◇ *Sie hat die Suppe versalzen.* She put too much salt in the soup.
- **Die Suppe ist versalzen.** There's too much salt in the soup.

versammeln VERB (PERFECT **hat versammelt**)
to assemble

die **Versammlung** SUBSTANTIV
meeting

das **Versandhaus** SUBSTANTIV (GEN des **Versandhauses**, PL die **Versandhäuser**)
mail-order firm

versäumen VERB (PERFECT **hat versäumt**)
to miss ◇ *Ich habe wegen Krankheit drei Stunden versäumt.* I missed three lessons due to illness.
- **es versäumen, etwas zu tun** to fail to do something ◇ *Sie hat es versäumt, sich rechtzeitig anzumelden.* She failed to register in time.
- **Sie sollten nicht versäumen, sich die Kathedrale anzusehen.** Don't miss a visit to the cathedral.

sich **verschätzen** VERB (PERFECT **hat sich verschätzt**)
to misjudge

verschenken VERB (PERFECT **hat verschenkt**)
to give away (*gave, given*)

verschicken VERB (PERFECT **hat verschickt**)
to send away (*sent, sent*)

verschieben VERB (IMPERFECT **verschob**, PERFECT **hat verschoben**)
to postpone ◇ *Wir müssen das Fest verschieben.* We'll have to postpone the party.

verschieden ADJEKTIV
different ◇ *Die zwei Brüder sind sehr verschieden.* The two brothers are very different.
- **verschiedene** various ◇ *Wir haben verschiedene Sehenswürdigkeiten besichtigt.* We've seen various sights.
- **Sie sind verschieden groß.** They are different sizes.

verschlafen VERB (PRESENT **verschläft**, IMPERFECT **verschlief**, PERFECT **hat verschlafen**)
siehe auch verschlafen ADJEKTIV
1 *to sleep in* (*slept, slept*) ◇ *Tut mir leid, ich habe verschlafen.* Sorry, I slept in.
2 *to sleep through* ◇ *Er hat den ganzen Vormittag verschlafen.* He slept through the whole morning.
3 *to forget* (*forgot, forgotten*) ◇ *Ich habe deinen Geburtstag total verschlafen.* I completely forgot your birthday.

verschlafen ADJEKTIV
siehe auch verschlafen VERB
sleepy ◇ *Sie sah mich mit einem verschlafenen Blick an.* She gave me a sleepy look. ◇ *ein verschlafenes kleines Dorf* a sleepy little village

verschlechtern VERB (PERFECT **hat verschlechtert**)
to make worse (*made, made*) ◇ *Das verschlechtert die Lage.* That makes the situation worse.
- **Sie hat ihre Noten gewaltig verschlechtert.** Her marks have got considerably worse.
- **sich verschlechtern** to get worse ◇ *Die Lage hat sich verschlechtert.* The situation's got worse. ◇ *In Englisch habe ich mich verschlechtert.* My marks in English have got worse.
- **Sein Gesundheitszustand hat sich noch weiter verschlechtert.** His condition has deteriorated even further.

verschlimmern VERB (PERFECT **hat verschlimmert**)
to make worse (*made, made*) ◇ *Du verschlimmerst alles, wenn du weiter lügst.* You'll make everything worse if you go on lying.
- **sich verschlimmern** to get worse ◇ *Die Lage hat sich verschlimmert.* The situation's got worse.

verschlucken VERB (PERFECT **hat verschluckt**)
to swallow ◇ *Ich habe eine Gräte verschluckt.* I've swallowed a fish bone.
- **sich verschlucken** to choke ◇ *Ich habe mich an einer Erdnuss verschluckt.* I choked on a peanut.

der **Verschluss** ⚠ SUBSTANTIV (GEN des **Verschlusses**, PL die **Verschlüsse**)
1 *cap* ◇ *Die Flasche hat einen kindersicheren Verschluss.* The bottle has a childproof cap.
2 *fastening* ◇ *Kannst du mir den Verschluss an meinem Kleid aufmachen?*

Can you undo the fastening of my dress?
[3] *catch* ◇ *der Verschluss der Tasche* the catch of the bag ◇ *der Verschluss an einer Halskette* the catch of a necklace

verschmutzen VERB (PERFECT **hat verschmutzt**)
to soil
◆ **Die Straße war stark verschmutzt.** The road was very dirty.
◆ **die Umwelt verschmutzen** to pollute the environment

verschneit ADJEKTIV
covered with snow
◆ **eine verschneite Straße** a snow-covered road

verschonen VERB (PERFECT **hat verschont**)
◆ **jemanden mit etwas verschonen** to spare somebody something ◇ *Sie verschonte mich mit den ganzen Einzelheiten.* She spared me all the details.

verschreiben VERB (IMPERFECT **verschrieb**, PERFECT **hat verschrieben**)
to prescribe ◇ *Der Arzt hat mir Antibiotika verschrieben.* The doctor prescribed me antibiotics.
◆ **sich verschreiben** to make a spelling mistake

verschreibungspflichtig ADJEKTIV
available on prescription only
◆ **verschreibungspflichtige Medikamente** prescribed drugs

verschütten VERB (PERFECT **hat verschüttet**)
to spill (*spilt, spilt*) ◇ *Sie hat den Kaffee verschüttet.* She spilt the coffee.
◆ **verschüttet werden** to be buried ◇ *Bei dem Erdbeben wurden zahlreiche Menschen verschüttet.* Many people were buried in the earthquake.

verschweigen VERB (IMPERFECT **verschwieg**, PERFECT **hat verschwiegen**)
◆ **jemandem etwas verschweigen** to keep something from somebody

verschwenden VERB (PERFECT **hat verschwendet**)
to waste ◇ *Zeit verschwenden* to waste time

die **Verschwendung** SUBSTANTIV
waste

verschwinden VERB (IMPERFECT **verschwand**, PERFECT **ist verschwunden**)
to disappear

verschwitzt ADJEKTIV
sweaty

verschwommen ADJEKTIV
blurred

das **Versehen** SUBSTANTIV (PL die **Versehen**)
oversight ◇ *Das war ein Versehen.* It was an oversight.
◆ **aus Versehen** by mistake

versehentlich ADVERB
by mistake

versenden VERB (IMPERFECT **versendete** *or* **versandte**, PERFECT **hat versendet** *or* **versandt**)
to dispatch

versessen ADJEKTIV
◆ **auf etwas versessen sein** to be mad about something (*Umgangssprache*) ◇ *Sie ist ganz versessen auf ihn.* She's mad about him.

versetzen VERB (PERFECT **hat versetzt**)
to transfer ◇ *Mein Vater wird nach Berlin versetzt.* My father's being transferred to Berlin.
◆ **jemanden in die nächste Klasse versetzen** to move somebody up into the next class

In Germany, pupils do not automatically move up (werden versetzt) *to the next class at the end of the school year. If their performance is not good enough, they have to repeat the school year. This is known as* sitzenbleiben.

◆ **jemanden versetzen** to stand somebody up (*Umgangssprache*) ◇ *Meine Freundin hat mich versetzt.* My girlfriend stood me up.
◆ **sich in jemandes Lage versetzen** to put oneself in somebody's shoes ◇ *Wenn du dich einmal in meine Lage versetzt...* If you put yourself in my shoes...
◆ **jemandem einen Schlag versetzen** to hit somebody
◆ **jemandem einen Tritt versetzen** to kick somebody
◆ **jemanden in gute Laune versetzen** to put somebody in a good mood

verseuchen VERB (PERFECT **hat verseucht**)
to contaminate

die **Versicherung** SUBSTANTIV
insurance

sich **versöhnen** VERB (PERFECT **hat sich versöhnt**)
to make up (*made, made*) ◇ *Na, habt ihr euch wieder versöhnt?* Well, have you two made up again?
◆ **sich mit jemandem versöhnen** to make it up with somebody ◇ *Ich habe mich mit ihm versöhnt.* I made it up with him.

versorgen VERB (PERFECT **hat versorgt**)
to supply (*supplied, supplied*) ◇ *Von hier aus wird die Stadt mit Elektrizität versorgt.* The town is supplied with electricity from here.
◆ **einen Kranken versorgen** to look after a patient
◆ **Wer versorgt die Blumen während der Ferien?** Who's watering the plants during the holidays?
◆ **eine Familie versorgen** to support a family

sich **verspäten** VERB (PERFECT **hat sich verspätet**)
to be late (*is, was, been*)

verspätet ADJEKTIV
late ◇ *die verspätete Ankunft* the late arrival
◆ **der verspätete Flug** the delayed flight
◆ **verspätete Glückwünsche** belated best wishes

die **Verspätung** SUBSTANTIV
delay
◆ **Verspätung haben** to be late

versprechen VERB (PRESENT **verspricht**, IMPERFECT **versprach**, PERFECT **hat versprochen**)
siehe auch das Versprechen SUBSTANTIV

V

to promise ◇ *Du hast es versprochen.* You promised.
◆ **Ich habe mir von dem Kurs mehr versprochen.** I expected more from this course.

das **Versprechen** SUBSTANTIV (PL die **Versprechen**)
siehe auch versprechen VERB
promise ◇ *Sie hat ihr Versprechen gehalten.* She kept her promise.

der **Verstand** SUBSTANTIV
mind
◆ **den Verstand verlieren** to go out of one's mind
◆ **über jemandes Verstand gehen** to be beyond somebody

verständigen VERB (PERFECT **hat verständigt**)
to inform ◇ *Wir müssen ihre Eltern verständigen.* We must inform her parents.
◆ **sich verständigen** to communicate ◇ *Wir konnten uns auf Englisch verständigen.* We were able to communicate in English.
◆ **sich auf etwas verständigen** to agree on something ◇ *Wir haben uns auf folgendes Vorgehen verständigt.* We've agreed on the following plan of action.

verständlich ADJEKTIV
understandable
◆ **sich verständlich ausdrücken** to express oneself clearly

verständnisvoll ADJEKTIV
understanding ◇ *Meine Eltern sind sehr verständnisvoll.* My parents are very understanding.

verstärken VERB (PERFECT **hat verstärkt**)
to strengthen ◇ *Wir müssen den Karton verstärken.* We'll have to strengthen the box. ◇ *ein Team verstärken* to strengthen a team
◆ **den Ton verstärken** to amplify the sound
◆ **Das verstärkt die Schmerzen.** That makes the pain worse.

der **Verstärker** SUBSTANTIV (PL die **Verstärker**)
amplifier

die **Verstärkung** SUBSTANTIV
reinforcements PL ◇ *Wir brauchen Verstärkung.* We need reinforcements.

verstauchen VERB (PERFECT **hat verstaucht**)
to sprain ◇ *Ich habe mir den Knöchel verstaucht.* I've sprained my ankle.

das **Versteck** SUBSTANTIV (PL die **Verstecke**)
hiding place

verstecken VERB (PERFECT **hat versteckt**)
to hide (*hid, hidden*)

verstehen VERB (IMPERFECT **verstand**, PERFECT **hat verstanden**)
to understand (*understood, understood*) ◇ *Ich habe die Frage nicht verstanden.* I didn't understand the question. ◇ *Ich verstehe nicht.* I don't understand.
◆ **sich verstehen** to get on ◇ *Die beiden verstehen sich blendend.* The two of them get on marvellously.
◆ **Das versteht sich von selbst.** That goes without saying.

verstellbar ADJEKTIV
adjustable

verstellen VERB (PERFECT **hat verstellt**)
1 *to adjust* ◇ *Man kann die Höhe verstellen.* The height can be adjusted.
2 *to reset* (*reset, reset*) ◇ *Wer hat die Uhr verstellt?* Who reset the clock?
3 *to block* ◇ *Der Ausgang war mit Kisten verstellt.* The exit was blocked by crates.
4 *to disguise* ◇ *Sie hat ihre Stimme verstellt.* She disguised her voice.
◆ **sich verstellen** to put on an act

verstimmt ADJEKTIV
1 *out of tune* ◇ *Meine Geige ist verstimmt.* My violin's out of tune.
2 *cross* ◇ *Worüber bist du denn so verstimmt?* What are you so cross about?
◆ **ein verstimmter Magen** an upset stomach

die **Verstopfung** SUBSTANTIV
1 *obstruction* ◇ *eine Verstopfung im Rohr* an obstruction in the pipe
2 *constipation* ◇ *Ich habe Verstopfung.* I'm constipated.

verstreuen VERB (PERFECT **hat verstreut**)
to scatter

der **Versuch** SUBSTANTIV (PL die **Versuche**)
1 *attempt* ◇ *Ich habe den Versuch gemacht, Spanisch zu lernen.* I made an attempt to learn Spanish. ◇ *Sie ist schon beim ersten Versuch gescheitert.* She failed at the very first attempt.
2 *experiment* ◇ *Versuche mit Tieren lehnen wir ab.* We disapprove of experiments with animals.

versuchen VERB (PERFECT **hat versucht**)
to try (*tried, tried*) ◇ *Ich versuche zu kommen.* I'll try to come. ◇ *Willst du mal die Soße versuchen?* Would you like to try the sauce?
◆ **sich an etwas versuchen** to try one's hand at something ◇ *Ich habe mich am Töpfern versucht.* I tried my hand at pottery.

das **Versuchskaninchen** SUBSTANTIV (PL die **Versuchskaninchen**)
guinea pig

vertagen VERB (PERFECT **hat vertagt**)
to adjourn

vertauschen VERB (PERFECT **hat vertauscht**)
1 *to mix up* ◇ *Die Babys wurden im Krankenhaus vertauscht.* They mixed the babies up at the hospital. ◇ *Er hat offensichtlich seinen Mantel mit meinem vertauscht.* He must have got his coat and mine mixed up.
2 *to exchange* ◇ *Er hat seinen Sportwagen mit einem Familienwagen vertauscht.* He exchanged his sports car for a family car.

verteidigen VERB (PERFECT **hat verteidigt**)

to defend

der **Verteidiger** SUBSTANTIV (PL die **Verteidiger**)

[1] *defender* ◇ *Der Verteidiger wurde gefoult.* The defender was fouled.

[2] *defence counsel* ◇ *Wer ist der Verteidiger des Angeklagten?* Who's counsel for the defence?

verteilen VERB (PERFECT **hat verteilt**)

[1] *to hand out* ◇ *Sie verteilte die Hefte an die Schüler.* She handed the exercise books out to the pupils.

[2] *to spread* (*spread, spread*) ◇ *Die Salbe sollte gleichmäßig auf der Haut verteilt werden.* The ointment should be spread evenly over the skin.

der **Vertrag** SUBSTANTIV (PL die **Verträge**)

[1] *contract* ◇ *ein Arbeitsvertrag* a contract of employment

[2] *treaty* (PL *treaties*) ◇ *ein Friedensvertrag* a peace treaty

vertragen VERB (PRESENT **verträgt**, IMPERFECT **vertrug**, PERFECT **hat vertragen**)

[1] *to be able to stand* (*is, was, been*) ◇ *Ich vertrage die Hitze nicht.* I can't stand the heat.

[2] *to tolerate* ◇ *Ich kann eine solche Behandlung nicht vertragen.* I can't tolerate such treatment.

◆ **sich vertragen** to get along ◇ *Die beiden vertragen sich blendend.* The two of them get along marvellously.

◆ **sich wieder vertragen** to patch things up ◇ *Na, vertragt ihr euch wieder?* Well, have you patched things up again?

verträglich ADJEKTIV

[1] *good-natured* ◇ *ein verträglicher Mensch* a good-natured person

[2] *easily digestible* ◇ *Im Sommer sollte man nur leicht verträgliche Speisen zu sich nehmen.* In summer, you should only eat easily digestible food.

◆ **Das Medikament ist gut verträglich.** The drug has no side effects.

das **Vertrauen** SUBSTANTIV

siehe auch vertrauen VERB

trust ◇ *Vertrauen zu jemandem haben* to have trust in somebody

vertrauen VERB (PERFECT **hat vertraut**)

siehe auch das Vertrauen SUBSTANTIV

◆ **jemandem vertrauen** to trust somebody

◆ **vertrauen auf** to rely on ◇ *Ich vertraue auf dich.* I'm relying on you.

◆ **Ich vertraue auf mein Glück.** I'm trusting my luck.

vertraulich ADJEKTIV

[1] *confidential* ◇ *ein vertrauliches Gespräch* a confidential talk

[2] *familiar* ◇ *Ich verbiete mir diesen vertraulichen Ton.* I'll not have you talking to me in such familiar way.

vertraut ADJEKTIV

familiar ◇ *vertraute Gesichter* familiar faces

vertreiben VERB (IMPERFECT **vertrieb**, PERFECT **hat vertrieben**)

[1] *to drive* (*drove, driven*) ◇ *Er hat uns von seinem Grundstück vertrieben.* He drove us off his land. ◇ *Während des Krieges wurden viele Menschen aus ihrer Heimat vertrieben.* Many people were driven from their homes during the war.

[2] *to sell* (*sold, sold*) ◇ *Wir vertreiben Hardware und Software.* We sell hardware and software.

◆ **sich die Zeit vertreiben** to pass the time ◇ *Ich habe mir die Zeit mit Kreuzworträtseln vertrieben.* I passed the time doing crosswords.

vertreten VERB (PRESENT **vertritt**, IMPERFECT **vertrat**, PERFECT **hat vertreten**)

[1] *to stand in for* (*stood, stood*) ◇ *Während ich in Urlaub bin, vertritt mich Frau Wengel.* While I'm on holiday, Mrs Wengel's standing in for me.

[2] *to represent* ◇ *Die Lobby vertritt die Interessen der Wirtschaft.* The lobby represents business interests.

◆ **eine Meinung vertreten** to hold an opinion

◆ **sich den Fuß vertreten** to twist one's ankle ◇ *Ich habe mir den Fuß vertreten.* I've twisted my ankle.

◆ **sich die Beine vertreten** to stretch one's legs ◇ *Ich will mir nur etwas die Beine vertreten.* I just want to stretch my legs a bit.

der **Vertreter** SUBSTANTIV (PL die **Vertreter**)

sales representative ◇ *Er ist Vertreter für Collins.* He's a sales representative for Collins.

der **Vertrieb** SUBSTANTIV (PL die **Vertriebe**)

[1] *sale* ◇ *Der Vertrieb von Raubkopien steht unter Strafe.* The sale of pirate copies is punishable by law.

[2] *marketing department* ◇ *Sie arbeitet im Vertrieb.* She works in the marketing department.

sich **vertun** VERB (IMPERFECT **vertat sich**, PERFECT **hat sich vertan**)

to make a mistake (*made, made*)

verübeln VERB (PERFECT **hat verübelt**)

◆ **jemandem etwas verübeln** to be cross with somebody because of something

verüben VERB (PERFECT **hat verübt**)

to commit

verursachen VERB (PERFECT **hat verursacht**)

to cause

verurteilen VERB (PERFECT **hat verurteilt**)

to condemn

vervielfältigen VERB (PERFECT **hat vervielfältigt**)

to copy (*copied, copied*)

vervollständigen VERB (PERFECT **hat vervollständigt**)

to complete

sich **verwählen** VERB (PERFECT **hat sich verwählt**)

to dial the wrong number

die **Verwaltung** SUBSTANTIV

administration ◇ *Er arbeitet in der Verwaltung.* He works in administration.

verwandt ADJEKTIV
- **mit jemandem verwandt sein** to be related to somebody

der/die **Verwandte** SUBSTANTIV (GEN des/der Verwandten, PL die **Verwandten**)
relative ◇ *Ein Verwandter von mir ist gestern gestorben.* A relative of mine died yesterday.

die **Verwandtschaft** SUBSTANTIV
relations PL ◇ *Die ganze Verwandtschaft war eingeladen.* All my relations were invited.

verwechseln VERB (PERFECT **hat verwechselt**)
[1] *to confuse* ◇ *Du darfst die beiden Begriffe nicht verwechseln.* You mustn't confuse the two ideas.
[2] *to mix up* ◇ *Sie haben offensichtlich die Mäntel verwechselt.* They must have got their coats mixed up.
- **verwechseln mit (1)** to confuse with ◇ *Ich verwechsle "akut" immer mit "aktuell".* I always confuse "akut" with "aktuell".
- **verwechseln mit (2)** to mistake for ◇ *Ich habe dich mit deiner Schwester verwechselt.* I mistook you for your sister.
- **Sie sind zum Verwechseln ähnlich.** They're the spitting image of each other.

die **Verwechslung** SUBSTANTIV
mix-up

verweigern VERB (PERFECT **hat verweigert**)
- **jemandem etwas verweigern** to refuse somebody something ◇ *Sie verweigerte ihm das Besuchsrecht für die Kinder.* She refused him access to the children.
- **den Gehorsam verweigern** to refuse to obey
- **die Aussage verweigern** to refuse to testify

der **Verweis** SUBSTANTIV (GEN des **Verweises**, PL die **Verweise**)
reprimand ◇ *Er hat für sein Zuspätkommen einen schweren Verweis bekommen.* He was given a severe reprimand for being late.

verwelken VERB (PERFECT **ist verwelkt**)
to fade

verwenden VERB (IMPERFECT **verwendete** *or* **verwandte**, PERFECT **hat verwendet** *or* **verwandt**)
[1] *to use* ◇ *Verwenden Sie einen Computer?* Do you use a computer?
[2] *to spend* (*spent, spent*) (*Mühe, Zeit, Arbeit*) ◇ *Ich habe auf diesen Aufsatz viel Zeit verwendet.* I spent a lot of time on this essay.

verwerten VERB (PERFECT **hat verwertet**)
to utilize

verwesen VERB (PERFECT **ist verwest**)
to decay

verwickeln VERB (PERFECT **hat verwickelt**)
- **sich verwickeln** to get tangled ◇ *Die Schnur hat sich verwickelt.* The line's got tangled.
- **jemanden in etwas verwickeln** to involve somebody in something ◇ *Ich möchte in diese Angelegenheit nicht verwickelt werden.* I don't want to get involved in this business.

verwickelt ADJEKTIV
complicated ◇ *Das ist eine ziemlich verwickelte Angelegenheit.* This is a pretty complicated matter.

verwirren VERB (PERFECT **hat verwirrt**)
[1] *to confuse* ◇ *Jetzt hast du mich total verwirrt.* Now you've completely confused me.
[2] *to tangle up* (*Faden*) ◇ *Die Katze hat die Wolle verwirrt.* The cat's tangled the wool up.

verwöhnen VERB (PERFECT **hat verwöhnt**)
to spoil

verwunden VERB (PERFECT **hat verwundet**)
to wound

der/die **Verwundete** SUBSTANTIV (GEN des/der **Verwundeten**, PL die **Verwundeten**)
injured person ◇ *Der Arzt versorgt gerade einen Verwundeten.* The doctor is just attending to an injured person.

die **Verwundung** SUBSTANTIV
injury (PL *injuries*)

sich **verzählen** VERB (PERFECT **hat sich verzählt**)
to miscount

das **Verzeichnis** SUBSTANTIV (GEN des **Verzeichnisses**, PL die **Verzeichnisse**)
list ◇ *Am Ende des Buches ist ein Verzeichnis aller Fachbegriffe.* At the end of the book there's a list of all the technical terms.
- **das Inhaltsverzeichnis** the table of contents
- **das Dateienverzeichnis** the file directory

verzeihen VERB (IMPERFECT **verzieh**, PERFECT **hat verziehen**)
to forgive (*forgave, forgiven*)
◇ *jemandem etwas verzeihen* to forgive somebody for something

die **Verzeihung** SUBSTANTIV
forgiveness
- **Verzeihung, ich wollte Sie nicht treten.** Sorry, I didn't mean to kick you.
- **Verzeihung, aber können Sie mir sagen, wie spät es ist?** Excuse me, could you tell me what time it is?

verzichten VERB (PERFECT **hat verzichtet**)
- **auf etwas verzichten (1)** to do without something ◇ *Ich werde heute wohl auf meinen Mittagsschlaf verzichten müssen.* It looks like I'll have to do without my afternoon nap today. ◇ *Ich verzichte auf deine Hilfe.* I can do without your help.
- **auf etwas verzichten (2)** to forego something ◇ *Er hat auf eine Bezahlung verzichtet.* He forewent payment. ◇ *Ich verzichte nicht auf meine Rechte.* I won't forego my rights.

die **Verzierung** SUBSTANTIV
decoration

verzögern VERB (PERFECT **hat verzögert**)
to delay

die **Verzögerung** SUBSTANTIV
delay

verzweifeln VERB (PERFECT **ist verzweifelt**)
to despair

verzweifelt ADJEKTIV
desperate

die **Verzweiflung** SUBSTANTIV
despair

der **Vetter** SUBSTANTIV (PL die **Vettern**)
cousin

das **Video** SUBSTANTIV (PL die **Videos**)
video (PL *videos*)

das **Videogerät** SUBSTANTIV (PL die **Videogeräte**)
video recorder

der **Videorecorder** SUBSTANTIV (PL die **Videorecorder**)
video recorder

das **Vieh** SUBSTANTIV
cattle PL ◇ *Das Vieh ist auf der Weide.* The cattle are out in the meadow.

viel ADJEKTIV, ADVERB
1 *a lot of* ◇ *Sie haben viel Arbeit.* They've got a lot of work.
2 *much* ◇ *Wir haben nicht viel Geld.* We haven't got much money. ◇ *Wir haben nicht viel gelernt.* We didn't learn much.
◆ **Vielen Dank!** Thank you very much.
3 *a lot* ◇ *Wir haben viel gesehen.* We saw a lot.
◆ **viel zu wenig** far too little
◆ **Viel Glück!** Good luck.
◆ **so viel** so much ◇ *Rede nicht so viel.* Don't talk so much.
◆ **so viel wie** as much as ◇ *Sie hat so viel wie ich bekommen.* She got as much as I did. ◇ *so viel wie möglich* as much as possible
◆ **zu viel** too much
◆ **viel versprechend** promising

viele PL PRONOMEN
1 *a lot of* ◇ *Sie hat viele Bücher.* She's got a lot of books.
2 *many* ◇ *Er hat nicht viele Fehler gemacht.* He didn't make many mistakes. ◇ *Viele Schüler mögen Chemie nicht.* Many pupils don't like chemistry.
◆ **Viele wissen das nicht.** A lot of people don't know that.

vieles PRONOMEN
many things PL ◇ *Vieles war neu für mich.* Many things were new to me.

vielleicht ADVERB
perhaps

vielmals ADVERB
◆ **Danke vielmals!** Many thanks!

vielseitig ADJEKTIV
many-sided

vielversprechend ADJEKTIV *siehe* **viel**

vier ZAHL
siehe auch die Vier SUBSTANTIV
four

die **Vier** SUBSTANTIV
siehe auch vier ZAHL
1 *four*
2 *adequate* (*Schulnote*)
German marks range from one (sehr gut) *to six* (ungenügend).

das **Viereck** SUBSTANTIV (PL die **Vierecke**)
1 *rectangle* (*Rechteck*)
2 *square* (*Quadrat*)

viereckig ADJEKTIV
1 *rectangular* (*rechteckig*)
2 *square* (*quadratisch*)

vierte ADJEKTIV
fourth ◇ *Sie hat erst beim vierten Klingeln abgenommen.* She didn't answer until the fourth ring. ◇ *Er kam als Vierter.* He was the fourth to arrive.

das **Viertel** SUBSTANTIV (PL die **Viertel**)
quarter ◇ *Viertel vor zwei* quarter to two

das **Vierteljahr** SUBSTANTIV (PL die **Vierteljahre**)
quarter

vierteljährlich ADJEKTIV
quarterly

vierteln VERB
1 *to divide by four* ◇ *wenn man den Betrag viertelt...* if you divide the amount by four...
2 *to cut into quarters* ◇ *Sie hat den Kuchen geviertelt.* She cut the cake into quarters.

die **Viertelnote** SUBSTANTIV
crotchet

die **Viertelstunde** SUBSTANTIV
quarter of an hour

vierzehn ZAHL
fourteen
◆ **in vierzehn Tagen** in a fortnight

vierzehntägig ADJEKTIV
fortnightly

vierzig ZAHL
forty

die **Villa** SUBSTANTIV (PL die **Villen**)
villa

virtuell ADJEKTIV
virtual ◇ *virtuelle Realität* virtual reality

der **Virus** SUBSTANTIV (GEN des **Virus**, PL die **Viren**)
virus (PL *viruses*) ◇ *Er ist an einem Virus erkrankt.* He caught a virus. ◇ *Im Computersystem ist ein Virus.* There's a computer virus in the system.

die **Visen** PL SUBSTANTIV *siehe* **Visum**

die **Visitenkarte** SUBSTANTIV
business card

das **Visum** SUBSTANTIV (PL die **Visen**)
visa

das **Vitamin** SUBSTANTIV (PL die **Vitamine**)
vitamin

der **Vogel** SUBSTANTIV (PL die **Vögel**)
bird
◆ **einen Vogel haben** to have a screw loose (*Umgangssprache*)
◆ **jemandem den Vogel zeigen** to make a rude sign
In Germany you make a rude sign at somebody by tapping your forehead to show that you think they are stupid.

die **Vokabel** SUBSTANTIV
word

das **Vokabular** SUBSTANTIV (PL die **Vokabulare**)
vocabulary

der **Vokal** SUBSTANTIV (PL die **Vokale**)
vowel

das **Volk** SUBSTANTIV (PL die **Völker**)
[1] *people* ◇ *das einfache Volk* the simple people
[2] *nation* ◇ *das deutsche Volk* the German nation

das **Volksfest** SUBSTANTIV (PL die **Volksfeste**)
fair

die **Volkshochschule** SUBSTANTIV
adult education classes PL

die **Volkswirtschaft** SUBSTANTIV
economics SING

voll ADJEKTIV
full
◆ **etwas voll machen** to fill something up
◆ **voll und ganz** completely
◆ **jemanden für voll nehmen** to take somebody seriously

vollends ADVERB
completely

völlig ADJEKTIV, ADVERB
[1] *complete* ◇ *bis zur völligen Erschöpfung* to the point of complete exhaustion
[2] *completely* ◇ *Das ist völlig unmöglich.* That's completely impossible. ◇ *Ich bin völlig deiner Meinung.* I completely agree with you.

volljährig ADJEKTIV
of age ◇ *volljährig werden* to come of age

vollkommen ADJEKTIV
perfect ◇ *vollkommen richtig* perfectly right
◆ **vollkommen unmöglich** completely impossible

das **Vollkornbrot** SUBSTANTIV (PL die **Vollkornbrote**)
wholemeal bread KEIN PL

die **Vollmacht** SUBSTANTIV
power of attorney

der **Vollmond** SUBSTANTIV
full moon ◇ *bei Vollmond* at full moon

vollständig ADJEKTIV
complete

die **Vollwertkost** SUBSTANTIV
wholefood

vom = **von dem**

von PRÄPOSITION
von *takes the dative.*
[1] *from* ◇ *von Hamburg nach Kiel* from Hamburg to Kiel
◆ **Wir sind um fünf von Hamburg losgefahren.** We left Hamburg at five.
◆ **von...bis** from...to ◇ *von morgens bis abends* from morning to night
◆ **von...an** from... ◇ *Von Mai an wohnen wir in Regensburg.* We'll be living in Regensburg from May.
◆ **von...aus** from... ◇ *Ich habe es vom Fenster aus gesehen.* I saw it from my window.
◆ **etwas von sich aus tun** to do something of one's own accord ◇ *Du solltest das von dir aus machen.* You should do it of your own accord.
◆ **von mir aus** I don't mind ◇ *Von mir aus können wir gehen.* I don't mind if we go.
◆ **Von wo bist du?** Where are you from?
◆ **Von wann ist der Brief?** When's the letter from?
[2] *by* ◇ *Ich bin von einem Hund gebissen worden.* I was bitten by a dog. ◇ *ein Gedicht von Schiller* a poem by Schiller
◆ **von etwas kommen** to be caused by something ◇ *Der Husten kommt vom Rauchen.* The cough is caused by smoking.
[3] *of* ◇ *ein Freund von mir* a friend of mine ◇ *Wie nett von dir!* How nice of you!
◆ **jeweils zwei von zehn** two out of every ten
[4] *about* (*über*) ◇ *Er erzählte vom Urlaub.* He talked about his holiday.
◆ **Von wegen!** No way! (*Umgangssprache*)

voneinander ADVERB
from each other

vor PRÄPOSITION, ADVERB
Use the accusative to express movement or a change of place. Use the dative when there is no change of place.
[1] *in front of* ◇ *Er stand vor dem Spiegel.* He stood in front of the mirror. ◇ *Stell den Stuhl vor das Fenster.* Put the chair in front of the window.
[2] *before* ◇ *Der Artikel steht vor dem Substantiv.* The article goes before the noun.
◇ *Bei Fragen stellt man das Verb vor das Substantiv.* In questions, put the verb before the noun. ◇ *Vor der Kirche links abbiegen.* Turn left just before you get to the church.
◇ *Du solltest vor der Prüfung mehr lernen.* You ought to study more before the exam.
◇ *Ich war vor ihm da.* I was there before him.
[3] *ago* ◇ *vor zwei Tagen* two days ago
◇ *vor einem Jahr* a year ago
◆ **Es ist fünf vor vier.** It's five to four.
◆ **vor kurzem** a little while ago
[4] *with* (*Ursache*) ◇ *vor Wut* with rage
◇ *vor Liebe* with love
◆ **vor Hunger sterben** to die of hunger
◆ **vor lauter Arbeit** because of work
◆ **vor allem** above all
◆ **vor und zurück** backwards and forwards

vorankommen VERB (IMPERFECT **kam voran**, PERFECT **ist vorangekommen**)
to make progress (*made, made*)

voraus ADVERB
ahead ◇ *Fahr du schon mal voraus.* You go on ahead. ◇ *Er war seiner Zeit voraus.* He was ahead of his time.
◆ **im voraus** in advance

vorausgehen VERB (IMPERFECT **ging voraus**, PERFECT **ist vorausgegangen**)
[1] *to go on ahead* (*goes, went, gone*)
◇ *Geht ihr voraus, ich komme nach.* Go on

ahead, I'll catch up with you.
[2] *to precede* ◇ *Der Schlägerei ging ein Streit voraus.* The fight was preceded by an argument.

voraussetzen VERB (PERFECT **hat vorausgesetzt**)
to assume ◇ *Ich setze voraus, dass du auch kommst.* I assume that you're coming too.
◆ **Gute Englischkenntnisse werden vorausgesetzt.** A good command of English is essential.
◆ **vorausgesetzt, dass...** provided that...

die **Voraussetzung** SUBSTANTIV
prerequisite
◆ **unter der Voraussetzung, dass...** provided that...

voraussichtlich ADVERB
probably

vorbei ADVERB
past ◇ *Fahren Sie am Rathaus vorbei.* Drive past the town hall.
◆ **Ich sehe noch kurz bei ihr vorbei.** I'll just pop round to her place.
◆ **vorbei sein** to be over ◇ *Damit ist es nun vorbei.* That's all over now.

vorbeigehen VERB (IMPERFECT **ging vorbei**, PERFECT **ist vorbeigegangen**)
to go past (*goes, went, gone*) ◇ *Er ging vorbei, ohne zu grüßen.* He went past without saying hello.
◆ **an etwas vorbeigehen** to go past something ◇ *Sie ist am Schaufenster vorbeigegangen, ohne es zu beachten.* She went past the shop window without looking at it.
◆ **bei jemandem vorbeigehen** to call in at somebody's ◇ *Kannst du beim Bäcker vorbeigehen?* Can you call in at the baker's? ◇ *Ich gehe noch schnell bei meiner Freundin vorbei.* I'm just going to call in at my girlfriend's.

vorbeikommen VERB (IMPERFECT **kam vorbei**, PERFECT **ist vorbeigekommen**)
◆ **bei jemandem vorbeikommen** to drop in on somebody

vorbereiten VERB (PERFECT **hat vorbereitet**)
to prepare

die **Vorbereitung** SUBSTANTIV
preparation

vorbeugen VERB (PERFECT **hat vorgebeugt**)
◆ **sich vorbeugen** to lean forward
◆ **einer Sache vorbeugen** to prevent something ◇ *um einer Erkältung vorzubeugen* to prevent a cold

vorbeugend ADJEKTIV
preventive

die **Vorbeugung** SUBSTANTIV
prevention ◇ *zur Vorbeugung gegen* for the prevention of

das **Vorbild** SUBSTANTIV (PL die **Vorbilder**)
role model ◇ *Er ist mein Vorbild.* He's my role model.
◆ **sich jemanden zum Vorbild nehmen** to follow somebody's example ◇ *Du solltest dir deinen Bruder zum Vorbild nehmen.* You ought to follow your brother's example.

vordere ADJEKTIV
front ◇ *Das Haus hat einen vorderen und einen hinteren Eingang.* The house has a front door and a back door.

die **Vorderseite** SUBSTANTIV
front

vorderste ADJEKTIV
front ◇ *die vorderste Reihe* the front row
◆ **Gebt das bitte an den vordersten Schüler durch.** Please pass it to the pupil at the front.

voreilig ADJEKTIV
hasty ◇ *Du solltest nicht voreilig urteilen.* You shouldn't make hasty judgements.

voreingenommen ADJEKTIV
biased

vorenthalten VERB (PRESENT **enthält vor**, IMPERFECT **enthielt vor**, PERFECT **hat vorenthalten**)
◆ **jemandem etwas vorenthalten** to withhold something from somebody

vorerst ADVERB
for the moment

die **Vorfahrt** SUBSTANTIV
right of way
◆ **Vorfahrt achten!** Give way!

der **Vorfall** SUBSTANTIV (PL die **Vorfälle**)
incident

vorführen VERB (PERFECT **hat vorgeführt**)
to show (*showed, shown*)

der **Vorgänger** SUBSTANTIV (PL die **Vorgänger**)
predecessor

vorgehen VERB (IMPERFECT **ging vor**, PERFECT **ist vorgegangen**)
siehe auch das Vorgehen SUBSTANTIV
[1] *to go on ahead* (*goes, went, gone*) ◇ *Geht ihr vor, ich komme nach.* Go on ahead, I'll catch up.
[2] *to go up to* ◇ *Sie ging ans Rednerpult vor.* She went up to the lectern.
[3] *to proceed* ◇ *Ich weiß nicht, wie wir vorgehen sollen.* I don't know how we should proceed.
◆ **Die Uhr geht vor.** The clock is fast.
◆ **Was geht hier vor?** What's going on here?

das **Vorgehen** SUBSTANTIV
siehe auch vorgehen VERB
action

der **Vorgeschmack** SUBSTANTIV
foretaste

vorgestern ADVERB
the day before yesterday

vorhaben VERB (PRESENT **hat vor**, IMPERFECT **hatte vor**, PERFECT **hat vorgehabt**)
to intend ◇ *Wir haben vor, nach Italien zu fahren.* We intend to go to Italy. ◇ *Was hast du vor?* What do you intend to do?
◆ **Ich habe heute viel vor.** I've got a lot planned for today.
◆ **Hast du schon was vor?** Have you got anything on?
◆ **Was hast du heute Abend vor?** What are you doing this evening?

V

der **Vorhang** SUBSTANTIV (PL die **Vorhänge**)
curtain

vorher ADVERB
beforehand

die **Vorhersage** SUBSTANTIV
forecast

vorhersehbar ADJEKTIV
predictable

vorhersehen VERB (PRESENT **sieht vorher**, IMPERFECT **sah vorher**, PERFECT **hat vorhergesehen**)
to foresee (*foresaw, foreseen*)

vorhin ADVERB
just now

vorig ADJEKTIV
previous

vorkommen VERB (IMPERFECT **kam vor**, PERFECT **ist vorgekommen**)
1 *to happen* ◇ *So ein Fehler sollte nicht vorkommen.* A mistake like that shouldn't happen.
◆ **Es kommt vor, dass ich früh ins Bett gehe.** I sometimes go to bed early.
◆ **jemandem vorkommen** to seem to somebody ◇ *Er kam mir traurig vor.* He seemed sad to me. ◇ *Das kommt mir komisch vor.* That seems funny to me.
◆ **sich dumm vorkommen** to feel stupid ◇ *Ich kam mir dumm vor.* I felt stupid.
2 *to come out* ◇ *Komm endlich hinter dem Schrank vor.* Come out from behind that cupboard, will you?

vorläufig ADJEKTIV
provisional

vorlaut ADJEKTIV
impertinent

vorlesen VERB (PRESENT **liest vor**, IMPERFECT **las vor**, PERFECT **hat vorgelesen**)
to read out (*read, read*)

vorletzte ADJEKTIV
last but one ◇ *Ich wohne im vorletzten Haus.* My house is the last but one.

die **Vorliebe** SUBSTANTIV
partiality
◆ **Sie hat eine Vorliebe für Krimis.** She's partial to detective stories.

der **Vormittag** SUBSTANTIV (PL die **Vormittage**)
morning ◇ *am Vormittag* in the morning

vormittags ADVERB
in the morning

vorn ADVERB
in front ◇ *Der deutsche Schwimmer liegt vorn.* The German swimmer is in front.
◆ **Er stand ganz vorn in der Schlange.** He was right at the front of the queue.
◆ **nach vorn** to the front
◆ **von vorn anfangen** to start at the beginning
◆ **wieder von vorn anfangen** to start again from the beginning

der **Vorname** SUBSTANTIV (GEN des **Vornamens**, PL die **Vornamen**)
first name

vornehm ADJEKTIV
1 *distinguished* ◇ *eine vornehme Familie* a distinguished family
2 *refined* ◇ *sich vornehm ausdrücken* to use refined language ◇ *vornehme Manieren* refined manners
3 *posh* ◇ *ein vornehmes Hotel* a posh hotel
4 *elegant* ◇ *eine vornehme Dame* an elegant lady
◆ **Tu nicht so vornehm!** Don't put on airs and graces.

vornehmen VERB (PRESENT **nimmt vor**, IMPERFECT **nahm vor**, PERFECT **hat vorgenommen**)
◆ **sich etwas vornehmen** to resolve to do something ◇ *Ich habe mir vorgenommen, das nie wieder zu tun.* I've resolved never to do that again.

vornherein ADVERB
◆ **von vornherein** from the start

der **Vorort** SUBSTANTIV (PL die **Vororte**)
suburb

der **Vorrat** SUBSTANTIV (PL die **Vorräte**)
stock ◇ *solange der Vorrat reicht* while stocks last

vorrätig ADJEKTIV
in stock

die **Vorrichtung** SUBSTANTIV
device

der **Vorsatz** SUBSTANTIV (GEN des **Vorsatzes**, PL die **Vorsätze**)
intention ◇ *Er hat lauter gute Vorsätze.* His intentions are all good.

der **Vorschlag** SUBSTANTIV (PL die **Vorschläge**)
suggestion

vorschlagen VERB (PRESENT **schlägt vor**, IMPERFECT **schlug vor**, PERFECT **hat vorgeschlagen**)
to suggest

die **Vorschrift** SUBSTANTIV
rule ◇ *Das ist gegen die Vorschriften.* It's against the rules.

die **Vorsicht** SUBSTANTIV
caution
◆ **Vorsicht! (1)** Look out!
◆ **Vorsicht! (2)** (*auf Schildern*) Caution!
◆ **Vorsicht, Stufe!** Mind the step!

vorsichtig ADJEKTIV
careful

vorsichtshalber ADVERB
just in case

die **Vorsilbe** SUBSTANTIV
prefix (PL *prefixes*)

die **Vorspeise** SUBSTANTIV
starter

vorstellbar ADJEKTIV
conceivable

vorstellen VERB (PERFECT **hat vorgestellt**)
◆ **sich etwas vorstellen** to imagine something ◇ *Stell dir mal vor, wir wären jetzt im Urlaub.* Imagine we were on holiday right now.
◆ **jemanden jemandem vorstellen** to introduce somebody to somebody ◇ *Darf ich Ihnen meinen Mann vorstellen?* May I

introduce my husband to you? ◇ *Darf ich mich vorstellen, Schlüter ist mein Name.* Allow me to introduce myself. My name's Schlüter.

die **Vorstellung** SUBSTANTIV
[1] *performance* ◇ *Die Vorstellung endet gegen zehn Uhr.* The performance ends at about ten.
[2] *idea* ◇ *Hast du eine Vorstellung, wie wir das machen sollen?* Have you got any idea how we should do that? ◇ *Du hast ja keine Vorstellung, wie weh das tut.* You've no idea how much it hurts.

vortäuschen VERB (PERFECT **hat vorgetäuscht**)
to feign

der **Vorteil** SUBSTANTIV (PL die **Vorteile**)
advantage
◆ **im Vorteil sein** to have the advantage

der **Vortrag** SUBSTANTIV (PL die **Vorträge**)
talk ◇ *einen Vortrag halten* to give a talk

vorüber ADVERB
over

vorübergehend ADJEKTIV
passing ◇ *eine vorübergehende Phase* a passing phase
◆ **Das Geschäft ist vorübergehend geschlossen.** The shop's temporarily closed.

das **Vorurteil** SUBSTANTIV (PL die **Vorurteile**)
prejudice

der **Vorverkauf** SUBSTANTIV (PL die **Vorverkäufe**)
advance booking

die **Vorwahl** SUBSTANTIV
dialling code ◇ *Was ist die Vorwahl von Liverpool?* What's the dialling code for Liverpool?

der **Vorwand** SUBSTANTIV (PL die **Vorwände**)
pretext

vorwärts ADVERB
forward

der **Vorwärtsgang** SUBSTANTIV (PL die **Vorwärtsgänge**)
forward gear

vorwegnehmen VERB (PRESENT **nimmt vorweg**, IMPERFECT **nahm vorweg**, PERFECT **hat vorweggenommen**)
to anticipate

vorwerfen VERB (PRESENT **wirft vor**, IMPERFECT **warf vor**, PERFECT **hat vorgeworfen**)
◆ **jemandem etwas vorwerfen** to accuse somebody of something ◇ *Er hat mir mangelndes Interesse vorgeworfen.* He accused me of lack of interest.
◆ **sich nichts vorzuwerfen haben** to have nothing to reproach oneself for ◇ *Ich habe mir nichts vorzuwerfen.* I've nothing to reproach myself for.

vorwiegend ADVERB
predominantly

das **Vorwort** SUBSTANTIV (PL die **Vorworte**)
preface

der **Vorwurf** SUBSTANTIV (PL die **Vorwürfe**)
reproach (PL *reproaches*)
◆ **jemandem Vorwürfe machen** to reproach somebody
◆ **sich Vorwürfe machen** to reproach oneself
◆ **Ich mache mir solche Vorwürfe!** I blame myself.

vorziehen VERB (IMPERFECT **zog vor**, PERFECT **hat vorgezogen**)
[1] *to prefer* ◇ *Was ziehst du vor: Kaffee oder Tee?* Do you prefer coffee or tea?
[2] *to pull forward* ◇ *Du solltest den Stuhl etwas vorziehen.* You should pull your chair forward a bit.

vulgär ADJEKTIV
vulgar ◇ *sich vulgär ausdrücken* to use vulgar language

der **Vulkan** SUBSTANTIV (PL die **Vulkane**)
volcano (PL *volcanoes*)

W

die **Waage** SUBSTANTIV
[1] *scales* PL ◇ *Die Waage stimmt nicht genau.* The scales aren't accurate.
[2] *Libra* (*Sternzeichen*) ◇ *Ulla ist Waage.* Ulla's Libra.

waagerecht ADJEKTIV
horizontal

wach ADJEKTIV
◆ **wach sein** to be awake

die **Wache** SUBSTANTIV
guard ◇ *Wache stehen* to stand guard

das **Wachs** SUBSTANTIV (GEN des **Wachses**, PL die **Wachse**)
wax (PL *waxes*)

wachsen VERB (PRESENT **wächst**, IMPERFECT **wuchs**, PERFECT **ist gewachsen**)
to grow (*grew, grown*)

das **Wachstum** SUBSTANTIV
growth

wackelig ADJEKTIV
wobbly

die **Wade** SUBSTANTIV
calf (PL *calves*) ◇ *Ich habe mich an der Wade verletzt.* I've hurt my calf.

die **Waffe** SUBSTANTIV
weapon

die **Waffel** SUBSTANTIV
[1] *waffle* ◇ *Heute gab's zum Mittagessen Waffeln.* We had waffles for lunch today.
[2] *wafer* ◇ *Willst du eine Waffel zu deinem Eis?* Would you like a wafer with your ice?

wagen VERB
siehe auch der **Wagen** SUBSTANTIV
◆ **es wagen, etwas zu tun** to dare to do something
◆ **sich irgendwohin wagen** to dare to go somewhere

der **Wagen** SUBSTANTIV (PL die **Wagen**)
siehe auch **wagen** VERB
[1] *car* ◇ *Seid ihr mit dem Wagen da?* Did you come by car?
[2] *carriage* ◇ *ein Eisenbahnwagen* a railway carriage
◆ **ein Pferdewagen** a cart

der **Wagenheber** SUBSTANTIV (PL die **Wagenheber**)
jack (*for car*)

waghalsig ADJEKTIV
foolhardy

die **Wahl** SUBSTANTIV (PL die **Wahlen**)
[1] *choice* ◇ *Du hast die Wahl.* It's your choice.
[2] *election* ◇ *Wann sind die nächsten Wahlen?* When are the next elections?

wählen VERB
[1] *to choose* (*chose, chosen*) ◇ *Du kannst wählen, entweder das rote oder das grüne.* You can choose, either the red one or the green one.
[2] *to vote* ◇ *Wer wurde zum Klassensprecher gewählt?* Who was voted class representative?
◆ **Wählt Kowalski!** Vote for Kowalski.
◆ **Nächsten Sonntag wird gewählt.** There are elections next Sunday.
[3] *to dial* ◇ *Sie wählte die Nummer ihrer Freundin.* She dialled her friend's number.

wählerisch ADJEKTIV
particular

das **Wahlfach** SUBSTANTIV (PL die **Wahlfächer**)
optional subject

der **Wahnsinn** SUBSTANTIV
madness

wahnsinnig ADJEKTIV, ADVERB
[1] *mad* ◇ *Wer hatte denn diese wahnsinnige Idee?* Whose mad idea was it?
[2] *incredibly* ◇ *Das Kleid war wahnsinnig schön.* The dress was incredibly pretty.
◇ *Das tut wahnsinnig weh.* It's incredibly sore.

wahr ADJEKTIV
true ◇ *eine wahre Geschichte* a true story
◆ **Sie ist verheiratet, nicht wahr?** She's married, isn't she?

während PRÄPOSITION, KONJUNKTION
The preposition **während** *takes the genitive.*
[1] *during* ◇ *Was hast du während der Ferien gemacht?* What did you do during the holidays?
[2] *while* ◇ *Sie sah fern, während sie ihre Hausaufgaben machte.* She was watching TV while she was doing her homework.
[3] *whereas* ◇ *Er ist ganz nett, während seine Frau unhöflich ist.* He's quite nice, whereas his wife's impolite.

wahrhaben VERB
◆ **etwas nicht wahrhaben wollen** to refuse to admit something

die **Wahrheit** SUBSTANTIV
truth

wahrnehmen VERB (PRESENT **nimmt wahr**, IMPERFECT **nahm wahr**, PERFECT **hat wahrgenommen**)
to perceive

der **Wahrsager** SUBSTANTIV (PL die **Wahrsager**)
fortune teller

die **Wahrsagerin** SUBSTANTIV
fortune teller

wahrscheinlich ADJEKTIV, ADVERB
[1] *likely* ◇ *Das ist nicht sehr wahrscheinlich.* That's not very likely.
[2] *probably* ◇ *Er kommt wahrscheinlich nicht.* He's probably not coming.

die **Wahrscheinlichkeit** SUBSTANTIV
probability (PL *probabilities*) ◇ *aller Wahrscheinlichkeit nach* in all probability

die **Währung** SUBSTANTIV
currency (PL *currencies*)

der **Wal** SUBSTANTIV (PL die **Wale**)
whale

der **Wald** SUBSTANTIV (PL die **Wälder**)
[1] *wood* ◇ *Hinter unserem Haus ist ein Wald.* There's a wood behind our house.
[2] *forest* ◇ *die Wälder Kanadas* the forests of Canada

der **Waliser** SUBSTANTIV (PL die **Waliser**)
Welshman
◆ **Er ist Waliser.** He's Welsh.

die **Waliserin** SUBSTANTIV
Welshwoman
◆ **Sie ist Waliserin.** She's Welsh.

walisisch ADJEKTIV
Welsh

die **Walnuss** ⚠ SUBSTANTIV (PL die **Walnüsse**)
walnut

die **Wand** SUBSTANTIV (PL die **Wände**)
wall

wandern VERB (PERFECT **ist gewandert**)
to hike ◇ *Wir sind am Wochenende gewandert.* We went hiking at the weekend.

die **Wanderung** SUBSTANTIV
hike

wann ADVERB
when

war VERB *siehe* **sein**

die **Ware** SUBSTANTIV
goods PL

warf VERB *siehe* **werfen**

warm ADJEKTIV
warm ◇ *Heute ist es wärmer als gestern.* It's warmer today than yesterday.
◆ **ein warmes Essen** a hot meal
◆ **Mir ist warm.** I'm warm.

die **Wärme** SUBSTANTIV
warmth

die **Wärmflasche** SUBSTANTIV
hot-water bottle

warnen VERB
to warn ◇ *jemanden vor etwas warnen* to warn somebody of something

die **Warnung** SUBSTANTIV
warning

warten VERB
to wait ◇ *Ich habe eine Stunde gewartet.* I waited an hour.
◆ **warten auf** to wait for ◇ *Ich warte draußen auf dich.* I'll wait outside for you.
◆ **auf sich warten lassen** to take a long time

das **Wartezimmer** SUBSTANTIV (PL die **Wartezimmer**)
waiting room

warum ADVERB
why

was PRONOMEN
[1] *what* ◇ *Was hast du gesagt?* What did you say?
◆ **Was für ein...** What kind of... ◇ *Was für ein Fahrrad hast du?* What kind of bike do you have?
◆ **Was für eine Enttäuschung!** What a disappointment!
[2] *something* ◇ *Heute gibt's was Leckeres zum Mittagessen.* We're having something delicious for lunch today.

waschbar ADJEKTIV
washable

das **Waschbecken** SUBSTANTIV (PL die **Waschbecken**)
washbasin

die **Wäsche** SUBSTANTIV
washing ◇ *Wäsche waschen* to do the washing
◆ **Tu dein Hemd in die Wäsche.** Put your shirt in the wash.
◆ **die Bettwäsche** bed linen
◆ **die Unterwäsche** underwear

die **Wäscheklammer** SUBSTANTIV
clothes peg

die **Wäscheleine** SUBSTANTIV
washing line

waschen VERB (PRESENT **wäscht**, IMPERFECT **wusch**, PERFECT **hat gewaschen**)
to wash
◆ **sich waschen** to have a wash
◆ **sich die Hände waschen** to wash one's hands ◇ *Ich muss mir die Hände waschen.* I'll have to wash my hands.

der **Waschlappen** SUBSTANTIV (PL die **Waschlappen**)
face cloth

die **Waschmaschine** SUBSTANTIV
washing machine

das **Waschmittel** SUBSTANTIV (PL die **Waschmittel**)
detergent

das **Waschpulver** SUBSTANTIV (PL die **Waschpulver**)
washing powder

der **Waschsalon** SUBSTANTIV (PL die **Waschsalons**)
launderette

das **Wasser** SUBSTANTIV (PL die **Wasser** *or* **Wässer**)
water

wasserdicht ADJEKTIV
waterproof

der **Wasserfall** SUBSTANTIV (PL die **Wasserfälle**)
waterfall

die **Wasserfarbe** SUBSTANTIV
watercolour

der **Wasserhahn** SUBSTANTIV (PL die **Wasserhähne**)
tap

der **Wassermann** SUBSTANTIV
Aquarius ◇ *Gerda ist Wassermann.* Gerda's Aquarius.

die **Wassermelone** SUBSTANTIV
water melon

der **Wasserstoff** SUBSTANTIV
hydrogen

die **Watte** SUBSTANTIV
cotton wool

der **Wechselkurs** SUBSTANTIV (GEN des **Wechselkurses**, PL die **Wechselkurse**)
rate of exchange

wechseln VERB
[1] *to change* ◇ *Wir mussten einen Reifen wechseln.* We had to change a tyre. ◇ *Wieviel Geld wechselst du?* How much

money are you changing?
- **Blicke wechseln** to exchange glances

[2] *to have change* (*had, had*) ◇ *Können Sie wechseln?* Do you have any change? ◇ *Kannst du mir zehn Mark in Münzen wechseln?* Have you got change for ten marks?

wecken VERB
to wake up (*woke, woken*)

der **Wecker** SUBSTANTIV (PL die **Wecker**)
alarm clock

weder KONJUNKTION
neither
- **weder...noch...** neither...nor...

der **Weg** SUBSTANTIV (PL die **Wege**)
siehe auch **weg** ADVERB
[1] *way* ◇ *Es gibt sicher einen Weg, das zu reparieren.* There must be a way to repair it.
[2] *path* ◇ *Ein Weg führte zur Kapelle hinauf.* A path led up to the chapel.
[3] *route* ◇ *Welchen Weg habt ihr genommen?* Which route did you take?
- **sich auf den Weg machen** to be on one's way
- **jemandem aus dem Weg gehen** to keep out of somebody's way

weg ADVERB
siehe auch **der Weg** SUBSTANTIV
away ◇ *Geh weg!* Go away!
- **Weg da!** Out of the way!
- **Finger weg!** Hands off!
- **Er war schon weg.** He'd already left.

wegbleiben VERB (IMPERFECT **blieb weg**, PERFECT **ist weggeblieben**)
to stay away

wegen PRÄPOSITION
The preposition **wegen** *takes the dative or sometimes the genitive.*
because of ◇ *Wegen dir bin ich zu spät gekommen.* Because of you I arrived late. ◇ *Wegen des schlechten Wetters wurde die Veranstaltung abgesagt.* The event was cancelled because of the bad weather.

weggehen VERB (IMPERFECT **ging weg**, PERFECT **ist weggegangen**)
to go away (*goes, went, gone*)

weglassen VERB (PRESENT **lässt weg**, IMPERFECT **ließ weg**, PERFECT **hat weggelassen**)
to leave out (*left, left*)

weglaufen VERB (PRESENT **läuft weg**, IMPERFECT **lief weg**, PERFECT **ist weggelaufen**)
to run away (*ran, run*)

weglegen VERB (PERFECT **hat weggelegt**)
to put aside (*put, put*)

wegmachen VERB (PERFECT **hat weggemacht**)
to get rid of (*got, got*) ◇ *einen Fleck wegmachen* to get rid of a stain
- **die Satteltasche vom Fahrrad wegmachen** to take the saddlebag off the bike

wegmüssen VERB (PRESENT **muss weg**, IMPERFECT **musste weg**, PERFECT **hat weggemusst** *or* **wegmüssen**)
to have to go (*had, had*)

wegnehmen VERB (PRESENT **nimmt weg**, IMPERFECT **nahm weg**, PERFECT **hat weggenommen**)
to take away (*took, taken*)

wegtun VERB (IMPERFECT **tat weg**, PERFECT **hat weggetan**)
to put away (*put, put*)

der **Wegweiser** SUBSTANTIV (PL die **Wegweiser**)
signpost

wegwerfen VERB (PRESENT **wirft weg**, IMPERFECT **warf weg**, PERFECT **hat weggeworfen**)
to throw away (*threw, thrown*)

weh ADJEKTIV
sore
- **weh tun (1)** to hurt ◇ *Mein Bein tut weh.* My leg hurts.
- **weh tun (2)** to be sore ◇ *Mein Hals tut weh.* My throat's sore.
- **sich weh tun** to hurt oneself ◇ *Hast du dir weh getan?* Have you hurt yourself?
- **jemandem weh tun** to hurt somebody ◇ *Ich möchte dir nicht weh tun, aber das war nicht sehr intelligent.* I don't want to hurt you, but that really wasn't very clever.

der **Wehrdienst** SUBSTANTIV (PL die **Wehrdienste**)
military service
Young men are generally conscripted into the Wehrdienst *when they leave school. The basic period of military service is 12 months.*

der **Wehrdienstverweigerer** SUBSTANTIV (PL die **Wehrdienstverweigerer**)
conscientious objector

sich **wehren** VERB
to defend oneself

die **Wehrpflicht** SUBSTANTIV
compulsory military service

das **Weibchen** SUBSTANTIV (PL die **Weibchen**)
female

weiblich ADJEKTIV
feminine ◇ *ein weibliches Substantiv* a feminine noun

weich ADJEKTIV
soft ◇ *ein weiches Bett* a soft bed

sich **weigern** VERB
to refuse

das **Weihnachten** SUBSTANTIV (GEN des **Weihnachten**)
Christmas ◇ *an Weihnachten* at Christmas
In Großbritannien ist es üblich, Weihnachtskarten an alle Freunde und Bekannten zu schicken. Die Weihnachtsgeschenke werden traditionsgemäß am 1. Weihnachtstag überreicht.
- **Frohe Weihnachten!** Merry Christmas.

das **Weihnachtslied** SUBSTANTIV (PL die **Weihnachtslieder**)
Christmas carol

der **Weihnachtsmann** SUBSTANTIV (PL die **Weihnachtsmänner**)
Father Christmas

der **Weihnachtsmarkt** SUBSTANTIV (PL die **Weihnachtsmärkte**)

Christmas fair

der **Weihnachtstag** SUBSTANTIV (PL die **Weihnachtstage**)
Christmas Day
- **zweiter Weihnachtstag** Boxing Day

weil KONJUNKTION
because

der **Wein** SUBSTANTIV (PL die **Weine**)
wine

der **Weinberg** SUBSTANTIV (PL die **Weinberge**)
vineyard

die **Weinbergschnecke** SUBSTANTIV
snail

der **Weinbrand** SUBSTANTIV
brandy (PL *brandies*)

weinen VERB
to cry (*cried*, *cried*)
- **Das ist zum Weinen.** It's enough to make you cry.

das **Weinglas** SUBSTANTIV (GEN des **Weinglases**, PL die **Weingläser**)
wine glass (PL *glasses*)

die **Weintraube** SUBSTANTIV
grape

die **Weise** SUBSTANTIV
way ◇ *Die Art und Weise, wie er uns behandelt hat.* The way he treated us.
- **Es ist egal, auf welche Weise du das machst.** It doesn't matter how you do it.
- **auf diese Weise** in this way

die **Weisheit** SUBSTANTIV
wisdom

der **Weisheitszahn** SUBSTANTIV (PL die **Weisheitszähne**)
wisdom tooth (PL *teeth*)

weiß VERB *siehe* **wissen**

weiß ADJEKTIV
white

das **Weißbrot** SUBSTANTIV (PL die **Weißbrote**)
white bread

der **Weißwein** SUBSTANTIV (PL die **Weißweine**)
white wine

weit ADJEKTIV, ADVERB
1 *long* ◇ *Das ist eine weite Reise.* That's a long journey. ◇ *Das war sein weitester Wurf.* That was his longest throw.
2 *far* ◇ *Wie weit ist es...?* How far is it...? ◇ *Nach Berlin ist es weiter als nach München.* It's further to Berlin than to Munich.
3 *baggy* ◇ *Sie hatte einen weiten Pulli an.* She was wearing a baggy pullover.
- **ein weiter Begriff** a broad idea
- **in weiter Ferne** in the far distance
- **Das geht zu weit.** That's going too far.
- **so weit sein** to be ready ◇ *Ich bin so weit.* I'm ready.
- **so weit wie möglich** as far as possible
- **Ich bin so weit zufrieden.** By and large I'm quite satisfied.

weitaus ADVERB
by far

weiter ADJEKTIV, ADVERB
further ◇ *Wenn du noch weitere Fragen hast...* If you have any further questions... ◇ *Alles Weitere besprechen wir morgen.* We can discuss any further details tomorrow.
- **ohne weiteres** just like that ◇ *Ich kann doch nicht so ohne weiteres gehen.* I can't go just like that.
- **Ich könnte das ohne weiteres tun.** I could do that no problem.
- **weiter nichts** nothing else
- **weiter niemand** nobody else

weiterarbeiten VERB (PERFECT **hat weitergearbeitet**)
to go on working (*goes*, *went*, *gone*)

die **Weiterfahrt** SUBSTANTIV
continuation of the journey

weitergehen VERB (IMPERFECT **ging weiter**, PERFECT **ist weitergegangen**)
to go on (*goes*, *went*, *gone*)

weiterhin ADVERB
- **etwas weiterhin tun** to go on doing something

weiterleiten VERB (PERFECT **hat weitergeleitet**)
to pass on

weitermachen VERB (PERFECT **hat weitergemacht**)
to continue

der **Weizen** SUBSTANTIV
wheat

welche PRONOMEN
1 *which* ◇ *Welcher Mann?* Which man? ◇ *Welche Frau?* Which woman? ◇ *Welches Mädchen?* Which girl? ◇ *Welcher von beiden?* Which of the two? ◇ *Welchen hast du genommen?* Which one did you take?
- **Welch eine Überraschung!** What a surprise!

2 *some* ◇ *Ich habe Kirschen, willst du welche?* I have some cherries, would you like some? ◇ *Ich habe welche.* I have some. ◇ *Bei den Programmen gibt es welche, die echt schwierig sind.* There are some programs that are really difficult. ◇ *Ich habe kein Geld dabei, wenn du welches hast, musst du zahlen.* I don't have any money, if you have some then you'll have to pay.
3 *any* ◇ *Ich brauche Briefmarken, hast du welche?* I need stamps, have you got any? ◇ *Ich brauche Kleingeld, hast du welches?* I need change, have you got any?

die **Welle** SUBSTANTIV
wave

die **Wellenlänge** SUBSTANTIV
wavelength

die **Wellenlinie** SUBSTANTIV
wavy line

der **Wellensittich** SUBSTANTIV (PL die **Wellensittiche**)
budgie

die **Welt** SUBSTANTIV
world

das **Weltall** SUBSTANTIV
universe

weltberühmt ADJEKTIV
world-famous

der **Weltkrieg** SUBSTANTIV (PL die **Weltkriege**)
world war

der **Weltmeister** SUBSTANTIV (PL die **Weltmeister**)
world champion

der **Weltraum** SUBSTANTIV
space

wem PRONOMEN
wem *is the dative of* wer.
to whom
whom *wird lediglich im formelleren Englisch benutzt. In der Umgangssprache wird* **who** *verwendet.*
◇ *Wem hast du das Buch gegeben?* Who did you give the book to? ◇ *Mit wem bist du gekommen?* Who did you come with?

wen PRONOMEN
wen *is the accusative of* wer.
whom
whom *wird lediglich im formelleren Englisch benutzt. In der Umgangssprache wird* **who** *verwendet.*
◇ *Wen hast du gesehen?* Who did you see?

wenig ADJEKTIV, ADVERB
little
◆ **so wenig wie** as little as ◇ *Er macht so wenig wie möglich.* He does as little as possible. ◇ *Ich habe so wenig Geld wie du.* I have as little money as you.
◆ **zu wenig** too little

wenige PL PRONOMEN
few PL ◇ *Das wissen nur wenige.* Only a few people know that.

weniger ADJEKTIV, ADVERB
1 *less* ◇ *Ich habe weniger Geld als du.* I have less money than you.
2 *fewer* ◇ *Ich habe weniger Fehler gemacht.* I've made fewer mistakes.
3 *minus* ◇ *Zehn weniger drei ist sieben.* Ten minus three is seven.
◆ **Unser Geld wird immer weniger.** Our money's running out.

wenigste ADJEKTIV
least ◇ *Das ist das Wenigste, was ich tun kann.* That's the least I can do.
◆ **am wenigsten** the least ◇ *Die Clowns haben mir am wenigsten gefallen.* I liked the clowns the least.

wenigstens ADVERB
at least

wenn KONJUNKTION
1 *if* ◇ *Wenn er anruft, sag mir Bescheid.* If he calls, tell me.
◆ **selbst wenn...** even if...
◆ **wenn ich doch...** if only I...
2 *when* ◇ *Wenn ich nach Hause komme, dusche ich erst mal.* When I get home, the first thing I'm going to do is have a shower.
◆ **immer wenn** whenever ◇ *Immer wenn ich frage, lacht er nur.* Whenever I ask, he just laughs.

wer PRONOMEN
who

das **Werbefernsehen** SUBSTANTIV
commercial television

werben VERB (PRESENT **wirbt**, IMPERFECT **warb**, PERFECT **hat geworben**)
to advertise ◇ *Im Fernsehen wird zu viel geworben.* There's too much advertising on TV.
◆ **Mitglieder werben** to recruit members

die **Werbung** SUBSTANTIV
advert ◇ *Hast du die Werbung für den neuen Schokoriegel gesehen?* Have you seen the advert for the new chocolate bar? ◇ *Wenn Werbung kommt, schalte ich um.* I switch over when the adverts come on.
◆ **Er arbeitet in der Werbung.** He works in advertising.
◆ **für etwas Werbung machen** to advertise something

werden VERB (PRESENT **wird**, IMPERFECT **wurde**, PERFECT **ist geworden** *or bei Passiv* **worden**)
1 *to become* (*became, become*) ◇ *Sie ist Lehrerin geworden.* She became a teacher. ◇ *Er ist reich geworden.* He became rich. ◇ *Was ist aus ihm geworden?* What became of him?
◆ **Erster werden** to come first
◆ **Was willst du einmal werden?** What do you want to be?
◆ **rot werden** to turn red
◆ **Es ist gut geworden.** It turned out well.
◆ **Die Fotos sind gut geworden.** The photos have come out well.
◆ **Es ist nichts geworden.** It came to nothing.
◆ **Es wird Tag.** It's getting light.
◆ **Es wird Nacht.** It's getting dark.
◆ **Mir wird kalt.** I'm getting cold.
◆ **Mir wird schlecht.** I feel sick.
◆ **Das muss anders werden.** That'll have to change.
2 *will*
werden *is used to form the future tense.*
◇ *Er wird es tun.* He'll do it.
◆ **Er wird das nicht tun.** He won't do it.
◆ **Es wird gleich regnen.** It's going to rain.
3 *to be* (*is, was, been*)
werden *is used to form the passive.*
◇ *gebraucht werden* to be needed ◇ *Er ist erschossen worden.* He's been shot. ◇ *Mir wurde gesagt, dass...* I was told that...
werden *is used to form the conditional tense.*
◆ **Ich würde...** I would...
◆ **Er würde gern...** He'd like to...
◆ **Ich würde lieber...** I'd rather...
◆ **Sie wird in der Küche sein.** She'll be in the kitchen.

werfen VERB (PRESENT **wirft**, IMPERFECT **warf**, PERFECT **hat geworfen**)
to throw (*threw, thrown*)

die **Werkstatt** SUBSTANTIV (PL die **Werkstätten**)
1 *workshop* ◇ *eine Werkstatt für Behinderte* a workshop for the handicapped
2 *garage* ◇ *Das Auto ist in der Werkstatt.* The car's in the garage.

der **Werktag** SUBSTANTIV (PL die **Werktage**)
working day
werktags ADVERB
on working days
das **Werkzeug** SUBSTANTIV (PL die **Werkzeuge**)
tool
der **Wert** SUBSTANTIV (PL die **Werte**)
siehe auch **wert** ADJEKTIV
value
- **Wert legen auf** to attach importance to ◇ *Sie legt großen Wert auf rechtzeitiges Erscheinen.* She attaches great importance to punctuality.
- **Es hat doch keinen Wert.** There's no point.

wert ADJEKTIV
siehe auch der **Wert** SUBSTANTIV
worth ◇ *Wie viel ist das Bild wert?* How much is that picture worth? ◇ *Das ist nichts wert.* It's not worth anything. ◇ *Das ist viel wert.* It's worth a lot.
wertlos ADJEKTIV
worthless
wertvoll ADJEKTIV
valuable
das **Wesen** SUBSTANTIV (PL die **Wesen**)
manner ◇ *Er hat ein freundliches Wesen.* He has a friendly manner.
wesentlich ADJEKTIV
significant
weshalb ADVERB
why
die **Wespe** SUBSTANTIV
wasp
wessen PRONOMEN
wessen *is the genitive of* **wer**.
whose
die **Weste** SUBSTANTIV
waistcoat
der **Westen** SUBSTANTIV
west
westlich ADJEKTIV, PRÄPOSITION, ADVERB
westerly ◇ *in westlicher Richtung* in a westerly direction
- **westlich einer Sache** to the west of something ◇ *Das Kraftwerk liegt westlich der Stadt.* The power station's to the west of the city.
- **westlich von** west of ◇ *Essen liegt westlich von Bochum.* Essen's west of Bochum.

weswegen ADVERB
why
der **Wettbewerb** SUBSTANTIV (PL die **Wettbewerbe**)
competition
die **Wette** SUBSTANTIV
bet
wetten VERB
to bet (bet, bet) ◇ *Ich wette, du fällst durchs Examen.* I bet you fail the exam.
das **Wetter** SUBSTANTIV
weather
der **Wetterbericht** SUBSTANTIV (PL die **Wetterberichte**)
weather report
die **Wettervorhersage** SUBSTANTIV
weather forecast
der **Wettkampf** SUBSTANTIV (PL die **Wettkämpfe**)
contest
der **Wettlauf** SUBSTANTIV (PL die **Wettläufe**)
race
wichtig ADJEKTIV
important
der **Widder** SUBSTANTIV (PL die **Widder**)
[1] *ram*
[2] *Aries* (*Sternzeichen*) ◇ *Horst ist Widder.* Horst's Aries.
widerlich ADJEKTIV
disgusting
widerspenstig ADJEKTIV
wilful
widersprechen VERB (PRESENT **widerspricht**, IMPERFECT **widersprach**, PERFECT **hat widersprochen**)
- **jemandem widersprechen** to contradict somebody

der **Widerspruch** SUBSTANTIV (PL die **Widersprüche**)
contradiction
der **Widerstand** SUBSTANTIV (PL die **Widerstände**)
resistance
widerwillig ADJEKTIV
unwilling
widmen VERB
[1] *to dedicate* ◇ *Er hat das Buch seiner Mutter gewidmet.* He dedicated the book to his mother.
[2] *to devote* ◇ *Sie widmet ihrer Familie viel Zeit.* She devotes a lot of time to her family.
- **sich einer Sache widmen** to devote oneself to something ◇ *Jetzt kann ich mich meinen Hobbys widmen.* Now I can devote myself to my hobbies.

wie ADVERB
how ◇ *Wie groß?* How big? ◇ *Wie schnell?* How fast? ◇ *Wie schön!* How lovely! ◇ *Und wie!* And how!
- **Wie wär's?** How about it?
- **Wie geht's dir?** How are you?
- **Wie ist er?** What's he like?
- **Wie gut du das kannst!** You're very good at it.
- **Wie bitte? (1)** Pardon? ◇ *Wie bitte, was haben Sie gesagt?* Pardon, what did you say?
- **Wie bitte? (2)** What? ◇ *Wie bitte, du willst zweitausend Mark von mir haben?* What? You want me to give you two thousand marks?
- **so schön wie...** as beautiful as...
- **wie ich schon sagte** as I said
- **wie du** like you
- **singen wie ein...** to sing like a...
- **wie zum Beispiel** such as

wieder ADVERB
again ◇ *wieder da sein* to be back again ◇ *Gehst du schon wieder?* Are you off again?

W

◆ **wieder ein...** another... ◇ *wenn du wieder einen Geldbeutel findest...* if you find another purse...

wiederaufbereiten VERB (PERFECT **hat wiederaufbereitet**)
to recycle

wiederbekommen VERB (IMPERFECT **bekam wieder**, PERFECT **hat wiederbekommen**)
to get back (*got, got*)

wiedererkennen VERB (IMPERFECT **erkannte wieder**, PERFECT **hat wiedererkannt**)
to recognize

wiederholen VERB (PERFECT **hat wiederholt**)
to repeat

die **Wiederholung** SUBSTANTIV
1 *repetition* ◇ *Es darf keine Wiederholung dieses Vorfalls geben.* There must be no repetition of this incident.
2 *repeat* ◇ *Im Fernsehen kommen zu viele Wiederholungen.* There are too many repeats on TV.

wiedersehen VERB (PRESENT **sieht wieder**, IMPERFECT **sah wieder**, PERFECT **hat wiedergesehen**)
to see again (*saw, seen*)
◆ **Auf Wiedersehen!** Goodbye.

wiedervereinigen VERB (PERFECT **hat wiedervereinigt**)
to reunify (*reunified, reunified*) ◇ *das wiedervereinigte Deutschland* reunified Germany

wiederverwerten VERB (PERFECT **hat wiederverwertet**)
to recycle

die **Wiege** SUBSTANTIV
cradle

wiegen VERB (IMPERFECT **wog**, PERFECT **hat gewogen**)
to weigh ◇ *Ich habe mich heute früh gewogen.* I weighed myself this morning.

Wien NEUT SUBSTANTIV
Vienna

die **Wiese** SUBSTANTIV
meadow

wieso ADVERB
why

wie viel ⚠ ADJEKTIV
how much ◇ *Wie viel hat das gekostet?* How much did it cost?
◆ **wie viel Menschen** how many people

wievielmal ADVERB
how often

wievielte ADJEKTIV
◆ **Zum wievielten Mal?** How many times?
◆ **Den Wievielten haben wir?** What's the date?
◆ **Der wievielte Besucher war er?** How many visitors were there before him?

wieweit ADVERB
to what extent

wild ADJEKTIV
wild

wildfremd ADJEKTIV
◆ **ein wildfremder Mensch** a complete stranger

das **Wildleder** SUBSTANTIV (PL die **Wildleder**)
suede

will VERB *siehe* **wollen**

der **Wille** SUBSTANTIV (GEN des **Willens**, PL die **Willen**)
will ◇ *Ich habe es aus freiem Willen getan.* I did it of my own free will.

willkommen ADJEKTIV
welcome ◇ *Herzlich willkommen!* Welcome!
◆ **jemanden willkommen heißen** to welcome somebody

wimmeln VERB
◆ **Es wimmelt von...** It's teeming with...

die **Wimper** SUBSTANTIV
eyelash (PL *eyelashes*)

die **Wimperntusche** SUBSTANTIV
mascara

der **Wind** SUBSTANTIV (PL die **Winde**)
wind

die **Windel** SUBSTANTIV
nappy (PL *nappies*) ◇ *Kannst du dem Baby die Windeln wechseln?* Can you change the baby's nappy?

die **Windenergie** SUBSTANTIV
wind energy

windig ADJEKTIV
windy ◇ *Es ist windig.* It's windy.

die **Windmühle** SUBSTANTIV
windmill

die **Windpocken** PL SUBSTANTIV
chickenpox SING ◇ *Windpocken sind ansteckend.* Chickenpox is catching.

die **Windschutzscheibe** SUBSTANTIV
windscreen

der **Winkel** SUBSTANTIV (PL die **Winkel**)
1 *angle* ◇ *ein spitzer Winkel* an acute angle
2 *corner* ◇ *Ich habe jeden Winkel des Zimmers durchsucht.* I've searched every corner of the room.

winken VERB
to wave ◇ *jemandem winken* to wave to somebody

der **Winter** SUBSTANTIV (PL die **Winter**)
winter ◇ *im Winter* in winter

winzig ADJEKTIV
tiny

wir PRONOMEN
we ◇ *Wir kommen.* We're coming.
◆ **wir alle** all of us
◆ **Wir sind's.** It's us.

der **Wirbel** SUBSTANTIV (PL die **Wirbel**)
1 *vertebra* ◇ *Sie hat sich einen Wirbel gebrochen.* She's broken a vertebra.
2 *hubbub* ◇ *der Wirbel vor Weihnachten* the hubbub before Christmas
3 *stir* ◇ *Das hat für einigen Wirbel gesorgt.* That caused quite a stir.

die **Wirbelsäule** SUBSTANTIV
spine

wird VERB *siehe* **werden**

wirft VERB *siehe* **werfen**

wirken VERB

1 *to have an effect* (*had, had*) ◇ *Die Tablette wirkt schon.* The pill's already having an effect.

2 *to seem* ◇ *Er wirkte traurig.* He seemed sad.

wirklich ADJEKTIV, ADVERB

1 *real* ◇ *Er ist ein wirklicher Freund.* He's a real friend.

2 *really* ◇ *Das ist wirklich passiert.* That really happened. ◇ *Ich weiß es wirklich nicht.* I really don't know.

die **Wirklichkeit** SUBSTANTIV

reality

wirksam ADJEKTIV

effective

die **Wirkung** SUBSTANTIV

effect ◇ *Wirkung auf etwas haben* to have an effect on something

wirr ADJEKTIV

confused

der **Wirrwarr** SUBSTANTIV

chaos

der **Wirsing** SUBSTANTIV

savoy cabbage

wirst VERB *siehe* **werden**

der **Wirt** SUBSTANTIV (PL die **Wirte**)

landlord

die **Wirtin** SUBSTANTIV

landlady (PL *landladies*)

die **Wirtschaft** SUBSTANTIV

1 *pub* ◇ *Wir sind in einer Wirtschaft eingekehrt.* We stopped at a pub.

2 *economy* ◇ *Die Wirtschaft leidet unter der Rezession.* The economy's suffering because of the recession.

wirtschaftlich ADJEKTIV

1 *economical* ◇ *Die große Packung ist wirtschaftlicher.* The large packet's more economical.

2 *economic* ◇ *ein wirtschaftlicher Aufschwung* an economic upswing

wischen VERB

to wipe

wissen VERB (PRESENT **weiß**, IMPERFECT **wusste**, PERFECT **hat gewusst**)

siehe auch das Wissen SUBSTANTIV

to know (*knew, known*) ◇ *Sie weiß sehr viel.* She knows a lot. ◇ *Weißt du, wie die Hauptstadt von Deutschland heißt?* Do you know what the capital of Germany is called? ◇ *Ich weiß es nicht.* I don't know.

◆ **Was weiß ich!** How should I know?

das **Wissen** SUBSTANTIV

siehe auch wissen VERB

knowledge

die **Wissenschaft** SUBSTANTIV

science

der **Wissenschaftler** SUBSTANTIV (PL die **Wissenschaftler**)

scientist

wissenschaftlich ADJEKTIV

scientific

die **Witwe** SUBSTANTIV

widow ◇ *Sie ist Witwe.* She's a widow.

der **Witwer** SUBSTANTIV (PL die **Witwer**)

widower ◇ *Er ist Witwer.* He's a widower.

der **Witz** SUBSTANTIV (GEN des **Witzes**, PL die **Witze**)

joke ◇ *einen Witz erzählen* to tell a joke

der **Witzbold** SUBSTANTIV (PL die **Witzbolde**)

joker

witzig ADJEKTIV

funny

wo ADVERB

where ◇ *Wo warst du?* Where were you?

woanders ADVERB

elsewhere

die **Woche** SUBSTANTIV

week ◇ *nächste Woche* next week

das **Wochenende** SUBSTANTIV (PL die **Wochenenden**)

weekend ◇ *am Wochenende* at the weekend

wochenlang ADJEKTIV, ADVERB

for weeks

wöchentlich ADJEKTIV, ADVERB

weekly

wofür ADVERB

what...for ◇ *Wofür brauchst du das Geld?* What do you need the money for?

wog VERB *siehe* **wiegen**

woher ADVERB

where...from ◇ *Woher sind Sie?* Where do you come from?

wohin ADVERB

1 *where...to* ◇ *Wohin zieht ihr um?* Where are you moving to?

2 *where* ◇ *Wohin gehst du?* Where are you going?

wohl ADVERB

siehe auch das Wohl SUBSTANTIV

probably ◇ *Das hat er wohl vergessen.* He's probably forgotten.

◆ **Es ist wohl gestohlen worden.** It must have been stolen.

◆ **Das ist doch wohl nicht dein Ernst!** Surely you're not being serious!

◆ **Das mag wohl sein.** That may well be.

◆ **Ob das wohl stimmt?** I wonder if that's true.

◆ **Er weiß das sehr wohl.** He knows that perfectly well.

◆ **sich wohl fühlen (1)** to be happy ◇ *Ich fühle mich in diesem Haus sehr wohl.* I'm very happy in this house.

◆ **sich wohl fühlen (2)** to feel well ◇ *Sie fühlte sich nicht wohl.* She didn't feel well.

◆ **Ich muss wohl oder übel hingehen.** I have to go whether I like it or not.

das **Wohl** SUBSTANTIV

siehe auch wohl ADVERB

benefit ◇ *zu eurem Wohl* for your benefit

◆ **Zum Wohl!** Cheers!

wohlweislich ADVERB

prudently

wohnen VERB

to live ◇ *Ich wohne in Bremen.* I live in Bremen.

die **Wohngemeinschaft** SUBSTANTIV
- **Ich wohne in einer Wohngemeinschaft.** I share a flat.

das **Wohnheim** SUBSTANTIV (PL die **Wohnheime**)
1 *home* ◇ *ein Wohnheim für ältere Menschen* a home for senior citizens
- **ein Studentenwohnheim** a hall of residence

2 *hostel* (*für Arbeiter*)

der **Wohnsitz** SUBSTANTIV (GEN des **Wohnsitzes**, PL die **Wohnsitze**)
place of residence

die **Wohnung** SUBSTANTIV
flat

der **Wohnwagen** SUBSTANTIV (PL die **Wohnwagen**)
caravan

das **Wohnzimmer** SUBSTANTIV (PL die **Wohnzimmer**)
living room

der **Wolf** SUBSTANTIV (PL die **Wölfe**)
wolf (PL *wolves*)

die **Wolke** SUBSTANTIV
cloud

der **Wolkenkratzer** SUBSTANTIV (PL die **Wolkenkratzer**)
skyscraper

wolkig ADJEKTIV
cloudy

die **Wolle** SUBSTANTIV
wool

wollen VERB (PRESENT **will**, IMPERFECT **wollte**, PERFECT **hat gewollt** *or* **wollen**)
The past participle **wollen** *is used when* **wollen** *is a modal auxiliary.*
to want ◇ *Er hat nicht gewollt.* He didn't want to. ◇ *Er wollte das nicht.* He didn't want it. ◇ *Ich will nach Hause.* I want to go home. ◇ *Ich will, dass du mir zuhörst.* I want you to listen to me.
- **Wenn du willst.** If you like.
- **etwas tun wollen** to want to do something ◇ *Er hat unbedingt gehen wollen.* He really wanted to go. ◇ *Er will ein Haus kaufen.* He wants to buy a house.
- **etwas gerade tun wollen** to be on the point of doing something ◇ *Ich wollte gerade gehen.* I was on the point of going.
- **Ich wollte, ich wäre...** I wish I were...

womit ADVERB
1 *with which* ◇ *Das ist der Gegenstand, womit er erschlagen wurde.* This is the instrument with which he was killed.
2 *what...with* ◇ *Womit hast du das repariert?* What did you repair it with?

womöglich ADVERB
probably

wonach ADVERB
1 *what...for* ◇ *Das war genau, wonach er gesucht hatte.* That was just what he had been looking for.
2 *what...by* ◇ *Wonach sollen wir die Uhr stellen?* What shall we set the clock by?
- **der Tag, wonach er verunglückte** the day before his accident

woran ADVERB
- **das Paket, woran dieser Zettel hing** the parcel the note was attached to
- **die Krankheit, woran sie gestorben ist** the illness she died of
- **Woran war dieser Zettel befestigt?** What was this note attached to?
- **Woran ist er gestorben?** What did he die of?

worauf ADVERB
what...on ◇ *Worauf soll ich den Computer stellen?* What shall I put the computer on?
- **der Tisch, worauf der Computer steht** the table the computer is on

woraus ADVERB
- **das Material, woraus es hergestellt ist** the material it is made of
- **das Leck, woraus Gas strömte** the hole gas was pouring out of
- **Woraus ist diese Statue?** What's the statue made of?
- **Woraus kamen die Schreie?** Where did the cries come from?

worin ADVERB
what...in ◇ *Worin war das versteckt?* What was it hidden in?
- **die Schublade, worin der Schlüssel ist** the drawer the key is in
- **Worin besteht der Unterschied?** What's the difference?

das **Wort** SUBSTANTIV (PL die **Wörter** *or* **Worte**)
word ◇ *Sie sprach ein paar bewegende Worte.* She said a few moving words. ◇ *Manche Wörter werden wie im Französischen ausgesprochen.* Some words are pronounced as in French.
- **jemanden beim Wort nehmen** to take somebody at his word ◇ *Ich nahm sie beim Wort.* I took her at her word.
- **mit anderen Worten** in other words

das **Wörterbuch** SUBSTANTIV (PL die **Wörterbücher**)
dictionary (PL *dictionaries*)

wörtlich ADJEKTIV
literal

der **Wortschatz** SUBSTANTIV (GEN des **Wortschatzes**)
vocabulary

das **Wortspiel** SUBSTANTIV (PL die **Wortspiele**)
pun

worüber ADVERB
- **das Thema, worüber wir reden** the subject we're talking about
- **der Tisch, worüber eine Lampe hing** the table a lamp was hanging over
- **Worüber habt ihr gesprochen?** What did you talk about?
- **Worüber kann ich meinen Mantel legen?** Where can I put my coat?

worunter ADVERB
what...under ◇ *Worunter hat sich die Katze verkrochen?* What did the cat crawl

under?

◆ **der Tisch, worunter die Katze lag** the table the cat was lying under

wovon ADVERB

◆ **Das war es, wovon wir sprachen.** That was what we were talking about.

◆ **das Essen, wovon ihm schlecht wurde** the food which made him ill

◆ **Wovon habt ihr gesprochen?** What did you talk about?

◆ **Wovon ist ihm schlecht geworden?** What made him ill?

wovor ADVERB

◆ **das Haus, wovor du stehst** the house you're standing in front of

◆ **die Arbeit, wovor sie am meisten Angst hat** the test which she's most afraid of

◆ **Wovor hast du Angst?** What are you afraid of?

wozu ADVERB

1 *why* ◇ *Wozu willst du das wissen?* Why do you want to know that?

2 *what...for* ◇ *Wozu dient dieser Schalter?* What's this switch for? ◇ *Wozu brauchst du einen Computer?* What do you need a computer for?

das **Wrack** SUBSTANTIV (PL die **Wracks**)
wreck

der **Wucher** SUBSTANTIV

◆ **Das ist Wucher!** That's daylight robbery! (*Umgangssprache*)

wund ADJEKTIV
sore ◇ *Ich habe mir die Füße beim Einkaufen wund gelaufen.* My feet are sore from going round the shops.

die **Wunde** SUBSTANTIV
wound

das **Wunder** SUBSTANTIV (PL die **Wunder**)
miracle

◆ **es ist kein Wunder** it's no wonder

wunderbar ADJEKTIV
wonderful

wundern VERB
to surprise ◇ *Diese Frage hat mich sehr gewundert.* This question really surprised me.

◆ **sich wundern über** to be surprised at ◇ *Ich wundere mich immer wieder über ihr Wissen.* I'm always surprised at how much she knows. ◇ *Ich wundere mich, dass er noch nicht angerufen hat.* I'm surprised that he hasn't phoned yet.

◆ **Ich muss mich schon über dich wundern.** I must say you surprise me.

◆ **Es wundert mich, dass du das fragst.** I'm surprised you ask.

◆ **Er wird sich noch wundern!** He's in for a surprise!

wunderschön ADJEKTIV
beautiful

wundervoll ADJEKTIV
wonderful

der **Wunsch** SUBSTANTIV (PL die **Wünsche**)
wish (PL *wishes*)

wünschen VERB
to wish ◇ *Ich wünsche dir viel Erfolg!* I wish you every success.

◆ **sich etwas wünschen** to want something ◇ *Ich wünsche mir zum Geburtstag Rollerblades.* I want roller blades for my birthday.

wurde VERB *siehe* **werden**

der **Wurf** SUBSTANTIV (PL die **Würfe**)
throw

der **Würfel** SUBSTANTIV (PL die **Würfel**)

1 *dice* ◇ *zwei Würfel* two dice ◇ *Wir haben Würfel gespielt.* We played dice.

2 *cube* ◇ *Ein Würfel hat sechs gleich große Flächen.* A cube has six equal surfaces.

würfeln VERB

1 *to throw a dice* (*threw, thrown*) ◇ *Ich bin dran mit Würfeln.* It's my turn to throw the dice. ◇ *Wir haben darum gewürfelt, wer abwaschen muss.* We threw a dice to see who was going to wash up.

2 *to dice* ◇ *den Speck würfeln* to dice the bacon

der **Würfelzucker** SUBSTANTIV
lump sugar

der **Wurm** SUBSTANTIV (PL die **Würmer**)
worm

die **Wurst** SUBSTANTIV (PL die **Würste**)

1 *sausage* ◇ *Leberwurst* liver sausage

2 *cold meat*

◆ **eine Wurstplatte** a platter of cold meat

◆ **Das ist mir Wurst.** I don't give a toss. (*Umgangssprache*)

das **Würstchen** SUBSTANTIV (PL die **Würstchen**)
sausage

die **Würze** SUBSTANTIV
seasoning

die **Wurzel** SUBSTANTIV
root

wusch VERB *siehe* **waschen**

wusste ⚠ VERB *siehe* **wissen**

die **Wüste** SUBSTANTIV
desert

die **Wut** SUBSTANTIV
rage

◆ **eine Wut haben** to be furious

der **Wutanfall** SUBSTANTIV (PL die **Wutanfälle**)
fit of rage

wütend ADJEKTIV
furious ◇ *Ich bin wütend auf ihn.* I'm furious with him.

W

X

x-beliebig ADJEKTIV
any...whatever ◇ *Wähle eine x-beliebige Zahl.* Choose any number whatever.

x-mal ADVERB
any number of times ◇ *Ich habe es ihm x-mal gesagt.* I've told him any number of times.

das **Xylophon** SUBSTANTIV (PL die **Xylophone**)
xylophone

Y

das **Yoga** (GEN des **Yoga** *or* **Yogas**)
yoga

das **Ypsilon** SUBSTANTIV (GEN des **Ypsilon** *or* **Ypsilons**, PL die **Ypsilons**)
the letter Y

Z

die **Zacke** SUBSTANTIV
peak ◇ *die Zacke einer Fieberkurve* the peak of a temperature chart
- **eine Bergzacke** a jagged peak
- **die Zacken der Gabel** the prongs of the fork
- **die Zacken des Kamms** the teeth of the comb

zaghaft ADJEKTIV
timid

zäh ADJEKTIV
1 *tough* ◇ *Das Steak ist zäh.* The steak's tough. ◇ *Ich bin zäh, ich halte es noch eine Weile aus.* I'm tough, I can stand it for a bit yet.
2 *slow-moving* ◇ *Der Verkehr war zäh.* Traffic was slow-moving.

die **Zahl** SUBSTANTIV
number

zahlen VERB
to pay (*paid, paid*) ◇ *Wie viel hast du dafür gezahlt?* How much did you pay for it?
- **Zahlen bitte!** The bill, please!

zählen VERB
to count ◇ *Ich zähle bis drei.* I'll count to three. ◇ *Ich habe die Hefte gezählt.* I've counted the exercise books.
- **zählen auf** to count on ◇ *Wir zählen auf dich.* We're counting on you.
- **zählen zu** to be one of ◇ *Er zählt zu den besseren Schülern.* He's one of the better pupils.

zahlreich ADJEKTIV
numerous

die **Zahlung** SUBSTANTIV
payment

das **Zahlwort** SUBSTANTIV (PL die **Zahlwörter**)
numeral

zahm ADJEKTIV
tame

der **Zahn** SUBSTANTIV (PL die **Zähne**)
tooth (PL *teeth*)

der **Zahnarzt** SUBSTANTIV (GEN des **Zahnarztes**, PL die **Zahnärzte**)
dentist

die **Zahnbürste** SUBSTANTIV
toothbrush (PL *toothbrushes*)

das **Zahnfleisch** SUBSTANTIV
gums PL ◇ *Mein Zahnfleisch blutet.* My gums are bleeding.

die **Zahnpasta** SUBSTANTIV (PL die **Zahnpasten**)
toothpaste

die **Zahnschmerzen** MASC PL SUBSTANTIV
toothache SING ◇ *Zahnschmerzen sind sehr unangenehm.* Toothache is very unpleasant.

der **Zahnstein** SUBSTANTIV
tartar

der **Zahnstocher** SUBSTANTIV (PL die **Zahnstocher**)
toothpick

die **Zange** SUBSTANTIV
1 *pliers* PL ◇ *Ich brauche eine isolierte Zange.* I need a pair of insulated pliers.
2 *pincers* PL ◇ *die Zangen eines Hummers* a lobster's pincers

zappeln VERB
1 *to wriggle* ◇ *Der Fisch zappelt noch.* The fish is still wriggling.
2 *to fidget* ◇ *Hör auf zu zappeln.* Stop fidgeting.

zart ADJEKTIV
1 *soft* ◇ *zarte Haut* soft skin
2 *gentle* ◇ *eine zarte Berührung* a gentle touch
3 *delicate* ◇ *zarte Farben* delicate colours ◇ *Sie ist ein sehr zartes Kind.* She's a very delicate child.
- **zartes Fleisch** tender meat

zärtlich ADJEKTIV
loving ◇ *Mein Freund ist sehr zärtlich.* My boyfriend's very loving. ◇ *ein zärtlicher Kuss* a loving kiss
- **eine zärtliche Berührung** a loving touch

die **Zauberei** SUBSTANTIV
magic

der **Zaun** SUBSTANTIV (PL die **Zäune**)
fence

z.B. ABKÜRZUNG (= *zum Beispiel*)
e.g.

der **Zebrastreifen** SUBSTANTIV (PL die **Zebrastreifen**)
zebra crossing

die **Zehe** SUBSTANTIV
toe ◇ *die große Zehe* the big toe
- **eine Knoblauchzehe** a clove of garlic

zehn ZAHL
ten

zehnte ADJEKTIV
tenth

das **Zeichen** SUBSTANTIV (PL die **Zeichen**)
sign

zeichnen VERB
to draw (*drew, drawn*) ◇ *Marek kann gut zeichnen.* Marek's good at drawing. ◇ *Sie hat eine Maus gezeichnet.* She's drawn a mouse.

die **Zeichnung** SUBSTANTIV
drawing

der **Zeigefinger** SUBSTANTIV (PL die **Zeigefinger**)
index finger

zeigen VERB
1 *to show* (*showed, shown*) ◇ *Sie hat mir ihre Fotos gezeigt.* She showed me her photos. ◇ *Zeig mal, was du da hast.* Show us what you've got there.
2 *to point* ◇ *Sie zeigte an die Tafel.* She pointed to the blackboard.
- **zeigen auf** to point at ◇ *Man zeigt nicht mit dem Finger auf Menschen.* Don't point at people.
- **es wird sich zeigen** time will tell ◇ *Es wird sich zeigen, ob er das kann.* Time will

tell whether he can do it.

◆ **Es zeigte sich, dass...** It turned out that... ◇ *Es zeigte sich, dass der Text zu schwierig war.* It turned out that the text was too difficult.

der **Zeiger** SUBSTANTIV (PL die **Zeiger**)
1 *hand* ◇ *der große und der kleine Zeiger der Uhr* the big hand and the little hand of the clock
2 *pointer* ◇ *der Zeiger der Waage* the pointer of the scales

die **Zeile** SUBSTANTIV
line ◇ *Ich schreibe ihr ein paar Zeilen.* I'm going to write her a few lines.

die **Zeit** SUBSTANTIV
1 *time* ◇ *Wir haben keine Zeit mehr.* We haven't got any more time. ◇ *Um welche Zeit seid ihr nach Hause gekommen?* What time did you get home?
2 *tense* ◇ *die Zeiten der Vergangenheit* the past tenses

◆ **zur Zeit** at the moment

◆ **sich Zeit lassen** to take one's time ◇ *Da hast du dir aber viel Zeit gelassen.* You've been taking your time.

◆ **von Zeit zu Zeit** from time to time

zeitlich ADJEKTIV
chronological

die **Zeitlupe** SUBSTANTIV
slow motion ◇ *in Zeitlupe* in slow motion

zeitraubend ADJEKTIV
time-consuming

der **Zeitraum** SUBSTANTIV (PL die **Zeiträume**)
period ◇ *innerhalb dieses Zeitraums* within this period

die **Zeitschrift** SUBSTANTIV
magazine

die **Zeitung** SUBSTANTIV
newspaper

die **Zeitverschwendung** SUBSTANTIV
waste of time ◇ *Das ist doch Zeitverschwendung!* That's just a waste of time.

das **Zeitwort** SUBSTANTIV (PL die **Zeitwörter**)
verb

die **Zelle** SUBSTANTIV
1 *cell* ◇ *Im Alter sterben die Zellen ab.* Cells die off in old age.
2 *call box* (PL *boxes*) ◇ *Ich rufe aus einer Zelle an.* I'm phoning from a call box.

das **Zelt** SUBSTANTIV (PL die **Zelte**)
tent

zelten VERB
to camp

der **Zeltplatz** SUBSTANTIV (GEN des **Zeltplatzes**, PL die **Zeltplätze**)
camp site

der **Zement** SUBSTANTIV (PL die **Zemente**)
cement

zensieren VERB (PERFECT **hat zensiert**)
1 *to censor* ◇ *Der Film wurde zensiert.* The film was censored.
2 *to give a mark* (*gave, given*) ◇ *Wie hat deine Deutschlehrerin den Aufsatz zensiert?* What mark did your German teacher give you for your essay?

die **Zensur** SUBSTANTIV
mark ◇ *Ich habe durchweg gute Zensuren.* I've got good marks in everything.

der **Zentimeter** SUBSTANTIV (PL die **Zentimeter**)
centimetre

der **Zentner** SUBSTANTIV (PL die **Zentner**)
hundredweight ◇ *drei Zentner* three hundredweight

zentral ADJEKTIV
central

die **Zentrale** SUBSTANTIV
1 *head office* ◇ *Das Gerät müssen wir in der Zentrale anfordern.* We'll have to order the appliance from the head office.
2 *switchboard* ◇ *Du musst dich über die Zentrale verbinden lassen.* You have to go through the switchboard.

die **Zentralheizung** SUBSTANTIV
central heating KEIN PL

das **Zentrum** SUBSTANTIV (PL die **Zentren**)
centre

zerbrechen VERB (PRESENT **zerbricht**, IMPERFECT **zerbrach**, PERFECT **hat/ist zerbrochen**)
For the perfect tense use **haben** *when the verb has an object and* **sein** *when there is no object.*
to break (*broke, broken*) ◇ *Sie hat den Teller zerbrochen.* She's broken the plate. ◇ *Der Teller ist zerbrochen.* The plate broke.

zerbrechlich ADJEKTIV
fragile

zerreißen VERB (IMPERFECT **zerriss**, PERFECT **hat/ist zerrissen**)
For the perfect tense use **haben** *when the verb has an object and* **sein** *when there is no object.*
1 *to tear to pieces* (*tore, torn*) ◇ *Sie hat seinen Brief zerrissen.* She tore his letter to pieces.

◆ **Sie hatte völlig zerrissene Kleider an.** Her clothes were all tattered.

2 *to tear* ◇ *Der Umschlag ist unterwegs zerrissen.* The envelope got torn in the post.

zerren VERB
to drag ◇ *Er zerrte sie in die Büsche.* He dragged her into the bushes.

◆ **zerren an** to tug at ◇ *Der Hund zerrte an der Leine.* The dog tugged at its leash.

zerrissen VERB *siehe* **zerreißen**

zerschlagen VERB (PRESENT **zerschlägt**, IMPERFECT **zerschlug**, PERFECT **hat zerschlagen**)
to smash ◇ *Sie haben alles Porzellan zerschlagen.* They smashed all the china.

◆ **sich zerschlagen** to fall through ◇ *Unsere Ferienpläne haben sich zerschlagen.* Our holiday plans have fallen through.

zerschneiden VERB (IMPERFECT **zerschnitt**, PERFECT **hat zerschnitten**)
to cut up (*cut, cut*)

der **Zerstäuber** SUBSTANTIV (PL die **Zerstäuber**)
atomizer

zerstören VERB (PRESENT **hat zerstört**)
to destroy

die **Zerstörung** SUBSTANTIV
destruction

zerstreuen VERB (PERFECT **hat zerstreut**)
1 *to entertain* ◇ *Er hat uns mit lustigen Geschichten zerstreut.* He entertained us with amusing stories.
2 *to scatter* ◇ *Warum hast du die Blätter im ganzen Zimmer zerstreut?* Why have you scattered the papers all over the room? ◇ *Unsere Familie ist über ganz Deutschland zerstreut.* Our family's scattered all over Germany.
◆ **jemandes Angst zerstreuen** to allay somebody's fears

zerstreut ADJEKTIV
1 *absent-minded* ◇ *Er ist furchtbar zerstreut.* He's terribly absent-minded.
2 *scattered* ◇ *Sie sammelte die zerstreuten Seiten auf.* She picked up the scattered pages.

der **Zettel** SUBSTANTIV (PL die **Zettel**)
1 *note* ◇ *Auf dem Küchentisch liegt ein Zettel für dich.* There's a note on the kitchen table for you.
2 *piece of paper* ◇ *Sie schrieb seine Telefonnummer auf einen Zettel.* She wrote his telephone number on a piece of paper.
3 *form* ◇ *Wenn du dem Klub beitreten willst, musst du diesen Zettel ausfüllen.* If you want to join the club you'll have to fill in this form.

das **Zeug** SUBSTANTIV
1 *stuff* (*Umgangssprache*) ◇ *Was ist das für ein Zeug?* What's this stuff? ◇ *mein Sportzeug* my sports stuff
2 *gear* ◇ *mein Angelzeug* my fishing gear
◆ **dummes Zeug** nonsense ◇ *Das ist doch dummes Zeug.* That's just a lot of nonsense.
◆ **das Zeug haben zu** to have the makings of ◇ *Er hat das Zeug zum Lehrer.* He has the makings of a teacher.

der **Zeuge** SUBSTANTIV (GEN des **Zeugen**, PL die **Zeugen**)
witness (PL *witnesses*)

die **Zeugin** SUBSTANTIV
witness (PL *witnesses*)

das **Zeugnis** SUBSTANTIV (GEN des **Zeugnisses**, PL die **Zeugnisse**)
report ◇ *Oliver hat ein sehr gutes Zeugnis.* Oliver's got a very good report.

die **Ziege** SUBSTANTIV
goat

der **Ziegel** SUBSTANTIV (PL die **Ziegel**)
1 *brick* ◇ *eine Mauer aus Ziegeln* a brick wall
2 *tile* ◇ *Deutsche Dächer sind meist mit roten Ziegeln gedeckt.* German roofs are usually covered with red tiles.

ziehen VERB (IMPERFECT **zog**, PERFECT **hat/ist gezogen**)
Use sein *to form the perfect tense for* **to move** *(house) and* **to roam**. *Use* haben *for* **to move** *(in chess),* **to draw** *and* **to pull**.
1 *to draw* (*drew, drawn*) ◇ *Er hat eine Niete gezogen.* He drew a blank.
2 *to pull* ◇ *Sie zog mich am Ärmel.* She pulled at my sleeve.
3 *to move* ◇ *Sie sind nach Wuppertal gezogen.* They've moved to Wuppertal. ◇ *Er zog mit seinem Turm.* He moved his rook.
4 *to roam* ◇ *Früher zogen die Zigeuner durchs Land.* In the old days, gypsies used to roam the countryside.
◆ **Es zieht.** There's a draught.
◆ **sich in die Länge ziehen** to be drawn out

das **Ziel** SUBSTANTIV (PL die **Ziele**)
1 *destination* ◇ *Unser heutiges Ziel ist Bonn.* Our destination today is Bonn.
2 *finishing line* ◇ *Er ging als Erster durchs Ziel.* He was the first to cross the finishing line.
3 *target* ◇ *Ulm war das Ziel eines Bombenangriffs.* Ulm was the target of an air raid.
4 *goal* ◇ *Es ist nicht mein Ziel im Leben, reich zu werden.* Getting rich is not my goal in life.

zielen VERB
to aim ◇ *Er hat auf seine Beine gezielt.* He aimed at his legs.

die **Zielscheibe** SUBSTANTIV
target

ziemlich ADJEKTIV, ADVERB
1 *quite* ◇ *Das war eine ziemliche Katastrophe.* That was quite a disaster.
2 *fair* ◇ *eine ziemliche Menge Fehler* a fair number of mistakes
3 *rather* ◇ *Er war ziemlich sauer.* He was rather cross.
◆ **ziemlich viel** quite a bit ◇ *Wir haben ziemlich viel erledigt.* We've got through quite a bit.

zierlich ADJEKTIV
dainty

die **Ziffer** SUBSTANTIV
figure

zig ADJEKTIV
umpteen (*Umgangssprache*)

die **Zigarette** SUBSTANTIV
cigarette

der **Zigarettenautomat** SUBSTANTIV (GEN des **Zigarettenautomaten**, PL die **Zigarettenautomaten**)
cigarette machine

die **Zigarettenschachtel** SUBSTANTIV
cigarette packet

das **Zigarillo** SUBSTANTIV (PL die **Zigarillos**)
You can also say der Zigarillo.
cigarillo (PL *cigarillos*)

die **Zigarre** SUBSTANTIV
cigar

der **Zigeuner** SUBSTANTIV (PL die **Zigeuner**)
gipsy (PL *gipsies*)
Man kann auch **gypsy** *schreiben.*

die **Zigeunerin** SUBSTANTIV
gipsy (PL *gipsies*)
Man kann auch **gypsy** *schreiben.*

das **Zimmer** SUBSTANTIV (PL die **Zimmer**)
room
◆ **"Zimmer frei"** "Vacancies"

der **Zimt** SUBSTANTIV
cinnamon

das **Zinn** SUBSTANTIV
1 *tin* ◇ *In Cornwall wurde früher Zinn abgebaut.* They used to mine tin in Cornwall.
2 *pewter* ◇ *Mein Bruder sammelt Zinn.* My brother collects pewter.

der **Zins** SUBSTANTIV (GEN des **Zinses**, PL die **Zinsen**)
interest KEIN PL ◇ *acht Prozent Zinsen* eight per cent interest

der **Zirkus** SUBSTANTIV (GEN des **Zirkus**, PL die **Zirkusse**)
circus (PL *circuses*)

zischen VERB
to hiss

das **Zitat** SUBSTANTIV (PL die **Zitate**)
quotation

zitieren VERB (PERFECT **hat zitiert**)
to quote

die **Zitrone** SUBSTANTIV
lemon

die **Zitronenlimonade** SUBSTANTIV
lemonade

der **Zitronensaft** SUBSTANTIV (PL die **Zitronensäfte**)
lemon juice

zittern VERB
to tremble ◇ *vor Angst zittern* to tremble with fear
◆ **Sie zitterte vor Kälte.** She was shivering.

der **Zivildienst** SUBSTANTIV
community service
Instead of doing national service in the German armed forces, young men can opt to do community service as Zivildienstleistende *or* Zivis, *for example with the Red Cross or in an old people's home.*

die **Zivilisation** SUBSTANTIV
civilization

zögern VERB
to hesitate

der **Zoll** SUBSTANTIV (PL die **Zölle**)
1 *customs* PL ◇ *Wir mussten am Zoll lange warten.* We had to wait a long time at customs.
2 *duty* (PL *duties*) ◇ *Darauf musst du Zoll bezahlen.* You have to pay duty on that.

der **Zollbeamte** SUBSTANTIV (GEN des **Zollbeamten**, PL die **Zollbeamten**)
customs official ◇ *Ein Zollbeamter hat unser Auto durchsucht.* A customs official searched our car.

die **Zone** SUBSTANTIV
zone

der **Zoo** SUBSTANTIV (PL die **Zoos**)
zoo

zoologisch ADJEKTIV
zoological

der **Zopf** SUBSTANTIV (PL die **Zöpfe**)
1 *plait* ◇ *Man stellt sich deutsche Mädchen immer mit zwei blonden Zöpfen vor.* You always imagine German girls as having two blonde plaits.
2 *pigtail* ◇ *Sie hatte ihre Haare zu einem Zopf zusammengebunden.* She had put her hair into a pigtail.

der **Zorn** SUBSTANTIV
anger

zornig ADJEKTIV
angry

zu PRÄPOSITION, KONJUNKTION, ADVERB
The preposition zu *takes the dative.*
1 *to* ◇ *zum Bahnhof gehen* to go to the station ◇ *zum Arzt gehen* to go to the doctor ◇ *zur Schule gehen* to go to school ◇ *zur Kirche gehen* to go to church ◇ *Genau das habe ich zu ihm gesagt.* That's exactly what I said to him. ◇ *Sollen wir zu euch gehen?* Shall we go to your place?
◆ **Sie sah zu ihm hin.** She looked towards him.
◆ **zum Fenster herein** through the window
◆ **zu meiner Linken** on my left
zu *is used with the infinitive.*
◇ *etwas zu essen* something to eat
◆ **um besser sehen zu können** in order to see better
◆ **ohne es zu wissen** without knowing it
2 *at* ◇ *zu Ostern* at Easter
◆ **zu Hause** at home
Man benutzt **until** *für* bis zu *bei Verben des Zustands und* **by** *bei Verben, die einen Verlauf ausdrücken.*
◆ **bis zum ersten Mai (1)** until the first of May ◇ *Das Sonderangebot gilt bis zum ersten Mai.* The special offer is valid until the first of May.
◆ **bis zum ersten Mai (2)** by the first of May ◇ *Bis zum ersten Mai muss mein Referat fertig sein.* My assignment has to be finished by the first of May.
◆ **zu meinem Geburtstag** for my birthday
◆ **zu meiner Zeit** in my time
3 *with* ◇ *Wein zum Essen trinken* to drink wine with one's meal
◆ **sich zu jemandem setzen** to sit down beside somebody
◆ **Setz dich doch zu uns.** Come and sit with us.
◆ **Anmerkungen zu etwas** notes on something
4 *for* ◇ *Wasser zum Waschen* water for washing
◆ **Papier zum Schreiben** paper to write on
◆ **zu etwas werden** to develop into something ◇ *Sie ist zu einer hübschen jungen Dame geworden.* She's developed into an attractive

young lady.
- **jemanden zu etwas machen** to make somebody something ◇ *Sie haben mich zur Klassensprecherin gemacht.* They made me class representative.
- **drei zu zwei** three two ◇ *Unsere Mannschaft hat drei zu zwei gewonnen.* Our team won three two.
- **das Stück zu zwei Mark** at two marks each
- **zum ersten Mal** for the first time
- **zu meiner Freude** to my delight
- **zum Scherz** as a joke
- **zu Fuß** on foot
- **Es ist zum Weinen.** It's enough to make you cry.

5 *too* ◇ *zu schnell* too fast ◇ *zu sehr* too much

6 *closed* ◇ *Die Geschäfte haben zu.* The shops are closed.
- **zu sein** to be shut ◇ *Das Fenster war zu.* The window was shut.

zuallererst ADVERB
first of all

zuallerletzt ADVERB
last of all

das **Zubehör** SUBSTANTIV (PL die **Zubehöre**)
accessories PL ◇ *Das Zubehör kostet extra.* You pay extra for the accessories.

zubereiten VERB (PERFECT **hat zubereitet**)
to prepare

zubinden VERB (IMPERFECT **band zu**, PERFECT **hat zugebunden**)
to tie up

zubringen VERB (IMPERFECT **brachte zu**, PERFECT **hat zugebracht**)
to spend (*spent, spent*) ◇ *Ich habe viel Zeit bei ihnen zugebracht.* I spent a lot of time with them.

die **Zucchini** PL SUBSTANTIV
courgette SING

züchten VERB

1 *to breed* (*bred, bred*) ◇ *Er züchtet Tauben.* He breeds pigeons.

2 *to grow* (*grew, grown*) ◇ *Mein Vater züchtet Rosen.* My father grows roses.

zucken VERB

1 *to twitch* ◇ *Seine Mundwinkel zuckten.* The corners of his mouth twitched.

2 *to flash* ◇ *Ein Blitz zuckte durch die Nacht.* Lightning flashed across the night sky.
- **mit den Schultern zucken** to shrug one's shoulders

der **Zucker** SUBSTANTIV

1 *sugar* ◇ *Ich nehme keinen Zucker in den Tee.* I don't take sugar in my tea.

2 *diabetes* ◇ *Meine Tante hat Zucker.* My aunt's got diabetes.

der **Zuckerguss** ⚠ SUBSTANTIV (GEN des **Zuckergusses**, PL die **Zuckergüsse**)
icing KEIN PL

zuckerkrank ADJEKTIV
diabetic

die **Zuckerkrankheit** SUBSTANTIV
diabetes

zudecken VERB (PERFECT **hat zugedeckt**)

1 *to cover up* ◇ *Man sollte das Loch zudecken.* They ought to cover up the hole.

2 *to tuck up* ◇ *Sie deckte die Kinder zu.* She tucked the children up.

zueinander ADVERB

1 *to one another* ◇ *Seid nett zueinander.* Be nice to one another.
- **Wir haben viel Vertrauen zueinander.** We trust each other.

2 *together* (*in Verbindung mit Verben*) ◇ *Wir halten zueinander, egal, was kommt.* Whatever happens, we'll stick together.

zuerst ADVERB

1 *first* ◇ *Was soll ich zuerst machen?* What shall I do first? ◇ *Er ist zuerst gekommen, dann kam seine Schwester.* He arrived first, then his sister.

2 *at first* ◇ *Zuerst war sie noch etwas schüchtern.* At first, she was still a bit shy.
- **zuerst einmal** first of all ◇ *Wir sollten zuerst einmal klären, was das kostet.* First of all we ought to check how much it costs.

der **Zufall** SUBSTANTIV (PL die **Zufälle**)

1 *chance* ◇ *Wie es der Zufall so wollte...* As chance would have it...
- **durch Zufall** by chance ◇ *Ich habe es durch Zufall gefunden.* I found it by chance.

2 *coincidence* ◇ *Es war schon ein Zufall, dass ich ihm in London begegnet bin.* It was quite a coincidence that I met him in London. ◇ *Was für ein glücklicher Zufall!* What a happy coincidence! ◇ *So ein Zufall!* What a coincidence!

zufällig ADJEKTIV, ADVERB

1 *chance* ◇ *eine zufällige Begegnung* a chance meeting

2 *by chance* ◇ *Ich habe das Restaurant ganz zufällig gefunden.* I found the restaurant quite by chance.
- **Ich habe zufällig Zeit.** I happen to have time.

3 *by any chance* ◇ *Hast du zufällig mein Heft gesehen?* Have you seen my exercise book by any chance?

zufrieden ADJEKTIV
satisfied ◇ *Ich bin mit deinen Leistungen nicht zufrieden.* I'm not satisfied with your work. ◇ *Bist du jetzt zufrieden?* Are you satisfied now? ◇ *ein zufriedener Gesichtsausdruck* a satisfied expression

zufrieren VERB (IMPERFECT **fror zu**, PERFECT **ist zugefroren**)
to freeze over (*froze, frozen*) ◇ *Der See ist zugefroren.* The lake's frozen over.

der **Zug** SUBSTANTIV (PL die **Züge**)

1 *train* ◇ *Wir sind mit dem Zug gefahren.* We went by train.

2 *draught* ◇ *Hier ist ein furchtbarer Zug.* There's a terrible draught in here.

3 *move* ◇ *Du bist am Zug.* It's your move.

4 *gulp* ◇ *Er trank das Glas auf einen Zug leer.* He emptied the glass in one gulp.

5 *trait* ◇ *Sein Geiz ist ein unangenehmer Zug an ihm.* His meanness is an unpleasant trait.

◆ **etwas in vollen Zügen genießen** to enjoy something to the full

die **Zugabe** SUBSTANTIV

1 *free gift* ◇ *Beim Kauf von drei Packungen bekommen Sie einen Dosierlöffel als Zugabe.* Buy three packets and get a measuring spoon as a free gift.

2 *encore* ◇ *Die Zuhörer brüllten: "Zugabe, Zugabe".* The audience roared: "encore, encore".

zugeben VERB (PRESENT **gibt zu**, IMPERFECT **gab zu**, PERFECT **hat zugegeben**)

to admit ◇ *Gib doch zu, dass du dich getäuscht hast.* Admit you were wrong. ◇ *Sie wollte ihren Irrtum nicht zugeben.* She didn't want to admit her mistake.

zugehen VERB (IMPERFECT **ging zu**, PERFECT **ist zugegangen**)

to shut (*shut, shut*) ◇ *Die Tür geht nicht zu.* The door won't shut.

◆ **auf jemanden zugehen** to walk up to somebody ◇ *Sie ging auf den Mann zu und fragte ihn nach dem Weg.* She walked up to the man and asked him the way.

◆ **auf etwas zugehen** to walk towards something ◇ *Sie ging auf den Eingang zu, kehrte dann aber wieder um.* She walked towards the entrance but then turned back again.

◆ **Es geht dort seltsam zu.** There are strange goings-on there.

◆ **dem Ende zugehen** to be nearing the end

zugig ADJEKTIV

draughty

zügig ADJEKTIV

swift ◇ *eine zügige Entscheidung* a swift decision

zugreifen VERB (IMPERFECT **griff zu**, PERFECT **hat zugegriffen**)

1 *to help oneself* ◇ *Greift ungeniert zu, es ist genügend Kuchen da!* Feel free to help yourselves, there's plenty of cake.

2 *to seize* ◇ *Er sah das Seil und griff zu.* He saw the rope and seized it.

3 *to lend a hand* (*lent, lent*) ◇ *Du könntest ruhig ein bisschen zugreifen und mich nicht alles allein machen lassen.* You could at least lend a hand a bit instead of letting me do everything.

zugrunde ADVERB

◆ **elend zugrunde gehen** to come to a wretched end ◇ *Er fing an zu trinken und ging elend zugrunde.* He took to drink and came to a wretched end.

◆ **zugrunde richten** to destroy ◇ *Alkohol und Drogen haben sie zugrunde gerichtet.* Alcohol and drugs have destroyed her.

◆ **einer Sache etwas zugrunde legen** to base something on something ◇ *Diesem Film liegt ein Roman zugrunde.* This film is based on a novel.

zugunsten PRÄPOSITION

The preposition zugunsten *takes the dative or the genitive.*

in favour of ◇ *Das Gericht entschied zugunsten des Angeklagten.* The court decided in favour of the accused.

zugute ADVERB

◆ **jemandem zugute kommen** to stand somebody in good stead ◇ *Meine Englischkenntnisse sind mir im Urlaub zugute gekommen.* My knowledge of English stood me in good stead on holiday.

das **Zuhause** SUBSTANTIV (GEN des **Zuhause**)

home

zuhören VERB (PERFECT **hat zugehört**)

to listen ◇ *Du hörst mir ja gar nicht zu.* You're not listening to me at all.

der **Zuhörer** SUBSTANTIV (PL die **Zuhörer**)

listener

zukommen VERB (IMPERFECT **kam zu**, PERFECT **ist zugekommen**)

◆ **auf jemanden zukommen** to come up to somebody ◇ *Er kam auf uns zu und fragte uns, wie spät es ist.* He came up to us and asked what time it was.

◆ **jemandem etwas zukommen lassen** to give somebody something ◇ *Mein Onkel hat mir etwas Geld zukommen lassen.* My uncle gave me some money.

◆ **etwas auf sich zukommen lassen** to take something as it comes ◇ *Warum lässt du diese Sache nicht einfach auf dich zukommen?* Why don't you just take things as they come?

die **Zukunft** SUBSTANTIV

future ◇ *in Zukunft* in the future

zulassen VERB (PRESENT **lässt zu**, IMPERFECT **ließ zu**, PERFECT **hat zugelassen**)

1 *to allow* ◇ *Ich kann es nicht zulassen, dass du so spät noch fernsiehst.* I can't allow you to watch TV so late.

2 *to register* ◇ *Hast du dein Moped schon zugelassen?* Have you registered your moped yet?

3 *to leave closed* (*left, left*) ◇ *Bitte lass das Fenster zu.* Please leave the window closed.

◆ **Lass den Brief zu.** Don't open the letter.

zulässig ADJEKTIV

permissible

zuleide ADVERB

◆ **jemandem etwas zuleide tun** to hurt somebody ◇ *Bitte tu ihr nichts zuleide.* Please don't hurt her.

zuletzt ADVERB

1 *last* ◇ *Er wurde zuletzt in Begleitung einer Dame gesehen.* He was last seen in the company of a lady. ◇ *Wir sollten das zuletzt machen.* We should do that last.

2 *in the end* ◇ *Zuletzt hat sie es dann doch verstanden.* In the end she understood.

zuliebe ADVERB

◆ **jemandem zuliebe** to please somebody ◇ *Er ist mir zuliebe zu Hause geblieben.* He stayed at home to please me.

zum = **zu dem**

zumachen VERB (PERFECT **hat zugemacht**)
[1] *to shut* (*shut, shut*) ◇ *Mach bitte die Tür zu.* Please shut the door. ◇ *Wann machen die Geschäfte zu?* When do the shops shut?
[2] *to fasten* ◇ *Kannst du mal bitte mein Kleid zumachen?* Can you fasten my dress, please?

zumindest ADVERB
at least

zumute ADVERB
◆ **Wie ist ihm zumute?** How does he feel?

zumuten VERB (PERFECT **hat zugemutet**)
◆ **jemandem etwas zumuten** to ask something of somebody ◇ *Das kann ich ihm nicht zumuten.* I can't ask that of him.

die **Zumutung** SUBSTANTIV
◆ **Das ist eine Zumutung!** That's asking too much.

zunächst ADVERB
first of all ◇ *Wir sollten zunächst diese Frage klären.* We ought to clear this issue up first of all.
◆ **zunächst einmal** to start with

zunehmen VERB (PRESENT **nimmt zu**, IMPERFECT **nahm zu**, PERFECT **hat zugenommen**)
[1] *to increase* ◇ *Der Lärm nahm zu.* The noise increased.
[2] *to put on weight* (*put, put*) ◇ *Ich habe schon wieder zugenommen.* I've put on weight yet again.
◆ **Er hat fünf Kilo zugenommen.** He's put on five kilos.

die **Zuneigung** SUBSTANTIV
affection
◆ **Ich empfinde große Zuneigung für ihn.** I'm very fond of him.

die **Zunge** SUBSTANTIV
tongue

zur = **zu der**

zurechnungsfähig ADJEKTIV
compos mentis

sich **zurechtfinden** VERB (IMPERFECT **fand sich zurecht**, PERFECT **hat sich zurechtgefunden**)
to find one's way (*found, found*)

zurechtkommen VERB (IMPERFECT **kam zurecht**, PERFECT **ist zurechtgekommen**)
to manage

zurechtlegen VERB (PERFECT **hat zurechtgelegt**)
to sort out ◇ *Ich habe die Sachen für die Ferien schon zurechtgelegt.* I've already sorted out my things for my holiday.
◆ **sich eine Ausrede zurechtlegen** to think up an excuse ◇ *Na, welche Ausrede hast du dir denn diesmal zurechtgelegt?* Well, what excuse have you thought up this time?

zurück ADVERB
back

zurückbekommen VERB (IMPERFECT **bekam zurück**, PERFECT **hat zurückbekommen**)
to get back (*got, got*)

zurückbringen VERB (IMPERFECT **brachte zurück**, PERFECT **hat zurückgebracht**)
to bring back (*brought, brought*)

zurückfahren VERB (PRESENT **fährt zurück**, IMPERFECT **fuhr zurück**, PERFECT **ist/hat zurückgefahren**)
For the perfect tense use haben *when the verb has an object and* sein *when there is no object.*
to return ◇ *Wann fahrt ihr zurück?* When do you return?
◆ **jemanden zurückfahren** to drive somebody back ◇ *Sie hat mich nach Hause zurückgefahren.* She drove me back home.

zurückgeben VERB (PRESENT **gibt zurück**, IMPERFECT **gab zurück**, PERFECT **hat zurückgegeben**)
to give back (*gave, given*) ◇ *Gib mir bitte mein Buch zurück.* Please give me my book back.

zurückgehen VERB (IMPERFECT **ging zurück**, PERFECT **ist zurückgegangen**)
[1] *to go back* (*goes, went, gone*) ◇ *Wir sollten zurückgehen, bevor es zu spät wird.* We should go back before it gets too late.
[2] *to recede* ◇ *Das Hochwasser ist zurückgegangen.* The floodwater receded.
[3] *to fall* (*fell, fallen*) ◇ *Die Nachfrage geht zurück.* Demand is falling.
◆ **zurückgehen auf** to date back to ◇ *Die Gründung der Stadt Aachen geht auf Karl den Großen zurück.* The founding of the city of Aachen dates back to Charlemagne.

zurückhaltend ADJEKTIV
reserved ◇ *Er ist sehr zurückhaltend.* He is very reserved.

zurückkommen VERB (IMPERFECT **kam zurück**, PERFECT **ist zurückgekommen**)
to come back (*came, come*) ◇ *Er kam nach dem Film zurück.* He came back after the film. ◇ *Darf ich auf das zurückkommen, was Sie vorhin gesagt haben?* May I come back to what you were saying earlier?
◆ **Komm nicht zu spät zurück.** Don't be too late back.

zurücklegen VERB (PERFECT **hat zurückgelegt**)
[1] *to put back* (*put, put*) ◇ *Leg das Buch bitte an seinen Platz zurück.* Please put the book back in its place.
[2] *to put by* ◇ *Wir haben für die Ferien etwas Geld zurückgelegt.* We've put some money by for the holidays.
[3] *to put aside* ◇ *Können Sie mir diesen Pulli bitte zurücklegen?* Could you put this pullover aside for me, please?
[4] *to cover* ◇ *Wir haben heute zweihundert Kilometer zurückgelegt.* We've covered two hundred kilometres today.

zurücknehmen VERB (PRESENT **nimmt zurück**, IMPERFECT **nahm zurück**, PERFECT **hat zurückgenommen**)
to take back (*took, taken*)

zurücktreten VERB (PRESENT **tritt zurück**, IMPERFECT **trat zurück**, PERFECT **ist zurückgetreten**)
[1] *to step back* ◇ *Treten Sie etwas zurück bitte!* Step back a bit, please.
[2] *to resign* ◇ *Warum ist er zurückgetreten?* Why did he resign?

zurückzahlen VERB (PERFECT **hat zurückgezahlt**)
to repay (*repaid, repaid*) ◇ *Du solltest endlich das geliehene Geld zurückzahlen.* It's high time you repaid the money you borrowed.

zurückziehen VERB (IMPERFECT **zog zurück**, PERFECT **hat zurückgezogen**)
to pull back ◇ *Sie zog die Hand zurück.* She pulled her hand back.
◆ **ein Angebot zurückziehen** to withdraw an offer
◆ **sich zurückziehen** to retire ◇ *Sie hat sich in ihr Zimmer zurückgezogen.* She has retired to her room. ◇ *Er hat sich aus dem öffentlichen Leben zurückgezogen.* He has retired from public life.

zusagen VERB (PERFECT **hat zugesagt**)
[1] *to promise* ◇ *Er hat mir seine Hilfe zugesagt.* He promised to help me.
[2] *to accept an invitation* ◇ *Die meisten Gäste haben zugesagt.* Most of the guests have accepted the invitation.
◆ **jemandem zusagen** to appeal to somebody ◇ *Das Konzert hat mir nicht zugesagt.* The concert didn't appeal to me.

zusammen ADVERB
together

zusammenbleiben VERB (IMPERFECT **blieb zusammen**, PERFECT **sind zusammengeblieben**)
to stay together

zusammenbrechen VERB (PRESENT **bricht zusammen**, IMPERFECT **brach zusammen**, PERFECT **ist zusammengebrochen**)
[1] *to collapse* ◇ *Das Gebäude ist zusammengebrochen.* The building collapsed.
[2] *to break down* (*broke, broken*) ◇ *Als sie von seinem Tod erfuhr, ist sie zusammengebrochen.* When she heard of his death she broke down.

zusammenfassen VERB (PRESENT **fasst zusammen**, IMPERFECT **fasste zusammen**, PERFECT **hat zusammengefasst**)
to summarize ◇ *Sie fasste das Gesagte noch einmal kurz zusammen.* She briefly summarized once again what had been said.

die **Zusammenfassung** SUBSTANTIV
summary (PL *summaries*)

der **Zusammenhang** SUBSTANTIV (PL die **Zusammenhänge**)
connection ◇ *Gibt es einen Zusammenhang zwischen diesen Ereignissen?* Is there a connection between these events?
◆ **im Zusammenhang mit** in connection with ◇ *Zwei Männer wurden im Zusammenhang mit dem Mord verhört.* Two men were questioned in connection with the murder.
◆ **aus dem Zusammenhang** out of context ◇ *Du hast mich aus dem Zusammenhang zitiert.* You've quoted me out of context.

zusammenhängen VERB (IMPERFECT **hing zusammen**, PERFECT **hat zusammengehangen**)
to be connected (*is, was, been*) ◇ *Die beiden Ereignisse hängen miteinander zusammen.* The two events are connected.

zusammenkommen VERB (IMPERFECT **kam zusammen**, PERFECT **ist zusammengekommen**)
[1] *to meet up* (*met, met*) ◇ *Früher sind wir öfter zusammengekommen.* We used to meet up more often.
[2] *to come together* (*came, come*) ◇ *Es ist alles zusammengekommen.* Everything came together.

zusammenlegen VERB (PERFECT **hat zusammengelegt**)
[1] *to fold* ◇ *Sie legte die Wäsche zusammen.* She folded the washing.
[2] *to merge* ◇ *Die beiden Klassen sollen zusammengelegt werden.* The two classes are to be merged.
[3] *to combine* (*Termine, Feste*) ◇ *Wir können unsere Geburtstagspartys doch zusammenlegen.* We can combine our birthday parties.
[4] *to club together* ◇ *Wir haben zusammengelegt und ihr eine CD gekauft.* We clubbed together and bought her a CD.

zusammennehmen VERB (PRESENT **nimmt zusammen**, IMPERFECT **nahm zusammen**, PERFECT **hat zusammengenommen**)
to summon up ◇ *Ich musste meinen ganzen Mut zusammennehmen.* I had to summon up all my courage.
◆ **alles zusammengenommen** all in all
◆ **sich zusammennehmen** to pull oneself together

zusammenpassen VERB (PRESENT **passt zusammen**, IMPERFECT **passte zusammen**, PERFECT **haben zusammengepasst**)
[1] *to be well suited* (*is, was, been*) ◇ *Die beiden passen gut zusammen.* The two are well suited.
[2] *to go together* (*goes, went, gone*) ◇ *Der Pulli und die Hose passen nicht zusammen.* The pullover and the trousers don't go together.

zusammenschreiben VERB (IMPERFECT **schrieb zusammen**, PERFECT **hat zusammengeschrieben**)
◆ **Schreibt man dieses Wort zusammen oder auseinander?** Is this written as one word or two?

das **Zusammensein** SUBSTANTIV
get-together ◇ *ein gemütliches Zusammensein* a cosy get-together

zusammenstellen VERB (PERFECT **hat**

zusammengestellt)
1 *to put together* (put, put) ◇ *Stellt alle Stühle zusammen.* Put all the chairs together.
2 *to compile* ◇ *Ich habe eine Wunschliste zusammengestellt.* I've compiled a list of presents I'd like.

der **Zusammenstoß** SUBSTANTIV (GEN des **Zusammenstoßes,** PL die **Zusammenstöße**)
collision

zusammenstoßen VERB (PRESENT **stößt zusammen,** IMPERFECT **stieß zusammen,** PERFECT **sind zusammengestoßen**)
to collide

zusammenzählen VERB (PERFECT **hat zusammengezählt**)
to add up

zusätzlich ADJEKTIV, ADVERB
1 *additional* ◇ *Wir sollen eine zusätzliche Englischstunde bekommen.* We're to get an additional English lesson.
2 *in addition* ◇ *Zusätzlich zu den Matheaufgaben muss ich noch Physik machen.* I still have some physics to do in addition to my maths homework.

zuschauen VERB (PERFECT **hat zugeschaut**)
to watch ◇ *Habt ihr beim Match zugeschaut?* Did you watch the match?

die **Zuschauer** MASC PL SUBSTANTIV
audience SING ◇ *Die Zuschauer haben geklatscht.* The audience clapped.

zuschicken VERB (PERFECT **hat zugeschickt**)
◆ **jemandem etwas zuschicken** to send somebody something ◇ *Wir werden Ihnen unseren Katalog zuschicken.* We'll send you our catalogue.

der **Zuschlag** SUBSTANTIV (PL die **Zuschläge**)
surcharge ◇ *Für den ICE brauchst du einen Zuschlag.* You have to pay a surcharge if you go by Intercity Express.

zusehen VERB (PRESENT **sieht zu,** IMPERFECT **sah zu,** PERFECT **hat zugesehen**)
to watch ◇ *Wir haben beim Match zugesehen.* We watched the match. ◇ *Er stand nur dabei und sah zu.* He just stood there watching.
◆ **jemandem zusehen** to watch somebody ◇ *Ich habe ihr dabei zugesehen, wie sie ihr Zimmer aufräumte.* I watched her tidy up her room.
◆ **zusehen, dass etwas gemacht wird** to make sure something is done ◇ *Sieh zu, dass die Kinder früh ins Bett kommen.* Make sure that the children go to bed early.

zusenden VERB (IMPERFECT **sendete** *or* **sandte zu,** PERFECT **hat zugesendet** *or* **zugesandt**)
to send (sent, sent) ◇ *Wir werden Ihnen unseren Prospekt zusenden.* We'll send you our brochure.

der **Zustand** SUBSTANTIV (PL die **Zustände**)
1 *state* ◇ *Das Haus war in einem furchtbaren Zustand.* The house was in an awful state. ◇ *Das sind hier ja schreckliche Zustände.* This is a terrible state of affairs.
2 *condition* ◇ *Das Auto ist noch in gutem Zustand.* The car's still in good condition.

zustande ADVERB
◆ **zustande bringen** to bring about
◆ **zustande kommen** to come about

zuständig ADJEKTIV
◆ **Dafür bin ich nicht zuständig.** That's not my responsibility.
◆ **der zuständige Beamte** the official in charge

zustimmen VERB (PERFECT **hat zugestimmt**)
to agree ◇ *Ich stimme dir zu.* I agree with you.

die **Zustimmung** SUBSTANTIV
1 *consent* ◇ *Du brauchst die Zustimmung deiner Eltern.* You need your parents' consent.
2 *approval* ◇ *wenn das deine Zustimmung findet* if that meets with your approval

zustoßen VERB (PRESENT **stößt zu,** IMPERFECT **stieß zu,** PERFECT **ist zugestoßen**)
to happen ◇ *Ihm ist doch hoffentlich nichts zugestoßen.* Let's hope nothing's happened to him.

die **Zutaten** FEM PL SUBSTANTIV
ingredients PL

zutreffen VERB (PRESENT **trifft zu,** IMPERFECT **traf zu,** PERFECT **hat zugetroffen**)
1 *to be true* (is, was, been) ◇ *Es trifft nicht zu, dass ich das Buch mitgenommen habe.* It's not true that I took the book with me.
2 *to apply* (applied, applied) ◇ *Diese Beschreibung trifft nicht auf sie zu.* This description doesn't apply to her.

zutreffend ADJEKTIV
◆ **Zutreffendes bitte unterstreichen.** Please underline where applicable.

zuverlässig ADJEKTIV
reliable

zuversichtlich ADJEKTIV
confident

zuviel ADVERB *siehe* **viel**

zuvor ADVERB
before ◇ *der Tag zuvor* the day before

zuwenig ADVERB *siehe* **wenig**

zuwider ADVERB
◆ **Spinnen sind mir zuwider.** I detest spiders.

zuziehen VERB (IMPERFECT **zog zu,** PERFECT **hat zugezogen**)
1 *to draw* (drew, drawn) ◇ *Es wird dunkel, zieh bitte die Vorhänge zu.* It's getting dark, please draw the curtains.
2 *to call in* ◇ *Wir sollten einen Fachmann zuziehen.* We should call in an expert.
◆ **sich etwas zuziehen** to catch something ◇ *Ich habe mir eine Erkältung zugezogen.* I've caught a cold.

zuzüglich PRÄPOSITION
The preposition **zuzüglich** *takes the genitive.*
plus ◇ *zweihundert Mark zuzüglich der Spesen* two hundred marks plus expenses

der **Zwang** SUBSTANTIV (PL die **Zwänge**)
compulsion

zwängen VERB
to squeeze

zwanglos ADJEKTIV
informal ◇ *ein zwangloses Gespräch* an informal talk

zwanzig ZAHL
twenty

zwar ADVERB
although ◇ *Ich habe das zwar gesagt, aber es war nicht so gemeint.* Although I said it, it wasn't meant like that.
- **das ist zwar..., aber...** that may be...but... ◇ *Das ist zwar viel, aber mir reicht es nicht.* That may be a lot, but it's not enough for me.
- **Sie ist zwar klug, aber diesmal hat sie Unrecht.** She may be clever, but she's wrong this time.
- **und zwar am Sonntag** on Sunday to be precise
- **und zwar so schnell, dass...** in fact, so quickly that...

der **Zweck** SUBSTANTIV (PL die **Zwecke**)
1 *purpose* ◇ *Was ist der Zweck Ihres Besuchs?* What's the purpose of your visit?
2 *point* ◇ *Was ist der Zweck dieser Übung?* What's the point of this exercise?
◇ *Es hat keinen Zweck.* There's no point.

zwecklos ADJEKTIV
pointless

zwei ZAHL
siehe auch die Zwei SUBSTANTIV
two

die **Zwei** SUBSTANTIV
siehe auch zwei ZAHL
1 *two*
2 *good* (*Schulnote*)
German marks range from one (sehr gut) *to six* (ungenügend).

zweideutig ADJEKTIV
1 *ambiguous* ◇ *Sie hat sich zweideutig ausgedrückt.* She expressed herself very ambiguously.
2 *suggestive* ◇ *Er macht immer so zweideutige Witze.* He's always making such suggestive jokes.

zweierlei ADJEKTIV
- **zweierlei Stoff** two different kinds of material
- **Das sind doch zweierlei Dinge.** They're two different things.
- **zweierlei Meinung** of differing opinions

zweifach ADJEKTIV
1 *double* ◇ *die zweifache Menge* double the quantity
2 *twice* ◇ *Der Brief war zweifach gefaltet.* The letter had been folded twice.

der **Zweifel** SUBSTANTIV (PL die **Zweifel**)
doubt ◇ *ohne Zweifel* without doubt

zweifelhaft ADJEKTIV
1 *doubtful* ◇ *Es ist noch zweifelhaft, ob wir kommen.* It's still doubtful whether we're coming.
2 *dubious* ◇ *eine zweifelhafte Lösung* a dubious solution
- **ein zweifelhaftes Kompliment** a backhanded compliment

zweifellos ADVERB
doubtless
- **Sie hat sich zweifellos bemüht.** There's no doubt that she tried.

zweifeln VERB
- **an etwas zweifeln** to doubt something ◇ *Ich zweifle an der Richtigkeit dieser Aussage.* I doubt the truth of this statement.
- **zweifeln, ob** to doubt whether ◇ *Ich zweifle, ob wir das schaffen.* I doubt whether we'll make it.

der **Zweig** SUBSTANTIV (PL die **Zweige**)
branch (PL *branches*)

die **Zweigstelle** SUBSTANTIV
branch ◇ *Die nächste Zweigstelle ist in Villach.* The nearest branch is in Villach.

zweihundert ZAHL
two hundred

zweimal ADVERB
twice

zweisprachig ADJEKTIV
bilingual

zweispurig ADJEKTIV
two-lane

zweit ADVERB
- **zu zweit (1)** together ◇ *Wir fahren zu zweit in die Ferien.* We're going on holiday together.
- **zu zweit (2)** in twos ◇ *Stellt euch zu zweit auf.* Line up in twos.

zweitbeste ADJEKTIV
second best

zweite ADJEKTIV
second ◇ *Er kam als Zweiter.* He was the second to arrive.

zweitens ADVERB
secondly

zweitgrößte ADJEKTIV
second largest

zweitklassig ADJEKTIV
inferior

zweitletzte ADJEKTIV
last but one ◇ *Er ging als Zweitletzter durchs Ziel.* He was last but one to cross the finishing line.

der **Zwerg** SUBSTANTIV (PL die **Zwerge**)
dwarf (PL *dwarves*)

die **Zwetschge** SUBSTANTIV
damson

der **Zwieback** SUBSTANTIV (PL die **Zwiebacke**)
rusk

die **Zwiebel** SUBSTANTIV
onion ◇ *Sebastian mag keine Zwiebeln.* Sebastian doesn't like onions.

der **Zwilling** SUBSTANTIV (PL die **Zwillinge**)
twin ◇ *Diese Zwillinge sehen sich zum Verwechseln ähnlich.* The twins are the spitting image of each other.
- **Zwillinge** (*Sternzeichen*) Gemini ◇ *Michael ist Zwilling.* Michael's Gemini.

zwingen VERB (IMPERFECT **zwang**, PERFECT **hat gezwungen**)
to force

zwinkern VERB
to wink ◇ *Als sie das sagte, zwinkerte er wissend.* When she said that he winked knowingly.

zwischen PRÄPOSITION
Use the accusative to express movement or a change of place. Use the dative when there is no change of place.
between ◇ *Er stand zwischen den beiden Mädchen.* He was standing between the two girls. ◇ *Stell deinen Stuhl zwischen unsere.* Put your chair between ours.

das **Zwischending** SUBSTANTIV
cross (PL *crosses*) ◇ *Das ist ein Zwischending zwischen Schreibmaschine und Computer.* It's a cross between a typewriter and a computer.

zwischendurch ADVERB
in between ◇ *Wir haben zwischendurch eine Pause gemacht.* We had a break in between.

der **Zwischenfall** SUBSTANTIV (PL die **Zwischenfälle**)
incident

die **Zwischenlandung** SUBSTANTIV
stopover

zwischenmenschlich ADJEKTIV
interpersonal ◇ *zwischenmenschliche Beziehungen* interpersonal relationships

zwitschern VERB
to chirp

zwölf ZAHL
twelve

Zypern NEUT SUBSTANTIV
Cyprus
- **aus Zypern** from Cyprus
- **nach Zypern** to Cyprus

Z

RÄTSEL

Einleitung

Die Rätsel auf den folgenden Seiten sollen Ihnen dabei helfen, den richtigen Umgang mit Ihrem Wörterbuch zu üben. Bitte lesen Sie den Abschnitt "Benutzungshinweise" am Anfang dieses Buches, bevor Sie sich an die Rätsel machen. Keine Angst, falls Sie wirklich einmal nicht mehr weiter wissen sollten: Am Ende dieses Rätselabschnitts finden Sie die Auflösungen.

GAMES

Introduction

The wordgames on the following pages have been designed to give you practice in using your dictionary. Make sure you read the "How to use your dictionary" section at the front of this book before you start. Don't worry, there are answers at the end of the wordgames in case you get really stuck!

WORDGAME 1

DIE PASSENDE ÜBERSETZUNG

Lösen Sie dieses Kreuzworträtsel, indem Sie die deutschen Wörter nachschlagen und die passenden englischen Übersetzungen finden. Die Sache hat allerdings einen Haken: Die meisten dieser deutschen Wörter haben mehr als eine englische Entsprechung, aber nur eine passt in das Kreuzworträtsel.

1. **WÄHREND**
2. **MANN**
3. **ÜBER**
4. **MICH**
5. **PUDDING**
6. **HINTER**
7. **NACHRICHT**
8. **ARBEIT**
9. **GUT**
10. **SOLLEN**
11. **IHM**
12. **UNTER**

WORDGAME 2

DIE WORTARTEN

In jedem der folgenden Sätze ist ein Wort schaffiert. Je nachdem, ob es sich dabei um ein **Substantiv, Adjektiv, Adverb** oder **Verb** handelt, soll eine der Spalten angekreuzt werden. Lesen Sie den Abschnitt "Benutzungshinweise" am Anfang dieses Buches, um sich noch einmal ins Gedächtnis zu rufen, was Substantive, Adjektive, Adverbien und Verben sind. Beachten Sie auch, dass das eine oder andere Wort in identischer Form verschiedene Wortarten hat und daher in mehr als einem Eintrag im Wörterbuch vorkommen kann.

SATZ	SUBST	ADJ	ADV	VERB
1. My parents live in Glasgow.				
2. I prefer beer to wine.				
3. Her cat is called Pip.				
4. I did well in my exams.				
5. Dinner is at eight o'clock.				
6. My friend was pleased to see me.				
7. The shop closes in ten minutes.				
8. She goes daily to the swimming pool.				
9. I had a great time in Germany.				
10. We couldn't stop laughing at the joke.				

WORDGAME 3

ZAHLENSPIEL

In den folgenden Kästchen wurden die Buchstaben von zehn englischen Wörtern durch Zahlen ersetzt. Dieselbe Zahl steht immer für denselben Buchstaben.

Knacken Sie den Kode und erraten Sie die zehn Wörter. Schlagen Sie im Wörterbuch nach, wenn Sie dabei Hilfe brauchen sollten.

Hier noch ein Hinweis: Alle gesuchten Begriffe bezeichnen TIERE.

1.	T 1	I 2	3	4	5			
2.	6	7	3					
3.	4	8	4	9	10	11	12	T 1
4.	10	7	5	13	4			
5.	3	7	11	T 1				
6.	14	11	T 1					
7.	10	11	15	13	T 1	4	5	
8.	10	2	9	9	7			
9.	9	2	3					
10.	16	2	T 1	T 1	4	12		

WORDGAME 4

CHOOSING THE RIGHT TRANSLATION

Complete the crossword below by looking up the English words in the list and finding the correct German translations. There is a slight catch, however! All the English words have more than one German translation, but only one will fit correctly into the crossword. Beside each English word we have given you a clue, telling you whether the correct translation is a noun, adjective, adverb or verb

1. **HELP** (NOUN)
2. **CLOSE** (ADVERB)
3. **ALONE** (ADVERB)
4. **LIGHT** (ADJECTIVE)
5. **KICK** (VERB)
6. **ROLL** (NOUN)
7. **DARK** (ADJECTIVE)
8. **COLD** (NOUN)
9. **ALTERNATIVE** (NOUN)
10. **EMPTY** (ADJECTIVE)
11. **DELAY** (VERB)
12. **KIND** (ADJECTIVE)

WORDGAME 5

NOUNS

This list contains the singular form of some German nouns. Use your dictionary to find the plural form. Remember that the plural may appear separately, or it may be shown in the same entry as the singular form. Don't forget, if the plural form is regular, it won't be shown in the dictionary.

SINGULAR	PLURAL
das Haus	
der Garten	
das Pferd	
die Freundin	
das Abendessen	
das Abonnement	
die Frau	
der Gast	
die Fahrt	
der Ehemann	

Use your dictionary to find the genitive of the following nouns. If it is irregular, the genitive form appears in brackets and in bold on the line below the singular form. Remember that if the genitive form is regular, it won't be shown in the dictionary.

SINGULAR	GENITIVE
der Arzt	
der Bär	
die Hose	
das Kind	
der Laden	
der Herr	
die Maus	
der August	
die Bluse	
der Astronaut	

WORDGAME 6

VERB TENSES

Use the verb tables on pages 330 to 345 to help you fill in the blanks in the table below.

INFINITIVE	PRESENT	IMPERFECT	PERFECT	FUTURE
machen				du__________
gehen		er__________		
__________	ihr habt			
lesen	du__________			
fahren			wir__________	
beginnen				ich__________
essen	er__________			
können			ich__________	
__________			sie hat geholfen	
schwimmen			er__________	
tun		es__________		
sprechen				er__________
nehmen		ich__________		
wollen	ich__________			
__________		wir standen		

ANTWORTEN/ANSWERS

WORDGAME 1

1. while
2. husband
3. via
4. me
5. blancmange
6. after
7. news
8. test
9. well
10. should
11. him
12. among

WORDGAME 2

1. Verb
2. Substantiv
3. Verb
4. Adverb
5. Substantiv
6. Adjektiv
7. Substantiv
8. Adverb
9. Adjektiv
10. Verb

WORDGAME 3

1. tiger
2. dog
3. elephant
4. horse
5. goat
6. cat
7. hamster
8. hippo
9. pig
10. kitten

WORDGAME 4

1. Hilfe
2. knapp
3. allein
4. leicht
5. treten
6. Rolle
7. dunkel
8. Kälte
9. Alternative
10. leer
11. verschieben
12. nett

WORDGAME 5

Plural forms

1. die Häuser
2. die Gärten
3. die Pferde
4. die Freundinnen
5. die Abendessen
6. die Abonnements
7. die Frauen
8. die Gäste
9. die Fahrten
10. die Ehemänner

WORDGAME 5

Genitive forms

1. des Arztes
2. des Bären
3. der Hose
4. des Kinds *or* des Kindes
5. des Ladens
6. des Herrn
7. der Maus
8. des August *or* des Augustes
9. der Bluse
10. des Astronauten

WORDGAME 6

1. du wirst machen
2. er ging
3. haben
4. du liest
5. wir sind gefahren
6. ich werde beginnen
7. er isst
8. ich habe gekonnt
9. helfen
10. er ist geschwommen
11. es tat
12. er wird sprechen
13. ich nahm
14. ich will
15. stehen

ENGLISCHE VERBEN

INHALT

ENGLISCHE VERBTABELLEN

Dieser Abschnitt beinhaltet acht wichtige englische Verben. Englische Verben lassen sich in regelmäßige und unregelmäßige Verben unterteilen. Es ist wichtig zu wissen, welche Verben zu welcher Gruppe gehören.

Über jeder Tabelle finden Sie den Infinitiv, das Partizip Präsens, das Partizip Perfekt, einige Beispielsätze zum Gebrauch des jeweiligen Verbs sowie das Perfekt, das einfache und das erweiterte Futur, dessen Formen sich aus der angeführten Variante leicht für jede Person ableiten lassen. Die Tabelle selbst zeigt Ihnen das Verb in den verschiedenen Personen im Präsens und im Präteritum.

PRÄSENS (Gegenwart)	**I make** *oder* **I am making**
PERFEKT	**I have made** *oder* **I have been making**
PRÄTERITUM (Vergangenheit)	**I made** *oder* **I was making**
FUTUR (Zukunft)	**I will make** *oder* **I will be making**

In der Gegenwart verändern englische Verben ihre Form nur in der dritten Person Singular:

he say**s**, she speak**s** English, the dog bark**s**

Bei Verben, die auf **-y** enden, wird dieses **-y** dabei oft zu **-ies**:

to try - he tr**ies**, to marry - she marr**ies** *ABER* to betray - he betrays

Die Vergangenheit wird im Englischen oft durch Anhängen der Endung **-ed** an die Grundform gebildet:

to laugh - he laugh**ed**, to shout - they shout**ed**

Wenn ein Verb auf **-e** endet, wird nur **-d** angehängt:

to love - we love**d**, to dare - she dare**d**

Die Endung **-y** wird bei Bildung der Vergangenheit oft zu **-ied**:

to cry - she cr**ied**, to worry - we worr**ied** *ABER* to play - they played

Das Perfekt wird aus der entsprechenden Form von **to have** und dem Partizip Perfekt gebildet:

I **have worked**, they **have returned**

Beachten Sie, dass das englische Perfekt nicht wie im Deutschen zum Ausdruck der Vergangenheit benutzt wird, sondern vielmehr zeigt, dass die jeweilige Handlung noch andauert.

I have always liked Scotland.

Zur Bildung der Zukunft wird das Hilfsverb **will** und die Grundform des jeweiligen Verbs benutzt:

I **will read**
they **will work**

Wie im Deutschen gibt es auch im Englischen unregelmäßige Verben. Die wichtigsten Vertreter dieser Gruppe sind in den Verbtabellen vorgestellt. Im Anschluß an die Tabellen finden Sie eine Liste mit weiteren unregelmäßigen Verben. Wenn Sie vom Englischen ins Deutsche übersetzen und dabei auf eine ungewöhnliche Verbform stoßen, können Sie womöglich schon aus dem Kontext erkennen, dass es sich um eine Ableitung von einem unregelmäßigen Verb handelt und dies anhand der Verbtabellen und der Liste unregelmäßiger Verben überprüfen. Um das Auffinden der Grundform zu erleichtern, sind im englisch-deutschen Teil des Wörterverzeichnisses unregelmäßige Verbformen entsprechend der alphabetischen Reihenfolge aufgeführt und zur Grundform verwiesen.

ERWEITERTE UND EINFACHE ZEITFORMEN

Erweitere Zeitformen werden mit einer Form von **to be** und dem Partizip Präsens des jeweiligen Verbs gebildet:

I **am walking**
I **have been walking**
I **was walking**
I **will be walking**

Erweiterte Formen werden meist dann benutzt, wenn von einer Handlung die Rede ist, die bereits stattfindet, wenn eine andere Handlung einsetzt:

Don't distract him, he **is preparing** for his exam.
This time tomorrow she **will be travelling** up north.
When he entered the room, I **was watching** TV.

Erweiterte Formen werden auch benutzt um zu zeigen, dass eine Handlung nicht beendet ist oder eine Situation nur vorübergehend ist:

I **am working** with Jim and Craig at the moment.
The doorbell rang while I **was having** a shower.

Gewohnheitsmäßige Handlungen werden in der einfachen Zeitform ausgedrückt:

I **visited** my grandmother regularly.
I **get up** at seven every morning.

Vergleichen Sie die folgenden Sätze im Hinblick auf den Gebrauch erweiterter und einfacher Zeitformen.

I **was speaking** to my friend when the phone rang.
I **spoke** to my friend and then rang my mother.

John **reads** the paper at the breakfast table every morning.
John **is** just **reading** the paper.

to **love**

lieben

PARTIZIP PRÄSENS

loving

BEISPIELE

I **love** *you.* Ich liebe dich.
She **has** *always* **loved** *chocolate.* Sie hat schon immer Schokolade gemocht.
They **loved** *their mum.* Sie haben ihre Mutter geliebt.

PARTIZIP PERFEKT

loved

PERFEKT

have/has loved

EINFACHES FUTUR

will love

ERWEITERTES FUTUR

will be loving

EINFACHES PRÄSENS

I	love
you	love
he	loves
we	love
you	love
they	love

ERWEITERTES PRÄSENS

I	am loving
you	are loving
he	is loving
we	are loving
you	are loving
they	are loving

EINFACHES PRÄTERITUM

I	loved
you	loved
he	loved
we	loved
you	loved
they	loved

ERWEITERTES PRÄTERITUM

I	was loving
you	were loving
he	was loving
we	were loving
you	were loving
they	were loving

weinen

BEISPIELE

She **cries** *easily.* Sie ist leicht zum Weinen zu bringen.
They **cried** *when their dog died.* Sie weinten, als ihr Hund starb.
I **cry** *at sad films.* Bei traurigen Filmen muss ich immer weinen.

PARTIZIP PRÄSENS

crying

PARTIZIP PERFEKT

cried

PERFEKT

have/has cried

EINFACHES FUTUR

will cry

ERWEITERTES FUTUR

will be crying

EINFACHES PRÄSENS

I	cry
you	cry
he	cries
we	cry
you	cry
they	cry

ERWEITERTES PRÄSENS

I	am crying
you	are crying
he	is crying
we	are crying
you	are crying
they	are crying

EINFACHES PRÄTERITUM

I	cried
you	cried
he	cried
we	cried
you	cried
they	cried

ERWEITERTES PRÄTERITUM

I	was crying
you	were crying
he	was crying
we	were crying
you	were crying
they	were crying

to **be**

sein

PARTIZIP PRÄSENS

being

BEISPIELE

How **are** *you?* Wie geht es dir?
She **is** *thirteen years old.* Sie ist dreizehn Jahre alt.
*It'***s** *cold today.* Heute ist es kalt.
*I'***m** *hungry.* Ich habe Hunger.

PARTIZIP PERFEKT

been

PERFEKT

have/has been

EINFACHES FUTUR

will be

ERWEITERTES FUTUR

will be being

EINFACHES PRÄSENS

I	am
you	are
he	is
we	are
you	are
they	are

ERWEITERTES PRÄSENS

I	am being
you	are being
he	is being
we	are being
you	are being
they	are being

EINFACHES PRÄTERITUM

I	was
you	were
he	was
we	were
you	were
they	were

ERWEITERTES PRÄTERITUM

I	was being
you	were being
he	was being
we	were being
you	were being
they	were being

können

BEISPIELE

She **can** *swim well.* Sie kann gut schwimmen.
I **can***'t speak French.* Ick kann kein Französisch.
We **could***n't get tickets.* Wir haben keine Karten mehr bekommen.

EINFACHES PRÄSENS		*EINFACHES PRÄTERITUM*	
I	can	I	could
you	can	you	could
he	can	he	could
we	can	we	could
you	can	you	could
they	can	they	could

to **do**

machen

PARTIZIP PRÄSENS

doing

BEISPIELE

What shall we **do** *now?* Was sollen wir jetzt machen?
How **do** *you* **do**? Angenehm!
He'**s doing** *his homework.* Er macht gerade seine Hausaufgaben.

PARTIZIP PERFEKT

done

PERFEKT

have/has done

EINFACHES FUTUR

will do

ERWEITERTES FUTUR

will be doing

EINFACHES PRÄSENS

I	do
you	do
he	does
we	do
you	do
they	do

ERWEITERTES PRÄSENS

I	am doing
you	are doing
he	is doing
we	are doing
you	are doing
they	are doing

EINFACHES PRÄTERITUM

I	did
you	did
he	did
we	did
you	did
they	did

ERWEITERTES PRÄTERITUM

I	was doing
you	were doing
he	was doing
we	were doing
you	were doing
they	were doing

to **get**

bekommen

BEISPIELE

I **got** *top marks in the German exam.* In der Deutschprüfung habe ich sehr gute Zensuren bekommen.
*She'***s got** *a cold.* Sie hat sich erkältet.
Have *you* **got** *any pets?* Hast du Haustiere?

PARTIZIP PRÄSENS

getting

PARTIZIP PERFEKT

got

PERFEKT

have/has got

EINFACHES FUTUR

will get

ERWEITERTES FUTUR

will be getting

EINFACHES PRÄSENS

I get
you get
he gets
we get
you get
they get

ERWEITERTES PRÄSENS

I am getting
you are getting
he is getting
we are getting
you are getting
they are getting

EINFACHES PRÄTERITUM

I got
you got
he got
we got
you got
they got

ERWEITERTES PRÄTERITUM

I was getting
you were getting
he was getting
we were getting
you were getting
they were getting

to **go**

gehen

PARTIZIP PRÄSENS

going

BEISPIELE

Where **are** *you* **going**? Wohin gehst du?
We **went** *to the cinema.* Wir sind ins Kino gegangen.
*We***'ll go** *shopping tomorrow.* Wir gehen morgen einkaufen.

PARTIZIP PERFEKT

gone

PERFEKT

have/has gone

EINFACHES FUTUR

will go

ERWEITERTES FUTUR

will be going

EINFACHES PRÄSENS

I	go
you	go
he	goes
we	go
you	go
they	go

ERWEITERTES PRÄSENS

I	am going
you	are going
he	is going
we	are going
you	are going
they	are going

EINFACHES PRÄTERITUM

I	went
you	went
he	went
we	went
you	went
they	went

ERWEITERTES PRÄTERITUM

I	was going
you	were going
he	was going
we	were going
you	were going
they	were going

to **have**

haben

BEISPIELE

She **has** *brown hair.* Sie hat braune Haare.
I **had** *sandwiches for lunch.* Zum Mittag habe ich Sandwiches gegessen.
*We'***re having** *a party tonight.* Wir geben heute Abend eine Party.

PARTIZIP PRÄSENS

having

PARTIZIP PERFEKT

had

PERFEKT

have/has had

EINFACHES FUTUR

will have

ERWEITERTES FUTUR

will be having

EINFACHES PRÄSENS

I	have
you	have
he	has
we	have
you	have
they	have

ERWEITERTES PRÄSENS

I	am having
you	are having
he	is having
we	are having
you	are having
they	are having

EINFACHES PRÄTERITUM

I	had
you	had
he	had
we	had
you	had
they	had

ERWEITERTES PRÄTERITUM

I	was having
you	were having
he	was having
we	were having
you	were having
they	were having

UNREGELMÄSSIGE ENGLISCHE VERBEN

present	pt	pp
arise	arose	arisen
awake	awoke	awoken
be (am, is, are; being)	was, were	been
bear	bore	born(e)
beat	beat	beaten
become	became	become
begin	began	begun
bend	bent	bent
bet	bet, betted	bet, betted
bid *(at auction)*	bid	bid
bind	bound	bound
bite	bit	bitten
bleed	bled	bled
blow	blew	blown
break	broke	broken
breed	bred	bred
bring	brought	brought
build	built	built
burn	burnt, burned	burnt, burned
burst	burst	burst
buy	bought	bought
can	could	(been able)
cast	cast	cast
catch	caught	caught
choose	chose	chosen
cling	clung	clung
come	came	come
cost	cost	cost
creep	crept	crept
cut	cut	cut
deal	dealt	dealt
dig	dug	dug
do (does)	did	done
draw	drew	drawn
dream	dreamed, dreamt	dreamed, dreamt
drink	drank	drunk
drive	drove	driven
eat	ate	eaten
fall	fell	fallen
feed	fed	fed
feel	felt	felt
fight	fought	fought
find	found	found
fling	flung	flung
fly	flew	flown
forbid	forbad(e)	forbidden
forecast	forecast	forecast

present	pt	pp
forget	forgot	forgotten
forgive	forgave	forgiven
freeze	froze	frozen
get	got	got, *(US)* gotten
give	gave	given
go (goes)	went	gone
grind	ground	ground
grow	grew	grown
hang	hung	hung
hang *(execute)*	hanged	hanged
have	had	had
hear	heard	heard
hide	hid	hidden
hit	hit	hit
hold	held	held
hurt	hurt	hurt
keep	kept	kept
kneel	knelt, kneeled	knelt, kneeled
know	knew	known
lay	laid	laid
lead	led	led
lean	leant, leaned	leant, leaned
leap	leapt, leaped	leapt, leaped
learn	learnt, learned	learnt, learned
leave	left	left
lend	lent	lent
let	let	let
lie (lying)	lay	lain
light	lit, lighted	lit, lighted
lose	lost	lost
make	made	made
may	might	—
mean	meant	meant
meet	met	met
mistake	mistook	mistaken
mow	mowed	mown, mowed
must	(had to)	(had to)
pay	paid	paid
put	put	put
quit	quit, quitted	quit, quitted
read	read	read
rid	rid	rid
ride	rode	ridden
ring	rang	rung
rise	rose	risen
run	ran	run

present	pt	pp
saw	sawed	sawed, sawn
say	said	said
see	saw	seen
sell	sold	sold
send	sent	sent
set	set	set
sew	sewed	sewn
shake	shook	shaken
shear	sheared	shorn, sheared
shed	shed	shed
shine	shone	shone
shoot	shot	shot
show	showed	shown
shrink	shrank	shrunk
shut	shut	shut
sing	sang	sung
sink	sank	sunk
sit	sat	sat
sleep	slept	slept
slide	slid	slid
sling	slung	slung
slit	slit	slit
smell	smelt, smelled	smelt, smelled
sow	sowed	sown, sowed
speak	spoke	spoken
speed	sped, speeded	sped, speeded
spell	spelt, spelled	spelt, spelled
spend	spent	spent
spill	spilt, spilled	spilt, spilled
spin	spun	spun

present	pt	pp
spit	spat	spat
spoil	spoiled, spoilt	spoiled, spoilt
spread	spread	spread
spring	sprang	sprung
stand	stood	stood
steal	stole	stolen
stick	stuck	stuck
sting	stung	stung
stink	stank	stunk
stride	strode	stridden
strike	struck	struck
swear	swore	sworn
sweep	swept	swept
swell	swelled	swollen, swelled
swim	swam	swum
swing	swung	swung
take	took	taken
teach	taught	taught
tear	tore	torn
tell	told	told
think	thought	thought
throw	threw	thrown
thrust	thrust	thrust
tread	trod	trodden
wake	woke, waked	woken, waked
wear	wore	worn
weave	wove	woven
weep	wept	wept
win	won	won
wind	wound	wound
wring	wrung	wrung
write	wrote	written

GERMAN VERBS

CONTENTS

GERMAN VERB TABLES

This section contains thirteen important German verbs that you need to learn. German verbs fall mainly into two categories - **regular** (weak) and **irregular**- and it is important to learn which verbs fall into which category.

At the top of each table you will find the infinitive, the imperative and the past participle, plus examples of how you might want to use the verb. The lower section of the tables shows you how to form six tenses of the verb:

PRESENT	e.g. ich sage = **I say** *or* **I am saying**
IMPERFECT	e.g. ich sagte = **I was saying** *or* **I said**
PERFECT	e.g. ich habe gesagt = **I said** *or* **I have said**
FUTURE	e.g. ich werde sagen = **I will say**
CONDITIONAL	e.g. ich würde sagen = **I would say**
PRESENT SUBJUNCTIVE	e.g. ich sage = **I say**

1. REGULAR (WEAK) VERBS

German regular verbs follow a set pattern. Once you have learnt this pattern, you will be able to form *any* regular verb.

HOW TO FORM A REGULAR VERB

i. a) To form the present and imperfect tense, take the infinitive minus the last two letters.
This is called the **stem** e.g. *machen* - **mach**

ii. Next add the appropriate **ending.** You need to ask yourself two questions:

a) **Who** is doing the verb (ich, du, er *etc*)?
b) **When** are they doing it (in the present, the past or the future)?

Look at the verb table for **machen.** The endings can be tagged onto the stem of *any* regular verb.

2. HABEN, SEIN AND WERDEN

Haben (to have) and **sein** (to be) are very important verbs which **must** be learnt. You use them to say "I have" *etc* or "I am" *etc.* The present tense of **haben** and **sein** are also used to form the **perfect tense.** In most cases, **haben** is used to form the perfect tense, but verbs of movement like **gehen** (to go) and **fahren** (to drive) use **sein** e.g. the German for "he has gone" is **er *ist* gegangen,** not **er *hat* gegangen.** You will have to learn which verbs use **sein.**

HOW TO FORM THE PERFECT TENSE

a) Take the infinitive of a German verb e.g. **lachen**
b) Does it use **haben** or **sein** to form the perfect tense? **Lachen** uses **haben**
c) Take the present tense form of **haben** or **sein** that goes with the person who **did** the action e.g. **he** laughed - the German for "he" is **er**, so to form the perfect tense of **lachen** we use **er hat**
d) Add the **past participle** - this is shown near the top of each verb table. If you want to form the past participle of *any* regular verb, simply take the infinitive of the verb, add **ge** to it, knock off the last two letters and add **t** e.g. **ge**lieb**t**, **ge**setz**t**. For a regular separable verb, add **ge** between the prefix and the stem, knock off the last two letters

and add **t** e.g. ab<u>**ge**</u>hol<u>**t**</u>
In our example, **lachen** is a regular verb, so the past participle is ge + lach + t → **gelacht**

e) The German for "he laughed" is "**er hat gelacht**"

Werden (to become) is also used to form the **future tense**, and the conditional tense of **werden** is used in forming the **conditional tense** of *any* verb.

HOW TO FORM THE FUTURE AND CONDITIONAL TENSES

a) To form the future tense, take the present tense form of **werden** that goes with the person who **will do** the action e.g. **he** will speak - the German for "he" is **er**, so to form the future tense of **sprechen** we use **er wird**. To form the conditional tense - he would speak - take the conditional tense of **werden** for **er** - **er würde**
b) Add the infinitive of the German verb e.g. **sprechen**
c) The German for "he will speak" is "**er wird sprechen**", and for "he would speak" is "**er würde sprechen**"

3. IRREGULAR VERBS

Many German verbs are irregular and this means that you have to learn them individually. One type of irregular verb in German is the strong verb, which changes the vowel in the past tense and does not add **t** in the past participle e.g. **gehen** - **ging** - **gegangen.** There are tables showing different types of irregular verbs in this section, including several of the most important ones. When you are translating from German and meet an unfamiliar verb form, you may be able to guess from the context that it comes from one of these verbs, and you can use the verb table to check. The most common irregular verb parts are listed on the German side of the dictionary, so you could also look there.

HOW TO USE THE VERB TABLES

You will find some useful example phrases at the top of each verb table, but if you can't find what you need to say or write in German there, use the verb table itself to help you. Imagine that you want to find the German for "he is going". Here's how to do it:

a) Look up **go** on the English-German side of the dictionary to find the German translation - **gehen**
b) Turn to the verb table section of your dictionary and find **gehen**
c) When is he going? He is going **now,** so look for the heading *PRESENT*
d) Who is going? **He** is. The German for "he" is **er** so look for **er** under the *PRESENT* heading
e) The German for "he is going" is "**er geht**"

machen

to do *or* to make

IMPERATIVE

mach
macht
machen Sie

PAST PARTICIPLE

gemacht

EXAMPLE PHRASES

Was **machst** *du?* What are you doing?
Ich **habe** *die Betten* **gemacht.** I made the beds.
Ich **werde** *es morgen* **machen.** I'll do it tomorrow.

PRESENT

ich	mache
du	machst
er	macht
wir	machen
ihr	macht
sie	machen

PERFECT

ich	habe gemacht
du	hast gemacht
er	hat gemacht
wir	haben gemacht
ihr	habt gemacht
sie	haben gemacht

FUTURE

ich	werde machen
du	wirst machen
er	wird machen
wir	werden machen
ihr	werdet machen
sie	werden machen

IMPERFECT

ich	machte
du	machtest
er	machte
wir	machten
ihr	machtet
sie	machten

CONDITIONAL

ich	würde machen
du	würdest machen
er	würde machen
wir	würden machen
ihr	würdet machen
sie	würden machen

PRESENT SUBJUNCTIVE

ich	mache
du	machest
er	mache
wir	machen
ihr	machet
sie	machen

wissen

to know

EXAMPLE PHRASES

Ich **weiß** *nicht.* I don't know.
Er **hat** *nichts davon* **gewusst.** He didn't know anything about it.
Sie **wussten,** *wo das Kino war.* They knew where the cinema was.

IMPERATIVE

wisse
wisset
wissen Sie

PAST PARTICIPLE

gewusst ⚠

PRESENT

ich weiß
du weißt
er weiß
wir wissen
ihr wisst ⚠
sie wissen

PERFECT

ich habe gewusst ⚠
du hast gewusst ⚠
er hat gewusst ⚠
wir haben gewusst ⚠
ihr habt gewusst ⚠
sie haben gewusst ⚠

FUTURE

ich werde wissen
du wirst wissen
er wird wissen
wir werden wissen
ihr werdet wissen
sie werden wissen

IMPERFECT

ich wusste ⚠
du wusstest ⚠
er wusste ⚠
wir wussten ⚠
ihr wusstet ⚠
sie wussten ⚠

CONDITIONAL

ich würde wissen
du würdest wissen
er würde wissen
wir würden wissen
ihr würdet wissen
sie würden wissen

PRESENT SUBJUNCTIVE

ich wisse
du wissest
er wisse
wir wissen
ihr wisset
sie wissen

sich waschen

to wash (oneself)

IMPERATIVE

wasch dich
wascht euch
waschen Sie sich

PAST PARTICIPLE

gewaschen

EXAMPLE PHRASES

Ich **habe mir** *die Hände* **gewaschen.** I washed my hands.
Er **wäscht sich** *jeden Tag.* He washes every day.
Die Katze **wusch sich** *in der Sonne.* The cat was washing itself in the sunshine.

PRESENT

ich	wasche mich
du	wäschst dich
er	wäscht sich
wir	waschen uns
ihr	wascht euch
sie	waschen sich

PERFECT

ich	habe mich gewaschen
du	hast dich gewaschen
er	hat sich gewaschen
wir	haben uns gewaschen
ihr	habt euch gewaschen
sie	haben sich gewaschen

FUTURE

ich	werde mich waschen
du	wirst dich waschen
er	wird sich waschen
wir	werden uns waschen
ihr	werdet euch waschen
sie	werden sich waschen

IMPERFECT

ich	wusch mich
du	wuschest dich
er	wusch sich
wir	wuschen uns
ihr	wuscht euch
sie	wuschen sich

CONDITIONAL

ich	würde mich waschen
du	würdest dich waschen
er	würde sich waschen
wir	würden uns waschen
ihr	würdet euch waschen
sie	würden sich waschen

PRESENT SUBJUNCTIVE

ich	wasche mich
du	waschest dich
er	wasche sich
wir	waschen uns
ihr	waschet euch
sie	waschen sich

aufstehen

to get up *or* to stand up

EXAMPLE PHRASES

Ich muss früh **aufstehen.** I have to get up early.
Als er hereinkam, **stand** *ich* **auf.** I stood up when he entered.
Die ganze Klasse **ist aufgestanden.** The whole class stood up.

PAST PARTICIPLE

aufgestanden

IMPERATIVE

steh auf
steht auf
stehen Sie auf

PRESENT

ich	stehe auf
du	stehst auf
er	steht auf
wir	stehen auf
ihr	steht auf
sie	stehen auf

PERFECT

ich	bin aufgestanden
du	bist aufgestanden
er	ist aufgestanden
wir	sind aufgestanden
ihr	seid aufgestanden
sie	sind aufgestanden

FUTURE

ich	werde aufstehen
du	wirst aufstehen
er	wird aufstehen
wir	werden aufstehen
ihr	werdet aufstehen
sie	werden aufstehen

IMPERFECT

ich	stand auf
du	standst auf
er	stand auf
wir	standen auf
ihr	standet auf
sie	standen auf

CONDITIONAL

ich	würde aufstehen
du	würdest aufstehen
er	würde aufstehen
wir	würden aufstehen
ihr	würdet aufstehen
sie	würden aufstehen

PRESENT SUBJUNCTIVE

ich	stehe auf
du	stehest auf
er	stehe auf
wir	stehen auf
ihr	stehet auf
sie	stehen auf

können

can *or* to be able to

EXAMPLE PHRASES

Er **kann** *gut schwimmen.* He can swim well.
Sie **konnte** *kein Wort Deutsch.* She couldn't speak a word of German.
Kann *ich gehen?* Can I go?

PAST PARTICIPLE

gekonnt *or* können

PRESENT

ich	kann
du	kannst
er	kann
wir	können
ihr	könnt
sie	können

PERFECT

ich	habe gekonnt
du	hast gekonnt
er	hat gekonnt
wir	haben gekonnt
ihr	habt gekonnt
sie	haben gekonnt

FUTURE

ich	werde können
du	wirst können
er	wird können
wir	werden können
ihr	werdet können
sie	werden können

IMPERFECT

ich	konnte
du	konntest
er	konnte
wir	konnten
ihr	konntet
sie	konnten

CONDITIONAL

ich	könnte
du	könntest
er	könnte
wir	könnten
ihr	könntet
sie	könnten

PRESENT SUBJUNCTIVE

ich	könne
du	können
er	könne
wir	können
ihr	könnet
sie	können

müssen

must *or* to have to

EXAMPLE PHRASES

Ich **muss** *aufs Klo.* I must go to the loo.
Wir **müssen** *jeden Abend unsere Hausaufgaben machen.* We have to do our homework every night.
Sie **hat** *abwaschen* **müssen.** She had to wash up.

PAST PARTICIPLE

gemusst ⚠ *or* müssen

PRESENT

ich muss ⚠
du musst ⚠
er muss ⚠
wir müssen
ihr müsst ⚠
sie müssen

PERFECT

ich habe gemusst ⚠
du hast gemusst ⚠
er hat gemusst ⚠
wir haben gemusst ⚠
ihr habt gemusst ⚠
sie haben gemusst ⚠

FUTURE

ich werde müssen
du wirst müssen
er wird müssen
wir werden müssen
ihr werdet müssen
sie werden müssen

IMPERFECT

ich musste ⚠
du musstest ⚠
er musste ⚠
wir mussten ⚠
ihr musstet ⚠
sie mussten ⚠

CONDITIONAL

ich müsste ⚠
du müsstest ⚠
er müsste ⚠
wir müssten ⚠
ihr müsstet ⚠
sie müssten ⚠

PRESENT SUBJUNCTIVE

ich müsse
du müssest
er müsse
wir müssen
ihr müsset
sie müssen

fahren

to drive *or* to go

IMPERATIVE

fahr
fahrt
fahren Sie

EXAMPLE PHRASES

Sie **fahren** *mit dem Bus in die Schule.* They go to school by bus.
Rechts **fahren!** Drive on the right!
Ich **bin** *mit der Familie nach Spanien* **gefahren**. I went to Spain with my family.

PAST PARTICIPLE

gefahren

PRESENT

ich	fahre
du	fährst
er	fährt
wir	fahren
ihr	fahrt
sie	fahren

PERFECT

ich	bin gefahren
du	bist gefahren
er	ist gefahren
wir	sind gefahren
ihr	seid gefahren
sie	sind gefahren

FUTURE

ich	werde fahren
du	wirst fahren
er	wird fahren
wir	werden fahren
ihr	werdet fahren
sie	werden fahren

IMPERFECT

ich	fuhr
du	fuhrst
er	fuhr
wir	fuhren
ihr	fuhrt
sie	fuhren

CONDITIONAL

ich	würde fahren
du	würdest fahren
er	würde fahren
wir	würden fahren
ihr	würdet fahren
sie	würden fahren

PRESENT SUBJUNCTIVE

ich	fahre
du	fahrest
er	fahre
wir	fahren
ihr	fahret
sie	fahren

gehen

to go

EXAMPLE PHRASES

Die Kinder **gingen** *ins Haus.* The children went into the house.
Wie **geht** *es dir?* How are you?
Wir **sind** *gestern schwimmen* **gegangen**.
We went swimming yesterday.

IMPERATIVE

geh
geht
gehen Sie

PAST PARTICIPLE

gegangen

PRESENT

ich	gehe
du	gehst
er	geht
wir	gehen
ihr	geht
sie	gehen

IMPERFECT

ich	ging
du	gingst
er	ging
wir	gingen
ihr	gingt
sie	gingen

PERFECT

ich	bin gegangen
du	bist gegangen
er	ist gegangen
wir	sind gegangen
ihr	seid gegangen
sie	sind gegangen

CONDITIONAL

ich	würde gehen
du	würdest gehen
er	würde gehen
wir	würden gehen
ihr	würdet gehen
sie	würden gehen

FUTURE

ich	werde gehen
du	wirst gehen
er	wird gehen
wir	werden gehen
ihr	werdet gehen
sie	werden gehen

PRESENT SUBJUNCTIVE

ich	gehe
du	gehest
er	gehe
wir	gehen
ihr	gehet
sie	gehen

kommen

to come

IMPERATIVE

komm
kommt
kommen Sie

EXAMPLE PHRASES

Er **kam** *die Straße entlang.* He was coming along the street.
Ich **komme** *zu deiner Party.* I'm coming to your party.
Woher **kommst** *du?* Where do you come from?

PAST PARTICIPLE

gekommen

PRESENT

ich komme
du kommst
er kommt
wir kommen
ihr kommt
sie kommen

IMPERFECT

ich kam
du kamst
er kam
wir kamen
ihr kamt
sie kamen

PERFECT

ich bin gekommen
du bist gekommen
er ist gekommen
wir sind gekommen
ihr seid gekommen
sie sind gekommen

CONDITIONAL

ich würde kommen
du würdest kommen
er würde kommen
wir würden kommen
ihr würdet kommen
sie würden kommen

FUTURE

ich werde kommen
du wirst kommen
er wird kommen
wir werden kommen
ihr werdet kommen
sie werden kommen

PRESENT SUBJUNCTIVE

ich komme
du kommest
er komme
wir kommen
ihr kommet
sie kommen

essen

to eat

EXAMPLE PHRASES

Ich **esse** *kein Fleisch.* I don't eat meat.
Wir **haben** *nichts* **gegessen.** We haven't had anything to eat.
Ich möchte was **essen.** I'd like something to eat.

IMPERATIVE

iss ⚠
esst ⚠
essen Sie

PAST PARTICIPLE

gegessen

PRESENT

ich	esse
du	isst ⚠
er	isst ⚠
wir	essen
ihr	esst ⚠
sie	essen

IMPERFECT

ich	aß
du	aßest
er	aß
wir	aßen
ihr	aßt
sie	aßen

PERFECT

ich	habe gegessen
du	hast gegessen
er	hat gegessen
wir	haben gegessen
ihr	habt gegessen
sie	haben gegessen

CONDITIONAL

ich	würde essen
du	würdest essen
er	würde essen
wir	würden essen
ihr	würdet essen
sie	würden essen

FUTURE

ich	werde essen
du	wirst essen
er	wird essen
wir	werden essen
ihr	werdet essen
sie	werden essen

PRESENT SUBJUNCTIVE

ich	esse
du	essest
er	esse
wir	essen
ihr	esset
sie	essen

haben

to have

IMPERATIVE

hab
habt
haben Sie

PAST PARTICIPLE

gehabt

EXAMPLE PHRASES

Hast *du eine Schwester?* Have you got a sister?
Er **hatte** *Hunger.* He was hungry.
Ich **hätte** *gern ein Eis.* I'd like an ice cream.
Sie **hat** *heute Geburtstag.* It's her birthday today.

PRESENT

ich	habe
du	hast
er	hat
wir	haben
ihr	habt
sie	haben

PERFECT

ich	habe gehabt
du	hast gehabt
er	hat gehabt
wir	haben gehabt
ihr	habt gehabt
sie	haben gehabt

FUTURE

ich	werde haben
du	wirst haben
er	wird haben
wir	werden haben
ihr	werdet haben
sie	werden haben

IMPERFECT

ich	hatte
du	hattest
er	hatte
wir	hatten
ihr	hattet
sie	hatten

CONDITIONAL

ich	hätte
du	hättest
er	hätte
wir	hätten
ihr	hättet
sie	hätten

PRESENT SUBJUNCTIVE

ich	habe
du	habest
er	habe
wir	haben
ihr	habet
sie	haben

sein

to be

EXAMPLE PHRASES

Er **ist** *zehn Jahre alt.* He is ten years old.
Mir **ist** *kalt.* I'm cold.
Wir **waren** *gestern im Theater.* We were at the theatre yesterday.
Seid *ruhig!* Be quiet!

IMPERATIVE

sei
seid
seien Sie

PAST PARTICIPLE

gewesen

PRESENT

ich bin
du bist
er ist
wir sind
ihr seid
sie sind

PERFECT

ich bin gewesen
du bist gewesen
er ist gewesen
wir sind gewesen
ihr seid gewesen
sie sind gewesen

FUTURE

ich werde sein
du wirst sein
er wird sein
wir werden sein
ihr werdet sein
sie werden sein

IMPERFECT

ich war
du warst
er war
wir waren
ihr wart
sie waren

CONDITIONAL

ich wäre
du wärst
er wäre
wir wären
ihr wärt
sie wären

PRESENT SUBJUNCTIVE

ich sei
du seiest
er sei
wir seien
ihr seiet
sie seien

werden

to become

IMPERATIVE

werde
werdet
werden Sie

EXAMPLE PHRASES

Mir **wird** *schlecht.* I feel ill.
Ich will Lehrerin **werden.** I want to be a teacher.
Der Kuchen **ist** *gut* **geworden.** The cake turned out well.

PAST PARTICIPLE

geworden

PRESENT

ich	werde
du	wirst
er	wird
wir	werden
ihr	werdet
sie	werden

PERFECT

ich	bin geworden
du	bist geworden
er	ist geworden
wir	sind geworden
ihr	seid geworden
sie	sind geworden

FUTURE

ich	werde werden
du	wirst werden
er	wird werden
wir	werden werden
ihr	werdet werden
sie	werden werden

IMPERFECT

ich	wurde
du	wurdest
er	wurde
wir	wurden
ihr	wurdet
sie	wurden

CONDITIONAL

ich	würde werden
du	würdest werden
er	würde werden
wir	würden werden
ihr	würdet werden
sie	würden werden

PRESENT SUBJUNCTIVE

ich	werde
du	werdest
er	werde
wir	werden
ihr	werdet
sie	werden

GERMAN IRREGULAR VERB FORMS

* which use 'sein'

Infinitive	Present Indicative *2nd pers sing♦3rd pers sing*	Imperfect Indicative	Past Participle
backen	bäckst♦bäckt	backte *od* buk	gebacken
befehlen	befiehlst♦befiehlt	befahl	befohlen
beginnen	beginnst♦beginnt	begann	begonnen
beißen	beißt♦beißt	biss⚠	gebissen
bewegen	bewegst♦bewegt	bewog	bewogen
biegen	biegst♦biegt	bog	gebogen
bieten	bietest♦bietet	bot	geboten
binden	bindest♦bindet	band	gebunden
bitten	bittest♦bittet	bat	gebeten
blasen	bläst♦bläst	blies	geblasen
bleiben*	bleibst♦bleibt	blieb	geblieben
braten	brätst♦brät	briet	gebraten
brechen*	brichst♦bricht	brach	gebrochen
brennen	brennst♦brennt	brannte	gebrannt
bringen	bringst♦bringt	brachte	gebracht
denken	denkst♦denkt	dachte	gedacht
dringen*	dringst♦dringt	drang	gedrungen
dürfen	darfst♦darf	durfte	gedurft
empfangen	empfängst♦empfängt	empfing	empfangen
empfehlen	empfiehlst♦empfiehlt	empfahl	empfohlen
erschrecken*	erschrickst♦erschrickt	erschrak	erschrocken
essen	isst⚠♦isst⚠	aß	gegessen
fahren*	fährst♦fährt	fuhr	gefahren
fallen*	fällst♦fällt	fiel	gefallen
fangen	fängst♦fängt	fing	gefangen
fechten	fichtst♦ficht	focht	gefochten
finden	findest♦findet	fand	gefunden
flechten	flichtst♦flicht	flocht	geflochten
fliegen*	fliegst♦fliegt	flog	geflogen
fliehen*	fliehst♦flieht	floh	geflohen
fließen*	fließt♦fließt	floss⚠	geflossen
fressen	frisst⚠♦frisst⚠	fraß	gefressen
frieren	frierst♦friert	fror	gefroren
gebären	gebierst♦gebiert	gebar	geboren
geben	gibst♦gibt	gab	gegeben
gedeihen*	gedeihst♦gedeiht	gedieh	gediehen
gehen*	gehst♦geht	ging	gegangen
gelingen*	-♦gelingt	gelang	gelungen
gelten	giltst♦gilt	galt	gegolten
genießen	genießt♦genießt	genoss⚠	genossen
geraten*	gerätst♦gerät	geriet	geraten
geschehen*	-♦geschieht	geschah	geschehen
gewinnen	gewinnst♦gewinnt	gewann	gewonnen
gießen	gießt♦gießt	goss⚠	gegossen
gleichen	gleichst♦gleicht	glich	geglichen
gleiten*	gleitest♦gleitet	glitt	geglitten
graben	gräbst♦gräbt	grub	gegraben
greifen	greifst♦greift	griff	gegriffen
haben	hast♦hat	hatte	gehabt

Infinitive	Present Indicative *2nd pers sing♦3rd pers sing*	Imperfect Indicative	Past Participle
halten	hältst♦hält	hielt	gehalten
hängen	hängst♦hängt	hing	gehangen
hauen	haust♦haut	hieb	gehauen
heben	hebst♦hebt	hob	gehoben
heißen	heißt♦heißt	hieß	geheißen
helfen	hilfst♦hilft	half	geholfen
kennen	kennst♦kennt	kannte	gekannt
klingen	klingst♦klingt	klang	geklungen
kneifen	kneifst♦kneift	kniff	gekniffen
kommen*	kommst♦kommt	kam	gekommen
können	kannst♦kann	konnte	gekonnt
kriechen*	kriechst♦kriecht	kroch	gekrochen
laden	lädst♦lädt	lud	geladen
lassen	lässt⚠♦lässt⚠	ließ	gelassen
laufen*	läufst♦läuft	lief	gelaufen
leiden	leidest♦leidet	litt	gelitten
leihen	leihst♦leiht	lieh	geliehen
lesen	liest♦liest	las	gelesen
liegen*	liegst♦liegt	lag	gelegen
lügen	lügst♦lügt	log	gelogen
mahlen	mahlst♦mahlt	mahlte	gemahlen
meiden	meidest♦meidet	mied	gemieden
messen	misst⚠♦misst⚠	maß	gemessen
misslingen*⚠	-♦misslingt⚠	misslang⚠	misslungen⚠
mögen	magst♦mag	mochte	gemocht
müssen	musst⚠♦muss⚠	mußte	gemußt
nehmen	nimmst♦nimmt	nahm	genommen
nennen	nennst♦nennt	nannte	genannt
pfeifen	pfeifst♦pfeift	pfiff	gepfiffen
raten	rätst♦rät	riet	geraten
reiben	reibst♦reibt	rieb	gerieben
reißen*	reißt♦reißt	riss⚠	gerissen
reiten*	reitest♦reitet	ritt	geritten
rennen*	rennst♦rennt	rannte	gerannt
riechen	riechst♦riecht	roch	gerochen
ringen	ringst♦ringt	rang	gerungen
rufen	rufst♦ruft	rief	gerufen
salzen	salzt♦salzt	salzte	gesalzen
saufen	säufst♦säuft	soff	gesoffen
saugen	saugst♦saugt	sog	gesogen *od* gesaugt
schaffen	schaffst♦schafft	schuf	geschaffen
scheiden*	scheidest♦scheidet	schied	geschieden
scheinen	scheinst♦scheint	schien	geschienen
scheißen	scheißt♦scheißt	schiss⚠	geschissen
scheren	scherst♦schert	schor	geschoren
schieben	schiebst♦schiebt	schob	geschoben
schießen	schießt♦schießt	schoss⚠	geschossen
schlafen	schläfst♦schläft	schlief	geschlafen
schlagen	schlägst♦schlägt	schlug	geschlagen
schleichen*	schleichst♦schleicht	schlich	geschlichen
schließen	schließt♦schließt	schloss⚠	geschlossen
schmeißen	schmeißt♦schmeißt	schmiss⚠	geschmissen
schmelzen*	schmilzt♦schmilzt	schmolz	geschmolzen
schneiden	schneidest♦schneidet	schnitt	geschnitten

Infinitive	Present Indicative *2nd pers sing ♦ 3rd pers sing*	Imperfect Indicative	Past Participle
schreiben	schreibst ♦ schreibt	schrieb	geschrieben
schreien	schreist ♦ schreit	schrie	geschrien⚠
schweigen	schweigst ♦ schweigt	schwieg	geschwiegen
schwimmen*	schwimmst ♦ schwimmt	schwamm	geschwommen
schwingen	schwingst ♦ schwingt	schwang	geschwungen
schwören	schwörst ♦ schwört	schwor	geschworen
sehen	siehst ♦ sieht	sah	gesehen
sein*	bist ♦ ist	war	gewesen
senden	sendest ♦ sendet	sandte	gesandt
singen	singst ♦ singt	sang	gesungen
sinken*	sinkst ♦ sinkt	sank	gesunken
sitzen*	sitzt ♦ sitzt	saß	gesessen
sollen	sollst ♦ soll	sollte	gesollt
speien	speist ♦ speit	spie	gespie(e)n
spinnen	spinnst ♦ spinnt	spann	gesponnen
sprechen	sprichst ♦ spricht	sprach	gesprochen
springen*	springst ♦ springt	sprang	gesprungen
stechen	stichst ♦ sticht	stach	gestochen
stecken	steckst ♦ steckt	steckte *od* stak	gesteckt
stehen	stehst ♦ steht	stand	gestanden
stehlen	stiehlst ♦ stiehlt	stahl	gestohlen
steigen*	steigst ♦ steigt	stieg	gestiegen
sterben*	stirbst ♦ stirbt	starb	gestorben
stinken	stinkst ♦ stinkt	stank	gestunken
stoßen	stößt ♦ stößt	stieß	gestoßen
streichen	streichst ♦ streicht	strich	gestrichen
streiten	streitest ♦ streitet	stritt	gestritten
tragen	trägst ♦ trägt	trug	getragen
treffen	triffst ♦ trifft	traf	getroffen
treiben*	treibst ♦ treibt	trieb	getrieben
treten*	trittst ♦ tritt	trat	getreten
trinken	trinkst ♦ trinkt	trank	getrunken
trügen	trügst ♦ trügt	trog	getrogen
tun	tust ♦ tut	tat	getan
verderben	verdirbst ♦ verdirbt	verdarb	verdorben
vergessen	vergisst⚠ ♦ vergisst⚠	vergaß	vergessen
verlieren	verlierst ♦ verliert	verlor	verloren
verschwinden	verschwindest ♦ verschwindet	verschwand	verschwunden
verzeihen	verzeihst ♦ verzeiht	verzieh	verziehen
wachsen*	wächst ♦ wächst	wuchs	gewachsen
waschen	wäschst ♦ wäscht	wusch	gewaschen
weisen	weist ♦ weist	wies	gewiesen
werben	wirbst ♦ wirbt	warb	geworben
werden*	wirst ♦ wird	wurde	geworden
werfen	wirfst ♦ wirft	warf	geworfen
wiegen	wiegst ♦ wiegt	wog	gewogen
winden	windest ♦ windet	wand	gewunden
wissen	weißt ♦ weiß	wußte	gewußt
wollen	willst ♦ will	wollte	gewollt
ziehen*	ziehst ♦ zieht	zog	gezogen
zwingen	zwingst ♦ zwingt	zwang	gezwungen

ZAHLEN		NUMBERS	
eins	**1**	one	**1**
zwei	**2**	two	**2**
drei	**3**	three	**3**
vier	**4**	four	**4**
fünf	**5**	five	**5**
sechs	**6**	six	**6**
sieben	**7**	seven	**7**
acht	**8**	eight	**8**
neun	**9**	nine	**9**
zehn	**10**	ten	**10**
elf	**11**	eleven	**11**
zwölf	**12**	twelve	**12**
dreizehn	**13**	thirteen	**13**
vierzehn	**14**	fourteen	**14**
fünfzehn	**15**	fifteen	**15**
sechzehn	**16**	sixteen	**16**
siebzehn	**17**	seventeen	**17**
achtzehn	**18**	eighteen	**18**
neunzehn	**19**	nineteen	**19**
zwanzig	**20**	twenty	**20**
einundzwanzig	**21**	twenty-one	**21**
dreißig	**30**	thirty	**30**
vierzig	**40**	forty	**40**
fünfzig	**50**	fifty	**50**
sechzig	**60**	sixty	**60**
siebzig	**70**	seventy	**70**
achtzig	**80**	eighty	**80**
neunzig	**90**	ninety	**90**
hundert	**100**	a hundred	**100**
hundert(und)eins	**101**	a hundred and one	**101**
zweihundert	**200**	two hundred	**200**
zweihundert(und)eins	**201**	two hundred and one	**201**
tausend	**1000**	a thousand	**1000**
tausend(und)eins	**1001**	a thousand and one	**1001**
eine Million	**1,000,000**	a million	**1,000,000**

BEISPIELE

auf Seite neunzehn
im siebten Kapitel
im Maßstab eins zu fünfundzwanzig

EXAMPLES

on page nineteen
in chapter seven
on the scale one to twenty-five

ZAHLEN / NUMBERS

erste	**1.**	first	**1st**
zweite	**2.**	second	**2nd**
dritte	**3.**	third	**3rd**
vierte	**4.**	fourth	**4th**
fünfte	**5.**	fifth	**5th**
sechste	**6.**	sixth	**6th**
siebte	**7.**	seventh	**7th**
achte	**8.**	eighth	**8th**
neunte	**9.**	ninth	**9th**
zehnte	**10.**	tenth	**10th**
elfte	**11.**	eleventh	**11th**
zwölfte	**12.**	twelfth	**12th**
dreizehnte	**13.**	thirteenth	**13th**
vierzehnte	**14.**	fourteenth	**14th**
fünfzehnte	**15.**	fifteenth	**15th**
sechszehnte	**16.**	sixteenth	**16th**
siebzehnte	**17.**	seventeenth	**17th**
achtzehnte	**18.**	eighteenth	**18th**
neunzehnte	**19.**	nineteenth	**19th**
zwanzigste	**20.**	twentieth	**20th**
einundzwanzigste	**21.**	twenty-first	**21st**
dreißigste	**30.**	thirtieth	**30th**
hundertste	**100.**	hundredth	**100th**
hunderterste	**101.**	hundred-and-first	**101st**
tausendste	**1000.**	thousandth	**1000th**

Brüche etc / Fractions etc

ein Halb	$\frac{1}{2}$	a half	$\frac{1}{2}$
ein Drittel	$\frac{1}{3}$	a third	$\frac{1}{3}$
ein Viertel	$\frac{1}{4}$	a quarter	$\frac{1}{4}$
ein Fünftel	$\frac{1}{5}$	a fifth	$\frac{1}{5}$
null Komma fünf	**0,5**	(nought) point five	**0.5**
drei Komma vier	**3,4**	three point four	**3.4**
sechs Komma acht neun	**6,89**	six point eight nine	**6.89**
zehn Prozent	**10%**	ten per cent	**10%**
hundert Prozent	**100%**	a hundred per cent	**100%**

BEISPIELE / EXAMPLES

er wohnt im fünften Stock	he lives on the fifth floor
er war Dritter	he came in third
ein Viertel des Kuchens	a quarter of the cake

DIE UHRZEIT — THE TIME

Wie spät ist es?		**What time is it?** **What's the time?**
Es ist...		**It's...**
ein Uhr		one o'clock
zehn nach eins		ten past one
Viertel nach eins		quarter past one
halb zwei		half past one
zwanzig vor zwei		twenty to two
Viertel vor zwei		quarter to two
Um wieviel Uhr?		**At what time?**
um Mitternacht		at midnight
um Mittag		at midday
um ein Uhr (nachmittags)		at one o'clock (in the afternoon)
um acht Uhr (abends)		at eight o'clock (in the evening)
In Großbritannien verwendet man bei der Zeitangabe für die Stunden meist nur die Zahlen eins bis zwölf.		*In Germany times are often given in the twenty–four hour clock.*
um 11.15 *or* elf Uhr fünfzehn		at 11.15 *oder* eleven fifteen
um 20.45 *or* zwanzig Uhr fünfundvierzig		at 8.45 *oder* eight forty–five
in zwanzig Minuten vor zehn Minuten		in twenty minutes ten minutes ago

DAS DATUM	DATE
Montag	Monday
Dienstag	Tuesday
Mittwoch	Wednesday
Donnerstag	Thursday
Freitag	Friday
Samstag	Saturday
Sonntag	Sunday
am Montag	on Monday
montags	on Mondays
jeden Montag	every Monday
letzten Dienstag	last Tuesday
nächsten Freitag	next Friday
Samstag in einer Woche	a week on Saturday
nächsten Samstag in zwei Wochen	two weeks on Saturday
Januar	January
Februar	February
März	March
April	April
Mai	May
Juni	June
Juli	July
August	August
September	September
Oktober	October
November	November
Dezember	December
im Februar	in February
am 1. *or* ersten Dezember 1997	on December 1st *oder* first 1997
neunzehnhundert(und)siebenundneunzig	in nineteen ninety-seven
Was haben wir heute?	**What day is it?**
Heute ist...	**It's...**
Montag, 26. Mai *or*	Monday, the 26th May *oder*
Montag, der sechsundzwanzigste Mai	Monday, the twenty-sixth of May

NÜTZLICHE WENDUNGEN / USEFUL VOCABULARY

Wann?	When?
heute	today
heute Morgen	this morning
heute Nachmittag	this afternoon
heute Abend	this evening

Wie oft?	How often?
jeden Tag	every day
jeden zweiten Tag	every other day
einmal in der Woche	once a week
zweimal in der Woche	twice a week
einmal im Monat	once a month

Wann ist es passiert?	When did it happen?
am Morgen	in the morning
am Abend	in the evening
gestern	yesterday
gestern Abend	yesterday evening
vorgestern	the day before yesterday
vor einer Woche	a week ago
vor zwei Wochen	two weeks ago
letztes Jahr	last year

Wann wird es passieren?	When is it going to happen?
morgen	tomorrow
morgen früh *or* vormittag	tomorrow morning
übermorgen	the day after tomorrow
in zwei Tagen	in two days
in einer Woche	in a week
in zwei Wochen	in two weeks
nächsten Monat	next month
nächstes Jahr	next year

A

a ARTICLE

In the nominative use **ein** *for masculine and neuter nouns,* **eine** *for feminine nouns.*

1 ***ein*** ◇ *a man* ein Mann ◇ *I saw a man.* Ich habe einen Mann gesehen. ◇ *a child* ein Kind ◇ *an apple* ein Apfel

2 ***eine*** ◇ *a woman* eine Frau ◇ *He gave it to a woman.* Er hat es einer Frau gegeben.

You do not translate **a** *when you want to describe what somebody does for a living.*

◇ *He's a butcher.* Er ist Metzger. ◇ *She's a doctor.* Sie ist Ärztin.

◆ **once a week** einmal pro Woche

◆ **thirty kilometres an hour** dreißig Kilometer in der Stunde

◆ **thirty pence a kilo** dreißig Pence das Kilo

◆ **a hundred pounds** einhundert Pfund

to **abandon** VERB

1 ***verlassen*** (*place*) (PRESENT ***verlässt***, IMPERFECT ***verließ***, PERFECT ***hat verlassen***)

2 ***aufgeben*** (*plan, idea*) (PRESENT ***gibt auf***, IMPERFECT ***gab auf***, PERFECT ***hat aufgegeben***)

abbey NOUN

das ***Kloster*** (PL die ***Klöster***)

abbreviation NOUN

die ***Abkürzung***

ability NOUN

(PL **abilities**)

die ***Fähigkeit***

◆ **to have the ability to do something** fähig sein, etwas zu tun

able ADJECTIVE

◆ **to be able to do something** etwas tun können

to **abolish** VERB

abschaffen (PERFECT ***hat abgeschafft***)

abortion NOUN

die ***Abtreibung***

◆ **She had an abortion.** Sie hat abgetrieben.

about PREPOSITION, ADVERB

1 ***wegen*** (*concerning*) ◇ *I'm phoning about tomorrow's meeting.* Ich rufe wegen des morgigen Treffens an.

2 ***etwa*** (*approximately*) ◇ *It takes about ten hours.* Es dauert etwa zehn Stunden. ◇ *about a hundred pounds* etwa hundert Pfund ◇ *at about eleven o'clock* um etwa elf Uhr

3 ***in...herum*** (*around*) ◇ *to walk about the town* in der Stadt herumlaufen

4 ***über*** ◇ *a book about the London Underground* ein Buch über die Londoner U-Bahn

◆ **to be about to do something** gerade etwas tun wollen ◇ *I was about to go out.* Ich wollte gerade gehen.

◆ **to talk about something** über etwas reden ◇ *We talked about the weather.* Wir haben über das Wetter geredet.

◆ **What's the film about?** Wovon handelt der Film?

◆ **How about going to the cinema?** Wie wär's, wenn wir ins Kino gingen?

above PREPOSITION, ADVERB

über ◇ *above forty degrees* über vierzig Grad

Use the accusative to express movement or a change of place. Use the dative when there is no change of place.

◇ *He put his hands above his head.* Er hielt die Hände über den Kopf. ◇ *The lamp is hanging above the table.* Die Lampe hängt über dem Tisch.

◆ **the flat above** die Wohnung darüber

◆ **mentioned above** oben erwähnt

◆ **above all** vor allem

abroad ADVERB

1 ***im Ausland*** ◇ *She lives abroad.* Sie lebt im Ausland.

2 ***ins Ausland*** ◇ *to go abroad* ins Ausland gehen

abrupt ADJECTIVE

brüsk ◇ *He was a bit abrupt with me.* Er war etwas brüsk zu mir.

abruptly ADVERB

plötzlich ◇ *He got up abruptly.* Er stand plötzlich auf.

absence NOUN

die ***Abwesenheit***

absent ADJECTIVE

abwesend

absent-minded ADJECTIVE

zerstreut ◇ *She's a bit absent-minded.* Sie ist etwas zerstreut.

absolutely ADVERB

1 ***völlig*** (*completely*) ◇ *Beate's absolutely right.* Beate hat völlig recht.

2 ***ganz sicher*** ◇ *Do you think it's a good idea? – Absolutely!* Meinst du, das ist eine gute Idee? – Ganz sicher!

absurd ADJECTIVE

absurd ◇ *That's absurd!* Das ist absurd!

academic ADJECTIVE

◆ **the academic year** das Studienjahr

academy NOUN

(PL **academies**)

die ***Akademie*** ◇ *a military academy* eine Militärakademie

to **accelerate** VERB

beschleunigen (PERFECT ***hat beschleunigt***)

accelerator NOUN

das ***Gaspedal*** (PL die ***Gaspedale***)

accent NOUN

der ***Akzent*** (PL die ***Akzente***) ◇ *He's got a German accent.* Er hat einen deutschen Akzent.

to **accept** VERB

annehmen (PRESENT ***nimmt an***, IMPERFECT ***nahm an***, PERFECT ***hat angenommen***)

acceptable ADJECTIVE

annehmbar

access NOUN

1 der ***Zugang*** ◇ *He has access to*

confidential information. Er hat Zugang zu vertraulichen Informationen.
[2] das *Besuchsrecht* ◇ *Her ex-husband has access to the children.* Ihr geschiedener Mann hat ein Besuchsrecht.

accessible ADJECTIVE
erreichbar ◇ *It's only accessible via a secret entrance.* Es ist nur durch einen Geheimeingang erreichbar.

accessory NOUN
(PL **accessories**)
◆ **fashion accessories** die Modeartikel PL

accident NOUN
der *Unfall* (PL die *Unfälle*) ◇ *to have an accident* einen Unfall haben
◆ **by accident (1)** (*by mistake*) versehentlich ◇ *The burglar killed him by accident.* Der Einbrecher hat ihn versehentlich getötet.
◆ **by accident (2)** (*by chance*) zufällig ◇ *She met him by accident.* Sie ist ihm zufällig begegnet.

accidental ADJECTIVE
zufällig

to **accommodate** VERB
unterbringen (IMPERFECT *brachte unter*, PERFECT *hat untergebracht*)
◆ **The hotel can accommodate fifty people.** Das Hotel hat Platz für fünfzig Gäste.

accommodation NOUN
die *Unterkunft* (PL die *Unterkünfte*)

to **accompany** VERB
(**accompanied**)
begleiten (PERFECT *hat begleitet*)

accord NOUN
◆ **of his own accord** aus eigenem Antrieb ◇ *He left of his own accord.* Er ist aus eigenem Antrieb gegangen.

according to PREPOSITION
laut ◇ *According to him, everyone had gone.* Laut ihm waren alle weggegangen.

account NOUN
[1] das *Konto* (PL die *Konten*) ◇ *a bank account* ein Bankkonto
◆ **to do the accounts** die Buchführung machen
[2] der *Bericht* (*report*) (PL die *Berichte*)
◆ **He gave an account of what happened.** Er berichtete, was passiert war.
◆ **to take something into account** etwas berücksichtigen
◆ **on account of** wegen ◇ *We couldn't go out on account of the bad weather.* Wir konnten wegen des schlechten Wetters nicht raus.

accountancy NOUN
die *Buchführung*

accountant NOUN
[1] (*bookkeeper*)
der *Buchhalter* (PL die *Buchhalter*)
die *Buchhalterin*
◇ *She's an accountant.* Sie ist Buchhalterin.
[2] (*tax consultant*)
der *Steuerberater* (PL die *Steuerberater*)
die *Steuerberaterin*

accuracy NOUN
die *Genauigkeit*

accurate ADJECTIVE
genau ◇ *accurate information* genaue Information

accurately ADVERB
genau

to **accuse** VERB
◆ **to accuse somebody of something (1)** jemanden einer Sache beschuldigen ◇ *She accused her husband of lying.* Sie beschuldigte ihren Mann, er würde lügen.
◆ **to accuse somebody of something (2)** (*police*) jemanden einer Sache anklagen ◇ *The police are accusing her of murder.* Die Polizei klagt sie wegen Mordes an.

ace NOUN
das *Ass* ⚠ (GEN des *Asses*, PL die *Asse*)
◇ *the ace of hearts* das Herzass

ache NOUN
see also ache VERB
der *Schmerz* (GEN des *Schmerzes*, PL die *Schmerzen*) ◇ *I have an ache in my side.* Ich habe Schmerzen in der Seite.

to **ache** VERB
see also ache NOUN
weh tun (IMPERFECT *tat weh*, PERFECT *hat weh getan*) ◇ *My leg's aching.* Mein Bein tut weh.

to **achieve** VERB
[1] *erreichen* (*an aim*) (PERFECT *hat erreicht*)
[2] *erringen* (*victory*) (IMPERFECT *errang*, PERFECT *hat errungen*)

achievement NOUN
die *Leistung* ◇ *That was quite an achievement.* Das war eine Leistung.

acid NOUN
die *Säure*

acid rain NOUN
der *saure Regen*

acne NOUN
die *Akne* ◇ *She's got acne.* Sie hat Akne.

acrobat NOUN
der *Akrobat* (GEN des *Akrobaten*, PL die *Akrobaten*)
die *Akrobatin*
◇ *He's an acrobat.* Er ist Akrobat.

across PREPOSITION, ADVERB
über
Use the accusative to express movement or a change of place. Use the dative when there is no change of place.
◇ *the shop across the road* der Laden über der Straße ◇ *to walk across the road* über die Straße gehen
◆ **across from** (*opposite*) gegenüber +DAT ◇ *He sat down across from her.* Er setzte sich ihr gegenüber.

to **act** VERB
see also act NOUN
[1] *spielen* (*in play, film*) ◇ *He acts really well.* Er spielt wirklich gut. ◇ *She's acting*

the part of Juliet. Sie spielt die Rolle der Julia.
[2] ***handeln*** (*take action*) ◇ *The police acted quickly.* Die Polizei hat schnell gehandelt.
◆ **She acts as his interpreter.** Sie übersetzt für ihn.

act NOUN
see also act VERB
der ***Akt*** (*in play*) (PL die ***Akte***) ◇ *in the first act* im ersten Akt

action NOUN
die ***Handlung***
◆ **The film was full of action.** In dem Film gab es viel Action.
◆ **to take firm action against somebody** hart gegen jemanden vorgehen

active ADJECTIVE
aktiv ◇ *He's a very active person.* Er ist ein sehr aktiver Mensch. ◇ *an active volcano* ein aktiver Vulkan

activity NOUN
(PL **activities**)
die ***Tätigkeit***
◆ **outdoor activities** die Betätigung im Freien SING

actor NOUN
der ***Schauspieler*** (PL die ***Schauspieler***)
◇ *Brad Pitt is a well-known actor.* Brad Pitt ist ein bekannter Schauspieler.

actress NOUN
(PL **actresses**)
die ***Schauspielerin*** ◇ *Julia Roberts is a well-known actress.* Julia Roberts ist eine bekannte Schauspielerin.

actually ADVERB
[1] ***wirklich*** (*really*) ◇ *Did it actually happen?* Ist das wirklich passiert?
[2] ***eigentlich*** (*in fact*) ◇ *Actually, I don't know him at all.* Eigentlich kenne ich ihn überhaupt nicht.

ad NOUN
[1] die ***Anzeige*** (*in paper*)
[2] die ***Werbung*** (*on TV, radio*)

AD ABBREVIATION
n. Chr. (= nach Christus) ◇ *in 800 AD* Im Jahre 800 n. Chr.

to **adapt** VERB
bearbeiten (PERFECT ***hat bearbeitet***) ◇ *His novel was adapted for television.* Sein Roman wurde fürs Fernsehen bearbeitet.
◆ **to adapt to something** (*get used to*) sich in etwas eingewöhnen ◇ *He adapted to his new school very quickly.* Er hat sich in der neuen Schule sehr schnell eingewöhnt.

adaptor NOUN
der ***Adapter*** (PL die ***Adapter***)

to **add** VERB
hinzufügen (PERFECT ***hat hinzugefügt***)
◇ *Add two eggs to the mixture.* Fügen Sie dem Teig zwei Eier hinzu.
◆ **to add up** zusammenzählen ◇ *Add the figures up.* Zähle die Zahlen zusammen.

addict NOUN
(*drug addict*)
der ***Süchtige*** (PL des ***Süchtigen***, PL die ***Süchtigen***)
die ***Süchtige*** (PL der ***Süchtigen***)
◇ *an addict* (*man*) ein Süchtiger
◆ **Martin's a football addict.** Martin ist ein Fußballnarr.

addicted ADJECTIVE
süchtig ◇ *She's addicted to heroin.* Sie ist heroinsüchtig. ◇ *She's addicted to soap operas.* Sie ist süchtig nach Seifenopern.

addition NOUN
◆ **in addition** außerdem ◇ *He's broken his leg and, in addition, he's caught a cold.* Er hat sich das Bein gebrochen, und außerdem hat er einen Schnupfen bekommen.
◆ **in addition to** zusätzlich zu ◇ *In addition to the price of the cassette, there's a charge for postage.* Zusätzlich zum Preis der Kassette wird eine Versandgebühr berechnet.

address NOUN
(PL **addresses**)
die ***Adresse*** ◇ *What's your address?* Wie ist Ihre Adresse?

adjective NOUN
das ***Adjektiv*** (PL die ***Adjektive***)

to **adjust** VERB
einstellen (PERFECT ***hat eingestellt***) ◇ *He adjusted the seat to the right height.* Er stellte den Stuhl auf die richtige Höhe ein.
◆ **to adjust to something** (*get used to*) sich in etwas eingewöhnen ◇ *He adjusted to his new school very quickly.* Er hat sich in der neuen Schule schnell eingewöhnt.

adjustable ADJECTIVE
verstellbar

administration NOUN
die ***Verwaltung***

admiral NOUN
der ***Admiral*** (PL die ***Admirale***)

to **admire** VERB
bewundern (PERFECT ***hat bewundert***)

admission NOUN
der ***Eintritt*** ◇ *"admission free"* "Eintritt frei"

to **admit** VERB
zugeben (PRESENT ***gibt zu***, IMPERFECT ***gab zu***, PERFECT ***hat zugegeben***) ◇ *I must admit that...* Ich muss zugeben, dass... ◇ *He admitted that he'd done it.* Er gab zu, dass er es getan hat.

adolescence NOUN
die ***Pubertät***

adolescent NOUN
der ***Jugendliche*** (PL des ***Jugendlichen***, PL die ***Jugendlichen***)
die ***Jugendliche*** (GEN der ***Jugendlichen***)
◇ *an adolescent* (*male*) ein Jugendlicher

to **adopt** VERB
[1] ***adoptieren*** (*child*) (PERFECT ***hat adoptiert***)
◇ *Phil was adopted.* Phil wurde adoptiert.
[2] ***übernehmen*** (*idea*) (PRESENT ***übernimmt***, IMPERFECT ***übernahm***, PERFECT ***hat übernommen***) ◇ *The system of multiple choice questions has been adopted for many exams.* Das Multiple-Choice-System ist für

viele Prüfungen übernommen worden.

adopted ADJECTIVE
adoptiert
◆ **an adopted son** ein Adoptivsohn

adoption NOUN
die *Adoption*

to **adore** VERB
bewundern (PERFECT *hat bewundert*)

Adriatic Sea NOUN
die *Adria*

adult NOUN
der *Erwachsene* (GEN des *Erwachsenen*, PL die *Erwachsenen*)
die *Erwachsene* (GEN der *Erwachsenen*)
◇ *an adult* (*man*) ein Erwachsener
◆ **adult education** die Erwachsenenbildung

to **advance** VERB
see also advance NOUN
[1] *vorrücken* (*move forward*) (PERFECT *ist vorgerückt*) ◇ *The troops are advancing.* Die Truppen rücken vor.
[2] *Fortschritte machen* (*progress*) ◇ *Technology has advanced a lot.* Die Technik hat große Fortschritte gemacht.

advance NOUN
see also advance VERB
◆ **in advance** vorher ◇ *They bought the tickets in advance.* Sie haben die Karten vorher gekauft.

advance booking NOUN
die *Vorbestellung* ◇ *Reductions are offered for advance booking.* Bei Vorbestellung gibt es Rabatt.
◆ **Advance booking is essential.** Es ist wichtig vorzubestellen.

advanced ADJECTIVE
fortgeschritten

advantage NOUN
der *Vorteil* (PL die *Vorteile*) ◇ *Going to university has many advantages.* Das Studium hat viele Vorteile.
◆ **to take advantage of something** etwas ausnützen ◇ *He took advantage of the good weather to go for a walk.* Er hat das schöne Wetter ausgenützt und einen Spaziergang gemacht.
◆ **to take advantage of somebody** jemanden ausnützen ◇ *The company was taking advantage of its employees.* Die Firma nützte ihre Angestellten aus.

adventure NOUN
das *Abenteuer* (PL die *Abenteuer*)

adverb NOUN
das *Adverb* (PL die *Adverbien*)

advert NOUN *see* **advertisement**

advertisement NOUN
[1] die *Anzeige* (*in paper*)
[2] die *Werbung* (*on TV, radio*)

advertising NOUN
die *Werbung* ◇ *She works in advertising.* Sie ist in der Werbung tätig. ◇ *They've increased spending on advertising.* Sie geben mehr Geld für Werbung aus.

advice NOUN
der *Rat* ◇ *to give somebody advice* jemandem einen Rat geben
◆ **a piece of advice** ein Rat ◇ *He gave me a good piece of advice.* Er gab mir einen guten Rat.

to **advise** VERB
raten (PRESENT *rät*, IMPERFECT *riet*, PERFECT *hat geraten*) ◇ *He advised me to wait.* Er riet mir zu warten. ◇ *He advised me not to go there.* Er hat mir geraten, nicht dorthin zu gehen.

aerial NOUN
die *Antenne*

aerobics PL NOUN
das *Aerobic* ◇ *I'm going to aerobics tonight.* Ich mache heute Abend Aerobic.

aeroplane NOUN
das *Flugzeug* (PL die *Flugzeuge*)

aerosol NOUN
der *Spray* (PL die *Sprays*)

affair NOUN
[1] das *Verhältnis* (*romantic*) (GEN des *Verhältnisses*, PL die *Verhältnisse*) ◇ *to have an affair with somebody* mit jemandem ein Verhältnis haben
[2] die *Angelegenheit* (*event*)

to **affect** VERB
[1] *beeinflussen* (*influence*) (PERFECT *hat beeinflusst*) ◇ *Does violence on television affect children's behaviour?* Beeinflusst Gewalt im Fernsehen das Verhalten von Kindern?
[2] *beeinträchtigen* (*have effect on*) (PERFECT *hat beeinträchtigt*) ◇ *The bad weather has affected sales.* Das schlechte Wetter hat den Absatz beeinträchtigt.
◆ **It affects me deeply.** Es geht mir sehr nahe.

affectionate ADJECTIVE
liebevoll

to **afford** VERB
sich leisten ◇ *I can't afford a new pair of jeans.* Ich kann mir keine neue Jeans leisten. ◇ *We can't afford to go on holiday.* Wir können es uns nicht leisten, in Urlaub zu fahren.

afraid ADJECTIVE
◆ **to be afraid of something** vor etwas Angst haben ◇ *I'm afraid of spiders.* Ich habe Angst vor Spinnen.
◆ **I'm afraid I can't come.** Ich kann leider nicht kommen.
◆ **I'm afraid so.** Ja, leider.
◆ **I'm afraid not.** Leider nicht.

Africa NOUN
Afrika NEUT
◆ **from Africa** aus Afrika
◆ **to Africa** nach Afrika

African ADJECTIVE
see also African NOUN
afrikanisch

African NOUN
see also African ADJECTIVE

der *Afrikaner* (PL die *Afrikaner*)
die *Afrikanerin*

after PREPOSITION, ADVERB, CONJUNCTION
nach +DAT ◇ *after dinner* nach dem Abendessen ◇ *He ran after me.* Er rannte mir nach.
- **soon after** kurz danach
- **after I'd had a rest** nachdem ich mich ausgeruht hatte
- **After having eaten I left.** Nachdem ich gegessen hatte, ging ich.
- **after all** schließlich

afternoon NOUN
der *Nachmittag* (PL die *Nachmittage*)
- **three o'clock in the afternoon** drei Uhr nachmittags
- **this afternoon** heute Nachmittag
- **on Saturday afternoon** Samstag nachmittag

afters SING *or* PL NOUN
der *Nachtisch* SING (PL die *Nachtische*)

aftershave NOUN
das *After-shave* (PL die *After-shaves*)

afterwards ADVERB
danach ◇ *She left not long afterwards.* Sie ging kurz danach.

again ADVERB
[1] *wieder* (*once more*) ◇ *They're friends again.* Sie sind wieder Freunde.
[2] *noch einmal* (*one more time*) ◇ *Can you tell me again?* Kannst du mir das noch einmal sagen?
- **not...again** nie mehr ◇ *I won't go there again.* Dort gehe ich nie mehr hin.
- **Not again!** Nicht schon wieder!
- **again and again** immer wieder

against PREPOSITION
gegen ◇ *He leant against the wall.* Er lehnte gegen die Wand. ◇ *I'm against nuclear testing.* Ich bin gegen Atomtests.

age NOUN
das *Alter* (PL die *Alter*) ◇ *an age limit* eine Altersgrenze
- **at the age of sixteen** mit sechzehn
- **I haven't been to the cinema for ages.** Ich war schon ewig nicht mehr im Kino.

aged ADJECTIVE
- **aged ten** zehn Jahre alt

agenda NOUN
die *Tagesordnung*

agent NOUN
der *Agent* (GEN des *Agenten*, PL die *Agenten*)
die *Agentin*
- **an estate agent** ein Immobilienmakler
- **a travel agent** ein Reisebüro

aggressive ADJECTIVE
aggressiv

ago ADVERB
- **two days ago** vor zwei Tagen
- **two years ago** vor zwei Jahren
- **not long ago** vor kurzem
- **How long ago did it happen?** Wie lange ist das her?

agony NOUN
(PL **agonies**)
- **He was in agony.** Er hatte furchtbare Schmerzen.

to **agree** VERB
- **to agree with somebody** jemandem zustimmen ◇ *I agree with your sister.* Ich stimme deiner Schwester zu.
- **to agree to do something** bereit sein, etwas zu tun ◇ *He agreed to go and pick her up.* Er war bereit, sie abzuholen.
- **to agree that...** (*admit*) zugeben, dass... ◇ *I agree that it's difficult.* Ich gebe zu, dass das schwierig ist.
- **Garlic doesn't agree with me.** Ich vertrage Knoblauch nicht.

agreed ADJECTIVE
ausgemacht ◇ *at the agreed time* zur ausgemachten Zeit

agreement NOUN
die *Abmachung*
- **to be in agreement** übereinstimmen ◇ *Everybody was in agreement with Ray.* Alle stimmten mit Ray überein.

agricultural ADJECTIVE
landwirtschaftlich

agriculture NOUN
die *Landwirtschaft*

ahead ADVERB
voraus ◇ *We sent him on ahead.* Wir schickten ihn voraus.
- **The Germans are five points ahead.** Die Deutschen führen mit fünf Punkten.
- **She looked straight ahead.** Sie sah geradeaus.
- **ahead of time** vorzeitig
- **to plan ahead** vorausplanen
- **Go ahead!** Ja bitte!

aid NOUN
- **in aid of charity** für wohltätige Zwecke

AIDS NOUN
das *Aids* (GEN des *Aids*) ◇ *He died of AIDS.* Er starb an Aids.

to **aim** VERB
see also aim NOUN
- **to aim at** zielen auf +ACC ◇ *He aimed a gun at me.* Er zielte mit der Pistole auf mich.
- **The film is aimed at children.** Der Film ist für Kinder gedacht.
- **to aim to do something** beabsichtigen, etwas zu tun ◇ *Janice aimed to leave at five o'clock.* Janice beabsichtigte, um fünf Uhr zu gehen.

aim NOUN
see also aim VERB
das *Ziel* (PL die *Ziele*) ◇ *The aim of the festival is to raise money.* Ziel des Festivals ist, Geld aufzutreiben.

air NOUN
die *Luft* (PL die *Lüfte*)
- **to get some fresh air** frische Luft schnappen
- **by air** mit dem Flugzeug ◇ *I prefer to travel by air.* Ich reise lieber mit dem Flugzeug.

air-conditioned ADJECTIVE
mit Klimaanlage

air conditioning NOUN
die *Klimaanlage*
Air Force NOUN
die *Luftwaffe*
air hostess NOUN
(PL **air hostesses**)
die *Stewardess* ⚠ (PL die *Stewardessen*)
◇ *She's an air hostess.* Sie ist Stewardess.
airline NOUN
die *Fluggesellschaft*
airmail NOUN
◆ **by airmail** mit Luftpost
airport NOUN
der *Flughafen* (PL die *Flughäfen*)
aisle NOUN
1 der *Mittelgang* (*in church*) (PL die *Mittelgänge*)
2 der *Gang* (*in plane*) (PL die *Gänge*) ◇ *an aisle seat* ein Platz am Gang
alarm NOUN
der *Alarm* (*warning*) (PL die *Alarme*)
◆ **a fire alarm** ein Feueralarm
alarm clock NOUN
der *Wecker* (PL die *Wecker*)
album NOUN
das *Album* (PL die *Alben*)
alcohol NOUN
der *Alkohol*
alcoholic NOUN
see also alcoholic ADJECTIVE
der *Alkoholiker* (PL die *Alkoholiker*)
die *Akoholikerin*
◇ *He's an alcoholic.* Er ist Alkoholiker.
alcoholic ADJECTIVE
see also alcoholic NOUN
alkoholisch ◇ *alcoholic drinks* alkoholische Getränke
alert ADJECTIVE
1 *aufgeweckt* (*bright*) ◇ *He's a very alert baby.* Er ist ein sehr aufgewecktes Baby.
2 *wachsam* (*paying attention*) ◇ *We must stay alert.* Wir müssen wachsam bleiben.
A levels PL NOUN
das *Abitur*
Germans take their Abitur *at the age of 19. The students sit examinations in a variety of subjects to attain an overall grade. If you pass, you have the right to a place at university.*
alike ADVERB
◆ **to look alike** sich ähnlich sehen ◇ *The two sisters look alike.* Die beiden Schwestern sehen sich ähnlich.
alive ADJECTIVE
am Leben
all ADJECTIVE, PRONOUN, ADVERB
1 *alle* ◇ *all the books* alle Bücher
◆ **all the time** die ganze Zeit
◆ **all day** den ganzen Tag
2 *alles* ◇ *He ate it all.* Er hat alles gegessen. ◇ *I ate all of it.* Ich habe alles gegessen.
◆ **All of us went.** Wir sind alle hingegangen.
◆ **after all** schließlich ◇ *After all, nobody can make us go.* Schließlich kann uns niemand zwingen hinzugehen.
◆ **all alone** ganz allein ◇ *She's all alone.* Sie ist ganz allein.
◆ **not at all** überhaupt nicht ◇ *I'm not tired at all.* Ich bin überhaupt nicht müde.
◆ **The score is five all.** Es steht fünf zu fünf.
allergic ADJECTIVE
allergisch
◆ **to be allergic to something** allergisch gegen etwas sein ◇ *I'm allergic to cats.* Ich bin allergisch gegen Katzen.
alley NOUN
die *Gasse*
to **allow** VERB
◆ **to be allowed to do something** etwas tun dürfen ◇ *He's not allowed to go out at night.* Er darf abends nicht ausgehen.
◆ **to allow somebody to do something** jemandem erlauben, etwas zu tun ◇ *His mum allowed him to go out.* Seine Mama hat ihm erlaubt auszugehen.
all right ADVERB
1 *gut* (*okay*) ◇ *Everything turned out all right.* Alles ist gut gegangen.
◆ **Are you all right?** Bist du in Ordnung?
2 *okay* (*not bad*) ◇ *The film was all right.* Der Film war okay.
3 *einverstanden* (*when agreeing*) ◇ *We'll talk about it later. – All right.* Wir reden später darüber. – Einverstanden.
◆ **Is that all right with you?** Ist das okay?
almond NOUN
die *Mandel* (PL die *Mandeln*)
almost ADVERB
fast ◇ *I've almost finished.* Ich bin fast fertig.
alone ADJECTIVE, ADVERB
allein ◇ *She lives alone.* Sie lebt allein.
◆ **to leave somebody alone** jemanden in Ruhe lassen ◇ *Leave her alone!* Lass sie in Ruhe!
◆ **to leave something alone** etwas nicht anfassen ◇ *Leave my things alone!* Fass meine Sachen nicht an!
along PREPOSITION, ADVERB
entlang ◇ *Chris was walking along the beach.* Chris ging am Strand entlang.
◆ **all along** die ganze Zeit ◇ *He was lying to me all along.* Er hat mich die ganze Zeit belogen.
aloud ADVERB
laut ◇ *He read the poem aloud.* Er las das Gedicht vor.
alphabet NOUN
das *Alphabet* (PL die *Alphabete*)
Alps PL NOUN
die *Alpen* FEM PL
already ADVERB
schon ◇ *Liz had already gone.* Liz war schon weg.
also ADVERB
auch
altar NOUN

der *Altar* (PL die *Altare*)

to **alter** VERB
verändern (PERFECT *hat verändert*)

alternate ADJECTIVE
- **on alternate days** abwechselnd jeden zweiten Tag

alternative NOUN
see also alternative ADJECTIVE
die *Alternative* ◇ *Fruit is a healthy alternative to chocolate.* Obst ist eine gesunde Alternative zu Schokolade.
- **You have no alternative.** Du hast keine andere Wahl.
- **There are several alternatives.** Es gibt mehrere Möglichkeiten.

alternative ADJECTIVE
see also alternative NOUN
andere ◇ *an alternative solution* eine andere Lösung ◇ *an alternative suggestion* ein anderer Vorschlag
- **alternative medicine** die alternative Medizin

alternatively ADVERB
- **Alternatively, we could just stay at home.** Wir könnten auch zu Hause bleiben.

although CONJUNCTION
obwohl ◇ *Although she was tired, she stayed up late.* Obwohl sie müde war, blieb sie lange auf.

altogether ADVERB
[1] *insgesamt* (*in total*) ◇ *You owe me twenty pounds altogether.* Du schuldest mir insgesamt zwanzig Pfund.
[2] *ganz* (*completely*) ◇ *I'm not altogether happy with your work.* Ich bin mit Ihrer Arbeit nicht ganz zufrieden.

aluminium NOUN
das *Aluminium*

always ADVERB
immer ◇ *He's always moaning.* Er beklagt sich immer.

am VERB *see* **be**

a.m. ABBREVIATION
morgens ◇ *at four a.m.* um vier Uhr morgens

amateur NOUN
der *Amateur* (PL die *Amateure*)
die *Amateurin*
◇ *He's an amateur.* Er ist Amateur.

to **amaze** VERB
- **to be amazed** erstaunt sein ◇ *I was amazed that I managed to do it.* Ich war erstaunt, dass ich es geschafft habe.

amazing ADJECTIVE
[1] *erstaunlich* (*surprising*) ◇ *That's amazing news!* Das sind erstaunliche Neuigkeiten!
[2] *ausgezeichnet* (*excellent*) ◇ *Vivian's an amazing cook.* Vivian ist eine ausgezeichnete Köchin.

ambassador NOUN
der *Botschafter* (PL die *Botschafter*)
die *Botschafterin*

amber ADJECTIVE
- **an amber light** eine gelbe Ampel

ambition NOUN
der *Ehrgeiz* (GEN des *Ehrgeizes*)

ambitious ADJECTIVE
ehrgeizig ◇ *She's very ambitious.* Sie ist sehr ehrgeizig.

ambulance NOUN
der *Krankenwagen* (PL die *Krankenwagen*)

amenities PL NOUN
- **The hotel has very good amenities.** Das Hotel hat viel zu bieten.

America NOUN
Amerika NEUT
- **from America** aus Amerika
- **in America** in Amerika
- **to America** nach Amerika

American ADJECTIVE
see also American NOUN
amerikanisch ◇ *He's American.* Er ist Amerikaner. ◇ *She's American.* Sie ist Amerikanerin.

American NOUN
see also American ADJECTIVE
der *Amerikaner* (PL die *Amerikaner*)
die *Amerikanerin*
- **the Americans** die Amerikaner

among PREPOSITION
unter +DAT ◇ *I was among friends.* Ich war unter Freunden.
- **among other things** unter anderem

amount NOUN
[1] der *Betrag* (PL die *Beträge*) ◇ *a large amount of money* ein großer Geldbetrag
[2] die *Menge* ◇ *a huge amount of rice* eine enorme Menge Reis

amp NOUN
[1] das *Ampère* (*of electricity*) (GEN des *Ampère*, PL die *Ampère*)
[2] der *Verstärker* (*for hi-fi*) (PL die *Verstärker*)

amplifier NOUN
der *Verstärker* (*for hi-fi*) (PL die *Verstärker*)

to **amuse** VERB
belustigen (PERFECT *hat belustigt*)
- **He was most amused by the story.** Er fand die Geschichte sehr lustig.

amusement arcade NOUN
die *Spielhalle*

an ARTICLE *see* **a**

to **analyse** VERB
analysieren (PERFECT *hat analysiert*)

analysis NOUN
(PL **analyses**)
die *Analyse*

ancestor NOUN
der *Vorfahr* (GEN des *Vorfahren*, PL die *Vorfahren*)
die *Vorfahrin*

anchor NOUN
der *Anker* (PL die *Anker*)

ancient ADJECTIVE
alt ◇ *an ancient custom* ein alter Brauch
- **ancient Greece** das antike Griechenland
- **an ancient monument** ein historisches Denkmal

and CONJUNCTION
und ◇ *you and me* du und ich ◇ *Two and two are four.* Zwei und zwei gibt vier. ◇ *He talked and talked.* Er redete und redete.
◆ **Please try and come!** Versuche bitte zu kommen!
◆ **better and better** immer besser

angel NOUN
der *Engel* (PL die *Engel*)

anger NOUN
die *Wut*

angle NOUN
der *Winkel* (PL die *Winkel*)

angler NOUN
der *Angler* (PL die *Angler*)
die *Anglerin*

angling NOUN
das *Angeln* ◇ *His favourite hobby is angling.* Angeln ist sein Lieblingshobby.

angry ADJECTIVE
böse ◇ *Dad looks very angry.* Papa sieht sehr böse aus.
◆ **to be angry with somebody** mit jemandem böse sein ◇ *Mum's really angry with you.* Mama ist sehr böse mit dir.
◆ **to get angry** wütend werden

animal NOUN
das *Tier* (PL die *Tiere*)

ankle NOUN
der *Fußknöchel* (PL die *Fußknöchel*)

anniversary NOUN
(PL **anniversaries**)
der *Jahrestag* (PL die *Jahrestage*)
◆ **wedding anniversary** der Hochzeitstag

to **announce** VERB
ankündigen (PERFECT *hat angekündigt*)

announcement NOUN
die *Ankündigung*

to **annoy** VERB
ärgern ◇ *He's really annoying me.* Er ärgert mich echt.
◆ **to get annoyed** wütend werden ◇ *I saw that he was getting annoyed.* Ich sah, dass er wütend wurde.

annoying ADJECTIVE
ärgerlich ◇ *It's really annoying.* Es ist wirklich ärgerlich.

annual ADJECTIVE
jährlich ◇ *an annual meeting* ein jährliches Treffen

anorak NOUN
der *Anorak* (PL die *Anoraks*)

another ADJECTIVE
Use **noch ein** *for masculine and neuter nouns,* **noch eine** *for feminine nouns.*
[1] *noch ein* ◇ *I bought another hat.* Ich habe noch einen Hut gekauft. ◇ *Would you like another piece of cake?* Möchtest du noch ein Stück Kuchen?
noch eine ◇ *Would you like another cup of tea?* Möchten Sie noch eine Tasse Tee?
Use **ein anderer** *for masculine,* **eine andere** *for feminine and* **ein anderes** *for neuter nouns.*
[2] *(different)*
ein anderer ◇ *Could you show me another hat?* Könnten Sie mir einen anderen Hut zeigen?
eine andere ◇ *My girlfriend goes to another school.* Meine Freundin besucht eine andere Schule.
ein anderes ◇ *Have you got another shirt?* Haben Sie noch ein anderes Hemd?
◆ **another time** ein andermal

to **answer** VERB
see also answer NOUN
beantworten (PERFECT *hat beantwortet*)
◇ *Can you answer my question?* Kannst du meine Frage beantworten?
◆ **to answer the phone** ans Telefon gehen
◆ **to answer the door** aufmachen ◇ *Can you answer the door please?* Kannst du bitte aufmachen?

answer NOUN
see also answer VERB
[1] die *Antwort* *(to question)*
[2] die *Lösung* *(to problem)*

answering machine NOUN
der *Anrufbeantworter* (PL die *Anrufbeantworter*)

ant NOUN
die *Ameise*

Antarctic NOUN
die *Antarktis*

anthem NOUN
◆ **the national anthem** die Nationalhymne

antibiotic NOUN
das *Antibiotikum* (PL die *Antibiotika*)

antique NOUN
die *Antiquität* *(furniture)*

antique shop NOUN
der *Antiquitätenladen* (PL die *Antiquitätenläden*)

antiseptic NOUN
das *Antiseptikum* (PL die *Antiseptika*)

any ADJECTIVE, PRONOUN, ADVERB
In most cases any *is not translated.*
◇ *Would you like any bread?* Möchten Sie Brot? ◇ *Have you got any mineral water?* Haben Sie Mineralwasser?
Use **kein** *for* not any.
◇ *We haven't got any milk left.* Wir haben keine Milch mehr. ◇ *I haven't got any money.* Ich habe kein Geld. ◇ *I haven't got any books.* Ich habe keine Bücher. ◇ *Sorry, we haven't got any.* Tut mir leid, wir haben keine.
◆ **any more (1)** *(additional)* noch etwas ◇ *Would you like any more coffee?* Möchten Sie noch etwas Kaffee?
◆ **any more (2)** *(no longer)* nicht mehr ◇ *I don't love him any more.* Ich liebe ihn nicht mehr.

anybody PRONOUN
[1] *jemand* *(in question)* ◇ *Has anybody got a pen?* Hat jemand etwas zum Schreiben?
[2] *jeder* *(no matter who)* ◇ *Anybody can*

learn to swim. Jeder kann schwimmen lernen.
Use **niemand** *for* not...anybody.
◇ *I can't see anybody.* Ich kann niemanden sehen.

anyhow ADVERB
sowieso ◇ *He doesn't want to go out and anyhow he's not allowed.* Er will nicht ausgehen, und er darf es sowieso auch nicht.

anyone PRONOUN
1 *jemand* (*in question*) ◇ *Has anyone got a pen?* Hat jemand etwas zum Schreiben?
2 *jeder* (*no matter who*) ◇ *Anyone can learn to swim.* Jeder kann schwimmen lernen.
Use **niemand** *for* not...anyone.
◇ *I can't see anyone.* Ich kann niemanden sehen.

anything PRONOUN
1 *etwas* (*in question*) ◇ *Would you like anything to eat?* Möchtest du etwas zu essen?
2 *alles* (*no matter what*) ◇ *Anything could happen.* Alles könnte passieren.
Use **nichts** *for* not...anything.
◇ *I can't hear anything.* Ich kann nichts hören.

anyway ADVERB
sowieso ◇ *He doesn't want to go out and anyway he's not allowed.* Er will nicht ausgehen, und er darf es sowieso auch nicht.

anywhere ADVERB
1 *irgendwo* (*in question*) ◇ *Have you seen my coat anywhere?* Hast du irgendwo meinen Mantel gesehen?
2 *überall* ◇ *You can buy stamps almost anywhere.* Man kann fast überall Briefmarken kaufen.
Use **nirgends** *for* not...anywhere.
3 *nirgends* ◇ *I can't find it anywhere.* Ich kann es nirgends finden.

apart ADVERB
◆ **The two towns are ten kilometres apart.** Die zwei Städte liegen zehn Kilometer voneinander entfernt.
◆ **apart from** abgesehen von ◇ *Apart from that, everything's fine.* Davon abgesehen ist alles in Ordnung.

apartment NOUN
die *Wohnung*

to **apologize** VERB
sich entschuldigen (PERFECT *hat sich entschuldigt*) ◇ *He apologized for being late.* Er entschuldigte sich für sein Zuspätkommen.
◆ **I apologize!** Ich bitte um Entschuldigung!

apology NOUN
(PL **apologies**)
die *Entschuldigung*

apostrophe NOUN
der *Apostroph* (PL die *Apostrophe*)

apparatus NOUN
(PL **apparatus** *or* **apparatuses**)
der *Apparat* (PL die *Apparate*)

apparent ADJECTIVE
offensichtlich

apparently ADVERB
offensichtlich

to **appeal** VERB
see also appeal NOUN
bitten (IMPERFECT *bat*, PERFECT *hat gebeten*)
◇ *They appealed for help.* Sie baten um Hilfe.
◆ **to appeal to somebody** (*attract*) jemanden reizen ◇ *Does that appeal to you?* Reizt dich das?

appeal NOUN
see also appeal VERB
der *Aufruf* (PL die *Aufrufe*)

to **appear** VERB
1 *kommen* (*come into view*) (IMPERFECT *kam*, PERFECT *ist gekommen*) ◇ *The bus appeared around the corner.* Der Bus kam um die Ecke.
◆ **to appear on TV** im Fernsehen auftreten
2 *scheinen* (*seem*) (IMPERFECT *schien*, PERFECT *hat geschienen*) ◇ *She appeared to be asleep.* Sie schien zu schlafen.

appearance NOUN
das *Äußere* (*looks*) (GEN des *Äußeren*)
◇ *She takes great care over her appearance.* Sie achtet sehr auf ihr Äußeres.

appendicitis NOUN
die *Blinddarmentzündung*

appetite NOUN
der *Appetit*

to **applaud** VERB
klatschen

applause NOUN
der *Beifall*

apple NOUN
der *Apfel* (PL die *Äpfel*)
◆ **an apple tree** ein Apfelbaum MASC

application NOUN
◆ **a job application** eine Bewerbung

application form NOUN
1 das *Bewerbungsformular* (*for job*) (PL die *Bewerbungsformulare*)
2 das *Anmeldeformular* (*for university*) (PL die *Anmeldeformulare*)

to **apply** VERB
(**applied**)
◆ **to apply for a job** sich für eine Stelle bewerben ◇ *She applied for the job as a secretary.* Sie bewarb sich für die Sekretärinnenstelle.
◆ **to apply to** (*be relevant*) zutreffen auf
◇ *This rule doesn't apply to me.* Diese Regel trifft auf mich nicht zu.

appointment NOUN
der *Termin* (PL die *Termine*) ◇ *I've got a dental appointment.* Ich habe einen Zahnarzttermin.

to **appreciate** VERB
zu schätzen wissen (PRESENT *weiß zu schätzen*, IMPERFECT *wusste zu schätzen*, PERFECT *hat zu schätzen gewusst*) ◇ *I really appreciate your help.* Ich weiß deine Hilfe wirklich zu schätzen.

apprentice NOUN
der *Lehrling* (PL die *Lehrlinge*)
der Lehrling *is also used for women.*
◇ *She is an apprentice.* Sie ist Lehrling.

to **approach** VERB
[1] *sich nähern* (*get nearer to*) ◇ *He approached the house.* Er näherte sich dem Haus.
[2] *angehen* (*tackle*) (IMPERFECT *ging an*, PERFECT *hat angegangen*) ◇ *to approach a problem* ein Problem angehen

appropriate ADJECTIVE
passend ◇ *That dress isn't very appropriate for an interview.* Dieses Kleid ist für ein Vorstellungsgespräch nicht sehr passend.

to **approve** VERB
◆ **to approve of** gutheißen ◇ *I don't approve of his choice.* Ich heiße seine Wahl nicht gut.
◆ **They didn't approve of his girlfriend.** Sie hatten etwas gegen seine Freundin.

approximate ADJECTIVE
ungefähr

apricot NOUN
die *Aprikose*

April NOUN
der *April* ◇ *in April* im April
◆ **April Fool's Day** der erste April
◆ **April Fool!** April, April!

apron NOUN
die *Schürze*

Aquarius NOUN
der *Wassermann* ◇ *I'm Aquarius.* Ich bin Wassermann.

Arab ADJECTIVE
see also Arab NOUN
arabisch ◇ *the Arab countries* die arabischen Länder

Arab NOUN
see also Arab ADJECTIVE
der *Araber* (PL die *Araber*)
die *Araberin*

arch NOUN
(PL **arches**)
der *Bogen* (PL die *Bögen*)

archaeologist NOUN
der *Archäologe* (GEN des *Archäologen*, PL die *Archäologen*)
die *Archäologin*
◇ *She's an archaeologist.* Sie ist Archäologin.

archaeology NOUN
die *Archäologie*

archbishop NOUN
der *Erzbischof* (PL die *Erzbischöfe*)

architect NOUN
der *Architekt* (GEN des *Architekten*, PL die *Architekten*)
die *Architektin*
◇ *She's an architect.* Sie ist Architektin.

architecture NOUN
die *Architektur*

Arctic NOUN
die *Arktis*

are VERB *see* **be**

area NOUN
[1] die *Gegend* ◇ *She lives in the London area.* Sie lebt in der Gegend von London.
[2] das *Viertel* (PL die *Viertel*) ◇ *My favourite area of London is Soho.* Soho ist mein Lieblingsviertel von London.
[3] die *Fläche* ◇ *The field has an area of one thousand square metres.* Das Feld hat eine Fläche von eintausend Quadratmetern.

Argentina NOUN
Argentinien NEUT
◆ **from Argentina** aus Argentinien
◆ **to Argentina** nach Argentinien

Argentinian ADJECTIVE
argentinisch

to **argue** VERB
streiten (IMPERFECT *stritt*, PERFECT *hat gestritten*) ◇ *They never stop arguing.* Sie streiten dauernd.

argument NOUN
der *Streit* (PL die *Streite*)
◆ **to have an argument** Streit haben ◇ *They had an argument.* Sie hatten Streit.

Aries NOUN
der *Widder* ◇ *I'm Aries.* Ich bin Widder.

arm NOUN
der *Arm* (PL die *Arme*)

armchair NOUN
der *Sessel* (PL die *Sessel*)

armour NOUN
die *Rüstung*
◆ **a suit of armour** eine Rüstung

army NOUN
(PL **armies**)
die *Armee* (PL die *Armeen*)

around PREPOSITION, ADVERB
[1] *um* ◇ *She wore a scarf around her neck.* Sie trug einen Schal um den Hals.
[2] *etwa* (*approximately*) ◇ *It costs around a hundred pounds.* Es kostet etwa einhundert Pfund.
[3] *gegen* (*date, time*) ◇ *Let's meet at around eight p.m.* Treffen wir uns gegen acht Uhr abends.
◆ **around here (1)** (*nearby*) hier in der Nähe ◇ *Is there a chemist's around here?* Gibt es hier in der Nähe eine Apotheke?
◆ **around here (2)** (*in this area*) hier in der Gegend ◇ *He lives around here.* Er wohnt hier in der Gegend.

to **arrange** VERB
◆ **to arrange to do something** verabreden, etwas zu tun ◇ *They arranged to go out together on Friday.* Sie haben verabredet, am Freitag zusammen auszugehen.
◆ **to arrange a meeting** ein Treffen ausmachen ◇ *Can we arrange a meeting?* Können wir ein Treffen ausmachen?
◆ **to arrange a party** eine Party vorbereiten

arrangement NOUN
der *Plan* (*plan*) (PL die *Pläne*)
◆ **They made arrangements to go out on Friday night.** Sie haben verabredet, am Freitag Abend auszugehen.

to **arrest** VERB
see also arrest NOUN
verhaften (PERFECT *hat verhaftet*) ◇ *The*

police have arrested five people. Die Polizei hat fünf Leute verhaftet.

arrest NOUN
see also **arrest** VERB
die *Verhaftung*
◆ **You're under arrest!** Sie sind verhaftet!

arrival NOUN
die *Ankunft* (PL die *Ankünfte*)

to **arrive** VERB
ankommen (IMPERFECT *kam an*, PERFECT *ist angekommen*) ◇ *I arrived at five o'clock.* Ich bin um fünf Uhr angekommen.

arrow NOUN
der *Pfeil* (PL die *Pfeile*)

art NOUN
die *Kunst* (PL die *Künste*)

artery NOUN
(PL **arteries**)
die *Arterie*

art gallery NOUN
(PL **art galleries**)
die *Kunstgalerie*

article NOUN
der *Artikel* (PL die *Artikel*) ◇ *a newspaper article* ein Zeitungsartikel

artificial ADJECTIVE
künstlich

artist NOUN
der *Künstler* (PL die *Künstler*)
die *Künstlerin*
◇ *She's an artist.* Sie ist Künstlerin.

artistic ADJECTIVE
künstlerisch

as CONJUNCTION, ADVERB
[1] *als* (*while*) ◇ *He came in as I was leaving.* Er kam herein, als ich gehen wollte.
◆ **He works as a waiter in the holidays.** In den Ferien jobbt er als Kellner.
[2] *da* (*since*) ◇ *As it's Sunday, you can have a lie-in.* Da es Sonntag ist, kannst du ausschlafen.
◆ **as...as** so...wie ◇ *Peter's as tall as Michael.* Peter ist so groß wie Michael. ◇ *Her coat cost twice as much as mine.* Ihr Mantel hat doppelt so viel wie meiner gekostet.
◆ **as much...as** soviel...wie ◇ *I haven't got as much money as you.* Ich habe nicht so viel Geld wie du.
◆ **as soon as possible** sobald wie möglich ◇ *I'll do it as soon as possible.* Ich tue es sobald wie möglich.
◆ **as from tomorrow** ab morgen ◇ *As from tomorrow, the shops will stay open until ten p.m.* Ab morgen haben die Geschäfte bis zehn Uhr abends auf.
◆ **as if** als ob
◆ **as though** als ob
Note that **als ob** *is followed by the subjunctive.*
◇ *She acted as though she hadn't seen me.* Sie tat so, als ob sie mich nicht sähe.

asap ABBREVIATION (= *as soon as possible*)
sobald wie möglich

ashamed ADJECTIVE
◆ **to be ashamed** sich schämen ◇ *You should be ashamed of yourself!* Du solltest dich schämen!

ashtray NOUN
der *Aschenbecher* (PL die *Aschenbecher*)

Asia NOUN
Asien NEUT
◆ **from Asia** aus Asien
◆ **to Asia** nach Asien

Asian ADJECTIVE
see also **Asian** NOUN
asiatisch ◇ *He's Asian.* Er ist Asiate.
◇ *She's Asian.* Sie ist Asiatin.

Asian NOUN
see also **Asian** ADJECTIVE
der *Asiate* (GEN des *Asiaten*, PL die *Asiaten*)
die *Asiatin*

to **ask** VERB
[1] *fragen* (*inquire, request*) ◇ *"Have you finished?" she asked.* "Bist du fertig?" fragte sie.
◆ **to ask somebody something** jemanden etwas fragen ◇ *He asked her how old she was.* Er fragte sie, wie alt sie ist.
◆ **to ask for something** um etwas bitten ◇ *He asked for a cup of tea.* Er bat um eine Tasse Tee.
◆ **to ask somebody to do something** jemanden bitten, etwas zu tun ◇ *She asked him to do the shopping.* Sie bat ihn einzukaufen.
◆ **to ask about something** sich nach etwas erkundigen ◇ *I asked about train times to Leeds.* Ich habe mich nach Zugverbindungen nach Leeds erkundigt.
◆ **to ask somebody a question** jemanden etwas fragen
[2] *einladen* (*invite*) (PRESENT *lädt ein*, IMPERFECT *lud ein*, PERFECT *hat eingeladen*)
◇ *Have you asked Matthew to the party?* Hast du Matthew zur Party eingeladen?
◆ **He asked her out.** (*on a date*) Er hat sie um ein Rendezvous gebeten.

asleep ADJECTIVE
◆ **to be asleep** schlafen ◇ *He's asleep.* Er schläft.
◆ **to fall asleep** einschlafen ◇ *I fell asleep in front of the TV.* Ich bin beim Fernsehen eingeschlafen.

asparagus NOUN
der *Spargel* (PL die *Spargel*)

aspect NOUN
der *Aspekt* (PL die *Aspekte*)

aspirin NOUN
die *Schmerztablette*

assignment NOUN
das *Referat* (*in school*) (PL die *Referate*)

assistance NOUN
die *Hilfe*

assistant NOUN
[1] (*in shop*)
der *Verkäufer* (PL die *Verkäufer*)
die *Verkäuferin*
[2] (*helper*)
der *Assistent* (GEN des *Assistenten*, PL die

Assistenten)
die *Assistentin*

association NOUN
der *Verband* (PL die *Verbände*)

assortment NOUN
[1] die *Auswahl* (*choice*) ◇ *a large assortment of cheeses* eine große Auswahl an Käse
[2] die *Mischung* (*mixture*) ◇ *an assortment of biscuits* eine Keksmischung

to **assume** VERB
annehmen (PRESENT *nimmt an*, IMPERFECT *nahm an*, PERFECT *hat angenommen*) ◇ *I assume she won't be coming.* Ich nehme an, dass sie nicht kommt.

to **assure** VERB
versichern (PERFECT *hat versichert*) ◇ *He assured me he was coming.* Er versicherte mir, dass er kommt.

asthma NOUN
das *Asthma* ◇ *I've got asthma.* Ich habe Asthma.

astrology NOUN
die *Astrologie*

astronaut NOUN
der *Astronaut* (GEN des *Astronauten*, PL die *Astronauten*)
die *Astronautin*

astronomy NOUN
die *Astronomie*

at PREPOSITION
[1] *um* ◇ *at four o'clock* um vier Uhr
[2] *an* ◇ *at Christmas* an Weihnachten ◇ *What are you doing at the weekend?* Was machst du am Wochenende?
◆ **at night** nachts
[3] *mit* ◇ *at fifty kilometres per hour* mit fünfzig Stundenkilometern
[4] *in* ◇ *at school* in der Schule ◇ *at the office* im Büro
◆ **at home** zu Hause
◆ **two at a time** jeweils zwei
◆ **at the races** beim Pferderennen

ate VERB *see* **eat**

Athens NOUN
Athen NEUT
◆ **from Athens** aus Athen

athlete NOUN
der *Athlet* (GEN des *Athleten*, PL die *Athleten*)
die *Athletin*

athletic ADJECTIVE
athletisch

athletics NOUN
die *Leichtathletik* ◇ *I like watching the athletics on TV.* Ich sehe mir im Fernsehen gern Leichtathletik an.

Atlantic NOUN
der *Atlantik*

atlas NOUN
(PL **atlases**)
der *Atlas* (GEN des *Atlasses*, PL die *Atlanten*)

atmosphere NOUN
die *Atmosphäre*

atom NOUN
das *Atom* (PL die *Atome*)

atomic ADJECTIVE
◆ **an atomic bomb** eine Atombombe

to **attach** VERB
festbinden (IMPERFECT *band fest*, PERFECT *hat festgebunden*) ◇ *They attached a rope to the car.* Sie banden ein Seil am Auto fest.
◆ **Please find attached...** Anbei erhalten Sie...

attached ADJECTIVE
◆ **to be attached to somebody** an jemandem hängen ◇ *He's very attached to his family.* Er hängt sehr an seiner Familie.

to **attack** VERB
see also attack NOUN
angreifen (IMPERFECT *griff an*, PERFECT *hat angegriffen*) ◇ *The dog attacked me.* Der Hund hat mich angegriffen.

attack NOUN
see also attack VERB
der *Angriff* (PL die *Angriffe*)

attempt NOUN
see also attempt VERB
der *Versuch* (PL die *Versuche*) ◇ *She gave up after several attempts.* Sie gab nach mehreren Versuchen auf.

to **attempt** VERB
see also attempt NOUN
versuchen (PERFECT *hat versucht*)
◆ **to attempt to do something** versuchen, etwas zu tun ◇ *I attempted to write a song.* Ich habe versucht, ein Lied zu schreiben.

to **attend** VERB
teilnehmen (PRESENT *nimmt teil*, IMPERFECT *nahm teil*, PERFECT *hat teilgenommen*) ◇ *to attend a meeting* an einem Treffen teilnehmen

attention NOUN
die *Aufmerksamkeit*
◆ **to pay attention to something** auf etwas achten ◇ *He didn't pay attention to what I was saying.* Er hat nicht darauf geachtet, was ich sagte.

attic NOUN
der *Speicher* (PL die *Speicher*)

attitude NOUN
die *Einstellung* ◇ *I really don't like your attitude!* Mir gefällt deine Einstellung nicht!

to **attract** VERB
anziehen (IMPERFECT *zog an*, PERFECT *hat angezogen*) ◇ *The Lake District attracts lots of tourists.* Der Lake District zieht viele Touristen an.

attraction NOUN
die *Attraktion* ◇ *a tourist attraction* eine Touristenattraktion

attractive ADJECTIVE
attraktiv ◇ *She's very attractive.* Sie ist sehr attraktiv.

aubergine NOUN
die *Aubergine*

auction NOUN
die *Auktion*

A

audience NOUN
die *Zuschauer* MASC PL (*in theatre*) ◇ *The audience laughed loudly.* Die Zuschauer lachten laut.

audition NOUN
1 die *Vorsprechprobe* (*of actor*)
2 das *Vorspiel* (*of musician*) (PL die *Vorspiele*)

August NOUN
der *August* ◇ *in August* im August

aunt NOUN
die *Tante* ◇ *my aunt* meine Tante

aunty NOUN
(PL **aunties**)
die *Tante* ◇ *my aunty* meine Tante

au pair NOUN
das *Au-pair-Mädchen* (PL die *Au-pair-Mädchen*) ◇ *She's an au pair.* Sie ist Au-pair-Mädchen.

Australia NOUN
Australien NEUT
◆ **from Australia** aus Australien
◆ **in Australia** in Australien
◆ **to Australia** nach Australien

Australian ADJECTIVE
see also Australian NOUN
australisch ◇ *He's Australian.* Er ist Australier. ◇ *She's Australian.* Sie ist Australierin.

Australian NOUN
see also Australian ADJECTIVE
der *Australier* (PL die *Australier*)
die *Australierin*
◆ **the Australians** die Australier

Austria NOUN
Österreich NEUT
◆ **from Austria** aus Österreich
◆ **in Austria** in Österreich
◆ **to Austria** nach Österreich

Austrian ADJECTIVE
see also Austrian NOUN
österreichisch ◇ *He's Austrian.* Er ist Österreicher. ◇ *She's Austrian.* Sie ist Österreicherin.

Austrian NOUN
see also Austrian ADJECTIVE
der *Österreicher* (PL die *Österreicher*)
die *Österreicherin*
◆ **the Austrians** die Österreicher

author NOUN
der *Autor* (PL die *Autoren*)
die *Autorin*
◇ *She's a famous author.* Sie ist eine berühmte Autorin.

autobiography NOUN
(PL **autobiographies**)
die *Autobiographie*

autograph NOUN
das *Autogramm* (PL die *Autogramme*)
◇ *May I have your autograph?* Kann ich Ihr Autogramm haben?

automatic ADJECTIVE
automatisch ◇ *an automatic door* eine automatische Tür

automatically ADVERB
automatisch

autumn NOUN
der *Herbst* (PL die *Herbste*) ◇ *in autumn* im Herbst

availability NOUN
die *Erhältlichkeit* (*of goods*)
◆ **subject to availability** falls vorrätig

available ADJECTIVE
erhältlich ◇ *Free brochures are available on request.* Auf Anfrage sind kostenlose Prospekte erhältlich.
◆ **Is Mr Cooke available today?** Ist Herr Cooke heute zu sprechen?

avalanche NOUN
die *Lawine*

avenue NOUN
die *Allee*

average NOUN
see also average ADJECTIVE
der *Durchschnitt* (PL die *Durchschnitte*)
◇ *on average* im Durchschnitt

average ADJECTIVE
see also average NOUN
durchschnittlich ◇ *the average price* der durchschnittliche Preis

avocado NOUN
(PL **avocados**)
die *Avocado* (PL die *Avocados*)

to **avoid** VERB
1 *meiden* (IMPERFECT *mied*, PERFECT *hat gemieden*) ◇ *He avoids her when she's in a bad mood.* Er meidet sie, wenn sie schlechte Laune hat.
2 *vermeiden* ◇ *You should avoid going out on your own at night.* Du solltest vermeiden, nachts allein auszugehen.

awake ADJECTIVE
◆ **to be awake** wach sein ◇ *Is she awake?* Ist sie wach? ◇ *He was still awake.* Er war noch wach.

award NOUN
der *Preis* (PL die *Preise*) ◇ *He's won an award.* Er hat einen Preis bekommen. ◇ *the award for the best actor* der Preis für den besten Schauspieler

away ADJECTIVE, ADVERB
weg (*not here*) ◇ *Felix is away today.* Felix ist heute weg. ◇ *He's away for a week.* Er ist eine Woche lang weg.
◆ **The town's two kilometres away.** Die Stadt ist zwei Kilometer entfernt.
◆ **The coast is two hours away by car.** Zur Küste sind es mit dem Auto zwei Stunden.
◆ **Go away!** Geh weg!

away match NOUN
(PL **away matches**)
das *Auswärtsspiel* (PL die *Auswärtsspiele*)
◇ *Our team has an away match this week.* Unsere Mannschaft hat diese Woche ein Auswärtsspiel.

awful ADJECTIVE
schrecklich ◇ *That's awful!* Das ist schrecklich!

• **an awful lot of...** furchtbar viel... ◇ *an awful lot of work* furchtbar viel Arbeit ◇ *an awful lot of mistakes* furchtbar viele Fehler

awkward ADJECTIVE
[1] *schwierig* (*difficult*) ◇ *an awkward situation* eine schwierige Situation ◇ *It's a bit awkward for me to come and see you.* Es ist für mich etwas schwierig, dich zu besuchen.
[2] *unangenehm* (*embarrassing*) ◇ *an awkward question* eine unangenehme Frage

axe NOUN
die *Axt* (PL die *Äxte*)

B

baby NOUN
(PL **babies**)
das *Baby* (PL die *Babys*)

baby carriage NOUN
der *Buggy* (PL die *Buggys*)

to **babysit** VERB
(**babysat, babysat**)
babysitten ◇ *Veronika is babysitting for her friend.* Veronika babysittet bei ihrer Freundin.

babysitter NOUN
der *Babysitter* (PL die *Babysitter*)
die *Babysitterin*

babysitting NOUN
das *Babysitten*

bachelor NOUN
der *Junggeselle* (GEN des *Junggesellen*, PL die *Junggesellen*) ◇ *He's a bachelor.* Er ist Junggeselle.

back NOUN
see also back ADJECTIVE, VERB
1 der *Rücken* (*of person, horse, book*) (PL die *Rücken*)
2 die *Rückseite* (*of page, house*) ◇ *Write your name on the back.* Schreiben Sie Ihren Namen auf die Rückseite.
◆ **in the back of the car** hinten im Auto
◆ **at the back** hinten ◇ *He's sitting at the back.* Er sitzt hinten.

back ADJECTIVE, ADVERB
see also back NOUN, VERB
hintere ◇ *the back wheel of my bike* das hintere Rad meines Fahrrads
◆ **the back seat** der Rücksitz
◆ **the back door** die Hintertür
◆ **to get back** zurückkommen ◇ *What time did you get back?* Wann bist du zurückgekommen?
◆ **We went there by bus and walked back.** Wir sind mit dem Bus hingefahren und zu Fuß zurückgegangen.
◆ **He's not back yet.** Er ist noch nicht zurück.
◆ **to call somebody back** jemanden zurückrufen ◇ *I'll call back later.* Ich rufe später zurück.

to **back** VERB
see also back NOUN, ADJECTIVE
◆ **to back somebody** für jemanden sein ◇ *I'm backing the Labour Party.* Ich bin für die Labour-Party.
◆ **to back a horse** auf ein Pferd setzen ◇ *He backed the wrong horse.* Er hat auf das falsche Pferd gesetzt.
◆ **to back out** einen Rückzieher machen ◇ *They promised to help and then backed out.* Sie haben versprochen zu helfen, haben dann aber einen Rückzieher gemacht.
◆ **to back somebody up** jemanden unterstützen

backache NOUN
die *Rückenschmerzen* MASC PL ◇ *to have backache* Rückenschmerzen haben

backbone NOUN
das *Rückgrat* (PL die *Rückgrate*)

to **backfire** VERB
schief gehen ⚠ (IMPERFECT *ging schief*, PERFECT *ist schief gegangen*) (*go wrong*)

background NOUN
der *Hintergrund* (PL die *Hintergründe*)
◇ *a house in the background* ein Haus im Hintergrund ◇ *his family background* sein familiärer Hintergrund
◆ **background noise** die Hintergrundgeräusche NEUT PL

backhand NOUN
die *Rückhand* (PL die *Rückhände*)

backing NOUN
die *Unterstützung* (*support*)

backpack NOUN
der *Rucksack* (PL die *Rucksäcke*)

back pain NOUN
die *Rückenschmerzen* MASC PL ◇ *to have back pain* Rückenschmerzen haben

backside NOUN
der *Hintern* (GEN des *Hintern*, PL die *Hintern*)

backup NOUN
die *Unterstützung* (*support*)
◆ **a backup file** eine Sicherungsdatei

backwards ADVERB
zurück ◇ *to take a step backwards* einen Schritt zurück machen
◆ **to fall backwards** nach hinten fallen

back yard NOUN
der *Hinterhof* (PL die *Hinterhöfe*)

bacon NOUN
der *Speck* ◇ *bacon and eggs* Eier mit Speck

bad ADJECTIVE
1 *schlecht* ◇ *a bad film* ein schlechter Film ◇ *the bad weather* das schlechte Wetter ◇ *to be in a bad mood* schlechte Laune haben ◇ *not bad* nicht schlecht ◇ *That's not bad at all.* Das ist gar nicht schlecht.
◆ **to be bad at something** in etwas schlecht sein ◇ *I'm really bad at maths.* In Mathe bin ich wirklich schlecht.
2 *schlimm* (*serious*) ◇ *a bad accident* ein schlimmer Unfall
3 *böse* (*naughty*) ◇ *You bad boy!* Du böser Junge!
◆ **to go bad** (*food*) schlecht werden
◆ **I feel bad about it.** Das tut mir echt leid.

badge NOUN
1 der *Button* (*metal*) (PL die *Buttons*)
2 der *Aufkleber* (*sticker*) (PL die *Aufkleber*)

badly ADVERB
schlecht ◇ *badly paid* schlecht bezahlt
◆ **badly wounded** schwer verletzt
◆ **He's badly in need of some money.** Er braucht dringend Geld.

badminton NOUN
das *Badminton* ◇ *to play badminton* Badminton spielen

bad-tempered ADJECTIVE
◆ **to be bad-tempered (1)** (*by nature*) griesgrämig sein ◇ *He's a really bad-tempered person.* Er ist wirklich ein griesgrämiger Mensch.
◆ **to be bad-tempered (2)** (*temporarily*) schlechte Laune haben ◇ *He was really bad-tempered yesterday.* Er hatte gestern wirklich schlechte Laune.

bag NOUN
die *Tasche*
◆ **an old bag** (*person*) eine alte Schachtel

baggage NOUN
das *Gepäck*

baggage reclaim NOUN
die *Gepäckausgabe*

bagpipes PL NOUN
der *Dudelsack* (PL die *Dudelsäcke*) ◇ *Ed plays the bagpipes.* Ed spielt Dudelsack.

to **bake** VERB
backen (PRESENT *bäckt*, IMPERFECT *backte*, PERFECT *hat gebacken*) ◇ *to bake a cake* einen Kuchen backen

baker NOUN
der *Bäcker* (PL die *Bäcker*)
die *Bäckerin*
◇ *He's a baker.* Er ist Bäcker.

bakery NOUN
(PL **bakeries**)
die *Bäckerei*

baking ADJECTIVE
◆ **It's baking in here!** Hier ist es furchtbar heiß!

balance NOUN
das *Gleichgewicht* ◇ *to lose one's balance* das Gleichgewicht verlieren

balanced ADJECTIVE
ausgewogen

balcony NOUN
(PL **balconies**)
der *Balkon* (PL die *Balkone*)

bald ADJECTIVE
glatzköpfig
◆ **to be bald** eine Glatze haben

ball NOUN
der *Ball* (PL die *Bälle*)

ballet NOUN
das *Ballett* (PL die *Ballette*)
Note that you pronounce the "tt" in German.
◇ *We went to a ballet.* Wir sind ins Ballett gegangen. ◇ *ballet lessons* Ballettstunden

ballet dancer NOUN
der *Balletttänzer* ⚠ (PL die *Balletttänzer*)
die *Balletttänzerin* ⚠

ballet shoes PL NOUN
die *Ballettschuhe* MASC PL

balloon NOUN
der *Luftballon* (*at parties*) (PL die *Luftballone*)
◆ **a hot-air balloon** ein Heißluftballon

ballpoint pen NOUN
der *Kugelschreiber* (PL die *Kugelschreiber*)

ban NOUN
see also ban VERB
das *Verbot* (PL die *Verbote*)

to **ban** VERB
see also ban NOUN
verbieten (IMPERFECT *verbot*, PERFECT *hat verboten*) ◇ *to ban somebody from doing something* jemandem verbieten, etwas zu tun
◆ **She was banned from driving.** Sie bekam Fahrverbot.

banana NOUN
die *Banane* ◇ *a banana skin* eine Bananenschale

band NOUN
1 die *Band* (*rock band*) (PL die *Bands*)
2 die *Kapelle* (*brass band*)

bandage NOUN
see also bandage VERB
der *Verband* (PL die *Verbände*)

to **bandage** VERB
see also bandage NOUN
verbinden (IMPERFECT *verband*, PERFECT *hat verbunden*) ◇ *The nurse bandaged his arm.* Die Schwester verband ihm den Arm.

Band-Aid ® NOUN
das *Heftpflaster* (PL die *Heftpflaster*)

bandit NOUN
der *Bandit* (GEN des *Banditen*, PL die *Banditen*)

bang NOUN
see also bang VERB
1 der *Knall* (PL die *Knalle*) ◇ *I heard a loud bang.* Ich habe einen lauten Knall gehört.
2 der *Schlag* (PL die *Schläge*) ◇ *a bang on the head* ein Schlag auf den Kopf
◆ **Bang!** Peng!

to **bang** VERB
see also bang NOUN
anschlagen (*part of body*) (PRESENT *schlägt an*, IMPERFECT *schlug an*, PERFECT *hat angeschlagen*) ◇ *I banged my head.* Ich habe mir den Kopf angeschlagen.
◆ **to bang the door** die Tür zuknallen
◆ **to bang on the door** gegen die Tür hämmern

bangs PL NOUN
der *Pony* (PL die *Ponys*)

bank NOUN
1 die *Bank* (*financial*) (PL die *Banken*)
2 das *Ufer* (*of river, lake*) (PL die *Ufer*)

bank account NOUN
das *Bankkonto* (PL die *Bankkonten*)

banker NOUN
der *Banker* (PL die *Banker*)
die *Bankerin*

bank holiday NOUN
der *Feiertag* (PL die *Feiertage*)

banknote NOUN
die *Banknote*

banned ADJECTIVE
verboten

bar NOUN
1 die *Bar* (*pub*) (PL die *Bars*)
2 die *Theke* (*counter*)
◆ **a bar of chocolate** eine Tafel Schokolade
◆ **a bar of soap** ein Stück Seife

barbaric ADJECTIVE

barbarisch

barbecue NOUN
das *Barbecue* (PL die *Barbecues*)
◆ **We could have a barbecue this evening.** Wir könnten heute Abend grillen.

barber NOUN
der *Herrenfriseur* (PL die *Herrenfriseure*)

bare ADJECTIVE
nackt

barefoot ADJECTIVE, ADVERB
barfuß ◇ *The children go around barefoot.* Die Kinder laufen barfuß herum. ◇ *She was barefoot.* Sie war barfuß.

bargain NOUN
das *Schnäppchen* (PL die *Schnäppchen*) ◇ *It was a bargain!* Das war ein Schnäppchen!

barge NOUN
der *Kahn* (PL die *Kähne*)

to **bark** VERB
bellen

barmaid NOUN
die *Bardame* ◇ *She's a barmaid.* Sie ist Bardame.

barman NOUN
(PL **barmen**)
der *Barkeeper* (PL die *Barkeeper*) ◇ *He's a barman.* Er ist Barkeeper.

barn NOUN
die *Scheune*

barrel NOUN
das *Fass* ⚠ (GEN des *Fasses*, PL die *Fässer*)

barrier NOUN
die *Schranke*

bartender NOUN
der *Barkeeper* (PL die *Barkeeper*)

base NOUN
1 die *Basis* (*basis*) (PL die *Basen*) ◇ *a good base for a successful career* eine gute Basis für eine erfolgreiche Karriere
2 der *Fuß* (*of lamp, mountain*) (GEN des *Fußes*, PL die *Füße*)
3 der *Boden* (*of container*) (PL die *Böden*)
4 die *Grundlage* (*for paint, make-up*)
5 der *Stützpunkt* (*military*) (PL die *Stützpunkte*)

baseball NOUN
der *Baseball* ◇ *a baseball cap* eine Baseballmütze

based ADJECTIVE
◆ **based on** basierend auf +DAT

basement NOUN
das *Untergeschoss* ⚠ (GEN des *Untergeschosses*, PL die *Untergeschosse*)

to **bash** VERB
see also **bash** NOUN
◆ **to bash something** auf etwas einschlagen ◇ *They tried to bash the door in.* Sie versuchten, die Tür einzuschlagen.

bash NOUN
see also **bash** VERB
◆ **I'll have a bash.** Ich versuch's mal.

basic ADJECTIVE
1 *elementar* (*knowledge, education*)
◆ **basic vocabulary** der Grundwortschatz
◆ **It's a basic model.** Es ist ein Grundmodell.
2 *einfach* ◇ *The accommodation is pretty basic.* Die Unterkunft ist sehr einfach.

basically ADVERB
eigentlich ◇ *Basically, I just don't like him.* Eigentlich mag ich ihn nicht.

basics PL NOUN
die *Grundlagen* FEM PL

basin NOUN
das *Waschbecken* (*washbasin*) (PL die *Waschbecken*)

basis NOUN
◆ **on a daily basis** täglich
◆ **on a regular basis** regelmäßig

basketball NOUN
der *Basketball*

bass NOUN
(PL **basses**)
der *Bass* ⚠ (GEN des *Basses*, PL die *Bässe*) ◇ *He plays bass.* Er spielt Bass. ◇ *He's a bass.* Er singt Bass.
◆ **a bass guitar** eine Bassgitarre
◆ **a double bass** ein Doppelbass

bassoon NOUN
das *Fagott* (PL die *Fagotte*) ◇ *I play the bassoon.* Ich spiele Fagott.

bastard NOUN
der *Scheißkerl* (*rude*) (PL die *Scheißkerle*) ◇ *You bastard!* Du Scheißkerl!

bat NOUN
1 der *Schläger* (*for cricket, rounders, table tennis*) (PL die *Schläger*)
2 die *Fledermaus* (*animal*) (PL die *Fledermäuse*)

bath NOUN
1 das *Bad* (PL die *Bäder*) ◇ *a hot bath* ein heißes Bad
◆ **to have a bath** baden
2 die *Badewanne* (*bathtub*) ◇ *There's a spider in the bath.* In der Badewanne ist eine Spinne.

to **bathe** VERB
baden

bathing suit NOUN
der *Badeanzug* (PL die *Badeanzüge*)

bathroom NOUN
das *Badezimmer* (PL die *Badezimmer*)

baths PL NOUN
das *Schwimmbad* (PL die *Schwimmbäder*)

bath towel NOUN
das *Badetuch* (PL die *Badetücher*)

batter NOUN
der *Pfannkuchenteig*

battery NOUN
(PL **batteries**)
die *Batterie*

battle NOUN
die *Schlacht* ◇ *the Battle of Hastings* die Schlacht von Hastings
◆ **It was a battle, but we managed in the end.** Es war ein Kampf, aber wir haben es schließlich geschafft.

battleship NOUN
das *Schlachtschiff* (PL die *Schlachtschiffe*)

bay NOUN
die *Bucht*
BC ABBREVIATION (= *before Christ*)
v. Chr. (= vor Christus) ◇ *in 200 BC* Im Jahre 200 v. Chr.
to **be** VERB
(**is, was, been**)
sein (PRESENT *ist*, IMPERFECT *war*, PERFECT *ist gewesen*) ◇ *I'm tired.* Ich bin müde. ◇ *You're late.* Du bist spät dran. ◇ *She's English.* Sie ist Engländerin. ◇ *It's cold.* Es ist kalt. ◇ *It's a nice day.* Es ist ein schöner Tag. ◇ *It's four o'clock.* Es ist vier Uhr. ◇ *I'm fourteen.* Ich bin vierzehn. ◇ *We are all happy.* Wir sind alle glücklich. ◇ *I've been ill.* Ich war krank. ◇ *I've never been to Dresden.* Ich war noch nie in Dresden.
◆ **to be beaten** geschlagen werden
Questions like "isn't it?" don't exist in German.
◇ *She's pretty, isn't she?* Sie ist hübsch, nicht wahr? ◇ *The film was good, wasn't it?* Der Film war gut, nicht wahr?
You do not translate a *when you want to describe somebody's occupation.*
◇ *She's a doctor.* Sie ist Ärztin. ◇ *He's a student.* Er ist Student. ◇ *He's a bachelor.* Er ist Junggeselle.
◆ **I'm cold.** Mir ist kalt.
◆ **I'm hungry.** Ich habe Hunger.
beach NOUN
(PL **beaches**)
der *Strand* (PL die *Strände*)
bead NOUN
die *Perle*
beam NOUN
der *Strahl* (PL die *Strahlen*)
beans PL NOUN
1 die *Bohnen* FEM PL
2 die *gebackenen Bohnen* FEM PL (*baked beans*)
Few Germans eat baked beans and not many shops sell them.
◇ *beans on toast* gebackene Bohnen in Tomatensoße auf Toast
◆ **broad beans** dicke Bohnen
◆ **green beans** grüne Bohnen
◆ **kidney beans** Kidneybohnen
bear NOUN
see also **bear** VERB
der *Bär* (GEN des *Bären*, PL die *Bären*)
to **bear** VERB
(**bore, borne**)
see also **bear** NOUN
ertragen (*endure*) (PRESENT *erträgt*, IMPERFECT *ertrug*, PERFECT *hat ertragen*) ◇ *I can't bear it.* Ich kann es nicht ertragen.
◆ **to bear up** sich halten
◆ **Bear up!** Kopf hoch!
beard NOUN
der *Bart* (PL die *Bärte*) ◇ *He's got a beard.* Er hat einen Bart.
◆ **a man with a beard** ein bärtiger Mann
bearded ADJECTIVE
bärtig
beat NOUN
see also **beat** VERB
der *Rhythmus* (GEN des *Rhythmus*, PL die *Rhythmen*)
to **beat** VERB
(**beat, beaten**)
see also **beat** NOUN
schlagen (PRESENT *schlägt*, IMPERFECT *schlug*, PERFECT *hat geschlagen*) ◇ *We beat them three nil.* Wir haben sie drei zu null geschlagen.
◆ **Beat it!** Hau ab! (*informal*)
◆ **to beat somebody up** jemanden zusammenschlagen (*informal*)
beautiful ADJECTIVE
schön
beautifully ADVERB
schön
beauty NOUN
(PL **beauties**)
die *Schönheit*
beauty spot NOUN
das *schöne Fleckchen* (PL die *schönen Fleckchen*)
became VERB *see* **become**
because CONJUNCTION
weil ◇ *I did it because...* Ich habe es getan, weil...
◆ **because of** wegen ◇ *because of the weather* wegen des Wetters
to **become** VERB
(**became, become**)
werden (PRESENT *wird*, IMPERFECT *wurde*, PERFECT *ist geworden*) ◇ *He became a famous writer.* Er wurde ein berühmter Schriftsteller.
bed NOUN
das *Bett* (PL die *Betten*) ◇ *in bed* im Bett
◆ **to go to bed** ins Bett gehen ◇ *to go to bed with somebody* mit jemandem ins Bett gehen
bed and breakfast NOUN
das *Zimmer mit Frühstück* (PL die *Zimmer mit Frühstück*) ◇ *How much is it for bed and breakfast?* Wie viel kostet das Zimmer mit Frühstück?
◆ **We stayed in a bed and breakfast.** Wir waren in einer Frühstückspension.
bedclothes PL NOUN
die *Bettwäsche* SING
bedding NOUN
das *Bettzeug*
bedroom NOUN
das *Schlafzimmer* (PL die *Schlafzimmer*)
bedspread NOUN
die *Tagesdecke*
bedtime NOUN
◆ **Ten o'clock is my usual bedtime.** Ich gehe normalerweise um zehn Uhr ins Bett.
◆ **Bedtime!** Ab ins Bett!
bee NOUN
die *Biene*
beef NOUN

das ***Rindfleisch***
◆ **roast beef** das Roastbeef

beefburger NOUN
die ***Frikadelle***

been VERB *see* **be**

beer NOUN
das ***Bier*** (PL die ***Biere*** *or* ***Bier***)
When ordering more than one beer use the plural form **Bier**.
◇ *Two beers, please!* Zwei Bier bitte!

beetle NOUN
der ***Käfer*** (PL die ***Käfer***)

beetroot NOUN
die ***rote Bete***

before PREPOSITION, CONJUNCTION, ADVERB
1 ***vor*** ◇ *before Tuesday* vor Dienstag
2 ***bevor*** ◇ *Before opening the packet, read the instructions.* Lesen Sie die Bedienungsanleitung, bevor Sie die Packung aufmachen. ◇ *I'll phone before I leave.* Ich rufe an, bevor ich gehe.
3 ***schon*** (*already*) ◇ *I've seen this film before.* Ich habe diesen Film schon gesehen. ◇ *Have you been to Scotland before?* Warst du schon einmal in Schottland?
◆ **the day before** am Tag davor
◆ **the week before** die Woche davor

beforehand ADVERB
vorher

to **beg** VERB
1 ***betteln*** (*for money*)
2 ***anflehen*** (PERFECT ***hat angefleht***) ◇ *He begged me to stop.* Er flehte mich an aufzuhören.

began VERB *see* **begin**

beggar NOUN
der ***Bettler*** (PL die ***Bettler***)
die ***Bettlerin***

to **begin** VERB
(**began, begun**)
anfangen (PRESENT ***fängt an***, IMPERFECT ***fing an***, PERFECT ***hat angefangen***)
◆ **to begin doing something** anfangen, etwas zu tun

beginner NOUN
der ***Anfänger*** (PL die ***Anfänger***)
die ***Anfängerin***
◇ *I'm just a beginner.* Ich bin noch Anfänger.

beginning NOUN
der ***Anfang*** (PL die ***Anfänge***) ◇ *in the beginning* am Anfang

begun VERB *see* **begin**

behalf NOUN
◆ **on behalf of somebody** für jemanden
◇ *on her behalf* für sie

to **behave** VERB
sich benehmen (PRESENT ***benimmt sich***, IMPERFECT ***benahm sich***, PERFECT ***hat sich benommen***) ◇ *He behaved like an idiot.* Er hat sich wie ein Idiot benommen. ◇ *She behaved very badly.* Sie hat sich sehr schlecht benommen.
◆ **to behave oneself** sich anständig benehmen
◇ *Did the children behave themselves?* Haben sich die Kinder anständig benommen?
◆ **Behave!** Sei brav!

behaviour NOUN
das ***Benehmen***

behind PREPOSITION, ADVERB
see also behind NOUN
hinter
Use the accusative to express movement or a change of place. Use the dative when there is no change of place.
◇ *the wall behind the television* die Wand hinter dem Fernseher ◇ *The book fell behind the television.* Das Buch fiel hinter den Fernseher.
◆ **to be behind** (*late*) im Rückstand sein
◇ *I'm behind with my revision.* Ich bin mit dem Pauken im Rückstand.

behind NOUN
see also behind PREPOSITION, ADVERB
der ***Hintern*** (GEN des ***Hintern***, PL die ***Hintern***)

beige ADJECTIVE
beige

Belgian ADJECTIVE
see also Belgian NOUN
belgisch
◆ **He's Belgian.** Er ist Belgier.
◆ **She's Belgian.** Sie ist Belgierin.

Belgian NOUN
see also Belgian ADJECTIVE
der ***Belgier*** (PL die ***Belgier***)
die ***Belgierin***
◆ **the Belgians** die Belgier

Belgium NOUN
Belgien NEUT
◆ **from Belgium** aus Belgien
◆ **in Belgium** in Belgien
◆ **to Belgium** nach Belgien

to **believe** VERB
glauben ◇ *I don't believe you.* Ich glaube dir nicht.
◆ **to believe in something** an etwas glauben
◇ *Do you believe in ghosts?* Glaubst du an Gespenster? ◇ *to believe in God* an Gott glauben

bell NOUN
1 die ***Klingel*** (*doorbell, in school*)
◆ **to ring the bell** klingeln
◆ **When the bell rings the children go out into the playground.** Wenn es klingelt, gehen die Kinder auf den Schulhof.
2 die ***Glocke*** (*in church*)
3 das ***Glöckchen*** (PL die ***Glöckchen***)
◇ *Our cat has a bell on its neck.* Unsere Katze hat ein Glöckchen um den Hals.

belly NOUN
(PL **bellies**)
der ***Bauch*** (PL die ***Bäuche***)

to **belong** VERB
gehören (PERFECT ***hat gehört***)
◆ **to belong to somebody** jemandem gehören
◇ *Who does it belong to?* Wem gehört das?
◇ *That belongs to me.* Das gehört mir.
◆ **Do you belong to any clubs?** Bist du Mitglied in irgendeinem Klub?

◆ **Where does this belong?** Wo gehört das hin?

belongings PL NOUN
die *Sachen* FEM PL

below PREPOSITION, ADVERB
[1] *unterhalb* ◇ *below the castle* unterhalb des Schlosses
[2] *unter*
Use the accusative to express movement or a change of place. Use the dative when there is no change of place.
◇ *The bucket is below the sink.* Der Eimer ist unter der Spüle. ◇ *Put the cloth below the sink.* Leg das Tuch unter die Spüle.
[3] *darunter* ◇ *on the floor below* im Stock darunter
◆ **ten degrees below freezing** zehn Grad unter Null

belt NOUN
der *Gürtel* (PL die *Gürtel*)

beltway NOUN
die *Umgehungsstraße*

bench NOUN
(PL **benches**)
[1] die *Bank* (*seat*) (PL die *Bänke*)
[2] die *Werkbank* (*for woodwork*) (PL die *Werkbänke*)

bend NOUN
see also bend VERB
[1] die *Kurve* (*in road*)
[2] die *Biegung* (*in river*)

to **bend** VERB
(**bent**, **bent**)
see also bend NOUN
[1] *beugen* (*leg, arm*) ◇ *I can't bend my arm.* Ich kann den Arm nicht beugen.
◆ **to bend down** sich bücken
◆ **to bend over** sich nach vorne beugen
[2] *verbiegen* (*object*) (IMPERFECT *verbog*, PERFECT *hat verbogen*) ◇ *You've bent it.* Du hast es verbogen.
◆ **It bends easily.** Das lässt sich leicht biegen.
◆ **"do not bend"** "nicht knicken"

beneath PREPOSITION
Use the accusative to express movement or a change of place. Use the dative when there is no change of place.
unter ◇ *He placed his football boots beneath the chair.* Er stellte seine Fußballschuhe unter den Stuhl. ◇ *She found his jumper beneath the bed.* Sie fand seinen Pullover unter dem Bett.

benefit NOUN
see also benefit VERB
der *Vorteil* (*advantage*) (PL die *Vorteile*)
◆ **unemployment benefit** die Arbeitslosenunterstützung

to **benefit** VERB
see also benefit NOUN
profitieren ◇ *You'll benefit from that experience.* Du wirst von dieser Erfahrung profitieren.
◆ **He benefited from the change.** Die Veränderung hat ihm gut getan.

bent VERB *see* **bend**

bent ADJECTIVE
verbogen ◇ *a bent fork* eine verbogene Gabel

berserk ADJECTIVE
◆ **to go berserk** durchdrehen ◇ *She went berserk.* Sie hat durchgedreht.

berth NOUN
[1] die *Koje* (*on ship*)
[2] der *Schlafwagenplatz* (*on train*) (PL die *Schlafwagenplätze*)

beside PREPOSITION
neben
Use the accusative to express movement or a change of place. Use the dative when there is no change of place.
◇ *the lamp beside the television* die Lampe neben dem Fernseher ◇ *Put that chair beside the television.* Stell den Stuhl neben den Fernseher.
◆ **I was beside myself.** Ich war außer mir.
◆ **That's beside the point.** Das tut hier nichts zur Sache.

besides ADVERB
außerdem ◇ *Besides, it's too expensive.* Und außerdem ist es zu teuer.

best ADJECTIVE, ADVERB
[1] *beste* ◇ *He's the best player in the team.* Er ist der beste Spieler der Mannschaft. ◇ *Janet's the best at maths.* Janet ist in Mathe die Beste.
[2] *am besten* ◇ *Emma sings best.* Emma singt am besten.
◆ **to do one's best** sein Bestes tun ◇ *It's not perfect, but I did my best.* Es ist nicht vollkommen, aber ich habe mein Bestes getan.
◆ **to make the best of it** das Beste daraus machen ◇ *We'll have to make the best of it.* Wir müssen das Beste daraus machen.

best man NOUN
(PL **best men**)
der *Trauzeuge* (GEN des *Trauzeugen*, PL die *Trauzeugen*)
There is no real equivalent in Germany to best man. *A* Trauzeuge *is merely an official witness to the wedding ceremony.*

bet NOUN
see also bet VERB
die *Wette* ◇ *to make a bet* eine Wette machen

to **bet** VERB
(**bet**, **bet**)
see also bet NOUN
wetten
◆ **I bet you he won't come.** Wetten, dass er nicht kommt.
◆ **I bet he forgot.** Wetten, dass er es vergessen hat.

to **betray** VERB
verraten (PRESENT *verrät*, IMPERFECT *verriet*, PERFECT *hat verraten*)

better ADJECTIVE, ADVERB

besser ◇ *This one's better than that one.* Dieses hier ist besser als das da. ◇ *a better way to do it* eine bessere Methode ◇ *You'd better do it straight away.* Das machst du besser sofort. ◇ *I'd better go home.* Ich gehe besser nach Hause. ◇ *That's better!* Das ist schon besser!
- **better still** noch besser ◇ *Go and see her tomorrow, or better still, go today.* Geh morgen zu ihr, oder noch besser, geh heute.
- **to get better (1)** (*improve*) besser werden ◇ *I hope the weather gets better soon.* Ich hoffe, das Wetter wird bald besser. ◇ *My German is getting better.* Mein Deutsch wird besser.
- **to get better (2)** (*from illness*) sich erholen
- **I hope you get better soon.** Gute Besserung!
- **to feel better** sich besser fühlen ◇ *Are you feeling better now?* Fühlst du dich jetzt besser?

betting shop NOUN
das ***Wettbüro*** (PL die ***Wettbüros***)
There are very few betting shops in Germany and betting is far less popular than in the UK.

between PREPOSITION
Use the accusative to express movement or a change of place. Use the dative when there is no change of place.
zwischen ◇ *The cathedral is between the town hall and the river.* Der Dom liegt zwischen dem Rathaus und dem Fluss. ◇ *He sat down between the two girls.* Er setzte sich zwischen die beiden Mädchen. ◇ *between fifteen and twenty minutes* zwischen fünfzehn und zwanzig Minuten

beyond PREPOSITION
hinter ◇ *There was a lake beyond the mountain.* Hinter dem Berg war ein See.
- **beyond belief** nicht zu glauben
- **beyond repair** nicht mehr zu reparieren

biased ADJECTIVE
voreingenommen

Bible NOUN
die ***Bibel***

bicycle NOUN
das ***Fahrrad*** (PL die ***Fahrräder***)

bifocals PL NOUN
die ***Bifokalbrille*** ◇ *a pair of bifocals* eine Bifokalbrille

big ADJECTIVE
groß ◇ *a big house* ein großes Haus ◇ *a bigger house* ein größeres Haus ◇ *my big brother* mein großer Bruder ◇ *her big sister* ihre große Schwester
- **He's a big guy.** Er ist kräftig gebaut.

bigheaded ADJECTIVE
eingebildet

bike NOUN
das ***Fahrrad*** (PL die ***Fahrräder***) ◇ *by bike* mit dem Fahrrad

bikini NOUN
der ***Bikini*** (PL die ***Bikinis***)

bilingual ADJECTIVE
zweisprachig

bill NOUN
1 die ***Rechnung*** ◇ *the gas bill* die Gasrechnung
- **Can we have the bill, please?** Können wir bitte zahlen?

2 der ***Geldschein*** (*banknote*) (PL die ***Geldscheine***) ◇ *a dollar bill* ein Dollarschein

billiards SING NOUN
das ***Billard*** ◇ *to play billiards* Billard spielen

billion NOUN
die ***Milliarde***

bin NOUN
1 der ***Abfalleimer*** (*indoors*) (PL die ***Abfalleimer***)
2 der ***Mülleimer*** (*outside*) (PL die ***Mülleimer***)

binoculars PL NOUN
das ***Fernglas*** (PL die ***Ferngläser***) ◇ *a pair of binoculars* ein Fernglas

biochemistry NOUN
die ***Biochemie***

biography NOUN
(PL **biographies**)
die ***Biographie***

biology NOUN
die ***Biologie***

bird NOUN
der ***Vogel*** (PL die ***Vögel***)

bird-watching NOUN
- **My hobby's bird-watching.** Mein Hobby ist das Beobachten von Vögeln.

Biro ® NOUN
(PL **Biros**)
der ***Kuli*** (PL die ***Kulis***)

birth NOUN
die ***Geburt*** ◇ *date of birth* das Geburtsdatum

birth certificate NOUN
die ***Geburtsurkunde***

birth control NOUN
die ***Empfängnisverhütung*** ◇ *Before we go on holiday we'd better talk about birth control.* Bevor wir in Urlaub fahren, sollten wir uns über Empfängnisverhütung unterhalten.

birthday NOUN
der ***Geburtstag*** (PL die ***Geburtstage***) ◇ *When's your birthday?* Wann hast du Geburtstag? ◇ *a birthday cake* ein Geburtstagskuchen ◇ *I'm going to have a birthday party.* Ich gebe eine Geburtstagsparty.

biscuit NOUN
der ***Keks*** (PL die ***Kekse***)

bishop NOUN
der ***Bischof*** (PL die ***Bischöfe***)

bit VERB *see* **bite**

bit NOUN
das ***Stück*** (*piece*) (PL die ***Stücke***) ◇ *Would you like another bit?* Möchtest du noch ein Stück? ◇ *a bit of cake* ein Stück Kuchen
- **a bit (1)** etwas ◇ *a bit too hot* etwas

zu heiß
- **a bit (2)** ein bisschen ◇ *Wait a bit!* Warte ein bisschen! ◇ *Do you play football? – A bit.* Spielst du Fußball? – Ein bisschen.
- **a bit of** (*a little*) etwas ◇ *a bit of music* etwas Musik ◇ *It's a bit of a nuisance.* Das ist schon etwas ärgerlich.
- **to fall to bits** kaputtgehen
- **to take something to bits** etwas auseinander nehmen
- **bit by bit** nach und nach

bitch NOUN
(PL **bitches**)
[1] das ***Miststück*** (*rude: person*) (PL die ***Miststücke***)
[2] die ***Hündin*** (*female dog*)

to **bite** VERB
(**bit, bitten**)
see also bite NOUN
[1] ***beißen*** (*person, dog*) (IMPERFECT ***biss***, PERFECT ***hat gebissen***)
[2] ***stechen*** (*insect*) (PRESENT ***sticht***, IMPERFECT ***stach***, PERFECT ***hat gestochen***) ◇ *I got bitten by mosquitoes.* Ich bin von Mücken gestochen worden.
- **to bite one's nails** an den Nägeln kauen

bite NOUN
see also bite VERB
[1] der ***Stich*** (*insect bite*) (PL die ***Stiche***)
[2] der ***Biss*** ⚠ (GEN des ***Bisses***, PL die ***Bisse***) (*animal bite*)
- **to have a bite to eat** eine Kleinigkeit essen

bitter ADJECTIVE
see also bitter NOUN
[1] ***bitter***
[2] ***bitterkalt*** (*weather, wind*) ◇ *It's bitter today.* Heute ist es bitterkalt.

bitter NOUN
see also bitter ADJECTIVE
das ***dunkle Bier*** (PL die ***dunklen Biere***)
German beers are completely different from British ones. There is no real equivalent to bitter.

black ADJECTIVE
schwarz ◇ *a black jacket* eine schwarze Jacke
- **She's black.** Sie ist eine Schwarze.

blackberry NOUN
(PL **blackberries**)
die ***Brombeere***

blackbird NOUN
die ***Amsel***

blackboard NOUN
die ***Tafel***

black coffee NOUN
der ***schwarze Kaffee*** (PL die ***schwarzen Kaffees***)

blackcurrant NOUN
die ***schwarze Johannisbeere***

blackmail NOUN
see also blackmail VERB
die ***Erpressung*** ◇ *That's blackmail!* Das ist Erpressung!

to **blackmail** VERB
see also blackmail NOUN
erpressen (PRESENT ***erpresst***, IMPERFECT ***erpresste***, PERFECT ***hat erpresst***) ◇ *He blackmailed her.* Er erpresste sie.

blackout NOUN
der ***Stromausfall*** (*power cut*) (PL die ***Stromausfälle***)
- **to have a blackout** (*faint*) ohnmächtig werden

black pudding NOUN
die ***Blutwurst*** (PL die ***Blutwürste***)

blade NOUN
die ***Klinge***

to **blame** VERB
- **Don't blame me!** Ich bin nicht schuld!
- **I blame him.** Ich gebe ihm die Schuld.
- **He blamed it on my sister.** Er gab meiner Schwester die Schuld.

blank ADJECTIVE
see also blank NOUN
[1] ***leer*** (*paper, page*)
[2] ***unbespielt*** (*cassette, video*)
- **My mind went blank.** Ich hatte ein Brett vor dem Kopf.

blank NOUN
see also blank ADJECTIVE
die ***Lücke*** ◇ *Fill in the blanks.* Füllt die Lücken aus.

blank cheque NOUN
der ***Blankoscheck*** (PL die ***Blankoschecks***)

blanket NOUN
die ***Decke***

blast NOUN
- **a bomb blast** eine Bombenexplosion

blatant ADJECTIVE
unverschämt ◇ *a blatant liar* ein unverschämter Lügner

blaze NOUN
das ***Feuer*** (PL die ***Feuer***)

blazer NOUN
der ***Blazer*** (PL die ***Blazer***)

bleach NOUN
(PL **bleaches**)
das ***Bleichmittel*** (PL die ***Bleichmittel***)

bleached ADJECTIVE
gebleicht ◇ *bleached hair* gebleichtes Haar

to **bleed** VERB
(**bled, bled**)
bluten ◇ *My nose is bleeding.* Ich blute aus der Nase.

bleeper NOUN
der ***Piepser*** (PL die ***Piepser***)

blender NOUN
der ***Mixer*** (PL die ***Mixer***)

to **bless** VERB
segnen (*religiously*)
- **Bless you!** (*after sneezing*) Gesundheit!

blew VERB *see* **blow**

blind ADJECTIVE
see also blind NOUN
blind

blind NOUN
see also blind ADJECTIVE

das *Rollo* (*fabric*) (PL die *Rollos*)

blindfold NOUN
see also blindfold VERB
die *Augenbinde*

to **blindfold** VERB
see also blindfold NOUN
◆ **to blindfold somebody** jemandem die Augen verbinden

to **blink** VERB
zwinkern

bliss NOUN
◆ **It was bliss!** Es war eine Wonne!

blister NOUN
die *Blase*

blizzard NOUN
der *Schneesturm* (PL die *Schneestürme*)

blob NOUN
der *Tropfen* (PL die *Tropfen*) ◇ *a blob of glue* ein Tropfen Klebstoff

block NOUN
see also block VERB
der *Block* (PL die *Blöcke*) ◇ *He lives in our block.* Er lebt in unserem Block.
◆ **a block of flats** ein Wohnblock MASC

to **block** VERB
see also block NOUN
blockieren (PERFECT *hat blockiert*)

blockage NOUN
die *Verstopfung* (*in pipe or tube*) ◇ *The tea leaves created a blockage in the pipe.* Die Teeblätter haben eine Vestopfung im Rohr verursacht.

bloke NOUN
der *Typ* (*informal*) (PL die *Typen*)

blonde ADJECTIVE
blond ◇ *She's got blonde hair.* Sie hat blondes Haar.

blood NOUN
das *Blut*

blood pressure NOUN
der *Blutdruck*
◆ **to have high blood pressure** zu hohen Blutdruck haben

blood test NOUN
die *Blutuntersuchung*

bloody ADJECTIVE
◆ **bloody difficult** verdammt schwer (*informal*)
◆ **that bloody television** der Scheißfernseher (*informal*)
◆ **Bloody hell!** Scheiße! (*informal*)

blouse NOUN
die *Bluse*

blow NOUN
see also blow VERB
der *Schlag* (PL die *Schläge*)

to **blow** VERB
(**blew**, **blown**)
see also blow NOUN
[1] *blasen* (*person*) (PRESENT *bläst*, IMPERFECT *blies*, PERFECT *hat geblasen*)
[2] *wehen* (*wind*)
◆ **to blow one's nose** sich die Nase putzen ◇ *Blow your nose!* Putz dir die Nase!
◆ **to blow a whistle** pfeifen
◆ **to blow out a candle** eine Kerze ausblasen
◆ **to blow up (1)** in die Luft jagen ◇ *The terrorists blew up a police station.* Die Terroristen haben ein Polizeirevier in die Luft gejagt.
◆ **to blow up (2)** aufblasen ◇ *to blow up a balloon* einen Luftballon aufblasen
◆ **The house blew up.** Das Haus flog in die Luft.

blow-dry NOUN
das *Föhnen* ⚠
◆ **A cut and blow-dry, please.** Schneiden und Föhnen bitte.

blown VERB *see* **blow**

blue ADJECTIVE
blau ◇ *a blue dress* ein blaues Kleid
◆ **a blue film** ein Pornofilm MASC
◆ **It came out of the blue.** Das kam aus heiterem Himmel.

blues PL NOUN
der *Blues* SING (*music*) (GEN des *Blues*)

to **bluff** VERB
see also bluff NOUN
bluffen

bluff NOUN
see also bluff VERB
der *Bluff* (PL die *Bluffs*) ◇ *It's just a bluff.* Das ist ein Bluff.

blunder NOUN
der *Schnitzer* (PL die *Schnitzer*)

blunt ADJECTIVE
[1] *unverblümt* (*person*)
[2] *stumpf* (*knife*)

to **blush** VERB
rot werden (PRESENT *wird rot*, IMPERFECT *wurde rot*, PERFECT *ist rot geworden*)

board NOUN
[1] das *Brett* (PL die *Bretter*)
[2] die *Tafel* (*blackboard*) ◇ *Write it on the board.* Schreib es an die Tafel.
[3] das *Schwarze Brett* (*noticeboard*) (PL die *Schwarzen Bretter*)
◆ **on board** an Bord
◆ **full board** die Vollpension

boarder NOUN
der *Internatsschüler* (PL die *Internatsschüler*)
die *Internatsschülerin*

board game NOUN
das *Brettspiel* (PL die *Brettspiele*)

boarding card NOUN
die *Bordkarte*

boarding school NOUN
das *Internat* (PL die *Internate*) ◇ *I go to boarding school.* Ich gehe in ein Internat.

to **boast** VERB
prahlen ◇ *to boast about something* mit etwas prahlen

boat NOUN
das *Boot* (PL die *Boote*)

body NOUN
(PL **bodies**)
der *Körper* (PL die *Körper*)

bodybuilding NOUN

das *Bodybuilding* ◇ *He does bodybuilding.* Er macht Bodybuilding.

bodyguard NOUN
der *Leibwächter* (PL die *Leibwächter*)

bog NOUN
das *Moor* (*marsh*) (PL die *Moore*)

boil NOUN
see also boil VERB
der *Furunkel* (PL die *Furunkel*)

to **boil** VERB
see also boil NOUN
kochen ◇ *to boil some water* Wasser kochen ◇ *to boil an egg* ein Ei kochen ◇ *The water's boiling.* Das Wasser kocht.
◆ **to boil over** überkochen ◇ *The milk boiled over.* Die Milch ist übergekocht.

boiled ADJECTIVE
◆ **a soft-boiled egg** ein weich gekochtes Ei NEUT
◆ **boiled potatoes** Salzkartoffeln FEM PL

boiling ADJECTIVE
◆ **It's boiling in here!** Hier ist eine Bruthitze!
◆ **boiling hot** brütend heiß ◇ *a boiling hot day* ein brütend heißer Tag

bolt NOUN
1 der *Riegel* (*on door*) (PL die *Riegel*)
2 der *Bolzen* (*with nut*) (PL die *Bolzen*)

bomb NOUN
see also bomb VERB
die *Bombe*
Note that you pronounce the second "b" in German.

to **bomb** VERB
see also bomb NOUN
bombardieren (PERFECT *hat bombardiert*)

bomber NOUN
der *Bomber* (PL die *Bomber*)
Note that you pronounce the second "b" in German.

bombing NOUN
der *Bombenangriff* (PL die *Bombenangriffe*)

bond NOUN
die *Bindung* (*between people*) ◇ *There is a strong bond between the two brothers.* Zwischen den beiden Brüdern besteht eine enge Bindung.

bone NOUN
1 der *Knochen* (*of human, animal*) (PL die *Knochen*)
2 die *Gräte* (*of fish*)

bone dry ADJECTIVE
knochentrocken

bonfire NOUN
das *Feuer* (PL die *Feuer*)

bonnet NOUN
die *Motorhaube* (*of car*)

book NOUN
see also book VERB
das *Buch* (PL die *Bücher*)

to **book** VERB
see also book NOUN
buchen ◇ *We haven't booked.* Wir haben nicht gebucht.

bookcase NOUN
1 das *Bücherregal* (*open*) (PL die *Bücherregale*)
2 der *Bücherschrank* (*with doors*) (PL die *Bücherschränke*)

booklet NOUN
die *Broschüre*

bookshelf NOUN
(PL **bookshelves**)
das *Bücherbrett* (PL die *Bücherbretter*)
◆ **bookshelves** das Bücherregal SING

bookshop NOUN
die *Buchhandlung*

boot NOUN
1 der *Kofferraum* (*of car*) (PL die *Kofferräume*)
2 der *Stiefel* (*footwear*) (PL die *Stiefel*)
◆ **football boots** die Fußballschuhe MASC PL

booze NOUN
der *Alkohol*

border NOUN
die *Grenze*

bore VERB *see* **bear**

bored ADJECTIVE
◆ **to be bored** sich langweilen
◆ **I'm bored.** Ich langweile mich.
◆ **She gets bored easily.** Ihr wird schnell langweilig.

boredom NOUN
die *Langeweile* (GEN der *Langenweile*)

boring ADJECTIVE
langweilig

born ADJECTIVE
◆ **to be born** geboren werden ◇ *I was born in 1982.* Ich bin 1982 geboren.

borne VERB *see* **bear**

to **borrow** VERB
ausleihen (IMPERFECT *lieh aus*, PERFECT *hat ausgeliehen*) ◇ *Can I borrow your pen?* Kann ich deinen Schreiber ausleihen?
◆ **to borrow something from somebody** sich etwas von jemandem leihen ◇ *I borrowed some money from a friend.* Ich habe mir von einem Freund Geld geliehen.

Bosnia NOUN
Bosnien NEUT
◆ **from Bosnia** aus Bosnien
◆ **to Bosnia** nach Bosnien

Bosnian ADJECTIVE
bosnisch

boss NOUN
(PL **bosses**)
der *Chef* (PL die *Chefs*)
die *Chefin*

to **boss around** VERB
◆ **to boss somebody around** jemanden herumkommandieren

bossy ADJECTIVE
herrisch

both ADJECTIVE, PRONOUN
beide ◇ *We both went.* Wir sind beide gegangen. ◇ *Emma and Jane both went.* Emma und Jane sind beide gegangen. ◇ *Both of your answers are wrong.* Beide Antworten sind falsch. ◇ *Both of them have left.* Beide sind gegangen. ◇ *Both of us went.* Wir sind

beide gegangen.

◆ **both...and** sowohl...als auch ◇ *He speaks both French and Italian.* Er spricht sowohl Französisch als auch Italienisch.

to **bother** VERB

[1] *beunruhigen* (*worry*) (PERFECT *hat beunruhigt*) ◇ *Is something bothering you?* Beunruhigt dich etwas?

[2] *stören* (*disturb*) ◇ *I'm sorry to bother you.* Es tut mir leid, dass ich dich störe.

◆ **no bother** kein Problem

◆ **Don't bother!** Nicht nötig!

◆ **to bother to do something** es für nötig finden, etwas zu tun ◇ *He didn't bother to tell me about it.* Er hat es nicht für nötig gefunden, es mir zu sagen.

bottle NOUN

die *Flasche*

bottle bank NOUN

der *Altglascontainer* (PL die *Altglascontainer*)

bottle-opener NOUN

der *Flaschenöffner* (PL die *Flaschenöffner*)

bottom NOUN

see also bottom ADJECTIVE

[1] der *Boden* (*of container, bag, sea*) (PL die *Böden*)

[2] der *Hintern* (*buttocks*) (PL die *Hintern*)

[3] das *Ende* (*of list*) (PL die *Enden*)

◆ **at the bottom of page two** unten auf Seite zwei

bottom ADJECTIVE

see also bottom NOUN

unterste ◇ *the bottom shelf* das unterste Regalbrett

◆ **the bottom sheet** das Bettlaken

bought VERB *see* **buy**

to **bounce** VERB

hüpfen (PERFECT *ist gehüpft*)

bouncer NOUN

der *Rausschmeißer* (PL die *Rausschmeißer*)

bound ADJECTIVE

◆ **He's bound to say that.** Er muss das ja sagen.

◆ **She's bound to come.** Sie kommt sicher.

boundary NOUN

(PL **boundaries**)

die *Grenze*

bow NOUN

see also bow VERB

[1] die *Schleife* (*knot*) ◇ *to tie a bow* eine Schleife machen

[2] der *Bogen* (PL die *Bogen*) ◇ *a bow and arrows* ein Pfeil und Bogen

to **bow** VERB

see also bow NOUN

sich verneigen (PERFECT *hat sich verneigt*)

bowels PL NOUN

die *Eingeweide* NEUT PL

bowl NOUN

see also bowl VERB

die *Schale* (*for soup, cereal*)

to **bowl** VERB

see also bowl NOUN

werfen (*in cricket*) (PRESENT *wirft*, IMPERFECT *warf*, PERFECT *hat geworfen*)

bowler NOUN

(*in cricket*)

der *Werfer* (PL die *Werfer*)

die *Werferin*

bowling NOUN

das *Bowling*

◆ **to go bowling** Bowling spielen

◆ **a bowling alley** eine Bowlingbahn

bowls SING NOUN

das *Boccia* (GEN des *Boccia*)

The "cc" in **Boccia** *is pronounced like "ch" in church.*

◇ *to play bowls* Boccia spielen

bow tie NOUN

die *Fliege*

box NOUN

(PL **boxes**)

die *Schachtel* ◇ *a box of matches* eine Schachtel Streichhölzer

◆ **a cardboard box** ein Karton MASC

boxer NOUN

der *Boxer* (PL die *Boxer*)

boxer shorts PL NOUN

die *Boxershorts* PL ◇ *He was wearing a pair of boxer shorts.* Er hatte Boxershorts an.

boxing NOUN

das *Boxen*

Boxing Day NOUN

der *zweite Weihnachtsfeiertag*

boy NOUN

der *Junge* (GEN des *Jungen*, PL die *Jungen*)

boyfriend NOUN

der *Freund* (PL die *Freunde*) ◇ *Have you got a boyfriend?* Hast du einen Freund?

bra NOUN

der *BH* (PL die *BHs*)

brace NOUN

die *Zahnspange* (*on teeth*) ◇ *She wears a brace.* Sie hat eine Zahnspange.

bracelet NOUN

das *Armband* (PL die *Armbänder*)

brackets PL NOUN

die *Klammern* FEM PL ◇ *in brackets* in Klammern

brain NOUN

das *Gehirn* (PL die *Gehirne*)

brainy ADJECTIVE

gescheit

brake NOUN

see also brake VERB

die *Bremse*

to **brake** VERB

see also brake NOUN

bremsen

branch NOUN

(PL **branches**)

[1] der *Zweig* (*of tree*) (PL die *Zweige*)

[2] die *Filiale* (*of bank*)

brand-new ADJECTIVE

brandneu

brandy NOUN

(PL **brandies**)

der *Weinbrand* (PL die *Weinbrände*)

brass NOUN
das *Messing* (*metal*)
◆ **the brass section** die Blechbläser MASC PL

brass band NOUN
die *Blaskapelle*

brat NOUN
◆ **He's a spoiled brat.** Er ist ein verwöhnter Balg.

brave ADJECTIVE
mutig

Brazil NOUN
Brasilien NEUT
◆ **from Brazil** aus Brasilien
◆ **to Brazil** nach Brasilien

bread NOUN
das *Brot* (PL die *Brote*) ◇ *bread and butter* Brot mit Butter
◆ **brown bread** das Graubrot
◆ **white bread** das Weißbrot

There is a huge variety of types of bread in Germany which can't simply be divided into brown and white.

break NOUN
see also break VERB
die *Pause* (*rest*) ◇ *to take a break* eine Pause machen ◇ *during morning break* während der Vormittagspause
◆ **the Christmas break** die Weihnachtsfeiertage MASC PL
◆ **Give me a break!** Mach mal halblang!

to **break** VERB
(**broke**, **broken**)
see also break NOUN
[1] *kaputtmachen* (PERFECT *hat kaputtgemacht*) ◇ *Careful, you'll break something!* Vorsicht, du machst sonst was kaputt!
[2] *brechen* (*record, law*) (PRESENT *bricht*, IMPERFECT *brach*, PERFECT *hat gebrochen*) ◇ *to break a promise* sein Versprechen brechen
◆ **to break one's leg** sich das Bein brechen ◇ *I broke my leg.* Ich habe mir das Bein gebrochen.
◆ **He broke his arm.** Er hat sich den Arm gebrochen.
[3] *brechen* (*get broken*) ◇ *Careful, it'll break!* Vorsicht, es bricht!

to **break down** VERB
(**broke**, **broken**)
eine Panne haben (PRESENT *hat eine Panne*, IMPERFECT *hatte eine Panne*, PERFECT *hat eine Panne gehabt*) ◇ *The car broke down.* Das Auto hatte eine Panne.

breakdown NOUN
[1] die *Panne* (*in vehicle*) ◇ *to have a breakdown* eine Panne haben
[2] der *Nervenzusammenbruch* (*mental*) (PL die *Nervenzusammenbrüche*) ◇ *to have a breakdown* einen Nervenzusammenbruch haben

breakdown van NOUN
das *Pannenfahrzeug* (PL die *Pannenfahrzeuge*)

breakfast NOUN
das *Frühstück* (PL die *Frühstücke*) ◇ *What would you like for breakfast?* Was möchtest du zum Frühstück?
◆ **to have breakfast** frühstücken

to **break in** VERB
(**broke**, **broken**)
einbrechen (PRESENT *bricht ein*, IMPERFECT *brach ein*, PERFECT *hat eingebrochen*)

break-in NOUN
der *Einbruch* (PL die *Einbrüche*)

to **break open** VERB
(**broke**, **broken**)
aufbrechen (*door, cupboard*) (PRESENT *bricht auf*, IMPERFECT *brach auf*, PERFECT *hat aufgebrochen*)

to **break out** VERB
(**broke**, **broken**)
ausbrechen (PRESENT *bricht aus*, IMPERFECT *brach aus*, PERFECT *ist ausgebrochen*)
◆ **to break out in a rash** einen Ausschlag bekommen

to **break up** VERB
(**broke**, **broken**)
[1] *sich auflösen* (*crowd*) (PERFECT *hat sich aufgelöst*)
[2] *zu Ende gehen* (*meeting, party*) (IMPERFECT *ging zu Ende*, PERFECT *ist zu Ende gegangen*)
[3] *sich trennen* (*couple*)
◆ **to break up a fight** eine Schlägerei beenden
◆ **We break up next Wednesday.** Nächsten Mittwoch ist der letzte Schultag.

breast NOUN
die *Brust* (PL die *Brüste*)
◆ **chicken breast** die Hähnchenbrust

to **breast-feed** VERB
(**breast-fed**, **breast-fed**)
stillen

breaststroke NOUN
das *Brustschwimmen*

breath NOUN
der *Atem*
◆ **to have bad breath** Mundgeruch haben
◆ **to be out of breath** außer Atem sein
◆ **to get one's breath back** verschnaufen

to **breathe** VERB
atmen

to **breed** VERB
(**bred**, **bred**)
see also breed NOUN
züchten ◇ *to breed dogs* Hunde züchten

breed NOUN
see also breed VERB
die *Rasse*

breeze NOUN
die *Brise*

brewery NOUN
(PL **breweries**)
die *Brauerei*

brick NOUN
der *Backstein* (PL die *Backsteine*) ◇ *a brick wall* eine Backsteinmauer

bricklayer NOUN

der ***Maurer*** (PL die *Maurer*)
die ***Maurerin***

bride NOUN
die ***Braut*** (PL die *Bräute*)

bridegroom NOUN
der ***Bräutigam*** (PL die *Bräutigame*)

bridesmaid NOUN
die ***Brautjungfer***

bridge NOUN
[1] die ***Brücke*** ◇ *a suspension bridge* eine Hängebrücke
[2] das ***Bridge*** (GEN des *Bridge*) ◇ *to play bridge* Bridge spielen

brief ADJECTIVE
kurz

briefcase NOUN
die ***Aktentasche***

briefly ADVERB
kurz

briefs PL NOUN
die ***Unterhose*** ◇ *a pair of briefs* eine Unterhose

bright ADJECTIVE
[1] ***hell*** (*light*)
[2] ***leuchtend*** (*colour*) ◇ *a brighter colour* eine leuchtendere Farbe
◆ **bright blue** hellblau
[3] ***intelligent*** ◇ *He's not very bright.* Er ist nicht besonders intelligent.

brilliant ADJECTIVE
[1] ***prima*** (*wonderful*) ◇ *Brilliant!* Prima!
[2] ***glänzend*** (*clever*) ◇ *a brilliant scientist* ein glänzender Wissenschaftler

to **bring** VERB
(**brought**, **brought**)
[1] ***bringen*** (IMPERFECT *brachte*, PERFECT *hat gebracht*) ◇ *Could you bring me my trainers?* Könntest du mir meine Sportschuhe bringen?
[2] ***mitbringen*** (*bring along*) ◇ *Bring warm clothes.* Bringt warme Kleidung mit! ◇ *Can I bring a friend?* Darf ich einen Freund mitbringen?
◆ **to bring back** zurückbringen
◆ **to bring up** aufziehen ◇ *She brought up five children on her own.* Sie hat fünf Kinder alleine aufgezogen.

Britain NOUN
Großbritannien NEUT
◆ **from Britain** aus Großbritannien
◆ **in Britain** in Großbritannien
◆ **to Britain** nach Großbritannien
◆ **Great Britain** Großbritannien

British ADJECTIVE
britisch
◆ **He's British.** Er ist Brite.
◆ **She's British.** Sie ist Britin.
◆ **the British** die Briten MASC PL
◆ **the British Isles** die Britischen Inseln

broad ADJECTIVE
breit (*wide*)
◆ **in broad daylight** am helllichten Tag

broadcast NOUN
see also broadcast VERB
die ***Sendung***

to **broadcast** VERB
(**broadcast**, **broadcast**)
see also broadcast NOUN
senden ◇ *The interview was broadcast all over the world.* Das Interview wurde in der ganzen Welt gesendet.

broad-minded ADJECTIVE
tolerant

broccoli SING NOUN
die ***Brokkoli*** MASC PL ◇ *Broccoli is her favourite vegetable.* Ihr Lieblingsgemüse ist Brokkoli.

brochure NOUN
die ***Broschüre***

to **broil** VERB
grillen

broke VERB *see* **break**

broke ADJECTIVE
◆ **to be broke** (*without money*) pleite sein

broken VERB *see* **break**

broken ADJECTIVE
[1] ***kaputt*** ◇ *It's broken.* Es ist kaputt.
[2] ***gebrochen*** (*limb*) ◇ *He's got a broken arm.* Er hat einen gebrochenen Arm.

bronchitis NOUN
die ***Bronchitis***

bronze NOUN
die ***Bronze*** ◇ *the bronze medal* die Bronzemedaille

brooch NOUN
(PL **brooches**)
die ***Brosche***

broom NOUN
der ***Besen*** (PL die *Besen*)

brother NOUN
der ***Bruder*** (PL die *Brüder*) ◇ *my brother* mein Bruder ◇ *my big brother* mein großer Bruder

brother-in-law NOUN
(PL **brothers-in-law**)
der ***Schwager*** (PL die *Schwager*)

brought VERB *see* **bring**

brown ADJECTIVE
braun
◆ **brown bread** das Graubrot

bruise NOUN
der ***blaue Fleck*** (PL die *blauen Flecke*)

brush NOUN
(PL **brushes**)
see also brush VERB
[1] die ***Bürste***
[2] der ***Pinsel*** (*paintbrush*) (PL die *Pinsel*)

to **brush** VERB
see also brush NOUN
bürsten
◆ **to brush one's hair** sich die Haare bürsten ◇ *I brushed my hair.* Ich habe mir die Haare gebürstet.
◆ **to brush one's teeth** die Zähne putzen ◇ *I brush my teeth every night.* Ich putze jeden Abend die Zähne.

Brussels NOUN
Brüssel NEUT ◇ *to Brussels* nach Brüssel

Brussels sprouts PL NOUN
der ***Rosenkohl*** SING ⋄ *The Brussel sprouts were salty.* Der Rosenkohl war versalzen.

brutal ADJECTIVE
brutal

BSE NOUN (= *bovine spongiform encephalopathy*)
das ***BSE***

bubble NOUN
die ***Blase***

bubble bath NOUN
das ***Schaumbad*** (PL die ***Schaumbäder***)

bubble gum NOUN
der ***Bubble-Gum*** (PL die ***Bubble-Gums***)

bucket NOUN
der ***Eimer*** (PL die ***Eimer***)

buckle NOUN
die ***Schnalle*** (*on belt, watch, shoe*)

Buddhism NOUN
der ***Buddhismus*** (GEN des ***Buddhismus***)
⋄ *Buddhism is the main religion of Sri Lanka.* Der Buddhismus ist die Hauptreligion in Sri Lanka.

Buddhist ADJECTIVE
buddhistisch

buddy
(PL **buddies**) NOUN
der ***Kumpel*** (PL die ***Kumpel***)

budget NOUN
das ***Budget*** (PL die ***Budgets***)

budgie NOUN
der ***Wellensittich*** (PL die ***Wellensittiche***)

buffet NOUN
das ***Büfett*** (PL die ***Büfetts***)

buffet car NOUN
der ***Speisewagen*** (PL die ***Speisewagen***)

bug NOUN
[1] die ***Wanze*** (*insect*)
◆ **There are many bugs there.** Dort gibt es viel Ungeziefer.
◆ **a stomach bug** eine Magen-Darm-Infektion
◆ **There's a bug going round.** Da geht etwas herum.
[2] der ***Programmfehler*** (*in computer*) (PL die ***Programmfehler***)

bugged ADJECTIVE
verwanzt ⋄ *The room was bugged.* Das Zimmer war verwanzt.

to **build** VERB
(**built, built**)
bauen ⋄ *They're going to build houses here.* Hier werden Häuser gebaut.
◆ **to build up** (*increase*) zunehmen

builder NOUN
[1] (*owner of firm*)
der ***Bauunternehmer*** (PL die ***Bauunternehmer***)
die ***Bauunternehmerin***
[2] (*worker*)
der ***Bauarbeiter*** (PL die ***Bauarbeiter***)
die ***Bauarbeiterin***

building NOUN
das ***Gebäude*** (PL die ***Gebäude***)

built VERB *see* **build**

bulb NOUN
die ***Glühbirne*** (*electric*)

Bulgaria NOUN
Bulgarien NEUT
◆ **from Bulgaria** aus Bulgarien
◆ **to Bulgaria** nach Bulgarien

bull NOUN
der ***Stier*** (PL die ***Stiere***)

bullet NOUN
die ***Kugel***

bullfighting NOUN
der ***Stierkampf*** (PL die ***Stierkämpfe***)

bully NOUN
(PL **bullies**)
see also bully VERB
◆ **He's a big bully.** Er tyrannisiert andere gern.

to **bully** VERB
(**bullied**)
see also bully NOUN
tyrannisieren (PERFECT ***hat tyrannisiert***)

bum NOUN
der ***Po*** (*informal: bottom*) (PL die ***Pos***)

bump NOUN
see also bump VERB
[1] die ***Beule*** (*lump*)
[2] der ***Zusammenstoß*** (*minor accident*) (GEN des ***Zusammenstoßes***, PL die ***Zusammenstöße***)
◆ **We had a bump.** Es hat gebumst.

to **bump** VERB
see also bump NOUN
◆ **to bump into something** gegen etwas laufen ⋄ *She bumped into the wall.* Sie ist gegen die Wand gelaufen.
◆ **We bumped into his car.** Wir sind in sein Auto gefahren.
◆ **I bumped into the headteacher.** Ich bin zufällig dem Rektor begegnet.

bumper NOUN
die ***Stoßstange***

bumpy ADJECTIVE
holperig

bun NOUN
das ***Brötchen*** (PL die ***Brötchen***)

bunch NOUN
(PL **bunches**)
◆ **a bunch of flowers** ein Blumenstrauß MASC
◆ **a bunch of grapes** eine Traube
◆ **a bunch of keys** ein Schlüsselbund MASC

bunches PL NOUN
die ***Rattenschwänze*** MASC PL ⋄ *She has her hair in bunches.* Sie hat Rattenschwänze.

bungalow NOUN
der ***Bungalow*** (PL die ***Bungalows***)

bunk NOUN
[1] das ***Bett*** (PL die ***Betten***)
[2] die ***Koje*** (*on ship*)

burglar NOUN
der ***Einbrecher*** (PL die ***Einbrecher***)
die ***Einbrecherin***

to **burglarize** VERB
einbrechen in +ACC (PRESENT ***bricht ein***,

IMPERFECT *brach ein*, PERFECT *ist eingebrochen*)
- **Her house was burglarized.** Bei ihr wurde eingebrochen.

burglary NOUN
(PL **burglaries**)
der *Einbruch* (PL die *Einbrüche*)

to **burgle** VERB
einbrechen in +ACC (PRESENT *bricht ein*, IMPERFECT *brach ein*, PERFECT *ist eingebrochen*)
- **Her house was burgled.** Bei ihr wurde eingebrochen.

burn NOUN
see also burn VERB
die *Verbrennung*

to **burn** VERB
(**burnt** *or* **burned**, **burnt** *or* **burned**)
see also burn NOUN
1 *verbrennen* (*rubbish, documents*) (IMPERFECT *verbrannte*, PERFECT *hat verbrannt*)
2 *anbrennen lassen* (*food*) (PRESENT *lässt anbrennen*, IMPERFECT *ließ anbrennen*, PERFECT *hat anbrennen lassen*) ◇ *I burned the cake.* Ich habe den Kuchen anbrennen lassen.
- **to burn oneself** sich verbrennen ◇ *I burned myself on the oven door.* Ich habe mich an der Ofentür verbrannt.
- **I've burned my hand.** Ich habe mir die Hand verbrannt.
- **to burn down** abbrennen ◇ *The factory burned down.* Die Fabrik ist abgebrannt.

to **burst** VERB
(**burst**, **burst**)
platzen (PERFECT *ist geplatzt*) ◇ *The balloon burst.* Der Luftballon ist geplatzt.
- **to burst a balloon** einen Luftballon platzen lassen
- **to burst out laughing** laut loslachen
- **to burst into flames** in Flammen aufgehen
- **to burst into tears** in Tränen ausbrechen

to **bury** VERB
(**buried**)
1 *begraben* (*dead people, animals*) (PRESENT *begräbt*, IMPERFECT *begrub*, PERFECT *hat begraben*) ◇ *We buried my guinea pig in the garden.* Wir haben mein Meerschweinchen im Garten begraben.
2 *vergraben* (*things*) ◇ *My dog buried a bone in the flowerbed.* Mein Hund hat im Blumenbeet einen Knochen vergraben.

bus NOUN
(PL **buses**)
der *Bus* (GEN des *Busses*, PL die *Busse*) ◇ *the bus driver* der Busfahrer ◇ *a bus stop* eine Bushaltestelle ◇ *the school bus* der Schulbus
- **a bus pass** (*monthly*) eine Monatskarte für den Bus

*Almost all German cities operate an integrated public transport system; you can buy a weekly (*Wochenkarte*), monthly (*Monatskarte*) or yearly (*Jahreskarte*) pass which are valid for that period on all buses, trams and light railway vehicles in a particular zone.*

- **a bus station** eine Bushaltestelle
- **a bus ticket** eine Busfahrkarte

bush NOUN
(PL **bushes**)
der *Busch* (PL die *Büsche*)

business NOUN
(PL **businesses**)
1 die *Firma* (*firm*) (PL die *Firmen*) ◇ *He's got his own business.* Er hat seine eigene Firma.
2 das *Geschäft* (*commerce*) (PL die *Geschäfte*) ◇ *a business trip* eine Geschäftsreise
- **He's away on business.** Er ist geschäftlich unterwegs.
- **It's none of my business.** Das geht mich nichts an.

businessman NOUN
(PL **businessmen**)
der *Geschäftsmann* (PL die *Geschäftsleute*)

businesswoman NOUN
(PL **businesswomen**)
die *Geschäftsfrau*

busker NOUN
der *Straßenmusikant* (GEN des *Straßenmusikanten*, PL die *Straßenmusikanten*)
die *Straßenmusikantin*

bust NOUN
der *Busen* (*chest*) (PL die *Busen*)
- **bust measurement** die Oberweite

busy ADJECTIVE
1 *beschäftigt* (*person*)
2 *belebt* (*shop, street*)
3 *besetzt* (*phone line*)
- **It's been a busy day.** Es war viel los heute.

busy signal NOUN
das *Besetztzeichen* (PL die *Besetztzeichen*)

but CONJUNCTION
aber ◇ *I'd like to come, but I'm busy.* Ich würde gerne kommen, aber ich habe zu tun.

butcher NOUN
der *Metzger* (PL die *Metzger*)
die *Metzgerin*
◇ *He's a butcher.* Er ist Metzger.

butcher's NOUN
die *Metzgerei*

butter NOUN
die *Butter*

butterfly NOUN
(PL **butterflies**)
der *Schmetterling* (PL die *Schmetterlinge*)

buttocks PL NOUN
der *Hintern* SING

button NOUN
der *Knopf* (PL die *Knöpfe*)

to **buy** VERB
(**bought**, **bought**)
see also buy NOUN
kaufen ◇ *He bought me an ice cream.* Er hat mir ein Eis gekauft.
- **to buy something from somebody** etwas von jemandem kaufen ◇ *I bought a watch from him.* Ich habe von ihm eine Uhr gekauft.

buy NOUN
see also buy VERB

der ***Kauf*** (PL die *Käufe*) ◇ *It was a good buy.* Es war ein guter Kauf.

by PREPOSITION

1 ***von*** ◇ *The thieves were caught by the police.* Die Diebe wurden von der Polizei erwischt. ◇ *a painting by Picasso* ein Gemälde von Picasso

2 ***mit*** ◇ *by car* mit dem Auto ◇ *by train* mit dem Zug ◇ *by bus* mit dem Bus

3 ***bei*** (*close to*) ◇ *Where's the bank? – It's by the post office.* Wo ist die Bank? – Sie ist bei der Post.

- **by day** bei Tag
- **by night** bei Nacht

4 ***bis*** (*not later than*) ◇ *We have to be there by four o'clock.* Wir müssen bis vier Uhr dort sein.

- **by the time...** bis... ◇ *By the time I got there it was too late.* Bis ich dort war, war es zu spät.
- **That's fine by me.** Ist in Ordnung!
- **all by himself** ganz allein
- **all by herself** ganz allein
- **I did it all by myself.** Ich habe es ganz allein gemacht.
- **by the way** übrigens

bypass NOUN

(PL **bypasses**)

die ***Umgehungsstraße*** (*road*)

C

cab NOUN
das *Taxi* (PL die *Taxis*)
cabbage NOUN
der *Kohl*
cabin NOUN
die *Kabine* (*on ship*)
cabinet NOUN
◆ **a bathroom cabinet** ein Badezimmerschränkchen NEUT
◆ **a drinks cabinet** eine Bar
cable NOUN
das *Kabel* (PL die *Kabel*)
cable car NOUN
die *Drahtseilbahn*
cable television NOUN
das *Kabelfernsehen*
cactus NOUN
(PL **cactuses** *or* **cacti**)
der *Kaktus* (GEN des *Kaktus*, PL die *Kakteen*)
cadet NOUN
◆ **a police cadet** ein Polizeischüler MASC
◆ **a cadet officer** ein Offiziersanwärter MASC
café NOUN
die *Imbissstube* ⚠
cage NOUN
der *Käfig* (PL die *Käfige*)
cagoule NOUN
die *Windjacke*
cake NOUN
der *Kuchen* (PL die *Kuchen*)
to **calculate** VERB
rechnen
calculation NOUN
die *Rechnung*
calculator NOUN
der *Taschenrechner* (PL die *Taschenrechner*)
calendar NOUN
der *Kalender* (PL die *Kalender*)
calf NOUN
(PL **calves**)
[1] das *Kalb* (*of cow*) (PL die *Kälber*)
[2] die *Wade* (*of leg*)
call NOUN
see also call VERB
der *Anruf* (*by phone*) (PL die *Anrufe*)
◇ *Thanks for your call.* Danke für Ihren Anruf.
◆ **a phone call** ein Telefongespräch NEUT
◆ **to be on call** (*doctor*) Bereitschaftsdienst haben ◇ *He's on call this evening.* Er hat heute Abend Bereitschaftsdienst.
to **call** VERB
see also call NOUN
[1] *anrufen* (*by phone*) (IMPERFECT *rief an*, PERFECT *hat angerufen*) ◇ *I'll tell him you called.* Ich sage ihm, dass du angerufen hast.
◇ *This is the number to call.* Das ist die Nummer, die du anrufen musst.
◆ **to call back** (*phone again*) zurückrufen ◇ *I'll call back at six o'clock.* Ich rufe um sechs Uhr zurück.
[2] *rufen* (*fetch*) ◇ *We called the police.* Wir haben die Polizei gerufen.
[3] *nennen* (*by name*) (IMPERFECT *nannte*, PERFECT *hat genannt*) ◇ *Everyone calls him Jimmy.* Alle nennen ihn Jimmy. ◇ *He called me an idiot.* Er hat mich einen Idioten genannt.
◆ **to be called** heißen ◇ *He's called Fluffy.* Er heißt Fluffy. ◇ *What's she called?* Wie heißt sie?
◆ **to call somebody names** jemanden beschimpfen
◆ **to call for** abholen ◇ *I'll call for you at half past two.* Ich hole dich um halb drei ab.
◆ **to call off** absagen ◇ *The match was called off.* Das Spiel wurde abgesagt.
call box NOUN
(PL **call boxes**)
die *Telefonzelle*
calm ADJECTIVE
ruhig
to **calm down** VERB
sich beruhigen (PERFECT *hat sich beruhigt*)
◇ *Calm down!* Beruhige dich!
Calor gas ® NOUN
das *Butangas*
calorie NOUN
die *Kalorie*
calves PL NOUN *see* **calf**
camcorder NOUN
der *Camcorder* (PL die *Camcorder*)
came VERB *see* **come**
camel NOUN
das *Kamel* (PL die *Kamele*)
camera NOUN
[1] der *Fotoapparat* (*for photos*) (PL die *Fotoapparate*)
[2] die *Kamera* (*for filming, TV*) (PL die *Kameras*)
cameraman NOUN
(PL **cameramen**)
der *Kameramann* (PL die *Kameramänner*)
to **camp** VERB
see also camp NOUN
zelten
camp NOUN
see also camp VERB
das *Lager* (PL die *Lager*)
◆ **a camp bed** eine Campingliege
campaign NOUN
die *Kampagne*
camper NOUN
[1] (*person*)
der *Camper* (PL die *Camper*)
die *Camperin*
[2] (*van*)
das *Wohnmobil* (PL die *Wohnmobile*)
camping NOUN
das *Camping*
◆ **to go camping** zelten ◇ *We went camping in Cornwall.* Wir waren in Cornwall zelten.

camping gas ® NOUN
das *Campinggas*

campsite NOUN
der *Zeltplatz* (PL die *Zeltplätze*)

campus NOUN
(PL **campuses**)
das *Universitätsgelände* (PL die *Universitätsgelände*)

can NOUN
see also can VERB
1 die *Dose* (*tin*) ◇ *a can of sweetcorn* eine Dose Mais ◇ *a can of beer* eine Dose Bier
2 der *Kanister* (*jerry can*) (PL die *Kanister*) ◇ *a can of petrol* ein Benzinkanister

can VERB
(**could**)
see also can NOUN
können (PRESENT *kann*, IMPERFECT *konnte*, PERFECT *hat können*) ◇ *I can't come.* Ich kann nicht kommen. ◇ *Can I help you?* Kann ich dir helfen? ◇ *You could hire a bike.* Du könntest dir ein Fahrrad mieten. ◇ *I couldn't sleep because of the noise.* Ich konnte wegen des Lärms nicht schlafen. ◇ *I can swim.* Ich kann schwimmen. ◇ *He can't drive.* Er kann nicht Auto fahren. ◇ *Can you speak German?* Können Sie Deutsch?
◆ **That can't be true!** Das darf nicht wahr sein!
◆ **You could be right.** Da könntest du recht haben.

Canada NOUN
Kanada NEUT
◆ **from Canada** aus Kanada
◆ **in Canada** in Kanada
◆ **to Canada** nach Kanada

Canadian ADJECTIVE
see also Canadian NOUN
kanadisch ◇ *He's Canadian.* Er ist Kanadier. ◇ *She's Canadian.* Sie ist Kanadierin.

Canadian NOUN
see also Canadian ADJECTIVE
der *Kanadier* (PL die *Kanadier*)
die *Kanadierin*

canal NOUN
der *Kanal* (PL die *Kanäle*)

canary NOUN
(PL **canaries**)
der *Kanarienvogel* (PL die *Kanarienvögel*)

to **cancel** VERB
1 *absagen* (PERFECT *hat abgesagt*) ◇ *The match was cancelled.* Das Spiel wurde abgesagt.
2 *stornieren* (*booking*) (PERFECT *hat storniert*) ◇ *He cancelled his hotel booking.* Er hat seine Hotelreservierung storniert.

cancellation NOUN
die *Absage*

cancer NOUN
der *Krebs* (GEN des *Krebses*) ◇ *He's got cancer.* Er hat Krebs.
◆ **I'm Cancer.** Ich bin Krebs.

candidate NOUN
der *Kandidat* (GEN des *Kandidaten*, PL die *Kandidaten*)
die *Kandidatin*

candle NOUN
die *Kerze*

candy NOUN
(PL **candies**)
1 der *Bonbon* (*sweet*) (GEN des *Bonbons*, PL die *Bonbons*)
2 die *Süßigkeit* (*sweets*)

candyfloss NOUN
die *Zuckerwatte*

cannabis NOUN
das *Cannabis* (GEN des *Cannabis*)

canned ADJECTIVE
in Dosen (*food*) ◇ *canned beer* Bier in Dosen

cannot VERB *see* **can**

canoe NOUN
das *Kanu* (PL die *Kanus*)

canoeing NOUN
◆ **to go canoeing** Kanu fahren ◇ *We went canoeing.* Wir gingen Kanu fahren.

can-opener NOUN
der *Dosenöffner* (PL die *Dosenöffner*)

can't VERB *see* **can**

canteen NOUN
die *Kantine*

canvas NOUN
(PL **canvases**)
die *Leinwand* (PL die *Leinwände*)

cap NOUN
1 die *Mütze* (*hat*)
2 der *Verschluss* ⚠ (GEN des *Verschlusses*, PL die *Verschlüsse*) (*of bottle, tube*)

capable ADJECTIVE
fähig
◆ **to be capable of doing something** etwas tun können ◇ *She is capable of looking after herself.* Sie kann auf sich selbst aufpassen.

capacity NOUN
(PL **capacities**)
1 die *Fähigkeit* ◇ *He has the capacity to score a goal from almost any position.* Er hat die Fähigkeit, aus fast jeder Position ein Tor zu schießen.
2 das *Fassungsvermögen* (*quantity*) ◇ *This tank has a capacity of fifty litres.* Der Tank hat ein Fassungsvermögen von fünfzig Litern.

capital NOUN
1 die *Hauptstadt* (PL die *Hauptstädte*) ◇ *Cardiff is the capital of Wales.* Cardiff ist die Hauptstadt von Wales.
2 der *Großbuchstabe* (*letter*) (GEN des *Großbuchstaben*, PL die *Großbuchstaben*) ◇ *Write your address in capitals.* Schreib deine Adresse in Großbuchstaben.

capitalism NOUN
der *Kapitalismus* (GEN des *Kapitalismus*)

capital punishment NOUN
die *Todesstrafe*

Capricorn NOUN
der *Steinbock* ◇ *I'm Capricorn.* Ich bin Steinbock.

to **capsize** VERB
kentern (PERFECT *ist gekentert*)

captain NOUN
der *Kapitän* (PL die *Kapitäne*)
die *Kapitänin*
◇ *She's captain of the hockey team.* Sie ist die Kapitänin der Hockeymannschaft.

to **capture** VERB
[1] *gefangen nehmen* ⚠ (PRESENT *nimmt gefangen*, IMPERFECT *nahm gefangen*, PERFECT *hat gefangen genommen*) (*person*) ◇ *He was captured by the enemy.* Er wurde vom Feind gefangen genommen.
[2] *fangen* (*animal*) (PRESENT *fängt*, IMPERFECT *fing*, PERFECT *hat gefangen*) ◇ *They managed to capture the lion.* Sie konnten den Löwen fangen.

car NOUN
das *Auto* (PL die *Autos*)
◆ **to go by car** mit dem Auto fahren ◇ *We went by car.* Wir sind mit dem Auto gefahren.
◆ **a car crash** ein Autounfall MASC

caramel NOUN
das *Karamellbonbon* ⚠ (PL die *Karamellbonbons*) (*sweet*)

caravan NOUN
der *Wohnwagen* (PL die *Wohnwagen*) ◇ *a caravan site* ein Campingplatz für Wohnwagen

card NOUN
die *Karte*
◆ **a card game** ein Kartenspiel NEUT

cardboard NOUN
der *Karton* (PL die *Kartons*)

cardigan NOUN
die *Strickjacke*

card phone NOUN
das *Kartentelefon* (PL die *Kartentelefone*)

care NOUN
see also care VERB
die *Vorsicht*
◆ **with care** vorsichtig
◆ **to take care of** aufpassen auf +ACC ◇ *I take care of the children on Saturdays.* Ich passe samstags auf die Kinder auf.
◆ **Take care! (1)** (*Be careful!*) Sei vorsichtig!
◆ **Take care! (2)** (*Look after yourself!*) Pass auf dich auf!

to **care** VERB
see also care NOUN
◆ **to care about** achten auf +ACC ◇ *They care about their image.* Sie achten auf ihr Image.
◆ **I don't care!** Das ist mir egal! ◇ *She doesn't care.* Das ist ihr egal.
◆ **to care for somebody** (*patients, old people*) jemanden pflegen

career NOUN
die *Karriere*

careful ADJECTIVE
vorsichtig ◇ *Be careful!* Sei vorsichtig!

carefully ADVERB
[1] *sorgsam* ◇ *She carefully avoided the subject.* Sie vermied das Thema sorgsam.
[2] *vorsichtig* (*safely*) ◇ *Drive carefully!* Fahr vorsichtig!
◆ **Think carefully!** Denk gut nach!

careless ADJECTIVE
[1] *schluderig* (*work*)
◆ **a careless mistake** ein Flüchtigkeitsfehler MASC
[2] *nachlässig* (*person*) ◇ *She's very careless.* Sie ist sehr nachlässig.
[3] *unvorsichtig* ◇ *a careless driver* ein unvorsichtiger Fahrer

caretaker NOUN
der *Hausmeister* (PL die *Hausmeister*)
die *Hausmeisterin*

car ferry NOUN
(PL **car ferries**)
die *Autofähre*

cargo NOUN
(PL **cargoes**)
die *Fracht*

car hire NOUN
der *Autoverleih* (PL die *Autoverleihe*)

Caribbean ADJECTIVE
see also Caribbean NOUN
karibisch

Caribbean NOUN
see also Caribbean ADJECTIVE
[1] die *Karibik* (*islands*) ◇ *We're going to the Caribbean.* Wir fahren in die Karibik.
◇ *He's from the Caribbean.* Er kommt aus der Karibik.
[2] das *Karibische Meer* (*sea*)

carnation NOUN
die *Nelke*

carnival NOUN
der *Karneval* (PL die *Karnevale*)

carol NOUN
◆ **a Christmas carol** ein Weihnachtslied NEUT

car park NOUN
der *Parkplatz* (PL die *Parkplätze*)

carpenter NOUN
der *Schreiner* (PL die *Schreiner*)
die *Schreinerin*
◇ *He's a carpenter.* Er ist Schreiner.

carpentry NOUN
die *Schreinerei*

carpet NOUN
der *Teppich* (PL die *Teppiche*) ◇ *a Persian carpet* ein Perserteppich

car phone NOUN
das *Autotelefon* (PL die *Autotelefone*)

carriage NOUN
der *Eisenbahnwagen* (PL die *Eisenbahnwagen*)

carrier bag NOUN
die *Tragetasche*

carrot NOUN
die *Karotte*

to **carry** VERB
(**carried**)
tragen (PRESENT *trägt*, IMPERFECT *trug*, PERFECT *hat getragen*) ◇ *He carried her bag.* Er trug

ihre Tasche.
◆ **a plane carrying a hundred passengers** ein Flugzeug mit hundert Passagieren an Bord
◆ **to carry on** weitermachen ◇ *She carried on talking.* Sie redete weiter. ◇ *Carry on!* Mach weiter!
◆ **to carry out** (*orders*) ausführen

carrycot NOUN
die *Babytragetasche*

cart NOUN
der *Karren* (PL die *Karren*)

carton NOUN
die *Tüte* (*of milk, juice*)

cartoon NOUN
1 der *Zeichentrickfilm* (*film*) (PL die *Zeichentrickfilme*)
2 der *Cartoon* (*in newspaper*) (PL die *Cartoons*)
◆ **a strip cartoon** ein Comic MASC

cartridge NOUN
die *Patrone*

to **carve** VERB
aufschneiden (*meat*) (IMPERFECT *schnitt auf*, PERFECT *hat aufgeschnitten*)

case NOUN
1 der *Koffer* (PL die *Koffer*) ◇ *I've packed my case.* Ich habe meinen Koffer gepackt.
2 der *Fall* (PL die *Fälle*) ◇ *in some cases* in manchen Fällen
◆ **in that case** in dem Fall ◇ *I don't want it. – In that case, I'll take it.* Ich will es nicht. – In dem Fall nehme ich es.
◆ **in case** für den Fall ◇ *in case it rains* für den Fall, dass es regnet
◆ **just in case** für alle Fälle ◇ *Take some money, just in case.* Nimm für alle Fälle Geld mit.

cash NOUN
das *Bargeld* ◇ *I desperately need some cash.* Ich brauche dringend Bargeld.
◆ **in cash** in bar ◇ *two thousand pounds in cash* zweitausend Pfund in bar
◆ **to pay cash** bar bezahlen
◆ **I'm a bit short of cash.** Ich bin etwas knapp bei Kasse.
◆ **a cash card** eine Geldautomatenkarte
◆ **the cash desk** die Kasse
◆ **a cash dispenser** ein Geldautomat MASC
◆ **a cash register** eine Registrierkasse

cashew NOUN
die *Cashewnuss* ⚠ (PL die *Cashewnüsse*)

cashier NOUN
der *Kassierer* (PL die *Kassierer*)
die *Kassiererin*

cashmere NOUN
der *Kaschmir* ◇ *a cashmere sweater* ein Kaschmirpullover

casino NOUN
(PL **casinos**)
das *Kasino* (PL die *Kasinos*)

casserole NOUN
der *Schmortopf* (PL die *Schmortöpfe*)
◆ **a casserole dish** eine Kasserolle

cassette NOUN
die *Kassette*
◆ **cassette recorder** der Kassettenrecorder
◆ **cassette player** der Kassettenspieler

cast NOUN
die *Besetzung* ◇ *After the play, we met the cast.* Nach dem Stück haben wir die Besetzung kennen gelernt.

castle NOUN
die *Burg*

casual ADJECTIVE
1 *leger* ◇ *I prefer casual clothes.* Ich trage lieber legere Kleidung.
2 *lässig* ◇ *a casual attitude* eine lässige Haltung
3 *beiläufig* ◇ *It was just a casual remark.* Es war nur eine beiläufige Bemerkung.

casually ADVERB
◆ **to dress casually** sich leger kleiden

casualty NOUN
die *Unfallstation* (*hospital department*)

cat NOUN
die *Katze* ◇ *Have you got a cat?* Hast du eine Katze?

catalogue NOUN
der *Katalog* (PL die *Kataloge*)

catalytic converter NOUN
der *Katalysator* (PL die *Katalysatoren*)

catarrh NOUN
der *Katarrh* (PL die *Katarrhe*)

catastrophe NOUN
die *Katastrophe*

to **catch** VERB
(**caught, caught**)
1 *fangen* (PRESENT *fängt*, IMPERFECT *fing*, PERFECT *hat gefangen*) ◇ *My cat catches birds.* Meine Katze fängt Vögel.
◆ **to catch a thief** einen Dieb fassen
◆ **to catch somebody doing something** jemanden dabei erwischen, wie er etwas tut ◇ *If they catch you smoking...* Wenn sie dich beim Rauchen erwischen...
2 *nehmen* (*bus, train*) (PRESENT *nimmt*, IMPERFECT *nahm*, PERFECT *hat genommen*) ◇ *We caught the last bus.* Wir haben den letzten Bus genommen.
3 *mitbekommen* (*hear*) (IMPERFECT *bekam mit*, PERFECT *hat mitbekommen*) ◇ *I didn't catch his name.* Ich habe seinen Namen nicht mitbekommen.
◆ **to catch up** aufholen ◇ *I've got a lot to catch up on: I was away last week.* Ich habe viel aufzuholen: Ich war letzte Woche weg.
◆ **to catch a cold** einen Schnupfen bekommen

catching ADJECTIVE
ansteckend ◇ *It's not catching.* Das ist nicht ansteckend.

catering NOUN
◆ **Who did the catering?** Wer hat das Essen und die Getränke geliefert?

cathedral NOUN
die *Kathedrale*

Catholic ADJECTIVE
see also Catholic NOUN
katholisch
Catholic NOUN
see also Catholic ADJECTIVE
der *Katholik* (GEN des *Katholiken*, PL die *Katholiken*)
die *Katholikin*
◆ **I'm a Catholic.** Ich bin katholisch.
cattle PL NOUN
das *Vieh* SING
caught VERB *see* **catch**
cauliflower NOUN
der *Blumenkohl* (PL die *Blumenkohle*)
cause NOUN
see also cause VERB
die *Ursache* ◇ *The cause of the fire was a short-circuit.* Ein Kurzschluss war die Ursache für das Feuer.
to **cause** VERB
see also cause NOUN
verursachen (PERFECT *hat verursacht*) ◇ *to cause an accident* einen Unfall verursachen
cautious ADJECTIVE
vorsichtig
cave NOUN
die *Höhle*
CD NOUN
die *CD* (PL die *CDs*)
CD player NOUN
der *CD-Spieler* (PL die *CD-Spieler*)
CD-ROM NOUN
die *CD-ROM* (PL die *CD-ROMs*)
ceiling NOUN
die *Decke*
to **celebrate** VERB
feiern (*birthday*)
celebrity NOUN
(PL **celebrities**)
die *Berühmtheit*
celery NOUN
der *Stangensellerie*
cell NOUN
die *Zelle*
cellar NOUN
der *Keller* (PL die *Keller*) ◇ *a wine cellar* ein Weinkeller
cello NOUN
(PL **cellos**)
das *Cello* (PL die *Celli*) ◇ *I play the cello.* Ich spiele Cello.
cement NOUN
der *Zement*
cemetery NOUN
(PL **cemeteries**)
der *Friedhof* (PL die *Friedhöfe*)
cent NOUN
der *Cent* (PL die *Cents* or *Cent*)
When talking about amounts of money use the plural form **Cent**.
◇ *twenty cents* zwanzig Cent
centenary NOUN
(PL **centenaries**)
das *hundertjährige Jubiläum* (PL die *hundertjährigen Jubiläen*)
centigrade ADJECTIVE
◆ **twenty degrees centigrade** zwanzig Grad Celsius
centimetre NOUN
der *Zentimeter* (PL die *Zentimeter*)
◇ *twenty centimetres* zwanzig Zentimeter
central ADJECTIVE
zentral
central heating NOUN
die *Zentralheizung*
centre NOUN
das *Zentrum* (PL die *Zentren*) ◇ *a sports centre* ein Sportzentrum
century NOUN
(PL **centuries**)
das *Jahrhundert* (PL die *Jahrhunderte*)
◇ *the twentieth century* das zwanzigste Jahrhundert ◇ *the twenty-first century* das einundzwanzigste Jahrhundert
cereal NOUN
die *Getreideflocken* FEM PL ◇ *I have cereal for breakfast.* Zum Frühstück esse ich Getreideflocken.
ceremony NOUN
(PL **ceremonies**)
die *Zeremonie*
certain ADJECTIVE
[1] *sicher* ◇ *I'm absolutely certain it was him.* Ich bin ganz sicher, dass er es war.
◆ **I don't know for certain.** Ich bin mir nicht sicher.
◆ **to make certain** sich vergewissern ◇ *I made certain the door was locked.* Ich habe mich vergewissert, dass die Tür abgeschlossen war.
[2] *bestimmt* ◇ *a certain person* eine bestimmte Person
certainly ADVERB
natürlich ◇ *I certainly expected something better.* Ich habe natürlich etwas Besseres erwartet.
◆ **Certainly not!** Sicher nicht!
◆ **So it was a surprise? – It certainly was!** Also war's eine Überraschung? – Und ob!
certificate NOUN
die *Urkunde*
CFC NOUN (= *chlorofluorocarbon*)
der *FCKW* (= Fluorchlorkohlenwasserstoff)
chain NOUN
die *Kette*
chair NOUN
[1] der *Stuhl* (PL die *Stühle*) ◇ *a table and four chairs* ein Tisch und vier Stühle
[2] der *Sessel* (*armchair*) (PL die *Sessel*)
chairlift NOUN
der *Sessellift* (PL die *Sessellifte*)
chairman NOUN
(PL **chairmen**)
der *Vorsitzende* (GEN des *Vorsitzenden*, PL die *Vorsitzenden*) ◇ *a chairman* ein Vorsitzender
chalet NOUN
das *Ferienhaus* (PL die *Ferienhäuser*)

chalk NOUN
die *Kreide*

challenge NOUN
see also challenge VERB
die *Herausforderung*

to **challenge** VERB
see also challenge NOUN
◆ **She challenged me to a race.** Sie wollte mit mir um die Wette laufen.

challenging ADJECTIVE
anspruchsvoll ◇ *a challenging job* eine anspruchsvolle Arbeit

champagne NOUN
der *Champagner* (PL die *Champagner*)

champion NOUN
der *Meister* (PL die *Meister*)
die *Meisterin*

championship NOUN
die *Meisterschaft*

chance NOUN
1 die *Chance* ◇ *Do you think I've got any chance?* Meinst du, ich habe eine Chance? ◇ *Their chances of winning are very good.* Ihre Gewinnchancen sind sehr gut.
2 die *Möglichkeit* ◇ *I'd like to have a chance to travel.* Ich hätte gern die Möglichkeit zu reisen.
◆ **I'll write when I get the chance.** Ich schreibe, sobald ich dazu komme.
◆ **by chance** zufällig ◇ *We met by chance.* Wir haben uns zufällig kennen gelernt.
◆ **to take a chance** ein Risiko eingehen ◇ *I'm taking no chances!* Ich gehe kein Risiko ein!
◆ **No chance!** Denkste!

Chancellor of the Exchequer NOUN
der *Schatzkanzler* (PL die *Schatzkanzler*)

to **change** VERB
see also change NOUN
1 *sich verändern* (PERFECT *hat sich verändert*) ◇ *The town has changed a lot.* Die Stadt hat sich sehr verändert.
2 *wechseln* (*money, job*) ◇ *I'd like to change fifty pounds.* Ich würde gern fünfzig Pfund wechseln. ◇ *He wants to change his job.* Er möchte den Job wechseln.
◆ **You have to change trains in Stuttgart.** Sie müssen in Stuttgart umsteigen.
◆ **I'm going to change my shoes.** Ich ziehe andere Schuhe an.
◆ **to change one's mind** es sich anders überlegen ◇ *I've changed my mind.* Ich habe es mir anders überlegt.
◆ **to change gear** schalten
3 *sich umziehen* (IMPERFECT *zog sich um*, PERFECT *hat sich umgezogen*) ◇ *She's changing to go out.* Sie zieht sich zum Ausgehen um.
◆ **to get changed** sich umziehen ◇ *I'm going to get changed.* Ich ziehe mich um.
4 *umtauschen* (*swap*) (PERFECT *hat umgetauscht*) ◇ *Can I change this sweater? It's too small.* Kann ich diesen Pullover umtauschen? Er ist zu klein.

change NOUN
see also change VERB
1 die *Änderung*
◆ **There's been a change of plan.** Die Pläne haben sich geändert.
◆ **a change of clothes** Kleidung zum Wechseln
◆ **for a change** zur Abwechslung ◇ *Let's play tennis for a change.* Lass uns zur Abwechslung Tennis spielen.
2 das *Kleingeld* (*money*) ◇ *I haven't got any change.* Ich habe kein Kleingeld.

changeable ADJECTIVE
wechselhaft

changing room NOUN
der *Umkleideraum* (PL die *Umkleideräume*)

channel NOUN
das *Programm* (*TV*) (PL die *Programme*) ◇ *There's football on the other channel.* Im anderen Programm gibt es Fußball.
◆ **the English Channel** der Ärmelkanal
◆ **the Channel Islands** die Kanalinseln
◆ **the Channel Tunnel** der Kanaltunnel

chaos NOUN
das *Chaos* (GEN des *Chaos*)

chap NOUN
der *Kerl* (PL die *Kerle*) ◇ *He's a nice chap.* Er ist ein netter Kerl.

chapel NOUN
die *Kapelle* (*part of church*)

chapter NOUN
das *Kapitel* (PL die *Kapitel*)

character NOUN
1 der *Charakter* (PL die *Charaktere*) ◇ *Give me some idea of his character.* Beschreiben Sie mir seinen Charakter.
◆ **She's quite a character.** Sie ist ein Unikum.
2 die *Figur* (*in play, film*) ◇ *the character played by Tom Cruise* die Figur, die Tom Cruise spielt

characteristic NOUN
das *Merkmal* (Pl die *Merkmale*)

charcoal NOUN
die *Holzkohle*

charge NOUN
see also charge VERB
die *Gebühr* ◇ *Is there a charge for delivery?* Wird für die Zustellung eine Gebühr erhoben? ◇ *an extra charge* eine Extragebühr
◆ **free of charge** kostenlos
◆ **to reverse the charges** ein R-Gespräch führen ◇ *I'd like to reverse the charges.* Ich möchte gern ein R-Gespräch führen.
◆ **to be on a charge** angeklagt sein ◇ *He's on a charge of murder.* Er ist des Mordes angeklagt.
◆ **to be in charge** die Verantwortung haben ◇ *Mrs Munday was in charge of the group.* Mrs Munday hatte die Verantwortung für die Gruppe.

to **charge** VERB
see also charge NOUN
1 *verlangen* (*money*) (PERFECT *hat verlangt*)

◇ *How much did he charge you?* Wie viel hat er verlangt? ◇ *They charge ten pounds an hour.* Sie verlangen zehn Pfund die Stunde.
[2] ***anklagen*** (*with crime*) (PERFECT ***hat angeklagt***) ◇ *The police have charged him with murder.* Die Polizei hat ihn des Mordes angeklagt.

charity NOUN
die ***Wohlfahrt*** ◇ *She does a lot of work for charity.* Sie arbeitet viel für die Wohlfahrt.
◆ **He gave the money to charity.** Er hat das Geld für wohltätige Zwecke gespendet.

charm NOUN
der ***Charme***
Note that the "e" in **Charme** *is silent.*
◇ *He's got a lot of charm.* Er hat viel Charme.

charming ADJECTIVE
bezaubernd

chart NOUN
die ***Grafik*** ◇ *The chart shows the rise of unemployment.* Die Grafik stellt den Anstieg der Arbeitslosigkeit dar.
◆ **the charts** die Hitparade SING ◇ *This album is number one in the charts.* Dieses Album ist auf Platz eins der Hitparade.

charter flight NOUN
der ***Charterflug*** (PL die ***Charterflüge***)

to **chase** VERB
see also chase NOUN
verfolgen (PERFECT ***hat verfolgt***)

chase NOUN
see also chase VERB
die ***Verfolgung***
◆ **a car chase** eine Verfolgungsjagd im Auto

chat NOUN
das ***Schwätzchen*** (PL die ***Schwätzchen***)
◇ *to have a chat* ein Schwätzchen halten

chat show NOUN
die ***Talk-Show*** (PL die ***Talk-Shows***)

cheap ADJECTIVE
billig ◇ *a cheap T-shirt* ein billiges T-Shirt
◇ *It's cheaper by bus.* Mit dem Bus ist es billiger.

to **cheat** VERB
see also cheat NOUN
betrügen (IMPERFECT ***betrog***, PERFECT ***hat betrogen***) ◇ *He cheated me.* Er hat mich betrogen.
◆ **You're cheating!** (*in games, at school*) Du schummelst!

cheat NOUN
see also cheat VERB
der ***Betrüger*** (PL die ***Betrüger***)
die ***Betrügerin***

check NOUN
see also check VERB
[1] die ***Kontrolle*** ◇ *a security check* eine Sicherheitskontrolle
[2] die ***Rechnung*** (*bill*) ◇ *The waiter brought us the check.* Der Kellner brachte uns die Rechnung.

to **check** VERB
see also check NOUN
nachsehen (PRESENT ***sieht nach***, IMPERFECT ***sah nach***, PERFECT ***hat nachgesehen***) ◇ *I'll check the time of the train.* Ich sehe die Abfahrtszeiten des Zuges nach. ◇ *Could you check the oil, please?* Könnten Sie bitte das Öl nachsehen?
◆ **to check in** einchecken ◇ *What time do I have to check in?* Wann muss ich einchecken?
◆ **to check out** (*from hotel*) sich auschecken

checkers SING NOUN
Dame FEM ◇ *Checkers is her favourite game.* Dame ist ihr Lieblingsspiel.

check-in NOUN
(PL **check-ins**)
der ***Check-in*** (PL die ***Check-ins***)

checking account NOUN
das ***Girokonto*** (PL die ***Girokonten***)

checkout NOUN
die ***Kasse***

check-up NOUN
(PL **check-ups**)
der ***Check-up*** (PL die ***Check-ups***)

cheek NOUN
[1] die ***Wange*** ◇ *He kissed her on the cheek.* Er küsste sie auf die Wange.
[2] die ***Frechheit*** ◇ *What a cheek!* So eine Frechheit!

cheeky ADJECTIVE
frech ◇ *Don't be cheeky!* Sei nicht so frech! ◇ *a cheeky smile* ein freches Lächeln

cheer NOUN
see also cheer VERB
der ***Hurraruf*** (PL die ***Hurrarufe***)
◆ **to give a cheer** hurra rufen
◆ **Cheers! (1)** (*good health*) Prost!
◆ **Cheers! (2)** (*thanks*) Danke schön!

to **cheer** VERB
see also cheer NOUN
[1] ***anfeuern*** (*team*) (PERFECT ***hat angefeuert***)
[2] ***zujubeln*** (*speaker*) (PERFECT ***hat zugejubelt***) ◇ *The speaker was cheered.* Dem Redner wurde zugejubelt.
◆ **to cheer somebody up** jemanden aufheitern
◇ *I was trying to cheer him up.* Ich habe versucht, ihn aufzuheitern.
◆ **Cheer up!** Kopf hoch!

cheerful ADJECTIVE
fröhlich

cheerio EXCLAMATION
tschüs

cheese NOUN
der ***Käse*** (PL die ***Käse***)

chef NOUN
der ***Küchenchef*** (PL die ***Küchenchefs***)

chemical NOUN
die ***Chemikalie***

chemist NOUN
[1] (*pharmacist*)
der ***Apotheker*** (PL die ***Apotheker***)
die ***Apothekerin***
[2] (*pharmacy*)
die ***Apotheke*** ◇ *You get it from the chemist.* Du bekommst das in der Apotheke.
[3] (*shop selling toiletries*)

die *Drogerie*
[4] *(scientist)*
der *Chemiker* (PL die *Chemiker*)
die *Chemikerin*

chemistry NOUN
die *Chemie* ◇ *the chemistry lab* das Chemielabor

cheque NOUN
der *Scheck* (PL die *Schecks*) ◇ *to write a cheque* einen Scheck ausstellen ◇ *to pay by cheque* mit Scheck bezahlen

chequebook NOUN
das *Scheckheft* (PL die *Scheckhefte*)
German banks provide customers with cheques in an envelope or wallet, usually ten at a time, rather than chequebooks.

cherry NOUN
(PL **cherries**)
die *Kirsche*

chess NOUN
das *Schach* ◇ *to play chess* Schach spielen

chessboard NOUN
das *Schachbrett* (PL die *Schachbretter*)

chest NOUN
die *Brust* *(of person)* (PL die *Brüste*)
◆ **his chest measurement** seine Oberweite
◆ **a chest of drawers** eine Kommode

chestnut NOUN
die *Kastanie*

chewing gum NOUN
der *Kaugummi* (PL die *Kaugummis*)

chicken NOUN
[1] das *Hähnchen* *(food)* (PL die *Hähnchen*) ◇ *I bought a chicken in the supermarket.* Ich habe im Supermarkt ein Hähnchen gekauft.
[2] das *Huhn* *(live)* (PL die *Hühner*) ◇ *My mother used to keep chickens.* Meine Mutter hat früher Hühner gehalten.

chickenpox SING NOUN
die *Windpocken* PL ◇ *My sister has chickenpox.* Meine Schwester hat Windpocken.

child NOUN
(PL **children**)
das *Kind* (PL die *Kinder*) ◇ *all the children* alle Kinder

childish ADJECTIVE
kindisch

child minder NOUN
die *Tagesmutter* (PL die *Tagesmütter*)

children PL NOUN *see* **child**

Chile NOUN
Chile NEUT
◆ **from Chile** aus Chile
◆ **to Chile** nach Chile

to **chill** VERB
kalt stellen ◇ *Put the wine in the fridge to chill.* Stell den Wein kalt.

chilli NOUN
der *Chili* (PL die *Chilis*)
◆ **chilli peppers** die Peperoni PL

chimney NOUN
der *Schornstein* (PL die *Schornsteine*)

chin NOUN
das *Kinn* (PL die *Kinne*)

china NOUN
das *Porzellan* ◇ *a china plate* ein Porzellanteller MASC

China NOUN
China NEUT
◆ **from China** aus China
◆ **to China** nach China

Chinese ADJECTIVE
see also Chinese NOUN
chinesisch ◇ *a Chinese restaurant* ein chinesisches Restaurant
◆ **a Chinese man** ein Chinese
◆ **a Chinese woman** eine Chinesin

Chinese NOUN
see also Chinese ADJECTIVE
das *Chinesisch* *(language)* (GEN des *Chinesischen*)
◆ **the Chinese** *(people)* die Chinesen

chip NOUN
der *Chip* *(in computer)* (PL die *Chips*)

chips PL NOUN
[1] die *Pommes frites* FEM PL *(fried potatoes)* ◇ *We bought some chips.* Wir haben Pommes frites gekauft.
[2] die *Kartoffelchips* MASC PL *(crisps)*

chiropodist NOUN
der *Fußpfleger* (PL die *Fußpfleger*)
die *Fußpflegerin*
◇ *He's a chiropodist.* Er ist Fußpfleger.

chives PL NOUN
der *Schnittlauch*

chocolate NOUN
die *Schokolade* ◇ *a chocolate cake* ein Schokoladenkuchen ◇ *hot chocolate* heiße Schokolade

choice NOUN
die *Wahl* ◇ *I had no choice.* Ich hatte keine andere Wahl.

choir NOUN
der *Chor* (PL die *Chöre*) ◇ *I sing in the school choir.* Ich singe im Schulchor.

to **choose** VERB
(**chose, chosen**)
auswählen (PERFECT *hat ausgewählt*)
◇ *She chose the red shirt.* Sie hat das rote Hemd ausgewählt.

to **chop** VERB
see also chop NOUN
kleinhacken (PERFECT *hat kleingehackt*)
◇ *She chopped the onions.* Sie hackte die Zwiebeln klein.

chop NOUN
see also chop VERB
das *Kotelett* (PL die *Koteletts*) ◇ *a pork chop* ein Schweinekotelett

chopsticks PL NOUN
die *Stäbchen* NEUT PL

chose VERB *see* **choose**

chosen VERB *see* **choose**

Christ NOUN
Christus (GEN *Christi*) ◇ *the birth of Christ*

die Geburt Christi

christening NOUN
die *Taufe*

Christian NOUN
see also Christian ADJECTIVE
der *Christ* (GEN des *Christen*, PL die *Christen*)
die *Christin*

Christian ADJECTIVE
see also Christian NOUN
christlich

Christian name NOUN
der *Vorname* (GEN des *Vornamens*, PL die *Vornamen*)

Christmas NOUN
Weihnachten NEUT ◇ *Happy Christmas!* Fröhliche Weihnachten!
- **Christmas Day** der erste Weihnachtsfeiertag
- **Christmas Eve** Heiligabend
Traditionally, in Germany gifts are exchanged on Christmas Eve.
◇ *on Christmas Eve* an Heiligabend
- **a Christmas tree** ein Weihnachtsbaum MASC
- **a Christmas card** eine Weihnachtskarte
Most Germans send very few Christmas cards.
- **Christmas dinner** das Weihnachtsessen
Germans traditionally eat goose at Christmas rather than turkey.
- **Christmas pudding**
Germans don't have any traditional dessert at Christmas. Most know what Christmas pudding *is, but almost always refer to it as* Plumpudding.

chunk NOUN
das *Stück* (PL die *Stücke*) ◇ *Cut the meat into chunks.* Schneiden Sie das Fleisch in Stücke.

church NOUN
(PL **churches**)
die *Kirche* ◇ *I don't go to church every Sunday.* Ich gehe nicht jeden Sonntag in die Kirche.
- **the Church of England** die anglikanische Kirche

cider NOUN
der *Apfelwein*

cigar NOUN
die *Zigarre*

cigarette NOUN
die *Zigarette*

cinema NOUN
das *Kino* (PL die *Kinos*) ◇ *I'm going to the cinema this evening.* Ich gehe heute Abend ins Kino.

circle NOUN
der *Kreis* (PL die *Kreise*)

circular ADJECTIVE
rund

circulation NOUN
1 der *Kreislauf* (*of blood*)
2 die *Auflage* (*of newspaper*)

circumstances PL NOUN
die *Umstände* MASC PL

circus NOUN
(PL **circuses**)
der *Zirkus* (GEN des *Zirkus*, PL die *Zirkusse*)

citizen NOUN
der *Bürger* (PL die *Bürger*)
die *Bürgerin*
- **a German citizen** ein deutscher Staatsbürger

city NOUN
(PL **cities**)
die *Stadt* (PL die *Städte*)
- **the city centre** die Innenstadt ◇ *It's in the city centre.* Es liegt in der Innenstadt.

civilization NOUN
die *Zivilisation*

civil servant NOUN
der *Beamte* (GEN des *Beamten*, PL die *Beamten*)
die *Beamtin*
In Germany most teachers are Beamte.
◇ *He's a civil servant.* Er ist Beamter.

civil war NOUN
der *Bürgerkrieg* (PL die *Bürgerkriege*)

to **claim** VERB
see also claim NOUN
1 *behaupten* (PERFECT *hat behauptet*)
◇ *He claims to have found the money.* Er behauptet, er habe das Geld gefunden.
Note the use of the subjunctive.
2 *bekommen* (*receive*) (IMPERFECT *bekam*, PERFECT *hat bekommen*) ◇ *She's claiming unemployment benefit.* Sie bekommt Arbeitslosenunterstützung.
- **to claim on one's insurance** seine Versicherung in Anspruch nehmen ◇ *We claimed on our insurance.* Wir haben unsere Versicherung in Anspruch genommen.

claim NOUN
see also claim VERB
der *Anspruch* (*on insurance policy*) (PL die *Ansprüche*)
- **to make a claim for damages** Schadenersatz beanspruchen

to **clap** VERB
klatschen (*applaud*) ◇ *The audience clapped.* Das Publikum klatschte.
- **to clap one's hands** klatschen

clarinet NOUN
die *Klarinette* ◇ *I play the clarinet.* Ich spiele Klarinette.

to **clash** VERB
1 *sich beißen* (*colours*) (IMPERFECT *bissen sich*, PERFECT *haben sich gebissen*) ◇ *These two colours clash.* Diese beiden Farben beißen sich.
2 *sich überschneiden* (*events*) (IMPERFECT *überschnitt sich*, PERFECT *hat sich überschnitten*) ◇ *The concert clashes with Ann's party.* Das Konzert überschneidet sich mit Anns Party.

clasp NOUN
der *Verschluss* ⚠ (GEN des *Verschlusses*, PL die *Verschlüsse*) (*of necklace*)

class NOUN
(PL **classes**)
1 die *Klasse* (*group*) ◇ *We're in the same class.* Wir sind in derselben Klasse.
2 die *Stunde* (*lesson*) ◇ *I go to dancing*

C

classes. Ich nehme Tanzstunden.

classic ADJECTIVE
see also classic NOUN
klassisch ◇ *a classic example* ein klassisches Beispiel

classic NOUN
see also classic ADJECTIVE
der ***Klassiker*** (*book, film*) (PL die ***Klassiker***)

classical ADJECTIVE
klassisch ◇ *I like classical music.* Ich mag klassische Musik.

classroom NOUN
das ***Klassenzimmer*** (PL die ***Klassenzimmer***)

claw NOUN
1 die ***Kralle*** (*of cat, dog*)
2 die ***Klaue*** (*of bird*)
3 die ***Schere*** (*of crab, lobster*)

clean ADJECTIVE
see also clean VERB
sauber ◇ *a clean shirt* ein sauberes Hemd

to **clean** VERB
see also clean ADJECTIVE
sauber machen ⚠ (PERFECT ***hat sauber gemacht***)

cleaner NOUN
der ***Putzmann*** (PL die ***Putzmänner***)
die ***Putzfrau***
◇ *She's a cleaner.* Sie ist Putzfrau.

cleaner's NOUN
die ***Reinigung***

clear ADJECTIVE
see also clear VERB
1 ***klar*** ◇ *It's clear you don't believe me.* Es ist klar, dass du mir nicht glaubst.
2 ***frei*** (*road, way*) ◇ *The road's clear now.* Die Straße ist jetzt frei.

to **clear** VERB
see also clear ADJECTIVE
1 ***räumen*** ◇ *The police are clearing the road after the accident.* Die Polizei räumt die Straße nach dem Unfall.
2 ***sich auflösen*** (*fog, mist*) (PERFECT ***hat sich aufgelöst***) ◇ *The mist soon cleared.* Der Nebel löste sich bald auf.
◆ **to be cleared of a crime** von einem Verbrechen freigesprochen werden ◇ *She was cleared of murder.* Sie wurde von der Mordanklage freigesprochen.
◆ **to clear the table** den Tisch abräumen ◇ *I'll clear the table.* Ich räume den Tisch ab.
◆ **to clear up** aufräumen ◇ *Who's going to clear all this up?* Wer räumt das alles auf?
◆ **I think it's going to clear up.** (*weather*) Ich glaube, es hellt sich auf.

clearly ADVERB
klar ◇ *She explained it very clearly.* Sie hat es sehr klar erklärt. ◇ *The English coast was clearly visible.* Die englische Küste war klar zu sehen.
◆ **to speak clearly** deutlich sprechen

clementine NOUN
die ***Klementine***

clever ADJECTIVE
1 ***klug*** ◇ *She's very clever.* Sie ist sehr klug.
2 ***genial*** (*ingenious*) ◇ *a clever system* ein geniales System ◇ *What a clever idea!* Das ist eine geniale Idee!

client NOUN
der ***Klient*** (GEN des ***Klienten***, PL die ***Klienten***)
die ***Klientin***

cliff NOUN
die ***Klippe***

climate NOUN
das ***Klima*** (PL die ***Klimas***)

to **climb** VERB
1 ***steigen auf*** +ACC (IMPERFECT ***stieg***, PERFECT ***ist gestiegen***) ◇ *We're going to climb Snowdon.* Wir steigen auf den Snowdon.
2 ***hinaufgehen*** (*stairs*) (IMPERFECT ***ging hinauf***, PERFECT ***ist hinaufgegangen***) ◇ *I watched him climb the stairs.* Ich sah ihn die Treppe hinaufgehen.
◆ **She finds it difficult to climb the stairs.** Das Treppensteigen fällt ihr schwer.

climber NOUN
der ***Kletterer*** (PL die ***Kletterer***)
die ***Kletterin***

climbing NOUN
das ***Klettern***
◆ **to go climbing** klettern gehen ◇ *We're going climbing in Scotland.* Wir gehen in Schottland klettern.

clinic NOUN
die ***Klinik***

cloakroom NOUN
1 die ***Garderobe*** (*for coats*)
2 die ***Toilette*** (*toilet*)

clock NOUN
die ***Uhr***
◆ **a grandfather clock** eine Standuhr
◆ **an alarm clock** ein Wecker MASC
◆ **a clock radio** ein Radiowecker MASC

clog NOUN
1 der ***Clog*** (*modern*) (PL die ***Clogs***)
2 der ***Holzschuh*** (*traditional, made of wood*) (PL die ***Holzschuhe***)

close ADJECTIVE, ADVERB
see also close VERB
1 ***nahe*** (*near*) ◇ *close relations* nahe Verwandte ◇ *I'm very close to my sister.* Ich stehe meiner Schwester sehr nahe.
◆ **The shops are very close.** Die Geschäfte sind ganz in der Nähe.
◆ **She's a close friend of mine.** Sie ist eine gute Freundin von mir.
◆ **Come closer!** Komm näher!
◆ **close to** in der Nähe +GEN ◇ *The youth hostel is close to the station.* Die Jugendherberge ist in der Nähe des Bahnhofs.
2 ***knapp*** (*contest*) ◇ *It's going to be very close.* Das wird sehr knapp.
3 ***schwül*** (*weather*) ◇ *It's close this afternoon.* Heute nachmittag ist es schwül.

to **close** VERB
see also close ADJECTIVE

schließen (IMPERFECT ***schloss***, PERFECT ***hat geschlossen***) ◇ *What time does the pool close?* Wann schließt das Schwimmbad? ◇ *The doors close automatically.* Die Türen schließen automatisch.
◆ **Please close the door.** Bitte mach die Tür zu.

closed ADJECTIVE
geschlossen ◇ *The bank's closed.* Die Bank ist geschlossen.

closely ADVERB
genau (*look, examine*)

cloth NOUN
der ***Stoff*** (*material*) (PL die ***Stoffe***)
◆ **a cloth** ein Lappen MASC ◇ *Wipe it with a damp cloth.* Wischen Sie es mit einem feuchten Lappen ab.

clothes PL NOUN
die ***Kleider*** NEUT PL ◇ *new clothes* neue Kleider
◆ **a clothes line** eine Wäscheleine
◆ **a clothes peg** eine Wäscheklammer

cloud NOUN
die ***Wolke***

cloudy ADJECTIVE
bewölkt

clove NOUN
◆ **a clove of garlic** eine Knoblauchzehe

clown NOUN
der ***Clown*** (PL die ***Clowns***)

club NOUN
der ***Klub*** (PL die ***Klubs***) ◇ *a tennis club* ein Tennisklub ◇ *the youth club* der Jugendklub
◆ **clubs** (*in cards*) Kreuz NEUT ◇ *the ace of clubs* das Kreuzass

to **club together** VERB
zusammenlegen (PERFECT ***hat zusammengelegt***) ◇ *We clubbed together to buy her a present.* Wir haben zusammengelegt, um ein Geschenk für sie zu kaufen.

clue NOUN
der ***Hinweis*** (PL die ***Hinweise***) ◇ *an important clue* ein wichtiger Hinweis
◆ **I haven't a clue.** Ich habe keine Ahnung.

clumsy ADJECTIVE
tollpatschig ⚠ ◇ *Toby is even clumsier than his sister.* Toby ist noch tollpatschiger als seine Schwester.

coach
(PL **coaches**) NOUN
[1] der ***Reisebus*** (GEN des ***Reisebusses***, PL die ***Reisebusse***) ◇ *We went there by coach.* Wir sind mit dem Bus dorthin gefahren. ◇ *the coach station* der Busbahnhof ◇ *a coach trip* eine Busreise
[2] (*trainer*)
der ***Trainer*** (PL die ***Trainer***)
die ***Trainerin***
◇ *the German coach* der deutsche Trainer

coal NOUN
die ***Kohle***
◆ **a coal mine** eine Kohlezeche
◆ **a coal miner** ein Bergarbeiter MASC

coast NOUN
die ***Küste*** ◇ *It's on the west coast of Scotland.* Es liegt an der Westküste Schottlands.

coat NOUN
der ***Mantel*** (PL die ***Mäntel***) ◇ *a warm coat* ein warmer Mantel
◆ **a coat of paint** ein Anstrich MASC

coat hanger NOUN
der ***Kleiderbügel*** (PL die ***Kleiderbügel***)

cocaine NOUN
das ***Kokain***

cockerel NOUN
der ***Hahn*** (PL die ***Hähne***)

cockney NOUN
der ***Cockney*** (PL die ***Cockneys***) ◇ *I'm a cockney.* Ich bin Cockney.

cocoa NOUN
der ***Kakao*** (PL die ***Kakaos*** or ***Kakao***) ◇ *a cup of cocoa* eine Tasse Kakao
When ordering more than one cup of cocoa use the plural form **Kakao.**
◇ *Two cocoas, please.* Zwei Kakao bitte.

coconut NOUN
die ***Kokosnuss*** ⚠ (PL die ***Kokosnüsse***)

cod NOUN
der ***Kabeljau*** (PL die ***Kabeljaue***)

code NOUN
der ***Code*** (PL die ***Codes***)

coffee NOUN
der ***Kaffee*** (PL die ***Kaffees*** or ***Kaffee***) ◇ *A cup of coffee, please.* Eine Tasse Kaffee, bitte.
When ordering more than one coffee use the plural form **Kaffee.**
◇ *Two coffees, please.* Zwei Kaffee bitte.

coffeepot NOUN
die ***Kaffeekanne***

coffee table NOUN
der ***Couchtisch*** (PL die ***Couchtische***)

coffin NOUN
der ***Sarg*** (PL die ***Särge***)

coin NOUN
die ***Münze***
◆ **a five-mark coin** ein Fünfmarkstück NEUT

coincidence NOUN
der ***Zufall*** (PL die ***Zufälle***)

coin phone NOUN
der ***Münzfernsprecher*** (PL die ***Münzfernsprecher***)

Coke ® NOUN
die ***Cola*** (PL die ***Colas***) ◇ *a can of Coke ®* eine Dose Cola

colander NOUN
der ***Seiher*** (PL die ***Seiher***)

cold ADJECTIVE
see also cold NOUN
kalt ◇ *The water's cold.* Das Wasser ist kalt. ◇ *It's cold today.* Heute ist es kalt.
When you talk about a person being cold, *you use the impersonal construction.*
◇ *I'm cold.* Mir ist kalt. ◇ *Are you cold?* Ist dir kalt?

cold NOUN
see also cold ADJECTIVE

C

1 die *Kälte* ◇ *I can't stand the cold.* Ich kann Kälte nicht ausstehen.
2 der *Schnupfen* (PL die *Schnupfen*) ◇ *to catch a cold* einen Schnupfen bekommen ◇ *to have a cold* einen Schnupfen haben ◇ *I've got a bad cold.* Ich habe einen üblen Schnupfen.
◆ **a cold sore** ein Fieberbläschen NEUT

coleslaw NOUN
der *Krautsalat* (PL die *Krautsalate*)

to **collapse** VERB
zusammenbrechen (PRESENT *bricht zusammen*, IMPERFECT *brach zusammen*, PERFECT *ist zusammengebrochen*) ◇ *He collapsed.* Er brach zusammen.

collar NOUN
1 der *Kragen* (*of coat, shirt*) (PL die *Kragen*)
2 das *Halsband* (*for animal*) (PL die *Halsbänder*)

collarbone NOUN
das *Schlüsselbein* (PL die *Schlüsselbeine*) ◇ *I broke my collarbone.* Ich habe mir das Schlüsselbein gebrochen.

colleague NOUN
der *Kollege* (GEN des *Kollegen*, PL die *Kollegen*)
die *Kollegin*

to **collect** VERB
1 *einsammeln* (PERFECT *hat eingesammelt*) ◇ *The teacher collected the exercise books.* Der Lehrer hat die Hefte eingesammelt.
2 *sammeln* ◇ *I collect stamps.* Ich sammle Briefmarken. ◇ *They're collecting for charity.* Sie sammeln für wohltätige Zwecke.
3 *abholen* (*come to fetch*) (PERFECT *hat abgeholt*) ◇ *Their mother collects them from school.* Ihre Mutter holt sie von der Schule ab. ◇ *They collect the rubbish twice a week.* Der Müll wird zweimal pro Woche abgeholt.

collect call NOUN
das *R-Gespräch* (PL die *R-Gespräche*)

collection NOUN
die *Sammlung* ◇ *my CD collection* meine CD-Sammlung ◇ *a collection for charity* eine Spendensammlung

collector NOUN
der *Sammler* (PL die *Sammler*)
die *Sammlerin*

college NOUN
die *Fachhochschule*

A **Fachhochschule** *is an institute of higher education for pupils aged over 18, which combines academic studies with work experience. It is oriented towards the needs of industry and commerce.*

to **collide** VERB
zusammenstoßen (PRESENT *stößt zusammen*, IMPERFECT *stieß zusammen*, PERFECT *ist zusammengestoßen*)

collie NOUN
der *Collie* (PL die *Collies*)

colliery NOUN
(PL **collieries**)
die *Zeche*

collision NOUN
der *Zusammenstoß* (GEN des *Zusammenstoßes*, PL die *Zusammenstöße*)

colonel NOUN
der *Oberst* (GEN des *Obersten*, PL die *Obersten*)

colour NOUN
die *Farbe* ◇ *What colour is it?* Welche Farbe hat es?
◆ **a colour film** (*for camera*) ein Farbfilm MASC

colourful ADJECTIVE
farbig

colouring NOUN
der *Farbstoff* (*for food*) (PL die *Farbstoffe*)

comb NOUN
see also comb VERB
der *Kamm* (PL die *Kämme*)

to **comb** VERB
see also comb NOUN
◆ **to comb one's hair** sich kämmen ◇ *You haven't combed your hair.* Du hast dich nicht gekämmt.

combination NOUN
die *Kombination*

to **combine** VERB
vereinen (PERFECT *hat vereint*) ◇ *The film combines humour with suspense.* Der Film vereint Humor und Spannung.

to **come** VERB
(**came, come**)
kommen (IMPERFECT *kam*, PERFECT *ist gekommen*) ◇ *I'm coming!* Ich komme! ◇ *The letter came this morning.* Der Brief kam heute früh. ◇ *Can I come too?* Kann ich mitkommen? ◇ *Some friends came to see us.* Einige Freunde sind zu Besuch gekommen. ◇ *I'll come with you.* Ich komme mit dir.
◆ **to come back** zurückkommen ◇ *Come back!* Komm zurück!
◆ **to come down (1)** (*person, lift*) herunterkommen
◆ **to come down (2)** (*prices*) fallen
◆ **to come from** kommen aus ◇ *I come from Germany.* Ich komme aus Deutschland. ◇ *Where do you come from?* Woher kommen Sie?
◆ **to come in** hereinkommen ◇ *Come in!* Herein!
◆ **Come on!** Na komm!
◆ **to come out** herauskommen ◇ *when we came out of the cinema* als wir aus dem Kino kamen ◇ *It's just come out on video.* Es ist gerade als Video herausgekommen.
◆ **None of my photos came out.** Meine Fotos sind alle nichts geworden.
◆ **to come round** (*after faint, operation*) wieder zu sich kommen
◆ **to come up** heraufkommen ◇ *Come up here!* Komm hier herauf!
◆ **to come up to somebody** auf jemanden zukommen ◇ *She came up to me and*

kissed me. Sie kam auf mich zu und küsste mich.

comedian NOUN
der *Komiker* (PL die *Komiker*)
die *Komikerin*

comedy NOUN
(PL **comedies**)
die *Komödie*

comfortable ADJECTIVE
bequem
◆ **I'm very comfortable, thanks.** Danke, ich fühle mich sehr wohl.

comic NOUN
das *Comicheft* (*magazine*) (PL die *Comichefte*)

comic strip NOUN
der *Comicstrip* (PL die *Comicstrips*)

coming ADJECTIVE
kommend ◇ *in the coming months* in den kommenden Monaten

comma NOUN
das *Komma* (PL die *Kommas*)

command NOUN
der *Befehl* (PL die *Befehle*)

comment NOUN
see also comment VERB
der *Kommentar* (PL die *Kommentare*)
◇ *He made no comment.* Er gab keinen Kommentar ab. ◇ *No comment!* Kein Kommentar!

to **comment** VERB
see also comment NOUN
◆ **to comment on something** eine Bemerkung zu etwas machen

commentary NOUN
(PL **commentaries**)
der *Kommentar* (*on TV, radio*) (PL die *Kommentare*)

commentator NOUN
(*sports*)
der *Sportreporter* (PL die *Sportreporter*)
die *Sportreporterin*

commercial NOUN
der *Werbespot* (PL die *Werbespots*)

commission NOUN
die *Provision*
◆ **Salesmen work on commission.** Verkäufer arbeiten auf Provisionsbasis.

to **commit** VERB
◆ **to commit a crime** ein Verbrechen begehen
◆ **to commit oneself** sich festlegen ◇ *I don't want to commit myself.* Ich will mich nicht festlegen.
◆ **to commit suicide** Selbstmord begehen
◇ *He committed suicide.* Er beging Selbstmord.

committee NOUN
der *Ausschuss* ⚠ (GEN des *Ausschusses*, PL die *Ausschüsse*)

common ADJECTIVE
see also common NOUN
gebräuchlich ◇ *"Smith" is a very common surname.* "Smith" ist ein sehr gebräuchlicher Nachname.
◆ **in common** gemein ◇ *We've got a lot in common.* Wir haben viel gemein.

common NOUN
see also common ADJECTIVE
die *Gemeindewiese* ◇ *We went for a walk on the common.* Wir sind auf der Gemeindewiese spazieren gegangen.

common sense NOUN
der *gesunde Menschenverstand* ◇ *Use your common sense!* Benutze deinen gesunden Menschenverstand!

to **communicate** VERB
kommunizieren (PERFECT *hat kommuniziert*)

communication NOUN
die *Kommunikation*

communion NOUN
die *Kommunion* ◇ *my First Communion* meine Erstkommunion

communism NOUN
der *Kommunismus* (GEN des *Kommunismus*)

communist NOUN
see also communist ADJECTIVE
der *Kommunist* (GEN des *Kommunisten*, PL die *Kommunisten*)
die *Kommunistin*

communist ADJECTIVE
see also communist NOUN
kommunistisch
◆ **the Communist Party** die Kommunistische Partei

community NOUN
(PL **communities**)
die *Gemeinschaft*
◆ **the local community** die Gemeinde

to **commute** VERB
pendeln (PERFECT *ist gependelt*) ◇ *She commutes between Liss and London.* Sie pendelt zwischen Liss und London.

compact disc NOUN
die *Compact Disc* (PL die *Compact Discs*)
◆ **compact disc player** der CD-Spieler

companion NOUN
der *Gefährte* (GEN des *Gefährten*, PL die *Gefährten*)
die *Gefährtin*

company NOUN
(PL **companies**)
1 das *Unternehmen* (PL die *Unternehmen*)
◇ *He works for a big company.* Er arbeitet für ein großes Unternehmen.
2 die *Gesellschaft* ◇ *an insurance company* eine Versicherungsgesellschaft
◆ **a theatre company** ein Theaterensemble NEUT
◆ **to keep somebody company** jemandem Gesellschaft leisten ◇ *I'll keep you company.* Ich leiste dir Gesellschaft.

comparatively ADVERB
relativ

to **compare** VERB
vergleichen (IMPERFECT *verglich*, PERFECT *hat verglichen*) ◇ *People always compare him with his brother.* Die Leute vergleichen ihn

C

immer mit seinem Bruder.

- **compared with** im Vergleich zu ◇ *Oxford is small compared with London.* Im Vergleich zu London ist Oxford klein.

comparison NOUN
der *Vergleich* (PL die *Vergleiche*)

compartment NOUN
das *Abteil* (PL die *Abteile*)

compass NOUN
(PL **compasses**)
der *Kompass* ⚠ (GEN des *Kompasses*, PL die *Kompasse*)

compensation NOUN
der *Schadenersatz* ◇ *They got two thousand pounds compensation.* Sie bekamen zweitausend Pfund Schadenersatz.

compere NOUN
der *Conférencier* (PL die *Conférenciers*)

to **compete** VERB
teilnehmen (PRESENT *nimmt teil*, IMPERFECT *nahm teil*, PERFECT *hat teilgenommen*)
◇ *I'm competing in the marathon.* Ich nehme am Marathon teil.

- **to compete for something** um etwas kämpfen ◇ *They are competing for a place in the UEFA cup.* Sie kämpfen um einen Platz im UEFA-Pokal.
- **There are fifty students competing for six places.** Fünfzig Studenten bewerben sich auf sechs Studienplätze.

competent ADJECTIVE
kompetent

competition NOUN
der *Wettbewerb* (*organized event*) (PL die *Wettbewerbe*) ◇ *a singing competition* ein Gesangswettbewerb

competitor NOUN
(*participant*)
der *Teilnehmer* (PL die *Teilnehmer*)
die *Teilnehmerin*

to **complain** VERB
sich beschweren (PERFECT *hat sich beschwert*) ◇ *I'm going to complain to the boss.* Ich werde mich beim Chef beschweren.
◇ *We complained about the noise.* Wir haben uns über den Lärm beschwert.

complaint NOUN
die *Beschwerde* ◇ *There were lots of complaints about the food.* Es gab viele Beschwerden über das Essen.

complete ADJECTIVE
vollständig

completely ADVERB
völlig

complexion NOUN
der *Teint* (PL die *Teints*)

complicated ADJECTIVE
kompliziert

compliment NOUN
see also compliment VERB
das *Kompliment* (PL die *Komplimente*)

to **compliment** VERB
see also compliment NOUN

- **They complimented me on my German.** Sie haben mir Komplimente zu meinem Deutsch gemacht.

composer NOUN
der *Komponist* (GEN des *Komponisten*, PL die *Komponisten*)
die *Komponistin*

comprehensive school NOUN
die *Gesamtschule*

Gesamtschulen *are the exception rather than the rule in Germany.*

compromise NOUN
der *Kompromiss* ⚠ (GEN des *Kompromisses*, PL die *Kompromisse*) ◇ *We reached a compromise.* Wir haben einen Kompromiss gefunden.

compulsory ADJECTIVE
obligatorisch

computer NOUN
der *Computer* (PL die *Computer*)

computer game NOUN
das *Computerspiel* (PL die *Computerspiele*)

computer programmer NOUN
der *Programmierer* (PL die *Programmierer*)
die *Programmiererin*
◇ *She's a computer programmer.* Sie ist Programmiererin.

computing NOUN
die *Informatik*

to **concentrate** VERB
sich konzentrieren (PERFECT *hat sich konzentriert*) ◇ *I couldn't concentrate.* Ich konnte mich nicht konzentrieren.

concentration NOUN
die *Konzentration*

concerned ADJECTIVE

- **to be concerned** sich Sorgen machen ◇ *I am concerned about him.* Ich mache mir Sorgen um ihn.
- **as far as I'm concerned** was mich betrifft

concert NOUN
das *Konzert* (PL die *Konzerte*)

concrete NOUN
der *Beton* (PL die *Betons*)

condition NOUN
1 die *Bedingung* ◇ *I'll do it, on one condition...* Ich mache es unter einer Bedingung...
2 der *Zustand* (PL die *Zustände*) ◇ *in good condition* in gutem Zustand

conditional NOUN
der *Konditional*

conditioner NOUN
die *Spülung* (*for hair*)

condom NOUN
das *Kondom* (PL die *Kondome*)

to **conduct** VERB
dirigieren (*orchestra*) (PERFECT *hat dirigiert*)

conductor NOUN
der *Dirigent* (GEN des *Dirigenten*, PL die *Dirigenten*)
die *Dirigentin*

cone NOUN
1 die *Eistüte* ◇ *an ice-cream cone* eine Eistüte
2 der *Kegel* (*geometric shape*) (PL die *Kegel*)
◆ **a traffic cone** ein Pylon MASC

conference NOUN
die *Konferenz*

to **confess** VERB
gestehen (IMPERFECT *gestand*, PERFECT *hat gestanden*) ◇ *He finally confessed.* Er hat schließlich gestanden. ◇ *He confessed to the murder.* Er hat den Mord gestanden.

confession NOUN
1 das *Geständnis* (GEN des *Geständnisses*, PL die *Geständnisse*) ◇ *Her confession was made under duress.* Ihr Geständnis war erzwungen.
2 die *Beichte* (*in church*) ◇ *My sister doesn't like going to confession.* Meine Schwester geht ungern zur Beichte.

confidence NOUN
1 das *Vertrauen* ◇ *I've got confidence in you.* Ich habe Vertrauen in dich.
2 das *Selbstvertrauen* ◇ *She lacks confidence.* Sie hat zu wenig Selbstvertrauen.

confident ADJECTIVE
1 *zuversichtlich* (*sure of something*) ◇ *I'm confident everything will be okay.* Ich bin zuversichtlich, dass alles gut gehen wird.
2 *selbstbewusst* ⚠ (*self-assured*) ◇ *She's seems a confident person.* Sie scheint eine selbstbewusste Frau zu sein.

confidential ADJECTIVE
vertraulich

to **confirm** VERB
bestätigen (*booking*) (PERFECT *hat bestätigt*)

confirmation NOUN
die *Bestätigung*

conflict NOUN
der *Konflikt* (PL die *Konflikte*)

to **confuse** VERB
durcheinander bringen ⚠ (IMPERFECT *brachte durcheinander*, PERFECT *hat durcheinander gebracht*) ◇ *Don't confuse me!* Bring mich nicht durcheinander!

confused ADJECTIVE
durcheinander

confusing ADJECTIVE
verwirrend

confusion NOUN
das *Durcheinander*

to **congratulate** VERB
beglückwünschen (PERFECT *hat beglückwünscht*) ◇ *My friends congratulated me on passing the test.* Meine Freunde haben mich zur bestandenen Prüfung beglückwünscht.

congratulations PL NOUN
der *Glückwunsch* (PL die *Glückwünsche*)
◇ *Congratulations on your new job!* Herzlichen Glückwunsch zum neuen Job!

conjurer NOUN
der *Zauberkünstler* (PL die *Zauberkünstler*)
die *Zauberkünstlerin*

connection NOUN
1 der *Zusammenhang* (PL die *Zusammenhänge*) ◇ *There's no connection between the two events.* Es besteht kein Zusammenhang zwischen den beiden Ereignissen.
2 der *Kontakt* (*electrical*) (PL die *Kontakte*) ◇ *There's a loose connection.* Da ist ein Wackelkontakt.
3 der *Anschluss* ⚠ (GEN des *Anschlusses*, PL die *Anschlüsse*) (*of trains, planes*) ◇ *We missed our connection.* Wir haben unseren Anschluss verpasst.

to **conquer** VERB
erobern (PERFECT *hat erobert*)

conscience NOUN
das *Gewissen* ◇ *I have a guilty conscience.* Ich habe ein schlechtes Gewissen.

conscious ADJECTIVE
bewusst ⚠ ◇ *politically conscious* politisch bewusst ◇ *a conscious effort* eine bewusste Anstrengung
◆ **to be conscious of something (1)** (*know*) sich einer Sache bewusst sein ◇ *I was conscious of his disapproval.* Ich war mir seiner Missbilligung bewusst.
◆ **to be conscious of something (2)** (*notice*) etwas bemerken ◇ *She was conscious of Max looking at her.* Sie hatte bemerkt, dass Max sie ansah.

consciousness NOUN
das *Bewusstsein* ⚠
◆ **to lose consciousness** bewusstlos werden ◇ *I lost consciousness.* Ich wurde bewusstlos.

consequently ADVERB
folglich

conservation NOUN
der *Schutz* ◇ *nature conservation* der Naturschutz

conservative ADJECTIVE
see also **conservative** NOUN
konservativ
◆ **the Conservative Party** die Konservative Partei

Conservative NOUN
see also **conservative** ADJECTIVE
der *Konservative* (GEN des *Konservativen*, PL die *Konservativen*)
die *Konservative*
◇ *a Conservative* (*man*) ein Konservativer
◆ **to vote Conservative** die Konservativen wählen
◆ **the Conservatives** die Konservativen

conservatory NOUN
(PL **conservatories**)
der *Wintergarten* (PL die *Wintergärten*)

to **consider** VERB
in Erwägung ziehen (IMPERFECT *zog in Erwägung*, PERFECT *hat in Erwägung gezogen*) ◇ *We considered cancelling our holiday.* Wir zogen in Erwägung, den Urlaub abzusagen.
◆ **I'm considering the idea.** Ich denke darüber nach.

- **He considered it a waste of time.** Er hielt es für Zeitverschwendung.

considerate ADJECTIVE
aufmerksam ◇ *That was very considerate of you.* Das war sehr aufmerksam von dir.
- **not very considerate** nicht sehr rücksichtsvoll

considering PREPOSITION
1 *dafür, dass* ◇ *Considering we were there for a month...* Dafür, dass wir einen Monat da waren...
2 *unter den Umständen* ◇ *I got a good mark, considering.* Unter den Umständen bekam ich eine gute Note.

to **consist** VERB
- **to consist of** bestehen aus ◇ *The band consists of three guitarists and a drummer.* Die Band besteht aus drei Gitarristen und einem Schlagzeuger.

consonant NOUN
der *Konsonant* (GEN des *Konsonanten*, PL die *Konsonanten*)

constant ADJECTIVE
beständig

constantly ADVERB
dauernd

constipated ADJECTIVE
verstopft

to **construct** VERB
bauen

construction NOUN
der *Bau*

to **consult** VERB
1 *um Rat fragen* (*solicitor, doctor*)
2 *nachsehen in* +DAT (*book*) (PRESENT *sieht nach*, IMPERFECT *sah nach*, PERFECT *hat nachgesehen*) ◇ *You should consult the dictionary.* Du solltest im Wörterbuch nachsehen.

contact NOUN
see also contact VERB
der *Kontakt* (PL die *Kontakte*) ◇ *I'm in contact with her.* Ich bin in Kontakt mit ihr.

to **contact** VERB
see also contact NOUN
sich in Verbindung setzen mit ◇ *You should contact us immediately.* Sie sollten sich sofort mit uns in Verbindung setzen.
- **Where can we contact you?** Wo können wir Sie erreichen?

contact lenses PL NOUN
die *Kontaktlinsen* FEM PL

to **contain** VERB
enthalten (PRESENT *enthält*, IMPERFECT *enthielt*, PERFECT *hat enthalten*)

container NOUN
der *Behälter* (PL die *Behälter*)

contest NOUN
der *Wettbewerb* (PL die *Wettbewerbe*)

contestant NOUN
der *Teilnehmer* (PL die *Teilnehmer*)
die *Teilnehmerin*

context NOUN
der *Zusammenhang* (PL die *Zusammenhänge*)

continent NOUN
der *Kontinent* (PL die *Kontinente*) ◇ *How many continents are there?* Wie viele Kontinente gibt es?
- **the Continent** Kontinentaleuropa NEUT ◇ *on the Continent* in Kontinentaleuropa
- **I've never been to the Continent.** Ich war noch nie auf dem Kontinent.

continental breakfast NOUN
das *kleine Frühstück*

to **continue** VERB
weitermachen (PERFECT *hat weitergemacht*) ◇ *We will continue after the break.* Wir machen nach der Pause weiter.
- **Please continue!** Bitte fahren Sie fort!
- **She continued talking to her friend.** Sie redete weiter mit ihrer Freundin.

continuous ADJECTIVE
laufend
- **continuous assessment** laufende Leistungskontrolle

contraceptive NOUN
das *Verhütungsmittel* (PL die *Verhütungsmittel*)

contract NOUN
der *Vertrag* (PL die *Verträge*)

to **contradict** VERB
widersprechen (PRESENT *widerspricht*, IMPERFECT *widersprach*, PERFECT *hat widersprochen*) ◇ *Don't contradict me!* Widersprich mir nicht!

contrary NOUN
das *Gegenteil*
- **on the contrary** im Gegenteil

contrast NOUN
der *Kontrast* (PL die *Kontraste*)

to **contribute** VERB
1 *beitragen* (PRESENT *trägt bei*, IMPERFECT *trug bei*, PERFECT *hat beigetragen*) ◇ *The treaty will contribute to world peace.* Der Vertrag wird zum Weltfrieden beitragen.
2 *spenden* (*donate*) ◇ *She contributed ten pounds.* Sie hat zehn Pfund gespendet.

contribution NOUN
der *Beitrag* (PL die *Beiträge*)

control NOUN
see also control VERB
die *Kontrolle*
- **to lose control** (*of vehicle*) die Kontrolle verlieren ◇ *He lost control of the car.* Er hat die Kontrolle über das Auto verloren.
- **the controls** (*of machine*) die Bedienelemente NEUT PL
- **to be in control** das Sagen haben
- **to keep control** (*of people*) Disziplin halten ◇ *He can't keep control of the class.* Er kann in der Klasse keine Disziplin halten.
- **out of control** (*child, class*) außer Rand und Band

to **control** VERB
see also control NOUN

1 ***unter Kontrolle haben*** (*country, organization*) (PRESENT ***hat unter Kontrolle***, IMPERFECT ***hatte unter Kontrolle***, PERFECT ***hat unter Kontrolle gehabt***)
2 ***Disziplin halten in*** +DAT (PRESENT ***hält Disziplin in***, IMPERFECT ***hielt Disziplin in***, PERFECT ***hat Disziplin gehalten in***) ◇ *He can't control the class.* Er kann in der Klasse keine Disziplin halten.
3 ***unter Kontrolle halten*** ◇ *I couldn't control the horse.* Ich konnte das Pferd nicht mehr unter Kontrolle halten.
4 ***regeln*** (*regulate*) ◇ *You can control the volume using this knob.* Sie können mit diesem Knopf die Lautstärke regeln.
◆ **to control oneself** sich beherrschen

controversial ADJECTIVE
umstritten ◇ *a controversial book* ein umstrittenes Buch

convenient ADJECTIVE
günstig (*place*) ◇ *The hotel's convenient for the airport.* Das Hotel ist in günstiger Lage zum Flughafen. ◇ *It's not convenient for me right now.* Es ist gerade ungünstig.
◆ **Would Monday be convenient for you?** Würde dir Montag passen?

conventional ADJECTIVE
konventionell

convent school NOUN
die ***Klosterschule***

conversation NOUN
die ***Unterhaltung***
◆ **a German conversation class** deutsche Konversation

to **convert** VERB
umbauen (PERFECT ***hat umgebaut***) ◇ *We've converted the loft into a spare room.* Wir haben den Speicher zu einem Gästezimmer umgebaut.

to **convict** VERB
überführen (PERFECT ***hat überführt***) ◇ *He was convicted of the murder.* Er wurde des Mordes überführt.

to **convince** VERB
überzeugen (PERFECT ***hat überzeugt***) ◇ *I'm not convinced.* Ich bin nicht überzeugt.

to **cook** VERB
see also cook NOUN
kochen ◇ *I can't cook.* Ich kann nicht kochen. ◇ *She's cooking lunch.* Sie kocht das Mittagessen.
◆ **to be cooked** fertig sein ◇ *When the potatoes are cooked...* Wenn die Kartoffeln fertig sind...

cook NOUN
see also cook VERB
der ***Koch*** (PL die ***Köche***)
die ***Köchin***
◇ *Werner's an excellent cook.* Werner ist ein ausgezeichneter Koch.

cookbook NOUN
das ***Kochbuch*** (PL die ***Kochbücher***)

cooker NOUN
der ***Herd*** (PL die ***Herde***) ◇ *a gas cooker* ein Gasherd

cookery NOUN
das ***Kochen***
◆ **a cookery class** ein Kochkurs MASC

cookie NOUN
der ***Keks*** (GEN des ***Kekses***, PL die ***Kekse***)

cooking NOUN
das ***Kochen***
◆ **I like cooking.** Ich koche gern.

cool ADJECTIVE
kühl ◇ *a cooler place* ein kühlerer Ort
◆ **to stay cool** (*keep calm*) ruhig bleiben ◇ *He stayed cool.* Er blieb ruhig.

cooperation NOUN
die ***Zusammenarbeit***

cop NOUN
der ***Polizist*** (GEN des ***Polizisten***, PL die ***Polizisten***)
die ***Polizistin***

to **cope** VERB
es schaffen ◇ *It was hard, but we coped.* Es war schwer, aber wir haben es geschafft.
◆ **to cope with** bewältigen ◇ *She's got a lot of problems to cope with.* Sie hat eine Menge Probleme zu bewältigen.

copper NOUN
1 das ***Kupfer*** ◇ *a copper bracelet* ein Kupferarmband
2 (*police officer*)
der ***Polizist*** (GEN des ***Polizisten***, PL die ***Polizisten***)
die ***Polizistin***

copy NOUN
(PL **copies**)
see also copy VERB
1 die ***Kopie*** (*of letter, document*)
2 das ***Exemplar*** (*of book*) (PL die ***Exemplare***)

to **copy** VERB
(**copied**)
see also copy NOUN
1 ***abschreiben*** (*write down*) (IMPERFECT ***schrieb ab***, PERFECT ***hat abgeschrieben***)
◇ *She copied the sentence into her exercise book.* Sie schrieb den Satz in ihr Heft ab.
◇ *The teacher accused him of copying.* Der Lehrer warf ihm vor, abgeschrieben zu haben.
2 ***nachmachen*** (*person*) (PERFECT ***hat nachgemacht***) ◇ *She always copies her sister.* Sie macht alles ihrer Schwester nach.

cork NOUN
1 der ***Korken*** (*of bottle*) (PL die ***Korken***)
2 der ***Kork*** (*material*) ◇ *a cork table mat* ein Korkuntersetzer MASC

corkscrew NOUN
der ***Korkenzieher*** (PL die ***Korkenzieher***)

corn NOUN
1 das ***Getreide*** (*wheat*) (PL die ***Getreide***)
2 der ***Mais*** (*sweetcorn*)
◆ **corn on the cob** der Maiskolben

corner NOUN
1 die ***Ecke*** ◇ *in a corner of the room* in einer Ecke des Zimmers ◇ *the shop on the corner* das Geschäft an der Ecke ◇ *He lives just round the corner.* Er wohnt gleich um die

Ecke.
[2] der *Eckball* (*in football*) (PL die *Eckbälle*)

cornet NOUN
[1] das *Kornett* (PL die *Kornette*) ◇ *He plays the cornet.* Er spielt Kornett.
[2] die *Eistüte* (*ice cream*)

cornflakes PL NOUN
die *Cornflakes* PL

cornstarch NOUN
das *Maismehl*

corporal NOUN
der *Stabsunteroffizier* (PL die *Stabsunteroffiziere*)

corporal punishment NOUN
die *Prügelstrafe*

corpse NOUN
die *Leiche*

correct ADJECTIVE
see also correct VERB
richtig ◇ *That's correct.* Das ist richtig. ◇ *the correct answer* die richtige Antwort

to **correct** VERB
see also correct ADJECTIVE
korrigieren (PERFECT *hat korrigiert*)

correction NOUN
die *Verbesserung*

corridor NOUN
der *Korridor* (PL die *Korridore*)

corruption NOUN
die *Korruption*

Corsica NOUN
Korsika NEUT
◆ **from Corsica** aus Korsika
◆ **to Corsica** nach Korsika

cosmetics PL NOUN
die *Kosmetika* NEUT PL

to **cost** VERB
(**cost, cost**)
see also cost NOUN
kosten ◇ *The meal cost fifty marks.* Das Essen hat fünfzig Mark gekostet. ◇ *How much does it cost?* Wie viel kostet das? ◇ *It costs too much.* Das kostet zu viel.

cost NOUN
see also cost VERB
die *Kosten* PL ◇ *the cost of living* die Lebenshaltungskosten
◆ **at all costs** um jeden Preis

costume NOUN
das *Kostüm* (PL die *Kostüme*)

cosy ADJECTIVE
gemütlich

cot NOUN
[1] das *Kinderbett* (*for children*) (PL die *Kinderbetten*)
[2] die *Campingliege* (*camp bed*)

cottage NOUN
das *kleine Haus* (GEN des *kleinen Hauses*, PL die *kleinen Häuser*)
◆ **a thatched cottage** ein Haus mit Strohdach

cotton NOUN
die *Baumwolle* ◇ *a cotton shirt* ein Baumwollhemd NEUT
◆ **cotton candy** die Zuckerwatte
◆ **cotton wool** die Watte

couch NOUN
(PL **couches**)
die *Couch* (PL die *Couches*)

couchette NOUN
der *Platz im Liegewagen* (PL die *Plätze im Liegewagen*)

to **cough** VERB
see also cough NOUN
husten

cough NOUN
see also cough VERB
der *Husten* ◇ *a bad cough* ein schlimmer Husten ◇ *I've got a cough.* Ich habe Husten.

could VERB *see* **can**

council NOUN
der *Gemeinderat* (PL die *Gemeinderäte*) ◇ *He's on the council.* Er ist im Gemeinderat.
◆ **a council estate** eine Siedlung des sozialen Wohnungsbaus
◆ **a council house** eine Sozialwohnung
In Germany the council provides flats rather than houses.

councillor NOUN
der *Gemeinderat* (PL die *Gemeinderäte*)
die *Gemeinderätin*
◇ *She's a local councillor.* Sie ist Gemeinderätin.

to **count** VERB
zählen
◆ **to count on** zählen auf +ACC ◇ *You can count on me.* Du kannst auf mich zählen.

counter NOUN
[1] der *Ladentisch* (*in shop*) (PL die *Ladentische*)
[2] der *Schalter* (*in post office, bank*) (PL die *Schalter*)
[3] die *Spielmarke* (*in game*)

country NOUN
(PL **countries**)
das *Land* (PL die *Länder*) ◇ *the border between the two countries* die Grenze zwischen den beiden Ländern
◆ **in the country** auf dem Land ◇ *I live in the country.* Ich wohne auf dem Land.
◆ **country dancing** der Volkstanz

countryside NOUN
die *Landschaft*

county NOUN
(PL **counties**)
die *Grafschaft*
The nearest German equivalent of a county would be a Bundesland.
◆ **the county council** der Grafschaftsrat
The nearest German equivalent of a county council would be the Landtag.

couple NOUN
das *Paar* (PL die *Paare*) ◇ *the couple who live next door* das Paar von nebenan
◆ **a couple** ein paar
Note that in this sense **paar** *is spelt with a small "p".*

◇ *a couple of hours* ein paar Stunden
◇ *Could you wait a couple of minutes?* Könntest du ein paar Minuten warten?

courage NOUN
der ***Mut***

courgette NOUN
die ***Zucchini*** (PL die ***Zucchini***)

courier NOUN
1 *(for tourists)*
der ***Reiseleiter*** (PL die ***Reiseleiter***)
die ***Reiseleiterin***
2 *(delivery service)*
der ***Kurier*** (PL die ***Kuriere***) ◇ *They sent it by courier.* Sie haben es mit Kurier geschickt.

course NOUN
1 der ***Kurs*** (PL die ***Kurse***) ◇ *a German course* ein Deutschkurs ◇ *to go on a course* einen Kurs machen
2 der ***Gang*** (PL die ***Gänge***) ◇ *the first course* der erste Gang
◆ **the main course** das Hauptgericht
3 der ***Platz*** (PL die ***Plätze***) ◇ *a golf course* ein Golfplatz
◆ **of course** natürlich ◇ *Do you love me? – Of course I do!* Liebst du mich? – Aber natürlich!

court NOUN
1 das ***Gericht*** *(of law)* (PL die ***Gerichte***) ◇ *He was in court last week.* Er war letzte Woche vor Gericht.
2 der ***Platz*** *(tennis)* (PL die ***Plätze***) ◇ *There are tennis and squash courts.* Es gibt Tennis- und Squashplätze.

courtyard NOUN
der ***Hof*** (PL die ***Höfe***)

cousin NOUN
1 der ***Vetter*** *(man)* (PL die ***Vettern***)
2 die ***Kusine*** *(woman)*

cover NOUN
see also cover VERB
1 der ***Umschlag*** *(of book)* (PL die ***Umschläge***)
2 der ***Bezug*** *(of duvet)* (PL die ***Bezüge***)

to **cover** VERB
see also cover NOUN
1 ***bedecken*** (PERFECT ***hat bedeckt***) ◇ *He covers his computer with a plastic hood.* Er bedeckt seinen Computer mit einer Plastikhülle.
◆ **My face was covered with mosquito bites.** Mein Gesicht war voller Mückenstiche.
2 ***decken*** ◇ *Our insurance didn't cover it.* Unsere Versicherung hat das nicht gedeckt.
◆ **to cover up a scandal** einen Skandal vertuschen

cow NOUN
die ***Kuh*** (PL die ***Kühe***)

coward NOUN
der ***Feigling*** (PL die ***Feiglinge***)
der Feigling *is also used for women.*
◇ *She's a coward.* Sie ist ein Feigling.

cowardly ADJECTIVE
feige

cowboy NOUN
der ***Cowboy*** (PL die ***Cowboys***)

crab NOUN
die ***Krabbe***

crack NOUN
see also crack VERB
1 der ***Riss*** ⚠ (GEN des ***Risses***, PL die ***Risse***) *(in wall)*
2 der ***Sprung*** *(in cup, window)* (PL die ***Sprünge***)
3 das ***Crack*** *(drug)*
◆ **I'll have a crack at it.** Ich werd's mal versuchen.

to **crack** VERB
see also crack NOUN
1 ***knacken*** *(nut)*
2 ***aufschlagen*** *(egg)* (PRESENT ***schlägt auf***, IMPERFECT ***schlug auf***, PERFECT ***hat aufgeschlagen***)
◆ **to crack a joke** einen Witz reißen

cracked ADJECTIVE
kaputt *(cup, window)*

cracker NOUN
1 der ***Cracker*** *(biscuit)* (PL die ***Cracker***)
2 das ***Knallbonbon*** *(Christmas cracker)* (PL die ***Knallbonbons***)

cradle NOUN
die ***Wiege***

craft NOUN
das ***Werken*** ◇ *We do craft at school.* Wir haben Werken in der Schule.
◆ **a craft centre** ein Kunstgewerbezentrum NEUT

craftsman NOUN
(PL **craftsmen**)
der ***Kunsthandwerker*** (PL die ***Kunsthandwerker***)

to **cram** VERB
1 ***stopfen*** ◇ *We crammed our stuff into the boot.* Wir haben unsere Sachen in den Kofferraum gestopft.
2 ***pauken*** *(for exams)*

to **crash** VERB
see also crash NOUN
kaputtfahren (PRESENT ***fährt kaputt***, IMPERFECT ***fuhr kaputt***, PERFECT ***hat kaputtgefahren***) ◇ *He's crashed his car.* Er hat sein Auto kaputtgefahren.
◆ **The plane crashed.** Das Flugzeug stürzte ab.
◆ **to crash into something** auf etwas fahren ◇ *My brother crashed into the back of a lorry.* Mein Bruder ist hinten auf einen Lastwagen gefahren.

crash NOUN
(PL **crashes**)
see also crash VERB
1 der ***Unfall*** *(of car)* (PL die ***Unfälle***)
2 das ***Unglück*** *(of plane)* (PL die ***Unglücke***)
◆ **a crash helmet** ein Sturzhelm MASC
◆ **a crash course** ein Crashkurs MASC

to **crawl** VERB
see also crawl NOUN
krabbeln *(baby)* (PERFECT ***ist gekrabbelt***)

crawl NOUN
see also crawl VERB
das ***Kraulen***

C

◆ **to do the crawl** kraulen

crazy ADJECTIVE
verrückt

cream ADJECTIVE
see also cream NOUN
cremefarben (*colour*)

cream NOUN
see also cream ADJECTIVE
die *Sahne* ◇ *strawberries and cream* Erdbeeren mit Sahne ◇ *a cream cake* eine Sahnetorte
◆ **cream cheese** der Frischkäse
◆ **sun cream** die Sonnencreme

crease NOUN
die *Falte*

creased ADJECTIVE
zerknittert

to **create** VERB
schaffen (IMPERFECT *schuf*, PERFECT *hat geschaffen*)

creation NOUN
die *Schöpfung*

creative ADJECTIVE
kreativ

creature NOUN
das *Lebewesen* (PL die *Lebewesen*)

crèche NOUN
die *Kinderkrippe*

credit NOUN
der *Kredit* (PL die *Kredite*) ◇ *on credit* auf Kredit

credit card NOUN
die *Kreditkarte*

cress NOUN
die *Kresse*

crew NOUN
die *Mannschaft*

crew cut NOUN
der *Bürstenhaarschnitt* (PL die *Bürstenhaarschnitte*)

cricket NOUN
1 das *Cricket*
Cricket is practically never played in Germany.
◇ *I play cricket.* Ich spiele Cricket.
◆ **a cricket bat** ein Cricketschläger MASC
2 die *Grille* (*insect*)

crime NOUN
1 das *Verbrechen* (PL die *Verbrechen*)
◇ *Murder is a crime.* Mord ist ein Verbrechen.
2 die *Kriminalität* (*lawlessness*) ◇ *Crime is rising.* Die Kriminalität nimmt zu.

criminal NOUN
see also criminal ADJECTIVE
der *Verbrecher* (PL die *Verbrecher*)
die *Verbrecherin*

criminal ADJECTIVE
see also criminal NOUN
kriminell ◇ *It's criminal!* Das ist kriminell!
◆ **It's a criminal offence.** Das ist eine strafbare Handlung.
◆ **to have a criminal record** vorbestraft sein

crisis NOUN
(PL **crises**)
die *Krise*

crisp ADJECTIVE
knusprig (*food*)

crisps PL NOUN
die *Chips* MASC PL ◇ *a bag of crisps* eine Tüte Chips

criterion NOUN
(PL **criteria**)
das *Kriterium* (PL die *Kriterien*)

critic NOUN
der *Kritiker* (PL die *Kritiker*)
die *Kritikerin*

critical ADJECTIVE
kritisch

criticism NOUN
die *Kritik*

to **criticize** VERB
kritisieren (PERFECT *hat kritisiert*)

Croatia NOUN
Kroatien NEUT
◆ **from Croatia** aus Kroatien
◆ **to Croatia** nach Kroatien

to **crochet** VERB
häkeln

crocodile NOUN
das *Krokodil* (PL die *Krokodile*)

crook NOUN
der *Verbrecher* (*criminal*) (PL die *Verbrecher*)

crop NOUN
die *Ernte* ◇ *a good crop of apples* eine gute Apfelernte

cross NOUN
(PL **crosses**)
see also cross ADJECTIVE, VERB
das *Kreuz* (PL die *Kreuze*)

cross ADJECTIVE
see also cross NOUN, VERB
böse ◇ *to be cross about something* wegen etwas böse sein

to **cross** VERB
see also cross ADJECTIVE, NOUN
überqueren (*street, bridge*) (PERFECT *hat überquert*)
◆ **to cross out** durchstreichen
◆ **to cross over** hinübergehen

cross-country NOUN
das *Querfeldeinrennen* (*race*) (PL die *Querfeldeinrennen*)
◆ **cross-country skiing** der Langlauf

crossing NOUN
1 die *Überfahrt* (*by boat*) ◇ *the crossing from Dover to Calais* die Überfahrt von Dover nach Calais
2 der *Fußgängerüberweg* (*for pedestrians*) (PL die *Fußgängerüberwege*)

crossroads SING NOUN
die *Kreuzung*

crossword NOUN
das *Kreuzworträtsel* (PL die *Kreuzworträtsel*) ◇ *I like doing crosswords.* Ich mache gern Kreuzworträtsel.

crow NOUN

die *Krähe*

crowd NOUN
die *Menge*
◆ **the crowd** (*at sports match*) die Zuschauer MASC PL

crowded ADJECTIVE
voll

crown NOUN
die *Krone*

crucifix NOUN
(PL **crucifixes**)
das *Kruzifix* (PL die *Kruzifixe*)

crude ADJECTIVE
ordinär (*vulgar*)

cruel ADJECTIVE
grausam

cruise NOUN
die *Kreuzfahrt* ◇ *to go on a cruise* eine Kreuzfahrt machen

crumb NOUN
der *Krümel* (PL die *Krümel*)

to **crush** VERB
see also **crush** NOUN
1 *zerquetschen* (PERFECT *hat zerquetscht*) ◇ *The tomatoes got crushed.* Die Tomaten wurden zerquetscht.
2 *quetschen* (*finger*) ◇ *I crushed my finger in the car door.* Ich habe mir den Finger in der Autotür gequetscht.

crush NOUN
see also **crush** VERB
◆ **to have a crush on somebody** für jemanden schwärmen

crutch NOUN
(PL **crutches**)
die *Krücke*

to **cry** VERB
(**cried**)
weinen ◇ *The baby cried all night.* Das Baby hat die ganze Nacht geweint.

crystal NOUN
der *Kristall* (PL die *Kristalle*)

cub NOUN
1 das *Junge* (*animal*) (GEN des *Jungen*, PL die *Jungen*) ◇ *the lioness and her cub* die Löwin und ihr Junges
2 der *Wölfling* (*scout*) (PL die *Wölflinge*)

cube NOUN
der *Würfel* (PL die *Würfel*)

cubic ADJECTIVE
◆ **a cubic metre** ein Kubikmeter MASC

cucumber NOUN
die *Gurke*

cue NOUN
das *Queue* (*for snooker, pool*) (PL die *Queues*)
Queue *is pronounced as if spelt "Kö".*

culottes PL NOUN
der *Hosenrock* (PL die *Hosenröcke*) ◇ *a pair of culottes* ein Hosenrock

culture NOUN
die *Kultur*

cunning ADJECTIVE
schlau

cup NOUN
1 die *Tasse* ◇ *a china cup* eine Porzellantasse ◇ *a cup of coffee* eine Tasse Kaffee
2 der *Pokal* (*trophy*) (PL die *Pokale*)

cupboard NOUN
der *Schrank* (PL die *Schränke*)

to **cure** VERB
see also **cure** NOUN
heilen

cure NOUN
see also **cure** VERB
das *Mittel* (PL die *Mittel*) ◇ *There is no simple cure for the common cold.* Es gibt kein einfaches Mittel gegen Schnupfen.

curious ADJECTIVE
neugierig

curly ADJECTIVE
lockig

currant NOUN
die *Korinthe* (*dried fruit*)

currency NOUN
(PL **currencies**)
die *Währung* ◇ *foreign currency* ausländische Währung

current NOUN
see also **current** ADJECTIVE
die *Strömung* ◇ *The current is very strong.* Die Strömung ist sehr stark.

current ADJECTIVE
see also **current** NOUN
aktuell ◇ *the current situation* die aktuelle Lage

current affairs PL NOUN
die *Tagespolitik* SING

curriculum NOUN
(PL **curriculums** or **curricula**)
der *Lehrplan* (PL die *Lehrpläne*)

curriculum vitae NOUN
(PL **curriculum vitaes**)
der *Lebenslauf* (PL die *Lebensläufe*)

curry NOUN
(PL **curries**)
das *Curry* (PL die *Currys*)

curse NOUN
der *Fluch* (*spell*) (PL die *Flüche*)

curtain NOUN
der *Vorhang* (PL die *Vorhänge*)

cushion NOUN
das *Kissen* (PL die *Kissen*)

custard NOUN
die *Vanillesoße* (*for pouring*)

custody NOUN
das *Sorgerecht* (*of child*) ◇ *He got custody of his son.* Er bekam das Sorgerecht für seinen Sohn.
◆ **to be remanded in custody** inhaftiert werden

custom NOUN
der *Brauch* (PL die *Bräuche*) ◇ *It's an old custom.* Es ist ein alter Brauch.

customer NOUN
der *Kunde* (GEN des *Kunden*, PL die *Kunden*)
die *Kundin*

C

customs PL NOUN
der ***Zoll*** (PL die ***Zölle***)

customs officer NOUN
der ***Zollbeamte*** (GEN des ***Zollbeamten***, PL die ***Zollbeamten***)
die ***Zollbeamtin***
◇ *a customs officer* (*man*) ein Zollbeamter

cut NOUN
see also cut VERB
1 die ***Schnittwunde*** ◇ *He's got a cut on his forehead.* Er hat eine Schnittwunde an der Stirn.
2 die ***Senkung*** (*in price*)
3 die ***Kürzung*** (*in spending*)
◆ **a cut and blow-dry** Schneiden und Föhnen

to **cut** VERB
(**cut**, **cut**)
see also cut NOUN
1 ***schneiden*** (IMPERFECT ***schnitt***, PERFECT ***hat geschnitten***) ◇ *I'll cut some bread.* Ich schneide Brot.
◆ **I cut my foot on a piece of glass.** Ich habe mir den Fuß an einer Glasscherbe verletzt.
◆ **to cut oneself** sich schneiden ◇ *Watch you don't cut yourself!* Pass auf, dass du dich nicht schneidest!
2 ***senken*** (*price*)
3 ***kürzen*** (*spending*)
◆ **to cut down** (*tree*) fällen
◆ **The electricity was cut off.** Der Strom wurde abgestellt.
◆ **to cut up** (*vegetables, meat*) kleinschneiden

cutlery NOUN
das ***Besteck*** (Pl die ***Bestecke***)

CV NOUN
der ***Lebenslauf*** (PL die ***Lebensläufe***)

to **cycle** VERB
see also cycle NOUN
Rad fahren ⚠ (PRESENT ***fährt Rad***, IMPERFECT ***fuhr Rad***, PERFECT ***ist Rad gefahren***) ◇ *I like cycling.* Ich fahre gern Rad.
◆ **I cycle to school.** Ich fahre mit dem Rad zur Schule.

cycle NOUN
see also cycle VERB
das ***Fahrrad*** (PL die ***Fahrräder***) ◇ *a cycle ride* eine Fahrradfahrt

cycling NOUN
das ***Radfahren*** ◇ *My hobby is cycling.* Radfahren ist mein Hobby.

cyclist NOUN
der ***Radfahrer*** (PL die ***Radfahrer***)
die ***Radfahrerin***

cylinder NOUN
der ***Zylinder*** (PL die ***Zylinder***)

Cyprus NOUN
Zypern NEUT
◆ **from Cyprus** aus Zypern
◆ **in Cyprus** auf Zypern
◆ **to Cyprus** nach Zypern

Czech ADJECTIVE
see also Czech NOUN
tschechisch
◆ **the Czech Republic** die Tschechische Republik

Czech NOUN
see also Czech ADJECTIVE
1 (*person*)
der ***Tscheche*** (GEN des ***Tschechen***, PL die ***Tschechen***)
die ***Tschechin***
2 (*language*)
das ***Tschechisch*** (GEN des ***Tschechischen***)

D

dad NOUN
der ***Papa*** (PL die ***Papas***) ◇ *his dad* sein Papa ◇ *I'll ask Dad.* Ich werde Papa fragen.
daddy NOUN
der ***Papa*** (PL die ***Papas***) ◇ *my daddy* mein Papa
daffodil NOUN
die ***Osterglocke***
daft ADJECTIVE
verrückt
daily ADJECTIVE, ADVERB
täglich ◇ *It's part of my daily routine.* Es gehört zu meiner täglichen Routine. ◇ *The pool is open daily from nine a.m. to six p.m.* Das Schwimmbad ist täglich von neun bis achtzehn Uhr geöffnet.
dairy NOUN
(PL **dairies**)
die ***Molkerei*** (*company*)
dairy products PL NOUN
die ***Milchprodukte*** NEUT PL
daisy NOUN
(PL **daisies**)
das ***Gänseblümchen*** (PL die ***Gänseblümchen***)
dam NOUN
der ***Damm*** (PL die ***Dämme***)
damage NOUN
see also damage VERB
der ***Schaden*** (PL die ***Schäden***) ◇ *The storm did a lot of damage.* Der Sturm hat viel Schaden angerichtet.
to **damage** VERB
see also damage NOUN
beschädigen (PERFECT ***hat beschädigt***)
damn NOUN
see also damn ADJECTIVE
- **I don't give a damn!** Das ist mir scheißegal! (*informal*)
- **Damn!** Verdammt! (*informal*)

damn ADJECTIVE, ADVERB
see also damn NOUN
- **It's a damn nuisance!** Es ist verdammt ärgerlich! (*informal*)

damp ADJECTIVE
feucht
dance NOUN
see also dance VERB
der ***Tanz*** (PL die ***Tänze***) ◇ *The last dance was a waltz.* Der letzte Tanz war ein Walzer. ◇ *Are you going to the dance tonight?* Gehst du heute Abend zum Tanz?
to **dance** VERB
see also dance NOUN
tanzen
dancer NOUN
der ***Tänzer*** (PL die ***Tänzer***)
die ***Tänzerin***
dancing NOUN
das ***Tanzen***
- **to go dancing** tanzen gehen ◇ *Let's go dancing!* Lass uns tanzen gehen!

dandruff NOUN
die ***Schuppen*** FEM PL
Dane NOUN
der ***Däne*** (GEN des ***Dänen***, PL die ***Dänen***)
die ***Dänin***
danger NOUN
die ***Gefahr***
- **in danger** in Gefahr ◇ *His life is in danger.* Sein Leben ist in Gefahr.
- **I'm in danger of failing maths.** Es könnte durchaus sein, dass ich in Mathe durchfalle.

dangerous ADJECTIVE
gefährlich
Danish ADJECTIVE
see also Danish NOUN
dänisch
Danish NOUN
see also Danish ADJECTIVE
das ***Dänisch*** (*language*) (GEN des ***Dänischen***)
Danube NOUN
die ***Donau***
to **dare** VERB
sich trauen
- **to dare to do something** sich trauen, etwas zu tun ◇ *I didn't dare to tell my parents.* Ich habe mich nicht getraut, es meinen Eltern zu sagen.
- **I dare say it'll be okay.** Ich denke, dass das in Ordnung ist.

daring ADJECTIVE
mutig
dark ADJECTIVE
see also dark NOUN
dunkel ◇ *It's dark.* Es ist dunkel. ◇ *It's getting dark.* Es wird dunkel. ◇ *She's got dark hair.* Sie hat dunkle Haare. ◇ *a dark green sweater* ein dunkelgrüner Pullover
dark NOUN
see also dark ADJECTIVE
die ***Dunkelheit*** ◇ *after dark* nach Einbruch der Dunkelheit
- **in the dark** im Dunkeln
- **I'm afraid of the dark.** Ich habe Angst im Dunkeln.

darkness NOUN
die ***Dunkelheit***
- **The room was in darkness.** Das Zimmer war dunkel.

darling NOUN
der ***Liebling*** (PL die ***Lieblinge***)
der Liebling *is also used for women.*
◇ *Thank you, darling!* Danke, Liebling!
dart NOUN
der ***Pfeil*** (PL die ***Pfeile***)
- **to play darts** Dart spielen

data PL NOUN
die ***Daten*** PL
database NOUN
die ***Datenbank*** (*on computer*) (PL die ***Datenbanken***)

date NOUN
[1] das *Datum* (PL die *Daten*) ◇ *my date of birth* mein Geburtsdatum
◆ **What's the date today?** Der Wievielte ist heute?
◆ **to have a date with somebody** mit jemandem eine Verabredung haben ◇ *She's got a date with Ian tonight.* Sie hat heute Abend eine Verabredung mit Ian.
◆ **out of date (1)** (*passport*) abgelaufen
◆ **out of date (2)** (*technology*) veraltet
◆ **out of date (3)** (*clothes*) altmodisch
[2] die *Dattel* (*fruit*)

daughter NOUN
die *Tochter* (PL die *Töchter*)

daughter-in-law NOUN
(PL **daughters-in-law**)
die *Schwiegertochter* (PL die *Schwiegertöchter*)

dawn NOUN
das *Morgengrauen* ◇ *at dawn* im Morgengrauen

day NOUN
der *Tag* (PL die *Tage*) ◇ *We stayed in Vienna for three days.* Wir sind drei Tage in Wien geblieben. ◇ *I stayed at home all day.* Ich war den ganzen Tag zu Hause.
◆ **every day** jeden Tag
◆ **during the day** tagsüber
◆ **the day before** der Tag davor ◇ *the day before my birthday* der Tag vor meinem Geburtstag
◆ **the day after** der Tag danach ◇ *the day after my birthday* der Tag nach meinem Geburtstag
◆ **the day before yesterday** vorgestern ◇ *He arrived the day before yesterday.* Er ist vorgestern angekommen.
◆ **the day after tomorrow** übermorgen ◇ *We're leaving the day after tomorrow.* Wir fahren übermorgen ab.

daylight saving time NOUN
die *Sommerzeit*

dead ADJECTIVE, ADVERB
[1] *tot* ◇ *He was already dead when the doctor came.* Er war schon tot, als der Arzt kam.
◆ **He was shot dead.** Er wurde erschossen.
[2] *völlig* (*totally*) ◇ *You're dead right!* Du hast völlig recht!
◆ **dead on time** ganz pünktlich ◇ *The train arrived dead on time.* Der Zug kam ganz pünktlich an.

dead end NOUN
die *Sackgasse*

deadline NOUN
der *Termin* (PL die *Termine*) ◇ *We'll never meet the deadline.* Den Termin schaffen wir nie.

deaf ADJECTIVE
taub

deafening ADJECTIVE
ohrenbetäubend

deal NOUN
see also deal VERB
das *Geschäft* (PL die *Geschäfte*)
◆ **It's a deal!** Abgemacht!
◆ **a great deal** viel ◇ *a great deal of money* viel Geld

to **deal** VERB
(**dealt**, **dealt**)
see also deal NOUN
geben (*cards*) (PRESENT *gibt*, IMPERFECT *gab*, PERFECT *hat gegeben*) ◇ *It's your turn to deal.* Du gibst!
◆ **to deal with something** sich um etwas kümmern ◇ *He promised to deal with it immediately.* Er versprach, sich sofort darum zu kümmern.

dear ADJECTIVE
[1] *lieb*
◆ **Dear Mrs Sinclair (1)** Liebe Frau Sinclair
◆ **Dear Mrs Sinclair (2)** (*more formal*) Sehr geehrte Frau Sinclair
◆ **Dear Sir/Madam** (*in a circular*) Sehr geehrte Damen und Herren
[2] *teuer* (*expensive*)

death NOUN
der *Tod* (PL die *Tode*) ◇ *after her death* nach ihrem Tod ◇ *I was bored to death.* Ich habe mich zu Tode gelangweilt.

debate NOUN
see also debate VERB
die *Debatte*

to **debate** VERB
see also debate NOUN
debattieren (PERFECT *hat debattiert*) ◇ *We debated the issue of capital punishment.* Wir haben die Frage der Todesstrafe debattiert.

debt NOUN
die *Schulden* FEM PL ◇ *He's got a lot of debts.* Er hat viel Schulden.
◆ **to be in debt** verschuldet sein

decade NOUN
das *Jahrzehnt* (PL die *Jahrzehnte*)

decaffeinated ADJECTIVE
entkoffeiniert

to **deceive** VERB
täuschen

December NOUN
der *Dezember* ◇ *in December* im Dezember

decent ADJECTIVE
ordentlich ◇ *a decent education* eine ordentliche Ausbildung

to **decide** VERB
[1] *beschließen* (IMPERFECT *beschloss*, PERFECT *hat beschlossen*) ◇ *I decided to write to her.* Ich habe beschlossen, ihr zu schreiben. ◇ *I decided not to go.* Ich habe beschlossen, nicht hinzugehen.
[2] *sich entscheiden* (IMPERFECT *entschied sich*, PERFECT *hat sich entschieden*) ◇ *I can't decide.* Ich kann mich nicht entscheiden. ◇ *Haven't you decided yet?* Hast du dich noch nicht entschieden?

decimal ADJECTIVE
dezimal ◇ *the decimal system* das Dezimalsystem

decision NOUN
die *Entscheidung* ◇ *to make a decision* eine Entscheidung treffen

decisive ADJECTIVE
entschlossen (*person*)

deck NOUN
1 das *Deck* (*of ship*) (PL die *Decks*) ◇ *on deck* an Deck
2 das *Spiel* (*of cards*) (PL die *Spiele*)

deckchair NOUN
der *Liegestuhl* (PL die *Liegestühle*)

to **declare** VERB
erklären (PERFECT *hat erklärt*)

to **decorate** VERB
1 *dekorieren* (PERFECT *hat dekoriert*) ◇ *I decorated the cake with glacé cherries.* Ich habe den Kuchen mit glasierten Kirschen dekoriert.
2 *streichen* (*paint*) (IMPERFECT *strich*, PERFECT *hat gestrichen*)
3 *tapezieren* (*wallpaper*) (PERFECT *hat tapeziert*)

decrease NOUN
see also decrease VERB
die *Abnahme* ◇ *a decrease in the number of unemployed people* eine Abnahme der Arbeitslosenzahl

to **decrease** VERB
see also decrease NOUN
abnehmen (PRESENT *nimmt ab*, IMPERFECT *nahm ab*, PERFECT *hat abgenommen*)

dedicated ADJECTIVE
engagiert ◇ *a very dedicated teacher* ein sehr engagierter Lehrer

to **deduct** VERB
abziehen (IMPERFECT *zog ab*, PERFECT *hat abgezogen*)

deep ADJECTIVE
tief (*water, hole, cut*) ◇ *How deep is the lake?* Wie tief ist der See? ◇ *a hole four metres deep* ein vier Meter tiefes Loch ◇ *He's got a deep voice.* Er hat eine tiefe Stimme.
◆ **to take a deep breath** tief einatmen
◆ **The snow was really deep.** Es lag sehr viel Schnee.

deeply ADVERB
zutiefst (*depressed*)

deer NOUN
das *Reh* (PL die *Rehe*)

defeat NOUN
see also defeat VERB
die *Niederlage*

to **defeat** VERB
see also defeat NOUN
besiegen (PERFECT *hat besiegt*)

defect NOUN
der *Defekt* (PL die *Defekte*)

defence NOUN
die *Verteidigung*

to **defend** VERB
verteidigen (PERFECT *hat verteidigt*)

defender NOUN
der *Verteidiger* (PL die *Verteidiger*)
die *Verteidigerin*

to **define** VERB
definieren (PERFECT *hat definiert*)

definite ADJECTIVE
1 *genau* ◇ *I haven't got any definite plans.* Ich habe noch keine genauen Pläne.
2 *eindeutig* ◇ *It's a definite improvement.* Es ist eine eindeutige Verbesserung.
3 *sicher* ◇ *Perhaps we'll go to Spain, but it's not definite.* Vielleicht fahren wir nach Spanien, aber es ist noch nicht sicher.
◆ **He was definite about it.** Er war sich sehr sicher.

definitely ADVERB
eindeutig ◇ *He's definitely the best player.* Er ist eindeutig der beste Spieler.
◆ **He's the best player. – Definitely!** Er ist der beste Spieler. – Absolut!
◆ **I definitely think he'll come.** Ich bin sicher, dass er kommt.

definition NOUN
die *Definition*

degree NOUN
1 der *Grad* (PL die *Grade*) ◇ *a temperature of thirty degrees* eine Temperatur von dreißig Grad
2 der *Universitätsabschluss* ⚠ (GEN des *Universitätsabschlusses*, PL die *Universitätsabschlüsse*) ◇ *a degree in English* ein Universitätsabschluss in Englisch

to **delay** VERB
see also delay NOUN
verschieben (IMPERFECT *verschob*, PERFECT *hat verschoben*) ◇ *We decided to delay our departure.* Wir haben beschlossen, unsere Abreise zu verschieben.
◆ **to be delayed** Verspätung haben ◇ *Our flight was delayed.* Unser Flug hatte Verspätung.

delay NOUN
see also delay VERB
die *Verzögerung*
◆ **without delay** unverzüglich

to **delete** VERB
löschen (*on computer, tape*)

deliberate ADJECTIVE
absichtlich

deliberately ADVERB
absichtlich ◇ *She did it deliberately.* Sie hat es absichtlich getan.

delicate ADJECTIVE
1 *zierlich* ◇ *She has very delicate hands.* Sie hat sehr zierliche Hände.
2 *zerbrechlich* (*object*) ◇ *That vase is very delicate.* Die Vase ist sehr zerbrechlich.
3 *anfällig* (*often ill*) ◇ *She's a very delicate child.* Sie ist ein sehr anfälliges Kind.
4 *heikel* (*situation*) ◇ *The situation is rather delicate.* Die Lage ist ziemlich heikel.

delicatessen SING NOUN
das *Feinkostgeschäft* (PL die

D

Feinkostgeschäfte)
delicious ADJECTIVE
köstlich
delighted ADJECTIVE
hocherfreut ◇ *He'll be delighted to see you.* Er wird hocherfreut sein, dich zu sehen.
delightful ADJECTIVE
wunderbar (*meal, evening*)
to **deliver** VERB
[1] *austragen* (PRESENT *trägt aus*, IMPERFECT *trug aus*, PERFECT *hat ausgetraten*) ◇ *I deliver newspapers.* Ich trage Zeitungen aus.
[2] *ausliefern* (*mail*) (PERFECT *hat ausgeliefert*)
delivery NOUN
(PL **deliveries**)
die *Lieferung*
to **demand** VERB
see also demand NOUN
fordern
demand NOUN
see also demand VERB
die *Nachfrage* (*for product*)
demanding ADJECTIVE
anspruchsvoll ◇ *It's a very demanding job.* Es ist eine sehr anspruchsvolle Arbeit.
demo NOUN
(PL **demos**)
die *Demo* (*protest*) (PL die *Demos*)
democracy NOUN
die *Demokratie*
democratic ADJECTIVE
demokratisch
to **demolish** VERB
abreißen (*building*) (IMPERFECT *riss ab*, PERFECT *hat abgerissen*)
to **demonstrate** VERB
[1] *vorführen* (*show*) (PERFECT *hat vorgeführt*) ◇ *She demonstrated the technique.* Sie hat die Methode vorgeführt.
[2] *demonstrieren* (*protest*) (PERFECT *hat demonstriert*) ◇ *to demonstrate against something* gegen etwas demonstrieren
demonstration NOUN
[1] die *Vorführung* (*of method, technique*)
[2] die *Demonstration* (*protest*)
demonstrator NOUN
(*protester*)
der *Demonstrant* (GEN des *Demonstranten*, PL die *Demonstranten*)
die *Demonstrantin*
denim NOUN
der *Jeansstoff*
◆ **a denim jacket** eine Jeansjacke
denims PL NOUN
die *Jeans* PL (*jeans*) ◇ *a pair of denims* eine Jeans
Denmark NOUN
Dänemark NEUT
◆ **from Denmark** aus Dänemark
◆ **to Denmark** nach Dänemark
dense ADJECTIVE
[1] *dicht* (*crowd, fog*)
[2] *dick* (*smoke*)
◆ **He's so dense!** Er ist furchtbar blöd! (*informal*)
dent NOUN
see also dent VERB
die *Delle*
to **dent** VERB
see also dent NOUN
eindellen (PERFECT *hat eingedellt*)
dental ADJECTIVE
◆ **dental treatment** die Zahnbehandlung
◆ **dental floss** die Zahnseide
◆ **dental surgeon** der Zahnarzt
dentist NOUN
der *Zahnarzt* (PL die *Zahnärzte*)
die *Zahnärztin*
◇ *Catherine is a dentist.* Catherine ist Zahnärztin.
to **deny** VERB
(**denied**)
leugnen ◇ *She denied everything.* Sie hat alles geleugnet.
deodorant NOUN
das *Deo* (PL die *Deos*)
to **depart** VERB
[1] *abreisen* (*person*) (PERFECT *ist abgereist*)
[2] *abfahren* (*train*) (PRESENT *fährt ab*, IMPERFECT *fuhr ab*, PERFECT *ist abgefahren*)
department NOUN
[1] die *Abteilung* (*in shop*) ◇ *the shoe department* die Schuhabteilung
[2] der *Fachbereich* (*university, school*) (PL die *Fachbereiche*) ◇ *the English department* der Fachbereich Englisch
department store NOUN
das *Kaufhaus* (GEN des *Kaufhauses*, PL die *Kaufhäuser*)
departure NOUN
die *Abfahrt*
to **depend** VERB
◆ **to depend on** abhängen von ◇ *The price depends on the quality.* Der Preis hängt von der Qualität ab.
◆ **depending on the weather** je nach Wetterlage
◆ **It depends.** Das kommt drauf an.
to **deport** VERB
abschieben (IMPERFECT *schob ab*, PERFECT *hat abgeschoben*)
deposit NOUN
[1] die *Anzahlung* (*part payment*) ◇ *You have to pay a deposit when you book.* Sie müssen eine Anzahlung leisten, wenn Sie buchen.
[2] die *Kaution* (*when hiring something*) ◇ *You get the deposit back when you return the bike.* Sie bekommen die Kaution zurück, wenn Sie das Fahrrad zurückbringen.
[3] das *Pfand* (*on bottle*) (PL die *Pfänder*)
depressed ADJECTIVE
deprimiert ◇ *I'm feeling depressed.* Ich bin deprimiert.
depressing ADJECTIVE

deprimierend
depth NOUN
die *Tiefe*
deputy head NOUN
der *Konrektor* (PL die *Konrektoren*)
die *Konrektorin*
to **descend** VERB
hinuntersteigen (IMPERFECT *stieg hinunter*, PERFECT *ist hinuntergestiegen*)
to **describe** VERB
beschreiben (IMPERFECT *beschrieb*, PERFECT *hat beschrieben*)
description NOUN
die *Beschreibung*
desert NOUN
die *Wüste*
desert island NOUN
die *einsame Insel*
to **deserve** VERB
verdienen (PERFECT *hat verdient*) ◇ *He deserves a holiday.* Er hat einen Urlaub verdient.
◆ **She deserves to be punished.** Sie gehört bestraft.
design NOUN
see also design VERB
[1] das *Design* (PL die *Designs*) ◇ *fashion design* das Modedesign
◆ **It's a completely new design.** Es ist eine völlig neue Konstruktion.
[2] das *Muster* (*pattern*) (PL die *Muster*) ◇ *a geometric design* ein geometrisches Muster
to **design** VERB
see also design NOUN
entwerfen (*clothes, furniture*) (PRESENT *entwirft*, IMPERFECT *entwarf*, PERFECT *hat entworfen*)
designer NOUN
(*of clothes*)
der *Modeschöpfer* (PL die *Modeschöpfer*)
die *Modeschöpferin*
◆ **designer clothes** die Designerkleidung SING
desire NOUN
see also desire VERB
das *Verlangen* (PL die *Verlangen*)
to **desire** VERB
see also desire NOUN
wünschen ◇ *if desired* falls gewünscht
desk NOUN
[1] der *Schreibtisch* (*in office*) (PL die *Schreibtische*)
[2] die *Bank* (*in school*) (PL die *Bänke*)
[3] die *Rezeption* (*in hotel*)
[4] der *Schalter* (*at airport*) (PL die *Schalter*)
despair NOUN
die *Verzweiflung*
◆ **I was in despair.** Ich war verzweifelt.
desperate ADJECTIVE
verzweifelt ◇ *a desperate situation* eine verzweifelte Lage
◆ **to get desperate** fast verzweifeln ◇ *I was getting desperate.* Ich bin fast verzweifelt.
◆ **I'm desperate for a drink.** Ich brauche dringend etwas zu trinken.
to **despise** VERB
verachten (PERFECT *hat verachtet*)
despite PREPOSITION
trotz ◇ *despite the bad weather* trotz des schlechten Wetters
dessert NOUN
der *Nachtisch* ◇ *for dessert* zum Nachtisch
destination NOUN
das *Ziel* (PL die *Ziele*)
to **destroy** VERB
zerstören (PERFECT *hat zerstört*)
destruction NOUN
die *Zerstörung*
detached house NOUN
das *Einzelhaus* (GEN des *Einzelhauses*, PL die *Einzelhäuser*)
detail NOUN
das *Detail* (PL die *Details*)
◆ **in detail** ganz genau
detailed ADJECTIVE
ausführlich
detective NOUN
der *Detektiv* (PL die *Detektive*)
die *Detektivin*
◆ **a private detective** ein Privatdetektiv
◆ **a detective story** eine Detektivgeschichte
detention NOUN
◆ **to get a detention** nachsitzen müssen ◇ *He got a detention for smoking.* Er musste nachsitzen, weil er geraucht hatte.
detergent NOUN
das *Waschmittel* (PL die *Waschmittel*)
determined ADJECTIVE
entschlossen
◆ **to be determined to do something** entschlossen sein, etwas zu tun ◇ *She's determined to marry him.* Sie ist entschlossen, ihn zu heiraten.
detour NOUN
der *Umweg* (PL die *Umwege*)
devaluation NOUN
die *Abwertung*
devastated ADJECTIVE
am Boden zerstört ◇ *I was devastated.* Ich war am Boden zerstört.
devastating ADJECTIVE
[1] *erschütternd* (*upsetting*)
[2] *verheerend* (*flood, storm*)
to **develop** VERB
[1] *entwickeln* (PERFECT *hat entwickelt*) ◇ *to get a film developed* einen Film entwickeln lassen
[2] *sich entwickeln* (PERFECT *hat sich entwickelt*) ◇ *Girls develop faster than boys.* Mädchen entwickeln sich schneller als Jungen. ◇ *The argument developed into a fight.* Der Streit entwickelte sich zu einer Schlägerei.
◆ **developing country** das Entwicklungsland
development NOUN
die *Entwicklung* ◇ *the latest developments* die neuesten Entwicklungen
devil NOUN

der *Teufel* (PL die *Teufel*) ◇ *Poor devil!* Armer Teufel!

to **devise** VERB
sich ausdenken (IMPERFECT *dachte sich aus*, PERFECT *hat sich ausgedacht*) ◇ *We have devised a way to help him.* Wir haben uns etwas ausgedacht, um ihm zu helfen.

devoted ADJECTIVE
◆ **He's completely devoted to her.** Er liebt sie über alles.

diabetes NOUN
der *Zucker* ◇ *She's got diabetes.* Sie hat Zucker.

diabetic NOUN
der *Zuckerkranke* (GEN des *Zuckerkranken*, PL die *Zuckerkranken*)
die *Zuckerkranke* (GEN der *Zuckerkranken*)
◆ **I'm a diabetic.** Ich habe Zucker.

diagonal ADJECTIVE
diagonal

diagram NOUN
das *Diagramm* (PL die *Diagramme*)

to **dial** VERB
wählen (*number*)
◆ **He dialled the wrong number.** Er hat sich verwählt.

dialling tone NOUN
das *Amtszeichen* (PL die *Amtszeichen*)

dialogue NOUN
der *Dialog* (PL die *Dialoge*)

diamond NOUN
der *Diamant* (GEN des *Diamanten*, PL die *Diamanten*) ◇ *a diamond ring* ein Diamantring MASC
◆ **diamonds** (*in cards*) das Karo ◇ *the ace of diamonds* das Karoass

diaper NOUN
die *Windel*

diarrhoea NOUN
der *Durchfall* (PL die *Durchfälle*) ◇ *I've got diarrhoea.* Ich habe Durchfall.

diary NOUN
(PL **diaries**)
1 der *Kalender* (PL die *Kalender*) ◇ *I've got her phone number in my diary.* Ich habe ihre Telefonnummer in meinem Kalender.
2 das *Tagebuch* (PL die *Tagebücher*) ◇ *I keep a diary.* Ich führe ein Tagebuch.

dice NOUN
der *Würfel* (PL die *Würfel*)

dictation NOUN
das *Diktat* (PL die *Diktate*)

dictionary NOUN
(PL **dictionaries**)
das *Wörterbuch* (PL die *Wörterbücher*)

did VERB *see* **do**

to **die** VERB
sterben (PRESENT *stirbt*, IMPERFECT *starb*, PERFECT *ist gestorben*) ◇ *She's dying.* Sie stirbt. ◇ *He died last year.* Er ist letztes Jahr gestorben.
◆ **to be dying to do something** es kaum erwarten können, etwas zu tun ◇ *I'm dying to see you.* Ich kann es kaum erwarten, dich zu sehen.

diesel NOUN
1 das *Diesel* (*fuel*) ◇ *Thirty litres of diesel, please.* Dreißig Liter Diesel, bitte.
2 der *Diesel* (*car*) (PL die *Diesel*) ◇ *Our car's a diesel.* Unser Auto ist ein Diesel.

diet NOUN
1 die *Nahrung* ◇ *a healthy diet* gesunde Nahrung
2 die *Diät* (*for slimming*)
◆ **I'm on a diet.** Ich mache eine Diät.

difference NOUN
der *Unterschied* (PL die *Unterschiede*) ◇ *There's not much difference in age between us.* Es besteht kein großer Altersunterschied zwischen uns.
◆ **It makes no difference.** Das ist egal.

different ADJECTIVE
verschieden ◇ *We are very different.* Wir sind sehr verschieden.
◆ **Berlin is different from London.** Berlin ist anders als London.

difficult ADJECTIVE
schwierig ◇ *It's difficult to choose.* Es ist schwierig, sich zu entscheiden.

difficulty NOUN
(PL **difficulties**)
die *Schwierigkeit* ◇ *to have difficulty doing something* Schwierigkeiten haben, etwas zu tun
◆ **without difficulty** problemlos

to **dig** VERB
(**dug**, **dug**)
1 *graben* (*hole*) (PRESENT *gräbt*, IMPERFECT *grub*, PERFECT *hat gegraben*)
2 *umgraben* (*garden*) (PERFECT *hat umgegraben*)
◆ **to dig something up** etwas ausgraben

digestion NOUN
die *Verdauung*

digital watch NOUN
(PL **digital watches**)
die *Digitaluhr*

dim ADJECTIVE
1 *schwach* (*light*)
2 *beschränkt* (*stupid*)

dimension NOUN
das *Maß* (*measurement*) (GEN des *Maßes*, PL die *Maße*)

to **diminish** VERB
abnehmen (PRESENT *nimmt ab*, IMPERFECT *nahm ab*, PERFECT *hat abgenommen*)

din NOUN
der *Krach* (PL die *Kräche*)

diner NOUN
die *Gaststätte*

dinghy NOUN
(PL **dinghies**)
◆ **a rubber dinghy** ein Gummiboot NEUT
◆ **a sailing dinghy** ein Segelboot NEUT

dining car NOUN
der *Speisewagen* (PL die *Speisewagen*)

dining room NOUN
das *Esszimmer* ⚠ (PL die *Esszimmer*)

dinner NOUN
1 das *Mittagessen* (*at midday*) (PL die *Mittagessen*)
2 das *Abendessen* (*in the evening*) (PL die *Abendessen*)

dinner party NOUN
(PL **dinner parties**)
die *Abendgesellschaft*
- **We're having a dinner party on Saturday.** Wir haben am Samstag Leute zum Essen eingeladen.

dinner time NOUN
die *Essenszeit*

dinosaur NOUN
der *Dinosaurier* (PL die *Dinosaurier*)

diploma NOUN
das *Diplom* (PL die *Diplome*)
- **She has a diploma in social work.** Sie hat Sozialarbeiterin gelernt.

diplomat NOUN
der *Diplomat* (GEN des *Diplomaten*, PL die *Diplomaten*)
die *Diplomatin*

diplomatic ADJECTIVE
diplomatisch

direct ADJECTIVE, ADVERB
see also direct VERB
direkt ◇ *the most direct route* der direkteste Weg ◇ *You can't fly to Stuttgart direct from Glasgow.* Sie können von Glasgow nicht direkt nach Stuttgart fliegen.

to **direct** VERB
see also direct ADJECTIVE
Regie führen bei (*film, play*) ◇ *Who directed the film?* Wer hat bei dem Film Regie geführt?

direction NOUN
die *Richtung* ◇ *We're going in the wrong direction.* Wir fahren in die falsche Richtung.
- **to ask somebody for directions** jemanden nach dem Weg fragen

director NOUN
1 (*of company*)
der *Direktor* (PL die *Direktoren*)
die *Direktorin*
2 (*of play, film*)
der *Regisseur* (PL die *Regisseure*)
die *Regisseurin*
3 (*of programme*)
der *Leiter* (PL die *Leiter*)
die *Leiterin*

directory NOUN
(PL **directories**)
1 das *Verzeichnis* (GEN des *Verzeichnisses*, PL die *Verzeichnisse*) ◇ *file directory* das Dateiverzeichnis
2 das *Telefonbuch* (*telephone book*) (PL die *Telefonbücher*)

dirt NOUN
der *Schmutz*

dirty ADJECTIVE
schmutzig ◇ *to get dirty* sich schmutzig machen ◇ *to get something dirty* etwas schmutzig machen ◇ *a dirty joke* ein schmutziger Witz

disabled ADJECTIVE
behindert
- **the disabled** die Behinderten MASC PL

disadvantage NOUN
der *Nachteil* (PL die *Nachteile*)

to **disagree** VERB
- **We always disagree.** Wir sind nie einer Meinung.
- **I disagree!** Ich bin anderer Meinung.
- **He disagreed with me.** Er war anderer Meinung als ich.

disagreement NOUN
die *Meinungsverschiedenheit*

to **disappear** VERB
verschwinden (IMPERFECT *verschwand*, PERFECT *ist verschwunden*)

disappearance NOUN
das *Verschwinden*

disappointed ADJECTIVE
enttäuscht

disappointing ADJECTIVE
enttäuschend

disappointment NOUN
die *Enttäuschung*

disaster NOUN
die *Katastrophe*

disastrous ADJECTIVE
katastrophal

discipline NOUN
die *Disziplin*

disc jockey NOUN
der *Diskjockey* (PL die *Diskjockeys*)

disco NOUN
(PL **discos**)
die *Disko* (PL die *Diskos*) ◇ *There's a disco at the school tonight.* Heute Abend gibt es in der Schule eine Disko.

to **disconnect** VERB
1 *ausstecken* (*electrical equipment*) (PERFECT *hat ausgesteckt*)
2 *abstellen* (*telephone, water supply*) (PERFECT *hat abgestellt*)

discount NOUN
der *Rabatt* (PL die *Rabatte*) ◇ *a discount of twenty per cent* zwanzig Prozent Rabatt
- **a discount for students** eine Studentenermäßigung

to **discourage** VERB
entmutigen (PERFECT *hat entmutigt*)
- **to get discouraged** sich entmutigen lassen ◇ *Don't get discouraged!* Lass dich nicht entmutigen!

to **discover** VERB
entdecken (PERFECT *hat entdeckt*)

discrimination NOUN
die *Diskriminierung* ◇ *racial discrimination* die Rassendiskriminierung

to **discuss** VERB
1 *besprechen* (PRESENT *bespricht*, IMPERFECT *besprach*, PERFECT *hat besprochen*) ◇ *I'll discuss it with my parents.* Ich werde es mit

D

meinen Eltern besprechen.
[2] *diskutieren über* +ACC (*topic*) (PERFECT *hat diskutiert*) ◇ *We discussed the problem of pollution.* Wir haben über das Problem der Umweltverschmutzung diskutiert.

discussion NOUN
die *Diskussion*

disease NOUN
die *Krankheit*

disgraceful ADJECTIVE
schändlich

to **disguise** VERB
verkleiden (PERFECT *hat verkleidet*) ◇ *He was disguised as a policeman.* Er war als Polizist verkleidet.

disgusted ADJECTIVE
angewidert ◇ *I was absolutely disgusted.* Ich war total angewidert.

disgusting ADJECTIVE
[1] *widerlich* (*food, smell*) ◇ *It looks disgusting.* Es sieht widerlich aus.
[2] *abscheulich* (*disgraceful*) ◇ *That's disgusting!* Das ist abscheulich!

dish NOUN
(PL **dishes**)
[1] die *Schüssel* ◇ *a china dish* eine Porzellanschüssel
◆ **the dishes** das Geschirr SING
◆ **to do the dishes** abwaschen ◇ *He never does the dishes.* Er wäscht nie ab.
[2] das *Gericht* (*food*) (PL die *Gerichte*) ◇ *a vegetarian dish* ein vegetarisches Gericht

dishonest ADJECTIVE
unehrlich

dish towel NOUN
das *Geschirrtuch* (PL die *Geschirrtücher*)

dishwasher NOUN
die *Geschirrspülmaschine*

disinfectant NOUN
das *Desinfektionsmittel* (PL die *Desinfektionsmittel*)

disk NOUN
die *Platte*
◆ **the hard disk** die Festplatte
◆ **a floppy disk** eine Diskette

to **dislike** VERB
see also dislike NOUN
nicht mögen (PRESENT *mag nicht*, IMPERFECT *mochte nicht*, PERFECT *hat nicht gemocht*)
◇ *I've always disliked cabbage.* Kohl habe ich noch nie gemocht.

dislike NOUN
see also dislike VERB
◆ **my likes and dislikes** was ich mag und nicht mag

to **dismiss** VERB
entlassen (*employee*) (PRESENT *entlässt*, IMPERFECT *entließ*, PERFECT *hat entlassen*)

disobedient ADJECTIVE
ungehorsam

display NOUN
see also display VERB
die *Auslage* (*of goods*)
◆ **to be on display** ausgestellt sein ◇ *Her best paintings were on display.* Ihre besten Bilder waren ausgestellt.
◆ **a firework display** ein Feuerwerk NEUT

to **display** VERB
see also display NOUN
[1] *zeigen* ◇ *She proudly displayed her medal.* Sie zeigte stolz ihre Medaille.
[2] *ausstellen* (*in shop window*) (PERFECT *hat ausgestellt*) ◇ *The fruit displayed in the shop window...* Das Obst, das im Schaufenster ausgestellt war...

disposable ADJECTIVE
zum Wegwerfen
◆ **disposable nappies** die Wegwerfwindeln FEM PL

to **disqualify** VERB
(**disqualified**)
disqualifizieren (PERFECT *hat disqualifiziert*)
◆ **to be disqualified** disqualifiziert werden ◇ *He was disqualified.* Er wurde disqualifiziert.

to **disrupt** VERB
[1] *stören* ◇ *Protesters disrupted the meeting.* Protestierende haben die Versammlung gestört.
[2] *unterbrechen* (*service*) (PRESENT *unterbricht*, IMPERFECT *unterbrach*, PERFECT *hat unterbrochen*) ◇ *Train services are being disrupted by the strike.* Der Zugverkehr wird vom Streik unterbrochen.

dissatisfied ADJECTIVE
unzufrieden ◇ *We were dissatisfied with the service.* Wir waren mit dem Service unzufrieden.

to **dissolve** VERB
[1] *auflösen* (PERFECT *hat aufgelöst*) ◇ *We dissolved the crystals in an acid solution.* Wir lösten die Kristalle in einer Säurelösung auf.
[2] *sich auflösen* ◇ *Sugar dissolves quickly in hot tea.* Zucker löst sich in heißem Tee schnell auf.

distance NOUN
die *Entfernung* ◇ *a distance of forty kilometres* eine Entfernung von vierzig Kilometern
◆ **It's within walking distance.** Man kann zu Fuß hingehen.
◆ **in the distance** in der Ferne

distant ADJECTIVE
weit ◇ *in the distant future* in weiter Zukunft

distillery NOUN
(PL **distilleries**)
die *Brennerei* ◇ *a whisky distillery* eine Whiskybrennerei

distinction NOUN
[1] die *Unterscheidung* ◇ *to make a distinction between...* unterscheiden zwischen...
[2] die *Auszeichnung* ◇ *I got a distinction in my piano exam.* Ich habe meine Klavierprüfung mit Auszeichnung bestanden.

distinctive ADJECTIVE
auffällig

to **distract** VERB
ablenken (PERFECT *hat abgelenkt*)

to **distribute** VERB
verteilen (PERFECT *hat verteilt*)

district NOUN
1 das *Viertel* (*of town*) (PL die *Viertel*)
2 die *Gegend* (*of country*)

to **disturb** VERB
stören
◆ **I'm sorry to disturb you.** Verzeihen Sie die Störung.

ditch NOUN
(PL **ditches**)
see also ditch VERB
der *Graben* (PL die *Gräben*)

to **ditch** VERB
see also ditch NOUN
Schluss machen mit (*informal*) ◇ *She's just ditched her boyfriend.* Sie hat gerade mit ihrem Freund Schluss gemacht.

dive NOUN
see also dive VERB
der *Kopfsprung* (PL die *Kopfsprünge*)

to **dive** VERB
see also dive NOUN
1 *tauchen* (*under water*) ◇ *They are diving for pearls.* Sie tauchen nach Perlen.
2 *einen Kopfsprung machen* (*into water*) ◇ *She dived into the water.* Sie machte einen Kopfsprung ins Wasser.

diver NOUN
(*with breathing apparatus*)
der *Taucher* (PL die *Taucher*)
die *Taucherin*

diversion NOUN
die *Umleitung* (*for traffic*)

to **divide** VERB
1 *teilen* ◇ *Divide the pastry in half.* Teilen Sie den Teig in zwei Teile. ◇ *Twelve divided by three is four.* Zwölf geteilt durch drei macht vier.
2 *sich aufteilen* (PERFECT *hat sich aufgeteilt*) ◇ *We divided into two groups.* Wir haben uns in zwei Gruppen aufgeteilt.

diving NOUN
1 das *Tauchen* (*under water*)
2 das *Springen* (*into water*)
◆ **diving board** das Sprungbrett

division NOUN
1 das *Teilen* ◇ *I'm not very good at division.* Im Teilen bin ich nicht sehr gut.
◆ **the division of labour** die Arbeitsteilung
2 die *Liga* (*in football*) (PL die *Ligen*)

divorce NOUN
die *Scheidung*

divorced ADJECTIVE
geschieden ◇ *My parents are divorced.* Meine Eltern sind geschieden.

DIY NOUN (= *do-it-yourself*)
das *Heimwerken*
◆ **to do DIY** Heimwerker sein
◆ **a DIY shop** ein Geschäft für Heimwerker
◆ **DIY superstore** der Baumarkt

dizzy ADJECTIVE
◆ **I feel dizzy.** Mir ist schwindlig.

DJ NOUN (= *disc jockey*)
der *Diskjockey* (PL die *Diskjockeys*)

to **do** VERB
(**does**, **did**, **done**)
1 *machen* ◇ *What are you doing this evening?* Was macht ihr heute Abend? ◇ *I haven't done my homework.* Ich habe meine Hausaufgaben noch nicht gemacht. ◇ *She did it by herself.* Sie hat es allein gemacht.
2 *tun* (IMPERFECT *tat*, PERFECT *hat getan*) ◇ *What shall I do?* Was soll ich tun? ◇ *I'll do my best.* Ich werde mein Bestes tun. ◇ *I'll tell you what to do.* Ich sage dir, was du tun sollst.
In combination with certain nouns and verbs do *is not translated.*
◇ *I do a lot of cycling.* Ich fahre viel Rad.
◇ *She was doing her knitting.* Sie strickte.
◇ *to do the ironing* bügeln
◆ **to do well** erfolgreich sein ◇ *The firm is doing well.* Die Firma ist sehr erfolgreich.
◆ **She's doing well at school.** Sie ist gut in der Schule.
3 *reichen* (*be enough*) ◇ *It's not very good, but it'll do.* Es ist nicht besonders gut, aber es wird reichen. ◇ *That'll do, thanks.* Danke, das reicht.
In English do *is used to make questions. In German, questions are expressed by reversing the order of verb and subject.*
◇ *Do you like German food?* Magst du deutsches Essen? ◇ *Where does he live?* Wo wohnt er? ◇ *Do you speak English?* Sprechen Sie Englisch? ◇ *What do you do in your free time?* Was machen Sie in Ihrer Freizeit? ◇ *Where did you go for your holidays?* Wohin seid ihr in den Ferien gefahren?
Use **nicht** *in negative sentences for* don't.
◇ *I don't understand.* Ich verstehe nicht.
◇ *Why didn't you come?* Warum bist du nicht gekommen?
do *is not translated when it is used in place of another verb.*
◇ *I hate maths. – So do I.* Ich hasse Mathe. – Ich auch. ◇ *I didn't like the film. – Neither did I.* Ich mochte den Film nicht. – Ich auch nicht. ◇ *Do you like horses? – No, I don't.* Magst du Pferde? – Nein.
Questions like "doesn't it?" don't exist in German.
◇ *The bus stops at the youth hostel, doesn't it?* Der Bus hält an der Jugendherberge, nicht wahr? ◇ *You go swimming on Fridays, don't you?* Du gehst freitags schwimmen, nicht wahr?
◆ **How do you do?** Guten Tag!
◆ **to do up (1)** (*shoes, shirt, cardigan*) zumachen ◇ *Do up your shoes!* Mach deine Schuhe zu!
◆ **to do up (2)** (*renovate*) renovieren ◇ *They're doing up an old cottage.* Sie renovieren ein altes Haus.
◆ **to do without** ohne etwas auskommen ◇ *I*

couldn't do without my computer. Ich käme nicht ohne meinen Computer aus.

dock NOUN
das *Dock* (*for ships*) (PL die *Docks*)

doctor NOUN
der *Arzt* (PL die *Ärzte*)
die *Ärztin*
◇ *She's a doctor.* Sie ist Ärztin. ◇ *She'd like to be a doctor.* Sie möchte gerne Ärztin werden.

document NOUN
das *Dokument* (PL die *Dokumente*)

documentary NOUN
(PL **documentaries**)
der *Dokumentarfilm* (PL die *Dokumentarfilme*)

to **dodge** VERB
ausweichen (*attacker*) (IMPERFECT *wich aus*, PERFECT *ist ausgewichen*) ◇ *to dodge something* einer Sache ausweichen

dodgems PL NOUN
der *Autoskooter* SING (PL die *Autoskooter*)
◇ *to go on the dodgems* Autoskooter fahren

does VERB *see* **do**

doesn't = **does not**

dog NOUN
der *Hund* (PL die *Hunde*) ◇ *Have you got a dog?* Hast du einen Hund?

do-it-yourself NOUN
das *Heimwerken*

dole NOUN
die *Arbeitslosenunterstützung*
◆ **to be on the dole** stempeln gehen ◇ *A lot of people are on the dole.* Viele Menschen gehen stempeln.
◆ **to go on the dole** sich arbeitslos melden

doll NOUN
die *Puppe*

dollar NOUN
der *Dollar* (PL die *Dollars* or *Dollar*)
When talking about amounts of money use the plural form **Dollar.**
◇ *That costs fifty dollars.* Das kostet fünfzig Dollar.

dolphin NOUN
der *Delphin* (PL die *Delphine*)

domestic ADJECTIVE
◆ **a domestic flight** ein Inlandsflug MASC

dominoes SING NOUN
◆ **to have a game of dominoes** Domino spielen

to **donate** VERB
spenden

done VERB *see* **do**

donkey NOUN
der *Esel* (PL die *Esel*)

don't = **do not**

door NOUN
die *Tür*

doorbell NOUN
die *Klingel*
◆ **to ring the doorbell** klingeln
◆ **Suddenly the doorbell rang.** Es klingelte plötzlich.

doorman NOUN
(PL **doormen**)
der *Portier* (PL die *Portiers*)

doorstep NOUN
die *Eingangsstufe*

dormitory NOUN
(PL **dormitories**)
der *Schlafsaal* (PL die *Schlafsäle*)

dose NOUN
die *Dosis* (PL die *Dosen*)

dosh NOUN
die *Kohle* (*informal: money*)

dot NOUN
der *Punkt* (*on letter "i", in E-mail address*) (PL die *Punkte*)
◆ **on the dot** genau ◇ *He arrived at nine o'clock on the dot.* Er kam genau um neun Uhr.

to **double** VERB
see also **double** ADJECTIVE
sich verdoppeln (PERFECT *hat sich verdoppelt*) ◇ *The number of attacks has doubled.* Die Zahl der Überfälle hat sich verdoppelt.

double ADJECTIVE, ADVERB
see also **double** VERB
doppelt ◇ *a double helping* eine doppelte Portion
◆ **to cost double** doppelt so viel kosten
◇ *First-class tickets cost double.* Fahrscheine erster Klasse kosten doppelt so viel.
◆ **a double bed** ein Doppelbett NEUT
◆ **a double room** ein Doppelzimmer NEUT
◆ **a double-decker bus** ein Doppeldeckerbus MASC

double bass NOUN
(PL **double basses**)
der *Kontrabass* ⚠ (GEN des *Kontrabasses*, PL die *Kontrabässe*) ◇ *I play the double bass.* Ich spiele Kontrabass.

double glazing NOUN
das *Doppelfenster* (PL die *Doppelfenster*)

doubles PL NOUN
das *Doppel* (*in tennis*) (PL die *Doppel*) ◇ *to play mixed doubles* gemischtes Doppel spielen

doubt NOUN
see also **doubt** VERB
der *Zweifel* (PL die *Zweifel*) ◇ *I have my doubts.* Ich habe meine Zweifel.

to **doubt** VERB
see also **doubt** NOUN
bezweifeln (PERFECT *hat bezweifelt*) ◇ *I doubt it.* Das bezweifle ich.
◆ **to doubt that** bezweifeln, dass ◇ *I doubt he'll agree.* Ich bezweifle, dass er zustimmt.

doubtful ADJECTIVE
◆ **to be doubtful about doing something** nicht wissen, ob man etwas tun soll ◇ *I'm doubtful about going by myself.* Ich weiß nicht, ob ich allein gehen soll.
◆ **It's doubtful.** Es ist fraglich.

◆ **You sound doubtful.** Du scheinst nicht sicher zu sein.

dough NOUN
der *Teig* (PL die *Teige*)

doughnut NOUN
der *Berliner* (PL die *Berliner*) ◇ *a jam doughnut* ein gefüllter Berliner

Dover NOUN
Dover NEUT ◇ *We went from Dover to Boulogne.* Wir sind von Dover nach Boulogne gefahren.

down ADVERB, ADJECTIVE, PREPOSITION
1 *unten* (*below*) ◇ *His office is down on the first floor.* Sein Büro ist unten im ersten Stock. ◇ *It's down there.* Es ist da unten.
2 *auf den Boden* (*to the ground*) ◇ *He threw down his racket.* Er warf seinen Schläger auf den Boden.
◆ **They live just down the road.** Sie wohnen etwas weiter unten.
◆ **to come down** herunterkommen ◇ *Come down here!* Komm herunter!
◆ **to go down** hinuntergehen ◇ *They went down into the cellar.* Sie gingen in den Keller hinunter.
◆ **to sit down** sich hinsetzen ◇ *Sit down!* Setz dich hin!
◆ **to feel down** niedergeschlagen sein ◇ *I'm feeling a bit down.* Ich bin etwas niedergeschlagen.
◆ **The computer's down.** Der Computer ist abgestürzt.

downpour NOUN
der *Regenguss* ⚠ (GEN des *Regengusses*, PL die *Regengüsse*) ◇ *a sudden downpour* ein plötzlicher Regenguss

downstairs ADVERB, ADJECTIVE
1 *unten* ◇ *The bathroom's downstairs.* Das Badezimmer ist unten.
◆ **the people downstairs** die Leute von unten
◆ **to go downstairs** nach unten gehen
2 *untere* ◇ *the downstairs bathroom* das untere Badezimmer

downtown ADVERB
im Stadtzentrum

to **doze** VERB
dösen
◆ **to doze off** einnicken

dozen NOUN
das *Dutzend* (PL die *Dutzende* or *Dutzend*)
When talking about more than one dozen use the plural form **Dutzend**.
◇ *two dozen* zwei Dutzend ◇ *a dozen eggs* ein Dutzend Eier
◆ **I've told you that dozens of times.** Ich habe dir das schon x-mal gesagt.

drab ADJECTIVE
trist (*clothes*)

to **drag** VERB
see also drag NOUN
schleppen (*thing, person*)

drag NOUN
see also drag VERB
◆ **It's a real drag!** Das ist echt öde! (*informal*)
◆ **in drag** in Frauenkleidern ◇ *He was in drag.* Er hatte Frauenkleider an.

dragon NOUN
der *Drache* (GEN des *Drachen*, PL die *Drachen*)

drain NOUN
see also drain VERB
der *Abfluss* ⚠ (GEN des *Abflusses*, PL die *Abflüsse*) ◇ *The drains are blocked.* Der Abfluss ist verstopft.

to **drain** VERB
see also drain NOUN
abtropfen lassen (*vegetables, pasta*) (PRESENT *lässt abtropfen*, IMPERFECT *ließ abtropfen*, PERFECT *hat abtropfen lassen*)

draining board NOUN
das *Ablaufbrett* (PL die *Ablaufbretter*)

drainpipe NOUN
das *Regenrohr* (PL die *Regenrohre*)

drama NOUN
das *Drama* (PL die *Dramen*) ◇ *Drama is my favourite subject.* Drama ist mein Lieblingsfach.
◆ **drama school** die Schauspielschule ◇ *I'd like to go to drama school.* Ich würde gerne auf die Schauspielschule gehen.

dramatic ADJECTIVE
dramatisch ◇ *It was really dramatic!* Es war wirklich dramatisch! ◇ *a dramatic improvement* eine dramatische Besserung

drank VERB *see* **drink**

drapes PL NOUN
die *Vorhänge* MASC PL

drastic ADJECTIVE
drastisch (*change*) ◇ *to take drastic action* drastische Maßnahmen ergreifen

draught NOUN
der *Luftzug*
◆ **There's a draught!** Es zieht!

draughts SING NOUN
Dame FEM ◇ *to play draughts* Dame spielen

to **draw** VERB
(**drew**, **drawn**)
see also draw NOUN
1 *malen* ◇ *He's good at drawing.* Er kann gut malen. ◇ *to draw a picture* ein Bild malen
◆ **to draw a line** einen Strich machen
2 *unentschieden spielen* (*sport*) ◇ *We drew two all.* Wir haben zwei zu zwei gespielt.
◆ **to draw the curtains** die Vorhänge zuziehen
◆ **to draw lots** losen

draw NOUN
see also draw VERB
1 das *Unentschieden* (*sport*) (PL die *Unentschieden*) ◇ *The game ended in a draw.* Das Spiel endete unentschieden.
2 die *Ziehung* (*in lottery*) ◇ *The draw takes place on Saturday.* Die Ziehung findet am Samstag statt.

drawback NOUN
der *Nachteil* (PL die *Nachteile*)

drawer NOUN
die *Schublade*

D

drawing NOUN
die *Zeichnung*

drawing pin NOUN
die *Reißzwecke*

drawn VERB *see* **draw**

dreadful ADJECTIVE
[1] *furchtbar* ◇ *a dreadful mistake* ein furchtbarer Fehler ◇ *You look dreadful.* (*ill*) Du siehst furchtbar aus. ◇ *I feel dreadful.* Ich fühle mich furchtbar.
[2] *schrecklich* ◇ *The weather was dreadful.* Das Wetter war schrecklich.

to **dream** VERB
(**dreamt**, **dreamt**)
see also **dream** NOUN
träumen ◇ *I dreamt I was in Belgium.* Ich habe geträumt, ich sei in Belgien.
Note the use of the subjunctive.

dream NOUN
see also **dream** VERB
der *Traum* (PL die *Träume*) ◇ *It was just a dream.* Es war nur ein Traum. ◇ *a bad dream* ein böser Traum

to **drench** VERB
◆ **to get drenched** klatschnass werden ◇ *We got drenched.* Wir wurden klatschnass.

dress NOUN
(PL **dresses**)
see also **dress** VERB
das *Kleid* (PL die *Kleider*)

to **dress** VERB
see also **dress** NOUN
sich anziehen (IMPERFECT *zog sich an*, PERFECT *hat sich angezogen*) ◇ *I got up, dressed, and went downstairs.* Ich stand auf, zog mich an und ging hinunter.
◆ **to dress somebody** jemanden anziehen ◇ *She dressed the children.* Sie zog die Kinder an.
◆ **to get dressed** sich anziehen ◇ *I got dressed quickly.* Ich habe mich schnell angezogen.
◆ **to dress up** sich verkleiden ◇ *I dressed up as a ghost.* Ich habe mich als Gespenst verkleidet.

dressed ADJECTIVE
angezogen ◇ *I'm not dressed yet.* Ich bin noch nicht angezogen. ◇ *How was she dressed?* Wie war sie angezogen?
◆ **She was dressed in a green sweater and jeans.** Sie hatte einen grünen Pullover und Jeans an.

dresser NOUN
die *Kommode* (*furniture*)

dressing gown NOUN
der *Morgenmantel* (PL die *Morgenmäntel*)

dressing table NOUN
der *Frisiertisch* (PL die *Frisiertische*)

drew VERB *see* **draw**

drier NOUN
[1] der *Wäschetrockner* (*for washing*) (PL die *Wäschetrockner*)
[2] der *Haartrockner* (*for hair*) (PL die *Haartrockner*)

drift NOUN
see also **drift** VERB
◆ **a snow drift** eine Schneeverwehung

to **drift** VERB
see also **drift** NOUN
treiben (*boat, snow*) (IMPERFECT *trieb*, PERFECT *ist getrieben*)

drill NOUN
see also **drill** VERB
der *Bohrer* (PL die *Bohrer*)

to **drill** VERB
see also **drill** NOUN
bohren

to **drink** VERB
(**drank**, **drunk**)
see also **drink** NOUN
trinken (IMPERFECT *trank*, PERFECT *hat getrunken*) ◇ *What would you like to drink?* Was möchtest du trinken? ◇ *She drank three cups of tea.* Sie trank drei Tassen Tee. ◇ *He'd been drinking.* Er hatte getrunken. ◇ *I don't drink.* Ich trinke nicht.

drink NOUN
see also **drink** VERB
[1] das *Getränk* (PL die *Getränke*) ◇ *a cold drink* ein kaltes Getränk ◇ *a hot drink* ein heißes Getränk
[2] der *Drink* (*alcoholic*) (PL die *Drinks*)
◆ **They've gone out for a drink.** Sie sind etwas trinken gegangen.
◆ **to have a drink** etwas trinken

drinking water NOUN
das *Trinkwasser*

drive NOUN
see also **drive** VERB
[1] die *Fahrt* ◇ *We've got a long drive tomorrow.* Wir haben morgen eine lange Fahrt.
◆ **to go for a drive** fahren ◇ *We went for a drive in the country.* Wir sind aufs Land gefahren.
[2] die *Auffahrt* (*of house*) ◇ *He parked his car in the drive.* Er parkte sein Auto in der Auffahrt.

to **drive** VERB
(**drove**, **driven**)
see also **drive** NOUN
[1] *fahren* (PRESENT *fährt*, IMPERFECT *fuhr*, PERFECT *ist/hat gefahren*) ◇ *My mother drives me to school.* Meine Mutter fährt mich in die Schule. ◇ *I drove down to London.* Ich bin nach London gefahren.
When **fahren** *is used with an object it takes* **haben** *not* **sein**.
◇ *He drove me home.* Er hat mich nach Hause gefahren.
[2] *Auto fahren* (*operate a car*) (PRESENT *fährt Auto*, IMPERFECT *fuhr Auto*, PERFECT *ist Auto gefahren*) ◇ *Can you drive?* Kannst du Auto fahren?
◆ **She's learning to drive.** Sie macht den

Führerschein.

[3] ***mit dem Auto fahren*** (*go by car*) ◇ *Did you go by train?–No, we drove.* Seid ihr mit dem Zug gefahren?–Nein, wir sind mit dem Auto gefahren.

◆ **to drive somebody mad** jemanden wahnsinnig machen ◇ *He drives her mad.* Er macht sie wahnsinnig.

driver NOUN
der ***Fahrer*** (PL die *Fahrer*)
die ***Fahrerin***
◇ *She's an excellent driver.* Sie ist eine ausgezeichnete Fahrerin. ◇ *He's a bus driver.* Er ist Busfahrer.

driver's license NOUN
der ***Führerschein*** (PL die *Führerscheine*)

driving instructor NOUN
der ***Fahrlehrer*** (PL die *Fahrlehrer*)
die ***Fahrlehrerin***
◇ *He's a driving instructor.* Er ist Fahrlehrer.

driving lesson NOUN
die ***Fahrstunde***

driving licence NOUN
der ***Führerschein*** (PL die *Führerscheine*)

driving test NOUN
die ***Fahrprüfung***
◆ **to take one's driving test** die Fahrprüfung machen ◇ *He's taking his driving test tomorrow.* Er macht morgen die Fahrprüfung.
◆ **She's just passed her driving test.** Sie hat gerade ihren Führerschein gemacht.

drop NOUN
see also drop VERB
der ***Tropfen*** (PL die *Tropfen*) ◇ *a drop of water* ein Wassertropfen

to **drop** VERB
see also drop NOUN
[1] ***fallen lassen*** (PRESENT *lässt fallen*, IMPERFECT *ließ fallen*, PERFECT *hat fallen lassen*) ◇ *I dropped the glass and it broke.* Ich habe das Glas fallen lassen, und es ist kaputtgegangen.
[2] ***aufgeben*** (*abandon*) (PRESENT *gibt auf*, IMPERFECT *gab auf*, PERFECT *hat aufgegeben*) ◇ *I'm going to drop chemistry.* Ich gebe Chemie auf.
[3] ***absetzen*** (PERFECT *hat abgesetzt*) ◇ *Could you drop me at the station?* Könntest du mich am Bahnhof absetzen?

drought NOUN
die ***Dürre***

drove VERB *see* **drive**

to **drown** VERB
ertrinken (IMPERFECT *ertrank*, PERFECT *ist ertrunken*) ◇ *A young boy drowned here yesterday.* Hier ist gestern ein kleiner Junge ertrunken.

drug NOUN
[1] das ***Medikament*** (*medicine*) (PL die *Medikamente*) ◇ *They need food and drugs.* Sie brauchen Nahrung und Medikamente.
[2] die ***Droge*** (*illegal*) ◇ *hard drugs* harte Drogen ◇ *soft drugs* weiche Drogen ◇ *to take drugs* Drogen nehmen
◆ **a drug addict** ein Drogensüchtiger
◆ **She's a drug addict.** Sie ist drogensüchtig.
◆ **a drug pusher** ein Dealer MASC
◆ **a drug smuggler** ein Drogenschmuggler MASC
◆ **the drugs squad** das Rauschgiftdezernat

drugstore NOUN
der ***Drugstore*** (PL die *Drugstores*)

drum NOUN
die ***Trommel*** ◇ *an African drum* eine afrikanische Trommel
◆ **a drum kit** ein Schlagzeug NEUT
◆ **drums** das Schlagzeug SING ◇ *I play drums.* Ich spiele Schlagzeug.

drummer NOUN
(*in rock group*)
der ***Schlagzeuger*** (PL die *Schlagzeuger*)
die ***Schlagzeugerin***

drunk VERB *see* **drink**

drunk ADJECTIVE
see also drunk NOUN
betrunken ◇ *He was drunk.* Er war betrunken.

drunk NOUN
see also drunk ADJECTIVE
der ***Betrunkene*** (GEN des *Betrunkenen*, PL die *Betrunkenen*)
die ***Betrunkene*** (GEN der *Betrunkenen*)
◇ *a drunk* (*man*) ein Betrunkener ◇ *The streets were full of drunks.* Die Straßen waren voll von Betrunkenen.

dry ADJECTIVE
see also dry VERB
trocken ◇ *The paint isn't dry yet.* Die Farbe ist noch nicht trocken.
◆ **a long dry period** eine lange Trockenzeit

to **dry** VERB
(**dried**)
see also dry ADJECTIVE
[1] ***trocknen*** ◇ *The washing will dry quickly in the sun.* Die Wäsche wird in der Sonne schnell trocknen. ◇ *some dried flowers* getrocknete Blumen
◆ **to dry one's hair** sich die Haare fönen ◇ *I haven't dried my hair yet.* Ich habe mir noch nicht die Haare geföhnt.
[2] ***trocknen lassen*** (*clothes*) (PRESENT *lässt trocknen*, IMPERFECT *ließ trocknen*, PERFECT *hat trocknen lassen*) ◇ *There's nowhere to dry clothes here.* Hier kann man nirgends Kleider trocknen lassen.
◆ **to dry the dishes** das Geschirr abtrocknen

dry-cleaner's NOUN
die ***Reinigung***

dryer NOUN
der ***Wäschetrockner*** (*for clothes*) (PL die *Wäschetrockner*)
◆ **a tumble dryer** ein Wäschetrockner
◆ **a hair dryer** ein Föhn MASC

dubbed ADJECTIVE
synchronisiert ◇ *The film was dubbed into German.* Der Film war deutsch synchronisiert.

dubious ADJECTIVE

- **My parents were a bit dubious about it.** Meine Eltern hatten ihre Zweifel.

duck NOUN
die *Ente*

due ADJECTIVE, ADVERB
- **to be due to do something** etwas tun sollen ◇ *He's due to arrive tomorrow.* Er soll morgen ankommen.
- **The plane's due in half an hour.** Das Flugzeug sollte in einer halben Stunde ankommen.
- **When's the baby due?** Wann kommt das Baby?
- **due to** wegen ◇ *The trip was cancelled due to bad weather.* Der Ausflug wurde wegen des schlechten Wetters abgesagt.

dug VERB *see* **dig**

dull ADJECTIVE
1 *langweilig* ◇ *He's nice, but a bit dull.* Er ist nett, aber ein bisschen langweilig.
2 *trüb* (*weather, day*)

dumb ADJECTIVE
1 *taub*
- **She's deaf and dumb.** Sie ist taubstumm.

2 *blöd* (*stupid*) ◇ *That was a really dumb thing I did!* Da habe ich etwas echt Blödes gemacht!

dummy NOUN
(PL **dummies**)
der *Schnuller* (*for baby*) (PL die *Schnuller*)

dump NOUN
see also dump VERB
- **It's a real dump!** Das ist ein Dreckloch! (*informal*)
- **a rubbish dump** eine Müllkippe

to **dump** VERB
see also dump NOUN
1 *abladen* (*waste*) (PRESENT *lädt ab*, IMPERFECT *lud ab*, PERFECT *hat abgeladen*)
- **"no dumping"** "Schutt abladen verboten"

2 *Schluss machen mit* ⚠ (*informal: get rid of*) ◇ *He's just dumped his girlfriend.* Er hat gerade mit seiner Freundin Schluss gemacht.

dungarees PL NOUN
die *Latzhose* ◇ *a pair of dungarees* eine Latzhose

dungeon NOUN
das *Verlies* (PL die *Verliese*)

duration NOUN
die *Dauer*

during PREPOSITION
während ◇ *during the holidays* während der Ferien
- **during the day** tagsüber

dusk NOUN
die *Dämmerung* ◇ *at dusk* bei Dämmerung

dust NOUN
see also dust VERB
der *Staub*

to **dust** VERB
see also dust NOUN
abstauben (PERFECT *hat abgestaubt*) ◇ *I dusted the shelves.* Ich habe das Regal abgestaubt.
- **I hate dusting!** Ich hasse Staubwischen!

dustbin NOUN
der *Mülleimer* (PL die *Mülleimer*)

dustman NOUN
(PL **dustmen**)
der *Müllmann* (PL die *Müllmänner*)
- **He's a dustman.** Er arbeitet bei der Müllabfuhr.

dusty ADJECTIVE
staubig

Dutch ADJECTIVE
see also Dutch NOUN
holländisch ◇ *She's Dutch.* Sie ist Holländerin.

Dutch NOUN
see also Dutch ADJECTIVE
das *Holländisch* (*language*) (GEN des *Holländischen*)
- **the Dutch** die Holländer MASC PL

Dutchman NOUN
(PL **Dutchmen**)
der *Holländer* (PL die *Holländer*)

Dutchwoman NOUN
(PL **Dutchwomen**)
die *Holländerin*

duty NOUN
(PL **duties**)
die *Pflicht* ◇ *It was his duty to tell the police.* Es war seine Pflicht, die Polizei zu informieren.
- **to be on duty** Dienst haben

duty-free ADJECTIVE
zollfrei
- **the duty-free shop** der Duty-free-Laden

duvet NOUN
das *Deckbett* (PL die *Deckbetten*)

dwarf NOUN
(PL **dwarves**)
der *Zwerg* (PL die *Zwerge*)
die *Zwergin*

dynamic ADJECTIVE
dynamisch

dyslexia NOUN
die *Legasthenie*
- **She has dyslexia.** Sie ist Legasthenikerin.

E

each ADJECTIVE, PRONOUN
jeder ◇ *Each pupil has his own desk.* Jeder Schüler hat seinen eigenen Schreibtisch. ◇ *They have ten points each.* Jeder hat zehn Punkte. ◇ *He gave each of us ten pounds.* Er gab jedem von uns zehn Pfund. ◇ *each day* jeder Tag
jede ◇ *Each dancer wore a different costume.* Jede Tänzerin trug ein anderes Kostüm.
jedes ◇ *Each house in our street has its own garden.* Jedes Haus in unserer Straße hat einen eigenen Garten. ◇ *The girls each have their own bedroom.* Jedes der Mädchen hat sein eigenes Zimmer.
◆ **each other** einander ◇ *They hate each other.* Sie hassen einander. ◇ *We wrote to each other.* Wir haben einander geschrieben.
◆ **They don't know each other.** Sie kennen sich nicht.

ear NOUN
das *Ohr* (PL die *Ohren*)

earache NOUN
die *Ohrenschmerzen* MASC PL ◇ *to have earache* Ohrenschmerzen haben

earlier ADVERB
1 *vorher* ◇ *I saw him earlier.* Ich habe ihn vorher gesehen.
2 *früher* (*in the morning*) ◇ *I ought to get up earlier.* Ich sollte früher aufstehen.

early ADVERB, ADJECTIVE
früh ◇ *I have to get up early.* Ich muss früh aufstehen. ◇ *I came early to get a good seat.* Ich bin früh gekommen, um einen guten Platz zu bekommen.
◆ **to have an early night** früh ins Bett gehen

to **earn** VERB
verdienen (PERFECT *hat verdient*) ◇ *She earns five pounds an hour.* Sie verdient fünf Pfund in der Stunde.

earnings PL NOUN
der *Verdienst* (PL die *Verdienste*)

earring NOUN
der *Ohrring* (PL die *Ohrringe*)

earth NOUN
die *Erde*

earthquake NOUN
das *Erdbeben* (PL die *Erdbeben*)

easily ADVERB
leicht

east ADJECTIVE, ADVERB
see also **east** NOUN
◆ **the east coast** die Ostküste
◆ **an east wind** ein Ostwind MASC
nach Osten ◇ *We were travelling east.* Wir sind nach Osten gefahren.
◆ **east of** östlich von ◇ *It's east of London.* Es liegt östlich von London.

east NOUN
see also **east** ADJECTIVE
der *Osten* ◇ *in the east* im Osten

Easter NOUN
Ostern NEUT ◇ *at Easter* an Ostern ◇ *We went to my grandparents' for Easter.* Wir sind über Ostern zu meinen Großeltern gefahren.

Easter egg NOUN
das *Osterei* (PL die *Ostereier*)

eastern ADJECTIVE
östlich ◇ *the eastern part of the island* der östliche Teil der Insel
◆ **Eastern Europe** Osteuropa NEUT

easy ADJECTIVE
einfach

easy chair NOUN
der *Sessel* (PL die *Sessel*)

easy-going ADJECTIVE
locker ◇ *She's very easy-going.* Sie ist echt locker.

to **eat** VERB
(**ate, eaten**)
essen (PRESENT *isst*, IMPERFECT *aß*, PERFECT *hat gegessen*) ◇ *Would you like something to eat?* Möchtest du etwas essen?

EC NOUN (= *European Community*)
die *EG* (= Europäische Gemeinschaft)

eccentric ADJECTIVE
exzentrisch

echo NOUN
(PL **echoes**)
das *Echo* (PL die *Echos*)

ecology NOUN
die *Ökologie*

economic ADJECTIVE
rentabel (*profitable*)

economical ADJECTIVE
sparsam

economics SING NOUN
die *Volkswirtschaft* ◇ *He's studying economics.* Er studiert Volkswirtschaft.

to **economize** VERB
sparen ◇ *to economize on something* mit etwas sparen

economy NOUN
(PL **economies**)
die *Wirtschaft* ◇ *the German economy* die deutsche Wirtschaft

ecstasy NOUN
das *Ecstasy* (*drug*) (GEN des *Ecstasy*)
◆ **to be in ecstasy** entzückt sein

ecu NOUN (= *European Currency Unit*)
der *Ecu* (GEN des *Ecu*, PL die *Ecu*)

eczema NOUN
der *Hautausschlag* (PL die *Hautausschläge*)

edge NOUN
1 der *Rand* (PL die *Ränder*) ◇ *They live on the edge of the moors.* Sie leben am Rand des Moors. ◇ *The country was on the edge of war.* Das Land stand am Rand eines Krieges.
2 die *Kante* (*of table*)
3 das *Ufer* (*of lake*) (PL die *Ufer*)

edgy ADJECTIVE
nervös

editor NOUN
(*of newspaper*)
der ***Redakteur*** (PL die *Redakteure*)
die ***Redakteurin***

educated ADJECTIVE
gebildet

education NOUN
1 das ***Bildungswesen*** ◇ *There should be more investment in education.* Es sollte mehr Geld ins Bildungswesen investiert werden.
2 das ***Lehramt*** (*teaching*) ◇ *She works in education.* Sie ist im Lehramt tätig.

educational ADJECTIVE
lehrreich (*experience*) ◇ *It was very educational.* Das was sehr lehrreich.

effect NOUN
der ***Effekt*** (PL die *Effekte*) ◇ *special effects* Spezialeffekte

effective ADJECTIVE
effektiv

efficient ADJECTIVE
effizient

effort NOUN
die ***Bemühung***
- **to make an effort to do something** sich bemühen, etwas zu tun

e.g. ABBREVIATION
z.B. (= zum Beispiel)

egg NOUN
das ***Ei*** (PL die *Eier*) ◇ *a hard-boiled egg* ein hart gekochtes Ei ◇ *a soft-boiled egg* ein weich gekochtes Ei
- **a fried egg** ein Spiegelei
- **scrambled eggs** das Rührei SING

egg cup NOUN
der ***Eierbecher*** (PL die *Eierbecher*)

eggplant NOUN
die ***Aubergine***

Egypt NOUN
Ägypten NEUT ◇ *to Egypt* nach Ägypten

eight NUMBER
acht ◇ *She's eight.* Sie ist acht.

eighteen NUMBER
achtzehn ◇ *She's eighteen.* Sie ist achtzehn.

eighth ADJECTIVE
achte ◇ *the eighth floor* der achte Stock ◇ *the eighth of August* der achte August

eighty NUMBER
achtzig ◇ *She's eighty.* Sie ist achtzig.

Eire NOUN
Irland NEUT
- **from Eire** aus Irland
- **in Eire** in Irland
- **to Eire** nach Irland

either ADVERB, CONJUNCTION, PRONOUN
1 ***auch kein*** ◇ *I don't like milk, and I don't like eggs either.* Ich mag keine Milch und ich mag auch keine Eier.
2 ***auch nicht*** ◇ *I've never been to Spain. – I haven't either.* Ich war noch nie in Spanien. – Ich auch nicht.
- **either...or...** entweder...oder... ◇ *You can have either ice cream or yoghurt.* Du kannst entweder Eis oder Joghurt haben.
- **either of them** einer von beiden ◇ *Take either of them.* Nimm einen von beiden.
- **I don't like either of them.** Ich mag keinen von beiden.

elastic NOUN
das ***Gummiband*** (PL die *Gummibänder*)

elastic band NOUN
das ***Gummiband*** (PL die *Gummibänder*)

elbow NOUN
der ***Ellbogen*** (PL die *Ellbogen*)

elder ADJECTIVE
älter ◇ *my elder sister* meine ältere Schwester

elderly ADJECTIVE
älter ◇ *an elderly gentleman* ein älterer Herr
- **the elderly** ältere Leute PL

eldest ADJECTIVE
älteste ◇ *my eldest brother* mein ältester Bruder ◇ *my eldest sister* meine älteste Schwester ◇ *He's the eldest.* Er ist der älteste.

to **elect** VERB
wählen

election NOUN
die ***Wahl***

electric ADJECTIVE
elektrisch ◇ *an electric fire* ein elektrischer Ofen ◇ *an electric guitar* eine elektrische Gitarre
- **an electric blanket** eine Heizdecke

electrical ADJECTIVE
elektrisch
- **an electrical engineer** ein Elektrotechniker

electrician NOUN
der ***Elektriker*** (PL die *Elektriker*)
die ***Elektrikerin***
◇ *He's an electrician.* Er ist Elektriker.

electricity NOUN
der ***Strom*** ◇ *They cut off our electricity.* Sie haben den Strom abgestellt.

electronic ADJECTIVE
elektronisch

electronics SING NOUN
die ***Elektronik*** ◇ *My hobby is electronics.* Elektronik ist mein Hobby.

elegant ADJECTIVE
elegant

elementary school NOUN
die ***Grundschule***

elephant NOUN
der ***Elefant*** (GEN des *Elefanten*, PL die *Elefanten*)

elevator NOUN
der ***Aufzug*** (PL die *Aufzüge*)

eleven NUMBER
elf ◇ *She's eleven.* Sie ist elf.

eleventh ADJECTIVE
elfte ◇ *the eleventh floor* der elfte Stock ◇ *the eleventh of August* der elfte August

else ADVERB
[1] ***anders*** ◇ *somebody else* jemand anders ◇ *nobody else* niemand anders ◇ *somewhere else* irgendwo anders ◇ *anywhere else* irgendwo anders
[2] ***anderes*** ◇ *nothing else* nichts anderes ◇ *something else* etwas anderes ◇ *anything else* etwas anderes
◆ **Would you like anything else?** Möchtest du noch etwas?
◆ **I don't want anything else.** Ich will nichts anderes.
◆ **Give me the money, or else!** Gib mir das Geld, sonst gibt's was!

E-mail NOUN
die ***E-Mail*** (PL die *E-Mails*)

embankment NOUN
die ***Böschung***

embarrassed ADJECTIVE
verlegen ◇ *He seemed to be pretty embarrassed.* Er schien sehr verlegen.
◆ **I was really embarrassed.** Es war mir wirklich peinlich.

embarrassing ADJECTIVE
peinlich ◇ *It was so embarrassing.* Es war so peinlich.

embassy NOUN
(PL **embassies**)
die ***Botschaft***

to **embroider** VERB
besticken (PERFECT *hat bestickt*)

embroidery NOUN
die ***Stickerei***
◆ **I do embroidery.** Ich sticke.

emergency NOUN
(PL **emergencies**)
der ***Notfall*** (PL die *Notfälle*) ◇ *This is an emergency!* Dies ist ein Notfall! ◇ *in an emergency* in einem Notfall
◆ **an emergency exit** ein Notausgang MASC
◆ **an emergency landing** eine Notlandung
◆ **the emergency services** die Rettungsdienste MASC PL

to **emigrate** VERB
auswandern (PERFECT *ist ausgewandert*)

emotion NOUN
das ***Gefühl*** (PL die *Gefühle*)

emotional ADJECTIVE
emotional (*person*)

emperor NOUN
der ***Kaiser*** (PL die *Kaiser*)

to **emphasize** VERB
betonen (PERFECT *hat betont*)

empire NOUN
das ***Reich*** (PL die *Reiche*)

to **employ** VERB
beschäftigen (PERFECT *hat beschäftigt*)
◇ *The factory employs six hundred people.* Die Fabrik beschäftigt sechshundert Leute.

employee NOUN
der ***Angestellte*** (GEN des *Angestellten*, PL die *Angestellten*)
die ***Angestellte*** (GEN der *Angestellten*)
◇ *He's an employee.* Er ist Angestellter.

employer NOUN
der ***Arbeitgeber*** (PL die *Arbeitgeber*)
die ***Arbeitgeberin***

employment NOUN
die ***Beschäftigung***

empty ADJECTIVE
see also empty VERB
leer

to **empty** VERB
(**emptied**)
see also empty ADJECTIVE
leeren
◆ **to empty something out** etwas ausleeren

to **encourage** VERB
ermutigen (PERFECT *hat ermutigt*)
◆ **to encourage somebody to do something** jemanden ermutigen, etwas zu tun

encouragement NOUN
die ***Ermutigung***

encyclopedia NOUN
das ***Lexikon*** (PL die *Lexika*)

end NOUN
see also end VERB
das ***Ende*** (PL die *Enden*) ◇ *the end of the holidays* das Ende der Ferien ◇ *at the end of the street* am Ende der Straße ◇ *at the other end of the table* am anderen Ende des Tisches
◆ **the end of the film** der Schluss des Films
◆ **in the end** schließlich ◇ *In the end I decided to stay at home.* Schließlich habe ich beschlossen, zu Hause zu bleiben. ◇ *It turned out all right in the end.* Schließlich ging alles gut.
◆ **for hours on end** stundenlang

to **end** VERB
see also end NOUN
zu Ende sein (PRESENT *ist zu Ende*, IMPERFECT *war zu Ende*, PERFECT *ist zu Ende gewesen*)
◇ *What time does the film end?* Wann ist der Film zu Ende?
◆ **to end up doing something** schließlich etwas tun ◇ *I ended up walking home.* Ich bin schließlich zu Fuß nach Hause gegangen.

ending NOUN
der ***Schluss*** ⚠ (GEN des *Schlusses*, PL die *Schlüsse*) ◇ *It was an exciting film, especially the ending.* Es war ein spannender Film, besonders am Schluss.

endless ADJECTIVE
endlos ◇ *The journey seemed endless.* Die Reise erschien endlos.

enemy NOUN
(PL **enemies**)
der ***Feind*** (PL die *Feinde*)
die ***Feindin***

energetic ADJECTIVE
voller Energie (*person*)

energy NOUN
die ***Energie***

engaged ADJECTIVE
[1] ***besetzt*** (*busy, in use*) ◇ *I phoned, but it was engaged.* Ich habe angerufen, aber es war besetzt.
[2] ***verlobt*** (*to be married*) ◇ *She's engaged*

E

to Brian. Sie ist mit Brian verlobt.
◆ **to get engaged** sich verloben

engagement NOUN
die ***Verlobung*** ◇ *an engagement ring* ein Verlobungsring MASC

engine NOUN
der ***Motor*** (PL die ***Motoren***)

engineer NOUN
1 der ***Ingenieur*** (PL die ***Ingenieure***)
die ***Ingenieurin***
◇ *He's an engineer.* Er ist Ingenieur.
2 (*train driver*)
der ***Lokomotivführer*** (PL die ***Lokomotivführer***)

engineering NOUN
die ***Technik*** ◇ *genetic engineering* die Gentechnik
◆ **mechanical engineering** der Maschinenbau

England NOUN
England NEUT
◆ **from England** aus England
◆ **in England** in England
◆ **to England** nach England

Germans frequently use England *to mean Great Britain or the United Kingdom.*

English ADJECTIVE
see also English NOUN
englisch
◆ **He's English.** Er ist Engländer.
◆ **She's English.** Sie ist Engländerin.
◆ **English people** die Engländer MASC PL

English NOUN
see also English ADJECTIVE
das ***Englisch*** (*language*) (GEN des ***Englischen***)
◇ *Do you speak English?* Sprechen Sie Englisch?
◆ **He's English.** Er ist Engländer.
◆ **She's English.** Sie ist Engländerin.
◆ **the English** die Engländer

Englishman NOUN
(PL **Englishmen**)
der ***Engländer*** (PL die ***Engländer***)

Englishwoman NOUN
(PL **Englishwomen**)
die ***Engländerin***

to **enjoy** VERB
genießen (IMPERFECT ***genoss***, PERFECT ***hat genossen***) ◇ *I really enjoyed my holidays.* Ich habe meine Ferien wirklich genossen.
◆ **Did you enjoy the film?** Hat dir der Film gefallen?
◆ **Did you enjoy your meal?** Hat es Ihnen geschmeckt?
◆ **to enjoy oneself** sich amüsieren ◇ *I really enjoyed myself.* Ich habe mich richtig amüsiert. ◇ *Did you enjoy yourselves at the party?* Habt ihr euch auf der Party amüsiert?

enjoyable ADJECTIVE
nett

enlargement NOUN
die ***Vergrößerung*** (*of photo*)

enormous ADJECTIVE
riesig

enough PRONOUN, ADJECTIVE
genug ◇ *enough time* genug Zeit ◇ *I didn't have enough money.* Ich hatte nicht genug Geld. ◇ *big enough* groß genug ◇ *warm enough* warm genug
◆ **Have you got enough?** Reicht dir das?
◆ **I've had enough!** Mir reicht's!
◆ **That's enough.** Das reicht.

to **enquire** VERB
sich erkundigen (PERFECT ***hat sich erkundigt***)
◆ **to enquire about something** sich nach etwas erkundigen ◇ *I'm going to enquire about train times.* Ich werde mich nach den Abfahrtszeiten der Züge erkundigen.

to **enter** VERB
betreten (*room*) (PRESENT ***betritt***, IMPERFECT ***betrat***, PERFECT ***hat betreten***)
◆ **to enter a competition** an einem Wettbewerb teilnehmen

to **entertain** VERB
unterhalten (*guests*) (PRESENT ***unterhält***, IMPERFECT ***unterhielt***, PERFECT ***hat unterhalten***)

entertainer NOUN
der ***Entertainer*** (PL die ***Entertainer***)
die ***Entertainerin***

entertaining ADJECTIVE
unterhaltsam

enthusiasm NOUN
die ***Begeisterung***

enthusiast NOUN
◆ **a railway enthusiast** ein Eisenbahnfan MASC
◆ **She's a DIY enthusiast.** Sie ist begeisterte Heimwerkerin.

enthusiastic ADJECTIVE
begeistert

entire ADJECTIVE
ganz ◇ *the entire world* die ganze Welt

entirely ADVERB
ganz

entrance NOUN
der ***Eingang*** (PL die ***Eingänge***)
◆ **an entrance exam** eine Aufnahmeprüfung
◆ **entrance fee** der Eintritt

entry NOUN
(PL **entries**)
der ***Eingang*** (*way in*) (PL die ***Eingänge***)
◆ **"no entry" (1)** (*on door*) "kein Zutritt"
◆ **"no entry" (2)** (*on road sign*) "Einfahrt verboten"
◆ **an entry form** ein Teilnahmeformular NEUT

entry phone NOUN
die ***Gegensprechanlage***

envelope NOUN
der ***Umschlag*** (PL die ***Umschläge***)

envious ADJECTIVE
neidisch

environment NOUN
die ***Umwelt***

environmental ADJECTIVE
◆ **environmental pollution** die Umweltverschmutzung
◆ **environmental protection** der Umweltschutz

envy NOUN
see also envy VERB
der ***Neid***

to **envy** VERB
(**envied**)
see also envy NOUN
beneiden (PERFECT ***hat beneidet***) ◇ *I don't envy you!* Ich beneide dich nicht!

epileptic NOUN
der ***Epileptiker*** (PL die ***Epileptiker***)
die ***Epileptikerin***

episode NOUN
die ***Folge*** (*of TV programme, story*)

equal ADJECTIVE
gleich

equality NOUN
die ***Gleichheit***

to **equalize** VERB
ausgleichen (*in sport*) (IMPERFECT ***glich aus***, PERFECT ***hat ausgeglichen***)

equator NOUN
der ***Äquator***

equipment NOUN
die ***Ausrüstung*** ◇ *fishing equipment* die Anglerausrüstung ◇ *skiing equipment* die Skiausrüstung

equipped ADJECTIVE
- **equipped with** ausgerüstet mit
- **to be well equipped** gut ausgestattet sein

equivalent NOUN
das ***Äquivalent*** (PL die ***Äquivalente***)
- **to be equivalent to something** einer Sache entsprechen ◇ *Twenty-five per cent is equivalent to a quarter.* Fünfundzwanzig Prozent entspricht einem Viertel.

error NOUN
der ***Fehler*** (PL die ***Fehler***)

escalator NOUN
die ***Rolltreppe***

escape NOUN
see also escape VERB
der ***Ausbruch*** (*from prison*) (PL die ***Ausbrüche***)

to **escape** VERB
see also escape NOUN
ausbrechen (PRESENT ***bricht aus***, IMPERFECT ***brach aus***, PERFECT ***ist ausgebrochen***) ◇ *A lion has escaped.* Ein Löwe ist ausgebrochen. ◇ *to escape from prison* aus dem Gefängnis ausbrechen

escort NOUN
die ***Eskorte*** ◇ *a police escort* eine Polizeieskorte

Eskimo NOUN
(PL **Eskimos**)
der ***Eskimo*** (PL die ***Eskimos***)
die ***Eskimofrau***

especially ADVERB
besonders ◇ *It's very hot there, especially in the summer.* Dort ist es sehr heiß, besonders im Sommer.

essay NOUN
der ***Aufsatz*** (PL die ***Aufsätze***) ◇ *a history essay* ein Aufsatz in Geschichte

essential ADJECTIVE
wichtig ◇ *It's essential to bring warm clothes.* Es ist ganz wichtig, warme Kleidung mitzubringen.

estate NOUN
die ***Siedlung*** (*housing estate*) ◇ *I live on an estate.* Ich wohne in einer Siedlung.

estate agent NOUN
der ***Immobilienmakler*** (PL die ***Immobilienmakler***)
die ***Immobilienmaklerin***

estate car NOUN
der ***Kombiwagen*** (PL die ***Kombiwagen***)

etc ABBREVIATION (= *et cetera*)
usw. (= und so weiter)

Ethiopia NOUN
Äthiopien NEUT ◇ *in Ethiopia* in Äthiopien

ethnic ADJECTIVE
1 ***ethnisch*** (*racial*) ◇ *an ethnic minority* eine ethnische Minderheit
2 ***folkloristisch*** (*clothes, music*)

EU NOUN (= *European Union*)
die ***EU*** (= Europäische Union)

Eurocheque NOUN
der ***Euroscheck*** (PL die ***Euroschecks***)

Europe NOUN
Europa NEUT
- **from Europe** aus Europa
- **in Europe** in Europa
- **to Europe** nach Europa

European ADJECTIVE
see also European NOUN
europäisch
- **He's European.** Er ist Europäer.

European NOUN
see also European ADJECTIVE
(*person*)
der ***Europäer*** (PL die ***Europäer***)
die ***Europäerin***

to **evacuate** VERB
evakuieren (PERFECT ***hat evakuiert***)

eve NOUN
- **Christmas Eve** der Heilige Abend
- **New Year's Eve** Silvester NEUT

even ADVERB
see also even ADJECTIVE
sogar ◇ *I like all animals, even snakes.* Ich mag alle Tiere, sogar Schlangen.
- **even if** selbst wenn ◇ *I'd never do that, even if you asked me.* Ich würde das nie tun, selbst wenn du mich darum bitten würdest.
- **not even** nicht einmal ◇ *He never stops working, not even at the weekend.* Er hört nie auf zu arbeiten, nicht einmal am Wochenende.
- **even though** obwohl ◇ *He's never got any money, even though his parents are quite rich.* Er hat nie Geld, obwohl seine Eltern ziemlich reich sind.
- **I liked Hamburg even more than Munich.** Hamburg hat mir noch besser gefallen als München.

even ADJECTIVE
see also even ADVERB
gleichmäßig ◇ *an even layer of snow*

E

eine gleichmäßige Schneeschicht
◆ **an even number** eine gerade Zahl
◆ **to get even with somebody** es jemandem heimzahlen ◇ *He wanted to get even with her.* Er wollte es ihr heimzahlen.

evening NOUN
der *Abend* (PL die *Abende*) ◇ *in the evening* am Abend ◇ *all evening* den ganzen Abend ◇ *yesterday evening* gestern Abend ◇ *tomorrow evening* morgen Abend
◆ **Good evening!** Guten Abend!

evening class NOUN
(PL **evening classes**)
der *Abendkurs* (PL die *Abendkurse*)

event NOUN
das *Ereignis* (GEN des *Ereignisses*, PL die *Ereignisse*)
◆ **a sporting event** eine Sportveranstaltung

eventful ADJECTIVE
ereignisreich

eventually ADVERB
schließlich

ever ADVERB
1 *schon einmal* ◇ *Have you ever been to America?* Warst du schon einmal in Amerika? ◇ *Have you ever seen her?* Hast du sie schon einmal gesehen?
2 *je* ◇ *the best I've ever seen* das Beste, was ich je gesehen habe
◆ **for the first time ever** das allererste Mal
◆ **ever since** seit ◇ *ever since I met him* seit ich ihn kenne
◆ **ever since then** seither

every ADJECTIVE
jeder ◇ *every pupil* jeder Schüler ◇ *every day* jeden Tag
jede ◇ *every mother* jede Mutter ◇ *every week* jede Woche
jedes ◇ *every child* jedes Kind ◇ *every year* jedes Jahr
◆ **every time** jedes Mal ◇ *Every time I see him he's depressed.* Jedes Mal, wenn ich ihn sehe, ist er deprimiert.
◆ **every now and then** ab und zu

everybody PRONOUN
1 *alle* ◇ *Everybody had a good time.* Alle hatten ihren Spaß.
2 *jeder* ◇ *Everybody makes mistakes.* Jeder macht mal Fehler.

everyone PRONOUN
1 *alle* ◇ *Everyone opened their presents.* Alle machten ihre Geschenke auf.
2 *jeder* ◇ *Everyone should have a hobby.* Jeder sollte ein Hobby haben.

everything PRONOUN
alles ◇ *You've thought of everything!* Du hast an alles gedacht! ◇ *Money isn't everything.* Geld ist nicht alles.

everywhere ADVERB
überall ◇ *I looked everywhere, but I couldn't find it.* Ich habe überall nachgesehen, habe es aber nirgends gefunden. ◇ *There were policemen everywhere.* Überall waren Polizisten.

evil ADJECTIVE
böse

ex- PREFIX
Ex- ◇ *his ex-wife* seine Ex-Frau

exact ADJECTIVE
genau

exactly ADVERB
genau ◇ *exactly the same* genau das gleiche ◇ *It's exactly ten o'clock.* Es ist genau zehn Uhr.

to **exaggerate** VERB
übertreiben (IMPERFECT *übertrieb*, PERFECT *hat übertrieben*)

exaggeration NOUN
die *Übertreibung*

exam NOUN
die *Prüfung* ◇ *a German exam* eine Deutschprüfung ◇ *the exam results* die Prüfungsergebnisse

examination NOUN
die *Prüfung*
◆ **a medical examination** eine ärztliche Untersuchung

to **examine** VERB
untersuchen (PERFECT *hat untersucht*)
◇ *The doctor examined him.* Der Arzt untersuchte ihn.
◆ **He examined her passport.** Er prüfte ihren Pass.

examiner NOUN
der *Prüfer* (PL die *Prüfer*)
die *Prüferin*

example NOUN
das *Beispiel* (PL die *Beispiele*)
◆ **for example** zum Beispiel

excellent ADJECTIVE
ausgezeichnet ◇ *Her results were excellent.* Ihre Noten waren ausgezeichnet.

except PREPOSITION
außer ◇ *everyone except me* alle außer mir
◆ **except for** abgesehen von ◇ *It was super except for the weather.* Abgesehen vom Wetter war es super.
◆ **except that** außer, dass ◇ *The weather was great, except that it was a bit cold.* Das Wetter war toll, außer dass es etwas kalt war.

exception NOUN
die *Ausnahme* ◇ *to make an exception* eine Ausnahme machen

exceptional ADJECTIVE
außergewöhnlich

excess baggage NOUN
das *Übergewicht* (PL die *Übergewichte*)

to **exchange** VERB
tauschen ◇ *I exchanged the book for a video.* Ich habe das Buch gegen ein Video getauscht.

exchange rate NOUN
der *Wechselkurs* (PL die *Wechselkurse*)

excited ADJECTIVE
aufgeregt

exciting ADJECTIVE
aufregend
excuse NOUN
see also excuse VERB
die *Entschuldigung*
to **excuse** VERB
see also excuse NOUN
◆ **Excuse me!** Entschuldigung!
ex-directory ADJECTIVE
◆ **She's ex-directory.** Ihre Nummer steht nicht im Telefonbuch.
to **execute** VERB
1 *hinrichten* (*kill*) (PERFECT *hat hingerichtet*)
2 *ausführen* (*plan*) (PERFECT *hat ausgeführt*)
execution NOUN
die *Hinrichtung* (*punishment*) ◇ *His execution took place yesterday.* Seine Hinrichtung fand gestern statt.
executive NOUN
(*in business*)
der *leitende Angestellte* (GEN des *leitenden Angestellten*, PL die *leitenden Angestellten*)
die *leitende Angestellte* (GEN der *leitenden Angestellten*)
◇ *He's an executive.* Er ist leitender Angestellter.
exercise NOUN
1 die *Übung* ◇ *an exercise book* ein Übungsheft
2 die *Bewegung* ◇ *You need more exercise.* Sie brauchen mehr Bewegung.
◆ **an exercise bike** ein Heimtrainer MASC
◆ **She does her exercises every morning.** Sie macht jeden Morgen ihre Gymnastik.
exhausted ADJECTIVE
erschöpft
exhaust fumes PL NOUN
die *Auspuffgase* NEUT PL
exhaust pipe NOUN
das *Auspuffrohr* (PL die *Auspuffrohre*)
exhibition NOUN
die *Ausstellung*
to **exist** VERB
existieren (PERFECT *hat existiert*)
◆ **It doesn't exist.** Das gibt es nicht.
exit NOUN
der *Ausgang* (*way out*) (PL die *Ausgänge*)
exotic ADJECTIVE
exotisch
to **expect** VERB
1 *erwarten* (PERFECT *hat erwartet*) ◇ *I'm expecting him for dinner.* Ich erwarte ihn zum Abendessen. ◇ *She's expecting a baby.* Sie erwartet ein Kind. ◇ *I didn't expect that from him.* Das habe ich von ihm nicht erwartet.
2 *annehmen* (PRESENT *nimmt an*, IMPERFECT *nahm an*, PERFECT *hat angenommen*) ◇ *I expect he'll be late.* Ich nehme an, dass er sich verspäten wird. ◇ *I expect so.* Das nehme ich mal an.
expedition NOUN
die *Expedition*
to **expel** VERB
◆ **to get expelled** (*from school*) von der Schule verwiesen werden
expenses PL NOUN
die *Kosten* PL
expensive ADJECTIVE
teuer
experience NOUN
die *Erfahrung*
experienced ADJECTIVE
erfahren
experiment NOUN
das *Experiment* (PL die *Experimente*)
expert NOUN
der *Fachmann* (PL die *Fachleute*)
die *Fachfrau*
◇ *He's a computer expert.* Er ist ein Computerfachmann.
◆ **He's an expert cook.** Er kocht ausgezeichnet.
to **expire** VERB
ablaufen (*passport*) (PRESENT *läuft ab*, IMPERFECT *lief ab*, PERFECT *ist abgelaufen*)
to **explain** VERB
erklären (PERFECT *hat erklärt*)
explanation NOUN
die *Erklärung*
to **explode** VERB
explodieren (PERFECT *ist explodiert*)
to **exploit** VERB
ausbeuten (PERFECT *hat ausgebeutet*)
exploitation NOUN
die *Ausbeutung*
to **explore** VERB
erkunden (*place*) (PERFECT *hat erkundet*)
explorer NOUN
der *Forscher* (PL die *Forscher*)
die *Forscherin*
explosion NOUN
die *Explosion*
explosive ADJECTIVE
see also explosive NOUN
explosiv
explosive NOUN
see also explosive ADJECTIVE
der *Sprengstoff* (PL die *Sprengstoffe*)
to **express** VERB
ausdrücken (PERFECT *hat ausgedrückt*)
◆ **to express oneself** sich ausdrücken ◇ *It's not easy to express oneself in a foreign language.* Es ist nicht einfach, sich in einer fremden Sprache auszudrücken.
expression NOUN
der *Ausdruck* (PL die *Ausdrücke*)
◆ **It's an English expression.** Das ist eine englische Redewendung.
expressway NOUN
die *Schnellstraße*
extension NOUN
1 der *Anbau* (*of building*) (PL die *Anbauten*)
2 der *Apparat* (*telephone*) (PL die *Apparate*)
◆ **Extension 3137, please.** Apparat 3137, bitte.
extent NOUN
◆ **to some extent** in gewisser Weise

E

exterior ADJECTIVE
äußere ◇ *the exterior walls* die äußeren Wände

extinct ADJECTIVE
◆ **to become extinct** aussterben
◆ **to be extinct** ausgestorben sein ◇ *The species is almost extinct.* Diese Art ist fast ausgestorben.

extinguisher NOUN
der *Feuerlöscher* (*fire extinguisher*) (PL die *Feuerlöscher*)

extortionate ADJECTIVE
überzogen

extra ADJECTIVE, ADVERB
zusätzlich ◇ *an extra blanket* eine zusätzliche Decke
◆ **to pay extra** extra bezahlen
◆ **Breakfast is extra.** Frühstück wird extra berechnet.
◆ **It costs extra.** Das kostet extra.

extraordinary ADJECTIVE
außergewöhnlich

extravagant ADJECTIVE
verschwenderisch (*person*)

extreme ADJECTIVE
extrem

extremely ADVERB
äußerst

extremist NOUN
der *Extremist* (GEN des *Extremisten*, PL die *Extremisten*)
die *Extremistin*

eye NOUN
das *Auge* (PL die *Augen*) ◇ *I've got green eyes.* Ich habe grüne Augen.
◆ **to keep an eye on something** auf etwas aufpassen

eyebrow NOUN
die *Augenbraue*

eyelash NOUN
(PL **eyelashes**)
die *Wimper*

eyelid NOUN
das *Augenlid* (PL die *Augenlider*)

eyeliner NOUN
der *Eyeliner* (PL die *Eyeliner*)

eye shadow NOUN
der *Lidschatten* (PL die *Lidschatten*)

eyesight NOUN
das *Sehvermögen* ◇ *Her eyesight is deteriorating.* Ihr Sehvermögen lässt nach.
◆ **to have good eyesight** gute Augen haben

F

fabric NOUN
der *Stoff* (PL die *Stoffe*)

fabulous ADJECTIVE
traumhaft ◇ *The show was fabulous.* Die Show war traumhaft.

face NOUN
see also face VERB
1 das *Gesicht* (of person) (PL die *Gesichter*)
2 das *Zifferblatt* (of clock) (PL die *Zifferblätter*)
3 die *Wand* (of cliff) (PL die *Wände*)
◆ **on the face of it** auf den ersten Blick
◆ **in the face of these difficulties** angesichts dieser Schwierigkeiten
◆ **face to face** Auge in Auge
◆ **a face cloth** ein Waschlappen MASC

to **face** VERB
see also face NOUN
konfrontiert sein mit (place, problem) (PRESENT *ist konfrontiert mit*, IMPERFECT *war konfrontiert mit*, PERFECT *ist konfrontiert gewesen mit*)
◆ **to face up to something** sich einer Sache stellen ◇ *You must face up to your responsibilities.* Sie müssen sich Ihrer Verantwortung stellen.

facilities PL NOUN
die *Einrichtungen* FEM PL
◆ **This school has excellent facilities.** Diese Schule ist ausgezeichnet ausgestattet.
◆ **toilet facilities** Toiletten FEM PL
◆ **cooking facilities** die Kochgelegenheit SING

fact NOUN
die *Tatsache*
◆ **in fact** tatsächlich

factory NOUN
(PL **factories**)
die *Fabrik*

to **fade** VERB
1 *verblassen* (colour) (PRESENT *verblasst*, IMPERFECT *verblasste*, PERFECT *ist verblasst*) ◇ *The colour has faded in the sun.* Die Farbe ist in der Sonne verblasst.
◆ **My jeans have faded.** Meine Jeans sind verbleicht.
2 *schwächer werden* (PRESENT *wird schwächer*, IMPERFECT *wurde schwächer*, PERFECT *ist schwächer geworden*) ◇ *The light was fading fast.* Das Licht wurde schnell schwächer.
3 *abnehmen* (PRESENT *nimmt ab*, IMPERFECT *nahm ab*, PERFECT *hat abgenommen*) ◇ *The noise gradually faded.* Der Lärm nahm allmählich ab.

to **fail** VERB
see also fail NOUN
1 *durchfallen in* +DAT (PRESENT *fällt durch*, IMPERFECT *fiel durch*, PERFECT *ist durchgefallen*) ◇ *I failed the history exam.* Ich bin in der Geschichtsprüfung durchgefallen.
2 *durchfallen* ◇ *In our class, no one failed.* In unserer Klasse ist niemand durchgefallen.
3 *versagen* (PERFECT *hat versagt*) ◇ *My brakes failed.* Meine Bremsen haben versagt.
◆ **to fail to do something** etwas nicht tun ◇ *She failed to return her library books.* Sie hat die Bücher aus der Bücherei nicht zurückgebracht.

fail NOUN
see also fail VERB
◆ **without fail** ganz bestimmt

failure NOUN
1 das *Versagen* ◇ *a mechanical failure* ein mechanisches Versagen
◆ **feelings of failure** das Gefühl zu versagen
2 der *Versager* (PL die *Versager*)
die *Versagerin*
◇ *He's a failure.* Er ist ein Versager.

faint ADJECTIVE
see also faint VERB
schwach ◇ *His voice was very faint.* Seine Stimme war sehr schwach.
◆ **I feel faint.** Mir ist schwindlig.

to **faint** VERB
see also faint ADJECTIVE
ohnmächtig werden (PRESENT *wird ohnmächtig*, IMPERFECT *wurde ohnmächtig*, PERFECT *ist ohnmächtig geworden*) ◇ *All of a sudden she fainted.* Plötzlich wurde sie ohnmächtig.

fair ADJECTIVE
see also fair NOUN
1 *fair* ◇ *That's not fair.* Das ist nicht fair.
2 *blond* (hair) ◇ *He's got fair hair.* Er hat blonde Haare.
3 *hell* (skin) ◇ *people with fair skin* Menschen mit heller Haut
4 *schön* (weather) ◇ *The weather was fair.* Das Wetter war schön.
5 *gut* (good enough) ◇ *I have a fair chance of winning.* Ich habe gute Gewinnchancen.
6 *ordentlich* (sizeable) ◇ *That's a fair distance.* Das ist eine ordentliche Entfernung.

fair NOUN
see also fair ADJECTIVE
das *Volksfest* (PL die *Volksfeste*) ◇ *They went to the fair.* Sie sind aufs Volksfest gegangen.
◆ **a trade fair** eine Handelsmesse

fairly ADVERB
1 *gerecht* ◇ *The cake was divided fairly.* Der Kuchen wurde gerecht verteilt.
2 *ziemlich* (quite) ◇ *That's fairly good.* Das ist ziemlich gut.

fairness NOUN
die *Fairness* ⚠

fairy NOUN
(PL **fairies**)
die *Fee*

fairy tale NOUN
das *Märchen* (PL die *Märchen*)

faith NOUN
[1] der *Glaube* (GEN des *Glaubens*) ◇ *the Catholic faith* der katholische Glaube
[2] das *Vertrauen* ◇ *People have lost faith in the government.* Die Menschen haben das Vertrauen in die Regierung verloren.

faithful ADJECTIVE
treu

faithfully ADVERB
◆ **Yours faithfully...** (*in letter*) Hochachtungsvoll...

fake NOUN
see also fake ADJECTIVE
die *Fälschung* ◇ *The painting was a fake.* Das Gemälde war eine Fälschung.

fake ADJECTIVE
see also fake NOUN
gefälscht ◇ *a fake certificate* eine gefälschte Urkunde
◆ **She wore fake fur.** Sie trug eine Pelzimitation.

fall NOUN
see also fall VERB
[1] der *Sturz* (GEN des *Sturzes*, PL die *Stürze*)
◆ **She had a nasty fall.** Sie ist übel gestürzt.
◆ **a fall of snow** ein Schneefall MASC
◆ **the Niagara Falls** die Niagarafälle
[2] der *Herbst* (*autumn*) (PL die *Herbste*)
◇ *in fall* im Herbst

to **fall** VERB
(**fell, fallen**)
see also fall NOUN
[1] *hinfallen* (PRESENT *fällt hin*, IMPERFECT *fiel hin*, PERFECT *ist hingefallen*) ◇ *He tripped and fell.* Er ist gestolpert und hingefallen.
[2] *fallen* ◇ *Prices are falling.* Die Preise fallen.
◆ **to fall down (1)** (*person*) hinfallen ◇ *She's fallen down.* Sie ist hingefallen.
◆ **to fall down (2)** (*building*) einfallen ◇ *The wall fell down.* Die Mauer ist eingefallen.
◆ **to fall for (1)** hereinfallen auf +ACC ◇ *They fell for it.* Sie sind darauf hereingefallen.
◆ **to fall for (2)** sich verlieben in +ACC ◇ *She's falling for him.* Sie ist dabei, sich in ihn zu verlieben.
◆ **to fall off** herunterfallen von ◇ *The book fell off the shelf.* Das Buch ist vom Regal heruntergefallen.
◆ **to fall through** ins Wasser fallen ◇ *Our plans have fallen through.* Unsere Pläne sind ins Wasser gefallen.

false ADJECTIVE
falsch
◆ **a false alarm** falscher Alarm
◆ **false teeth** das Gebiss

fame NOUN
der *Ruhm*

familiar ADJECTIVE
vertraut ◇ *a familiar face* ein vertrautes Gesicht
◆ **to be familiar with something** mit etwas vertraut sein ◇ *I'm familiar with his work.* Ich bin mit seiner Arbeit vertraut.

family NOUN
(PL **families**)
die *Familie*
◆ **the Airlie family** Familie Airlie

famine NOUN
die *Hungersnot* (PL die *Hungersnöte*)

famous ADJECTIVE
berühmt

fan NOUN
[1] der *Fächer* (*hand-held*) (PL die *Fächer*)
[2] der *Ventilator* (*electric*) (PL die *Ventilatoren*)
[3] der *Fan* (*of person, band, sport*) (PL die *Fans*)
der Fan *is also used for women.*
◇ *I'm a fan of Oasis.* Ich bin ein Fan von Oasis. ◇ *football fans* Fußballfans

fanatic NOUN
der *Fanatiker* (PL die *Fanatiker*)
die *Fanatikerin*

to **fancy** VERB
(**fancied**)
◆ **to fancy something** Lust auf etwas haben ◇ *I fancy an ice cream.* Ich habe Lust auf ein Eis.
◆ **to fancy doing something** Lust haben, etwas zu tun
◆ **He fancies her.** Er steht auf sie.

fancy dress NOUN
das *Kostüm* (PL die *Kostüme*)
◆ **He was wearing fancy dress.** Er war kostümiert.
◆ **a fancy-dress ball** ein Kostümball MASC

fantastic ADJECTIVE
phantastisch

far ADJECTIVE, ADVERB
weit ◇ *Is it far?* Ist es weit? ◇ *How far is it?* Wie weit ist es? ◇ *How far is it to Geneva?* Wie weit ist es nach Genf?
◆ **far from (1)** weit entfernt von ◇ *It's not far from London.* Es ist nicht weit von London entfernt.
◆ **far from (2)** überhaupt nicht ◇ *It's far from easy.* Es ist überhaupt nicht einfach.
◆ **How far have you got?** (*with a task*) Wie weit bist du gekommen?
◆ **at the far end** am anderen Ende ◇ *at the far end of the room* am anderen Ende des Zimmers
◆ **far better** viel besser
◆ **as far as I know** so viel ich weiß

fare NOUN
der *Fahrpreis* (PL die *Fahrpreise*)
◆ **half fare** halber Preis
◆ **full fare** voller Preis

Far East NOUN
der *Ferne Osten* ◇ *in the Far East* im Fernen Osten

farm NOUN
der *Bauernhof* (PL die *Bauernhöfe*)

farmer NOUN
der *Bauer* (GEN des *Bauern*, PL die *Bauern*)
die *Bäuerin*

◇ *He's a farmer.* Er ist Bauer.

farmhouse NOUN
das ***Bauernhaus*** (GEN des ***Bauernhauses***, PL die ***Bauernhäuser***)

farming NOUN
die ***Landwirtschaft***
◆ **dairy farming** die Milchwirtschaft

fascinating ADJECTIVE
faszinierend

fashion NOUN
die ***Mode***
◆ **in fashion** in Mode

fashionable ADJECTIVE
modisch ◇ *Jane wears very fashionable clothes.* Jane trägt sehr modische Kleidung.
◆ **a fashionable restaurant** ein Restaurant, das in Mode ist

fast ADJECTIVE, ADVERB
schnell ◇ *He can run fast.* Er kann schnell laufen. ◇ *a fast car* ein schnelles Auto
◆ **That clock's fast.** Die Uhr geht vor.
◆ **He's fast asleep.** Er schläft fest.

fat ADJECTIVE
see also fat NOUN
dick (*person*)

fat NOUN
see also fat ADJECTIVE
das ***Fett*** (PL die ***Fette***)
◆ **It's very high in fat.** Es ist sehr fett.

fatal ADJECTIVE
1 ***tödlich*** (*causing death*) ◇ *a fatal accident* ein tödlicher Unfall
2 ***fatal*** (*disastrous*) ◇ *He made a fatal mistake.* Er machte einen fatalen Fehler.

father NOUN
der ***Vater*** (PL die ***Väter***) ◇ *my father* mein Vater
◆ **Father Christmas** der Weihnachtsmann

father-in-law NOUN
(PL **fathers-in-law**)
der ***Schwiegervater*** (PL die ***Schwiegerväter***)

faucet NOUN
der ***Wasserhahn*** (PL die ***Wasserhähne***)

fault NOUN
1 die ***Schuld*** (*mistake*) ◇ *It's my fault.* Es ist meine Schuld.
2 der ***Fehler*** (*defect*) (PL die ***Fehler***) ◇ *a mechanical fault* ein mechanischer Fehler

faulty ADJECTIVE
defekt ◇ *This machine is faulty.* Die Maschine ist defekt.

favour NOUN
der ***Gefallen*** (PL die ***Gefallen***)
◆ **to do somebody a favour** jemandem einen Gefallen tun ◇ *Could you do me a favour?* Könntest du mir einen Gefallen tun?
◆ **to be in favour of something** für etwas sein ◇ *I'm in favour of nuclear disarmament.* Ich bin für nukleare Abrüstung.

favourite ADJECTIVE
see also favourite NOUN
◆ **Blue's my favourite colour.** Blau ist meine Lieblingsfarbe.

favourite NOUN
see also favourite ADJECTIVE
1 der ***Liebling*** (PL die ***Lieblinge***)
der Liebling *is also used for women.*
◇ *She's his favourite.* Sie ist sein Liebling.
2 der ***Favorit*** (PL die ***Favoriten***)
die ***Favoritin***
◇ *Liverpool are favourites to win the Cup.* Der FC Liverpool ist Favorit für den Pokal.

fax NOUN
see also fax VERB
das ***Fax*** (GEN des ***Fax***, PL die ***Faxe***)

to **fax** VERB
see also fax NOUN
faxen

fear NOUN
see also fear VERB
die ***Furcht***

to **fear** VERB
see also fear NOUN
befürchten ◇ *You have nothing to fear.* Sie haben nichts zu befürchten.

feather NOUN
die ***Feder***

feature NOUN
die ***Eigenschaft*** (*of person, object*) ◇ *an important feature* eine wichtige Eigenschaft

February NOUN
der ***Februar*** ◇ *in February* im Februar

fed VERB *see* **feed**

fed up ADJECTIVE
◆ **to be fed up with something** etwas satt haben ◇ *I'm fed up with him.* Ich habe ihn satt.

to **feed** VERB
(**fed**, **fed**)
füttern ◇ *Have you fed the cat?* Hast du die Katze gefüttert?
◆ **He worked hard to feed his family.** Er arbeitete hart, um seine Familie zu ernähren.

to **feel** VERB
(**felt**, **felt**)
1 ***sich fühlen*** ◇ *I don't feel well.* Ich fühle mich nicht wohl. ◇ *I feel a bit lonely.* Ich fühle mich etwas einsam.
2 ***spüren*** ◇ *I didn't feel much pain.* Ich habe keine großen Schmerzen gespürt.
3 ***befühlen*** (PERFECT ***hat befühlt***) ◇ *The doctor felt his forehead.* Der Arzt hat ihm die Stirn befühlt.
◆ **I was feeling hungry.** Ich hatte Hunger.
◆ **I was feeling cold, so I went inside.** Mir war kalt, also bin ich ins Haus gegangen.
◆ **I feel like...** (*want*) Ich habe Lust auf... ◇ *Do you feel like an ice cream?* Hast du Lust auf ein Eis?

feeling NOUN
das ***Gefühl*** (PL die ***Gefühle***) ◇ *a feeling of satisfaction* ein Gefühl der Befriedigung

feet PL NOUN *see* **foot**

fell VERB *see* **fall**

felt VERB *see* **feel**

felt-tip pen NOUN
der ***Filzschreiber*** (PL die ***Filzschreiber***)

F

female ADJECTIVE
see also **female** NOUN
weiblich ◇ *a female animal* ein weibliches Tier ◇ *the female sex* das weibliche Geschlecht
In many cases, the ending indicates clearly whether the noun refers to a man or a woman and there is therefore no need for the word **female.**
◇ *male and female students* Studenten und Studentinnen

female NOUN
see also **female** ADJECTIVE
das ***Weibchen*** (*animal*) (PL die ***Weibchen***)

feminine ADJECTIVE
feminin

feminist NOUN
der ***Feminist*** (GEN des ***Feministen***, PL die ***Feministen***)
die ***Feministin***

fence NOUN
der ***Zaun*** (PL die ***Zäune***)

fern NOUN
der ***Farn*** (PL die ***Farne***)

ferocious ADJECTIVE
wild

ferry NOUN
(PL **ferries**)
die ***Fähre***

fertile ADJECTIVE
fruchtbar

fertilizer NOUN
das ***Düngemittel*** (PL die ***Düngemittel***)

festival NOUN
das ***Festival*** (PL die ***Festivals***) ◇ *a jazz festival* ein Jazzfestival

to **fetch** VERB
1 ***holen*** ◇ *Fetch the bucket.* Hol den Eimer.
2 ***einbringen*** (*sell for*) (IMPERFECT ***brachte ein***, PERFECT ***hat eingebracht***) ◇ *His painting fetched five thousand pounds.* Sein Bild hat fünftausend Pfund eingebracht.

fever NOUN
das ***Fieber*** (*temperature*)

few ADJECTIVE, PRONOUN
wenige (*not many*) ◇ *few books* wenige Bücher
◆ **a few** ein paar ◇ *a few hours* ein paar Stunden ◇ *How many apples do you want? – A few.* Wie viele Äpfel willst du? – Ein paar.
◆ **quite a few people** einige Leute

fewer ADJECTIVE
weniger ◇ *There are fewer people than there were yesterday.* Es sind weniger Leute da als gestern. ◇ *There are fewer pupils in this class.* In dieser Klasse sind weniger Schüler.

fiancé NOUN
der ***Verlobte*** (GEN des ***Verlobten***, PL die ***Verlobten***) ◇ *He's my fiancé.* Er ist mein Verlobter.

fiancée NOUN
die ***Verlobte*** (GEN der ***Verlobten***, PL die ***Verlobten***) ◇ *She's my fiancée.* Sie ist meine Verlobte.

fiction NOUN
die ***Romane*** MASC PL (*novels*)

field NOUN
1 das ***Feld*** (*in countryside*) (PL die ***Felder***) ◇ *a field of wheat* ein Weizenfeld
2 der ***Platz*** (*for sport*) (GEN des ***Platzes***, PL die ***Plätze***) ◇ *a football field* ein Fußballplatz
3 das ***Gebiet*** (*subject*) (PL die ***Gebiete***) ◇ *He's an expert in his field.* Er ist Fachmann auf seinem Gebiet.

fierce ADJECTIVE
1 ***gefährlich*** ◇ *The dog looked very fierce.* Der Hund sah sehr gefährlich aus.
2 ***heftig*** ◇ *a fierce attack* ein heftiger Angriff
◆ **The wind was very fierce.** Es wehte ein sehr scharfer Wind.

fifteen NUMBER
fünfzehn ◇ *I'm fifteen.* Ich bin fünfzehn.

fifth ADJECTIVE
fünfte ◇ *the fifth floor* der fünfte Stock ◇ *the fifth of August* der fünfte August

fifty NUMBER
fünfzig ◇ *He's fifty.* Er ist fünfzig.

fifty-fifty ADJECTIVE, ADVERB
halbe-halbe ◇ *They split the prize money fifty-fifty.* Sie teilten das Preisgeld halbe-halbe.
◆ **a fifty-fifty chance** eine fifty-fifty Chance

fight NOUN
see also **fight** VERB
1 die ***Schlägerei*** ◇ *There was a fight in the pub.* In der Kneipe gab es eine Schlägerei.
2 der ***Kampf*** (PL die ***Kämpfe***) ◇ *the fight against cancer* der Kampf gegen Krebs

to **fight** VERB
(**fought, fought**)
see also **fight** NOUN
1 ***sich prügeln*** (*physically*) ◇ *They were fighting.* Sie haben sich geprügelt.
2 ***streiten*** (*quarrel*) (IMPERFECT ***stritt***, PERFECT ***hat gestritten***) ◇ *He's always fighting with his wife.* Er streitet dauernd mit seiner Frau.
3 ***bekämpfen*** (*combat*) (PERFECT ***hat bekämpft***) ◇ *The doctors tried to fight the disease.* Die Ärzte versuchten, die Krankheit zu bekämpfen.

fighting NOUN
die ***Schlägerei*** ◇ *Fighting broke out outside the pub.* Vor der Kneipe kam es zu einer Schlägerei.

figure NOUN
1 die ***Zahl*** (*number*) ◇ *Can you give me the exact figures?* Können Sie mir genaue Zahlen nennen?
2 die ***Gestalt*** (*outline of person*) ◇ *Mary saw the figure of a man on the bridge.* Mary sah die Gestalt eines Mannes auf der Brücke.
3 die ***Figur*** (*shape*) ◇ *She's got a good figure.* Sie hat eine gute Figur. ◇ *I have to watch my figure.* Ich muss auf meine Figur achten.

[4] die ***Persönlichkeit*** (*personality*) ◇ *She's an important political figure.* Sie ist eine wichtige politische Persönlichkeit.

to **figure out** VERB

[1] ***ausrechnen*** (PERFECT ***hat ausgerechnet***) ◇ *I'll try to figure out how much it'll cost.* Ich versuche auszurechnen, wie viel das kostet.

[2] ***herausfinden*** (IMPERFECT ***fand heraus***, PERFECT ***hat herausgefunden***) ◇ *I couldn't figure out what it meant.* Ich konnte nicht herausfinden, was das bedeutet.

[3] ***schlau werden aus*** (PRESENT ***wird schlau***, IMPERFECT ***wurde schlau***, PERFECT ***ist schlau geworden***) ◇ *I can't figure him out at all.* Ich werde aus ihm überhaupt nicht schlau.

file NOUN

see also file VERB

[1] die ***Akte*** (*document*) ◇ *Have we got a file on the suspect?* Haben wir über den Verdächtigen eine Akte?

[2] die ***Aktenmappe*** (*folder*) ◇ *She keeps all her letters in a cardboard file.* Sie bewahrt all ihre Briefe in einer Aktenmappe auf.

[3] der ***Aktenordner*** (*ring binder*) (PL die ***Aktenordner***)

[4] die ***Datei*** (*on computer*)

[5] die ***Feile*** (*for nails, metal*)

to **file** VERB

see also file NOUN

[1] ***abheften*** (*papers*) (PERFECT ***hat abgeheftet***)

[2] ***feilen*** (*nails, metal*) ◇ *I'll have to file my nails.* Ich muss mir die Nägel feilen.

to **fill** VERB

füllen ◇ *She filled the glass with water.* Sie füllte das Glas mit Wasser.

◆ **to fill in (1)** ausfüllen ◇ *Can you fill this form in please?* Können Sie bitte dieses Formular ausfüllen?

◆ **to fill in (2)** auffüllen ◇ *He filled the hole in with soil.* Er füllte das Loch mit Erde auf.

◆ **to fill up** voll machen ◇ *He filled the cup up to the brim.* Er machte die Tasse bis zum Rand voll.

◆ **Fill it up, please.** (*at petrol station*) Volltanken, bitte.

film NOUN

der ***Film*** (PL die ***Filme***)

film star NOUN

der ***Filmstar*** (PL die ***Filmstars***)

der Filmstar *is also used for women.*

◇ *She's a film star.* Sie ist ein Filmstar.

filthy ADJECTIVE

schmutzig

final ADJECTIVE

see also final NOUN

[1] ***letzte*** (*last*) ◇ *our final match of the season* unser letztes Spiel der Saison

[2] ***endgültig*** (*definite*) ◇ *a final decision* eine endgültige Entscheidung

◆ **I'm not going and that's final.** Ich gehe nicht, und damit basta.

final NOUN

see also final ADJECTIVE

das ***Finale*** (PL die ***Finale***) ◇ *Boris Becker is in the final.* Boris Becker ist im Finale.

finally ADVERB

[1] ***schließlich*** (*lastly*) ◇ *Finally, I would like to say...* Und schließlich möchte ich sagen...

[2] ***letztendlich*** (*eventually*) ◇ *They finally decided to leave on Saturday instead of Friday.* Sie haben letztendlich beschlossen, am Samstag statt am Freitag zu fahren.

to **find** VERB

(**found, found**)

finden (IMPERFECT ***fand***, PERFECT ***hat gefunden***) ◇ *I can't find the exit.* Ich kann den Ausgang nicht finden. ◇ *Did you find your pen?* Hast du deinen Schreiber gefunden?

◆ **to find something out** etwas herausfinden ◇ *I'm determined to find out the truth.* Ich bin entschlossen, die Wahrheit herauszufinden.

◆ **to find out about (1)** (*make enquiries*) sich erkundigen nach ◇ *Try to find out about the cost of a hotel.* Versuche, dich nach dem Preis für ein Hotel zu erkundigen.

◆ **to find out about (2)** (*by chance*) erfahren ◇ *I found out about their affair.* Ich habe von ihrem Verhältnis erfahren.

fine ADJECTIVE, ADVERB

see also fine NOUN

[1] ***ausgezeichnet*** (*very good*) ◇ *He's a fine musician.* Er ist ein ausgezeichneter Musiker.

◆ **How are you?–I'm fine.** Wie geht's?–Gut!

◆ **I feel fine.** Mir geht's gut.

◆ **The weather is fine today.** Das Wetter ist heute schön.

[2] ***fein*** (*not coarse*) ◇ *She's got very fine hair.* Sie hat sehr feine Haare.

fine NOUN

see also fine ADJECTIVE

[1] die ***Geldbuße*** ◇ *She got a fifty-pound fine.* Sie hat eine Geldbuße von fünfzig Pfund bekommen.

[2] der ***Strafzettel*** (*for traffic offence*) (PL die ***Strafzettel***) ◇ *I got a fine for driving through a red light.* Ich habe einen Strafzettel bekommen, weil ich bei Rot über die Ampel gefahren bin.

finger NOUN

der ***Finger*** (PL die ***Finger***)

◆ **my little finger** mein kleiner Finger

fingernail NOUN

der ***Fingernagel*** (PL die ***Fingernägel***)

finish NOUN

see also finish VERB

das ***Finish*** (*of race*) (PL die ***Finishs***) ◇ *We saw the finish of the marathon.* Wir sahen das Finish des Marathonlaufs.

to **finish** VERB

see also finish NOUN

[1] ***fertig sein*** (PRESENT ***ist fertig***, IMPERFECT ***war fertig***, PERFECT ***ist fertig gewesen***) ◇ *I've finished!* Ich bin fertig!

[2] ***zu Ende sein*** (PRESENT ***ist zu Ende***,

IMPERFECT *war zu Ende*, PERFECT *ist zu Ende gewesen*) ◇ *The film has finished.* Der Film ist zu Ende.

◆ **I've finished the book.** Ich habe das Buch zu Ende gelesen.

◆ **to finish doing something** etwas zu Ende machen ◇ *Let me finish writing this letter.* Lass mich den Brief zu Ende schreiben.

Finland NOUN
Finnland NEUT
◆ **from Finland** aus Finnland
◆ **to Finland** nach Finnland

Finn NOUN
der *Finne* (GEN des *Finnen*, PL die *Finnen*)
die *Finnin*

Finnish ADJECTIVE
see also Finnish NOUN
finnisch
◆ **She's Finnish.** Sie ist Finnin.

Finnish NOUN
see also Finnish ADJECTIVE
das *Finnisch* (*language*) (GEN des *Finnischen*)

fire NOUN
see also fire VERB
1 das *Feuer* (PL die *Feuer*) ◇ *He made a fire to warm himself up.* Er machte ein Feuer, um sich aufzuwärmen.
◆ **to be on fire** brennen
2 der *Brand* (*accidental*) (PL die *Brände*)
◆ **The house was destroyed by fire.** Das Haus ist abgebrannt.
3 die *Heizung* (*heater*) ◇ *Turn the fire on.* Mach die Heizung an.
◆ **the fire brigade** die Feuerwehr
◆ **a fire alarm** ein Feueralarm MASC
◆ **a fire engine** ein Feuerwehrauto NEUT
◆ **a fire escape** (*stairs*) eine Feuertreppe
◆ **a fire extinguisher** ein Feuerlöscher MASC
◆ **a fire station** eine Feuerwehrstation

to **fire** VERB
see also fire NOUN
schießen (*shoot*) (IMPERFECT *schoss*, PERFECT *hat geschossen*) ◇ *She fired twice.* Sie hat zweimal geschossen.
◆ **to fire at somebody** auf jemanden schießen ◇ *The terrorist fired at the crowd.* Der Terrorist hat in die Menge geschossen.
◆ **to fire a gun** einen Schuss abgeben
◆ **to fire somebody** jemanden feuern ◇ *He was fired from his job.* Er wurde aus seinem Job gefeuert.

fireman NOUN
(PL **firemen**)
der *Feuerwehrmann* (PL die *Feuerwehrleute*) ◇ *He's a fireman.* Er ist Feuerwehrmann.

fireplace NOUN
der *offene Kamin* (PL die *offenen Kamine*)

fireworks PL NOUN
das *Feuerwerk* (PL die *Feuerwerke*) ◇ *Are you going to see the fireworks?* Seht ihr euch das Feuerwerk an?

firm ADJECTIVE
see also firm NOUN
streng ◇ *to be firm with somebody* streng mit jemandem sein

firm NOUN
see also firm ADJECTIVE
die *Firma* (PL die *Firmen*) ◇ *He works for a large firm in London.* Er arbeitet für eine große Firma in London.

first ADJECTIVE, ADVERB
see also first NOUN
1 *erste* ◇ *the first of September* der erste September ◇ *my first boyfriend* mein erster Freund ◇ *the first time* das erste Mal
◆ **Rachel came first.** (*in exam, race*) Rachel war Erste.
◆ **John came first.** (*in exam, race*) John war Erster.
2 *zuerst* ◇ *I want to get a job, but first I have to pass my exams.* Ich will mir einen Job suchen, aber zuerst muss ich meine Prüfung bestehen.
◆ **first of all** zuallererst

first NOUN
see also first ADJECTIVE
der *Erste* (GEN des *Ersten*, PL die *Ersten*)
die *Erste* (GEN der *Ersten*)
◇ *She was the first to arrive.* Sie ist als Erste angekommen.
◆ **at first** zuerst

first aid NOUN
die *Erste Hilfe*
◆ **a first aid kit** ein Verbandszeug NEUT

first-class ADJECTIVE
1 *erster Klasse* ◇ *a first-class ticket* ein Ticket erster Klasse
2 *erstklassig* ◇ *a first-class meal* ein erstklassiges Essen

In Germany there is no first-class or second-class post. However, letters cost more to send than postcards, so you have to remember to say what you are sending when buying stamps. There is also an express service.

firstly ADVERB
1 *zuerst* ◇ *Firstly, let's see what the book is about.* Wir wollen erst mal sehen, wovon das Buch handelt.
2 *erstens* ◇ *firstly...secondly...* erstens...zweitens...

fish NOUN
see also fish VERB
der *Fisch* (PL die *Fische*) ◇ *I caught three fish.* Ich habe drei Fische gefangen. ◇ *I don't like fish.* Ich mag Fisch nicht.

to **fish** VERB
see also fish NOUN
fischen
◆ **to go fishing** fischen gehen ◇ *We went fishing in the River Dee.* Wir haben im River Dee gefischt.

fisherman NOUN
(PL **fishermen**)
der *Fischer* (PL die *Fischer*) ◇ *He's a*

fisherman. Er ist Fischer.

fishing NOUN
das ***Angeln*** ◇ *My hobby is fishing.* Angeln ist mein Hobby.

fishing boat NOUN
das ***Fischerboot*** (PL die ***Fischerboote***)

fishing rod NOUN
die ***Angel***

fishing tackle NOUN
das ***Angelzeug***

fish stick NOUN
das ***Fischstäbchen*** (PL die ***Fischstäbchen***)

fist NOUN
die ***Faust*** (PL die ***Fäuste***)

to **fit** VERB
see also fit ADJECTIVE, NOUN
[1] ***passen*** (*be the right size*) (PRESENT ***passt***, IMPERFECT ***passte***, PERFECT ***hat gepasst***)
◇ *Does it fit?* Passt es? ◇ *These trousers don't fit me.* (*wrong size*) Diese Hose passt mir nicht.
[2] ***einbauen*** (*fix up*) (PERFECT ***hat eingebaut***)
◇ *He fitted an alarm in his car.* Er hat eine Alarmanlage in sein Auto eingebaut.
[3] ***anbringen*** (*attach*) (IMPERFECT ***brachte an***, PERFECT ***hat angebracht***) ◇ *She fitted a plug to the hair dryer.* Sie brachte am Föhn einen Stecker an.
◆ **to fit in (1)** (*match up*) passen zu ◇ *That story doesn't fit in with what he told us.* Diese Geschichte passt nicht zu dem, was er uns gesagt hat.
◆ **to fit in (2)** (*person*) sich einpassen ◇ *She fitted in well at her new school.* Sie hat sich in ihrer neuen Schule gut eingepasst.

fit ADJECTIVE
see also fit VERB, NOUN
fit (*healthy*) ◇ *He felt relaxed and fit after his holiday.* Nach seinem Urlaub fühlte er sich entspannt und fit.

fit NOUN
see also fit ADJECTIVE, VERB
◆ **to have a fit (1)** (*epileptic*) einen Anfall haben
◆ **to have a fit (2)** (*be angry*) Zustände bekommen ◇ *My Mum will have a fit when she sees the carpet!* Meine Mutter bekommt Zustände, wenn sie den Teppich sieht!

fitted carpet NOUN
der ***Teppichboden*** (PL die ***Teppichböden***)

fitted kitchen NOUN
die ***Einbauküche***

fitting room NOUN
die ***Umkleidekabine***

five NUMBER
fünf ◇ *He's five.* Er ist fünf.

to **fix** VERB
[1] ***reparieren*** (*mend*) (PERFECT ***hat repariert***)
◇ *Can you fix my bike?* Kannst du mein Fahrrad reparieren?
[2] ***festlegen*** (*decide*) (PERFECT ***hat festgelegt***)
◇ *Let's fix a date for the party.* Lass uns einen Tag für die Party festlegen. ◇ *They fixed a price for the car.* Sie haben einen Preis für das Auto festgelegt.
[3] ***machen*** ◇ *Janice fixed some food for us.* Janice hat uns etwas zum Essen gemacht.

fixed ADJECTIVE
festgesetzt ◇ *at a fixed price* zu einem festgesetzten Preis
◆ **at a fixed time** zu einer bestimmten Zeit
◆ **My parents have very fixed ideas.** Meine Eltern haben ziemlich festgelegte Ansichten.

fizzy ADJECTIVE
mit Kohlensäure ◇ *I don't like fizzy drinks.* Ich mag keine Getränke mit Kohlensäure.

flabby ADJECTIVE
wabbelig

flag NOUN
die ***Fahne***

flame NOUN
die ***Flamme***

flamingo NOUN
(PL **flamingos** *or* **flamingoes**)
der ***Flamingo*** (PL die ***Flamingos***)

flan NOUN
[1] der ***Kuchen*** (*sweet*) (PL die ***Kuchen***) ◇ *a raspberry flan* ein Himbeerkuchen
[2] die ***Quiche*** (*savoury*) (PL die ***Quiches***)
◇ *a cheese and onion flan* eine Käse-Zwiebel-Quiche

flannel NOUN
der ***Waschlappen*** (*for face*) (PL die ***Waschlappen***)

to **flap** VERB
flattern mit ◇ *The bird flapped its wings.* Der Vogel flatterte mit den Flügeln.

flash NOUN
(PL **flashes**)
see also flash VERB
das ***Blitzlicht*** (PL die ***Blitzlichter***) ◇ *Has your camera got a flash?* Hat dein Fotoapparat ein Blitzlicht?
◆ **a flash of lightning** ein Blitz MASC
◆ **in a flash** blitzschnell

to **flash** VERB
see also flash NOUN
[1] ***blinken*** ◇ *The police car's blue light was flashing.* Das Blaulicht des Polizeiautos blinkte.
[2] ***leuchten mit*** ◇ *They flashed a torch in his face.* Sie leuchteten ihm mit einer Taschenlampe ins Gesicht.
◆ **She flashed her headlights.** Sie betätigte die Lichthupe.

flask NOUN
die ***Thermosflasche*** ®

flat ADJECTIVE
see also flat NOUN
[1] ***flach*** ◇ *flat shoes* flache Schuhe
◆ **a flat roof** ein Flachdach NEUT
[2] ***platt*** (*tyre*) ◇ *I've got a flat tyre.* Ich habe einen platten Reifen.

flat NOUN
see also flat ADJECTIVE
die ***Wohnung*** ◇ *She lives in a flat.* Sie wohnt in einer Wohnung.

to **flatter** VERB
schmeicheln ◇ *Are you trying to flatter*

F

me? Willst du mir schmeicheln? ◇ *I feel flattered.* Ich fühle mich geschmeichelt.

flavour NOUN
der *Geschmack* (PL die *Geschmäcke*)
◇ *This cheese has a very strong flavour.* Dieser Käse hat einen sehr pikanten Geschmack.
◆ **Which flavour of ice cream would you like?** Was für ein Eis möchtest du?

flavouring NOUN
das *Aroma* (PL die *Aromen*)

flew VERB *see* **fly**

flexible ADJECTIVE
flexibel
◆ **flexible working hours** gleitende Arbeitszeit

to **flick** VERB
schnipsen ◇ *She flicked the ash off her jumper.* Sie schnipste die Asche von ihrem Pullover.
◆ **to flick through a book** ein Buch durchblättern

to **flicker** VERB
flackern ◇ *The light flickered.* Das Licht flackerte.

flight NOUN
der *Flug* (PL die *Flüge*) ◇ *What time is the flight to Munich?* Um wie viel Uhr geht der Flug nach München?
◆ **a flight of stairs** eine Treppe

to **fling** VERB
(**flung, flung**)
schmeißen (IMPERFECT *schmiss*, PERFECT *hat geschmissen*) ◇ *He flung the dictionary onto the floor.* Er schmiss das Wörterbuch auf den Boden.

to **float** VERB
schwimmen (IMPERFECT *schwamm*, PERFECT *ist geschwommen*) ◇ *A leaf was floating on the water.* Auf dem Wasser schwamm ein Blatt.

flock NOUN
◆ **a flock of sheep** eine Schafherde
◆ **a flock of birds** ein Vogelschwarm NEUT

flood NOUN
see also **flood** VERB
1 die *Überschwemmung* ◇ *The rain has caused many floods.* Der Regen hat zu vielen Überschwemmungen geführt.
2 die *Flut* ◇ *He received a flood of letters.* Er erhielt eine Flut von Briefen.

to **flood** VERB
see also **flood** NOUN
überschwemmen (PERFECT *hat überschwemmt*) ◇ *The river has flooded the village.* Der Fluss hat das Dorf überschwemmt.

flooding NOUN
die *Überschwemmung*

floor NOUN
1 der *Fußboden* (PL die *Fußböden*)
◆ **a tiled floor** ein Fliesenboden
◆ **on the floor** auf dem Boden
2 der *Stock* (*storey*) (PL die *Stock*)
◆ **the first floor** der erste Stock ◇ *on the first floor* im ersten Stock

Im amerikanischen Englisch bezeichnet **first floor** *das Erdgeschoss,* **second floor** *den ersten Stock usw.*

◆ **the ground floor** das Erdgeschoss

floppy disk NOUN
die *Diskette*

florist NOUN
der *Florist* (GEN des *Floristen*, PL die *Floristen*)
die *Floristin*

flour NOUN
das *Mehl* (PL die *Mehle*)

to **flow** VERB
fließen (IMPERFECT *floss*, PERFECT *ist geflossen*)
◇ *Water was flowing from the pipe.* Aus dem Rohr floss Wasser.

flower NOUN
see also **flower** VERB
die *Blume*

to **flower** VERB
see also **flower** NOUN
blühen

flown VERB *see* **fly**

flu NOUN
die *Grippe* ◇ *She's got flu.* Sie hat Grippe.

fluent ADJECTIVE
◆ **He speaks fluent German.** Er spricht fließend Deutsch.

flung VERB *see* **fling**

flush NOUN
see also **flush** VERB
die *Spülung* (*of toilet*)

to **flush** VERB
see also **flush** NOUN
◆ **to flush the toilet** spülen

flute NOUN
die *Querflöte* ◇ *I play the flute.* Ich spiele Querflöte.

fly NOUN
(PL **flies**)
see also **fly** VERB
die *Fliege* (*insect*)

to **fly** VERB
(**flies, flew, flown**)
see also **fly** NOUN
fliegen (IMPERFECT *flog*, PERFECT *ist geflogen*)
◇ *He flew from Berlin to New York.* Er flog von Berlin nach New York.
◆ **to fly away** wegfliegen ◇ *The bird flew away.* Der Vogel flog weg.

foal NOUN
das *Fohlen* (PL die *Fohlen*)

focus NOUN
(PL **focuses**)
see also **focus** VERB
◆ **to be out of focus** unscharf sein ◇ *The house is out of focus in this photo.* Das Haus ist auf diesem Foto unscharf.

to **focus** VERB
see also **focus** NOUN
scharf einstellen (PERFECT *hat scharf eingestellt*) ◇ *Try to focus the binoculars.*

Versuch, das Fernglas scharf einzustellen.
- **to focus on something (1)** (*with camera, telescope*) etwas auf etwas einstellen ◇ *The cameraman focused on the bird.* Der Kameramann stellte die Kamera auf den Vogel ein.
- **to focus on something (2)** (*concentrate*) sich auf etwas konzentrieren ◇ *Let's focus on the plot of the play.* Wir wollen uns auf die Handlung des Stücks konzentrieren.

fog NOUN
der ***Nebel*** (PL die ***Nebel***)

foggy ADJECTIVE
neblig ◇ *a foggy day* ein nebliger Tag

foil NOUN
die ***Alufolie*** (*kitchen foil*) ◇ *She wrapped the meat in foil.* Sie wickelte das Fleisch in Alufolie.

fold NOUN
see also fold VERB
die ***Falte***

to **fold** VERB
see also fold NOUN
falten ◇ *He folded the newspaper in half.* Er faltete die Zeitung in der Mitte zusammen.
- **to fold something up** etwas zusammenfalten
- **to fold one's arms** die Arme verschränken ◇ *She folded her arms.* Sie verschränkte die Arme.

folder NOUN
1 die ***Mappe*** ◇ *She kept all her letters in a folder.* Sie bewahrte all ihre Briefe in einer Mappe auf.
2 der ***Ordner*** (*ring binder*) (PL die ***Ordner***)

folding ADJECTIVE
- **a folding chair** ein Klappstuhl MASC
- **a folding bed** ein Klappbett NEUT

to **follow** VERB
folgen (PERFECT ***ist gefolgt***) ◇ *She followed him.* Sie folgte ihm.
- **You go first and I'll follow.** Geh du vor, ich komme nach.

following ADJECTIVE
folgend ◇ *the following day* am folgenden Tag

fond ADJECTIVE
- **to be fond of somebody** jemanden gern haben ◇ *I'm very fond of her.* Ich habe sie sehr gern.

food NOUN
die ***Nahrung***
- **We need to buy some food.** Wir müssen etwas zum Essen kaufen.
- **cat food** das Katzenfutter
- **dog food** das Hundefutter

fool NOUN
der ***Idiot*** (GEN des ***Idioten***, PL die ***Idioten***)
die ***Idiotin***

foot NOUN
(PL **feet**)
1 der ***Fuß*** (*of person*) (GEN des ***Fußes***, PL die ***Füße***) ◇ *My feet are aching.* Mir tun die Füße weh.
- **on foot** zu Fuß

2 der ***Fuß*** (*12 inches*) (PL die ***Fuß***)
In Germany measurements are in metres and centimetres rather than feet and inches. A foot is about 30 centimetres.
◇ *Dave is six foot tall.* Dave ist ein Meter achtzig groß. ◇ *That mountain is five thousand feet high.* Dieser Berg ist eintausendsechshundert Meter hoch.

football NOUN
der ***Fußball*** (PL die ***Fußbälle***) ◇ *I like playing football.* Ich spiele gern Fußball. ◇ *Paul threw the football over the fence.* Paul warf den Fußball über den Zaun.

football player NOUN
der ***Fußballspieler*** (PL die ***Fußballspieler***)
die ***Fußballspielerin***
◇ *He's a famous football player.* Er ist ein bekannter Fußballspieler.

footpath NOUN
der ***Fußweg*** (PL die ***Fußwege***) ◇ *Jane followed the footpath through the forest.* Jane ging den Fußweg durch den Wald entlang.

footprint NOUN
der ***Fußabdruck*** (PL die ***Fußabdrücke***) ◇ *He saw some footprints in the sand.* Er sah Fußabdrücke im Sand.

footstep NOUN
der ***Schritt*** (PL die ***Schritte***) ◇ *I can hear footsteps on the stairs.* Ich höre Schritte auf der Treppe.

for PREPOSITION
There are several ways of translating for. *Scan the examples to find one that is similar to what you want to say.*
1 ***für*** ◇ *a present for me* ein Geschenk für mich ◇ *He works for the government.* Er arbeitet für die Regierung. ◇ *I'll do it for you.* Ich mache es für dich. ◇ *Are you for or against the idea?* Bist du für oder gegen die Idee? ◇ *Oxford is famous for its university.* Oxford ist für seine Universität berühmt. ◇ *I sold it for five pounds.* Ich habe es für fünf Pfund verkauft.
- **What for?** Wofür? ◇ *Give me some money! – What for?* Gib mir Geld! – Wofür? ◇ *What's it for?* Wofür ist das?

When referring to periods of time, use **lang** *for the future and completed action in the past, and* **seit** *(with the German verb in the present tense) for something that started in the past and is still going on.*
2 ***lang*** ◇ *He worked in Germany for two years.* Er hat zwei Jahre lang in Deutschland gearbeitet. ◇ *She will be away for a month.* Sie wird einen Monat lang weg sein.
- **There are road works for three kilometres.** Es gibt dort über drei Kilometer Bauarbeiten.

3 ***seit*** ◇ *He's been learning German for two years.* Er lernt seit zwei Jahren Deutsch. ◇ *She's been away for a month.* Sie ist seit einem Monat weg.
- **What's the German for "lion"?** Wie sagt man "lion" auf Deutsch?
- **It's time for lunch.** Es ist Zeit zum

Mittagessen.

- **the train for London** der Zug nach London
- **for sale** zu verkaufen ◇ *The factory's for sale.* Die Fabrik ist zu verkaufen.

to **forbid** VERB
(**forbade**, **forbidden**)
verbieten (IMPERFECT ***verbot***, PERFECT ***hat verboten***)

- **to forbid somebody to do something** jemandem verbieten, etwas zu tun ◇ *I forbid you to go out tonight!* Ich verbiete dir, heute Abend auszugehen!

forbidden ADJECTIVE
verboten ◇ *Smoking is strictly forbidden.* Rauchen ist streng verboten.

force NOUN
see also force VERB
die ***Gewalt*** ◇ *the forces of nature* die Naturgewalten

- **The force of the explosion blew out all the windows.** Die Explosion war so stark, dass alle Fenster kaputtgingen.
- **in force** in Kraft ◇ *The new law has been in force since May.* Das neue Gesetz ist seit Mai in Kraft.

to **force** VERB
see also force NOUN
zwingen (IMPERFECT ***zwang***, PERFECT ***hat gezwungen***) ◇ *They forced him to open the safe.* Sie zwangen ihn, den Safe aufzumachen.

forecast NOUN

- **the weather forecast** die Wettervorhersage

foreground NOUN
der ***Vordergrund*** ◇ *in the foreground* im Vordergrund

forehead NOUN
die ***Stirn***

foreign ADJECTIVE
ausländisch

foreigner NOUN
der ***Ausländer*** (PL die ***Ausländer***)
die ***Ausländerin***

to **foresee** VERB
(**forsaw**, **forseen**)
vorhersehen (PRESENT ***sieht vorher***, IMPERFECT ***sah vorher***, PERFECT ***hat vorhergesehen***)
◇ *He had foreseen the problem.* Er hatte das Problem vorhergesehen.

forest NOUN
der ***Wald*** (PL die ***Wälder***)

forever ADVERB
1 ***für immer*** ◇ *He's gone forever.* Er ist für immer weg.
2 ***dauernd*** (*always*) ◇ *She's forever complaining.* Sie beklagt sich dauernd.

forgave VERB *see* **forgive**

to **forge** VERB
fälschen ◇ *She tried to forge his signature.* Sie versuchte, seine Unterschrift zu fälschen.

forged ADJECTIVE
gefälscht ◇ *forged banknotes* gefälschte Banknoten

to **forget** VERB
(**forgot**, **forgotten**)
vergessen (PRESENT ***vergisst***, IMPERFECT ***vergaß***, PERFECT ***hat vergessen***) ◇ *I've forgotten his name.* Ich habe seinen Namen vergessen. ◇ *I'm sorry, I completely forgot!* Tut mir leid, das habe ich total vergessen!

to **forgive** VERB
(**forgave**, **forgiven**)

- **to forgive somebody** jemandem verzeihen ◇ *I forgive you.* Ich verzeihe dir.
- **to forgive somebody for doing something** jemandem verzeihen, etwas getan zu haben ◇ *She forgave him for forgetting her birthday.* Sie verzieh ihm, dass er ihren Geburtstag vergessen hat.

forgot, forgotten VERB *see* **forget**

fork NOUN
1 die ***Gabel*** (*for eating, gardening*) ◇ *He ate his chips with a fork.* Er aß seine Pommes frites mit einer Gabel.
2 die ***Gabelung*** (*in road*)

- **There was a fork in the road.** Die Straße gabelte sich.

form NOUN
1 das ***Formular*** (*paper*) (PL die ***Formulare***) ◇ *to fill in a form* ein Formular ausfüllen
2 die ***Form*** (*type*) ◇ *I'm against hunting in any form.* Ich bin gegen die Jagd in jeglicher Form.

- **in top form** in Topform
- **She's in the fourth form.** Sie ist in der zehnten Klasse.

formal ADJECTIVE
1 ***formell*** (*occasion*) ◇ *a formal dinner* ein formelles Abendessen
2 ***förmlich*** (*person*)
3 ***gehoben*** (*language*) ◇ *In English, "residence" is a formal term.* Auf Englisch ist "residence" ein gehobener Ausdruck.

- **formal clothes** die Gesellschaftskleidung SING
- **He's got no formal qualifications.** Er hat keinen offiziellen Abschluss.

former ADJECTIVE
früher ◇ *a former pupil* ein früherer Schüler ◇ *the former Prime Minister* der frühere Premierminister

fort NOUN
das ***Fort*** (PL die ***Forts***)

forth ADVERB

- **to go back and forth** hin und her gehen
- **and so forth** und so weiter

fortnight NOUN

- **a fortnight** vierzehn Tage ◇ *I'm going on holiday for a fortnight.* Ich verreise für vierzehn Tage.

fortunate ADJECTIVE

- **to be fortunate** Glück haben ◇ *He was extremely fortunate to survive.* Es war Glück, dass er überlebt hat.
- **It's fortunate that I remembered the map.** Zum Glück habe ich an die Landkarte gedacht.

fortunately ADVERB
zum Glück ◇ *Fortunately, it didn't rain.* Zum Glück hat es nicht geregnet.

fortune NOUN
das *Vermögen* (PL die *Vermögen*) ◇ *Kate earns a fortune!* Kate verdient ein Vermögen!
◆ **to tell somebody's fortune** jemandem wahrsagen

forty NUMBER
vierzig ◇ *He's forty.* Er ist vierzig.

forward ADVERB
see also forward VERB
◆ **to move forward** sich vorwärts bewegen

to **forward** VERB
see also forward ADVERB
nachsenden (IMPERFECT *sandte nach*, PERFECT *hat nachgesandt*) ◇ *He forwarded all her letters.* Er sandte alle ihre Briefe nach.

foster child NOUN
(PL **foster children**)
das *Pflegekind* (PL die *Pflegekinder*)
◇ *She's their foster child.* Sie ist ihr Pflegekind.

fought VERB *see* **fight**

foul ADJECTIVE
see also foul NOUN
furchtbar ◇ *The weather was foul.* Das Wetter war furchtbar. ◇ *What a foul smell!* Was für ein furchtbarer Gestank!

foul NOUN
see also foul ADJECTIVE
das *Foul* (PL die *Fouls*) ◇ *Ferguson committed a foul.* Ferguson hat ein Foul begangen.

found VERB *see* **find**

to **found** VERB
gründen ◇ *Baden Powell founded the Scout Movement.* Baden Powell hat die Pfadfinderbewegung gegründet.

foundations PL NOUN
das *Fundament* (PL die *Fundamente*)

fountain NOUN
der *Brunnen* (PL die *Brunnen*)

fountain pen NOUN
der *Füllfederhalter* (PL die *Füllfederhalter*)

four NUMBER
vier ◇ *She's four.* Sie ist vier.

fourteen NUMBER
vierzehn ◇ *I'm fourteen.* Ich bin vierzehn.

fourth ADJECTIVE
vierte ◇ *the fourth floor* der vierte Stock
◇ *the fourth of July* der vierte Juli

fox NOUN
(PL **foxes**)
der *Fuchs* (GEN des *Fuchses*, PL die *Füchse*)

fragile ADJECTIVE
zerbrechlich

frame NOUN
der *Rahmen* (*for picture*) (PL die *Rahmen*)

France NOUN
Frankreich NEUT
◆ **from France** aus Frankreich
◆ **in France** in Frankreich
◆ **to France** nach Frankreich

frantic ADJECTIVE
◆ **I was going frantic.** Ich bin fast durchgedreht.
◆ **I was frantic with worry.** Ich habe mir furchtbare Sorgen gemacht.

fraud NOUN
1 (*crime*)
der *Betrug* ◇ *He was jailed for fraud.* Er kam wegen Betrugs ins Gefängnis.
2 (*person*)
der *Betrüger* (PL die *Betrüger*)
die *Betrügerin*
◇ *He's not a real doctor, he's a fraud.* Er ist kein echter Arzt, er ist ein Betrüger.

free ADJECTIVE
see also free VERB
1 *kostenlos* (*free of charge*) ◇ *a free brochure* eine kostenlose Broschüre
2 *frei* (*not busy, not taken*) ◇ *Is this seat free?* Ist dieser Platz frei?
◆ **"admission free"** "Eintritt frei"
◆ **Are you free after school?** Hast du nach der Schule Zeit?

to **free** VERB
see also free ADJECTIVE
befreien (PERFECT *hat befreit*)

freedom NOUN
die *Freiheit*

freeway NOUN
die *Autobahn*

to **freeze** VERB
(**froze**, **frozen**)
1 *gefrieren* (IMPERFECT *gefror*, PERFECT *ist gefroren*) ◇ *The water had frozen.* Das Wasser war gefroren.
2 *einfrieren* (*food*) ◇ *She froze the rest of the raspberries.* Sie hat die restlichen Himbeeren eingefroren.

freezer NOUN
der *Gefrierschrank* (PL die *Gefrierschränke*)

freezing ADJECTIVE
◆ **It's freezing!** Es ist eiskalt! (*informal*)
◆ **I'm freezing!** Mir ist eiskalt! (*informal*)
◆ **three degrees below freezing** drei Grad minus

freight NOUN
die *Fracht* (*goods*)
◆ **a freight train** ein Güterzug MASC

French ADJECTIVE
see also French NOUN
französisch ◇ *He's French.* Er ist Franzose. ◇ *She's French.* Sie ist Französin.

French NOUN
see also French ADJECTIVE
das *Französisch* (*language*) (GEN des *Französischen*) ◇ *Do you speak French?* Sprechen Sie Französisch?
◆ **the French** (*people*) die Franzosen MASC PL

French beans PL NOUN
die *grünen Bohnen* FEM PL ◇ *She's very fond of French beans.* Sie mag grüne Bohnen besonders gern.

French fries PL NOUN
die *Pommes frites* PL

French horn NOUN
das *Waldhorn* (PL die *Waldhörner*) ◇ *I play the French horn.* Ich spiele Waldhorn.

French kiss NOUN
(PL **French kisses**)
der *Zungenkuss* ⚠ (GEN des *Zungenkusses*, PL die *Zungenküsse*)

French loaf NOUN
(PL **French loaves**)
das *Stangenbrot* (PL die *Stangenbrote*)

Frenchman NOUN
(PL **Frenchmen**)
der *Franzose* (GEN des *Franzosen*, PL die *Franzosen*)

Frenchwoman NOUN
(PL **Frenchwomen**)
die *Französin*

frequent ADJECTIVE
häufig ◇ *frequent showers* häufige Niederschläge
◆ **There are frequent buses to the town centre.** Es gehen häufig Busse ins Stadtzentrum.

fresh ADJECTIVE
frisch ◇ *I need some fresh air.* Ich brauche frische Luft.

to **freshen up** VERB
sich frisch machen ◇ *I'd like to go and freshen up.* Ich würde mich gerne frisch machen.

to **fret** VERB
sich verrückt machen ◇ *Don't fret about your exams.* Mach dich wegen der Prüfung nicht verrückt.

Friday NOUN
der *Freitag* (PL die *Freitage*) ◇ *on Friday* am Freitag ◇ *every Friday* jeden Freitag ◇ *last Friday* letzten Freitag ◇ *next Friday* nächsten Freitag
◆ **on Fridays** freitags

fridge NOUN
der *Kühlschrank* (PL die *Kühlschränke*)

fried ADJECTIVE
gebraten ◇ *fried onions* gebratene Zwiebeln
◆ **a fried egg** ein Spiegelei NEUT

friend NOUN
der *Freund* (PL die *Freunde*)
die *Freundin*

friendly ADJECTIVE
freundlich ◇ *She's really friendly.* Sie ist wirklich freundlich. ◇ *Liverpool is a very friendly city.* Liverpool ist eine sehr freundliche Stadt.

friendship NOUN
die *Freundschaft*

fright NOUN
der *Schrecken* (PL die *Schrecken*) ◇ *I got a terrible fright!* Ich habe einen furchtbaren Schrecken bekommen!

to **frighten** VERB
Angst machen ◇ *Horror films frighten him.* Horrorfilme machen ihm Angst.

frightened ADJECTIVE
◆ **to be frightened** Angst haben ◇ *I'm frightened!* Ich habe Angst!
◆ **to be frightened of something** vor etwas Angst haben ◇ *Anna's frightened of spiders.* Anna hat Angst vor Spinnen.

frightening ADJECTIVE
beängstigend

fringe NOUN
der *Pony* (*of hair*) (PL die *Ponys*) ◇ *She's got a fringe.* Sie hat einen Pony.

Frisbee ® NOUN
das *Frisbee* ® (PL die *Frisbees*) ◇ *to play Frisbee* Frisbee spielen

fro ADVERB
◆ **to and fro** hin und her

frog NOUN
der *Frosch* (PL die *Frösche*)

from PREPOSITION
1 *aus* (*from country, town*) ◇ *I'm from Yorkshire.* Ich bin aus Yorkshire. ◇ *I come from Perth.* Ich bin aus Perth.
◆ **Where do you come from?** Woher sind Sie?
2 *von* (*from person*) ◇ *a letter from my sister* ein Brief von meiner Schwester
◆ **The hotel is one kilometre from the beach.** Das Hotel ist einen Kilometer vom Strand entfernt.
3 *ab* (*number*) ◇ *from ten pounds* ab zehn Pfund ◇ *from the age of fourteen* ab vierzehn
◆ **from...to... (1)** (*distance*) von...nach... ◇ *He flew from London to Paris.* Er flog von London nach Paris.
◆ **from...to... (2)** (*time*) von...bis... ◇ *from one o'clock to two* von eins bis zwei
◆ **The price was reduced from ten pounds to five.** Der Preis war von zehn auf fünf Pfund herabgesetzt.
◆ **from...onwards** ab ◇ *We'll be at home from seven o'clock onwards.* Wir werden ab sieben Uhr zu Hause sein.

front NOUN
see also front ADJECTIVE
die *Vorderseite* ◇ *the front of the house* die Vorderseite des Hauses
◆ **in front** davor ◇ *a house with a car in front* ein Haus mit einem Auto davor
◆ **in front of** vor

Use the accusative to express movement or a change of place. Use the dative when there is no change of place.

◇ *He stood in front of the house.* Er stand vor dem Haus. ◇ *He ran in front of a bus.* Er lief vor einen Bus. ◇ *the car in front of us* das Auto vor uns
◆ **in the front** (*of car*) vorn ◇ *I was sitting in the front.* Ich saß vorn.
◆ **at the front of the train** vorn im Zug

front ADJECTIVE
see also front NOUN
vordere ◇ *the front row* die vordere Reihe ◇ *the front seats of the car* die vorderen Sitze des Autos

- **the front door** die Haustür

frontier NOUN
die *Grenze*

frost NOUN
der *Frost* (PL die *Fröste*)

frosting NOUN
der *Zuckerguss* ⚠ (GEN des *Zuckergusses*)

frosty ADJECTIVE
frostig ◇ *It's frosty today.* Heute ist es frostig.

to **frown** VERB
die Stirn runzeln ◇ *He frowned.* Er runzelte die Stirn.

froze, frozen VERB *see* **freeze**

frozen ADJECTIVE
see also freeze
tiefgefroren (*food*) ◇ *frozen chips* tiefgefrorene Pommes frites

fruit NOUN
1 die *Frucht* (PL die *Früchte*) ◇ *an exotic fruit* eine exotische Frucht
2 das *Obst* ◇ *Fruit is very healthy.* Obst ist sehr gesund.
- **fruit juice** der Fruchtsaft
- **a fruit salad** ein Obstsalat MASC

fruit machine NOUN
der *Spielautomat* (GEN des *Spielautomaten*, PL die *Spielautomaten*)

frustrated ADJECTIVE
frustriert

to **fry** VERB
(**fried**)
braten (PRESENT *brät*, IMPERFECT *briet*, PERFECT *hat gebraten*) ◇ *Fry the onions for five minutes.* Braten Sie die Zwiebeln fünf Minuten lang.

frying pan NOUN
die *Bratpfanne*

fuel NOUN
das *Benzin* (*for car, aeroplane*) (PL die *Benzine*) ◇ *to run out of fuel* kein Benzin mehr haben

to **fulfil** VERB
erfüllen (PERFECT *hat erfüllt*) ◇ *Robert fulfilled his dream of becoming a pilot.* Robert hat sich seinen Traum erfüllt und ist Pilot geworden.

full ADJECTIVE, ADVERB
1 *voll* ◇ *The tank's full.* Der Tank ist voll.
2 *ausführlich* ◇ *He asked for full information on the job.* Er bat um ausführliche Informationen über die Stelle.
- **your full name** Name und Vornamen
- **My full name is Ian John Marr.** Ich heiße Ian John Marr.
- **I'm full.** (*after meal*) Ich bin satt.
- **at full speed** mit Höchstgeschwindigkeit ◇ *He drove at full speed.* Er fuhr Höchstgeschwindigkeit.
- **There was a full moon.** Es war Vollmond.

full stop NOUN
der *Punkt* (PL die *Punkte*)

full-time ADJECTIVE, ADVERB
ganztags ◇ *She works full-time.* Sie arbeitet ganztags.
- **She's got a full-time job.** Sie hat einen Ganztagsjob.

fully ADVERB
ganz ◇ *He hasn't fully recovered from his illness.* Er hat sich noch nicht ganz von seiner Krankheit erholt.

fumes PL NOUN
die *Abgase* NEUT PL ◇ *The factory gave out dangerous fumes.* Die Fabrik stieß gefährliche Abgase aus.
- **exhaust fumes** Autoabgase

fun ADJECTIVE
see also fun NOUN
lustig ◇ *She's a fun person.* Sie ist ein lustiger Mensch.

fun NOUN
see also fun ADJECTIVE
- **to have fun** Spaß haben ◇ *We had great fun playing in the snow.* Wir hatten beim Spielen im Schnee unseren Spaß.
- **for fun** zum Spaß ◇ *He entered the competition just for fun.* Er hat am Wettbewerb nur zum Spaß mitgemacht.
- **to make fun of somebody** sich über jemanden lustig machen ◇ *They made fun of him.* Sie machten sich über ihn lustig.
- **It's fun!** Das macht Spaß!
- **Have fun!** Viel Spaß!

funds PL NOUN
- **to raise funds** Spenden sammeln

funeral NOUN
die *Beerdigung*

funfair NOUN
das *Volksfest* (PL die *Volksfeste*)

funny ADJECTIVE
1 *lustig* (*amusing*) ◇ *It was really funny.* Es war wirklich lustig.
2 *komisch* (*strange*) ◇ *There's something funny about him.* Er hat etwas Komisches an sich.

fur NOUN
1 der *Pelz* (GEN des *Pelzes*, PL die *Pelze*) ◇ *a fur coat* ein Pelzmantel MASC
2 das *Fell* (PL die *Felle*) ◇ *the dog's fur* das Fell des Hundes

furious ADJECTIVE
wütend ◇ *Dad was furious with me.* Papa war wütend auf mich.

furniture NOUN
die *Möbel* NEUT PL ◇ *a piece of furniture* ein Möbelstück NEUT

further ADVERB, ADJECTIVE
weiter entfernt ◇ *London is further from Manchester than Leeds is.* London ist weiter von Manchester entfernt als Leeds.
- **How much further is it?** Wie weit ist es noch?

further education NOUN
die *Weiterbildung*

fuse NOUN
die *Sicherung* ◇ *The fuse has blown.* Die Sicherung ist durchgebrannt.

fuss NOUN

die *Aufregung* ◇ *What's all the fuss about?* Was soll die ganze Aufregung?

◆ **to make a fuss** Theater machen ◇ *He's always making a fuss about nothing.* Er macht immer Theater wegen nichts.

fussy ADJECTIVE
pingelig ◇ *She is very fussy about her food.* Sie ist mit dem Essen sehr pingelig.

future NOUN
[1] die *Zukunft*

◆ **in future** in Zukunft ◇ *Be more careful in future.* Sei in Zukunft vorsichtiger.

◆ **What are your plans for the future?** Was für Zukunftspläne haben Sie?

[2] das *Futur* (*in grammar*) ◇ *Put this sentence into the future.* Setzt diesen Satz ins Futur.

G

to **gain** VERB
- **to gain weight** zunehmen
- **to gain speed** schneller werden

gallery NOUN
(PL **galleries**)
die *Galerie* ◇ *an art gallery* eine Kunstgalerie

to **gamble** VERB
spielen

gambler NOUN
der *Spieler* (PL die *Spieler*)
die *Spielerin*

gambling NOUN
das *Glücksspiel* (PL die *Glücksspiele*)
- **He likes gambling.** Er spielt gern.

game NOUN
das *Spiel* (PL die *Spiele*) ◇ *The children were playing a game.* Die Kinder spielten ein Spiel. ◇ *a game of football* ein Fußballspiel ◇ *a game of cards* ein Kartenspiel

gang NOUN
die *Gang* (PL die *Gangs*)

gangster NOUN
der *Gangster* (PL die *Gangster*)

gap NOUN
[1] die *Lücke* ◇ *There's a gap in the hedge.* In der Hecke ist eine Lücke.
[2] die *Pause* ◇ *a gap of four years* eine Pause von vier Jahren

garage NOUN
[1] die *Garage* (*for parking cars*)
[2] die *Werkstatt* (*for repairs*) (PL die *Werkstätten*)

garden NOUN
der *Garten* (PL die *Gärten*)

gardener NOUN
der *Gärtner* (PL die *Gärtner*)
die *Gärtnerin*
◇ *He's a gardener.* Er ist Gärtner.

gardening NOUN
die *Gartenarbeit* ◇ *Margaret loves gardening.* Margaret liebt Gartenarbeit.

gardens PL NOUN
der *Park* SING (PL die *Parks*)

garlic NOUN
der *Knoblauch*

garment NOUN
das *Kleidungsstück* (PL die *Kleidungsstücke*)

gas NOUN
[1] das *Gas* (PL die *Gase*)
- **a gas cooker** ein Gasherd MASC
- **a gas cylinder** eine Gasflasche
- **a gas fire** ein Gasofen MASC
- **a gas leak** eine undichte Stelle in der Gasleitung

[2] das *Benzin*
- **a gas station** eine Tankstelle

gasoline NOUN
das *Benzin*

gate NOUN
[1] das *Tor* (*of garden*) (PL die *Tore*)
[2] das *Gatter* (*of field*) (PL die *Gatter*)
[3] der *Flugsteig* (*at airport*) (PL die *Flugsteige*)

gateau NOUN
(PL **gateaux**)
die *Torte*

to **gather** VERB
sich versammeln (*assemble*) (PERFECT *haben sich versammelt*) ◇ *People gathered in front of Buckingham Palace.* Menschen versammelten sich vor dem Buckingham-Palast.
- **to gather speed** schneller werden ◇ *The train gathered speed.* Der Zug wurde schneller.

gave VERB *see* **give**

gay ADJECTIVE
schwul (*homosexual*)

to **gaze** VERB
- **to gaze at something** etwas anstarren ◇ *He gazed at her.* Er starrte sie an.

gear NOUN
[1] der *Gang* (*in car*) (PL die *Gänge*) ◇ *in first gear* im ersten Gang
- **to change gear** schalten

[2] die *Ausrüstung* ◇ *camping gear* die Campingausrüstung
- **your sports gear** (*clothes*) dein Sportzeug NEUT

gear lever NOUN
der *Schalthebel* (PL die *Schalthebel*)

gearshift NOUN
der *Schaltknüppel* (PL die *Schaltknüppel*)

geese PL NOUN *see* **goose**

gel NOUN
das *Gel* (PL die *Gele*)
Note that in German the "g" in **Gel** *is pronounced like the "g" in girl.*
◇ *hair gel* das Haargel

gem NOUN
der *Edelstein* (PL die *Edelsteine*)

Gemini SING NOUN
die *Zwillinge* MASC PL ◇ *I'm Gemini.* Ich bin Zwilling.

general NOUN
see also general ADJECTIVE
der *General* (PL die *Generäle*)

general ADJECTIVE
see also general NOUN
allgemein
- **in general** im allgemeinen

general election NOUN
die *allgemeinen Wahlen* FEM PL

general knowledge NOUN
die *Allgemeinbildung*

generally ADVERB
normalerweise ◇ *I generally go shopping on Saturday.* Ich gehe normalerweise samstags einkaufen.

generation NOUN

die *Generation* ◇ *the younger generation* die jüngere Generation

generator NOUN
der *Generator* (PL die *Generatoren*)

generous ADJECTIVE
großzügig ◇ *That's very generous of you.* Das ist sehr großzügig von Ihnen.

Geneva NOUN
Genf NEUT ◇ *to Geneva* nach Genf
- **Lake Geneva** der Genfer See

genius NOUN
(PL **geniuses**)
das *Genie* (PL die *Genies*) ◇ *She's a genius!* Sie ist ein Genie!

gentle ADJECTIVE
sanft

gentleman NOUN
(PL **gentlemen**)
der *Gentleman* (PL die *Gentlemen*)
- **Good morning, gentlemen.** Guten Morgen, meine Herren.

gently ADVERB
sanft

gents SING NOUN
die *Herrentoilette* ◇ *Can you tell me where the gents is, please?* Können Sie mir bitte sagen, wo die Herrentoilette ist?
- **"gents"** (*on sign*) "Herren"

genuine ADJECTIVE
[1] *echt* (*real*) ◇ *These are genuine diamonds.* Das sind echte Diamanten.
[2] *geradlinig* (*sincere*) ◇ *She's a very genuine person.* Sie ist ein sehr geradliniger Mensch.

geography NOUN
die *Geographie*

germ NOUN
die *Bazille*

German ADJECTIVE
see also German NOUN
deutsch ◇ *He is German.* Er ist Deutscher. ◇ *She is German.* Sie ist Deutsche.
- **German shepherd** der Schäferhund

German NOUN
see also German ADJECTIVE
[1] (*person*)
der *Deutsche* (GEN des *Deutschen*, PL die *Deutschen*)
die *Deutsche* (GEN der *Deutschen*)
◇ *a German* (*man*) ein Deutscher
- **the Germans** die Deutschen

[2] (*language*)
das *Deutsch* (GEN des *Deutschen*) ◇ *Do you speak German?* Sprechen sie Deutsch?

Germany NOUN
Deutschland NEUT
- **from Germany** aus Deutschland
- **in Germany** in Deutschland
- **to Germany** nach Deutschland

to **get** VERB
(**got**, **got** *or* **gotten**)
Die Partizipform **gotten** *wird im amerikanischen Englisch verwendet.*

[1] *bekommen* (*receive*) (IMPERFECT *bekam*, PERFECT *hat bekommen*) ◇ *I got lots of presents.* Ich habe viele Geschenke bekommen. ◇ *He got first prize.* Er hat den ersten Preis bekommen. ◇ *Jackie got good exam results.* Jackie hat gute Noten bekommen.
- **have got** haben ◇ *How many have you got?* Wie viele hast du?

[2] *holen* (*fetch*) ◇ *Quick, get help!* Schnell hol Hilfe!
[3] *fassen* (*catch*) (PRESENT *fasst*, IMPERFECT *fasste*, PERFECT *hat gefasst*) ◇ *They've got the thief.* Sie haben den Dieb gefasst.
[4] *nehmen* (*train, bus*) (PRESENT *nimmt*, IMPERFECT *nahm*, PERFECT *hat genommen*) ◇ *I'm getting the bus into town.* Ich nehme den Bus in die Stadt.
[5] *verstehen* (*understand*) (IMPERFECT *verstand*, PERFECT *hat verstanden*) ◇ *I don't get the joke.* Ich verstehe den Witz nicht.
[6] *kommen* (*go*) (IMPERFECT *kam*, PERFECT *ist gekommen*) ◇ *How do you get to the castle?* Wie kommt man zur Burg?
[7] *werden* (*become*) (PRESENT *wird*, IMPERFECT *wurde*, PERFECT *ist geworden*) ◇ *to get old* alt werden
- **to get something done** etwas machen lassen ◇ *to get something repaired* etwas reparieren lassen ◇ *to get one's hair cut* sich die Haare schneiden lassen
- **to get something for somebody** etwas für jemanden holen ◇ *The librarian got the book for me.* Die Bibliothekarin holte mir das Buch.
- **to have got to do something** etwas tun müssen ◇ *I've got to tell him.* Ich muss es ihm sagen.
- **to get back (1)** zurückkommen ◇ *What time did you get back?* Wann seid ihr zurückgekommen?
- **to get back (2)** zurückbekommen ◇ *He got his money back.* Er hat sein Geld zurückbekommen.
- **to get in** heimkommen ◇ *What time did you get in last night?* Wann bist du heute Nacht nach Hause gekommen?
- **to get into** einsteigen in +ACC ◇ *Sharon got into the car.* Sharon stieg ins Auto ein.
- **to get off (1)** (*vehicle*) aussteigen aus ◇ *Isobel got off the train.* Isobel stieg aus dem Zug aus.
- **to get off (2)** (*bike*) absteigen von ◇ *He got off his bike.* Er stieg vom Fahrrad ab.
- **to get on (1)** (*vehicle*) einsteigen in +ACC ◇ *Phyllis got on the bus.* Phyllis stieg in den Bus ein.
- **to get on (2)** (*bike*) steigen auf +ACC ◇ *Carol got on her bike.* Carol stieg auf ihr Fahrrad.
- **to get on with somebody** sich mit jemandem verstehen ◇ *He doesn't get on with his parents.* Er versteht sich nicht mit

seinen Eltern. ◇ *We got on really well.* Wir haben uns wirklich gut verstanden.

◆ **to get out** aussteigen aus ◇ *Jason got out of the car.* Jason stieg aus dem Auto aus.

◆ **Get out!** Raus!

◆ **to get something out** etwas hervorholen ◇ *She got the map out.* Sie holte die Karte hervor.

◆ **to get up** aufstehen ◇ *What time do you get up?* Wann stehst du auf?

ghetto blaster NOUN
das *tragbare Kofferradio* (PL die *tragbaren Kofferradios*)

ghost NOUN
das *Gespenst* (PL die *Gespenster*)

giant ADJECTIVE
see also giant NOUN
riesig ◇ *They ate a giant meal.* Sie haben ein riesiges Essen vertilgt.

giant NOUN
see also giant ADJECTIVE
der *Riese* (GEN des *Riesen*, PL die *Riesen*)
die *Riesin*

gift NOUN
[1] das *Geschenk* (*present*) (PL die *Geschenke*)
[2] die *Begabung* (*talent*)

◆ **to have a gift for something** für etwas begabt sein ◇ *Dave has a gift for painting.* Dave ist künstlerisch begabt.

gifted ADJECTIVE
begabt ◇ *Janice is a gifted pianist.* Janice ist eine begabte Pianistin.

gift shop NOUN
der *Geschenkladen* (PL die *Geschenkläden*)

gigantic ADJECTIVE
riesengroß

gin NOUN
der *Gin* (PL die *Gins* or *Gin*)
When ordering more than one gin use the plural form **Gin**.
◇ *Three gins, please.* Drei Gin bitte.

◆ **a gin and tonic** ein Gin Tonic

ginger NOUN
see also ginger ADJECTIVE
der *Ingwer* ◇ *Add a teaspoon of ginger.* Fügen Sie einen Teelöffel Ingwer zu.

ginger ADJECTIVE
see also ginger NOUN
rot ◇ *David has ginger hair.* David hat rote Haare.

gipsy NOUN
(PL **gipsies**)
der *Zigeuner* (PL die *Zigeuner*)
die *Zigeunerin*

giraffe NOUN
die *Giraffe*

girl NOUN
das *Mädchen* (PL die *Mädchen*) ◇ *They've got a girl and two boys.* Sie haben ein Mädchen und zwei Jungen. ◇ *a five-year-old girl* ein fünfjähriges Mädchen

◆ **an English girl** eine junge Engländerin

girlfriend NOUN
die *Freundin* ◇ *Damon's girlfriend is called Justine.* Damons Freundin heißt Justine.
◇ *She often went out with her girlfriends.* Sie ging oft mit ihren Freundinnen aus.

to **give** VERB
(**gave**, **given**)
geben (PRESENT *gibt*, IMPERFECT *gab*, PERFECT *hat gegeben*)

◆ **to give something to somebody** jemandem etwas geben ◇ *He gave me ten pounds.* Er gab mir zehn Pfund.

◆ **to give something back to somebody** jemandem etwas zurückgeben ◇ *I gave the book back to him.* Ich habe ihm das Buch zurückgegeben.

◆ **to give something out** etwas austeilen ◇ *The teacher gave out the books.* Der Lehrer hat die Bücher ausgeteilt.

◆ **to give in** nachgeben ◇ *His mum gave in and let him watch TV.* Seine Mama hat nachgegeben und ihn fernsehen lassen.

◆ **to give up** aufgeben ◇ *I couldn't do it, so I gave up.* Ich habe es nicht gekonnt, also habe ich aufgegeben.

◆ **to give up doing something** etwas aufgeben ◇ *He gave up smoking.* Er hat das Rauchen aufgegeben.

◆ **to give oneself up** sich ergeben ◇ *The thief gave himself up.* Der Dieb hat sich ergeben.

◆ **to give way** (*in traffic*) die Vorfahrt achten

glad ADJECTIVE
froh ◇ *She's glad she's done it.* Sie ist froh, dass sie es getan hat.

to **glance** VERB
see also glance NOUN

◆ **to glance at something** einen Blick auf etwas werfen ◇ *Peter glanced at his watch.* Peter warf einen Blick auf seine Uhr.

glance NOUN
see also glance VERB
der *Blick* (PL die *Blicke*) ◇ *at first glance* auf den ersten Blick

to **glare** VERB

◆ **to glare at somebody** jemanden wütend ansehen ◇ *He glared at me.* Er sah mich wütend an.

glaring ADJECTIVE

◆ **a glaring mistake** ein eklatanter Fehler

glass NOUN
(PL **glasses**)
das *Glas* (GEN des *Glases*, PL die *Gläser*) ◇ *a glass of milk* ein Glas Milch

glasses PL NOUN
die *Brille* ◇ *Veronika wears glasses.* Veronika trägt eine Brille.

glider NOUN
das *Segelflugzeug* (PL die *Segelflugzeuge*)

gliding NOUN
das *Segelfliegen* ◇ *My hobby is gliding.* Segelfliegen ist mein Hobby.

global ADJECTIVE
weltweit

◆ **on a global scale** weltweit

global warming NOUN
die *Erwärmung der Erdatmosphäre*

globe NOUN
der *Globus* (GEN des *Globus*, PL die *Globen*)

glove NOUN
der *Handschuh* (PL die *Handschuhe*)

glove compartment NOUN
das *Handschuhfach* (PL die *Handschuhfächer*)

glue NOUN
der *Klebstoff* (PL die *Klebstoffe*)

go NOUN
see also go VERB
◆ **to have a go at doing something** etwas versuchen ◇ *He had a go at making a cake.* Er hat versucht, einen Kuchen zu backen.
◆ **Whose go is it?** Wer ist dran?

to **go** VERB
(**goes**, **went**, **gone**)
see also go NOUN
1 *gehen* (IMPERFECT *ging*, PERFECT *ist gegangen*) ◇ *I'm going to the cinema tonight.* Ich gehe heute Abend ins Kino. ◇ *I'm going now.* Ich gehe jetzt.
2 *weggehen* (*leave*) ◇ *Where's Thomas? – He's gone.* Wo ist Thomas? – Er ist weggegangen.
3 *fahren* (*vehicle*) (PRESENT *fährt*, IMPERFECT *fuhr*, PERFECT *ist gefahren*) ◇ *My car won't go.* Mein Auto fährt nicht.
◆ **to go home** nach Hause gehen ◇ *I go home at about four o'clock.* Ich gehe um etwa vier Uhr nach Hause.
◆ **to go for a walk** einen Spaziergang machen ◇ *Shall we go for a walk?* Sollen wir einen Spaziergang machen?
◆ **How did it go?** Wie ist es gelaufen?
◆ **I'm going to do it tomorrow.** Ich werde es morgen tun.
◆ **It's going to be difficult.** Es wird schwierig werden.

to **go after** VERB
(**goes**, **went**, **gone**)
nachgehen +DAT (*follow*) (IMPERFECT *ging nach*, PERFECT *ist nachgegangen*) ◇ *I went after him.* Ich ging ihm nach.
◆ **Quick, go after them!** Schnell, ihnen nach!

to **go away** VERB
(**goes**, **went**, **gone**)
weggehen (IMPERFECT *ging weg*, PERFECT *ist weggegangen*) ◇ *Go away!* Geh weg!

to **go back** VERB
(**goes**, **went**, **gone**)
zurückgehen (IMPERFECT *ging zurück*, PERFECT *ist zurückgegangen*) ◇ *We went back to the same place.* Wir sind an denselben Ort zurückgegangen.
◆ **He's gone back home.** Er ist nach Hause gegangen.

to **go by** VERB
(**goes**, **went**, **gone**)
vorbeigehen (IMPERFECT *ging vorbei*, PERFECT *ist vorbeigegangen*) ◇ *Two policemen went by.* Zwei Polizisten gingen vorbei.

to **go down** VERB
(**goes**, **went**, **gone**)
1 *hinuntergehen* (*person*) (IMPERFECT *ging hinunter*, PERFECT *ist hinuntergegangen*) ◇ *to go down the stairs* die Treppe hinuntergehen
2 *sinken* (*decrease*) (IMPERFECT *sank*, PERFECT *ist gesunken*) ◇ *The price of computers has gone down.* Die Preise für Computer sind gesunken.
3 *Luft verlieren* (*deflate*) (IMPERFECT *verlor Luft*, PERFECT *hat Luft verloren*) ◇ *My airbed kept going down.* Meine Luftmatratze verlor dauernd Luft.
◆ **My brother's gone down with flu.** Mein Bruder hat die Grippe bekommen.

to **go for** VERB
(**goes**, **went**, **gone**)
angreifen (*attack*) (IMPERFECT *griff an*, PERFECT *hat angegriffen*) ◇ *Suddenly the dog went for me.* Der Hund griff mich plötzlich an.
◆ **Go for it!** (*go on!*) Na los!

to **go in** VERB
(**goes**, **went**, **gone**)
hineingehen (IMPERFECT *ging hinein*, PERFECT *ist hineingegangen*) ◇ *He knocked on the door and went in.* Er klopfte und ging hinein.

to **go off** VERB
(**goes**, **went**, **gone**)
1 *losgehen* (IMPERFECT *ging los*, PERFECT *ist losgegangen*) ◇ *The bomb went off.* Die Bombe ging los. ◇ *The fire alarm went off.* Der Feueralarm ging los.
2 *klingeln* ◇ *My alarm clock goes off at seven every morning.* Mein Wecker klingelt jeden Morgen um sieben Uhr.
3 *schlecht werden* (PRESENT *wird schlecht*, IMPERFECT *wurde schlecht*, PERFECT *ist schlecht geworden*)
◆ **The milk's gone off.** Die Milch ist sauer geworden.
4 *weggehen* (*go away*) ◇ *He went off in a huff.* Er ist beleidigt weggegangen.

to **go on** VERB
(**goes**, **went**, **gone**)
1 *los sein* (*happen*) (PRESENT *ist los*, IMPERFECT *war los*, PERFECT *ist los gewesen*) ◇ *What's going on?* Was ist los?
2 *dauern* (*carry on*) ◇ *The concert went on until eleven o'clock at night.* Das Konzert hat bis nach elf Uhr nachts gedauert.
◆ **to go on doing something** etwas weiter tun ◇ *He went on reading.* Er las weiter.
◆ **to go on at somebody** an jemandem herumkritisieren ◇ *My parents always go on at me.* Meine Eltern kritisieren dauernd an mir herum.
◆ **Go on!** Na los! ◇ *Go on, tell me what the problem is!* Na los, sag mir, wo das Problem ist!

to **go out** VERB
(**goes**, **went**, **gone**)

ausgehen (IMPERFECT *ging aus*, PERFECT *ist ausgegangen*) ◇ *Are you going out tonight?* Gehst du heute Abend aus? ◇ *Suddenly the lights went out.* Plötzlich ging das Licht aus.
- **to go out with somebody** mit jemandem ausgehen ◇ *Are you going out with him?* Gehst du mit ihm aus?

to **go past** VERB
(**goes**, **went**, **gone**)
- **to go past something** an etwas vorbeigehen ◇ *He went past the shop.* Er ging an dem Geschäft vorbei.

to **go round** VERB
(**goes**, **went**, **gone**)
- **to go round a corner** um die Ecke biegen
- **to go round to somebody's house** jemanden besuchen
- **to go round a museum** sich ein Museum ansehen
- **to go round the shops** einen Einkaufsbummel machen

to **go through** VERB
(**goes**, **went**, **gone**)
fahren durch (*by car*) (PRESENT *fährt*, IMPERFECT *fuhr*, PERFECT *ist gefahren*)
- **We went through London to get to Birmingham.** Wir sind über London nach Birmingham gefahren.

to **go up** VERB
(**goes**, **went**, **gone**)
[1] *hinaufgehen* (*person*) (IMPERFECT *ging hinauf*, PERFECT *ist hinaufgegangen*) ◇ *to go up the stairs* die Treppe hinaufgehen
[2] *steigen* (*increase*) (IMPERFECT *stieg*, PERFECT *ist gestiegen*) ◇ *The price has gone up.* Der Preis ist gestiegen.
- **to go up in flames** in Flammen aufgehen ◇ *The whole factory went up in flames.* Die ganze Fabrik ist in Flammen aufgegangen.

to **go with** VERB
(**goes**, **went**, **gone**)
passen zu (PRESENT *passt*, IMPERFECT *passte*, PERFECT *hat gepasst*) ◇ *Does this blouse go with that skirt?* Passt diese Bluse zu dem Rock?

goal NOUN
[1] das *Tor* (*sport*) (PL die *Tore*) ◇ *to score a goal* ein Tor schießen
[2] das *Ziel* (*aim*) (PL die *Ziele*) ◇ *His goal is to become the world champion.* Sein Ziel ist es, Weltmeister zu werden.

goalkeeper NOUN
der *Torwart* (PL die *Torwarte*)

goat NOUN
die *Ziege*
- **goat's cheese** der Ziegenkäse

god NOUN
der *Gott* (PL die *Götter*) ◇ *I believe in God.* Ich glaube an Gott.

godfather NOUN
der *Patenonkel* (PL die *Patenonkel*) ◇ *my godfather* mein Patenonkel

godmother NOUN
die *Patentante* ◇ *my godmother* meine Patentante

goes VERB *see* **go**

gold NOUN
das *Gold* ◇ *They found some gold.* Sie haben Gold gefunden. ◇ *a gold necklace* eine goldene Halskette

goldfish NOUN
der *Goldfisch* (PL die *Goldfische*) ◇ *I've got five goldfish.* Ich habe fünf Goldfische.

golf NOUN
das *Golf* ◇ *My dad plays golf.* Mein Papa spielt Golf.
- **a golf club (1)** (*stick*) ein Golfschläger MASC
- **a golf club (2)** (*place*) ein Golfklub MASC

golf course NOUN
der *Golfplatz* (GEN des *Golfplatzes*, PL die *Golfplätze*)

gone VERB *see* **go**

good ADJECTIVE
[1] *gut* ◇ *It's a very good film.* Das ist ein sehr guter Film.
- **Vegetables are good for you.** Gemüse ist gesund.
- **to be good at something** gut in etwas sein ◇ *Maree's very good at maths.* Maree ist sehr gut in Mathe.

[2] *freundlich* (*kind*) ◇ *They were very good to me.* Sie waren sehr freundlich zu mir. ◇ *That's very good of you.* Das ist sehr freundlich von Ihnen.
[3] *artig* (*not naughty*) ◇ *Be good!* Sei artig!
- **for good** für immer ◇ *One day he left for good.* Eines Tages ist er für immer weggegangen.
- **Good morning!** Guten Morgen!
- **Good afternoon!** Guten Tag!
- **Good evening!** Guten Abend!
- **Good night!** Gute Nacht!
- **It's no good complaining.** Es hat keinen Wert, sich zu beklagen.

goodbye EXCLAMATION
auf Wiedersehen

Good Friday NOUN
der *Karfreitag* (PL die *Karfreitage*)

good-looking ADJECTIVE
gut aussehend ⚠
- **Andrew's very good-looking.** Andrew sieht sehr gut aus.

goods PL NOUN
die *Ware* (*in shop*)
- **a goods train** ein Güterzug MASC

goose NOUN
(PL **geese**)
die *Gans* (PL die *Gänse*)

gooseberry NOUN
(PL **gooseberries**)
die *Stachelbeere*

gorgeous ADJECTIVE
[1] *hinreißend* ◇ *She's gorgeous!* Sie sieht hinreißend aus!
[2] *herrlich* ◇ *The weather was gorgeous.* Das Wetter war herrlich.

gorilla NOUN
der *Gorilla* (PL die *Gorillas*)

gossip NOUN
see also **gossip** VERB
1 der *Tratsch* (*rumours*) ◇ *Tell me the gossip!* Erzähl mir den neuesten Tratsch!
2 die *Klatschtante* (*woman*) ◇ *She's such a gossip!* Sie ist eine furchtbare Klatschtante!
3 das *Klatschweib* (*man*) (PL die *Klatschweiber*) ◇ *What a gossip!* So ein Klatschweib!

to **gossip** VERB
see also **gossip** NOUN
1 *schwatzen* (*chat*) ◇ *They were always gossiping.* Sie haben dauernd geschwatzt.
2 *tratschen* (*about somebody*) ◇ *They gossiped about her.* Sie haben über sie getratscht.

got, gotten VERB *see* **get**

government NOUN
die *Regierung*

to **grab** VERB
packen ◇ *She grabbed her umbrella and ran out of the door.* Sie packte ihren Schirm und lief zur Tür hinaus.

graceful ADJECTIVE
anmutig

grade NOUN
1 die *Note* (*mark*) ◇ *He got good grades in his exams.* Er hat in der Prüfung gute Noten bekommen.
2 die *Klasse* (*class*) ◇ *Which grade are you in?* In welcher Klasse bist du?

grade school NOUN
die *Grundschule*

gradual ADJECTIVE
allmählich

gradually ADVERB
allmählich ◇ *We gradually got used to it.* Wir haben uns allmählich daran gewöhnt.

graduate NOUN
der *Hochschulabsolvent* (GEN des *Hochschulabsolventen*, PL die *Hochschulabsolventen*)
die *Hochschulabsolventin*

graffiti PL NOUN
die *Graffiti* PL

grain NOUN
das *Korn* (PL die *Körner*)

gram NOUN
das *Gramm* (PL die *Gramme* or *Gramm*)
When specifying a quantity of something use the plural form **Gramm**.
◇ *five hundred grams of cheese* fünfhundert Gramm Käse

grammar NOUN
die *Grammatik*

grammar school NOUN
das *Gymnasium* (PL die *Gymnasien*)
Gymnasium *education begins after year 4 of the* Grundschule *and lasts until year 13 (however, pupils can leave after year 10). It mainly prepares children for university education.*

grammatical ADJECTIVE
grammatisch

gramme NOUN
das *Gramm* (PL die *Gramme* or *Gramm*)
When specifying a quantity of something use the plural form **Gramm**.
◇ *five hundred grammes of cheese* fünfhundert Gramm Käse

grand ADJECTIVE
prachtvoll ◇ *Samantha lives in a very grand house.* Samantha wohnt in einem prachtvollen Haus.

grandchild NOUN
(PL **grandchildren**)
der *Enkel* (PL die *Enkel*)

granddad NOUN
der *Opa* (PL die *Opas*) ◇ *my granddad* mein Opa

granddaughter NOUN
die *Enkelin*

grandfather NOUN
der *Großvater* (PL die *Großväter*) ◇ *my grandfather* mein Großvater

grandma NOUN
die *Oma* (PL die *Omas*) ◇ *my grandma* meine Oma

grandmother NOUN
die *Großmutter* (PL die *Großmütter*) ◇ *my grandmother* meine Großmutter

grandpa NOUN
der *Opa* (PL die *Opas*) ◇ *my grandpa* mein Opa

grandparents PL NOUN
die *Großeltern* PL ◇ *my grandparents* meine Großeltern

grandson NOUN
der *Enkel* (PL die *Enkel*)

granny NOUN
(PL **grannies**)
die *Oma* (PL die *Omas*) ◇ *my granny* meine Oma

grape NOUN
die *Traube*

grapefruit NOUN
die *Grapefruit* (PL die *Grapefruits*)

graph NOUN
die *graphische Darstellung*

to **grasp** VERB
1 *packen* (*with hand*)
2 *verstehen* (IMPERFECT *verstand*, PERFECT *hat verstanden*) ◇ *I could't grasp the difference.* Ich habe den Unterschied nicht verstanden.

grass NOUN
das *Gras* (GEN des *Grases*) ◇ *The grass is long.* Das Gras ist hoch.
◆ **to cut the grass** den Rasen mähen

grasshopper NOUN
die *Heuschrecke*

to **grate** VERB
reiben (IMPERFECT *rieb*, PERFECT *hat gerieben*) ◇ *to grate some cheese* Käse reiben

grateful ADJECTIVE
dankbar

grave NOUN
das *Grab* (PL die *Gräber*)

gravel NOUN
der *Kies*

graveyard NOUN
der *Friedhof* (PL die *Friedhöfe*)

gravy NOUN
die *Bratensoße*

grease NOUN
das *Fett* (PL die *Fette*)

greasy ADJECTIVE
fettig ◇ *He has greasy hair.* Er hat fettige Haare.
◆ **The food was very greasy.** Das Essen war sehr fett.

great ADJECTIVE
1 *toll* ◇ *That's great!* Das ist toll!
2 *groß* (*big*) ◇ *a great mansion* eine große Villa

Great Britain NOUN
Großbritannien NEUT
◆ **from Great Britain** aus Großbritannien
◆ **in Great Britain** in Großbritannien
◆ **to Great Britain** nach Großbritannien

great-grandfather NOUN
der *Urgroßvater* (PL die *Urgroßväter*)

great-grandmother NOUN
die *Urgroßmutter* (PL die *Urgroßmütter*)

Greece NOUN
Griechenland NEUT
◆ **from Greece** aus Griechenland
◆ **to Greece** nach Griechenland

greedy ADJECTIVE
gierig ◇ *I want some more cake. – Don't be so greedy!* Ich möchte noch etwas Kuchen. – Sei nicht so gierig!

Greek ADJECTIVE
see also Greek NOUN
griechisch ◇ *I love Greek food.* Ich mag griechisches Essen sehr gern. ◇ *Dionysis is Greek.* Dionysis ist Grieche. ◇ *She's Greek.* Sie ist Griechin.

Greek NOUN
see also Greek ADJECTIVE
1 (*person*)
der *Grieche* (GEN des *Griechen*, PL die *Griechen*)
die *Griechin*
2 (*language*)
das *Griechisch* (GEN des *Griechischen*)

green ADJECTIVE
see also green NOUN
grün ◇ *a green car* ein grünes Auto ◇ *a green salad* ein grüner Salat
◆ **the Green Party** die Grünen MASC PL

green NOUN
see also green ADJECTIVE
das *Grün* ◇ *a dark green* ein dunkles Grün
◆ **greens** (*vegetables*) das Grüngemüse SING
◆ **the Greens** (*party*) die Grünen

greengrocer's NOUN
der *Gemüsehändler* (PL die *Gemüsehändler*)

greenhouse NOUN
das *Treibhaus* (GEN des *Treibhauses*, PL die *Treibhäuser*)
◆ **the greenhouse effect** der Treibhauseffekt

Greenland NOUN
Grönland NEUT

to **greet** VERB
begrüßen (PERFECT *hat begrüßt*) ◇ *He greeted me with a kiss.* Er begrüßte mich mit einem Kuss.

greeting NOUN
◆ **Greetings from Bangor!** Grüße aus Bangor!

greetings card NOUN
die *Grußkarte*

grew VERB *see* **grow**

grey ADJECTIVE
grau ◇ *She's got grey hair.* Sie hat graue Haare. ◇ *He's going grey.* Er wird grau.

grey-haired ADJECTIVE
grauhaarig

grid NOUN
1 das *Gitter* (*on map*) (PL die *Gitter*)
2 das *Netz* (*of electricity*) (GEN des *Netzes*, PL die *Netze*)

grief NOUN
der *Kummer*

grill NOUN
see also grill VERB
der *Grill* (*of cooker*) (PL die *Grills*)
◆ **a mixed grill** ein Grillteller MASC

to **grill** VERB
see also grill NOUN
grillen

grim ADJECTIVE
schlimm ◇ *Things look grim.* Es sieht schlimm aus.

to **grin** VERB
see also grin NOUN
grinsen ◇ *Dave grinned at me.* Dave grinste mich an.

grin NOUN
see also grin VERB
das *Grinsen*

to **grind** VERB
(**ground**, **ground**)
1 *mahlen* (*coffee, pepper*) (PERFECT *hat gemahlen*)
2 *hacken* (*meat*)

to **grip** VERB
packen ◇ *I gripped his shirt and pulled him to the ground.* Ich packte ihn am Hemd und zog ihn zu Boden.

gripping ADJECTIVE
spannend (*exciting*)

grit NOUN
der *Splitt* (PL die *Splitte*)

to **groan** VERB
see also groan NOUN
stöhnen ◇ *He groaned with pain.* Er stöhnte vor Schmerzen.

groan NOUN
see also groan VERB
das *Stöhnen* (*of pain*)

grocer NOUN
der *Lebensmittelhändler* (PL die *Lebensmittelhändler*)
die *Lebensmittelhändlerin*

◇ *He's a grocer.* Er ist Lebensmittelhändler.

groceries PL NOUN
die ***Einkäufe*** MASC PL

grocer's (shop) NOUN
das ***Lebensmittelgeschäft*** (PL die ***Lebensmittelgeschäfte***)

groom NOUN
der ***Bräutigam*** (*bridegroom*) (PL die ***Bräutigame***) ◇ *the groom and his best man* der Bräutigam und sein Trauzeuge

to **grope** VERB
◆ **to grope for something** nach etwas tasten ◇ *He groped for the light switch.* Er tastete nach dem Lichtschalter.

gross ADJECTIVE
abscheulich (*revolting*) ◇ *It was really gross!* Es war wirklich abscheulich!

grossly ADVERB
total ◇ *We're grossly underpaid.* Wir sind total unterbezahlt.

ground NOUN
see also **ground** VERB
[1] der ***Boden*** (*earth*) (PL die ***Böden***) ◇ *The ground's wet.* Der Boden ist nass.
[2] der ***Platz*** (*for sport*) (GEN des ***Platzes***, PL die ***Plätze***) ◇ *a football ground* ein Fußballplatz
[3] der ***Grund*** (*reason*) (PL die ***Gründe***) ◇ *We've got grounds for complaint.* Wir haben Grund zur Klage.
◆ **on the ground** auf dem Boden ◇ *We sat on the ground.* Wir saßen auf dem Boden.

ground VERB *see* **grind**
see also **ground** NOUN
◆ **ground coffee** gemahlener Kaffee

group NOUN
die ***Gruppe***

to **grow** VERB
(**grew**, **grown**)
[1] ***wachsen*** (*plant, person, animal*) (PRESENT ***wächst***, IMPERFECT ***wuchs***, PERFECT ***ist gewachsen***) ◇ *Grass grows quickly.* Gras wächst schnell. ◇ *Haven't you grown!* Bist du aber gewachsen!
◆ **to grow a beard** sich einen Bart wachsen lassen ◇ *You should grow a beard.* Du solltest dir einen Bart wachsen lassen.
◆ **He's grown out of his jacket.** Er ist aus der Jacke herausgewachsen.
[2] ***zunehmen*** (*increase*) (PRESENT ***nimmt zu***, IMPERFECT ***nahm zu***, PERFECT ***hat zugenommen***) ◇ *The number of unemployed people has grown.* Die Zahl der Arbeitslosen hat zugenommen.
[3] ***anbauen*** (*cultivate*) (PERFECT ***hat angebaut***) ◇ *My Dad grows potatoes.* Mein Papa baut Kartoffeln an.
◆ **to grow up** erwachsen werden ◇ *Oh, grow up!* Werd' endlich erwachsen!

to **growl** VERB
knurren

grown VERB *see* **grow**

growth NOUN
das ***Wachstum*** ◇ *economic growth* das Wirtschaftswachstum

grub NOUN
die ***Fressalien*** FEM PL (*informal*)

grudge NOUN
◆ **to bear a grudge against somebody** einen Groll gegen jemanden haben ◇ *He's always borne a grudge against me.* Er hat schon immer einen Groll gegen mich gehabt.

gruesome ADJECTIVE
furchtbar

guarantee NOUN
see also **guarantee** VERB
die ***Garantie*** ◇ *a five-year guarantee* eine Garantie von fünf Jahren

to **guarantee** VERB
see also **guarantee** NOUN
garantieren (PERFECT ***hat garantiert***) ◇ *I can't guarantee he'll come.* Ich kann nicht garantieren, dass er kommt.

to **guard** VERB
see also **guard** NOUN
bewachen (PERFECT ***hat bewacht***) ◇ *They guarded the palace.* Sie bewachten den Palast.
◆ **to guard against something** gegen etwas Vorsichtsmaßnahmen ergreifen

guard NOUN
see also **guard** VERB
(*of train*)
der ***Zugbegleiter*** (PL die ***Zugbegleiter***)
die ***Zugbegleiterin***
◆ **a security guard** ein Wachtmann MASC
◆ **a guard dog** ein Wachhund MASC

to **guess** VERB
see also **guess** NOUN
raten (PRESENT ***rät***, IMPERFECT ***riet***, PERFECT ***hat geraten***) ◇ *Can you guess what it is?* Rate mal, was das ist. ◇ *to guess wrong* falsch raten

guess NOUN
(PL **guesses**)
see also **guess** VERB
die ***Vermutung*** ◇ *It's just a guess.* Es ist nur eine Vermutung.
◆ **Have a guess!** Rate mal!

guest NOUN
der ***Gast*** (PL die ***Gäste***)
der Gast *is also used for women.*
◇ *She is our guest.* Sie ist unser Gast. ◇ *We have guests staying with us.* Wir haben Gäste.

guesthouse NOUN
die ***Pension*** ◇ *We stayed overnight in a guesthouse.* Wir haben in einer Pension übernachtet.

guide NOUN
[1] (*book*)
der ***Führer*** (PL die ***Führer***) ◇ *We bought a guide to Cologne.* Wir haben einen Führer von Köln gekauft.
[2] (*person*)
der ***Führer*** (PL die ***Führer***)
die ***Führerin***
◇ *The guide showed us round the castle.*

Unser Führer hat uns die Burg gezeigt.
[3] (*girl guide*)
die ***Pfadfinderin***
- **the Guides** die Pfadfinderinnen

guidebook NOUN
der ***Führer*** (PL die ***Führer***)

guide dog NOUN
der ***Blindenhund*** (PL die ***Blindenhunde***)

guilty ADJECTIVE
schuldig ◇ *to feel guilty* sich schuldig fühlen ◇ *She was found guilty.* Sie wurde schuldig gesprochen.

guinea pig NOUN
das ***Meerschweinchen*** (PL die ***Meerschweinchen***)

guitar NOUN
die ***Gitarre*** ◇ *I play the guitar.* Ich spiele Gitarre.

gum NOUN
der ***Kaugummi*** (*chewing gum*) (PL die ***Kaugummis***)
- **gums** (*in mouth*) das Zahnfleisch SING

gun NOUN
[1] die ***Pistole*** (*small*)
[2] das ***Gewehr*** (*rifle*) (PL die ***Gewehre***)

gust NOUN
- **a gust of wind** ein Windstoß MASC

guy NOUN
der ***Typ*** (PL die ***Typen***) ◇ *Who's that guy?* Wer ist der Typ?
- **He's a nice guy.** Er ist ein netter Kerl.

gym NOUN
die ***Turnhalle***
- **gym classes** die Turnstunden

gymnast NOUN
der ***Turner*** (PL die ***Turner***)
die ***Turnerin***
◇ *She's a gymnast.* Sie ist Turnerin.

gymnastics NOUN
das ***Turnen***
- **to do gymnastics** turnen

gypsy NOUN
(PL **gypsies**)
der ***Zigeuner*** (PL die ***Zigeuner***)
die ***Zigeunerin***

G

H

habit NOUN
die *Angewohnheit* ◇ *a bad habit* eine schlechte Angewohnheit
had VERB *see* **have**
hadn't = **had not**
hail NOUN
see also **hail** VERB
der *Hagel*
to **hail** VERB
see also **hail** NOUN
hageln ◇ *It's hailing.* Es hagelt.
hair NOUN
die *Haare* NEUT PL ◇ *She's got long hair.* Sie hat lange Haare. ◇ *He's got black hair.* Er hat schwarze Haare. ◇ *He's losing his hair.* Ihm gehen die Haare aus.
◆ **to brush one's hair** sich die Haare bürsten ◇ *I brush my hair every morning.* Ich bürste mir jeden Morgen die Haare.
◆ **to wash one's hair** sich die Haare waschen ◇ *I need to wash my hair.* Ich muss mir die Haare waschen.
◆ **to have one's hair cut** sich die Haare schneiden lassen ◇ *I've just had my hair cut.* Ich habe mir gerade die Haare schneiden lassen.
◆ **a hair** ein Haar NEUT
hairbrush NOUN
(PL **hairbrushes**)
die *Haarbürste*
haircut NOUN
der *Haarschnitt* (PL die *Haarschnitte*)
◆ **to have a haircut** sich die Haare schneiden lassen ◇ *I've just had a haircut.* Ich habe mir gerade die Haare schneiden lassen.
hairdresser NOUN
der *Friseur* (PL die *Friseure*)
die *Friseuse*
◇ *He's a hairdresser.* Er ist Friseur.
hairdresser's NOUN
der *Friseur* (PL die *Friseure*) ◇ *at the hairdresser's* beim Friseur
hair dryer NOUN
der *Haartrockner* (PL die *Haartrockner*)
hair gel NOUN
das *Haargel* (PL die *Haargele*)
In German the "g" in **Haargel** *is pronounced like the "g" in girl.*
hairgrip NOUN
die *Haarklemme*
hair spray NOUN
der *Haarspray* (PL die *Haarsprays*)
hairstyle NOUN
die *Frisur*
hairy ADJECTIVE
haarig ◇ *He's got hairy legs.* Er hat die haarige Beine.
half NOUN
(PL **halves**)
see also **half** ADJECTIVE
1 die *Hälfte* ◇ *half of the cake* die Hälfte des Kuchens
2 die *Kinderfahrkarte* (*ticket*) ◇ *A half to York, please.* Ein Kinderfahrkarte nach York bitte.
◆ **two and a half** zweieinhalb
◆ **half an hour** eine halbe Stunde
◆ **half past ten** halb elf
◆ **half a kilo** ein halbes Kilo
◆ **to cut something in half** etwas in zwei Teile schneiden
half ADJECTIVE, ADVERB
see also **half** NOUN
1 *halb* ◇ *a half chicken* ein halbes Hähnchen
2 *fast* ◇ *He was half asleep.* Er schlief fast.
half-hour NOUN
die *halbe Stunde*
half-price ADJECTIVE, ADVERB
◆ **at half-price** zum halben Preis
half-time NOUN
die *Halbzeit*
halfway ADVERB
1 *auf halber Strecke* ◇ *halfway between Oxford and London* auf halber Strecke zwischen Oxford und London
2 *in der Mitte* ◇ *halfway through the chapter* in der Mitte des Kapitels
hall NOUN
1 der *Flur* (*in house*) (PL die *Flure*)
2 der *Saal* (PL die *Säle*) ◇ *the village hall* der Gemeindesaal
Hallowe'en NOUN
der *Abend vor Allerheiligen*
Hallowe'en *ist der 31. Oktober, der Vorabend von Allerheiligen und nach altem Glauben der Abend, an dem man Geister und Hexen sehen kann. Kinder feiern* **Hallowe'en**, *indem sie sich verkleiden und mit aus Kürbissen gemachten Laternen von Tür zu Tür ziehen, wo sie Süßigkeiten, Nüsse und Obst erhalten.*
hallway NOUN
der *Flur* (PL die *Flure*)
halt NOUN
◆ **to come to a halt** zum Stehen kommen
ham NOUN
der *Schinken* (PL die *Schinken*) ◇ *a ham sandwich* ein Schinkensandwich NEUT
hamburger NOUN
der *Hamburger* (PL die *Hamburger*)
hammer NOUN
der *Hammer* (PL die *Hämmer*)
hamster NOUN
der *Hamster* (PL die *Hamster*)
hand NOUN
see also **hand** VERB
1 die *Hand* (*of person*) (PL die *Hände*)
◆ **to give somebody a hand** jemandem helfen ◇ *Can you give me a hand?* Kannst du mir

mal helfen?
- **on the one hand..., on the other hand...** einerseits..., anderseits...

[2] der *Zeiger* (*of clock*) (PL die *Zeiger*)

to **hand** VERB

see also hand NOUN

reichen ◇ *He handed me the book.* Er reichte mir das Buch.
- **to hand something in** etwas abgeben ◇ *Martin handed his exam paper in.* Martin gab seine Prüfungsarbeit ab.
- **to hand something out** etwas austeilen ◇ *The teacher handed out the books.* Der Lehrer teilte die Bücher aus.
- **to hand something over** etwas übergeben ◇ *She handed the keys over to me.* Sie übergab mir die Schlüssel.

handbag NOUN

die *Handtasche*

handbook NOUN

das *Handbuch* (PL die *Handbücher*)

handcuffs PL NOUN

die *Handschellen* FEM PL

handkerchief NOUN

das *Taschentuch* (PL die *Taschentücher*)

handle NOUN

see also handle VERB

[1] die *Klinke* (*of door*)

[2] der *Henkel* (*of cup*) (PL die *Henkel*)

[3] der *Griff* (*of knife*) (PL die *Griffe*)

[4] der *Stiel* (*of saucepan*) (PL die *Stiele*)

to **handle** VERB

see also handle NOUN
- **He handled it well.** Er hat das gut gemacht.
- **Kath handled the travel arrangements.** Kath hat sich um die Reisevorbereitungen gekümmert.
- **She's good at handling children.** Sie kann gut mit Kindern umgehen.

handlebars PL NOUN

die *Lenkstange* SING

handmade ADJECTIVE

handgemacht

handsome ADJECTIVE

gut aussehend ⚠ ◇ *a handsome man* ein gut aussehender Mann
- **He's very handsome.** Er sieht sehr gut aus.

handwriting NOUN

die *Handschrift*

handy ADJECTIVE

[1] *praktisch* ◇ *This knife's very handy.* Dieses Messer ist sehr praktisch.

[2] *zur Hand* ◇ *Have you got a pen handy?* Hast du einen Schreiber zur Hand?

to **hang** VERB

(**hung**, **hung**)

[1] *aufhängen* (PERFECT *hat aufgehängt*) ◇ *Mike hung the painting on the wall.* Mike hängte das Bild an der Wand auf.

[2] *hängen*

Hier wird die Form **hanged** *für Vergangenheit und Partizip Perfekt benutzt.*

◇ *They hanged the criminal.* Sie hängten den Verbrecher.
- **to hang around** rumhängen ◇ *On Saturdays we hang around in the park.* Samstags hängen wir im Park rum.
- **to hang on** warten ◇ *Hang on a minute please.* Bitte warte einen Moment.
- **to hang up (1)** (*clothes*) aufhängen ◇ *Hang your jacket up on the hook.* Häng deine Jacke am Haken auf.
- **to hang up (2)** (*phone*) auflegen ◇ *I tried to phone him but he hung up on me.* Ich habe versucht, mit ihm zu telefonieren, aber er hat einfach aufgelegt.

hang-gliding NOUN

das *Drachenfliegen*
- **to go hang-gliding** Drachen fliegen gehen

hangover NOUN

der *Kater* (PL die *Kater*) ◇ *to have a hangover* einen Kater haben

to **happen** VERB

passieren (PERFECT *ist passiert*) ◇ *What's happened?* Was ist passiert?
- **as it happens** zufälligerweise ◇ *As it happens I saw him yesterday.* Zufälligerweise habe ich ihn gestern gesehen.

happily ADVERB

[1] *fröhlich* ◇ *"Don't worry!" he said happily.* "Mach dir keine Sorgen!" sagte er fröhlich.

[2] *zum Glück* (*fortunately*) ◇ *Happily, everything went well.* Zum Glück ging alles gut.

happiness NOUN

das *Glück*

happy ADJECTIVE

glücklich ◇ *Janet looks happy.* Janet sieht glücklich aus.
- **I'm very happy with your work.** Ich bin sehr zufrieden mit Ihrer Arbeit.
- **Happy birthday!** Herzlichen Glückwunsch zum Geburtstag!

harbour NOUN

der *Hafen* (PL die *Häfen*)

hard ADJECTIVE, ADVERB

[1] *hart* ◇ *This cheese is very hard.* Dieser Käse ist sehr hart. ◇ *He's worked very hard.* Er hat sehr hart gearbeitet.

[2] *schwierig* ◇ *This question's too hard for me.* Diese Frage ist für mich zu schwierig.

hard disk NOUN

die *Festplatte* (*of computer*)

hardly ADVERB

kaum ◇ *I've hardly got any money.* Ich habe kaum Geld. ◇ *I hardly know you.* Ich kenne Sie kaum.
- **hardly ever** fast nie

hard up ADJECTIVE

pleite

hare NOUN

der *Feldhase* (GEN des *Feldhasen*, PL die *Feldhasen*)

to **harm** VERB
- **to harm somebody** jemandem weh tun ◇ *I didn't mean to harm you.* Ich wollte Ihnen nicht weh tun.
- **to harm something** einer Sache schaden

◇ *Chemicals harm the environment.* Chemikalien schaden der Umwelt.

harmful ADJECTIVE
schädlich ◇ *harmful chemicals* schädliche Chemikalien

harmless ADJECTIVE
harmlos ◇ *Most spiders are harmless.* Die meisten Spinnen sind harmlos.

has VERB *see* **have**

hasn't = **has not**

hat NOUN
der **Hut** (PL die **Hüte**)

to **hate** VERB
hassen (PRESENT **hasst**, IMPERFECT **hasste**, PERFECT **hat gehasst**) ◇ *I hate maths.* Ich hasse Mathe.

hatred NOUN
der **Hass** ⚠ (GEN des **Hasses**)

to **have** VERB
(**has, had, had**)
[1] **haben** (PRESENT **hat**, IMPERFECT **hatte**, PERFECT **hat gehabt**) ◇ *Have you got a sister?* Hast du eine Schwester? ◇ *He's got blue eyes.* Er hat blaue Augen. ◇ *I've got a cold.* Ich habe eine Erkältung.
The perfect tense of most verbs is formed with **haben.**
◇ *They have eaten.* Sie haben gegessen.
◇ *Have you done your homework?* Hast du deine Hausaufgaben gemacht?
Questions like "hasn't he?" don't exist in German.
◇ *He's done it, hasn't he?* Er hat es getan, nicht wahr?
have *is not translated when it is used in place of another verb.*
◇ *Have you got any money? – No, I haven't.* Hast du Geld? – Nein. ◇ *Does she have any pets? – Yes, she has.* Hat sie Haustiere? – Ja.
◇ *He hasn't done his homework. – Yes, he has.* Er hat seine Hausaufgaben nicht gemacht. – Doch.
[2] **sein** (PRESENT **ist**, IMPERFECT **war**, PERFECT **ist gewesen**)
The perfect tense of some verbs is formed with **sein.**
◇ *They have arrived.* Sie sind angekommen.
◇ *Has he gone?* Ist er gegangen?
have *plus noun is sometimes translated by a German verb.*
◇ *He had his breakfast.* Er hat gefrühstückt.
◇ *to have a shower* duschen ◇ *to have a bath* baden
◆ **to have got to do something** etwas tun müssen ◇ *She's got to do it.* Sie muss es tun.
◆ **to have a party** eine Party machen
◆ **I had my hair cut yesterday.** Ich habe mir gestern die Haare schneiden lassen.

haven't = **have not**

hay NOUN
das **Heu**

hay fever NOUN
der **Heuschnupfen** ◇ *Do you get hay fever?* Hast du manchmal Heuschnupfen?

hazelnut NOUN
die **Haselnuss** ⚠ (PL die **Haselnüsse**)

he PRONOUN
er ◇ *He loves dogs.* Er liebt Hunde.

head NOUN
see also **head** VERB
[1] *(of person)*
der **Kopf** (PL die **Köpfe**) ◇ *The wine went to my head.* Der Wein ist mir in den Kopf gestiegen.
[2] *(of private or primary school)*
der **Rektor** (PL die **Rektoren**)
die **Rektorin**
[3] *(of state secondary school)*
der **Direktor** (PL die **Direktoren**)
die **Direktorin**
[4] *(leader)*
das **Oberhaupt** (PL die **Oberhäupter**) ◇ *a head of state* ein Staatsoberhaupt
◆ **to have a head for figures** gut mit Zahlen umgehen können
◆ **Heads or tails? – Heads.** Kopf oder Wappen? – Kopf.

to **head** VERB
see also **head** NOUN
◆ **to head for something** auf etwas zugehen ◇ *He headed straight for the bar.* Er ging direkt auf die Theke zu.

headache NOUN
die **Kopfschmerzen** MASC PL ◇ *I've got a headache.* Ich habe Kopfschmerzen.

headlight NOUN
der **Scheinwerfer** (PL die **Scheinwerfer**)

headline NOUN
die **Schlagzeile**

headmaster NOUN
[1] der **Rektor** *(of private or primary school)* (PL die **Rektoren**)
[2] der **Direktor** *(of state secondary school)* (PL die **Direktoren**)

headmistress NOUN
(PL **headmistresses**)
[1] die **Rektorin** *(of private or primary school)*
[2] die **Direktorin** *(of state secondary school)*

headphones PL NOUN
der **Kopfhörer** (PL die **Kopfhörer**) ◇ *a set of headphones* ein Kopfhörer

headteacher NOUN
[1] *(of private or primary school)*
der **Rektor** (PL die **Rektoren**)
die **Rektorin**
[2] *(of state secondary school)*
der **Direktor** (PL die **Direktoren**)
die **Direktorin**

health NOUN
die **Gesundheit**

healthy ADJECTIVE
gesund ◇ *Lesley's a healthy person.* Lesley ist gesund. ◇ *a healthy diet* eine gesunde Ernährung

heap NOUN
der **Haufen** (PL die **Haufen**) ◇ *a rubbish heap* ein Müllhaufen

to **hear** VERB
(**heard**, **heard**)
hören ◇ *He heard the dog bark.* Er hörte den Hund bellen. ◇ *She can't hear very well.* Sie hört nicht gut. ◇ *I heard that she was ill.* Ich habe gehört, dass sie krank war. ◇ *Did you hear the good news?* Hast du die gute Nachricht gehört?
◆ **to hear about something** von etwas hören
◆ **to hear from somebody** von jemandem hören ◇ *I haven't heard from him recently.* Ich habe in letzter Zeit nichts von ihm gehört.

heart NOUN
das ***Herz*** (GEN des ***Herzens***, PL die ***Herzen***)
◆ **to learn something by heart** etwas auswendig lernen
◆ **the ace of hearts** das Herzass

heart attack NOUN
der ***Herzinfarkt*** (PL die ***Herzinfarkte***)

heartbroken ADJECTIVE
zutiefst betrübt

heat NOUN
see also heat VERB
die ***Hitze***

to **heat** VERB
see also heat NOUN
erhitzen (PERFECT ***hat erhitzt***) ◇ *Heat gently for five minutes.* Erhitzen Sie es bei schwacher Hitze fünf Minuten lang.
◆ **to heat up (1)** (*cooked food*) aufwärmen ◇ *He heated the soup up.* Er hat die Suppe aufgewärmt.
◆ **to heat up (2)** (*water, oven*) heiß werden ◇ *The water is heating up.* Das Wasser wird heiß.

heater NOUN
der ***Heizofen*** (PL die ***Heizöfen***) ◇ *an electric heater* ein elektrischer Heizofen

heating NOUN
die ***Heizung***

heaven NOUN
der ***Himmel*** (PL die ***Himmel***)

heavily ADVERB
schwer ◇ *The car was heavily loaded.* Das Auto war schwer beladen.
◆ **He drinks heavily.** Er trinkt viel.
◆ **It was raining heavily.** Es regnete stark.

heavy ADJECTIVE
1 ***schwer*** ◇ *This bag's very heavy.* Diese Tasche ist sehr schwer.
◆ **heavy rain** starker Regen
2 ***anstrengend*** (*busy*) ◇ *I've got a very heavy week ahead.* Ich habe eine anstrengende Woche vor mir.
◆ **to be a heavy drinker** viel trinken

he'd = **he would**, **he had**

hedge NOUN
die ***Hecke***

hedgehog NOUN
der ***Igel*** (PL die ***Igel***)

heel NOUN
der ***Absatz*** (GEN des ***Absatzes***, PL die ***Absätze***)

height NOUN
1 die ***Größe*** (*of person*)
2 die ***Höhe*** (*of object, mountain*)

heir NOUN
der ***Erbe*** (GEN des ***Erben***, PL die ***Erben***)

heiress NOUN
(PL **heiresses**)
die ***Erbin***

held VERB *see* **hold**

helicopter NOUN
der ***Hubschrauber*** (PL die ***Hubschrauber***)

hell NOUN
die ***Hölle***
◆ **Hell!** Mist! (*informal*)

he'll = **he will**, **he shall**

hello EXCLAMATION
hallo

helmet NOUN
der ***Helm*** (PL die ***Helme***)

to **help** VERB
see also help NOUN
helfen (PRESENT ***hilft***, IMPERFECT ***half***, PERFECT ***hat geholfen***)
◆ **to help somebody** jemandem helfen ◇ *Can you help me?* Kannst du mir helfen?
◆ **Help!** Hilfe!
◆ **Help yourself!** Bedienen Sie sich!
◆ **He can't help it.** Er kann nichts dafür.

help NOUN
see also help VERB
die ***Hilfe*** ◇ *Do you need any help?* Brauchst du Hilfe?

helpful ADJECTIVE
hilfreich ◇ *a helpful suggestion* ein hilfreicher Vorschlag
◆ **He was very helpful.** Er war eine große Hilfe.

hen NOUN
die ***Henne***

her ADJECTIVE
see also her PRONOUN
ihr ◇ *her father* ihr Vater ◇ *her mother* ihre Mutter ◇ *her child* ihr Kind ◇ *her parents* ihre Eltern
Do not use **ihr** *with parts of the body.*
◇ *She's going to wash her hair.* Sie wäscht sich die Haare. ◇ *She's cleaning her teeth.* Sie putzt sich die Zähne. ◇ *She's hurt her foot.* Sie hat sich am Fuß verletzt.

her PRONOUN
see also her ADJECTIVE
1 ***sie*** ◇ *I can see her.* Ich kann sie sehen. ◇ *Look at her!* Sieh sie an! ◇ *Who is it? – It's her again.* Wer ist da? – Sie ist es schon wieder. ◇ *I'm older than her.* Ich bin älter als sie.
Use **sie** *after prepositions which take the accusative.*
◇ *I was thinking of her.* Ich habe an sie gedacht.
2 ***ihr***
Use **ihr** *after prepositions which take the dative.*
◇ *I'm going with her.* Ich gehe mit ihr mit. ◇ *He sat next to her.* Er saß neben ihr.
Use **ihr** *when* her *means* to her.
◇ *I gave her a book.* Ich gab ihr ein Buch. ◇ *I told her the truth.* Ich habe ihr die Wahrheit gesagt.

H

herb NOUN
das ***Kraut*** (PL die *Kräuter*)

here ADVERB
hier ◇ *I live here.* Ich wohne hier. ◇ *Here are the books.* Hier sind die Bücher. ◇ *Here he is!* Da ist er ja!

hero NOUN
(PL **heroes**)
der ***Held*** (GEN des *Helden*, PL die *Helden*)
◇ *He's a real hero!* Er ist ein echter Held!

heroin NOUN
das ***Heroin*** ◇ *Heroin is a hard drug.* Heroin ist eine harte Droge.
◆ **a heroin addict** (*man*) ein Heroinsüchtiger
◆ **She's a heroin addict.** Sie ist heroinsüchtig.

heroine NOUN
die ***Heldin*** ◇ *the heroine of the novel* die Heldin des Romans

hers PRONOUN
1 ***ihrer*** ◇ *Is this her coat?–No, hers is black.* Ist das ihr Mantel?–Nein, ihrer ist schwarz.
ihre ◇ *Is this her cup?–No, hers is red.* Ist das ihre Tasse?–Nein, ihre ist rot.
ihres ◇ *Is this her car?–No, hers is white.* Ist das ihr Auto?–Nein, ihres ist weiß.
2 ***ihre*** ◇ *my parents and hers* meine Eltern und ihre ◇ *I have my reasons and she has hers.* Ich habe meine Gründe und sie hat ihre.
◆ **Is this hers?** Gehört das ihr? ◇ *This book is hers.* Dieses Buch gehört ihr. ◇ *Whose is this?–It's hers.* Wem gehört das?–Es gehört ihr.

herself PRONOUN
1 ***sich*** ◇ *She's hurt herself.* Sie hat sich verletzt. ◇ *She talked mainly about herself.* Sie redete hauptsächlich über sich selbst.
2 ***selbst*** ◇ *She did it herself.* Sie hat es selbst gemacht.
◆ **by herself** allein ◇ *She doesn't like travelling by herself.* Sie verreist nicht gern allein.

he's = **he is, he has**

to **hesitate** VERB
zögern

heterosexual ADJECTIVE
heterosexuell

hi EXCLAMATION
hallo

hiccups PL NOUN
der ***Schluckauf*** SING ◇ *He had the hiccups.* Er hatte einen Schluckauf.

to **hide** VERB
(**hid, hidden**)
sich verstecken (PERFECT *hat sich versteckt*)
◇ *He hid behind a bush.* Er versteckte sich hinter einem Busch.
◆ **to hide something** etwas verstecken
◇ *Paula hid the present.* Paula hat das Geschenk versteckt.

hide-and-seek NOUN
◆ **to play hide-and-seek** Verstecken spielen

hideous ADJECTIVE
scheußlich

hi-fi NOUN
die ***Hi-Fi-Anlage***

high ADJECTIVE, ADVERB
hoch ◇ *It's too high.* Es ist zu hoch. ◇ *How high is the wall?* Wie hoch ist die Mauer?
◇ *The wall's two metres high.* Die Mauer ist zwei Meter hoch.
Before a noun or after an article, use **hohe.**
◇ *She's got a very high voice.* Sie hat eine sehr hohe Stimme. ◇ *a high price* ein hoher Preis ◇ *a high temperature* eine hohe Temperatur ◇ *at high speed* mit hoher Geschwindigkeit
◆ **It's very high in fat.** Es ist sehr fetthaltig.
◆ **to be high** (*on drugs*) high sein (*informal*)
◆ **to get high** (*on drugs*) high werden (*informal*)
◇ *to get high on crack* von Crack high werden

high-heeled ADJECTIVE
◆ **high-heeled shoes** hochhackige Schuhe

high jump NOUN
der ***Hochsprung*** (*sport*) (PL die *Hochsprünge*)

highlight NOUN
der ***Höhepunkt*** (PL die *Höhepunkte*) ◇ *the highlight of the evening* der Höhepunkt des Abends

high-rise NOUN
das ***Hochhaus*** (GEN des *Hochhauses*, PL die *Hochhäuser*) ◇ *I live in a high-rise.* Ich wohne in einem Hochhaus.

high school NOUN
das ***Gymnasium*** (PL die *Gymnasien*)

to **hijack** VERB
entführen (PERFECT *hat entführt*)

hijacker NOUN
der ***Entführer*** (PL die *Entführer*)
die ***Entführerin***

hike NOUN
die ***Wanderung***

hiking NOUN
◆ **to go hiking** wandern gehen

hilarious ADJECTIVE
urkomisch ◇ *It was hilarious!* Es war urkomisch!

hill NOUN
der ***Hügel*** (PL die *Hügel*) ◇ *She walked up the hill.* Sie ging den Hügel hinauf.

hill-walking NOUN
das ***Bergwandern***
◆ **to go hill-walking** Bergwanderungen machen

him PRONOUN
1 ***ihn*** ◇ *I can see him.* Ich kann ihn sehen. ◇ *Look at him!* Sieh ihn an!
Use **ihn** *after prepositions which take the accusative.*
◇ *I did it for him.* Ich habe es für ihn getan.
2 ***ihm***
Use **ihm** *after prepositions which take the dative.*
◇ *I travelled with him.* Ich bin mit ihm gereist.
◇ *I haven't heard from him.* Ich habe nichts von ihm gehört.

Use **ihm** *when* him *means* to him.
◇ *I gave him a book.* Ich gab ihm ein Buch.
◇ *I told him the truth.* Ich habe ihm die Wahrheit gesagt.
3 *er* ◇ *It's him again.* Er ist es schon wieder. ◇ *I'm older than him.* Ich bin älter als er.

himself PRONOUN
1 *sich* ◇ *He's hurt himself.* Er hat sich verletzt. ◇ *He talked mainly about himself.* Er redete hauptsächlich über sich selbst.
2 *selbst* ◇ *He did it himself.* Er hat es selbst gemacht.
◆ **by himself** allein ◇ *He was travelling by himself.* Er reiste allein.

Hindu ADJECTIVE
hinduistisch
◆ **a Hindu temple** ein Hindutempel NEUT

hip NOUN
die *Hüfte*

hippie NOUN
der *Hippie* (PL die *Hippies*)
der Hippie *is also used for women.*
◇ *She was a hippie.* Sie war ein Hippie.

hippo NOUN
(PL **hippos**)
das *Nilpferd* (PL die *Nilpferde*)

to **hire** VERB
see also hire NOUN
1 *mieten* ◇ *to hire a car* ein Auto mieten
2 *anstellen* (*person*) (PERFECT *hat angestellt*)
◇ *They hired a cleaner.* Sie haben eine Putzfrau angestellt.

hire NOUN
see also hire VERB
der *Verleih* (PL die *Verleihe*)
◆ **car hire** der Autoverleih
◆ **for hire** zu vermieten

hire car NOUN
der *Mietwagen* (PL die *Mietwagen*)

his ADJECTIVE
see also his PRONOUN
sein ◇ *his father* sein Vater ◇ *his mother* seine Mutter ◇ *his child* sein Kind ◇ *his parents* seine Eltern
Do not use **sein** *with parts of the body.*
◇ *He's going to wash his hair.* Er wäscht sich die Haare. ◇ *He's cleaning his teeth.* Er putzt sich die Zähne. ◇ *He's hurt his foot.* Er hat sich am Fuß verletzt.

his PRONOUN
see also his ADJECTIVE
1 *seiner* ◇ *Is this his coat?–No, his is black.* Ist das sein Mantel?–Nein, seiner ist schwarz.
seine ◇ *Is this his cup?–No, his is red.* Ist das seine Tasse?–Nein, seine ist rot.
seines ◇ *Is this his car?–No, his is white.* Ist das sein Auto?–Nein, seines ist weiß.
2 *seine* ◇ *my parents and his* meine Eltern und seine ◇ *I have my reasons and he has his.* Ich habe meine Gründe und er hat seine.
◆ **Is this his?** Gehört das ihm? ◇ *This book is his.* Dieses Buch gehört ihm. ◇ *Whose is this?–It's his.* Wem gehört das?–Das gehört ihm.

history NOUN
die *Geschichte*

to **hit** VERB
(**hit**, **hit**)
see also hit NOUN
1 *schlagen* (PRESENT *schlägt*, IMPERFECT *schlug*, PERFECT *hat geschlagen*) ◇ *Andrew hit him.* Andrew hat ihn geschlagen.
2 *anfahren* (PRESENT *fährt an*, IMPERFECT *fuhr an*, PERFECT *hat angefahren*) ◇ *He was hit by a car.* Er wurde von einem Auto angefahren.
3 *treffen* (PRESENT *trifft*, IMPERFECT *traf*, PERFECT *hat getroffen*) ◇ *The arrow hit the target.* Der Pfeil traf sein Ziel.
◆ **to hit it off with somebody** sich gut mit jemandem verstehen ◇ *She hit it off with his parents.* Sie hat sich mit seinen Eltern gut verstanden.

hit NOUN
see also hit VERB
1 der *Hit* (*song*) (PL die *Hits*) ◇ *Blur's latest hit* Blurs neuester Hit.
2 der *Erfolg* (*success*) (PL die *Erfolge*)
◇ *The film was a massive hit.* Der Film war ein enormer Erfolg.

hitch NOUN
(PL **hitches**)
das *Problem* (PL die *Probleme*) ◇ *There's been a slight hitch.* Es gab ein kleineres Problem.

to **hitchhike** VERB
per Anhalter fahren (PRESENT *fährt*, IMPERFECT *fuhr*, PERFECT *ist gefahren*)

hitchhiker NOUN
der *Anhalter* (PL die *Anhalter*)
die *Anhalterin*

hitchhiking NOUN
das *Trampen* ◇ *Hitchhiking can be dangerous.* Trampen kann gefährlich sein.

hit man NOUN
(PL **hit men**)
der *Killer* (PL die *Killer*)

HIV-negative ADJECTIVE
HIV-negativ

HIV-positive ADJECTIVE
HIV-positiv

hobby NOUN
(PL **hobbies**)
das *Hobby* (PL die *Hobbys*) ◇ *What are your hobbies?* Welche Hobbys haben Sie?

hockey NOUN
das *Hockey* ◇ *I play hockey.* Ich spiele Hockey.

to **hold** VERB
(**held**, **held**)
1 *halten* (*hold on to*) (PRESENT *hält*, IMPERFECT *hielt*, PERFECT *hat gehalten*) ◇ *Hold this end of the rope, please.* Halt bitte dieses Ende des Seils.
◆ **She held a bottle in her hand.** Sie hatte eine Flasche in der Hand.

H

[2] *fassen* (*contain*) (PRESENT *fasst*, IMPERFECT *fasste*, PERFECT *hat gefasst*) ◇ *This bottle holds two litres.* Diese Flasche fasst zwei Liter.
- **to hold a meeting** eine Versammlung abhalten
- **Hold the line!** (*on telephone*) Bleiben Sie am Apparat!
- **Hold it!** (*wait*) Sekunde!
- **to get hold of something** (*obtain*) etwas bekommen ◇ *I couldn't get hold of it.* Ich habe es nicht bekommen.

to **hold on** VERB
(**held**, **held**)
[1] *sich festhalten* (*keep hold*) (PRESENT *hält sich fest*, IMPERFECT *hielt sich fest*, PERFECT *hat sich festgehalten*) ◇ *The cliff was slippery but he managed to hold on.* Die Klippe war sehr rutschig, aber er konnte sich festhalten.
- **to hold on to something (1)** sich an etwas klammern ◇ *He held on to the railing.* Er klammerte sich an das Geländer.
- **to hold on to something (2)** etwas behalten ◇ *He held on to the book just in case.* Er hat das Buch vorsichtshalber behalten.

[2] *warten* (*wait*) ◇ *Hold on, I'm coming!* Warte, ich komme!
- **Hold on!** (*on telephone*) Bleiben Sie am Apparat!

to **hold up** VERB
(**held**, **held**)
- **to hold up one's hand** die Hand heben ◇ *Peter held up his hand.* Peter hob die Hand.
- **to hold somebody up** (*delay*) jemanden aufhalten ◇ *I was held up at the office.* Ich wurde im Büro aufgehalten.
- **to hold up a bank** (*rob*) eine Bank überfallen

hold-up NOUN
[1] der *Überfall* (*at bank*) (PL die *Überfälle*)
[2] die *Verzögerung* (*delay*)
[3] der *Stau* (*traffic jam*) (PL die *Staus*)

hole NOUN
das *Loch* (PL die *Löcher*)

holiday NOUN
[1] die *Ferien* PL (*from school*) ◇ *Did you have a good holiday?* Hattet ihr schöne Ferien?
- **on holiday** in den Ferien ◇ *to go on holiday* in die Ferien fahren ◇ *We are on holiday.* Wir haben Ferien.
- **the school holidays** die Schulferien

[2] der *Urlaub* (*from work*) (PL die *Urlaube*) ◇ *Did you have a good holiday?* Hattet ihr einen schönen Urlaub?
- **on holiday** im Urlaub ◇ *to go on holiday* in Urlaub fahren ◇ *We are on holiday.* Wir sind im Urlaub.

[3] der *Feiertag* (*public holiday*) (PL die *Feiertage*) ◇ *Next Wednesday is a holiday.* Nächsten Mittwoch ist ein Feiertag.
[4] der *freie Tag* (*day off*) (PL die *freien Tage*)
- **He took a day's holiday.** Er nahm einen Tag frei.
- **a holiday camp** ein Ferienlager NEUT

Holland NOUN
Holland NEUT
- **from Holland** aus Holland
- **in Holland** in Holland
- **to Holland** nach Holland

hollow ADJECTIVE
hohl

holy ADJECTIVE
heilig

home NOUN
see also home ADVERB
das *Zuhause* (GEN des *Zuhause*)
- **at home** zu Hause
- **Make yourself at home.** Machen Sie es sich bequem.

home ADVERB
see also home NOUN
[1] *zu Hause* ◇ *to be at home* zu Hause sein
[2] *nach Hause* ◇ *to go home* nach Hause gehen
- **to get home** nach Hause kommen ◇ *What time did he get home?* Wann ist er nach Hause gekommen?

home address NOUN
(PL **home addresses**)
die *Adresse* ◇ *What's your home address?* Wie ist Ihre Adresse?

homeland NOUN
das *Heimatland* (PL die *Heimatländer*)

homeless ADJECTIVE
obdachlos
- **the homeless** die Obdachlosen MASC PL

home match NOUN
(PL **home matches**)
das *Heimspiel* (PL die *Heimspiele*)

homesick ADJECTIVE
- **to be homesick** Heimweh haben

homework NOUN
die *Hausaufgaben* FEM PL ◇ *Have you done your homework?* Hast du deine Hausaufgaben gemacht? ◇ *my geography homework* meine Erdkundeaufgaben

homosexual ADJECTIVE
see also homosexual NOUN
homosexuell

homosexual NOUN
see also homosexual ADJECTIVE
der *Homosexuelle* (GEN des *Homosexuellen*, PL die *Homosexuellen*) ◇ *a homosexual (man)* ein Homosexueller

honest ADJECTIVE
ehrlich ◇ *She's an honest person.* Sie ist ein ehrlicher Mensch. ◇ *He was very honest with her.* Er war sehr ehrlich zu ihr.

honestly ADVERB
ehrlich ◇ *I honestly don't know.* Ich weiß es ehrlich nicht.

honesty NOUN
die *Ehrlichkeit*

honey NOUN
der *Honig*

honeymoon NOUN

die ***Flitterwochen*** FEM PL

honour NOUN
die ***Ehre***

hood NOUN
[1] die ***Kapuze*** ◇ *a coat with a hood* ein Mantel mit Kapuze
[2] die ***Motorhaube*** (*of car*)

hook NOUN
der ***Haken*** (PL die ***Haken***) ◇ *He hung the painting on the hook.* Er hängte das Bild an den Haken.
◆ **to take the phone off the hook** das Telefon aushängen
◆ **a fish-hook** ein Angelhaken

hooligan NOUN
der ***Rowdy*** (PL die ***Rowdys***)

hooray EXCLAMATION
hurra

Hoover ® NOUN
der ***Staubsauger*** (PL die ***Staubsauger***)

to **hoover** VERB
staubsaugen (PERFECT ***hat staubgesaugt***)
◇ *She hoovered the lounge.* Sie hat im Wohnzimmer staubgesaugt.

to **hope** VERB
see also hope NOUN
hoffen ◇ *I hope he comes.* Ich hoffe, er kommt. ◇ *I'm hoping for good results.* Ich hoffe, dass ich gute Noten bekomme.
◆ **I hope so.** Hoffentlich.
◆ **I hope not.** Hoffentlich nicht.

hope NOUN
see also hope VERB
die ***Hoffnung***
◆ **to give up hope** die Hoffnung aufgeben
◇ *Don't give up hope!* Gib die Hoffnung nicht auf!

hopeful ADJECTIVE
[1] ***zuversichtlich*** ◇ *I'm hopeful.* Ich bin zuversichtlich.
◆ **He's hopeful of winning.** Er rechnet sich Gewinnchancen aus.
[2] ***aussichtsreich*** (*situation*)
◆ **The prospects look hopeful.** Die Aussichten sind gut.

hopefully ADVERB
hoffentlich ◇ *Hopefully he'll make it in time.* Hoffentlich schafft er es noch.

hopeless ADJECTIVE
hoffnungslos ◇ *I'm hopeless at maths.* In Mathe bin ich ein hoffnungsloser Fall.

horizon NOUN
der ***Horizont*** (PL die ***Horizonte***)

horizontal ADJECTIVE
horizontal

horn NOUN
[1] die ***Hupe*** (*of car*)
◆ **He sounded his horn.** Er hat gehupt.
[2] das ***Horn*** (PL die ***Hörner***) ◇ *I play the horn.* Ich spiele Horn.

horoscope NOUN
das ***Horoskop*** (PL die ***Horoskope***)

horrible ADJECTIVE
furchtbar ◇ *What a horrible dress!* Was für ein furchtbares Kleid!

horror NOUN
der ***Horror***

horror film NOUN
der ***Horrorfilm*** (PL die ***Horrorfilme***)

horse NOUN
das ***Pferd*** (PL die ***Pferde***)

horse-racing NOUN
das ***Pferderennen*** (PL die ***Pferderennen***)

horseshoe NOUN
das ***Hufeisen*** (PL die ***Hufeisen***)

hose NOUN
der ***Schlauch*** (PL die ***Schläuche***) ◇ *a garden hose* ein Gartenschlauch

hosepipe NOUN
der ***Schlauch*** (PL die ***Schläuche***)

hospital NOUN
das ***Krankenhaus*** (GEN des ***Krankenhauses***, PL die ***Krankenhäuser***) ◇ *Take me to the hospital!* Bringen Sie mich ins Krankenhaus!
◇ *in hospital* im Krankenhaus

hospitality NOUN
die ***Gastfreundschaft***

hostage NOUN
die ***Geisel*** ◇ *to take somebody hostage* jemanden als Geisel nehmen

hostile ADJECTIVE
feindlich

hot ADJECTIVE
[1] ***heiß*** (*warm*) ◇ *a hot bath* ein heißes Bad ◇ *a hot country* ein heißes Land ◇ *It's hot.* Es ist heiß. ◇ *It's very hot today.* Heute ist es sehr heiß.
When you talk about a person being hot, *you use the impersonal construction.*
◇ *I'm hot.* Mir ist heiß. ◇ *I'm too hot.* Mir ist es zu heiß.
[2] ***scharf*** (*spicy*) ◇ *a very hot curry* ein sehr scharfes Curry

hot dog NOUN
der ***Hot dog*** (PL die ***Hot dogs***)

hotel NOUN
das ***Hotel*** (PL die ***Hotels***) ◇ *We stayed in a hotel.* Wir haben in einem Hotel übernachtet.

hour NOUN
die ***Stunde*** ◇ *She always takes hours to get ready.* Sie braucht immer Stunden, bis sie fertig ist.
◆ **a quarter of an hour** eine Viertelstunde
◆ **half an hour** eine halbe Stunde
◆ **two and a half hours** zweieinhalb Stunden

hourly ADJECTIVE, ADVERB
stündlich ◇ *There are hourly buses.* Der Bus verkehrt stündlich.
◆ **to be paid hourly** stundenweise bezahlt werden

house NOUN
das ***Haus*** (GEN des ***Hauses***, PL die ***Häuser***)
◆ **at his house** bei ihm zu Hause
◆ **We stayed at their house.** Wir haben bei ihnen übernachtet.

housewife NOUN
(PL **housewives**)
die ***Hausfrau*** ◇ *She's a housewife.* Sie ist

H

Hausfrau.

housework NOUN
die *Hausarbeit* ◇ *to do the housework* die Hausarbeit machen

hovercraft NOUN
das *Luftkissenfahrzeug* (PL die *Luftkissenfahrzeuge*)

how ADVERB
wie ◇ *How old are you?* Wie alt bist du? ◇ *How far is it to Edinburgh?* Wie weit ist es nach Edinburgh? ◇ *How long have you been here?* Wie lange sind Sie schon hier? ◇ *How are you?* Wie geht's?
- **How much?** Wie viel? ◇ *How much sugar do you want?* Wie viel Zucker willst du?
- **How many?** Wie viele? ◇ *How many pupils are there in the class?* Wie viele Schüler sind in der Klasse?

however CONJUNCTION
aber ◇ *This, however, isn't true.* Das ist aber nicht wahr.

to **howl** VERB
heulen

to **hug** VERB
see also **hug** NOUN
umarmen (PERFECT *hat umarmt*) ◇ *He hugged her.* Er umarmte sie.

hug NOUN
see also **hug** VERB
- **to give somebody a hug** jemanden umarmen ◇ *She gave them a hug.* Sie umarmte sie.

huge ADJECTIVE
riesig

to **hum** VERB
summen ◇ *She hummed to herself.* Sie summte vor sich hin.

human ADJECTIVE
menschlich ◇ *the human body* der menschliche Körper

human being NOUN
der *Mensch* (GEN des *Menschen*, PL die *Menschen*)

humour NOUN
der *Humor*
- **to have a sense of humour** Humor haben

hundred NUMBER
- **a hundred** einhundert ◇ *a hundred marks* einhundert Mark
- **five hundred** fünfhundert
- **five hundred and one** fünfhundertundeins
- **hundreds of people** Hunderte von Menschen

hung VERB *see* **hang**

Hungarian ADJECTIVE
ungarisch

Hungary NOUN
Ungarn NEUT
- **from Hungary** aus Ungarn
- **to Hungary** nach Ungarn

hunger NOUN
der *Hunger*

hungry ADJECTIVE
- **to be hungry** Hunger haben ◇ *I'm hungry.* Ich habe Hunger.

to **hunt** VERB
jagen ◇ *People used to hunt wild boar.* Menschen haben früher Wildschweine gejagt.
- **to go hunting** auf die Jagd gehen
- **The police are hunting the killer.** Die Polizei sucht den Mörder.
- **to hunt for something** (*search*) nach etwas suchen ◇ *I hunted everywhere for that book.* Ich habe überall nach diesem Buch gesucht.

hunting NOUN
das *Jagen* ◇ *I'm against hunting.* Ich bin gegen Jagen.
- **fox-hunting** die Fuchsjagd

hurricane NOUN
der *Orkan* (PL die *Orkane*)

to **hurry** VERB
(**hurried**)
see also **hurry** NOUN
eilen (PERFECT *ist geeilt*) ◇ *Sharon hurried back home.* Sharon eilte nach Hause
- **Hurry up!** Beeil dich!

hurry NOUN
see also **hurry** VERB
- **to be in a hurry** in Eile sein
- **to do something in a hurry** etwas auf die Schnelle machen
- **There's no hurry.** Das eilt nicht.

to **hurt** VERB
(**hurt, hurt**)
see also **hurt** ADJECTIVE
weh tun ◇ *That hurts.* Das tut weh. ◇ *My leg hurts.* Mein Bein tut weh. ◇ *It hurts to have a tooth out.* Es tut weh, wenn einem ein Zahn gezogen wird.
- **to hurt somebody (1)** jemandem weh tun ◇ *You're hurting me!* Du tust mir weh!
- **to hurt somebody (2)** (*offend*) jemanden verletzen ◇ *His remarks hurt me.* Seine Bemerkungen haben mich verletzt.
- **to hurt oneself** sich weh tun ◇ *I fell over and hurt myself.* Ich bin hingefallen und habe mir weh getan.

hurt ADJECTIVE
see also **hurt** VERB
verletzt ◇ *Is he badly hurt?* Ist er schlimm verletzt? ◇ *He was hurt in the leg.* Er hatte ein verletztes Bein. ◇ *Luckily, nobody got hurt.* Zum Glück wurde niemand verletzt. ◇ *I was hurt by what he said.* Was er sagte hat mich verletzt.

husband NOUN
der *Ehemann* (PL die *Ehemänner*)

hut NOUN
die *Hütte*

hymn NOUN
das *Kirchenlied* (PL die *Kirchenlieder*)

hypermarket NOUN
der *Verbrauchermarkt* (PL die *Verbrauchermärkte*)

hyphen NOUN
der *Bindestrich* (PL die *Bindestriche*)

I

I PRONOUN
ich ◇ *I speak German.* Ich spreche deutsch. ◇ *Ann and I* Ann und ich

ice NOUN
[1] das *Eis*
◆ **There was ice on the lake.** Der See war gefroren.
[2] das *Glatteis* (*on road*)

iceberg NOUN
der *Eisberg* (PL die *Eisberge*)

icebox
(PL **iceboxes**) NOUN
der *Kühlschrank* (PL die *Kühlschränke*)

ice cream NOUN
das *Eis* (PL die *Eis*) ◇ *vanilla ice cream* das Vanilleeis

ice cube NOUN
der *Eiswürfel* (PL die *Eiswürfel*)

ice hockey NOUN
das *Eishockey* ◇ *I like ice hockey.* Ich mag Eishockey.

Iceland NOUN
Island NEUT
◆ **from Iceland** aus Island
◆ **to Iceland** nach Island

ice lolly NOUN
(PL **ice lollies**)
das *Eis am Stiel*

ice rink NOUN
die *Eisbahn*

ice-skating NOUN
das *Schlittschuhlaufen*
◆ **I like ice-skating.** Ich laufe gern Schlittschuh.
◆ **to go ice-skating** Schlittschuh laufen gehen

icing NOUN
der *Zuckerguss* ⚠ (GEN des *Zuckergusses*) (*on cake*)
◆ **icing sugar** der Puderzucker

icy ADJECTIVE
eiskalt ◇ *There was an icy wind.* Es wehte ein eiskalter Wind.
◆ **The roads are icy.** Die Straßen sind vereist.

I'd = **I had, I would**

idea NOUN
die *Idee* ◇ *Good idea!* Gute Idee!

ideal ADJECTIVE
ideal

identical ADJECTIVE
identisch ◇ *identical to* identisch mit

identification NOUN
die *Identifikation*
◆ **Have you got any identification?** Können Sie sich ausweisen?

to **identify** VERB
(**identified**)
identifizieren (PERFECT *hat identifiziert*)

identity card NOUN
der *Personalausweis* (GEN des *Personalausweises*, PL die *Personalausweise*)

idiot NOUN
der *Idiot* (GEN des *Idioten*, PL die *Idioten*)
die *Idiotin*

idiotic ADJECTIVE
idiotisch

i.e. ABBREVIATION
d. h. (= das heißt)

if CONJUNCTION
[1] *wenn* ◇ *You can have it if you like.* Wenn du willst, kannst du es haben.
[2] *ob* (*whether*) ◇ *Do you know if he's there?* Weißt du, ob er da ist?
◆ **if only** wenn doch nur ◇ *If only I had more money!* Wenn ich doch nur mehr Geld hätte!
◆ **if not** falls nicht ◇ *Are you coming? If not, I'll go with Mark.* Kommst du? Falls nicht, gehe ich mit Mark.

ignorant ADJECTIVE
unwissend

to **ignore** VERB
[1] *nicht beachten* (PERFECT *hat nicht beachtet*) ◇ *She ignored my advice.* Sie hat meinen Rat nicht beachtet.
[2] *ignorieren* ◇ *She saw me, but she ignored me.* Sie sah mich, hat mich aber ignoriert.
◆ **Just ignore him!** Beachte ihn einfach nicht!

ill ADJECTIVE
krank (*sick*)
◆ **to be taken ill** krank werden ◇ *She was taken ill while on holiday.* Sie wurde im Urlaub krank.

I'll = **I will**

illegal ADJECTIVE
illegal

illegible ADJECTIVE
unleserlich

illness NOUN
(PL **illnesses**)
die *Krankheit*

to **ill-treat** VERB
misshandeln ⚠ (PERFECT *hat misshandelt*)

illusion NOUN
die *Illusion*

illustration NOUN
die *Illustration*

I'm = **I am**

image NOUN
das *Image* (*public image*) (GEN des *Image*, PL die *Images*) ◇ *The company has changed its image.* Die Firma hat sich ein anderes Image zugelegt.

imagination NOUN
die *Phantasie* ◇ *You need a lot of imagination to be a writer.* Als Schriftsteller braucht man viel Phantasie.
◆ **It's just your imagination!** Das bildest du dir nur ein!

to **imagine** VERB
sich vorstellen (PERFECT *hat sich vorgestellt*) ◇ *You can imagine how I felt!* Du kannst dir vorstellen, wie mir zumute war!

◆ **Is he angry? – I imagine so.** Ist er böse? – Ich denke schon.

to **imitate** VERB
nachmachen (PERFECT *hat nachgemacht*)

imitation NOUN
die *Imitation*

immediate ADJECTIVE
sofortig ◇ *We need an immediate answer.* Wir brauchen eine sofortige Antwort.
◆ **in the immediate future** in unmittelbarer Zukunft

immediately ADVERB
sofort ◇ *I'll do it immediately.* Ich mache es sofort.

immigrant NOUN
der *Einwanderer* (PL die *Einwanderer*)
die *Einwanderin*

immigration NOUN
die *Einwanderung*

immoral ADJECTIVE
unmoralisch

impartial ADJECTIVE
unparteiisch

impatience NOUN
die *Ungeduld*

impatient ADJECTIVE
ungeduldig ◇ *People are getting impatient.* Die Leute werden ungeduldig.

impersonal ADJECTIVE
unpersönlich

importance NOUN
die *Wichtigkeit* ◇ *the importance of a good knowledge of German* die Wichtigkeit guter Deutschkenntnisse

important ADJECTIVE
wichtig

impossible ADJECTIVE
unmöglich

to **impress** VERB
beeindrucken (PERFECT *hat beeindruckt*)
◇ *She's trying to impress you.* Sie will dich beeindrucken.

impressed ADJECTIVE
beeindruckt ◇ *I'm very impressed!* Ich bin sehr beeindruckt!

impression NOUN
der *Eindruck* (PL die *Eindrücke*) ◇ *I was under the impression that...* Ich hatte den Eindruck, dass...

impressive ADJECTIVE
beeindruckend

to **improve** VERB
1 *verbessern* (*make better*) (PERFECT *hat verbessert*) ◇ *The hotel has improved its service.* Das Hotel hat den Service verbessert.
2 *besser werden* (*get better*) (PRESENT *wird besser*, IMPERFECT *wurde besser*, PERFECT *ist besser geworden*) ◇ *The weather is improving.* Das Wetter wird besser. ◇ *My German has improved.* Mein Deutsch ist besser geworden.

improvement NOUN
1 die *Verbesserung* (*of condition*) ◇ *It's a great improvement.* Das ist eine gewaltige Verbesserung.
2 der *Fortschritt* (*of learner*) (PL die *Fortschritte*) ◇ *There's been an improvement in his German.* Er hat in Deutsch Fortschritte gemacht.

in PREPOSITION, ADVERB

Use the accusative to express movement or a change of place. Use the dative when there is no change of place.

1 *in* ◇ *It's in my bag.* Es ist in meiner Tasche. ◇ *Put it in my bag.* Tu es in meine Tasche. ◇ *I read it in this book.* Ich habe es in diesem Buch gelesen. ◇ *Write it in your address book.* Schreib es in dein Adressbuch. ◇ *in hospital* im Krankenhaus ◇ *in school* in der Schule ◇ *in Germany* in Deutschland ◇ *in Switzerland* in der Schweiz ◇ *in May* im Mai ◇ *in spring* im Frühling ◇ *in the rain* im Regen ◇ *I'll see you in three weeks.* Ich sehe dich in drei Wochen.

Sometimes in *is not translated.*

◇ *It happened in 1996.* Es geschah 1996. ◇ *in the morning* morgens ◇ *in the afternoon* nachmittags ◇ *at six in the evening* um sechs Uhr abends
2 *mit* ◇ *the boy in the blue shirt* der Junge mit dem blauen Hemd ◇ *It was written in pencil.* Es war mit Bleistift geschrieben. ◇ *in a loud voice* mit lauter Stimme ◇ *She paid in dollars.* Sie hat mit Dollar bezahlt.
3 *auf* ◇ *in German* auf Deutsch ◇ *in English* auf Englisch

in *is sometimes translated using the genitive.*

◇ *the best pupil in the class* der beste Schüler der Klasse ◇ *the tallest person in the family* der Größte der Familie
◆ **in the beginning** am Anfang
◆ **in the country** auf dem Land
◆ **in time** rechtzeitig ◇ *We arrived in time for dinner.* Wir kamen rechtzeitig zum Abendessen.
◆ **in here** hier drin ◇ *It's hot in here.* Hier drin ist es heiß.
◆ **one person in ten** einer von zehn
◆ **to be in** (*at home, work*) da sein ◇ *He wasn't in.* Er war nicht da.
◆ **to ask somebody in** jemanden hereinbitten

inaccurate ADJECTIVE
1 *ungenau* (*not precise*) ◇ *an inaccurate translation* eine ungenaue Übersetzung
2 *unrichtig* (*not correct*) ◇ *What he said was inaccurate.* Was er sagte war unrichtig.

incentive NOUN
die *Motivation* ◇ *There is no incentive to work.* Es gibt keine Motivation zu arbeiten.

inch NOUN
(PL **inches**)
der *Zoll* (PL die *Zoll*)

In Germany measurements are given in metres and centimetres rather than feet and inches. An inch is about 2.5 centimetres.

◆ **six inches** fünfzehn Zentimeter

incident NOUN
der *Vorfall* (PL die *Vorfälle*)

inclined ADJECTIVE
◆ **to be inclined to do something** dazu tendieren, etwas zu tun ◇ *He's inclined to arrive late.* Er tendiert dazu, zu spät zu kommen.

to **include** VERB
einschließen (IMPERFECT *schloss ein*, PERFECT *hat eingeschlossen*) ◇ *Service is not included.* Bedienung ist nicht eingeschlossen.

including PREPOSITION
inklusive ◇ *That will be two hundred marks, including VAT.* Das macht zweihundert Mark, inklusive Mehrwertsteuer.

inclusive ADJECTIVE
◆ **The inclusive price is two hundred marks.** Das kostet alles in allem zweihundert Mark.
◆ **inclusive of VAT** inklusive Mehrwertsteuer

income NOUN
das *Einkommen* (PL die *Einkommen*)

income tax NOUN
die *Einkommensteuer*

incompetent ADJECTIVE
inkompetent

incomplete ADJECTIVE
unvollständig

inconvenience NOUN
◆ **I don't want to cause any inconvenience.** Ich möchte keine Umstände machen.

inconvenient ADJECTIVE
◆ **That's very inconvenient for me.** Das passt mir gar nicht.

incorrect ADJECTIVE
unrichtig

increase NOUN
see also increase VERB
die *Zunahme* ◇ *an increase in road accidents* eine Zunahme an Verkehrsunfällen

to **increase** VERB
see also increase NOUN
1 *zunehmen* (*traffic, number*) (PRESENT *nimmt zu*, IMPERFECT *nahm zu*, PERFECT *hat zugenommen*) ◇ *Traffic on motorways has increased.* Der Verkehr auf den Autobahnen hat zugenommen.
2 *steigen* (*price, demand*) (IMPERFECT *stieg*, PERFECT *ist gestiegen*) ◇ *with increasing demand* bei steigender Nachfrage
3 *stärker werden* (*pain, wind*) (PRESENT *wird stärker*, IMPERFECT *wurde stärker*, PERFECT *ist stärker geworden*) ◇ *The wind has increased.* Der Wind ist stärker geworden.
◆ **to increase in size** größer werden
◆ **to increase something** etwas erhöhen ◇ *They have increased the price.* Sie haben den Preis erhöht.
◆ **increased cost of living** höhere Lebenshaltungskosten

incredible ADJECTIVE
unglaublich

indecisive ADJECTIVE
unentschlossen (*person*)

indeed ADVERB
wirklich ◇ *It's very hard indeed.* Es ist wirklich schwer.
◆ **Know what I mean? – Indeed I do.** Weißt du, was ich meine? – Ja, ganz genau.
◆ **Thank you very much indeed!** Ganz herzlichen Dank!

independence NOUN
die *Unabhängigkeit*

independent ADJECTIVE
unabhängig
◆ **an independent school** eine Privatschule

index NOUN
(PL **indexes**)
das *Verzeichnis* (*in book*) (GEN des *Verzeichnisses*, PL die *Verzeichnisse*)

India NOUN
Indien NEUT
◆ **from India** aus Indien
◆ **to India** nach Indien

Indian ADJECTIVE
see also Indian NOUN
1 *indisch*
2 *indianisch* (*American Indian*)

Indian NOUN
see also Indian ADJECTIVE
(*person*)
der *Inder* (PL die *Inder*)
die *Inderin*
◆ **an American Indian** ein Indianer MASC

to **indicate** VERB
1 *zeigen* ◇ *His reaction indicates how he feels about it.* Seine Reaktion zeigt, was er davon hält.
2 *andeuten* (*make known*) (PERFECT *hat angedeutet*) ◇ *He indicated that he may resign.* Er hat angedeutet, dass er vielleicht zurücktritt.
3 *anzeigen* (*technical device*) (PERFECT *hat angezeigt*) ◇ *The gauge indicated a very high temperature.* Das Messgerät zeigte eine sehr hohe Temperatur an.
◆ **to indicate left** links blinken

indigestion NOUN
die *Magenverstimmung*
◆ **I've got indigestion.** Ich habe eine Magenverstimmung.

indoor ADJECTIVE
◆ **an indoor swimming pool** ein Hallenbad

indoors ADVERB
im Haus ◇ *They're indoors.* Sie sind im Haus.
◆ **to go indoors** hineingehen ◇ *We'd better go indoors.* Wir gehen besser hinein.

industrial ADJECTIVE
industriell

industrial estate NOUN
das *Industriegebiet* (PL die *Industriegebiete*)

industry NOUN
(PL **industries**)
die *Industrie* ◇ *the tourist industry* die Tourismusindustrie ◇ *the oil industry* die Erdölindustrie

I

◆ **I'd like to work in industry.** Ich würde gern in der freien Wirtschaft arbeiten.

inefficient ADJECTIVE
ineffizient

inevitable ADJECTIVE
unvermeidlich

inexpensive ADJECTIVE
preiswert ◇ *an inexpensive hotel* ein preiswertes Hotel
◆ **inexpensive holidays** günstige Ferien

inexperienced ADJECTIVE
unerfahren

infant school NOUN
die *Grundschule*

The Grundschule *is a primary school which children attend from the age of 6 to 10. Many children attend* Kindergarten *before going to the* Grundschule.

infection NOUN
die *Entzündung* ◇ *an ear infection* eine Ohrenentzündung ◇ *a throat infection* eine Halsentzündung

infectious ADJECTIVE
ansteckend ◇ *It's not infectious.* Es ist nicht ansteckend.

infinitive NOUN
der *Infinitiv* (PL die *Infinitive*)

infirmary NOUN
(PL **infirmaries**)
das *Krankenhaus* (GEN des *Krankenhauses*, PL die *Krankenhäuser*)

inflatable ADJECTIVE
◆ **an inflatable mattress** eine Luftmatratze
◆ **an inflatable dinghy** ein Gummiboot NEUT

inflation NOUN
die *Inflation*

influence NOUN
see also influence VERB
der *Einfluss* ⚠ (GEN des *Einflusses*, PL die *Einflüsse*) ◇ *He's a bad influence on her.* Er hat einen schlechten Einfluss auf sie.

to **influence** VERB
see also influence NOUN
beeinflussen (PRESENT *beeinflusst*, IMPERFECT *beeinflusste*, PERFECT *hat beeinflusst*)

influenza NOUN
die *Grippe*

to **inform** VERB
informieren (PERFECT *hat informiert*)
◆ **to inform somebody of something** jemanden über etwas informieren ◇ *Nobody informed me of the new plan.* Niemand hat mich über den neuen Plan informiert.

informal ADJECTIVE
[1] *locker* (*person*)
[2] *zwanglos* (*party*) ◇ *"informal dress"* "zwanglose Kleidung"
[3] *umgangssprachlich* (*colloquial*)
◆ **informal language** die Umgangssprache
◆ **an informal visit** ein inoffizieller Besuch

information NOUN
die *Information* ◇ *important information* wichtige Informationen
◆ **a piece of information** eine Information
◆ **Could you give me some information about trains to Berlin?** Können Sie mir Auskunft über Zugverbindungen nach Berlin geben?

information office NOUN
die *Auskunft* (PL die *Auskünfte*)

infuriating ADJECTIVE
äußerst ärgerlich

ingredient NOUN
die *Zutat*

inhabitant NOUN
(*of country, town*)
der *Einwohner* (PL die *Einwohner*)
die *Einwohnerin*

to **inherit** VERB
erben ◇ *She inherited her father's house.* Sie erbte das Haus ihres Vaters.

initials PL NOUN
die *Initialen* FEM PL ◇ *Her initials are CDT.* Ihre Initialen sind CDT.

initiative NOUN
die *Initiative*

to **inject** VERB
spritzen (*drug*) ◇ *He injected himself with heroin.* Er hat sich Heroin gespritzt.

injection NOUN
die *Spritze*

to **injure** VERB
verletzen (PERFECT *hat verletzt*)

injured ADJECTIVE
verletzt

injury NOUN
(PL **injuries**)
die *Verletzung*

injury time NOUN
◆ **to play injury time** nachspielen

injustice NOUN
die *Ungerechtigkeit*

ink NOUN
die *Tinte*

in-laws PL NOUN
die *Schwiegereltern* PL

inn NOUN
das *Gasthaus* (GEN des *Gasthauses*, PL die *Gasthäuser*)

inner ADJECTIVE
◆ **the inner city** die Innenstadt

inner tube NOUN
der *Schlauch* (PL die *Schläuche*)

innocent ADJECTIVE
unschuldig

inquest NOUN
die *gerichtliche Untersuchung*

inquiries office NOUN
die *Auskunft* (PL die *Auskünfte*)

inquisitive ADJECTIVE
neugierig

insane ADJECTIVE
wahnsinnig

inscription NOUN
die *Inschrift*

insect NOUN
das *Insekt* (PL die *Insekten*)

insect repellent NOUN
das *Insektenschutzmittel* (PL die *Insektenschutzmittel*)

inside NOUN
see also inside ADVERB
das *Innere* (GEN des *Inneren*)

inside ADVERB, PREPOSITION
see also inside NOUN
innen ◇ *inside and outside* innen und außen
- **They're inside.** Sie sind drinnen.
- **to go inside** hineingehen
- **Come inside!** Kommt herein!

Use the accusative to express movement or a change of place. Use the dative when there is no change of place.
- **inside the house (1)** im Haus ◇ *She was inside the house.* Sie war im Haus.
- **inside the house (2)** ins Haus ◇ *She went inside the house.* Sie ging ins Haus.

insincere ADJECTIVE
unaufrichtig

to **insist** VERB
darauf bestehen (IMPERFECT *bestand darauf*, PERFECT *hat darauf bestanden*) ◇ *I didn't want to, but he insisted.* Ich wollte nicht, aber er hat darauf bestanden.
- **to insist on doing something** darauf bestehen, etwas zu tun ◇ *She insisted on paying.* Sie hat darauf bestanden zu bezahlen.
- **He insisted he was innocent.** Er beteuerte seine Unschuld.

inspector NOUN
(*police*)
der *Kommissar* (PL die *Kommissare*)
die *Kommissarin*
◇ *Inspector Jill Brown* Kommissarin Jill Brown

instance NOUN
- **for instance** zum Beispiel

instant ADJECTIVE
sofortig ◇ *It was an instant success.* Es war ein sofortiger Erfolg.
- **instant coffee** der Pulverkaffee

instantly ADVERB
sofort

instead ADVERB
- **instead of (1)** (*followed by noun*) anstelle von ◇ *Use honey instead of sugar.* Nehmen Sie Honig anstelle von Zucker.
- **instead of (2)** (*followed by verb*) statt ◇ *We played tennis instead of going swimming.* Wir spielten Tennis statt schwimmen zu gehen.
- **The pool was closed, so we played tennis instead.** Das Schwimmbad war zu, also spielten wir statt dessen Tennis.

instinct NOUN
der *Instinkt* (PL die *Instinkte*)

institution NOUN
die *Institution*

to **instruct** VERB
anweisen (IMPERFECT *wies an*, PERFECT *hat angewiesen*)
- **to instruct somebody to do something** jemanden anweisen, etwas zu tun ◇ *She instructed us to wait outside.* Sie wies uns an, draußen zu warten.

instructions PL NOUN
1 die *Anweisungen* FEM PL ◇ *Follow the instructions carefully.* Befolgen Sie die Anweisungen genau.
2 die *Gebrauchsanweisung* (*manual*) ◇ *Where are the instructions?* Wo ist die Gebrauchsanweisung?

instructor NOUN
der *Lehrer* (PL die *Lehrer*)
die *Lehrerin*
◇ *a skiing instructor* ein Skilehrer ◇ *a driving instructor* ein Fahrlehrer

instrument NOUN
das *Instrument* (PL die *Instrumente*) ◇ *Do you play an instrument?* Spielst du ein Instrument?

insufficient ADJECTIVE
unzureichend

insulin NOUN
das *Insulin*

insult NOUN
see also insult VERB
die *Beleidigung*

to **insult** VERB
see also insult NOUN
beleidigen (PERFECT *hat beleidigt*)

insurance NOUN
die *Versicherung* ◇ *his car insurance* seine Kraftfahrzeugversicherung
- **an insurance policy** eine Versicherungspolice

intelligent ADJECTIVE
intelligent

to **intend** VERB
- **to intend to do something** beabsichtigen, etwas zu tun ◇ *I intend to do German at university.* Ich beabsichtige, Deutsch zu studieren.

intense ADJECTIVE
stark

intensive ADJECTIVE
intensiv

intention NOUN
die *Absicht*

intercom NOUN
die *Sprechanlage*

interest NOUN
see also interest VERB
das *Interesse* (PL die *Interessen*) ◇ *to show an interest in something* Interesse an etwas zeigen ◇ *What interests do you have?* Welche Interessen hast du?
- **My main interest is music.** Ich interessiere mich hauptsächlich für Musik.

to **interest** VERB
see also interest NOUN
interessieren (PERFECT *hat interessiert*) ◇ *It doesn't interest me.* Das interessiert mich nicht.
- **to be interested in something** sich für etwas interessieren ◇ *I'm not interested in politics.*

Ich interessiere mich nicht für Politik.

interesting ADJECTIVE
interessant

interior NOUN
das *Innere* (GEN des *Inneren*)

interior designer NOUN
der *Innenarchitekt* (GEN des *Innenarchitekten*, PL die *Innenarchitekten*)
die *Innenarchitektin*

intermediate ADJECTIVE
- **an intermediate course** ein Kurs für fortgeschrittene Anfänger

internal ADJECTIVE
innere ◇ *the internal organs* die inneren Organe

international ADJECTIVE
international

Internet NOUN
das *Internet* ◇ *on the Internet* im Internet

to **interpret** VERB
übersetzen (PERFECT *hat übersetzt*)
◇ *Steve couldn't speak German, so his friend interpreted.* Steve konnte kein Deutsch, also übersetzte sein Freund.

interpreter NOUN
der *Dolmetscher* (PL die *Dolmetscher*)
die *Dolmetscherin*

to **interrupt** VERB
unterbrechen (PRESENT *unterbricht*, IMPERFECT *unterbrach*, PERFECT *hat unterbrochen*)

interruption NOUN
die *Unterbrechung*

interval NOUN
die *Pause* (*in play, concert*)

interview NOUN
see also interview VERB
[1] das *Interview* (*on TV, radio*) (PL die *Interviews*)
[2] das *Vorstellungsgespräch* (*for job*) (PL die *Vorstellungsgespräche*)

to **interview** VERB
see also interview NOUN
interviewen (*on TV, radio*) (PERFECT *hat interviewt*) ◇ *I was interviewed on the radio.* Ich wurde im Radio interviewt.

interviewer NOUN
(*on TV, radio*)
der *Moderator* (PL die *Moderatoren*)
die *Moderatorin*

intimate ADJECTIVE
eng ◇ *an intimate friendship* eine enge Freundschaft
- **my intimate feelings** meine innersten Gefühle

into PREPOSITION
in
In this sense **in** *is followed by the accusative.*
◇ *He got into the car.* Er stieg ins Auto. ◇ *I'm going into town.* Ich gehe in die Stadt.
◇ *Translate it into German.* Übersetze das ins Deutsche. ◇ *Divide into two groups.* Teilt euch in zwei Gruppen.

to **introduce** VERB
vorstellen (PERFECT *hat vorgestellt*) ◇ *He introduced me to his parents.* Er stellte mich seinen Eltern vor.

introduction NOUN
die *Einleitung* (*in book*)

intruder NOUN
der *Eindringling* (PL die *Eindringlinge*)
der Eindringling *is also used for women.*

intuition NOUN
die *Intuition*

to **invade** VERB
eindringen in +ACC (IMPERFECT *drang ein*, PERFECT *ist eingedrungen*) ◇ *to invade a country* in ein Land eindringen

invalid NOUN
der *Kranke* (GEN des *Kranken*, PL die *Kranken*)
die *Kranke* (GEN der *Kranken*)
◇ *an invalid* (*man*) ein Kranker

to **invent** VERB
erfinden (IMPERFECT *erfand*, PERFECT *hat erfunden*)

invention NOUN
die *Erfindung*

inventor NOUN
der *Erfinder* (PL die *Erfinder*)
die *Erfinderin*

investigation NOUN
die *Untersuchung* (*police*)

invigilator NOUN
die *Aufsicht*
die Aufsicht *is also used for men.*
◇ *You have to ask the invigilator.* Du musst die Aufsicht fragen.

invisible ADJECTIVE
unsichtbar

invitation NOUN
die *Einladung*

to **invite** VERB
einladen (PRESENT *lädt ein*, IMPERFECT *lud ein*, PERFECT *hat eingeladen*) ◇ *He's not invited.* Er ist nicht eingeladen. ◇ *to invite somebody to a party* jemanden zu einer Party einladen

to **involve** VERB
mit sich bringen (IMPERFECT *brachte mit sich*, PERFECT *hat mit sich gebracht*) ◇ *This will involve a lot of work.* Das wird viel Arbeit mit sich bringen.
- **His job involves a lot of travelling.** Er muss in seinem Job viel reisen.
- **to be involved in something** (*crime, drugs*) in etwas verwickelt sein ◇ *He was involved in the murder.* Er war in den Mord verwickelt.
- **to be involved with somebody** (*in relationship*) mit jemandem eine Beziehung haben
- **I don't want to get involved.** Ich will damit nichts zu tun haben.

IQ NOUN (= *intelligence quotient*)
der *IQ* (GEN des *IQ*, PL die *IQ*)
(= Intelligenzquotient)

Iran NOUN
der *Iran*
Note that the definite article is used in German for countries which are masculine.
- **from Iran** aus dem Iran
- **in Iran** im Iran
- **to Iran** in den Iran

Iraq NOUN
der *Irak*
Note that the definite article is used in German for countries which are masculine.
- **from Iraq** aus dem Irak
- **in Iraq** im Irak
- **to Iraq** in den Irak

Ireland NOUN
Irland NEUT
- **from Ireland** aus Irland
- **in Ireland** in Irland
- **to Ireland** nach Irland

Irish ADJECTIVE
see also Irish NOUN
irisch ◇ *Irish music* irische Musik
- **He's Irish.** Er ist Ire.
- **She's Irish.** Sie ist Irin.

Irish NOUN
see also Irish ADJECTIVE
das *Irisch* (*language*) (GEN des *Irischen*)
- **the Irish** (*people*) die Iren

Irishman NOUN
(PL **Irishmen**)
der *Ire* (GEN des *Iren*, PL die *Iren*)

Irishwoman NOUN
(PL **Irishwomen**)
die *Irin*

iron NOUN
see also iron VERB
1 das *Eisen* (*metal*)
2 das *Bügeleisen* (*for clothes*) (PL die *Bügeleisen*)

to **iron** VERB
see also iron NOUN
bügeln

ironic ADJECTIVE
ironisch

ironing NOUN
das *Bügeln*
- **to do the ironing** bügeln

ironing board NOUN
das *Bügelbrett* (PL die *Bügelbretter*)

ironmonger's (shop) NOUN
die *Eisenwarenhandlung*

irrelevant ADJECTIVE
irrelevant ◇ *That's irrelevant.* Das ist irrelevant.

irresponsible ADJECTIVE
verantwortungslos (*person*)
- **That was irresponsible of him.** Das war unverantwortlich von ihm.

irritating ADJECTIVE
nervend

is VERB *see* **be**

Islam NOUN
Note that the definite article is used in German.
der *Islam*

Islamic ADJECTIVE
islamisch ◇ *Islamic fundamentalists* islamische Fundamentalisten
- **Islamic law** das Recht des Islams

island NOUN
die *Insel*

isle NOUN
- **the Isle of Man** die Insel Man
- **the Isle of Wight** die Insel Wight

isolated ADJECTIVE
abgelegen (*place*)
- **She feels very isolated.** Sie fühlt sich sehr isoliert.
- **an isolated case** ein Einzelfall MASC

Israel NOUN
Israel NEUT
- **from Israel** aus Israel
- **to Israel** nach Israel

Israeli ADJECTIVE
see also Israeli NOUN
israelisch
- **He's Israeli.** Er ist Israeli.

Israeli NOUN
see also Israeli ADJECTIVE
der *Israeli* (GEN des *Israeli*, PL die *Israeli*)
die *Israeli* (GEN der *Israeli*)

issue NOUN
see also issue VERB
1 die *Frage* (*matter*) ◇ *a controversial issue* eine umstrittene Frage
2 die *Ausgabe* (*of magazine*)

to **issue** VERB
see also issue NOUN
ausgeben (*equipment, supplies*) (PRESENT *gibt aus*, IMPERFECT *gab aus*, PERFECT *hat ausgegeben*)

it PRONOUN
Remember to check if it *stands for a masculine, feminine or neuter noun, and use the appropriate gender and case.*
1 *er* ◇ *Where's my hat? – It's on the table.* Wo ist mein Hut? – Er ist auf dem Tisch.
sie ◇ *What happened to your watch? – It broke.* Was ist mit deiner Uhr passiert? – Sie ist kaputtgegangen.
es ◇ *Have you seen her new dress, it's very pretty.* Hast du ihr neues Kleid gesehen, es ist sehr hübsch.
2 *ihn* ◇ *Where's my hat? – I haven't seen it.* Wo ist mein Hut? – Ich habe ihn nicht gesehen.
sie ◇ *Where's your jacket? – I've lost it.* Wo ist deine Jacke? – Ich habe sie verloren.
es ◇ *You can have my ruler, I don't need it anymore.* Du kannst mein Lineal haben, ich brauche es nicht mehr.
- **It's raining.** Es regnet.
- **It's six o'clock.** Es ist sechs Uhr.
- **It's Friday tomorrow.** Morgen ist Freitag.
- **Who is it? – It's me.** Wer ist's? – Ich bin's.

Italian ADJECTIVE
see also Italian NOUN
italienisch

Italian NOUN
see also Italian ADJECTIVE
[1] (*person*)
der ***Italiener*** (PL die *Italiener*)
die ***Italienerin***
[2] (*language*)
das ***Italienisch*** (GEN des *Italienischen*)

Italy NOUN
Italien NEUT
- **from Italy** aus Italien
- **in Italy** in Italien
- **to Italy** nach Italien

to **itch** VERB
jucken ◇ *It itches.* Es juckt. ◇ *My head's itching.* Mein Kopf juckt.

it'd = **it had**, **it would**

item NOUN
der ***Artikel*** (*object*) (PL die *Artikel*)

itinerary NOUN
(PL **itineraries**)
die ***Reiseroute***

it'll = **it will**

its ADJECTIVE
Remember to check if its *refers back to a masculine, feminine or neuter noun, and use the appropriate gender and case.*
sein ◇ *The dog is in its kennel.* Der Hund ist in seiner Hütte.
ihr ◇ *The cup is in its usual place.* Die Tasse ist an ihrem üblichen Platz.
sein ◇ *The baby is in its cot.* Das Baby ist in seinem Bett.

it's = **it is**, **it has**

itself PRONOUN
[1] ***sich*** ◇ *The dog scratched itself.* Der Hund kratzte sich.
[2] ***selbst*** ◇ *The heating switches itself off.* Die Heizung schaltet von selbst aus.

I've = **I have**

J

jab NOUN
die ***Spritze*** (*injection*)
jack NOUN
1 der ***Wagenheber*** (*for car*) (PL die ***Wagenheber***)
2 der ***Bube*** (*playing card*) (GEN des ***Buben***, PL die ***Buben***)
jacket NOUN
die ***Jacke***
◆ **jacket potatoes** gebackene Kartoffeln
jackpot NOUN
der ***Jackpot*** (PL die ***Jackpots***) ◇ *to win the jackpot* den Jackpot gewinnen
jail NOUN
see also jail VERB
das ***Gefängnis*** (GEN des ***Gefängnisses***, PL die ***Gefängnisse***)
◆ **She was sent to jail.** Sie musste ins Gefängnis.
to **jail** VERB
see also jail NOUN
einsperren (PERFECT ***hat eingesperrt***)
◆ **He was jailed for ten years.** Er hat zehn Jahre Gefängnis bekommen.
jam NOUN
die ***Marmelade*** ◇ *strawberry jam* Erdbeermarmelade
◆ **a traffic jam** ein Verkehrsstau MASC
jam jar NOUN
das ***Marmeladenglas*** (GEN des ***Marmeladenglases***, PL die ***Marmeladengläser***)
jammed ADJECTIVE
◆ **The window's jammed.** Das Fenster klemmt.
jam-packed ADJECTIVE
brechend voll ◇ *The room was jam-packed.* Der Raum war brechend voll.
janitor NOUN
der ***Hausmeister*** (PL die ***Hausmeister***)
die ***Hausmeisterin***
◇ *He's a janitor.* Er ist Hausmeister.
January NOUN
der ***Januar*** ◇ *in January* im Januar
Japan NOUN
Japan NEUT
◆ **from Japan** aus Japan
◆ **to Japan** nach Japan
Japanese ADJECTIVE
see also Japanese NOUN
japanisch
Japanese NOUN
see also Japanese ADJECTIVE
1 (*person*)
der ***Japaner*** (PL die ***Japaner***)
die ***Japanerin***
◆ **the Japanese** die Japaner PL
2 (*language*)
das ***Japanisch*** (GEN des ***Japanischen***)
jar NOUN
das ***Glas*** (GEN des ***Glases***, PL die ***Gläser***)
◇ *an empty jar* ein leeres Glas ◇ *a jar of honey* ein Glas Honig
jaundice NOUN
die ***Gelbsucht*** ◇ *She's suffering from jaundice.* Sie leidet an Gelbsucht.
javelin NOUN
der ***Speer*** (PL die ***Speere***)
jaw NOUN
der ***Kiefer*** (PL die ***Kiefer***)
jazz NOUN
der ***Jazz*** (GEN des ***Jazz***)
jealous ADJECTIVE
eifersüchtig
jeans PL NOUN
die ***Jeans*** FEM PL ◇ *a pair of jeans* eine Jeans
Jehovah's Witness NOUN
(PL **Jehovah's Witnesses**)
der ***Zeuge Jehovas*** (GEN des ***Zeugen Jehovas***, PL die ***Zeugen Jehovas***)
die ***Zeugin Jehovas***
◇ *She's a Jehovah's Witness.* Sie ist Zeugin Jehovas.
jello NOUN
der ***Wackelpudding***
jelly NOUN
(PL **jellies**)
1 der ***Wackelpudding*** (*dessert*)
2 die ***Marmelade*** (*jam*)
jellyfish NOUN
die ***Qualle***
jersey NOUN
der ***Pullover*** (PL die ***Pullover***)
Jesus NOUN
Jesus MASC (GEN des ***Jesus***)
jet NOUN
das ***Düsenflugzeug*** (*plane*) (PL die ***Düsenflugzeuge***)
jetlag NOUN
◆ **to be suffering from jetlag** unter der Zeitverschiebung leiden
jetty NOUN
(PL **jetties**)
die ***Mole***
Jew NOUN
der ***Jude*** (GEN des ***Juden***, PL die ***Juden***)
die ***Jüdin***
jewel NOUN
der ***Edelstein*** (*stone*) (PL die ***Edelsteine***)
jeweller NOUN
der ***Juwelier*** (PL die ***Juweliere***)
die ***Juwelierin***
◇ *He's a jeweller.* Er ist Juwelier.
jeweller's shop NOUN
das ***Juweliergeschäft*** (PL die ***Juweliergeschäfte***)
jewellery NOUN
der ***Schmuck***
Jewish ADJECTIVE
jüdisch
jigsaw NOUN
das ***Puzzle*** (PL die ***Puzzles***)

job NOUN
[1] der *Job* (PL die *Jobs*) ◇ *He's lost his job.* Er hat seinen Job verloren. ◇ *I've got a Saturday job.* Ich habe einen Samstagsjob.
[2] die *Arbeit* (*chore, task*) ◇ *That was a difficult job.* Das war eine schwierige Arbeit.

job centre NOUN
das *Arbeitsamt* (PL die *Arbeitsämter*)

jobless ADJECTIVE
arbeitslos

jockey NOUN
der *Jockey* (PL die *Jockeys*)

to **jog** VERB
joggen

jogging NOUN
das *Jogging* ◇ *I like jogging.* Ich mag Jogging.
◆ **to go jogging** joggen

john NOUN
das *Klo* (*informal*) (PL die *Klos*)

to **join** VERB
[1] *beitreten* (*become member of*) (PRESENT *tritt bei*, IMPERFECT *trat bei*, PERFECT *ist beigetreten*) ◇ *I'm going to join the tennis club.* Ich trete dem Tennisklub bei.
[2] *sich anschließen* (*accompany*) (IMPERFECT *schloss sich an*, PERFECT *hat sich angeschlossen*) ◇ *Do you mind if I join you?* Macht es dir etwas aus, wenn ich mich dir anschließe?

joiner NOUN
der *Schreiner* (PL die *Schreiner*)
die *Schreinerin*
◇ *She's a joiner.* Sie ist Schreinerin.

joint NOUN
[1] das *Gelenk* (*in body*) (PL die *Gelenke*)
[2] der *Braten* (*of meat*) (PL die *Braten*)
[3] der *Joint* (*drugs*) (PL die *Joints*)

joke NOUN
see also joke VERB
der *Witz* (GEN des *Witzes*, PL die *Witze*) ◇ *to tell a joke* einen Witz erzählen

to **joke** VERB
see also joke NOUN
Spaß machen ◇ *I'm only joking.* Ich mache nur Spaß.

jolly ADJECTIVE
fröhlich

Jordan NOUN
Jordanien NEUT (*country*)
◆ **from Jordan** aus Jordanien
◆ **to Jordan** nach Jordanien

to **jot down** VERB
notieren (PERFECT *hat notiert*)

jotter NOUN
der *Notizblock* (*pad*) (PL die *Notizblöcke*)

journalism NOUN
der *Journalismus* (GEN des *Journalismus*)

journalist NOUN
der *Journalist* (GEN des *Journalisten*, PL die *Journalisten*)
die *Journalistin*
◇ *She's a journalist.* Sie ist Journalistin.

journey NOUN
[1] die *Reise* ◇ *I don't like long journeys.* Ich mag lange Reisen nicht.
◆ **to go on a journey** eine Reise machen
[2] die *Fahrt* (*to school, work*) ◇ *The journey to school takes about half an hour.* Die Fahrt zur Schule dauert etwa eine halbe Stunde.
◆ **a bus journey** eine Busfahrt

joy NOUN
die *Freude*

joystick NOUN
der *Joystick* (*for computer game*) (PL die *Joysticks*)

judge NOUN
see also judge VERB
der *Richter* (PL die *Richter*)
die *Richterin*
◇ *She's a judge.* Sie ist Richterin.

to **judge** VERB
see also judge NOUN
beurteilen (*assess*) (PERFECT *hat beurteilt*)
◇ *You can judge for yourself which is better.* Du kannst das selbst beurteilen, welches besser ist.

judo NOUN
das *Judo* (GEN des *Judo*) ◇ *My hobby is judo.* Judo ist mein Hobby.

jug NOUN
der *Krug* (PL die *Krüge*)

juice NOUN
der *Saft* (PL die *Säfte*) ◇ *orange juice* der Orangensaft

July NOUN
der *Juli* ◇ *in July* im Juli

to **jump** VERB
springen (IMPERFECT *sprang*, PERFECT *ist gesprungen*) ◇ *to jump out of the window* aus dem Fenster springen ◇ *to jump off the roof* vom Dach springen
◆ **to jump over something** über etwas springen
◇ *He jumped over the fence.* Er sprang über den Zaun.

jumper NOUN
[1] der *Pullover* (PL die *Pullover*)
[2] das *Trägerkleid* (*dress*) (PL die *Trägerkleider*)

junction NOUN
[1] die *Kreuzung* (*of roads*)
[2] die *Ausfahrt* (*motorway exit*)

June NOUN
der *Juni* ◇ *in June* im Juni

jungle NOUN
der *Dschungel* (PL die *Dschungel*)

junior NOUN
◆ **the juniors** die Grundschüler MASC PL

junior school NOUN
die *Grundschule*
The Grundschule *is a primary school which children attend from the age of 6 to 10.*

junk NOUN
der *Krempel* (*old things*) ◇ *The attic's full of junk.* Der Speicher ist voller Krempel.
◆ **to eat junk food** Junkfood essen

- **a junk shop** ein Trödelladen MASC

jury NOUN
(PL **juries**)
die ***Geschworenen*** MASC PL (*in court*)

just ADVERB
[1] ***gerade*** (*barely*) ◇ *We had just enough money.* Wir hatten gerade genug Geld. ◇ *just in time* gerade noch rechtzeitig
[2] ***kurz*** (*shortly*) ◇ *just after Christmas* kurz nach Weihnachten
[3] ***genau*** (*exactly*) ◇ *just here* genau hier
[4] ***eben*** (*this minute*) ◇ *I did it just now.* Ich habe es eben gemacht. ◇ *He's just arrived.* Er ist eben angekommen.

- **I'm rather busy just now.** Ich bin gerade ziemlich beschäftigt.
- **I'm just coming!** Ich komme schon!

[5] ***nur*** (*only*) ◇ *It's just a suggestion.* Es ist nur ein Vorschlag.

justice NOUN
die ***Gerechtigkeit***

to **justify** VERB
(**justified**)
rechtfertigen

K

kangaroo NOUN
das *Känguru* ⚠ (PL die *Kängurus*)
karate NOUN
das *Karate* (GEN des *Karate*) ◇ *I like karate.* Ich mag Karate.
keen ADJECTIVE
1 *begeistert* (*enthusiastic*) ◇ *He doesn't seem very keen.* Er scheint nicht gerade begeistert.
2 *eifrig* (*hardworking*) ◇ *She's a keen student.* Sie ist eine eifrige Studentin.
◆ **to be keen on something** etwas mögen ◇ *I'm keen on maths.* Ich mag Mathe. ◇ *I'm not very keen on maths.* Ich mag Mathe nicht besonders.
◆ **to be keen on somebody** (*fancy them*) auf jemanden stehen ◇ *He's keen on her.* Er steht auf sie.
◆ **to be keen on doing something** Lust haben, etwas zu tun ◇ *I'm not very keen on going.* Ich habe keine große Lust zu gehen.
to **keep** VERB
(**kept, kept**)
1 *behalten* (*retain*) (PRESENT *behält*, IMPERFECT *behielt*, PERFECT *hat behalten*) ◇ *You can keep it.* Das kannst du behalten.
2 *sein* (*remain*) (PRESENT *ist*, IMPERFECT *war*, PERFECT *ist gewesen*) ◇ *Keep quiet!* Sei still!
◆ **Keep still!** Halt still!
◆ **I keep forgetting my keys.** Ich vergesse dauernd meine Schlüssel.
◆ **to keep on doing something (1)** (*continue*) etwas weiter tun ◇ *He kept on reading.* Er las weiter.
◆ **to keep on doing something (2)** (*repeatedly*) etwas dauernd tun ◇ *The car keeps on breaking down.* Das Auto ist dauernd kaputt.
◆ **"keep out"** "Kein Zutritt"
keep-fit NOUN
die *Gymnastik* ◇ *I like keep-fit.* Ich mache gern Gymnastik.
◆ **I go to keep-fit classes.** Ich gehe zur Gymnastik.
kennel NOUN
die *Hundehütte*
kept VERB *see* **keep**
kerosene NOUN
das *Petroleum*
kettle NOUN
der *Wasserkessel* (PL die *Wasserkessel*)
key NOUN
der *Schlüssel* (PL die *Schlüssel*)
keyboard NOUN
1 die *Tastatur* (*of piano, computer*)
2 das *Keyboard* (*of electric organ*) (PL die *Keyboards*) ◇ *...with Mike Moran on keyboards* ...mit Mike Moran am Keyboard
keyring NOUN
der *Schlüsselring* (PL die *Schlüsselringe*)

kick NOUN
see also **kick** VERB
der *Tritt* (PL die *Tritte*)
to **kick** VERB
see also **kick** NOUN
treten (PRESENT *tritt*, IMPERFECT *trat*, PERFECT *hat getreten*) ◇ *He kicked me.* Er hat mich getreten. ◇ *He kicked the ball hard.* Er trat kräftig gegen den Ball.
◆ **to kick off** (*in football*) anfangen
kick-off NOUN
der *Anstoß* (GEN des *Anstoßes*, PL die *Anstöße*) ◇ *Kick-off is at ten o'clock.* Um zehn Uhr ist Anstoß.
kid NOUN
see also **kid** VERB
das *Kind* (*child*) (PL die *Kinder*)
to **kid** VERB
see also **kid** NOUN
Spaß machen
to **kidnap** VERB
entführen (PERFECT *hat entführt*)
kidney NOUN
die *Niere* ◇ *He's got kidney trouble.* Er hat Nierenprobleme. ◇ *I don't like kidneys.* Ich mag Nieren nicht.
to **kill** VERB
töten
◆ **to be killed** umkommen ◇ *He was killed in a car accident.* Er kam bei einem Unfall um. ◇ *Luckily, nobody was killed.* Zum Glück ist niemand dabei umgekommen.
◆ **to kill oneself** sich umbringen ◇ *He killed himself.* Er hat sich umgebracht.
killer NOUN
1 (*murderer*)
der *Mörder* (PL die *Mörder*)
die *Mörderin*
◇ *The police are searching for the killer.* Die Polizei sucht nach dem Mörder.
2 (*hitman*)
der *Killer* (PL die *Killer*) ◇ *a hired killer* ein Auftragskiller
◆ **Meningitis can be a killer.** Hirnhautentzündung kann tödlich sein.
kilo NOUN
(PL **kilos**)
das *Kilo* (PL die *Kilos* or *Kilo*)
When specifying a quantity of something use the plural form **Kilo**.
◇ *ten marks a kilo* zehn Mark das Kilo
◇ *three kilos of tomatoes* drei Kilo Tomaten
kilometre NOUN
der *Kilometer* (PL die *Kilometer*) ◇ *a hundred kilometres* hundert Kilometer
kilt NOUN
der *Kilt* (PL die *Kilts*)
kind ADJECTIVE
see also **kind** NOUN
nett

- **to be kind to somebody** zu jemandem nett sein
- **Thank you for being so kind.** Vielen Dank, dass Sie so nett waren.

kind NOUN
see also kind ADJECTIVE
die *Art* ◇ *It's a kind of sausage.* Es ist eine Art Wurst.
- **a new kind of dictionary** ein neuartiges Wörterbuch

kindergarten NOUN
der *Kindergarten* (PL die *Kindergärten*)
Many German children go to Kindergarten *from the age of 3 to 6.*

kindly ADVERB
freundlicherweise

kindness NOUN
die *Freundlichkeit*

king NOUN
der *König* (PL die *Könige*)

kingdom NOUN
das *Königreich* (PL die *Königreiche*)

kiosk NOUN
1 die *Telefonzelle* (*phone box*)
2 der *Kiosk* (PL die *Kioske*) ◇ *a newspaper kiosk* ein Zeitungskiosk

kipper NOUN
der *Räucherhering* (PL die *Räucherheringe*)

kiss NOUN
(PL **kisses**)
see also kiss VERB
der *Kuss* ⚠ (GEN des *Kusses*, PL die *Küsse*)
◇ *a passionate kiss* ein leidenschaftlicher Kuss

to **kiss** VERB
see also kiss NOUN
1 *küssen* (PRESENT *küsst*, IMPERFECT *küsste*, PERFECT *hat geküsst*) ◇ *He kissed her passionately.* Er küsste sie leidenschaftlich.
2 *sich küssen* ◇ *They kissed.* Sie küssten sich.

kit NOUN
1 das *Zeug* (*clothes for sport*) ◇ *I've forgotten my gym kit.* Ich habe mein Sportzeug vergessen.
2 der *Kasten* (PL die *Kästen*) ◇ *a tool kit* ein Werkzeugkasten ◇ *a first-aid kit* ein Erste-Hilfe-Kasten
- **puncture repair kit** das Flickzeug
- **sewing kit** das Nähzeug

kitchen NOUN
die *Küche* ◇ *a fitted kitchen* eine Einbauküche
- **the kitchen units** die Küchenschränke
- **a kitchen knife** ein Küchenmesser NEUT

kite NOUN
der *Drachen* (PL die *Drachen*)

kitten NOUN
das *Kätzchen* (PL die *Kätzchen*)

knee NOUN
das *Knie* (PL die *Knie*) ◇ *He was on his knees.* Er lag auf den Knien.

to **kneel (down)** VERB
(**knelt** *or* **kneeled**, **knelt** *or* **kneeled**)
sich hinknien (PERFECT *hat sich hingekniet*)

knew VERB *see* **know**

knickers PL NOUN
die *Unterhose* ◇ *a pair of knickers* eine Unterhose

knife NOUN
(PL **knives**)
das *Messer* (PL die *Messer*)
- **a sheath knife** ein Fahrtenmesser
- **a penknife** ein Taschenmesser

to **knit** VERB
stricken

knitting NOUN
das *Stricken*
- **I like knitting.** Ich stricke gern.

knives PL NOUN *see* **knife**

to **knock** VERB
see also knock NOUN
klopfen ◇ *to knock on the door* an die Tür klopfen
- **Someone's knocking at the door.** Es klopft.
- **She was knocked down by a car.** Ein Auto hat sie umgefahren.
- **to knock somebody out (1)** (*stun*) jemanden bewusstlos schlagen ◇ *They knocked out the watchman.* Sie haben den Wächter bewusstlos geschlagen.
- **to knock somebody out (2)** (*defeat*) jemanden schlagen ◇ *Liverpool knocked Aston Villa out of the cup.* Der FC Liverpool hat Aston Villa im Pokalspiel geschlagen.
- **They were knocked out early in the tournament.** Sie schieden beim Turnier früh aus.
- **to knock something over** etwas umstoßen ◇ *I accidentally knocked the milk over.* Ich habe aus Versehen die Milch umgestoßen.

knock NOUN
see also knock VERB
- **There was a knock on the door.** Es hat geklopft.

knot NOUN
der *Knoten* (PL die *Knoten*)

to **know** VERB
(**knew**, **known**)
Use **wissen** *for knowing facts,* **kennen** *for knowing people and places.*
1 *wissen* (PRESENT *weiß*, IMPERFECT *wusste*, PERFECT *hat gewusst*) ◇ *It's a long way. – Yes, I know.* Es ist weit. – Ja, ich weiß. ◇ *I don't know.* Ich weiß nicht. ◇ *I don't know what to do.* Ich weiß nicht, was ich tun soll. ◇ *I don't know how to do it.* Ich weiß nicht, wie ich es machen soll.
2 *kennen* (IMPERFECT *kannte*, PERFECT *hat gekannt*) ◇ *I know her.* Ich kenne sie. ◇ *I know Berlin well.* Ich kenne Berlin gut.
- **I don't know any French.** Ich kann kein Französisch.
- **to know that...** wissen, dass... ◇ *I know that you like chocolate.* Ich weiß, dass du Schokolade magst. ◇ *I didn't know that your Dad was a policeman.* Ich wusste nicht, dass dein Vater Polizist ist.

- **to know about something (1)** (*be aware of*) von etwas wissen ◇ *Do you know about the meeting this afternoon?* Weißt du von dem Treffen heute Nachmittag?
- **to know about something (2)** (*be knowledgeable about*) sich mit etwas auskennen ◇ *He knows a lot about cars.* Er kennt sich mit Autos aus. ◇ *I don't know much about computers.* Mit Computern kenne ich mich nicht besonders aus.
- **to get to know somebody** jemanden kennen lernen
- **How should I know?** (*I don't know!*) Wie soll ich das wissen?
- **You never know!** Man kann nie wissen!

know-all NOUN
der *Besserwisser* (PL die *Besserwisser*)
die *Besserwisserin*
◇ *He's such a know-all!* So ein Besserwisser!

know-how NOUN
das *Know-how* (GEN des *Know-how*)

knowledge NOUN
[1] das *Wissen* (*general knowledge*) ◇ *Our knowledge of the universe is limited.* Unser Wissen über das Universum ist begrenzt.
[2] die *Kenntnisse* FEM PL (*things learnt*)
◇ *my knowledge of German* meine Deutschkenntnisse

knowledgeable ADJECTIVE
- **to be knowledgeable about something** viel über etwas wissen ◇ *She is very knowledgeable about physics.* Sie weiß viel über Physik.
- **She's very knowledgeable about computers.** Sie kennt sich mit Computern gut aus.

known VERB *see* **know**

Koran NOUN
der *Koran*

Korea NOUN
Korea NEUT
- **from Korea** aus Korea
- **to Korea** nach Korea

kosher ADJECTIVE
koscher

L

lab NOUN (= *laboratory*)
das *Labor* (PL die *Labors*)
◆ **a lab technician** ein Laborant MASC
label NOUN
[1] der *Aufkleber* (*sticker*) (PL die *Aufkleber*)
[2] das *Etikett* (*on clothes*) (PL die *Etiketts*)
[3] der *Anhänger* (*for luggage*) (PL die *Anhänger*)
laboratory NOUN
(PL **laboratories**)
das *Labor* (PL die *Labors*)
labor union NOUN
die *Gewerkschaft*
Labour NOUN
die *Labour-Party* ◇ *My parents vote Labour.* Meine Eltern wählen die Labour-Party.
◆ **the Labour Party** die Labour-Party
labourer NOUN
der *Arbeiter* (PL die *Arbeiter*)
die *Arbeiterin*
◆ **a farm labourer** ein Landarbeiter
lace NOUN
[1] der *Schnürsenkel* (*of shoe*) (PL die *Schnürsenkel*)
[2] die *Spitze* ◇ *a lace collar* ein Spitzenkragen
lacquer NOUN
der *Lack* (PL die *Lacke*)
lad NOUN
der *Junge* (GEN des *Jungen*, PL die *Jungen*)
ladder NOUN
[1] die *Leiter*
[2] die *Laufmasche* (*in tights*)
lady NOUN
(PL **ladies**)
die *Dame* ◇ *a young lady* eine junge Dame
◆ **Ladies and gentlemen...** Meine Damen und Herren...
◆ **the ladies'** die Damentoilette
ladybird NOUN
der *Marienkäfer* (PL die *Marienkäfer*)
to **lag behind** VERB
hinterherhinken (PERFECT *ist hinterhergehinkt*)
lager NOUN
das *helle Bier* (PL die *hellen Biere*)
German beers are completely different from British ones. There is no real equivalent to lager.
laid VERB *see* **lay**
laid-back ADJECTIVE
locker
lain VERB *see* **lie**
lake NOUN
der *See* (PL die *Seen*)
◆ **Lake Geneva** der Genfer See
◆ **Lake Constance** der Bodensee
lamb NOUN
das *Lamm* (PL die *Lämmer*)
◆ **a lamb chop** ein Lammkotelett NEUT
lame ADJECTIVE
lahm
◆ **My pony is lame.** Mein Pony lahmt.
lamp NOUN
die *Lampe*
lamppost NOUN
der *Laternenpfahl* (PL die *Laternenpfähle*)
land NOUN
see also land VERB
das *Land* (PL die *Länder*) ◇ *a piece of land* ein Stück Land
to **land** VERB
see also land NOUN
landen (*plane, passenger*) (PERFECT *ist gelandet*)
landing NOUN
[1] die *Landung* (*of plane*)
[2] der *Treppenabsatz* (*of staircase*) (GEN des *Treppenabsatzes*, PL die *Treppenabsätze*)
landlady NOUN
(PL **landladies**)
die *Vermieterin*
landlord NOUN
der *Vermieter* (PL die *Vermieter*)
landowner NOUN
der *Grundbesitzer* (PL die *Grundbesitzer*)
die *Grundbesitzerin*
landscape NOUN
die *Landschaft*
lane NOUN
[1] das *Sträßchen* (*in country*) (PL die *Sträßchen*)
[2] die *Spur* (*on motorway*)
language NOUN
die *Sprache* ◇ *Greek is a difficult language.* Griechisch ist eine schwierige Sprache.
◆ **to use bad language** Kraftausdrücke benutzen
language laboratory NOUN
(PL **language laboratories**)
das *Sprachlabor* (PL die *Sprachlabors*)
lap NOUN
die *Runde* (*sport*) ◇ *I ran ten laps.* Ich bin zehn Runden gelaufen.
◆ **on my lap** auf meinem Schoß
laptop NOUN (*computer*)
der *Laptop* (PL die *Laptops*)
larder NOUN
die *Speisekammer*
large ADJECTIVE
groß ◇ *a large house* ein großes Haus ◇ *a large dog* ein großer Hund
laser NOUN
der *Laser* (PL die *Laser*)
lass NOUN
(PL **lasses**)
das *Mädchen* (PL die *Mädchen*)
last ADJECTIVE, ADVERB
see also last VERB
[1] *letzte* ◇ *one last time* ein letztes Mal ◇ *the last question* die letzte Frage ◇ *last Friday* letzten Freitag ◇ *last week* letzte

Woche
[2] *als letzte* ◇ *He arrived last.* Er kam als letzter an.
[3] *zuletzt* ◇ *I've lost my bag. – When did you see it last?* Ich habe meine Tasche verloren. – Wann hast du sie zuletzt gesehen?
◆ **When I last saw him, he was wearing a blue shirt.** Als ich ihn das letzte Mal sah, trug er ein blaues Hemd.
◆ **the last time** das letzte Mal ◇ *the last time I saw her* als ich sie das letzte Mal sah ◇ *That's the last time I take your advice!* Das ist das letzte Mal, dass ich auf deinen Rat höre!
◆ **last night (1)** (*evening*) gestern Abend ◇ *I got home at midnight last night.* Ich bin gestern Abend um Mitternacht nach Hause gekommen.
◆ **last night (2)** (*sleeping hours*) heute nacht ◇ *I couldn't sleep last night.* Ich konnte heute nacht nicht schlafen.
◆ **at last** endlich

to **last** VERB
see also last ADJECTIVE
dauern ◇ *The concert lasts two hours.* Das Konzert dauert zwei Stunden.

late ADJECTIVE, ADVERB
[1] *zu spät* ◇ *Hurry up or you'll be late!* Beeil dich, du kommst sonst zu spät! ◇ *I'm often late for school.* Ich komme oft zu spät zur Schule.
◆ **to arrive late** zu spät kommen ◇ *She arrived late.* Sie kam zu spät.
[2] *spät* ◇ *I went to bed late.* Ich bin spät ins Bett gegangen. ◇ *in the late afternoon* am späten Nachmittag
◆ **in late May** Ende Mai

lately ADVERB
in letzter Zeit ◇ *I haven't seen him lately.* Ich habe ihn in letzter Zeit nicht gesehen.

later ADVERB
später ◇ *I'll do it later.* Ich mache es später.
◆ **See you later!** Bis später!

latest ADJECTIVE
neueste ◇ *the latest news* die neuesten Nachrichten ◇ *their latest album* ihr neuestes Album
◆ **at the latest** spätestens ◇ *by ten o'clock at the latest* bis spätestens zehn Uhr

Latin NOUN
das *Latein* ◇ *I do Latin.* Ich lerne Latein.

Latin America NOUN
Lateinamerika NEUT
◆ **from Latin America** aus Lateinamerika
◆ **to Latin America** nach Lateinamerika

Latin American ADJECTIVE
lateinamerikanisch

laugh NOUN
see also laugh VERB
das *Lachen*
◆ **It was a good laugh.** (*it was fun*) Es war lustig.

to **laugh** VERB
see also laugh NOUN
lachen
◆ **to laugh at something** über etwas lachen ◇ *She didn't laugh at my joke.* Sie hat über meinen Witz nicht gelacht.
◆ **to laugh at somebody** jemanden auslachen ◇ *They laughed at her.* Sie lachten sie aus.

Launderette ® NOUN
der *Waschsalon* (PL die *Waschsalons*)

Laundromat ® NOUN
der *Waschsalon* (PL die *Waschsalons*)

laundry NOUN
die *Wäsche* (*clothes*)

lavatory NOUN
(PL **lavatories**)
die *Toilette*

law NOUN
[1] das *Gesetz* (GEN des *Gesetzes*, PL die *Gesetze*) ◇ *It's against the law.* Das ist gegen das Gesetz.
[2] *Jura* (*subject*) ◇ *My sister's studying law.* Meine Schwester studiert Jura.

lawn NOUN
der *Rasen* (PL die *Rasen*)

lawnmower NOUN
der *Rasenmäher* (PL die *Rasenmäher*)

law school NOUN
die *juristische Fakultät*

lawyer NOUN
der *Rechtsanwalt* (PL die *Rechtsanwälte*)
die *Rechtsanwältin*
◇ *My mother's a lawyer.* Meine Mutter ist Rechtsanwältin.

to **lay** VERB
(**laid, laid**)
lay *is also a form of* lie (2) VERB.
legen ◇ *She laid the baby in her cot.* Sie legte das Baby ins Bettchen.
◆ **to lay the table** den Tisch decken
◆ **to lay something on (1)** (*provide*) etwas bereitstellen ◇ *They laid on extra buses.* Sie stellten zusätzliche Busse bereit.
◆ **to lay something on (2)** (*prepare*) etwas vorbereiten ◇ *They had laid on a special meal.* Sie hatten ein besonderes Essen vorbereitet.

lay-by NOUN
der *Rastplatz* (GEN des *Rastplatzes*, PL die *Rastplätze*)

lazy ADJECTIVE
faul

to **lead** VERB
(**led, led**)
see also lead (1) NOUN *and* lead (2) NOUN
führen ◇ *the street that leads to the station* die Straße, die zum Bahnhof führt
◆ **to lead the way** vorangehen ◇ *She led the way.* Sie ist vorangegangen.
◆ **to lead somebody away** jemanden abführen ◇ *The police led the man away.* Die Polizei führte den Mann ab.

lead (1) NOUN
see also lead VERB *and* lead (2) NOUN
[1] das *Kabel* (*cable*) (PL die *Kabel*)

[2] die ***Hundeleine*** *(for dog)*
- **to be in the lead** in Führung sein ◇ *Our team is in the lead.* Unsere Mannschaft ist in Führung.

lead (2) NOUN
see also lead VERB *and* lead (1) NOUN
das ***Blei*** *(metal)*

leaded petrol NOUN
das ***verbleite Benzin***

leader NOUN
[1] *(of expedition, gang)*
der ***Führer*** (PL die ***Führer***)
die ***Führerin***
[2] *(of political party)*
der ***Anführer*** (PL die ***Anführer***)
die ***Anführerin***

lead-free ADJECTIVE
- **lead-free petrol** das bleifreie Benzin

lead singer NOUN
der ***Leadsinger*** (PL die ***Leadsinger***)
die ***Leadsingerin***

leaf NOUN
(PL **leaves**)
das ***Blatt*** (PL die ***Blätter***)

leaflet NOUN
der ***Prospekt*** *(advertising)* (PL die ***Prospekte***)
◇ *They sent me a leaflet describing their products.* Sie haben mir einen Prospekt über ihre Produkte geschickt.

league NOUN
die ***Liga*** (GEN der ***Liga***, PL die ***Ligen***) ◇ *the Premier League* die erste Liga
The Premier League *is similar to the German* Bundesliga.
- **They are at the top of the league.** Sie sind Tabellenführer.

leak NOUN
see also leak VERB
die ***undichte Stelle*** ◇ *a gas leak* eine undichte Stelle in der Gasleitung

to **leak** VERB
see also leak NOUN
[1] ***undicht sein*** *(pipe)* (PRESENT ***ist undicht***, IMPERFECT ***war undicht***, PERFECT ***ist undicht gewesen***)
[2] ***auslaufen*** *(water)* (PRESENT ***läuft aus***, IMPERFECT ***lief aus***, PERFECT ***ist ausgelaufen***)
[3] ***austreten*** *(gas)* (PRESENT ***tritt aus***, IMPERFECT ***trat aus***, PERFECT ***ist ausgetreten***)

to **lean** VERB
(**leaned** *or* **leant**, **leaned** *or* **leant**)
sich lehnen ◇ *Don't lean over too far.* Lehn dich nicht zu weit vor. ◇ *She leant out of the window.* Sie lehnte sich zum Fenster hinaus.
- **to lean forward** sich nach vorn beugen
- **to lean on something** sich auf etwas stützen ◇ *He leant on the wall.* Er stützte sich auf die Mauer.
- **to be leaning against something** gegen etwas gelehnt sein ◇ *The ladder was leaning against the wall.* Die Leiter war gegen die Wand gelehnt.
- **to lean something against a wall** etwas an einer Mauer anlehnen ◇ *He leant his bike against the wall.* Er lehnte sein Fahrrad an der Mauer an.

leap year NOUN
das ***Schaltjahr*** (PL die ***Schaltjahre***)

to **learn** VERB
(**learned** *or* **learnt**, **learned** *or* **learnt**)
lernen ◇ *I'm learning to ski.* Ich lerne Ski fahren.

learner NOUN
- **She's a quick learner.** Sie lernt schnell.
- **German learners** *(people learning German)* Deutschschüler MASC PL

learner driver NOUN
der ***Fahrschüler*** (PL die ***Fahrschüler***)
die ***Fahrschülerin***

learnt VERB *see* **learn**

least ADVERB, ADJECTIVE, PRONOUN
- **the least (1)** *(followed by noun)* wenigste ◇ *It takes the least time to do.* Das braucht die wenigste Zeit. ◇ *She has the least money.* Sie hat das wenigste Geld.
- **the least... (2)** *(followed by adjective)* am wenigsten... ◇ *the least intelligent pupil* der am wenigsten intelligente Schüler ◇ *the least attractive woman* die am wenigsten attractive Frau ◇ *the least interesting book* das am wenigsten interessante Buch
- **the least (3)** *(after a verb)* am wenigsten ◇ *Maths is the subject I like the least.* Mathe ist das Fach, das ich am wenigsten mag.
- **It's the least I can do.** Das ist das wenigste, was ich tun kann.
- **at least (1)** mindestens ◇ *It'll cost at least two hundred pounds.* Das kostet mindestens zweihundert Pfund.
- **at least (2)** wenigstens ◇ *...but at least nobody was hurt.* ...aber wenigstens wurde niemand verletzt.
- **It's totally unfair – at least, that's my opinion.** Das ist total ungerecht – zumindest meiner Meinung nach.

leather NOUN
das ***Leder*** (PL die ***Leder***) ◇ *a black leather jacket* eine schwarze Lederjacke

to **leave** VERB
(**left**, **left**)
see also leave NOUN
[1] ***lassen*** *(deliberately)* (PRESENT ***lässt***, IMPERFECT ***ließ***, PERFECT ***hat gelassen***) ◇ *He always leaves his camera in the car.* Er lässt immer seinen Fotoapparat im Auto.
[2] ***vergessen*** *(by mistake)* (PRESENT ***vergisst***, IMPERFECT ***vergaß***, PERFECT ***hat vergessen***)
◇ *I've left my book at home.* Ich habe mein Buch zu Hause vergessen.
- **Make sure you don't leave anything behind.** Passen Sie auf, dass Sie nichts liegenlassen.

[3] ***abfahren*** *(bus, train)* (PRESENT ***fährt ab***, IMPERFECT ***fuhr ab***, PERFECT ***ist abgefahren***)
◇ *The bus leaves at eight.* Der Bus fährt um acht ab.
[4] ***abfliegen*** *(plane)* (IMPERFECT ***flog ab***, PERFECT ***ist abgeflogen***) ◇ *The plane leaves*

at six. Das Flugzeug fliegt um sechs ab.
5 ***weggehen*** *(person)* (IMPERFECT ***ging weg***, PERFECT ***ist weggegangen***) ◇ *She's just left.* Sie ist eben weggegangen.
◆ **My sister left home last year.** Meine Schwester ist letztes Jahr von zu Hause weggezogen.
6 ***verlassen*** *(abandon)* (PRESENT ***verlässt***, IMPERFECT ***verließ***, PERFECT ***hat verlassen***) ◇ *She left her husband.* Sie hat ihren Mann verlassen.
◆ **to leave somebody alone** jemanden in Ruhe lassen ◇ *Leave me alone!* Lass mich in Ruhe!

leave NOUN
see also **leave** VERB
der ***Urlaub*** *(from job, army)* (PL die ***Urlaube***) ◇ *My brother is on leave for a week.* Mein Bruder hat eine Woche Urlaub.

leaves PL NOUN *see* **leaf**

Lebanon NOUN
der ***Libanon***
Note that the definite article is used in German for countries which are masculine.
◆ **from Lebanon** aus dem Libanon
◆ **in Lebanon** im Libanon
◆ **to Lebanon** in den Libanon

lecture NOUN
see also **lecture** VERB
1 der ***Vortrag*** *(public)* (PL die ***Vorträge***)
2 die ***Vorlesung*** *(at university)*

to **lecture** VERB
see also **lecture** NOUN
1 ***unterrichten*** (PERFECT ***hat unterrichtet***) ◇ *She lectures at the technical college.* Sie unterrichtet an der Fachschule.
2 ***belehren*** *(tell off)* (PERFECT ***hat belehrt***) ◇ *He's always lecturing us.* Er belehrt uns andauernd.

lecturer NOUN
der ***Dozent*** (GEN des ***Dozenten***, PL die ***Dozenten***)
die ***Dozentin***
◇ *She's a lecturer.* Sie ist Dozentin.

led VERB *see* **lead**

leek NOUN
der ***Lauch*** (PL die ***Lauche***)

left VERB *see* **leave**

left ADJECTIVE, ADVERB
see also **left** NOUN
1 ***linke*** ◇ *the left foot* der linke Fuß ◇ *my left arm* mein linker Arm ◇ *your left hand* deine linke Hand ◇ *her left eye* ihr linkes Auge
2 ***links*** ◇ *Turn left at the traffic lights.* Biegen Sie an der Ampel links ab.
◆ **Look left!** Sehen Sie nach links!
◆ **I haven't got any money left.** Ich habe kein Geld mehr.

left NOUN
see also **left** ADJECTIVE
die ***linke Seite***
◆ **on the left** links ◇ *Remember to drive on the left.* Vergiss nicht, links zu fahren.

left-hand ADJECTIVE
◆ **the left-hand side** die linke Seite
◆ **It's on the left-hand side.** Es liegt links.

left-handed ADJECTIVE
linkshändig

left-luggage office NOUN
die ***Gepäckaufbewahrung***

leg NOUN
das ***Bein*** (PL die ***Beine***) ◇ *I've broken my leg.* Ich habe mir das Bein gebrochen.
◆ **a chicken leg** eine Hähnchenkeule
◆ **a leg of lamb** eine Lammkeule

legal ADJECTIVE
legal

leggings PL NOUN
die ***Leggings*** PL

leisure NOUN
die ***Freizeit*** ◇ *What do you do in your leisure time?* Was machen Sie in Ihrer Freizeit?

leisure centre NOUN
das ***Freizeitzentrum*** (PL die ***Freizeitzentren***)

lemon NOUN
die ***Zitrone***

lemonade NOUN
die ***Limonade***

to **lend** VERB
(**lent, lent**)
leihen (IMPERFECT ***lieh***, PERFECT ***hat geliehen***) ◇ *I can lend you some money.* Ich kann dir Geld leihen.

length NOUN
die ***Länge***
◆ **It's about a metre in length.** Es ist etwa einen Meter lang.

lens NOUN
(PL **lenses**)
1 die ***Kontaktlinse*** *(contact lens)*
2 das ***Glas*** *(of spectacles)* (GEN des ***Glases***, PL die ***Gläser***)
3 das ***Objektiv*** *(of camera)* (PL die ***Objektive***)

Lent NOUN
die ***Fastenzeit*** ◇ *during Lent* während der Fastenzeit

lent VERB *see* **lend**

lentil NOUN
die ***Linse***

Leo NOUN
der ***Löwe*** (GEN des ***Löwen***) ◇ *I'm Leo.* Ich bin Löwe.

leotard NOUN
der ***Gymnastikanzug*** (PL die ***Gymnastikanzüge***)

lesbian NOUN
die ***Lesbierin***
◆ **She's a lesbian.** Sie ist lesbisch.

less PRONOUN, ADVERB, ADJECTIVE
weniger ◇ *A bit less, please.* Etwas weniger, bitte. ◇ *I've got less time for hobbies now.* Ich habe jetzt weniger Zeit für Hobbys.
◆ **He's less intelligent than his brother.** Er ist nicht so intelligent wie sein Bruder.

◆ **less than** weniger als ◇ *It costs less than a hundred marks.* Es kostet weniger als hundert Mark. ◇ *less than half* weniger als die Hälfte ◇ *He spent less than me.* Er hat weniger als ich ausgegeben. ◇ *I've got less than you.* Ich habe weniger als du.

lesson NOUN
[1] die *Lektion* ◇ *"Lesson Sixteen"* (*in textbook*) "Lektion sechzehn"
[2] die *Stunde* (*class*) ◇ *The lessons last forty minutes each.* Eine Stunde dauert je vierzig Minuten.

to **let** VERB
(**let, let**)
[1] *lassen* (*allow*) (PRESENT *lässt*, IMPERFECT *ließ*, PERFECT *hat gelassen*)
◆ **to let somebody do something** jemanden etwas tun lassen ◇ *Let me have a look.* Lass mich mal sehen. ◇ *My mother won't let me go out tonight.* Meine Mutter lässt mich heute Abend nicht ausgehen.
◆ **to let somebody know** jemandem Bescheid sagen ◇ *I'll let you know as soon as possible.* Ich sage Ihnen sobald wie möglich Bescheid.
◆ **to let go** (*release*) loslassen ◇ *Let me go!* Lass mich los!
◆ **to let in** hineinlassen ◇ *They wouldn't let me in because I was under eighteen.* Sie wollten mich nicht hineinlassen, weil ich noch nicht achtzehn bin.
◆ **Let's go to the cinema!** Lass uns ins Kino gehen!
◆ **Let's go!** Gehen wir!
[2] *vermieten* (*hire out*) (PERFECT *hat vermietet*)
◆ **"to let"** "zu vermieten"

letter NOUN
[1] der *Brief* (PL die *Briefe*) ◇ *She wrote me a long letter.* Sie hat mir einen langen Brief geschrieben.
[2] der *Buchstabe* (*of alphabet*) (GEN des *Buchstaben*, PL die *Buchstaben*) ◇ *A is the first letter of the alphabet.* A ist der erste Buchstabe des Alphabets.

letterbox NOUN
(PL **letterboxes**)
der *Briefkasten* (PL die *Briefkästen*)

lettuce NOUN
der *Kopfsalat* (PL die *Kopfsalate*)

leukaemia NOUN
die *Leukämie* ◇ *He suffers from leukaemia.* Er leidet an Leukämie.

level ADJECTIVE
see also level NOUN
eben ◇ *A snooker table must be perfectly level.* Ein Snookertisch muss ganz eben sein.

level NOUN
see also level ADJECTIVE
[1] der *Wasserstand* (*of river, lake*) (PL die *Wasserstände*) ◇ *The level of the river is rising.* Der Wasserstand des Flusses steigt.
[2] die *Höhe* (*height*) ◇ *at eye level* in Augenhöhe
◆ **A levels** das Abitur

Germans take their Abitur *at the age of 19. The students sit examinations in a variety of subjects to attain an overall grade. If you pass, you have the right to a place at university.*

level crossing NOUN
der *Bahnübergang* (PL die *Bahnübergänge*)

lever NOUN
der *Hebel* (PL die *Hebel*)

liable ADJECTIVE
◆ **He's liable to lose his temper.** Er wird leicht wütend.

liar NOUN
der *Lügner* (PL die *Lügner*)
die *Lügnerin*

liberal ADJECTIVE
liberal (*opinions*)
◆ **the Liberal Democrats** die Liberaldemokraten

liberation NOUN
die *Befreiung*

Libra NOUN
die *Waage* ◇ *I'm Libra.* Ich bin Waage.

librarian NOUN
der *Bibliothekar* (PL die *Bibliothekare*)
die *Bibliothekarin*
◇ *She's a librarian.* Sie ist Bibliothekarin.

library NOUN
(PL **libraries**)
[1] die *Bücherei* (*public lending library*)
[2] die *Bibliothek* (*of school, university*)

Libya NOUN
Libyen NEUT
◆ **from Libya** aus Libyen
◆ **to Libya** nach Libyen

licence NOUN
der *Schein* (PL die *Scheine*)
◆ **a driving licence** ein Führerschein

to **lick** VERB
lecken

lid NOUN
der *Deckel* (PL die *Deckel*)

lie NOUN
see also lie (1) VERB *and* lie (2) VERB
die *Lüge* ◇ *That's a lie!* Das ist eine Lüge!
◆ **to tell a lie** lügen

to **lie (1)** VERB
see also lie NOUN *and* lie (2) VERB
lügen (*not tell the truth*) (IMPERFECT *log*, PERFECT *hat gelogen*) ◇ *I know she's lying.* Ich weiß, dass sie lügt.

to **lie (2)** VERB
(**lay, lain**)
see also lie NOUN *and* lie (1) VERB
liegen (IMPERFECT *lag*, PERFECT *hat gelegen*) ◇ *He was lying on the sofa.* Er lag auf dem Sofa. ◇ *When I'm on holiday I lie on the beach all day.* In den Ferien liege ich den ganzen Tag am Strand.
◆ **to lie down** sich hinlegen
◆ **to be lying down** liegen

lie-in NOUN
◆ **to have a lie-in** ausschlafen ◇ *She has a lie-in on Sundays.* Sonntags schläft sie aus.

lieutenant NOUN
der *Leutnant* (PL die *Leutnants*)
life NOUN
(PL **lives**)
das *Leben* (PL die *Leben*)
lifebelt NOUN
der *Rettungsring* (PL die *Rettungsringe*)
lifeboat NOUN
das *Rettungsboot* (PL die *Rettungsboote*)
lifeguard NOUN
[1] *(at beach)*
der *Rettungsschwimmer* (PL die *Rettungsschwimmer*)
die *Rettungsschwimmerin*
[2] *(at swimming pool)*
der *Bademeister* (PL die *Bademeister*)
die *Bademeisterin*
life jacket NOUN
die *Schwimmweste*
life-saving NOUN
das *Rettungsschwimmen* ◇ *I've done a course in life-saving.* Ich habe einen Kurs im Rettungsschwimmen gemacht.
lifestyle NOUN
der *Lebensstil* (PL die *Lebensstile*)
to **lift** VERB
see also lift NOUN
hochheben (IMPERFECT *hob hoch*, PERFECT *hat hochgehoben*) ◇ *It's too heavy, I can't lift it.* Es ist zu schwer, ich kann es nicht hochheben.
lift NOUN
see also lift VERB
der *Aufzug* (PL die *Aufzüge*) ◇ *The lift isn't working.* Der Aufzug geht nicht.
◆ **He gave me a lift to the cinema.** Er hat mich zum Kino gefahren.
◆ **Would you like a lift?** Wollen Sie mitfahren?
light ADJECTIVE
see also light NOUN, VERB
[1] *leicht* *(not heavy)* ◇ *a light jacket* eine leichte Jacke ◇ *a light meal* ein leichtes Essen
[2] *hell* *(colour)* ◇ *a light blue sweater* ein hellblauer Pullover
light NOUN
see also light ADJECTIVE, VERB
[1] das *Licht* (PL die *Lichter*) ◇ *to switch on the light* das Licht anmachen ◇ *to switch off the light* das Licht ausmachen
[2] die *Lampe* ◇ *There's a light by my bed.* Ich habe am Bett eine Lampe.
◆ **the traffic lights** die Ampel SING
◆ **Have you got a light?** *(for cigarette)* Haben Sie Feuer?
to **light** VERB
(**lit, lit**)
see also light ADJECTIVE, NOUN
anzünden *(candle, cigarette, fire)* (PERFECT *hat angezündet*)
light bulb NOUN
die *Glühbirne*
lighter NOUN
das *Feuerzeug* *(for cigarettes)* (PL die *Feuerzeuge*)
lighthouse NOUN
der *Leuchtturm* (PL die *Leuchttürme*)
lightning NOUN
der *Blitz* (GEN des *Blitzes*, PL die *Blitze*)
◆ **a flash of lightning** ein Blitz
◆ **There was a flash of lightning.** Es hat geblitzt.
to **like** VERB
see also like PREPOSITION
mögen (PRESENT *mag*, IMPERFECT *mochte*, PERFECT *hat gemocht*) ◇ *I don't like mustard.* Ich mag Senf nicht. ◇ *I like Paul, but I don't want to go out with him.* Ich mag Paul, aber ich will nicht mit ihm ausgehen.
◆ **I like riding.** Ich reite gern.
◆ **Would you like...?** Möchtest du...? ◇ *Would you like some coffee?* Möchtest du Kaffee? ◇ *Would you like to go for a walk?* Möchtest du einen Spaziergang machen?
◆ **I'd like...** Ich hätte gern... ◇ *I'd like an orange juice, please.* Ich hätte gern einen Orangensaft, bitte.
◆ **I'd like to...** Ich würde gern... ◇ *I'd like to go to Russia one day.* Eines Tages würde ich gern nach Russland fahren. ◇ *I'd like to wash my hands.* Ich würde mir gern die Hände waschen.
◆ **...if you like** ...wenn du möchtest
like PREPOSITION
see also like VERB
[1] *so* *(this way)* ◇ *It's fine like that.* So ist es gut. ◇ *Do it like this.* Mach das so.
[2] *wie* *(similar to)* ◇ *a city like Munich* eine Stadt wie München ◇ *It's a bit like salmon.* Es ist ein bisschen wie Lachs.
◆ **What's the weather like?** Wie ist das Wetter?
◆ **to look like somebody** jemandem ähnlich sehen ◇ *You look like my brother.* Du siehst meinem Bruder ähnlich.
likely ADJECTIVE
wahrscheinlich ◇ *That's not very likely.* Das ist nicht sehr wahrscheinlich.
◆ **She's likely to come.** Sie kommt wahrscheinlich.
◆ **She's not likely to come.** Sie kommt wahrscheinlich nicht.
lime NOUN
die *Limone* *(fruit)*
limit NOUN
die *Grenze*
◆ **the speed limit** die Geschwindigkeitsbegrenzung
limousine NOUN
die *Limousine*
to **limp** VERB
hinken
line NOUN
[1] die *Linie* ◇ *a straight line* eine gerade Linie
[2] der *Strich* *(to divide, cancel)* (PL die *Striche*) ◇ *Draw a line under each answer.* Machen Sie unter jede Antwort einen Strich.

3 das *Gleis* (*railway track*) (GEN des *Gleises*, PL die *Gleise*)
4 die *Schlange* ◇ *to stand in line* Schlange stehen
◆ **Hold the line, please.** (*on telephone*) Bleiben Sie bitte am Apparat.
◆ **It's a very bad line.** (*on telephone*) Die Verbindung ist sehr schlecht.

linen NOUN
das *Leinen* ◇ *a linen jacket* eine Leinenjacke

liner NOUN
der *Überseedampfer* (*ship*) (PL die *Überseedampfer*)

linguist NOUN
◆ **to be a good linguist** sprachbegabt sein ◇ *She's a good linguist.* Sie ist sehr sprachbegabt.

link NOUN
see also link VERB
der *Zusammenhang* (PL die *Zusammenhänge*) ◇ *the link between smoking and cancer* der Zusammenhang zwischen Rauchen und Krebs

to **link** VERB
see also link NOUN
verbinden (IMPERFECT *verband*, PERFECT *hat verbunden*)

lino NOUN
das *Linoleum*

lion NOUN
der *Löwe* (GEN des *Löwen*, PL die *Löwen*)

lioness NOUN
(PL **lionesses**)
die *Löwin*

lip NOUN
die *Lippe*

to **lip-read** VERB
(**lip-read**, **lip-read**)
von den Lippen ablesen (PRESENT *liest von den Lippen ab*, IMPERFECT *las von den Lippen ab*, PERFECT *hat von den Lippen abgelesen*)
◆ **I'm learning how to lip-read.** Ich lerne gerade Lippenlesen.

lip salve NOUN
der *Lippenpflegestift* (PL die *Lippenpflegestifte*)

lipstick NOUN
der *Lippenstift* (PL die *Lippenstifte*)

liqueur NOUN
der *Likör* (PL die *Liköre*)

liquid NOUN
die *Flüssigkeit*

liquidizer NOUN
der *Mixer* (PL die *Mixer*)

list NOUN
see also list VERB
die *Liste*

to **list** VERB
see also list NOUN
aufzählen (PERFECT *hat aufgezählt*) ◇ *List your hobbies.* Zählen Sie Ihre Hobbys auf.

to **listen** VERB
zuhören (PERFECT *hat zugehört*) ◇ *Listen to me!* Hör mir zu!
◆ **Listen to this!** Hör dir das an!

listener NOUN
der *Zuhörer* (PL die *Zuhörer*)
die *Zuhörerin*

lit VERB *see* **light**

literally ADVERB
buchstäblich (*completely*) ◇ *It was literally impossible to find a seat.* Es war buchstäblich unmöglich, einen Platz zu finden.
◆ **to translate literally** wörtlich übersetzen

literature NOUN
die *Literatur* ◇ *I'm studying English Literature.* Ich studiere englische Literatur.

litre NOUN
der *Liter* (PL die *Liter*) ◇ *three litres* drei Liter

litter NOUN
der *Abfall* (PL die *Abfälle*)

litter bin NOUN
der *Abfallkorb* (PL die *Abfallkörbe*)

little ADJECTIVE
klein ◇ *a little girl* ein kleines Mädchen
◆ **a little** ein bisschen ◇ *How much would you like? – Just a little.* Wie viel möchtest du? – Nur ein bisschen.
◆ **very little** sehr wenig ◇ *We've got very little time.* Wir haben sehr wenig Zeit.
◆ **little by little** nach und nach

live ADJECTIVE
see also live VERB
1 *lebendig* (*animal*)
2 *live* (*broadcast*)
◆ **There's live music on Fridays.** Freitags gibt es Live-Musik.

to **live** VERB
see also live ADJECTIVE
1 *leben* ◇ *I live with my grandmother.* Ich lebe bei meiner Großmutter. ◇ *They're not married, they're living together.* Sie sind nicht verheiratet, sie leben zusammen.
◆ **to live on something** von etwas leben ◇ *He had to live on bread and water.* Er musste von Brot und Wasser leben. ◇ *He lives on benefit.* Er lebt von der Unterstützung.
2 *wohnen* (*in house, town*) ◇ *Where do you live?* Wo wohnst du? ◇ *I live in Edinburgh.* Ich wohne in Edinburgh.

liver NOUN
die *Leber*
◆ **liver sausage** die Leberwurst

lives PL NOUN *see* **life**

living NOUN
◆ **to make a living** sich seinen Lebensunterhalt verdienen ◇ *How do you make your living?* Wie verdienst du dir deinen Lebensunterhalt?
◆ **What does she do for a living?** Was macht sie beruflich?

living room NOUN
das *Wohnzimmer* (PL die *Wohnzimmer*)

lizard NOUN
die *Echse*

load NOUN
see also load VERB
◆ **loads of** eine Menge ◇ *loads of people* eine Menge Leute ◇ *loads of money* eine Menge Geld
◆ **You're talking a load of rubbish!** Du redest vielleicht einen Unsinn!

to **load** VERB
see also load NOUN
beladen (PRESENT *belädt*, IMPERFECT *belud*, PERFECT *hat beladen*) ◇ *He's loading the van right now.* Er belädt gerade den Lieferwagen.

loaf NOUN
(PL **loaves**)
der ***Laib*** (PL die *Laibe*)
◆ **a loaf of bread** ein Brot NEUT

loan NOUN
see also loan VERB
das ***Darlehen*** (*money*) (PL die *Darlehen*)

to **loan** VERB
see also loan NOUN
ausleihen (IMPERFECT *lieh aus*, PERFECT *hat ausgeliehen*)

to **loathe** VERB
verabscheuen (PERFECT *hat verabscheut*)
◇ *I loathe her.* Ich verabscheue sie.

loaves PL NOUN *see* **loaf**

lobster NOUN
der ***Hummer*** (PL die *Hummer*)

local ADJECTIVE
örtlich ◇ *the local police* die örtliche Polizei
◆ **the local paper** das Lokalblatt
◆ **a local call** ein Ortsgespräch NEUT

loch NOUN
der ***See*** (PL die *Seen*)

lock NOUN
see also lock VERB
das ***Schloss*** ⚠ (GEN des *Schlosses*, PL die *Schlösser*) ◇ *The lock is broken.* Das Schloss ist kaputt.

to **lock** VERB
see also lock NOUN
abschließen (IMPERFECT *schloss ab*, PERFECT *hat abgeschlossen*) ◇ *Make sure you lock your door.* Schließen Sie die Tür ab.

locker NOUN
das ***Schließfach*** (PL die *Schließfächer*)
◆ **the locker room** der Umkleideraum
◆ **the left-luggage lockers** die Gepäckschließfächer

locket NOUN
das ***Medaillon*** (PL die *Medaillons*)

lodger NOUN
der ***Untermieter*** (PL die *Untermieter*)
die ***Untermieterin***

loft NOUN
der ***Speicher*** (PL die *Speicher*)

log NOUN
das ***Scheit*** (*of wood*) (PL die *Scheite*)

logical ADJECTIVE
logisch

lollipop NOUN
der ***Lutscher*** (PL die *Lutscher*)

lolly NOUN
(PL **lollies**)
das ***Eis am Stiel*** (*ice lolly*)

London NOUN
London NEUT
◆ **from London** aus London
◆ **to London** nach London

Londoner NOUN
der ***Londoner*** (PL die *Londoner*)
die ***Londonerin***

loneliness NOUN
die ***Einsamkeit***

lonely ADJECTIVE
einsam
◆ **to feel lonely** sich einsam fühlen ◇ *She feels a bit lonely.* Sie fühlt sich ein bisschen einsam.

lonesome ADJECTIVE
einsam

long ADJECTIVE, ADVERB
see also long VERB
lang ◇ *She's got long hair.* Sie hat lange Haare. ◇ *The room is six metres long.* Das Zimmer ist sechs Meter lang.
◆ **How long?** (*time*) Wie lange? ◇ *How long did you stay there?* Wie lange bist du dort geblieben? ◇ *How long is the flight?* Wie lange dauert der Flug?

When you want to say how long you have been *doing something, use the present tense in German.*

◇ *How long have you been here?* Wie lange bist du schon da? ◇ *I've been waiting a long time.* Ich warte schon lange.
◆ **It takes a long time.** Das dauert lange.
◆ **as long as** solange ◇ *I'll come as long as it's not too expensive.* Ich komme mit, solange es nicht zu teuer ist.

to **long** VERB
see also long ADJECTIVE
◆ **to long to do something** es kaum erwarten können, etwas zu tun ◇ *I'm longing to see my boyfriend again.* Ich kann es kaum erwarten, bis ich meinen Freund wiedersehe.

long-distance ADJECTIVE
◆ **a long-distance call** ein Ferngespräch NEUT

longer ADVERB
see also long ADJECTIVE
◆ **They're no longer going out together.** Sie gehen nicht mehr miteinander.
◆ **I can't stand it any longer.** Ich halte das nicht länger aus.

long jump NOUN
der ***Weitsprung*** (PL die *Weitsprünge*)

loo NOUN
das ***Klo*** (*informal*) (PL die *Klos*) ◇ *Where's the loo?* Wo ist das Klo?
◆ **I need the loo.** Ich muss mal. (*informal*)

look NOUN
see also look VERB
◆ **to have a look** ansehen ◇ *Have a look at this!* Sieh dir das mal an!
◆ **I don't like the look of it.** Das gefällt mir nicht.

to **look** VERB
see also look NOUN
1 ***sehen*** (PRESENT *sieht*, IMPERFECT *sah*, PERFECT *hat gesehen*)
- **Look!** Sieh mal!
- **to look at something** etwas ansehen
  ◇ *Look at the picture.* Sieh dir das Bild an.
  2 ***aussehen*** (*seem*) (PERFECT *hat ausgesehen*) ◇ *She looks surprised.* Sie sieht überrascht aus. ◇ *That cake looks nice.* Der Kuchen sieht gut aus. ◇ *It looks fine.* Es sieht gut aus.
- **to look like somebody** jemandem ähnlich sehen ◇ *He looks like his brother.* Er sieht seinem Bruder ähnlich.
- **What does she look like?** Wie sieht sie aus?
- **Look out!** Pass auf!
- **to look after** sich kümmern um ◇ *I look after my little sister.* Ich kümmere mich um meine kleine Schwester.
- **to look for** suchen ◇ *I'm looking for my passport.* Ich suche meinen Pass.
- **to look forward to something** sich auf etwas freuen ◇ *I'm looking forward to the holidays.* Ich freue mich auf die Ferien.
- **Looking forward to hearing from you...** In der Hoffnung, bald etwas von dir zu hören,...
- **to look round** sich umsehen ◇ *I shouted and he looked round.* Ich habe gerufen, und er sah sich um. ◇ *I'm just looking round.* Ich sehe mich nur um. ◇ *I like looking round the shops.* Ich sehe mich gern in den Geschäften um.
- **to look round a museum** ein Museum ansehen
- **to look up** (*word, name*) nachschlagen ◇ *If you don't know a word, look it up in the dictionary.* Wenn du ein Wort nicht weißt, schlage es im Wörterbuch nach.

loose ADJECTIVE
weit (*clothes*)
- **loose change** das Kleingeld

lord NOUN
der ***Lord*** (*feudal*) (PL die *Lords*)
- **the House of Lords** das Oberhaus
- **the Lord** (*god*) Gott
- **Good Lord!** Großer Gott!

lorry NOUN
(PL **lorries**)
der ***Lastwagen*** (PL die *Lastwagen*)

lorry driver NOUN
der ***Lastwagenfahrer*** (PL die *Lastwagenfahrer*) ◇ *He's a lorry driver.* Er ist Lastwagenfahrer.

to **lose** VERB
(**lost**, **lost**)
verlieren (IMPERFECT *verlor*, PERFECT *hat verloren*) ◇ *I've lost my purse.* Ich habe meinen Geldbeutel verloren.
- **to get lost** sich verlaufen ◇ *I was afraid of getting lost.* Ich hatte Angst, mich zu verlaufen.

loss NOUN
(PL **losses**)
der ***Verlust*** (PL die *Verluste*)

lost VERB *see* **lose**

lost ADJECTIVE
verloren

lost-and-found NOUN
das ***Fundbüro*** (PL die *Fundbüros*)

lot NOUN
- **a lot** viel
- **a lot of (1)** viel ◇ *He earns a lot of money.* Er verdient viel Geld.
- **a lot of (2)** viele ◇ *We saw a lot of interesting things.* Wir haben viele interessante Dinge gesehen.
- **lots of** eine Menge ◇ *She's got lots of money.* Sie hat eine Menge Geld. ◇ *He's got lots of friends.* Er hat eine Menge Freunde.
- **What did you do at the weekend? – Not a lot.** Was hast du am Wochenende gemacht? – Nicht viel.
- **Do you like football? – Not a lot.** Magst du Fußball? – Nicht besonders.
- **That's the lot.** Das ist alles.

lottery NOUN
(PL **lotteries**)
das ***Lotto***
- **to win the lottery** im Lotto gewinnen

loud ADJECTIVE
laut ◇ *The television is too loud.* Der Fernseher ist zu laut.

loudly ADVERB
laut

loudspeaker NOUN
der ***Lautsprecher*** (PL die *Lautsprecher*)

lounge NOUN
das ***Wohnzimmer*** (PL die *Wohnzimmer*)

lousy ADJECTIVE
lausig schlecht (*informal*) ◇ *The food in the canteen is lousy.* Das Essen in der Kantine ist lausig schlecht.
- **I feel lousy.** Mir geht's lausig schlecht.

love NOUN
see also love VERB
die ***Liebe***
- **to be in love** verliebt sein ◇ *She's in love with Paul.* Sie ist in Paul verliebt.
- **to make love** sich lieben
- **Give Heike my love.** Grüß Heike von mir.
- **Love, Rosemary.** Alles Liebe, Rosemary.

to **love** VERB
see also love NOUN
1 ***lieben*** (*person, thing*) ◇ *I love you.* Ich liebe dich. ◇ *I love chocolate.* Ich liebe Schokolade.
2 ***mögen*** (*like a lot*) (PRESENT *mag*, IMPERFECT *mochte*, PERFECT *hat gemocht*) ◇ *Everybody loves her.* Alle mögen sie.
- **I'd love to come.** Ich würde liebend gern kommen.
- **I love skiing.** Ich fahre unheimlich gern Ski.

lovely ADJECTIVE
1 ***wunderbar*** ◇ *What a lovely surprise!* Was für eine wunderbare Überraschung!
2 ***schön*** (*pretty*) ◇ *They've got a lovely house.* Sie haben ein schönes Haus.

◆ **It's a lovely day.** Es ist ein herrlicher Tag.
◆ **She's a lovely person.** Sie ist ein sehr netter Mensch.
◆ **Is your meal OK? – Yes, it's lovely.** Schmeckt dein Essen? – Ja, prima.
◆ **Have a lovely time!** Viel Spaß!

low ADJECTIVE, ADVERB
niedrig ◇ *low prices* niedrige Preise
◆ **That plane is flying very low.** Das Flugzeug fliegt sehr tief.
◆ **the low season** die Nebensaison ◇ *in the low season* in der Nebensaison

lower sixth NOUN
die *zwölfte Klasse* ◇ *He's in the lower sixth.* Er ist in der zwölften Klasse.

low-fat ADJECTIVE
mager
◆ **a low-fat yoghurt** ein Magerjoghurt MASC

loyalty NOUN
die *Loyalität*

luck NOUN
das *Glück* ◇ *She hasn't had much luck.* Sie hat nicht viel Glück gehabt.
◆ **Good luck!** Viel Glück!
◆ **Bad luck!** So ein Pech!

luckily ADVERB
zum Glück

lucky ADJECTIVE
◆ **to be lucky (1)** (*be fortunate*) Glück haben ◇ *He's lucky, he's got a job.* Er hat Glück, er hat Arbeit.
◆ **He wasn't hurt. – That was lucky!** Er wurde nicht verletzt. – Das war Glück!
◆ **to be lucky (2)** (*bring luck*) Glück bringen ◇ *Black cats are lucky in Britain.* In Großbritannien bringen schwarze Katzen Glück.
◆ **a lucky horseshoe** ein Glückshufeisen NEUT

luggage NOUN
das *Gepäck*

lump NOUN
[1] das *Stück* (PL die *Stücke*) ◇ *a lump of coal* ein Stück Kohle
[2] die *Beule* (*swelling*) ◇ *He's got a lump on his forehead.* Er hat eine Beule an der Stirn.

lunatic NOUN
der *Verrückte* (GEN des *Verrückten*, PL die *Verrückten*)
die *Verrückte* (GEN der *Verrückten*)
◇ *a lunatic* (*man*) ein Verrückter
◆ **He's an absolute lunatic.** Er ist total verrückt.

lunch NOUN
(PL **lunches**)
das *Mittagessen* (PL die *Mittagessen*)
◆ **to have lunch** zu Mittag essen ◇ *We have lunch at twelve o'clock.* Wir essen um zwölf Uhr zu Mittag.

luncheon voucher NOUN
die *Essensmarke*

lung NOUN
die *Lunge* ◇ *lung cancer* der Lungenkrebs

luscious ADJECTIVE
köstlich

lush ADJECTIVE
üppig

lust NOUN
das *Verlangen*

Luxembourg NOUN
Luxemburg NEUT (*country, city*)
◆ **from Luxembourg** aus Luxemburg
◆ **to Luxembourg** nach Luxemburg

luxurious ADJECTIVE
luxuriös

luxury NOUN
(PL **luxuries**)
der *Luxus* (GEN des *Luxus*) ◇ *It was luxury!* Das war wirklich ein Luxus!
◆ **a luxury hotel** ein Luxushotel NEUT

lying VERB *see* **lie**

lyrics PL NOUN
der *Text* SING (*of song*) (PL die *Texte*)

M

mac NOUN
der *Regenmantel* (PL die *Regenmäntel*)
macaroni SING NOUN
die *Makkaroni* PL
machine NOUN
die *Maschine*
machinery NOUN
die *Maschinen* FEM PL
mackerel NOUN
die *Makrele*
mad ADJECTIVE
1 *verrückt* (*insane*) ◇ *You're mad!* Du bist verrückt!
◆ **to be mad about** verrückt sein nach ◇ *Ann is mad about John.* Ann ist verrückt nach John. ◇ *He's mad about football.* Er ist verrückt nach Fußball.
2 *wütend* (*angry*) ◇ *She'll be mad when she finds out.* Wenn sie das erfährt, wird sie wütend sein.
◆ **to be mad at somebody** wütend auf jemanden sein ◇ *She was mad at me.* Sie war wütend auf mich.
madam NOUN
In German no form of address is normally used apart from **Sie**.
◇ *Would you like to order, Madam?* Möchten Sie bestellen?
made VERB *see* **make**
madly ADVERB
◆ **They're madly in love.** Sie sind wahnsinnig verliebt.
madman NOUN
(PL **madmen**)
der *Verrückte* (GEN des *Verrückten*, PL die *Verrückten*) ◇ *a madman* ein Verrückter
magazine NOUN
die *Zeitschrift*
maggot NOUN
die *Made*
magic ADJECTIVE
see also magic NOUN
1 *magisch* (*magical*) ◇ *magic powers* magische Kräfte
◆ **a magic trick** ein Zaubertrick MASC
◆ **a magic wand** ein Zauberstab MASC
2 *echt toll* (*brilliant*) ◇ *It was magic!* Es war echt toll!
magic NOUN
see also magic ADJECTIVE
das *Zaubern* ◇ *My hobby is magic.* Zaubern ist mein Hobby.
magician NOUN
(*conjurer*)
der *Zauberkünstler* (PL die *Zauberkünstler*)
die *Zauberkünstlerin*
magnificent ADJECTIVE
1 *wundervoll* (*beautiful*) ◇ *a magnificent view* eine wundervolle Aussicht
2 *ausgezeichnet* (*outstanding*) ◇ *It was a magnificent film.* Es war ein ausgezeichneter Film.
maid NOUN
die *Hausangestellte* (*servant*) (GEN der *Hausangestellten*)
◆ **an old maid** (*spinster*) eine alte Jungfer
maiden name NOUN
der *Mädchenname* (GEN des *Mädchennamens*, PL die *Mädchennamen*)
mail NOUN
die *Post* ◇ *Here's your mail.* Hier ist deine Post.
◆ **by mail** per Post
◆ **e-mail** (*electronic mail*) die E-Mail
mailbox
(PL **mailboxes**) NOUN
der *Briefkasten* (PL die *Briefkästen*)
mailman
(PL **mailmen**) NOUN
der *Briefträger* (PL die *Briefträger*)
main ADJECTIVE
◆ **the main problem** das Hauptproblem
◆ **the main thing** die Hauptsache
mainly ADVERB
hauptsächlich
main road NOUN
die *Hauptstraße* ◇ *I don't like cycling on main roads.* Ich fahre nicht gern auf Hauptstraßen Rad.
to **maintain** VERB
instand halten (*machine, building*) (PRESENT *hält instand*, IMPERFECT *hielt instand*, PERFECT *hat instand gehalten*)
maintenance NOUN
die *Instandhaltung* (*of machine, building*)
maize NOUN
der *Mais*
major ADJECTIVE
groß ◇ *a major problem* ein großes Problem
◆ **in C major** in C-Dur
Majorca NOUN
Mallorca NEUT ◇ *to Majorca* nach Mallorca
majority NOUN
(PL **majorities**)
die *Mehrheit*
make NOUN
see also make VERB
die *Marke* ◇ *What make is that car?* Welche Marke ist das Auto?
to **make** VERB
(**made**, **made**)
see also make NOUN
1 *machen* ◇ *He made it himself.* Er hat es selbst gemacht. ◇ *I make my bed every morning.* Ich mache jeden Morgen mein Bett. ◇ *Two and two make four.* Zwei und zwei macht vier.
◆ **to make lunch** das Mittagessen machen ◇ *She's making lunch.* Sie macht das Mittagessen.
◆ **I'm going to make a cake.** Ich werde einen

Kuchen backen.
[2] *herstellen* (*manufacture*) (PERFECT *hat hergestellt*) ◇ *made in Germany* in Deutschland hergestellt
[3] *verdienen* (*earn*) (PERFECT *hat verdient*) ◇ *He makes a lot of money.* Er verdient viel Geld.

◆ **to make somebody do something** jemanden zwingen, etwas zu tun ◇ *My mother makes me do my homework.* Meine Mutter zwingt mich, meine Hausaufgaben zu machen.

◆ **to make a phone call** telefonieren ◇ *I'd like to make a phone call.* Ich würde gern telefonieren.

◆ **to make fun of somebody** sich über jemanden lustig machen ◇ *They made fun of him.* Sie haben sich über ihn lustig gemacht.

◆ **What time do you make it?** Wie viel Uhr hast du?

to **make up** VERB
(**made**, **made**)
[1] *erfinden* (*invent*) (IMPERFECT *erfand*, PERFECT *hat erfunden*) ◇ *He made up the whole story.* Er hat die ganze Geschichte erfunden.
[2] *sich versöhnen* (*after argument*) (PERFECT *haben sich versöhnt*) ◇ *They had a quarrel, but soon made up.* Sie haben sich gestritten, sich aber bald wieder versöhnt.

◆ **to make oneself up** sich schminken ◇ *She spends hours making herself up.* Sie schminkt sich immer stundenlang.

make-up NOUN
das *Make-up* (PL die *Make-ups*)

Malaysia NOUN
Malaysia NEUT ◇ *to Malaysia* nach Malaysia

male ADJECTIVE
männlich ◇ *a male kitten* ein männliches Katzenjunges ◇ *Sex: male* Geschlecht: männlich

In many cases, the ending in German indicates clearly whether the noun refers to a man or a woman and there is therefore no need for the word male.

◇ *male and female students* Studenten und Studentinnen

◆ **a male chauvinist** ein Macho MASC

◆ **a male nurse** ein Krankenpfleger MASC

mall NOUN
das *Einkaufszentrum* (PL die *Einkaufszentren*)

Malta NOUN
Malta NEUT

◆ **from Malta** aus Malta

◆ **to Malta** nach Malta

mammoth ADJECTIVE
monumental ◇ *a mammoth task* eine monumentale Aufgabe

man NOUN
(PL **men**)
der *Mann* (PL die *Männer*) ◇ *an old man* ein alter Mann

to **manage** VERB
[1] *leiten* (*be in charge of*) ◇ *She manages a big store.* Sie leitet ein großes Geschäft.
[2] *managen* (*band, football team*) ◇ *He manages our band.* Er managt unsere Band.
[3] *klar kommen* (*get by*) (IMPERFECT *kam klar*, PERFECT *ist klar gekommen*) ◇ *We haven't got much money, but we manage.* Wir haben nicht viel Geld, aber wir kommen klar. ◇ *It's okay, I can manage.* Das ist okay, ich komme klar.
[4] *schaffen* ◇ *Can you manage okay?* Schaffst du es? ◇ *I can't manage all that.* (*food*) Das schaffe ich nicht alles.

◆ **to manage to do something** es schaffen, etwas zu tun

◆ **Luckily I managed to pass the exam.** Zum Glück habe ich die Prüfung geschafft.

manageable ADJECTIVE
machbar (*task*)

management NOUN
die *Leitung* (*organization*) ◇ *He's responsible for the management of the company.* Er ist für die Leitung des Unternehmens verantwortlich. ◇ *"under new management"* "unter neuer Leitung"

manager NOUN
[1] (*of company, shop, restaurant*)
der *Geschäftsführer* (PL die *Geschäftsführer*)
die *Geschäftsführerin*
[2] (*of performer, football team*)
der *Manager* (PL die *Manager*)
die *Managerin*

manageress NOUN
(PL **manageresses**)
die *Geschäftsführerin*

mandarin NOUN
die *Mandarine* (*fruit*)

mango NOUN
(PL **mangos** *or* **mangoes**)
die *Mango* (PL die *Mangos*)

mania NOUN
die *Manie*

maniac NOUN
der *Verrückte* (GEN des *Verrückten*, PL die *Verrückten*)
die *Verrückte* (GEN der *Verrückten*)
◇ *He drives like a maniac.* Er fährt wie ein Verrückter.

man-made ADJECTIVE
synthetisch (*fibre*)

manner NOUN
die *Art und Weise* ◇ *in this manner* auf diese Art und Weise

◆ **She behaves in an odd manner.** Sie benimmt sich eigenartig.

◆ **He has a confident manner.** Er wirkt selbstsicher.

manners PL NOUN
das *Benehmen* SING ◇ *good manners* gutes Benehmen

- **Her manners are appalling.** Sie benimmt sich schrecklich.
- **It's bad manners to speak with your mouth full.** Es gehört sich nicht, mit vollem Mund zu sprechen.

manpower NOUN
die *Arbeitskräfte* FEM PL

mansion NOUN
die *Villa* (PL die *Villen*)

mantelpiece NOUN
der *Kaminsims* (GEN des *Kaminsimses*, PL die *Kaminsimse*)

manual NOUN
das *Handbuch* (PL die *Handbücher*)

to **manufacture** VERB
herstellen (PERFECT *hat hergestellt*)

manufacturer NOUN
der *Hersteller* (PL die *Hersteller*)

manure NOUN
der *Mist*

manuscript NOUN
das *Manuskript* (PL die *Manuskripte*)

many ADJECTIVE, PRONOUN
viele ◇ *The film has many special effects.* In dem Film gibt es viele Spezialeffekte. ◇ *He hasn't got many friends.* Er hat nicht viele Freunde. ◇ *Were there many people at the concert?* Waren viele Leute in dem Konzert?
- **very many** sehr viele ◇ *I haven't got very many CDs.* Ich habe nicht sehr viele CDs.
- **Not many.** Nicht viele.
- **How many?** Wie viele? ◇ *How many do you want?* Wie viele möchten Sie?
- **How many marks do you get for one pound?** Wie viel Mark bekommt man für ein Pfund?
- **too many** zu viele ◇ *That's too many.* Das sind zu viele. ◇ *She makes too many mistakes.* Sie macht zu viele Fehler.
- **so many** so viele ◇ *I didn't know that so many would come.* Ich wusste nicht, dass so viele kommen würden. ◇ *I've never seen so many policemen.* Ich habe noch nie so viele Polizisten gesehen.

map NOUN
1 die *Landkarte* (*of country, area*)
2 der *Stadtplan* (*of town*) (PL die *Stadtpläne*)

marathon NOUN
der *Marathonlauf* (PL die *Marathonläufe*) ◇ *the London marathon* der Londoner Marathonlauf

marble NOUN
der *Marmor* ◇ *a marble statue* eine Marmorstatue
- **to play marbles** Murmeln spielen

March NOUN
der *März* ◇ *in March* im März

march NOUN
(PL **marches**)
see also march VERB
der *Protestmarsch* (*demonstration*) (GEN des *Protestmarsches*, PL die *Protestmärsche*)

to **march** VERB
see also march NOUN
1 *marschieren* (*soldiers*) (PERFECT *ist marschiert*)
2 *aufmarschieren* (*protesters*) (PERFECT *ist aufmarschiert*)

mare NOUN
die *Stute*

margarine NOUN
die *Margarine*

margin NOUN
der *Rand* (PL die *Ränder*) ◇ *I wrote notes in the margin.* Ich schrieb Notizen an den Rand.

marijuana NOUN
das *Marihuana*

marital status NOUN
der *Familienstand*

mark NOUN
see also mark VERB
1 die *Note* (*in school*) ◇ *I get good marks for German.* Ich habe in Deutsch gute Noten.
2 der *Fleck* (*stain*) (PL die *Flecken*) ◇ *You've got a mark on your shirt.* Du hast einen Fleck auf dem Hemd.
3 die *Mark* (*German currency*) (PL die *Mark*) ◇ *It costs thirty marks.* Es kostet dreißig Mark.

to **mark** VERB
see also mark NOUN
korrigieren (PERFECT *hat korrigiert*) ◇ *The teacher hasn't marked my homework yet.* Der Lehrer hat meine Hausarbeit noch nicht korrigiert.

market NOUN
der *Markt* (PL die *Märkte*)

marketing NOUN
das *Marketing* (GEN des *Marketing*)

marmalade NOUN
die *Orangenmarmelade*

maroon ADJECTIVE
burgunderrot (*colour*)

marriage NOUN
die *Ehe*

married ADJECTIVE
verheiratet ◇ *They are not married.* Sie sind nicht verheiratet. ◇ *They have been married for fifteen years.* Sie sind seit fünfzehn Jahren verheiratet.
- **a married couple** ein Ehepaar NEUT

to **marry** VERB
(**married**)
heiraten ◇ *He wants to marry her.* Er will sie heiraten.
- **to get married** heiraten ◇ *My sister's getting married in June.* Meine Schwester heiratet im Juni.

marvellous ADJECTIVE
wunderbar ◇ *She's a marvellous cook.* Sie ist eine wunderbare Köchin. ◇ *The weather was marvellous.* Das Wetter war wunderbar.

marzipan NOUN
der *Marzipan* (PL die *Marzipane*)

mascara NOUN
die *Wimperntusche*

masculine ADJECTIVE
männlich

mashed potatoes PL NOUN
der *Kartoffelbrei* ◇ *sausages and mashed potatoes* Würstchen mit Kartoffelbrei

mask NOUN
die *Maske*

mass NOUN
(PL **masses**)
1 der *Haufen* (PL die *Haufen*) ◇ *a mass of books and papers* ein Haufen Bücher und Papiere
2 die *Messe* (*in church*) ◇ *We go to mass on Sunday.* Wir gehen am Sonntag zur Messe.
◆ **the mass media** die Massenmedien

massage NOUN
die *Massage*

massive ADJECTIVE
enorm

to **master** VERB
beherrschen (PERFECT *hat beherrscht*) ◇ *to master a language* eine Sprache beherrschen

masterpiece NOUN
das *Meisterstück* (PL die *Meisterstücke*)

mat NOUN
der *Vorleger* (*doormat*) (PL die *Vorleger*)
◆ **a table mat** ein Untersetzer MASC
◆ **a place mat** ein Set NEUT

match NOUN
(PL **matches**)
see also match VERB
1 das *Streichholz* (GEN des *Streichholzes*, PL die *Streichhölzer*) ◇ *a box of matches* eine Schachtel Streichhölzer
2 das *Spiel* (*sport*) (PL die *Spiele*) ◇ *a football match* ein Fußballspiel

to **match** VERB
see also match NOUN
passen zu (PRESENT *passt*, IMPERFECT *passte*, PERFECT *hat gepasst*) ◇ *The jacket matches the trousers.* Die Jacke passt zu der Hose.
◇ *These colours don't match.* Diese Farben passen nicht zueinander.

matching ADJECTIVE
farblich aufeinander abgestimmt ◇ *My bedroom has matching wallpaper and curtains.* Mein Schlafzimmer hat farblich aufeinander abgestimmte Tapeten und Vorhänge.

mate NOUN
der *Kumpel* (*informal*) (PL die *Kumpel*)
der Kumpel *is also used for women.*
◇ *On Friday night I go out with my mates.* Freitag Abend gehe ich mit meinen Kumpels aus.

material NOUN
1 der *Stoff* (*cloth*) (PL die *Stoffe*)
2 das *Material* (*information, data*) (PL die *Materialien*) ◇ *I'm collecting material for my project.* Ich sammle Material für mein Referat.

mathematics SING NOUN
die *Mathematik*

maths SING NOUN
die *Mathe*

matron NOUN
die *Oberschwester* (*in hospital*)

matter NOUN
see also matter VERB
die *Angelegenheit* ◇ *It's a serious matter.* Das ist eine ernste Angelegenheit.
◆ **It's a matter of life and death.** Es geht um Leben und Tod.
◆ **What's the matter?** Was ist los?
◆ **as a matter of fact** tatsächlich

to **matter** VERB
see also matter NOUN
◆ **it doesn't matter (1)** (*I don't mind*) das macht nichts ◇ *I can't give you the money today.* – *It doesn't matter.* Ich kann dir das Geld heute nicht geben. – Das macht nichts.
◆ **it doesn't matter (2)** (*makes no difference*) das ist egal ◇ *Shall I phone today or tomorrow?* – *Whenever, it doesn't matter.* Soll ich heute oder morgen anrufen? – Wann du willst, das ist egal.
◆ **It matters a lot to me.** Das ist mir sehr wichtig.

mattress NOUN
(PL **mattresses**)
die *Matratze*

mature ADJECTIVE
reif ◇ *She's very mature for her age.* Sie ist sehr reif für ihr Alter.

maximum NOUN
see also maximum ADJECTIVE
das *Maximum* (PL die *Maxima*)

maximum ADJECTIVE
see also maximum NOUN
◆ **The maximum speed is a hundred kilometres per hour.** Die Höchstgeschwindigkeit beträgt hundert Stundenkilometer.
◆ **the maximum amount** der Höchstbetrag

May NOUN
der *Mai* ◇ *in May* im Mai
◆ **May Day** der Erste Mai

may VERB
◆ **He may come.** Er kommt vielleicht. ◇ *It may rain.* Es regnet vielleicht.
◆ **Are you going to the party? – I don't know, I may.** Gehst du zur Party? – Ich weiß nicht, vielleicht.
◆ **May I smoke?** Darf ich rauchen?

maybe ADVERB
vielleicht ◇ *maybe not* vielleicht nicht
◇ *a bit boring, maybe* vielleicht etwas langweilig ◇ *Maybe she's at home.* Vielleicht ist sie zu Hause. ◇ *Maybe he'll change his mind.* Vielleicht überlegt er es sich anders.

mayonnaise NOUN
die *Mayonnaise*

mayor NOUN
der *Bürgermeister* (PL die *Bürgermeister*)
die *Bürgermeisterin*

me PRONOUN
1 *mich* ◇ *Can you hear me?* Kannst du

mich hören? ◇ *Look at me!* Sieh mich an!

Use **mich** *after prepositions which take the accusative.*

◇ *Is this present for me?* Ist das Geschenk für mich? ◇ *Wait for me!* Warte auf mich!

2 ***mir***

Use **mir** *after prepositions which take the dative.*

◇ *Will you come with me?* Kommst du mit mir mit? ◇ *He sat next to me.* Er saß neben mir.

Use **mir** *when* me *means* to me.

◇ *Give me the book, please!* Gib mir bitte das Buch! ◇ *She told me the truth.* Sie hat mir die Wahrheit erzählt.

3 ***ich*** ◇ *It's me!* Ich bin's! ◇ *Me too!* Ich auch! ◇ *She's older than me.* Sie ist älter als ich.

meal NOUN

das ***Essen*** (PL die ***Essen***)

mealtime NOUN

◆ **at mealtimes** zur Essenszeit

to **mean** VERB

(**meant, meant**)

see also mean ADJECTIVE *and* means NOUN

1 ***bedeuten*** (*signify*) (PERFECT ***hat bedeutet***) ◇ *What does "besetzt" mean?* Was bedeutet "besetzt"? ◇ *I don't know what it means.* Ich weiß nicht, was es bedeutet.

2 ***meinen*** (*mean to say*) ◇ *What do you mean?* Was meinst du damit? ◇ *That's not what I meant.* Das habe ich nicht gemeint. ◇ *Which one do you mean?* Welchen meinst du? ◇ *Do you really mean it?* Meinst du das wirklich?

◆ **to mean to do something** etwas tun wollen ◇ *I didn't mean to offend you.* Ich wollte dich nicht kränken.

mean ADJECTIVE

see also mean VERB *and* means NOUN

1 ***geizig*** (*with money*) ◇ *He's too mean to buy Christmas presents.* Er ist zu geizig, um Weihnachtsgeschenke zu kaufen.

2 ***gemein*** (*unkind*) ◇ *You're being mean to me.* Du bist gemein zu mir. ◇ *That's a really mean thing to say!* Das ist gemein, so etwas zu sagen!

meaning NOUN

die ***Bedeutung***

means NOUN

see also mean VERB *and* ADJECTIVE

1 die ***Möglichkeit*** ◇ *a means of storing power* eine Möglichkeit, Energie zu speichern ◇ *We have the means to do that.* Wir haben die Möglichkeit, das zu tun.

2 das ***Mittel*** (PL die ***Mittel***) ◇ *We have the means to renovate the house.* Wir haben die Mittel, um das Haus zu renovieren. ◇ *a means of transport* ein Transportmittel NEUT

◆ **He'll do it by any possible means.** Er wird es tun, egal wie.

◆ **by means of** mit ◇ *He got in by means of a stolen key.* Er kam mit einem gestohlenen Schlüssel hinein.

◆ **by all means** selbstverständlich ◇ *Can I come? – By all means!* Kann ich kommen? – Selbstverständlich!

◆ **by no means** keineswegs ◇ *That was by no means the end of the matter.* Damit war die Sache keineswegs erledigt.

meant VERB *see* **mean**

measles SING NOUN

die ***Masern*** PL ◇ *She's got measles.* Sie hat Masern.

to **measure** VERB

1 ***ausmessen*** (PRESENT ***misst aus***, IMPERFECT ***maß aus***, PERFECT ***hat ausgemessen***) ◇ *I measured the page.* Ich habe die Seite ausgemessen.

2 ***messen*** ◇ *The room measures three metres by four.* Das Zimmer misst drei auf vier Meter.

measurement NOUN

das ***Maß*** (*of object*) (PL die ***Maße***) ◇ *What are the measurements of the room?* Wie sind die Maße des Zimmers? ◇ *What are your measurements?* Was sind Ihre Maße?

◆ **my waist measurement** meine Taillenweite

◆ **What's your neck measurement?** Welche Kragenweite haben Sie?

meat NOUN

das ***Fleisch*** ◇ *I don't eat meat.* Ich esse kein Fleisch.

Mecca NOUN

Mekka NEUT

mechanic NOUN

der ***Mechaniker*** (PL die ***Mechaniker***)

die ***Mechanikerin***

◇ *He's a mechanic.* Er ist Mechaniker.

mechanical ADJECTIVE

mechanisch

medal NOUN

die ***Medaille***

◆ **the gold medal** die Goldmedaille

media PL NOUN

die ***Medien*** NEUT PL

median strip NOUN

der ***Mittelstreifen*** (PL die ***Mittelstreifen***)

medical ADJECTIVE

see also medical NOUN

medizinisch ◇ *medical treatment* die medizinische Behandlung

◆ **medical insurance** die Krankenversicherung

◆ **to have medical problems** gesundheitliche Probleme haben

◆ **She's a medical student.** Sie ist Medizinstudentin.

medical NOUN

see also medical ADJECTIVE

◆ **to have a medical** sich ärztlich untersuchen lassen

medicine NOUN

die ***Medizin*** ◇ *I want to study medicine.* Ich möchte Medizin studieren. ◇ *alternative medicine* die alternative Medizin ◇ *I need some medicine.* Ich brauche Medizin.

Mediterranean ADJECTIVE

südländisch (*person, character, scenery*)

◆ **the Mediterranean** das Mittelmeer

M

medium ADJECTIVE
mittlere ◇ *a man of medium height* ein Mann von mittlerer Größe

medium-sized ADJECTIVE
mittelgroß ◇ *a medium-sized town* eine mittelgroße Stadt

to **meet** VERB
(**met**, **met**)
1 *treffen* (*by chance*) (PRESENT *trifft*, IMPERFECT *traf*, PERFECT *hat getroffen*) ◇ *I met Paul when I was walking the dog.* Ich habe Paul getroffen, als ich mit dem Hund spazieren war.
2 *sich treffen* (*by arrangement*)
3 *sich treffen* ◇ *Let's meet in front of the tourist office.* Treffen wir uns doch vor dem Verkehrsbüro. ◇ *I'm going to meet my friends.* Ich treffe mich mit meinen Freunden.
4 *kennen lernen* ⚠ (PERFECT *hat kennen gelernt*) (*get to know*) ◇ *I like meeting new people.* Ich lerne gerne neue Leute kennen.
◆ **Have you met him before?** Kennen Sie ihn?
5 *abholen* (*pick up*) (PERFECT *hat abgeholt*) ◇ *I'll meet you at the station.* Ich hole dich am Bahnhof ab.

meeting NOUN
1 die *Besprechung* (*for work*) ◇ *a business meeting* eine geschäftliche Besprechung
2 das *Treffen* (*socially*) (PL die *Treffen*) ◇ *their first meeting* ihr erstes Treffen

mega ADJECTIVE
◆ **He's mega rich.** Er ist superreich. (*informal*)

melody NOUN
(PL **melodies**)
die *Melodie*

melon NOUN
die *Melone*

to **melt** VERB
schmelzen (PRESENT *schmilzt*, IMPERFECT *schmolz*, PERFECT *ist geschmolzen*) ◇ *The snow is melting.* Der Schnee schmilzt.

member NOUN
das *Mitglied* (PL die *Mitglieder*)
◆ **a Member of Parliament (1)** (*man*) ein Abgeordneter
◆ **a Member of Parliament (2)** (*woman*) eine Abgeordnete

membership card NOUN
der *Mitgliedsausweis* (GEN des *Mitgliedsausweises*, PL die *Mitgliedsausweise*)

memorial NOUN
das *Denkmal* (PL die *Denkmäler*) ◇ *a war memorial* ein Kriegerdenkmal

to **memorize** VERB
auswendig lernen

memory NOUN
(PL **memories**)
1 das *Gedächtnis* (GEN des *Gedächtnisses*) ◇ *I haven't got a good memory.* Ich habe kein gutes Gedächtnis.
2 die *Erinnerung* (*recollection*) ◇ *to bring back memories* Erinnerungen wachrufen

men PL NOUN *see* **man**

to **mend** VERB
flicken

meningitis NOUN
die *Hirnhautentzündung*

mental ADJECTIVE
1 *geistig*
◆ **a mental illness** eine Geisteskrankheit
2 *wahnsinnig* (*mad*) ◇ *You're mental!* Du bist wahnsinnig!
◆ **a mental hospital** eine psychiatrische Klinik

to **mention** VERB
erwähnen (PERFECT *hat erwähnt*)
◆ **Thank you! – Don't mention it!** Danke! – Bitte!

menu NOUN
1 die *Speisekarte* ◇ *Could I have the menu please?* Könnte ich bitte die Speisekarte haben?
2 das *Menü* (*on computer*) (PL die *Menüs*)

merchant NOUN
der *Händler* (PL die *Händler*)
die *Händlerin*
◇ *a wine merchant* ein Weinhändler

mercy NOUN
die *Gnade*

meringue NOUN
die *Meringe*

merry ADJECTIVE
◆ **Merry Christmas!** Fröhliche Weihnachten!

merry-go-round NOUN
das *Karussell* (PL die *Karussells*)

mess NOUN
die *Unordnung* ◇ *His bedroom's always in a mess.* In seinem Schlafzimmer herrscht ständig Unordnung.

to **mess about** VERB
◆ **to mess about with something** (*interfere with*) an etwas herumfummeln ◇ *Stop messing about with my computer!* Hör auf, an meinem Computer herumzufummeln!
◆ **Don't mess about with my things!** Lass meine Sachen in Ruhe!

to **mess up** VERB
◆ **to mess something up** etwas durcheinander bringen ◇ *My little brother has messed up my cassettes.* Mein kleiner Bruder hat meine Kassetten durcheinander gebracht.

message NOUN
die *Nachricht*

messenger NOUN
der *Bote* (GEN des *Boten*, PL die *Boten*)
die *Botin*

messy ADJECTIVE
1 *schmutzig* (*dirty*) ◇ *a messy job* eine schmutzige Arbeit
2 *unordentlich* (*untidy*) ◇ *Your room's really messy.* Dein Zimmer ist wirklich unordentlich. ◇ *She's so messy!* Sie ist so unordentlich!
◆ **My writing is terribly messy.** Ich habe eine schreckliche Schrift.

met VERB *see* **meet**

metal NOUN
das ***Metall*** (PL die ***Metalle***)

meter NOUN
1 der ***Zähler*** (*for gas, electricity, taxi*) (PL die ***Zähler***)
2 die ***Parkuhr*** (*parking meter*)

method NOUN
die ***Methode***

Methodist NOUN
der ***Methodist*** (GEN des ***Methodisten***, PL die ***Methodisten***)
die ***Methodistin***
◇ *She's a Methodist.* Sie ist Methodistin.

metre NOUN
der ***Meter*** (PL die ***Meter***)

metric ADJECTIVE
metrisch

Mexico NOUN
Mexiko NEUT
◆ **from Mexico** aus Mexiko
◆ **to Mexico** nach Mexiko

to **miaow** VERB
miauen (PERFECT ***hat miaut***)

mice PL NOUN *see* **mouse**

microchip NOUN
der ***Mikrochip*** (PL die ***Mikrochips***)

microphone NOUN
das ***Mikrophon*** (PL die ***Mikrophone***)

microscope NOUN
das ***Mikroskop*** (PL die ***Mikroskope***)

microwave oven NOUN
der ***Mikrowellenherd*** (PL die ***Mikrowellenherde***)

mid ADJECTIVE
◆ **in mid May** Mitte Mai

midday NOUN
der ***Mittag*** (PL die ***Mittage***)
◆ **at midday** um zwölf Uhr mittags

middle NOUN
die ***Mitte***
◆ **in the middle of the road** mitten auf der Straße
◆ **in the middle of the night** mitten in der Nacht
◆ **the middle seat** der mittlere Sitz

middle-aged ADJECTIVE
mittleren Alters ◇ *a middle-aged man* ein Mann mittleren Alters ◇ *She's middle-aged.* Sie ist mittleren Alters.

middle-class ADJECTIVE
◆ **a middle-class family** eine Familie der Mittelschicht

Middle East NOUN
der ***Nahe Osten*** ◇ *in the Middle East* im Nahen Osten

middle name NOUN
der ***zweite Vorname*** (GEN des ***zweiten Vornamens***, PL die ***zweiten Vornamen***)

midge NOUN
die ***Mücke***

midnight NOUN
die ***Mitternacht***
◆ **at midnight** um Mitternacht

might VERB
Use **vielleicht** *to express possibility.*
◇ *He might come later.* Er kommt vielleicht später. ◇ *We might go to Spain next year.* Wir fahren nächstes Jahr vielleicht nach Spanien. ◇ *She might not have understood.* Sie hat es vielleicht nicht verstanden.

migraine NOUN
die ***Migräne*** ◇ *I've got a migraine.* Ich habe Migräne.

mike NOUN
das ***Mikro*** (PL die ***Mikros***)

mild ADJECTIVE
mild ◇ *The winters are quite mild.* Die Winter sind ziemlich mild.

mile NOUN
die ***Meile***
In Germany distances and speeds are expressed in kilometres. A mile is about 1.6 kilometres.
◇ *It's five miles from here.* Es ist acht Kilometer von hier. ◇ *at fifty miles per hour* mit achtzig Kilometern pro Stunde
◆ **We walked miles!** Wir sind meilenweit gegangen!

military ADJECTIVE
militärisch

milk NOUN
see also milk VERB
die ***Milch*** ◇ *tea with milk* der Tee mit Milch

to **milk** VERB
see also milk NOUN
melken (PERFECT ***hat gemolken***)

milk chocolate NOUN
die ***Milchschokolade***

milkman NOUN
(PL **milkmen**)
der ***Milchmann*** (PL die ***Milchmänner***)
◇ *He's a milkman.* Er ist Milchmann.
In Teilen Großbritanniens wird Milch ins Haus geliefert.

milk shake NOUN
der ***Milchshake*** (PL die ***Milchshakes***)

mill NOUN
die ***Mühle*** (*for grain*)

millimetre NOUN
der ***Millimeter*** (PL die ***Millimeter***)

million NOUN
die ***Million***

millionaire NOUN
der ***Millionär*** (PL die ***Millionäre***)
die ***Millionärin***

to **mimic** VERB
nachmachen (PERFECT ***hat nachgemacht***)

mince NOUN
das ***Hackfleisch***

to **mind** VERB
see also mind NOUN
aufpassen auf +ACC (PRESENT ***passt auf***, IMPERFECT ***passte auf***, PERFECT ***hat aufgepasst***)
◇ *Could you mind the baby this afternoon?* Kannst du heute Nachmittag auf das Baby aufpassen? ◇ *Could you mind my bags for a few minutes?* Können Sie für ein paar Minuten auf mein Gepäck aufpassen?

- **Do you mind if I open the window?** Macht es Ihnen etwas aus, wenn ich das Fenster aufmache?
- **I don't mind.** Es macht mir nichts aus. ◇ *I don't mind the noise.* Der Lärm macht mir nichts aus.
- **Never mind!** Macht nichts!
- **Mind that bike!** Pass auf das Fahrrad auf!
- **Mind the step!** Vorsicht Stufe!

mind NOUN
see also mind VERB
- **to make up one's mind** sich entscheiden ◇ *I haven't made up my mind yet.* Ich habe mich noch nicht entschieden.
- **to change one's mind** es sich anders überlegen ◇ *I've changed my mind.* Ich habe es mir anders überlegt.
- **Are you out of your mind?** Bist du wahnsinnig?

mine PRONOUN
see also mine NOUN
[1] *meiner* ◇ *Is this your coat? – No, mine's black.* Ist das dein Mantel? – Nein, meiner ist schwarz.
meine ◇ *Is this your cup? – No, mine's red.* Ist das deine Tasse? – Nein, meine ist rot.
meines ◇ *Is this your car? – No, mine's green.* Ist das dein Auto? – Nein, meines ist grün.
[2] *meine* ◇ *her parents and mine* ihre Eltern und meine ◇ *Your hands are dirty, mine are clean.* Deine Hände sind schmutzig, meine sind sauber.
- **It's mine.** Das gehört mir. ◇ *This book is mine.* Dieses Buch gehört mir. ◇ *Whose is this? – It's mine.* Wem gehört das? – Es gehört mir.

mine NOUN
see also mine PRONOUN
die *Mine* ◇ *a land mine* eine Landmine
- **a coal mine** ein Kohlebergwerk NEUT

miner NOUN
der *Bergarbeiter* (PL die *Bergarbeiter*)

mineral water NOUN
das *Mineralwasser* (PL die *Mineralwasser*)

miniature NOUN
die *Miniatur*

minibus NOUN
(PL **minibuses**)
der *Minibus* (GEN des *Minibusses*, PL die *Minibusse*)

minimum NOUN
see also minimum ADJECTIVE
das *Mininum* (PL die *Minima*)

minimum ADJECTIVE
see also minimum NOUN
- **minimum age** das Mindestalter
- **minimum amount** der Mindestbetrag
- **minimum wage** der Mindestlohn

miniskirt NOUN
der *Minirock* (PL die *Miniröcke*)

minister NOUN
[1] (*in government*)
der *Minister* (PL die *Minister*)
die *Ministerin*
[2] (*of church*)
der *Pfarrer* (PL die *Pfarrer*)
die *Pfarrerin*

minor ADJECTIVE
kleiner ◇ *a minor problem* ein kleineres Problem ◇ *a minor operation* eine kleinere Operation
- **in D minor** in d-Moll

minority NOUN
(PL **minorities**)
die *Minderheit*

mint NOUN
[1] die *Pfefferminze* (*plant*) ◇ *mint sauce* die Pfefferminzsoße
[2] das *Pfefferminzbonbon* (*sweet*) (PL die *Pfefferminzbonbons*)

minus PREPOSITION
minus ◇ *Sixteen minus three is thirteen.* Sechzehn minus drei ist dreizehn. ◇ *It's minus two degrees outside.* Draußen hat es zwei Grad minus. ◇ *I got a B minus.* Ich habe eine zwei minus bekommen.
In Germany, grades are given from 1 to 6, with 1 being the best.

minute NOUN
see also minute ADJECTIVE
die *Minute*
- **Wait a minute!** Einen Augenblick!

minute ADJECTIVE
see also minute NOUN
winzig ◇ *Her flat is minute.* Ihre Wohnung ist winzig.

miracle NOUN
das *Wunder* (PL die *Wunder*)

mirror NOUN
der *Spiegel* (PL die *Spiegel*)

to **misbehave** VERB
sich schlecht benehmen (PRESENT *benimmt sich schlecht*, IMPERFECT *benahm sich schlecht*, PERFECT *hat sich schlecht benommen*)

mischief NOUN
die *Dummheiten* FEM PL ◇ *My little sister's always up to mischief.* Meine kleine Schwester macht dauernd Dummheiten.

mischievous ADJECTIVE
verschmitzt

miser NOUN
der *Geizhals* (GEN des *Geizhalses*, PL die *Geizhälse*)

miserable ADJECTIVE
[1] *unglücklich* (*person*) ◇ *You're looking miserable.* Du siehst richtig unglücklich aus.
[2] *schrecklich* (*weather*) ◇ *The weather was miserable.* Das Wetter war schrecklich.
- **to feel miserable** sich miserabel fühlen ◇ *I'm feeling miserable.* Ich fühle mich miserabel.

misfortune NOUN
das *Unglück* (PL die *Unglücke*)

mishap NOUN

das *Missgeschick* ⚠ (PL die *Missgeschicke*)

to **misjudge** VERB
falsch einschätzen (*person*) (PERFECT *hat falsch eingeschätzt*) ◇ *I've misjudged her.* Ich habe sie falsch eingeschätzt.
◆ **He misjudged the bend.** Er hat sich in der Kurve verschätzt.

to **mislay** VERB
(**mislaid, mislaid**)
verlegen (PERFECT *hat verlegt*) ◇ *I've mislaid my passport.* Ich habe meinen Pass verlegt.

misleading ADJECTIVE
irreführend

Miss NOUN
das *Fräulein*
Nowadays it is regarded as old-fashioned to call somebody Fräulein *and* Frau *is used instead.*
◇ *Miss Jones* Frau Jones

to **miss** VERB
verpassen (PRESENT *verpasst*, IMPERFECT *verpasste*, PERFECT *hat verpasst*) ◇ *Hurry or you'll miss the bus.* Beeil dich, sonst verpasst du den Bus! ◇ *to miss an opportunity* eine Gelegenheit verpassen
◆ **I miss you.** Du fehlst mir. ◇ *I'm missing my family.* Meine Familie fehlt mir.
◆ **He missed the target.** Er hat nicht getroffen.

missing ADJECTIVE
fehlend ◇ *the missing part* das fehlende Teil
◆ **to be missing** fehlen ◇ *My rucksack is missing.* Mein Rucksack fehlt. ◇ *Two members of the group are missing.* Zwei Mitglieder der Gruppe fehlen.

missionary NOUN
(PL **missionaries**)
der *Missionar* (PL die *Missionare*)
die *Missionarin*

mist NOUN
der *Nebel* (PL die *Nebel*)

mistake NOUN
see also mistake VERB
der *Fehler* (PL die *Fehler*) ◇ *It was a mistake to buy those yellow shoes.* Es war ein Fehler, diese gelben Schuhe zu kaufen. ◇ *a spelling mistake* ein Rechtschreibfehler
◆ **to make a mistake (1)** (*in writing, speaking*) einen Fehler machen
◆ **to make a mistake (2)** (*get mixed up*) sich vertun ◇ *I'm sorry, I made a mistake.* Tut mir leid, ich habe mich vertan.
◆ **by mistake** aus Versehen ◇ *I took his bag by mistake.* Ich habe aus Versehen seine Tasche genommen.

to **mistake** VERB
(**mistook, mistaken**)
see also mistake NOUN
◆ **He mistook me for my sister.** Er hat mich mit meiner Schwester verwechselt.

mistaken ADJECTIVE
◆ **to be mistaken** sich irren ◇ *If you think I'm going to get up at six o'clock, you're mistaken.* Wenn du meinst, ich würde um sechs Uhr aufstehen, dann irrst du dich.

mistletoe NOUN
die *Mistel*

mistook VERB *see* **mistake**

mistress NOUN
(PL **mistresses**)
1 die *Lehrerin* (*teacher*) ◇ *our German mistress* unsere Deutschlehrerin
2 die *Geliebte* (*lover*) (GEN der *Geliebten*)
◇ *He's got a mistress.* Er hat eine Geliebte.

to **mistrust** VERB
misstrauen ⚠ (PERFECT *hat misstraut*) ◇ *I mistrust her.* Ich misstraue ihr.

misty ADJECTIVE
neblig ◇ *a misty morning* ein nebliger Morgen

to **misunderstand** VERB
(**misunderstood, misunderstood**)
missverstehen ⚠ (IMPERFECT *missverstand*, PERFECT *hat missverstanden*) ◇ *Sorry, I misunderstood you.* Entschuldigung, ich habe Sie missverstanden.

misunderstanding NOUN
das *Missverständnis* ⚠ (GEN des *Missverständnisses*, PL die *Missverständnisse*)

misunderstood VERB *see* **misunderstand**

mix NOUN
(PL **mixes**)
see also mix VERB
die *Mischung* ◇ *It's a mix of science fiction and comedy.* Es ist eine Mischung aus Science-fiction und Komödie.
◆ **a cake mix** eine Backmischung

to **mix** VERB
see also mix NOUN
1 *vermischen* (PERFECT *hat vermischt*)
◇ *Mix the flour with the sugar.* Vermischen Sie das Mehl mit dem Zucker.
2 *verbinden* (IMPERFECT *verband*, PERFECT *hat verbunden*) ◇ *He's mixing business with pleasure.* Er verbindet das Geschäftliche mit dem Vergnügen.
◆ **to mix with somebody** (*associate*) mit jemandem verkehren
◆ **He doesn't mix much.** Er geht nicht viel unter Menschen.
◆ **to mix up** verwechseln ◇ *He always mixes me up with my sister.* Er verwechselt mich immer mit meiner Schwester. ◇ *The travel agent mixed up the bookings.* Das Reisebüro hat die Buchungen verwechselt.
◆ **I'm getting mixed up.** Ich werde ganz konfus.

mixed ADJECTIVE
gemischt ◇ *a mixed salad* ein gemischter Salat ◇ *a mixed school* eine gemischte Schule
◆ **a mixed grill** ein Grillteller MASC

mixture NOUN
die *Mischung* ◇ *a mixture of spices* eine Gewürzmischung
◆ **cough mixture** der Hustensaft

mix-up NOUN
die *Verwechslung*

M

to **moan** VERB
sich beklagen (PERFECT *hat sich beklagt*)
◇ *She's always moaning.* Sie beklagt sich dauernd.

mobile home NOUN
das *Wohnmobil* (PL die *Wohnmobile*)

mobile phone NOUN
das *Handy* (PL die *Handys*)

to **mock** VERB
see also mock ADJECTIVE
sich lustig machen über +ACC ◇ *Stop mocking him!* Mach dich nicht über ihn lustig!

mock ADJECTIVE
see also mock VERB
◆ **a mock exam** eine Übungsprüfung

model NOUN
see also model ADJECTIVE
1 das *Modell* (PL die *Modelle*) ◇ *His car is the latest model.* Sein Auto ist das neueste Modell. ◇ *a model of the castle* ein Modell der Burg
2 das *Mannequin* (*fashion*) (PL die *Mannequins*) ◇ *She's a famous model.* Sie ist ein berühmtes Mannequin.

model ADJECTIVE
see also model NOUN
◆ **a model plane** ein Modellflugzeug NEUT
◆ **a model railway** eine Modelleisenbahn
◆ **He's a model pupil.** Er ist ein vorbildlicher Schüler.

modem NOUN
das *Modem* (PL die *Modems*)

moderate ADJECTIVE
gemäßigt ◇ *His views are quite moderate.* Er hat sehr gemäßigte Ansichten.
◆ **a moderate amount of alcohol** wenig Alkohol
◆ **a moderate price** ein annehmbarer Preis

modern ADJECTIVE
modern

to **modernize** VERB
modernisieren (PERFECT *hat modernisiert*)

modest ADJECTIVE
bescheiden

to **modify** VERB
(**modified**)
ändern

moisture NOUN
die *Feuchtigkeit*

moisturizer NOUN
1 die *Feuchtigkeitscreme* (*cream*) (PL die *Feuchtigkeitscremes*)
2 die *Feuchtigkeitslotion* (*lotion*)

mole NOUN
1 der *Maulwurf* (*animal*) (PL die *Maulwürfe*)
2 der *Leberfleck* (*on skin*) (PL die *Leberflecke*)

moment NOUN
der *Augenblick* (PL die *Augenblicke*)
◇ *Could you wait a moment?* Können Sie einen Augenblick warten? ◇ *in a moment* in einem Augenblick ◇ *Just a moment!* Einen Augenblick!
◆ **at the moment** momentan
◆ **any moment now** jeden Moment ◇ *They'll be arriving any moment now.* Sie können jeden Moment kommen.

monarch NOUN
der *Monarch* (GEN des *Monarchen*, PL die *Monarchen*)
die *Monarchin*

monarchy NOUN
(PL **monarchies**)
die *Monarchie*

monastery NOUN
(PL **monasteries**)
das *Kloster* (PL die *Klöster*)

Monday NOUN
der *Montag* (PL die *Montage*) ◇ *on Monday* am Montag ◇ *every Monday* jeden Montag ◇ *last Monday* letzten Montag ◇ *next Monday* nächsten Montag
◆ **on Mondays** montags

money NOUN
das *Geld* (PL die *Gelder*) ◇ *I need to change some money.* Ich muss Geld wechseln.
◆ **to make money** Geld verdienen

mongrel NOUN
die *Promenadenmischung* ◇ *My dog's a mongrel.* Mein Hund ist eine Promenadenmischung.

monitor NOUN
der *Bildschirm* (*of computer*) (PL die *Bildschirme*)

monk NOUN
der *Mönch* (PL die *Mönche*)

monkey NOUN
der *Affe* (GEN des *Affen*, PL die *Affen*)

monotonous ADJECTIVE
monoton

monster NOUN
das *Monster* (PL die *Monster*)

month NOUN
der *Monat* (PL die *Monate*) ◇ *this month* diesen Monat ◇ *next month* nächsten Monat ◇ *last month* letzten Monat ◇ *every month* jeden Monat ◇ *at the end of the month* Ende des Monats

monthly ADJECTIVE
monatlich

monument NOUN
das *Denkmal* (PL die *Denkmäler*)

mood NOUN
die *Laune*
◆ **to be in a bad mood** schlechte Laune haben
◆ **to be in a good mood** gute Laune haben

moody ADJECTIVE
1 *launisch* (*temperamental*)
2 *schlecht gelaunt* (*in a bad mood*)

moon NOUN
der *Mond* (PL die *Monde*)
◆ **There's a full moon tonight.** Heute ist Vollmond.
◆ **to be over the moon** (*happy*) überglücklich

sein

moor NOUN

see also moor VERB

das ***Moor*** (PL die ***Moore***)

to **moor** VERB

see also moor NOUN

festmachen (*boat*) (PERFECT ***hat festgemacht***)

mop NOUN

der ***Mopp*** ⚠ (PL die ***Mopps***) (*for floor*)

moped NOUN

das ***Moped*** (PL die ***Mopeds***)

moral ADJECTIVE

see also moral NOUN

moralisch

moral NOUN

see also moral ADJECTIVE

die ***Moral*** ◇ *the moral of the story* die Moral der Geschichte

◆ **morals** die Moral SING

morale NOUN

die ***Stimmung*** ◇ *Their morale is very low.* Ihre Stimmung ist sehr schlecht.

more ADJECTIVE, PRONOUN, ADVERB

mehr ◇ *a bit more* etwas mehr ◇ *There are more girls in the class.* In der Klasse sind mehr Mädchen.

◆ **more than** mehr als ◇ *She practises more than I do.* Sie übt mehr als ich. ◇ *I spent more than two hundred marks.* Ich habe mehr als zweihundert Mark ausgegeben. ◇ *More girls than boys do German.* Mehr Mädchen als Jungen lernen Deutsch.

In comparisons you usually add **-er** *to the adjective.*

◇ *Could you speak more slowly?* Könnten Sie langsamer sprechen? ◇ *He's more intelligent than me.* Er ist intelligenter als ich. ◇ *Beer is more expensive in Britain.* Bier ist in Großbritannien teurer.

When referring to an additional amount, over and above what there already is, you usually use **noch**.

◇ *Is there any more?* Gibt es noch mehr? ◇ *Would you like some more?* Möchten Sie noch etwas? ◇ *It'll take a few more days.* Es braucht noch ein paar Tage. ◇ *Could I have some more chips?* Kann ich noch Pommes frites haben? ◇ *Do you want some more tea?* Möchten sie noch Tee?

◆ **There isn't any more.** Es ist nichts mehr da.

◆ **more or less** mehr oder weniger

◆ **more than ever** mehr denn je

morning NOUN

der ***Morgen*** (PL die ***Morgen***) ◇ *every morning* jeden Morgen

◆ **this morning** heute morgen

◆ **tomorrow morning** morgen früh ◇ *I have to get up at six tomorrow morning.* Ich muss morgen früh um sechs aufstehen.

◆ **in the morning** morgens ◇ *at seven o'clock in the morning* um sieben Uhr morgens

◆ **a morning paper** eine Morgenzeitung

Morocco NOUN

Marokko NEUT

◆ **from Morocco** auf Marokko

◆ **to Morocco** nach Marokko

Moscow NOUN

Moskau NEUT

◆ **to Moscow** nach Moskau

Moslem NOUN

der ***Moslem*** (PL die ***Moslems***)

die ***Moslime***

◇ *He's a Moslem.* Er ist Moslem.

mosque NOUN

die ***Moschee***

mosquito NOUN

(PL **mosquitoes** *or* **mosquitos**)

die ***Stechmücke***

◆ **a mosquito bite** ein Mückenstich MASC

most ADVERB, ADJECTIVE, PRONOUN

1 ***die meisten*** ◇ *most of my friends* die meisten meiner Freunde ◇ *most of them* die meisten von ihnen ◇ *most people* die meisten Menschen ◇ *Most cats are affectionate.* Die meisten Katzen sind anhänglich.

2 ***am meisten*** ◇ *what I hate most* was ich am meisten hasse

◆ **most of the time** meist

◆ **most of the evening** fast den ganzen Abend

◆ **most of the money** fast das ganze Geld

◆ **the most** am meisten ◇ *He's the one who talks the most.* Er ist derjenige, der am meisten redet.

◆ **to make the most of something** das Beste aus etwas machen

◆ **at the most** höchstens ◇ *Two hours at the most.* Höchstens zwei Stunden.

For the superlative you usually add **-ste** *to the adjective.*

◇ *the most expensive seat* der teuerste Platz ◇ *the most boring work* die langweiligste Arbeit ◇ *the most expensive restaurant* das teuerste Restaurant

mostly ADVERB

◆ **The teachers are mostly quite nice.** Die meisten unserer Lehrer sind ganz nett.

MOT NOUN

der ***TÜV*** (= Technischer Überwachungsverein) ◇ *My car failed its MOT.* Mein Auto ist nicht durch den TÜV gekommen.

motel NOUN

das ***Motel*** (PL die ***Motels***)

mother NOUN

die ***Mutter*** (PL die ***Mütter***) ◇ *my mother* meine Mutter

◆ **mother tongue** die Muttersprache

mother-in-law NOUN

(PL **mothers-in-law**)

die ***Schwiegermutter*** (PL die ***Schwiegermütter***)

Mother's Day NOUN

der ***Muttertag*** (PL die ***Muttertage***)

In Germany Muttertag *is on the second Sunday in May.*

motionless ADJECTIVE

bewegungslos

motivated ADJECTIVE

motiviert ◇ *He is highly motivated.* Er ist höchst motiviert.

motivation NOUN
die *Motivation*

motive NOUN
das *Motiv* (PL die *Motive*) ◇ *the motive for the killing* das Motiv für den Mord

motor NOUN
der *Motor* (PL die *Motoren*) ◇ *The boat has a motor.* Das Boot hat einen Motor.

motorbike NOUN
das *Motorrad* (PL die *Motorräder*)

motorboat NOUN
das *Motorboot* (PL die *Motorboote*)

motorcycle NOUN
das *Motorrad* (PL die *Motorräder*)

motorcyclist NOUN
der *Motorradfahrer* (PL die *Motorradfahrer*)
die *Motorradfahrerin*

motorist NOUN
der *Autofahrer* (PL die *Autofahrer*)
die *Autofahrerin*

motor mechanic NOUN
der *Automechaniker* (PL die *Automechaniker*)
die *Automechanikerin*

motor racing NOUN
das *Autorennen* (PL die *Autorennen*)

motorway NOUN
die *Autobahn* ◇ *on the motorway* auf der Autobahn

mouldy ADJECTIVE
schimmlig

mountain NOUN
der *Berg* (PL die *Berge*)
◆ **a mountain bike** ein Mountainbike NEUT

mountaineer NOUN
der *Bergsteiger* (PL die *Bergsteiger*)
die *Bergsteigerin*

mountaineering NOUN
das *Bergsteigen*
◆ **I go mountaineering.** Ich gehe bergsteigen.

mountainous ADJECTIVE
bergig

mouse NOUN
(PL **mice**)
die *Maus* (*also for computer*) (PL die *Mäuse*)
◇ *white mice* weiße Mäuse

mousse NOUN
1 die *Creme* (*food*) (PL die *Cremes*)
◇ *chocolate mousse* die Schokoladencreme
2 der *Schaumfestiger* (*for hair*) (PL die *Schaumfestiger*)

moustache NOUN
der *Schnurrbart* (PL die *Schnurrbärte*)
◇ *He's got a moustache.* Er hat einen Schnurrbart.

mouth NOUN
der *Mund* (PL die *Münder*)

mouthful NOUN
der *Bissen* (PL die *Bissen*)

mouth organ NOUN
die *Mundharmonika* (PL die *Mundharmonikas*) ◇ *I play the mouth organ.* Ich spiele Mundharmonika.

move NOUN
see also **move** VERB
1 der *Zug* (PL die *Züge*) ◇ *That was a good move.* Das war ein guter Zug.
◆ **It's your move.** Du bist dran.
2 der *Umzug* (PL die *Umzüge*) ◇ *our move from Oxford to Luton* unser Umzug von Oxford nach Luton
◆ **to get a move on** schneller machen
◆ **Get a move on!** Nun mach schon!

to **move** VERB
see also **move** NOUN
1 *bewegen* (PERFECT *hat bewegt*) ◇ *I can't move my arm.* Ich kann den Arm nicht bewegen. ◇ *I was very moved by the film.* Der Film hat mich sehr bewegt.
◆ **Could you move your stuff?** Könntest du dein Zeug wegtun?
◆ **Could you move your car?** Könnten Sie Ihr Auto wegfahren?
2 *sich bewegen* ◇ *Try not to move.* Versuche, dich nicht zu bewegen.
◆ **Don't move!** Keine Bewegung!
3 *fahren* (*vehicle*) (PRESENT *fährt*, IMPERFECT *fuhr*, PERFECT *ist gefahren*) ◇ *The car was moving very slowly.* Das Auto fuhr sehr langsam.
◆ **to move house** umziehen ◇ *We're moving in July.* Wir ziehen im Juli um.
◆ **to move forward** sich vorwärts bewegen
◆ **to move in** einziehen ◇ *They're moving in next week.* Sie ziehen nächste Woche ein.
◆ **to move over** rücken ◇ *Could you move over a bit?* Könnten Sie ein Stückchen rücken?

movement NOUN
die *Bewegung*

movie NOUN
der *Film* (PL die *Filme*)
◆ **the movies** das Kino SING ◇ *Let's go to the movies!* Lass uns ins Kino gehen!

moving ADJECTIVE
1 *fahrend* (*not stationary*) ◇ *a moving bus* ein fahrender Bus
2 *ergreifend* (*touching*) ◇ *a moving story* eine ergreifende Geschichte

to **mow** VERB
(**mowed**, **mowed** *or* **mown**)
mähen ◇ *to mow the lawn* den Rasen mähen

mower NOUN
der *Rasenmäher* (PL die *Rasenmäher*)

mown VERB *see* **mow**

MP NOUN (= *Member of Parliament*)
der *Abgeordnete* (GEN des *Abgeordneten*, PL die *Abgeordneten*)
die *Abgeordnete* (GEN der *Abgeordneten*)
◇ *an MP* (*man*) ein Abgeordneter ◇ *She's an MP.* Sie ist Abgeordnete.

Mr NOUN (= *Mister*)
Herr

Mrs NOUN
Frau

Ms NOUN
Frau
Generally Frau *is used to address all women whether married or not.*

much ADJECTIVE, ADVERB, PRONOUN
1 *viel* ◇ *I haven't got much money.* Ich habe nicht viel Geld. ◇ *I haven't got very much money.* Ich habe nicht sehr viel Geld. ◇ *This is much better.* Das ist viel besser. ◇ *I feel much better now.* Ich fühle mich jetzt viel besser.
2 *sehr*
Use **sehr** *with most verbs.*
◇ *I didn't like it much.* Es hat mir nicht sehr gefallen. ◇ *I enjoyed the film very much.* Der Film hat mir sehr gefallen.
3 *viel*
Use **viel** *with verbs implying physical activity.*
◇ *She doesn't travel much.* Sie reist nicht viel. ◇ *We didn't laugh much.* Wir haben nicht viel gelacht.
◆ **Do you go out much?** Gehst du oft aus?
◆ **Thank you very much.** Vielen Dank!
◆ **not much** nicht viel ◇ *What's on TV?–Not much.* Was kommt im Fernsehen?–Nicht viel. ◇ *What do you think of it?–Not much.* Was hältst du davon?–Nicht viel.
◆ **How much?** Wie viel? ◇ *How much do you want?* Wie viel möchtest du? ◇ *How much time have you got?* Wie viel Zeit hast du? ◇ *How much is it?* (*cost*) Wie viel kostet das?
◆ **too much** zu viel ◇ *That's too much!* Das ist zu viel! ◇ *It costs too much.* Das kostet zu viel. ◇ *They gave us too much homework.* Sie haben uns zu viele Hausaufgaben aufgegeben.
◆ **so much** so viel ◇ *I didn't think it would cost so much.* Ich hatte nicht gedacht, dass es so viel kosten würde. ◇ *I've never seen so much traffic.* Ich habe noch nie so viel Verkehr erlebt.

mud NOUN
der *Schlamm*

muddle NOUN
das *Durcheinander*
◆ **to be in a muddle** durcheinander sein ◇ *The photos are in a muddle.* Die Fotos sind durcheinander.

to **muddle up** VERB
verwechseln (*people*) (PERFECT *hat verwechselt*) ◇ *He muddles me up with my sister.* Er verwechselt mich mit meiner Schwester.
◆ **to get muddled up** durcheinander kommen ◇ *I'm getting muddled up.* Ich komme durcheinander.

muddy ADJECTIVE
schlammig

muesli NOUN
das *Müsli* (PL die *Müsli*)

muffler NOUN
der *Schalldämpfer* (PL die *Schalldämpfer*)

mug NOUN
see also mug VERB
der *Becher* (PL die *Becher*) ◇ *Do you want a cup or a mug?* Möchtest du eine Tasse oder einen Becher?
◆ **a beer mug** ein Bierkrug MASC

to **mug** VERB
see also mug NOUN
überfallen (PRESENT *überfällt*, IMPERFECT *überfiel*, PERFECT *hat überfallen*) ◇ *He was mugged in the city centre.* Er wurde in der Innenstadt überfallen.

mugger NOUN
der *Straßenräuber* (PL die *Straßenräuber*)
die *Straßenräuberin*

mugging NOUN
der *Überfall* (PL die *Überfälle*) ◇ *Mugging has increased in recent years.* Die Zahl der Überfälle hat in den letzten Jahren zugenommen.

muggy ADJECTIVE
schwül ◇ *It's muggy today.* Es ist schwül heute.

multiplication NOUN
die *Multiplikation*

to **multiply** VERB
(**multiplied**)
multiplizieren (PERFECT *hat multipliziert*)
◇ *to multiply six by three* sechs mit drei multiplizieren

multi-storey car park NOUN
das *Parkhaus* (GEN des *Parkhauses*, PL die *Parkhäuser*)

mum NOUN
die *Mama* (PL die *Mamas*) ◇ *my mum* meine Mama ◇ *I'll ask Mum.* Ich frage Mama.

mummy NOUN
(PL **mummies**)
1 die *Mutti* (*mum*) (PL die *Muttis*)
◇ *Mummy says I can go.* Mutti sagt, ich kann gehen.
2 die *Mumie* (*Egyptian*)

mumps SING NOUN
der *Mumps* ◇ *My brother's got mumps.* Mein Bruder hat Mumps.

Munich NOUN
München NEUT
◆ **to Munich** nach München

murder NOUN
see also murder VERB
der *Mord* (PL die *Morde*)

to **murder** VERB
see also murder NOUN
ermorden (PERFECT *hat ermordet*) ◇ *He was murdered.* Er wurde ermordet.

murderer NOUN
der *Mörder* (PL die *Mörder*)
die *Mörderin*

muscle NOUN
der *Muskel* (PL die *Muskeln*)

muscular ADJECTIVE
muskulös

museum NOUN
das *Museum* (PL die *Museen*)

mushroom NOUN
1 der *Pilz* (PL die *Pilze*)
2 der *Champignon* (*button mushroom*) (PL die *Champignons*) ◇ *mushroom omelette* das Champignonomelett

music NOUN
die *Musik*

musical ADJECTIVE
see also musical NOUN
musikalisch ◇ *I'm not musical.* Ich bin nicht musikalisch.
◆ **a musical instrument** ein Musikinstrument NEUT

musical NOUN
see also musical ADJECTIVE
das *Musical* (PL die *Musicals*)

music centre NOUN
die *Stereoanlage*

musician NOUN
der *Musiker* (PL die *Musiker*)
die *Musikerin*

Muslim NOUN
der *Moslem* (PL die *Moslems*)
die *Moslime*
◇ *He's a Muslim.* Er ist Moslem.

mussel NOUN
die *Miesmuschel*

must VERB
1 *müssen* (PRESENT *muss*, IMPERFECT *musste*, PERFECT *hat gemusst*) ◇ *I must buy some presents.* Ich muss Geschenke kaufen. ◇ *I really must go now.* Ich muss jetzt wirklich gehen. ◇ *You must be tired.* Du musst müde sein. ◇ *They must have plenty of money.* Sie müssen viel Geld haben. ◇ *You must come and see us.* Sie müssen uns besuchen.
2 *dürfen* (PRESENT *darf*, IMPERFECT *durfte*, PERFECT *hat gedurft*)
Use **dürfen** *in negative sentences.*
◇ *You mustn't say things like that.* So was darfst du nicht sagen.
◆ **You mustn't forget to send her a card.** Vergiss nicht, ihr eine Karte zu schicken.

mustard NOUN
der *Senf* (PL die *Senfe*)

to **mutter** VERB
murmeln

my ADJECTIVE
mein ◇ *my father* mein Vater ◇ *my aunt* meine Tante ◇ *my car* mein Auto ◇ *my parents* meine Eltern
◆ **my friend (1)** (*male*) mein Freund
◆ **my friend (2)** (*female*) meine Freundin
Do not use **mein** *with parts of the body.*
◇ *I want to wash my hair.* Ich will mir die Haare waschen. ◇ *I'm going to clean my teeth.* Ich putze mir die Zähne. ◇ *I've hurt my foot.* Ich habe mich am Fuß verletzt.

myself PRONOUN
1 *mich* ◇ *I've hurt myself.* Ich habe mich verletzt. ◇ *When I look at myself in the mirror...* Wenn ich mich im Spiegel ansehe... ◇ *I don't like talking about myself.* Ich rede nicht gern über mich selbst.
2 *mir* ◇ *I said to myself...* Ich sagte mir... ◇ *I am not very pleased with myself.* Ich bin mit mir selbst nicht sehr zufrieden.
3 *selbst* ◇ *I made it myself.* Ich habe es selbst gemacht.
◆ **by myself** allein ◇ *I don't like travelling by myself.* Ich verreise nicht gern allein.

mysterious ADJECTIVE
rätselhaft

mystery NOUN
(PL **mysteries**)
das *Rätsel* (PL die *Rätsel*)
◆ **a murder mystery** (*novel*) ein Krimi MASC

myth NOUN
1 der *Mythos* (*legend*) (GEN des *Mythos*, PL die *Mythen*) ◇ *a Greek myth* ein griechischer Mythos
2 das *Märchen* (*untrue idea*) (PL die *Märchen*) ◇ *That's a myth.* Das ist ein Märchen.

mythology NOUN
die *Mythologie*

N

naff ADJECTIVE
ätzend (*informal*)

to **nag** VERB
herumnörgeln an (*scold*) (PERFECT *hat herumgenörgelt*) ◇ *She's always nagging me.* Sie nörgelt dauernd an mir herum.

nail NOUN
der *Nagel* (PL die *Nägel*) ◇ *Don't bite your nails!* Kau nicht an den Nägeln!

nailbrush NOUN
(PL **nailbrushes**)
die *Nagelbürste*

nailfile NOUN
die *Nagelfeile*

nail scissors PL NOUN
die *Nagelschere* ◇ *a pair of nail scissors* eine Nagelschere

nail varnish NOUN
(PL **nail varnishes**)
der *Nagellack* (PL die *Nagellacke*)
◆ **nail varnish remover** der Nagellackentferner

naked ADJECTIVE
nackt

name NOUN
der *Name* (GEN des *Namens*, PL die *Namen*)
◆ **What's your name?** Wie heißt du?

nanny NOUN
(PL **nannies**)
das *Kindermädchen* (PL die *Kindermädchen*) ◇ *She's a nanny.* Sie ist Kindermädchen.

nap NOUN
das *Nickerchen* (PL die *Nickerchen*)
◆ **to have a nap** ein Nickerchen machen

napkin NOUN
die *Serviette*

nappy NOUN
(PL **nappies**)
die *Windel*

narrow ADJECTIVE
eng

narrow-minded ADJECTIVE
engstirnig

nasty ADJECTIVE
1 *übel* (*bad*) ◇ *a nasty cold* eine üble Erkältung ◇ *a nasty smell* ein übler Geruch
2 *böse* (*unfriendly*) ◇ *He gave me a nasty look.* Er warf mir einen bösen Blick zu.

nation NOUN
die *Nation*

national ADJECTIVE
national
◆ **a national newspaper** eine überregionale Zeitung
◆ **the national elections** die Parlamentswahlen

In Germany the national elections are called Bundestagswahlen.

national anthem NOUN
die *Nationalhymne*

National Health Service NOUN
der *staatliche Gesundheitsdienst*

In Germany there are a large number of health schemes, not just a single service.

nationalism NOUN
der *Nationalismus* (GEN des *Nationalismus*)
◇ *Scottish Nationalism* der schottische Nationalismus

nationalist NOUN
der *Nationalist* (GEN des *Nationalisten*, PL die *Nationalisten*)

nationality NOUN
(PL **nationalities**)
die *Staatsangehörigkeit*

National Lottery NOUN
das *Lotto*

national park NOUN
der *Nationalpark* (PL die *Nationalparks*)

native ADJECTIVE
◆ **my native country** mein Heimatland NEUT
◆ **native language** die Muttersprache
◇ *English is not their native language.* Englisch ist nicht ihre Muttersprache.
◆ **a Native American** ein Indianer MASC

natural ADJECTIVE
natürlich

naturally ADVERB
natürlich ◇ *Naturally, we were very disappointed.* Natürlich waren wir sehr enttäuscht.

nature NOUN
die *Natur*

naughty ADJECTIVE
böse ◇ *Naughty girl!* Böses Mädchen!
◆ **Don't be naughty!** Sei nicht ungezogen!

navy NOUN
(PL **navies**)
die *Marine* ◇ *He's in the navy.* Er ist bei der Marine.

navy-blue ADJECTIVE
marineblau ◇ *a navy-blue shirt* ein marineblaues Hemd

Nazi NOUN
der *Nazi* (PL die *Nazis*) ◇ *the Nazis* die Nazis

der Nazi *is also used for women.*

◇ *She was a Nazi.* Sie war ein Nazi.

near ADJECTIVE
see also near PREPOSITION
nah ◇ *It's fairly near.* Es ist ziemlich nah.
◇ *It's near enough to walk.* Es ist nah genug, um zu Fuß zu gehen.
◆ **nearest** nächste ◇ *Where's the nearest service station?* Wo ist die nächste Tankstelle? ◇ *The nearest shops were three kilometres away.* Die nächsten Geschäfte waren drei Kilometer weg.

near PREPOSITION, ADVERB
see also near ADJECTIVE
in der Nähe von ◇ *I live near Liverpool.* Ich wohne in der Nähe von Liverpool. ◇ *near my house* in der Nähe meines Hauses
◆ **near here** hier in der Nähe ◇ *Is there a*

bank near here? Ist hier in der Nähe eine Bank?

◆ **near to** in der Nähe +GEN ◇ *It's very near to the school.* Es ist ganz in der Nähe der Schule.

nearby ADVERB, ADJECTIVE

1 ***in der Nähe*** ◇ *There's a supermarket nearby.* Es gibt einen Supermarkt in der Nähe.

2 ***nahe gelegen*** ⚠ (*close*) ◇ *a nearby garage* eine nahe gelegene Tankstelle

nearly ADVERB

fast ◇ *Dinner's nearly ready.* Das Essen ist fast fertig. ◇ *I'm nearly fifteen.* Ich bin fast fünfzehn. ◇ *I nearly missed the train.* Ich habe fast meinen Zug verpasst.

neat ADJECTIVE

ordentlich ◇ *She has very neat writing.* Sie hat eine sehr ordentliche Schrift.

◆ **a neat whisky** ein Whisky pur

neatly ADVERB

ordentlich ◇ *neatly folded* ordentlich gefaltet ◇ *neatly dressed* ordentlich gekleidet

necessarily ADVERB

◆ **not necessarily** nicht unbedingt

necessary ADJECTIVE

nötig

necessity NOUN

(PL **necessities**)

die ***Notwendigkeit*** ◇ *A car is a necessity, not a luxury.* Ein Auto ist eine Notwendigkeit und kein Luxus.

neck NOUN

1 der ***Hals*** (*of body*) (GEN des ***Halses***, PL die ***Hälse***)

2 der ***Ausschnitt*** (*of garment*) (PL die ***Ausschnitte***) ◇ *a V-neck sweater* ein Pullover mit V-Ausschnitt

necklace NOUN

die ***Halskette***

to **need** VERB

see also need NOUN

brauchen ◇ *I need a bigger size.* Ich brauche eine größere Größe.

◆ **to need to do something** etwas tun müssen ◇ *I need to change some money.* Ich muss Geld wechseln.

need NOUN

see also need VERB

◆ **There's no need to book.** Man braucht nicht zu buchen.

needle NOUN

die ***Nadel***

needlework NOUN

die ***Handarbeit*** ◇ *We have needlework lessons at school.* Wir haben Handarbeitsunterricht an der Schule.

negative NOUN

see also negative ADJECTIVE

das ***Negativ*** (*photo*) (PL die ***Negative***)

negative ADJECTIVE

see also negative NOUN

negativ ◇ *He's got a very negative attitude.* Er hat eine sehr negative Einstellung.

neglected ADJECTIVE

ungepflegt (*untidy*) ◇ *The garden is neglected.* Der Garten ist ungepflegt.

negligee NOUN

das ***Negligé*** (PL die ***Negligés***)

neighbour NOUN

der ***Nachbar*** (GEN des ***Nachbarn***, PL die ***Nachbarn***)

die ***Nachbarin***

◇ *the neighbours' garden* der Garten der Nachbarn

neighbourhood NOUN

die ***Nachbarschaft***

neither PRONOUN, CONJUNCTION, ADVERB

weder noch ◇ *Carrots or peas? – Neither, thanks.* Karotten oder Erbsen? – Weder noch, danke.

◆ **Neither of them is coming.** Keiner von beiden kommt.

◆ **neither...nor...** weder...noch... ◇ *Neither Sarah nor Tamsin is coming to the party.* Weder Sarah noch Tamsin kommen zur Party.

◆ **Neither do I.** Ich auch nicht. ◇ *I don't like him. – Neither do I!* Ich mag ihn nicht. – Ich auch nicht!

◆ **Neither have I.** Ich auch nicht. ◇ *I've never been to Spain. – Neither have I.* Ich war noch nie in Spanien. – Ich auch nicht.

neon NOUN

das ***Neon*** ◇ *a neon light* eine Neonlampe

nephew NOUN

der ***Neffe*** (GEN des ***Neffen***, PL die ***Neffen***)

◇ *my nephew* mein Neffe

nerve NOUN

der ***Nerv*** (PL die ***Nerven***) ◇ *She sometimes gets on my nerves.* Sie geht mir manchmal auf die Nerven.

◆ **He's got a nerve!** Der hat vielleicht Nerven!

nerve-racking ADJECTIVE

nervenaufreibend

nervous ADJECTIVE

nervös (*tense*) ◇ *I bite my nails when I'm nervous.* Wenn ich nervös bin, kaue ich an den Nägeln.

◆ **to be nervous about something** vor etwas Angst haben ◇ *I'm a bit nervous about flying to Paris by myself.* Ich habe etwas Angst, allein nach Paris zu fliegen.

nest NOUN

das ***Nest*** (PL die ***Nester***)

net NOUN

das ***Netz*** (GEN des ***Netzes***, PL die ***Netze***) ◇ *a fishing net* ein Fischnetz

Netherlands PL NOUN

die ***Niederlande*** PL

Note that the definite article is used in German for countries which are plural.

◆ **from the Netherlands** aus den Niederlanden

◆ **in the Netherlands** in den Niederlanden

◆ **to the Netherlands** in die Niederlande

network NOUN

[1] das *Netz* (GEN des *Netzes*, PL die *Netze*)
[2] das *Netzwerk* (*for computers*) (PL die *Netzwerke*)

neurotic ADJECTIVE
neurotisch

never ADVERB
nie ◇ *Have you ever been to Germany?–No, never.* Waren Sie schon mal in Deutschland?–Nein, nie. ◇ *I never write letters.* Ich schreibe nie Briefe. ◇ *Never again!* Nie wieder!
◆ **Never mind.** Macht nichts!

new ADJECTIVE
neu ◇ *her new boyfriend* ihr neuer Freund ◇ *I need a new dress.* Ich brauche ein neues Kleid.

newcomer NOUN
der *Neuling* (PL die *Neulinge*)
der Neuling *is also used for women.*

news SING NOUN
Nachricht *is a piece of news;* **Nachrichten** *is the news, for example on TV.*
[1] die *Nachrichten* FEM PL ◇ *good news* gute Nachrichten ◇ *I've had some bad news.* Ich habe schlechte Nachrichten bekommen. ◇ *I watch the news every evening.* Ich sehe mir jeden Abend die Nachrichten an. ◇ *I listen to the news every morning.* Ich höre jeden Morgen die Nachrichten.
[2] die *Nachricht* ◇ *That's wonderful news!* Das ist eine wunderbare Nachricht!

newsagent NOUN
der *Zeitungshändler* (PL die *Zeitungshändler*)
die *Zeitungshändlerin*

news dealer NOUN
der *Zeitungshändler* (PL die *Zeitungshändler*)
die *Zeitungshändlerin*

newspaper NOUN
die *Zeitung* ◇ *I deliver newspapers.* Ich trage Zeitungen aus.

newsreader NOUN
der *Nachrichtensprecher* (PL die *Nachrichtensprecher*)
die *Nachrichtensprecherin*

New Year NOUN
das *Neujahr* ◇ *to celebrate New Year* Neujahr feiern
◆ **Happy New Year!** Ein gutes neues Jahr!
◆ **New Year's Day** der Neujahrstag
◆ **New Year's Eve** das Silvester ◇ *a New Year's Eve party* eine Silvesterparty

New Zealand NOUN
Neuseeland NEUT
◆ **from New Zealand** aus Neuseeland
◆ **in New Zealand** in Neuseeland
◆ **to New Zealand** nach Neuseeland

New Zealander NOUN
der *Neuseeländer* (PL die *Neuseeländer*)
die *Neuseeländerin*

next ADJECTIVE, ADVERB, PREPOSITION
[1] *nächste* ◇ *next Saturday* nächsten Samstag ◇ *next week* nächste Woche ◇ *next year* nächstes Jahr ◇ *the next train* der nächste Zug
◆ **Next please!** Der Nächste, bitte!
[2] *danach* (*afterwards*) ◇ *What happened next?* Was ist danach passiert?
◆ **What shall I do next?** Was soll ich als nächstes machen?
◆ **next to** neben
Use the accusative to express movement or a change of place. Use the dative when there is no change of place.
◇ *I sat down next to my sister.* Ich setzte mich neben meine Schwester. ◇ *The post office is next to the bank.* Die Post ist neben der Bank.
◆ **the next day** am nächsten Tag ◇ *The next day we visited Heidelberg.* Am nächsten Tag haben wir Heidelberg besucht.
◆ **the next time** das nächste Mal ◇ *the next time you see her* wenn du sie das nächste Mal siehst
◆ **next door** nebenan ◇ *They live next door.* Sie wohnen nebenan. ◇ *the people next door* die Leute von nebenan
◆ **the next room** das Nebenzimmer

NHS NOUN (= *National Health Service*)
der *staatliche Gesundheitsdienst*
In Germany there are a large number of health schemes, not just a single service.

nice ADJECTIVE
[1] *nett* (*kind*) ◇ *Your parents are nice.* Deine Eltern sind nett. ◇ *It was nice of you to remember my birthday.* Es war nett, dass du an meinen Geburtstag gedacht hast. ◇ *to be nice to somebody* nett zu jemandem sein
[2] *hübsch* (*pretty*) ◇ *That's a nice dress!* Das ist ein hübsches Kleid! ◇ *Ulm is a nice town.* Ulm ist eine hübsche Stadt.
[3] *schön* ◇ *nice weather* schönes Wetter ◇ *It's a nice day.* Es ist ein schöner Tag.
[4] *lecker* (*food*) ◇ *This pizza's very nice.* Diese Pizza ist sehr lecker.
◆ **Have a nice time!** Viel Spaß!

nickname NOUN
der *Spitzname* (GEN des *Spitznamens*, PL die *Spitznamen*)

niece NOUN
die *Nichte* ◇ *my niece* meine Nichte

Nigeria NOUN
Nigeria NEUT ◇ *in Nigeria* in Nigeria

night NOUN
[1] die *Nacht* (PL die *Nächte*) ◇ *I want a single room for two nights.* Ich möchte ein Einzelzimmer für zwei Nächte.
◆ **at night** nachts
◆ **Good night!** Gute Nacht!
◆ **a night club** ein Nachtklub MASC
[2] der *Abend* (*evening*) (PL die *Abende*) ◇ *last night* gestern Abend

nightie NOUN
das *Nachthemd* (PL die *Nachthemden*)

nightlife NOUN
das *Nachtleben* ◇ *There's plenty of nightlife.* Dort gibt es ein reges Nachtleben.

N

nightmare NOUN
der *Alptraum* (PL die *Alpträume*) ◇ *I had a nightmare.* Ich hatte einen Alptraum. ◇ *It was a real nightmare!* Es war ein Alptraum!

nightshirt NOUN
das *Nachthemd* (PL die *Nachthemden*)

nil NOUN
null ◇ *We won one nil.* Wir haben eins zu null gewonnen.

nine NUMBER
neun ◇ *She's nine.* Sie ist neun.

nineteen NUMBER
neunzehn ◇ *She's nineteen.* Sie ist neunzehn.

ninety NUMBER
neunzig ◇ *She's ninety.* Sie ist neunzig.

ninth ADJECTIVE
neunte ◇ *the ninth floor* der neunte Stock ◇ *the ninth of August* der neunte August

no ADVERB, ADJECTIVE
[1] *nein* ◇ *Are you coming?–No.* Kommst du?–Nein. ◇ *Would you like some more?–No thank you.* Möchten Sie noch etwas?–Nein danke.
[2] *kein* (not any) ◇ *There's no hot water.* Es gibt kein heißes Wasser. ◇ *There are no trains on Sundays.* Sonntags verkehren keine Züge. ◇ *No problem.* Kein Problem. ◇ *I've got no idea.* Ich habe keine Ahnung.
- **No way!** Auf keinen Fall!
- **"no smoking"** "Rauchen verboten"

nobody PRONOUN
niemand ◇ *Who's going with you?–Nobody.* Wer geht mit dir mit?–Niemand. ◇ *There was nobody in the office.* Es war niemand im Büro.

noise NOUN
der *Lärm* ◇ *Please make less noise.* Macht bitte weniger Lärm.

noisy ADJECTIVE
laut ◇ *It's too noisy here.* Hier ist es zu laut.

none PRONOUN
keiner ◇ *None of my friends wanted to come.* Keiner meiner Freunde wollte kommen. ◇ *How many brothers have you got?–None.* Wie viele Brüder hast du?–Keinen.
keine ◇ *Where is the milk?–There's none left.* Wo ist die Milch?–Es ist keine mehr da.
keines ◇ *Which of the books have you read?–None.* Welches der Bücher hast du gelesen?–Keines.
- **There are none left.** Es sind keine mehr da.

nonsense NOUN
der *Unsinn* ◇ *She talks a lot of nonsense.* Sie redet viel Unsinn. ◇ *Nonsense!* Unsinn!

nonsmoker NOUN
der *Nichtraucher* (PL die *Nichtraucher*)
die *Nichtraucherin*
◇ *She's a nonsmoker.* Sie ist Nichtraucherin.

nonsmoking ADJECTIVE
- **a nonsmoking carriage** ein Nichtraucherabteil NEUT

nonstop ADJECTIVE, ADVERB
[1] *nonstop* ◇ *We flew nonstop.* Wir sind nonstop geflogen.
- **a nonstop flight** ein Nonstopflug NEUT

[2] *ununterbrochen* ◇ *Liz talks nonstop.* Liz redet ununterbrochen.

noodles PL NOUN
die *Nudeln* FEM PL

noon NOUN
der *Mittag* (PL die *Mittage*)
- **at noon** um zwölf Uhr mittags

no one PRONOUN
niemand ◇ *Who's going with you?–No one.* Wer geht mit dir mit?–Niemand. ◇ *There was no one in the office.* Es war niemand im Büro.

nor CONJUNCTION
- **neither...nor** weder...noch ◇ *neither the cinema nor the swimming pool* weder das Kino noch das Schwimmbad
- **Nor do I.** Ich auch nicht. ◇ *I didn't like the film.–Nor did I.* Der Film hat mir nicht gefallen.–Mir auch nicht.
- **Nor have I.** Ich auch nicht. ◇ *I haven't seen him.–Nor have I.* Ich habe ihn nicht gesehen.–Ich auch nicht.

normal ADJECTIVE
normal ◇ *at the normal time* zur normalen Zeit ◇ *a normal car* ein normales Auto

normally ADVERB
[1] *normalerweise* (usually) ◇ *I normally arrive at nine o'clock.* Normalerweise komme ich um neun Uhr.
[2] *normal* (as normal) ◇ *In spite of the strike, the airports are working normally.* Trotz des Streiks arbeiten die Flughäfen normal.

north ADJECTIVE, ADVERB
see also north NOUN
- **the north coast** die Nordküste
- **a north wind** ein Nordwind MASC

nach Norden ◇ *We were travelling north.* Wir sind nach Norden gefahren.
- **north of** nördlich von ◇ *It's north of London.* Es liegt nördlich von London.

north NOUN
see also north ADJECTIVE
der *Norden* ◇ *in the north* im Norden

North America NOUN
Nordamerika NEUT
- **from North America** aus Nordamerika
- **to North America** nach Nordamerika

northeast NOUN
der *Nordosten* ◇ *in the northeast* im Nordosten

northern ADJECTIVE
nördlich ◇ *the northern part of the island* der nördliche Teil der Insel
- **Northern Europe** Nordeuropa NEUT

Northern Ireland NOUN
Nordirland NEUT
- **from Northern Ireland** aus Nordirland
- **in Northern Ireland** in Nordirland

◆ **to Northern Ireland** nach Nordirland

North Pole NOUN
der *Nordpol*

North Sea NOUN
die *Nordsee*

northwest NOUN
der *Nordwesten* ◇ *in the northwest* im Nordwesten

Norway NOUN
Norwegen NEUT
◆ **from Norway** aus Norwegen
◆ **to Norway** nach Norwegen

Norwegian ADJECTIVE
see also Norwegian NOUN
norwegisch
◆ **He's Norwegian.** Er ist Norweger.

Norwegian NOUN
see also Norwegian ADJECTIVE
1 (*person*)
der *Norweger* (PL die *Norweger*)
die *Norwegerin*
2 (*language*)
das *Norwegisch* (GEN des *Norwegischen*)

nose NOUN
die *Nase*

nosebleed NOUN
das *Nasenbluten* ◇ *I often get nosebleeds.* Ich habe oft Nasenbluten.

nosey ADJECTIVE
neugierig ◇ *She's very nosey.* Sie ist sehr neugierig.

not ADVERB
1 *nicht* ◇ *Are you coming or not?* Kommst du oder nicht? ◇ *I'm not sure.* Ich bin nicht sicher. ◇ *It's not raining.* Es regnet nicht.
◆ **not really** eigentlich nicht
◆ **not at all** überhaupt nicht
◆ **not yet** noch nicht ◇ *Have you finished?–Not yet.* Bist du fertig?–Noch nicht. ◇ *They haven't arrived yet.* Sie sind noch nicht angekommen.
2 *nein* ◇ *Can you lend me ten pounds?–I'm afraid not.* Können Sie mir zehn Pfund leihen?–Leider nein.

note NOUN
1 die *Notiz*
◆ **to take notes** sich Notizen machen ◇ *You should take notes.* Du solltest dir Notizen machen.
2 der *Brief* (*letter*) (PL die *Briefe*)
◆ **I'll write her a note.** Ich werde ihr schreiben.
3 der *Schein* (*banknote*) (PL die *Scheine*)
◇ *a five-pound note* ein Fünfpfundschein

to **note down** VERB
aufschreiben (IMPERFECT *schrieb auf*, PERFECT *hat aufgeschrieben*)

notebook NOUN
1 das *Notizbuch* (PL die *Notizbücher*)
2 der *Notebookcomputer* (*computer*) (PL die *Notebookcomputer*)

notepad NOUN
der *Notizblock* (PL die *Notizblöcke*)

notepaper NOUN
das *Briefpapier*

nothing NOUN
nichts ◇ *What's wrong?–Nothing.* Was ist los?–Nichts. ◇ *nothing special* nichts Besonderes ◇ *He does nothing.* Er tut nichts. ◇ *He ate nothing for breakfast.* Er hat nichts zum Frühstück gegessen.

notice NOUN
see also notice VERB
die *Notiz* (*sign*) ◇ *to put up a notice* eine Notiz aushängen ◇ *Don't take any notice of him!* Nimm keine Notiz von ihm!
◆ **a warning notice** ein Warnschild NEUT

to **notice** VERB
see also notice NOUN
bemerken (PERFECT *hat bemerkt*)

notice board NOUN
das *Anschlagbrett* (PL die *Anschlagbretter*)

nought NOUN
die *Null*

noun NOUN
das *Substantiv* (PL die *Substantive*)

novel NOUN
der *Roman* (PL die *Romane*)

novelist NOUN
der *Romanautor* (PL die *Romanautoren*)
die *Romanautorin*

November NOUN
der *November* ◇ *in November* im November

now ADVERB, CONJUNCTION
jetzt ◇ *What are you doing now?* Was tust du jetzt?
◆ **just now** gerade ◇ *I'm rather busy just now.* Ich bin gerade ziemlich beschäftigt. ◇ *I did it just now.* Ich habe es gerade getan.
◆ **by now** inzwischen ◇ *He should be there by now.* Er müsste inzwischen dort sein. ◇ *It should be ready by now.* Es müsste inzwischen fertig sein.
◆ **now and then** ab und zu

nowhere ADVERB
nirgends ◇ *nowhere else* sonst nirgends

nuclear ADJECTIVE
nuklear
◆ **nuclear power** die Kernkraft ◇ *a nuclear power station* ein Kernkraftwerk NEUT

nude ADJECTIVE
see also nude NOUN
nackt ◇ *to sunbathe nude* nackt sonnenbaden

nude NOUN
see also nude ADJECTIVE
◆ **in the nude** nackt

nuisance NOUN
◆ **It's a nuisance.** Es ist sehr lästig.
◆ **Sorry to be a nuisance.** Tut mir leid, dass ich schon wieder ankomme.

number NOUN
1 die *Anzahl* (*total amount*) ◇ *a large number of people* eine große Anzahl von Menschen
2 die *Nummer* (*of house, telephone, bank account*) ◇ *They live at number five.* Sie wohnen in der Nummer fünf. ◇ *What's your*

N

phone number? Wie ist Ihre Telefonnummer?

◆ **You've got the wrong number.** Sie sind falsch verbunden.

3 die ***Zahl*** (*figure, digit*) ◇ *I can't read the second number.* Ich kann die zweite Zahl nicht lesen.

number plate NOUN

das ***Nummernschild*** (PL die ***Nummernschilder***)

The first letters of a German number plate allow you to tell where the car's owner lives. Thus L stands for Leipzig, LB for Ludwigsburg, LU for Ludwigshafen, etc.

nun NOUN

die ***Nonne*** ◇ *She's a nun.* Sie ist Nonne.

nurse NOUN

die ***Krankenschwester*** ◇ *She's a nurse.* Sie ist Krankenschwester.

der ***Krankenpfleger*** ◇ *He's a nurse.* Er ist Krankenpfleger.

nursery NOUN

(PL **nurseries**)

1 die ***Kindergarten*** (*for children*) (PL die ***Kindergärten***)

2 die ***Baumschule*** (*for plants*)

nursery school NOUN

der ***Kindergarten*** (PL die ***Kindergärten***)

German children go to Kindergarten *from the age of 3 to 6.*

nursery slope NOUN

der ***Idiotenhügel*** (PL die ***Idiotenhügel***)

nut NOUN

1 die ***Nuss*** ⚠ (PL die ***Nüsse***)

2 die ***Mutter*** (*made of metal*)

nutmeg NOUN

der ***Muskat***

nutritious ADJECTIVE

nahrhaft

nutter NOUN

◆ **He's a nutter.** Er ist völlig durchgeknallt. (*informal*)

nylon NOUN

das ***Nylon***

O

oak NOUN
die *Eiche* ◇ *an oak table* ein Eichentisch MASC

oar NOUN
das *Ruder* (PL die *Ruder*)

oats PL NOUN
der *Hafer*

obedient ADJECTIVE
gehorsam

to **obey** VERB
gehorchen (PERFECT *hat gehorcht*) ◇ *She didn't obey her mother.* Sie hat ihrer Mutter nicht gehorcht.
◆ **to obey the rules** die Regeln befolgen

object NOUN
der *Gegenstand* (PL die *Gegenstände*) ◇ *a familiar object* ein vertrauter Gegenstand

objection NOUN
der *Einspruch* (PL die *Einsprüche*)

objective NOUN
das *Ziel* (PL die *Ziele*)

oblong ADJECTIVE
länglich

oboe NOUN
die *Oboe* ◇ *I play the oboe.* Ich spiele Oboe.

obscene ADJECTIVE
obszön

observant ADJECTIVE
aufmerksam

to **observe** VERB
beobachten (PERFECT *hat beobachtet*)

obsolete ADJECTIVE
veraltet

obstacle NOUN
das *Hindernis* (GEN des *Hindernisses*, PL die *Hindernisse*)

obstinate ADJECTIVE
stur

to **obstruct** VERB
behindern (PERFECT *hat behindert*) ◇ *A lorry was obstructing the traffic.* Ein Lastwagen hat den Verkehr behindert.

to **obtain** VERB
erhalten (IMPERFECT *erhielt*, PERFECT *hat erhalten*)

obvious ADJECTIVE
offensichtlich

obviously ADVERB
[1] *natürlich* (*of course*) ◇ *Do you want to pass the exam?–Obviously!* Willst du die Prüfung bestehen?–Natürlich! ◇ *Obviously not!* Natürlich nicht!
[2] *offensichtlich* (*visibly*) ◇ *She was obviously exhausted.* Sie war offensichtlich erschöpft.

occasion NOUN
die *Gelegenheit* ◇ *a special occasion* eine besondere Gelegenheit
◆ **on several occasions** mehrmals

occasionally ADVERB
ab und zu

occupation NOUN
die *Beschäftigung*

to **occupy** VERB
(**occupied**)
besetzen (PERFECT *hat besetzt*) ◇ *That seat is occupied.* Der Platz ist besetzt.

to **occur** VERB
passieren (*happen*) (PERFECT *ist passiert*) ◇ *The accident occurred yesterday.* Der Unfall ist gestern passiert.
◆ **It suddenly occurred to me that...** Plötzlich ist mir plötzlich eingefallen, dass...

ocean NOUN
der *Ozean* (PL die *Ozeane*)

o'clock ADVERB
◆ **at four o'clock** um vier Uhr
◆ **It's five o'clock.** Es ist fünf Uhr.

October NOUN
der *Oktober* ◇ *in October* im Oktober

octopus NOUN
(PL **octopuses**)
der *Tintenfisch* (PL die *Tintenfische*)

odd ADJECTIVE
[1] *eigenartig* ◇ *That's odd!* Das ist eigenartig!
[2] *ungerade* ◇ *an odd number* eine ungerade Zahl

of PREPOSITION
von ◇ *some photos of my holiday* Fotos von meinen Ferien ◇ *three of us* drei von uns ◇ *a friend of mine* ein Freund von mir ◇ *That's very kind of you.* Das ist sehr nett von Ihnen. ◇ *Can I have half of that?* Kann ich die Hälfte davon haben?

of *is not translated when specifying a quantity of something.*

◇ *a kilo of oranges* ein Kilo Orangen

of *is often expressed by using the genitive.*

◇ *the end of the film* das Ende des Films ◇ *the top of the stairs* das obere Ende der Treppe ◇ *the front of the house* die Vorderseite des Hauses
◆ **a boy of ten** ein zehnjähriger Junge
◆ **the fourteenth of September** der vierzehnte September
◆ **It's made of wood.** Es ist aus Holz.

off ADVERB, PREPOSITION, ADJECTIVE

For other expressions with off, *see the verbs* get, take, turn *etc.*

[1] *aus* (*heater, light, TV*) ◇ *All the lights are off.* Alle Lichter sind aus.
[2] *zu* (*tap, gas*) ◇ *Are you sure the tap is off?* Bist du sicher, dass der Hahn zu ist?
[3] *abgesagt* (*cancelled*) ◇ *The match is off.* Das Spiel wurde abgesagt.
◆ **to be off sick** krank sein
◆ **a day off** ein freier Tag
◆ **to take a day off work** sich einen Tag frei nehmen ◇ *I'm taking a day off work tomorrow.* Ich werde mir morgen einen Tag

frei nehmen.
◆ **She's off school today.** Sie ist heute nicht in der Schule.
◆ **I must be off now.** Ich muss jetzt gehen.
◆ **I'm off.** Ich gehe jetzt.

offence NOUN
das *Vergehen* (*crime*) (PL die *Vergehen*)

offensive ADJECTIVE
anstößig

offer NOUN
see also offer VERB
das *Angebot* (PL die *Angebote*) ◇ *a good offer* ein günstiges Angebot
◆ **"on special offer"** "im Sonderangebot"

to **offer** VERB
see also offer NOUN
anbieten (IMPERFECT *bot an*, PERFECT *hat angeboten*) ◇ *He offered to help me.* Er bot mir seine Hilfe an. ◇ *I offered to go with them.* Ich habe ihnen angeboten mitzugehen.

office NOUN
das *Büro* (PL die *Büros*) ◇ *She works in an office.* Sie arbeitet in einem Büro.
◆ **doctor's office** die Arztpraxis

officer NOUN
der *Offizier* (*in army*) (PL die *Offiziere*)
◆ **a police officer** (*man*) ein Polizeibeamter

official ADJECTIVE
offiziell

off-licence NOUN
die *Wein- und Spirituosenhandlung*

offside ADJECTIVE
im Abseits (*in football*)

often ADVERB
oft ◇ *It often rains.* Es regnet oft. ◇ *How often do you go to church?* Wie oft gehst du in die Kirche? ◇ *I'd like to go skiing more often.* Ich würde gern öfter Ski fahren.

oil NOUN
see also oil VERB
[1] das *Öl* (*for lubrication, cooking*) (PL die *Öle*)
◆ **an oil painting** ein Ölgemälde NEUT
[2] das *Erdöl* (*petroleum*) ◇ *North Sea oil* Erdöl aus der Nordsee

to **oil** VERB
see also oil NOUN
ölen

oil rig NOUN
die *Bohrinsel* ◇ *He works on an oil rig.* Er arbeitet auf einer Bohrinsel.

oil slick NOUN
der *Ölteppich* (PL die *Ölteppiche*)

oil well NOUN
die *Ölquelle*

ointment NOUN
die *Salbe*

okay EXCLAMATION, ADJECTIVE
okay ◇ *Could you call back later?–Okay!* Kannst du später anrufen?–Okay! ◇ *I'll meet you at six o'clock, okay?* Ich treffe dich um sechs Uhr, okay? ◇ *Is that okay?* Ist das okay? ◇ *How was your holiday?–It was okay.* Wie waren die Ferien?–Okay.
◆ **I'll do it tomorrow, if that's okay with you.** Ich mache das morgen, wenn du einverstanden bist.
◆ **Are you okay?** Bist du in Ordnung?

old ADJECTIVE
alt ◇ *an old dog* ein alter Hund ◇ *old people* alte Menschen ◇ *my old English teacher* mein alter Englischlehrer ◇ *How old are you?* Wie alt bist du? ◇ *He's ten years old.* Er ist zehn Jahre alt. ◇ *my older brother* mein älterer Bruder ◇ *my older sister* meine ältere Schwester ◇ *She's two years older than me.* Sie ist zwei Jahre älter als ich. ◇ *He's the oldest in the family.* Er ist der älteste der Familie.

old age pensioner NOUN
der *Rentner* (PL die *Rentner*)
die *Rentnerin*
◇ *She's an old age pensioner.* Sie ist Rentnerin.

old-fashioned ADJECTIVE
altmodisch ◇ *She wears old-fashioned clothes.* Sie trägt altmodische Kleidung.
◇ *My parents are rather old-fashioned.* Meine Eltern sind ziemlich altmodisch.

olive NOUN
die *Olive*

olive oil NOUN
das *Olivenöl* (PL die *Olivenöle*)

Olympic ADJECTIVE
olympisch
◆ **the Olympics** die Olympischen Spiele

omelette NOUN
das *Omelett* (PL die *Omeletts*)

on PREPOSITION, ADVERB
see also on ADJECTIVE
There are several ways of translating on. *Scan the examples to find one that is similar to what you want to say. For other expressions with* on *see the verbs* go, put, turn *etc.*
[1] *auf*
Use the accusative to express movement or a change of place. Use the dative when there is no change of place.
◇ *It's on the table.* Es ist auf dem Tisch.
◇ *Please, put it on the table.* Stell es bitte auf den Tisch. ◇ *on an island* auf einer Insel
◇ *on the left* auf der linken Seite
[2] *an* ◇ *on Friday* am Freitag ◇ *on Christmas Day* am ersten Weihnachtsfeiertag
◇ *on the twentieth of June* am zwanzigsten Juni ◇ *on my birthday* an meinem Geburtstag
◆ **on Fridays** freitags
Use the accusative to express movement or a change of place. Use the dative when there is no change of place.
◇ *There was not a single picture on the wall.* An der Wand hing kein einziges Bild. ◇ *She hung a picture up on the wall.* Sie hängte ein Bild an die Wand.
[3] *in* ◇ *on the second floor* im zweiten Stock ◇ *on TV* im Fernsehen ◇ *What's on TV?* Was kommt im Fernsehen? ◇ *I heard it*

on the radio. Ich habe es im Radio gehört.
- **on the bus (1)** (*by bus*) mit dem Bus ◇ *I go into town on the bus.* Ich fahre mit dem Bus in die Stadt.
- **on the bus (2)** (*inside*) im Bus ◇ *There were no empty seats on the bus.* Es gab keinen freien Platz im Bus.
- **I go to school on my bike.** Ich fahre mit dem Fahrrad zur Schule.
- **on holiday** in den Ferien ◇ *They're on holiday.* Sie sind in den Ferien.
- **They are on strike.** Sie streiken.

on ADJECTIVE

see also on PREPOSITION

[1] ***an*** (*heater, light, TV*) ◇ *I think I left the light on.* Ich glaube, ich habe das Licht angelassen. ◇ *Is the dishwasher on?* Ist die Spülmaschine an?

[2] ***auf*** (*tap, gas*) ◇ *Leave the tap on.* Lass den Hahn auf.
- **What's on at the cinema?** Was gibt's im Kino?

once ADVERB

einmal ◇ *once a week* einmal pro Woche ◇ *once more* noch einmal ◇ *I've been to Germany once before.* Ich war schon einmal in Deutschland.
- **Once upon a time...** Es war einmal...
- **at once** sofort
- **once in a while** ab und zu

one NUMBER, PRONOUN

Use **ein** *for masculine and neuter nouns,* **eine** *for feminine nouns.*

[1] ***ein*** ◇ *one man* ein Mann ◇ *one child* ein Kind ◇ *We stayed there for one day.* Wir sind einen Tag dort geblieben.

[2] ***eine*** ◇ *one minute* eine Minute ◇ *Do you need a stamp? – No thanks, I've got one.* Brauchst du eine Briefmarke? – Nein danke, ich habe eine. ◇ *I've got one brother and one sister.* Ich habe einen Bruder und eine Schwester.

[3] ***eins***

Use **eins** *when counting.*

◇ *one, two, three* eins, zwei, drei

[4] ***man*** (*impersonal*) ◇ *One never knows.* Man kann nie wissen.
- **this one (1)** (*masculine*) dieser ◇ *Which foot hurts? – This one.* Welcher Fuß tut weh? – Dieser.
- **this one (2)** (*feminine*) diese ◇ *Which is your cup? – This one.* Welche ist deine Tasse? – Diese.
- **this one (3)** (*neuter*) dieses ◇ *Which is the best photo? – This one.* Welches ist das beste Foto? – Dieses.
- **that one (1)** (*masculine*) der da ◇ *Which pen did you use? – That one.* Welchen Schreiber hast du benützt? – Den da.
- **that one (2)** (*feminine*) die da ◇ *Which bag is yours? – That one.* Welche ist deine Tasche? – Die da.
- **that one (3)** (*neuter*) das da ◇ *Which is your car? – That one.* Welches ist Ihr Auto? – Das da.

oneself PRONOUN

[1] ***sich*** ◇ *to hurt oneself* sich weh tun

[2] ***selbst*** ◇ *It's quicker to do it oneself.* Es geht schneller, wenn man es selbst macht.

one-way ADJECTIVE
- **a one-way street** eine Einbahnstraße

onion NOUN

die ***Zwiebel*** ◇ *onion soup* die Zwiebelsuppe

only ADVERB, ADJECTIVE, CONJUNCTION

[1] ***einzig*** ◇ *Monday is the only day I'm free.* Montag ist mein einziger freier Tag. ◇ *German is the only subject I like.* Deutsch ist das einzige Fach, das ich mag.

[2] ***nur*** ◇ *How much was it? – Only ten marks.* Wie viel hat es gekostet? – Nur zehn Mark. ◇ *We only want to stay for one night.* Wir wollen nur eine Nacht bleiben. ◇ *I'd like the same sweater, only in black.* Ich möchte den gleichen Pullover, nur in Schwarz.
- **an only child** ein Einzelkind NEUT

onwards ADVERB

ab ◇ *from July onwards* ab Juli

open ADJECTIVE

see also open VERB

offen ◇ *The window was open.* Das Fenster war offen.
- **The baker's is open on Sunday morning.** Die Bäckerei hat am Sonntag morgen auf.
- **in the open air** im Freien

to **open** VERB

see also open ADJECTIVE

[1] ***aufmachen*** (PERFECT ***hat aufgemacht***) ◇ *Can I open the window?* Kann ich das Fenster aufmachen? ◇ *What time do the shops open?* Um wie viel Uhr machen die Geschäfte auf?

[2] ***aufgehen*** (IMPERFECT ***ging auf***, PERFECT ***ist aufgegangen***) ◇ *The door opens automatically.* Die Tür geht automatisch auf. ◇ *The door opened and in came the teacher.* Die Tür ging auf, und der Lehrer kam herein.

opening hours PL NOUN

die ***Öffnungszeiten*** FEM PL

opera NOUN

die ***Oper***

operation NOUN

die ***Operation*** ◇ *a major operation* eine größere Operation
- **to have an operation** operiert werden ◇ *I have never had an operation.* Ich bin noch nie operiert worden.

operator NOUN

(*on telephone*)

der ***Telefonist*** (GEN des ***Telefonisten***, PL die ***Telefonisten***)

die ***Telefonistin***

opinion NOUN

die ***Meinung*** ◇ *He asked me my opinion.* Er fragte mich nach meiner Meinung. ◇ *What's your opinion?* Was ist deine Meinung?
- **in my opinion** meiner Meinung nach

opinion poll NOUN
die *Meinungsumfrage*

opponent NOUN
der *Gegner* (PL die *Gegner*)
die *Gegnerin*

opportunity NOUN
(PL **opportunities**)
die *Gelegenheit*
◆ **to have the opportunity to do something** die Gelegenheit haben, etwas zu tun ◇ *I've never had the opportunity to go to Germany.* Ich hatte noch nie die Gelegenheit, nach Deutschland zu fahren.

opposing ADJECTIVE
gegnerisch (*team*)

opposite ADJECTIVE, ADVERB, PREPOSITION
1 *entgegengesetzt* ◇ *It's in the opposite direction.* Es ist in der entgegengesetzten Richtung.
2 *gegenüber* ◇ *They live opposite.* Sie wohnen gegenüber. ◇ *the girl sitting opposite me* das Mädchen, das mir gegenüber saß
◆ **the opposite sex** das andere Geschlecht

opposition NOUN
die *Opposition*

optician NOUN
der *Optiker* (PL die *Optiker*)
die *Optikerin*
◇ *She's an optician.* Sie ist Optikerin.

optimist NOUN
der *Optimist* (GEN des *Optimisten*, PL die *Optimisten*)
die *Optimistin*
◇ *She's an optimist.* Sie ist Optimistin.

optimistic ADJECTIVE
optimistisch

option NOUN
1 die *Wahl* (*choice*) ◇ *I've got no option.* Ich habe keine andere Wahl.
2 das *Wahlfach* (*optional subject*) (PL die *Wahlfächer*) ◇ *I'm doing geology as my option.* Ich habe Geologie als Wahlfach.

optional ADJECTIVE
fakultativ

or CONJUNCTION
1 *oder* ◇ *Would you like tea or coffee?* Möchten Sie Tee oder Kaffee?
Use **weder...noch** *in negative sentences.*
◇ *I don't eat meat or fish* Ich esse weder Fleisch noch Fisch.
2 *sonst* (*otherwise*) ◇ *Hurry up or you'll miss the bus.* Beeil dich, sonst verpasst du den Bus.
◆ **Give me the money, or else!** Gib mir das Geld, sonst gibt's was!

oral ADJECTIVE
see also **oral** NOUN
mündlich ◇ *an oral exam* eine mündliche Prüfung

oral NOUN
see also **oral** ADJECTIVE
die *mündliche Prüfung* ◇ *I've got my German oral soon.* Ich habe bald meine mündliche Prüfung in Deutsch.

orange NOUN
see also **orange** ADJECTIVE
die *Orange*
◆ **an orange juice** ein Orangensaft MASC

orange ADJECTIVE
see also **orange** NOUN
orangerot (*colour*)

orchard NOUN
der *Obstgarten* (PL die *Obstgärten*)

orchestra NOUN
1 das *Orchester* (PL die *Orchester*) ◇ *I play in the school orchestra.* Ich spiele im Schulorchester.
2 das *Parkett* (*stalls*) ◇ *We sat in the orchestra.* Wir saßen im Parkett.

order NOUN
see also **order** VERB
1 die *Reihenfolge* (*sequence*) ◇ *in alphabetical order* in alphabetischer Reihenfolge
2 die *Bestellung* (*at restaurant, in shop*) ◇ *The waiter took our order.* Der Ober nahm unsere Bestellung auf.
3 der *Befehl* (*instruction*) (PL die *Befehle*) ◇ *That's an order.* Das ist ein Befehl.
◆ **in order to** um zu ◇ *He does it in order to earn money.* Er tut es, um Geld zu verdienen.
◆ **"out of order"** "außer Betrieb"

to **order** VERB
see also **order** NOUN
bestellen (PERFECT *hat bestellt*) ◇ *We ordered steak and chips.* Wir haben Steak mit Pommes frites bestellt. ◇ *Are you ready to order?* Möchten Sie bestellen?

ordinary ADJECTIVE
1 *gewöhnlich* ◇ *an ordinary day* ein gewöhnlicher Tag
2 *normal* (*people*) ◇ *an ordinary family* eine normale Familie ◇ *He's just an ordinary guy.* Er ist ein ganz normaler Mensch.

organ NOUN
die *Orgel* (*instrument*) ◇ *I play the organ.* Ich spiele Orgel.

organic ADJECTIVE
biodynamisch (*fruit*)
◆ **organic vegetables** das Biogemüse SING

organization NOUN
die *Organisation*

to **organize** VERB
organisieren (PERFECT *hat organisiert*)

original ADJECTIVE
originell ◇ *It's a very original idea.* Das ist eine sehr originelle Idee.
◆ **Our original plan was to go camping.** Ursprünglich wollten wir zelten.

originally ADVERB
ursprünglich

Orkney NOUN
die *Orkneyinseln* FEM PL
◆ **in Orkney** auf den Orkneyinseln

orphan NOUN
das *Waisenkind* (PL die *Waisenkinder*)

◇ *She's an orphan.* Sie ist ein Waisenkind.

ostrich NOUN
(PL **ostriches**)
der *Strauß* (GEN des *Straußes*, PL die *Strauße*)

other ADJECTIVE, PRONOUN
andere ◇ *Have you got these jeans in other colours?* Haben Sie diese Jeans in anderen Farben? ◇ *on the other side of the street* auf der anderen Straßenseite
◆ **the other day** neulich
◆ **the other one (1)** (*masculine*) der andere ◇ *This hat?–No, the other one.* Dieser Hut?–Nein, der andere.
◆ **the other one (2)** (*feminine*) die andere ◇ *This cup?–No, the other one.* Diese Tasse?–Nein, die andere.
◆ **the other one (3)** (*neuter*) das andere ◇ *This photo?–No, the other one.* Dieses Foto?–Nein, das andere.
◆ **the others** die anderen ◇ *The others are going but I'm not.* Die anderen gehen, ich nicht.

otherwise ADVERB, CONJUNCTION
sonst ◇ *Note down the number, otherwise you'll forget it.* Schreib dir die Nummer auf, sonst vergisst du sie. ◇ *Put some sunscreen on, you'll get burned otherwise.* Creme dich ein, sonst bekommst du einen Sonnenbrand. ◇ *I'm tired, but otherwise I'm fine.* Ich bin müde, aber sonst geht's mir gut.

ought VERB
If you want to say that you feel obliged to do something, use the conditional tense of **sollen**.
◇ *I ought to phone my parents.* Ich sollte meine Eltern anrufen. ◇ *You ought not to do that.* Du solltest das nicht tun.
If you want to say that something is likely, use the conditional tense of **müssen**.
◇ *He ought to win.* Er müsste gewinnen.

our ADJECTIVE
unser ◇ *Our boss is quite nice.* Unser Chef ist ganz nett. ◇ *Our company is going to expand.* Unsere Firma wird expandieren. ◇ *Our house is quite big.* Unser Haus ist ziemlich groß. ◇ *Our neighbours are very nice.* Unsere Nachbarn sind sehr nett.
Do not use **unser** *with parts of the body.*
◇ *We had to shut our eyes.* Wir mussten die Augen zumachen.

ours PRONOUN
1 *unserer* ◇ *Your garden is very big, ours is much smaller.* Euer Garten ist sehr groß, unserer ist viel kleiner.
unsere ◇ *Your school is very different from ours.* Eure Schule ist ganz anderes als unsere.
unseres ◇ *Your house is bigger than ours.* Euer Haus ist größer als unseres.
2 *unsere* ◇ *Our teachers are strict.–Ours are too.* Unsere Lehrer sind streng.–Unsere auch.
◆ **Is this ours?** Gehört das uns? ◇ *This car is ours.* Das Auto gehört uns. ◇ *Whose is this?–It's ours.* Wem gehört das?–Uns.

ourselves PRONOUN
1 *uns* ◇ *We really enjoyed ourselves.* Wir haben uns wirklich amüsiert.
2 *selbst* ◇ *We built our garage ourselves.* Wir haben die Garage selbst gebaut.

out ADVERB
There are several ways of translating out. *Scan the examples to find one that is similar to what you want to say. For other expressions with* out, *see the verbs* go, put, turn *etc.*
1 *draußen* (*outside*) ◇ *It's cold out.* Es ist kalt draußen.
2 *aus* (*light, fire*) ◇ *All the lights are out.* Alle Lichter sind aus.
◆ **She's out.** Sie ist weg. ◇ *She's out for the afternoon.* Sie ist den ganzen Nachmittag weg.
◆ **She's out shopping.** Sie ist zum Einkaufen.
◆ **out there** da draußen ◇ *It's cold out there.* Es ist kalt da draußen.
◆ **to go out** ausgehen ◇ *I'm going out tonight.* Ich gehe heute Abend aus.
◆ **to go out with somebody** mit jemandem gehen ◇ *I've been going out with him for two months.* Ich gehe seit zwei Monaten mit ihm.
◆ **out of (1)** aus ◇ *to drink out of a glass* aus einem Glas trinken
◆ **out of (2)** von ◇ *in nine cases out of ten* in neun von zehn Fällen
◆ **out of (3)** außerhalb ◇ *He lives out of town.* Er wohnt außerhalb der Stadt. ◇ *three kilometres out of town* drei Kilometer außerhalb der Stadt
◆ **out of curiosity** aus Neugier
◆ **out of work** arbeitslos
◆ **That is out of the question.** Das kommt nicht in Frage.
◆ **You're out!** (*in game*) Du bist draußen!
◆ **"way out"** "Ausgang"

O

outdoor ADJECTIVE
im Freien ◇ *outdoor activities* Aktivitäten im Freien
◆ **an outdoor swimming pool** ein Freibad NEUT

outdoors ADVERB
im Freien

outing NOUN
der *Ausflug* (PL die *Ausflüge*) ◇ *to go on an outing* einen Ausflug machen

outline NOUN
1 der *Grundriss* ⚠ (GEN des *Grundrisses*, PL die *Grundrisse*) (*summary*)
◆ **This is an outline of the plan.** Das ist der Grundriss des Plans.
2 der *Umriss* ⚠ (GEN des *Umrisses*, PL die *Umrisse*) (*shape*) ◇ *We could see the outline of the mountain in the mist.* Wir konnten im Nebel den Umriss des Berges erkennen.

outrageous ADJECTIVE
1 *unerhört* (*behaviour*)
2 *unverschämt* (*price*)

outset NOUN
der *Anfang* (PL die *Anfänge*) ◇ *at the outset* am Anfang

outside NOUN
see also outside ADJECTIVE

die *Außenseite*

outside ADJECTIVE, ADVERB, PREPOSITION
see also **outside** NOUN
[1] *äußere* ◇ *the outside walls* die äußeren Mauern
[2] *draußen* ◇ *It's very cold outside.* Draußen ist es sehr kalt.
[3] *außerhalb* ◇ *outside the school* außerhalb der Schule ◇ *outside school hours* außerhalb der Schulzeit

outsize ADJECTIVE
übergroß

outskirts PL NOUN
der *Stadtrand* SING ◇ *on the outskirts of the town* am Stadtrand

outstanding ADJECTIVE
bemerkenswert

oval ADJECTIVE
oval

oven NOUN
der *Backofen* (PL die *Backöfen*)

over PREPOSITION, ADVERB, ADJECTIVE
[1] *über*
Use the accusative to express movement or a change of place. Use the dative when there is no change of place.
◇ *The ball went over the wall.* Der Ball flog über die Mauer. ◇ *There's a mirror over the washbasin.* Über dem Becken ist ein Spiegel.
[2] *über* +ACC (*more than*) ◇ *It's over twenty kilos.* Es ist über zwanzig Kilo schwer. ◇ *The temperature was over thirty degrees.* Die Temperatur lag über dreißig Grad.
[3] *vorbei* (*finished*) ◇ *I'll be happy when the exams are over.* Ich bin froh, wenn die Prüfungen vorbei sind.
- **over the holidays** die Ferien über
- **over Christmas** über Weihnachten
- **over here** hier
- **over there** dort
- **all over Scotland** in ganz Schottland

overall ADVERB
insgesamt (*generally*) ◇ *My results were quite good overall.* Insgesamt hatte ich ganz gute Noten.

overalls PL NOUN
der *Overall* SING (PL die *Overalls*)

to **overcharge** VERB
zu viel berechnen ⚠ (PERFECT *hat zu viel berechnet*) ◇ *He overcharged me.* Er hat mir zu viel berechnet. ◇ *They overcharged us for the meal.* Sie haben uns für das Essen zu viel berechnet.

overdone ADJECTIVE
verkocht (*food*)

overdose NOUN
die *Überdosis* (*of drugs*) (PL die *Überdosen*)
◇ *to take an overdose* eine Überdosis nehmen

to **overestimate** VERB
überschätzen (PERFECT *hat überschätzt*)

overhead projector NOUN
der *Tageslichtprojektor* (PL die *Tageslichtprojektoren*)

to **overlook** VERB
[1] *einen Blick haben auf* +ACC (*have view of*) (PRESENT *hat einen Blick auf*, IMPERFECT *hatte einen Blick auf*, PERFECT *hat einen Blick auf gehabt*) ◇ *The hotel overlooked the beach.* Vom Hotel hat man einen Blick auf den Strand.
[2] *übersehen* (*forget about*) (PRESENT *übersieht*, IMPERFECT *übersah*, PERFECT *hat übersehen*) ◇ *He had overlooked one important problem.* Er hatte ein wichtiges Problem übersehen.

overseas ADVERB
[1] *im Ausland* ◇ *I'd like to work overseas.* Ich würde gern im Ausland arbeiten.
[2] *ins Ausland* ◇ *His company has sent him overseas.* Seine Firma hat ihn ins Ausland geschickt.

oversight NOUN
das *Versehen* (PL die *Versehen*)

to **oversleep** VERB
(**overslept**, **overslept**)
verschlafen (PRESENT *verschläft*, IMPERFECT *verschlief*, PERFECT *hat verschlafen*) ◇ *I overslept this morning.* Ich habe heute morgen verschlafen.

to **overtake** VERB
(**overtook**, **overtaken**)
überholen (PERFECT *hat überholt*) ◇ *He overtook me.* Er hat mich überholt.

overtime NOUN
die *Überstunden* FEM PL ◇ *to work overtime* Überstunden machen

overtook VERB *see* **overtake**

overweight ADJECTIVE
- **to be overweight** Übergewicht haben

to **owe** VERB
schulden
- **to owe somebody something** jemandem etwas schulden ◇ *You owe me five pounds.* Du schuldest mir fünf Pfund.

owing to PREPOSITION
wegen ◇ *owing to bad weather* wegen des schlechten Wetters

owl NOUN
die *Eule*

to **own** VERB
see also **own** ADJECTIVE
besitzen (IMPERFECT *besaß*, PERFECT *hat besessen*) ◇ *My father owns a small business.* Mein Vater besitzt ein kleines Geschäft.

own ADJECTIVE
see also **own** VERB
eigen ◇ *I've got my own bathroom.* Ich habe mein eigenes Badezimmer.
- **I'd like a room of my own.** Ich hätte gern ein eigenes Zimmer.
- **on one's own** allein ◇ *on her own* allein ◇ *on our own* allein

owner NOUN
der *Besitzer* (PL die *Besitzer*)
die *Besitzerin*

oxygen NOUN
der *Sauerstoff*

oyster NOUN
die *Auster*

ozone layer NOUN
die *Ozonschicht*

P

PA NOUN (= *personal assistant*)
der ***Chefsekretär*** (PL die ***Chefsekretäre***)
die ***Chefsekretärin***
◇ *She's a PA.* Sie ist Chefsekretärin.
◆ **the PA system** (*public address*) die Lautsprecheranlage

pace NOUN
das ***Tempo*** (*speed*) ◇ *Technology is developing at a rapid pace.* Die Technologie entwickelt sich in schnellem Tempo.
◆ **He was walking at a brisk pace.** Er ging mit schnellen Schritten.

Pacific NOUN
der ***Pazifik***

pacifier NOUN
der ***Schnuller*** (PL die ***Schnuller***)

to **pack** VERB
see also pack NOUN
packen ◇ *I'll help you pack.* Ich helfe dir packen. ◇ *I've already packed my case.* Ich habe meinen Koffer schon gepackt.
◆ **Pack it in!** (*stop it*) Lass es!

pack NOUN
see also pack VERB
1 die ***Packung*** (*packet*) ◇ *a pack of cigarettes* eine Packung Zigaretten
2 der ***Pack*** (*of yoghurts, cans*) (PL die ***Packs***)
◇ *a six-pack* ein Sechserpack
◆ **a pack of cards** ein Spiel Karten NEUT

package NOUN
das ***Paket*** (PL die ***Pakete***)
◆ **a package holiday** eine Pauschalreise

packed ADJECTIVE
gerammelt voll ◇ *The cinema was packed.* Das Kino war gerammelt voll.

packed lunch NOUN
(PL **packed lunches**)
das ***Lunchpaket*** (PL die ***Lunchpakete***)
◆ **I take a packed lunch to school.** Ich nehme für mittags etwas zum Essen in die Schule mit.

packet NOUN
die ***Packung*** ◇ *a packet of cigarettes* eine Packung Zigaretten

pad NOUN
der ***Notizblock*** (*notepad*) (PL die ***Notizblöcke***)

to **paddle** VERB
see also paddle NOUN
1 ***paddeln*** (*canoe*)
2 ***planschen*** (*in water*)

paddle NOUN
see also paddle VERB
das ***Paddel*** (*for canoe*) (PL die ***Paddel***)
◆ **to go for a paddle** planschen gehen

padlock NOUN
das ***Vorhängeschloss*** ⚠ (GEN des ***Vorhängeschlosses***, PL die ***Vorhängeschlösser***)

page NOUN
die ***Seite*** (*of book*)

paid VERB *see* **pay**

paid ADJECTIVE
bezahlt ◇ *three weeks' paid holiday* drei Wochen bezahlter Urlaub

pail NOUN
der ***Eimer*** (PL die ***Eimer***)

pain NOUN
der ***Schmerz*** (GEN des ***Schmerzes***, PL die ***Schmerzen***) ◇ *a terrible pain* ein furchtbarer Schmerz
◆ **I've got pains in my stomach.** Ich habe Bauchschmerzen.
◆ **to be in pain** Schmerzen haben ◇ *She's in a lot of pain.* Sie hat starke Schmerzen.
◆ **He's a real pain.** Er geht einem echt auf die Nerven. (*informal*)

painful ADJECTIVE
schmerzhaft
◆ **to suffer from painful periods** starke Periodenschmerzen haben
◆ **to be painful** weh tun ◇ *Is it painful?* Tut es weh?

painkiller NOUN
das ***Schmerzmittel*** (PL die ***Schmerzmittel***)

paint NOUN
see also paint VERB
die ***Farbe***

to **paint** VERB
see also paint NOUN
1 ***streichen*** (IMPERFECT ***strich***, PERFECT ***hat gestrichen***) ◇ *to paint something green* etwas grün streichen
2 ***malen*** (*pictures*) ◇ *She painted a picture of the house.* Sie hat von dem Haus ein Bild gemalt.

paintbrush NOUN
(PL **paintbrushes**)
der ***Pinsel*** (PL die ***Pinsel***)

painter NOUN
der ***Maler*** (PL die ***Maler***)
die ***Malerin***
◆ **a painter and decorator** ein Anstreicher

painting NOUN
1 das ***Malen*** ◇ *My hobby is painting.* Malen ist mein Hobby.
2 das ***Bild*** (*picture*) (PL die ***Bilder***) ◇ *a painting by Picasso* ein Bild von Picasso

pair NOUN
das ***Paar*** (PL die ***Paare***) ◇ *a pair of shoes* ein Paar Schuhe
◆ **a pair of scissors** eine Schere
◆ **a pair of trousers** eine Hose
◆ **a pair of jeans** eine Jeans
◆ **in pairs** paarweise ◇ *We work in pairs.* Wir arbeiten paarweise.

Pakistan NOUN
Pakistan NEUT
◆ **from Pakistan** aus Pakistan
◆ **to Pakistan** nach Pakistan

Pakistani NOUN
see also Pakistani ADJECTIVE

der ***Pakistani*** (PL die ***Pakistani***)
die ***Pakistani***

Pakistani ADJECTIVE
see also Pakistani NOUN
pakistanisch
- **He's Pakistani.** Er ist Pakistani.

pal NOUN
der ***Kumpel*** (*informal*) (PL die ***Kumpel***)
der Kumpel *is also used for women.*

palace NOUN
der ***Palast*** (PL die ***Paläste***)

pale ADJECTIVE
blass ⚠ ◇ *You're very pale.* Du bist sehr blass.
- **a pale blue shirt** ein hellblaues Hemd

Palestine NOUN
Palästina NEUT
- **from Palestine** aus Palästina
- **to Palestine** nach Palästina

Palestinian ADJECTIVE
see also Palestinian NOUN
palästinensisch
- **He's Palestinian.** Er ist Palästinenser.

Palestinian NOUN
see also Palestinian ADJECTIVE
der ***Palästinenser*** (PL die ***Palästinenser***)
die ***Palästinenserin***

palm NOUN
der ***Handteller*** (*of hand*) (PL die ***Handteller***)
- **a palm tree** eine Palme

pamphlet NOUN
die ***Broschüre***

pan NOUN
1 der ***Topf*** (*saucepan*) (PL die ***Töpfe***)
2 die ***Pfanne*** (*frying pan*)

pancake NOUN
der ***Pfannkuchen*** (PL die ***Pfannkuchen***)

panic NOUN
see also panic VERB
die ***Panik***

to **panic** VERB
see also panic NOUN
in Panik geraten (PRESENT ***gerät in Panik***, IMPERFECT ***geriet in Panik***, PERFECT ***ist in Panik geraten***) ◇ *She panicked.* Sie geriet in Panik.
- **Don't panic!** Nur keine Panik!

panther NOUN
der ***Panther*** (PL die ***Panther***)

panties PL NOUN
der ***Slip*** (PL die ***Slips***) ◇ *a pair of panties* ein Slip

pantomime NOUN
das ***Weihnachtsmärchen*** (PL die ***Weihnachtsmärchen***)
Pantomime *ist ein zur Weihnachtszeit aufgeführtes Märchenspiel mit Musik und aktuellen Witzen, wobei auch das Publikum an der Handlung beteiligt wird.*

pants PL NOUN
1 die ***Unterhose*** (*underwear*) ◇ *a pair of pants* eine Unterhose
2 die ***Hose*** (*trousers*) ◇ *a pair of pants* eine Hose

pantyhose PL NOUN
die ***Strumpfhose***

paper NOUN
1 das ***Papier*** (PL die ***Papiere***) ◇ *a piece of paper* ein Stück Papier
2 die ***Zeitung*** (*newspaper*) ◇ *I saw an advert in the paper.* Ich habe eine Anzeige in der Zeitung gesehen.
- **an exam paper** eine Klausur

paperback NOUN
das ***Taschenbuch*** (PL die ***Taschenbücher***)

paper clip NOUN
die ***Büroklammer***

parachute NOUN
der ***Fallschirm*** (PL die ***Fallschirme***)

parade NOUN
die ***Parade***

paradise NOUN
das ***Paradies*** (GEN des ***Paradieses***, PL die ***Paradiese***)

paraffin NOUN
das ***Petroleum*** ◇ *a paraffin lamp* eine Petroleumlampe

paragraph NOUN
der ***Paragraph*** (GEN des ***Paragraphen***, PL die ***Paragraphen***)

parallel ADJECTIVE
parallel

paralysed ADJECTIVE
gelähmt

parcel NOUN
das ***Paket*** (PL die ***Pakete***)

pardon NOUN
- **Pardon?** Wie bitte?

parent NOUN
1 der ***Vater*** (*father*)
2 die ***Mutter*** (*mother*)
- **my parents** meine Eltern

park NOUN
see also park VERB
der ***Park*** (PL die ***Parks***) ◇ *a national park* ein Nationalpark ◇ *a theme park* ein Themenpark
- **a car park** ein Parkplatz MASC

to **park** VERB
see also park NOUN
parken ◇ *Where can I park my car?* Wo kann ich mein Auto parken?
- **We couldn't find anywhere to park.** Wir haben nirgends einen Parkplatz gefunden.

parking NOUN
das ***Parken*** ◇ *"no parking"* "Parken verboten"

parking lot NOUN
der ***Parkplatz*** (GEN des ***Parkplatzes***, PL die ***Parkplätze***)

parking meter NOUN
die ***Parkuhr***

parking ticket NOUN
der ***Strafzettel*** (PL die ***Strafzettel***)

parliament NOUN
das ***Parlament*** (PL die ***Parlamente***)

parrot NOUN
der ***Papagei*** (PL die ***Papageien***)

parsley NOUN
die *Petersilie*

part NOUN
[1] der *Teil* (*section*) (PL die *Teile*) ◇ *The first part of the film was boring.* Der erste Teil des Films war langweilig.
[2] das *Teil* (*component*) (PL die *Teile*) ◇ *spare parts* Ersatzteile
[3] die *Rolle* (*in play, film*)
◆ **to take part in something** an etwas teilnehmen ◇ *A lot of people took part in the demonstration.* An der Demonstration haben viele Menschen teilgenommen.

particular ADJECTIVE
bestimmt ◇ *I am looking for a particular book.* Ich suche ein bestimmtes Buch.
◆ **Are you looking for anything particular?** Suchen Sie nach etwas Bestimmtem?
◆ **nothing in particular** nichts Bestimmtes

particularly ADVERB
besonders

parting NOUN
der *Scheitel* (*in hair*) (PL die *Scheitel*)

partly ADVERB
zum Teil

partner NOUN
der *Partner* (PL die *Partner*)
die *Partnerin*

part-time ADJECTIVE, ADVERB
Teilzeit ◇ *a part-time job* eine Teilzeitarbeit ◇ *She works part-time.* Sie arbeitet Teilzeit.

party NOUN
(PL **parties**)
[1] die *Party* (PL die *Partys*) ◇ *a birthday party* eine Geburtstagsparty ◇ *a New Year party* eine Silvesterparty
[2] die *Partei* (*political*) ◇ *the Conservative Party* die Konservative Partei
[3] die *Gruppe* (*group*) ◇ *a party of tourists* eine Gruppe Touristen

pass NOUN
(PL **passes**)
see also pass VERB
der *Pass* ⚠ (GEN des *Passes*, PL die *Pässe*)
◇ *The pass was blocked with snow.* Der Pass war zugeschneit. ◇ *That was a good pass by Ferguson.* Das war ein guter Pass von Ferguson.
◆ **to get a pass** (*in exam*) bestehen ◇ *She got a pass in her piano exam.* Sie hat ihre Klavierprüfung bestanden. ◇ *I got six passes.* Ich habe in sechs Fächern bestanden.
◆ **a bus pass (1)** (*monthly*) eine Monatskarte für den Bus
◆ **a bus pass (2)** (*for old-age pensioners*) eine Seniorenkarte für den Bus

*Almost all German cities operate an integrated public transport system; you can buy a weekly (*Wochenkarte*), monthly (*Monatskarte*) or yearly (*Jahreskarte*) pass which are valid for that period on all buses, trams and light railway vehicles in a particular zone.*

to **pass** VERB
see also pass NOUN
[1] *geben* (*give*) (PRESENT *gibt*, IMPERFECT *gab*, PERFECT *hat gegeben*) ◇ *Could you pass me the salt, please?* Könntest du mir bitte das Salz geben?
[2] *vergehen* (*go by*) (IMPERFECT *verging*, PERFECT *ist vergangen*) ◇ *The time has passed quickly.* Die Zeit ist schnell vergangen.
[3] *vorbeigehen an* +DAT (*on foot*) (IMPERFECT *ging vorbei*, PERFECT *ist vorbeigegangen*) ◇ *I pass his house on my way to school.* Auf dem Weg zur Schule gehe ich an seinem Haus vorbei.
[4] *vorbeifahren an* +DAT (*in vehicle*) (PRESENT *fährt vorbei*, IMPERFECT *fuhr vorbei*, PERFECT *ist vorbeigefahren*) ◇ *We passed the post office.* Wir sind an der Post vorbeigefahren.
[5] *bestehen* (*exam*) (IMPERFECT *bestand*, PERFECT *hat bestanden*) ◇ *Did you pass?* Hast du bestanden?
◆ **to pass an exam** eine Prüfung bestehen ◇ *I hope I'll pass the exam.* Ich hoffe, dass ich die Prüfung bestehe.

to **pass out** VERB
ohnmächtig werden (*faint*) (PRESENT *wird ohnmächtig*, IMPERFECT *wurde ohnmächtig*, PERFECT *ist ohnmächtig geworden*)

passage NOUN
[1] der *Abschnitt* (*piece of writing*) (PL die *Abschnitte*) ◇ *Read the passage carefully.* Lest den Abschnitt sorgfältig durch.
[2] der *Gang* (*corridor*) (PL die *Gänge*)

passenger NOUN
der *Passagier* (PL die *Passagiere*)
der Passagier *is also used for women.*

passion NOUN
die *Leidenschaft*

passive ADJECTIVE
passiv
◆ **passive smoking** das Passivrauchen

passport NOUN
der *Pass* ⚠ (GEN des *Passes*, PL die *Pässe*)
◇ *passport control* die Passkontrolle

password NOUN
das *Passwort* ⚠ (PL die *Passwörter*)

past ADVERB, PREPOSITION
see also past NOUN
nach (*beyond*) ◇ *It's on the right, just past the station.* Es ist auf der rechten Seite, gleich nach dem Bahnhof. ◇ *It's quarter past nine.* Es ist Viertel nach neun.
◆ **It's past midnight.** Es ist schon nach Mitternacht.
◆ **It's half past ten.** Es ist halb elf.
◆ **to go past (1)** (*vehicle*) vorbeifahren ◇ *The bus went past without stopping.* Der Bus ist vorbeigefahren, ohne anzuhalten. ◇ *The bus goes past our house.* Der Bus fährt an unserem Haus vorbei.

◆ **to go past (2)** (*on foot*) vorbeigehen ◇ *He went past without saying hello.* Er ging vorbei, ohne hallo zu sagen. ◇ *I went past your house yesterday.* Ich bin gestern an eurem Haus vorbeigegangen.

past NOUN
see also past ADVERB
die ***Vergangenheit*** ◇ *She lives in the past.* Sie lebt in der Vergangenheit.
◆ **in the past** (*previously*) früher ◇ *That was common in the past.* Das war früher üblich.

pasta NOUN
die ***Teigwaren*** FEM PL ◇ *Pasta is easy to cook.* Teigwaren sind leicht zu kochen.

paste NOUN
der ***Leim*** (*glue*) (PL die ***Leime***)

pasteurized ADJECTIVE
pasteurisiert

pastime NOUN
der ***Zeitvertreib*** (PL die ***Zeitvertreibe***)
◇ *Crossword puzzles are a popular pastime.* Kreuzworträtsel sind ein beliebter Zeitvertreib.
◆ **Her favourite pastime is knitting.** Stricken ist ihre Lieblingsbeschäftigung.

pastry NOUN
der ***Teig***
◆ **pastries** (*cakes*) das Gebäck SING

patch NOUN
(PL **patches**)
[1] das ***Stück*** (PL die ***Stücke***) ◇ *a patch of material* ein Stück Stoff
[2] der ***Flicken*** (*for flat tyre*) (PL die ***Flicken***)
◆ **He's got a bald patch.** Er hat eine kahle Stelle.

patched ADJECTIVE
geflickt ◇ *a pair of patched jeans* eine geflickte Jeans

pâté NOUN
die ***Fleischpastete***
◆ **liver pâté** die Leberwurst

path NOUN
der ***Weg*** (PL die ***Wege***)

pathetic ADJECTIVE
schrecklich schlecht ◇ *Our team was pathetic.* Unsere Mannschaft war schrecklich schlecht.

patience NOUN
[1] die ***Geduld*** ◇ *He hasn't got much patience.* Er hat nicht viel Geduld.
[2] die ***Patience*** (*card game*) ◇ *to play patience* Patience spielen

patient NOUN
see also patient ADJECTIVE
der ***Patient*** (GEN des ***Patienten***, PL die ***Patienten***)
die ***Patientin***

patient ADJECTIVE
see also patient NOUN
geduldig

patio NOUN
(PL **patios**)
die ***Terrasse***

patriotic ADJECTIVE
patriotisch

patrol NOUN
[1] die ***Patrouille*** (*military*)
[2] die ***Streife*** (*of police*)

patrol car NOUN
der ***Streifenwagen*** (PL die ***Streifenwagen***)

pattern NOUN
das ***Muster*** (PL die ***Muster***) ◇ *a geometric pattern* ein geometrisches Muster ◇ *a sewing pattern* ein Nähmuster

pause NOUN
die ***Pause***

pavement NOUN
der ***Bürgersteig*** (PL die ***Bürgersteige***)

pavilion NOUN
der ***Pavillon*** (PL die ***Pavillons***)

paw NOUN
die ***Pfote***

pay NOUN
see also pay VERB
die ***Bezahlung***

to **pay** VERB
(**paid**, **paid**)
see also pay NOUN
bezahlen (PERFECT ***hat bezahlt***) ◇ *They pay me more on Sundays.* Sie bezahlen mir sonntags mehr. ◇ *to pay by cheque* mit Scheck bezahlen ◇ *to pay by credit card* mit Kreditkarte bezahlen
◆ **to pay for something** für etwas bezahlen ◇ *I paid fifty marks for it.* Ich habe fünfzig Mark dafür bezahlt. ◇ *I paid for my ticket.* Ich habe meine Fahrkarte bezahlt.
◆ **to pay extra for something** für etwas extra bezahlen ◇ *You have to pay extra for parking.* Fürs Parken müssen Sie extra bezahlen.
◆ **to pay attention** aufpassen ◇ *You should pay more attention.* Du solltest besser aufpassen.
◆ **Don't pay any attention to him.** Beachte ihn einfach nicht.
◆ **to pay somebody a visit** jemanden besuchen ◇ *Paul paid us a visit last night.* Paul hat uns gestern Abend besucht.
◆ **to pay somebody back** (*money*) es jemandem zurückzahlen ◇ *I'll pay you back tomorrow.* Ich zahle es dir morgen zurück.

payment NOUN
die ***Bezahlung***

payphone NOUN
der ***Münzfernsprecher*** (PL die ***Münzfernsprecher***)

PC NOUN (= *personal computer*)
der ***PC*** (PL die ***PCs***) ◇ *She typed the report on her PC.* Sie hat den Bericht am PC erfasst.

PE NOUN (= *physical education*)
der ***Sportunterricht***

pea NOUN
die ***Erbse***

peace NOUN
[1] der ***Frieden*** (*after war*)
[2] die ***Stille*** (*quietness*)

peaceful ADJECTIVE
[1] ***ruhig*** (*calm*) ◇ *a peaceful afternoon* ein

ruhiger Nachmittag
[2] *friedlich* (*not violent*) ◇ *a peaceful protest* ein friedlicher Protest

peach NOUN
(PL **peaches**)
der *Pfirsich* (PL die *Pfirsiche*)

peacock NOUN
der *Pfau* (PL die *Pfauen*)

peak NOUN
der *Gipfel* (*of mountain*) (PL die *Gipfel*)
◆ **the peak rate** der Spitzentarif ◇ *You pay the peak rate for calls at this time of day.* Um diese Tageszeit zahlt man fürs Telefonieren den Spitzentarif.
◆ **in peak season** in der Hochsaison

peanut NOUN
die *Erdnuss* ⚠ (PL die *Erdnüsse*) ◇ *a packet of peanuts* eine Packung Erdnüsse

peanut butter NOUN
die *Erdnussbutter* ⚠ ◇ *a peanut-butter sandwich* ein Brot mit Erdnussbutter

pear NOUN
die *Birne*

pearl NOUN
die *Perle*

pebble NOUN
der *Kieselstein* (PL die *Kieselsteine*)
◆ **a pebble beach** ein Kieselstrand MASC

peculiar ADJECTIVE
eigenartig ◇ *He's a peculiar person.* Er ist ein eigenartiger Mensch. ◇ *It tastes peculiar.* Es schmeckt eigenartig.

pedal NOUN
das *Pedal* (PL die *Pedale*)

pedestrian NOUN
der *Fußgänger* (PL die *Fußgänger*)
die *Fußgängerin*

pedestrian crossing NOUN
der *Fußgängerüberweg* (PL die *Fußgängerüberwege*)

pedestrianized ADJECTIVE
◆ **a pedestrianized street** eine Fußgängerzone

pedigree ADJECTIVE
reinrassig (*animal*) ◇ *a pedigree labrador* ein reinrassiger Labrador

pee NOUN
◆ **to have a pee** pinkeln (*informal*)

peel NOUN
see also **peel** VERB
die *Schale* (*of orange*)

to **peel** VERB
see also **peel** NOUN
[1] *schälen* ◇ *Shall I peel the potatoes?* Soll ich die Kartoffeln schälen?
[2] *sich schälen* ◇ *My nose is peeling.* Meine Nase schält sich.

peg NOUN
[1] der *Haken* (*for coats*) (PL die *Haken*)
[2] die *Wäscheklammer* (*clothes peg*)
[3] der *Hering* (*tent peg*) (PL die *Heringe*)

Pekinese NOUN
der *Pekinese* (GEN des *Pekinesen*, PL die *Pekinesen*)

pellet NOUN
die *Schrotkugel* (*for gun*)

pelvis NOUN
(PL **pelvises**)
das *Becken* (PL die *Becken*)

pen NOUN
der *Schreiber* (PL die *Schreiber*)

to **penalize** VERB
bestrafen (PERFECT *hat bestraft*)

penalty NOUN
(PL **penalties**)
[1] die *Strafe* (*punishment*) ◇ *the death penalty* die Todesstrafe
[2] der *Elfmeter* (*in football*) (PL die *Elfmeter*)
[3] der *Strafstoß* (*in rugby*) (GEN des *Strafstoßes*, PL die *Strafstöße*)
◆ **a penalty shoot-out** ein Elfmeterschießen NEUT

pence PL NOUN
die *Pence* MASC PL

pencil NOUN
der *Bleistift* (PL die *Bleistifte*)
◆ **in pencil** mit Bleistift

pencil case NOUN
das *Federmäppchen* (PL die *Federmäppchen*)

pencil sharpener NOUN
der *Bleistiftspitzer* (PL die *Bleistiftspitzer*)

pendant NOUN
der *Anhänger* (PL die *Anhänger*)

pen friend NOUN
der *Brieffreund* (PL die *Brieffreunde*)
die *Brieffreundin*

penguin NOUN
der *Pinguin* (PL die *Pinguine*)

penicillin NOUN
das *Penizillin*

penis NOUN
(PL **penises**)
der *Penis* (GEN des *Penis*, PL die *Penisse*)

penitentiary
(PL **penitentiaries**) NOUN
das *Gefängnis* (GEN des *Gefängnisses*, PL die *Gefängnisse*)

penknife NOUN
(PL **penknives**)
das *Taschenmesser* (PL die *Taschenmesser*)

penny NOUN
(PL **pence**)
der *Penny* (PL die *Pennys* or *Pence*)

pension NOUN
die *Rente*

pensioner NOUN
der *Rentner* (PL die *Rentner*)
die *Rentnerin*

pentathlon NOUN
der *Fünfkampf* (PL die *Fünfkämpfe*)

people PL NOUN
[1] die *Leute* PL ◇ *The people were nice.* Die Leute waren nett. ◇ *a lot of people* viele Leute
[2] die *Menschen* MASC PL (*individuals*) ◇ *six people* sechs Menschen ◇ *several*

people mehrere Menschen
- **German people** die Deutschen
- **black people** die Schwarzen
- **People say that...** Man sagt, dass...

pepper NOUN
[1] der ***Pfeffer*** (*spice*) ◇ *Pass the pepper, please.* Gib mir mal bitte den Pfeffer.
[2] die ***Paprikaschote*** (*vegetable*) ◇ *a green pepper* eine grüne Paprikaschote

peppermill NOUN
die ***Pfeffermühle***

peppermint NOUN
das ***Pfefferminzbonbon*** (*sweet*) (PL die ***Pfefferminzbonbons***)
- **peppermint chewing gum** der Kaugummi mit Pfefferminzgeschmack

per PREPOSITION
pro ◇ *per day* pro Tag ◇ *per week* pro Woche
- **thirty miles per hour** dreißig Meilen in der Stunde

per cent ADVERB
das ***Prozent*** ◇ *fifty per cent* fünfzig Prozent

percolator NOUN
die ***Kaffeemaschine***

percussion NOUN
das ***Schlagzeug*** (PL die ***Schlagzeuge***) ◇ *I play percussion.* Ich spiele Schlagzeug.

perfect ADJECTIVE
perfekt ◇ *Manfred speaks perfect English.* Manfred spricht perfekt Englisch.

perfectly ADVERB
[1] ***ganz*** ◇ *You know perfectly well what happened.* Du weißt ganz genau, was passiert ist.
[2] ***perfekt*** (*very well*) ◇ *The system worked perfectly.* Das System hat perfekt funktioniert.

to **perform** VERB
spielen (*act, play*)

performance NOUN
[1] die ***Vorstellung*** (*show*) ◇ *The performance lasts two hours.* Die Vorstellung dauert zwei Stunden.
[2] die ***Darstellung*** (*acting*) ◇ *his performance as Hamlet* seine Darstellung des Hamlet
[3] die ***Leistung*** (*results*) ◇ *the team's poor performance* die schwache Leistung der Mannschaft

perfume NOUN
das ***Parfüm*** (PL die ***Parfüme***)

perhaps ADVERB
vielleicht ◇ *a bit boring, perhaps* etwas langweilig vielleicht ◇ *Perhaps he's ill.* Vielleicht ist er krank. ◇ *perhaps not* vielleicht nicht

period NOUN
[1] die ***Zeit*** ◇ *for a limited period* für eine begrenzte Zeit
[2] die ***Epoche*** (*in history*) ◇ *the Victorian period* die viktorianische Epoche
[3] die ***Periode*** (*menstruation*) ◇ *I'm having my period.* Ich habe meine Periode.
[4] die ***Stunde*** (*lesson time*) ◇ *Each period lasts forty minutes.* Jede Stunde dauert vierzig Minuten.

perm NOUN
die ***Dauerwelle*** ◇ *She's got a perm.* Sie hat eine Dauerwelle.
- **to have a perm** sich eine Dauerwelle machen lassen ◇ *I'm going to have a perm.* Ich lasse mir eine Dauerwelle machen.

permanent ADJECTIVE
[1] ***dauerhaft*** (*damage, solution, relationship*) ◇ *We need a permanent solution.* Wir brauchen eine dauerhafte Lösung.
[2] ***dauernd*** (*difficulties, tension*) ◇ *a permanent headache* dauernde Kopfschmerzen
[3] ***fest*** (*job, address*) ◇ *I'm hoping to get a permanent job.* Ich hoffe, ich finde eine feste Arbeit.

permission NOUN
die ***Erlaubnis*** (PL die ***Erlaubnisse***) ◇ *to ask somebody's permission* jemanden um Erlaubnis bitten
- **Could I have permission to leave early?** Darf ich früher gehen?

permit NOUN
der ***Schein*** (PL die ***Scheine***) ◇ *a fishing permit* ein Angelschein

to **persecute** VERB
verfolgen (PERFECT ***hat verfolgt***)

Persian ADJECTIVE
- **a Persian cat** eine Perserkatze

persistent ADJECTIVE
hartnäckig (*person*)

person NOUN
[1] der ***Mensch*** (GEN des ***Menschen***, PL die ***Menschen***) ◇ *She's a very nice person.* Sie ist ein netter Mensch.
[2] die ***Person*** (*in grammar*) ◇ *first person singular* erste Person Singular
- **in person** persönlich

personal ADJECTIVE
persönlich

personality NOUN
(PL **personalities**)
die ***Persönlichkeit***

personally ADVERB
persönlich ◇ *I don't know him personally.* Ich kenne ihn nicht persönlich. ◇ *Personally I don't agree.* Ich persönlich bin nicht einverstanden.

personal stereo NOUN
(PL **personal stereos**)
der ***Walkman®*** (PL die ***Walkmans***)

personnel NOUN
das ***Personal***

perspiration NOUN
der ***Schweiß***

to **persuade** VERB
überreden (PERFECT ***hat überredet***)
- **to persuade somebody to do something** jemanden überreden, etwas zu tun ◇ *She persuaded me to go with her.* Sie hat mich überredet mitzukommen.

pessimist NOUN
der *Pessimist* (GEN des *Pessimisten*, PL die *Pessimisten*)
die *Pessimistin*
◇ *I'm a pessimist.* Ich bin Pessimist.

pessimistic ADJECTIVE
pessimistisch

pest NOUN
die *Nervensäge* (*person*) ◇ *He's a real pest!* Er ist eine echte Nervensäge!

to **pester** VERB
belästigen ◇ *I wish she would stop pestering me.* Ich wünschte, sie würde aufhören, mich zu belästigen.
◆ **The children pestered her to take them to the zoo.** Die Kinder ließen ihr keine Ruhe, mit ihnen in den Zoo zu gehen.

pet NOUN
das *Haustier* (PL die *Haustiere*) ◇ *Have you got a pet?* Hast du ein Haustier?
◆ **She's the teacher's pet.** Sie ist das Schätzchen der Lehrerin.

petition NOUN
die *Petition* ◇ *a petition for the abolition of school uniform* Eine Petition für die Abschaffung der Schuluniform.

petrified ADJECTIVE
◆ **to be petrified of something** panische Angst vor etwas haben ◇ *She's petrified of spiders.* Sie hat panische Angst vor Spinnen.

petrol NOUN
das *Benzin* (PL die *Benzine*)
◆ **unleaded petrol** bleifreies Benzin
◆ **leaded petrol** verbleites Benzin
◆ **Four-star petrol, please.** Super, bitte.

petrol station NOUN
die *Tankstelle*

petrol tank NOUN
der *Benzintank* (PL die *Benzintanks*)

phantom NOUN
der *Geist* (PL die *Geister*)

pharmacy NOUN
(PL **pharmacies**)
die *Apotheke*

pheasant NOUN
der *Fasan* (PL die *Fasane*)

philosophy NOUN
die *Philosophie*

phobia NOUN
die *Phobie*

phone NOUN
see also phone VERB
das *Telefon* (PL die *Telefone*) ◇ *Where's the phone?* Wo ist das Telefon? ◇ *Is there a phone here?* Gibt es hier ein Telefon?
◆ **by phone** telefonisch
◆ **to be on the phone (1)** (*speaking*) telefonieren ◇ *She's on the phone at the moment.* Sie telefoniert gerade.
◆ **to be on the phone (2)** (*connected*) Telefonanschluss haben ◇ *They're not on the phone.* Sie haben keinen Telefonanschluss.
◆ **Can I use the phone, please?** Kann ich mal bitte telefonieren?

to **phone** VERB
see also phone NOUN
anrufen (IMPERFECT *rief an*, PERFECT *hat angerufen*) ◇ *I tried to phone you yesterday.* Ich habe gestern versucht, dich anzurufen.

phone bill NOUN
die *Telefonrechnung*

phone book NOUN
das *Telefonbuch* (PL die *Telefonbücher*)

phone box NOUN
(PL **phone boxes**)
die *Telefonzelle*

phone call NOUN
der *Anruf* (PL die *Anrufe*) ◇ *There's a phone call for you.* Da ist ein Anruf für Sie.
◆ **to make a phone call** telefonieren ◇ *Can I make a phone call?* Kann ich telefonieren?

phonecard NOUN
die *Telefonkarte*

phone number NOUN
die *Telefonnummer*

photo NOUN
(PL **photos**)
das *Foto* (PL die *Fotos*) ◇ *to take a photo* ein Foto machen ◇ *to take a photo of somebody* ein Foto von jemandem machen

photocopier NOUN
der *Fotokopierer* (PL die *Fotokopierer*)

photocopy NOUN
(PL **photocopies**)
see also photocopy VERB
die *Fotokopie*

to **photocopy** VERB
(**photocopied**)
see also photocopy NOUN
fotokopieren (PERFECT *hat fotokopiert*)

photograph NOUN
see also photograph VERB
das *Foto* (PL die *Fotos*) ◇ *to take a photograph* ein Foto machen ◇ *to take a photograph of somebody* ein Foto von jemandem machen

to **photograph** VERB
see also photograph NOUN
fotografieren (PERFECT *hat fotografiert*)

photographer NOUN
der *Fotograf* (GEN des *Fotografen*, PL die *Fotografen*)
die *Fotografin*
◇ *She's a photographer.* Sie ist Fotografin.

photography NOUN
die *Fotografie* ◇ *My hobby is photography.* Mein Hobby ist die Fotografie.

phrase NOUN
die *Wendung*

phrase book NOUN
der *Sprachführer* (PL die *Sprachführer*)

physical ADJECTIVE
see also physical NOUN
körperlich (*of the body*) ◇ *physical exercise*

körperliche Bewegung
- **physical education** der Sportunterricht
- **physical therapist** der Krankengymnast

physical NOUN
see also physical ADJECTIVE
die *ärztliche Untersuchung*

physicist NOUN
der *Physiker* (PL die *Physiker*)
die *Physikerin*
◇ *He's a physicist.* Er ist Physiker.

physics NOUN
die *Physik* ◇ *She teaches physics.* Sie unterrichtet Physik.

physiotherapist NOUN
der *Krankengymnast* (GEN des *Krankengymnasten*, PL die *Krankengymnasten*)
die *Krankengymnastin*

physiotherapy NOUN
die *Krankengymnastik*

pianist NOUN
der *Pianist* (GEN des *Pianisten*, PL die *Pianisten*)
die *Pianistin*

piano NOUN
(PL **pianos**)
das *Klavier* (PL die *Klaviere*) ◇ *I play the piano.* Ich spiele Klavier. ◇ *I have piano lessons.* Ich nehme Klavierstunden.

pick NOUN
see also pick VERB
- **Take your pick!** Du hast die Wahl!

to **pick** VERB
see also pick NOUN
1 *auswählen* (*choose*) (PERFECT *hat ausgewählt*) ◇ *I picked the biggest piece.* Ich habe das größte Stück ausgewählt. ◇ *I've been picked for the team.* Ich bin für die Mannschaft ausgewählt worden.
2 *pflücken* (*fruit, flowers*)
- **to pick on somebody** auf jemandem herumhacken ◇ *She's always picking on me.* Sie hackt dauernd auf mir herum.
- **to pick out** auswählen ◇ *I like them all – it's difficult to pick one out.* Sie gefallen mir alle – es ist schwierig, eins auszuwählen.
- **to pick up (1)** (*collect*) abholen ◇ *We'll come to the airport to pick you up.* Wir holen dich am Flughafen ab.
- **to pick up (2)** (*from floor*) aufheben ◇ *Could you help me pick up the toys?* Kannst du mir helfen, die Spielsachen aufzuheben?
- **to pick up (3)** (*learn*) aufschnappen (*informal*) ◇ *I picked up some Spanish during my holiday.* Ich habe während der Ferien etwas Spanisch aufgeschnappt.

pickpocket NOUN
der *Taschendieb* (PL die *Taschendiebe*)
die *Taschendiebin*

picnic NOUN
das *Picknick* (PL die *Picknicke*)
- **to have a picnic** picknicken ◇ *We had a picnic on the beach.* Wir haben am Strand gepicknickt.

picture NOUN
1 das *Bild* (PL die *Bilder*) ◇ *Children's books have lots of pictures.* Kinderbücher sind voller Bilder.
- **to draw a picture of something** etwas zeichnen

2 das *Foto* (PL die *Fotos*) ◇ *My picture was in the paper.* Mein Foto war in der Zeitung.
3 das *Gemälde* (*painting*) (PL die *Gemälde*) ◇ *a famous picture* ein berühmtes Gemälde
- **to paint a picture of something** etwas malen
- **the pictures** (*cinema*) das Kino ◇ *Shall we go to the pictures?* Sollen wir ins Kino gehen?

picturesque ADJECTIVE
malerisch

pie NOUN
1 die *Pastete* (*savoury*)
2 der *Obstkuchen* (*sweet*) (PL die *Obstkuchen*)
- **an apple pie** ein gedeckter Apfelkuchen

piece NOUN
das *Stück* (PL die *Stücke*) ◇ *A small piece, please.* Ein kleines Stück, bitte.
- **a piece of furniture** ein Möbelstück
- **a piece of advice** ein Ratschlag MASC

pier NOUN
der *Pier* (PL die *Piere*)

pierced ADJECTIVE
durchstochen ◇ *I've got pierced ears.* Ich habe durchstochene Ohrläppchen.

pig NOUN
das *Schwein* (PL die *Schweine*)

pigeon NOUN
die *Taube*

piggy bank NOUN
das *Sparschwein* (PL die *Sparschweine*)

pigtail NOUN
der *Zopf* (PL die *Zöpfe*)

pile NOUN
1 der *Stapel* (*tidy*) (PL die *Stapel*)
2 der *Haufen* (*untidy*) (PL die *Haufen*)

pill NOUN
die *Pille*
- **to be on the pill** die Pille nehmen

pillar NOUN
die *Säule*

pillar box NOUN
(PL **pillar boxes**)
der *Briefkasten* (PL die *Briefkästen*)

pillow NOUN
das *Kopfkissen* (PL die *Kopfkissen*)

pilot NOUN
der *Pilot* (GEN des *Piloten*, PL die *Piloten*)
die *Pilotin*
◇ *He's a pilot.* Er ist Pilot.

pimple NOUN
der *Pickel* (PL die *Pickel*)

pin NOUN
die *Stecknadel*
- **I've got pins and needles in my foot.** Mein Fuß ist eingeschlafen.

PIN NOUN (= *personal identification number*)
die *PIN-Nummer*

pinafore NOUN
die *Schürze*

pinball NOUN
der *Flipper* (PL die *Flipper*)
- **to play pinball** flippern
- **a pinball machine** ein Flipper

to **pinch** VERB
1 *kneifen* (IMPERFECT *kniff*, PERFECT *hat gekniffen*) ◇ *He pinched me!* Er hat mich gekniffen!
2 *klauen* (*informal: steal*) ◇ *Who's pinched my pen?* Wer hat meinen Schreiber geklaut?

pine NOUN
die *Kiefer* ◇ *a pine table* ein Kieferntisch MASC

pineapple NOUN
die *Ananas* (PL die *Ananas*)

pink ADJECTIVE
rosa
rosa *is invariable.*
◇ *a pink shirt* ein rosa Hemd

pint NOUN
das *Pint* (PL die *Pints*)
In Germany measurements are in litres and centilitres. A pint is about 0.6 litres. German people don't drink pints of beer, they are more likely to order ein großes Bier.
- **to have a pint** ein Bier trinken ◇ *He's gone out for a pint.* Er ist ein Bier trinken gegangen.

pipe NOUN
1 das *Rohr* (*for water, gas*) (PL die *Rohre*) ◇ *The pipes froze.* Die Rohre sind eingefroren.
2 die *Pfeife* (*for smoking*) ◇ *He smokes a pipe.* Er raucht Pfeife.
- **the pipes** (*bagpipes*) der Dudelsack SING ◇ *He plays the pipes.* Er spielt Dudelsack.

pirate NOUN
der *Pirat* (GEN des *Piraten*, PL die *Piraten*)

pirated ADJECTIVE
- **a pirated video** ein Raubvideo NEUT

Pisces SING NOUN
die *Fische* MASC PL ◇ *I'm Pisces.* Ich bin Fisch.

pissed ADJECTIVE
besoffen (*informal*)

pissed off ADJECTIVE
- **I'm pissed off with him.** Ich hab die Schnauze voll von ihm. (*rude*)

pistol NOUN
die *Pistole*

pitch NOUN
(PL **pitches**)
see also pitch VERB
der *Platz* (GEN des *Platzes*, PL die *Plätze*) ◇ *a football pitch* ein Fußballplatz

to **pitch** VERB
see also pitch NOUN
aufschlagen (*tent*) (PRESENT *schlägt auf*, IMPERFECT *schlug auf*, PERFECT *hat aufgeschlagen*) ◇ *We pitched our tent near the beach.* Wir haben unser Zelt in der Nähe des Strandes aufgeschlagen.

pity NOUN
see also pity VERB
das *Mitleid*
- **What a pity!** Wie schade!

to **pity** VERB
(**pitied**)
see also pity NOUN
bemitleiden (PERFECT *hat bemitleidet*)

pizza NOUN
die *Pizza* (PL die *Pizzas*)

place NOUN
see also place VERB
1 der *Ort* (*location*) (PL die *Orte*) ◇ *It's a quiet place.* Es ist ein ruhiger Ort. ◇ *There are a lot of interesting places to visit.* Es gibt viele interessante Orte zu besuchen.
2 der *Platz* (*space*) (GEN des *Platzes*, PL die *Plätze*) ◇ *a parking place* ein Parkplatz ◇ *a university place* ein Studienplatz
- **to change places** die Plätze tauschen ◇ *Tamsin, change places with Christine!* Tamsin, tausch die Plätze mit Christine!
- **to take place** stattfinden
- **at your place** bei dir ◇ *Shall we meet at your place?* Sollen wir uns bei dir treffen?
- **to my place** zu mir ◇ *Do you want to come round to my place?* Willst du noch zu mir mitkommen?

to **place** VERB
see also place NOUN
legen ◇ *He placed his hand on hers.* Er legte seine Hand auf ihre.
- **He was placed third.** Er wurde Dritter.

plaid ADJECTIVE
kariert ◇ *a plaid shirt* ein kariertes Hemd

plain NOUN
see also plain ADJECTIVE
die *Ebene*

plain ADJECTIVE, ADVERB
see also plain NOUN
1 *einfarbig* (*self-coloured*) ◇ *a plain carpet* ein einfarbiger Teppich
2 *einfach* (*not fancy*) ◇ *a plain white blouse* eine einfache weiße Bluse

plain chocolate NOUN
die *bittere Schokolade*

plait NOUN
der *Zopf* (PL die *Zöpfe*) ◇ *She wears her hair in a plait.* Sie trägt einen Zopf.

plan NOUN
see also plan VERB
der *Plan* (PL die *Pläne*) ◇ *What are your plans for the holidays?* Welche Ferienpläne habt ihr? ◇ *to make plans* Pläne machen ◇ *a plan of the campsite* ein Plan des Zeltplatzes
- **Everything went according to plan.** Alles lief nach Plan.
- **my essay plan** das Konzept für meinen Aufsatz

to **plan** VERB
see also plan NOUN
planen ◇ *We're planning a trip to Germany.*

Wir planen eine Reise nach Deutschland. ◇ *Plan your revision carefully.* Plant eure Stoffwiederholung sorgfältig.

◆ **to plan to do something** vorhaben, etwas zu tun ◇ *I'm planning to get a job in the holidays.* Ich habe vor, einen Ferienjob zu machen.

plane NOUN
das ***Flugzeug*** (PL die *Flugzeuge*) ◇ *by plane* mit dem Flugzeug

planet NOUN
der ***Planet*** (GEN des *Planeten*, PL die *Planeten*)

planning NOUN
die ***Planung*** ◇ *family planning* die Familienplanung

◆ **The trip needs careful planning.** Die Reise muss sorgfältig geplant werden.

plant NOUN
see also plant VERB
1 die ***Pflanze*** ◇ *to water the plants* die Pflanzen gießen
2 die ***Fabrik*** (*factory*)

to **plant** VERB
see also plant NOUN
pflanzen

plaster NOUN
1 das ***Pflaster*** (*sticking plaster*) (PL die *Pflaster*) ◇ *Have you got a plaster, by any chance?* Hast du zufälligerweise ein Pflaster?
2 der ***Gips*** (*for fracture*) (GEN des *Gipses*, PL die *Gipse*) ◇ *Her leg's in plaster.* Sie hat das Bein in Gips.

plastic NOUN
see also plastic ADJECTIVE
das ***Plastik*** ◇ *It's made of plastic.* Es ist aus Plastik.

plastic ADJECTIVE
see also plastic NOUN
aus Plastik ◇ *a plastic mac* ein Regenmantel aus Plastik

◆ **a plastic bag** eine Plastiktüte

plate NOUN
der ***Teller*** (*for food*) (PL die *Teller*)

platform NOUN
1 der ***Bahnsteig*** (*at station*) (PL die *Bahnsteige*) ◇ *on platform seven* auf Bahnsteig sieben
2 das ***Podium*** (*for performers*) (PL die *Podien*)

play NOUN
see also play VERB
das ***Stück*** (PL die *Stücke*) ◇ *a play by Shakespeare* ein Stück von Shakespeare ◇ *to put on a play* ein Stück aufführen

to **play** VERB
see also play NOUN
1 ***spielen*** ◇ *He's playing with his friends.* Er spielt mit seinen Freunden. ◇ *What sort of music do they play?* Welche Art von Musik spielen sie? ◇ *I play hockey.* Ich spiele Hockey. ◇ *I play the guitar.* Ich spiele Gitarre. ◇ *She's always playing that record.* Sie spielt dauernd diese Platte.
2 ***spielen gegen*** (*against person, team*) ◇ *Germany will play Scotland next month.* Deutschland spielt nächsten Monat gegen Schottland.

player NOUN
der ***Spieler*** (PL die *Spieler*)
die ***Spielerin***
◇ *a football player* ein Fußballspieler

playful ADJECTIVE
verspielt

playground NOUN
1 der ***Schulhof*** (*at school*) (PL die *Schulhöfe*)
2 der ***Spielplatz*** (*in park*) (GEN des *Spielplatzes*, PL die *Spielplätze*)

playgroup NOUN
die ***Spielgruppe***

playing field NOUN
der ***Sportplatz*** (GEN des *Sportplatzes*, PL die *Sportplätze*)

playtime NOUN
die ***Pause***

playwright NOUN
der ***Dramatiker*** (PL die *Dramatiker*)
die ***Dramatikerin***

pleasant ADJECTIVE
angenehm

please EXCLAMATION
bitte ◇ *Two coffees, please.* Zwei Kaffee bitte.

pleased ADJECTIVE
1 ***erfreut*** (*happy*) ◇ *My mother's not going to be very pleased.* Meine Mutter wird nicht sehr erfreut sein.
2 ***zufrieden*** (*satisfied*) ◇ *It's beautiful, she'll be pleased with it.* Es ist wunderschön, sie wird damit sehr zufrieden sein.

◆ **to be pleased about something** sich über etwas freuen ◇ *Are you pleased about the exam results?* Freust du dich über die Prüfungsergebnisse?

◆ **Pleased to meet you!** Angenehm!

pleasure NOUN
das ***Vergnügen*** (PL die *Vergnügen*) ◇ *I read for pleasure.* Ich lese zum Vergnügen.

plenty NOUN
mehr als genug ◇ *I've got plenty.* Ich habe mehr als genug. ◇ *That's plenty, thanks.* Danke, das ist mehr als genug.

◆ **I've got plenty to do.** Ich habe viel zu tun.

◆ **plenty of (1)** viele ◇ *There were plenty of opportunities.* Es gab viele Möglichkeiten.

◆ **plenty of (2)** (*more than enough*) genügend ◇ *I've got plenty of money.* Ich habe genügend Geld. ◇ *We've got plenty of time.* Wir haben genügend Zeit.

plot NOUN
see also plot VERB
1 die ***Handlung*** (*of story, play*)
2 die ***Verschwörung*** (*against somebody*) ◇ *a plot against the president* eine Verschwörung gegen den Präsidenten

◆ **a plot of land** ein Stück Land NEUT

◆ **a vegetable plot** ein Gemüsebeet NEUT

to **plot** VERB
see also plot NOUN
planen ◇ *They were plotting to kill him.* Sie

P

planten, ihn zu töten.

plough NOUN
see also plough VERB
der *Pflug* (PL die *Pflüge*)

to **plough** VERB
see also plough NOUN
pflügen

plug NOUN
1 der *Stecker* (*electrical*) (PL die *Stecker*)
◇ *The plug is faulty.* Der Stecker ist kaputt.
2 der *Stöpsel* (*for sink*) (PL die *Stöpsel*)

to **plug in** VERB
einstecken (PERFECT *hat eingesteckt*) ◇ *Is it plugged in?* Ist es eingesteckt?

plum NOUN
die *Pflaume* ◇ *plum jam* die Pflaumenmarmelade

plumber NOUN
der *Klempner* (PL die *Klempner*)
die *Klempnerin*
◇ *He's a plumber.* Er ist Klempner.

plump ADJECTIVE
rundlich

to **plunge** VERB
tauchen

plural NOUN
der *Plural* (PL die *Plurale*)

plus PREPOSITION, ADJECTIVE
plus ◇ *Four plus three equals seven.* Vier plus drei macht sieben. ◇ *I got a B plus.* Ich habe eine Zwei plus bekommen.
In Germany, grades are given from 1 to 6, with 1 being the best.
◆ **three children plus a dog** drei Kinder und ein Hund

p.m. ABBREVIATION
◆ **at eight p.m.** um acht Uhr abends
In Germany times are often given using the 24-hour clock.
◇ *at two p.m.* um vierzehn Uhr

pneumonia NOUN
die *Lungenentzündung*

poached ADJECTIVE
◆ **a poached egg** ein verlorenes Ei

pocket NOUN
die *Tasche*
◆ **pocket money** das Taschengeld ◇ *eight pounds a week pocket money* acht Pfund Taschengeld pro Woche

pocket calculator NOUN
der *Taschenrechner* (PL die *Taschenrechner*)

poem NOUN
das *Gedicht* (PL die *Gedichte*)

poet NOUN
der *Dichter* (PL die *Dichter*)
die *Dichterin*

poetry NOUN
die *Gedichte* NEUT PL ◇ *to write poetry* Gedichte schreiben

point NOUN
see also point VERB
1 der *Punkt* (*spot, score*) (PL die *Punkte*)
◇ *a point on the horizon* ein Punkt am Horizont ◇ *They scored five points.* Sie machten fünf Punkte.
2 die *Bemerkung* (*comment*) ◇ *He made some interesting points.* Er machte ein paar interessante Bemerkungen.
3 die *Spitze* (*tip*) ◇ *a pencil with a sharp point* ein Bleistift mit einer scharfen Spitze
4 der *Zeitpunkt* (*in time*) ◇ *At that point, our team was three one up.* Zu dem Zeitpunkt lag unsere Mannschaft mit drei zu eins in Führung.
◆ **a point of view** ein Gesichtspunkt MASC
◆ **to get the point** begreifen ◇ *Sorry, I don't get the point.* Entschuldigung, ich begreife das nicht.
◆ **That's a good point!** Da hast du recht.
◆ **There's no point.** Das hat keinen Wert.
◇ *There's no point in waiting.* Es hat keinen Wert zu warten.
◆ **What's the point?** Wozu? ◇ *What's the point of leaving so early?* Wozu so früh gehen?
◆ **Punctuality isn't my strong point.** Pünktlichkeit ist nicht meine Stärke.
◆ **two point five (2.5)** zwei Komma fünf (2,5)

to **point** VERB
see also point NOUN
mit dem Finger zeigen ◇ *Don't point!* Man zeigt nicht mit dem Finger!
◆ **to point at somebody** auf jemanden zeigen
◇ *She pointed at Anne.* Sie zeigte auf Anne.
◆ **to point a gun at somebody** auf jemanden mit der Waffe zielen
◆ **to point something out (1)** (*show*) auf etwas zeigen ◇ *The guide pointed out Big Ben to us.* Unser Führer zeigte auf Big Ben.
◆ **to point something out (2)** (*mention*) auf etwas hinweisen ◇ *I should point out that...* Ich möchte darauf hinweisen, dass...

pointless ADJECTIVE
nutzlos ◇ *It's pointless to argue.* Es ist nutzlos zu streiten.

poison NOUN
see also poison VERB
das *Gift* (PL die *Gifte*)

to **poison** VERB
see also poison NOUN
vergiften (PERFECT *hat vergiftet*)

poisonous ADJECTIVE
giftig

poker NOUN
das *Poker* ◇ *I play poker.* Ich spiele Poker.

Poland NOUN
Polen NEUT
◆ **from Poland** aus Polen
◆ **to Poland** nach Polen

polar bear NOUN
der *Eisbär* (GEN des *Eisbären*, PL die *Eisbären*)

Pole NOUN
(*Polish person*)
der *Pole* (GEN des *Polen*, PL die *Polen*)
die *Polin*

pole NOUN
der *Mast* (PL die *Masten*) ◇ *a telegraph pole* ein Telegrafenmast
◆ **a tent pole** eine Zeltstange
◆ **a ski pole** ein Skistock MASC
◆ **the North Pole** der Nordpol
◆ **the South Pole** der Südpol

pole vault NOUN
das *Stabhochspringen*

police PL NOUN
die *Polizei* ◇ *We called the police.* Wir haben die Polizei gerufen.
Note that police *is used with a plural verb and* **Polizei** *with a singular verb.*
◇ *The police haven't arrived yet.* Die Polizei ist noch nicht da.
◆ **a police car** ein Polizeiwagen MASC
◆ **a police station** ein Polizeirevier NEUT

policeman NOUN
(PL **policemen**)
der *Polizist* (GEN des *Polizisten*, PL die *Polizisten*) ◇ *He's a policeman.* Er ist Polizist.

policewoman NOUN
(PL **policewomen**)
die *Polizistin* ◇ *She's a policewoman.* Sie ist Polizistin.

polio NOUN
die *Kinderlähmung*

Polish ADJECTIVE
see also Polish NOUN
polnisch
◆ **He's Polish.** Er ist Pole.
◆ **She's Polish.** Sie ist Polin.

Polish NOUN
see also Polish ADJECTIVE
das *Polnisch* (*language*) (GEN des *Polnischen*)

polish NOUN
(PL **polishes**)
see also polish VERB
1 die *Schuhcreme* (*for shoes*) (PL die *Schuhcremes*)
2 die *Politur* (*for furniture*)

to **polish** VERB
see also polish NOUN
1 *eincremen* (*shoes*) (PERFECT *hat eingecremt*)
2 *polieren* (*glass, furniture*) (PERFECT *hat poliert*)

polite ADJECTIVE
höflich

politely ADVERB
höflich

politeness NOUN
die *Höflichkeit*

political ADJECTIVE
politisch

politician NOUN
der *Politiker* (PL die *Politiker*)
die *Politikerin*

politics PL NOUN
die *Politik* ◇ *I'm not interested in politics.* Ich interessiere mich nicht für Politik.

pollen NOUN
der *Pollen* (PL die *Pollen*)

to **pollute** VERB
verschmutzen (PERFECT *hat verschmutzt*)

polluted ADJECTIVE
verschmutzt

pollution NOUN
die *Umweltverschmutzung*
◆ **air pollution** die Luftverschmutzung

polo-necked sweater NOUN
der *Rollkragenpullover* (PL die *Rollkragenpullover*)

polo shirt NOUN
das *Polohemd* (PL die *Polohemden*)

polythene bag NOUN
die *Plastiktüte*

pond NOUN
der *Teich* (PL die *Teiche*) ◇ *We've got a pond in our garden.* Wir haben einen Teich im Garten.

pony NOUN
(PL **ponies**)
das *Pony* (PL die *Ponys*)

ponytail NOUN
der *Pferdeschwanz* (GEN des *Pferdeschwanzes*, PL die *Pferdeschwänze*)
◇ *He's got a ponytail.* Er hat einen Pferdeschwanz.

pony trekking NOUN
◆ **to go pony trekking** Ponyreiten gehen

poodle NOUN
der *Pudel* (PL die *Pudel*)

pool NOUN
1 die *Pfütze* (*puddle*)
2 der *Teich* (*pond*) (PL die *Teiche*)
3 das *Schwimmbecken* (*for swimming*) (PL die *Schwimmbecken*)
4 das *Poolbillard* (*game*) ◇ *Shall we have a game of pool?* Sollen wir eine Partie Poolbillard spielen?
◆ **the pools** (*football*) das Toto ◇ *to do the pools* Toto spielen

poor ADJECTIVE
1 *arm* ◇ *a poor family* eine arme Familie ◇ *They are poorer than we are.* Sie sind ärmer als wir. ◇ *Poor David, he's very unlucky!* Der arme David, er hat wirklich kein Glück!
◆ **the poor** die Armen MASC PL
2 *schlecht* (*bad*) ◇ *a poor mark* eine schlechte Note

poorly ADJECTIVE
◆ **She's poorly.** Es geht ihr schlecht.

pop ADJECTIVE
◆ **pop music** die Popmusik
◆ **a pop star** ein Popstar MASC
◆ **a pop group** eine Popgruppe
◆ **a pop song** ein Popsong MASC

popcorn NOUN
das *Popcorn*

pope NOUN
der *Papst* (PL die *Päpste*)

poppy NOUN
(PL **poppies**)
der *Mohn*

Popsicle ® NOUN
das *Eis am Stiel* (GEN des *Eises am Stiel*, PL die *Eis am Stiel*)
popular ADJECTIVE
beliebt ◇ *She's a very popular girl.* Sie ist sehr beliebt.
population NOUN
die *Bevölkerung*
porch NOUN
(PL **porches**)
die *Veranda* (PL die *Veranden*)
pork NOUN
das *Schweinefleisch* ◇ *I don't eat pork.* Ich esse kein Schweinefleisch.
◆ **a pork chop** ein Schweinekotelett NEUT
porn NOUN
see also porn ADJECTIVE
die *Pornographie*
porn ADJECTIVE
see also porn NOUN
◆ **a porn film** ein Pornofilm MASC
◆ **a porn mag** ein Pornoheft NEUT
pornographic ADJECTIVE
pornographisch ◇ *a pornographic magazine* eine pornographische Zeitschrift
pornography NOUN
die *Pornographie*
porridge NOUN
der *Haferbrei*
port NOUN
1 der *Hafen* (*harbour*) (PL die *Häfen*)
2 der *Portwein* (*wine*) ◇ *a glass of port* ein Glas Portwein
porter NOUN
1 der *Portier* (*in hotel*) (PL die *Portiers*)
2 der *Gepäckträger* (*at station*) (PL die *Gepäckträger*)
portion NOUN
die *Portion* ◇ *a large portion of chips* eine große Portion Pommes frites
portrait NOUN
das *Porträt* (PL die *Porträts*)
Portugal NOUN
Portugal NEUT
◆ **from Portugal** aus Portugal
◆ **to Portugal** nach Portugal
Portuguese ADJECTIVE
see also Portuguese NOUN
portugiesisch
◆ **She's Portuguese.** Sie ist Portugiesin.
Portuguese NOUN
see also Portuguese ADJECTIVE
1 (*person*)
der *Portugiese* (GEN des *Portugiesen*, PL die *Portugiesen*)
die *Portugiesin*
2 (*language*)
das *Portugiesisch* (GEN des *Portugiesischen*)
posh ADJECTIVE
vornehm ◇ *a posh hotel* ein vornehmes Hotel
position NOUN
die *Stellung* ◇ *an uncomfortable position* eine unbequeme Stellung
positive ADJECTIVE
1 *positiv* (*good*) ◇ *a positive attitude* eine positive Einstellung
2 *ganz sicher* (*sure*) ◇ *I'm positive.* Ich bin ganz sicher.
to **possess** VERB
besitzen (IMPERFECT *besaß*, PERFECT *hat besessen*)
possession NOUN
◆ **Have you got all your possessions?** Hast du all deine Sachen?
possibility NOUN
(PL **possibilities**)
die *Möglichkeit* ◇ *It's a possibility.* Das ist eine Möglichkeit.
possible ADJECTIVE
möglich ◇ *as soon as possible* sobald wie möglich
possibly ADVERB
vielleicht (*perhaps*) ◇ *Are you coming to the party? – Possibly.* Kommst du zur Party? – Vielleicht.
◆ **...if you possibly can.** ...wenn du irgend kannst.
◆ **I can't possibly come.** Ich kann unmöglich kommen.
post NOUN
see also post VERB
1 die *Post* (*letters*) ◇ *Is there any post for me?* Ist Post für mich da?
2 der *Pfosten* (*pole*) (PL die *Pfosten*) ◇ *The ball hit the post.* Der Ball traf den Pfosten.
to **post** VERB
see also post NOUN
aufgeben (PRESENT *gibt auf*, IMPERFECT *gab auf*, PERFECT *hat aufgegeben*) ◇ *I've got some cards to post.* Ich muss ein paar Karten aufgeben.
postage NOUN
das *Porto* (PL die *Portos*)
postbox NOUN
(PL **postboxes**)
der *Briefkasten* (PL die *Briefkästen*)
postcard NOUN
die *Postkarte*
postcode NOUN
die *Postleitzahl*
German postcodes consist of a 5-figure number which precedes the name of the city.
poster NOUN
1 das *Poster* (PL die *Poster*) ◇ *I've got posters on my bedroom walls.* Ich habe in meinem Zimmer Poster an den Wänden.
2 das *Plakat* (*advertising*) (PL die *Plakate*) ◇ *There are posters all over town.* In der ganzen Stadt hängen Plakate.
postman NOUN
(PL **postmen**)
der *Briefträger* (PL die *Briefträger*) ◇ *He's a postman.* Er ist Briefträger.
postmark NOUN
der *Stempel* (PL die *Stempel*)

post office NOUN
das *Postamt* (PL die *Postämter*) ◇ *Where's the post office, please?* Wo ist das Postamt, bitte?
◆ **She works for the post office.** Sie arbeitet bei der Post.

to **postpone** VERB
verschieben (IMPERFECT *verschob*, PERFECT *hat verschoben*) ◇ *The match has been postponed.* Das Spiel wurde verschoben.

postwoman NOUN
(PL **postwomen**)
die *Briefträgerin* ◇ *She's a postwoman.* Sie ist Briefträgerin.

pot NOUN
1 der *Topf* (PL die *Töpfe*) ◇ *a pot of jam* ein Marmeladentopf
2 die *Kanne* (*for hot drinks*)
3 das *Gras* (*marijuana*) ◇ *to smoke pot* Gras rauchen
◆ **the pots and pans** Töpfe und Pfannen

potato NOUN
(PL **potatoes**)
die *Kartoffel* ◇ *a baked potato* eine gebackene Kartoffel ◇ *potato salad* der Kartoffelsalat
◆ **mashed potatoes** der Kartoffelbrei
◆ **potato chips** die Kartoffelchips MASC PL

potential NOUN
see also potential ADJECTIVE
◆ **He has great potential.** Er ist sehr viel versprechend.

potential ADJECTIVE
see also potential NOUN
möglich ◇ *a potential problem* ein mögliches Problem

pothole NOUN
das *Schlagloch* (*in road*) (PL die *Schlaglöcher*)

pot plant NOUN
die *Topfpflanze*

pottery NOUN
die *Keramik*

pound NOUN
see also pound VERB
In Großbritannien werden Lebensmittel häufig noch in pounds *und* ounces *abgewogen. Ein* pound *entspricht etwa 450 Gramm und besteht aus 16* ounces.
das *Pfund* (*weight, money*) (PL die *Pfunde* or *Pfund*)
When talking about an amount of money or specifying a quantity of something use the plural form Pfund.
◇ *two pounds of carrots* zwei Pfund Karotten ◇ *How many marks do you get for a pound?* Wie viel Mark bekommt man für ein Pfund? ◇ *a pound coin* eine Pfundmünze

to **pound** VERB
see also pound NOUN
pochen ◇ *My heart was pounding.* Mein Herz hat gepocht.

to **pour** VERB
gießen (*liquid*) (IMPERFECT *goss*, PERFECT *hat gegossen*) ◇ *She poured some water into the pan.* Sie goss etwas Wasser in den Topf.
◆ **She poured him a drink.** Sie goss ihm einen Drink ein.
◆ **Shall I pour you a cup of tea?** Soll ich Ihnen eine Tasse Tee einschenken?
◆ **It's pouring.** Es gießt.
◆ **in the pouring rain** im strömenden Regen

poverty NOUN
die *Armut*

powder NOUN
1 das *Pulver*
2 der *Puder* (*face powder*) (PL die *Puder*)

power NOUN
1 der *Strom* (*electricity*) ◇ *The power's off.* Es gibt keinen Strom.
◆ **a power cut** ein Stromausfall MASC
◆ **a power point** eine Steckdose
◆ **a power station** ein Kraftwerk NEUT
2 die *Energie* (*energy*) ◇ *nuclear power* die Kernenergie ◇ *solar power* die Sonnenenergie
3 die *Macht* (*authority*) (PL die *Mächte*) ◇ *to be in power* an der Macht sein

powerful ADJECTIVE
1 *mächtig* ◇ *a powerful man* ein mächtiger Mann
2 *kräftig* (*physically*)
3 *leistungsstark* (*machine*)

practical ADJECTIVE
praktisch ◇ *a practical suggestion* ein praktischer Vorschlag ◇ *She's very practical.* Sie ist sehr praktisch.

practically ADVERB
praktisch ◇ *It's practically impossible.* Es ist praktisch unmöglich.

practice NOUN
1 das *Training* (*for sport*) ◇ *football practice* das Fußballtraining
2 die *Übung* ◇ *You need more practice.* Du brauchst mehr Übung.
◆ **I've got to do my piano practice.** Ich muss Klavier üben.
◆ **It's normal practice in our school.** Das ist in unserer Schule so üblich.
◆ **in practice** in der Praxis
◆ **a medical practice** eine Arztpraxis

to **practise** VERB
1 *üben* (*music, hobby, language*) ◇ *I ought to practise more.* Ich sollte mehr üben. ◇ *I practise the flute every evening.* Ich übe jeden Abend Flöte. ◇ *I practised my German when we were on holiday.* Ich habe in den Ferien mein Deutsch geübt.
2 *trainieren* (*sport*) (PERFECT *hat trainiert*) ◇ *The team practises on Thursdays.* Die Mannschaft trainiert donnerstags. ◇ *I don't practise enough.* Ich trainiere nicht genug.

practising ADJECTIVE
praktizierend ◇ *She's a practising Catholic.* Sie ist praktizierende Katholikin.

to **praise** VERB
loben ◇ *The teacher praised her work.* Der Lehrer lobte ihre Arbeit.

P

pram NOUN
der *Kinderwagen* (PL die *Kinderwagen*)
prawn NOUN
die *Garnele*
prawn cocktail NOUN
der *Krabbencocktail* (PL die *Krabbencocktails*)
to **pray** VERB
beten ◇ *to pray for something* für etwas beten
prayer NOUN
das *Gebet* (PL die *Gebete*)
precaution NOUN
die *Vorsichtsmaßnahme* ◇ *to take precautions* Vorsichtsmaßnahmen treffen
preceding ADJECTIVE
vorherig
precinct NOUN
◆ **a shopping precinct** ein Einkaufsviertel NEUT
◆ **a pedestrian precinct** eine Fußgängerzone
precious ADJECTIVE
kostbar
precise ADJECTIVE
genau ◇ *at that precise moment* genau in diesem Augenblick
precisely ADVERB
genau ◇ *Precisely!* Genau!
◆ **at ten o'clock precisely** um Punkt zehn Uhr
to **predict** VERB
vorhersagen (PERFECT *hat vorhergesagt*)
predictable ADJECTIVE
vorhersehbar
prefect NOUN
German schools do not have prefects.
◆ **My sister's a prefect.** Meine Schwester ist im letzten Schuljahr und führt die Aufsicht bei den Jüngeren.
to **prefer** VERB
lieber mögen (PRESENT *mag lieber*, IMPERFECT *mochte lieber*, PERFECT *hat lieber gemocht*) ◇ *Which would you prefer?* Was magst du lieber? ◇ *I prefer German to chemistry.* Ich mag Deutsch lieber als Chemie.
◆ **I preferred the first version.** Die erste Version hat mir besser gefallen.
preference NOUN
die *Vorliebe* ◇ *his preference for detective stories* seine Vorliebe für Kriminalromane
pregnant ADJECTIVE
schwanger ◇ *She's six months pregnant.* Sie ist im siebten Monat schwanger.
prehistoric ADJECTIVE
prähistorisch
prejudice NOUN
1 das *Vorurteil* (PL die *Vorurteile*) ◇ *That's just a prejudice.* Das ist ein Vorurteil.
2 die *Vorurteile* NEUT PL ◇ *There's a lot of racial prejudice.* Es gibt viele Rassenvorurteile.
prejudiced ADJECTIVE
voreingenommen
◆ **to be prejudiced against somebody** gegen jemanden voreingenommen sein
premature ADJECTIVE
verfrüht
◆ **a premature baby** eine Frühgeburt
Premier League NOUN
die *erste Liga* ◇ *in the Premier League* in der ersten Liga
The Premier League *is similar to the German* Bundesliga.
premises PL NOUN
die *Geschäftsräume* MASC PL ◇ *They're moving to new premises.* Sie ziehen in neue Geschäftsräume um.
premonition NOUN
die *Vorahnung*
preoccupied ADJECTIVE
◆ **He's very preoccupied with his exams at the moment.** Er denkt im Moment nur an seine Prüfungen.
prep NOUN
die *Hausaufgaben* FEM PL (*homework*) ◇ *history prep* die Hausaufgaben in Geschichte
preparation NOUN
die *Vorbereitung*
to **prepare** VERB
vorbereiten (PERFECT *hat vorbereitet*) ◇ *She has to prepare lessons in the evening.* Sie muss abends Stunden vorbereiten.
◆ **to prepare for something** Vorbereitungen für etwas treffen ◇ *We're preparing for our skiing holiday.* Wir treffen Vorbereitungen für unseren Skiurlaub.
prepared ADJECTIVE
◆ **to be prepared to do something** bereit sein, etwas zu tun ◇ *I'm prepared to help you.* Ich bin bereit, dir zu helfen.
prep school NOUN
die *private Grundschule*
Presbyterian NOUN
see also Presbyterian ADJECTIVE
der *Presbyterianer* (PL die *Presbyterianer*)
die *Presbyterianerin*
◇ *She is a Presbyterian.* Sie ist Presbyterianerin.
Presbyterian ADJECTIVE
see also Presbyterian NOUN
presbyterianisch
to **prescribe** VERB
verschreiben (*medicine*) (IMPERFECT *verschrieb*, PERFECT *hat verschrieben*) ◇ *He prescribed me a course of antibiotics.* Er hat mir eine Antibiotikakur verschrieben.
prescription NOUN
das *Rezept* (PL die *Rezepte*) ◇ *You can't get it without a prescription.* Das bekommt man nicht ohne Rezept.
presence NOUN
die *Anwesenheit*
◆ **presence of mind** die Geistesgegenwart
present ADJECTIVE
see also present NOUN, VERB
1 *anwesend* (*in attendance*) ◇ *He wasn't present at the meeting.* Er war bei der Besprechung nicht anwesend.

2 *gegenwärtig* (*current*) ◇ *the present situation* die gegenwärtige Situation
- **the present tense** die Gegenwart

present NOUN
see also present ADJECTIVE, VERB
1 das *Geschenk* (*gift*) (PL die *Geschenke*) ◇ *I'm going to buy presents.* Ich kaufe Geschenke.
- **to give somebody a present** jemandem etwas schenken

2 die *Gegenwart* (*time*) ◇ *She was living in the past not the present.* Sie lebte in der Vergangenheit, nicht in der Gegenwart.
- **up to the present** bis heute
- **for the present** momentan
- **at present** im Augenblick
- **the present tense** das Präsens

to **present** VERB
see also present ADJECTIVE, NOUN
- **to present somebody with something** (*prize, medal*) jemandem etwas verleihen

presenter NOUN
(*on TV*)
der *Moderator* (PL die *Moderatoren*)
die *Moderatorin*

presently ADVERB
1 *sofort* (*soon*) ◇ *You'll feel better presently.* Sie werden sich sofort besser fühlen.
2 *im Moment* (*at present*) ◇ *They're presently on tour.* Sie sind im Moment auf Tournee.

president NOUN
der *Präsident* (GEN des *Präsidenten*, PL die *Präsidenten*)
die *Präsidentin*

press NOUN
see also press VERB
die *Presse*
- **a press conference** eine Pressekonferenz

to **press** VERB
see also press NOUN
1 *drücken* ◇ *Don't press too hard!* Nicht zu fest drücken!
2 *treten auf* +ACC (PRESENT *tritt auf*, IMPERFECT *trat*, PERFECT *hat getreten*) ◇ *He pressed the accelerator.* Er trat aufs Gaspedal.

pressed ADJECTIVE
- **We are pressed for time.** Wir haben wenig Zeit.

press-up NOUN
der *Liegestütz* (GEN des *Liegestützes*, PL die *Liegestütze*) ◇ *I do twenty press-ups every morning.* Ich mache jeden Morgen zwanzig Liegestütze.

pressure NOUN
see also pressure VERB
der *Druck* ◇ *He's under a lot of pressure at work.* Er steht unter viel Druck bei seiner Arbeit.
- **a pressure group (1)** (*small-scale, local*) eine Bürgerinitiative
- **a pressure group (2)** (*large-scale, more political*) eine Pressure-group

to **pressure** VERB
see also pressure NOUN
Druck ausüben auf +ACC (PERFECT *hat Druck ausgeübt*) ◇ *They are pressuring me.* Sie üben Druck auf mich aus.

prestige NOUN
das *Ansehen*

prestigious ADJECTIVE
angesehen

presumably ADVERB
vermutlich

to **presume** VERB
annehmen (PRESENT *nimmt an*, IMPERFECT *nahm an*, PERFECT *hat angenommen*) ◇ *I presume so.* Das nehme ich an.

to **pretend** VERB
- **to pretend to do something** so tun, als ob man etwas täte

Note that **als ob** *is followed by the subjunctive.*
◇ *He pretended to be asleep.* Er tat so, als ob er schliefe.

pretty ADJECTIVE, ADVERB
1 *hübsch* ◇ *She's very pretty.* Sie ist sehr hübsch.
2 *ziemlich* (*rather*) ◇ *That film was pretty bad.* Der Film war ziemlich schlecht.
- **It's pretty much the same.** Das ist mehr oder weniger dasselbe.

to **prevent** VERB
verhindern (PERFECT *hat verhindert*)
- **to prevent somebody from doing something** jemanden davon abhalten, etwas zu tun ◇ *They tried to prevent us from smoking.* Sie haben versucht, uns vom Rauchen abzuhalten.

previous ADJECTIVE
vorherig

previously ADVERB
früher

prey NOUN
die *Beute*
- **a bird of prey** ein Raubvogel MASC

price NOUN
der *Preis* (GEN des *Preises*, PL die *Preise*)

price list NOUN
die *Preisliste*

to **prick** VERB
stechen (PRESENT *sticht*, IMPERFECT *stach*, PERFECT *hat gestochen*) ◇ *I've pricked my finger.* Ich habe mir in den Finger gestochen.

pride NOUN
der *Stolz* (GEN des *Stolzes*)

priest NOUN
der *Priester* (PL die *Priester*) ◇ *He's a priest.* Er ist Priester.

primarily ADVERB
vor allem

primary ADJECTIVE
hauptsächlich

primary school NOUN
die *Grundschule*

Children in Germany begin Grundschule *at the age of 6. The* Grundschule *provides primary education in school years 1 to 4.*

P

◇ *She's still at primary school.* Sie ist noch in der Grundschule.

prime minister NOUN
der ***Premierminister*** (PL die ***Premierminister***)
die ***Premierministerin***

primitive ADJECTIVE
primitiv

prince NOUN
der ***Prinz*** (GEN des ***Prinzen***, PL die ***Prinzen***)
◇ *the Prince of Wales* der Prinz von Wales

princess NOUN
(PL **princesses**)
die ***Prinzessin*** ◇ *Princess Anne* Prinzessin Anne

principal ADJECTIVE
see also principal NOUN
◆ **the principal reason** der Hauptgrund
◆ **my principal concern** mein Hauptanliegen NEUT

principal NOUN
see also principal ADJECTIVE
(*of college*)
der ***Direktor*** (PL die ***Direktoren***)
die ***Direktorin***

principle NOUN
das ***Prinzip*** (PL die ***Prinzipien***)
◆ **on principle** aus Prinzip

print NOUN
1 der ***Abzug*** (*photo*) (PL die ***Abzüge***)
◇ *colour prints* Farbabzüge
2 die ***Schrift*** (*letters*)
◆ **in small print** kleingedruckt
3 der ***Fingerabdruck*** (*fingerprint*) (PL die ***Fingerabdrücke***)
4 der ***Kunstdruck*** (*picture*) (PL die ***Kunstdrucke***) ◇ *a framed print* ein gerahmter Kunstdruck

printer NOUN
der ***Drucker*** (*machine*) (PL die ***Drucker***)

print-out NOUN
der ***Ausdruck*** (PL die ***Ausdrucke***)

priority NOUN
(PL **priorities**)
die ***Priorität***

prison NOUN
das ***Gefängnis*** (GEN des ***Gefängnisses***, PL die ***Gefängnisse***)
◆ **in prison** im Gefängnis

prisoner NOUN
der ***Gefangene*** (GEN des ***Gefangenen***, PL die ***Gefangenen***)
die ***Gefangene*** (GEN der ***Gefangenen***)
◇ *a prisoner* (*man*) ein Gefangener

privacy NOUN
das ***Privatleben*** ◇ *an invasion of my privacy* ein Eingriff in mein Privatleben

private ADJECTIVE
privat
◆ **a private school** eine Privatschule
◆ **private property** das Privateigentum
◆ **"private"** (*on envelope*) "persönlich"
◆ **a private bathroom** ein eigenes Badezimmer
◆ **I have private lessons.** Ich bekomme Nachhilfestunden.

to **privatize** VERB
privatisieren (PERFECT ***hat privatisiert***)

privilege NOUN
das ***Privileg*** (PL die ***Privilegien***)

prize NOUN
der ***Preis*** (GEN des ***Preises***, PL die ***Preise***)
◇ *to win a prize* einen Preis gewinnen

prize-giving NOUN
die ***Preisverleihung***

prizewinner NOUN
der ***Preisträger*** (PL die ***Preisträger***)
die ***Preisträgerin***

pro NOUN
(PL **pros**)
der ***Profi*** (PL die ***Profis***)
der Profi *is also used for women.*
◇ *This was her first year as a pro.* Dies war ihr erstes Jahr als Profi.
◆ **the pros and cons** das Für und Wider
◇ *We weighed up the pros and cons.* Wir haben das Für und Wider abgewogen.

probability NOUN
die ***Wahrscheinlichkeit***

probable ADJECTIVE
wahrscheinlich

probably ADVERB
wahrscheinlich ◇ *probably not* wahrscheinlich nicht

problem NOUN
das ***Problem*** (PL die ***Probleme***) ◇ *No problem!* Kein Problem!

proceeds PL NOUN
der ***Erlös*** SING (GEN des ***Erlöses***, PL die ***Erlöse***)

process NOUN
(PL **processes**)
der ***Prozess*** ⚠ (GEN des ***Prozesses***, PL die ***Prozesse***) ◇ *the peace process* der Friedensprozess
◆ **to be in the process of doing something** gerade dabei sein, etwas zu tun ◇ *We're in the process of painting the kitchen.* Wir sind gerade dabei, die Küche zu streichen.

procession NOUN
die ***Prozession*** (*religious*)

to **produce** VERB
1 ***herstellen*** (*manufacture*) (PERFECT ***hat hergestellt***)
2 ***inszenieren*** (*play, show*) (PERFECT ***hat inszeniert***)
3 ***produzieren*** (*film*) (PERFECT ***hat produziert***)

producer NOUN
1 (*of play, show*)
der ***Regisseur*** (PL die ***Regisseure***)
die ***Regisseurin***
2 (*of film*)
der ***Produzent*** (GEN des ***Produzenten***, PL die ***Produzenten***)
die ***Produzentin***

product NOUN

das *Produkt* (PL die *Produkte*)

production NOUN

1 die *Produktion* ◇ *They're increasing production of luxury models.* Sie erhöhen die Produktion der Luxusmodelle.

2 die *Inszenierung* (*play, show*) ◇ *a production of "Hamlet"* eine Hamletinszenierung

profession NOUN

der *Beruf* (PL die *Berufe*)

professional NOUN

see also professional ADJECTIVE

der *Profi* (PL die *Profis*)

der Profi *is also used for women.*

◇ *She now plays as a professional.* Sie spielt jetzt als Profi.

professional ADJECTIVE

see also professional NOUN

professionell (*player*) ◇ *a very professional piece of work* eine sehr professionelle Arbeit

◆ **a professional musician** ein Berufsmusiker MASC

professionally ADVERB

◆ **She sings professionally.** Sie ist Sängerin von Beruf.

professor NOUN

der *Professor* (PL die *Professoren*)

die *Professorin*

◆ **He's the German professor.** Er hat den Lehrstuhl für Deutsch inne.

profit NOUN

der *Gewinn* (PL die *Gewinne*)

profitable ADJECTIVE

Gewinn bringend ⚠

program NOUN

see also program VERB

das *Programm* (PL die *Programme*) ◇ *a computer program* ein Computerprogramm

to **program** VERB

see also program NOUN

programmieren (PERFECT *hat programmiert*) ◇ *to program a computer* einen Computer programmieren

programme NOUN

das *Programm* (PL die *Programme*)

programmer NOUN

der *Programmierer* (PL die *Programmierer*)

die *Programmiererin*

◇ *She's a programmer.* Sie ist Programmiererin.

programming NOUN

das *Programmieren*

progress NOUN

der *Fortschritt* (PL die *Fortschritte*)

◇ *You're making progress!* Du machst Fortschritte!

to **prohibit** VERB

verbieten (IMPERFECT *verbat*, PERFECT *hat verboten*) ◇ *Smoking is prohibited.* Das Rauchen ist verboten.

project NOUN

1 das *Projekt* (*plan*) (PL die *Projekte*)

2 das *Referat* (*at school*) (PL die *Referate*)

◇ *I'm doing a project on education in Germany.* Ich schreibe ein Referat über das deutsche Schulwesen.

projector NOUN

der *Projektor* (PL die *Projektoren*)

promenade NOUN

die *Strandpromenade*

promise NOUN

see also promise VERB

das *Versprechen* (PL die *Versprechen*)

◇ *You didn't keep your promise.* Du hast dein Versprechen nicht gehalten.

◆ **That's a promise!** Versprochen!

to **promise** VERB

see also promise NOUN

versprechen (PRESENT *verspricht*, IMPERFECT *versprach*, PERFECT *hat versprochen*) ◇ *She promised to write.* Sie hat versprochen zu schreiben. ◇ *I'll write, I promise!* Ich schreibe, das verspreche ich!

promising ADJECTIVE

viel versprechend ⚠

to **promote** VERB

◆ **to be promoted** befördert werden ◇ *She was promoted after six months.* Sie wurde nach sechs Monaten befördert.

promotion NOUN

1 die *Beförderung* (*in job*)

2 die *Werbung* (*advertising*)

prompt ADJECTIVE, ADVERB

schnell ◇ *a prompt reply* eine schnelle Antwort

◆ **at eight o'clock prompt** genau um acht Uhr

promptly ADVERB

pünktlich ◇ *We left promptly at seven.* Wir sind pünktlich um sieben gegangen.

pronoun NOUN

das *Pronomen* (PL die *Pronomen*)

to **pronounce** VERB

aussprechen (PRESENT *spricht aus*, IMPERFECT *sprach aus*, PERFECT *hat ausgesprochen*)

◇ *How do you pronounce that word?* Wie spricht man das Wort aus?

pronunciation NOUN

die *Aussprache*

proof NOUN

der *Beweis* (GEN des *Beweises*, PL die *Beweise*)

proper ADJECTIVE

1 *echt* (*genuine*) ◇ *proper German bread* echtes deutsches Brot

2 *ordentlich* (*decent*) ◇ *We didn't have a proper lunch, just sandwiches.* Wir hatten kein ordentliches Mittagessen, nur belegte Brote. ◇ *It's difficult to get a proper job.* Es ist schwierig, einen ordentlichen Job zu bekommen. ◇ *We need proper training.* Wir brauchen eine ordentliche Ausbildung.

3 *richtig* (*appropriate*) ◇ *You have to have the proper equipment.* Sie brauchen die richtige Ausrüstung.

◆ **If you had come at the proper time...** Wenn du zur rechten Zeit gekommen wärst...

properly ADVERB

1 *richtig* (*correctly*) ◇ *You're not doing it*

properly. Du machst das nicht richtig.
[2] ***anständig*** (*appropriately*) ◇ *Dress properly for your interview.* Zieh dich zum Vorstellungsgespräch anständig an.

property NOUN
das ***Eigentum*** (PL die ***Eigentümer***)
◆ **"private property"** "Privateigentum"
◆ **stolen property** das Diebesgut

proportional ADJECTIVE
◆ **proportional representation** das Verhältniswahlrecht

proposal NOUN
der ***Vorschlag*** (*suggestion*) (PL die ***Vorschläge***)

to **propose** VERB
vorschlagen (PRESENT ***schlägt vor***, IMPERFECT ***schlug vor***, PERFECT ***hat vorgeschlagen***) ◇ *I propose a new plan.* Ich schlage einen neuen Plan vor.
◆ **to propose to do something** vorhaben, etwas zu tun ◇ *What do you propose to do?* Was haben Sie zu tun vor?
◆ **to propose to somebody** (*for marriage*) jemandem einen Heiratsantrag machen ◇ *He proposed to her at the restaurant.* Er hat ihr im Restaurant einen Heiratsantrag gemacht.

prospect NOUN
die ***Aussicht*** ◇ *It'll improve my career prospects.* Das wird meine Berufsaussichten verbessern.

prospectus NOUN
(PL **prospectuses**)
das ***Lehrprogramm*** (*for school, university*) (PL die ***Lehrprogramme***)

prostitute NOUN
die ***Prostituierte*** (GEN der ***Prostituierten***)
◆ **a male prostitute** ein Prostituierter

to **protect** VERB
schützen

protection NOUN
der ***Schutz*** (GEN des ***Schutzes***)

protein NOUN
das ***Protein*** (PL die ***Proteine***)

protest NOUN
see also protest VERB
der ***Protest*** (PL die ***Proteste***) ◇ *He ignored their protests.* Er hat ihre Proteste ignoriert.
◇ *a protest march* ein Protestmarsch

to **protest** VERB
see also protest NOUN
protestieren (PERFECT ***hat protestiert***)

Protestant NOUN
see also Protestant ADJECTIVE
der ***Protestant*** (GEN des ***Protestanten***, PL die ***Protestanten***)
die ***Protestantin***
◇ *She's a Protestant.* Sie ist Protestantin.

Protestant ADJECTIVE
see also Protestant NOUN
protestantisch ◇ *a Protestant church* eine protestantische Kirche

protester NOUN
der ***Demonstrant*** (GEN des ***Demonstranten***, PL die ***Demonstranten***)
die ***Demonstrantin***

proud ADJECTIVE
stolz ◇ *Her parents are proud of her.* Ihre Eltern sind stolz auf sie.

to **prove** VERB
beweisen (IMPERFECT ***bewies***, PERFECT ***hat bewiesen***) ◇ *The police couldn't prove it.* Die Polizei konnte es nicht beweisen.

proverb NOUN
das ***Sprichwort*** (PL die ***Sprichwörter***)

to **provide** VERB
stellen ◇ *We'll provide the food if you see to the drinks.* Wir stellen das Essen, wenn ihr euch um die Getränke kümmert.
◆ **to provide somebody with something** jemandem etwas zur Verfügung stellen ◇ *They provided us with maps.* Sie haben uns Karten zur Verfügung gestellt.

provided CONJUNCTION
vorausgesetzt, dass ◇ *He'll play in the next match provided he's fit.* Er spielt im nächsten Spiel, vorausgesetzt, dass er fit ist.

provisional ADJECTIVE
vorläufig

prune NOUN
die ***Backpflaume***

pseudonym NOUN
das ***Pseudonym*** (PL die ***Pseudonyme***)

psychiatrist NOUN
der ***Psychiater*** (PL die ***Psychiater***)
die ***Psychiaterin***
◇ *She's a psychiatrist.* Sie ist Psychiaterin.

psychoanalyst NOUN
der ***Psychoanalytiker*** (PL die ***Psychoanalytiker***)
die ***Psychoanalytikerin***

psychological ADJECTIVE
psychologisch

psychologist NOUN
der ***Psychologe*** (GEN des ***Psychologen***, PL die ***Psychologen***)
die ***Psychologin***
◇ *He's a psychologist.* Er ist Psychologe.

psychology NOUN
die ***Psychologie***

PTO ABBREVIATION (= *please turn over*)
b.w. (= bitte wenden)

pub NOUN
die ***Kneipe***

public NOUN
see also public ADJECTIVE
die ***Öffentlichkeit*** ◇ *open to the public* der Öffentlichkeit zugänglich
◆ **in public** in der Öffentlichkeit

public ADJECTIVE
see also public NOUN
öffentlich ◇ *public opinion* die öffentliche Meinung
◆ **a public holiday** ein gesetzlicher Feiertag
◆ **the public address system** die Lautsprecheranlage

publicity NOUN
die *Publicity*
public school NOUN
die *Privatschule*
public transport NOUN
die *öffentlichen Verkehrsmittel* NEUT PL
Almost all German cities operate an integrated public transport system; you buy a single ticket which is valid on all buses, trams and light railway vehicles in a particular zone. You can buy a weekly Wochenkarte*, monthly* Monatskarte *or yearly* Jahreskarte.
to **publish** VERB
veröffentlichen (PERFECT *hat veröffentlicht*)
publisher NOUN
der *Verlag* (*company*) (PL die *Verlage*)
pudding NOUN
der *Nachtisch* ◇ *What's for pudding?* Was gibt's zum Nachtisch?
◆ **rice pudding** der Milchreis
◆ **black pudding** die Blutwurst
puddle NOUN
die *Pfütze*
puff pastry NOUN
der *Blätterteig*
to **pull** VERB
ziehen (IMPERFECT *zog*, PERFECT *hat gezogen*) ◇ *Pull!* Zieh!
◆ **He pulled the trigger.** Er drückte ab.
◆ **to pull a muscle** sich einen Muskel zerren ◇ *I pulled a muscle when I was training.* Ich habe mir beim Training einen Muskel gezerrt.
◆ **You're pulling my leg!** Du willst mich wohl auf den Arm nehmen! (*informal*)
◆ **to pull down** abreißen
◆ **to pull out (1)** (*tooth, weed*) herausziehen
◆ **to pull out (2)** (*car*) ausscheren ◇ *The car pulled out to overtake.* Das Auto scherte aus, um zu überholen.
◆ **to pull out (3)** (*withdraw*) aussteigen ◇ *She pulled out of the tournament.* Sie ist aus dem Turnier ausgestiegen.
◆ **to pull through** (*survive*) durchkommen ◇ *They think he'll pull through.* Sie meinen, er kommt durch.
pullover NOUN
der *Pullover* (PL die *Pullover*)
pulse NOUN
der *Puls* (GEN des *Pulses*, PL die *Pulse*) ◇ *The nurse felt his pulse.* Die Schwester fühlte ihm den Puls.
pulses PL NOUN
die *Hülsenfrüchte* FEM PL
pump NOUN
see also pump VERB
1 die *Pumpe* ◇ *a bicycle pump* eine Fahrradpumpe
◆ **a petrol pump** eine Zapfsäule
2 der *Sportschuh* (*shoe*) (PL die *Sportschuhe*)
to **pump** VERB
see also pump NOUN
pumpen
◆ **to pump up** (*tyre*) aufpumpen

pumpkin NOUN
der *Kürbis* (GEN des *Kürbisses*, PL die *Kürbisse*)
punch NOUN
(PL **punches**)
see also punch VERB
1 der *Schlag* (*blow*) (PL die *Schläge*) ◇ *Tyson went down on the third punch.* Beim dritten Schlag ging Tyson zu Boden.
2 der *Punsch* (*drink*)
to **punch** VERB
see also punch NOUN
1 *schlagen* (*hit*) (PRESENT *schlägt*, IMPERFECT *schlug*, PERFECT *hat geschlagen*) ◇ *He punched me!* Er hat mich geschlagen!
2 *entwerten* (*in ticket machine*) (PERFECT *hat entwertet*) ◇ *Punch your ticket before you get on the train.* Entwerten Sie Ihre Fahrkarte, bevor Sie in den Zug steigen.
3 *knipsen* (*by ticket inspector*) ◇ *He forgot to punch my ticket.* Er hat vergessen, meine Fahrkarte zu knipsen.
punch-up NOUN
die *Schlägerei* (*informal*)
punctual ADJECTIVE
pünktlich
punctuation NOUN
die *Zeichensetzung*
puncture NOUN
die *Reifenpanne* ◇ *to have a puncture* eine Reifenpanne haben
to **punish** VERB
bestrafen (PERFECT *hat bestraft*) ◇ *The teacher punished him for forgetting to do his homework.* Der Lehrer bestrafte ihn, weil er vergessen hatte, seine Hausaufgaben zu machen.
punishment NOUN
die *Strafe*
punk NOUN
(*person*)
der *Punker* (PL die *Punker*)
die *Punkerin*
◆ **a punk rock band** eine Punkband
pupil NOUN
der *Schüler* (PL die *Schüler*)
die *Schülerin*
puppet NOUN
die *Marionette*
puppy NOUN
(PL **puppies**)
der *junge Hund* (PL die *jungen Hunde*)
to **purchase** VERB
erwerben (PRESENT *erwirbt*, IMPERFECT *erwarb*, PERFECT *hat erworben*)
pure ADJECTIVE
rein ◇ *pure orange juice* reiner Orangensaft
◆ **He's doing pure maths.** Er macht rein theoretische Mathematik.
purple ADJECTIVE
violett
purpose NOUN
der *Zweck* (PL die *Zwecke*) ◇ *What is the purpose of these changes?* Welchen Zweck

haben diese Veränderungen?
- **his purpose in life** sein Lebensinhalt
- **on purpose** absichtlich ◇ *He did it on purpose.* Er hat es absichtlich getan.

to **purr** VERB
schnurren

purse NOUN
[1] der *Geldbeutel* (*for money*) (PL die *Geldbeutel*)
[2] die *Handtasche* (*handbag*)

to **pursue** VERB
verfolgen (PERFECT *hat verfolgt*)

pursuit NOUN
die *Aktivität* ◇ *outdoor pursuits* Aktivitäten im Freien

push NOUN
(PL **pushes**)
see also push VERB
- **to give somebody a push** jemanden stoßen ◇ *He gave me a push.* Er hat mich gestoßen.

to **push** VERB
see also push NOUN
[1] *drücken* (*button*)
[2] *drängeln* ◇ *Don't push!* Nicht drängeln!
- **to push somebody to do something** jemanden drängen, etwas zu tun ◇ *My parents are pushing me to go to university.* Meine Eltern drängen mich zu studieren.
- **to push drugs** mit Drogen handeln
- **Push off!** Hau ab! (*informal*)

pushchair NOUN
der *Sportwagen* (PL die *Sportwagen*)

pusher NOUN
(*of drugs*)
der *Drogenhändler* (PL die *Drogenhändler*)
die *Drogenhändlerin*

push-up NOUN
der *Liegestütz* (GEN des *Liegestützes*, PL die *Liegestütze*) ◇ *I do twenty push-ups every morning.* Ich mache jeden Morgen zwanzig Liegestütze.

to **put** VERB
(**put, put**)
Use **legen** *when you're putting something down flat, use* **stellen** *when you're standing something upright.*
[1] *legen* ◇ *Where shall I put my things?* Wohin soll ich meine Sachen legen? ◇ *She's putting the baby to bed.* Sie legt das Baby ins Bett.
[2] *stellen* ◇ *Put the vase on the table.* Stell die Vase auf den Tisch.
- **Don't forget to put your name on the paper.** Vergiss nicht, deinen Namen auf das Papier zu schreiben.

to **put away** VERB
(**put, put**)
wegräumen (PERFECT *hat weggeräumt*) ◇ *Can you put away the dishes, please?* Kannst du bitte das Geschirr wegräumen?

to **put back** VERB
(**put, put**)
[1] *zurücklegen* (PERFECT *hat zurückgelegt*) ◇ *Put it back when you've finished with it.* Leg es zurück, wenn du es nicht mehr brauchst.
[2] *zurückstellen* (PERFECT *hat zurückgestellt*) ◇ *Put the milk back in the fridge.* Stell die Milch in den Kühlschrank zurück.

to **put down** VERB
(**put, put**)
[1] *abstellen* (PERFECT *hat abgestellt*) ◇ *I'll put these bags down for a minute.* Ich stelle diese Taschen für eine Minute ab.
[2] *aufschreiben* (*in writing*) (IMPERFECT *schrieb auf*, PERFECT *hat aufgeschrieben*) ◇ *I've put down a few ideas.* Ich habe ein paar Ideen aufgeschrieben.
- **to have an animal put down** ein Tier einschläfern lassen ◇ *We had to have our old dog put down.* Wir mussten unseren alten Hund einschläfern lassen.

to **put off** VERB
(**put, put**)
[1] *ausmachen* (*switch off*) (PERFECT *hat ausgemacht*) ◇ *Shall I put the light off?* Soll ich das Licht ausmachen?
[2] *verschieben* (*postpone*) (IMPERFECT *verschob*, PERFECT *hat verschoben*) ◇ *I keep putting it off.* Ich verschiebe es dauernd.
[3] *stören* (*distract*) ◇ *Stop putting me off!* Hör auf, mich zu stören!
[4] *entmutigen* (*discourage*) (PERFECT *hat entmutigt*) ◇ *He's not easily put off.* Er lässt sich nicht so schnell entmutigen.

to **put on** VERB
(**put, put**)
[1] *anziehen* (*clothes*) (IMPERFECT *zog an*, PERFECT *hat angezogen*) ◇ *I'll put my coat on.* Ich ziehe mir den Mantel an.
[2] *auftragen* (*lipstick*) (PRESENT *trägt auf*, IMPERFECT *trug auf*, PERFECT *hat aufgetragen*)
[3] *auflegen* (*record*) (PERFECT *hat aufgelegt*)
[4] *anmachen* (*light, heater, TV*) (PERFECT *hat angemacht*) ◇ *Shall I put the heater on?* Soll ich den Heizofen anmachen?
[5] *aufführen* (*play, show*) (PERFECT *hat aufgeführt*) ◇ *We're putting on "Bugsy Malone".* Wir führen "Bugsy Malone" auf.
[6] *aufstellen* (PERFECT *hat aufgestellt*) ◇ *I'll put the potatoes on.* Ich stelle die Kartoffeln auf.
- **to put on weight** zunehmen ◇ *He's put on a lot of weight.* Er hat viel zugenommen.

to **put out** VERB
(**put, put**)
[1] *ausmachen* (*light, cigarette*) (PERFECT *hat ausgemacht*) ◇ *Put the light out.* Mach das Licht aus.
[2] *löschen* (*fire*) ◇ *It took them five hours to put out the fire.* Sie haben fünf Stunden gebraucht, um das Feuer zu löschen.

to **put through** VERB
(**put, put**)
verbinden (IMPERFECT *verband*, PERFECT *hat verbunden*) ◇ *Can you put me through to*

the manager? Können Sie mich mit dem Geschäftsführer verbinden?
- **I'm putting you through.** Ich verbinde.

to **put up** VERB
(**put, put**)
1 *aufhängen* (*pin up*) (PERFECT *hat aufgehängt*) ◇ *The poster's great. I'll put it up in my room.* Das Poster ist toll. Ich hänge es bei mir im Zimmer auf.
2 *aufschlagen* (*tent*) (PRESENT *schlägt auf*, IMPERFECT *schlug auf*, PERFECT *hat aufgeschlagen*) ◇ *We put up our tent in a field.* Wir haben unser Zelt auf einem Feld aufgeschlagen.
3 *erhöhen* (*price*) (PERFECT *hat erhöht*) ◇ *They've put up the price.* Sie haben den Preis erhöht.
4 *übernachten lassen* (*accommodate*) (PRESENT *lässt übernachten*, IMPERFECT *ließ übernachten*, PERFECT *hat übernachten lassen*) ◇ *My friend will put me up for the night.* Mein Freund lässt mich bei sich übernachten.
- **to put one's hand up** sich melden ◇ *If you have any questions, put up your hand.* Wenn ihr Fragen habt, dann meldet euch.
- **to put up with something** sich etwas gefallen lassen ◇ *I'm not going to put up with it any longer.* Ich lasse mir das nicht länger gefallen.

puzzle NOUN
das *Puzzle* (*jigsaw*) (PL die *Puzzles*)

puzzled ADJECTIVE
verdutzt ◇ *You look puzzled!* Du siehst verdutzt aus!

puzzling ADJECTIVE
rätselhaft

pyjamas PL NOUN
der *Schlafanzug* (PL die *Schlafanzüge*)
◇ *my pyjamas* mein Schlafanzug
- **a pair of pyjamas** ein Schlafanzug
- **a pyjama top** ein Schlafanzugoberteil NEUT

pyramid NOUN
die *Pyramide*

Q

quaint ADJECTIVE
malerisch (*house, village*)

qualification NOUN
die *Qualifikation* ◇ *vocational qualifications* die beruflichen Qualifikationen
◆ **to leave school without any qualifications** die Schule ohne einen Abschluss verlassen

qualified ADJECTIVE
ausgebildet ◇ *a qualified driving instructor* ein ausgebildeter Fahrlehrer ◇ *a qualified nurse* eine ausgebildete Krankenschwester

to **qualify** VERB
(**qualified**)
1 *seinen Abschluss machen* (*for job*) ◇ *She qualified as a teacher last year.* Sie hat letztes Jahr ihren Abschluss als Lehrerin gemacht.
2 *sich qualifizieren* (*in competition*) (PERFECT *hat sich qualifiziert*) ◇ *Our team didn't qualify.* Unsere Mannschaft konnte sich nicht qualifizieren.

quality NOUN
(PL **qualities**)
1 die *Qualität* ◇ *a good quality of life* eine gute Lebensqualität
◆ **good-quality ingredients** qualitativ hochwertige Zutaten
2 die *Eigenschaft* (*of person*) ◇ *She's got lots of good qualities.* Sie hat viele gute Eigenschaften.

quantity NOUN
(PL **quantities**)
die *Menge*

quarantine NOUN
die *Quarantäne* ◇ *in quarantine* in Quarantäne

quarrel NOUN
see also quarrel VERB
der *Streit* (PL die *Streite*)

to **quarrel** VERB
see also quarrel NOUN
sich streiten (IMPERFECT *stritt sich*, PERFECT *hat sich gestritten*)

quarry NOUN
(PL **quarries**)
der *Steinbruch* (*for stone*) (PL die *Steinbrüche*)

quarter NOUN
das *Viertel* (PL die *Viertel*) ◇ *three quarters* drei Viertel ◇ *a quarter of an hour* eine viertel Stunde
◆ **three quarters of an hour** eine Dreiviertelstunde
◆ **a quarter past ten** Viertel nach zehn
◆ **a quarter to eleven** Viertel vor elf

quarter final NOUN
das *Viertelfinale* (PL die *Viertelfinale*)

quartet NOUN
das *Quartett* (PL die *Quartette*) ◇ *a string quartet* ein Streichquartett

quay NOUN
der *Kai* (PL die *Kais*)

queasy ADJECTIVE
◆ **I'm feeling queasy.** Mir ist schlecht.

queen NOUN
1 die *Königin* ◇ *Queen Elizabeth* Königin Elisabeth
2 die *Dame* (*playing card*) ◇ *the queen of hearts* die Herzdame
◆ **the Queen Mother** die Königinmutter

query NOUN
(PL **queries**)
die *Frage*

question NOUN
see also question VERB
die *Frage* ◇ *That's a difficult question.* Das ist eine schwierige Frage.
◆ **Can I ask a question?** Kann ich etwas fragen?
◆ **It's out of the question.** Das kommt nicht in Frage.

to **question** VERB
see also question NOUN
befragen (PERFECT *hat befragt*)
◆ **He was questioned by the police.** Die Polizei hat ihn vernommen.

question mark NOUN
das *Fragezeichen* (PL die *Fragezeichen*)

questionnaire NOUN
der *Fragebogen* (PL die *Fragebögen*)

queue NOUN
see also queue VERB
die *Schlange*

to **queue** VERB
see also queue NOUN
Schlange stehen (IMPERFECT *stand Schlange*, PERFECT *hat Schlange gestanden*)
◇ *We had to queue for an hour.* Wir mussten eine Stunde lang Schlange stehen.
◆ **to queue for something** für etwas anstehen ◇ *We had to queue for tickets.* Wir mussten für Karten anstehen.

quick ADJECTIVE, ADVERB
schnell ◇ *a quick lunch* ein schnelles Mittagessen ◇ *Quick, phone the police!* Schnell, rufen Sie die Polizei! ◇ *It's quicker by train.* Mit dem Zug geht es schneller.
◆ **Be quick!** Beeil dich!
◆ **She's a quick learner.** Sie lernt schnell.

quickly ADVERB
schnell ◇ *It was all over very quickly.* Es war alles sehr schnell vorbei.

quiet ADJECTIVE
1 *ruhig* (*not talkative, peaceful*) ◇ *You're very quiet today.* Du bist heute sehr ruhig. ◇ *a quiet little town* eine ruhige, kleine Stadt
2 *leise* (*not noisy*) ◇ *The engine's very quiet.* Der Motor ist sehr leise.
◆ **Be quiet!** Sei still!
◆ **Quiet!** Ruhe!

quietly ADVERB
leise ◇ *He quietly opened the door.* Er öffnete leise die Tür.

quilt NOUN
die *Steppdecke* (*duvet*)

quite ADVERB
[1] *ziemlich* (*rather*) ◇ *It's quite warm today.* Heute ist es ziemlich warm. ◇ *I've been there quite a lot.* Ich war schon ziemlich oft da. ◇ *quite a lot of money* ziemlich viel Geld ◇ *There were quite a few people there.* Es waren ziemlich viele Leute da. ◇ *It costs quite a lot to go abroad.* Es ist ziemlich teuer, ins Ausland zu fahren. ◇ *It's quite a long way.* Es ist ziemlich weit.
- **It was quite a shock.** Es war ein ziemlicher Schock.
- **I quite liked the film, but...** Der Film hat mir ganz gut gefallen, aber...

[2] *ganz* (*entirely*) ◇ *I'm not quite sure.* Ich bin mir nicht ganz sicher. ◇ *It's not quite the same.* Das ist nicht ganz das Gleiche.
- **quite good** ganz gut

quiz NOUN
(PL **quizzes**)
das *Quiz* (GEN des *Quiz*, PL die *Quiz*)

quota NOUN
die *Quote*

quotation NOUN
das *Zitat* (PL die *Zitate*) ◇ *a quotation from Shakespeare* ein Shakespearezitat

quote NOUN
das *Zitat* (PL die *Zitate*) ◇ *a Shakespeare quote* ein Shakespearezitat
- **quotes** (*quotation marks*) die Anführungszeichen ◇ *in quotes* in Anführungszeichen

R

rabbi NOUN
der *Rabbiner* (PL die *Rabbiner*)
rabbit NOUN
das *Kaninchen* (PL die *Kaninchen*) ◇ *a rabbit hutch* ein Kaninchenstall MASC
rabies SING NOUN
die *Tollwut*
◆ **a dog with rabies** ein tollwütiger Hund
race NOUN
see also race VERB
[1] das *Rennen* (*sport*) (PL die *Rennen*) ◇ *a cycle race* ein Radrennen
[2] die *Rasse* (*species*) ◇ *the human race* die Menschheit
◆ **race relations** Rassenbeziehungen FEM PL
to **race** VERB
see also race NOUN
[1] *rennen* (IMPERFECT *rannte*, PERFECT *ist gerannt*) ◇ *We raced to catch the bus.* Wir sind gerannt, um den Bus zu erreichen.
[2] *um die Wette laufen mit* (*have a race*) (PRESENT *läuft um die Wette*, IMPERFECT *lief um die Wette*, PERFECT *ist um die Wette gelaufen*) ◇ *I'll race you!* Ich laufe mit dir um die Wette!
racecourse NOUN
die *Pferderennbahn*
racehorse NOUN
das *Rennpferd* (PL die *Rennpferde*)
racer NOUN
das *Rennrad* (*bike*) (PL die *Rennräder*)
racetrack NOUN
die *Rennbahn*
racial ADJECTIVE
◆ **racial discrimination** die Rassendiskriminierung
racing car NOUN
der *Rennwagen* (PL die *Rennwagen*)
racing driver NOUN
der *Rennfahrer* (PL die *Rennfahrer*)
die *Rennfahrerin*
racism NOUN
der *Rassismus* (GEN des *Rassismus*)
racist ADJECTIVE
see also racist NOUN
rassistisch
◆ **He's racist.** Er ist ein Rassist.
racist NOUN
see also racist ADJECTIVE
der *Rassist* (GEN des *Rassisten*, PL die *Rassisten*)
die *Rassistin*
rack NOUN
der *Gepäckträger* (*for luggage*) (PL die *Gepäckträger*)
racket NOUN
[1] der *Schläger* (*for sport*) (PL die *Schläger*) ◇ *my tennis racket* mein Tennisschläger
[2] der *Krach* (*noise*) ◇ *They're making a terrible racket.* Sie machen einen furchtbaren Krach.
racquet NOUN
der *Schläger* (PL die *Schläger*)
radar NOUN
das *Radar*
radiation NOUN
die *Strahlung*
radiator NOUN
der *Heizkörper* (PL die *Heizkörper*)
radio NOUN
(PL **radios**)
das *Radio* (PL die *Radios*)
◆ **on the radio** im Radio
◆ **a radio station** ein Rundfunksender MASC
radioactive ADJECTIVE
radioaktiv
radio cassette NOUN
der *Radiorecorder* (PL die *Radiorecorder*)
radio-controlled ADJECTIVE
ferngesteuert (*model plane, car*)
radish NOUN
(PL **radishes**)
[1] das *Radieschen* (*small red*) (PL die *Radieschen*)
[2] der *Rettich* (*long white*) (PL die *Retticheh*)
RAF NOUN (= *Royal Air Force*)
die *britische Luftwaffe* ◇ *He's in the RAF.* Er ist bei der britischen Luftwaffe.
raffle NOUN
die *Tombola* (PL die *Tombolas*) ◇ *a raffle ticket* ein Tombolalos NEUT
raft NOUN
das *Floß* (GEN des *Floßes*, PL die *Flöße*)
rag NOUN
der *Lumpen* (PL die *Lumpen*) ◇ *dressed in rags* in Lumpen gekleidet
◆ **a piece of rag** ein Lappen MASC
rage NOUN
die *Wut* ◇ *mad with rage* wild vor Wut
◆ **to be in a rage** wütend sein ◇ *She was in a rage.* Sie war wütend.
◆ **It's all the rage.** Es ist große Mode.
raid NOUN
see also raid VERB
[1] der *Überfall* (*burglary*) (PL die *Überfälle*) ◇ *There was a bank raid near my house.* Es gab einen Banküberfall in der Nähe meines Hauses.
[2] die *Razzia* (PL die *Razzien*) ◇ *a police raid* eine Polizeirazzia
to **raid** VERB
see also raid NOUN
eine Razzia machen in +DAT (*police*) ◇ *The police raided a club in Soho.* Die Polizei machte in einem Klub in Soho eine Razzia.
rail NOUN
[1] das *Geländer* (*on stairs, bridge, balcony*) (PL die *Geländer*) ◇ *Don't lean over the rail!* Nicht über das Geländer lehnen!

[2] die *Schiene* (*on railway line*)
◆ **by rail** mit dem Zug
railroad NOUN
die *Eisenbahn*
◆ **a railroad station** ein Bahnhof MASC
railway NOUN
die *Eisenbahn* ◇ *the privatization of the railways* die Privatisierung der Eisenbahn
◆ **a railway line** eine Eisenbahnlinie
◆ **a railway station** ein Bahnhof MASC
rain NOUN
see also rain VERB
der *Regen* ◇ *in the rain* im Regen
to **rain** VERB
see also rain NOUN
regnen ◇ *It rains a lot here.* Hier regnet es viel.
◆ **It's raining.** Es regnet.
rainbow NOUN
der *Regenbogen* (PL die *Regenbogen*)
raincoat NOUN
der *Regenmantel* (PL die *Regenmäntel*)
rainforest NOUN
der *Regenwald* (PL die *Regenwälder*)
rainy ADJECTIVE
regnerisch
to **raise** VERB
[1] *hochheben* (*lift*) (IMPERFECT *hob hoch*, PERFECT *hat hochgehoben*) ◇ *He raised his hand.* Er hob die Hand hoch.
[2] *heben* (*improve*) (IMPERFECT *hob*, PERFECT *hat gehoben*) ◇ *They want to raise standards in schools.* Sie wollen das Niveau in den Schulen heben.
◆ **to raise money** Spenden sammeln ◇ *The school is raising money for a new gym.* Die Schule sammelt Spenden für eine neue Turnhalle.
raisin NOUN
die *Rosine*
rake NOUN
der *Rechen* (PL die *Rechen*)
rally NOUN
(PL **rallies**)
[1] die *Kundgebung* (*of people*)
[2] die *Rallye* (*sport*) (PL die *Rallyes*) ◇ *a rally driver* ein Rallyefahrer MASC
[3] der *Ballwechsel* (*in tennis*) (PL die *Ballwechsel*)
ramble NOUN
die *Wanderung* ◇ *to go for a ramble* eine Wanderung machen
rambler NOUN
der *Wanderer* (PL die *Wanderer*)
die *Wanderin*
ramp NOUN
die *Rampe* (*for wheelchairs*)
ran VERB *see* **run**
ranch NOUN
(PL **ranches**)
die *Ranch* (PL die *Ranches*)
random ADJECTIVE
◆ **a random selection** eine Zufallsauswahl
◆ **at random** aufs Geratewohl ◇ *We picked the number at random.* Wir haben die Nummer aufs Geratewohl ausgewählt.
rang VERB *see* **ring**
range NOUN
see also range VERB
die *Auswahl* ◇ *There's a wide range of colours.* Es gibt eine große Auswahl an Farben.
◆ **a range of subjects** verschiedene Themen ◇ *We study a range of subjects.* Wir studieren verschiedene Themen.
◆ **a mountain range** eine Bergkette
to **range** VERB
see also range NOUN
◆ **to range from...to** gehen von...bis ◇ *Temperatures in summer range from twenty to thirty-five degrees.* Die Temperaturen im Sommer gehen von zwanzig bis fünfunddreißig Grad.
◆ **Tickets range from two to twenty pounds.** Karten kosten von zwei bis zwanzig Pfund.
rank NOUN
◆ **a taxi rank** ein Taxistand MASC
ransom NOUN
das *Lösegeld* (PL die *Lösegelder*)
rap NOUN
der *Rap* (*music*)
rape NOUN
see also rape VERB
die *Vergewaltigung*
to **rape** VERB
see also rape NOUN
vergewaltigen (PERFECT *hat vergewaltigt*)
rapids PL NOUN
die *Stromschnellen* FEM PL
rapist NOUN
der *Vergewaltiger* (PL die *Vergewaltiger*)
rare ADJECTIVE
[1] *selten* (*unusual*) ◇ *a rare plant* eine seltene Pflanze
[2] *blutig* (*steak*)
rash NOUN
(PL **rashes**)
der *Ausschlag* (PL die *Ausschläge*) ◇ *I've got a rash on my chest.* Ich habe einen Ausschlag auf der Brust.
rasher NOUN
◆ **an egg and two rashers of bacon** ein Ei und zwei Streifen Speck
raspberry NOUN
(PL **raspberries**)
die *Himbeere* ◇ *raspberry jam* die Himbeermarmelade
rat NOUN
die *Ratte*
rate NOUN
[1] der *Preis* (*price*) (GEN des *Preises*, PL die *Preise*) ◇ *There are reduced rates for students.* Studenten bekommen ermäßigte Preise.
[2] die *Rate* (*level*) ◇ *the divorce rate* die Scheidungsrate
◆ **a high rate of interest** ein hoher Zinssatz
rather ADVERB
ziemlich ◇ *I was rather disappointed.* Ich

war ziemlich enttäuscht. ◇ *Twenty pounds! That's rather a lot!* Zwanzig Pfund! Das ist aber ziemlich viel!
- **rather a lot of** ziemlich viel ◇ *I've got rather a lot of work to do.* Ich habe ziemlich viel Arbeit.
- **rather than** statt ◇ *We decided to camp, rather than stay at a hotel.* Wir haben beschlossen zu zelten statt im Hotel zu übernachten.
- **I'd rather...** Ich würde lieber... ◇ *I'd rather stay in tonight.* Ich würde heute Abend lieber zu Hause bleiben. ◇ *Would you like a sweet? – I'd rather have an apple.* Möchtest du ein Bonbon? – Ich hätte lieber einen Apfel.

rattle NOUN
die ***Rassel*** (*for baby*)

rattlesnake NOUN
die ***Klapperschlange***

to **rave** VERB
see also **rave** NOUN
schwärmen ◇ *They raved about the film.* Sie schwärmten von dem Film.

rave NOUN
see also **rave** VERB
die ***Raveparty*** (*party*) (PL die ***Ravepartys***)
- **rave music** die Ravemusik

raven NOUN
der ***Rabe*** (GEN des ***Raben***, PL die ***Raben***)

ravenous ADJECTIVE
- **to be ravenous** einen Riesenhunger haben ◇ *I'm ravenous!* Ich habe einen Riesenhunger!

raving ADVERB
- **raving mad** total verrückt (*informal*)

raw ADJECTIVE
roh (*food*)
- **raw materials** die Rohstoffe

razor NOUN
der ***Rasierapparat*** (PL die ***Rasierapparate***)
- **a razor blade** eine Rasierklinge

RE NOUN (= *religious education*)
der ***Religionsunterricht***

reach NOUN
see also **reach** VERB
- **out of reach** außer Reichweite ◇ *The light switch was out of reach.* Der Lichtschalter war außer Reichweite.
- **within easy reach of** leicht zu erreichen ◇ *The hotel is within easy reach of the town centre.* Das Hotel ist vom Stadtzentrum leicht zu erreichen.

to **reach** VERB
see also **reach** NOUN
[1] ***ankommen in*** +DAT (IMPERFECT ***kam an***, PERFECT ***ist angekommen***) ◇ *We reached the hotel at ten o'clock.* Wir sind um zehn Uhr im Hotel angekommen.
- **We hope to reach the final.** Wir wollen ins Endspiel kommen.

[2] ***treffen*** (*decision*) (PRESENT ***trifft***, IMPERFECT ***traf***, PERFECT ***hat getroffen***) ◇ *Eventually they reached a decision.* Sie haben schließlich eine Entscheidung getroffen.
- **He reached for his gun.** Er griff nach seiner Pistole.

to **react** VERB
reagieren (PERFECT ***hat reagiert***)

reaction NOUN
die ***Reaktion***

reactor NOUN
der ***Reaktor*** (PL die ***Reaktoren***) ◇ *a nuclear reactor* ein Kernreaktor

to **read** VERB
(**read**, **read**)
lesen (PRESENT ***liest***, IMPERFECT ***las***, PERFECT ***hat gelesen***) ◇ *I don't read much.* Ich lese nicht viel. ◇ *Have you read "Animal Farm"?* Hast du "Die Farm der Tiere" gelesen? ◇ *Read the text out loud.* Lies den Text laut.

reader NOUN
(*person*)
der ***Leser*** (PL die ***Leser***)
die ***Leserin***

reading NOUN
das ***Lesen*** ◇ *Reading is one of my hobbies.* Lesen ist eines meiner Hobbies.

ready ADJECTIVE
fertig ◇ *She's nearly ready.* Sie ist fast fertig.
- **He's always ready to help.** Er ist immer bereit zu helfen.
- **a ready meal** ein Fertiggericht NEUT
- **to get ready** sich fertig machen ◇ *She's getting ready to go out.* Sie macht sich zum Ausgehen fertig.
- **to get something ready** etwas machen ◇ *He's getting the dinner ready.* Er macht das Abendessen.

real ADJECTIVE
[1] ***echt*** (*not fake*) ◇ *He wasn't a real policeman.* Er war kein echter Polizist. ◇ *It's real leather.* Es ist echtes Leder.
[2] ***wirklich*** ◇ *Her real name is Cordelia.* Ihr wirklicher Name ist Cordelia. ◇ *in real life* im wirklichen Leben
- **It was a real nightmare.** Es war wirklich ein Alptraum.

realistic ADJECTIVE
realistisch

reality NOUN
die ***Wirklichkeit***

to **realize** VERB
- **to realize that...** bemerken, dass... ◇ *We realized that something was wrong.* Wir bemerkten, dass irgend etwas nicht stimmte.

really ADVERB
wirklich ◇ *She's really nice.* Sie ist wirklich nett. ◇ *I'm learning Italian. – Really?* Ich lerne Italienisch. – Wirklich?
- **Do you want to go? – Not really.** Willst du gehen? – Eigentlich nicht.

realtor NOUN
der ***Immobilienhändler*** (PL die ***Immobilienhändler***)
die ***Immobilienhändlerin***

rear ADJECTIVE
see also rear NOUN
hintere ◇ *the rear windows* die hinteren Fenster
◆ **the rear wheel** das Hinterrad

rear NOUN
see also rear ADJECTIVE
das *hintere Ende* (PL die *hinteren Enden*)
◇ *at the rear of the train* am hinteren Ende des Zuges

reason NOUN
der *Grund* (PL die *Gründe*) ◇ *There's no reason to think that...* Es gibt keinen Grund zu meinen, dass...
◆ **for security reasons** aus Sicherheitsgründen
◆ **That was the main reason I went.** Das war der Hauptgrund, warum ich gegangen bin.

reasonable ADJECTIVE
[1] *vernünftig* (*sensible*) ◇ *Be reasonable!* Sei vernünftig!
[2] *ganz ordentlich* (*not bad*) ◇ *He wrote a reasonable essay.* Er hat einen ganz ordentlichen Aufsatz geschrieben.

to **reassure** VERB
beruhigen (PERFECT *hat beruhigt*)

reassuring ADJECTIVE
beruhigend

rebellious ADJECTIVE
aufmüpfig

receipt NOUN
die *Quittung*

to **receive** VERB
erhalten (PRESENT *erhält*, IMPERFECT *erhielt*, PERFECT *hat erhalten*)

receiver NOUN
der *Hörer* (*of phone*) (PL die *Hörer*) ◇ *to pick up the receiver* den Hörer abnehmen

recent ADJECTIVE
neueste ◇ *the recent developments in...* die neuesten Entwicklungen in...
◆ **in recent years** in den letzten Jahren

recently ADVERB
in letzter Zeit ◇ *I've been doing a lot of training recently.* Ich habe in letzter Zeit viel trainiert.

reception NOUN
[1] die *Rezeption* (*in hotel*) ◇ *Please leave your key at reception.* Bitte geben Sie Ihren Schlüssel an der Rezeption ab.
[2] der *Empfang* (*party*) (PL die *Empfänge*)
◇ *The reception will be at a big hotel.* Der Empfang findet in einem großen Hotel statt.

receptionist NOUN
der *Empfangschef* (PL die *Empfangschefs*)
die *Empfangsdame*

recession NOUN
die *Rezession*

recipe NOUN
das *Rezept* (PL die *Rezepte*)

to **reckon** VERB
meinen ◇ *What do you reckon?* Was meinst du?

reclining ADJECTIVE
◆ **a reclining seat** ein Liegesitz MASC

recognizable ADJECTIVE
[1] *wiederzuerkennen* ◇ *He was scarcely recognizable after the accident.* Er war nach dem Unfall kaum wiederzuerkennen.
[2] *erkennbar* (*noticeable*) ◇ *There was a recognizable improvement in his work.* Seine Arbeit hat erkennbare Fortschritte gemacht.

to **recognize** VERB
erkennen (IMPERFECT *erkannte*, PERFECT *hat erkannt*) ◇ *You'll recognize me by my red hair.* Du wirst mich an meinen roten Haaren erkennen.

to **recommend** VERB
empfehlen (PRESENT *empfiehlt*, IMPERFECT *empfahl*, PERFECT *hat empfohlen*) ◇ *What do you recommend?* Was können Sie empfehlen?

to **reconsider** VERB
◆ **to reconsider something** sich etwas noch einmal überlegen ◇ *I think you should reconsider your decision.* Ich denke, du solltest dir die Entscheidung noch einmal überlegen.

record NOUN
see also record VERB
[1] die *Schallplatte* (*recording*) ◇ *my favourite record* meine Lieblingsschallplatte
[2] der *Rekord* (*sport*) (PL die *Rekorde*)
◇ *the world record* der Weltrekord
◆ **in record time** in Rekordzeit ◇ *She finished the job in record time.* Sie war in Rekordzeit mit der Arbeit fertig.
◆ **He's got a criminal record.** Er ist vorbestraft.
◆ **records** (*of police, hospital*) die Akten ◇ *I'll check in the records.* Ich sehe in den Akten nach.
◆ **There is no record of your booking.** Ihre Buchung ist nirgends belegt.

to **record** VERB
see also record NOUN
aufnehmen (*on film, tape*) (PRESENT *nimmt auf*, IMPERFECT *nahm auf*, PERFECT *hat aufgenommen*) ◇ *They've just recorded their new album.* Sie haben eben ihr neues Album aufgenommen.

recorded delivery NOUN
◆ **to send something recorded delivery** etwas per Einschreiben senden

recorder NOUN
die *Blockflöte* (*instrument*) ◇ *She plays the recorder.* Sie spielt Blockflöte.
◆ **a cassette recorder** ein Kassettenrecorder MASC
◆ **a video recorder** ein Videorecorder MASC

recording NOUN
die *Aufnahme*

record player NOUN
der *Plattenspieler* (PL die *Plattenspieler*)

to **recover** VERB
sich erholen (PERFECT *hat sich erholt*)
◇ *He's recovering from a knee injury.* Er erholt sich von einer Knieverletzung.

recovery NOUN
die *Erholung*

R

◆ **Best wishes for a speedy recovery!** Gute Besserung!

rectangle NOUN
das *Rechteck* (PL die *Rechtecke*)

rectangular ADJECTIVE
rechteckig

to **recycle** VERB
wiederverwerten (PERFECT *hat wiederverwertet*)

recycling NOUN
das *Recycling*

red ADJECTIVE
rot ◇ *a red rose* eine rote Rose ◇ *red meat* rotes Fleisch ◇ *Peter's got red hair.* Peter hat rote Haare.
◆ **to go through a red light** bei Rot über die Ampel fahren

Red Cross NOUN
das *Rote Kreuz*

redcurrant NOUN
die *rote Johannisbeere*

to **redecorate** VERB
renovieren (PERFECT *hat renoviert*)

red-haired ADJECTIVE
rothaarig

red-handed ADJECTIVE
◆ **to catch somebody red-handed** jemanden auf frischer Tat ertappen ◇ *He was caught red-handed.* Er wurde auf frischer Tat ertappt.

redhead NOUN
der *Rothaarige* (GEN des *Rothaarigen*, PL die *Rothaarigen*)
die *Rothaarige* (GEN der *Rothaarigen*)
◇ *a redhead* (*man*) ein Rothaariger

to **redo** VERB
(**redoes**, **redid**, **redone**)
noch einmal machen

to **reduce** VERB
ermäßigen (PERFECT *hat ermäßigt*) ◇ *at a reduced price* zu ermäßigtem Preis
◆ **"reduce speed now"** "Geschwindigkeit verringern"

reduction NOUN
der *Nachlass* ⚠ (GEN des *Nachlasses*, PL die *Nachlässe*) ◇ *a five per cent reduction* ein Nachlass von fünf Prozent
◆ **"Huge reductions!"** "Stark reduzierte Preise!"

redundancy NOUN
(PL **redundancies**)
die *Entlassung* ◇ *There were fifty redundancies.* Es gab fünfzig Entlassungen.
◆ **his redundancy payment** seine Abfindung

redundant ADJECTIVE
◆ **to be made redundant** entlassen werden
◇ *He was made redundant yesterday.* Er wurde gestern entlassen.

reed NOUN
das *Schilf* (*plant*)

reel NOUN
die *Spule* (*of thread*)

to **refer** VERB
◆ **to refer to** anspielen auf +ACC ◇ *What are you referring to?* Auf was spielst du an?

referee NOUN
der *Schiedsrichter* (PL die *Schiedsrichter*)
die *Schiedsrichterin*

reference NOUN
das *Arbeitszeugnis* (*for job application*) (GEN des *Arbeitszeugnisses*, PL die *Arbeitszeugnisse*) ◇ *Would you please give me a reference?* Können Sie mir bitte ein Arbeitszeugnis geben?
◆ **With reference to your letter of...** Mit Bezug auf Ihren Brief vom...
◆ **a reference book** ein Nachschlagewerk NEUT

to **refill** VERB
nachfüllen (PERFECT *hat nachgefüllt*) ◇ *He refilled my glass.* Er füllte mein Glas nach.

refinery NOUN
(PL **refineries**)
die *Raffinerie*

to **reflect** VERB
reflektieren (*light, image*) (PERFECT *hat reflektiert*)

reflection NOUN
das *Spiegelbild* (*in mirror*) (PL die *Spiegelbilder*)

reflex NOUN
(PL **reflexes**)
der *Reflex* (GEN des *Reflexes*, PL die *Reflexe*)

reflexive ADJECTIVE
reflexiv ◇ *a reflexive verb* ein reflexives Verb

refresher course NOUN
der *Wiederholungskurs* (GEN des *Wiederholungskurses*, PL die *Wiederholungskurse*)

refreshing ADJECTIVE
erfrischend

refreshments PL NOUN
die *Erfrischungen* FEM PL

refrigerator NOUN
der *Kühlschrank* (PL die *Kühlschränke*)

to **refuel** VERB
auftanken (PERFECT *hat aufgetankt*) ◇ *Our plane refuelled in Boston.* Unser Flugzeug hat in Boston aufgetankt.

refuge NOUN
die *Zuflucht*

refugee NOUN
der *Flüchtling* (PL die *Flüchtlinge*)
der Flüchtling *is also used for women.*

refund NOUN
see also refund VERB
die *Rückvergütung*

to **refund** VERB
see also refund NOUN
zurückerstatten (PERFECT *hat zurückerstattet*)

refusal NOUN
die *Weigerung*

to **refuse** VERB
see also refuse NOUN
sich weigern

refuse NOUN
see also refuse VERB

der *Müll*
- **refuse collection** die Müllabfuhr

to **regain** VERB
- **to regain consciousness** wieder zu Bewusstsein kommen

regard NOUN
see also regard VERB
- **Give my regards to Alice.** Grüße an Alice.
- **Martin sends his regards.** Martin lässt grüßen.
- **"with kind regards"** "mit freundlichen Grüßen"

to **regard** VERB
see also regard NOUN
- **to regard something as** etwas betrachten als
- **as regards...** was...betrifft ◇ *As regards offensive weapons...* Was Angriffswaffen betrifft,...

regarding PREPOSITION
betreffend ◇ *the laws regarding the export of animals* die Gesetze den Export von Tieren betreffend
- **Regarding John,...** Was John betrifft,...

regiment NOUN
das *Regiment* (PL die *Regimenter*)

region NOUN
die *Gegend*

regional ADJECTIVE
regional

register NOUN
see also register VERB
das *Klassenbuch* (*in school*) (PL die *Klassenbücher*)

to **register** VERB
see also register NOUN
sich einschreiben (*at school, college*) (IMPERFECT *schrieb sich ein*, PERFECT *hat sich eingeschrieben*)

registered ADJECTIVE
- **a registered letter** ein eingeschriebener Brief

registration NOUN
1 der *Namensaufruf* (*in school*) (PL die *Namensaufrufe*)
2 das *polizeiliche Kennzeichen* (*of car*) (PL die *polizeilichen Kennzeichen*)

regret NOUN
see also regret VERB
das *Bedauern*
- **I've got no regrets.** Ich bedaure nichts.

to **regret** VERB
see also regret NOUN
bedauern (PERFECT *hat bedauert*) ◇ *Give me the money or you'll regret it!* Gib mir das Geld oder du wirst es bedauern!
- **to regret doing something** es bedauern, etwas getan zu haben ◇ *I regretted having said that.* Ich habe bedauert, dass ich das gesagt habe.

regular ADJECTIVE
1 *regelmäßig* ◇ *at regular intervals* in regelmäßigen Abständen ◇ *a regular verb* ein regelmäßiges Verb
- **to take regular exercise** regelmäßig Sport machen

2 *normal* (*average*) ◇ *a regular portion of fries* eine normale Portion Pommes frites

regularly ADVERB
regelmäßig

regulation NOUN
die *Bestimmung*

rehearsal NOUN
die *Probe*

to **rehearse** VERB
proben

rein NOUN
der *Zügel* (PL die *Zügel*) ◇ *the reins* die Zügel

reindeer NOUN
das *Rentier* (PL die *Rentiere*)

to **reject** VERB
verwerfen (*idea, suggestion*) (PRESENT *verwirft*, IMPERFECT *verwarf*, PERFECT *hat verworfen*) ◇ *We rejected that idea straight away.* Wir haben die Idee sofort verworfen.
- **I applied but they rejected me.** Ich habe mich beworben, wurde aber abgelehnt.

relapse NOUN
der *Rückfall* (PL die *Rückfälle*) ◇ *to have a relapse* einen Rückfall haben

related ADJECTIVE
verwandt (*people*) ◇ *Are you related to her?* Bist du mit ihr verwandt? ◇ *We're related.* Wir sind miteinander verwandt.
- **The two events were not related.** Es bestand kein Zusammenhang zwischen den beiden Ereignissen.

relation NOUN
1 (*person*)
der *Verwandte* (GEN des *Verwandten*, PL die *Verwandten*)
die *Verwandte* (GEN der *Verwandten*)
◇ *He's a distant relation.* Er ist ein entfernter Verwandter. ◇ *I've got relations in London.* Ich habe Verwandte in London. ◇ *my close relations* meine engsten Verwandten
2 (*connection*)
der *Bezug* (PL die *Bezüge*) ◇ *It has no relation to reality.* Es hat keinen Bezug zur Wirklichkeit.
- **in relation to** verglichen mit

relationship NOUN
die *Beziehung* ◇ *We have a good relationship.* Wir haben eine gute Beziehung. ◇ *I'm not in a relationship at the moment.* Ich habe im Moment keine Beziehung.

relative NOUN
der *Verwandte* (GEN des *Verwandten*, PL die *Verwandten*)
die *Verwandte* (GEN der *Verwandten*)
◇ *a relative* (*man*) ein Verwandter ◇ *my close relatives* meine engsten Verwandten
- **all her relatives** ihre ganze Verwandtschaft

relatively ADVERB
relativ

to **relax** VERB
sich entspannen (PERFECT *hat sich entspannt*) ◇ *I relax listening to music.* Ich

R

entspanne mich beim Musikhören.

◆ **Relax! Everything's fine.** Immer mit der Ruhe! Alles ist in Ordnung.

relaxation NOUN
die *Entspannung* ◇ *I don't have much time for relaxation.* Ich habe nicht viel Zeit für Entspannung.

relaxed ADJECTIVE
entspannt

relaxing ADJECTIVE
entspannend ◇ *I find cooking relaxing.* Ich finde Kochen entspannend.

relay NOUN
◆ **a relay race** ein Staffellauf MASC

to **release** VERB
see also release NOUN
1 *freilassen* (*prisoner*) (PRESENT *lässt frei*, IMPERFECT *ließ frei*, PERFECT *hat freigelassen*)
2 *veröffentlichen* (*report, news*) (PERFECT *hat veröffentlicht*)
3 *herausbringen* (*record, video*) (IMPERFECT *brachte heraus*, PERFECT *hat herausgebracht*)

release NOUN
see also release VERB
die *Freilassung* (*from prison*) ◇ *the release of Nelson Mandela* die Freilassung Nelson Mandelas
◆ **the band's latest release** die neueste Platte der Band

relegated ADJECTIVE
abgestiegen (*sport*) ◇ *Our team was relegated.* Unsere Mannschaft ist abgestiegen.

relevant ADJECTIVE
entsprechend (*documents*)
◆ **That's not relevant.** Das ist nicht relevant.
◆ **to be relevant to something** einen Bezug zu etwas haben ◇ *Education should be relevant to real life.* Die Ausbildung sollte einen Bezug zum wirklichen Leben haben.

reliable ADJECTIVE
zuverlässig ◇ *a reliable car* ein zuverlässiges Auto ◇ *He's not very reliable.* Er ist nicht sehr zuverlässig.

relief NOUN
die *Erleichterung* ◇ *That's a relief!* Das ist eine Erleichterung!

to **relieve** VERB
lindern ◇ *This injection will relieve the pain.* Diese Spritze wird den Schmerz lindern.

relieved ADJECTIVE
erleichtert ◇ *I was relieved to hear...* Ich war erleichtert zu hören...

religion NOUN
die *Religion* ◇ *What religion are you?* Welche Religion hast du?

religious ADJECTIVE
religiös ◇ *I'm not religious.* Ich bin nicht religiös.
◆ **my religious beliefs** mein Glaube MASC

reluctant ADJECTIVE
◆ **to be reluctant to do something** etwas nur ungern tun ◇ *They were reluctant to help us.* Sie haben uns nur ungern geholfen.

reluctantly ADVERB
ungern ◇ *She reluctantly accepted.* Sie hat ungern angenommen.

to **rely on** VERB
(**relied**)
sich verlassen auf +ACC (PRESENT *verlässt sich*, IMPERFECT *verließ sich*, PERFECT *hat sich verlassen*) ◇ *I'm relying on you.* Ich verlasse mich auf dich.

to **remain** VERB
bleiben (IMPERFECT *blieb*, PERFECT *ist geblieben*)
◆ **to remain silent** schweigen

remaining ADJECTIVE
restlich ◇ *the remaining ingredients* die restlichen Zutaten

remains PL NOUN
die *Reste* MASC PL ◇ *the remains of the picnic* die Reste des Picknicks
◆ **human remains** die menschlichen Überreste
◆ **Roman remains** römische Ruinen

remake NOUN
das *Remake* (*of film*) (PL die *Remakes*)

remark NOUN
die *Bemerkung*

remarkable ADJECTIVE
bemerkenswert

remarkably ADVERB
bemerkenswert

to **remarry** VERB
(**remarried**)
wieder heiraten ◇ *She remarried three years ago.* Sie hat vor drei Jahren wieder geheiratet.

remedy NOUN
(PL **remedies**)
das *Mittel* (PL die *Mittel*) ◇ *a good remedy for a sore throat* ein gutes Mittel gegen Halsschmerzen

to **remember** VERB
sich erinnern (PERFECT *hat sich erinnert*) ◇ *I can't remember his name.* Ich kann mich nicht an seinen Namen erinnern. ◇ *I don't remember.* Ich erinnere mich nicht.

In German you often say "don't forget" rather than remember *when reminding somebody about something.*

◇ *Remember your passport!* Vergiss deinen Pass nicht! ◇ *Remember to write your name on the form.* Vergiss nicht, deinen Namen auf das Formular zu schreiben.

Remembrance Day NOUN
der *Volkstrauertag* ◇ *on Remembrance Day* am Volkstrauertag

to **remind** VERB
erinnern (PERFECT *hat erinnert*) ◇ *It reminds me of Scotland.* Es erinnert mich an Schottland. ◇ *I'll remind you tomorrow.* Ich werde dich morgen daran erinnern. ◇ *Remind me to speak to Daniel.* Erinnere mich, dass ich mit Daniel sprechen will.

remorse NOUN
die *Reue* ◇ *He showed no remorse.* Er

zeigte keine Reue.

remote ADJECTIVE
abgelegen ◇ *a remote village* ein abgelegenes Dorf

remote control NOUN
die *Fernbedienung*

removable ADJECTIVE
abnehmbar

removal NOUN
der *Umzug* (*from house*) (PL die *Umzüge*)
◆ **a removal van** ein Möbelwagen MASC

to **remove** VERB
entfernen (PERFECT *hat entfernt*) ◇ *Did you remove the stain?* Hast du den Fleck entfernt?

rendezvous NOUN
das *Treffen* (PL die *Treffen*)

to **renew** VERB
verlängern lassen (*passport, licence*) (PRESENT *lässt verlängern*, IMPERFECT *ließ verlängern*, PERFECT *hat verlängern lassen*) ◇ *You'll need to renew your passport.* Du musst deinen Pass verlängern lassen.
◆ **to renew a contract** einen Vertrag verlängern

renewable ADJECTIVE
erneuerbar (*energy, resource, passport*)

to **renovate** VERB
renovieren (PERFECT *hat renoviert*) ◇ *The building's been renovated.* Das Gebäude ist renoviert worden.

renowned ADJECTIVE
berühmt

rent NOUN
see also rent VERB
die *Miete*

to **rent** VERB
see also rent NOUN
mieten ◇ *We rented a car.* Wir haben ein Auto gemietet.

rental NOUN
die *Miete* ◇ *Car rental is included in the price.* Die Automiete ist im Preis inbegriffen.

to **reorganize** VERB
umorganisieren (PERFECT *hat umorganisiert*)

rep NOUN (= *representative*)
der *Vertreter* (PL die *Vertreter*)
die *Vertreterin*

repaid VERB *see* **repay**

to **repair** VERB
see also repair NOUN
reparieren (PERFECT *hat repariert*)
◆ **to get something repaired** etwas reparieren lassen ◇ *I got the washing machine repaired.* Ich habe die Waschmaschine reparieren lassen.

repair NOUN
see also repair VERB
die *Reparatur*

to **repay** VERB
(**repaid, repaid**)
zurückzahlen (*money*) (PERFECT *hat zurückgezahlt*)

repayment NOUN
die *Rückzahlung*

to **repeat** VERB
see also repeat NOUN
wiederholen (PERFECT *hat wiederholt*)

repeat NOUN
see also repeat VERB
die *Wiederholung* ◇ *There are too many repeats on TV.* Es gibt zu viele Wiederholungen im Fernsehen.

repeatedly ADVERB
wiederholt

repellent NOUN
◆ **insect repellent** das Insektenschutzmittel

repetitive ADJECTIVE
monoton (*movement, work*)

to **replace** VERB
ersetzen (PERFECT *hat ersetzt*)

replay NOUN
see also replay VERB
◆ **There will be a replay on Friday.** Das Spiel wird am Freitag wiederholt.

to **replay** VERB
see also replay NOUN
wiederholen (*match*) (PERFECT *hat wiederholt*)

replica NOUN
die *Kopie*

reply NOUN
(PL **replies**)
see also reply VERB
die *Antwort*

to **reply** VERB
(**replied**)
see also reply NOUN
antworten

report NOUN
see also report VERB
1 der *Bericht* (*of event*) (PL die *Berichte*)
◇ *a report in the paper* ein Zeitungsbericht
2 das *Zeugnis* (*at school*) (GEN des *Zeugnisses*, PL die *Zeugnisse*) ◇ *I got a good report this year.* Ich habe in diesem Jahr ein gutes Zeugnis.
◆ **report card** das Zeugnis

to **report** VERB
see also report NOUN
1 *melden* ◇ *I reported it to the police.* Ich habe es bei der Polizei gemeldet.
2 *sich melden* ◇ *Report to reception when you arrive.* Melden Sie sich bei Ihrer Ankunft am Empfang.

reporter NOUN
der *Reporter* (PL die *Reporter*)
die *Reporterin*
◇ *She'd like to be a reporter.* Sie möchte gern Reporterin werden.

to **represent** VERB
vertreten (*person*) (PRESENT *vertritt*, IMPERFECT *vertrat*, PERFECT *hat vertreten*) ◇ *My lawyer represented me in court.* Mein Anwalt hat mich vor Gericht vertreten.

representative ADJECTIVE
repräsentativ

reproduction NOUN
die *Reproduktion*

republic NOUN
die *Republik*

repulsive ADJECTIVE
abstoßend

reputation NOUN
der *Ruf*

request NOUN
see also request VERB
die *Bitte*

to **request** VERB
see also request NOUN
bitten um (IMPERFECT *bat*, PERFECT *hat gebeten*) ◇ *He requested information.* Er bat um Informationen.

requirement NOUN
die *Voraussetzung* ◇ *What are the requirements for the job?* Was sind die Voraussetzungen für diese Arbeit?
◆ **entry requirements** (*for university*) die Aufnahmebedingungen

resat VERB *see* **resit**

to **rescue** VERB
see also rescue NOUN
retten

rescue NOUN
see also rescue VERB
die *Rettung* ◇ *a rescue operation* eine Rettungsaktion
◆ **a mountain rescue team** ein Team der Bergwacht
◆ **the rescue services** der Rettungsdienst SING
◆ **to come to somebody's rescue** jemandem zu Hilfe kommen ◇ *He came to my rescue.* Er kam mir zu Hilfe.

research NOUN
die *Forschung* (*experimental*) ◇ *He's doing research.* Er ist in der Forschung tätig.
◆ **Research has shown that...** Forschungen haben ergeben, dass...
◆ **She's doing some research in the library.** Sie sammelt in der Bibliothek Material.

resemblance NOUN
die *Ähnlichkeit*

reservation NOUN
1 die *Reservierung* (*at restaurant*)
◆ **I'd like to make a reservation for this evening.** Ich möchte für heute Abend einen Tisch reservieren.
2 die *Buchung* (*for journey, at hotel*)
◆ **I've got a reservation for two nights.** Ich habe für zwei Nächte gebucht.

reserve NOUN
see also reserve VERB
1 (*place*)
das *Schutzgebiet* (PL die *Schutzgebiete*)
◇ *a nature reserve* ein Naturschutzgebiet
2 (*person*)
der *Reservespieler* (PL die *Reservespieler*)
die *Reservespielerin*
◇ *She was reserve in the game last Saturday.* Sie war beim Spiel letzten Samstag Reservespielerin.

to **reserve** VERB
see also reserve NOUN
reservieren (PERFECT *hat reserviert*) ◇ *I'd like to reserve a table for tomorrow evening.* Ich möchte für morgen Abend einen Tisch reservieren.

reserved ADJECTIVE
reserviert ◇ *a reserved seat* ein reservierter Platz ◇ *He's quite reserved.* Er ist ziemlich reserviert.

resident NOUN
der *Bewohner* (PL die *Bewohner*)
die *Bewohnerin*

residential ADJECTIVE
◆ **a residential area** ein Wohngebiet NEUT

to **resign** VERB
1 *zurücktreten* (PRESENT *tritt zurück*, IMPERFECT *trat zurück*, PERFECT *ist zurückgetreten*) ◇ *The foreign minister has resigned.* Der Außenminister ist zurückgetreten.
2 *kündigen* (*employee*) ◇ *She resigned to take up a post abroad.* Sie kündigte, um einen Posten im Ausland zu übernehmen.

resistance NOUN
der *Widerstand* (PL die *Widerstände*)

to **resit** VERB
(**resat**, **resat**)
wiederholen (PERFECT *hat wiederholt*)
◇ *I'm resitting the exam in December.* Ich wiederhole die Prüfung im Dezember.

resolution NOUN
der *Beschluss* ⚠ (GEN des *Beschlusses*, PL die *Beschlüsse*) (*decision*)
◆ **Have you made any New Year's resolutions?** Hast du zum neuen Jahr gute Vorsätze gefasst?

resort NOUN
der *Badeort* (*at seaside*) (PL die *Badeorte*)
◇ *It's a resort on the Costa del Sol.* Es ist ein Badeort an der Costa del Sol.
◆ **a ski resort** ein Skiort
◆ **as a last resort** als letzter Ausweg

resources PL NOUN
die *Mittel* NEUT PL (*financial*) ◇ *We do not have the resources to build a new swimming pool.* Wir haben nicht die Mittel, um ein neues Schwimmbad zu bauen.
◆ **natural resources** Bodenschätze MASC PL

respect NOUN
see also respect VERB
der *Respekt*

to **respect** VERB
see also respect NOUN
respektieren (PERFECT *hat respektiert*)

respectable ADJECTIVE
1 *anständig* ◇ *respectable people* anständige Leute PL
2 *ordentlich* (*standard, marks*)

respectively ADVERB
beziehungsweise ◇ *Britain and Germany were third and fourth respectively.*

Großbritannien und Deutschland belegten den dritten beziehungsweise vierten Platz.

responsibility NOUN
(PL **responsibilities**)
die *Verantwortung*

responsible ADJECTIVE
1 *verantwortlich* ◇ *to be responsible for something* für etwas verantwortlich sein
◆ **It's a responsible job.** Es ist ein verantwortungsvoller Posten.
2 *verantwortungsbewusst* ⚠ (*mature*) ◇ *You should be more responsible.* Du solltest verantwortungsbewusster sein.

rest NOUN
see also rest VERB
1 die *Pause* (*relaxation*) ◇ *five minutes' rest* eine fünfminütige Pause
◆ **to have a rest** sich ausruhen ◇ *We stopped to have a rest.* Wir haben Halt gemacht, um uns auszuruhen.
2 der *Rest* (*remainder*) (PL die *Reste*) ◇ *I'll do the rest.* Ich mache den Rest. ◇ *the rest of the money* der Rest des Geldes
◆ **the rest of them** die anderen ◇ *The rest of them went swimming.* Die anderen sind schwimmen gegangen.

to **rest** VERB
see also rest NOUN
1 *sich ausruhen* (*relax*) (PERFECT *hat sich ausgeruht*) ◇ *She's resting in her room.* Sie ruht sich in ihrem Zimmer aus.
2 *schonen* (*not overstrain*) ◇ *He has to rest his knee.* Er muss sein Knie schonen.
3 *lehnen* (*lean*) ◇ *I rested my bike against the window.* Ich habe mein Fahrrad ans Fenster gelehnt.

restaurant NOUN
das *Restaurant* (PL die *Restaurants*) ◇ *We don't often go to restaurants.* Wir gehen nicht oft ins Restaurant.
◆ **a restaurant car** ein Speisewagen MASC

restful ADJECTIVE
ruhig

to **restore** VERB
restaurieren (*building, picture*) (PERFECT *hat restauriert*)

to **restrict** VERB
beschränken (PERFECT *hat beschränkt*)

rest room NOUN
die *Toilette*

result NOUN
das *Ergebnis* (GEN des *Ergebnisses*, PL die *Ergebnisse*) ◇ *my exam results* meine Prüfungsergebnisse
◆ **What was the result? – One-nil.** Wie ist das Spiel ausgegangen? – Eins zu null.

résumé NOUN
1 die *Zusammenfassung* ◇ *a résumé of her speech* eine Zusammenfassung ihrer Rede
2 der *Lebenslauf* (*CV*) (PL die *Lebensläufe*)

to **retire** VERB
in Rente gehen (IMPERFECT *ging in Rente*, PERFECT *ist in Rente gegangen*) ◇ *He retired last year.* Er ist letztes Jahr in Rente gegangen.

retired ADJECTIVE
im Ruhestand ◇ *She's retired.* Sie ist im Ruhestand. ◇ *a retired teacher* ein Lehrer im Ruhestand

retirement NOUN
der *Ruhestand*

to **retrace** VERB
◆ **to retrace one's steps** zurückgehen ◇ *I retraced my steps.* Ich bin zurückgegangen.

return NOUN
see also return VERB
1 die *Rückkehr* ◇ *after our return* nach unserer Rückkehr
◆ **the return journey** die Rückfahrt
◆ **a return match** ein Rückspiel NEUT
2 die *Rückfahrkarte* (*ticket*) ◇ *A return to Freiburg, please.* Eine Rückfahrkarte nach Freiburg, bitte.
◆ **in return** dafür ◇ *...and I help her in return* ...und dafür helfe ich ihr
◆ **in return for** für
◆ **Many happy returns!** Herzlichen Glückwunsch zum Geburtstag!

to **return** VERB
see also return NOUN
1 *zurückkommen* (*come back*) (IMPERFECT *kam zurück*, PERFECT *ist zurückgekommen*) ◇ *I've just returned from holiday.* Ich bin gerade aus den Ferien zurückgekommen.
◆ **to return home** wieder nach Hause kommen
2 *zurückkehren* (*go back*) (PERFECT *ist zurückgekehrt*) ◇ *He returned to Germany the following year.* Er ist im Jahr danach nach Deutschland zurückgekehrt.
3 *zurückgeben* (*give back*) (PRESENT *gibt zurück*, IMPERFECT *gab zurück*, PERFECT *hat zurückgegeben*) ◇ *She borrows my things and doesn't return them.* Sie leiht sich meine Sachen aus und gibt sie dann nicht zurück.

reunion NOUN
das *Treffen* (PL die *Treffen*)

to **reuse** VERB
wiederverwenden (PERFECT *hat wiederverwendet*)

to **reveal** VERB
ans Licht bringen (*truth, facts*) (IMPERFECT *brachte ans Licht*, PERFECT *hat ans Licht gebracht*) ◇ *The survey reveals that too many people are overweight.* Die Untersuchung bringt ans Licht, dass zu viele Menschen Übergewicht haben.
◆ **She refused to reveal the whereabouts of her daughter.** Sie weigerte sich, den Aufenthaltsort ihrer Tochter preiszugeben.
◆ **It was revealed that...** Es wurde bekannt gegeben, dass...

revenge NOUN
die *Rache* ◇ *in revenge* aus Rache
◆ **to take revenge** sich rächen ◇ *They planned to take revenge on him.* Sie haben geplant, sich an ihm zu rächen.

to **reverse** VERB
see also reverse ADJECTIVE

rückwärts fahren (*car*) (PRESENT *fährt rückwärts*, IMPERFECT *fuhr rückwärts*, PERFECT *ist rückwärts gefahren*) ◇ *He reversed without looking.* Er fuhr rückwärts ohne zu sehen.

◆ **to reverse the charges** (*telephone*) ein R-Gespräch führen ◇ *I'd like to make a reverse charge call to Britain.* Ich möchte gern ein R-Gespräch nach Großbritannien führen.

reverse ADJECTIVE

see also reverse VERB

umgekehrt ◇ *in reverse order* in umgekehrter Reihenfolge

◆ **in reverse gear** im Rückwärtsgang

to **revise** VERB

den Stoff wiederholen

◆ **I haven't started revising yet.** Ich habe noch nicht angefangen, den Stoff zu wiederholen.

◆ **I've revised my opinion.** Ich habe meine Meinung geändert.

revision NOUN

die *Wiederholung des Stoffes*

◆ **Have you done a lot of revision?** Hast du schon viel Stoff wiederholt?

to **revive** VERB

wiederbeleben (PERFECT *hat wiederbelebt*) ◇ *The nurses tried to revive him.* Die Schwestern versuchten, ihn wiederzubeleben.

revolting ADJECTIVE

ekelhaft

revolution NOUN

die *Revolution* ◇ *the French Revolution* die Französische Revolution

revolutionary ADJECTIVE

revolutionär

revolver NOUN

der *Revolver* (PL die *Revolver*)

reward NOUN

die *Belohnung*

rewarding ADJECTIVE

dankbar ◇ *a rewarding job* eine dankbare Arbeit

to **rewind** VERB

(**rewound**, **rewound**)

zurückspulen (PERFECT *hat zurückgespult*) ◇ *to rewind a cassette* eine Kassette zurückspulen

rheumatism NOUN

das *Rheuma*

Rhine NOUN

der *Rhein*

rhubarb NOUN

der *Rhabarber* ◇ *a rhubarb tart* ein Rhabarberkuchen

rhythm NOUN

der *Rhythmus* (GEN des *Rhythmus*, PL die *Rhythmen*)

rib NOUN

die *Rippe*

ribbon NOUN

das *Band* (PL die *Bänder*)

rice NOUN

der *Reis*

◆ **rice pudding** der Milchreis

rich ADJECTIVE

reich

◆ **the rich** die Reichen MASC PL

to **rid** VERB

◆ **to get rid of** loswerden ◇ *I want to get rid of some old clothes.* Ich will ein paar alte Kleider loswerden.

ride NOUN

see also ride VERB

◆ **to go for a ride (1)** (*on horse*) reiten gehen

◆ **to go for a ride (2)** (*on bike*) mit dem Fahrrad fahren

◆ **We went for a bike ride.** Wir haben eine Fahrt mit dem Fahrrad gemacht.

◆ **It's a short bus ride to the town centre.** Die Stadtmitte ist nur eine kurze Busfahrt entfernt.

to **ride** VERB

(**rode**, **ridden**)

see also ride NOUN

reiten (*on horse*) (IMPERFECT *ritt*, PERFECT *ist geritten*) ◇ *I'm learning to ride.* Ich lerne reiten.

◆ **to ride a bike** Fahrrad fahren ◇ *Can you ride a bike?* Kannst du Fahrrad fahren?

rider NOUN

1 (*on horse*)

der *Reiter* (PL die *Reiter*)

die *Reiterin*

◇ *She's a good rider.* Sie ist eine gute Reiterin.

2 (*on bike*)

der *Fahrradfahrer* (PL die *Fahrradfahrer*)

die *Fahrradfahrerin*

ridiculous ADJECTIVE

lächerlich ◇ *Don't be ridiculous!* Mach dich nicht lächerlich!

riding NOUN

das *Reiten*

◆ **to go riding** reiten gehen

◆ **a riding school** eine Reitschule

rifle NOUN

das *Gewehr* (PL die *Gewehre*) ◇ *a hunting rifle* ein Jagdgewehr

rig NOUN

◆ **an oil rig** eine Bohrinsel

right ADJECTIVE, ADVERB

see also right NOUN

There are several ways of translating right. *Scan the examples to find one that is similar to what you want to say.*

1 *richtig* (*correct, suitable*) ◇ *the right answer* die richtige Antwort ◇ *Am I pronouncing it right?* Spreche ich das richtig aus? ◇ *It isn't the right size.* Es ist nicht die richtige Größe. ◇ *We're on the right train.* Wir sind im richtigen Zug. ◇ *It's not right to behave like that.* Es ist nicht richtig, sich so zu benehmen.

◆ **Is this the right road for Hamburg?** Sind wir hier richtig nach Hamburg?

- **I think you did the right thing.** Ich glaube, du hast das Richtige getan.
- **to be right (1)** (*person*) recht haben ◇ *You were right!* Du hattest recht!
- **to be right (2)** (*statement, opinion*) richtig sein ◇ *That's right!* Das ist richtig!

[2] ***genau*** (*accurate*) ◇ *Do you have the right time?* Haben Sie die genaue Zeit?

[3] ***rechte*** (*not left*) ◇ *the right foot* der rechte Fuß ◇ *my right arm* mein rechter Arm ◇ *your right hand* deine rechte Hand ◇ *her right eye* ihr rechtes Auge

[4] ***rechts*** (*turn*) ◇ *Turn right at the traffic lights.* Biegen Sie an der Ampel rechts ab.

- **Look right!** Sehen Sie nach rechts!
- **Right! Let's get started.** Okay! Fangen wir an.
- **right away** sofort ◇ *I'll do it right away.* Ich mache es sofort.

right NOUN

see also right ADJECTIVE

[1] das ***Recht*** (PL die ***Rechte***) ◇ *You've got no right to do that.* Du hast kein Recht, das zu tun.

[2] die ***rechte Seite*** (*not left*)

- **on the right** rechts ◇ *Remember to drive on the right.* Vergiss nicht, rechts zu fahren.
- **right of way** die Vorfahrt ◇ *We had right of way.* Wir hatten Vorfahrt.

right-hand ADJECTIVE

- **the right-hand side** die rechte Seite
- **It's on the right-hand side.** Es liegt rechts.

right-handed ADJECTIVE

rechtshändig

rim NOUN

der ***Rand*** (PL die ***Ränder***) ◇ *glasses with wire rims* eine Brille mit Metallrand

ring NOUN

see also ring VERB

[1] der ***Ring*** (PL die ***Ringe***) ◇ *a gold ring* ein goldener Ring ◇ *a diamond ring* ein Diamantring

- **a wedding ring** ein Ehering

[2] der ***Kreis*** (*circle*) (GEN des ***Kreises***, PL die ***Kreise***) ◇ *to stand in a ring* im Kreis stehen

[3] das ***Klingeln*** (*of bell*)

- **There's a ring at the door.** Es klingelt.
- **to give somebody a ring** jemanden anrufen ◇ *I'll give you a ring this evening.* Ich rufe dich heute Abend an.

to **ring** VERB

(**rang**, **rung**)

see also ring NOUN

[1] ***anrufen*** (IMPERFECT ***rief an***, PERFECT ***hat angerufen***) ◇ *Your mother rang this morning.* Deine Mutter hat heute früh angerufen.

- **to ring somebody** jemanden anrufen ◇ *I'll ring you tomorrow morning.* Ich rufe dich morgen früh an.
- **to ring somebody up** jemanden anrufen

[2] ***klingeln*** ◇ *The phone's ringing.* Das Telefon klingelt.

- **to ring the bell** (*doorbell*) klingeln ◇ *I rang the bell three times.* Ich habe dreimal geklingelt.
- **to ring back** zurückrufen ◇ *I'll ring back later.* Ich rufe später zurück.

ring binder NOUN

das ***Ringheft*** (PL die ***Ringhefte***)

ring road NOUN

die ***Ringstraße***

rink NOUN

[1] die ***Eisbahn*** (*for ice-skating*)

[2] die ***Rollschuhbahn*** (*for roller-skating*)

to **rinse** VERB

spülen

riot NOUN

see also riot VERB

die ***Krawalle*** MASC PL

to **riot** VERB

see also riot NOUN

randalieren (PERFECT ***hat randaliert***)

to **rip** VERB

zerreißen (IMPERFECT ***zerriss***, PERFECT ***hat zerrissen***) ◇ *I've ripped my jeans.* Ich habe meine Jeans zerrissen. ◇ *My skirt's ripped.* Mein Rock ist zerrissen.

ripe ADJECTIVE

reif

rip-off NOUN

- **It's a rip-off!** Das ist Nepp! (*informal*)

rise NOUN

see also rise VERB

[1] der ***Anstieg*** (*in prices, temperature*) (PL die ***Anstiege***) ◇ *a sudden rise in temperature* ein plötzlicher Temperaturanstieg

[2] die ***Gehaltserhöhung*** (*pay rise*)

to **rise** VERB

(**rose**, **risen**)

see also rise NOUN

[1] ***steigen*** (*increase*) (IMPERFECT ***stieg***, PERFECT ***ist gestiegen***) ◇ *Prices are rising.* Die Preise steigen.

[2] ***aufgehen*** (IMPERFECT ***ging auf***, PERFECT ***ist aufgegangen***) ◇ *The sun rises early in June.* Die Sonne geht im Juni früh auf.

riser NOUN

- **to be an early riser** ein Frühaufsteher sein

risk NOUN

see also risk VERB

das ***Risiko*** (PL die ***Risiken***)

- **to take risks** Risiken eingehen ◇ *I don't want to take risks.* Ich möchte kein Risiko eingehen.
- **It's at your own risk.** Auf eigene Gefahr.

to **risk** VERB

see also risk NOUN

riskieren (PERFECT ***hat riskiert***) ◇ *You risk getting a fine.* Du riskierst einen Strafzettel. ◇ *I wouldn't risk it if I were you.* Das würde ich an deiner Stelle nicht riskieren.

risky ADJECTIVE

gefährlich

rival NOUN

see also rival ADJECTIVE

der ***Rivale*** (GEN des ***Rivalen***, PL die ***Rivalen***)

die ***Rivalin***

R

rival ADJECTIVE
see also rival NOUN
rivalisierend ◇ *a rival gang* eine rivalisierende Bande
◆ **a rival company** ein Konkurrenzunternehmen NEUT

rivalry NOUN
die ***Rivalität*** (*between towns, schools*)

river NOUN
der ***Fluss*** ⚠ (GEN des ***Flusses***, PL die ***Flüsse***)
◆ **the river Rhine** der Rhein

road NOUN
die ***Straße*** ◇ *There's a lot of traffic on the roads.* Es herrscht viel Verkehr auf den Straßen.
◆ **They live across the road.** Sie wohnen gegenüber.

road map NOUN
die ***Straßenkarte***

road sign NOUN
das ***Verkehrsschild*** (PL die ***Verkehrsschilder***)

roadworks PL NOUN
die ***Bauarbeiten*** FEM PL

roast ADJECTIVE
◆ **roast chicken** das Brathähnchen
◆ **roast potatoes** die Bratkartoffeln
◆ **roast pork** der Schweinebraten
◆ **roast beef** der Rindsbraten

to **rob** VERB
◆ **to rob somebody** jemanden berauben ◇ *I've been robbed.* Ich bin beraubt worden.
◆ **to rob a bank** eine Bank ausrauben
◆ **to rob somebody of something** jemandem etwas rauben ◇ *He was robbed of his wallet.* Man hat ihm seine Brieftasche geraubt.

robber NOUN
der ***Räuber*** (PL die ***Räuber***)
die ***Räuberin***
◆ **a bank robber** ein Bankräuber

robbery NOUN
(PL **robberies**)
der ***Raub*** (PL die ***Raube***)
◆ **a bank robbery** ein Bankraub
◆ **armed robbery** der bewaffnete Raubüberfall

robot NOUN
der ***Roboter*** (PL die ***Roboter***)

rock NOUN
[1] der ***Fels*** (*substance*) (GEN des ***Fels***) ◇ *They tunnelled through the rock.* Sie gruben einen Tunnel durch den Fels.
[2] der ***Felsbrocken*** (*boulder*) (PL die ***Felsbrocken***) ◇ *I sat on a rock.* Ich saß auf einem Felsbrocken.
[3] der ***Stein*** (*stone*) (PL die ***Steine***) ◇ *The crowd started to throw rocks.* Die Menge fing an, Steine zu werfen.
[4] der ***Rock*** (*music*) ◇ *a rock concert* ein Rockkonzert ◇ *He's a rock star.* Er ist ein Rockstar.
[5] die ***Zuckerstange*** (*sweet*) ◇ *a stick of rock* eine Zuckerstange
◆ **rock and roll** der Rock 'n' Roll

rockery NOUN
(PL **rockeries**)
der ***Steingarten*** (PL die ***Steingärten***)

rocket NOUN
die ***Rakete*** (*firework, spacecraft*)

rocking chair NOUN
der ***Schaukelstuhl*** (PL die ***Schaukelstühle***)

rocking horse NOUN
das ***Schaukelpferd*** (PL die ***Schaukelpferde***)

rod NOUN
die ***Angel*** (*for fishing*)

rode VERB *see* **ride**

role NOUN
die ***Rolle***

role play NOUN
das ***Rollenspiel*** (PL die ***Rollenspiele***) ◇ *to do a role play* ein Rollenspiel machen

roll NOUN
see also roll VERB
[1] die ***Rolle*** ◇ *a roll of tape* eine Rolle Klebstreifen ◇ *a toilet roll* eine Rolle Toilettenpapier
[2] das ***Brötchen*** (*bread*) (PL die ***Brötchen***)

to **roll** VERB
see also roll NOUN
rollen
◆ **to roll out the pastry** den Teig ausrollen

roll call NOUN
der ***Namensaufruf*** (PL die ***Namensaufrufe***)

roller NOUN
die ***Walze***

roller coaster NOUN
die ***Achterbahn***

roller skates PL NOUN
die ***Rollschuhe*** MASC PL

roller-skating NOUN
das ***Rollschuhlaufen***
◆ **to go roller-skating** Rollschuh laufen

rolling pin NOUN
das ***Nudelholz*** (PL die ***Nudelhölzer***)

Roman ADJECTIVE, NOUN
römisch (*ancient*) ◇ *a Roman villa* eine römische Villa ◇ *the Roman empire* das Römische Reich
◆ **the Romans** die Römer MASC PL

Roman Catholic NOUN
der ***Katholik*** (GEN des ***Katholiken***, PL die ***Katholiken***)
die ***Katholikin***
◇ *He's a Roman Catholic.* Er ist Katholik.

romance NOUN
[1] der ***Liebesroman*** (*novels*) (PL die ***Liebesromane***) ◇ *I read a lot of romances.* Ich lese viele Liebesromane.
[2] der ***romantische Zauber*** (*glamour*) ◇ *the romance of Venice* der romantische Zauber von Venedig
◆ **a holiday romance** ein Ferienflirt MASC

Romania NOUN
Rumänien NEUT
◆ **from Romania** aus Rumänien
◆ **to Romania** nach Rumänien

Romanian ADJECTIVE

rumänisch

romantic ADJECTIVE

romantisch

roof NOUN

das *Dach* (PL die *Dächer*)

roof rack NOUN

der *Dachträger* (PL die *Dachträger*)

room NOUN

1 das *Zimmer* (PL die *Zimmer*) ◇ *the biggest room in the house* das größte Zimmer des Hauses ◇ *She's in her room.* Sie ist in ihrem Zimmer. ◇ *the music room* das Musikzimmer

- **a single room** ein Einzelzimmer
- **a double room** ein Doppelzimmer

2 der *Platz* (*space*) (GEN des *Platzes*) ◇ *There's no room for that box.* Es ist kein Platz für diese Schachtel.

roommate NOUN

der *Zimmergenosse* (GEN des *Zimmergenossen*, PL die *Zimmergenossen*)
die *Zimmergenossin*

root NOUN

die *Wurzel*

rope NOUN

das *Seil* (PL die *Seile*)

rose VERB *see* **rise**

rose NOUN

die *Rose* (*flower*)

to **rot** VERB

verfaulen (PERFECT *ist verfault*)

rotten ADJECTIVE

faulig (*decayed*) ◇ *a rotten apple* ein fauliger Apfel

- **rotten weather** das Mistwetter (*informal*)
- **That's a rotten thing to do.** Das ist gemein.
- **to feel rotten** sich mies fühlen (*informal*)

rough ADJECTIVE

1 *rau* ⚠ ◇ *My hands are rough.* Meine Hände sind rau. ◇ *It's a rough area.* Das ist eine raue Gegend.

2 *hart* (*game*) ◇ *Rugby's a rough sport.* Rugby ist ein harter Sport.

3 *stürmisch* (*water*) ◇ *The sea was rough.* Das Meer war stürmisch.

4 *ungefähr* ◇ *I've got a rough idea.* Ich habe eine ungefähre Vorstellung.

- **to feel rough** sich nicht wohl fühlen ◇ *I feel rough.* Ich fühle mich nicht wohl.

roughly ADVERB

ungefähr ◇ *It weighs roughly twenty kilos.* Es wiegt ungefähr zwanzig Kilo.

round ADJECTIVE, ADVERB, PREPOSITION

see also round NOUN

1 *rund* ◇ *a round table* ein runder Tisch

2 *um* (*around*) ◇ *We were sitting round the table.* Wir saßen um den Tisch herum. ◇ *She wore a scarf round her neck.* Sie trug einen Schal um den Hals.

- **It's just round the corner.** (*very near*) Es ist gleich um die Ecke.
- **to go round to somebody's house** bei jemandem vorbeigehen ◇ *I went round to my friend's house.* Ich bin bei meiner Freundin vorbeigegangen.
- **to have a look round** sich umsehen ◇ *We're going to have a look round.* Wir möchten uns umsehen.
- **to go round a museum** sich ein Museum ansehen ◇ *I went round the local museum.* Ich habe mir das örtliche Museum angesehen.
- **round here** hier in der Gegend ◇ *Is there a chemist's round here?* Gibt es hier in der Gegend eine Apotheke? ◇ *He lives round here.* Er wohnt hier in der Gegend.
- **all round** ringsherum ◇ *There were vineyards all round.* Ringsherum waren Weinberge.
- **all year round** das ganze Jahr über
- **round about** (*roughly*) etwa ◇ *It costs round about a hundred pounds.* Es kostet etwa hundert Pfund. ◇ *round about eight o'clock* etwa um acht Uhr

round NOUN

see also round ADJECTIVE

die *Runde* (*of tournament, boxing match*) ◇ *a round of golf* eine Runde Golf

- **a round of drinks** eine Runde ◇ *He bought a round of drinks.* Er hat eine Runde ausgegeben.

roundabout NOUN

1 der *Kreisverkehr* (*at junction*) (PL die *Kreisverkehre*)

2 das *Karussell* (*at funfair*) (PL die *Karussells*)

round trip NOUN

die *Hin- und Rückfahrt*

- **a round-trip ticket** eine Rückfahrkarte

route NOUN

die *Route* ◇ *We're planning our route.* Wir planen unsere Route.

routine NOUN

die *Routine*

row NOUN

This word has two pronunciations. Make sure you choose the right translation.

see also row VERB

1 die *Reihe* ◇ *a row of houses* eine Reihe Häuser ◇ *Our seats are in the front row.* Unsere Plätze sind in der ersten Reihe.

- **five times in a row** fünfmal hintereinander

2 der *Krach* (*noise*) ◇ *What's that terrible row?* Was ist das für ein furchtbarer Krach?

3 der *Streit* (*quarrel*) (PL die *Streite*)

- **to have a row** Streit haben ◇ *They've had a row.* Sie haben Streit gehabt.

to **row** VERB

see also row NOUN

rudern ◇ *We took turns to row.* Wir haben abwechselnd gerudert.

rowboat NOUN

das *Ruderboot* (PL die *Ruderboote*)

rowing NOUN

das *Rudern* (*sport*) ◇ *My hobby is rowing.* Rudern ist mein Hobby.

- **a rowing boat** ein Ruderboot NEUT

royal ADJECTIVE

königlich ◇ *the royal family* die königliche

Familie

to **rub** VERB

1 ***reiben*** (*stain*) (IMPERFECT ***rieb***, PERFECT ***hat gerieben***)

2 ***sich reiben*** (*part of body*) ◇ *Don't rub your eyes!* Reib dir nicht die Augen!

◆ **I rubbed myself dry with a towel.** Ich rieb mich mit einem Handtuch trocken.

◆ **to rub something out** etwas ausradieren

rubber NOUN

1 der ***Gummi*** (PL die ***Gummis***) ◇ *rubber soles* die Gummisohlen

2 der ***Radiergummi*** (*eraser*) (PL die ***Radiergummis***) ◇ *Can I borrow your rubber?* Kann ich deinen Radiergummi ausleihen?

◆ **a rubber band** ein Gummiband NEUT

rubbish NOUN

see also rubbish ADJECTIVE

1 der ***Müll*** (*refuse*) ◇ *When do they collect the rubbish?* Wann wird der Müll abgeholt?

2 der ***Krempel*** (*junk*) ◇ *They sell a lot of rubbish at the market.* Sie verkaufen eine Menge Krempel auf dem Markt.

3 der ***Unsinn*** (*nonsense*) ◇ *Don't talk rubbish!* Red keinen Unsinn!

◆ **That's a load of rubbish!** Das ist doch Unsinn! (*informal*)

◆ **This magazine is rubbish!** Die Zeitschrift ist Schrott! (*informal*)

◆ **a rubbish bin** ein Mülleimer MASC

◆ **a rubbish dump** eine Müllkippe

rubbish ADJECTIVE

see also rubbish NOUN

miserabel (*informal*) ◇ *They're a rubbish team!* Sie sind eine miserable Mannschaft!

rucksack NOUN

der ***Rucksack*** (PL die ***Rucksäcke***)

rude ADJECTIVE

1 ***unhöflich*** (*impolite*) ◇ *It's rude to interrupt.* Es ist unhöflich dazwischenzureden. ◇ *He was very rude to me.* Er war sehr unhöflich zu mir.

2 ***unanständig*** (*offensive*) ◇ *a rude joke* ein unanständiger Witz

◆ **a rude word** ein Schimpfwort NEUT

rug NOUN

1 der ***Teppich*** (PL die ***Teppiche***) ◇ *a Persian rug* ein Perserteppich

2 die ***Decke*** (*blanket*) ◇ *a tartan rug* eine karierte Decke

rugby NOUN

das ***Rugby*** ◇ *I play rugby.* Ich spiele Rugby.

ruin NOUN

see also ruin VERB

die ***Ruine*** ◇ *the ruins of the castle* die Ruine der Burg

◆ **My life is in ruins.** Mein Leben ist ruiniert.

to **ruin** VERB

see also ruin NOUN

ruinieren (PERFECT ***hat ruiniert***) ◇ *You'll ruin your shoes.* Du ruinierst dir deine Schuhe. ◇ *That's far too expensive. You are ruining me!* Das ist viel zu teuer. Du ruinierst mich noch!

◆ **It ruined our holiday.** Es hat uns den Urlaub verdorben.

rule NOUN

1 die ***Regel*** ◇ *the rules of grammar* die Grammatikregeln

◆ **as a rule** in der Regel

2 die ***Vorschrift*** (*regulation*) ◇ *It's against the rules.* Das ist gegen die Vorschriften.

ruler NOUN

das ***Lineal*** (PL die ***Lineale***) ◇ *Can I borrow your ruler?* Kann ich dein Lineal ausleihen?

rum NOUN

der ***Rum***

rumour NOUN

das ***Gerücht*** (PL die ***Gerüchte***) ◇ *It's just a rumour.* Es ist nur ein Gerücht.

run NOUN

see also run VERB

der ***Lauf*** (*in cricket*) (PL die ***Läufe***) ◇ *to score a run* einen Lauf machen

◆ **to go for a run** einen Dauerlauf machen ◇ *I go for a run every morning.* Ich mache jeden Morgen einen Dauerlauf.

◆ **I did a ten-kilometre run.** Ich bin zehn Kilometer gelaufen.

◆ **on the run** auf der Flucht ◇ *The criminals are still on the run.* Die Verbrecher sind noch auf der Flucht.

◆ **in the long run** auf Dauer

to **run** VERB

(**ran**, **run**)

see also run NOUN

1 ***laufen*** (PRESENT ***läuft***, IMPERFECT ***lief***, PERFECT ***ist gelaufen***) ◇ *I ran five kilometres.* Ich bin fünf Kilometer gelaufen.

◆ **to run a marathon** an einem Marathonlauf teilnehmen

2 ***leiten*** (*manage*) ◇ *He runs a large company.* Er leitet ein großes Unternehmen.

3 ***veranstalten*** (*organize*) (PERFECT ***hat veranstaltet***) ◇ *They run music courses in the holidays.* Sie veranstalten Musikkurse während der Ferien.

4 ***laufen*** (*water*) ◇ *Don't leave the tap running.* Lass das Wasser nicht laufen.

◆ **to run a bath** ein Bad einlaufen lassen

5 ***fahren*** (*by car*) (PRESENT ***fährt***, IMPERFECT ***fuhr***, PERFECT ***hat gefahren***) ◇ *I can run you to the station.* Ich kann dich zum Bahnhof fahren.

◆ **to run away** weglaufen ◇ *They ran away before the police came.* Sie sind weggelaufen, bevor die Polizei kam.

◆ **Time is running out.** Die Zeit wird knapp.

◆ **We ran out of money.** Uns ist das Geld ausgegangen.

◆ **to run somebody over** jemanden überfahren

◆ **to get run over** überfahren werden ◇ *Be careful, or you'll get run over!* Pass auf, sonst wirst du überfahren!

rung VERB *see* **ring**

runner NOUN
der *Läufer* (PL die *Läufer*)
die *Läuferin*
runner beans PL NOUN
die *Stangenbohnen* FEM PL
runner-up NOUN
(PL **runners-up**)
der *Zweite* (GEN des *Zweiten*, PL die *Zweiten*)
die *Zweite* (GEN der *Zweiten*)
running NOUN
das *Laufen* ◇ *Running is my favourite sport.* Laufen ist mein Lieblingssport.
runway NOUN
die *Startbahn*
rural ADJECTIVE
ländlich
rush NOUN
see also rush VERB
die *Eile*
◆ **in a rush** in Eile
to **rush** VERB
see also rush NOUN
[1] *rennen* (*run*) (IMPERFECT *rannte*, PERFECT *ist gerannt*) ◇ *Everyone rushed outside.* Alle rannten hinaus.
[2] *sich beeilen* (*hurry*) (PERFECT *hat sich beeilt*) ◇ *There's no need to rush.* Wir brauchen uns nicht zu beeilen.
rush hour NOUN
die *Hauptverkehrszeit* ◇ *in the rush hour* in der Hauptverkehrszeit
rusk NOUN
der *Zwieback* (PL die *Zwiebacke*)
Russia NOUN
Russland ⚠ NEUT
◆ **from Russia** aus Russland
◆ **to Russia** nach Russland
Russian ADJECTIVE
see also Russian NOUN
russisch
◆ **He's Russian.** Er ist Russe.
◆ **She's Russian.** Sie ist Russin.
Russian NOUN
see also Russian ADJECTIVE
[1] (*person*)
der *Russe* (GEN des *Russen*, PL die *Russen*)
die *Russin*
[2] (*language*)
das *Russisch* (GEN des *Russischen*)
rust NOUN
der *Rost*
rusty ADJECTIVE
rostig ◇ *a rusty bike* ein rostiges Fahrrad
◆ **My German is very rusty.** Mein Deutsch ist ziemlich eingerostet.
ruthless ADJECTIVE
rücksichtslos
rye NOUN
der *Roggen*
◆ **rye bread** das Roggenbrot

S

Sabbath NOUN
[1] der *Sonntag* (*Christian*) (PL die *Sonntage*)
[2] der *Sabbat* (*Jewish*) (PL die *Sabbate*)

sack NOUN
see also sack VERB
der *Sack* (PL die *Säcke*)
◆ **to get the sack** gefeuert werden

to **sack** VERB
see also sack NOUN
◆ **to sack somebody** jemanden feuern ◇ *He was sacked.* Er wurde gefeuert.

sacred ADJECTIVE
heilig

sacrifice NOUN
das *Opfer* (PL die *Opfer*)

sad ADJECTIVE
traurig

saddle NOUN
der *Sattel* (PL die *Sättel*)

saddlebag NOUN
die *Satteltasche*

sadly ADVERB
[1] *traurig* ◇ *"She's gone," he said sadly.* "Sie ist weg", sagte er traurig.
[2] *leider* (*unfortunately*) ◇ *Sadly, it was too late.* Leider war es zu spät.

safe NOUN
see also safe ADJECTIVE
der *Safe* (PL die *Safes*) ◇ *She put the money in the safe.* Sie tat das Geld in den Safe.

safe ADJECTIVE
see also safe NOUN
[1] *sicher* ◇ *Don't worry, it's perfectly safe.* Mach dir keine Sorgen, es ist völlig sicher.
◇ *This car isn't safe.* Das Auto ist nicht sicher.
[2] *in Sicherheit* (*out of danger*) ◇ *You're safe now.* Sie sind jetzt in Sicherheit.
◆ **to feel safe** sich sicher fühlen
◆ **safe sex** safer Sex

safety NOUN
die *Sicherheit*
◆ **a safety belt** ein Sicherheitsgurt MASC
◆ **a safety pin** eine Sicherheitsnadel

Sagittarius NOUN
der *Schütze* (GEN des *Schützen*) ◇ *I'm Sagittarius.* Ich bin Schütze.

Sahara NOUN
◆ **the Sahara Desert** die Wüste Sahara

said VERB *see* **say**

sail NOUN
see also sail VERB
das *Segel* (PL die *Segel*)

to **sail** VERB
see also sail NOUN
[1] *segeln* (*travel*) (PERFECT *ist gesegelt*)
[2] *abfahren* (*set off*) (PRESENT *fährt ab*, IMPERFECT *fuhr ab*, PERFECT *ist abgefahren*)
◇ *The boat sails at eight o'clock.* Das Schiff fährt um acht Uhr ab.

sailing NOUN
das *Segeln* ◇ *His hobby is sailing.* Segeln ist sein Hobby.
◆ **to go sailing** segeln gehen
◆ **a sailing boat** ein Segelboot NEUT
◆ **a sailing ship** ein Segelschiff NEUT

sailor NOUN
der *Matrose* (GEN des *Matrosen*, PL die *Matrosen*)
die *Matrosin*
◇ *He's a sailor.* Er ist Matrose.

saint NOUN
der *Heilige* (GEN des *Heiligen*, PL die *Heiligen*)
die *Heilige* (GEN der *Heiligen*)
◇ *a saint* (*man*) ein Heiliger

sake NOUN
◆ **for the sake of** um...willen ◇ *for the sake of your parents* um deiner Eltern willen

salad NOUN
der *Salat* (PL die *Salate*)
◆ **salad cream** die Salatmayonnaise
◆ **salad dressing** die Salatsoße

salami NOUN
die *Salami* (GEN der *Salami*, PL die *Salamis*)

salary NOUN
(PL **salaries**)
das *Gehalt* (PL die *Gehälter*)

sale NOUN
der *Schlussverkauf* ⚠ (PL die *Schlussverkäufe*) (*end of season reductions*)
◇ *There's a sale on at Harrods.* Bei Harrods ist Schlussverkauf.
◆ **on sale** erhältlich
◆ **"for sale"** "zu verkaufen"

sales assistant NOUN
der *Verkäufer* (PL die *Verkäufer*)
die *Verkäuferin*
◇ *She's a sales assistant.* Sie ist Verkäuferin.

salesman NOUN
(PL **salesmen**)
[1] der *Vertreter* (*sales rep*) (PL die *Vertreter*)
◇ *He's a salesman.* Er ist Vertreter.
◆ **a double-glazing salesman** ein Vertreter für Doppelfenster
[2] der *Verkäufer* (*sales assistant*) (PL die *Verkäufer*)

sales rep NOUN
der *Vertreter* (PL die *Vertreter*)
die *Vertreterin*

saleswoman NOUN
(PL **saleswomen**)
[1] die *Vertreterin* (*sales rep*) ◇ *She's a saleswoman.* Sie ist Vertreterin.
[2] die *Verkäuferin* (*sales assistant*)

salmon NOUN
der *Lachs* (GEN des *Lachses*, PL die *Lachse*)

salon NOUN
der *Salon* (PL die *Salons*) ◇ *a hair salon* ein Friseursalon ◇ *a beauty salon* ein Kosmetiksalon

saloon car NOUN
die *Limousine*

salt NOUN
das *Salz* (GEN des *Salzes*, PL die *Salze*)

salty ADJECTIVE
salzig

to **salute** VERB
grüßen

Salvation Army NOUN
die *Heilsarmee*

same ADJECTIVE
gleiche ◇ *The same coat is cheaper elsewhere.* Der gleiche Mantel ist anderswo billiger. ◇ *He asked me the same question.* Er hat mir die gleiche Frage gestellt. ◇ *I have the same car.* Ich habe das gleiche Auto. ◇ *We obviously have the same problems.* Wir haben offensichtlich die gleichen Probleme.
- **at the same time** zur gleichen Zeit
- **It's not the same.** Das ist nicht das gleiche.
- **They're exactly the same.** Sie sind genau gleich.

sand NOUN
der *Sand*

sandal NOUN
die *Sandale* ◇ *a pair of sandals* ein Paar Sandalen

sand castle NOUN
die *Sandburg*

sandwich NOUN
(PL **sandwiches**)
das *belegte Brot* (PL die *belegten Brote*)
- **a cheese sandwich** ein Käsebrot

sang VERB *see* **sing**

sanitary napkin NOUN
die *Damenbinde*

sanitary towel NOUN
die *Damenbinde*

sank VERB *see* **sink**

Santa Claus NOUN
der *Weihnachtsmann* (PL die *Weihnachtsmänner*)

sarcastic ADJECTIVE
sarkastisch

sat VERB *see* **sit**

satchel NOUN
der *Schulranzen* (PL die *Schulranzen*)

satellite NOUN
der *Satellit* (GEN des *Satelliten*, PL die *Satelliten*)
- **a satellite dish** eine Satellitenschüssel
- **satellite television** das Satellitenfernsehen

satisfactory ADJECTIVE
befriedigend

satisfied ADJECTIVE
zufrieden

Saturday NOUN
der *Samstag* (PL die *Samstage*) ◇ *on Saturday* am Samstag ◇ *every Saturday* jeden Samstag ◇ *last Saturday* letzten Samstag ◇ *next Saturday* nächsten Samstag
- **on Saturdays** samstags
- **I've got a Saturday job.** Ich habe einen Samstagsjob.

sauce NOUN
die *Soße*

saucepan NOUN
der *Kochtopf* (PL die *Kochtöpfe*)

saucer NOUN
die *Untertasse*

Saudi Arabia NOUN
Saudi-Arabien NEUT
- **to Saudi Arabia** nach Saudi-Arabien

sauna NOUN
die *Sauna* (PL die *Saunas*)

sausage NOUN
die *Wurst* (PL die *Würste*)
- **a sausage roll** eine Wurst im Blätterteig

to **save** VERB
[1] *sparen* (*money, time*) ◇ *I've saved fifty pounds already.* Ich habe schon fünfzig Pfund gespart. ◇ *I saved twenty pounds by waiting for the sales.* Ich habe zwanzig Pfund gespart, weil ich bis zum Schlussverkauf gewartet habe. ◇ *We took a taxi to save time.* Wir haben ein Taxi genommen, um Zeit zu sparen.
[2] *retten* (*rescue*) ◇ *Luckily, all the passengers were saved.* Zum Glück wurden alle Passagiere gerettet.
[3] *sichern* (*on computer*) ◇ *I saved the file onto a diskette.* Ich habe die Datei auf Diskette gesichert.
- **to save up** sparen ◇ *I'm saving up for a new bike.* Ich spare für ein neues Fahrrad.

savings PL NOUN
die *Ersparnisse* FEM PL ◇ *She spent all her savings on a computer.* Sie gab all ihre Ersparnisse für einen Computer aus.

savoury ADJECTIVE
pikant (*spicy*)

saw VERB *see* **see**

saw NOUN
die *Säge*

sax NOUN
(PL **saxes**)
das *Saxophon* (*informal*) (PL die *Saxophone*) ◇ *I play the sax.* Ich spiele Saxophon.

saxophone NOUN
das *Saxophon* (PL die *Saxophone*) ◇ *I play the saxophone.* Ich spiele Saxophon.

to **say** VERB
(**said**, **said**)
sagen ◇ *What did he say?* Was hat er gesagt? ◇ *Did you hear what she said?* Hast du gehört, was sie gesagt hat? ◇ *Could you say that again?* Können Sie das noch einmal sagen?
- **That goes without saying.** Das ist selbstverständlich.

saying NOUN
die *Redensart* ◇ *It's just a saying.* Das ist so eine Redensart.

scale NOUN
[1] der *Maßstab* (*of map*) (PL die *Maßstäbe*) ◇ *a large-scale map* eine Karte großen Maßstabs
[2] das *Ausmaß* (*size, extent*) (GEN des

Ausmaßes, PL die *Ausmaße*) ◇ *a disaster on a massive scale* eine Katastrophe von riesigem Ausmaß
[3] die *Tonleiter* (*in music*)

scales PL NOUN
die *Waage* SING (*in kitchen, shop*)
◆ **bathroom scales** die Personenwaage

scampi PL NOUN
die *Scampi* PL

scandal NOUN
[1] der *Skandal* (*outrage*) (PL die *Skandale*) ◇ *It caused a scandal.* Es hat einen Skandal verursacht.
[2] der *Tratsch* (*gossip*) ◇ *It's just scandal.* Das ist nur Tratsch.

Scandinavia NOUN
Skandinavien NEUT
◆ **from Scandinavia** aus Skandinavien
◆ **to Scandinavia** nach Skandinavien

Scandinavian ADJECTIVE
skandinavisch
◆ **He's Scandinavian.** Er ist Skandinavier.

scar NOUN
die *Narbe*

scare NOUN
see also scare VERB
der *Schrecken* (PL die *Schrecken*)
◆ **a bomb scare** ein Bombenalarm MASC

to **scare** VERB
see also scare NOUN
◆ **to scare somebody** jemandem Angst machen ◇ *He scares me.* Er macht mir Angst.

scarecrow NOUN
die *Vogelscheuche*

scared ADJECTIVE
◆ **to be scared** Angst haben ◇ *I was scared stiff.* Ich hatte furchtbar Angst.
◆ **to be scared of** Angst haben vor ◇ *Are you scared of him?* Hast du vor ihm Angst?

scarf NOUN
(PL **scarfs** *or* **scarves**)
[1] der *Schal* (*long*) (PL die *Schals*)
[2] das *Halstuch* (*square*) (PL die *Halstücher*)

scary ADJECTIVE
furchterregend ◇ *It was really scary.* Es war wirklich furchterregend.

scene NOUN
[1] der *Ort* (*place*) (PL die *Orte*) ◇ *The police were soon on the scene.* Die Polizei war schnell vor Ort. ◇ *the scene of the crime* der Ort des Verbrechens
[2] das *Spektakel* (*event, sight*) (PL die *Spektakel*) ◇ *It was an amazing scene.* Es war ein erstaunliches Spektakel.
◆ **to make a scene** eine Szene machen

scenery NOUN
die *Landschaft* (*landscape*)

scent NOUN
der *Duft* (*perfume*) (PL die *Düfte*)

schedule NOUN
das *Programm* (PL die *Programme*) ◇ *a busy schedule* ein volles Programm
◆ **on schedule** planmäßig
◆ **to be behind schedule** Verspätung haben

scheduled flight NOUN
der *Linienflug* (PL die *Linienflüge*)

scheme NOUN
[1] der *Plan* (*idea*) (PL die *Pläne*) ◇ *a crazy scheme he dreamed up* ein völlig verrückter Plan, den er sich ausgedacht hat
[2] das *Projekt* (*project*) (PL die *Projekte*) ◇ *a council road-widening scheme* ein Straßenverbreiterungsprojekt der Gemeinde

scholarship NOUN
das *Stipendium* (PL die *Stipendien*)

school NOUN
die *Schule*
◆ **to go to school** in die Schule gehen

schoolbook NOUN
das *Schulbuch* (PL die *Schulbücher*)

schoolboy NOUN
der *Schuljunge* (GEN des *Schuljungen*, PL die *Schuljungen*)

schoolchildren NOUN
die *Schulkinder* NEUT PL

schoolgirl NOUN
das *Schulmädchen* (PL die *Schulmädchen*)

science NOUN
die *Wissenschaft*

science fiction NOUN
die *Science-fiction*

scientific ADJECTIVE
wissenschaftlich

scientist NOUN
(*doing research*)
der *Wissenschaftler* (PL die *Wissenschaftler*)
die *Wissenschaftlerin*
◇ *She's a scientist.* Sie ist Wissenschaftlerin.
◆ **He trained as a scientist.** Er hat eine wissenschaftliche Ausbildung.

scissors PL NOUN
die *Schere* ◇ *a pair of scissors* eine Schere

to **scoff** VERB
futtern (*informal: eat*) ◇ *My brother scoffed all the sandwiches.* Mein Bruder hat alle Brote gefuttert.

scooter NOUN
[1] der *Motorroller* (PL die *Motorroller*)
[2] der *Roller* (*child's toy*) (PL die *Roller*)

score NOUN
see also score VERB
der *Spielstand* (PL die *Spielstände*)
◆ **What's the score?** Wie steht das Spiel?
◆ **The score was three nil.** Es stand drei zu null.

to **score** VERB
see also score NOUN
[1] *schießen* (*goal*) (IMPERFECT *schoss*, PERFECT *hat geschossen*) ◇ *to score a goal* ein Tor schießen
[2] *machen* (*point*) ◇ *to score six out of ten* sechs von zehn Punkten machen
[3] *zählen* (*keep score*) ◇ *Who's going to score?* Wer zählt?

Scorpio NOUN

der *Skorpion* ◇ *I'm Scorpio.* Ich bin Skorpion.

Scot NOUN
der *Schotte* (GEN des *Schotten*, PL die *Schotten*)
die *Schottin*

Scotch tape ® NOUN
der *Tesafilm* ®

Scotland NOUN
Schottland NEUT
- **from Scotland** aus Schottland
- **in Scotland** in Schottland
- **to Scotland** nach Schottland

Scots ADJECTIVE
schottisch ◇ *a Scots accent* ein schottischer Akzent

Scotsman NOUN
(PL **Scotsmen**)
der *Schotte* (GEN des *Schotten*, PL die *Schotten*)

Scotswoman NOUN
(PL **Scotswomen**)
die *Schottin*

Scottish ADJECTIVE
schottisch ◇ *a Scottish accent* ein schottischer Akzent
- **He's Scottish.** Er ist Schotte.
- **She's Scottish.** Sie ist Schottin.

scout NOUN
der *Pfadfinder* (PL die *Pfadfinder*) ◇ *I'm in the Scouts.* Ich bin bei den Pfadfindern.
- **girl scout** die Pfadfinderin

scrambled eggs PL NOUN
die *Rühreier* NEUT PL

scrap NOUN
see also scrap VERB
[1] das *Stück* (PL die *Stücke*) ◇ *a scrap of paper* ein Stück Papier
[2] die *Schlägerei* (*fight*)
- **scrap iron** das Alteisen

to **scrap** VERB
see also scrap NOUN
verwerfen (*plan, idea*) (PRESENT *verwirft*, IMPERFECT *verwarf*, PERFECT *hat verworfen*)
◇ *In the end the plan was scrapped.* Am Ende wurde der Plan verworfen.

scrapbook NOUN
das *Album* (PL die *Alben*)

to **scratch** VERB
see also scratch NOUN
kratzen ◇ *Stop scratching!* Hör auf zu kratzen!

scratch NOUN
(PL **scratches**)
see also scratch VERB
der *Kratzer* (*on skin*) (PL die *Kratzer*)
- **to start from scratch** von vorn anfangen

scream NOUN
see also scream VERB
der *Schrei* (PL die *Schreie*)

to **scream** VERB
see also scream NOUN
schreien (IMPERFECT *schrie*, PERFECT *hat geschrien*)

screen NOUN
[1] die *Leinwand* (*cinema*) (PL die *Leinwände*)
[2] der *Bildschirm* (*television, computer*) (PL die *Bildschirme*) ◇ *An error message appeared on the screen.* Auf dem Bildschirm erschien eine Fehlermeldung.

screwdriver NOUN
der *Schraubenzieher* (PL die *Schraubenzieher*)

to **scribble** VERB
kritzeln

to **scrub** VERB
schrubben ◇ *He scrubbed the floor.* Er schrubbte den Boden.

sculpture NOUN
die *Skulptur*

sea NOUN
das *Meer* (PL die *Meere*)

seafood NOUN
die *Meeresfrüchte* FEM PL ◇ *I don't like seafood.* Ich mag Meeresfrüchte nicht.

seagull NOUN
die *Möwe*

seal NOUN
see also seal VERB
[1] der *Seehund* (*animal*) (PL die *Seehunde*)
[2] das *Siegel* (*on container*) (PL die *Siegel*)

to **seal** VERB
see also seal NOUN
[1] *versiegeln* (*container*) (PERFECT *hat versiegelt*)
[2] *zukleben* (*letter*) (PERFECT *hat zugeklebt*)

seaman NOUN
(PL **seamen**)
der *Seemann* (PL die *Seeleute*)

to **search** VERB
see also search NOUN
durchsuchen (PERFECT *hat durchsucht*)
◇ *They searched the woods for her.* Sie haben den Wald nach ihr durchsucht.
- **to search for something** nach etwas suchen ◇ *He was searching for gold.* Er suchte nach Gold.

search NOUN
(PL **searches**)
see also search VERB
die *Suche*

search party NOUN
(PL **search parties**)
der *Suchtrupp* (PL die *Suchtrupps*)

seashore NOUN
der *Strand* (PL die *Strände*) ◇ *on the seashore* am Strand

seasick ADJECTIVE
seekrank ◇ *to be seasick* seekrank sein

seaside NOUN
- **at the seaside** am Meer
- **We're going to the seaside.** Wir fahren ans Meer.

season NOUN
die *Jahreszeit* ◇ *What's your favourite season?* Welche Jahreszeit hast du am liebsten?

S

◆ **out of season** außerhalb der Saison ◇ *It's cheaper to go there out of season.* Es ist billiger, wenn man außerhalb der Saison dorthin fährt.
◆ **during the holiday season** während der Ferienzeit
◆ **a season ticket** eine Dauerkarte

seat NOUN
der *Platz* (GEN des *Platzes*, PL die *Plätze*)

seat belt NOUN
der *Sicherheitsgurt* (PL die *Sicherheitsgurte*)
◆ **You should fasten your seat belt.** Du solltest dich anschnallen.

sea water NOUN
das *Meerwasser*

seaweed NOUN
die *Alge*

second ADJECTIVE
see also second NOUN
zweite ◇ *the second man from the right* der zweite Mann von rechts ◇ *her second husband* ihr zweiter Mann ◇ *on the second page* auf der zweiten Seite ◇ *my second child* mein zweites Kind ◇ *the second of March* der zweite März
◆ **to come second** (*in race*) Zweiter werden ◇ *She came second.* Sie wurde Zweite.

second NOUN
see also second ADJECTIVE
die *Sekunde* ◇ *It'll only take a second.* Es dauert nur eine Sekunde.

secondary school NOUN
[1] das *Gymnasium* (PL die *Gymnasien*)
[2] die *Realschule*
Germans always specify the type of secondary school. Gymnasium *takes nine years and leads to* Abitur, Realschule *takes six years and leads to* mittlere Reife.

second-class ADJECTIVE, ADVERB
[1] *zweiter Klasse* (*ticket, compartment*) ◇ *to travel second-class* zweiter Klasse fahren
[2] *normal* (*stamp, letter*)
In Germany there is no first-class or second-class post. However, letters cost more to send than postcards, so you have to remember to say what you are sending when buying stamps. There is also an express service.
◇ *to send something second-class* etwas mit normaler Post schicken

second-hand ADJECTIVE
gebraucht
◆ **a second-hand car** ein Gebrauchtwagen MASC

secondly ADVERB
zweitens ◇ *firstly...secondly...* erstens...zweitens...

secret ADJECTIVE
see also secret NOUN
geheim ◇ *a secret mission* eine geheime Mission

secret NOUN
see also secret ADJECTIVE
das *Geheimnis* (GEN des *Geheimnisses*, PL die *Geheimnisse*) ◇ *It's a secret.* Es ist ein Geheimnis. ◇ *Can you keep a secret?* Kannst du ein Geheimnis wahren?
◆ **in secret** heimlich

secretary NOUN
(PL **secretaries**)
der *Sekretär* (PL die *Sekretäre*)
die *Sekretärin*
◇ *She's a secretary.* Sie ist Sekretärin.

secretly ADVERB
heimlich

section NOUN
[1] der *Teil* (PL die *Teile*) ◇ *I passed the written section of the exam very easily.* Ich habe den schriftlichen Teil der Prüfung leicht bestanden.
[2] die *Abteilung* (*in shop*) ◇ *the food section* die Lebensmittelabteilung

security guard NOUN
der *Wächter* (PL die *Wächter*)
die *Wächterin*
◆ **She's a security guard.** Sie ist beim Sicherheitsdienst.

sedan NOUN
die *Limousine*

to **see** VERB
(**saw**, **seen**)
sehen (PRESENT *sieht*, IMPERFECT *sah*, PERFECT *hat gesehen*) ◇ *I can't see.* Ich kann nichts sehen. ◇ *I saw him yesterday.* Ich habe ihn gestern gesehen. ◇ *Have you seen him?* Hast du ihn gesehen?
◆ **See you!** Tschüs! (*informal*)
◆ **See you soon!** Bis bald!
◆ **to see to something** sich um etwas kümmern ◇ *The window's stuck. Can you see to it please?* Das Fenster klemmt. Kannst du dich bitte darum kümmern?

seed NOUN
der *Samen* (PL die *Samen*)
◆ **sunflower seeds** die Sonnenblumenkerne MASC PL

to **seem** VERB
scheinen (IMPERFECT *schien*, PERFECT *hat geschienen*) ◇ *The shop seemed to be closed.* Das Geschäft schien geschlossen zu haben. ◇ *That seems like a good idea.* Das scheint eine gute Idee zu sein.
◆ **She seems tired.** Sie wirkt müde.
◆ **It seems that...** Es sieht so aus, dass... ◇ *It seems she's getting married.* Es sieht so aus, dass sie heiratet.
◆ **There seems to be a problem.** Anscheinend gibt's ein Problem.

seen VERB *see* **see**

seesaw NOUN
die *Wippe*

see-through ADJECTIVE
durchsichtig

to **select** VERB
auswählen (PERFECT *hat ausgewählt*)

selection NOUN
die *Auswahl*

self-assured ADJECTIVE
selbstsicher ◇ *He's very self-assured.* Er ist sehr selbstsicher.

self-catering ADJECTIVE
◆ **a self-catering apartment** eine Wohnung für Selbstversorger

self-centred ADJECTIVE
egozentrisch

self-confidence NOUN
das *Selbstvertrauen* ◇ *He hasn't got much self-confidence.* Er hat nicht viel Selbstvertrauen.

self-conscious ADJECTIVE
gehemmt

self-contained ADJECTIVE
◆ **a self-contained flat** eine separate Wohnung

self-control NOUN
die *Selbstbeherrschung*

self-defence NOUN
die *Selbstverteidigung* ◇ *self-defence classes* der Selbstverteidigungskurs
◆ **She killed him in self-defence.** Sie hat ihn in Notwehr getötet.

self-discipline NOUN
die *Selbstdisziplin*

self-employed ADJECTIVE
◆ **to be self-employed** selbständig sein ◇ *He's self-employed.* Er ist selbständig.
◆ **the self-employed** die Selbständigen MASC PL

selfish ADJECTIVE
egoistisch ◇ *Don't be so selfish.* Sei nicht so egoistisch.

self-respect NOUN
die *Selbstachtung*

self-service ADJECTIVE
◆ **It's self-service.** (*café, shop*) Da ist Selbstbedienung.
◆ **a self-service restaurant** ein Selbstbedienungsrestaurant NEUT

to **sell** VERB
(**sold, sold**)
verkaufen (PERFECT *hat verkauft*) ◇ *He sold it to me.* Er hat es mir verkauft.
◆ **to sell off** verkaufen
◆ **The tickets are all sold out.** Alle Karten sind ausverkauft.
◆ **The tickets sold out in three hours.** Die Karten waren in drei Stunden ausverkauft.

sell-by date NOUN
das *Verfallsdatum* (PL die *Verfallsdaten*)

selling price NOUN
der *Verkaufspreis* (GEN des *Verkaufspreises*, PL die *Verkaufspreise*)

Sellotape ® NOUN
der *Tesafilm* ®

semi NOUN
die *Doppelhaushälfte* ◇ *We live in a semi.* Wir wohnen in einer Doppelhaushälfte.

semicircle NOUN
der *Halbkreis* (GEN des *Halbkreises*, PL die *Halbkreise*)

semicolon NOUN
der *Strichpunkt* (PL die *Strichpunkte*)

semi-detached house NOUN
die *Doppelhaushälfte* ◇ *We live in a semi-detached house.* Wir wohnen in einer Doppelhaushälfte.

semi-final NOUN
das *Halbfinale* (PL die *Halbfinale*)

semi-skimmed milk NOUN
die *fettarme Milch*

to **send** VERB
(**sent, sent**)
schicken ◇ *She sent me a birthday card.* Sie hat mir eine Geburtstagskarte geschickt.
◆ **to send back** zurückschicken
◆ **to send off (1)** (*goods, letter*) abschicken
◆ **to send off (2)** (*in sports match*) vom Platz schicken ◇ *He was sent off.* Er wurde vom Platz geschickt.
◆ **to send off for something (1)** (*free*) etwas kommen lassen ◇ *I've sent off for a brochure.* Ich habe mir eine Broschüre kommen lassen.
◆ **to send off for something (2)** (*paid for*) bestellen ◇ *She sent off for a book.* Sie hat ein Buch bestellt.
◆ **to send out** verschicken

sender NOUN
der *Absender* (PL die *Absender*)
die *Absenderin*

senior ADJECTIVE
leitend ◇ *senior management* die leitenden Angestellten
◆ **senior school** die weiterführende Schule
◆ **senior pupils** die Oberstufenschüler

senior citizen NOUN
der *Senior* (PL die *Senioren*)
die *Seniorin*

sensational ADJECTIVE
sensationell

sense NOUN
[1] der *Sinn* (*faculty*) (PL die *Sinne*) ◇ *the five senses* die fünf Sinne ◇ *the sixth sense* der sechste Sinn
◆ **the sense of touch** der Tastsinn
◆ **the sense of smell** der Geschmacksinn
◆ **sense of humour** der Sinn für Humor ◇ *He's got no sense of humour.* Er hat keinen Sinn für Humor.
[2] der *Verstand* (*wisdom*)
◆ **Use your common sense!** Benutze deinen gesunden Menschenverstand!
◆ **It makes sense.** Das macht Sinn.
◆ **It doesn't make sense.** Das macht keinen Sinn.

senseless ADJECTIVE
sinnlos

sensible ADJECTIVE
vernünftig ◇ *Be sensible!* Sei vernünftig! ◇ *It would be sensible to check first.* Es wäre vernünftig, zuerst nachzusehen.

sensitive ADJECTIVE
sensibel ◇ *She's very sensitive.* Sie ist sehr sensibel.

sensuous ADJECTIVE
sinnlich

sent VERB *see* **send**

sentence NOUN
see also sentence VERB
1 der *Satz* (GEN des *Satzes*, PL die *Sätze*)
◇ *What does this sentence mean?* Was bedeutet dieser Satz?
2 das *Urteil* (*judgment*) (PL die *Urteile*)
◇ *The court will pass sentence tomorrow.* Das Gericht wird morgen das Urteil verkünden.
3 die *Strafe* (*punishment*) ◇ *the death sentence* die Todesstrafe
◆ **He got a life sentence.** Er hat lebenslänglich bekommen.

to **sentence** VERB
see also sentence NOUN
verurteilen (PERFECT *hat verurteilt*) ◇ *to sentence somebody to life imprisonment* jemanden zu einer lebenslangen Gefängnisstrafe verurteilen ◇ *to sentence somebody to death* jemanden zum Tode verurteilen

sentimental ADJECTIVE
sentimental

separate ADJECTIVE
see also separate VERB
getrennt ◇ *The children have separate rooms.* Die Kinder haben getrennte Zimmer.
◆ **I wrote it on a separate sheet.** Ich habe es auf ein extra Blatt geschrieben.
◆ **on separate occasions** bei verschiedenen Gelegenheiten
◆ **on two separate occasions** zweimal

to **separate** VERB
see also separate ADJECTIVE
1 *trennen*
2 *sich trennen* (*married couple*)

separately ADVERB
extra

separation NOUN
die *Trennung*

September NOUN
der *September* ◇ *in September* im September

sequel NOUN
die *Fortsetzung* (*book, film*)

sequence NOUN
1 die *Reihenfolge* ◇ *in the correct sequence* in der richtigen Reihenfolge
◆ **in sequence** der Reihenfolge nach
◆ **a sequence of events** eine Folge von Ereignissen
2 die *Sequenz* (*in film*)

sergeant NOUN
1 (*army*)
der *Feldwebel* (PL die *Feldwebel*)
die *Feldwebelin*
2 (*police*)
der *Polizeimeister* (PL die *Polizeimeister*)
die *Polizeimeisterin*

serial NOUN
die *Fernsehserie*

series SING NOUN
1 die *Sendereihe* ◇ *a TV series* eine Sendereihe im Fernsehen
2 die *Reihe* (*of numbers*)

serious ADJECTIVE
1 *ernst* ◇ *You look very serious.* Du siehst sehr ernst aus.
◆ **Are you serious?** Ist das dein Ernst?
2 *schwer* (*illness, mistake*)

seriously ADVERB
im Ernst ◇ *No, but seriously...* Nein, aber im Ernst...
◆ **to take somebody seriously** jemanden ernst nehmen
◆ **seriously injured** schwer verletzt
◆ **Seriously?** Im Ernst?

sermon NOUN
die *Predigt*

servant NOUN
der *Diener* (PL die *Diener*)
die *Dienerin*

to **serve** VERB
see also serve NOUN
1 *servieren* (PERFECT *hat serviert*)
◇ *Dinner is served.* Das Essen ist serviert.
2 *aufschlagen* (PRESENT *schlägt auf*, IMPERFECT *schlug auf*, PERFECT *hat aufgeschlagen*) ◇ *It's Agassi's turn to serve.* Agassi schlägt auf.
3 *absitzen* (*prison sentence*) (IMPERFECT *saß ab*, PERFECT *hat abgesessen*)
◆ **to serve time** im Gefängnis sein
◆ **It serves you right.** Das geschieht dir recht.

serve NOUN
see also serve VERB
der *Aufschlag* (*tennis*) (PL die *Aufschläge*)
◆ **It's your serve.** Du hast Aufschlag.

to **service** VERB
see also service NOUN
überholen (*car, washing machine*) (PERFECT *hat überholt*)

service NOUN
see also service VERB
1 die *Bedienung* ◇ *Service is included.* Die Bedienung ist inklusive.
2 die *Inspektion* (*of car*)
3 der *Gottesdienst* (*church service*) (PL die *Gottesdienste*)
◆ **the Fire Service** die Feuerwehr
◆ **the armed services** die Streitkräfte

service area NOUN
die *Raststätte*

service charge NOUN
die *Bedienung* ◇ *There's no service charge.* Die Bedienung wird nicht extra berechnet.

serviceman NOUN
(PL **servicemen**)
der *Militärangehörige* (GEN des *Militärangehörigen*, PL die *Militärangehörigen*) ◇ *a serviceman* ein Militärangehöriger
◆ **He's a serviceman.** Er ist beim Militär.

service station NOUN
die *Tankstelle*

serviette NOUN

die *Serviette*

session NOUN
die *Sitzung*

set NOUN
see also **set** VERB
der *Satz* (GEN des *Satzes*, PL die *Sätze*) ◇ *a set of keys* ein Satz Schlüssel ◇ *Becker won the set.* (*tennis*) Becker hat den Satz gewonnen.
◆ **a chess set** ein Schachspiel NEUT
◆ **a train set** eine Spielzeugeisenbahn

to **set** VERB
(**set**, **set**)
see also **set** NOUN
1 *stellen* (*alarm clock*) ◇ *I set the alarm for seven o'clock.* Ich habe den Wecker auf sieben Uhr gestellt.
2 *aufstellen* (*record*) (PERFECT *hat aufgestellt*) ◇ *The world record was set last year.* Der Weltrekord wurde letztes Jahr aufgestellt.
3 *untergehen* (*sun*) (IMPERFECT *ging unter*, PERFECT *ist untergegangen*) ◇ *The sun was setting.* Die Sonne ging unter.
◆ **The film is set in Morocco.** Der Film spielt in Marokko.
◆ **to set off** aufbrechen ◇ *We set off for London at nine o'clock.* Wir sind um neun Uhr nach London aufgebrochen.
◆ **to set out** aufbrechen ◇ *We set out for London at nine o'clock.* Wir sind um neun Uhr nach London aufgebrochen.
◆ **to set the table** den Tisch decken

settee NOUN
das *Sofa* (PL die *Sofas*)

to **settle** VERB
1 *lösen* (*problem*)
2 *beilegen* (*argument*) (PERFECT *hat beigelegt*)
◆ **to settle an account** eine Rechnung begleichen
◆ **to settle down** (*calm down*) ruhiger werden
◆ **Settle down!** Beruhige dich!
◆ **to settle in** sich einleben
◆ **to settle on something** sich für etwas entscheiden ◇ *I've finally settled on Crete for my holidays.* Ich habe mich endlich dafür entschieden, nach Kreta in Urlaub zu fahren.

seven NUMBER
sieben ◇ *She's seven.* Sie ist sieben.

seventeen NUMBER
siebzehn ◇ *He's seventeen.* Er ist siebzehn.

seventh ADJECTIVE
siebte ◇ *the seventh floor* der siebte Stock ◇ *the seventh of August* der siebte August

seventy NUMBER
siebzig ◇ *She's seventy.* Sie ist siebzig.

several ADJECTIVE, PRONOUN
einige ◇ *several schools* einige Schulen ◇ *several of them* einige von ihnen

to **sew** VERB
(**sewed**, **sewn**)
nähen
◆ **to sew up** (*tear*) flicken

sewing NOUN
das *Nähen*
◆ **I like sewing.** Ich nähe gern.
◆ **a sewing machine** eine Nähmaschine

sewn VERB *see* **sew**

sex NOUN
(PL **sexes**)
das *Geschlecht* (PL die *Geschlechter*)
◆ **to have sex with somebody** mit jemandem Verkehr haben
◆ **sex education** der Aufklärungsunterricht

sexism NOUN
der *Sexismus* (GEN des *Sexismus*)

sexist ADJECTIVE
sexistisch

sexual ADJECTIVE
sexuell ◇ *sexual harassment* die sexuelle Belästigung
◆ **sexual discrimination** die Diskriminierung aufgrund des Geschlechts

sexuality NOUN
die *Sexualität*

sexy ADJECTIVE
sexy

shabby ADJECTIVE
schäbig

shade NOUN
1 der *Schatten* (PL die *Schatten*) ◇ *It was thirty degrees in the shade.* Es waren dreißig Grad im Schatten.
2 der *Ton* (*colour*) (PL die *Töne*) ◇ *a shade of blue* ein Blauton

shadow NOUN
der *Schatten* (PL die *Schatten*)

to **shake** VERB
(**shook**, **shaken**)
1 *ausschütteln* (PERFECT *hat ausgeschüttelt*) ◇ *She shook the rug.* Sie hat den Teppich ausgeschüttelt.
2 *schütteln* ◇ *She shook the bottle.* Sie hat die Flasche geschüttelt.
3 *zittern* (*tremble*) ◇ *He was shaking with fear.* Er zitterte vor Angst.
◆ **to shake one's head** (*in refusal*) den Kopf schütteln
◆ **to shake hands with somebody** jemandem die Hand geben ◇ *They shook hands.* Sie gaben sich die Hand.

shaken ADJECTIVE
mitgenommen ◇ *I was feeling a bit shaken.* Ich war etwas mitgenommen.

shaky ADJECTIVE
zittrig (*hand, voice*)

shall VERB
◆ **Shall I shut the window?** Soll ich das Fenster zumachen?
◆ **Shall we ask him to come with us?** Sollen wir ihn fragen, ob er mitkommt?

shallow ADJECTIVE
flach (*water, pool*)

shambles SING NOUN
das *Chaos* (GEN des *Chaos*) ◇ *It's a complete shambles.* Es ist ein völliges Chaos.

shame NOUN
die *Schande* ◇ *The shame of it!* Diese Schande!
◆ **What a shame!** Wie schade!
◆ **It's a shame that...** Es ist schade, dass...
◇ *It's a shame he isn't here.* Es ist schade, dass er nicht da ist.

shampoo NOUN
(PL **shampoos**)
das *Shampoo* (PL die *Shampoos*) ◇ *a bottle of shampoo* eine Flasche Shampoo

shandy NOUN
(PL **shandies**)
das *Bier mit Limonade*

shandy *is also called* das Alsterwasser *in North Germany and* der Radler *in South Germany.*

shan't = **shall not**

shape NOUN
die *Form*

share NOUN
see also share VERB
1 die *Aktie* (*in company*) ◇ *They've got shares in British Telecom.* Sie haben Aktien der British Telecom.
2 der *Anteil* (*portion*) (PL die *Anteile*)

to **share** VERB
see also share NOUN
teilen ◇ *to share a room with somebody* ein Zimmer mit jemandem teilen
◆ **to share out** verteilen ◇ *They shared the sweets out among the children.* Sie haben die Bonbons unter den Kindern verteilt.

shark NOUN
der *Hai* (PL die *Haie*)

sharp ADJECTIVE
1 *scharf* (*razor, knife*) ◇ *I need a sharper knife.* Ich brauche ein schärferes Messer.
2 *spitz* (*spike, point*)
3 *gescheit* (*clever*) ◇ *She's very sharp.* Sie ist sehr gescheit.
◆ **at two o'clock sharp** Punkt zwei Uhr

to **shave** VERB
sich rasieren (*have a shave*) (PERFECT *hat sich rasiert*)
◆ **to shave one's legs** sich die Beine rasieren
◇ *I don't shave my legs.* Ich rasiere mir die Beine nicht.

shaver NOUN
◆ **an electric shaver** ein Elektrorasierer MASC

shaving cream NOUN
die *Rasiercreme* (PL die *Rasiercremes*)

shaving foam NOUN
der *Rasierschaum*

she PRONOUN
sie ◇ *She's very nice.* Sie ist sehr nett.

shed NOUN
der *Schuppen* (PL die *Schuppen*)

she'd = **she had, she would**

sheep NOUN
das *Schaf* (PL die *Schafe*) ◇ *Dozens of sheep were blocking the road.* Dutzende von Schafen haben die Straße versperrt.

sheepdog NOUN
der *Schäferhund* (PL die *Schäferhunde*)

sheer ADJECTIVE
rein ◇ *It's sheer greed.* Das ist die reine Gier.

sheet NOUN
das *Leintuch* (*on bed*) (PL die *Leintücher*)
◆ **a sheet of paper** ein Blatt Papier NEUT

shelf NOUN
(PL **shelves**)
das *Regal* (PL die *Regale*)

shell NOUN
1 die *Muschel* (*on beach*)
2 die *Schale* (*of egg, nut*)
3 die *Granate* (*explosive*)

she'll = **she will**

shellfish NOUN
das *Schalentier* (PL die *Schalentiere*)

shell suit NOUN
der *Jogginganzug* (PL die *Jogginganzüge*)

shelter NOUN
◆ **to take shelter** sich unterstellen ◇ *They took shelter beneath a bridge.* Sie stellten sich unter einer Brücke unter.
◆ **a bus shelter** eine überdachte Bushaltestelle

shelves PL NOUN *see* **shelf**

shepherd NOUN
der *Schäfer* (PL die *Schäfer*)
die *Schäferin*

sheriff NOUN
der *Sheriff* (PL die *Sheriffs*)

sherry NOUN
(PL **sherries**)
der *Sherry* (PL die *Sherrys*)

she's = **she is, she has**

Shetland Islands PL NOUN
die *Shetlandinseln* FEM PL

shield NOUN
der *Schild* (PL die *Schilde*)

shift NOUN
see also shift VERB
die *Schicht* ◇ *His shift starts at eight o'clock.* Seine Schicht fängt um acht Uhr an.
◇ *the night shift* die Nachtschicht
◆ **to do shift work** Schicht arbeiten

to **shift** VERB
see also shift NOUN
verschieben (*move*) (IMPERFECT *verschob*, PERFECT *hat verschoben*) ◇ *I couldn't shift the wardrobe on my own.* Ich konnte den Schrank nicht allein verschieben.
◆ **Shift yourself!** Jetzt aber los! (*informal*)

shifty ADJECTIVE
1 *zwielichtig* (*person*) ◇ *He looked shifty.* Er sah zwielichtig aus.
2 *unstet* (*eyes*)

shin NOUN
das *Schienbein* (PL die *Schienbeine*)

to **shine** VERB
(**shone, shone**)
scheinen (IMPERFECT *schien*, PERFECT *hat geschienen*) ◇ *The sun was shining.* Die Sonne schien.

shiny ADJECTIVE
glänzend
ship NOUN
das *Schiff* (PL die *Schiffe*)
shipbuilding NOUN
der *Schiffbau*
shipwreck NOUN
der *Schiffbruch* (*accident*) (PL die *Schiffbrüche*)
shipwrecked ADJECTIVE
◆ **to be shipwrecked** Schiffbruch erleiden
shipyard NOUN
die *Werft*
shirt NOUN
1 das *Hemd* (*man's*) (PL die *Hemden*)
2 die *Bluse* (*woman's*)
shit EXCLAMATION
Scheiße! (*rude*)
to **shiver** VERB
zittern
shock NOUN
der *Schock* (PL die *Schocks*)
◆ **to get a shock (1)** (*surprise*) einen Schock bekommen
◆ **to get a shock (2)** (*electric*) einen Schlag bekommen
◆ **an electric shock** ein elektrischer Schlag
shocked ADJECTIVE
schockiert ◇ *He'll be shocked if you say that.* Wenn du das sagst, wird er schockiert sein.
shocking ADJECTIVE
schockierend ◇ *It's shocking!* Es ist schockierend! ◇ *a shocking waste* eine schockierende Verschwendung
shoe NOUN
der *Schuh* (PL die *Schuhe*)
shoelace NOUN
der *Schnürsenkel* (PL die *Schnürsenkel*)
shoe polish NOUN
die *Schuhcreme* (PL die *Schuhcremes*)
shoe shop NOUN
das *Schuhgeschäft* (PL die *Schuhgeschäfte*)
shone VERB *see* **shine**
shook VERB *see* **shake**
to **shoot** VERB
(**shot**, **shot**)
1 *schießen* (*gun, in football*) (IMPERFECT *schoss*, PERFECT *hat geschossen*) ◇ *Don't shoot!* Nicht schießen!
◆ **to shoot at somebody** auf jemanden schießen
◆ **He was shot in the leg.** (*wounded*) Er wurde ins Bein getroffen.
◆ **to shoot an arrow** einen Pfeil abschießen
2 *erschießen* (*kill*) (IMPERFECT *erschoss*, PERFECT *hat erschossen*) ◇ *He was shot by a sniper.* Er wurde von einem Heckenschützen erschossen.
◆ **to shoot oneself** (*dead*) sich erschießen ◇ *He shot himself with a revolver.* Er erschoss sich mit einem Revolver.
3 *drehen* (*film*) ◇ *The film was shot in Prague.* Der Film wurde in Prag gedreht.

shooting NOUN
1 die *Schüsse* MASC PL ◇ *They heard shooting.* Sie hörten Schüsse.
◆ **a shooting** eine Schießerei
2 die *Jagd* (*hunting*) ◇ *to go shooting* auf die Jagd gehen
shop NOUN
das *Geschäft* (PL die *Geschäfte*) ◇ *a sports shop* ein Sportgeschäft
shop assistant NOUN
der *Verkäufer* (PL die *Verkäufer*)
die *Verkäuferin*
◇ *She's a shop assistant.* Sie ist Verkäuferin.
shopkeeper NOUN
der *Ladenbesitzer* (PL die *Ladenbesitzer*)
die *Ladenbesitzerin*
◇ *He's a shopkeeper.* Er ist Ladenbesitzer.
shoplifting NOUN
der *Ladendiebstahl* (PL die *Ladendiebstähle*)
shopping NOUN
die *Einkäufe* MASC PL (*purchases*) ◇ *Can you get the shopping from the car?* Kannst du die Einkäufe aus dem Auto holen?
◆ **I love shopping.** Ich gehe gern einkaufen.
◆ **to go shopping** einkaufen gehen
◆ **a shopping bag** eine Einkaufstasche
◆ **a shopping centre** ein Einkaufszentrum NEUT
shop window NOUN
das *Schaufenster* (PL die *Schaufenster*)
shore NOUN
die *Küste*
◆ **on shore** an Land
short ADJECTIVE
1 *kurz* ◇ *a short skirt* ein kurzer Rock ◇ *short hair* kurze Haare ◇ *a short break* eine kurze Pause ◇ *a short walk* ein kurzer Spaziergang
◆ **too short** zu kurz ◇ *It was a great holiday, but too short.* Es waren tolle Ferien, nur zu kurz.
2 *klein* (*person*) ◇ *She's quite short.* Sie ist ziemlich klein.
◆ **to be short of something** knapp an etwas sein ◇ *I'm short of money.* Ich bin knapp an Geld.
◆ **In short, the answer's no.** Kurz, die Antwort ist nein.
◆ **at short notice** kurzfristig
shortage NOUN
der *Mangel* ◇ *a water shortage* ein Wassermangel
short cut NOUN
die *Abkürzung* ◇ *I took a short cut.* Ich habe eine Abkürzung genommen.
shorthand NOUN
das *Steno*
shortly ADVERB
1 *bald* ◇ *He'll be arriving shortly.* Er kommt bald.
2 *kurz* ◇ *shortly after the accident* kurz nach dem Unfall

shorts PL NOUN
die *Shorts* PL ◇ *a pair of shorts* ein Paar Shorts

short-sighted ADJECTIVE
kurzsichtig

short story NOUN
(PL **short stories**)
die *Kurzgeschichte*

shot VERB *see* **shoot**

shot NOUN
1 der *Schuss* ⚠ (GEN des *Schusses*, PL die *Schüsse*) (*gunshot*)
2 das *Foto* (*photo*) (PL die *Fotos*) ◇ *a shot of Edinburgh Castle* ein Foto des Edinburgher Schlosses
3 die *Spritze* (*injection*)

shotgun NOUN
die *Flinte*

should VERB
sollen ◇ *You should take more exercise.* Du solltest mehr Sport machen.
◆ **He should be there by now.** Er müsste jetzt da sein.
◆ **That shouldn't be too hard.** Das dürfte nicht zu schwer sein.
◆ **I should have told you before.** Ich hätte es dir vorher sagen sollen.
When should *means "would" use* **würde**.
◆ **I should go if I were you.** Ich würde gehen, wenn ich du wäre.
◆ **I should be so lucky!** Das wäre zu schön!

shoulder NOUN
die *Schulter*
◆ **a shoulder bag** eine Umhängetasche

shouldn't = **should not**

to **shout** VERB
see also shout NOUN
schreien (IMPERFECT *schrie*, PERFECT *hat geschrien*) ◇ *Don't shout!* Schrei doch nicht so! ◇ *"Go away!" he shouted.* "Geh weg!" schrie er.

shout NOUN
see also shout VERB
der *Schrei* (PL die *Schreie*)

shovel NOUN
die *Schaufel*

show NOUN
see also show VERB
1 die *Show* (*performance*) (PL die *Shows*)
2 die *Sendung* (*programme*)
3 die *Ausstellung* (*exhibition*)

to **show** VERB
(**showed**, **shown**)
see also show NOUN
1 *zeigen*
◆ **to show somebody something** jemandem etwas zeigen ◇ *Have I shown you my new trainers?* Habe ich dir meine neuen Turnschuhe schon gezeigt?
2 *beweisen* (IMPERFECT *bewies*, PERFECT *hat bewiesen*) ◇ *She showed great courage.* Sie hat großen Mut bewiesen.
◆ **It shows.** Das sieht man. ◇ *I've never been riding before. – It shows.* Ich bin noch nie geritten. – Das sieht man.
◆ **to show off** angeben (*informal*)
◆ **to show up** (*turn up*) aufkreuzen ◇ *He showed up late as usual.* Er kreuzte wie immer zu spät auf.

shower NOUN
1 die *Dusche*
◆ **to have a shower** duschen
2 der *Schauer* (*of rain*) (PL die *Schauer*)

showerproof ADJECTIVE
regendicht

showing NOUN
die *Vorführung* (*of film*)

shown VERB *see* **show**

show-off NOUN
der *Angeber* (PL die *Angeber*)
die *Angeberin*

shrank VERB *see* **shrink**

to **shriek** VERB
kreischen

shrimps PL NOUN
die *Krabben* FEM PL

to **shrink** VERB
(**shrank**, **shrunk**)
einlaufen (*clothes, fabric*) (PRESENT *läuft ein*, IMPERFECT *lief ein*, PERFECT *ist eingelaufen*)

Shrove Tuesday NOUN
der *Fastnachtsdienstag*
In Großbritannien werden am Shrove Tuesday *traditionellerweise Pfannkuchen gegessen, weshalb dieser Tag auch* Pancake Tuesday *genannt wird.*

to **shrug** VERB
◆ **He shrugged his shoulders.** Er zuckte mit den Schultern.

shrunk VERB *see* **shrink**

to **shudder** VERB
sich schütteln

to **shuffle** VERB
◆ **to shuffle the cards** die Karten mischen

to **shut** VERB
(**shut**, **shut**)
zumachen (PERFECT *hat zugemacht*)
◇ *What time do you shut?* Wann machen Sie zu? ◇ *What time do the shops shut?* Wann machen die Geschäfte zu?
◆ **to shut down** schließen ◇ *The cinema shut down last year.* Das Kino hat letztes Jahr geschlossen.
◆ **to shut up (1)** (*close*) verschließen
◆ **to shut up (2)** (*be quiet*) den Mund halten
◇ *Shut up!* Halt den Mund!

shutters PL NOUN
die *Fensterläden* MASC PL

shuttle NOUN
1 das *Pendelflugzeug* (*plane*) (PL die *Pendelflugzeuge*)
2 der *Pendelzug* (*train*) (PL die *Pendelzüge*)
3 der *Pendelbus* (*bus*) (GEN des *Pendelbusses*, PL die *Pendelbusse*)

shuttlecock NOUN
der *Federball* (*badminton*) (PL die *Federbälle*)

shy ADJECTIVE
schüchtern
Sicily NOUN
Sizilien NEUT
- **from Sicily** aus Sizilien
- **to Sicily** nach Sizilien

sick ADJECTIVE
1 *krank* (*ill*) ◇ *He was sick for four days.* Er war vier Tage krank.
2 *übel* (*joke, humour*) ◇ *That's really sick!* Das war wirklich übel!
- **to be sick** (*vomit*) sich übergeben
- **I feel sick.** Mir ist schlecht.
- **to be sick of something** etwas leid sein ◇ *I'm sick of your jokes.* Ich bin deine Witze leid.

sickening ADJECTIVE
ekelhaft
sick leave NOUN
- **to be on sick leave** krank geschrieben sein ◇ *Rudi's been on sick leave for three weeks now.* Rudi ist seit drei Wochen krank geschrieben.

sickness NOUN
(PL **sicknesses**)
die *Krankheit*
sick note NOUN
1 die *Entschuldigung* (*from parents*)
2 das *ärztliche Attest* (*from doctor*) (PL die *ärztlichen Atteste*)
sick pay NOUN
die *Bezahlung im Krankheitsfall*
side NOUN
1 die *Seite* ◇ *He was driving on the wrong side.* Er fuhr auf der falschen Seite. ◇ *He's on my side.* Er ist auf meiner Seite.
- **side by side** nebeneinander
- **the side entrance** der Seiteneingang
- **to take sides** Partei ergreifen ◇ *She always takes your side.* Sie ergreift immer für dich Partei.

2 der *Rand* (*edge*) (PL die *Ränder*) ◇ *by the side of the road* am Straßenrand
3 das *Ufer* (*of pool, river*) (PL die *Ufer*) ◇ *by the side of the lake* am Ufer des Sees
sideboard NOUN
die *Anrichte*
side effect NOUN
der *Nebeneffekt* (PL die *Nebeneffekte*)
side street NOUN
die *Seitenstraße*
sidewalk NOUN
der *Bürgersteig* (PL die *Bürgersteige*)
sideways ADVERB
1 *von der Seite* (*look*)
2 *zur Seite* (*move, be facing*)
- **sideways on** von der Seite

sieve NOUN
das *Sieb* (PL die *Siebe*)
sigh NOUN
see also sigh VERB
der *Seufzer* (PL die *Seufzer*)
to **sigh** VERB
see also sigh NOUN
seufzen
sight NOUN
der *Anblick* ◇ *It was an amazing sight.* Es war ein irrer Anblick.
- **in sight** in Sicht
- **out of sight** nicht zu sehen
- **to have poor sight** schlechte Augen haben
- **to know somebody by sight** jemanden vom Sehen kennen
- **the sights** (*tourist spots*) die Sehenswürdigkeiten ◇ *to see the sights of London* sich die Sehenswürdigkeiten von London ansehen

sightseeing NOUN
das *Sightseeing*
- **to go sightseeing** Sightseeing machen

sign NOUN
see also sign VERB
1 das *Schild* (*notice*) (PL die *Schilder*) ◇ *There was a big sign saying "private".* Da war ein großes Schild, auf dem "privat" stand.
- **a road sign** ein Verkehrsschild

2 das *Zeichen* (*gesture, indication*) (PL die *Zeichen*) ◇ *There's no sign of improvement.* Es gibt kein Zeichen einer Besserung.
- **What sign are you?** (*star sign*) Was für ein Sternzeichen sind Sie?

to **sign** VERB
see also sign NOUN
unterschreiben (IMPERFECT *unterschrieb*, PERFECT *hat unterschrieben*)
- **to sign on (1)** (*as unemployed*) sich arbeitslos melden
- **to sign on (2)** (*for course*) sich einschreiben

signal NOUN
see also signal VERB
das *Signal* (PL die *Signale*)
to **signal** VERB
see also signal NOUN
- **to signal to somebody** jemandem ein Zeichen geben

signature NOUN
die *Unterschrift*
significance NOUN
die *Bedeutung*
significant ADJECTIVE
bedeutend
sign language NOUN
die *Zeichensprache*
signpost NOUN
der *Wegweiser* (PL die *Wegweiser*)
silence NOUN
die *Stille* ◇ *There was absolute silence.* Es herrschte absolute Stille.
silent ADJECTIVE
still
silicon chip NOUN
der *Siliciumchip* (PL die *Siliciumchips*)
silk NOUN
see also silk ADJECTIVE
die *Seide*
silk ADJECTIVE
see also silk NOUN
seiden ◇ *a silk scarf* ein seidener Schal

S

silky ADJECTIVE
seidig
silly ADJECTIVE
dumm ◇ *That's the silliest excuse I've ever heard.* Das ist die dümmste Ausrede, die ich je gehört habe.
silver NOUN
das *Silber* ◇ *a silver medal* eine Silbermedaille
similar ADJECTIVE
ähnlich ◇ *My sister is very similar to me in that respect.* Meine Schwester ist mir in der Hinsicht sehr ähnlich.
simple ADJECTIVE
1 *einfach* ◇ *It's very simple.* Das ist sehr einfach.
2 *einfältig* (*simple-minded*) ◇ *He's a bit simple.* Er ist etwas einfältig.
simply ADVERB
einfach ◇ *It's simply not possible.* Es ist einfach nicht möglich.
simultaneous ADJECTIVE
gleichzeitig
sin NOUN
see also sin VERB
die *Sünde*
to **sin** VERB
see also sin NOUN
sündigen
since PREPOSITION, ADVERB, CONJUNCTION
1 *seit* ◇ *since Christmas* seit Weihnachten ◇ *I haven't seen her since she left.* Ich habe sie nicht gesehen, seit sie weggezogen ist.
◆ **since then** seither ◇ *I haven't seen him since then.* Ich habe ihn seither nicht gesehen.
◆ **ever since** seitdem
2 *da* (*because*) ◇ *Since you're tired, let's stay at home.* Da du müde bist, bleiben wir doch zu Hause.
sincere ADJECTIVE
aufrichtig
sincerely ADVERB
◆ **Yours sincerely...** Mit freundlichen Grüßen...
to **sing** VERB
(**sang**, **sung**)
singen (IMPERFECT *sang*, PERFECT *hat gesungen*) ◇ *He sang out of tune.* Er hat falsch gesungen. ◇ *Have you ever sung this tune before?* Hast du die Melodie schon mal gesungen?
singer NOUN
der *Sänger* (PL die *Sänger*)
die *Sängerin*
singing NOUN
das *Singen*
single ADJECTIVE
see also single NOUN
allein stehend ⚠ (*unmarried*)
◆ **a single room** ein Einzelzimmer NEUT
◆ **not a single thing** absolut nichts
single NOUN
see also single ADJECTIVE
1 die *einfache Fahrkarte* (*ticket*) ◇ *A single to Bonn, please.* Eine einfache Fahrkarte nach Bonn, bitte.
2 die *Single* (*record*) (PL die *Singles*)
◆ **a CD single** eine CD-Single
single parent NOUN
◆ **She's a single parent.** Sie ist allein erziehende Mutter.
◆ **a single parent family** eine Einelternteilfamilie
singles PL NOUN
das *Einzel* SING (*in tennis*) (PL die *Einzel*)
◇ *the women's singles* das Dameneinzel
singular NOUN
der *Singular* (PL die *Singulare*) ◇ *in the singular* im Singular
sinister ADJECTIVE
unheimlich
sink NOUN
see also sink VERB
die *Spüle*
to **sink** VERB
(**sank**, **sunk**)
see also sink NOUN
sinken (IMPERFECT *sank*, PERFECT *ist gesunken*)
sir NOUN
In German no form of address is normally used apart from **Sie**.
◇ *Would you like to order, Sir?* Möchten Sie bestellen?
◆ **Yes sir.** Ja, mein Herr.
siren NOUN
die *Sirene*
sister NOUN
die *Schwester* ◇ *my little sister* meine kleine Schwester ◇ *I wanted to speak to the sister on the ward.* Ich wollte die Stationsschwester sprechen.
sister-in-law NOUN
(PL **sisters-in-law**)
die *Schwägerin*
to **sit** VERB
(**sat**, **sat**)
1 *sitzen* (*be sitting*) (IMPERFECT *saß*, PERFECT *hat gesessen*) ◇ *She was sitting on the floor.* Sie saß auf dem Boden.
2 *sich setzen* (*sit down*) ◇ *Sit on that chair.* Setz dich auf den Stuhl.
◆ **to sit down** sich setzen
◆ **to be sitting** sitzen
◆ **to sit an exam** eine Prüfung machen
sitcom NOUN
die *Situationskomödie*
site NOUN
1 die *Stätte* ◇ *an archaeological site* eine archäologische Stätte
◆ **the site of the accident** der Unfallort
2 der *Campingplatz* (*campsite*) (GEN des *Campingplatzes*, PL die *Campingplätze*)
◆ **a building site** eine Baustelle
sitting room NOUN

das *Wohnzimmer* (PL die *Wohnzimmer*)

situated ADJECTIVE

◆ **to be situated** liegen ◇ *The village is situated on the side of the hill.* Das Dorf liegt am Berghang.

situation NOUN

die *Situation*

six NUMBER

sechs ◇ *He's six.* Er ist sechs.

sixteen NUMBER

sechzehn ◇ *He's sixteen.* Er ist sechzehn.

sixth ADJECTIVE

sechste ◇ *the sixth floor* der sechste Stock ◇ *the sixth of August* der sechste August

sixty NUMBER

sechzig ◇ *She's sixty.* Sie ist sechzig.

size NOUN

Germany uses the European system for clothing and shoe sizes.

1 die *Größe* (*of object, clothing*) ◇ *What size do you take?* Welche Größe haben Sie?

◆ **I'm a size ten.** Ich habe Größe achtunddreißig.

2 die *Schuhgröße* (*of shoes*)

◆ **I take size six.** Ich habe Schuhgröße neununddreißig.

to **skate** VERB

1 *Schlittschuh laufen* (*ice-skate*) (PRESENT *läuft Schlittschuh*, IMPERFECT *lief Schlittschuh*, PERFECT *ist Schlittschuh gelaufen*)

2 *Rollschuh laufen* (*roller-skate*) (PRESENT *läuft Rollschuh*, IMPERFECT *lief Rollschuh*, PERFECT *ist Rollschuh gelaufen*)

skateboard NOUN

das *Skateboard* (PL die *Skateboards*)

skateboarding NOUN

das *Skateboardfahren*

◆ **to go skateboarding** Skateboard fahren

skates PL NOUN

1 die *Schlittschuhe* MASC PL

2 die *Rollschuhe* MASC PL (*roller skates*)

skating NOUN

1 das *Schlittschuhlaufen*

◆ **to go skating** Schlittschuh laufen

◆ **a skating rink** eine Eisbahn

2 das *Rollschuhlaufen* (*roller-skating*)

◆ **to go skating** Rollschuh laufen

◆ **a skating rink** eine Rollschuhbahn

skeleton NOUN

das *Skelett* (PL die *Skelette*)

sketch NOUN

(PL **sketches**)

see also **sketch** VERB

die *Skizze* (*drawing*)

to **sketch** VERB

see also **sketch** NOUN

skizzieren (PERFECT *hat skizziert*)

to **ski** VERB

see also **ski** NOUN

Ski fahren (PRESENT *fährt Ski*, IMPERFECT *fuhr Ski*, PERFECT *ist Ski gefahren*) ◇ *Can you ski?* Kannst du Ski fahren?

ski NOUN

see also **ski** VERB

der *Ski* (PL die *Skier*)

◆ **ski boots** die Skistiefel

◆ **a ski lift** ein Skilift MASC

◆ **ski pants** die Skihose SING

◆ **a ski pole** ein Skistock MASC

◆ **a ski slope** eine Skipiste

◆ **a ski suit** ein Skianzug MASC

to **skid** VERB

schleudern (PERFECT *ist geschleudert*)

skier NOUN

der *Skifahrer* (PL die *Skifahrer*)

die *Skifahrerin*

skiing NOUN

das *Skifahren*

◆ **to go skiing** Ski fahren

◆ **to go on a skiing holiday** in den Skiurlaub fahren

skilful ADJECTIVE

geschickt

skilled ADJECTIVE

◆ **a skilled worker** ein Facharbeiter MASC

skimmed milk NOUN

die *Magermilch*

skimpy ADJECTIVE

knapp (*clothes*)

skin NOUN

die *Haut* (PL die *Häute*)

◆ **skin cancer** der Hautkrebs

skinhead NOUN

der *Skinhead* (PL die *Skinheads*)

der Skinhead *is also used for women.*

skinny ADJECTIVE

mager

skin-tight ADJECTIVE

hauteng

skip NOUN

see also **skip** VERB

der *Container* (*container*) (PL die *Container*)

to **skip** VERB

see also **skip** NOUN

1 *seilspringen* (*with rope*) (PERFECT *ist seilgesprungen*)

2 *auslassen* (PRESENT *lässt aus*, IMPERFECT *ließ aus*, PERFECT *hat ausgelassen*) ◇ *to skip a meal* eine Mahlzeit auslassen

◆ **I skipped the maths lesson.** Ich habe die Mathestunde geschwänzt.

skirt NOUN

der *Rock* (PL die *Röcke*)

skittles SING NOUN

das *Kegeln*

◆ **to play skittles** kegeln

to **skive** VERB

faulenzen (*be lazy*)

◆ **to skive off** schwänzen (*informal*) ◇ *to skive off school* die Schule schwänzen

skull NOUN

der *Schädel* (PL die *Schädel*)

sky NOUN

(PL **skies**)

der *Himmel* (PL die *Himmel*)

skyscraper NOUN

der *Wolkenkratzer* (PL die *Wolkenkratzer*)

slack ADJECTIVE
1 *locker* (*rope*)
2 *nachlässig* (*person*)

to **slag off** VERB
◆ **to slag somebody off** über jemanden herziehen (*informal*) ◇ *He keeps slagging me off.* Er zieht dauernd über mich her.

to **slam** VERB
zuknallen (PERFECT *hat/ist zugeknallt*)
For the perfect tense use haben *when the verb has an object and* sein *when there is no object.*
◇ *The door slammed.* Die Tür ist zugeknallt.
◇ *She slammed the door.* Sie hat die Tür zugeknallt.

slang NOUN
der *Slang* (PL die *Slangs*)

slap NOUN
see also slap VERB
die *Ohrfeige*

to **slap** VERB
see also slap NOUN
◆ **to slap somebody** jemandem einen Klaps geben ◇ *She slapped him.* Sie gab ihm einen Klaps.

slate NOUN
1 der *Schiefer* (PL die *Schiefer*)
2 der *Schieferziegel* (*for roof*) (PL die *Schieferziegel*)

sledge NOUN
der *Schlitten* (PL die *Schlitten*)

sledging NOUN
◆ **to go sledging** Schlitten fahren

sleep NOUN
see also sleep VERB
der *Schlaf* ◇ *I need some sleep.* Ich brauche Schlaf.
◆ **to go to sleep** einschlafen

to **sleep** VERB
(**slept, slept**)
see also sleep NOUN
schlafen (PRESENT *schläft*, IMPERFECT *schlief*, PERFECT *hat geschlafen*) ◇ *I couldn't sleep last night.* Ich konnte heute Nacht nicht schlafen.
◆ **to sleep with somebody** mit jemandem schlafen
◆ **to sleep together** miteinander schlafen
◆ **to sleep in** verschlafen

sleeping bag NOUN
der *Schlafsack* (PL die *Schlafsäcke*)

sleeping car NOUN
der *Schlafwagen* (PL die *Schlafwagen*)

sleeping pill NOUN
die *Schlaftablette*

sleepy ADJECTIVE
schläfrig
◆ **to feel sleepy** schläfrig sein ◇ *I was feeling sleepy.* Ich war schläfrig.
◆ **a sleepy little village** ein verschlafenes kleines Dorf

sleet NOUN
see also sleet VERB
der *Schneeregen*

to **sleet** VERB
see also sleet NOUN
◆ **It's sleeting.** Es fällt Schneeregen.

sleeve NOUN
1 der *Ärmel* (PL die *Ärmel*) ◇ *long sleeves* lange Ärmel ◇ *short sleeves* kurze Ärmel
2 die *Hülle* (*record sleeve*)

sleigh NOUN
der *Pferdeschlitten* (PL die *Pferdeschlitten*)

slept VERB *see* **sleep**

slice NOUN
see also slice VERB
die *Scheibe*

to **slice** VERB
see also slice NOUN
aufschneiden (IMPERFECT *schnitt auf*, PERFECT *hat aufgeschnitten*)

slick NOUN
◆ **an oil slick** ein Ölteppich MASC

slide NOUN
see also slide VERB
1 die *Rutschbahn* (*in playground*)
2 das *Dia* (*photo*) (PL die *Dias*)
3 die *Klemme* (*hair slide*)

to **slide** VERB
(**slid, slid**)
see also slide NOUN
rutschen (PERFECT *ist gerutscht*)

slight ADJECTIVE
klein ◇ *a slight problem* ein kleines Problem ◇ *a slight improvement* eine kleine Verbesserung

slightly ADVERB
etwas

slim ADJECTIVE
see also slim VERB
schlank

to **slim** VERB
see also slim ADJECTIVE
abnehmen (*be on a diet*) (PRESENT *nimmt ab*, IMPERFECT *nahm ab*, PERFECT *hat abgenommen*)
◇ *I'm slimming.* Ich nehme gerade ab.

sling NOUN
die *Schlinge* ◇ *She had her arm in a sling.* Sie hatte den Arm in der Schlinge.

slip NOUN
see also slip VERB
1 der *Schnitzer* (*mistake*) (PL die *Schnitzer*)
2 der *Unterrock* (*underskirt*) (PL die *Unterröcke*)
◆ **a slip of paper** ein Zettel MASC
◆ **a slip of the tongue** ein Versprecher MASC

to **slip** VERB
see also slip NOUN
ausrutschen (PERFECT *ist ausgerutscht*)
◇ *He slipped on the ice.* Er ist auf dem Eis ausgerutscht.
◆ **to slip up** (*make a mistake*) einen Fehler machen

slipper NOUN
der *Hausschuh* (PL die *Hausschuhe*) ◇ *a pair of slippers* ein Paar Hausschuhe

slippery ADJECTIVE

glatt

slip-up NOUN
der *Schnitzer* (PL die *Schnitzer*)
◆ **There's been a slip-up.** Da ist etwas schief gelaufen.

slope NOUN
der *Abhang* (PL die *Abhänge*)

sloppy ADJECTIVE
schlampig

slot NOUN
der *Schlitz* (GEN des *Schlitzes*, PL die *Schlitze*)

slot machine NOUN
1 der *Geldspielautomat* (*for gambling*) (GEN des *Geldspielautomaten*, PL die *Geldspielautomaten*)
2 der *Automat* (*vending machine*) (GEN des *Automaten*, PL die *Automaten*)

slow ADJECTIVE, ADVERB
langsam ◇ *He's a bit slow.* Er ist etwas langsam.
◆ **to go slow (1)** (*person*) langsam gehen
◆ **to go slow (2)** (*car*) langsam fahren
◇ *Drive slower!* Fahr langsamer!
◆ **My watch is slow.** Meine Uhr geht nach.

to **slow down** VERB
verlangsamen (PERFECT *hat verlangsamt*)

slowly ADVERB
langsam

slug NOUN
die *Nacktschnecke* (*animal*)

slush NOUN
der *Matsch*

sly ADJECTIVE
gerissen (*person*)
◆ **a sly smile** ein verschmitztes Lächeln

smack NOUN
see also smack VERB
der *Klaps* (*slap*) (GEN des *Klapses*, PL die *Klapse*)

to **smack** VERB
see also smack NOUN
◆ **to smack somebody** jemandem einen Klaps geben ◇ *She smacked him.* Sie gab ihm einen Klaps.

small ADJECTIVE
klein
◆ **small change** das Kleingeld

smart ADJECTIVE
1 *schick* (*elegant*)
2 *intelligent* (*clever*) ◇ *a smart idea* eine intelligente Idee

smash NOUN
(PL **smashes**)
see also smash VERB
der *Zusammenstoß* (GEN des *Zusammenstoßes*, PL die *Zusammenstöße*)

to **smash** VERB
see also smash NOUN
1 *kaputtmachen* (*break*) (PERFECT *hat kaputtgemacht*) ◇ *I've smashed my watch.* Ich habe meine Uhr kaputtgemacht.
2 *zerbrechen* (*get broken*) (PRESENT *zerbricht*, IMPERFECT *zerbrach*, PERFECT *ist zerbrochen*) ◇ *The glass smashed into tiny pieces.* Das Glas zerbrach in winzige Scherben.

smashing ADJECTIVE
klasse (*informal*) ◇ *I think he's smashing.* Ich finde, er ist klasse.
klasse *is invariable.*
◇ *a smashing film* ein klasse Film

smell NOUN
see also smell VERB
der *Geruch* (PL die *Gerüche*)
◆ **the sense of smell** der Geruchsinn

to **smell** VERB
(**smelled** *or* **smelt**, **smelled** *or* **smelt**)
see also smell NOUN
1 *stinken* (IMPERFECT *stank*, PERFECT *hat gestunken*) ◇ *That old dog really smells!* Der alte Hund stinkt!
◆ **to smell of something** nach etwas riechen
◇ *It smells of petrol.* Es riecht nach Benzin.
2 *riechen* (*detect*) (IMPERFECT *roch*, PERFECT *hat gerochen*) ◇ *I can't smell anything.* Ich kann nichts riechen.

smelly ADJECTIVE
stinkend
◆ **He's got smelly feet.** Seine Füße stinken.

smelt VERB *see* **smell**

smile NOUN
see also smile VERB
das *Lächeln*

to **smile** VERB
see also smile NOUN
lächeln

smoke NOUN
see also smoke VERB
der *Rauch*

to **smoke** VERB
see also smoke NOUN
rauchen ◇ *I don't smoke.* Ich rauche nicht. ◇ *He smokes cigars.* Er raucht Zigarren.

smoker NOUN
der *Raucher* (PL die *Raucher*)
die *Raucherin*

smoking NOUN
das *Rauchen* ◇ *to give up smoking* mit dem Rauchen aufhören ◇ *Smoking is bad for you.* Rauchen schadet der Gesundheit.
◆ **"no smoking"** "Rauchen verboten"

smooth ADJECTIVE
1 *glatt* (*surface*)
2 *aalglatt* (*person*)

smudge NOUN
der *Dreck*

smug ADJECTIVE
selbstgefällig ◇ *He's grown smugger since getting promotion.* Seit seiner Beförderung ist er selbstgefälliger geworden.

to **smuggle** VERB
schmuggeln

smuggler NOUN
der *Schmuggler* (PL die *Schmuggler*)
die *Schmugglerin*

smuggling NOUN
das *Schmuggeln*

S

smutty ADJECTIVE
schmutzig ◇ *a smutty story* eine schmutzige Geschichte

snack NOUN
der *Snack* (PL die *Snacks*) ◇ *to have a snack* einen Snack zu sich nehmen

snack bar NOUN
die *Imbissstube* ⚠

snail NOUN
die *Schnecke*

snake NOUN
die *Schlange*

to **snap** VERB
brechen (*break*) (PRESENT *bricht*, IMPERFECT *brach*, PERFECT *ist gebrochen*) ◇ *The branch snapped.* Der Zweig brach.
◆ **to snap one's fingers** mit dem Finger schnipsen

snap fastener NOUN
der *Druckknopf* (PL die *Druckknöpfe*)

snapshot NOUN
das *Foto* (PL die *Fotos*)

to **snarl** VERB
knurren (*animal*)

to **snatch** VERB
◆ **to snatch something from somebody** jemandem etwas entreißen ◇ *He snatched the keys from my hand.* Er riss mir die Schlüssel aus der Hand.
◆ **My bag was snatched.** Man hat mir meine Handtasche entrissen.

to **sneak** VERB
◆ **to sneak in** sich hineinschleichen
◆ **to sneak out** sich hinausschleichen
◆ **to sneak up on somebody** an jemanden heranschleichen

to **sneeze** VERB
niesen

to **sniff** VERB
1 *schniefen* ◇ *Stop sniffing!* Hör auf zu schniefen!
2 *schnüffeln an* +DAT ◇ *The dog sniffed my hand.* Der Hund schnüffelte an meiner Hand.
◆ **to sniff glue** schnüffeln

snob NOUN
der *Snob* (PL die *Snobs*)
der Snob *is also used for women.*
◇ *She is such a snob.* Sie ist ein furchtbarer Snob.

snooker NOUN
das *Snooker* ◇ *to play snooker* Snooker spielen

snooze NOUN
das *Nickerchen* (PL die *Nickerchen*) ◇ *to have a snooze* ein Nickerchen machen

to **snore** VERB
schnarchen

snow NOUN
see also **snow** VERB
der *Schnee*

to **snow** VERB
see also **snow** NOUN
schneien ◇ *It's snowing.* Es schneit.

snowball NOUN
der *Schneeball* (PL die *Schneebälle*)

snowflake NOUN
die *Schneeflocke*

snowman NOUN
(PL **snowmen**)
der *Schneemann* (PL die *Schneemänner*)
◇ *to build a snowman* einen Schneemann machen

so CONJUNCTION, ADVERB
1 *also* ◇ *The shop was closed, so I went home.* Das Geschäft war zu, also ging ich nach Hause. ◇ *It rained, so I got wet.* Es hat geregnet, also bin ich nass geworden. ◇ *So, have you always lived in London?* Also, hast du schon immer in London gewohnt?
◆ **So what?** Na und?
2 *so* ◇ *It was so heavy!* Es war so schwer! ◇ *It's not so heavy!* Es ist nicht so schwer! ◇ *He was talking so fast I couldn't understand.* Er hat so schnell geredet, dass ich nichts verstanden habe. ◇ *How's your father? – Not so good.* Wie geht's deinem Vater? – Nicht so gut. ◇ *He's like his sister but not so clever.* Er ist wie seine Schwester, aber nicht so klug.
◆ **so much** (*a lot*) so sehr ◇ *I love you so much.* Ich liebe dich so sehr!
◆ **so much...** so viel... ◇ *I've got so much work.* Ich habe so viel Arbeit.
◆ **so many...** so viele... ◇ *I've got so many things to do today.* Ich muss heute so viele Dinge erledigen.
◆ **so do I** ich auch ◇ *I love horses. – So do I.* Ich mag Pferde. – Ich auch.
◆ **so have we** wir auch ◇ *I've been to Germany twice. – So have we.* Ich war schon zweimal in Deutschland. – Wir auch.
◆ **I think so.** Ich glaube schon.
◆ **I hope so.** Hoffentlich.
◆ **That's not so.** Das ist nicht so.
◆ **so far** bis jetzt ◇ *It's been easy so far.* Bis jetzt war es einfach.
◆ **so far so good** soweit, so gut
◆ **ten or so people** so etwa zehn Leute
◆ **at five o'clock or so** so gegen fünf Uhr

to **soak** VERB
einweichen (PERFECT *hat eingeweicht*)

soaked ADJECTIVE
völlig durchnässt ⚠ ◇ *By the time we got back we were soaked.* Bis wir zu Hause waren, waren wir völlig durchnässt.

soaking ADJECTIVE
völlig durchnässt ⚠ ◇ *By the time we got back we were soaking.* Bis wir zu Hause waren, waren wir völlig durchnässt.
◆ **soaking wet** patschnass ◇ *Your shoes are soaking wet.* Deine Schuhe sind patschnass.

soap NOUN
die *Seife*

soap opera NOUN
die *Seifenoper*

soap powder NOUN

das *Waschpulver* (PL die *Waschpulver*)

to **sob** VERB
schluchzen ◇ *She was sobbing.* Sie schluchzte.

sober ADJECTIVE
nüchtern

to **sober up** VERB
nüchtern werden (PRESENT *wird nüchtern*, IMPERFECT *wurde nüchtern*, PERFECT *ist nüchtern geworden*)

soccer NOUN
der *Fußball* ◇ *to play soccer* Fußball spielen
◆ **a soccer player** ein Fußballspieler MASC

social ADJECTIVE
sozial ◇ *social problems* soziale Probleme
◆ **a social class** eine gesellschaftliche Schicht
◆ **I have a good social life.** Ich komme viel unter Leute.

socialism NOUN
der *Sozialismus* (GEN des *Sozialismus*)

socialist ADJECTIVE
see also socialist NOUN
sozialistisch

socialist NOUN
see also socialist ADJECTIVE
der *Sozialist* (GEN des *Sozialisten*, PL die *Sozialisten*)
die *Sozialistin*
◇ *She's a Socialist.* Sie ist Sozialistin.

social security NOUN
1 die *Sozialhilfe* (*money*)
◆ **to be on social security** Sozialhilfe bekommen
2 die *Sozialversicherung* (*organization*)

social worker NOUN
der *Sozialarbeiter* (PL die *Sozialarbeiter*)
die *Sozialarbeiterin*
◇ *She's a social worker.* Sie ist Sozialarbeiterin.

society NOUN
(PL **societies**)
1 die *Gesellschaft* ◇ *We live in a multicultural society.* Wir leben in einer multikulturellen Gesellschaft.
2 der *Verein* (PL die *Vereine*) ◇ *the Royal Society for the Prevention of Cruelty to Animals* der Tierschutzverein
◆ **a drama society** eine Theatergruppe

sociology NOUN
die *Soziologie*

sock NOUN
die *Socke*

socket NOUN
die *Steckdose*

soda NOUN
das *Sodawasser* (*soda water*) (PL die *Sodawasser*)

soda pop NOUN
die *Limo* (PL die *Limos*)

sofa NOUN
das *Sofa* (PL die *Sofas*)

soft ADJECTIVE
weich
◆ **soft cheeses** der Weichkäse SING
◆ **to be soft on somebody** (*be kind to*) nachsichtig mit jemandem sein
◆ **a soft drink** ein alkoholfreies Getränk
◆ **soft drugs** weiche Drogen
◆ **a soft option** eine bequeme Lösung

software NOUN
die *Software*

soggy ADJECTIVE
1 *nass* ⚠ (*soaked*) ◇ *a soggy tissue* ein nasses Taschentuch
2 *weich* (*not crisp*) ◇ *soggy chips* weiche Pommes frites

soil NOUN
der *Boden* (PL die *Böden*)

solar power NOUN
die *Sonnenenergie*

sold VERB *see* **sell**

soldier NOUN
der *Soldat* (GEN des *Soldaten*, PL die *Soldaten*)
die *Soldatin*
◇ *He's a soldier.* Er ist Soldat.

solicitor NOUN
1 (*for lawsuits*)
der *Rechtsanwalt* (PL die *Rechtsanwälte*)
die *Rechtsanwältin*
◇ *He's a solicitor.* Er ist Rechtsanwalt.
2 (*for property, wills*)
der *Notar* (PL die *Notare*)
die *Notarin*
◇ *She's a solicitor.* Sie ist Notarin.

solid ADJECTIVE
1 *stabil* ◇ *a solid wall* eine stabile Wand
2 *massiv* ◇ *solid gold* massives Gold
◆ **for three hours solid** drei geschlagene Stunden lang

solo NOUN
(PL **solos**)
das *Solo* (PL die *Soli*) ◇ *a guitar solo* ein Gitarrensolo

solution NOUN
die *Lösung*

to **solve** VERB
lösen

some ADJECTIVE, PRONOUN
1 *ein paar*
Use **ein paar** *with plural nouns.*
◇ *I've got some nice pictures of you.* Ich habe ein paar nette Bilder von dir. ◇ *I only sold some of them.* Ich habe nur ein paar verkauft.
◆ **Some people say that...** Manche Leute sagen, dass...
◆ **some day** eines Tages
◆ **some day next week** irgendwann nächste Woche
2 *einige* (*some but not all*) ◇ *Are these mushrooms poisonous? – Only some.* Sind diese Pilze giftig? – Nur einige.
◆ **I only took some of it.** Ich habe nur etwas davon genommen.
◆ **I'm going to buy some stamps. Do you want some too?** Ich kaufe Briefmarken. Willst du auch welche?
◆ **Would you like some coffee? – No thanks,**

S

I've got some. Möchten Sie Kaffee? – Nein danke, ich habe schon welchen.
some *is frequently not translated.*
◇ *Would you like some bread?* Möchtest du Brot? ◇ *Have you got some mineral water?* Haben Sie Mineralwasser?

somebody PRONOUN
jemand ◇ *Somebody stole my bag.* Jemand hat meine Tasche gestohlen.

somehow ADVERB
irgendwie ◇ *I'll do it somehow.* Ich mache es irgendwie. ◇ *Somehow I don't think he believed me.* Irgendwie hat er mir anscheinend nicht geglaubt.

someone PRONOUN
jemand ◇ *Someone stole my bag.* Jemand hat meine Tasche gestohlen.

someplace ADVERB
irgendwo ◇ *I've left my keys someplace.* Ich habe irgendwo meine Schlüssel liegen lassen.

something PRONOUN
etwas ◇ *something special* etwas Besonderes ◇ *Wear something warm.* Zieh etwas Warmes an.
◆ **That's really something!** Das ist echt toll!
◆ **It cost a hundred pounds, or something like that.** Es kostet hundert Pfund, oder so in der Gegend.
◆ **His name is Phil or something.** Er heißt Phil oder so ähnlich.

sometime ADVERB
mal ◇ *You must come and see us sometime.* Du musst uns mal besuchen.
◆ **sometime last month** irgendwann letzten Monat

sometimes ADVERB
manchmal ◇ *Sometimes I think she hates me.* Manchmal denke ich, sie hasst mich.

somewhere ADVERB
irgendwo ◇ *I've left my keys somewhere.* Ich habe irgendwo meine Schlüssel liegen lassen. ◇ *I'd like to go on holiday, somewhere sunny.* Ich würde gern in Ferien fahren, irgendwo in die Sonne.

son NOUN
der *Sohn* (PL die *Söhne*)

song NOUN
das *Lied* (PL die *Lieder*)

son-in-law NOUN
(PL **sons-in-law**)
der *Schwiegersohn* (PL die *Schwiegersöhne*)

soon ADVERB
bald ◇ *very soon* sehr bald
◆ **soon afterwards** kurz danach
◆ **as soon as possible** sobald wie möglich

sooner ADVERB
früher ◇ *Can't you come a bit sooner?* Kannst du nicht etwas früher kommen?
◆ **sooner or later** früher oder später

soppy ADJECTIVE
sentimental

soprano NOUN
(PL **sopranos**)
der *Sopran* (PL die *Soprane*)

sorcerer NOUN
der *böse Zauberer* (PL die *bösen Zauberer*)

sore ADJECTIVE
see also sore NOUN
◆ **It's sore.** Es tut weh.
◆ **That's a sore point.** Das ist ein wunder Punkt.

sore NOUN
see also sore ADJECTIVE
die *Wunde*

sorry ADJECTIVE
◆ **I'm really sorry.** Es tut mir wirklich leid.
◇ *I'm sorry, I haven't got any change.* Es tut mir leid, aber ich habe kein Kleingeld. ◇ *I'm sorry I'm late.* Es tut mir leid, dass ich zu spät komme. ◇ *I'm sorry about the noise.* Es tut mir leid wegen des Lärms. ◇ *You'll be sorry!* Das wird dir leid tun!
◆ **Sorry!** Entschuldigung!
◆ **Sorry?** Wie bitte?
◆ **I feel sorry for her.** Sie tut mir leid.

sort NOUN
die *Art* ◇ *There are different sorts of mushrooms.* Es gibt verschiedene Arten von Pilzen.
◆ **what sort of... (1)** was für ein... ◇ *What sort of cake is that?* Was für ein Kuchen ist das? ◇ *What sort of bike have you got?* Was für ein Fahrrad hast du?
◆ **what sort of... (2)** was für eine... ◇ *What sort of school do you go to?* In was für eine Schule gehst du?

to **sort out** VERB
[1] *sortieren* (*objects*) (PERFECT *hat sortiert*)
[2] *lösen* (*problems*)

so-so ADVERB
so lala (*informal*) ◇ *How are you feeling? – So-so.* Wie geht's dir? – So lala.

soul NOUN
[1] die *Seele* (*spirit*)
[2] der *Soul* (*music*)

sound NOUN
see also sound VERB, ADJECTIVE
[1] das *Geräusch* (*noise*) (PL die *Geräusche*)
◆ **Don't make a sound!** Still!
◆ **I hear the sound of footsteps.** Ich höre Schritte.
[2] die *Lautstärke* ◇ *Can I turn the sound down?* Kann ich die Lautstärke runterdrehen?

to **sound** VERB
see also sound NOUN, ADJECTIVE
klingen (IMPERFECT *klang*, PERFECT *hat geklungen*) ◇ *That sounds interesting.* Das klingt interessant.
◆ **It sounds as if she's doing well at school.** Allem Anschein nach ist sie gut in der Schule.
◆ **That sounds like a good idea.** Das scheint eine gute Idee zu sein.

sound ADJECTIVE, ADVERB
see also sound NOUN, VERB

gut ◇ *That's sound advice.* Das ist ein guter Rat.
◆ **to be sound asleep** fest schlafen

soundtrack NOUN
der *Soundtrack* (PL die *Soundtracks*)

soup NOUN
die *Suppe* ◇ *vegetable soup* die Gemüsesuppe

sour ADJECTIVE
sauer

south ADJECTIVE, ADVERB
see also south NOUN
◆ **the south coast** die Südküste
◆ **a south wind** ein Südwind MASC
nach Süden ◇ *We were travelling south.* Wir sind nach Süden gefahren.
◆ **south of** südlich von ◇ *It's south of London.* Es liegt südlich von London.

south NOUN
see also south ADJECTIVE
der *Süden* ◇ *in the south* im Süden
◆ **in the South of Germany** in Süddeutschland

South Africa NOUN
Südafrika NEUT
◆ **from South Africa** aus Südafrika
◆ **to South Africa** nach Südafrika

South America NOUN
Südamerika NEUT
◆ **from South America** aus Südamerika
◆ **to South America** nach Südamerika

southeast NOUN
der *Südosten*
◆ **southeast England** Südostengland NEUT

southern ADJECTIVE
südlich ◇ *the southern part of the island* der südliche Teil der Insel
◆ **Southern England** Südengland NEUT

South Pole NOUN
der *Südpol*

South Wales NOUN
Südwales NEUT
◆ **to South Wales** nach Südwales

southwest NOUN
der *Südwesten*
◆ **southwest Germany** Südwestdeutschland NEUT

souvenir NOUN
das *Souvenir* (PL die *Souvenirs*) ◇ *a souvenir shop* ein Souvenirgeschäft

soya NOUN
die *Soja*

soy sauce NOUN
die *Sojasoße*

space NOUN
1 der *Platz* (GEN des *Platzes*) ◇ *There isn't enough space.* Es ist nicht genug Platz da.
◆ **a parking space** ein Parkplatz
2 der *Raum* (*outer space*)

spacecraft NOUN
das *Raumschiff* (PL die *Raumschiffe*)

spade NOUN
der *Spaten* (PL die *Spaten*)
◆ **spades** (*in cards*) das Pik ◇ *the ace of spades* das Pikass

Spain NOUN
Spanien NEUT
◆ **from Spain** aus Spanien
◆ **in Spain** in Spanien
◆ **to Spain** nach Spanien

Spaniard NOUN
der *Spanier* (PL die *Spanier*)
die *Spanierin*

spaniel NOUN
der *Spaniel* (PL die *Spaniel*)

Spanish ADJECTIVE
see also Spanish NOUN
spanisch
◆ **He's Spanish.** Er ist Spanier.
◆ **She's Spanish.** Sie ist Spanierin.

Spanish NOUN
see also Spanish ADJECTIVE
das *Spanisch* (*language*) (GEN des *Spanischen*)
◆ **the Spanish** die Spanier MASC PL

to **spank** VERB
◆ **to spank somebody** jemandem den Hintern versohlen

spanner NOUN
der *Schraubenschlüssel* (PL die *Schraubenschlüssel*)

to **spare** VERB
see also spare ADJECTIVE, NOUN
◆ **Can you spare a moment?** Hast du mal einen Moment Zeit?
◆ **I can't spare the time.** Ich habe die Zeit nicht.
◆ **There's no room to spare.** Es ist kein Platz übrig.
◆ **We arrived with time to spare.** Wir waren zu früh da.

spare NOUN
see also spare ADJECTIVE, VERB
das *Ersatzteil* (PL die *Ersatzteile*)
◆ **I've lost my key. – Have you got a spare?** Ich habe meinen Schlüssel verloren. – Hast du einen Ersatzschlüssel?

spare ADJECTIVE
see also spare VERB, NOUN
◆ **spare batteries** die Ersatzbatterien FEM PL
◆ **a spare part** ein Ersatzteil NEUT
◆ **a spare room** ein Gästezimmer NEUT
◆ **spare time** die Freizeit ◇ *What do you do in your spare time?* Was machen Sie in Ihrer Freizeit?
◆ **spare wheel** das Reserverad

sparkling ADJECTIVE
mit Kohlensäure (*water*)
◆ **sparkling wine** der Sekt

sparrow NOUN
der *Spatz* (GEN des *Spatzen*, PL die *Spatzen*)

spat VERB *see* **spit**

to **speak** VERB
(**spoke, spoken**)
sprechen (PRESENT *spricht*, IMPERFECT *sprach*, PERFECT *hat gesprochen*) ◇ *Do you speak English?* Sprechen Sie Englisch?
◆ **to speak to somebody** mit jemandem reden ◇ *Have you spoken to him?* Hast du mit ihm geredet? ◇ *She spoke to him about it.* Sie hat

mit ihm darüber geredet.
◆ **spoken German** gesprochenes Deutsch

speaker NOUN
[1] (*loudspeaker*)
der ***Lautsprecher*** (PL die ***Lautsprecher***)
[2] (*in debate*)
der ***Redner*** (PL die ***Redner***)
die ***Rednerin***

special ADJECTIVE
besondere ◇ *a special occasion* ein besonderer Anlass

specialist NOUN
der ***Fachmann*** (PL die ***Fachleute***)
die ***Fachfrau***

speciality NOUN
(PL **specialities**)
die ***Spezialität***

to **specialize** VERB
sich spezialisieren (PERFECT ***hat sich spezialisiert***) ◇ *We specialize in skiing equipment.* Wir haben uns auf Skiausrüstung spezialisiert.

specially ADVERB
[1] ***besonders*** ◇ *It can be very cold here, specially in winter.* Es kann hier sehr kalt werden, besonders im Winter.
[2] ***speziell*** ◇ *It's specially designed for teenagers.* Das ist speziell für Teenager gedacht.
◆ **not specially** nicht besonders ◇ *Do you like opera? – Not specially.* Magst du Opern? – Nicht besonders.

species SING NOUN
die ***Art***

specific ADJECTIVE
[1] ***speziell*** (*particular*) ◇ *certain specific issues* gewisse spezielle Fragen
[2] ***genau*** (*precise*) ◇ *Could you be more specific?* Könnten Sie sich etwas genauer ausdrücken?

specifically ADVERB
[1] ***extra*** ◇ *It's specifically designed for teenagers.* Es ist extra für Teenager gedacht.
[2] ***genau*** ◇ *in Britain, or more specifically in England* in Großbritannien, oder genauer gesagt in England ◇ *I specifically said that...* Ich habe ganz genau gesagt, dass...

specs PL NOUN
die ***Brille*** SING ◇ *a pair of specs* eine Brille

spectacles PL NOUN
die ***Brille*** SING ◇ *a pair of spectacles* eine Brille

spectacular ADJECTIVE
spektakulär

spectator NOUN
der ***Zuschauer*** (PL die ***Zuschauer***)
die ***Zuschauerin***

speech NOUN
(PL **speeches**)
die ***Rede*** ◇ *to make a speech* eine Rede halten

speechless ADJECTIVE
sprachlos ◇ *speechless with admiration* sprachlos vor Bewunderung ◇ *I was speechless.* Ich war sprachlos.

speed NOUN
[1] der ***Gang*** (PL die ***Gänge***)
◆ **a three-speed bike** ein Dreigangrad
[2] die ***Geschwindigkeit*** ◇ *at top speed* mit Höchstgeschwindigkeit
◆ **to speed up** schneller werden

speedboat NOUN
das ***Schnellboot*** (PL die ***Schnellboote***)

speeding NOUN
das ***zu schnelle Fahren*** ◇ *He was fined for speeding.* Er hat wegen zu schnellen Fahrens einen Strafzettel bekommen.

speed limit NOUN
die ***Geschwindigkeitsbegrenzung*** ◇ *to break the speed limit* die Geschwindigkeitsbegrenzung überschreiten

speedometer NOUN
der ***Tachometer*** (PL die ***Tachometer***)

to **spell** VERB
(**spelled** *or* **spelt**, **spelled** *or* **spelt**)
see also **spell** NOUN
[1] ***schreiben*** (*in writing*) (IMPERFECT ***schrieb***, PERFECT ***hat geschrieben***) ◇ *How do you spell that?* Wie schreibt man das?
[2] ***buchstabieren*** (*out loud*) (PERFECT ***hat buchstabiert***) ◇ *Can you spell that please?* Können Sie das bitte buchstabieren?
◆ **I can't spell.** Ich kann keine Rechtschreibung.

spell NOUN
see also **spell** VERB
◆ **to cast a spell on somebody** jemanden verhexen
◆ **to be under somebody's spell** von jemandem wie verzaubert sein

spelling NOUN
die ***Rechtschreibung*** ◇ *My spelling is terrible.* Meine Rechtschreibung ist furchtbar.
◆ **a spelling mistake** ein Rechtschreibfehler MASC

spelt VERB *see* **spell**

to **spend** VERB
(**spent**, **spent**)
[1] ***ausgeben*** (*money*) (PRESENT ***gibt aus***, IMPERFECT ***gab aus***, PERFECT ***hat ausgegeben***)
[2] ***verbringen*** (*time*) (IMPERFECT ***verbrachte***, PERFECT ***hat verbracht***) ◇ *He spent a month in Italy.* Er verbrachte einen Monat in Italien.

spice NOUN
das ***Gewürz*** (GEN des ***Gewürzes***, PL die ***Gewürze***)

spicy ADJECTIVE
scharf ◇ *Indian food's much spicier than German food.* Indisches Essen ist viel schärfer als deutsches.

spider NOUN
die ***Spinne***

to **spill** VERB
(**spilled** *or* **spilt**, **spilled** *or* **spilt**)
verschütten (*tip over*) (PERFECT ***hat verschüttet***) ◇ *He spilled his coffee over his*

trousers. Er hat den Kaffee auf seine Hose verschüttet.
- **to get spilt** verschüttet werden

spinach NOUN
der *Spinat*

spine NOUN
das *Rückgrat* (PL die *Rückgrate*)

spinster NOUN
die *unverheiratete Frau*

spire NOUN
der *Kirchturm* (PL die *Kirchtürme*)

spirit NOUN
1 der *Mut* (*courage*)
2 die *Energie* (*energy*)
- **to be in good spirits** gut gelaunt sein

spirits PL NOUN
die *Spirituosen* PL

spiritual ADJECTIVE
geistlich ◇ *the spiritual leader of Tibet* der geistliche Führer Tibets

to **spit** VERB
(**spat**, **spat**)
spucken
- **to spit something out** etwas ausspucken
- **It's spitting.** Es tröpfelt.

spite NOUN
see also spite VERB
- **in spite of** trotz ◇ *in spite of the bad weather* trotz des schlechten Wetters
- **out of spite** aus Gehässigkeit

to **spite** VERB
see also spite NOUN
ärgern ◇ *He just did it to spite me.* Er tat es nur, um mich zu ärgern.

spiteful ADJECTIVE
1 *gemein* (*action*)
2 *gehässig* (*person*)

to **splash** VERB
see also splash NOUN
bespritzen (PERFECT *hat bespritzt*)
◇ *Careful! Don't splash me!* Vorsicht! Bespritz mich nicht!

splash NOUN
(PL **splashes**)
see also splash VERB
der *Platsch* ◇ *I heard a splash.* Ich hörte einen Platsch.
- **a splash of colour** ein Farbfleck MASC

splendid ADJECTIVE
wunderbar

splint NOUN
die *Schiene*

splinter NOUN
der *Splitter* (PL die *Splitter*)

to **split** VERB
(**split**, **split**)
1 *zerteilen* (PERFECT *hat zerteilt*) ◇ *He split the wood with an axe.* Er zerteilte das Holz mit einer Axt.
2 *zerbrechen* (PRESENT *zerbricht*, IMPERFECT *zerbrach*, PERFECT *ist zerbrochen*) ◇ *The ship hit a rock and split in two.* Das Schiff lief auf einen Fels auf und zerbrach in zwei Teile.
3 *teilen* (*divide up*) ◇ *They decided to split the profits.* Sie haben beschlossen, den Gewinn zu teilen.
- **to split up (1)** (*couple*) sich trennen
- **to split up (2)** (*group*) sich auflösen

to **spoil** VERB
(**spoiled** *or* **spoilt**, **spoiled** *or* **spoilt**)
1 *verderben* (PRESENT *verdirbt*, IMPERFECT *verdarb*, PERFECT *hat verdorben*) ◇ *It spoiled our evening.* Es hat uns den Abend verdorben.
2 *verwöhnen* (*child*) (PERFECT *hat verwöhnt*)

spoiled ADJECTIVE
verwöhnt ◇ *a spoiled child* ein verwöhntes Kind

spoilsport NOUN
der *Spielverderber* (PL die *Spielverderber*)
die *Spielverderberin*

spoilt ADJECTIVE
verwöhnt ◇ *a spoilt child* ein verwöhntes Kind

spoilt VERB *see* **spoil**

spoke VERB *see* **speak**

spoke NOUN
die *Speiche* (*of wheel*)

spoken VERB *see* **speak**

spokesman NOUN
(PL **spokesmen**)
der *Sprecher* (PL die *Sprecher*)

spokeswoman NOUN
(PL **spokeswomen**)
die *Sprecherin*

sponge NOUN
der *Schwamm* (PL die *Schwämme*)
- **a sponge bag** ein Kulturbeutel MASC
- **a sponge cake** ein Rührkuchen MASC

sponsor NOUN
see also sponsor VERB
der *Sponsor* (PL die *Sponsoren*)

to **sponsor** VERB
see also sponsor NOUN
sponsern ◇ *The festival was sponsored by...* Das Festival wurde gesponsert von...

spontaneous ADJECTIVE
spontan

spooky ADJECTIVE
1 *gruselig* (*eerie*) ◇ *a spooky story* eine gruselige Geschichte
2 *komisch* (*strange*) ◇ *a spooky coincidence* ein komischer Zufall

spoon NOUN
der *Löffel* (PL die *Löffel*) ◇ *a spoon of sugar* ein Löffel Zucker

sport NOUN
der *Sport* ◇ *What's your favourite sport?* Was ist dein Lieblingssport?
- **a sports bag** eine Sporttasche
- **a sports car** ein Sportwagen MASC
- **a sports jacket** eine Sportjacke
- **Go on, be a sport!** Nun komm schon, sei kein Frosch!

sportsman NOUN
(PL **sportsmen**)
der *Sportler* (PL die *Sportler*)

sportswear NOUN
die *Sportkleidung*

sportswoman NOUN
(PL **sportswomen**)
die *Sportlerin*

sporty ADJECTIVE
sportlich ◇ *I'm not very sporty.* Ich bin nicht besonders sportlich.

spot NOUN
see also spot VERB
[1] der *Fleck* (*mark*) (PL die *Flecke*)
◇ *There's a spot of blood on your shirt.* Du hast einen Blutfleck auf dem Hemd.
[2] der *Punkt* (*in pattern*) (PL die *Punkte*)
◇ *a red dress with white spots* ein rotes Kleid mit weißen Punkten
[3] der *Pickel* (*pimple*) (PL die *Pickel*) ◇ *I've got a big spot on my chin.* Ich habe einen großen Pickel am Kinn.
[4] der *Platz* (*place*) (GEN des *Platzes*, PL die *Plätze*) ◇ *It's a lovely spot for a picnic.* Es ist ein herrlicher Platz für ein Picknick.
◆ **on the spot (1)** (*immediately*) sofort ◇ *They gave her the job on the spot.* Sie haben ihr den Job sofort gegeben.
◆ **on the spot (2)** (*at the same place*) an Ort und Stelle ◇ *Luckily they were able to mend the car on the spot.* Zum Glück konnten sie das Auto an Ort und Stelle reparieren.

to **spot** VERB
see also spot NOUN
entdecken (PERFECT *hat entdeckt*) ◇ *I spotted a mistake.* Ich habe einen Fehler entdeckt.

spotless ADJECTIVE
makellos

spotty ADJECTIVE
pickelig (*pimply*)

spouse NOUN
der *Ehemann* (PL die *Ehemänner*)
die *Ehefrau*

to **sprain** VERB
see also sprain NOUN
◆ **I've sprained my ankle.** Ich habe mir den Fuß verstaucht.

sprain NOUN
see also sprain VERB
die *Verstauchung* ◇ *It's just a sprain.* Es ist nur eine Verstauchung.

spray NOUN
see also spray VERB
das *Spray* (PL die *Sprays*) ◇ *hair spray* das Haarspray

to **spray** VERB
see also spray NOUN
sprühen ◇ *to spray perfume on one's hand* sich Parfüm auf die Hand sprühen
◇ *Somebody had sprayed graffiti on the wall.* Irgend jemand hatte Graffiti auf die Wand gesprüht.

spread NOUN
see also spread VERB
◆ **cheese spread** der Streichkäse
◆ **chocolate spread** der Schokoladenaufstrich

to **spread** VERB
(**spread**, **spread**)
see also spread NOUN
[1] *streichen* (IMPERFECT *strich*, PERFECT *hat gestrichen*) ◇ *to spread butter on a slice of bread* Butter auf eine Scheibe Brot streichen
[2] *sich verbreiten* (*disease, news*) (PERFECT *hat sich verbreitet*) ◇ *The news spread rapidly.* Die Nachricht verbreitete sich schnell.
◆ **to spread out** (*people*) sich verteilen ◇ *The soldiers spread out across the field.* Die Soldaten verteilten sich über das Feld.

spreadsheet NOUN
die *Tabellenkalkulation* (*computer program*)

spring NOUN
[1] der *Frühling* (*season*) (PL die *Frühlinge*)
◇ *in spring* im Frühling
[2] die *Feder* (*metal coil*)
[3] die *Quelle* (*water hole*)

spring-cleaning NOUN
der *Frühjahrsputz* (GEN des *Frühjahrsputzes*)

springtime NOUN
das *Frühjahr* (PL die *Frühjahre*) ◇ *in springtime* im Frühjahr

sprinkler NOUN
der *Rasensprenger* (*for lawn*) (PL die *Rasensprenger*)

sprint NOUN
see also sprint VERB
der *Sprint* (PL die *Sprints*)
◆ **a hundred-metre sprint** ein Einhundertmeterlauf MASC

to **sprint** VERB
see also sprint NOUN
rennen (IMPERFECT *rannte*, PERFECT *ist gerannt*) ◇ *She sprinted for the bus.* Sie rannte, um den Bus zu erreichen.

sprinter NOUN
der *Sprinter* (PL die *Sprinter*)
die *Sprinterin*

sprouts PL NOUN
◆ **Brussels sprouts** der Rosenkohl SING

spy NOUN
(PL **spies**)
see also spy VERB
der *Spion* (PL die *Spione*)
die *Spionin*

to **spy** VERB
(**spied**)
see also spy NOUN
◆ **to spy on somebody** jemandem nachspionieren ◇ *She's spying on me.* Sie spioniert mir nach.

to **squabble** VERB
sich kabbeln ◇ *Stop squabbling!* Hört auf, euch zu kabbeln!

square NOUN
see also square ADJECTIVE
[1] das *Quadrat* (PL die *Quadrate*) ◇ *a square and a triangle* ein Quadrat und ein

Dreieck
2 der **Platz** (GEN des *Platzes*, PL die *Plätze*)
◇ *the town square* der Rathausplatz

square ADJECTIVE
see also square NOUN
- **two square metres** zwei Quadratmeter
- **It's two metres square.** Es misst zwei mal zwei Meter.

squash NOUN
see also squash VERB
das **Squash** (*sport*) ◇ *I play squash.* Ich spiele Squash.
- **a squash court** ein Squashcourt MASC
- **a squash racket** ein Squashschläger MASC
- **orange squash** der Orangensaft

to **squash** VERB
see also squash NOUN
zerdrücken (PERFECT *hat zerdrückt*)
◇ *You're squashing me.* Du zerdrückst mich.

to **squeak** VERB
1 **quieksen** (*mouse, child*)
2 **quietschen** (*creak*)

to **squeeze** VERB
1 **pressen** (*fruit, toothpaste*) (PRESENT *presst*, IMPERFECT *presste*, PERFECT *hat gepresst*)
2 **drücken** (*hand, arm*) ◇ *to squeeze somebody's arm* jemandem den Arm drücken
- **to squeeze into tight jeans** sich in enge Jeans quetschen

to **squint** VERB
see also squint NOUN
schielen

squint NOUN
see also squint VERB
- **He has a squint.** Er schielt.

squirrel NOUN
das **Eichhörnchen** (PL die *Eichhörnchen*)

to **stab** VERB
- **to stab somebody (1)** (*wound*) jemanden mit dem Messer verletzen
- **to stab somebody (2)** (*kill*) jemanden erstechen

stable NOUN
see also stable ADJECTIVE
der **Stall** (PL die *Ställe*)

stable ADJECTIVE
see also stable NOUN
stabil ◇ *a stable relationship* eine stabile Beziehung

stack NOUN
der **Stapel** (PL die *Stapel*) ◇ *a stack of books* ein Stapel Bücher

stadium NOUN
das **Stadion** (PL die *Stadien*)

staff NOUN
1 die **Belegschaft** (*in company*)
2 die **Lehrerschaft** (*in school*)

stage NOUN
1 die **Bühne** (*in plays*)
2 das **Podium** (*for speeches, lectures*) (PL die *Podien*)
- **at this stage (1)** an diesem Punkt ◇ *at this stage in the negotiations* an diesem Punkt der Verhandlungen
- **at this stage (2)** im Augenblick ◇ *At this stage, it's too early to comment.* Im Augenblick ist es zu früh, etwas dazu zu sagen.
- **to do something in stages** etwas in Etappen machen

to **stagger** VERB
taumeln (PERFECT *ist getaumelt*)

stain NOUN
see also stain VERB
der **Fleck** (PL die *Flecke*)

to **stain** VERB
see also stain NOUN
beflecken (PERFECT *hat befleckt*)

stainless steel NOUN
der **Edelstahl**

stain remover NOUN
der **Fleckenentferner** (PL die *Fleckenentferner*)

stair NOUN
die **Stufe** (*step*)

staircase NOUN
die **Treppe**

stairs PL NOUN
die **Treppe** SING

stale ADJECTIVE
altbacken (*bread*)

stalemate NOUN
das **Patt** (*in chess*) (PL die *Patts*)

stall NOUN
der **Stand** (PL die *Stände*) ◇ *He's got a market stall.* Er hat einen Marktstand.
- **the stalls** (*in cinema, theatre*) das Parkett SING

stammer NOUN
das **Stottern**
- **He's got a stammer.** Er stottert.

to **stamp** VERB
see also stamp NOUN
abstempeln (*passport*) (PERFECT *hat abgestempelt*)
- **to stamp one's foot** mit dem Fuß aufstampfen

stamp NOUN
see also stamp VERB
1 die **Briefmarke** ◇ *My hobby is stamp collecting.* Briefmarkensammeln ist mein Hobby. ◇ *a stamp album* ein Briefmarkenalbum ◇ *a stamp collection* eine Briefmarkensammlung
2 der **Stempel** (*rubber stamp*) (PL die *Stempel*)

to **stand** VERB
(**stood**, **stood**)
1 **stehen** (*be standing*) (IMPERFECT *stand*, PERFECT *hat gestanden*) ◇ *He was standing by the door.* Er stand an der Tür.
2 **aufstehen** (*stand up*) (PERFECT *ist aufgestanden*)
3 **aushalten** (*tolerate, withstand*) (PRESENT *hält aus*, IMPERFECT *hielt aus*, PERFECT *hat ausgehalten*) ◇ *I can't stand all this noise.* Ich halte diesen Lärm nicht aus.
- **to stand for (1)** (*be short for*) stehen für ◇ *"BT" stands for "British Telecom".* "BT" steht für "British Telecom".

S

- **to stand for (2)** (*tolerate*) dulden ◇ *I won't stand for it!* Ich dulde das nicht!
- **to stand in for somebody** jemanden vertreten
- **to stand up** (*get up*) aufstehen

standard ADJECTIVE
see also standard NOUN
normal ◇ *the standard procedure* die normale Vorgehensweise
- **standard German** das Hochdeutsch
- **standard equipment** die Standardausrüstung

standard NOUN
see also standard ADJECTIVE
das *Niveau* (PL die *Niveaus*) ◇ *The standard is very high.* Das Niveau ist sehr hoch.
- **the standard of living** der Lebensstandard
- **She's got high standards.** Sie hat hohe Ansprüche.

stand-by ticket NOUN
das *Standby-Ticket* (PL die *Standby-Tickets*)

standpoint NOUN
der *Standpunkt* (PL die *Standpunkte*)

stands PL NOUN
die *Tribüne* SING (*at sports ground*)

stank VERB *see* **stink**

staple NOUN
see also staple VERB
die *Heftklammer*

to **staple** VERB
see also staple NOUN
zusammenheften (PERFECT *hat zusammengeheftet*)

stapler NOUN
die *Heftmaschine*

star NOUN
see also star VERB
[1] der *Stern* (*in sky*) (PL die *Sterne*)
[2] der *Star* (*celebrity*) (PL die *Stars*)
der Star *is also used for women.*
◇ *She's a TV star.* Sie ist ein Fernsehstar.
- **the stars** (*horoscope*) die Sterne

to **star** VERB
see also star NOUN
die Hauptrolle spielen ◇ *The film stars Glenda Jackson.* Glenda Jackson spielt in dem Film die Hauptrolle.
- **...starring Johnny Depp** ...mit Johnny Depp in der Hauptrolle

to **stare** VERB
- **to stare at something** etwas anstarren

stark ADVERB
- **stark naked** splitternackt

start NOUN
see also start VERB
[1] der *Anfang* (PL die *Anfänge*) ◇ *It's not much, but it's a start.* Es ist nicht viel, aber es ist immerhin ein Anfang.
- **Shall we make a start on the washing-up?** Sollen wir den Abwasch in Angriff nehmen?

[2] der *Start* (*of race*) (PL die *Starts*)

to **start** VERB
see also start NOUN
[1] *anfangen* (PRESENT *fängt an*, IMPERFECT *fing an*, PERFECT *hat angefangen*) ◇ *What time does it start?* Wann fängt es an?
- **to start doing something** anfangen, etwas zu tun ◇ *I started learning German three years ago.* Ich habe vor drei Jahren angefangen, Deutsch zu lernen.

[2] *gründen* (*organization*) ◇ *He wants to start his own business.* Er möchte ein eigenes Geschäft gründen.
[3] *ins Leben rufen* (*campaign*) (IMPERFECT *rief ins Leben*, PERFECT *hat ins Leben gerufen*) ◇ *She started a campaign against drugs.* Sie hat eine Kampagne gegen Drogen ins Leben gerufen.
[4] *anlassen* (*car*) (PRESENT *lässt an*, IMPERFECT *ließ an*, PERFECT *hat angelassen*) ◇ *He couldn't start the car.* Er konnte das Auto nicht anlassen.
- **The car wouldn't start.** Das Auto ist nicht angesprungen.
- **to start off** (*leave*) aufbrechen ◇ *We started off first thing in the morning.* Wir sind frühmorgens aufgebrochen.

starter NOUN
die *Vorspeise* (*first course*)

to **starve** VERB
verhungern (*die*) (PERFECT *ist verhungert*)
◇ *People were literally starving.* Die Menschen sind förmlich verhungert.
- **I'm starving!** Ich bin am Verhungern!
- **They starved us in prison.** Sie ließen uns im Gefängnis hungern.

state NOUN
see also state VERB
[1] der *Zustand* (PL die *Zustände*)
- **He was in a real state.** (*upset*) Er ist fast durchgedreht.

[2] der *Staat* (*government*)
- **the States** (*USA*) die Staaten ◇ *in the States* in den Staaten

to **state** VERB
see also state NOUN
[1] *erklären* (*say*) (PERFECT *hat erklärt*)
◇ *He stated his intention to resign.* Er erklärte seine Absicht zurückzutreten.
[2] *angeben* (*give*) (PRESENT *gibt an*, IMPERFECT *gab an*, PERFECT *hat angegeben*) ◇ *Please state your name and address.* Geben Sie bitte Ihren Namen und Ihre Adresse an.

stately home NOUN
das *Schloss* ⚠ (GEN des *Schlosses*, PL die *Schlösser*)

statement NOUN
die *Erklärung*

station NOUN
der *Bahnhof* (*railway*) (PL die *Bahnhöfe*)
- **the bus station** der Busbahnhof
- **a police station** eine Polizeiwache
- **a radio station** ein Rundfunksender MASC

stationer's NOUN
das *Schreibwarengeschäft* (PL die *Schreibwarengeschäfte*)

station wagon NOUN

der *Kombiwagen* (PL die *Kombiwagen*)

statue NOUN
die *Statue*

to **stay** VERB
see also stay NOUN
1 *bleiben* (*remain*) (IMPERFECT *blieb*, PERFECT *ist geblieben*) ◇ *Stay here!* Bleiben Sie hier!
◆ **to stay in** (*not go out*) zu Hause bleiben
◆ **to stay up** aufbleiben ◇ *We stayed up till midnight.* Wir sind bis um Mitternacht aufgeblieben.
2 *übernachten* (*spend the night*) (PERFECT *hat übernachtet*) ◇ *to stay with friends* bei Freunden übernachten
◆ **Where are you staying?** Wo wohnen Sie?
◆ **to stay the night** über Nacht bleiben
◆ **We stayed in Belgium for a few days.** Wir waren ein paar Tage in Belgien.

stay NOUN
see also stay VERB
der *Aufenthalt* (PL die *Aufenthalte*) ◇ *my stay in Germany* mein Aufenthalt in Deutschland

steady ADJECTIVE
1 *stetig* ◇ *steady progress* stetiger Fortschritt
2 *fest* ◇ *a steady job* eine feste Arbeit
3 *ruhig* (*voice, hand*)
4 *solide* (*person*)
◆ **a steady boyfriend** ein fester Freund
◆ **a steady girlfriend** eine feste Freundin
◆ **Steady on!** Immer mit der Ruhe!

steak NOUN
das *Steak* (*beef*) (PL die *Steaks*) ◇ *steak and chips* Steak mit Pommes frites

to **steal** VERB
(**stole, stolen**)
stehlen (PRESENT *stiehlt*, IMPERFECT *stahl*, PERFECT *hat gestohlen*)

steam NOUN
der *Dampf* (PL die *Dämpfe*) ◇ *a steam engine* eine Dampflokomotive

steel NOUN
der *Stahl* ◇ *a steel door* eine Stahltür

steep ADJECTIVE
steil (*slope*)

steeple NOUN
der *Kirchturm* (PL die *Kirchtürme*)

steering wheel NOUN
das *Lenkrad* (PL die *Lenkräder*)

step NOUN
see also step VERB
1 der *Schritt* (*pace*) (PL die *Schritte*) ◇ *He took a step forward.* Er machte einen Schritt nach vorn.
2 die *Stufe* (*stair*) ◇ *She tripped over the step.* Sie stolperte über die Stufe.

to **step** VERB
see also step NOUN
◆ **to step aside** zur Seite treten ◇ *She stepped aside to let him pass.* Sie trat zur Seite, um ihn vorbeizulassen.
◆ **to step back** zurücktreten

stepbrother NOUN
der *Stiefbruder* (PL die *Stiefbrüder*)

stepdaughter NOUN
die *Stieftochter* (PL die *Stieftöchter*)

stepfather NOUN
der *Stiefvater* (PL die *Stiefväter*)

stepladder NOUN
die *Trittleiter*

stepmother NOUN
die *Stiefmutter* (PL die *Stiefmütter*)

stepsister NOUN
die *Stiefschwester*

stepson NOUN
der *Stiefsohn* (PL die *Stiefsöhne*)

stereo NOUN
(PL **stereos**)
die *Stereoanlage*

sterling ADJECTIVE
◆ **five pounds sterling** fünf britische Pfund

stew NOUN
der *Eintopf* (PL die *Eintöpfe*)

steward NOUN
der *Steward* (PL die *Stewards*)

stewardess NOUN
(PL **stewardesses**)
die *Stewardess* ⚠ (PL die *Stewardessen*)

stick NOUN
see also stick VERB
der *Stock* (PL die *Stöcke*)

to **stick** VERB
(**stuck, stuck**)
see also stick NOUN
kleben (*with adhesive*) ◇ *Stick the stamps on the envelope.* Kleben Sie die Briefmarke auf den Umschlag.
◆ **I can't stick it any longer.** Ich halte das nicht mehr aus.

sticker NOUN
der *Aufkleber* (PL die *Aufkleber*)

sticky ADJECTIVE
klebrig ◇ *to have sticky hands* klebrige Hände haben
◆ **a sticky label** ein Aufkleber MASC

stiff ADJECTIVE, ADVERB
steif (*rigid*)
◆ **to have a stiff neck** einen steifen Hals haben
◆ **to feel stiff (1)** steif sein ◇ *I feel stiff after the long journey.* Ich bin nach der langen Reise ganz steif.
◆ **to feel stiff (2)** Muskelkater haben ◇ *I feel stiff after playing football yesterday.* Ich habe gestern Fußball gespielt und habe jetzt Muskelkater.
◆ **to be bored stiff** sich zu Tode langweilen
◆ **to be frozen stiff** total durchgefroren sein
◆ **to be scared stiff** furchtbare Angst haben

still ADVERB
see also still ADJECTIVE
1 *immer noch* ◇ *I still haven't finished.* Ich bin immer noch nicht fertig. ◇ *Are you still in bed?* Bist du immer noch im Bett?
◆ **better still** noch besser
2 *trotzdem* (*even so*) ◇ *She knows I don't like it, but she still does it.* Sie weiß, dass ich das nicht mag, sie macht es aber trotzdem.

S

3 ***immerhin*** (*after all*) ◇ *Still, it's the thought that counts.* Es war immerhin gut gemeint.

still ADJECTIVE
see also still ADVERB
still ◇ *Keep still!* Halt still! ◇ *Sit still!* Sitz still!

sting NOUN
see also sting VERB
der ***Stich*** (PL die ***Stiche***) ◇ *a wasp sting* ein Wespenstich

to **sting** VERB
(**stung**, **stung**)
see also sting NOUN
stechen (PRESENT ***sticht***, IMPERFECT ***stach***, PERFECT ***hat gestochen***) ◇ *I've been stung.* Ich bin gestochen worden.

stingy ADJECTIVE
geizig

to **stink** VERB
(**stank**, **stunk**)
see also stink NOUN
stinken (IMPERFECT ***stank***, PERFECT ***hat gestunken***) ◇ *It stinks!* Es stinkt!

stink NOUN
see also stink VERB
der ***Gestank***

to **stir** VERB
umrühren (PERFECT ***hat umgerührt***)

to **stitch** VERB
see also stitch NOUN
nähen (*cloth*)

stitch NOUN
(PL **stitches**)
see also stitch VERB
der ***Stich*** (PL die ***Stiche***) ◇ *I had five stitches.* Ich wurde mit fünf Stichen genäht.

stock NOUN
see also stock VERB
1 der ***Vorrat*** (*supply*) (PL die ***Vorräte***)
2 das ***Lager*** (*in shop*) (PL die ***Lager***) ◇ *in stock* auf Lager
◆ **out of stock** ausverkauft
3 die ***Brühe*** ◇ *chicken stock* die Hühnerbrühe

to **stock** VERB
see also stock NOUN
führen (*have in stock*) ◇ *Do you stock camping stoves?* Führen Sie Campingkocher?
◆ **to stock up** sich eindecken ◇ *We stocked up with food.* Wir deckten uns mit Lebensmitteln ein.

stock cube NOUN
der ***Brühwürfel*** (PL die ***Brühwürfel***)

stocking NOUN
der ***Strumpf*** (PL die ***Strümpfe***)

stole, stolen VERB *see* **steal**

stomach NOUN
1 der ***Magen*** (PL die ***Mägen***) ◇ *on a full stomach* mit vollem Magen
2 der ***Bauch*** (PL die ***Bäuche***) ◇ *to lie on one's stomach* auf dem Bauch liegen

stomachache NOUN
◆ **to have a stomachache** Bauchschmerzen haben

stone NOUN
der ***Stein*** (*rock*) (PL die ***Steine***) ◇ *a stone wall* eine Steinmauer ◇ *a peach stone* ein Pfirsichstein
In Germany weight is expressed in kilos. A stone is about 6.3 kg.
◇ *I weigh eight stone.* Ich wiege fünfzig Kilo.

stood VERB *see* **stand**

stool NOUN
der ***Hocker*** (PL die ***Hocker***)

to **stop** VERB
see also stop NOUN
1 ***aufhören*** (PERFECT ***hat aufgehört***) ◇ *He stopped crying.* Er hörte auf zu weinen. ◇ *I think the rain's going to stop.* Ich glaube, es hört auf zu regnen. ◇ *You should stop smoking.* Du solltest aufhören zu rauchen.
◆ **to stop somebody doing something** jemanden daran hindern, etwas zu tun
◆ **Stop it!** Hör auf!
2 ***halten*** (*bus, train, car*) (PRESENT ***hält***, IMPERFECT ***hielt***, PERFECT ***hat gehalten***) ◇ *The bus doesn't stop here.* Der Bus hält hier nicht.
3 ***stoppen*** ◇ *a campaign to stop whaling* eine Kampagne, um den Walfang zu stoppen
◆ **Stop!** Halt!

stop NOUN
see also stop VERB
die ***Haltestelle*** ◇ *a bus stop* eine Bushaltestelle
◆ **This is my stop.** Ich muss jetzt aussteigen.

stopwatch NOUN
(PL **stopwatches**)
die ***Stoppuhr***

store NOUN
see also store VERB
1 das ***Geschäft*** (*shop*) (PL die ***Geschäfte***)
◇ *a furniture store* ein Möbelgeschäft
2 das ***Lager*** (*stock, storeroom*) (PL die ***Lager***)

to **store** VERB
see also store NOUN
1 ***lagern*** ◇ *They store potatoes in the cellar.* Sie lagern Kartoffeln im Keller.
2 ***speichern*** (*information*)

storey NOUN
der ***Stock*** (PL die ***Stock***) ◇ *the first storey* der erste Stock ◇ *on the first storey* im ersten Stock
Im amerikanischen Englisch bezeichnet first storey *das Erdgeschoss,* second storey *den ersten Stock usw.*
◆ **a three-storey building** ein dreistöckiges Gebäude

storm NOUN
1 der ***Sturm*** (*gale*) (PL die ***Stürme***)
2 das ***Gewitter*** (*thunderstorm*) (PL die ***Gewitter***)

stormy ADJECTIVE
stürmisch

story NOUN
(PL **stories**)
die *Geschichte*

stove NOUN
1 der *Herd* (*in kitchen*) (PL die *Herde*)
2 der *Kocher* (*camping stove*) (PL die *Kocher*)

straight ADJECTIVE
1 *gerade* ◇ *a straight line* eine gerade Linie
2 *glatt* ◇ *straight hair* glatte Haare
3 *normal* (*heterosexual*)
◆ **straight away** sofort
◆ **straight on** geradeaus

straightforward ADJECTIVE
einfach

strain NOUN
see also strain VERB
die *Anstrengung* (*stress*)
◆ **It was a strain.** Es war anstrengend.

to **strain** VERB
see also strain NOUN
sich verrenken (PERFECT *hat sich verrenkt*)
◇ *I strained my back.* Ich habe mir den Rücken verrenkt.
◆ **I strained a muscle.** Ich habe mir einen Muskel gezerrt.

strained ADJECTIVE
◆ **a strained muscle** eine Muskelzerrung

stranded ADJECTIVE
◆ **We were stranded.** Wir saßen fest.

strange ADJECTIVE
sonderbar ◇ *That's strange!* Das ist sonderbar!

stranger NOUN
der *Fremde* (GEN des *Fremden*, PL die *Fremden*)
die *Fremde* (GEN der *Fremden*)
◇ *a stranger* (*man*) ein Fremder
◆ **Don't talk to strangers.** Sprich nicht mit fremden Menschen.
◆ **I'm a stranger here.** Ich bin hier fremd.

to **strangle** VERB
erwürgen (PERFECT *hat erwürgt*)

strap NOUN
1 der *Riemen* (*of bag, camera, shoe, suitcase*) (PL die *Riemen*)
2 der *Träger* (*of bra, dress*) (PL die *Träger*)
3 das *Armband* (*of watch*) (PL die *Armbänder*)

straw NOUN
das *Stroh*
◆ **That's the last straw!** Jetzt reicht's aber!

strawberry NOUN
(PL **strawberries**)
die *Erdbeere* ◇ *strawberry jam* die Erdbeermarmelade ◇ *a strawberry ice cream* ein Erdbeereis

stray NOUN
◆ **a stray cat** eine streunende Katze

stream NOUN
der *Bach* (PL die *Bäche*)

street NOUN
die *Straße* ◇ *in the street* auf der Straße

streetcar NOUN
die *Straßenbahn*

streetlamp NOUN
die *Straßenlampe*

street plan NOUN
der *Stadtplan* (PL die *Stadtpläne*)

streetwise ADJECTIVE
gewieft (*informal*)

strength NOUN
die *Kraft* (PL die *Kräfte*)

to **stress** VERB
see also stress NOUN
betonen (PERFECT *hat betont*) ◇ *I would like to stress that...* Ich möchte betonen, dass...

stress NOUN
see also stress VERB
der *Stress* ⚠ (GEN des *Stresses*)

to **stretch** VERB
1 *sich strecken* (*person, animal*) ◇ *The dog woke up and stretched.* Der Hund wachte auf und streckte sich.
2 *ausleiern* (*get bigger*) (PERFECT *ist ausgeleiert*) ◇ *My sweater stretched when I washed it.* Mein Pullover ist in der Wäsche ausgeleiert.
3 *spannen* (*stretch out*) ◇ *They stretched a rope between the trees.* Sie spannten ein Seil zwischen den Bäumen.
◆ **to stretch out one's arms** die Arme ausbreiten

stretcher NOUN
die *Trage*

stretchy ADJECTIVE
elastisch

strict ADJECTIVE
streng

strike NOUN
see also strike VERB
der *Streik* (PL die *Streiks*)
◆ **to be on strike** streiken
◆ **to go on strike** in den Streik treten

to **strike** VERB
(**struck**, **struck**)
see also strike NOUN
1 *schlagen* (PRESENT *schlägt*, IMPERFECT *schlug*, PERFECT *hat geschlagen*) ◇ *The clock struck three.* Die Uhr schlug drei. ◇ *She struck him across the mouth.* Sie schlug ihm auf den Mund.
2 *streiken* (*go on strike*)
◆ **to strike a match** ein Streichholz anzünden

striker NOUN
1 (*person on strike*)
der *Streikende* (GEN des *Streikenden*, PL die *Streikenden*)
die *Streikende* (GEN der *Streikenden*)
◇ *a striker* (*man*) ein Streikender
2 (*footballer*)
der *Torschütze* (GEN des *Torschützen*, PL die *Torschützen*)

striking ADJECTIVE
1 *streikend* (*on strike*) ◇ *striking miners* die streikenden Bergarbeiter
2 *auffällig* (*noticeable*) ◇ *a striking difference* ein auffälliger Unterschied

string NOUN
1 die *Schnur* (PL die *Schnüre*) ◇ *a piece of string* eine Schnur
2 die *Saite* (*of violin, guitar*)

to **strip** VERB
see also strip NOUN
sich ausziehen (*get undressed*) (IMPERFECT *zog sich aus*, PERFECT *hat sich ausgezogen*)

strip NOUN
see also strip VERB
der *Streifen* (PL die *Streifen*)
◆ **a strip cartoon** ein Comic strip MASC

stripe NOUN
der *Streifen* (PL die *Streifen*)

striped ADJECTIVE
gestreift

stripper NOUN
der *Stripper* (PL die *Stripper*)
die *Stripperin*

stripy ADJECTIVE
gestreift ◇ *a stripy shirt* ein gestreiftes Hemd

to **stroke** VERB
see also stroke NOUN
streicheln

stroke NOUN
see also stroke VERB
der *Schlag* (PL die *Schläge*) ◇ *to have a stroke* einen Schlag bekommen

stroll NOUN
◆ **to go for a stroll** einen Spaziergang machen

stroller NOUN
der *Sportwagen* (*for child*) (PL die *Sportwagen*)

strong ADJECTIVE
stark ◇ *She's very strong.* Sie ist sehr stark. ◇ *Gerry is stronger than Robert.* Gerry ist stärker als Robert.

strongly ADVERB
dringend ◇ *We strongly recommend that...* Wir empfehlen dringend, dass...
◆ **He smelt strongly of tobacco.** Er roch stark nach Tabak.
◆ **strongly built** solide gebaut
◆ **I don't feel strongly about it.** Das ist mir ziemlich egal.

struck VERB *see* **strike**

to **struggle** VERB
see also struggle NOUN
sich wehren (*physically*) ◇ *He struggled, but he couldn't escape.* Er wehrte sich, aber er konnte sich nicht befreien.
◆ **to struggle to do something (1)** (*fight*) kämpfen, um etwas zu tun ◇ *He struggled to get custody of his daughter.* Er kämpfte, um das Sorgerecht für seine Tochter zu bekommen.
◆ **to struggle to do something (2)** (*have difficulty*) Mühe haben, etwas zu tun ◇ *She struggled to pay her phone bill.* Sie hatte Mühe, ihre Telefonrechnung zu bezahlen.

struggle NOUN
see also struggle VERB
der *Kampf* (*for independence, equality*) (PL die *Kämpfe*) ◇ *It was a struggle.* Es war ein Kampf.

stub NOUN
die *Kippe* (*of cigarette*)

stubborn ADJECTIVE
stur

to **stub out** VERB
ausdrücken (PERFECT *hat ausgedrückt*)
◇ *He stubbed out the cigarette.* Er drückte die Zigarette aus.

stuck VERB *see* **stick**

stuck ADJECTIVE
◆ **It's stuck.** Es klemmt.
◆ **to get stuck** stecken bleiben ◇ *We got stuck in a traffic jam.* Wir sind im Stau stecken geblieben.

stuck-up ADJECTIVE
hochnäsig (*informal*)

stud NOUN
1 der *Ohrstecker* (*earring*) (PL die *Ohrstecker*)
2 der *Stollen* (*on football boots*) (PL die *Stollen*)

student NOUN
der *Student* (GEN des *Studenten*, PL die *Studenten*)
die *Studentin*

studio NOUN
(PL **studios**)
das *Studio* (PL die *Studios*) ◇ *a TV studio* ein Fernsehstudio
◆ **a studio flat** eine Einzimmerwohnung

to **study** VERB
(**studied**)
1 *studieren* (*at university*) (PERFECT *hat studiert*) ◇ *I plan to study biology.* Ich habe vor, Biologie zu studieren.
2 *lernen* (*do homework*) ◇ *I've got to study tonight.* Ich muss heute Abend lernen.

stuff NOUN
1 die *Sachen* FEM PL (*things*) ◇ *There's some stuff on the table for you.* Auf dem Tisch stehen Sachen für dich.
2 das *Zeug* (*possessions*) ◇ *Have you got all your stuff?* Hast du all dein Zeug?

stuffy ADJECTIVE
stickig (*room*) ◇ *It's really stuffy in here.* Hier drin ist es wirklich stickig.

to **stumble** VERB
stolpern (PERFECT *ist gestolpert*)

stung VERB *see* **sting**

stunk VERB *see* **stink**

stunned ADJECTIVE
sprachlos (*amazed*) ◇ *I was stunned.* Ich war sprachlos.

stunning ADJECTIVE
umwerfend

stunt NOUN
der *Stunt* (*in film*) (PL die *Stunts*)

stuntman NOUN
(PL **stuntmen**)
der *Stuntman* (PL die *Stuntmen*)

stupid ADJECTIVE
blöd ◇ *a stupid joke* ein blöder Witz
◆ **Me, go jogging? Don't be stupid!** Ich und joggen? Du spinnst wohl!

to **stutter** VERB
see also stutter NOUN
stottern

stutter NOUN
see also stutter VERB
◆ **He's got a stutter.** Er stottert.

style NOUN
der *Stil* (PL die *Stile*) ◇ *That's not his style.* Das ist nicht sein Stil.

subject NOUN
1 das *Thema* (PL die *Themen*) ◇ *The subject of my project was the Internet.* Das Thema meines Referats war das Internet.
2 das *Fach* (*at school*) (PL die *Fächer*) ◇ *What's your favourite subject?* Was ist dein Lieblingsfach?

submarine NOUN
das *U-Boot* (PL die *U-Boote*)

subscription NOUN
das *Abonnement* (*to paper, magazine*) (PL die *Abonnements*)
◆ **to take out a subscription to something** etwas abonnieren

to **subsidize** VERB
subventionieren (PERFECT *hat subventioniert*)

subsidy NOUN
(PL **subsidies**)
die *Subvention*

substance NOUN
die *Substanz*

substitute NOUN
see also substitute VERB
(*player*)
der *Ersatzspieler* (PL die *Ersatzspieler*)
die *Ersatzspielerin*

to **substitute** VERB
see also substitute NOUN
ersetzen (PERFECT *hat ersetzt*) ◇ *to substitute wine for beer* Bier durch Wein ersetzen

subtitled ADJECTIVE
mit Untertiteln

subtitles PL NOUN
die *Untertitel* MASC PL ◇ *an English film with German subtitles* ein englischer Film mit deutschen Untertiteln

subtle ADJECTIVE
fein ◇ *a subtle difference* ein feiner Unterschied

to **subtract** VERB
abziehen (IMPERFECT *zog ab*, PERFECT *hat abgezogen*) ◇ *to subtract three from five* drei von fünf abziehen

suburb NOUN
die *Vorstadt* (PL die *Vorstädte*) ◇ *a suburb of Berlin* eine Vorstadt von Berlin ◇ *They live in the suburbs.* Sie wohnen in der Vorstadt.

suburban ADJECTIVE
◆ **a suburban train** eine S-Bahn

subway NOUN
1 die *Unterführung* (*underpass*)
2 die *U-Bahn* (*underground*)

to **succeed** VERB
Erfolg haben (PRESENT *hat Erfolg*, IMPERFECT *hatte Erfolg*, PERFECT *hat Erfolg gehabt*)
◇ *He succeeded in his plan.* Er hatte mit seinem Plan Erfolg.
◆ **I succeeded in convincing him.** Es ist mir gelungen, ihn zu überzeugen.

success NOUN
(PL **successes**)
der *Erfolg* (PL die *Erfolge*) ◇ *The play was a great success.* Das Stück war ein großer Erfolg.

successful ADJECTIVE
erfolgreich ◇ *a successful attempt* ein erfolgreicher Versuch ◇ *He's a successful businessman.* Er ist ein erfolgreicher Geschäftsmann.
◆ **to be successful in doing something** etwas mit Erfolg tun

successfully ADVERB
mit Erfolg

successive ADJECTIVE
◆ **on four successive occasions** viermal hintereinander

such ADJECTIVE, ADVERB
so ◇ *such nice people* so nette Leute
◇ *such a long journey* eine so lange Reise
◆ **such a lot of (1)** (*so much*) so viel ◇ *such a lot of work* so viel Arbeit
◆ **such a lot of (2)** (*so many*) so viele ◇ *such a lot of mistakes* so viele Fehler
◆ **such as** (*like*) wie zum Beispiel ◇ *hot countries, such as India* heiße Länder, wie zum Beispiel Indien
◆ **not as such** nicht eigentlich ◇ *He's not an expert as such, but...* Er ist nicht eigentlich ein Experte, aber...
◆ **There's no such thing.** So was gibt es nicht.
◇ *There's no such thing as the yeti.* So was wie den Yeti gibt es nicht.

such-and-such ADJECTIVE
der und der ◇ *such-and-such a place* der und der Ort
die und die ◇ *such-and-such a time* die und die Zeit
das und das ◇ *such-and-such a problem* das und das Problem

to **suck** VERB
lutschen (*sweets*) ◇ *to suck one's thumb* am Daumen lutschen

sudden ADJECTIVE
plötzlich ◇ *a sudden change* eine plötzliche Änderung
◆ **all of a sudden** plötzlich

suddenly ADVERB
plötzlich ◇ *Suddenly, the door opened.* Plötzlich ging die Tür auf.

suede NOUN
das *Wildleder* ◇ *a suede jacket* eine Wildlederjacke

to **suffer** VERB
leiden (IMPERFECT *litt*, PERFECT *hat gelitten*)
◇ *She was really suffering.* Sie hat wirklich gelitten.
◆ **to suffer from a disease** an einer Krankheit leiden ◇ *I suffer from hay fever.* Ich leide an Heuschnupfen.

to **suffocate** VERB
ersticken (PERFECT *ist erstickt*)

sugar NOUN
der *Zucker* (PL die *Zucker*) ◇ *Do you take sugar?* Nimmst du Zucker?

to **suggest** VERB
vorschlagen (PRESENT *schlägt vor*, IMPERFECT *schlug vor*, PERFECT *hat vorgeschlagen*) ◇ *I suggested they set off early.* Ich habe vorgeschlagen, dass sie früh aufbrechen sollen.

suggestion NOUN
der *Vorschlag* (PL die *Vorschläge*) ◇ *to make a suggestion* einen Vorschlag machen

suicide NOUN
der *Selbstmord* (PL die *Selbstmorde*) ◇ *to commit suicide* Selbstmord begehen

suit NOUN
see also **suit** VERB
1 der *Anzug* (*man's*) (PL die *Anzüge*)
2 das *Kostüm* (*woman's*) (PL die *Kostüme*)

to **suit** VERB
see also **suit** NOUN
1 *passen* (*be convenient for*) (PRESENT *passt*, IMPERFECT *passte*, PERFECT *hat gepasst*)
◇ *What time would suit you?* Welche Zeit würde Ihnen passen? ◇ *That suits me fine.* Das passt mir gut.
◆ **Suit yourself!** Wie du willst!
2 *stehen* (*look good on*) (IMPERFECT *stand*, PERFECT *hat gestanden*) ◇ *That dress really suits you.* Das Kleid steht dir wirklich.

suitable ADJECTIVE
1 *passend* ◇ *a suitable time* eine passende Zeit
2 *angemessen* (*clothes*) ◇ *suitable clothing* angemessene Kleidung

suitcase NOUN
der *Koffer* (PL die *Koffer*)

suite NOUN
die *Suite* (*of rooms*)
◆ **a bedroom suite** eine Schlafzimmereinrichtung

to **sulk** VERB
schmollen

sulky ADJECTIVE
beleidigt

sum NOUN
1 das *Rechnen* (*calculation*)
◆ **She's good at sums.** Sie kann gut rechnen.
2 die *Summe* (*amount*) ◇ *a sum of money* eine Geldsumme

to **summarize** VERB
zusammenfassen (PRESENT *fasst zusammen*, IMPERFECT *fasste zusammen*, PERFECT *hat zusammengefasst*)

summary NOUN
(PL **summaries**)
die *Zusammenfassung*

summer NOUN
der *Sommer* (PL die *Sommer*) ◇ *in summer* im Sommer
◆ **summer clothes** die Sommerkleidung SING
◆ **the summer holidays** die Sommerferien

summer camp NOUN
das *Sommerlager* (PL die *Sommerlager*)

summertime NOUN
der *Sommer* (PL die *Sommer*) ◇ *in summertime* im Sommer

summit NOUN
der *Gipfel* (PL die *Gipfel*)

to **sum up** VERB
zusammenfassen (PRESENT *fasst zusammen*, IMPERFECT *fasste zusammen*, PERFECT *hat zusammengefasst*)

sun NOUN
die *Sonne* ◇ *in the sun* in der Sonne

to **sunbathe** VERB
sonnenbaden (PERFECT *hat sonnengebadet*)

sunblock NOUN
das *Sonnenschutzmittel* (PL die *Sonnenschutzmittel*)

sunburn NOUN
der *Sonnenbrand* (PL die *Sonnenbrände*)

sunburnt ADJECTIVE
◆ **I got sunburnt.** Ich habe einen Sonnenbrand bekommen.

Sunday NOUN
der *Sonntag* (PL die *Sonntage*) ◇ *every Sunday* jeden Sonntag ◇ *last Sunday* letzten Sonntag ◇ *next Sunday* nächsten Sonntag ◇ *on Sunday* am Sonntag
◆ **on Sundays** sonntags

Sunday school NOUN
die *Sonntagsschule* ◇ *to go to Sunday school* zur Sonntagsschule gehen

sunflower NOUN
die *Sonnenblume*

sung VERB *see* **sing**

sunglasses PL NOUN
die *Sonnenbrille* SING ◇ *a pair of sunglasses* eine Sonnenbrille

sunk VERB *see* **sink**

sunlight NOUN
das *Sonnenlicht*

sunny ADJECTIVE
sonnig ◇ *a sunny day* ein sonniger Tag
◆ **It's sunny.** Die Sonne scheint.

sunrise NOUN
der *Sonnenaufgang* (PL die *Sonnenaufgänge*)

sunroof NOUN
das *Schiebedach* (PL die *Schiebedächer*)

sunscreen NOUN
die *Sonnenschutzcreme* (PL die *Sonnenschutzcremes*)

sunset NOUN
der *Sonnenuntergang* (PL die *Sonnenuntergänge*)

sunshine NOUN
der *Sonnenschein*

sunstroke NOUN
der *Hitzschlag* (PL die *Hitzschläge*) ◇ *to get sunstroke* einen Hitzschlag bekommen

suntan NOUN
- **to have a suntan** braun sein
- **suntan lotion** die Sonnenmilch
- **suntan oil** das Sonnenöl

super ADJECTIVE
klasse
klasse *is invariable.*
◇ *a super film* ein klasse Film

superb ADJECTIVE
großartig

supermarket NOUN
der *Supermarkt* (PL die *Supermärkte*)

supernatural ADJECTIVE
übernatürlich

superstitious ADJECTIVE
abergläubig

to **supervise** VERB
beaufsichtigen (PERFECT *hat beaufsichtigt*)

supervisor NOUN
[1] (*in factory*)
der *Vorarbeiter* (PL die *Vorarbeiter*)
die *Vorarbeiterin*
[2] (*in department store*)
der *Abteilungsleiter* (PL die *Abteilungsleiter*)
die *Abteilungsleiterin*

supper NOUN
das *Abendessen* (PL die *Abendessen*)

supplement NOUN
[1] die *Beilage* (*of newspaper, magazine*)
[2] der *Zuschlag* (*money*) (PL die *Zuschläge*)

supplies PL NOUN
die *Vorräte* MASC PL (*food*)

to **supply** VERB
(**supplied**)
see also supply NOUN
[1] *liefern* (*goods, material*) ◇ *The farm supplied us with food.* Der Bauernhof lieferte uns die Lebensmittel.
[2] *stellen* (*put at somebody's disposal*) ◇ *The centre supplied them with all the necessary equipment.* Das Zentrum hat ihnen die ganze notwendige Ausrüstung gestellt.

supply NOUN
(PL **supplies**)
see also supply VERB
der *Vorrat* (PL die *Vorräte*) ◇ *a supply of paper* ein Papiervorrat
- **the water supply** (*to town*) die Wasserversorgung

supply teacher NOUN
der *Aushilfslehrer* (PL die *Aushilfslehrer*)
die *Aushilfslehrerin*

to **support** VERB
see also support NOUN
[1] *unterstützen* (PERFECT *hat unterstützt*)
◇ *My mum has always supported me.* Meine Mutti hat mich immer unterstützt.
- **What team do you support?** Für welche Mannschaft bist du?

[2] *sorgen für* (*financially*) ◇ *She had to support five children on her own.* Sie musste allein für ihre fünf Kinder sorgen.

support NOUN
see also support VERB
die *Unterstützung* (*backing*)

supporter NOUN
[1] der *Fan* (PL die *Fans*)
der Fan *is also used for women.*
◇ *a Liverpool supporter* ein Liverpool-Fan
[2] der *Anhänger* (PL die *Anhänger*)
die *Anhängerin*
◇ *She's a supporter of the Labour Party.* Sie ist Anhängerin der Labour-Party.

to **suppose** VERB
annehmen (PRESENT *nimmt an*, IMPERFECT *nahm an*, PERFECT *hat angenommen*) ◇ *I suppose he's late.* Ich nehme an, er kommt zu spät. ◇ *Suppose you won the lottery.* Nimm mal an, du gewinnst im Lotto. ◇ *I suppose so.* Das nehme ich an.
- **to be supposed to do something** etwas tun sollen ◇ *You're supposed to go straight home after school.* Du solltest nach der Schule sofort nach Hause gehen.
- **You're supposed to show your passport.** Sie müssen Ihren Pass zeigen.

supposing CONJUNCTION
angenommen ◇ *Supposing you won the lottery...* Angenommen, du gewinnst im Lotto...

surcharge NOUN
der *Zuschlag* (PL die *Zuschläge*)

sure ADJECTIVE
sicher ◇ *Are you sure?* Bist du sicher?
- **Sure!** Klar!
- **to make sure that...** sich vergewissern, dass... ◇ *I'm going to make sure the door's locked.* Ich werde mich vergewissern, dass die Tür abgeschlossen ist.

surely ADVERB
sicherlich ◇ *Surely you've been to London?* Du warst doch sicherlich schon in London? ◇ *The shops are closed on Sundays, surely?* Die Geschäfte sind sonntags doch sicherlich zu, oder?

surf NOUN
die *Brandung*

surface NOUN
die *Oberfläche*

surfboard NOUN
das *Surfbrett* (PL die *Surfbretter*)

surfing NOUN
das *Surfen*
- **to go surfing** surfen gehen

surgeon NOUN
der *Chirurg* (GEN des *Chirurgen*, PL die *Chirurgen*)
die *Chirurgin*
◇ *She's a surgeon.* Sie ist Chirurgin.

surgery NOUN
(PL **surgeries**)
die *Arztpraxis* (*doctor's surgery*) (PL die

Arztpraxen)
- **surgery hours** die Sprechstunden

surname NOUN
der *Nachname* (GEN des *Nachnamens*, PL die *Nachnamen*)

surprise NOUN
die *Überraschung*

surprised ADJECTIVE
überrascht ◇ *I was surprised to see him.* Ich war überrascht, ihn zu sehen.

surprising ADJECTIVE
überraschend

to **surrender** VERB
sich ergeben (PRESENT *ergibt sich*, IMPERFECT *ergab sich*, PERFECT *hat sich ergeben*)

surrogate mother NOUN
die *Leihmutter* (PL die *Leihmütter*)

to **surround** VERB
umstellen (PERFECT *hat umstellt*) ◇ *The police surrounded the house.* Die Polizei hat das Haus umstellt. ◇ *You're surrounded!* Sie sind umstellt!
- **surrounded by** umgeben von ◇ *The house is surrounded by trees.* Das Haus ist von Bäumen umgeben.

survey NOUN
die *Umfrage* (*research*)

surveyor NOUN
1 (*of buildings*)
der *Gebäudesachverständige* (GEN des *Gebäudesachverständigen*, PL die *Gebäudesachverständigen*)
die *Gebäudesachverständige* (GEN der *Gebäudesachverständigen*)
◇ *a surveyor* (*man*) ein Gebäudesachverständiger
2 (*of land*)
der *Landvermesser* (PL die *Landvermesser*)
die *Landvermesserin*

survivor NOUN
der *Überlebende* (GEN des *Überlebenden*, PL die *Überlebenden*)
die *Überlebende* (GEN der *Überlebenden*)
◇ *There were no survivors.* Es gab keine Überlebenden.

to **suspect** VERB
see also **suspect** NOUN
verdächtigen (PERFECT *hat verdächtigt*)

suspect NOUN
see also **suspect** VERB
der *Verdächtige* (GEN des *Verdächtigen*, PL die *Verdächtigen*)
die *Verdächtige* (GEN der *Verdächtigen*)
◇ *a suspect* (*man*) ein Verdächtiger

to **suspend** VERB
1 *verweisen* (*from school*) (IMPERFECT *verwies*, PERFECT *hat verwiesen*) ◇ *He was suspended.* Er wurde von der Schule verwiesen.
2 *sperren* (*from team*)
3 *suspendieren* (*from job*) (PERFECT *hat suspendiert*)

suspender NOUN
der *Strumpfhalter* (*for stockings*) (PL die *Strumpfhalter*)
- **suspenders** (*braces*) die Hosenträger MASC PL

suspense NOUN
1 die *Ungewissheit* ⚠ (*waiting*) ◇ *The suspense was terrible.* Die Ungewissheit war furchtbar.
2 die *Spannung* (*in story*)
- **a film with lots of suspense** ein sehr spannender Film

suspension NOUN
1 der *Ausschluss* ⚠ (GEN des *Ausschlusses*, PL die *Ausschlüsse*) (*from school*)
2 die *Sperre* (*from team*)
3 die *Suspendierung* (*from job*)

suspicious ADJECTIVE
1 *argwöhnisch* ◇ *He was suspicious at first.* Zuerst war er argwöhnisch.
2 *verdächtig* (*suspicious-looking*) ◇ *a suspicious person* eine verdächtige Person

to **swallow** VERB
schlucken

swam VERB *see* **swim**

swan NOUN
der *Schwan* (PL die *Schwäne*)

to **swap** VERB
tauschen ◇ *Do you want to swap?* Willst du tauschen?
- **to swap a stamp for a coin** eine Briefmarke für eine Münze eintauschen

to **swat** VERB
totschlagen (PRESENT *schlägt tot*, IMPERFECT *schlug tot*, PERFECT *hat totgeschlagen*)

to **sway** VERB
schwanken

to **swear** VERB
(**swore, sworn**)
1 *schwören* (*make an oath*) (IMPERFECT *schwor*, PERFECT *hat geschworen*)
2 *fluchen* (*curse*)

swearword NOUN
der *Kraftausdruck* (PL die *Kraftausdrücke*)

sweat NOUN
see also **sweat** VERB
der *Schweiß* (GEN des *Schweißes*)

to **sweat** VERB
see also **sweat** NOUN
schwitzen

sweater NOUN
der *Pullover* (PL die *Pullover*)

sweaty ADJECTIVE
1 *verschwitzt* (*person, face*) ◇ *I'm all sweaty.* Ich bin ganz verschwitzt.
2 *feucht* (*hands*)

Swede NOUN
(*person*)
der *Schwede* (GEN des *Schweden*, PL die *Schweden*)
die *Schwedin*

swede NOUN
die *Steckrübe* (*vegetable*)

Sweden NOUN
Schweden NEUT
- **from Sweden** aus Schweden
- **to Sweden** nach Schweden

Swedish ADJECTIVE
see also Swedish NOUN
schwedisch
- **He's Swedish.** Er ist Schwede.
- **She's Swedish.** Sie ist Schwedin.

Swedish NOUN
see also Swedish ADJECTIVE
das *Schwedisch* (*language*) (GEN des *Schwedischen*)

to **sweep** VERB
(**swept**, **swept**)
fegen ◇ *to sweep the floor* den Boden fegen

sweet NOUN
see also sweet ADJECTIVE
1 das *Bonbon* (*candy*) (PL die *Bonbons*) ◇ *a bag of sweets* eine Tüte Bonbons
2 der *Nachtisch* (*pudding*) ◇ *What sweet did you have?* Was für einen Nachtisch hattest du?

sweet ADJECTIVE
see also sweet NOUN
1 *süß* ◇ *Isn't she sweet?* Ist sie nicht süß?
2 *nett* (*kind*) ◇ *That was really sweet of you.* Das war wirklich nett von dir.
- **sweet and sour pork** Schweinefleisch süß-sauer

sweetcorn NOUN
der *Mais*

sweltering ADJECTIVE
- **It was sweltering.** Es war eine Bruthitze.

swept VERB *see* **sweep**

to **swerve** VERB
ausscheren (PERFECT *ist ausgeschert*) ◇ *He swerved to avoid the cyclist.* Er scherte aus, um dem Fahrradfahrer auszuweichen.

swim NOUN
see also swim VERB
- **to go for a swim** schwimmen gehen

to **swim** VERB
(**swam**, **swum**)
see also swim NOUN
schwimmen (IMPERFECT *schwamm*, PERFECT *ist geschwommen*) ◇ *Can you swim?* Kannst du schwimmen? ◇ *She swam across the river.* Sie schwamm über den Fluss.

swimmer NOUN
der *Schwimmer* (PL die *Schwimmer*)
die *Schwimmerin*
◇ *She's a good swimmer.* Sie ist eine gute Schwimmerin.

swimming NOUN
das *Schwimmen*
- **to go swimming** schwimmen gehen
- **Do you like swimming?** Schwimmst du gern?
- **a swimming cap** eine Bademütze
- **a swimming costume** ein Badeanzug MASC
- **a swimming pool** ein Schwimmbad NEUT
- **swimming trunks** die Badehose SING ◇ *a pair of swimming trunks* eine Badehose

swimsuit NOUN
der *Badeanzug* (PL die *Badeanzüge*)

swing NOUN
die *Schaukel* (*in playground, garden*)

Swiss ADJECTIVE
see also Swiss NOUN
Schweizer ◇ *I like Swiss cheese.* Ich mag Schweizer Käse.
- **Andreas is Swiss.** Andreas ist Schweizer.
- **Claudie is Swiss.** Claudie ist Schweizerin.

Swiss NOUN
see also Swiss ADJECTIVE
(*person*)
der *Schweizer* (PL die *Schweizer*)
die *Schweizerin*
- **the Swiss** die Schweizer

switch NOUN
(PL **switches**)
see also switch VERB
der *Schalter* (*for light, radio etc*) (PL die *Schalter*)

to **switch** VERB
see also switch NOUN
tauschen ◇ *to switch A for B* A gegen B tauschen

to **switch off** VERB
ausschalten (PERFECT *hat ausgeschaltet*)

to **switch on** VERB
anschalten (PERFECT *hat angeschaltet*)

Switzerland NOUN
die *Schweiz* (GEN der *Schweiz*)
Note that the definite article is used in German for countries which are feminine.
- **from Switzerland** aus der Schweiz
- **in Switzerland** in der Schweiz
- **to Switzerland** in die Schweiz

swollen ADJECTIVE
geschwollen (*arm, leg*)

to **swop** VERB
tauschen ◇ *Do you want to swop?* Willst du tauschen?
- **to swop a stamp for a coin** eine Briefmarke für eine Münze eintauschen

sword NOUN
das *Schwert* (PL die *Schwerter*)

swore VERB *see* **swear**

sworn VERB *see* **swear**

to **swot** VERB
see also swot NOUN
pauken (*informal*) ◇ *I'll have to swot for the maths exam.* Ich muss für die Matheprüfung pauken.

swot NOUN
see also swot VERB
(*informal*)
der *Streber* (PL die *Streber*)
die *Streberin*

swum VERB *see* **swim**

swung VERB *see* **swing**

syllabus NOUN
(PL **syllabuses**)
der *Lehrplan* (PL die *Lehrpläne*) ◇ *on the syllabus* auf dem Lehrplan

symbol NOUN
das *Symbol* (PL die *Symbole*)

sympathetic ADJECTIVE
verständnisvoll

to **sympathize** VERB
- **to sympathize with somebody** (*pity*)
Mitgefühl mit jemandem haben

sympathy NOUN
das *Mitleid*

syringe NOUN
die *Spritze*

system NOUN
das *System* (PL die *Systeme*)

T

table NOUN
der *Tisch* (PL die *Tische*) ◇ *to lay the table* den Tisch decken

tablecloth NOUN
die *Tischdecke*

tablespoon NOUN
der *Esslöffel* ⚠ (PL die *Esslöffel*) ◇ *a tablespoon of sugar* ein Esslöffel Zucker

tablet NOUN
die *Tablette*

table tennis NOUN
das *Tischtennis* (GEN des *Tischtennis*) ◇ *to play table tennis* Tischtennis spielen

tabloid NOUN
das *Boulevardblatt* (PL die *Boulevardblätter*)

tackle NOUN
see also tackle VERB
der *Angriff* (*in sport*) (PL die *Angriffe*)
◆ **fishing tackle** das Angelzeug

to **tackle** VERB
see also tackle NOUN
angreifen (*in sport*) (IMPERFECT *griff an*, PERFECT *hat angegriffen*)
◆ **to tackle a problem** ein Problem angehen

tact NOUN
der *Takt*

tactful ADJECTIVE
taktvoll

tactics PL NOUN
die *Taktik* SING

tactless ADJECTIVE
taktlos

tadpole NOUN
die *Kaulquappe*

tag NOUN
das *Etikett* (*label*) (PL die *Etiketts*)

tail NOUN
der *Schwanz* (GEN des *Schwanzes*, PL die *Schwänze*)
◆ **Heads or tails?** Kopf oder Zahl?

tailor NOUN
der *Schneider* (PL die *Schneider*)
die *Schneiderin*
◇ *He's a tailor.* Er ist Schneider.

to **take** VERB
(**took**, **taken**)
1 *nehmen* (PRESENT *nimmt*, IMPERFECT *nahm*, PERFECT *hat genommen*) ◇ *He took a plate from the cupboard.* Er nahm einen Teller aus dem Schrank. ◇ *We took a taxi.* Wir haben ein Taxi genommen.
2 *mitnehmen* (*take along*) (PRESENT *nimmt mit*, IMPERFECT *nahm mit*, PERFECT *hat mitgenommen*) ◇ *Are you taking your new camera?* Nimmst du deinen neuen Fotoapparat mit? ◇ *Don't take anything valuable with you.* Nehmen Sie nichts Wertvolles mit. ◇ *He goes to London every week, but he never takes me.* Er fährt jede Woche nach London, aber er nimmt mich nie mit. ◇ *Do you take your exercise books home?* Nehmt ihr eure Hefte mit nach Hause?
3 *bringen* (*to a certain place*) (IMPERFECT *brachte*, PERFECT *hat gebracht*) ◇ *She always takes her son to school.* Sie bringt ihren Sohn immer zur Schule. ◇ *I'm going to take my coat to the cleaner's.* Ich bringe meinen Mantel in die Reinigung.
4 *brauchen* (*require*) ◇ *She always takes hours to get ready.* Sie braucht immer Stunden, bis sie fertig ist. ◇ *It takes five people to do this job.* Für diese Arbeit braucht man fünf Leute. ◇ *That takes a lot of courage.* Dazu braucht man viel Mut.
◆ **It takes a lot of money to do that.** Das kostet viel Geld.
5 *dauern* (*last*) ◇ *The journey took three hours.* Die Fahrt dauerte drei Stunden. ◇ *It won't take long.* Das dauert nicht lange.
6 *ertragen* (*tolerate*) (PRESENT *erträgt*, IMPERFECT *ertrug*, PERFECT *hat ertragen*) ◇ *He can't take being criticized.* Er kann es nicht ertragen, kritisiert zu werden.
7 *machen* (*exam, test, subject*) ◇ *Have you taken your driving test yet?* Hast du deine Fahrprüfung schon gemacht? ◇ *I decided to take German instead of French.* Ich habe beschlossen, Deutsch statt Französisch zu machen.

to **take after** VERB
(**took**, **taken**)
nachschlagen (PRESENT *schlägt nach*, IMPERFECT *schlug nach*, PERFECT *hat nachgeschlagen*) ◇ *She takes after her mother.* Sie schlägt ihrer Mutter nach.

to **take apart** VERB
(**took**, **taken**)
◆ **to take something apart** etwas auseinander nehmen

to **take away** VERB
(**took**, **taken**)
1 *wegnehmen* (*object*) (PRESENT *nimmt weg*, IMPERFECT *nahm weg*, PERFECT *hat weggenommen*)
2 *wegbringen* (*person*) (IMPERFECT *brachte weg*, PERFECT *hat weggebracht*)
◆ **hot meals to take away** warme Mahlzeiten zum Mitnehmen

takeaway NOUN
1 das *Essen zum Mitnehmen* (*meal*) (PL die *Essen zum Mitnehmen*)
2 die *Imbissstube* ⚠ (*shop*) ◇ *a Chinese takeaway* eine chinesische Imbissstube

to **take back** VERB
(**took**, **taken**)
zurückbringen (IMPERFECT *brachte zurück*, PERFECT *hat zurückgebracht*) ◇ *I took it back to the shop.* Ich habe es in den Laden zurückgebracht.
◆ **I take it all back!** Ich nehme alles zurück!

to **take in** VERB
(**took, taken**)
verstehen (*understand*) (IMPERFECT *verstand*, PERFECT *hat verstanden*) ◇ *I didn't really take it in.* Ich habe das nicht richtig verstanden.

to **take off** VERB
(**took, taken**)
1 *abfliegen* (*plane*) (IMPERFECT *flog ab*, PERFECT *ist abgeflogen*) ◇ *The plane took off twenty minutes late.* Das Flugzeug ist mit zwanzig Minuten Verspätung abgeflogen.
2 *ausziehen* (*clothes*) (IMPERFECT *zog aus*, PERFECT *hat ausgezogen*) ◇ *Take your coat off.* Zieh den Mantel aus.

takeoff NOUN
der *Abflug* (*of plane*) (PL die *Abflüge*)

to **take out** VERB
(**took, taken**)
herausnehmen (*from container, pocket*) (PRESENT *nimmt heraus*, IMPERFECT *nahm heraus*, PERFECT *hat herausgenommen*)
◆ **He took her out to the theatre.** Er führte sie ins Theater aus.

to **take over** VERB
(**took, taken**)
übernehmen (PRESENT *übernimmt*, IMPERFECT *übernahm*, PERFECT *hat übernommen*) ◇ *I'll take over now.* Ich übernehme jetzt.
◆ **to take over from somebody** jemanden ablösen ◇ *Mr Jones has taken over from Mr Smith as headteacher.* Herr Jones hat Herrn Smith als Direktor abgelöst.

talcum powder NOUN
der *Puder* (PL die *Puder*)

tale NOUN
die *Geschichte* (*story*)

talent NOUN
das *Talent* (PL die *Talente*) ◇ *She's got lots of talent.* Sie hat sehr viel Talent.
◆ **to have a talent for something** eine Begabung für etwas haben
◆ **He's got a real talent for languages.** Er ist wirklich sprachbegabt.

talented ADJECTIVE
begabt

talk NOUN
see also talk VERB
1 der *Vortrag* (*speech*) (PL die *Vorträge*) ◇ *She gave a talk on rock climbing.* Sie hielt einen Vortrag über das Klettern.
2 das *Gespräch* (*conversation*) (PL die *Gespräche*) ◇ *We had a long talk about her problems.* Wir hatten ein langes Gespräch über ihre Probleme.
◆ **I had a talk with my Mum about it.** Ich habe mit meiner Mutti darüber gesprochen.
3 das *Gerede* (*gossip*) ◇ *It's just talk.* Das ist nur Gerede.

to **talk** VERB
see also talk NOUN
reden ◇ *We talked about the weather.* Wir haben über das Wetter geredet.
◆ **to talk something over with somebody** etwas mit jemandem besprechen

talkative ADJECTIVE
redselig

tall ADJECTIVE
1 *groß* (*person, tree*) ◇ *They've cut down the tallest tree in the park.* Sie haben den größten Baum im Park gefällt. ◇ *He's two metres tall.* Er ist zwei Meter groß.
2 *hoch* (*building*)
Before a noun or after an article, use **hohe**.
◇ *a very tall building* ein sehr hohes Gebäude

tampon NOUN
der *Tampon* (PL die *Tampons*)

tan NOUN
◆ **She's got an amazing tan.** Sie ist erstaunlich braun.

tangerine NOUN
die *Mandarine*

tank NOUN
1 der *Tank* (*for water, petrol*) (PL die *Tanks*)
2 der *Panzer* (*military*) (PL die *Panzer*)
◆ **a fish tank** ein Aquarium NEUT

tanker NOUN
1 der *Tanker* (*ship*) (PL die *Tanker*) ◇ *an oil tanker* ein Öltanker
2 der *Tankwagen* (*truck*) (PL die *Tankwagen*) ◇ *a petrol tanker* ein Benzintankwagen

tap NOUN
1 der *Wasserhahn* (*water tap*) (PL die *Wasserhähne*)
2 der *Klaps* (*gentle blow*) (PL die *Klapse*)

tap-dancing NOUN
das *Steptanzen*
◆ **I do tap-dancing.** Ich mache Steptanz.

to **tape** VERB
see also tape NOUN
aufnehmen (*record*) (PRESENT *nimmt auf*, IMPERFECT *nahm auf*, PERFECT *hat aufgenommen*) ◇ *Did you tape that film last night?* Hast du den Film gestern Abend aufgenommen?

tape NOUN
see also tape VERB
1 die *Kassette* ◇ *a tape of Sinead O'Connor* eine Kassette von Sinead O'Connor
2 der *Klebstreifen* (*sticky tape*) (PL die *Klebstreifen*)

tape deck NOUN
das *Kassettendeck* (PL die *Kassettendecks*)

tape measure NOUN
das *Maßband* (PL die *Maßbänder*)

tape recorder NOUN
der *Kassettenrecorder* (PL die *Kassettenrecorder*)

target NOUN
das *Ziel* (PL die *Ziele*)

tarmac NOUN
der *Asphalt* (*on road*)

tart NOUN
der *Kuchen* (PL die *Kuchen*) ◇ *an apple tart* ein Apfelkuchen

tartan ADJECTIVE

im Schottenkaro ◇ *a tartan scarf* ein Schal im Schottenkaro

task NOUN
die *Aufgabe*

taste NOUN
see also taste VERB
der *Geschmack* (PL die *Geschmäcke*)
◇ *It's got a really strange taste.* Es hat einen sehr eigenartigen Geschmack. ◇ *She has good taste.* Sie hat einen guten Geschmack.
◆ **a joke in bad taste** ein geschmackloser Witz
◆ **Would you like a taste?** Möchtest du mal probieren?

to **taste** VERB
see also taste NOUN
1 *probieren* (PERFECT *hat probiert*)
◇ *Would you like to taste it?* Möchtest du mal probieren?
2 *schmecken* ◇ *You can taste the garlic in it.* Man kann den Knoblauch schmecken.
◆ **to taste of something** nach etwas schmecken ◇ *It tastes of fish.* Es schmeckt nach Fisch.

tasteful ADJECTIVE
geschmackvoll

tasteless ADJECTIVE
1 *fade* (*food*)
2 *geschmacklos* (*in bad taste*) ◇ *a tasteless picture* ein geschmackloses Bild ◇ *a tasteless remark* eine geschmacklose Bemerkung

tasty ADJECTIVE
schmackhaft

tattoo NOUN
die *Tätowierung*

taught VERB *see* **teach**

Taurus NOUN
der *Stier* ◇ *I'm Taurus.* Ich bin Stier.

tax NOUN
(PL **taxes**)
die *Steuer* (*on goods, income*)

taxi NOUN
das *Taxi* (PL die *Taxis*) ◇ *a taxi driver* ein Taxifahrer

taxi rank NOUN
der *Taxistand* (PL die *Taxistände*)

TB NOUN (= *tuberculosis*)
die *TB* (= Tuberkulose)

tea NOUN
1 der *Tee* (PL die *Tees*) ◇ *a cup of tea* eine Tasse Tee
Usually, tea is not drunk with milk and sugar in Germany, but is served with lemon, and is referred to as Schwarztee. *Fruit teas and herbal teas are also very widespread.*
◆ **a tea bag** ein Teebeutel MASC
2 das *Abendessen* (*evening meal*) (PL die *Abendessen*) ◇ *We were having tea.* Wir saßen beim Abendessen.

to **teach** VERB
(**taught, taught**)
1 *beibringen* (IMPERFECT *brachte bei*, PERFECT *hat beigebracht*) ◇ *My sister taught me to swim.* Meine Schwester hat mir das Schwimmen beigebracht.
◆ **That'll teach you!** Das wird dir eine Lehre sein!
2 *unterrichten* (*in school*) (PERFECT *hat unterrichtet*) ◇ *She teaches physics.* Sie unterrichtet Physik.

teacher NOUN
der *Lehrer* (PL die *Lehrer*)
die *Lehrerin*
◇ *a maths teacher* ein Mathelehrer ◇ *She's a teacher.* Sie ist Lehrerin. ◇ *He's a primary school teacher.* Er ist Grundschullehrer.

teacher's pet NOUN
Lehrers Schätzchen NEUT ◇ *She's teacher's pet.* Sie ist Lehrers Schätzchen.

tea cloth NOUN
das *Geschirrtuch* (PL die *Geschirrtücher*)

team NOUN
die *Mannschaft* ◇ *a football team* eine Fußballmannschaft ◇ *She was in my team.* Sie war in meiner Mannschaft.

teapot NOUN
die *Teekanne*

tear NOUN
see also tear VERB
die *Träne* ◇ *She was in tears.* Sie war in Tränen aufgelöst.

to **tear** VERB
(**tore, torn**)
see also tear NOUN
zerreißen (IMPERFECT *zerriss*, PERFECT *hat/ist zerrissen*) ◇ *Be careful or you'll tear the page.* Vorsicht, sonst zerreißt du die Seite.
For the perfect tense use haben *when the verb has an object and* sein *when there is no object.*
◇ *You've torn your shirt.* Du hast dein Hemd zerrissen. ◇ *Your shirt is torn.* Dein Hemd ist zerrissen. ◇ *It won't tear, it's very strong.* Es zerreißt nicht, es ist sehr stark.
◆ **to tear up** zerreißen ◇ *He tore up the letter.* Er zerriss den Brief.

tear gas NOUN
das *Tränengas* (GEN des *Tränengases*)

to **tease** VERB
1 *quälen* (*unkindly*) ◇ *Stop teasing that poor animal!* Hör auf, das arme Tier zu quälen!
2 *necken* (*jokingly*) ◇ *He's teasing you.* Er neckt dich nur.
◆ **I was only teasing.** Ich habe nur einen Scherz gemacht.

teaspoon NOUN
der *Teelöffel* (PL die *Teelöffel*) ◇ *a teaspoon of sugar* ein Teelöffel Zucker

teatime NOUN
die *Abendessenszeit* (*in evening*) ◇ *It was nearly teatime.* Es war fast Abendessenszeit.
◆ **Teatime!** Abendessen!

tea towel NOUN
das *Geschirrtuch* (PL die *Geschirrtücher*)

technical ADJECTIVE
technisch
◆ **a technical college** eine Fachhochschule

technician NOUN
der *Techniker* (PL die *Techniker*)
die *Technikerin*
technique NOUN
die *Technik*
techno NOUN
der *Techno* (*music*)
technological ADJECTIVE
technologisch
technology NOUN
(PL **technologies**)
die *Technologie*
teddy bear NOUN
der *Teddybär* (GEN des *Teddybären*, PL die *Teddybären*)
teenage ADJECTIVE
1 *für Teenager* ◇ *a teenage magazine* eine Zeitschrift für Teenager
2 *heranwachsend* (*boys, girls*) ◇ *She has two teenage daughters.* Sie hat zwei heranwachsende Töchter.
teenager NOUN
der *Teenager* (PL die *Teenager*)
der Teenager *is also used for girls.*
teens PL NOUN
◆ **She's in her teens.** Sie ist ein Teenager.
tee-shirt NOUN
das *T-Shirt* (PL die *T-Shirts*)
teeth PL NOUN *see* **tooth**
to **teethe** VERB
zahnen
teetotal ADJECTIVE
◆ **I'm teetotal.** Ich trinke keinen Alkohol.
telecommunications PL NOUN
die *Nachrichtentechnik* SING
telephone NOUN
das *Telefon* (PL die *Telefone*) ◇ *on the telephone* am Telefon
◆ **a telephone box** eine Telefonzelle
◆ **a telephone call** ein Anruf MASC
◆ **the telephone directory** das Telefonbuch
◆ **a telephone number** eine Telefonnummer
telescope NOUN
das *Teleskop* (PL die *Teleskope*)
television NOUN
das *Fernsehen*
◆ **on television** im Fernsehen
◆ **a television programme** eine Fernsehsendung
to **tell** VERB
(**told**, **told**)
sagen
◆ **to tell somebody something** jemandem etwas sagen ◇ *I told him that I was going on holiday.* Ich habe ihm gesagt, dass ich in Urlaub fahre.
◆ **to tell somebody to do something** jemandem sagen, er solle etwas tun ◇ *He told me to wait a moment.* Er sagte mir, ich solle einen Moment warten.
◆ **to tell lies** lügen
◆ **to tell a story** eine Geschichte erzählen
◆ **I can't tell the difference between them.** Ich kann sie nicht unterscheiden.
to **tell off** VERB
(**told**, **told**)
schimpfen
telly NOUN
(PL **tellies**)
der *Fernseher* (PL die *Fernseher*)
◆ **to watch telly** fernsehen
◆ **on telly** im Fernsehen
temper NOUN
◆ **to be in a temper** wütend sein
◆ **to lose one's temper** wütend werden ◇ *I lost my temper.* Ich bin wütend geworden.
◆ **He's got a terrible temper.** Er ist furchtbar jähzornig.
temperature NOUN
die *Temperatur* (*of oven, water, person*)
◆ **The temperature was thirty degrees.** Es waren dreißig Grad.
◆ **to have a temperature** Fieber haben
temple NOUN
der *Tempel* (PL die *Tempel*)
temporary ADJECTIVE
vorläufig
to **tempt** VERB
in Versuchung führen ◇ *to tempt somebody to do something* jemanden in Versuchung führen, etwas zu tun
◆ **I'm very tempted!** Das reizt mich sehr!
temptation NOUN
die *Versuchung*
tempting ADJECTIVE
verlockend
ten NUMBER
zehn ◇ *She's ten.* Sie ist zehn.
to **tend to** VERB
◆ **to tend to do something** dazu neigen, etwas zu tun ◇ *He tends to arrive late.* Er neigt dazu, zu spät zu kommen.
tennis NOUN
das *Tennis* (GEN des *Tennis*) ◇ *Do you play tennis?* Spielst du Tennis?
◆ **a tennis ball** ein Tennisball MASC
◆ **a tennis court** ein Tennisplatz MASC
◆ **a tennis racket** ein Tennisschläger MASC
tennis player NOUN
der *Tennisspieler* (PL die *Tennisspieler*)
die *Tennisspielerin*
◇ *He's a tennis player.* Er ist Tennisspieler.
tenor NOUN
der *Tenor* (PL die *Tenöre*)
tenpin bowling NOUN
das *Bowling*
◆ **to go tenpin bowling** Bowling spielen
tense ADJECTIVE
see also **tense** NOUN
angespannt ◇ *a tense situation* eine angespannte Situation
tense NOUN
see also **tense** ADJECTIVE
◆ **the present tense** das Präsens
◆ **the future tense** das Futur
tension NOUN

die *Spannung*

tent NOUN
das *Zelt* (PL die *Zelte*)
- **a tent peg** ein Hering MASC
- **a tent pole** eine Zeltstange

tenth ADJECTIVE
zehnte ◇ *the tenth floor* der zehnte Stock ◇ *the tenth of August* der zehnte August

term NOUN
das *Trimester* (*at school*) (PL die *Trimester*)
In Germany the school and university year is divided into two semesters rather than three terms.
- **to come to terms with something** sich mit etwas abfinden

terminal ADJECTIVE
see also terminal NOUN
unheilbar (*illness, patient*)

terminal NOUN
see also terminal ADJECTIVE
das *Terminal* (*of computer*) (PL die *Terminals*)
- **an oil terminal** ein Ölterminal MASC
- **an air terminal** ein Terminal MASC

terminally ADVERB
- **to be terminally ill** unheilbar krank sein

terrace NOUN
1 die *Terrasse* (*patio*)
2 die *Häuserreihe* (*row of houses*)
- **the terraces** (*at stadium*) die Ränge

terraced ADJECTIVE
- **a terraced house** ein Reihenhaus NEUT

terrible ADJECTIVE
furchtbar ◇ *My German is terrible.* Mein Deutsch ist furchtbar.

terrier NOUN
der *Terrier* (PL die *Terrier*)

terrific ADJECTIVE
super (*wonderful*)
super *is invariable.*
◇ *That's terrific!* Das ist super! ◇ *You look terrific!* Du siehst super aus!

terrified ADJECTIVE
- **I was terrified!** Ich hatte furchtbare Angst!

terrorism NOUN
der *Terrorismus* (GEN des *Terrorismus*)

terrorist NOUN
der *Terrorist* (GEN des *Terroristen*, PL die *Terroristen*)
die *Terroristin*
- **a terrorist attack** ein Terrorangriff MASC

test NOUN
see also test VERB
1 die *Arbeit* (*at school*) ◇ *I've got a test tomorrow.* Ich schreibe morgen eine Arbeit.
2 der *Test* (*trial, check*) (PL die *Tests*) ◇ *nuclear tests* Atomtests
3 die *Untersuchung* (*medical*) ◇ *a blood test* eine Blutuntersuchung ◇ *They're going to do some more tests tomorrow.* Sie machen morgen noch weitere Untersuchungen.
- **driving test** die Fahrprüfung ◇ *He's got his driving test tomorrow.* Er hat morgen seine Fahrprüfung.

to **test** VERB
see also test NOUN
1 *probieren* (PERFECT *hat probiert*)
- **to test something out** etwas ausprobieren

2 *abfragen* (*class*) (PERFECT *hat abgefragt*) ◇ *He tested us on the new vocabulary.* Er hat uns die neuen Wörter abgefragt.
- **She was tested for drugs.** Man hat bei ihr ein Drogentest gemacht.

test match NOUN
(PL **test matches**)
das *Länderspiel* (PL die *Länderspiele*)

test tube NOUN
das *Reagenzglas* (GEN des *Reagenzglases*, PL die *Reagenzgläser*)

tetanus NOUN
der *Tetanus* (GEN des *Tetanus*) ◇ *a tetanus injection* eine Tetanusspritze

textbook NOUN
das *Lehrbuch* (PL die *Lehrbücher*)
- **a German textbook** ein Deutschbuch

textiles PL NOUN
die *Textilien* FEM PL
- **a textiles factory** eine Textilfabrik

Thames NOUN
die *Themse*

than CONJUNCTION
als ◇ *She's taller than me.* Sie ist größer als ich. ◇ *I've got more books than him.* Ich habe mehr Bücher als er. ◇ *more than ten years* mehr als zehn Jahre ◇ *more than once* mehr als einmal

to **thank** VERB
sich bedanken bei (PERFECT *hat sich bedankt*) ◇ *Don't forget to write and thank them.* Vergiss nicht, ihnen zu schreiben und dich bei ihnen zu bedanken.
- **thank you** danke
- **thank you very much** vielen Dank

thanks EXCLAMATION
danke
- **thanks to** dank ◇ *Thanks to him, everything went OK.* Dank ihm ging alles gut.

that ADJECTIVE, PRONOUN, CONJUNCTION
1 *dieser* ◇ *that man* dieser Mann
diese ◇ *that woman* diese Frau
dieses ◇ *that book* dieses Buch
- **that one (1)** (*masculine*) der da ◇ *This man? – No, that one.* Dieser Mann? – Nein, der da.
- **that one (2)** (*feminine*) die da ◇ *This woman? – No, that one.* Diese Frau? – Nein, die da.
- **that one (3)** (*neuter*) das da ◇ *Do you like this photo? – No, I prefer that one.* Gefällt dir dieses Foto? – Nein, das da gefällt mir besser.

2 *das* ◇ *Did you see that?* Hast du das gesehen? ◇ *What's that?* Was ist das? ◇ *Who's that?* Wer ist das? ◇ *Is that you?* Bist du das?
- **That's...** Das ist... ◇ *That's my German teacher.* Das ist meine Deutschlehrerin.
- **That's what he said.** Das hat er gesagt.

In relative clauses use **der**, **die** *or* **das**, *depending on the gender of the noun* that *refers to.*
3 *der* ◇ *the man that saw us* der Mann,

der uns sah
die ◇ *the woman that saw us* die Frau, die uns sah
das ◇ *the child that saw us* das Kind, das uns sah
die ◇ *the people that helped us* die Leute, die uns geholfen haben
4 *dass* ⚠ ◇ *He thought that Henry was ill.* Er dachte, dass Henry krank war. ◇ *I know that she likes chocolate.* Ich weiß, dass sie Schokolade mag.
5 *so* ◇ *It was that big.* Es war so groß. ◇ *It's about that high.* Es ist etwa so hoch. ◇ *It's not that difficult.* Es ist nicht so schwierig.

thatched ADJECTIVE
strohgedeckt

the ARTICLE
Use **der** *with a masculine noun,* **die** *with a feminine noun, and* **das** *with a neuter noun. For plural nouns always use* **die**.
1 *der* ◇ *the boy* der Junge
die ◇ *the orange* die Orange
das ◇ *the girl* das Mädchen
2 *die* ◇ *the children* die Kinder

theatre NOUN
das *Theater* (PL die *Theater*)

theft NOUN
der *Diebstahl* (PL die *Diebstähle*)

their ADJECTIVE
ihr ◇ *their father* ihr Vater ◇ *their mother* ihre Mutter ◇ *their child* ihr Kind ◇ *their parents* ihre Eltern
Do not use **ihr** *with parts of the body.*
◇ *They can't bend their arms.* Sie können die Arme nicht bewegen.

theirs PRONOUN
1 *ihrer* ◇ *This is our computer, not theirs.* Das ist unser Computer, nicht ihrer.
ihre ◇ *It's not our garage, it's theirs.* Das ist nicht unsere Garage, sondern ihre.
ihres ◇ *It's not our car, it's theirs.* Das ist nicht unser Auto, sondern ihres.
2 *ihre* ◇ *These are not our ideas, they're theirs.* Das sind nicht unsere Ideen, sondern ihre.
◆ **Is this theirs?** Gehört das ihnen? ◇ *This car is theirs.* Das Auto gehört ihnen. ◇ *Whose is this? – It's theirs.* Wem gehört das? – Ihnen.

them PRONOUN
1 *sie* ◇ *I didn't see them.* Ich habe sie nicht gesehen.
Use **sie** *after prepositions which take the accusative.*
◇ *It's for them.* Es ist für sie.
2 *ihnen*
Use **ihnen** *when* them *means* to them.
◇ *I gave them some brochures.* Ich habe ihnen ein paar Broschüren gegeben. ◇ *I told them the truth.* Ich habe ihnen die Wahrheit gesagt.
Use **ihnen** *after prepositions which take the dative.*
◇ *Ann and Sophie came. Graham was with them.* Ann und Sophie sind gekommen. Graham war bei ihnen.

theme NOUN
das *Thema* (PL die *Themen*)

themselves PRONOUN
1 *sich* ◇ *Did they hurt themselves?* Haben sie sich verletzt?
2 *selbst* ◇ *They did it themselves.* Sie haben es selbst gemacht.

then ADVERB, CONJUNCTION
1 *dann* ◇ *I get dressed. Then I have breakfast.* Ich ziehe mich an. Dann frühstücke ich. ◇ *My pen's run out. – Use a pencil then!* Mein Kugelschreiber ist leer. – Dann nimm einen Bleistift!
2 *damals* (*at that time*) ◇ *There was no electricity then.* Damals gab es keinen Strom
◆ **now and then** ab und zu ◇ *Do you play chess? – Now and then.* Spielst du Schach? – Ab und zu.
◆ **By then it was too late.** Da war es schon zu spät.

therapy NOUN
(PL **therapies**)
die *Therapie*

there ADVERB
Use **dort** *when something is in a fixed position,* **dorthin** *when there is movement involved.*
1 *dort* ◇ *Can you see that house there?* Siehst du das Haus dort? ◇ *Berlin? I've never been there.* Berlin? Ich war noch nie dort.
◆ **over there** dort drüben
◆ **in there** dort drin
◆ **on there** darauf
◆ **up there** dort oben
◆ **down there** dort unten
2 *dorthin* ◇ *Put it there, on the table.* Stell's dorthin, auf den Tisch. ◇ *He went there on Friday.* Er ging am Freitag dorthin.
◆ **There he is!** Da ist er ja!
◆ **There is... (1)** Es ist... ◇ *There's a factory near my house.* In der Nähe von meinem Haus ist eine Fabrik.
◆ **There is... (2)** Es gibt... ◇ *There is a lot of poverty in the world.* Es gibt viel Armut auf der Welt.
◆ **There are... (1)** Es sind... ◇ *There are five people in my family.* In meiner Familie sind fünf Leute.
◆ **There are... (2)** Es gibt... ◇ *There are many schools in this city.* In dieser Stadt gibt es viele Schulen.
◆ **There has been an accident.** Es hat einen Unfall gegeben.

therefore ADVERB
deshalb

there's = **there is, there has**

thermometer NOUN
das *Thermometer* (PL die *Thermometer*)

Thermos ® NOUN
die *Thermosflasche* ®

these ADJECTIVE, PRONOUN
1 *die* ◇ *these shoes* die Schuhe

- **THESE shoes** diese Schuhe hier
  2 ***die hier*** ◇ *I want these!* Ich möchte die hier! ◇ *I'm looking for some sandals. Can I try these?* Ich suche Sandalen. Kann ich die hier anprobieren?

they PRONOUN
sie ◇ *Are there any tickets left?–No, they're all sold.* Gibt es noch Karten?–Nein, sie sind schon alle verkauft. ◇ *Do you like those shoes?–No, they're horrible.* Gefallen dir die Schuhe?–Nein, sie sind furchtbar.
- **They say that...** Man sagt, dass...

they'd = **they had, they would**
they'll = **they will**
they're = **they are**
they've = **they have**

thick ADJECTIVE
1 ***dick*** (*not thin*) ◇ *The walls are one metre thick.* Die Wände sind einen Meter dick.
2 ***dumm*** (*stupid*)

thief NOUN
(PL **thieves**)
der ***Dieb*** (PL die ***Diebe***)
die ***Diebin***

thigh NOUN
die ***Hüfte***

thin ADJECTIVE
dünn

thing NOUN
das ***Ding*** (PL die ***Dinge***) ◇ *beautiful things* schöne Dinge ◇ *What's that thing called?* Wie heißt das Ding da?
- **my things** (*belongings*) meine Sachen
- **You poor thing! (1)** (*man*) Du Armer!
- **You poor thing! (2)** (*woman*) Du Arme!

to **think** VERB
(**thought, thought**)
1 ***denken*** (IMPERFECT ***dachte***, PERFECT ***hat gedacht***) ◇ *I think you're wrong.* Ich denke, du hast unrecht. ◇ *What are you thinking about?* Woran denkst du?
- **What do you think about the death penalty?** Was halten Sie von der Todesstrafe?
  2 ***glauben*** ◇ *I don't think I can come to the party.* Ich glaube nicht, dass ich zur Party kommen kann.
- **I think so.** Ich glaube schon.
- **I don't think so.** Ich glaube nicht.
  3 ***nachdenken*** (*spend time thinking*) (PERFECT ***hat nachgedacht***) ◇ *Think carefully before you reply.* Denk gut nach, bevor du antwortest. ◇ *I'll think about it.* Ich denke darüber nach.
  4 ***sich vorstellen*** (*imagine*) (PERFECT ***hat sich vorgestellt***) ◇ *Think what life would be like without cars.* Stell dir vor, wie es wäre, wenn es keine Autos gäbe.
- **I'll think it over.** Ich werde es mir überlegen.

third ADJECTIVE
see also third NOUN
dritte ◇ *the third day* der dritte Tag ◇ *the third time* das dritte Mal ◇ *the third of March* der dritte März
- **He came third.** Er wurde Dritter.

third NOUN
see also third ADJECTIVE
das ***Drittel*** (PL die ***Drittel***) ◇ *a third of the population* ein Drittel der Bevölkerung

thirdly ADVERB
drittens

Third World NOUN
die ***dritte Welt***

thirst NOUN
der ***Durst***

thirsty ADJECTIVE
- **to be thirsty** Durst haben ◇ *Are you thirsty?* Hast du Durst?

thirteen NUMBER
dreizehn ◇ *I'm thirteen.* Ich bin dreizehn.

thirty NUMBER
dreißig ◇ *She's thirty.* Sie ist dreißig.

this ADJECTIVE, PRONOUN
1 ***dieser*** ◇ *this man* dieser Mann
diese ◇ *this woman* diese Frau
dieses ◇ *this child* dieses Kind
- **this one (1)** (*masculine*) der hier ◇ *That man over there?–No, this one.* Der Mann dort?–Nein, der hier.
- **this one (2)** (*feminine*) die hier ◇ *That woman over there?–No, this one.* Die Frau dort?–Nein, die hier.
- **this one (3)** (*neuter*) das hier ◇ *I don't like that picture over there, I prefer this one.* Das Bild dort gefällt mir nicht, das hier gefällt mir besser.
  2 ***das*** ◇ *You see this?* Siehst du das? ◇ *What's this?* Was ist das? ◇ *This is my mother.* (*introduction*) Das ist meine Mutter.
- **This is Gavin speaking.** (*on the phone*) Hier spricht Gavin.

thistle NOUN
die ***Distel***

thorough ADJECTIVE
gründlich ◇ *She's very thorough.* Sie ist sehr gründlich.

thoroughly ADVERB
gründlich (*examine*)

those ADJECTIVE, PRONOUN
1 ***diese*** ◇ *those shoes* diese Schuhe
- **THOSE shoes** diese Schuhe dort
  2 ***die da*** ◇ *I want those!* Ich möchte die da! ◇ *I'm looking for some sandals. Can I try those?* Ich suche Sandalen. Kann ich die da anprobieren?

though CONJUNCTION, ADVERB
obwohl ◇ *It's warm outside, though it's raining.* Es ist warm draußen, obwohl es regnet.
- **He's a nice person, though he's not very clever.** Er ist ein netter Mensch, auch wenn er nicht besonders klug ist.

thought VERB *see* **think**

thought NOUN
der ***Gedanke*** (*idea*) (GEN des ***Gedankens***, PL die ***Gedanken***) ◇ *I've just had a thought.* Mir ist eben ein Gedanke gekommen.
- **It was a nice thought, thank you.** Das war

nett, vielen Dank.
- **It's the thought that counts.** Es war gut gemeint.

thoughtful ADJECTIVE
[1] ***nachdenklich*** (*deep in thought*) ◇ *You look thoughtful.* Du siehst nachdenklich aus.
[2] ***aufmerksam*** (*considerate*) ◇ *She's very thoughtful.* Sie ist sehr aufmerksam.

thoughtless ADJECTIVE
gedankenlos

thousand NUMBER
- **a thousand** eintausend ◇ *a thousand marks* eintausend Mark
- **two thousand pounds** zweitausend Pfund
- **thousands of people** Tausende von Menschen

thread NOUN
der ***Faden*** (PL die ***Fäden***)

threat NOUN
die ***Drohung***

to **threaten** VERB
drohen ◇ *He threatened me.* Er hat mir gedroht. ◇ *to threaten to do something* drohen, etwas zu tun

three NUMBER
drei ◇ *She's three.* Sie ist drei.

three-dimensional ADJECTIVE
dreidimensional

threw VERB *see* **throw**

thrifty ADJECTIVE
sparsam

thrill NOUN
der ***Reiz*** (*excitement*) (GEN des ***Reizes***, PL die ***Reize***)
- **It was a great thrill.** Es war sehr aufregend.

thrilled ADJECTIVE
- **I was thrilled.** (*pleased*) Ich habe mich unheimlich gefreut.

thriller NOUN
der ***Thriller*** (PL die ***Thriller***)

thrilling ADJECTIVE
spannend

throat NOUN
der ***Hals*** (GEN des ***Halses***, PL die ***Hälse***)
- **to have a sore throat** Halsweh haben

to **throb** VERB
- **a throbbing pain** ein pochender Schmerz
- **My arm's throbbing.** Mir pocht es im Arm.

throne NOUN
der ***Thron*** (PL die ***Throne***)

through PREPOSITION, ADJECTIVE, ADVERB
durch ◇ *through the window* durch das Fenster ◇ *to go through Birmingham* durch Birmingham fahren ◇ *to go through a tunnel* durch einen Tunnel fahren
- **I know her through my sister.** Ich kenne sie über meine Schwester.
- **The window was dirty and I couldn't see through.** Das Fenster war schmutzig, und ich konnte nicht durchsehen.
- **a through train** ein durchgehender Zug
- **"no through road"** "keine Durchfahrt"

throughout PREPOSITION
- **throughout Britain** in ganz Großbritannien
- **throughout the year** das ganze Jahr über

to **throw** VERB
(**threw, thrown**)
werfen (PRESENT ***wirft***, IMPERFECT ***warf***, PERFECT ***hat geworfen***) ◇ *He threw the ball to me.* Er warf mir den Ball zu.
- **to throw a party** eine Party machen
- **That really threw him.** Das hat ihn aus der Fassung gebracht.
- **to throw away (1)** (*rubbish*) wegwerfen
- **to throw away (2)** (*chance*) vergeben
- **to throw out (1)** (*throw away*) wegwerfen
- **to throw out (2)** (*person*) rauswerfen ◇ *I threw him out.* Ich habe ihn rausgeworfen.
- **to throw up** sich übergeben

thug NOUN
der ***Schlägertyp*** (PL die ***Schlägertypen***)

thumb NOUN
der ***Daumen*** (PL die ***Daumen***)

thumb tack NOUN
die ***Reißzwecke***

to **thump** VERB
- **to thump somebody** jemandem eine verpassen (*informal*) ◇ *I thumped him.* Ich habe ihm eine verpasst.

thunder NOUN
der ***Donner*** (PL die ***Donner***)

thunderstorm NOUN
das ***Gewitter*** (PL die ***Gewitter***)

thundery ADJECTIVE
gewitterig

Thursday NOUN
der ***Donnerstag*** (PL die ***Donnerstage***) ◇ *on Thursday* am Donnerstag ◇ *every Thursday* jeden Donnerstag ◇ *last Thursday* letzten Donnerstag ◇ *next Thursday* nächsten Donnerstag
- **on Thursdays** donnerstags

thyme NOUN
der ***Thymian*** (PL die ***Thymiane***)

tick NOUN
[1] das ***Häkchen*** (*mark*) (PL die ***Häkchen***)
[2] das ***Ticken*** (*of clock*)
- **in a tick** in einer Sekunde

ticket NOUN
[1] die ***Fahrkarte*** (*for bus, tube, train*) ◇ *an underground ticket* eine Fahrkarte für die U-Bahn
[2] das ***Ticket*** (*for plane*) (PL die ***Tickets***)
[3] die ***Eintrittskarte*** (*for theatre, concert, cinema, museum*)
- **a parking ticket** ein Strafzettel MASC

ticket inspector NOUN
der ***Fahrscheinkontrolleur*** (PL die ***Fahrscheinkontrolleure***)
die ***Fahrscheinkontrolleurin***

ticket office NOUN
[1] der ***Fahrkartenschalter*** (*for travel*) (PL die ***Fahrkartenschalter***)
[2] die ***Kasse*** (*for theatre, cinema*)

to **tickle** VERB
kitzeln

ticklish ADJECTIVE
kitzlig ◇ *Are you ticklish?* Bist du kitzlig?

to **tick off** VERB
◆ **to tick something off** etwas abhaken
◆ **to tick somebody off** jemandem einen Rüffel erteilen (*informal*)

tide NOUN
◆ **high tide** die Flut
◆ **low tide** die Ebbe

tidy ADJECTIVE
see also tidy VERB
ordentlich ◇ *Your room is very tidy.* Dein Zimmer ist sehr ordentlich. ◇ *She's very tidy.* Sie ist sehr ordentlich.

to **tidy** VERB
(**tidied**)
see also tidy ADJECTIVE
aufräumen (PERFECT *hat aufgeräumt*)
◇ *Go and tidy your room.* Geh und räum dein Zimmer auf.
◆ **to tidy up** aufräumen ◇ *Don't forget to tidy up afterwards.* Vergesst nicht, nachher aufzuräumen.

tie NOUN
see also tie VERB
die *Krawatte* (*necktie*)
◆ **It was a tie.** (*in sport*) Es gab ein Unentschieden.

to **tie** VERB
see also tie NOUN
1 *zubinden* (*ribbon, shoelaces*) (IMPERFECT *band zu*, PERFECT *hat zugebunden*)
◆ **I tied a knot in the rope.** Ich machte einen Knoten in das Seil.
2 *unentschieden spielen* (*in sport*)
◆ **They tied three all.** Sie haben drei zu drei gespielt.
◆ **to tie up (1)** (*parcel*) zuschnüren
◆ **to tie up (2)** (*dog, boat*) anbinden
◆ **to tie up (3)** (*prisoner*) fesseln

tiger NOUN
der *Tiger* (PL die *Tiger*)

tight ADJECTIVE
1 *eng* (*tight-fitting*) ◇ *tight jeans* enge Jeans
2 *zu eng* (*too tight*) ◇ *This dress is a bit tight.* Das Kleid ist etwas zu eng.

to **tighten** VERB
1 *spannen* (*rope*)
2 *anziehen* (*screw*) (IMPERFECT *zog an*, PERFECT *hat angezogen*)

tightly ADVERB
fest (*hold*)

tights PL NOUN
die *Strumpfhose* SING ◇ *a pair of tights* eine Strumpfhose

tile NOUN
1 der *Dachziegel* (*on roof*) (PL die *Dachziegel*)
2 die *Fliese* (*on wall, floor*)

tiled ADJECTIVE
1 *gekachelt* (*wall*)
2 *mit Fliesen ausgelegt* (*floor, room*)
◆ **a tiled roof** ein Ziegeldach NEUT

till NOUN
see also till PREPOSITION
die *Kasse*

till PREPOSITION, CONJUNCTION
see also till NOUN
1 *bis* ◇ *I waited till ten o'clock.* Ich habe bis zehn Uhr gewartet.
◆ **till now** bis jetzt
◆ **till then** bis dann
2 *vor*
Use **vor** *if the sentence you want to translate contains a negative such as "not" or "never".*
◇ *It won't be ready till next week.* Vor nächster Woche wird es nicht fertig. ◇ *Till last year I'd never been to Germany.* Vor letztem Jahr war ich nie in Deutschland.

time NOUN
1 die *Zeit* ◇ *It's time to get up.* Es ist Zeit zum Aufstehen. ◇ *It was two o'clock, German time.* Es war zwei Uhr, deutsche Zeit. ◇ *I'm sorry, I haven't got time.* Ich habe leider keine Zeit.
◆ **What time is it?** Wie viel Uhr ist es?
◆ **What time do you get up?** Um wie viel Uhr stehst du auf?
◆ **on time** pünktlich ◇ *He never arrives on time.* Er kommt nie pünktlich.
◆ **from time to time** von Zeit zu Zeit
◆ **in time** rechtzeitig ◇ *We arrived in time for lunch.* Wir kamen rechtzeitig zum Mittagessen.
◆ **just in time** gerade noch rechtzeitig
◆ **in no time** im Nu ◇ *It was ready in no time.* Es war im Nu fertig.
2 der *Moment* (*moment*) (PL die *Momente*)
◇ *This isn't a good time to ask him.* Das ist kein guter Moment, um ihn zu fragen.
◆ **for the time being** momentan
3 das *Mal* (*occasion*) (PL die *Male*) ◇ *next time* nächstes Mal
◆ **this time** diesmal
◆ **two at a time** jeweils zwei
◆ **How many times?** Wie oft?
◆ **at times** manchmal
◆ **a long time** lange ◇ *Have you lived here for a long time?* Wohnst du schon lange hier?
◆ **in a week's time** in einer Woche ◇ *I'll come back in a month's time.* Ich komme in einem Monat wieder.
◆ **Come and see us any time.** Besuchen sie uns, wann Sie wollen.
◆ **to have a good time** sich amüsieren ◇ *Did you have a good time?* Habt ihr euch amüsiert?
◆ **Two times two is four.** Zwei mal zwei ist vier.

time bomb NOUN
die *Zeitbombe*

time off NOUN
die *Freizeit*

timer NOUN
1 die *Schaltuhr* (*time switch*)
2 der *Kurzzeitmesser* (*for cooking*) (PL die *Kurzzeitmesser*)

◆ **an egg timer** eine Eieruhr

time-share NOUN
das ***Timesharing-Appartement*** (PL die *Timesharing-Appartements*)

timetable NOUN
1 der ***Fahrplan*** (*for train, bus*) (PL die *Fahrpläne*)
2 der ***Stundenplan*** (*at school*) (PL die *Stundenpläne*)

time zone NOUN
die ***Zeitzone***

tin NOUN
1 die ***Dose*** ◇ *a tin of beans* eine Dose Bohnen ◇ *a biscuit tin* eine Keksdose
2 das ***Zinn*** (*type of metal*)

tinned ADJECTIVE
in Dosen (*food*) ◇ *tinned peaches* Pfirsiche in Dosen

tin opener NOUN
der ***Dosenöffner*** (PL die *Dosenöffner*)

tinsel NOUN
die ***Rauschgoldgirlande***

tinted ADJECTIVE
getönt (*spectacles, glass*)

tiny ADJECTIVE
winzig

tip NOUN
see also tip VERB
1 das ***Trinkgeld*** (*money*) (PL die *Trinkgelder*) ◇ *Shall I give him a tip?* Soll ich ihm ein Trinkgeld geben?
2 der ***Tipp*** ⚠ (PL die *Tipps*) (*advice*) ◇ *a useful tip* ein guter Tipp
3 die ***Spitze*** (*end*)
◆ **It's on the tip of my tongue.** Es liegt mir auf der Zunge.
◆ **a rubbish tip** eine Müllkippe
◆ **This place is a complete tip!** Was für ein Saustall! (*informal*)

to **tip** VERB
see also tip NOUN
◆ **to tip somebody** jemandem ein Trinkgeld geben ◇ *He tipped the taxi driver generously.* Er gab dem Taxifahrer ein großzügiges Trinkgeld.

tipsy ADJECTIVE
beschwipst ◇ *I'm feeling a bit tipsy.* Ich bin etwas beschwipst.

tiptoe NOUN
◆ **on tiptoe** auf Zehenspitzen

tired ADJECTIVE
müde ◇ *I'm tired.* Ich bin müde.
◆ **to be tired of something** etwas leid sein

tiring ADJECTIVE
ermüdend

tissue NOUN
das ***Papiertaschentuch*** (PL die *Papiertaschentücher*) ◇ *Have you got a tissue?* Hast du ein Papiertaschentuch?

title NOUN
der ***Titel*** (PL die *Titel*)

title role NOUN
die ***Titelrolle***

to PREPOSITION
1 ***nach*** ◇ *to go to Munich* nach München fahren ◇ *We went to Italy.* Wir sind nach Italien gefahren. ◇ *the train to London* der Zug nach London ◇ *the road to Edinburgh* die Straße nach Edinburgh ◇ *to the left* nach links
◆ **I've never been to Munich.** Ich war noch nie in München.
2 ***in*** ◇ *to go to school* in die Schule gehen ◇ *to go to the theatre* ins Theater gehen
3 ***zu***
Use **zu** *when you talk about going to a particular place or person.*
◇ *We drove to the station.* Wir fuhren zum Bahnhof. ◇ *to go to the doctor's* zum Arzt gehen ◇ *to go to the baker's* zum Bäcker gehen ◇ *Let's go to Anne's house.* Lass uns zu Anne nach Hause gehen.
◆ **a letter to his mother** ein Brief an seine Mutter
◆ **It's hard to say.** Es ist schwer zu sagen.
◆ **It's easy to criticize.** Es ist leicht zu kritisieren.
◆ **something to drink** etwas zu trinken
4 ***bis*** (*as far as, until*) ◇ *to count to ten* bis zehn zählen ◇ *It's ninety kilometres to the border.* Es sind neunzig Kilometer bis zur Grenze.
◆ **from...to** von...bis ◇ *from nine o'clock to half past three* von neun bis halb vier
◆ **ten to nine** zehn vor neun
Use the dative when you say or give something to somebody.
◇ *Give it to me!* Gib es mir! ◇ *That's what he said to me.* Das ist, was er zu mir gesagt hat. ◇ *We said goodbye to the neighbours.* Wir sagten den Nachbarn auf Wiedersehen. ◇ *I sold it to a friend.* Ich habe es einem Freund verkauft.
◆ **to talk to somebody** mit jemandem reden
When to *is used with the infinitive, it is often not translated.*
◇ *I'd like to go.* Ich würde gern gehen. ◇ *I don't want to see him.* Ich möchte ihn nicht sehen.
5 ***um...zu*** (*in order to*)
um...zu *is used with the infinitive.*
◇ *I did it to help you.* Ich tat es, um dir zu helfen. ◇ *She's too young to go to school.* Sie ist noch zu jung, um in die Schule zu gehen.
◆ **the key to the front door** der Schlüssel für die Haustür
◆ **the answer to the question** die Antwort auf die Frage

toad NOUN
die ***Kröte***

toadstool NOUN
der ***Giftpilz*** (GEN des *Giftpilzes*, PL die *Giftpilze*)

toast NOUN
1 der ***Toast*** (PL die *Toasts*) ◇ *a piece of*

toast eine Scheibe Toast
[2] der *Trinkspruch* (*speech*) (PL die *Trinksprüche*) ◇ *to drink a toast to somebody* einen Trinkspruch auf jemanden ausbringen

toaster NOUN
der *Toaster* (PL die *Toaster*)

toastie NOUN
der *Toast* (PL die *Toasts*) ◇ *a cheese toastie* ein Käsetoast

tobacco NOUN
der *Tabak*

tobacconist's NOUN
der *Tabakladen* (PL die *Tabakläden*)

toboggan NOUN
der *Schlitten* (PL die *Schlitten*)

tobogganing NOUN
◆ **to go tobogganing** Schlitten fahren

today ADVERB
heute ◇ *What did you do today?* Was hast du heute gemacht?

toddler NOUN
das *Kleinkind* (PL die *Kleinkinder*)

toe NOUN
der *Zeh* (PL die *Zehen*) ◇ *my big toe* mein großer Zeh

toffee NOUN
der *Karamell* ⚠

together ADVERB
[1] *zusammen* ◇ *Are they still together?* Sind sie noch zusammen?
[2] *gleichzeitig* (*at the same time*) ◇ *Don't all speak together!* Redet nicht alle gleichzeitig!
◆ **together with** (*with person*) zusammen mit

toilet NOUN
die *Toilette*

toilet paper NOUN
das *Toilettenpapier*

toiletries PL NOUN
die *Toilettenartikel* MASC PL

toilet roll NOUN
die *Rolle Toilettenpapier*

token NOUN
◆ **a gift token** ein Geschenkgutschein MASC

told VERB *see* **tell**

tolerant ADJECTIVE
tolerant

toll NOUN
die *Benutzungsgebühr* (*on bridge, motorway*)

tomato NOUN
(PL **tomatoes**)
die *Tomate* ◇ *tomato soup* die Tomatensuppe

tomboy NOUN
der *Wildfang* ◇ *She's a real tomboy.* Sie ist ein echter Wildfang.

tomorrow ADVERB
morgen ◇ *tomorrow morning* morgen früh ◇ *tomorrow night* morgen Abend
◆ **the day after tomorrow** übermorgen

ton NOUN
die *Tonne* ◇ *That old bike weighs a ton.* Das alte Fahrrad wiegt ja eine Tonne.

tongue NOUN
die *Zunge*
◆ **to say something tongue in cheek** etwas nicht so ernst meinen

tonic NOUN
das *Tonic* (*tonic water*) (PL die *Tonics*)
◆ **a gin and tonic** ein Gin Tonic

tonight ADVERB
[1] *heute Abend* ⚠ (*this evening*) ◇ *Are you going out tonight?* Gehst du heute Abend aus?
[2] *heute Nacht* ⚠ (*during the night*) ◇ *I'll sleep well tonight.* Ich werde heute Nacht gut schlafen.

tonsillitis NOUN
die *Mandelentzündung* ◇ *She's got tonsillitis.* Sie hat eine Mandelentzündung.

tonsils PL NOUN
die *Mandeln* FEM PL

too ADVERB, ADJECTIVE
[1] *auch* (*as well*) ◇ *My sister came too.* Meine Schwester ist auch mitgekommen.
[2] *zu* (*excessively*) ◇ *The water's too hot.* Das Wasser ist zu heiß. ◇ *We arrived too late.* Wir sind zu spät gekommen.
◆ **too much** zu viel ◇ *too much noise* zu viel Lärm ◇ *At Christmas we always eat too much.* Zu Weihnachten essen wir immer zu viel. ◇ *Fifty marks? That's too much.* Fünfzig Mark? Das ist zu viel.
◆ **too many** zu viele ◇ *too many hamburgers* zu viele Hamburger
◆ **Too bad!** Da kann man nichts machen!

took VERB *see* **take**

tool NOUN
das *Werkzeug* (PL die *Werkzeuge*)
◆ **a tool box** ein Werkzeugkasten MASC

tooth NOUN
(PL **teeth**)
der *Zahn* (PL die *Zähne*)

toothache NOUN
die *Zahnschmerzen* MASC PL ◇ *to have toothache* Zahnschmerzen haben

toothbrush NOUN
(PL **toothbrushes**)
die *Zahnbürste*

toothpaste NOUN
die *Zahnpasta* (PL die *Zahnpasten*)

top NOUN
see also top ADJECTIVE
[1] die *Spitze* (*of tree*)
[2] der *Gipfel* (*of mountain*) (PL die *Gipfel*)
[3] das *Oberteil* (*of garment*) (PL die *Oberteile*) ◇ *a bikini top* ein Bikinioberteil
[4] das *Kopfende* (*of table*) (PL die *Kopfenden*)
[5] der *Deckel* (*of box, jar*) (PL die *Deckel*)
[6] der *Verschluss* ⚠ (GEN des *Verschlusses*, PL die *Verschlüsse*) (*of bottle*)
◆ **at the top of the page** oben auf der Seite
◆ **to reach the top of the ladder** oben auf der Leiter ankommen
◆ **on top of** (*on*) oben auf ◇ *on top of the cupboard* oben auf dem Schrank

T

- **There's a surcharge on top of that.** Es kommt noch ein Zuschlag dazu.
- **from top to bottom** von oben bis unten ◇ *I searched the house from top to bottom.* Ich habe das Haus von oben bis unten durchsucht.

top ADJECTIVE
see also top NOUN
erstklassig (*first-class*) ◇ *a top hotel* ein erstklassiges Hotel
- **a top surgeon** ein Spitzenchirurg MASC
- **a top model** (*fashion*) ein Topmodel NEUT
- **He always gets top marks in German.** Er bekommt in Deutsch immer Spitzennoten.
- **the top floor** der oberste Stock ◇ *on the top floor* im obersten Stock

topic NOUN
das *Thema* (PL die *Themen*) ◇ *The essay can be on any topic.* Der Aufsatz kann über ein beliebiges Thema sein.

topical ADJECTIVE
aktuell ◇ *a topical issue* ein aktuelles Problem

topless ADJECTIVE
oben ohne ◇ *to go topless* oben ohne gehen

top-secret ADJECTIVE
streng geheim ◇ *top-secret documents* streng geheime Dokumente

torch NOUN
(PL **torches**)
die *Taschenlampe*

tore, torn VERB *see* **tear**

tortoise NOUN
die *Schildkröte*

torture NOUN
see also torture VERB
die *Folter*
- **It was pure torture.** Es war die Hölle. (*informal*)

to **torture** VERB
see also torture NOUN
quälen ◇ *Stop torturing that poor animal!* Hör auf, das arme Tier zu quälen!

Tory ADJECTIVE
see also Tory NOUN
konservativ ◇ *the Tory government* die konservative Regierung

Tory NOUN
(PL **Tories**)
see also Tory ADJECTIVE
der *Konservative* (GEN des *Konservativen*, PL die *Konservativen*)
die *Konservative* (GEN der *Konservativen*)
◇ *a Tory* (*man*) ein Konservativer
- **the Tories** die Konservativen

to **toss** VERB
- **to toss pancakes** Pfannkuchen in der Luft wenden
- **Shall we toss for it?** Sollen wir eine Münze werfen?

total ADJECTIVE
see also total NOUN
gesamt ◇ *the total amount* der gesamte Betrag

total NOUN
see also total ADJECTIVE
1 die *Gesamtmenge* (*amount*)
2 die *Endsumme* (*money, figures*)
- **the grand total** die Gesamtsumme

totally ADVERB
völlig ◇ *He's totally useless.* Er ist völlig unfähig.

touch NOUN
see also touch VERB
- **to get in touch with somebody** sich mit jemandem in Verbindung setzen
- **to keep in touch with somebody** mit jemandem in Verbindung bleiben
- **Keep in touch!** Lass von dir hören!
- **to lose touch** sich aus den Augen verlieren
- **to lose touch with somebody** jemanden aus den Augen verlieren

to **touch** VERB
see also touch NOUN
berühren (PERFECT *hat berührt*)
- **"Do not touch"** "Nicht berühren"
- **Don't touch that!** Fass das nicht an!

touchdown NOUN
die *Landung*

touched ADJECTIVE
gerührt ◇ *I was really touched.* Ich war wirklich gerührt.

touching ADJECTIVE
rührend

touchline NOUN
die *Seitenlinie*

touchy ADJECTIVE
empfindlich ◇ *She's a bit touchy.* Sie ist etwas empfindlich.

tough ADJECTIVE
1 *hart* ◇ *It was tough, but I managed OK.* Es war hart, aber ich habe es geschafft. ◇ *It's a tough job.* Das ist eine harte Arbeit. ◇ *He thinks he's a tough guy.* Er meint, er sei ein harter Bursche.
2 *zäh* (*meat*) ◇ *The meat's tough.* Das Fleisch ist zäh.
3 *fest* (*strong*) ◇ *tough leather gloves* feste Lederhandschuhe
- **Tough luck!** Das ist Pech!

toupee NOUN
das *Toupet* (PL die *Toupets*)

tour NOUN
see also tour VERB
1 die *Besichtigung* (*of town, museum*)
- **We went on a tour of the city.** Wir haben die Stadt besichtigt.
- **a guided tour** eine Führung
- **a package tour** eine Pauschalreise

2 die *Tournee* (*by singer, group*) ◇ *on tour* auf Tournee ◇ *to go on tour* auf Tournee gehen

to **tour** VERB
see also tour NOUN
- **Sting's touring Europe.** (*singer, artiste*) Sting

ist auf Europatournee.

tour guide NOUN
der *Reiseleiter* (PL die *Reiseleiter*)
die *Reiseleiterin*

tourism NOUN
der *Tourismus* (GEN des *Tourismus*)

tourist NOUN
der *Tourist* (GEN des *Touristen*, PL die *Touristen*)
die *Touristin*
- **tourist information office** das Verkehrsbüro

tournament NOUN
das *Turnier* (PL die *Turniere*)

towards PREPOSITION
1 *auf...zu* (*in the direction of*) ◇ *He came towards me.* Er kam auf mich zu.
2 *gegenüber* (*of attitude*) ◇ *my feelings towards him* meine Empfindungen ihm gegenüber

towel NOUN
das *Handtuch* (PL die *Handtücher*)

tower NOUN
der *Turm* (PL die *Türme*)
- **a tower block** ein Hochhaus NEUT

town NOUN
die *Stadt* (PL die *Städte*)
- **a town plan** ein Stadtplan MASC
- **the town centre** die Stadtmitte
- **the town hall** das Rathaus

tow truck NOUN
der *Abschleppwagen* (PL die *Abschleppwagen*)

toy NOUN
das *Spielzeug* (PL die *Spielzeuge*)
- **a toy shop** ein Spielwarengeschäft NEUT
- **a toy car** ein Spielzeugauto NEUT

trace NOUN
see also trace VERB
die *Spur* ◇ *There was no trace of the robbers.* Es gab keine Spur von den Räubern.

to **trace** VERB
see also trace NOUN
nachziehen (*draw*) (IMPERFECT *zog nach*, PERFECT *hat nachgezogen*)

tracing paper NOUN
das *Pauspapier*

track NOUN
1 der *Pfad* (*dirt road*) (PL die *Pfade*)
2 das *Gleis* (*railway line*) (GEN des *Gleises*, PL die *Gleise*)
3 die *Rennbahn* (*in sport*) ◇ *two laps of the track* zwei Runden der Rennbahn
4 das *Stück* (*song*) (PL die *Stücke*) ◇ *This is my favourite track.* Das ist mein Lieblingsstück.
5 die *Spur* (*trail*) ◇ *They followed the tracks for miles.* Sie folgten der Spur meilenweit.

to **track down** VERB
- **to track somebody down** jemanden finden ◇ *The police never tracked down the killer.* Die Polizei hat den Mörder nie gefunden.

tracksuit NOUN
der *Jogginganzug* (PL die *Jogginganzüge*)

tractor NOUN
der *Traktor* (PL die *Traktoren*)

trade NOUN
das *Handwerk* (*skill, job*) ◇ *to learn a trade* ein Handwerk erlernen

trade union NOUN
die *Gewerkschaft*
Unions in Germany are organized within the Deutscher Gewerkschaftsbund (DGB).

trade unionist NOUN
der *Gewerkschafter* (PL die *Gewerkschafter*)
die *Gewerkschafterin*

tradition NOUN
die *Tradition*

traditional ADJECTIVE
traditionell

traffic NOUN
der *Verkehr* ◇ *The traffic was terrible.* Es war furchtbar viel Verkehr.

traffic circle NOUN
der *Kreisverkehr* (PL die *Kreisverkehre*)

traffic jam NOUN
der *Stau* (PL die *Staus*)

traffic lights PL NOUN
die *Ampel* SING

traffic warden NOUN
1 der *Hilfspolizist* (*man*) (GEN des *Hilfspolizisten*, PL die *Hilfspolizisten*)
2 die *Politesse* (*woman*)

tragedy NOUN
(PL **tragedies**)
die *Tragödie*

tragic ADJECTIVE
tragisch

trailer NOUN
1 der *Anhänger* (*vehicle*) (PL die *Anhänger*)
2 der *Wohnwagen* (*caravan*) (PL die *Wohnwagen*)
3 die *Vorschau* (*advert for film*)

train NOUN
see also train VERB
der *Zug* (PL die *Züge*)

to **train** VERB
see also train NOUN
trainieren (*sport*) (PERFECT *hat trainiert*)
◇ *to train for a race* für ein Rennen trainieren
- **to train as a teacher** eine Lehrerausbildung machen
- **to train an animal to do something** ein Tier dressieren, etwas zu tun

trained ADJECTIVE
gelernt ◇ *She's a trained nurse.* Sie ist gelernte Krankenschwester.

trainee NOUN
1 (*in profession*)
der *Praktikant* (GEN des *Praktikanten*, PL die *Praktikanten*)
die *Praktikantin*
◇ *She's a trainee.* Sie ist Praktikantin.
2 (*apprentice*)
der *Lehrling* (PL die *Lehrlinge*)
der Lehrling *is also used for women.*
◇ *She's a trainee plumber.* Sie ist

Klempnerlehrling.

trainer NOUN
[1] (*sports coach*)
der *Trainer* (PL die *Trainer*)
die *Trainerin*
[2] (*of animals*)
der *Dresseur* (PL die *Dresseure*)
die *Dresseuse*

trainers PL NOUN
die *Turnschuhe* MASC PL ◇ *a pair of trainers* ein Paar Turnschuhe

training NOUN
[1] die *Ausbildung* ◇ *a training course* ein Ausbildungskurs MASC
[2] das *Training* (*sport*) (PL die *Trainings*)

tram NOUN
die *Straßenbahn*

tramp NOUN
der *Landstreicher* (PL die *Landstreicher*)
die *Landstreicherin*

trampoline NOUN
das *Trampolin* (PL die *Trampoline*)

tranquillizer NOUN
das *Beruhigungsmittel* (PL die *Beruhigungsmittel*) ◇ *She's on tranquillizers.* Sie nimmt Beruhigungsmittel.

transfer NOUN
das *Abziehbild* (*sticker*) (PL die *Abziehbilder*)

transfusion NOUN
die *Transfusion*

transistor NOUN
der *Transistor* (PL die *Transistoren*)

transit lounge NOUN
die *Transithalle*

to **translate** VERB
übersetzen (PERFECT *hat übersetzt*) ◇ *to translate something into English* etwas ins Englische übersetzen

translation NOUN
die *Übersetzung*

translator NOUN
der *Übersetzer* (PL die *Übersetzer*)
die *Übersetzerin*
◇ *Anita's a translator.* Anita ist Übersetzerin.

transparent ADJECTIVE
durchsichtig

transplant NOUN
die *Transplantation* ◇ *a heart transplant* eine Herztransplantation

transport NOUN
see also transport VERB
der *Transport* (PL die *Transporte*) ◇ *the transport of goods* der Warentransport

to **transport** VERB
see also transport NOUN
transportieren (PERFECT *hat transportiert*)

trap NOUN
die *Falle*

trash can NOUN
der *Abfalleimer* (PL die *Abfalleimer*)

trashy ADJECTIVE
schlecht ◇ *a really trashy film* ein wirklich schlechter Film

traumatic ADJECTIVE
traumatisch ◇ *It was a traumatic experience.* Es war ein traumatisches Erlebnis.

travel NOUN
see also travel VERB
das *Reisen*

to **travel** VERB
see also travel NOUN
reisen (PERFECT *ist gereist*) ◇ *I prefer to travel by train.* Ich reise lieber mit dem Zug.
◆ **I'd like to travel round the world.** Ich würde gern eine Weltreise machen.
◆ **We travelled over eight hundred kilometres.** Wir haben über achthundert Kilometer zurückgelegt.
◆ **News travels fast!** Neuigkeiten sprechen sich schnell herum!

travel agency NOUN
(PL **travel agencies**)
das *Reisebüro* (PL die *Reisebüros*)

travel agent NOUN
der *Reisebürokaufmann* (PL die *Reisebürokaufleute*)
die *Reisebürokauffrau*
◇ *She's a travel agent.* Sie ist Reisebürokauffrau.

traveller NOUN
[1] (*on bus, train*)
der *Fahrgast* (PL die *Fahrgäste*)
der Fahrgast *is also used for women.*
[2] (*on plane*)
der *Passagier* (PL die *Passagiere*)
die *Passagierin*

traveller's cheque NOUN
der *Reisescheck* (PL die *Reiseschecks*)

travelling NOUN
◆ **I love travelling.** Ich reise sehr gern.

travel sickness NOUN
die *Reisekrankheit*

tray NOUN
das *Tablett* (PL die *Tabletts*)

to **tread** VERB
(**trod**, **trodden**)
treten (PRESENT *tritt*, IMPERFECT *trat*, PERFECT *ist getreten*) ◇ *to tread on something* auf etwas treten ◇ *He trod on her foot.* Er ist ihr auf den Fuß getreten.

treasure NOUN
der *Schatz* (GEN des *Schatzes*, PL die *Schätze*)

treat NOUN
see also treat VERB
[1] das *Geschenk* (*present*) (PL die *Geschenke*)
[2] der *Leckerbissen* (*food*) (PL die *Leckerbissen*)
◆ **to give somebody a treat** jemandem eine besondere Freude machen

to **treat** VERB
see also treat NOUN
behandeln (*well, badly*) (PERFECT *hat behandelt*)
◆ **to treat somebody to something** jemandem

etwas spendieren ◇ *He treated us to an ice cream.* Er hat uns ein Eis spendiert.

treatment NOUN
die *Behandlung*

to **treble** VERB
sich verdreifachen (PERFECT *hat sich verdreifacht*) ◇ *The cost of living has trebled.* Die Lebenshaltungskosten haben sich verdreifacht.

tree NOUN
der *Baum* (PL die *Bäume*)

to **tremble** VERB
zittern

trend NOUN
der *Trend* (*fashion*) (PL die *Trends*)

trendy ADJECTIVE
modisch

trial NOUN
der *Prozess* ⚠ (GEN des *Prozesses*, PL die *Prozesse*) (*in court*)

triangle NOUN
das *Dreieck* (PL die *Dreiecke*)

tribe NOUN
der *Stamm* (PL die *Stämme*)

trick NOUN
see also trick VERB
1 der *Streich* (PL die *Streiche*) ◇ *to play a trick on somebody* jemandem einen Streich spielen
2 der *Trick* (*knack*) (PL die *Tricks*) ◇ *It's not easy: there's a trick to it.* Das ist nicht leicht: da ist ein Trick dabei.

to **trick** VERB
see also trick NOUN
◆ **to trick somebody** jemanden reinlegen

tricky ADJECTIVE
knifflig

tricycle NOUN
das *Dreirad* (PL die *Dreiräder*)

trifle NOUN
das *Trifle* (*dessert*) (PL die *Trifles*)

to **trim** VERB
see also trim NOUN
1 *schneiden* (*hair*) (IMPERFECT *schnitt*, PERFECT *hat geschnitten*)
2 *stutzen* ◇ *He trimmed his moustache.* Er stutzte seinen Schnurrbart.
3 *mähen* (*grass*)

trim NOUN
see also trim VERB
◆ **to have a trim** sich die Haare schneiden lassen ◇ *You need a trim.* Du solltest dir die Haare schneiden lassen.

trip NOUN
see also trip VERB
die *Reise* ◇ *to go on a trip* eine Reise machen ◇ *Have a good trip!* Gute Reise!
◆ **a day trip** ein Tagesausflug MASC

to **trip** VERB
see also trip NOUN
stolpern (*stumble*) (PERFECT *ist gestolpert*)

triple ADJECTIVE
dreifach

triplets PL NOUN
die *Drillinge* MASC PL

trivial ADJECTIVE
trivial

trod, trodden VERB *see* **tread**

trolley NOUN
1 der *Einkaufswagen* (*for shopping*) (PL die *Einkaufswagen*)
2 der *Kofferkuli* (*for luggage*) (PL die *Kofferkulis*)

trombone NOUN
die *Posaune* ◇ *I play the trombone.* Ich spiele Posaune.

troops PL NOUN
die *Truppen* FEM PL ◇ *British troops* die britischen Truppen

trophy NOUN
(PL **trophies**)
die *Trophäe* ◇ *to win a trophy* eine Trophäe gewinnen

tropical ADJECTIVE
tropisch ◇ *tropical plants* tropische Pflanzen
◆ **The weather was tropical.** Es war tropisch heiß.

to **trot** VERB
traben (PERFECT *ist getrabt*)

trouble NOUN
das *Problem* (PL die *Probleme*) ◇ *The trouble is, it's too expensive.* Das Problem ist, dass es zu teuer ist.
◆ **What's the trouble?** Wo ist das Problem?
◆ **to be in trouble** in Schwierigkeiten sein
◆ **stomach trouble** die Magenbeschwerden FEM PL
◆ **to take a lot of trouble over something** sich mit etwas viel Mühe geben ◇ *I took a lot of trouble over that project.* Ich habe mir mit dem Referat viel Mühe gegeben.
◆ **Don't worry, it's no trouble.** Keine Sorge, das macht keine Mühe.

troublemaker NOUN
der *Unruhestifter* (PL die *Unruhestifter*)
die *Unruhestifterin*

trousers PL NOUN
die *Hose* SING ◇ *a pair of trousers* eine Hose

trout NOUN
die *Forelle*

truant NOUN
◆ **to play truant** die Schule schwänzen

truck NOUN
der *Lastwagen* (PL die *Lastwagen*)
◆ **He's a truck driver.** Er ist Lastwagenfahrer.

trucker NOUN
der *Lastwagenfahrer* (*driver*) (PL die *Lastwagenfahrer*)

true ADJECTIVE
wahr ◇ *true love* wahre Liebe ◇ *That's true.* Das ist wahr.
◆ **to come true** wahr werden ◇ *I hope my dream will come true.* Ich hoffe, mein Traum wird wahr.

trumpet NOUN
die *Trompete* ◇ *She plays the trumpet.* Sie

T

spielt Trompete.

trunk NOUN
1 der *Stamm* (*of tree*) (PL die *Stämme*)
2 der *Rüssel* (*of elephant*) (PL die *Rüssel*)
3 der *Schrankkoffer* (*luggage*) (PL die *Schrankkoffer*)
4 der *Kofferraum* (*boot of car*) (PL die *Kofferräume*)

trunks PL NOUN
◆ **swimming trunks** die Badehose SING ◇ *a pair of trunks* eine Badehose

trust NOUN
see also trust VERB
das *Vertrauen* ◇ *to have trust in somebody* Vertrauen zu jemandem haben

to **trust** VERB
see also trust NOUN
◆ **to trust somebody** jemandem vertrauen
◇ *Don't you trust me?* Vertraust du mir nicht?
◆ **Trust me!** Glaub mir!

trusting ADJECTIVE
vertrauensvoll

truth NOUN
die *Wahrheit*

truthful ADJECTIVE
ehrlich

try NOUN
(PL **tries**)
see also try VERB
der *Versuch* (PL die *Versuche*) ◇ *his third try* sein dritter Versuch
◆ **to have a try** es versuchen ◇ *I'll have a try.* Ich werd's versuchen.
◆ **It's worth a try.** Der Versuch lohnt sich.
◆ **to give something a try** etwas versuchen

to **try** VERB
(**tried**)
see also try NOUN
1 *versuchen* (*attempt*) (PERFECT *hat versucht*) ◇ *to try to do something* versuchen, etwas zu tun
◆ **to try again** es noch einmal versuchen
2 *probieren* (*taste*) (PERFECT *hat probiert*)
◇ *Would you like to try some?* Möchtest du etwas probieren?
◆ **to try on** (*clothes*) anprobieren
◆ **to try something out** etwas ausprobieren

T-shirt NOUN
das *T-Shirt* (PL die *T-Shirts*)

tube NOUN
die *Tube*
◆ **the Tube** (*underground*) die U-Bahn

tuberculosis NOUN
die *Tuberkulose*

Tuesday NOUN
der *Dienstag* (PL die *Dienstage*) ◇ *on Tuesday* am Dienstag ◇ *every Tuesday* jeden Dienstag ◇ *last Tuesday* letzten Dienstag ◇ *next Tuesday* nächsten Dienstag
◆ **on Tuesdays** dienstags

tug of war NOUN
das *Tauziehen*

tuition NOUN
1 der *Unterricht*
◆ **extra tuition** die Nachhilfestunden FEM PL
◇ *She receives extra tuition.* Sie bekommt Nachhilfestunden.
2 die *Studiengebühren* FEM PL (*tuition fees*)

tulip NOUN
die *Tulpe*

tumble dryer NOUN
der *Wäschetrockner* (PL die *Wäschetrockner*)

tummy NOUN
(PL **tummies**)
der *Bauch* (PL die *Bäuche*) ◇ *I've got a sore tummy.* Ich habe Bauchschmerzen.

tuna NOUN
der *Thunfisch* (PL die *Thunfische*)

tune NOUN
die *Melodie* (*melody*)
◆ **to play in tune** richtig spielen
◆ **to sing out of tune** falsch singen

tunnel NOUN
der *Tunnel* (PL die *Tunnel*)
◆ **the Tunnel** (*Chunnel*) der Kanaltunnel

Turk NOUN
der *Türke* (GEN des *Türken*, PL die *Türken*)
die *Türkin*

Turkey NOUN
die *Türkei*
Note that the definite article is used in German for countries which are feminine.
◆ **from Turkey** aus der Türkei
◆ **in Turkey** in der Türkei
◆ **to Turkey** in die Türkei

turkey NOUN
der *Truthahn* (PL die *Truthähne*)
Truthahn ist das traditionelle Weihnachtsessen in Großbritannien.

Turkish ADJECTIVE
see also Turkish NOUN
türkisch

Turkish NOUN
see also Turkish ADJECTIVE
das *Türkische* (*language*) (GEN des *Türkischen*)

turn NOUN
see also turn VERB
die *Abbiegung* (*in road*)
◆ **"no left turn"** "links abbiegen verboten"
◆ **Whose turn is it?** Wer ist an der Reihe?
◆ **It's my turn!** Ich bin an der Reihe!

to **turn** VERB
see also turn NOUN
1 *abbiegen* (IMPERFECT *bog ab*, PERFECT *ist abgebogen*) ◇ *Turn right at the lights.* Biegen Sie an der Ampel rechts ab.
2 *werden* (*become*) (PRESENT *wird*, IMPERFECT *wurde*, PERFECT *ist geworden*) ◇ *to turn red* rot werden
◆ **to turn into something** sich in etwas verwandeln ◇ *The frog turned into a prince.* Der Frosch verwandelte sich in einen Prinzen.

to **turn back** VERB
umkehren (PERFECT *ist umgekehrt*) ◇ *We*

turned back. Wir sind umgekehrt.

to **turn down** VERB
[1] ***ablehnen*** (*offer*) (PERFECT ***hat abgelehnt***)
[2] ***leiser stellen*** (*radio, TV*)
[3] ***herunterdrehen*** (*heating*) (PERFECT ***hat heruntergedreht***)

to **turn off** VERB
[1] ***ausmachen*** (*light, radio*) (PERFECT ***hat ausgemacht***)
[2] ***zudrehen*** (*tap*) (PERFECT ***hat zugedreht***)
[3] ***ausschalten*** (*engine*) (PERFECT ***hat ausgeschaltet***)

to **turn on** VERB
[1] ***anmachen*** (*light, radio*) (PERFECT ***hat angemacht***)
[2] ***aufdrehen*** (*tap*) (PERFECT ***hat aufgedreht***)
[3] ***anlassen*** (*engine*) (PRESENT ***lässt an***, IMPERFECT ***ließ an***, PERFECT ***hat angelassen***)

to **turn out** VERB
- **It turned out to be a mistake.** Es stellte sich heraus, dass das ein Fehler war.
- **It turned out that she was right.** Es stellte sich heraus, dass sie recht hatte.

to **turn round** VERB
[1] ***umkehren*** (*car*) (PERFECT ***ist umgekehrt***) ◇ *At the end of the street we turned round.* Am Ende der Straße kehrten wir um.
[2] ***sich umdrehen*** (*person*) (PERFECT ***hat sich umgedreht***) ◇ *I turned round.* Ich drehte mich um.

to **turn up** VERB
[1] ***aufkreuzen*** (*arrive*) (PERFECT ***ist aufgekreuzt***)
[2] ***höher stellen*** (*heater*)
[3] ***lauter machen*** (*radio, TV*)

turning NOUN
- **It's the third turning on the left.** Es ist die dritte Straße links.
- **We took the wrong turning.** Wir sind falsch abgebogen.

turnip NOUN
die ***Steckrübe***

turquoise ADJECTIVE
türkis (*colour*)

turtle NOUN
die ***Meeresschildkröte***

tutor NOUN
(*private teacher*)
der ***Lehrer*** (PL die ***Lehrer***)
die ***Lehrerin***

tuxedo
(PL **tuxedos**) NOUN
der ***Smoking*** (PL die ***Smokings***)

TV NOUN
das ***Fernsehen***

tweezers PL NOUN
die ***Pinzette*** SING ◇ *a pair of tweezers* eine Pinzette

twelfth ADJECTIVE
zwölfte ◇ *the twelfth floor* der zwölfte Stock ◇ *the twelfth of August* der zwölfte August

twelve NUMBER
zwölf ◇ *She's twelve.* Sie ist zwölf. ◇ *at twelve o'clock* um zwölf Uhr

twenty NUMBER
zwanzig ◇ *He's twenty.* Er ist zwanzig.

twice ADVERB
zweimal
- **twice as much** doppelt so viel ◇ *He gets twice as much pocket money as me.* Er bekommt doppelt so viel Taschengeld wie ich.

twin NOUN
der ***Zwilling*** (PL die ***Zwillinge***)
der Zwilling *is also used for women.*
- **my twin brother** mein Zwillingsbruder MASC
- **her twin sister** ihre Zwillingsschwester
- **identical twins** eineiige Zwillinge
- **a twin room** ein Doppelzimmer mit zwei Betten

twinned ADJECTIVE
- **Oxford is twinned with Bonn.** Oxford und Bonn sind Partnerstädte.

to **twist** VERB
[1] ***biegen*** (*bend*) (IMPERFECT ***bog***, PERFECT ***hat gebogen***)
- **I've twisted my ankle.** Ich habe mir den Fuß vertreten.

[2] ***verdrehen*** (*distort*) (PERFECT ***hat verdreht***) ◇ *You're twisting my words.* Sie verdrehen meine Worte.

twit NOUN
der ***Trottel*** (*informal*) (PL die ***Trottel***)
der Trottel *is also used for women.*

two NUMBER
zwei ◇ *She's two.* Sie ist zwei.

type NOUN
see also type VERB
die ***Art*** ◇ *What type of camera have you got?* Welche Art von Fotoapparat hast du?

to **type** VERB
see also type NOUN
Schreibmaschine schreiben (IMPERFECT ***schrieb Schreibmaschine***, PERFECT ***hat Schreibmaschine geschrieben***) ◇ *Can you type?* Kannst du Schreibmaschine schreiben?
- **to type a letter** einen Brief tippen

typewriter NOUN
die ***Schreibmaschine***

typical ADJECTIVE
typisch ◇ *That's just typical!* Das ist typisch!

tyre NOUN
der ***Reifen*** (PL die ***Reifen***) ◇ *the tyre pressure* der Reifendruck

U

UFO NOUN (= *unidentified flying object*) (PL **UFOs**)
das *Ufo* (PL die *Ufos*) (= unbekanntes Flugobjekt)

ugh EXCLAMATION
igitt

ugly ADJECTIVE
hässlich ⚠

UK NOUN (= *United Kingdom*)
das *Vereinigte Königreich*
- **from the UK** aus dem Vereinigten Königreich
- **in the UK** im Vereinigten Königreich
- **to the UK** in das Vereinigte Königreich

ulcer NOUN
das *Geschwür* (PL die *Geschwüre*)

Ulster NOUN
Ulster NEUT
- **from Ulster** aus Ulster
- **in Ulster** in Ulster
- **to Ulster** nach Ulster

ultimate ADJECTIVE
äußerste ◇ *the ultimate challenge* die äußerste Herausforderung
- **It was the ultimate adventure.** Das war das große Abenteuer.

ultimately ADVERB
schließlich ◇ *Ultimately, it's your decision.* Schließlich ist es deine Entscheidung.

umbrella NOUN
[1] der *Regenschirm* (PL die *Regenschirme*)
[2] der *Sonnenschirm* (*for sun*) (PL die *Sonnenschirme*)

umpire NOUN
der *Schiedsrichter* (PL die *Schiedsrichter*)
die *Schiedsrichterin*

UN NOUN (= *United Nations*)
die *UN* PL

unable ADJECTIVE
- **to be unable to do something** etwas nicht tun können ◇ *I was unable to come.* Ich konnte nicht kommen.

unacceptable ADJECTIVE
unannehmbar

unanimous ADJECTIVE
einstimmig ◇ *a unanimous decision* ein einstimmiger Beschluss

unavoidable ADJECTIVE
umvermeidlich

unaware ADJECTIVE
- **to be unaware (1)** (*not know about*) nichts wissen ◇ *I was unaware of the regulations.* Ich wusste nichts von den Bestimmungen.
- **to be unaware (2)** (*not notice*) nicht merken ◇ *She was unaware that she was being filmed.* Sie merkte nicht, dass sie gefilmt wurde.

unbearable ADJECTIVE
unerträglich

unbeatable ADJECTIVE
unschlagbar

unbelievable ADJECTIVE
unglaublich

unborn ADJECTIVE
ungeboren ◇ *the unborn child* das ungeborene Kind

unbreakable ADJECTIVE
unzerbrechlich

uncanny ADJECTIVE
unheimlich ◇ *That's uncanny!* Das ist unheimlich!
- **an uncanny resemblance to** eine verblüffende Ähnlichkeit mit

uncertain ADJECTIVE
ungewiss ⚠ ◇ *The future is uncertain.* Die Zukunft ist ungewiss.
- **to be uncertain about something** sich über etwas nicht im Klaren sein ◇ *I'm uncertain about her plans.* Ich bin mir über ihre Pläne nicht im Klaren.

uncivilized ADJECTIVE
unzivilisiert

uncle NOUN
der *Onkel* (PL die *Onkel*) ◇ *my uncle* mein Onkel

uncomfortable ADJECTIVE
unbequem ◇ *The seats are rather uncomfortable.* Die Sitze sind ziemlich unbequem.

unconscious ADJECTIVE
bewusstlos ⚠

unconventional ADJECTIVE
unkonventionell

under PREPOSITION
unter

> *Use the accusative to express movement or a change of place. Use the dative when there is no change of place.*

◇ *The ball rolled under the table.* Der Ball rollte unter den Tisch. ◇ *The cat's under the table.* Die Katze ist unter dem Tisch.
- **under there** da drunter ◇ *What's under there?* Was ist da drunter? ◇ *children under ten* Kinder unter zehn
- **under twenty people** weniger als zwanzig Leute

underage ADJECTIVE
minderjährig

undercover ADJECTIVE, ADVERB
- **an undercover agent** (*secret agent*) ein Geheimagent MASC
- **She was working undercover.** Sie führte verdeckte Ermittlungen durch.

to **underestimate** VERB
unterschätzen (PERFECT *hat unterschätzt*)
◇ *I underestimated her.* Ich habe sie unterschätzt.

underground ADJECTIVE, ADVERB
see also underground NOUN
[1] *unterirdisch* ◇ *underground water pipes* unterirdische Wasserrohre

◆ **an underground car park** eine Tiefgarage
[2] *unter der Erde* ◇ *Moles live underground.* Maulwürfe leben unter der Erde.

underground NOUN
see also **underground** ADJECTIVE
die *U-Bahn* ◇ *Is there an underground in Bonn?* Gibt es in Bonn eine U-Bahn?

to **underline** VERB
unterstreichen (IMPERFECT *unterstrich*, PERFECT *hat unterstrichen*)

underneath PREPOSITION, ADVERB
[1] *unter*
Use the accusative to express movement or a change of place. Use the dative when there is no change of place.
◇ *I put it underneath that pile.* Ich habe es unter diesen Stapel gelegt. ◇ *It was hidden underneath the carpet.* Es war unter dem Teppich versteckt.
[2] *darunter* ◇ *I got out of the car and looked underneath.* Ich stieg aus dem Auto aus und sah darunter.

underpaid ADJECTIVE
unterbezahlt ◇ *I'm underpaid.* Ich bin unterbezahlt.

underpants PL NOUN
die *Unterhose* SING ◇ *a pair of underpants* eine Unterhose

underpass NOUN
(PL **underpasses**)
die *Unterführung*

undershirt NOUN
das *Unterhemd* (PL die *Unterhemden*)

to **understand** VERB
(**understood**, **understood**)
verstehen (IMPERFECT *verstand*, PERFECT *hat verstanden*) ◇ *Do you understand?* Verstehst du? ◇ *I don't understand this word.* Ich verstehe dieses Wort nicht. ◇ *Is that understood?* Ist das verstanden?

understanding ADJECTIVE
verständnisvoll ◇ *She's very understanding.* Sie ist sehr verständnisvoll.

understood VERB *see* **understand**

undertaker NOUN
der *Beerdigungsunternehmer* (PL die *Beerdigungsunternehmer*)
die *Beerdigungsunternehmerin*

underwater ADJECTIVE, ADVERB
unter Wasser ◇ *This sequence was filmed underwater.* Diese Sequenz wurde unter Wasser gefilmt.
◆ **an underwater camera** eine Unterwasserkamera

underwear NOUN
die *Unterwäsche*

to **undo** VERB
(**undoes**, **undid**, **undone**)
aufmachen (PERFECT *hat aufgemacht*)

to **undress** VERB
sich ausziehen (*get undressed*) (IMPERFECT *zog sich aus*, PERFECT *hat sich ausgezogen*)
◇ *The doctor told me to get undressed.* Der Arzt bat mich, mich auszuziehen.

uneconomic ADJECTIVE
unrentabel

unemployed ADJECTIVE
arbeitslos ◇ *He's unemployed.* Er ist arbeitslos. ◇ *He's been unemployed for a year.* Er ist seit einem Jahr arbeitslos.
◆ **the unemployed** die Arbeitslosen MASC PL

unemployment NOUN
die *Arbeitslosigkeit*

unexpected ADJECTIVE
unerwartet ◇ *an unexpected visitor* ein unerwarteter Gast

unexpectedly ADVERB
überraschend ◇ *They arrived unexpectedly.* Sie sind überraschend gekommen.

unfair ADJECTIVE
unfair ◇ *It's unfair to girls.* Es ist Mädchen gegenüber unfair.

unfamiliar ADJECTIVE
unbekannt ◇ *I heard an unfamiliar voice.* Ich hörte eine unbekannte Stimme.

unfashionable ADJECTIVE
unmodern

unfit ADJECTIVE
nicht fit ◇ *I'm rather unfit at the moment.* Ich bin im Moment nicht sehr fit.

to **unfold** VERB
auseinander falten ⚠ (PERFECT *hat auseinander gefaltet*) ◇ *She unfolded the map.* Sie faltete die Karte auseinander.

unforgettable ADJECTIVE
unvergesslich ⚠

unfortunately ADVERB
leider ◇ *Unfortunately, I arrived late.* Ich bin leider zu spät gekommen.

unfriendly ADJECTIVE
unfreundlich

ungrateful ADJECTIVE
undankbar

unhappy ADJECTIVE
unglücklich ◇ *He was very unhappy as a child.* Er war als Kind sehr unglücklich. ◇ *to look unhappy* unglücklich aussehen

unhealthy ADJECTIVE
ungesund

uni NOUN
die *Uni* (PL die *Unis*) ◇ *to go to uni* zur Uni gehen

uniform NOUN
die *Uniform* ◇ *the school uniform* die Schuluniform
School uniforms are virtually nonexistent in Germany.

uninhabited ADJECTIVE
unbewohnt

union NOUN
die *Gewerkschaft* (*trade union*)

Union Jack NOUN
die *britische Flagge*

unique ADJECTIVE
einzigartig

unit NOUN
die *Einheit* ◇ *a unit of measurement* eine Maßeinheit
◆ **a kitchen unit** ein Kücheneinbauschrank MASC

United Kingdom NOUN
das *Vereinigte Königreich*
◆ **from the United Kingdom** aus dem Vereinigten Königreich
◆ **in the United Kingdom** im Vereinigten Königreich
◆ **to the United Kingdom** in das Vereinigte Königreich

United Nations PL NOUN
die *Vereinten Nationen* FEM PL

United States NOUN
die *Vereinigten Staaten* MASC PL
◆ **from the United States** aus den Vereinigten Staaten
◆ **in the United States** in den Vereinigten Staaten
◆ **to the United States** in die Vereinigten Staaten

universe NOUN
das *Universum*

university NOUN
(PL **universities**)
die *Universität* ◇ *Do you want to go to university?* Möchtest du auf die Universität gehen? ◇ *Lancaster University* die Universität von Lancaster
◆ **She's at university.** Sie studiert.

unleaded petrol NOUN
das *bleifreie Benzin*

unless CONJUNCTION
es sei denn ◇ *unless he leaves* es sei denn, er geht ◇ *I won't come unless you phone me.* Ich komme nicht, es sei denn, du rufst an.

unlike PREPOSITION
im Gegensatz zu ◇ *Unlike him, I really enjoy flying.* Im Gegensatz zu ihm fliege ich wirklich gern.

unlikely ADJECTIVE
unwahrscheinlich ◇ *It's possible, but unlikely.* Es ist möglich, aber unwahrscheinlich.

unlisted ADJECTIVE
◆ **to have an unlisted number** nicht im Telefonbuch stehen

to **unload** VERB
ausladen (PRESENT *lädt aus*, IMPERFECT *lud aus*, PERFECT *hat ausgeladen*) ◇ *We unloaded the car.* Wir haben das Auto ausgeladen.
◆ **The lorries go there to unload.** Die Lastwagen fahren dorthin um abzuladen.

to **unlock** VERB
aufschließen (IMPERFECT *schloss auf*, PERFECT *hat aufgeschlossen*) ◇ *He unlocked the door of the car.* Er schloss die Autotür auf.

unlucky ADJECTIVE
◆ **to be unlucky (1)** (*number, object*) Unglück bringen ◇ *They say thirteen is an unlucky number.* Es heißt, dass die Zahl dreizehn Unglück bringt.
◆ **to be unlucky (2)** (*person*) kein Glück haben ◇ *Did you win? – No, I was unlucky.* Hast du gewonnen? – Nein, ich habe kein Glück gehabt.

unmarried ADJECTIVE
unverheiratet (*person*) ◇ *an unmarried couple* ein unverheiratetes Paar
◆ **an unmarried mother** eine ledige Mutter

unnatural ADJECTIVE
unnatürlich

unnecessary ADJECTIVE
unnötig

unofficial ADJECTIVE
1 *inoffiziell* (*meeting, leader*)
2 *wild* (*strike*)

to **unpack** VERB
auspacken (*clothes, case*) (PERFECT *hat ausgepackt*) ◇ *I went to my room to unpack.* Ich ging auf mein Zimmer, um auszupacken.

unpleasant ADJECTIVE
unangenehm

to **unplug** VERB
ausstecken (PERFECT *hat ausgesteckt*) ◇ *She unplugged the TV.* Sie hat den Fernseher ausgesteckt.

unpopular ADJECTIVE
unbeliebt

unpredictable ADJECTIVE
unvorhersehbar (*event*)

unreal ADJECTIVE
unglaublich (*incredible*) ◇ *It was unreal!* Es war unglaublich!

unrealistic ADJECTIVE
unrealistisch

unreasonable ADJECTIVE
unmöglich ◇ *Her attitude was completely unreasonable.* Ihre Haltung war völlig unmöglich.

unreliable ADJECTIVE
unzuverlässig ◇ *He's completely unreliable.* Er ist total unzuverlässig.

to **unroll** VERB
aufrollen (PERFECT *hat aufgerollt*)

unsatisfactory ADJECTIVE
unbefriedigend

to **unscrew** VERB
aufschrauben (PERFECT *hat aufgeschraubt*) ◇ *She unscrewed the top of the bottle.* Sie schraubte den Flaschenverschluss auf.

unshaven ADJECTIVE
unrasiert

unskilled worker NOUN
der *ungelernte Arbeiter* (PL die *ungelernten Arbeiter*)
die *ungelernte Arbeiterin*

unstable ADJECTIVE
1 *nicht stabil* (*object*)
2 *labil* (*person*)

unsteady ADJECTIVE

unsicher (*walk, voice*)
- **He was unsteady on his feet.** Er war wackelig auf den Beinen.

unsuccessful ADJECTIVE
erfolglos (*attempt*) ◇ *an unsuccessful artist* ein erfolgloser Künstler
- **to be unsuccessful in doing something** keinen Erfolg bei etwas haben ◇ *He was unsuccessful in getting a job.* Er hatte bei der Arbeitssuche keinen Erfolg.

unsuitable ADJECTIVE
ungeeignet (*clothes, equipment*)

untidy ADJECTIVE
unordentlich

to **untie** VERB
[1] *aufmachen* (*knot, parcel*) (PERFECT *hat aufgemacht*)
[2] *losbinden* (*animal*) (IMPERFECT *band los*, PERFECT *hat losgebunden*)

until PREPOSITION, CONJUNCTION
[1] *bis* ◇ *I waited until ten o'clock.* Ich habe bis zehn Uhr gewartet.
- **until now** bis jetzt ◇ *It's never been a problem until now.* Es war bis jetzt nie ein Problem.
- **until then** bis dahin ◇ *Until then I'd never been to Germany.* Bis dahin war ich noch nie in Deutschland gewesen.

[2] *vor*
Use **vor** *if the sentence you want to translate contains a negative, such as "not" or "never".*
◇ *It won't be ready until next week.* Es wird nicht vor nächster Woche fertig sein. ◇ *Until last year I'd never been to Germany.* Vor letztem Jahr war ich noch nie in Deutschland.

unusual ADJECTIVE
ungewöhnlich ◇ *an unusual shape* eine ungewöhnliche Form ◇ *It's unusual to get snow at this time of year.* Es ist ungewöhnlich, dass es um diese Jahreszeit schneit.

unwilling ADJECTIVE
- **to be unwilling to do something** nicht gewillt sein, etwas zu tun ◇ *He was unwilling to help me.* Er war nicht gewillt, mir zu helfen.

to **unwind** VERB
(**unwound**, **unwound**)
sich entspannen (*relax*) (PERFECT *hat sich entspannt*)

unwise ADJECTIVE
unklug (*person*) ◇ *That was rather unwise of you.* Das war ziemlich unklug von dir.

unwound VERB *see* **unwind**

to **unwrap** VERB
auspacken (PERFECT *hat ausgepackt*)
◇ *After the meal we unwrapped the presents.* Nach dem Essen haben wir die Geschenke ausgepackt.

up PREPOSITION, ADVERB
auf
Use the accusative to express movement or a change of place. Use the dative when there is no change of place.
◇ *He drove me up the hill.* Er hat mich den Berg hinaufgefahren. ◇ *the chapel up on the hill* die Kapelle auf dem Berg
- **up here** hier oben
- **up there** dort oben
- **up north** oben im Norden
- **to be up** (*out of bed*) auf sein ◇ *We were up at six.* Wir waren um sechs Uhr auf. ◇ *He's not up yet.* Er ist noch nicht auf.
- **What's up?** Was gibt's?
- **What's up with her?** Was ist los mit ihr?
- **to get up** (*in the morning*) aufstehen ◇ *What time do you get up?* Um wie viel Uhr stehst du auf?
- **to go up (1)** hinauffahren ◇ *The bus went up the hill.* Der Bus ist den Berg hinaufgefahren.
- **to go up (2)** (*on foot*) hinaufgehen ◇ *We went up the hill.* Wir sind den Berg hinaufgegangen.
- **to go up to somebody** auf jemanden zugehen
- **She came up to me.** Sie kam auf mich zu.
- **up to** (*as far as*) bis ◇ *to count up to fifty* bis fünfzig zählen ◇ *up to three hours* bis zu drei Stunden ◇ *up to now* bis jetzt
- **It's up to you.** Das ist dir überlassen.

For other expressions with up, *see the verbs* go, come, put, turn *etc.*

upbringing NOUN
die *Erziehung*

uphill ADVERB
bergauf

upper sixth NOUN
- **the upper sixth** die dreizehnte Klasse ◇ *She's in the upper sixth.* Sie ist in der dreizehnten Klasse.

upright ADJECTIVE
- **to stand upright** aufrecht stehen

upset NOUN
see also upset ADJECTIVE, VERB
- **a stomach upset** eine Magenverstimmung

upset ADJECTIVE
see also upset NOUN, VERB
[1] *gekränkt* (*hurt*) ◇ *She was upset when he said that.* Sie fühlte sich gekränkt, als er das sagte.
[2] *betrübt* (*sad*) ◇ *I was very upset when my father died.* Ich war sehr betrübt, als mein Vater starb.
- **an upset stomach** eine Magenverstimmung

to **upset** VERB
(**upset**, **upset**)
see also upset NOUN, ADJECTIVE
aufregen ◇ *Don't say anything to upset her!* Sag nichts, was sie aufregen könnte.

upside down ADVERB
verkehrt herum ◇ *That painting is upside down.* Das Bild ist verkehrt herum.

upstairs ADVERB
oben ◇ *Where's your coat? – It's upstairs.* Wo ist dein Mantel? – Er ist oben.
- **the people upstairs** die Leute von oben
- **to go upstairs** hinaufgehen

U

uptight ADJECTIVE
nervös (*nervous*) ◇ *She's really uptight.* Sie ist echt nervös.

up-to-date ADJECTIVE
1 *modern* (*car, stereo*)
2 *aktuell* (*information*) ◇ *an up-to-date timetable* ein aktueller Fahrplan
◆ **to bring something up to date** etwas auf den neuesten Stand bringen
◆ **to keep somebody up to date** jemanden auf dem Laufenden halten

upwards ADVERB
hinauf ◇ *to look upwards* hinaufsehen

urgent ADJECTIVE
dringend ◇ *Is it urgent?* Ist es dringend?

urine NOUN
der *Urin*

US SING NOUN
die *USA* PL
◆ **from the US** aus den USA
◆ **in the US** in den USA
◆ **to the US** in die USA

us PRONOUN
uns ◇ *They saw us.* Sie haben uns gesehen. ◇ *They gave us a map.* Sie gaben uns eine Karte.
◆ **Who is it?–It's us!** Wer ist da?–Wir sind's!

USA NOUN
die *USA* PL
◆ **from the USA** aus den USA
◆ **in the USA** in den USA
◆ **to the USA** in die USA

use NOUN
see also use VERB
◆ **It's no use.** Es hat keinen Zweck. ◇ *It's no use shouting, she's deaf.* Es hat keinen Zweck zu brüllen, sie ist taub. ◇ *It's no use, I can't do it.* Es hat keinen Zweck, ich kann's nicht.
◆ **to make use of something** etwas benützen

to **use** VERB
see also use NOUN
benützen (PERFECT *hat benützt*) ◇ *Can we use a dictionary in the exam?* Können wir in der Prüfung ein Wörterbuch benützen?
◆ **Can I use your phone?** Kann ich mal telefonieren?
◆ **to use the toilet** auf die Toilette gehen
◆ **to use up** aufbrauchen ◇ *We've used up all the paint.* Ich habe die ganze Farbe aufgebraucht.
◆ **I used to live in London.** Ich habe früher mal in London gelebt.
◆ **I used not to like maths, but now...** Früher habe ich Mathe nicht gemocht, aber jetzt...
◆ **to be used to something** an etwas gewöhnt sein ◇ *He wasn't used to driving on the right.* Er war nicht daran gewöhnt, rechts zu fahren. ◇ *Don't worry, I'm used to it.* Keine Sorge, ich bin daran gewöhnt.
◆ **a used car** ein Gebrauchtwagen MASC

useful ADJECTIVE
nützlich

useless ADJECTIVE
nutzlos ◇ *This map is just useless.* Diese Karte ist echt nutzlos.
◆ **You're useless!** Du bist zu nichts zu gebrauchen!
◆ **It's useless asking her!** Es ist zwecklos, sie zu fragen!

usual ADJECTIVE
üblich ◇ *as usual* wie üblich

usually ADVERB
normalerweise ◇ *I usually get to school at about half past eight.* Ich bin normalerweise um halb neun in der Schule.

utility room NOUN
der *Abstellraum* (PL die *Abstellräume*)

U-turn NOUN
die *Wende*
◆ **to do a U-turn** wenden
◆ **"No U-turns"** "Wenden verboten"

V

vacancy NOUN
(PL **vacancies**)
1 die *freie Stelle* (*job*)
2 das *freie Zimmer* (*room in hotel*) (PL die *freien Zimmer*)
◆ **"Vacancies"** "Zimmer frei"
◆ **"No vacancies"** "Belegt"
vacant ADJECTIVE
1 *frei* (*seat, job*)
2 *leerstehend* (*building*)
3 *leer* (*look*) ◇ *There was a vacant look in her face.* Sie hatte einen leeren Blick.
vacation NOUN
1 die *Ferien* PL (*from school*) ◇ *They went on vacation to Mexico.* Sie haben in Mexiko Ferien gemacht.
2 der *Urlaub* (*from work*) (PL die *Urlaube*) ◇ *I have thirty days' vacation a year.* Ich habe dreißig Tage Urlaub im Jahr.
to **vaccinate** VERB
impfen
to **vacuum** VERB
staubsaugen (IMPERFECT *staubsaugte*, PERFECT *hat staubgesaugt*) ◇ *to vacuum the hall* den Flur staubsaugen
vacuum cleaner NOUN
der *Staubsauger* (PL die *Staubsauger*)
vagina NOUN
die *Vagina* (PL die *Vaginen*)
vague ADJECTIVE
vage
vain ADJECTIVE
eitel ◇ *He's so vain!* Er ist so eitel!
◆ **in vain** umsonst
Valentine card NOUN
die *Valentinskarte*
Germans celebrate Valentine's Day by giving flowers rather than sending cards.
Valentine's Day NOUN
der *Valentinstag* (PL die *Valentinstage*)
valid ADJECTIVE
gültig ◇ *This ticket is valid for three months.* Dieser Fahrschein ist drei Monate lang gültig.
valley NOUN
das *Tal* (PL die *Täler*)
valuable ADJECTIVE
wertvoll ◇ *a valuable picture* ein wertvolles Bild
valuables PL NOUN
die *Wertsachen* FEM PL ◇ *Don't take any valuables with you.* Nehmen Sie keine Wertsachen mit.
value NOUN
der *Wert* (PL die *Werte*)
van NOUN
der *Lieferwagen* (PL die *Lieferwagen*)
vandal NOUN
der *Vandale* (GEN des *Vandalen*, PL die *Vandalen*)
die *Vandalin*
vandalism NOUN
der *Vandalismus* (GEN des *Vandalismus*)
to **vandalize** VERB
mutwillig zerstören (PERFECT *hat mutwillig zerstört*)
vanilla NOUN
die *Vanille*
◆ **vanilla ice cream** das Vanilleeis
to **vanish** VERB
verschwinden (IMPERFECT *verschwand*, PERFECT *ist verschwunden*)
variable ADJECTIVE
wechselhaft (*mood, weather*)
varied ADJECTIVE
abwechslungsreich ◇ *a varied diet* eine abwechslungsreiche Kost ◇ *a varied life* ein abwechslungsreiches Leben
◆ **a varied selection** eine reichhaltige Auswahl
variety NOUN
(PL **varieties**)
1 die *Abwechslung* ◇ *She likes variety in her life.* Sie hat gern Abwechslung im Leben.
2 die *Sorte* (*kind*) ◇ *a new variety of rose* eine neue Rosensorte
◆ **a variety of books** eine Vielzahl von Büchern
various ADJECTIVE
verschieden ◇ *We visited various villages in the area.* Wir haben verschiedene Dörfer in der Gegend besucht.
to **vary** VERB
(**varied**)
schwanken ◇ *It varies between two and four per cent.* Es schwankt zwischen zwei und vier Prozent.
◆ **It varies.** Das ist unterschiedlich.
vase NOUN
die *Vase*
VAT NOUN (= *value added tax*)
die *Mehrwertsteuer*
VCR NOUN (= *video cassette recorder*)
der *Videorecorder* (PL die *Videorecorder*)
VDU NOUN (= *visual display unit*)
der *Bildschirm* (PL die *Bildschirme*)
veal NOUN
das *Kalbfleisch*
vegan NOUN
der *Veganer* (PL die *Veganer*)
die *Veganerin*
◇ *I'm a vegan.* Ich bin Veganerin.
vegetable NOUN
die *Gemüsesorte*
◆ **vegetables** das Gemüse SING
◆ **vegetable soup** die Gemüsesuppe
vegetarian ADJECTIVE
see also **vegetarian** NOUN
vegetarisch ◇ *vegetarian lasagne* die vegetarische Lasagne
◆ **He's vegetarian.** Er ist Vegetarier.
vegetarian NOUN
see also **vegetarian** ADJECTIVE

der *Vegetarier* (PL die *Vegetarier*)
die *Vegetarierin*
◇ *She's a vegetarian.* Sie ist Vegetarierin.

vehicle NOUN
das *Fahrzeug* (PL die *Fahrzeuge*)

vein NOUN
die *Vene*

velvet NOUN
der *Samt*

vending machine NOUN
der *Automat* (GEN des *Automaten*, PL die *Automaten*)

Venetian blind NOUN
die *Jalousie*

verb NOUN
das *Verb* (PL die *Verben*)

verdict NOUN
das *Urteil* (PL die *Urteile*)

vertical ADJECTIVE
senkrecht

vertigo NOUN
das *Schwindelgefühl*
◆ **He had an attack of vertigo.** Ihm wurde schwindlig.

very ADVERB
sehr ◇ *very tall* sehr groß ◇ *not very interesting* nicht sehr interessant
◆ **very much (1)** sehr viel ◇ *He didn't eat very much.* Er hat nicht sehr viel gegessen.
◆ **very much (2)** (*like, love, respect*) sehr ◇ *I love her very much.* Ich liebe sie sehr.
◆ **Thank you very much.** Vielen Dank.

vest NOUN
1 das *Unterhemd* (PL die *Unterhemden*)
2 die *Weste* (*waistcoat*)

vet NOUN
der *Tierarzt* (GEN des *Tierarztes*, PL die *Tierärzte*)
die *Tierärztin*
◇ *She's a vet.* Sie ist Tierärztin.

via PREPOSITION
über ◇ *We went to Munich via Ulm.* Wir sind über Ulm nach München gefahren.

vicar NOUN
der *Pastor* (PL die *Pastoren*)
die *Pastorin*
◇ *He's a vicar.* Er ist Pastor.

vice NOUN
der *Schraubstock* (*for holding things*) (PL die *Schraubstöcke*)

vice versa ADVERB
umgekehrt

vicious ADJECTIVE
1 *brutal* ◇ *a vicious attack* ein brutaler Überfall
2 *bissig* (*dog*)
3 *bösartig* (*person*)
◆ **a vicious circle** ein Teufelskreis MASC

victim NOUN
das *Opfer* (PL die *Opfer*) ◇ *He was the victim of a mugging.* Er wurde das Opfer eines Straßenüberfalls.

victory NOUN
(PL **victories**)
der *Sieg* (PL die *Siege*)

to **video** VERB
see also **video** NOUN
auf Video aufnehmen (PRESENT *nimmt auf Video auf*, IMPERFECT *nahm auf Video auf*, PERFECT *hat auf Video aufgenommen*)

video NOUN
(PL **videos**)
see also **video** VERB
1 das *Video* (*film*) (PL die *Videos*) ◇ *to watch a video* ein Video ansehen ◇ *a video of my family on holiday* ein Video von meiner Familie in den Ferien ◇ *It's out on video.* Das gibt's als Video.
2 der *Videorecorder* (*video recorder*) (PL die *Videorecorder*) ◇ *Have you got a video?* Habt ihr einen Videorecorder?
◆ **a video camera** eine Videokamera
◆ **a video cassette** eine Videokassette
◆ **a video game** ein Videospiel NEUT ◇ *He likes playing video games.* Er spielt gern Videospiele.
◆ **a video recorder** ein Videorecorder
◆ **a video shop** eine Videothek

Vienna NOUN
Wien NEUT
◆ **to Vienna** nach Wien

view NOUN
1 die *Aussicht* ◇ *There's an amazing view.* Man hat dort eine tolle Aussicht.
2 die *Meinung* (*opinion*) ◇ *in my view* meiner Meinung nach

viewer NOUN
der *Fernsehzuschauer* (PL die *Fernsehzuschauer*)
die *Fernsehzuschauerin*

viewpoint NOUN
der *Standpunkt* (PL die *Standpunkte*)

vile ADJECTIVE
ekelhaft (*smell, food*)

villa NOUN
die *Villa* (PL die *Villen*)

village NOUN
das *Dorf* (PL die *Dörfer*)

villain NOUN
1 (*criminal*)
der *Verbrecher* (PL die *Verbrecher*)
die *Verbrecherin*
2 (*in film*)
der *Bösewicht* (PL die *Bösewichte*)

vine NOUN
die *Weinrebe*

vinegar NOUN
der *Essig*

vineyard NOUN
der *Weinberg* (PL die *Weinberge*)

viola NOUN
die *Bratsche* ◇ *I play the viola.* Ich spiele Bratsche.

violence NOUN
die *Gewalt*

violent ADJECTIVE
[1] *gewalttätig* (*person, film*)
◆ **a violent crime** ein Gewaltverbrechen NEUT
[2] *gewaltig* (*explosion*)

violin NOUN
die *Geige* ◇ *I play the violin.* Ich spiele Geige.

violinist NOUN
der *Geigenspieler* (PL die *Geigenspieler*)
die *Geigenspielerin*

virgin NOUN
die *Jungfrau* ◇ *to be a virgin* Jungfrau sein

Virgo NOUN
die *Jungfrau* ◇ *I'm Virgo.* Ich bin Jungfrau.

virtual reality NOUN
die *virtuelle Realität*

virus NOUN
(PL **viruses**)
das *Virus* (GEN des *Virus*, PL die *Viren*)

visa NOUN
das *Visum* (PL die *Visa*)

visible ADJECTIVE
sichtbar

visit NOUN
see also visit VERB
[1] der *Besuch* (PL die *Besuche*) ◇ *my last visit to my grandmother* mein letzter Besuch bei meiner Großmutter
[2] der *Aufenthalt* (*to country*) (PL die *Aufenthalte*) ◇ *Did you enjoy your visit to Germany?* Hat euer Deutschlandaufenthalt Spaß gemacht?

to **visit** VERB
see also visit NOUN
[1] *besuchen* (*person*) (PERFECT *hat besucht*)
[2] *besichtigen* (*place*) (PERFECT *hat besichtigt*) ◇ *We'd like to visit the castle.* Wir würden gern die Burg besichtigen.

visitor NOUN
der *Besucher* (PL die *Besucher*)
die *Besucherin*
◆ **to have a visitor** Besuch haben

visual ADJECTIVE
visuell

to **visualize** VERB
sich vorstellen (PERFECT *hat sich vorgestellt*)
◇ *I tried to visualize his face.* Ich versuchte, mir sein Gesicht vorzustellen.

vital ADJECTIVE
äußerst wichtig ◇ *It's vital for you to take these tablets.* Es ist äußerst wichtig, dass du diese Tabletten nimmst.
◆ **of vital importance** äußerst wichtig

vitamin NOUN
das *Vitamin* (PL die *Vitamine*)

vivid ADJECTIVE
lebhaft ◇ *to have a vivid imagination* eine lebhafte Phantasie haben

vocabulary NOUN
(PL **vocabularies**)
der *Wortschatz* (GEN des *Wortschatzes*, PL die *Wortschätze*)

vocational ADJECTIVE
beruflich ◇ *vocational training* die berufliche Ausbildung
◆ **a vocational college** eine Berufsschule

vodka NOUN
der *Wodka* (PL die *Wodkas*)

voice NOUN
die *Stimme*

volcano NOUN
(PL **volcanoes**)
der *Vulkan* (PL die *Vulkane*)

volleyball NOUN
der *Volleyball* ◇ *to play volleyball* Volleyball spielen

volt NOUN
das *Volt* (GEN des *Volt*, PL die *Volt*)

voltage NOUN
die *Spannung*

voluntary ADJECTIVE
freiwillig (*contribution, statement*)
◆ **to do voluntary work** ehrenamtlich tätig sein

volunteer NOUN
see also volunteer VERB
der *Freiwillige* (GEN des *Freiwilligen*, PL die *Freiwilligen*)
die *Freiwillige* (GEN der *Freiwilligen*)
◇ *a volunteer* (*man*) ein Freiwilliger

to **volunteer** VERB
see also volunteer NOUN
◆ **to volunteer to do something** sich freiwillig melden, etwas zu tun

to **vomit** VERB
sich übergeben (PRESENT *übergibt sich*, IMPERFECT *übergab sich*, PERFECT *hat sich übergeben*)

to **vote** VERB
wählen ◇ *to vote Labour* Labour wählen
◆ **to vote for somebody** für jemanden stimmen ◇ *I voted for Bill Clinton.* Ich habe für Bill Clinton gestimmt.

voucher NOUN
der *Gutschein* (PL die *Gutscheine*) ◇ *a gift voucher* ein Geschenkgutschein

vowel NOUN
der *Vokal* (PL die *Vokale*)

vulgar ADJECTIVE
vulgär

W

wafer NOUN
die *Waffel*

wage NOUN
der *Lohn* (PL die *Löhne*) ◇ *He collected his wages.* Er hat seinen Lohn abgeholt.

waist NOUN
die *Taille*

waistcoat NOUN
die *Weste*

to **wait** VERB
warten
- **to wait for something** auf etwas warten ◇ *We were waiting for the bus.* Wir haben auf den Bus gewartet.
- **to wait for somebody** auf jemanden warten ◇ *I'll wait for you.* Ich warte auf dich. ◇ *Wait for me!* Warte auf mich!
- **Wait a minute!** Einen Augenblick!
- **to keep somebody waiting** jemanden warten lassen ◇ *They kept us waiting for hours.* Sie haben uns stundenlang warten lassen.
- **I can't wait for the holidays.** Ich kann die Ferien kaum erwarten.
- **I can't wait to see him again.** Ich kann's kaum erwarten, bis ich ihn wiedersehe.

waiter NOUN
der *Kellner* (PL die *Kellner*)

waiting list NOUN
die *Warteliste*

waiting room NOUN
das *Wartezimmer* (PL die *Wartezimmer*)

waitress NOUN
(PL **waitresses**)
die *Kellnerin*

to **wake up** VERB
(**woke up**, **woken up**)
aufwachen (PERFECT *ist aufgewacht*) ◇ *I woke up at six o'clock.* Ich bin um sechs Uhr aufgewacht.
- **to wake somebody up** jemanden wecken ◇ *Would you wake me up at seven o'clock?* Könntest du mich um sieben Uhr wecken?

Wales NOUN
Wales NEUT ◇ *the Prince of Wales* der Prinz von Wales
- **from Wales** aus Wales
- **in Wales** in Wales
- **to Wales** nach Wales

to **walk** VERB
see also **walk** NOUN
1 *gehen* (IMPERFECT *ging*, PERFECT *ist gegangen*) ◇ *He walks fast.* Er geht schnell.
2 *zu Fuß gehen* (*go on foot*) ◇ *Are you walking or going by bus?* Geht ihr zu Fuß oder nehmt ihr den Bus? ◇ *We walked ten kilometres.* Wir sind zehn Kilometer zu Fuß gegangen.
- **to walk the dog** mit dem Hund spazieren gehen

walk NOUN
see also **walk** VERB
der *Spaziergang* (PL die *Spaziergänge*) ◇ *to go for a walk* einen Spaziergang machen
- **It's ten minutes' walk from here.** Von hier ist es zehn Minuten zu Fuß.

walkie-talkie NOUN
das *Walkie-talkie* (PL die *Walkie-talkies*)

walking NOUN
das *Wandern*
- **I did some walking in the Alps last summer.** Ich bin letzten Sommer in den Alpen gewandert.

walking stick NOUN
der *Spazierstock* (PL die *Spazierstöcke*)

Walkman ® NOUN
(PL **Walkmans**)
der *Walkman* ® (PL die *Walkmen*)

wall NOUN
1 die *Mauer* ◇ *There is a wall round the property.* Um das Grundstück ist eine Mauer.
2 die *Wand* (PL die *Wände*) ◇ *They have lots of pictures on the wall.* Sie haben viele Bilder an der Wand.

wallet NOUN
die *Brieftasche*

wallpaper NOUN
die *Tapete*

walnut NOUN
die *Walnuss* ⚠ (PL die *Walnüsse*)

to **wander** VERB
- **to wander around** herumlaufen ◇ *I just wandered around for a while.* Ich bin einfach eine Zeitlang herumgelaufen.

to **want** VERB
möchten (PRESENT *mag*, IMPERFECT *mochte*, PERFECT *hat gemocht*) ◇ *Do you want some cake?* Möchtest du Kuchen?
- **to want to do something** etwas tun wollen ◇ *I want to go to the cinema.* Ich will ins Kino gehen. ◇ *What do you want to do tomorrow?* Was willst du morgen machen?

war NOUN
der *Krieg* (PL die *Kriege*)

ward NOUN
der *Krankensaal* (*room in hospital*) (PL die *Krankensäle*)

warden NOUN (*of youth hostel*)
der *Herbergsvater* (PL die *Herbergsväter*) (*man*)
die *Herbergsmutter* (PL die *Herbergsmütter*) (*woman*)

wardrobe NOUN
der *Kleiderschrank* (*piece of furniture*) (PL die *Kleiderschränke*)

warehouse NOUN
das *Lagerhaus* (GEN des *Lagerhauses*, PL die *Lagerhäuser*)

warm ADJECTIVE

[1] *warm* ◇ *warm water* warmes Wasser ◇ *It's warm in here.* Hier drin ist es warm. ◇ *It's warmer in the kitchen.* In der Küche ist es wärmer.

When you talk about a person being hot, *you use the impersonal construction.*

◇ *I'm warm.* Mir ist warm. ◇ *I'm too warm.* Mir ist zu warm.

[2] *herzlich* ◇ *a warm welcome* ein herzlicher Empfang

◆ **to warm up (1)** (*for sport*) sich aufwärmen

◆ **to warm up (2)** (*food*) aufwärmen ◇ *I'll warm up some lasagne for you.* Ich wärme dir etwas Lasagne auf.

◆ **to warm over** aufwärmen

to **warn** VERB

warnen ◇ *Well, I warned you!* Ich habe dich ja gewarnt.

◆ **to warn somebody not to do something** jemanden davor warnen, etwas zu tun ◇ *He warned me not to go there.* Er warnte mich davor, dort hinzugehen.

warning NOUN

die *Warnung*

Warsaw NOUN

Warschau NEUT

◆ **to Warsaw** nach Warschau

wart NOUN

die *Warze*

was VERB *see* **be**

wash NOUN

see also **wash** VERB

◆ **to have a wash** sich waschen ◇ *I had a wash.* Ich habe mich gewaschen.

◆ **to give something a wash** etwas waschen ◇ *He gave the car a wash.* Er hat das Auto gewaschen.

to **wash** VERB

see also **wash** NOUN

[1] *waschen* (PRESENT *wäscht*, IMPERFECT *wusch*, PERFECT *hat gewaschen*) ◇ *to wash something* etwas waschen

[2] *sich waschen* (*have a wash*) ◇ *Every morning I get up, wash and get dressed.* Jeden Morgen stehe ich auf, wasche mich und ziehe mich an.

◆ **to wash one's hands** sich die Hände waschen ◇ *Where can I wash my hands?* Wo kann ich mir die Hände waschen?

◆ **to wash one's hair** sich die Haare waschen ◇ *You should wash your hair.* Du solltest dir die Haare waschen.

◆ **to wash up** abwaschen

washbasin NOUN

das *Waschbecken* (PL die *Waschbecken*)

washcloth NOUN

der *Waschlappen* (PL die *Waschlappen*)

washing NOUN

die *Wäsche* (*clothes*)

◆ **Have you got any washing?** Hast du etwas zu waschen?

◆ **to do the washing** Wäsche waschen

washing machine NOUN

die *Waschmaschine*

washing powder NOUN

das *Waschpulver* (PL die *Waschpulver*)

washing-up NOUN

der *Abwasch* ◇ *to do the washing-up* den Abwasch machen

washing-up liquid NOUN

das *Spülmittel* (PL die *Spülmittel*)

wasn't = **was not**

wasp NOUN

die *Wespe*

waste NOUN

see also **waste** VERB

[1] die *Verschwendung* ◇ *It's such a waste!* Es ist so eine Verschwendung! ◇ *It's a waste of time.* Es ist Zeitverschwendung!

[2] der *Müll* (*rubbish*) ◇ *nuclear waste* der Atommüll

to **waste** VERB

see also **waste** NOUN

verschwenden (PERFECT *hat verschwendet*) ◇ *I don't like wasting money.* Ich verschwende nicht gerne Geld. ◇ *There's no time to waste.* Wir haben keine Zeit zu verschwenden.

wastepaper basket NOUN

der *Papierkorb* (PL die *Papierkörbe*)

watch NOUN

(PL **watches**)

see also **watch** VERB

die *Uhr*

to **watch** VERB

see also **watch** NOUN

[1] *ansehen* (*film, video*) (PRESENT *sieht an*, IMPERFECT *sah an*, PERFECT *hat angesehen*) ◇ *Did you watch that film last night?* Hast du dir gestern Abend den Film angesehen?

◆ **to watch television** fernsehen

[2] *zusehen* (PRESENT *sieht zu*, IMPERFECT *sah zu*, PERFECT *hat zugesehen*) ◇ *Watch me!* Sieh mir zu!

[3] *beobachten* (*keep a watch on*) (PERFECT *hat beobachtet*) ◇ *The police were watching the house.* Die Polizei beobachtete das Haus.

◆ **to watch out** aufpassen

◆ **Watch out!** Pass auf!

water NOUN

see also **water** VERB

das *Wasser* (PL die *Wasser*)

to **water** VERB

see also **water** NOUN

[1] *gießen* (*plant*) (IMPERFECT *goss*, PERFECT *hat gegossen*) ◇ *He was watering his tulips.* Er goss seine Tulpen.

[2] *sprengen* (*garden*) ◇ *We should water the lawn.* Wir sollten den Rasen sprengen.

waterfall NOUN

der *Wasserfall* (PL die *Wasserfälle*)

watering can NOUN

die *Gießkanne*

watermelon NOUN

die *Wassermelone*

waterproof ADJECTIVE

wasserdicht ◇ *Is this jacket waterproof?* Ist die Jacke wasserdicht?

water-skiing NOUN
das *Wasserskifahren*
- **to go water-skiing** Wasserski fahren

wave NOUN
see also wave VERB
die *Welle* (*in water*)
- **We gave him a wave.** Wir haben ihm zugewinkt.

to **wave** VERB
see also wave NOUN
winken
- **to wave at somebody** jemandem zuwinken ◇ *I waved at my friend.* Ich winkte meinem Freund zu.
- **to wave goodbye** zum Abschied winken ◇ *I waved her goodbye.* Ich habe ihr zum Abschied gewinkt.

wavy ADJECTIVE
wellig ◇ *wavy hair* welliges Haar

wax NOUN
das *Wachs* (GEN des *Wachses*)

way NOUN
1 die *Art und Weise* (*manner*) ◇ *That's no way to talk to your mother!* Das ist keine Art und Weise, mit deiner Mutter zu reden!
- **She looked at me in a strange way.** Sie sah mich sonderbar an.
- **This book tells you the right way to do it.** Dieses Buch erklärt, wie man es machen muss.
- **You're doing it the wrong way.** Du machst das falsch.
- **In a way you're right.** In gewisser Weise hast du recht.
- **a way of life** eine Art zu leben

2 der *Weg* (*route*) ◇ *I don't know the way.* Ich kenne den Weg nicht.
- **on the way** unterwegs ◇ *We stopped for lunch on the way.* Wir haben unterwegs angehalten und zu Mittag gegessen. ◇ *He's on his way.* Er ist unterwegs.
- **It's a long way.** Es ist weit. ◇ *Berlin is a long way from London.* Berlin ist weit von London entfernt.
- **Which way is it?** In welcher Richtung ist es?
- **The supermarket is this way.** Zum Supermarkt geht es in diese Richtung.
- **Do you know the way to the hotel?** Wissen Sie, wie man zum Hotel kommt?
- **"way in"** "Eingang"
- **"way out"** "Ausgang"
- **by the way...** übrigens...

we PRONOUN
wir ◇ *We're staying here for a week.* Wir sind eine Woche lang hier.

weak ADJECTIVE
schwach ◇ *Maths is my weakest subject.* In Mathe bin ich am schwächsten.

wealthy ADJECTIVE
reich

weapon NOUN
die *Waffe*

to **wear** VERB
(wore, worn)
tragen (*clothes*) (PRESENT *trägt*, IMPERFECT *trug*, PERFECT *hat getragen*) ◇ *She was wearing a hat.* Sie trug einen Hut. ◇ *She was wearing black.* Sie trug Schwarz.

weather NOUN
das *Wetter* ◇ *What was the weather like?* Wie war das Wetter? ◇ *The weather was lovely.* Das Wetter war herrlich.

weather forecast NOUN
die *Wettervorhersage*

we'd = **we had, we would**

wedding NOUN
die *Hochzeit*
- **wedding anniversary** der Hochzeitstag
- **wedding dress** das Brautkleid
- **wedding ring** der Ehering

Wednesday NOUN
der *Mittwoch* (PL die *Mittwoche*) ◇ *on Wednesday* am Mittwoch ◇ *every Wednesday* jeden Mittwoch ◇ *last Wednesday* letzten Mittwoch ◇ *next Wednesday* nächsten Mittwoch
- **on Wednesdays** mittwochs

weed NOUN
das *Unkraut* ◇ *The garden's full of weeds.* Der Garten ist voller Unkraut.

week NOUN
die *Woche* ◇ *last week* letzte Woche ◇ *every week* jede Woche ◇ *next week* nächste Woche ◇ *in a week's time* in einer Woche
- **a week on Friday** Freitag in einer Woche

weekday NOUN
- **on weekdays** werktags

weekend NOUN
das *Wochenende* (PL die *Wochenenden*) ◇ *at the weekend* am Wochenende ◇ *at weekends* am Wochenende ◇ *last weekend* letztes Wochenende ◇ *next weekend* nächstes Wochenende

to **weigh** VERB
wiegen (IMPERFECT *wog*, PERFECT *hat gewogen*) ◇ *How much do you weigh?* Wie viel wiegst du? ◇ *First, weigh the flour.* Wiegen Sie zuerst das Mehl.
- **to weigh oneself** sich wiegen

weight NOUN
das *Gewicht* (PL die *Gewichte*)
- **to lose weight** abnehmen
- **to put on weight** zunehmen

weightlifter NOUN
der *Gewichtheber* (PL die *Gewichtheber*)

weightlifting NOUN
das *Gewichtheben*

weird ADJECTIVE
sonderbar

welcome NOUN
see also welcome VERB
- **They gave her a warm welcome.** Sie haben sie herzlich empfangen.
- **Welcome!** Herzlich willkommen! ◇ *Welcome to Germany!* Herzlich willkommen in Deutschland!

welcome VERB
see also welcome NOUN
- **to welcome somebody** jemanden begrüßen
- **Thank you! – You're welcome!** Danke! – Bitte!

well ADJECTIVE, ADVERB
see also well NOUN
1 *gut* ◇ *You did that really well.* Das hast du wirklich gut gemacht.
- **to do well** gut sein ◇ *She's doing well at school.* Sie ist gut in der Schule.
- **to be well** (*in good health*) gesund sein ◇ *I'm not very well at the moment.* Ich bin im Moment nicht gesund.
- **Get well soon!** Gute Besserung!
- **Well done!** Gut gemacht!

2 *na ja* ◇ *It's enormous! Well, quite big anyway.* Es ist riesig! Na ja, jedenfalls ziemlich groß.
- **as well** auch ◇ *We worked hard, but we had some fun as well.* Wir haben hart gearbeitet, aber auch Spaß gehabt.

well NOUN
see also well ADJECTIVE
der *Brunnen* (PL die *Brunnen*)

we'll = **we will**

well-behaved ADJECTIVE
artig

well-dressed ADJECTIVE
gut angezogen

wellingtons PL NOUN
die *Gummistiefel* MASC PL

well-known ADJECTIVE
bekannt ◇ *a well-known film star* ein bekannter Filmstar

well-off ADJECTIVE
gut situiert

Welsh ADJECTIVE
see also Welsh NOUN
walisisch
- **He's Welsh.** Er ist Waliser.
- **She's Welsh.** Sie ist Waliserin.
- **Welsh people** die Waliser

Welsh NOUN
see also Welsh ADJECTIVE
das *Walisisch* (*language*) (GEN des *Walisischen*)

Welshman NOUN
(PL **Welshmen**)
der *Waliser* (PL die *Waliser*)

Welshwoman NOUN
(PL **Welshwomen**)
die *Waliserin*

went VERB *see* **go**

were VERB *see* **be**

we're = **we are**

weren't = **were not**

west NOUN
see also west ADJECTIVE
der *Westen* ◇ *in the west* im Westen

west ADJECTIVE, ADVERB
see also west NOUN
- **the west coast** die Westküste
- **a west wind** ein Westwind MASC

nach Westen ◇ *We were travelling west.* Wir fuhren nach Westen.
- **west of** westlich von ◇ *Stroud is west of Oxford.* Stroud liegt westlich von Oxford.
- **the West Country** der Südwesten Englands

western NOUN
see also western ADJECTIVE
der *Western* (*film*) (GEN des *Western*, PL die *Western*)

western ADJECTIVE
see also western NOUN
westlich
- **the western part of the island** der westliche Teil der Insel
- **Western Europe** Westeuropa NEUT

West Indian ADJECTIVE
see also West Indian NOUN
westindisch
- **He's West Indian.** Er ist aus Westindien.

West Indian NOUN
see also West Indian ADJECTIVE
(*person*)
der *Westinder* (PL die *Westinder*)
die *Westinderin*

West Indies PL NOUN
die *Westindischen Inseln* FEM PL
- **in the West Indies** auf den Westindischen Inseln

wet ADJECTIVE
nass ◇ *wet clothes* nasse Kleider ◇ *to get wet* nass werden
- **wet weather** regnerisches Wetter
- **dripping wet** klatschnass
- **It was wet all week.** Es hat die ganze Woche geregnet.

wet suit NOUN
der *Neoprenanzug* (PL die *Neoprenanzüge*)

we've = **we have**

whale NOUN
der *Wal* (PL die *Wale*)

what ADJECTIVE, PRONOUN
1 *was* ◇ *What are you doing?* Was tust du? ◇ *What did you say?* Was hast du gesagt? ◇ *What is it?* Was ist das? ◇ *What's the matter?* Was ist los? ◇ *What happened?* Was ist passiert? ◇ *I saw what happened.* Ich habe gesehen, was passiert ist. ◇ *I heard what he said.* Ich habe gehört, was er gesagt hat.
- **What?** Was?

2 *welcher* ◇ *What hat do you like best?* Welcher Hut gefällt dir am besten?
welche ◇ *What colour is it?* Welche Farbe hat es?
welches ◇ *What book do you want?* Welches Buch möchten Sie?
welche ◇ *What subjects are you studying?* Welche Fächer studierst du?
- **What's the capital of Finland?** Wie heißt die Hauptstadt von Finnland?
- **What a mess!** So ein Chaos!

wheat NOUN
der *Weizen*

wheel NOUN
das *Rad* (PL die *Räder*) ◇ *the steering wheel* das Lenkrad

wheelchair NOUN
der *Rollstuhl* (PL die *Rollstühle*)

when ADVERB, CONJUNCTION
[1] *wann* ◇ *When did he go?* Wann ist er gegangen?
[2] *als* ◇ *She was reading when I came in.* Sie las, als ich hereinkam.

where ADVERB, CONJUNCTION
wo ◇ *Where's Emma today?* Wo ist Emma heute? ◇ *Where do you live?* Wo wohnst du? ◇ *a shop where you can buy gardening tools* ein Geschäft, wo man Gartengeräte kaufen kann
◆ **Where are you from?** Woher sind Sie?
◆ **Where are you going?** Wohin gehst du?

whether CONJUNCTION
ob ◇ *I don't know whether to go or not.* Ich weiß nicht, ob ich gehen soll oder nicht.

which ADJECTIVE, PRONOUN
[1] *welcher* ◇ *Which coat do you like better?* Welcher Mantel gefällt dir besser?
welche ◇ *Which CD did you buy?* Welche CD hast du gekauft?
welches ◇ *Which book do you want?* Welches Buch willst du?
welche ◇ *Which shoes should I wear?* Welche Schuhe soll ich anziehen?
When asking which one *use* **welcher** *or* **welche** *or* **welches**, *depending on whether the noun is masculine, feminine or neuter.*
◆ **I know his brother. – Which one?** Ich kenne seinen Bruder. – Welchen?
◆ **I know his sister. – Which one?** Ich kenne seine Schwester. – Welche?
◆ **I took one of your books. – Which one?** Ich habe eines deiner Bücher genommen. – Welches?
◆ **Which would you like?** Welches möchtest du?
◆ **Which of these are yours?** Welche davon gehören dir?
In relative clauses use **der**, **die** *or* **das**, *depending on the gender of the noun* which *refers to.*
[2] *der* ◇ *the film which is on now* der Film, der gerade läuft
die ◇ *the CD which is playing now* die CD, die gerade läuft
das ◇ *the book which I am reading* das Buch, das ich lese
die ◇ *the sweets which I ate* die Süßigkeiten, die ich gegessen habe

while CONJUNCTION
see also while NOUN
während ◇ *You hold the torch while I look inside.* Halt du die Taschenlampe, während ich hineinsehe. ◇ *Isobel is very dynamic, while Kay is more laid-back.* Isobel ist sehr dynamisch, während Kay eher lässig ist.

while NOUN
see also while CONJUNCTION
die *Weile* ◇ *after a while* nach einer Weile
◆ **a while ago** vor einer Weile ◇ *He was here a while ago.* Er war vor einer Weile hier.
◆ **for a while** eine Zeitlang ◇ *I lived in London for a while.* Ich habe eine Zeitlang in London gelebt.
◆ **quite a while** ziemlich lange ◇ *That happened quite a while ago.* Das ist schon ziemlich lange her. ◇ *I haven't seen him for quite a while.* Ich habe ihn schon ziemlich lange nicht mehr gesehen.

whip NOUN
see also whip VERB
die *Peitsche*

to **whip** VERB
see also whip NOUN
[1] *peitschen* ◇ *She whipped her horse.* Sie peitschte ihr Pferd.
[2] *schlagen* (*eggs*) (PRESENT *schlägt*, IMPERFECT *schlug*, PERFECT *hat geschlagen*)

whipped cream NOUN
die *Schlagsahne*

whisk NOUN
der *Schneebesen* (PL die *Schneebesen*)

whiskers PL NOUN
die *Schnurrhaare* NEUT PL

whisky NOUN
(PL **whiskies**)
der *Whisky* (PL die *Whiskys*)

to **whisper** VERB
flüstern

whistle NOUN
see also whistle VERB
die *Pfeife*
◆ **The referee blew his whistle.** Der Schiedsrichter hat gepfiffen.

to **whistle** VERB
see also whistle NOUN
pfeifen (IMPERFECT *pfiff*, PERFECT *hat gepfiffen*)

white ADJECTIVE
weiß ◇ *He's got white hair.* Er hat weiße Haare.
◆ **white wine** der Weißwein
◆ **white bread** das Weißbrot
◆ **white coffee** der Kaffee mit Milch
◆ **a white man** ein Weißer
◆ **a white woman** eine Weiße
◆ **white people** die Weißen MASC PL

Whitsun NOUN
das *Pfingsten* (GEN des *Pfingsten*, PL die *Pfingsten*)

who PRONOUN
[1] *wer* ◇ *Who said that?* Wer hat das gesagt? ◇ *Who is Lafontaine?* Wer ist Lafontaine?
In relative clauses use **der**, **die** *or* **das**, *depending on the gender of the noun* who *refers to.*
[2] *der* ◇ *the man who saw us* der Mann, der uns gesehen hat ◇ *the man who we saw* der Mann, den wir gesehen haben
die ◇ *the woman who saw us* die Frau, die uns gesehen hat ◇ *the woman who we saw* die Frau, die wir gesehen haben
das ◇ *the child who saw us* das Kind, das uns gesehen hat ◇ *the child who we saw* das Kind, das wir gesehen haben

die ◇ *the people who saw us* die Leute, die uns gesehen haben

whole ADJECTIVE
see also whole NOUN
ganz ◇ *the whole class* die ganze Klasse ◇ *the whole afternoon* den ganzen Nachmittag ◇ *the whole world* die ganze Welt

whole NOUN
see also whole ADJECTIVE
◆ **The whole of Wales was affected.** Ganz Wales war davon betroffen.
◆ **on the whole** im Großen und Ganzen

wholemeal ADJECTIVE
◆ **wholemeal bread** das Vollkornbrot
◆ **wholemeal flour** das Vollkornmehl

wholewheat ADJECTIVE
◆ **wholewheat bread** das Vollkornbrot

whom PRONOUN
wen ◇ *Whom did you see?* Wen hast du gesehen?
◆ **the man to whom I spoke** der Mann, mit dem ich gesprochen habe
◆ **the woman to whom I spoke** die Frau, mit der ich gesprochen habe

whose PRONOUN, ADJECTIVE
wessen ◇ *Whose book is this?* Wessen Buch ist das?
◆ **Whose is this?** Wem gehört das?
◆ **I know whose it is.** Ich weiß, wem das gehört.
◆ **the man whose picture was in the paper** der Mann, dessen Bild in der Zeitung war
◆ **the woman whose picture was in the paper** die Frau, deren Bild in der Zeitung war
◆ **the girl whose picture was in the paper** das Mädchen, dessen Bild in der Zeitung war

why ADVERB
warum ◇ *Why did you do that?* Warum hast du das getan? ◇ *Tell me why.* Sag mir warum. ◇ *I've never been to Germany. – Why not?* Ich war noch nie in Deutschland. – Warum nicht? ◇ *All right, why not?* Also gut, warum auch nicht?
◆ **That's why he did it.** Deshalb hat er es getan.

wicked ADJECTIVE
1 *böse* (*evil*)
2 *geil* (*informal: really great*)

wicket NOUN
das *Mal* (*stumps*) (PL die *Male*)

wide ADJECTIVE, ADVERB
breit ◇ *a wide road* eine breite Straße
◆ **wide open** weit offen ◇ *The door was wide open.* Die Tür stand weit offen. ◇ *The windows were wide open.* Die Fenster waren weit offen.
◆ **wide awake** hellwach

widow NOUN
die *Witwe* ◇ *She's a widow.* Sie ist Witwe.

widower NOUN
der *Witwer* (PL die *Witwer*) ◇ *He's a widower.* Er ist Witwer.

width NOUN
die *Breite*

wife NOUN
(PL **wives**)
die *Frau* ◇ *She's his wife.* Sie ist seine Frau.

wig NOUN
die *Perücke*

wild ADJECTIVE
1 *wild* ◇ *a wild animal* ein wildes Tier
2 *verrückt* (*crazy*) ◇ *She's a bit wild.* Sie ist ein bisschen verrückt.

wildlife NOUN
die *Tierwelt* ◇ *I'm interested in wildlife.* Ich interessiere mich für die Tierwelt.

will NOUN
see also will VERB
das *Testament* (PL die *Testamente*) ◇ *He left me some money in his will.* Er hat mir in seinem Testament Geld vermacht.
◆ **He came of his own free will.** Er ist freiwillig gekommen.

will VERB
see also will NOUN
In German the present tense is often used to express somebody's intention to do something.
◇ *I'll show you your room.* Ich zeige Ihnen Ihr Zimmer. ◇ *I'll give you a hand.* Ich helfe dir.
◆ **Will you help me?** Hilfst du mir?
◆ **Will you wash up? – No, I won't.** Wäschst du ab? – Nein.
Use the German future tense when referring to the more distant future.
◇ *I will come back one day.* Ich werde eines Tages zurückkommen. ◇ *It won't take long.* Es wird nicht lange dauern.
◆ **That will be the postman.** Das wird der Briefträger sein.
◆ **Will you be quiet!** Werdet ihr wohl still sein!

willing ADJECTIVE
◆ **to be willing to do something** bereit sein, etwas zu tun

to **win** VERB
(**won, won**)
see also win NOUN
gewinnen (IMPERFECT *gewann*, PERFECT *hat gewonnen*) ◇ *Did you win?* Hast du gewonnen?
◆ **to win a prize** einen Preis bekommen

win NOUN
see also win VERB
der *Sieg* (PL die *Siege*)

to **wind** VERB
(**wound, wound**)
see also wind NOUN
1 *wickeln* (*rope, wool, wire*) ◇ *He wound the rope round the tree.* Er wickelte das Seil um den Baum.
2 *sich schlängeln* (*river, path*) ◇ *The road winds through the valley.* Die Straße schlängelt sich durch das Tal.

wind NOUN
see also wind VERB
der *Wind* (PL die *Winde*) ◇ *There was a strong wind.* Es wehte ein starker Wind.
◆ **a wind instrument** ein Blasinstrument NEUT
◆ **wind power** die Windkraft

windmill NOUN
die *Windmühle*

window NOUN
das *Fenster* (PL die *Fenster*) ◇ *to break a window* ein Fenster kaputtmachen ◇ *a broken window* ein kaputtes Fenster
◆ **a shop window** ein Schaufenster

windscreen NOUN
die *Windschutzscheibe*

windscreen wiper NOUN
der *Scheibenwischer* (PL die *Scheibenwischer*)

windshield NOUN
die *Windschutzscheibe*

windy ADJECTIVE
windig (*place*) ◇ *It's windy.* Es ist windig.

wine NOUN
der *Wein* (PL die *Weine*) ◇ *a bottle of wine* eine Flasche Wein ◇ *a glass of wine* ein Glas Wein
◆ **white wine** der Weißwein
◆ **red wine** der Rotwein
◆ **a wine bar** eine Weinstube
◆ **a wine glass** ein Weinglas NEUT
◆ **the wine list** die Getränkekarte

wing NOUN
der *Flügel* (PL die *Flügel*)

to **wink** VERB
◆ **to wink at somebody** jemandem zublinzeln ◇ *He winked at me.* Er hat mir zugeblinzelt.

winner NOUN
der *Sieger* (PL die *Sieger*)
die *Siegerin*

winning ADJECTIVE
◆ **the winning team** die Siegermannschaft
◆ **the winning goal** das entscheidende Tor

winter NOUN
der *Winter* (PL die *Winter*) ◇ *in winter* im Winter

winter sports PL NOUN
der *Wintersport* SING

to **wipe** VERB
abwischen (PERFECT *hat abgewischt*)
◆ **to wipe one's feet** sich die Füße abstreifen ◇ *Wipe your feet!* Streif dir die Füße ab!
◆ **to wipe up** aufwischen

wire NOUN
der *Draht* (PL die *Drähte*)

wisdom tooth NOUN
(PL **wisdom teeth**)
der *Weisheitszahn* (PL die *Weisheitszähne*)

wise ADJECTIVE
weise

to **wish** VERB
see also **wish** NOUN
◆ **to wish for something** sich etwas wünschen ◇ *What more could I wish for?* Was mehr könnte ich mir wünschen?
◆ **to wish to do something** etwas tun möchten ◇ *I wish to make a complaint.* Ich möchte mich beschweren.
◆ **I wish you were here!** Ich wünschte, du wärst da!
◆ **I wish you'd told me!** Wenn du mir das doch nur gesagt hättest!

wish NOUN
(PL **wishes**)
see also **wish** VERB
der *Wunsch* (PL die *Wünsche*)
◆ **to make a wish** sich etwas wünschen ◇ *You can make a wish.* Du darfst dir etwas wünschen.
◆ **"best wishes"** (*on greetings card*) "Alles Gute"
◆ **"with best wishes, Kathy"** "alles Liebe, Kathy"

wit NOUN
der *geistreiche Humor* (*humour*)

with PREPOSITION
1 *mit* ◇ *Come with me.* Komm mit mir. ◇ *a woman with blue eyes* eine Frau mit blauen Augen
◆ **Fill the jug with water.** Tu Wasser in den Krug.
◆ **He walks with a stick.** Er geht am Stock.
2 *bei* (*at the home of*) ◇ *We stayed with friends.* Wir haben bei Freunden übernachtet.
3 *vor* ◇ *green with envy* grün vor Neid ◇ *to shake with fear* vor Angst zittern

within PREPOSITION
◆ **The shops are within easy reach.** Die Geschäfte sind schnell zu erreichen.
◆ **within the week** innerhalb dieser Woche

without PREPOSITION
ohne ◇ *without a coat* ohne einen Mantel ◇ *without speaking* ohne etwas zu sagen

witness NOUN
(PL **witnesses**)
der *Zeuge* (GEN des *Zeugen*, PL die *Zeugen*)
die *Zeugin*
◇ *There were no witnesses.* Es gab keine Zeugen.
◆ **witness box** der Zeugenstand
◆ **witness stand** der Zeugenstand

witty ADJECTIVE
geistreich

wives PL NOUN *see* **wife**

woke up VERB *see* **wake up**

woken up VERB *see* **wake up**

wolf NOUN
(PL **wolves**)
der *Wolf* (PL die *Wölfe*)

woman NOUN
(PL **women**)
die *Frau*
◆ **a woman doctor** eine Ärztin

won VERB *see* **win**

to **wonder** VERB
sich fragen ◇ *I wonder why she said that.* Ich frage mich, warum sie das gesagt hat. ◇ *I wonder what that means.* Ich frage mich, was das bedeutet.
◆ **I wonder where Caroline is.** Wo Caroline wohl ist?

wonderful ADJECTIVE
wunderbar

won't = **will not**

wood NOUN
[1] das ***Holz*** (*timber*) (PL die ***Hölzer***) ◇ *It's made of wood.* Es ist aus Holz.
[2] der ***Wald*** (*forest*) (PL die ***Wälder***) ◇ *We went for a walk in the wood.* Wir sind im Wald spazieren gegangen.

wooden ADJECTIVE
hölzern
◆ **a wooden chair** ein Holzstuhl MASC

woodwork NOUN
das ***Schreinern*** ◇ *Dieter's hobby is woodwork.* Schreinern ist Dieters Hobby.

wool NOUN
die ***Wolle*** ◇ *It's made of wool.* Es ist aus Wolle.

word NOUN
das ***Wort*** (PL die ***Wörter***) ◇ *a difficult word* ein schwieriges Wort
◆ **What's the word for "shop" in German?** Wie heißt "shop" auf Deutsch?
◆ **in other words** in anderen Worten
◆ **to have a word with somebody** mit jemandem reden
◆ **the words** (*lyrics*) der Text SING ◇ *I really like the words of this song.* Der Text dieses Liedes gefällt mir wirklich gut.

word processing NOUN
die ***Textverarbeitung***

word processor NOUN
das ***Textverarbeitungssystem*** (PL die ***Textverarbeitungssysteme***)

wore VERB *see* **wear**

work NOUN
see also work VERB
die ***Arbeit*** ◇ *She's looking for work.* Sie sucht Arbeit. ◇ *He's at work at the moment.* Er ist zur Zeit bei der Arbeit. ◇ *It's hard work.* Das ist harte Arbeit.
◆ **to be off work** (*sick*) krank sein
◆ **He's out of work.** Er ist arbeitslos.

to **work** VERB
see also work NOUN
[1] ***arbeiten*** (*person*) ◇ *She works in a shop.* Sie arbeitet in einem Laden. ◇ *to work hard* hart arbeiten
[2] ***funktionieren*** (*machine, plan*) (PERFECT ***hat funktioniert***) ◇ *The heating isn't working.* Die Heizung funktioniert nicht. ◇ *My plan worked perfectly.* Mein Plan hat prima funktioniert.
◆ **to work out (1)** (*exercise*) trainieren ◇ *I work out twice a week.* Ich trainiere zweimal pro Woche.
◆ **to work out (2)** (*turn out*) klappen ◇ *In the end it worked out really well.* Am Ende hat es richtig gut geklappt.
◆ **to work something out** (*figure out*) auf etwas kommen ◇ *I just couldn't work it out.* Ich bin einfach nicht darauf gekommen.
◆ **It works out at ten pounds each.** Das macht für jeden zehn Pfund.

worker NOUN
der ***Arbeiter*** (PL die ***Arbeiter***)
die ***Arbeiterin***
◇ *He's a factory worker.* Er ist Fabrikarbeiter.
◆ **She's a good worker.** Sie macht gute Arbeit.

work experience NOUN
das ***Praktikum*** (PL die ***Praktika***) ◇ *I'm going to do work experience in a factory.* Ich mache ein Praktikum in einer Fabrik.

working-class ADJECTIVE
der ***Arbeiterklasse*** ◇ *a working-class family* eine Familie der Arbeiterklasse

works NOUN
works *wird im Englischen mit dem Verb im Singular oder Plural benutzt.*
das ***Werk*** (*factory*) (PL die ***Werke***)

worksheet NOUN
das ***Arbeitsblatt*** (PL die ***Arbeitsblätter***)

workshop NOUN
die ***Werkstatt*** (PL die ***Werkstätten***)
◆ **a drama workshop** ein Theaterworkshop NEUT

workstation NOUN
der ***Arbeitsplatzcomputer*** (PL die ***Arbeitsplatzcomputer***)

world NOUN
die ***Welt***
◆ **He's the world champion.** Er ist der Weltmeister.

worm NOUN
der ***Wurm*** (PL die ***Würmer***)

worn VERB *see* **wear**

worn ADJECTIVE
abgenutzt ◇ *The carpet is a bit worn.* Der Teppich ist etwas abgenutzt.
◆ **worn out** (*tired*) erschöpft

worried ADJECTIVE
besorgt ◇ *She's very worried.* Sie ist sehr besorgt.
◆ **to be worried about something** sich wegen etwas Sorgen machen ◇ *I'm worried about the exam.* Ich mache mir wegen der Prüfung Sorgen.
◆ **to look worried** besorgt aussehen ◇ *She looks worried.* Sie sieht besorgt aus.

to **worry** VERB
(**worried**)
sich Sorgen machen ◇ *You worry too much.* Du machst dir zu viele Sorgen.
◆ **Don't worry!** Keine Sorge!

worse ADJECTIVE, ADVERB
schlechter ◇ *My results were bad, but his were even worse.* Meine Noten waren schlecht, aber seine waren noch schlechter. ◇ *I'm feeling worse.* Mir geht es schlechter.
◆ **It was even worse than that.** Es war sogar noch schlimmer.

to **worship** VERB
anbeten (PERFECT ***hat angebetet***) ◇ *He worships his girlfriend.* Er betet seine Freundin an.

worst ADJECTIVE
see also worst NOUN
◆ **the worst (1)** der schlechteste ◇ *the worst student in the class* der schlechteste Schüler der Klasse
◆ **the worst (2)** die schlechteste ◇ *He got the*

worst mark in the whole class. Er hat von der ganzen Klasse die schlechteste Note bekommen.
- **the worst (3)** das schlechteste ◇ *the worst report I've ever had* das schlechteste Zeugnis, das ich je hatte
- **my worst enemy** mein schlimmster Feind
- **Maths is my worst subject.** In Mathe bin ich am schlechtesten.

worst NOUN
see also **worst** ADJECTIVE
das ***Schlimmste*** (GEN des ***Schlimmsten***)
◇ *The worst of it is that...* Das Schlimmste daran ist, dass...
- **at worst** schlimmstenfalls
- **if the worst comes to the worst** schlimmstenfalls

worth ADJECTIVE
- **to be worth** wert sein ◇ *It's worth a lot of money.* Es ist sehr viel Geld wert. ◇ *How much is it worth?* Wie viel ist das wert?
- **It's worth it.** Das lohnt sich. ◇ *Is it worth it?* Lohnt es sich? ◇ *It's not worth it.* Das lohnt sich nicht.

would VERB
- **Would you like...?** Möchtest du...? ◇ *Would you like a biscuit?* Möchtest du einen Keks? ◇ *Would you like to go and see a film?* Möchtest du ins Kino gehen?
- **Would you close the door please?** Würden Sie bitte die Tür zumachen?
- **I'd like...** Ich würde gern... ◇ *I'd like to go to America.* Ich würde gern nach Amerika fahren.
- **Shall we go and see a film?–Yes, I'd like that.** Sollen wir ins Kino gehen?–Au ja!
- **I said I would do it.** Ich sagte, ich würde es tun.
- **If you asked him he'd do it.** Wenn du ihn fragen würdest, würde er es tun.
- **If you had asked him he would have done it.** Wenn du ihn gefragt hättest, hätte er es getan.

wouldn't = **would not**

wound VERB *see* **wind**

to **wound** VERB
see also **wound** NOUN
verwunden (PERFECT ***hat verwundet***) ◇ *He was wounded in the leg.* Er wurde am Bein verwundet.

wound NOUN
see also **wound** VERB
die ***Wunde***

to **wrap** VERB
einpacken (PERFECT ***hat eingepackt***)
◇ *She's wrapping her Christmas presents.* Sie packt ihre Weihnachtsgeschenke ein.
- **Can you wrap it for me please?** (*in shop*) Können Sie es mir bitte in Geschenkpapier einpacken?
- **to wrap up** einpacken

wrapping paper NOUN
das ***Geschenkpapier***

wreck NOUN
see also **wreck** VERB
das ***Wrack*** (PL die ***Wracks***) ◇ *That car is a wreck!* Das Auto ist ein Wrack. ◇ *After the exam I was a complete wreck.* Nach der Prüfung war ich ein totales Wrack.

to **wreck** VERB
see also **wreck** NOUN
[1] ***zerstören*** (*building*) (PERFECT ***hat zerstört***)
◇ *The explosion wrecked the whole house.* Die Explosion hat das ganze Haus zerstört.
[2] ***kaputtfahren*** (*car*) (PRESENT ***fährt kaputt***, IMPERFECT ***fuhr kaputt***, PERFECT ***hat kaputtgefahren***) ◇ *He's wrecked his car.* Er hat sein Auto kaputtgefahren.
[3] ***verderben*** (*plan, holiday*) (PRESENT ***verdirbt***, IMPERFECT ***verdarb***, PERFECT ***hat verdorben***) ◇ *Our trip was wrecked by bad weather.* Das schlechte Wetter hat uns den Ausflug verdorben.

wreckage NOUN
[1] das ***Wrack*** (*of vehicle*) (PL die ***Wracks***)
[2] die ***Trümmer*** PL (*of building*)

wrestler NOUN
der ***Ringer*** (PL die ***Ringer***)
die ***Ringerin***

wrestling NOUN
das ***Ringen*** ◇ *His hobby is wrestling.* Ringen ist sein Hobby.

wrinkled ADJECTIVE
faltig

wrist NOUN
das ***Handgelenk*** (PL die ***Handgelenke***)

to **write** VERB
(**wrote, written**)
schreiben (IMPERFECT ***schrieb***, PERFECT ***hat geschrieben***) ◇ *to write a letter* einen Brief schreiben
- **to write to somebody** jemandem schreiben ◇ *I'm going to write to her in German.* Ich werde ihr auf Deutsch schreiben.
- **to write down** aufschreiben ◇ *I wrote down the address.* Ich habe die Adresse aufgeschrieben. ◇ *Can you write it down for me, please?* Können Sie es mir bitte aufschreiben?

writer NOUN
der ***Schriftsteller*** (PL die ***Schriftsteller***)
die ***Schriftstellerin***
◇ *She's a writer.* Sie ist Schriftstellerin.

writing NOUN
die ***Schrift*** ◇ *I can't read your writing.* Ich kann deine Schrift nicht lesen.
- **in writing** schriftlich

written VERB *see* **write**

wrong ADJECTIVE, ADVERB
[1] ***falsch*** (*incorrect*) ◇ *The information they gave us was wrong.* Die Information, die sie uns gegeben haben, war falsch. ◇ *the wrong answer* die falsche Antwort
- **You've got the wrong number.** Sie haben sich verwählt.

[2] ***unrecht*** (*morally bad*) ◇ *I think fox*

hunting is wrong. Ich meine, dass Fuchsjagden unrecht sind.

- **to be wrong** (*mistaken*) unrecht haben ◇ *You're wrong about that.* Sie haben da unrecht.
- **to do something wrong** etwas falsch machen ◇ *You've done it wrong.* Du hast das falsch gemacht. ◇ *Have I done something wrong?* Habe ich etwas falsch gemacht?
- **to go wrong** (*plan*) schief gehen ◇ *The robbery went wrong and they got caught.* Der Überfall ist schief gegangen, und man hat sie gefasst.
- **What's wrong?** Was ist los?
- **What's wrong with her?** Was ist mit ihr los?

wrote VERB *see* **write**

X

to **X-ray** VERB
see also X-ray NOUN
röntgen ◇ *They X-rayed my arm.* Sie haben meinen Arm geröntgt.

X-ray NOUN
see also X-ray VERB
die ***Röntgenaufnahme***
◆ **to have an X-ray** geröntgt werden

Y

yacht NOUN
[1] das ***Segelboot*** *(sailing boat)* (PL die ***Segelboote***)
[2] die ***Jacht*** *(luxury motorboat)*

yard NOUN
der ***Hof*** *(of building)* (PL die ***Höfe***) ◇ *in the yard* auf dem Hof

to **yawn** VERB
gähnen

year NOUN
das ***Jahr*** (PL die ***Jahre***) ◇ *last year* letztes Jahr ◇ *next year* nächstes Jahr ◇ *to be fifteen years old* fünfzehn Jahre alt sein
◆ **an eight-year-old child** ein achtjähriges Kind
In Germany secondary schools, years are counted from the fünfte Klasse *(youngest) to the* dreizehnte Klasse *(oldest).*
◇ *the first year* die fünfte Klasse ◇ *the fifth year* die neunte Klasse ◇ *She's in the fifth year.* Sie ist in der neunten Klasse.
◆ **He's a first-year.** Er ist in der fünften Klasse.

to **yell** VERB
schreien (IMPERFECT ***schrie***, PERFECT ***hat geschrien***)

yellow ADJECTIVE
gelb

yes ADVERB
[1] ***ja*** ◇ *Do you like it?–Yes.* Gefällt es dir?–Ja. ◇ *Would you like a cup of tea?–Yes please.* Möchtest du eine Tasse Tee?–Ja bitte.
[2] ***doch***
Use **doch** *to contradict a negative statement or question.*
◇ *Don't you like it?–Yes!* Gefällt es dir nicht?–Doch! ◇ *You're not Swiss, are you?–Yes I am!* Sie sind nicht Schweizer, oder?–Doch, ich bin Schweizer. ◇ *That's not true.–Yes it is!* Das ist nicht wahr.–Doch!

yesterday ADVERB
gestern ◇ *yesterday morning* gestern früh ◇ *yesterday afternoon* gestern Nachmittag ◇ *yesterday evening* gestern Abend ◇ *all day yesterday* gestern den ganzen Tag
◆ **the day before yesterday** vorgestern

yet ADVERB
[1] ***noch*** ◇ *It has yet to be proved that...* Es muss noch bewiesen werden, dass...
[2] ***schon*** *(in questions)* ◇ *Has the murderer been caught yet?* Ist der Mörder schon gefasst worden?
◆ **not yet** noch nicht ◇ *It's not finished yet.* Es ist noch nicht fertig.
◆ **not as yet** noch nicht ◇ *There's no news as yet.* Es gibt noch keine Nachricht.
◆ **Have you finished yet?** Bist du fertig?

yield EXCLAMATION
Vorfahrt achten *(on road sign)*

yob NOUN
der ***Rowdy*** (PL die ***Rowdys***)

yoghurt NOUN
der ***Joghurt*** (PL die ***Joghurt***)

yolk NOUN
das ***Eigelb*** (PL die ***Eigelbe***)

you PRONOUN
Only use **du** *when speaking to one person, and when the person is your own age or younger. Use* **ihr** *for several people of your own age or younger. If in doubt use the polite form* **Sie.**
[1] ***Sie*** *(polite form, singular and plural)* ◇ *Do you like football?* Mögen Sie Fußball? ◇ *Can I help you?* Kann ich Ihnen behilflich sein? ◇ *I saw you yesterday.* Ich habe Sie gestern gesehen. ◇ *It's for you.* Das ist für Sie.
[2] ***du*** *(familiar singular)* ◇ *Do you like football?* Magst du Fußball? ◇ *She's younger than you.* Sie ist jünger als du. ◇ *I know you.* Ich kenne dich. ◇ *I gave it you.* Ich habe es dir gegeben. ◇ *It's for you.* Es ist für dich. ◇ *I'll come with you.* Ich komme mit dir mit.
[3] ***ihr*** *(familiar plural)* ◇ *Do you two like football?* Mögt ihr beiden Fußball? ◇ *I told you to be quiet.* Ich habe euch gesagt, ihr sollt still sein. ◇ *This is for you two.* Es ist für euch beide. ◇ *Can I come with you?* Kann ich mit euch mitkommen?

young ADJECTIVE
jung ◇ *young people* junge Leute

younger ADJECTIVE
jünger ◇ *He's younger than me.* Er ist jünger als ich. ◇ *my younger brother* mein jüngerer Bruder ◇ *my younger sister* meine jüngere Schwester

youngest ADJECTIVE
jüngste ◇ *his youngest brother* sein jüngster Bruder ◇ *She's the youngest.* Sie ist die jüngste.

your ADJECTIVE

Only use **dein** *when speaking to one person, and when the person is your own age or younger. For several people of your own age or younger use* **euer**. *If in doubt use the polite form* **Ihr**.

[1] ***Ihr*** *(polite form, singular and plural)* ◇ *your father* Ihr Vater ◇ *your mother* Ihre Mutter ◇ *your house* Ihr Haus ◇ *your seats* Ihre Plätze

[2] ***dein*** *(familiar singular)* ◇ *your brother* dein Bruder ◇ *your sister* deine Schwester ◇ *your book* dein Buch ◇ *your parents* deine Eltern

[3] ***euer*** *(familiar plural)* ◇ *your father* euer Vater ◇ *your mother* eure Mutter ◇ *your car* euer Auto ◇ *your teachers* eure Lehrer

Do not use **Ihr**, **dein** *or* **euer** *with parts of the body.*

◇ *Would you like to wash your hands?* Möchten Sie sich die Hände waschen? ◇ *Do you want to wash your hair?* Möchtest du dir die Haare waschen? ◇ *You two, go upstairs and brush your teeth.* Ihr beide geht nach oben und putzt euch die Zähne.

yours PRONOUN

Only use **deiner/deine/deines** *when talking to one person of your own age or younger. Use* **euer/eure/eures** *when talking to several people of your own age or younger. If in doubt use the polite form* **Ihrer/Ihre/Ihres**.

[1] *(polite form, singular and plural)*

Ihrer ◇ *That's a nice coat. Is it yours?* Das ist ein hübscher Mantel. Ist es Ihrer?

Ihre ◇ *What a pretty jacket. Is it yours?* Was für eine hübsche Jacke. Ist das Ihre?

Ihres ◇ *I like that car. Is it yours?* Das Auto gefällt mir. Ist es Ihres?

Ihre ◇ *my parents and yours* meine Eltern und Ihre

◆ **Is this yours?** Gehört das Ihnen? ◇ *This book is yours.* Das Buch gehört Ihnen.

◆ **Yours sincerely,...** Mit freundlichen Grüßen...

[2] *(familiar singular)*

deiner ◇ *I've lost my pen. Can I use yours?* Ich habe meinen Schreiber verlegt. Kann ich deinen benützen?

deine ◇ *Nice jacket. Is it yours?* Hübsche Jacke. Ist das deine?

deines ◇ *I like that car. Is it yours?* Das Auto gefällt mir. Ist das deines?

deine ◇ *my parents and yours* meine Eltern und deine ◇ *My hands are dirty, yours are clean.* Meine Hände sind schmutzig, deine sind sauber.

◆ **Is this yours?** Gehört das dir? ◇ *This book is yours.* Das Buch gehört dir. ◇ *Whose is this? – It's yours.* Wem gehört das? – Es gehört dir.

[3] *(familiar plural)*

euer ◇ *My computer is broken. Can I use yours?* Mein Computer ist kaputt. Kann ich euren benutzen?

eure ◇ *I haven't got a typewriter. Can I use yours?* Ich habe keine Schreibmaschine. Kann ich eure benutzen?

eures ◇ *Our house is bigger than yours.* Unser Haus ist größer als eures.

eure ◇ *our parents and yours* unsere Eltern und eure

◆ **Is this yours?** Gehört das euch? ◇ *These books are yours.* Diese Bücher gehören euch. ◇ *Whose is it? – It's yours.* Wem gehört das? – Es gehört euch.

yourself PRONOUN

Only use **dich/dir** *when talking to one person of your own age or younger. If in doubt use the polite form* **sich**.

[1] ***sich*** *(polite form)* ◇ *Have you hurt yourself?* Haben Sie sich verletzt? ◇ *Tell me about yourself!* Erzählen Sie etwas von sich!

[2] ***dich*** *(familiar form)* ◇ *Have you hurt yourself?* Hast du dich verletzt?

[3] ***dir*** *(familiar form)* ◇ *Tell me about yourself!* Erzähl mir etwas von dir! ◇ *If you are not happy with yourself...* Wenn du mit dir selbst nicht zufrieden bist...

[4] ***selbst***

◆ **Do it yourself! (1)** Machen Sie es selbst!

◆ **Do it yourself! (2)** Mach's selbst!

yourselves PRONOUN

Only use **euch** *when talking to people of your own age or younger. If in doubt use the polite form* **sich**.

[1] ***sich*** *(polite form)* ◇ *Did you enjoy yourselves?* Haben Sie sich amüsiert?

[2] ***euch*** *(familiar form)* ◇ *Did you enjoy yourselves?* Habt ihr euch amüsiert?

[3] ***selbst***

◆ **Did you make it yourselves? (1)** Haben Sie es selbst gemacht?

◆ **Did you make it yourselves? (2)** Habt ihr es selbst gemacht?

youth club NOUN

das ***Jugendzentrum*** (PL die ***Jugendzentren***)

youth hostel NOUN

die ***Jugendherberge***

Yugoslavia NOUN

Jugoslawien NEUT

◆ **in the former Yugoslavia** im ehemaligen Jugoslawien

Z

zany ADJECTIVE
irre komisch ◇ *a zany film* ein irre komischer Film

zebra NOUN
das *Zebra* (PL die *Zebras*)

zebra crossing NOUN
der *Zebrastreifen* (PL die *Zebrastreifen*)

zero NOUN
(PL **zeros** *or* **zeroes**)
die *Null*

Zimbabwe NOUN
Simbabwe NEUT ◇ *in Zimbabwe* in Simbabwe

Zimmer frame ® NOUN
der *Gehapparat* (PL die *Gehapparate*)

zip NOUN
der *Reißverschluss* ⚠ (GEN des *Reißverschlusses*, PL die *Reißverschlüsse*)

zip code NOUN
die *Postleitzahl*

zipper NOUN
der *Reißverschluss* ⚠ (GEN des *Reißverschlusses*, PL die *Reißverschlüsse*)

zit NOUN
der *Pickel* (PL die *Pickel*)

zodiac NOUN
der *Tierkreis* (GEN des *Tierkreises*)
◆ **the signs of the zodiac** die Sternzeichen

zone NOUN
die *Zone*

zoo NOUN
der *Zoo* (PL die *Zoos*)

zoom lens NOUN
(PL **zoom lenses**)
das *Zoomobjektiv* (PL die *Zoomobjektive*)

zucchini PL NOUN
die *Zucchini* PL

Verzeichnis der neuen Schreibweisen
List of new German spellings

DIE DEUTSCHE RECHTSCHREIBREFORM

Im Juli 1996 wurde von allen deutschsprachigen Ländern eine Erklärung zur Neuregelung der deutschen Rechtschreibung unterzeichnet. Mit Beginn des Schuljahres 1996/97 können Schulen die neue Rechtschreibung lehren. Um Sie über die Änderungen zu informieren, wurden alle neuen Schreibweisen, die als Stichwort im deutsch–englischen oder als Übersetzung im englisch–deutschen Teil erscheinen, durchgängig mit ⚠ gekennzeichnet. Natürlich werden Sie etliche Wörter auch noch in ihrer alten Form nachschlagen wollen. Sie finden hier eine Liste aller mit ⚠ gekennzeichneten neuen Schreibungen und ihrer entsprechenden alten Formen, die Ihnen das Erkennen der neuen Schreibweisen erleichtern soll. Dieses Verzeichnis umfasst auch solche Wörter, die den alten Regeln entsprechend zusammengeschrieben wurden, jetzt aber getrennt werden, zum Beispiel **fertigmachen** – **fertig machen**. Solche Fälle wurden jedoch im Wörterverzeichnis nicht immer mit ⚠ gekennzeichnet. Erscheint eine alte Schreibweise im Wörterverzeichnis nicht direkt vor oder nach der neuen Entsprechung, so wurde die alte Schreibung der alphabetischen Reihenfolge gemäß angeführt und mit einem Verweis zur neuen Form, wo Sie auch die Übersetzung finden, versehen. So steht bei **rauh** zum Beispiel ein Hinweis auf **rau**.

GERMAN SPELLING REFORM

In July 1996 all German–speaking countries signed a declaration concerning the reform of German spelling, with the result that from the beginning of the 1996/97 school year the new spelling rules can be taught in all schools. To ensure that you have the most up–to–date information at your fingertips, we have shown the new spellings, which have been marked by ⚠, where they occur as headwords on the German–English side or as translations on the English–German side. Of course, you will still come across old spellings in other texts, so to help you recognize them, we have given here a list of all the new spellings, which have been marked by ⚠, together with the corresponding old spellings. Words appearing in the dictionary which were previously spelt as one word, and which are now spelt as two words e.g. **fertigmachen** – **fertig machen** have also been included in this list, although they are not always marked by ⚠ in the dictionary. In addition, where the old spelling of a word does not come immediately before or after the new spelling in the dictionary text, the old spelling has been shown in its alphabetical position and a reference has been given to tell you where you can find the new spelling and its translation e.g. **rauh** is cross–referred to **rau**.

NEU/NEW	ALT/OLD
Abend	abend
Abfluss	Abfluß
allein stehend	alleinstehend
allzu oft	allzuoft
allzu viel	allzuviel
Anlass	Anlaß
Anschluss	Anschluß
Ass	As
auf sein	aufsein
aufschlussreich	aufschlußreich
Aufsehen erregend	aufsehenerregend
auseinander falten	auseinanderfalten
auseinander halten	auseinanderhalten
auseinander nehmen	auseinandernehmen
Ausschluss	Ausschluß
Ausschuss	Ausschuß
aus sein	aussein
Balletttänzer	Ballettänzer
Balletttänzerin	Ballettänzerin
Bass	Baß
bekannt geben	bekanntgeben
bekannt machen	bekanntmachen
Beschluss	Beschluß
bewusst	bewußt
bewusstlos	bewußtlos
Bewusstlosigkeit	Bewußtlosigkeit
Bewusstsein	Bewußtsein
biss	biß
Biss	Biß
bisschen	bißchen
blass	blaß
Brennnessel	Brennessel
Cashewnuss	Cashewnuß
dabei sein	dabeisein
dahinter kommen	dahinterkommen
da sein	dasein
dass	daß
durcheinander bringen	durcheinanderbringen
durchnässt	durchnäßt
Einfluss	Einfluß
Engpass	Engpaß
Entschluss	Entschluß
Erdgeschoss	Erdgeschoß
Erdnuss	Erdnuß
Erdnussbutter	Erdnußbutter
Erfolg versprechend	erfolgversprechend
essbar	eßbar
Esskastanie	Eßkastanie
Esslöffel	Eßlöffel
esst	eßt
Esszimmer	Eßzimmer
Fairness	Fairneß
fallen lassen	fallenlassen
Fass	Faß
fertig bringen	fertigbringen
fertig machen	fertigmachen
floss	floß
Fluss	Fluß
Föhn/Fön	Fön
Föhnen	Fönen
frisst	frißt
Gebiss	Gebiß
gefangen nehmen	gefangennehmen
gefasst	gefaßt
geheim halten	geheimhalten
gemusst	gemußt
genau genommen	genaugenommen
genoss	genoß
Genuss	Genuß
genüsslich	genüßlich
geschrien	geschrien/geschrieen
Gewinn bringend	gewinnbringend
gewiss	gewiß
Gewissheit	Gewißheit
gewusst	gewußt
goss	goß
grässlich	gräßlich
Gräuel	Greuel
Grundriss	Grundriß
gut aussehend	gutaussehend
gut gehen	gutgehen
gut gemeint	gutgemeint
gut tun	guttun
Haselnuss	Haselnuß
Hass	Haß
hässlich	häßlich
Hexenschuss	Hexenschuß
Imbiss	Imbiß
Imbissstube	Imbißstube
iss	iß
isst	ißt
Känguru	Känguruh
Karamell	Karamel
Karamellbonbon	Karamelbonbon
kennen lernen	kennenlernen
Kokosnuss	Kokosnuß
Kompass	Kompaß
Kompromiss	Kompromiß
Kontrabass	Kontrabaß
Kuss	Kuß
lässt	läßt
leicht fallen	leichtfallen
leicht machen	leichtmachen
lieb haben	liebhaben
liegen bleiben	liegenbleiben
liegen lassen	liegenlassen
Maß halten	maßhalten
Messgerät	Meßgerät
missbilligen	mißbilligen
Missbrauch	Mißbrauch
Misserfolg	Mißerfolg
Missgeschick	Mißgeschick
misshandeln	mißhandeln
misslang	mißlang

NEU/NEW	ALT/OLD
misslingen	mißlingen
misslingt	mißlingt
misslungen	mißlungen
missmutig	mißmutig
misst	mißt
misstrauen	mißtrauen
Misstrauen	Mißtrauen
misstrauisch	mißtrauisch
Missverständnis	Mißverständnis
missverstehen	mißverstehen
Mopp	Mop
muss	muß
musst	mußt
müsst	müßt
musste	mußte
müsste	müßte
mussten	mußten
müssten	müßten
musstest	mußtest
müsstest	müßtest
musstet	mußtet
müsstet	müßtet
Nachlass	Nachlaß
Nacht	nacht
nahe gelegen	nahegelegen
nahe legen	nahelegen
nahe liegend	naheliegend
näher kommen	näherkommen
nass	naß
Nebenfluss	Nebenfluß
nummerieren	numerieren
Nuss	Nuß
offen bleiben	offenbleiben
Ölmessstab	Ölmeßstab
Pass	Paß
Passkontrolle	Paßkontrolle
Passwort	Paßwort
patschnass	patschnaß
pflichtbewusst	pflichtbewußt
Portmonee/Portemonnaie	Portemonnaie
Prozess	Prozeß
Rad fahren	radfahren
Rassenhass	Rassenhaß
rau	rauh
Regenguss	Regenguß
Reisepass	Reisepaß
Reißverschluss	Reißverschluß
riss	riß
Riss	Riß
Rollladen	Rolladen
Rosskastanie	Roßkastanie
Russland	Rußland
sauber machen	saubermachen
schief gehen	schiefgehen
Schifffahrt	Schiffahrt
Schikoree/Chicorée	Chicorée
schiss	schiß

NEU/NEW	ALT/OLD
schlecht gehen	schlechtgehen
schlecht machen	schlechtmachen
schloss	schloß
Schloss	Schloß
Schluss	Schluß
Schlussverkauf	Schlußverkauf
schmiss	schmiß
schnäuzen	schneuzen
Schnellimbiss	Schnellimbiß
schoss	schoß
Schuss	Schuß
Schusswaffe	Schußwaffe
schwarz sehen	schwarzsehen
schwer fallen	schwerfallen
selbstbewusst	selbstbewußt
selbstständig/selbständig	selbständig
sitzen bleiben	sitzenbleiben
Sommerschlussverkauf	Sommerschlußverkauf
so viel	soviel
so weit	soweit
so wenig	sowenig
spazieren fahren	spazierenfahren
spazieren gehen	spazierengehen
stehen bleiben	stehenbleiben
Stewardess	Stewardeß
Stress	Streß
Tipp	Tip
tollpatschig	tolpatschig
Trugschluss	Trugschluß
tschüss	tschüs
Tunfisch/Thunfisch	Thunfisch
übel nehmen	übelnehmen
Überdruss	Überdruß
Überschuss	Überschuß
übrig bleiben	übrigbleiben
übrig lassen	übriglassen
Umriss	Umriß
unbewusst	unbewußt
ungewiss	ungewiß
Ungewissheit	Ungewißheit
Universitätsabschluss	Universitätsabschluß
unmissverständlich	unmißverständlich
Unterbewusstsein	Unterbewußtsein
Untergeschoss	Untergeschoß
unvergesslich	unvergeßlich
verantwortungsbewusst	verantwortungsbewußt
vergesslich	vergeßlich
Vergissmeinnicht	Vergißmeinnicht
vergisst	vergißt
verloren gehen	verlorengehen
Verschluss	Verschluß
viel versprechend	vielversprechend
Vorhängeschloss	Vorhängeschloß
Walnuss	Walnuß
wie viel	wieviel
wisst	wißt
wusste	wußte

NEU/NEW	ALT/OLD
wussten	wußten
wusstest	wußtest
wusstet	wußtet
Zuckerguss	Zuckerguß
zu Grunde/zugrunde	zugrunde
zu Leide/zuleide	zuleide
zu Mute/zumute	zumute
Zungenkuss	Zungenkuß
zu Stande/zustande	zustande
zu viel	zuviel
zu wenig	zuwenig

Aussprache des Englischen

A	[eɪ]
a	[eɪ, ə]
abandon	[ə'bændən]
abbey	['æbɪ]
abbreviate	[ə'bri:vɪeɪt]
abbreviation	[əbri:vɪ'eɪʃən]
ability	[ə'bɪlɪtɪ]
able	['eɪbl]
abolish	[ə'bɔlɪʃ]
abominable	[ə'bɔmɪnəbl]
abort	[ə'bɔ:t]
abortion	[ə'bɔ:ʃən]
about	[ə'baut]
above	[ə'bʌv]
abroad	[ə'brɔ:d]
abrupt	[ə'brʌpt]
abruptly	[ə'brʌptlɪ]
absence	['æbsəns]
absent	['æbsənt]
absent-minded	['æbsənt'maɪndɪd]
absolute	['æbsəlu:t]
absolutely	[æbsə'lu:tlɪ]
abstract	['æbstrækt]
absurd	[əb'sə:d]
abuse	[ə'bju:s]
academic	[ækə'dɛmɪk]
academy	[ə'kædəmɪ]
accelerate	[æk'sɛləreɪt]
accelerator	[æk'sɛləreɪtəʳ]
accent	['æksɛnt]
accept	[ək'sɛpt]
acceptable	[ək'sɛptəbl]
access	['æksɛs]
accessible	[æk'sɛsəbl]
accessory	[æk'sɛsərɪ]
accident	['æksɪdənt]
accidental	[æksɪ'dɛntl]
accommodate	[ə'kɔmədeɪt]
accommodation	[əkɔmə'deɪʃən]
accompany	[ə'kʌmpənɪ]
accord	[ə'kɔ:d]
according	[ə'kɔ:dɪŋ]
accordingly	[ə'kɔ:dɪŋlɪ]
account	[ə'kaunt]
accountancy	[ə'kauntənsɪ]
accountant	[ə'kauntənt]
accuracy	['ækjurəsɪ]
accurate	['ækjurɪt]
accurately	['ækjurɪtlɪ]
accusative	[ə'kju:zətɪv]
accuse	[ə'kju:z]
ace	[eɪs]
ache	[eɪk]
achieve	[ə'tʃi:v]
achievement	[ə'tʃi:vmənt]
acid	['æsɪd]
acknowledgement	[ək'nɔlɪdʒmənt]
acne	['æknɪ]
acquaintance	[ə'kweɪntəns]
acquire	[ə'kwaɪəʳ]
acrobat	['ækrəbæt]
across	[ə'krɔs]
act	[ækt]
action	['ækʃən]
active	['æktɪv]
activity	[æk'tɪvɪtɪ]
actor	['æktəʳ]
actress	['æktrɪs]
actual	['æktjuəl]
actually	['æktjuəlɪ]
AD	[eɪ'di:]
ad	[æd]
adapt	[ə'dæpt]
adaptor	[ə'dæptəʳ]
add	[æd]
added	['ædɪd]
addict	['ædɪkt]
addicted	[ə'dɪktɪd]
addition	[ə'dɪʃən]
additional	[ə'dɪʃənl]
address	[ə'drɛs]
adenoids	['ædɪnɔɪdz]
adequate	['ædɪkwɪt]
adhesive	[əd'hi:zɪv]
adjacent	[ə'dʒeɪsənt]
adjective	['ædʒɛktɪv]
adjourn	[ə'dʒə:n]
adjust	[ə'dʒʌst]
adjustable	[ə'dʒʌstəbl]
administration	[ədmɪnɪs'treɪʃən]
administrative	[əd'mɪnɪstrətɪv]
admiral	['ædmərəl]
admiration	[ædmə'reɪʃən]
admire	[əd'maɪəʳ]
admission	[əd'mɪʃən]
admit	[əd'mɪt]
admonition	[ædmə'nɪʃən]
adolescence	[ædəu'lɛsns]
adolescent	[ædəu'lɛsnt]
adopt	[ə'dɔpt]
adopted	[ə'dɔptɪd]
adoption	[ə'dɔpʃən]
adoptive	[ə'dɔptɪv]
adore	[ə'dɔ:ʳ]
Adriatic	[eɪdrɪ'ætɪk]
adult	['ædʌlt]
advance	[əd'vɑ:ns]
advanced	[əd'vɑ:nst]
advantage	[əd'vɑ:ntɪdʒ]
Advent	['ædvənt]
adventure	[əd'vɛntʃəʳ]
adverb	['ædvə:b]
advert	['ædvə:t]
advertise	['ædvətaɪz]
advertisement	[əd'və:tɪsmənt]
advertising	['ædvətaɪzɪŋ]
advice	[əd'vaɪs]
advise	[əd'vaɪz]
aerial	['ɛərɪəl]
aerobics	[ɛə'rəubɪks]
aeroplane	['ɛərəpleɪn]
aerosol	['ɛərəsɔl]
affair	[ə'fɛəʳ]
affect	[ə'fɛkt]
affection	[ə'fɛkʃən]
affectionate	[ə'fɛkʃənɪt]
afford	[ə'fɔ:d]
afraid	[ə'freɪd]
Africa	['æfrɪkə]
African	['æfrɪkən]
after	['ɑ:ftəʳ]
afternoon	['ɑ:ftə'nu:n]
afters	['ɑ:ftəz]
aftershave	['ɑ:ftəʃeɪv]
afterwards	['ɑ:ftəwədz]
again	[ə'gɛn]
against	[ə'gɛnst]
age	[eɪdʒ]
aged	[eɪdʒd]
agency	['eɪdʒənsɪ]
agenda	[ə'dʒɛndə]
agent	['eɪdʒənt]
Ages	['eɪdʒɪz]
aggressive	[ə'grɛsɪv]
agile	['ædʒaɪl]
ago	[ə'gəu]
agony	['ægənɪ]
agree	[ə'gri:]
agreed	[ə'gri:d]
agreement	[ə'gri:mənt]
agricultural	[ægrɪ'kʌltʃərəl]
agriculture	['ægrɪkʌltʃəʳ]
ahead	[ə'hɛd]
aid	[eɪd]
AIDS	[eɪdz]
aim	[eɪm]
air	[ɛəʳ]
air-conditioned	['ɛəkən'dɪʃənd]
airfield	['ɛəfi:ld]
airline	['ɛəlaɪn]
airmail	['ɛəmeɪl]
airport	['ɛəpɔ:t]
aisle	[aɪl]
alarm	[ə'lɑ:m]
alarming	[ə'lɑ:mɪŋ]
album	['ælbəm]
alcohol	['ælkəhɔl]
alcoholic	[ælkə'hɔlɪk]
alert	[ə'lə:t]
algebra	['ældʒɪbrə]
alike	[ə'laɪk]
alive	[ə'laɪv]
all	[ɔ:l]
all-day	[ɔ:l'deɪ]
alleged	[ə'lɛdʒd]
allegedly	[ə'lɛdʒɪdlɪ]

allergic	[ə'lɜ:dʒɪk]
allergy	['ælədʒɪ]
alley	['ælɪ]
allow	[ə'lau]
allowed	[ə'laud]
almond	['ɑ:mənd]
almost	['ɔ:lməust]
alone	[ə'ləun]
along	[ə'lɔŋ]
alongside	[ə'lɔŋ'saɪd]
aloud	[ə'laud]
alphabet	['ælfəbɛt]
alphabetical	[ælfə'bɛtɪkl]
alpine	['ælpaɪn]
Alps	[ælps]
already	[ɔ:l'rɛdɪ]
Alsatian	[æl'seɪʃən]
also	['ɔ:lsəu]
altar	['ɔltəʳ]
alter	['ɔltəʳ]
alteration	[ɔltə'reɪʃən]
alternate	[ɔl'tə:nɪt]
alternative	[ɔl'tə:nətɪv]
alternatively	[ɔl'tə:nətɪvlɪ]
although	[ɔ:l'ðəu]
altogether	[ɔ:ltə'gɛðəʳ]
aluminium	[ælju'mɪnɪəm]
always	['ɔ:lweɪz]
Alzheimer's	['æltshaɪməz]
a.m.	[eɪ'ɛm]
am	[æm]
amateur	['æmətəʳ]
amaze	[ə'meɪz]
amazement	[ə'meɪzmənt]
amazing	[ə'meɪzɪŋ]
ambassador	[æm'bæsədəʳ]
amber	['æmbəʳ]
ambiguous	[æm'bɪgjuəs]
ambition	[æm'bɪʃən]
ambitious	[æm'bɪʃəs]
ambulance	['æmbjuləns]
amenities	[ə'mi:nɪtɪz]
America	[ə'mɛrɪkə]
American	[ə'mɛrɪkən]
ammunition	[æmju'nɪʃən]
among	[ə'mʌŋ]
amount	[ə'maunt]
amp	[æmp]
amplifier	['æmplɪfaɪəʳ]
amuse	[ə'mju:z]
amusement	[ə'mju:zmənt]
amusing	[ə'mju:zɪŋ]
an	[æn, ən]
anaesthetic	[ænɪs'θɛtɪk]
anaesthetize	[æ'ni:sθətaɪz]
analyse	['ænəlaɪz]
analysis	[ə'næləsɪs]
ancestor	['ænsɪstəʳ]
anchor	['æŋkəʳ]
anchovy	['æntʃəvɪ]
ancient	['eɪnʃənt]
and	[ænd]
angel	['eɪndʒəl]
anger	['æŋgəʳ]
angle	['æŋgl]
angler	['æŋgləʳ]
angling	['æŋglɪŋ]
angry	['æŋgrɪ]
anguish	['æŋgwɪʃ]
animal	['ænɪməl]
ankle	['æŋkl]
anniversary	[ænɪ'və:sərɪ]
announce	[ə'nauns]
announcement	[ə'naunsmənt]
annoy	[ə'nɔɪ]
annoying	[ə'nɔɪɪŋ]
annual	['ænjuəl]
anorak	['ænəræk]
another	[ə'nʌðəʳ]
answer	['ɑ:nsəʳ]
answering	['ɑ:nsərɪŋ]
ant	[ænt]
Antarctic	[ænt'ɑ:ktɪk]
anthem	['ænθəm]
anti-	['æntɪ]
anti-authoritarian	['æntɪɔ:θɔrɪ'tɛərɪən]
antibiotic	['æntɪbaɪ'ɔtɪk]
anticipate	[æn'tɪsɪpeɪt]
antidote	['æntɪdəut]
antique	[æn'ti:k]
antiseptic	[æntɪ'sɛptɪk]
anxious	['æŋkʃəs]
any	['ɛnɪ]
anybody	['ɛnɪbɔdɪ]
anyhow	['ɛnɪhau]
anyone	['ɛnɪwʌn]
anything	['ɛnɪθɪŋ]
anyway	['ɛnɪweɪ]
anywhere	['ɛnɪwɛəʳ]
apart	[ə'pɑ:t]
apartment	[ə'pɑ:tmənt]
apologize	[ə'pɔlədʒaɪz]
apology	[ə'pɔlədʒɪ]
apostrophe	[ə'pɔstrəfɪ]
apparatus	[æpə'reɪtəs]
apparent	[ə'pærənt]
apparently	[ə'pærəntlɪ]
appeal	[ə'pi:l]
appear	[ə'pɪəʳ]
appearance	[ə'pɪərəns]
appendicitis	[əpɛndɪ'saɪtɪs]
appendix	[ə'pɛndɪks]
appetite	['æpɪtaɪt]
applaud	[ə'plɔ:d]
applause	[ə'plɔ:z]
apple	['æpl]
appliance	[ə'plaɪəns]
applicant	['æplɪkənt]
application	[æplɪ'keɪʃən]
apply	[ə'plaɪ]
appoint	[ə'pɔɪnt]
appointment	[ə'pɔɪntmənt]
appreciate	[ə'pri:ʃɪeɪt]
appreciation	[əpri:ʃɪ'eɪʃən]
appreciative	[ə'pri:ʃɪətɪv]
apprentice	[ə'prɛntɪs]
apprenticeship	[ə'prɛntɪsʃɪp]
approach	[ə'prəutʃ]
appropriate	[ə'prəuprɪɪt]
approval	[ə'pru:vəl]
approve	[ə'pru:v]
approximate	[ə'prɔksɪmɪt]
apricot	['eɪprɪkɔt]
April	['eɪprəl]
apron	['eɪprən]
Aquarius	[ə'kwɛərɪəs]
Arab	['ærəb]
Arabia	[ə'reɪbɪə]
arcade	[ɑ:'keɪd]
arch	[ɑ:tʃ]
archaeologist	[ɑ:kɪ'ɔlədʒɪst]
archaeology	[ɑ:kɪ'ɔlədʒɪ]
archbishop	[ɑ:tʃ'bɪʃəp]
architect	['ɑ:kɪtɛkt]
architecture	['ɑ:kɪtɛktʃəʳ]
Arctic	['ɑ:ktɪk]
are	[ɑ:ʳ]
area	['ɛərɪə]
Argentina	[ɑ:dʒən'ti:nə]
Argentinian	[ɑ:dʒən'tɪnɪən]
argue	['ɑ:gju:]
argument	['ɑ:gjumənt]
Aries	['ɛərɪz]
arithmetic	[ə'rɪθmətɪk]
arm	[ɑ:m]
armaments	['ɑ:məmənts]
armchair	['ɑ:mtʃɛəʳ]
Armed	[ɑ:md]
armour	['ɑ:məʳ]
army	['ɑ:mɪ]
around	[ə'raund]
arrange	[ə'reɪndʒ]
arrangement	[ə'reɪndʒmənt]
arrest	[ə'rɛst]
arrival	[ə'raɪvl]
arrive	[ə'raɪv]
arrogant	['ærəgənt]
arrow	['ærəu]
art	[ɑ:t]
artery	['ɑ:tərɪ]
article	['ɑ:tɪkl]
artificial	[ɑ:tɪ'fɪʃəl]
artist	['ɑ:tɪst]
artistic	[ɑ:'tɪstɪk]
as	[æz, əz]
asap	[eɪeseɪ'pi:]
ash	[æʃ]
ashamed	[ə'ʃeɪmd]
ash-blond	['æʃblɔnd]
ashtray	['æʃtreɪ]
Asia	['eɪʃə]
Asian	['eɪʃən]
aside	[ə'saɪd]
ask	[ɑ:sk]
asleep	[ə'sli:p]

asparagus	[əs'pærəgəs]
aspect	['æspɛkt]
aspirin	['æsprɪn]
assault	[ə'sɔːlt]
assemble	[ə'sɛmbl]
assembly	[ə'sɛmblɪ]
assess	[ə'sɛs]
assignment	[ə'saɪnmənt]
assistance	[ə'sɪstəns]
assistant	[ə'sɪstənt]
association	[əsəusɪ'eɪʃən]
assortment	[ə'sɔːtmənt]
assume	[ə'sjuːm]
assure	[ə'ʃuəʳ]
asthma	['æsmə]
astonished	[ə'stɔnɪʃt]
astonishing	[ə'stɔnɪʃɪŋ]
astrology	[əs'trɔlədʒɪ]
astronaut	['æstrənɔːt]
astronomy	[əs'trɔnəmɪ]
asylum	[ə'saɪləm]
at	[æt]
ate	[eɪt]
Athens	['æθɪnz]
athlete	['æθliːt]
athletic	[æθ'lɛtɪk]
athletics	[æθ'lɛtɪks]
Atlantic	[ət'læntɪk]
atlas	['ætləs]
atmosphere	['ætməsfɪəʳ]
atmospheric	[ætməs'fɛrɪk]
atom	['ætəm]
atomic	[ə'tɔmɪk]
atomizer	['ætəmaɪzəʳ]
attach	[ə'tætʃ]
attached	[ə'tætʃt]
attack	[ə'tæk]
attempt	[ə'tɛmpt]
attend	[ə'tɛnd]
attention	[ə'tɛnʃən]
attentive	[ə'tɛntɪv]
attic	['ætɪk]
attitude	['ætɪtjuːd]
attorney	[ə'təːnɪ]
attract	[ə'trækt]
attraction	[ə'trækʃən]
attractive	[ə'træktɪv]
aubergine	['əubəʒiːn]
auction	['ɔːkʃən]
audible	['ɔːdɪbl]
audience	['ɔːdɪəns]
audition	[ɔː'dɪʃən]
August	['ɔːgəst]
aunt	[ɑːnt]
aunty	['ɑːntɪ]
au pair	['əu'pɛəʳ]
Australia	[ɔs'treɪlɪə]
Australian	[ɔs'treɪlɪən]
Austria	['ɔstrɪə]
Austrian	['ɔstrɪən]
author	['ɔːθəʳ]
authoritarian	[ɔːθɔrɪ'tɛərɪən]
authority	[ɔː'θɔrɪtɪ]
autobiography	[ɔːtəbaɪ'ɔgrəfɪ]
autograph	['ɔːtəgrɑːf]
automatic	[ɔːtə'mætɪk]
automatically	[ɔːtə'mætɪklɪ]
autumn	['ɔːtəm]
autumnal	[ɔː'tʌmnəl]
availability	[əveɪlə'bɪlɪtɪ]
available	[ə'veɪləbl]
avalanche	['ævəlɑːnʃ]
avenue	['ævənjuː]
average	['ævərɪdʒ]
avocado	[ævə'kɑːdəu]
avoid	[ə'vɔɪd]
awake	[ə'weɪk]
award	[ə'wɔːd]
away	[ə'weɪ]
awful	['ɔːfəl]
awkward	['ɔːkwəd]
axe	[æks]
baby	['beɪbɪ]
babysit	['beɪbɪsɪt]
babysitter	['beɪbɪsɪtəʳ]
babysitting	['beɪbɪsɪtɪŋ]
bachelor	['bætʃələʳ]
back	[bæk]
backache	['bækeɪk]
backbone	['bækbəun]
backcomb	['bækkəum]
backfire	[bæk'faɪəʳ]
background	['bækgraund]
backhand	['bækhænd]
backing	['bækɪŋ]
backpack	['bækpæk]
back-pedal	['bækpɛdl]
backside	['bæksaɪd]
backstroke	['bækstrəuk]
backup	['bækʌp]
backwards	['bækwədz]
bacon	['beɪkən]
bad	[bæd]
badge	[bædʒ]
badly	['bædlɪ]
badminton	['bædmɪntən]
bad-tempered	['bæd'tɛmpəd]
bag	[bæg]
baggage	['bægɪdʒ]
baggy	['bægɪ]
bagpipes	['bægpaɪps]
bake	[beɪk]
baker	['beɪkəʳ]
baker's	['beɪkəz]
bakery	['beɪkərɪ]
baking	['beɪkɪŋ]
balance	['bæləns]
balanced	['bælənst]
balcony	['bælkənɪ]
bald	[bɔːld]
Balkans	['bɔːlkənz]
ball	[bɔːl]
ballet	['bæleɪ]
balloon	[bə'luːn]
ballpoint	['bɔːlpɔɪnt]
Baltic	['bɔːltɪk]
bamboo	[bæm'buː]
ban	[bæn]
banana	[bə'nɑːnə]
band	[bænd]
bandage	['bændɪdʒ]
Band-Aid ®	['bændeɪd]
bandit	['bændɪt]
bang	[bæŋ]
bangs	[bæŋz]
bank	[bæŋk]
banker	['bæŋkəʳ]
banknote	['bæŋknəut]
bankrupt	['bæŋkrʌpt]
bankruptcy	['bæŋkrʌptsɪ]
banned	[bænd]
bar	[bɑːʳ]
barbaric	[bɑː'bærɪk]
barbecue	['bɑːbɪkjuː]
barbed	[bɑːbd]
barber	['bɑːbəʳ]
bare	[bɛəʳ]
barefoot	['bɛəfut]
bargain	['bɑːgɪn]
barge	[bɑːdʒ]
bark	[bɑːk]
barley	['bɑːlɪ]
barmaid	['bɑːmeɪd]
barman	['bɑːmən]
barn	[bɑːn]
barracks	['bærəks]
barrel	['bærəl]
barrier	['bærɪəʳ]
bartender	['bɑːtɛndəʳ]
base	[beɪs]
baseball	['beɪsbɔːl]
based	[beɪst]
basement	['beɪsmənt]
bash	[bæʃ]
basic	['beɪsɪk]
basically	['beɪsɪklɪ]
basics	['beɪsɪks]
basin	['beɪsn]
basis	['beɪsɪs]
basket	['bɑːskɪt]
basketball	['bɑːskɪtbɔːl]
Basle	[bɑːl]
bass	[beɪs]
bassoon	[bə'suːn]
bastard	['bɑːstəd]
bat	[bæt]
bath	[bɑːθ]
bathe	[beɪð]
bathing	['beɪðɪŋ]
bathroom	['bɑːθrum]
baths	[bɑːðz]
batter	['bætəʳ]
battery	['bætərɪ]
battle	['bætl]
battlefield	['bætlfiːld]
battleship	['bætlʃɪp]

Bavaria	[bəˈvɛərɪə]
Bavarian	[bəˈvɛərɪən]
bay	[beɪ]
BC	[biːˈsiː]
be	[biː]
beach	[biːtʃ]
bead	[biːd]
beak	[biːk]
beam	[biːm]
bean	[biːn]
beans	[biːnz]
bear	[bɛəʳ]
bearable	[ˈbɛərəbl]
beard	[bɪəd]
bearded	[ˈbɪədɪd]
bearings	[ˈbɛərɪŋz]
beat	[biːt]
beautiful	[ˈbjuːtɪful]
beautifully	[ˈbjuːtɪflɪ]
beauty	[ˈbjuːtɪ]
became	[bɪˈkeɪm]
because	[bɪˈkɔz]
become	[bɪˈkʌm]
bed	[bɛd]
bedclothes	[ˈbɛdkləuðz]
bedding	[ˈbɛdɪŋ]
bedroom	[ˈbɛdrum]
bedspread	[ˈbɛdsprɛd]
bedtime	[ˈbɛdtaɪm]
bee	[biː]
beech	[biːtʃ]
beef	[biːf]
beefburger	[ˈbiːfbəːgəʳ]
been	[biːn]
beer	[bɪəʳ]
beet	[biːt]
beetle	[ˈbiːtl]
beetroot	[ˈbiːtruːt]
before	[bɪˈfɔːʳ]
beforehand	[bɪˈfɔːhænd]
beg	[bɛg]
began	[bɪˈgæn]
beggar	[ˈbɛgəʳ]
begin	[bɪˈgɪn]
beginner	[bɪˈgɪnəʳ]
beginning	[bɪˈgɪnɪŋ]
begun	[bɪˈgʌn]
behalf	[bɪˈhɑːf]
behave	[bɪˈheɪv]
behaviour	[bɪˈheɪvjəʳ]
behind	[bɪˈhaɪnd]
beige	[beɪʒ]
being	[ˈbiːɪŋ]
belch	[bɛltʃ]
Belgian	[ˈbɛldʒən]
Belgium	[ˈbɛldʒəm]
believe	[bɪˈliːv]
bell	[bɛl]
belly	[ˈbɛlɪ]
belong	[bɪˈlɔŋ]
belongings	[bɪˈlɔŋɪŋz]
below	[bɪˈləu]
belt	[bɛlt]
beltway	[ˈbɛltweɪ]
bench	[bɛntʃ]
bend	[bɛnd]
beneath	[bɪˈniːθ]
benefit	[ˈbɛnɪfɪt]
bent	[bɛnt]
berry	[ˈbɛrɪ]
berserk	[bəˈsəːk]
berth	[bəːθ]
beside	[bɪˈsaɪd]
besides	[bɪˈsaɪdz]
best	[bɛst]
bet	[bɛt]
betray	[bɪˈtreɪ]
better	[ˈbɛtəʳ]
betting	[ˈbɛtɪŋ]
between	[bɪˈtwiːn]
beyond	[bɪˈjɔnd]
biased	[ˈbaɪəst]
Bible	[ˈbaɪbl]
bicycle	[ˈbaɪsɪkl]
bid	[bɪd]
bifocals	[baɪˈfəuklz]
big	[bɪg]
bigheaded	[ˈbɪgˈhɛdɪd]
bike	[baɪk]
bikini	[bɪˈkiːnɪ]
bilingual	[baɪˈlɪŋgwəl]
bill	[bɪl]
billiards	[ˈbɪljədz]
billion	[ˈbɪljən]
bin	[bɪn]
binder	[ˈbaɪndəʳ]
bindings	[ˈbaɪndɪŋz]
binoculars	[bɪˈnɔkjuləz]
biochemistry	[baɪəˈkɛmɪstrɪ]
biography	[baɪˈɔgrəfɪ]
biological	[baɪəˈlɔdʒɪkl]
biology	[baɪˈɔlədʒɪ]
birch	[bəːtʃ]
bird	[bəːd]
bird-watching	[ˈbəːdwɔtʃɪŋ]
Biro ®	[ˈbaɪərəu]
birth	[bəːθ]
birthday	[ˈbəːθdeɪ]
birthplace	[ˈbəːθpleɪs]
biscuit	[ˈbɪskɪt]
bishop	[ˈbɪʃəp]
bit	[bɪt]
bitch	[bɪtʃ]
bite	[baɪt]
bitter	[ˈbɪtəʳ]
black	[blæk]
blackberry	[ˈblækbərɪ]
blackbird	[ˈblækbəːd]
blackboard	[ˈblækbɔːd]
blackcurrant	[ˈblækˈkʌrənt]
blackhead	[ˈblækhɛd]
blackmail	[ˈblækmeɪl]
blackout	[ˈblækaut]
bladder	[ˈblædəʳ]
blade	[bleɪd]
blame	[bleɪm]
blancmange	[bləˈmɔnʒ]
blank	[blæŋk]
blanket	[ˈblæŋkɪt]
blast	[blɑːst]
blaster	[ˈblɑːstəʳ]
blatant	[ˈbleɪtənt]
blaze	[bleɪz]
blazer	[ˈbleɪzəʳ]
bleach	[bliːtʃ]
bleached	[bliːtʃt]
bleak	[bliːk]
bleed	[bliːd]
bleeper	[ˈbliːpəʳ]
blender	[ˈblɛndəʳ]
bless	[blɛs]
blessing	[ˈblɛsɪŋ]
blew	[bluː]
blind	[blaɪnd]
blindfold	[ˈblaɪndfəuld]
blink	[blɪŋk]
bliss	[blɪs]
blissful	[ˈblɪsful]
blister	[ˈblɪstəʳ]
blizzard	[ˈblɪzəd]
blob	[blɔb]
block	[blɔk]
blockage	[ˈblɔkɪdʒ]
bloke	[bləuk]
blond	[blɔnd]
blonde	[blɔnd]
blood	[blʌd]
bloody	[ˈblʌdɪ]
bloom	[bluːm]
blossom	[ˈblɔsəm]
blouse	[blauz]
blow	[bləu]
blow-dry	[ˈbləudraɪ]
blown	[bləun]
blue	[bluː]
blueberry	[ˈbluːbərɪ]
blues	[bluːz]
bluff	[blʌf]
blunder	[ˈblʌndəʳ]
blunt	[blʌnt]
blurred	[bləːd]
blush	[blʌʃ]
board	[bɔːd]
boarder	[ˈbɔːdəʳ]
boarding	[ˈbɔːdɪŋ]
boast	[bəust]
boat	[bəut]
body	[ˈbɔdɪ]
bodybuilding	[ˈbɔdɪˈbɪldɪŋ]
bodyguard	[ˈbɔdɪgɑːd]
bog	[bɔg]
boil	[bɔɪl]
boiled	[bɔɪld]
boiling	[ˈbɔɪlɪŋ]
bold	[bəuld]
bolt	[bəult]

bomb	[bɔm]
bomber	['bɔmə^r]
bombing	['bɔmɪŋ]
bond	[bɔnd]
bone	[bəun]
bonfire	['bɔnfaɪə^r]
bonnet	['bɔnɪt]
book	[buk]
bookcase	['bukkeɪs]
booked	[bukt]
booking	['bukɪŋ]
booklet	['buklɪt]
bookshelf	['bukʃɛlf]
bookshop	['bukʃɔp]
boot	[bu:t]
booze	[bu:z]
border	['bɔ:də^r]
bore	[bɔ:^{r}]
bored	[bɔ:d]
boredom	['bɔ:dəm]
boring	['bɔ:rɪŋ]
born	[bɔ:n]
borne	[bɔ:n]
borrow	['bɔrəu]
Bosnia	['bɔznɪə]
Bosnia-Herzegovina	['bɔznɪəhə:tsəgəu'vi:nə]
Bosnian	['bɔznɪən]
bosom	['buzəm]
boss	[bɔs]
bossy	['bɔsɪ]
both	[bəuθ]
bother	['bɔðə^r]
bottle	['bɔtl]
bottleneck	['bɔtlnɛk]
bottle-opener	['bɔtləupnə^r]
bottom	['bɔtəm]
bought	[bɔ:t]
bounce	[bauns]
bouncer	['baunsə^r]
bound	[baund]
boundary	['baundrɪ]
boundless	['baundlɪs]
bourgeois	['buəʒwɑ:]
bout	[baut]
bow NOUN	[bəu]
bow VERB	[bau]
bowels	['bauəlz]
bowl	[bəul]
bowler	['bəulə^r]
bowling	['bəulɪŋ]
bowls	[bəulz]
box	[bɔks]
boxer	['bɔksə^r]
boxing	['bɔksɪŋ]
boy	[bɔɪ]
boyfriend	['bɔɪfrɛnd]
bra	[brɑ:]
brace	[breɪs]
bracelet	['breɪslɪt]
braces	['breɪsɪz]
bracket	['brækɪt]
brackets	['brækɪts]
brag	[bræg]
brain	[breɪn]
brainy	['breɪnɪ]
brake	[breɪk]
branch	[brɑ:ntʃ]
brand	[brænd]
brand-new	['brænd'nju:]
brandy	['brændɪ]
brass	[brɑ:s]
brat	[bræt]
brave	[breɪv]
bravery	['breɪvərɪ]
Brazil	[brə'zɪl]
breach	[bri:tʃ]
bread	[brɛd]
break	[breɪk]
breakdown	['breɪkdaun]
breakfast	['brɛkfəst]
break-in	['breɪkɪn]
breast	[brɛst]
breast-feed	['brɛstfi:d]
breaststroke	['brɛststrəuk]
breath	[brɛθ]
breathe	[bri:ð]
breed	[bri:d]
breeze	[bri:z]
brewery	['bru:ərɪ]
bribe	[braɪb]
bribery	['braɪbərɪ]
brick	[brɪk]
bricklayer	['brɪkleɪə^r]
bride	[braɪd]
bridegroom	['braɪdgru:m]
bridesmaid	['braɪdzmeɪd]
bridge	[brɪdʒ]
brief	[bri:f]
briefcase	['bri:fkeɪs]
briefly	['bri:flɪ]
briefs	[bri:fs]
brigade	[brɪ'geɪd]
bright	[braɪt]
brightly-coloured	['braɪtlɪ'kʌləd]
brilliant	['brɪljənt]
bring	[brɪŋ]
Britain	['brɪtən]
British	['brɪtɪʃ]
Briton	['brɪtən]
broad	[brɔ:d]
broadcast	['brɔ:dkɑ:st]
broadcasting	['brɔ:dkɑ:stɪŋ]
broad-minded	['brɔ:d'maɪndɪd]
broccoli	['brɔkəlɪ]
brochure	['brəuʃjuə^r]
broil	[brɔɪl]
broke	[brəuk]
broken	['brəukn]
bronchitis	[brɔŋ'kaɪtɪs]
bronze	[brɔnz]
brooch	[brəutʃ]
broom	[brum]
brother	['brʌðə^r]
brother-in-law	['brʌðərɪnlɔ:]
brought	[brɔ:t]
brown	[braun]
bruise	[bru:z]
brush	[brʌʃ]
Brussels	['brʌslz]
brutal	['bru:tl]
BSE	[bi:ɛs'i:]
bubble	['bʌbl]
bucket	['bʌkɪt]
buckle	['bʌkl]
Buddhism	['budɪzəm]
Buddhist	['budɪst]
buddy	['bʌdɪ]
budget	['bʌdʒɪt]
budgie	['bʌdʒɪ]
buffer	['bʌfə^r]
buffet	['bufeɪ]
bug	[bʌg]
bugged	[bʌgd]
build	[bɪld]
builder	['bɪldə^r]
building	['bɪldɪŋ]
built	[bɪlt]
bulb	[bʌlb]
Bulgaria	[bʌl'gɛərɪə]
bull	[bul]
bullet	['bulɪt]
bullfighting	['bulfaɪtɪŋ]
bully	['bulɪ]
bum	[bʌm]
bumblebee	['bʌmblbi:]
bump	[bʌmp]
bumper	['bʌmpə^r]
bumpy	['bʌmpɪ]
bun	[bʌn]
bunch	[bʌntʃ]
bunches	['bʌntʃəz]
bungalow	['bʌŋgələu]
bunk	[bʌŋk]
bunny	['bʌnɪ]
burden	['bə:dn]
burglar	['bə:glə^r]
burglarize	['bə:gləraɪz]
burglary	['bə:glərɪ]
burgle	['bə:gl]
burn	[bə:n]
burst	[bə:st]
bury	['bɛrɪ]
bus	[bʌs]
bush	[buʃ]
bushes	['buʃɪz]
business	['bɪznɪs]
businessman	['bɪznɪsmən]
businesswoman	['bɪznɪswumən]
busker	['bʌskə^r]
bust	[bʌst]
busy	['bɪzɪ]
but	[bʌt]
butcher	['butʃə^r]
butcher's	['butʃəz]

butter	['bʌtəʳ]
butterfly	['bʌtəflaɪ]
buttocks	['bʌtəks]
button	['bʌtn]
buy	[baɪ]
buyer	['baɪəʳ]
buzz	[bʌz]
by	[baɪ]
bypass	['baɪpɑːs]
cab	[kæb]
cabbage	['kæbɪdʒ]
cabin	['kæbɪn]
cabinet	['kæbɪnɪt]
cable	['keɪbl]
cactus	['kæktəs]
cadet	[kə'dɛt]
cadge	[kædʒ]
café	['kæfeɪ]
cafeteria	[kæfɪ'tɪərɪə]
cage	[keɪdʒ]
cagoule	[kə'guːl]
cake	[keɪk]
calcium	['kælsɪəm]
calculate	['kælkjuleɪt]
calculation	[kælkju'leɪʃən]
calculator	['kælkjuleɪtəʳ]
calendar	['kæləndəʳ]
calf	[kɑːf]
call	[kɔːl]
callbox	['kɔːlbɔks]
called	[kɔːld]
callous	['kæləs]
calm	[kɑːm]
calmly	['kɑːmlɪ]
Calor ®	['kæləʳ]
calorie	['kælərɪ]
calves	[kɑːvz]
camcorder	['kæmkɔːdəʳ]
came	[keɪm]
camel	['kæməl]
camera	['kæmərə]
cameraman	['kæmərəmæn]
camomile	['kæməumaɪl]
camp	[kæmp]
campaign	[kæm'peɪn]
camper	['kæmpəʳ]
camping	['kæmpɪŋ]
campsite	['kæmpsaɪt]
campus	['kæmpəs]
can	[kæn]
Canada	['kænədə]
Canadian	[kə'neɪdɪən]
canal	[kə'næl]
canary	[kə'nɛərɪ]
cancel	['kænsəl]
cancellation	[kænsə'leɪʃən]
cancelled	['kænsəld]
Cancer	['kænsəʳ]
cancer	['kænsəʳ]
candidate	['kændɪdeɪt]
candle	['kændl]
candlestick	['kændlstɪk]
candy	['kændɪ]
candyfloss	['kændɪflɔs]
cane	[keɪn]
cannabis	['kænəbɪs]
canned	[kænd]
cannot	['kænɔt]
canoe	[kə'nuː]
canoeing	[kə'nuːɪŋ]
can-opener	['kænəupnəʳ]
can't	[kænt]
canteen	[kæn'tiːn]
canvas	['kænvəs]
cap	[kæp]
capable	['keɪpəbl]
capacity	[kə'pæsɪtɪ]
capital	['kæpɪtl]
capitalism	['kæpɪtəlɪzəm]
Capricorn	['kæprɪkɔːn]
capsize	[kæp'saɪz]
captain	['kæptɪn]
captivating	['kæptɪveɪtɪŋ]
captivity	[kæp'tɪvɪtɪ]
capture	['kæptʃəʳ]
car	[kɑːʳ]
caramel	['kærəməl]
caravan	['kærəvæn]
caraway	['kærəweɪ]
carbohydrate	[kɑːbəu'haɪdreɪt]
carbon	['kɑːbən]
carburettor	[kɑːbju'rɛtəʳ]
card	[kɑːd]
cardboard	['kɑːdbɔːd]
cardigan	['kɑːdɪgən]
care	[kɛəʳ]
career	[kə'rɪəʳ]
careful	['kɛəful]
carefully	['kɛəfəlɪ]
careless	['kɛəlɪs]
carelessness	['kɛəlɪsnɪs]
caretaker	['kɛəteɪkəʳ]
cargo	['kɑːgəu]
Caribbean	[kærɪ'biːən]
carnation	[kɑː'neɪʃən]
carnival	['kɑːnɪvl]
carol	['kærəl]
carpenter	['kɑːpɪntəʳ]
carpentry	['kɑːpɪntrɪ]
carpet	['kɑːpɪt]
carriage	['kærɪdʒ]
carriageway	['kærɪdʒweɪ]
carrier	['kærɪəʳ]
carrot	['kærət]
carry	['kærɪ]
carrycot	['kærɪkɔt]
cart	[kɑːt]
carton	['kɑːtən]
cartoon	[kɑː'tuːn]
cartridge	['kɑːtrɪdʒ]
carve	[kɑːv]
case	[keɪs]
cash	[kæʃ]
cashew	[kæ'ʃuː]
cashier	[kæ'ʃɪəʳ]
cashmere	['kæʃmɪəʳ]
casino	[kə'siːnəu]
casserole	['kæsərəul]
cassette	[kæ'sɛt]
cast	[kɑːst]
castle	['kɑːsl]
castor	['kɑːstəʳ]
casual	['kæʒjul]
casually	['kæʒjulɪ]
casualty	['kæʒjultɪ]
cat	[kæt]
catalogue	['kætəlɔg]
catalytic	[kætə'lɪtɪk]
catapult	['kætəpʌlt]
catarrh	[kə'tɑːʳ]
catastrophe	[kə'tæstrəfɪ]
catastrophic	[kætə'strɔfɪk]
catch	[kætʃ]
catching	['kætʃɪŋ]
category	['kætɪgərɪ]
cater	['keɪtəʳ]
catering	['keɪtərɪŋ]
cathedral	[kə'θiːdrəl]
Catholic	['kæθəlɪk]
cattle	['kætl]
caught	[kɔːt]
cauliflower	['kɔlɪflauəʳ]
cause	[kɔːz]
caustic	['kɔːstɪk]
caution	['kɔːʃən]
cautious	['kɔːʃəs]
cave	[keɪv]
CD	[siː'diː]
CD-ROM	[siːdiː'rɔm]
ceiling	['siːlɪŋ]
celebrate	['sɛlɪbreɪt]
celebration	[sɛlɪ'breɪʃən]
celebrity	[sɪ'lɛbrɪtɪ]
celeriac	[sə'lɛrɪæk]
celery	['sɛlərɪ]
cell	[sɛl]
cellar	['sɛləʳ]
cello	['tʃɛləu]
cement	[sə'mɛnt]
cemetery	['sɛmɪtrɪ]
censor	['sɛnsəʳ]
cent	[sɛnt]
centenary	[sɛn'tiːnərɪ]
centigrade	['sɛntɪgreɪd]
centimetre	['sɛntɪmiːtəʳ]
central	['sɛntrəl]
centre	['sɛntəʳ]
centre-forward	['sɛntə'fɔːwəd]
century	['sɛntjurɪ]
cereal	['siːrɪəl]
ceremony	['sɛrɪmənɪ]
certain	['səːtən]
certainly	['səːtənlɪ]
certainty	['səːtəntɪ]
certificate	[sə'tɪfɪkɪt]
CFC	[siːɛf'siː]

chain	[tʃeɪn]
chair	[tʃɛəʳ]
chairlift	['tʃɛəlɪft]
chairman	['tʃɛəmən]
chalet	['ʃæleɪ]
chalk	[tʃɔ:k]
challenge	['tʃælɪndʒ]
challenging	['tʃælɪndʒɪŋ]
chamber	['tʃeɪmbəʳ]
champagne	[ʃæm'peɪn]
champion	['tʃæmpɪən]
championship	['tʃæmpɪənʃɪp]
chance	[tʃɑ:ns]
chancellor	['tʃɑ:nsələʳ]
change	[tʃeɪndʒ]
changeable	['tʃeɪndʒəbl]
changing	['tʃeɪndʒɪŋ]
channel	['tʃænl]
chaos	['keɪɔs]
chaotic	[keɪ'ɔtɪk]
chap	[tʃæp]
chapel	['tʃæpl]
chapped	[tʃæpt]
chapter	['tʃæptəʳ]
character	['kærɪktəʳ]
characteristic	[kærɪktə'rɪstɪk]
charcoal	['tʃɑ:kəul]
charge	[tʃɑ:dʒ]
charity	['tʃærɪtɪ]
charm	[tʃɑ:m]
charming	['tʃɑ:mɪŋ]
chart	[tʃɑ:t]
charter	['tʃɑ:təʳ]
chase	[tʃeɪs]
chat	[tʃæt]
chateau	['ʃætəu]
chatter	['tʃætəʳ]
chauvinist	['ʃəuvɪnɪst]
cheap	[tʃi:p]
cheat	[tʃi:t]
check	[tʃɛk]
checked	[tʃɛkt]
checkers	['tʃɛkəz]
check-in	['tʃɛkɪn]
checking	['tʃɛkɪŋ]
checkout	['tʃɛkaut]
check-up	['tʃɛkʌp]
cheek	[tʃi:k]
cheeky	['tʃi:kɪ]
cheer	[tʃɪəʳ]
cheerful	['tʃɪəful]
cheerfulness	['tʃɪəfulnɪs]
cheerio	[tʃɪərɪ'əu]
cheers	[tʃɪəz]
cheese	[tʃi:z]
cheesecake	['tʃi:zkeɪk]
chef	[ʃɛf]
chemical	['kɛmɪkl]
chemist	['kɛmɪst]
chemist's	['kɛmɪsts]
chemistry	['kɛmɪstrɪ]
cheque	[tʃɛk]
chequebook	['tʃɛkbuk]
cherry	['tʃɛrɪ]
chess	[tʃɛs]
chessboard	['tʃɛsbɔ:d]
chessman	['tʃɛsmən]
chest	[tʃɛst]
chestnut	['tʃɛsnʌt]
chew	[tʃu:]
chewing	['tʃu:ɪŋ]
chicken	['tʃɪkɪn]
chickenpox	['tʃɪkɪnpɔks]
chicory	['tʃɪkərɪ]
child	[tʃaɪld]
child's	[tʃaɪldz]
childhood	['tʃaɪldhud]
childish	['tʃaɪldɪʃ]
childlike	['tʃaɪldlaɪk]
children	['tʃɪldrən]
Chile	['tʃɪlɪ]
chill	[tʃɪl]
chilli	['tʃɪlɪ]
chimney	['tʃɪmnɪ]
chimpanzee	[tʃɪmpæn'zi:]
chin	[tʃɪn]
China	['tʃaɪnə]
china	['tʃaɪnə]
Chinese	[tʃaɪ'ni:z]
chip	[tʃɪp]
chips	[tʃɪps]
chiropodist	[kɪ'rɔpədɪst]
chirp	[tʃə:p]
chives	[tʃaɪvz]
chlorine	['klɔ:ri:n]
chocolate	['tʃɔklɪt]
choice	[tʃɔɪs]
choir	['kwaɪəʳ]
choose	[tʃu:z]
chop	[tʃɔp]
chopsticks	['tʃɔpstɪks]
chose	[tʃəuz]
chosen	['tʃəuzn]
Christ	[kraɪst]
christen	['krɪsn]
christening	['krɪsnɪŋ]
Christian	['krɪstɪən]
Christmas	['krɪsməs]
chronological	[krɔnə'lɔdʒɪkl]
chunk	[tʃʌŋk]
church	[tʃə:tʃ]
churn	[tʃə:n]
cider	['saɪdəʳ]
cigar	[sɪ'gɑ:ʳ]
cigarette	[sɪgə'rɛt]
cigarillo	[sɪgə'rɪləu]
cinema	['sɪnəmə]
cinnamon	['sɪnəmən]
circle	['sə:kl]
circular	['sə:kjuləʳ]
circulation	[sə:kju'leɪʃən]
circumference	[sə'kʌmfərəns]
circumstance	['sə:kəmstəns]
circumstances	['sə:kəmstənsɪz]
circus	['sə:kəs]
citizen	['sɪtɪzn]
city	['sɪtɪ]
civil	['sɪvɪl]
civilization	[sɪvɪlaɪ'zeɪʃən]
claim	[kleɪm]
clap	[klæp]
clarify	['klærɪfaɪ]
clarinet	[klærɪ'nɛt]
clarity	['klærɪtɪ]
clash	[klæʃ]
clasp	[klɑ:sp]
class	[klɑ:s]
classes	['klɑ:sɪz]
classic	['klæsɪk]
classical	['klæsɪkl]
classroom	['klɑ:srum]
claw	[klɔ:]
clean	[kli:n]
cleaner	['kli:nəʳ]
cleaner's	['kli:nəz]
cleaning	['kli:nɪŋ]
cleanness	['kli:nnɪs]
clear	[klɪəʳ]
clearance	['klɪərəns]
clearly	['klɪəlɪ]
clearness	['klɪənɪs]
clementine	['klɛməntaɪn]
clever	['klɛvəʳ]
client	['klaɪənt]
cliff	[klɪf]
climate	['klaɪmɪt]
climax	['klaɪmæks]
climb	[klaɪm]
climber	['klaɪməʳ]
climbing	['klaɪmɪŋ]
clinic	['klɪnɪk]
clip	[klɪp]
cloakroom	['kləukrum]
clock	[klɔk]
clocking-off	['klɔkɪŋ'ɔf]
clog	[klɔg]
close ADJECTIVE, ADVERB	[kləus]
close VERB	[kləuz]
closed	[kləuzd]
closely	['kləuslɪ]
closer	['kləusəʳ]
closing	['kləuzɪŋ]
cloth	[klɔθ]
clothes	[kləuðz]
clothing	['kləuðɪŋ]
cloud	[klaud]
cloudy	['klaudɪ]
clove	[kləuv]
clover	['kləuvəʳ]
clown	[klaun]
club	[klʌb]
clue	[klu:]
clumsy	['klʌmzɪ]
clutch	[klʌtʃ]
coach	[kəutʃ]

coal	[kəul]
coarse	[kɔːs]
coast	[kəust]
coaster	['kəustəʳ]
coat	[kəut]
cobbler	['kɔbləʳ]
cocaine	[kə'keɪn]
cock	[kɔk]
cockchafer	['kɔktʃeɪfəʳ]
cockerel	['kɔkərl]
cockney	['kɔknɪ]
cocktail	['kɔkteɪl]
cocoa	['kəukəu]
coconut	['kəukənʌt]
cod	[kɔd]
code	[kəud]
coffee	['kɔfɪ]
coffeepot	['kɔfɪpɔt]
coffin	['kɔfɪn]
coin	[kɔɪn]
coincidence	[kəu'ɪnsɪdəns]
Coke ®	[kəuk]
cola	['kəulə]
colander	['kɔləndəʳ]
cold	[kəuld]
coldness	['kəuldnɪs]
coleslaw	['kəulslɔː]
collapse	[kə'læps]
collar	['kɔləʳ]
collarbone	['kɔləbəun]
colleague	['kɔliːg]
collect	[kə'lɛkt]
collection	[kə'lɛkʃən]
collector	[kə'lɛktəʳ]
college	['kɔlɪdʒ]
collide	[kə'laɪd]
collie	['kɔlɪ]
colliery	['kɔlɪərɪ]
collision	[kə'lɪʒən]
colloquial	[kə'ləukwɪəl]
colon	['kəulən]
colonel	['kəːnl]
colour	['kʌləʳ]
colour-blind	['kʌləblaɪnd]
coloured	['kʌləd]
colourfast	['kʌləfɑːst]
colourful	['kʌləful]
colouring	['kʌlərɪŋ]
colourless	['kʌləlɪs]
column	['kɔləm]
comb	[kəum]
combination	[kɔmbɪ'neɪʃən]
combine	[kəm'baɪn]
come	[kʌm]
comedian	[kə'miːdɪən]
comedy	['kɔmɪdɪ]
comfortable	['kʌmfətəbl]
comic	['kɔmɪk]
coming	['kʌmɪŋ]
comma	['kɔmə]
command	[kə'mɑːnd]
comment	['kɔmɛnt]
commentary	['kɔməntərɪ]
commentator	['kɔmənteɪtəʳ]
commercial	[kə'məːʃəl]
commission	[kə'mɪʃən]
commit	[kə'mɪt]
committee	[kə'mɪtɪ]
common	['kɔmən]
communicate	[kə'mjuːnɪkeɪt]
communication	[kəmjuːnɪ'keɪʃən]
communion	[kə'mjuːnɪən]
communism	['kɔmjunɪzəm]
communist	['kɔmjunɪst]
community	[kə'mjuːnɪtɪ]
commute	[kə'mjuːt]
commuter	[kə'mjuːtəʳ]
compact	[kəm'pækt]
companion	[kəm'pænjən]
company	['kʌmpənɪ]
comparatively	[kəm'pærətɪvlɪ]
compare	[kəm'pɛəʳ]
comparison	[kəm'pærɪsn]
compartment	[kəm'pɑːtmənt]
compass	['kʌmpəs]
compatible	[kəm'pætɪbl]
compensate	['kɔmpənseɪt]
compensation	[kɔmpən'seɪʃən]
compere	['kɔmpɛəʳ]
compete	[kəm'piːt]
competent	['kɔmpɪtənt]
competition	[kɔmpɪ'tɪʃən]
competitor	[kəm'pɛtɪtəʳ]
compile	[kəm'paɪl]
complain	[kəm'pleɪn]
complaint	[kəm'pleɪnt]
complete	[kəm'pliːt]
completely	[kəm'pliːtlɪ]
complexion	[kəm'plɛkʃən]
complicated	['kɔmplɪkeɪtɪd]
compliment NOUN	['kɔmplɪmənt]
compliment VERB	['kɔmplɪmɛnt]
component	[kəm'pəunənt]
compos mentis	['kɔmpɔs'mɛntɪs]
composed	[kəm'pəuzd]
composer	[kəm'pəuzəʳ]
composure	[kəm'pəuʒəʳ]
compote	['kɔmpəut]
comprehensive	[kɔmprɪ'hɛnsɪv]
compress	['kɔmprɛs]
compromise	['kɔmprəmaɪz]
compulsion	[kəm'pʌlʃən]
compulsory	[kəm'pʌlsərɪ]
computer	[kəm'pjuːtəʳ]
computing	[kəm'pjuːtɪŋ]
conceited	[kən'siːtɪd]
conceivable	[kən'siːvəbl]
concentrate	['kɔnsəntreɪt]
concentration	[kɔnsən'treɪʃən]
concern	[kən'səːn]
concerned	[kən'səːnd]
concert	['kɔnsət]
concerto	[kən'tʃəːtəu]
conclude	[kən'kluːd]
conclusion	[kən'kluːʒən]
concrete	['kɔŋkriːt]
concussion	[kən'kʌʃən]
condemn	[kən'dɛm]
condescending	[kɔndɪ'sɛndɪŋ]
condition	[kən'dɪʃən]
conditional	[kən'dɪʃənl]
conditioner	[kən'dɪʃənəʳ]
conditioning	[kən'dɪʃənɪŋ]
condom	['kɔndəm]
conduct	[kən'dʌkt]
conductor	[kən'dʌktəʳ]
cone	[kəun]
conference	['kɔnfərəns]
confess	[kən'fɛs]
confession	[kən'fɛʃən]
confidence	['kɔnfɪdns]
confident	['kɔnfɪdənt]
confidential	[kɔnfɪ'dɛnʃəl]
confirm	[kən'fəːm]
confirmation	[kɔnfə'meɪʃən]
conflict	['kɔnflɪkt]
confuse	[kən'fjuːz]
confused	[kən'fjuːzd]
confusing	[kən'fjuːzɪŋ]
confusion	[kən'fjuːʒən]
congratulate	[kən'grætjuleɪt]
congratulations	[kəngrætju'leɪʃənz]
conjugate	['kɔndʒugeɪt]
conjugation	[kɔndʒə'geɪʃən]
conjunction	[kən'dʒʌŋkʃən]
conjurer	['kʌndʒərəʳ]
connect	[kə'nɛkt]
connected	[kə'nɛktɪd]
connection	[kə'nɛkʃən]
conquer	['kɔŋkəʳ]
conquest	['kɔŋkwɛst]
conscience	['kɔnʃəns]
conscientious	[kɔnʃɪ'ɛnʃəs]
conscious	['kɔnʃəs]
consciousness	['kɔnʃəsnɪs]
consent	[kən'sɛnt]
consequently	['kɔnsɪkwəntlɪ]
conservation	[kɔnsə'veɪʃən]
conservative	[kən'səːvətɪv]
conservatory	[kən'səːvətrɪ]
consider	[kən'sɪdəʳ]
considerable	[kən'sɪdərəbl]
considerably	[kən'sɪdərəblɪ]
considerate	[kən'sɪdərɪt]
consideration	[kənsɪdə'reɪʃən]
considering	[kən'sɪdərɪŋ]
consignment	[kən'saɪnmənt]
consist	[kən'sɪst]
consolation	[kɔnsə'leɪʃən]
console	[kən'səul]
consonant	['kɔnsənənt]
conspicuous	[kən'spɪkjuəs]
Constance	['kɔnstəns]
constant	['kɔnstənt]

constantly	['kɔnstəntlɪ]
constipated	['kɔnstɪpeɪtɪd]
constipation	[kɔnstɪ'peɪʃən]
constitution	[kɔnstɪ'tju:ʃən]
construct	[kən'strʌkt]
construction	[kən'strʌkʃən]
consult	[kən'sʌlt]
consumer	[kən'sju:məʳ]
consumption	[kən'sʌmpʃən]
contact	['kɔntækt]
contain	[kən'teɪn]
container	[kən'teɪnəʳ]
contaminate	[kən'tæmɪneɪt]
content	['kɔntɛnt]
contents	['kɔntɛnts]
contest	['kɔntɛst]
contestant	[kən'tɛstənt]
context	['kɔntɛkst]
continent	['kɔntɪnənt]
continental	[kɔntɪ'nɛntl]
continual	[kən'tɪnjuəl]
continuation	[kəntɪnju'eɪʃən]
continue	[kən'tɪnju:]
continuous	[kən'tɪnjuəs]
contraception	[kɔntrə'sɛpʃən]
contraceptive	[kɔntrə'sɛptɪv]
contract	['kɔntrækt]
contradict	[kɔntrə'dɪkt]
contradiction	[kɔntrə'dɪkʃən]
contrary	['kɔntrərɪ]
contrast	['kɔntrɑ:st]
contribute	[kən'trɪbju:t]
contribution	[kɔntrɪ'bju:ʃən]
control	[kən'trəul]
controller	[kən'trəuləʳ]
controversial	[kɔntrə'və:ʃl]
convenient	[kən'vi:nɪənt]
convent	['kɔnvənt]
conventional	[kən'vɛnʃənl]
conversation	[kɔnvə'seɪʃən]
conversion	[kən'və:ʃən]
convert	[kən'və:t]
converter	[kən'və:təʳ]
convict	[kən'vɪkt]
conviction	[kən'vɪkʃən]
convince	[kən'vɪns]
convincing	[kən'vɪnsɪŋ]
cook	[kuk]
cookbook	['kukbuk]
cooker	['kukəʳ]
cookery	['kukərɪ]
cookie	['kukɪ]
cooking	['kukɪŋ]
cool	[ku:l]
cooperation	[kəuɔpə'reɪʃən]
cop	[kɔp]
cope	[kəup]
copper	['kɔpəʳ]
copy	['kɔpɪ]
cord	[kɔ:d]
core	[kɔ:ʳ]
cork	[kɔ:k]
corkscrew	['kɔ:kskru:]
corn	[kɔ:n]
corner	['kɔ:nəʳ]
cornet	['kɔ:nɪt]
cornflakes	['kɔ:nfleɪks]
cornstarch	['kɔ:nstɑ:tʃ]
coronary	['kɔrənərɪ]
corporal	['kɔ:pərl]
corpse	[kɔ:ps]
Corpus Christi	['kɔ:pəs'krɪstɪ]
correct	[kə'rɛkt]
correction	[kə'rɛkʃən]
correctly	[kə'rɛktlɪ]
corridor	['kɔrɪdɔ:ʳ]
corrosive	[kə'rəuzɪv]
corrupt	[kə'rʌpt]
corruption	[kə'rʌpʃən]
Corsica	['kɔ:sɪkə]
cosmetics	[kɔz'mɛtɪks]
cost	[kɔst]
costume	['kɔstju:m]
cosy	['kəuzɪ]
cot	[kɔt]
cottage	['kɔtɪdʒ]
cotton	['kɔtn]
couch	[kautʃ]
couchette	[ku:'ʃɛt]
cough	[kɔf]
could	[kud]
council	['kaunsl]
councillor	['kaunsləʳ]
counsel	['kaunsl]
count	[kaunt]
counter	['kauntəʳ]
countless	['kauntlɪs]
country	['kʌntrɪ]
countryside	['kʌntrɪsaɪd]
county	['kauntɪ]
couple	['kʌpl]
courage	['kʌrɪdʒ]
courageous	[kə'reɪdʒəs]
courgette	[kuə'ʒɛt]
courier	['kurɪəʳ]
course	[kɔ:s]
court	[kɔ:t]
courtyard	['kɔ:tjɑ:d]
cousin	['kʌzn]
cover	['kʌvəʳ]
covered	['kʌvəd]
cow	[kau]
coward	['kauəd]
cowardly	['kauədlɪ]
cowboy	['kaubɔɪ]
coy	[kɔɪ]
crab	[kræb]
crack	[kræk]
cracked	[krækt]
cracker	['krækəʳ]
cradle	['kreɪdl]
craft	[krɑ:ft]
craftsman	['krɑ:ftsmən]
cram	[kræm]
cranberry	['krænbərɪ]
crash	[kræʃ]
crater	['kreɪtəʳ]
crawl	[krɔ:l]
crayon	['kreɪən]
crazy	['kreɪzɪ]
cream	[kri:m]
crease	[kri:s]
creased	[kri:st]
create	[kri:'eɪt]
creation	[kri:'eɪʃən]
creative	[kri:'eɪtɪv]
creature	['kri:tʃəʳ]
crèche	[krɛʃ]
credible	['krɛdɪbl]
credit	['krɛdɪt]
creep	[kri:p]
creepy	['kri:pɪ]
cremate	[krɪ'meɪt]
cress	[krɛs]
crew	[kru:]
cricket	['krɪkɪt]
crime	[kraɪm]
criminal	['krɪmɪnl]
crisis	['kraɪsɪs]
crisp	[krɪsp]
crispbread	['krɪspbrɛd]
crisps	[krɪsps]
criterion	[kraɪ'tɪərɪən]
critic	['krɪtɪk]
critical	['krɪtɪkl]
critically	['krɪtɪklɪ]
criticism	['krɪtɪsɪzəm]
criticize	['krɪtɪsaɪz]
croak	[krəuk]
Croatia	[krəu'eɪʃə]
crochet	['krəuʃeɪ]
crocodile	['krɔkədaɪl]
crook	[kruk]
crooked	['krukɪd]
crop	[krɔp]
cross	[krɔs]
cross-country	[krɔs'kʌntrɪ]
crossing	['krɔsɪŋ]
crossroads	['krɔsrəudz]
crossword	['krɔswə:d]
crotchet	['krɔtʃɪt]
crow	[krəu]
crowd	[kraud]
crowded	['kraudɪd]
crown	[kraun]
crucifix	['kru:sɪfɪks]
crude	[kru:d]
cruel	['kruəl]
cruelly	['kruəlɪ]
cruelty	['kruəltɪ]
cruise	[kru:z]
crumb	[krʌm]
crush	[krʌʃ]
crushing	['krʌʃɪŋ]
crust	[krʌst]
crutch	[krʌtʃ]

cry	[kraɪ]
crystal	['krɪstl]
cub	[kʌb]
cube	[kju:b]
cubic	['kju:bɪk]
cubicle	['kju:bɪkl]
cuckoo	['kuku:]
cucumber	['kju:kʌmbəʳ]
cuddle	['kʌdl]
cudgel	['kʌdʒl]
cue	[kju:]
cul-de-sac	['kʌldəsæk]
culottes	[kju:'lɔts]
culprit	['kʌlprɪt]
cultural	['kʌltʃərəl]
culture	['kʌltʃəʳ]
cultured	['kʌltʃəd]
cunning	['kʌnɪŋ]
cup	[kʌp]
cupboard	['kʌbəd]
curable	['kjuərəbl]
cure	[kjuəʳ]
curiosity	[kjuərɪ'ɔsɪtɪ]
curious	['kjuərɪəs]
curl	[kə:l]
curler	['kə:ləʳ]
curly	['kə:lɪ]
currant	['kʌrnt]
currency	['kʌrnsɪ]
current	['kʌrnt]
curriculum	[kə'rɪkjuləm]
curriculum vitae	[kərɪkjuləm'vi:taɪ]
curry	['kʌrɪ]
curse	[kə:s]
cursor	['kə:səʳ]
curtain	['kə:tn]
curve	[kə:v]
cushion	['kuʃən]
custard	['kʌstəd]
custody	['kʌstədɪ]
custom	['kʌstəm]
customer	['kʌstəməʳ]
customs	['kʌstəmz]
cut	[kʌt]
cutlery	['kʌtlərɪ]
cutting	['kʌtɪŋ]
CV	[si:'vi:]
cycle	['saɪkl]
cycling	['saɪklɪŋ]
cyclist	['saɪklɪst]
cylinder	['sɪlɪndəʳ]
Cyprus	['saɪprəs]
Czech	[tʃɛk]
dachshund	['dækshund]
dad	[dæd]
daddy	['dædɪ]
daffodil	['dæfədɪl]
daft	[dɑ:ft]
daily	['deɪlɪ]
dainty	['deɪntɪ]
dairy	['dɛərɪ]
daisy	['deɪzɪ]
dam	[dæm]
damage	['dæmɪdʒ]
damn	[dæm]
damned	[dæmd]
damp	[dæmp]
damson	['dæmzən]
dance	[dɑ:ns]
dancer	['dɑ:nsəʳ]
dancing	['dɑ:nsɪŋ]
dandruff	['dændrəf]
Dane	[deɪn]
danger	['deɪndʒəʳ]
dangerous	['deɪndʒrəs]
Danish	['deɪnɪʃ]
Danube	['dænju:b]
dare	[dɛəʳ]
daring	['dɛərɪŋ]
dark	[dɑ:k]
darkness	['dɑ:knɪs]
darling	['dɑ:lɪŋ]
dart	[dɑ:t]
dash	[dæʃ]
data	['deɪtə]
database	['deɪtəbeɪs]
date	[deɪt]
dative	['deɪtɪv]
daughter	['dɔ:təʳ]
daughter-in-law	['dɔ:tərɪnlɔ:]
dawdle	['dɔ:dl]
dawn	[dɔ:n]
day	[deɪ]
daylight	['deɪlaɪt]
dead	[dɛd]
deadline	['dɛdlaɪn]
deadly	['dɛdlɪ]
deaf	[dɛf]
deafening	['dɛfnɪŋ]
deaf-mute	['dɛfmju:t]
deafness	['dɛfnɪs]
deal	[di:l]
dealer	['di:ləʳ]
dear	[dɪəʳ]
death	[dɛθ]
debate	[dɪ'beɪt]
debit	['dɛbɪt]
debt	[dɛt]
decade	['dɛkeɪd]
decaffeinated	[dɪ'kæfɪneɪtɪd]
decay	[dɪ'keɪ]
deceive	[dɪ'si:v]
December	[dɪ'sɛmbəʳ]
decent	['di:sənt]
deception	[dɪ'sɛpʃən]
deceptive	[dɪ'sɛptɪv]
decide	[dɪ'saɪd]
decided	[dɪ'saɪdɪd]
decimal	['dɛsɪməl]
decision	[dɪ'sɪʒən]
decisive	[dɪ'saɪsɪv]
deck	[dɛk]
deckchair	['dɛktʃɛəʳ]
declare	[dɪ'klɛəʳ]
declension	[dɪ'klɛnʃən]
decline	[dɪ'klaɪn]
decorate	['dɛkəreɪt]
decoration	[dɛkə'reɪʃən]
decrease NOUN	['di:kri:s]
decrease VERB	[di:'kri:s]
dedicate	['dɛdɪkeɪt]
dedicated	['dɛdɪkeɪtɪd]
deduct	[dɪ'dʌkt]
deed	[di:d]
deep	[di:p]
deep-freeze	['di:p'fri:z]
deeply	['di:plɪ]
deer	[dɪəʳ]
defeat	[dɪ'fi:t]
defect	['di:fɛkt]
defence	[dɪ'fɛns]
defend	[dɪ'fɛnd]
defender	[dɪ'fɛndəʳ]
defiance	[dɪ'faɪəns]
defiant	[dɪ'faɪənt]
define	[dɪ'faɪn]
definite	['dɛfɪnɪt]
definitely	['dɛfɪnɪtlɪ]
definition	[dɛfɪ'nɪʃən]
defraud	[dɪ'frɔ:d]
defrost	[di:'frɔst]
degrading	[dɪ'greɪdɪŋ]
degree	[dɪ'gri:]
dejected	[dɪ'dʒɛktɪd]
delay	[dɪ'leɪ]
delete	[dɪ'li:t]
deliberate	[dɪ'lɪbərɪt]
deliberately	[dɪ'lɪbərɪtlɪ]
delicate	['dɛlɪkɪt]
delicatessen	[dɛlɪkə'tɛsn]
delicious	[dɪ'lɪʃəs]
delight	[dɪ'laɪt]
delighted	[dɪ'laɪtɪd]
delightful	[dɪ'laɪtful]
deliver	[dɪ'lɪvəʳ]
delivery	[dɪ'lɪvərɪ]
demand	[dɪ'mɑ:nd]
demanding	[dɪ'mɑ:ndɪŋ]
demo	['dɛməu]
democracy	[dɪ'mɔkrəsɪ]
democrat	['dɛməkræt]
democratic	[dɛmə'krætɪk]
demolish	[dɪ'mɔlɪʃ]
demonstrate	['dɛmənstreɪt]
demonstration	[dɛmən'streɪʃən]
demonstrator	['dɛmənstreɪtəʳ]
denim	['dɛnɪm]
denims	['dɛnɪmz]
Denmark	['dɛnmɑ:k]
dense	[dɛns]
dent	[dɛnt]
dental	['dɛntl]
dentist	['dɛntɪst]
dentures	['dɛntʃəz]
deny	[dɪ'naɪ]
deodorant	[di:'əudərənt]

depart	[dɪ'pɑ:t]
department	[dɪ'pɑ:tmənt]
departure	[dɪ'pɑ:tʃəʳ]
depend	[dɪ'pɛnd]
dependent	[dɪ'pɛndənt]
deport	[dɪ'pɔ:t]
deposit	[dɪ'pɔzɪt]
depressed	[dɪ'prɛst]
depressing	[dɪ'prɛsɪŋ]
depression	[dɪ'prɛʃən]
depth	[dɛpθ]
deputy	['dɛpjutɪ]
derogatory	[dɪ'rɔgətərɪ]
derrick	['dɛrɪk]
descend	[dɪ'sɛnd]
describe	[dɪs'kraɪb]
description	[dɪs'krɪpʃən]
desert	['dɛzət]
deserted	[dɪ'zə:tɪd]
deserve	[dɪ'zə:v]
design	[dɪ'zaɪn]
designer	[dɪ'zaɪnəʳ]
desire	[dɪ'zaɪəʳ]
desk	[dɛsk]
despair	[dɪs'pɛəʳ]
desperate	['dɛspərɪt]
despise	[dɪs'paɪz]
despite	[dɪs'paɪt]
dessert	[dɪ'zə:t]
destination	[dɛstɪ'neɪʃən]
destroy	[dɪs'trɔɪ]
destruction	[dɪs'trʌkʃən]
detached	[dɪ'tætʃt]
detail	['di:teɪl]
detailed	['di:teɪld]
detain	[dɪ'teɪn]
detective	[dɪ'tɛktɪv]
detention	[dɪ'tɛnʃən]
deter	[dɪ'tə:ʳ]
detergent	[dɪ'tə:dʒənt]
deteriorate	[dɪ'tɪərɪəreɪt]
determined	[dɪ'tə:mɪnd]
detour	['di:tuəʳ]
Deutschmark	['dɔɪtʃmɑ:k]
devaluation	[dɪvælju'eɪʃən]
devalue	['di:'vælju:]
devastated	['dɛvəsteɪtɪd]
devastating	['dɛvəsteɪtɪŋ]
develop	[dɪ'vɛləp]
developing	[dɪ'vɛləpɪŋ]
development	[dɪ'vɛləpmənt]
device	[dɪ'vaɪs]
devil	['dɛvl]
devise	[dɪ'vaɪz]
devote	[dɪ'vəut]
devoted	[dɪ'vəutɪd]
devout	[dɪ'vaut]
diabetes	[daɪə'bi:ti:z]
diabetic	[daɪə'bɛtɪk]
diagonal	[daɪ'ægənl]
diagonally	[daɪ'ægənlɪ]
diagram	['daɪəgræm]
dial	['daɪəl]
dialect	['daɪəlɛkt]
dialling	['daɪəlɪŋ]
dialogue	['daɪəlɔg]
diameter	[daɪ'æmɪtəʳ]
diamond	['daɪəmənd]
diaper	['daɪəpəʳ]
diarrhoea	[daɪə'ri:ə]
diary	['daɪərɪ]
dice	[daɪs]
dictate	[dɪk'teɪt]
dictation	[dɪk'teɪʃən]
dictionary	['dɪkʃənrɪ]
did	[dɪd]
die	[daɪ]
diesel	['di:zl]
diet	['daɪət]
difference	['dɪfrəns]
different	['dɪfrənt]
differently	['dɪfrəntlɪ]
difficult	['dɪfɪkəlt]
difficulty	['dɪfɪkəltɪ]
dig	[dɪg]
digest	[daɪ'dʒɛst]
digestible	[dɪ'dʒɛstəbl]
digestion	[dɪ'dʒɛstʃən]
digital	['dɪdʒɪtl]
dilapidated	[dɪ'læpɪdeɪtɪd]
dilute	[daɪ'lu:t]
dim	[dɪm]
dimension	[daɪ'mɛnʃən]
diminish	[dɪ'mɪnɪʃ]
dimple	['dɪmpl]
din	[dɪn]
diner	['daɪnəʳ]
dinghy	['dɪŋgɪ]
dining	['daɪnɪŋ]
dinner	['dɪnəʳ]
dinosaur	['daɪnəsɔ:ʳ]
dioxide	[daɪ'ɔksaɪd]
dip	[dɪp]
diploma	[dɪ'pləumə]
diplomacy	[dɪ'pləuməsɪ]
diplomat	['dɪpləmæt]
diplomatic	[dɪplə'mætɪk]
dipstick	['dɪpstɪk]
direct	[daɪ'rɛkt]
direction	[dɪ'rɛkʃən]
director	[dɪ'rɛktəʳ]
directory	[dɪ'rɛktərɪ]
dirt	[də:t]
dirty	['də:tɪ]
disabled	[dɪs'eɪbld]
disadvantage	[dɪsəd'vɑ:ntɪdʒ]
disadvantaged	[dɪsəd'vɑ:ntɪdʒd]
disagree	[dɪsə'gri:]
disagreeable	[dɪsə'gri:əbl]
disagreement	[dɪsə'gri:mənt]
disappear	[dɪsə'pɪəʳ]
disappearance	[dɪsə'pɪərəns]
disappoint	[dɪsə'pɔɪnt]
disappointed	[dɪsə'pɔɪntɪd]
disappointing	[dɪsə'pɔɪntɪŋ]
disappointment	[dɪsə'pɔɪntmənt]
disapprove	[dɪsə'pru:v]
disaster	[dɪ'zɑ:stəʳ]
disastrous	[dɪ'zɑ:strəs]
disc	[dɪsk]
discipline	['dɪsɪplɪn]
disco	['dɪskəu]
disconnect	[dɪskə'nɛkt]
discount	['dɪskaunt]
discourage	[dɪs'kʌrɪdʒ]
discover	[dɪs'kʌvəʳ]
discrimination	[dɪskrɪmɪ'neɪʃən]
discuss	[dɪs'kʌs]
discussion	[dɪs'kʌʃən]
disease	[dɪ'zi:z]
disgrace	[dɪs'greɪs]
disgraceful	[dɪs'greɪsful]
disguise	[dɪs'gaɪz]
disgust	[dɪs'gʌst]
disgusted	[dɪs'gʌstɪd]
disgusting	[dɪs'gʌstɪŋ]
dish	[dɪʃ]
dishonest	[dɪs'ɔnɪst]
dishwasher	['dɪʃwɔʃəʳ]
disinclined	[dɪsɪn'klaɪnd]
disinfectant	[dɪsɪn'fɛktənt]
disk	[dɪsk]
diskette	[dɪs'kɛt]
dislike	[dɪs'laɪk]
dismiss	[dɪs'mɪs]
disobedience	[dɪsə'bi:dɪəns]
disobedient	[dɪsə'bi:dɪənt]
disorder	[dɪs'ɔ:dəʳ]
disparaging	[dɪs'pærɪdʒɪŋ]
dispatch	[dɪs'pætʃ]
dispenser	[dɪs'pɛnsəʳ]
disperse	[dɪs'pə:s]
display	[dɪs'pleɪ]
disposable	[dɪs'pəuzəbl]
disposal	[dɪs'pəuzl]
disposition	[dɪspə'zɪʃən]
disqualify	[dɪs'kwɔlɪfaɪ]
disreputable	[dɪs'rɛpjutəbl]
disrespectful	[dɪsrɪ'spɛktful]
disrupt	[dɪs'rʌpt]
dissatisfied	[dɪs'sætɪsfaɪd]
dissertation	[dɪsə'teɪʃən]
dissolve	[dɪ'zɔlv]
distance	['dɪstns]
distant	['dɪstnt]
distillery	[dɪs'tɪlərɪ]
distinction	[dɪs'tɪŋkʃən]
distinctive	[dɪs'tɪŋktɪv]
distinguish	[dɪs'tɪŋgwɪʃ]
distinguished	[dɪs'tɪŋgwɪʃt]
distract	[dɪs'trækt]
distribute	[dɪs'trɪbju:t]
district	['dɪstrɪkt]
disturb	[dɪs'tə:b]
disturbed	[dɪs'tə:bd]
disturbing	[dɪs'tə:bɪŋ]

ditch	[dɪtʃ]
dive	[daɪv]
diver	['daɪvəʳ]
diversion	[daɪ'və:ʃən]
divert	[daɪ'və:t]
divide	[dɪ'vaɪd]
divine	[dɪ'vaɪn]
diving	['daɪvɪŋ]
division	[dɪ'vɪʒən]
divorce	[dɪ'vɔ:s]
divorced	[dɪ'vɔ:st]
DIY	[di:aɪ'waɪ]
dizzy	['dɪzɪ]
DJ	[di:'dʒeɪ]
do	[du:]
dock	[dɔk]
doctor	['dɔktəʳ]
document	['dɔkjumənt]
documentary	[dɔkju'mɛntərɪ]
dodge	[dɔdʒ]
dodgems	['dɔdʒəmz]
does	[dʌz]
doesn't	['dʌznt]
dog	[dɔg]
dog-tired	[dɔg'taɪəd]
do-it-yourself	['du:ɪtjɔ:'sɛlf]
dole	[dəul]
doll	[dɔl]
dollar	['dɔləʳ]
dolphin	['dɔlfɪn]
domestic	[də'mɛstɪk]
dominoes	['dɔmɪnəuz]
don	[dɔn]
donate	[də'neɪt]
donation	[də'neɪʃən]
done	[dʌn]
donkey	['dɔŋkɪ]
donor	['dəunəʳ]
don't	[dəunt]
door	[dɔ:ʳ]
doorbell	['dɔ:bɛl]
doorman	['dɔ:mən]
doorstep	['dɔ:stɛp]
dormitory	['dɔ:mɪtrɪ]
dose	[dəus]
dosh	[dɔʃ]
dosser	['dɔsəʳ]
dot	[dɔt]
double	['dʌbl]
doubles	['dʌblz]
doubt	[daut]
doubtful	['dautful]
doubtless	['dautlɪs]
dough	[dəu]
doughnut	['dəunʌt]
dove	[dʌv]
Dover	['dəuvəʳ]
down	[daun]
downpour	['daunpɔ:ʳ]
downstairs	['daun'stɛəz]
downtown	['daun'taun]
doze	[dəuz]
dozen	['dʌzn]
drab	[dræb]
drag	[dræg]
dragon	['drægn]
drain	[dreɪn]
drained	[dreɪnd]
draining	['dreɪnɪŋ]
drainpipe	['dreɪnpaɪp]
drama	['drɑ:mə]
dramatic	[drə'mætɪk]
drank	[dræŋk]
drapes	[dreɪps]
drastic	['dræstɪk]
draught	[drɑ:ft]
draughts	[drɑ:fts]
draughty	['drɑ:ftɪ]
draw	[drɔ:]
drawback	['drɔ:bæk]
drawer	[drɔ:ʳ]
drawing	['drɔ:ɪŋ]
drawn	[drɔ:n]
dreadful	['drɛdful]
dream	[dri:m]
drench	[drɛntʃ]
dress	[drɛs]
dressed	[drɛst]
dresser	['drɛsəʳ]
dressing	['drɛsɪŋ]
drew	[dru:]
drier	['draɪəʳ]
drift	[drɪft]
drill	[drɪl]
drink	[drɪŋk]
drinkable	['drɪŋkəbl]
drinking	['drɪŋkɪŋ]
drive	[draɪv]
driver	['draɪvəʳ]
driver's	['draɪvəz]
driving	['draɪvɪŋ]
drizzle	['drɪzl]
drop	[drɔp]
drought	[draut]
drove	[drəuv]
droves	[drəuvz]
drown	[draun]
drug	[drʌg]
drugstore	['drʌgstɔ:ʳ]
drum	[drʌm]
drummer	['drʌməʳ]
drunk	[drʌŋk]
drunkenness	['drʌŋkənnɪs]
dry	[draɪ]
dry-cleaner's	['draɪ'kli:nəz]
dryer	['draɪəʳ]
dryness	['draɪnɪs]
dubbed	[dʌbd]
dubious	['dju:bɪəs]
duck	[dʌk]
due	[dju:]
dug	[dʌg]
dull	[dʌl]
dumb	[dʌm]
dumbfounded	[dʌm'faundɪd]
dummy	['dʌmɪ]
dump	[dʌmp]
dungarees	[dʌŋgə'ri:z]
dungeon	['dʌndʒən]
durable	['djuərəbl]
duration	[djuə'reɪʃən]
during	['djuərɪŋ]
dusk	[dʌsk]
dust	[dʌst]
dustbin	['dʌstbɪn]
dustman	['dʌstmən]
dustmen	['dʌstmən]
dusty	['dʌstɪ]
Dutch	[dʌtʃ]
Dutchman	['dʌtʃmən]
Dutchwoman	['dʌtʃwumən]
duty	['dju:tɪ]
duty-free	['dju:tɪ'fri:]
duvet	['du:veɪ]
dwarf	[dwɔ:f]
dye	[daɪ]
dynamic	[daɪ'næmɪk]
dyslexia	[dɪs'lɛksɪə]
each	[i:tʃ]
eager	['i:gəʳ]
eagle	['i:gl]
ear	[ɪəʳ]
earache	['ɪəreɪk]
eardrum	['ɪədrʌm]
earlier	['ə:lɪəʳ]
earliest	['ə:lɪəst]
early	['ə:lɪ]
earn	[ə:n]
earnings	['ə:nɪŋz]
earring	['ɪərɪŋ]
earth	[ə:θ]
earthquake	['ə:θkweɪk]
earthworm	['ə:θwə:m]
ease	[i:z]
easily	['i:zɪlɪ]
east	[i:st]
Easter	['i:stəʳ]
easterly	['i:stəlɪ]
eastern	['i:stən]
easy	['i:zɪ]
easy-care	['i:zɪkɛəʳ]
easy-going	['i:zɪ'gəuɪŋ]
eat	[i:t]
eavesdrop	['i:vzdrɔp]
EC	[i:'si:]
eccentric	[ɪk'sɛntrɪk]
echo	['ɛkəu]
ecological	[i:kə'lɔdʒɪkəl]
ecologically	[i:kə'lɔdʒɪklɪ]
ecology	[ɪ'kɔlədʒɪ]
economic	[i:kə'nɔmɪk]
economical	[i:kə'nɔmɪkl]
economics	[i:kə'nɔmɪks]
economize	[ɪ'kɔnəmaɪz]
economy	[ɪ'kɔnəmɪ]
ecstasy	['ɛkstəsɪ]

ecu ['eɪkju:]
eczema ['ɛksɪmə]
edge [ɛdʒ]
edgy ['ɛdʒɪ]
edible ['ɛdɪbl]
editing ['ɛdɪtɪŋ]
edition [ɪ'dɪʃən]
editor ['ɛdɪtə^{r}]
editorial [ɛdɪ'tɔ:rɪəl]
educated ['ɛdjukeɪtɪd]
education [ɛdju'keɪʃən]
educational [ɛdju'keɪʃənl]
eel [i:l]
effect [ɪ'fɛkt]
effective [ɪ'fɛktɪv]
efficient [ɪ'fɪʃənt]
effort ['ɛfət]
e.g. [i:'dʒi:]
egg [ɛg]
eggplant ['ɛgplɑ:nt]
Egypt ['i:dʒɪpt]
Egyptian [ɪ'dʒɪpʃən]
eight [eɪt]
eighteen [eɪ'ti:n]
eighth [eɪtθ]
eighty ['eɪtɪ]
Eire ['ɛərə]
either ['aɪðə^{r}]
elastic [ɪ'læstɪk]
elbow ['ɛlbəu]
elder ['ɛldə^{r}]
elderly ['ɛldəlɪ]
eldest ['ɛldɪst]
elect [ɪ'lɛkt]
election [ɪ'lɛkʃən]
electric [ɪ'lɛktrɪk]
electrical [ɪ'lɛktrɪkl]
electrician [ɪlɛk'trɪʃən]
electricity [ɪlɛk'trɪsɪtɪ]
electronic [ɪlɛk'trɔnɪk]
electronics [ɪlɛk'trɔnɪks]
elegant ['ɛlɪgənt]
element ['ɛlɪmənt]
elementary [ɛlɪ'mɛntərɪ]
elephant ['ɛlɪfənt]
elevator ['ɛlɪveɪtə^{r}]
eleven [ɪ'lɛvn]
eleventh [ɪ'lɛvnθ]
eligible ['ɛlɪdʒəbl]
elk [ɛlk]
else [ɛls]
elsewhere [ɛls'wɛə^{r}]
E-mail ['i:meɪl]
embankment [ɪm'bæŋkmənt]
embarrassed [ɪm'bærəst]
embarrassing [ɪm'bærəsɪŋ]
embassy ['ɛmbəsɪ]
embroider [ɪm'brɔɪdə^{r}]
embroidery [ɪm'brɔɪdərɪ]
emergency [ɪ'mə:dʒənsɪ]
emigrate ['ɛmɪgreɪt]
emotion [ɪ'məuʃən]
emotional [ɪ'məuʃənl]
emperor ['ɛmpərə^{r}]
emphasis ['ɛmfəsɪs]
emphasize ['ɛmfəsaɪz]
empire ['ɛmpaɪə^{r}]
employ [ɪm'plɔɪ]
employee [ɪmplɔɪ'i:]
employer [ɪm'plɔɪə^{r}]
employment [ɪm'plɔɪmənt]
emptiness ['ɛmptɪnɪs]
empty ['ɛmptɪ]
enclosed [ɪn'kləuzd]
encore [ɔŋ'kɔ:^{r}]
encourage [ɪn'kʌrɪdʒ]
encouragement [ɪn'kʌrɪdʒmənt]
encyclopedia [ɛnsaɪkləu'pi:dɪə]
end [ɛnd]
endanger [ɪn'deɪndʒə^{r}]
ending ['ɛndɪŋ]
endive ['ɛndaɪv]
endless ['ɛndlɪs]
enemy ['ɛnəmɪ]
energetic [ɛnə'dʒɛtɪk]
energy ['ɛnədʒɪ]
engaged [ɪn'geɪdʒd]
engagement [ɪn'geɪdʒmənt]
engine ['ɛndʒɪn]
engineer [ɛndʒɪ'nɪə^{r}]
engineering [ɛndʒɪ'nɪərɪŋ]
England ['ɪŋglənd]
English ['ɪŋglɪʃ]
Englishman ['ɪŋglɪʃmən]
Englishwoman ['ɪŋglɪʃwumən]
engraving [ɪn'greɪvɪŋ]
enjoy [ɪn'dʒɔɪ]
enjoyable [ɪn'dʒɔɪəbl]
enlarge [ɪn'lɑ:dʒ]
enlargement [ɪn'lɑ:dʒmənt]
enormous [ɪ'nɔ:məs]
enough [ɪ'nʌf]
enquire [ɪn'kwaɪə^{r}]
enter ['ɛntə^{r}]
enterprise ['ɛntəpraɪz]
entertain [ɛntə'teɪn]
entertainer [ɛntə'teɪnə^{r}]
entertaining [ɛntə'teɪnɪŋ]
entertainment [ɛntə'teɪnmənt]
enthusiasm [ɪn'θu:zɪæzəm]
enthusiast [ɪn'θu:zɪæst]
enthusiastic [ɪnθu:zɪ'æstɪk]
entire [ɪn'taɪə^{r}]
entirely [ɪn'taɪəlɪ]
entrance ['ɛntrns]
entrepreneur ['ɔntrəprə'nə:^{r}]
entry ['ɛntrɪ]
envelope ['ɛnvələup]
enviable ['ɛnvɪəbl]
envious ['ɛnvɪəs]
environment [ɪn'vaɪərnmənt]
environmental [ɪnvaɪərn'mɛntl]
environmentalist [ɪnvaɪərn'mɛntlɪst]
environment-friendly [ɪn'vaɪərnmənt'frɛndlɪ]
envy ['ɛnvɪ]
epidemic [ɛpɪ'dɛmɪk]
epileptic [ɛpɪ'lɛptɪk]
episode ['ɛpɪsəud]
equal ['i:kwl]
equality [i:'kwɔlɪtɪ]
equalize ['i:kwəlaɪz]
equation [ɪ'kweɪʃən]
equator [ɪ'kweɪtə^{r}]
equip [ɪ'kwɪp]
equipment [ɪ'kwɪpmənt]
equipped [ɪ'kwɪpt]
equivalent [ɪ'kwɪvələnt]
ergonomics [ə:gə'nɔmɪks]
erotic [ɪ'rɔtɪk]
error ['ɛrə^{r}]
escalator ['ɛskəleɪtə^{r}]
escalope ['ɛskəlɔp]
escape [ɪs'keɪp]
escort ['ɛskɔ:t]
Eskimo ['ɛskɪməu]
especially [ɪs'pɛʃlɪ]
essay ['ɛseɪ]
essential [ɪ'sɛnʃl]
establish [ɪs'tæblɪʃ]
estate [ɪs'teɪt]
estimate ['ɛstɪmeɪt]
etc [ɪt'setrə]
eternal [ɪ'tə:nl]
eternity [ɪ'tə:nɪtɪ]
Ethiopia [i:θɪ'əupɪə]
ethnic ['ɛθnɪk]
EU [i:'ju:]
Eurocheque ['juərəutʃɛk]
Europe ['juərəp]
European [juərə'pi:ən]
euthanasia [ju:θə'neɪzɪə]
evacuate [ɪ'vækjueɪt]
evaluate [ɪ'væljueɪt]
evaporate [ɪ'væpəreɪt]
evasive [ɪ'veɪsɪv]
eve [i:v]
even ['i:vn]
evening ['i:vnɪŋ]
event [ɪ'vɛnt]
eventful [ɪ'vɛntful]
eventually [ɪ'vɛntʃuəlɪ]
ever ['ɛvə^{r}]
every ['ɛvrɪ]
everybody ['ɛvrɪbɔdɪ]
everyday ['ɛvrɪdeɪ]
everyone ['ɛvrɪwʌn]
everything ['ɛvrɪθɪŋ]
everywhere ['ɛvrɪwɛə^{r}]
evil ['i:vl]
ex- [ɛks]
exact [ɪg'zækt]
exactly [ɪg'zæktlɪ]
exaggerate [ɪg'zædʒəreɪt]
exaggeration [ɪgzædʒə'reɪʃən]

exam	[ɪg'zæm]
examination	[ɪgzæmɪ'neɪʃən]
examine	[ɪg'zæmɪn]
examiner	[ɪg'zæmɪnəʳ]
example	[ɪg'zɑ:mpl]
exceed	[ɪk'si:d]
exceedingly	[ɪk'si:dɪŋlɪ]
excellent	['ɛksələnt]
excellently	['ɛksələntlɪ]
except	[ɪk'sɛpt]
exception	[ɪk'sɛpʃən]
exceptional	[ɪk'sɛpʃənl]
excess	[ɪk'sɛs]
excessive	[ɪk'sɛsɪv]
exchange	[ɪks'tʃeɪndʒ]
Exchequer	[ɪks'tʃɛkəʳ]
excite	[ɪk'saɪt]
excited	[ɪk'saɪtɪd]
excitement	[ɪk'saɪtmənt]
exciting	[ɪk'saɪtɪŋ]
exclamation	[ɛksklə'meɪʃən]
exclusively	[ɪks'klu:sɪvlɪ]
excuse NOUN	[ɪks'kju:s]
excuse VERB	[ɪks'kju:z]
ex-directory	['ɛksdɪ'rɛktərɪ]
execute	['ɛksɪkju:t]
execution	[ɛksɪ'kju:ʃən]
executive	[ɪg'zɛkjutɪv]
exempt	[ɪg'zɛmpt]
exercise	['ɛksəsaɪz]
exhaust	[ɪg'zɔ:st]
exhausted	[ɪg'zɔ:stɪd]
exhaustion	[ɪg'zɔ:stʃən]
exhibit	[ɪg'zɪbɪt]
exhibition	[ɛksɪ'bɪʃən]
exist	[ɪg'zɪst]
exit	['ɛksɪt]
exotic	[ɪg'zɔtɪk]
expansion	[ɪks'pænʃən]
expect	[ɪks'pɛkt]
expected	[ɪks'pɛktɪd]
expedition	[ɛkspə'dɪʃən]
expel	[ɪks'pɛl]
expenditure	[ɪks'pɛndɪtʃəʳ]
expenses	[ɪks'pɛnsəs]
expensive	[ɪks'pɛnsɪv]
experience	[ɪks'pɪərɪəns]
experienced	[ɪks'pɪərɪənst]
experiment	[ɪks'pɛrɪmənt]
expert	['ɛkspə:t]
expire	[ɪks'paɪəʳ]
explain	[ɪks'pleɪn]
explanation	[ɛksplə'neɪʃən]
explicit	[ɪks'plɪsɪt]
explode	[ɪks'pləud]
exploit	[ɪks'plɔɪt]
exploitation	[ɛksplɔɪ'teɪʃən]
explore	[ɪks'plɔ:ʳ]
explorer	[ɪks'plɔ:rəʳ]
explosion	[ɪks'pləuʒən]
explosive	[ɪks'pləusɪv]
export NOUN	['ɛkspɔ:t]
export VERB	[ɛks'pɔ:t]
expose	[ɪks'pəuz]
exposure	[ɪks'pəuʒəʳ]
express	[ɪks'prɛs]
expression	[ɪks'prɛʃən]
expressway	[ɪks'prɛsweɪ]
extend	[ɪks'tɛnd]
extension	[ɪks'tɛnʃən]
extent	[ɪks'tɛnt]
exterior	[ɛks'tɪərɪəʳ]
external	[ɛks'tə:nl]
extinct	[ɪks'tɪŋkt]
extinguisher	[ɪks'tɪŋgwɪʃəʳ]
extort	[ɪks'tɔ:t]
extortionate	[ɪks'tɔ:ʃnɪt]
extra	['ɛkstrə]
extraordinary	[ɪks'trɔ:dnrɪ]
extravagant	[ɪks'trævəgənt]
extreme	[ɪks'tri:m]
extremely	[ɪks'tri:mlɪ]
extremist	[ɪks'tri:mɪst]
exuberant	[ɪg'zju:bərnt]
eye	[aɪ]
eyebrow	['aɪbrau]
eyelash	['aɪlæʃ]
eyelid	['aɪlɪd]
eyeliner	['aɪlaɪnəʳ]
eyeshadow	['aɪʃædəu]
eyesight	['aɪsaɪt]
fabric	['fæbrɪk]
fabulous	['fæbjuləs]
face	[feɪs]
facilities	[fə'sɪlɪtɪz]
fact	[fækt]
factor	['fæktəʳ]
factory	['fæktərɪ]
factual	['fæktjuəl]
faculty	['fækəltɪ]
fade	[feɪd]
fail	[feɪl]
failure	['feɪljəʳ]
faint	[feɪnt]
fair	[fɛəʳ]
fairground	['fɛəgraund]
fairly	['fɛəlɪ]
fairness	['fɛənɪs]
fairy	['fɛərɪ]
faith	[feɪθ]
faithful	['feɪθful]
faithfully	['feɪθfəlɪ]
faithfulness	['feɪθfəlnɪs]
fake	[feɪk]
falcon	['fɔ:lkən]
fall	[fɔ:l]
false	[fɔ:ls]
fame	[feɪm]
familiar	[fə'mɪlɪəʳ]
family	['fæmɪlɪ]
famine	['fæmɪn]
famous	['feɪməs]
fan	[fæn]
fanatic	[fə'nætɪk]
fancy	['fænsɪ]
fantasize	['fæntəsaɪz]
fantastic	[fæn'tæstɪk]
far	[fɑ:ʳ]
fare	[fɛəʳ]
farm	[fɑ:m]
farmer	['fɑ:məʳ]
farmer's	['fɑ:məz]
farmhouse	['fɑ:mhaus]
farming	['fɑ:mɪŋ]
fascinating	['fæsɪneɪtɪŋ]
fashion	['fæʃən]
fashionable	['fæʃnəbl]
fast	[fɑ:st]
fasten	['fɑ:sn]
fastener	['fɑ:snəʳ]
fastening	['fɑ:snɪŋ]
fat	[fæt]
fatal	['feɪtl]
fate	[feɪt]
father	['fɑ:ðəʳ]
father-in-law	['fɑ:ðərənlɔ:]
fatherly	['fɑ:ðəlɪ]
faucet	['fɔ:sɪt]
fault	[fɔ:lt]
faultless	['fɔ:ltlɪs]
faulty	['fɔ:ltɪ]
favour	['feɪvəʳ]
favourite	['feɪvrɪt]
fax	[fæks]
fear	[fɪəʳ]
feasible	['fi:zəbl]
feather	['fɛðəʳ]
feature	['fi:tʃəʳ]
February	['fɛbruərɪ]
fed	[fɛd]
Federal	['fɛdərəl]
fee	[fi:]
feed	[fi:d]
feel	[fi:l]
feeling	['fi:lɪŋ]
fee-paying	['fi:peɪɪŋ]
feet	[fi:t]
feign	[feɪn]
fell	[fɛl]
felt	[fɛlt]
felt-tip	['fɛlttɪp]
female	['fi:meɪl]
feminine	['fɛmɪnɪn]
feminist	['fɛmɪnɪst]
fence	[fɛns]
fern	[fə:n]
ferocious	[fə'rauʃəs]
ferry	['fɛrɪ]
fertile	['fə:taɪl]
fertilizer	['fə:tɪlaɪzəʳ]
festival	['fɛstɪvəl]
festive	['fɛstɪv]
festivity	[fɛs'tɪvɪtɪ]
fetch	[fɛtʃ]
fever	['fi:vəʳ]
few	[fju:]

fewer	['fju:əʳ]
fiancé	[fɪ'ɑ̃:seɪ]
fiancée	[fɪ'ɑ̃:seɪ]
fib	[fɪb]
fibre	['faɪbəʳ]
fiction	['fɪkʃən]
fiddle	['fɪdl]
fidget	['fɪdʒɪt]
field	[fi:ld]
fierce	[fɪəs]
fifteen	[fɪf'ti:n]
fifth	[fɪfθ]
fifty	['fɪftɪ]
fifty-fifty	['fɪftɪ'fɪftɪ]
fig	[fɪg]
fight	[faɪt]
fighting	['faɪtɪŋ]
figurative	['fɪgjurətɪv]
figure	['fɪgəʳ]
file	[faɪl]
fill	[fɪl]
filling	['fɪlɪŋ]
film	[fɪlm]
filter	['fɪltəʳ]
filthy	['fɪlθɪ]
fin	[fɪn]
final	['faɪnl]
finally	['faɪnəlɪ]
finance	[faɪ'næns]
financial	[faɪ'nænʃəl]
find	[faɪnd]
fine	[faɪn]
finger	['fɪŋgəʳ]
fingernail	['fɪŋgəneɪl]
fingerprint	['fɪŋgəprɪnt]
finish	['fɪnɪʃ]
finished	['fɪnɪʃt]
finishing	['fɪnɪʃɪŋ]
Finland	['fɪnlənd]
Finn	[fɪn]
Finnish	['fɪnɪʃ]
fir	[fə:ʳ]
fire	['faɪəʳ]
firearm	['faɪərɑ:m]
fireman	['faɪəmən]
fireplace	['faɪəpleɪs]
fireworks	['faɪəwə:ks]
firm	[fə:m]
first	[fə:st]
first-aid	[fə:st'eɪd]
first-class	[fə:st'klɑ:s]
firstly	['fə:stlɪ]
fish	[fɪʃ]
fisherman	['fɪʃəmən]
fishing	['fɪʃɪŋ]
fist	[fɪst]
fit	[fɪt]
fitted	['fɪtɪd]
fitting	['fɪtɪŋ]
five	[faɪv]
fix	[fɪks]
fixed	[fɪkst]
fizzy	['fɪzɪ]
flabby	['flæbɪ]
flag	[flæg]
flake	[fleɪk]
flame	[fleɪm]
flamingo	[flə'mɪŋgəu]
flan	[flæn]
flannel	['flænl]
flap	[flæp]
flash	[flæʃ]
flashlight	['flæʃlaɪt]
flask	[flɑ:sk]
flat	[flæt]
flatter	['flætəʳ]
flavour	['fleɪvəʳ]
flavouring	['fleɪvərɪŋ]
flea	[fli:]
flee	[fli:]
flew	[flu:]
flex	[flɛks]
flexible	['flɛksəbl]
flick	[flɪk]
flicker	['flɪkəʳ]
flight	[flaɪt]
fling	[flɪŋ]
flip	[flɪp]
flipper	['flɪpəʳ]
float	[fləut]
flock	[flɔk]
flood	[flʌd]
flooding	['flʌdɪŋ]
floodlight	['flʌdlaɪt]
floor	[flɔ:ʳ]
flop	[flɔp]
floppy	['flɔpɪ]
florist	['flɔrɪst]
flounder	['flaundəʳ]
flour	['flauəʳ]
flow	[fləu]
flower	['flauəʳ]
flown	[fləun]
flu	[flu:]
fluctuate	['flʌktjueɪt]
fluent	['flu:ənt]
fluffy	['flʌfɪ]
flung	[flʌŋ]
fluorine	['fluəri:n]
flush	[flʌʃ]
flute	[flu:t]
fly	[flaɪ]
foal	[fəul]
foam	[fəum]
focus	['fəukəs]
fog	[fɔg]
foggy	['fɔgɪ]
foil	[fɔɪl]
fold	[fəuld]
folder	['fəuldəʳ]
folding	['fəuldɪŋ]
follow	['fɔləu]
following	['fɔləuɪŋ]
fond	[fɔnd]
fondness	['fɔndnɪs]
font	[fɔnt]
food	[fu:d]
foodstuffs	['fu:dstʌfs]
fool	[fu:l]
foolhardy	['fu:lhɑ:dɪ]
foolish	['fu:lɪʃ]
foot	[fut]
football	['futbɔ:l]
footballer	['futbɔ:ləʳ]
footpath	['futpɑ:θ]
footprint	['futprɪnt]
footstep	['futstɛp]
for	[fɔ:ʳ]
forbid	[fə'bɪd]
forbidden	[fə'bɪdn]
force	[fɔ:s]
Forces	['fɔ:sɪz]
forecast	['fɔ:kɑ:st]
foreground	['fɔ:graund]
forehead	['fɔrɪd]
foreign	['fɔrɪn]
foreigner	['fɔrɪnəʳ]
foresee	[fɔ:'si:]
foreseeable	[fɔ:'si:əbl]
forest	['fɔrɪst]
foretaste	['fɔ:teɪst]
forever	[fə'rɛvəʳ]
forfeit	['fɔ:fɪt]
forgave	[fə'geɪv]
forge	[fɔ:dʒ]
forged	[fɔ:dʒd]
forgery	['fɔ:dʒərɪ]
forget	[fə'gɛt]
forgetful	[fə'gɛtful]
forget-me-not	[fə'gɛtmɪnɔt]
forgive	[fə'gɪv]
forgiveness	[fə'gɪvnɪs]
forgot	[fə'gɔt]
forgotten	[fə'gɔtn]
fork	[fɔ:k]
form	[fɔ:m]
formal	['fɔ:məl]
format	['fɔ:mæt]
formation	[fɔ:'meɪʃən]
former	['fɔ:məʳ]
formula	['fɔ:mjulə]
formulate	['fɔ:mjuleɪt]
fort	[fɔ:t]
forth	[fɔ:θ]
fortnight	['fɔ:tnaɪt]
fortnightly	['fɔ:tnaɪtlɪ]
fortunate	['fɔ:tʃənɪt]
fortunately	['fɔ:tʃənɪtlɪ]
fortune	['fɔ:tʃən]
forty	['fɔ:tɪ]
forward	['fɔ:wəd]
foster	['fɔstəʳ]
fought	[fɔ:t]
foul	[faul]
found	[faund]
foundations	[faun'deɪʃənz]

fountain	['fauntɪn]
four	[fɔ:^{r}]
fourteen	['fɔ:'ti:n]
fourth	['fɔ:θ]
fox	[fɔks]
fraction	['frækʃən]
fracture	['fræktʃə^{r}]
fragile	['frædʒaɪl]
frame	[freɪm]
France	[frɑ:ns]
frank	[fræŋk]
frantic	['fræntɪk]
fraud	[frɔ:d]
freckles	['frɛklz]
free	[fri:]
freedom	['fri:dəm]
freeway	['fri:weɪ]
freeze	[fri:z]
freeze-dried	['fri:zdraɪd]
freezer	['fri:zə^{r}]
freezing	['fri:zɪŋ]
freight	[freɪt]
French	[frɛntʃ]
Frenchman	['frɛntʃmən]
Frenchwoman	['frɛntʃwumən]
frequent	['fri:kwənt]
fresh	[frɛʃ]
freshen	['frɛʃən]
fret	[frɛt]
friction	['frɪkʃən]
Friday	['fraɪdɪ]
fridge	[frɪdʒ]
fried	[fraɪd]
friend	[frɛnd]
friendliness	['frɛndlɪnɪs]
friendly	['frɛndlɪ]
friendship	['frɛndʃɪp]
fries	[fraɪz]
fright	[fraɪt]
frighten	['fraɪtn]
frightened	['fraɪtnd]
frightening	['fraɪtnɪŋ]
fringe	[frɪndʒ]
Frisbee ®	['frɪzbɪ]
frizzy	['frɪzɪ]
fro	[frəu]
frog	[frɔg]
from	[frɔm]
front	[frʌnt]
front-door	['frʌntdɔ:^{r}]
frontier	['frʌntɪə^{r}]
frost	[frɔst]
frosting	['frɔstɪŋ]
frosty	['frɔstɪ]
frown	[fraun]
froze	[frəuz]
frozen	['frəuzn]
fruit	[fru:t]
fruitful	['fru:tful]
frustrate	[frʌs'treɪt]
frustrated	[frʌs'treɪtɪd]
fry	[fraɪ]
frying	['fraɪɪŋ]
fuel	['fjuəl]
fulfil	[ful'fɪl]
full	[ful]
full-time	['ful'taɪm]
fully	['fulɪ]
fumes	[fju:mz]
fun	[fʌn]
function	['fʌŋkʃən]
fundamental	[fʌndə'mɛntl]
funds	[fʌndz]
funeral	['fju:nərəl]
funfair	['fʌnfɛə^{r}]
funnel	['fʌnl]
funny	['fʌnɪ]
fur	[fə:^{r}]
furious	['fjuərɪəs]
furnish	['fə:nɪʃ]
furnishings	['fə:nɪʃɪŋz]
furniture	['fə:nɪtʃə^{r}]
further	['fə:ðə^{r}]
fuse	[fju:z]
fuss	[fʌs]
fussy	['fʌsɪ]
future	['fju:tʃə^{r}]
gadget	['gædʒɪt]
gain	[geɪn]
gallery	['gælərɪ]
gamble	['gæmbl]
gambler	['gæmblə^{r}]
gambling	['gæmblɪŋ]
game	[geɪm]
gang	[gæŋ]
gangster	['gæŋstə^{r}]
gap	[gæp]
garage	['gærɑ:ʒ]
garden	['gɑ:dn]
gardener	['gɑ:dnə^{r}]
gardening	['gɑ:dnɪŋ]
gargle	['gɑ:gl]
garlic	['gɑ:lɪk]
garment	['gɑ:mənt]
gas	[gæs]
gasoline	['gæsəli:n]
gate	[geɪt]
gateau	['gætəu]
gather	['gæðə^{r}]
gauge	[geɪdʒ]
gave	[geɪv]
gawp	[gɔ:p]
gay	[geɪ]
gaze	[geɪz]
gear	[gɪə^{r}]
gearbox	['gɪəbɔks]
gearshift	['gɪəʃɪft]
geese	[gi:s]
gel	[dʒɛl]
gem	[dʒɛm]
Gemini	['dʒɛmɪnaɪ]
gender	['dʒɛndə^{r}]
gene	[dʒi:n]
general	['dʒɛnərl]
generalize	['dʒɛnrəlaɪz]
generally	['dʒɛnrəlɪ]
generation	[dʒɛnə'reɪʃən]
generator	['dʒɛnəreɪtə^{r}]
generous	['dʒɛnərəs]
genetic	[dʒɪ'nɛtɪk]
Geneva	[dʒɪ'ni:və]
genius	['dʒi:nɪəs]
gentian	['dʒɛnʃən]
gentle	['dʒɛntl]
gentleman	['dʒɛntlmən]
gently	['dʒɛntlɪ]
gents	[dʒɛnts]
genuine	['dʒɛnjuɪn]
geography	[dʒɪ'ɔgrəfɪ]
geometry	[dʒɪ'ɔmətrɪ]
germ	[dʒə:m]
German	['dʒə:mən]
Germany	['dʒə:mənɪ]
gesture	['dʒɛstjə^{r}]
get	[gɛt]
get-together	['gɛttəgɛðə^{r}]
gherkin	['gə:kɪn]
ghetto	['gɛtəu]
ghost	[gəust]
giant	['dʒaɪənt]
gift	[gɪft]
gifted	['gɪftɪd]
gigantic	[dʒaɪ'gæntɪk]
giggle	['gɪgl]
gin	[dʒɪn]
ginger	['dʒɪndʒə^{r}]
gingerbread	['dʒɪndʒəbrɛd]
gipsy	['dʒɪpsɪ]
giraffe	[dʒɪ'rɑ:f]
girl	[gə:l]
girlfriend	['gə:lfrɛnd]
give	[gɪv]
given	['gɪvn]
glacier	['glæsɪə^{r}]
glad	[glæd]
gladly	['glædlɪ]
glance	[glɑ:ns]
gland	[glænd]
glare	[glɛə^{r}]
glaring	['glɛərɪŋ]
glass	[glɑ:s]
glasses	['glɑ:səs]
glazing	['gleɪzɪŋ]
glider	['glaɪdə^{r}]
gliding	['glaɪdɪŋ]
glitter	['glɪtə^{r}]
global	['gləubl]
globe	[gləub]
gloom	[glu:m]
gloomy	['glu:mɪ]
glove	[glʌv]
glucose	['glu:kəus]
glue	[glu:]
gnaw	[nɔ:]
go	[gəu]
goal	[gəul]

goalkeeper	['gəulki:pəʳ]
goat	[gəut]
gob	[gɔb]
goblet	['gɔblɪt]
god	[gɔd]
godchild	['gɔdtʃaɪld]
goddess	['gɔdɪs]
godfather	['gɔdfɑ:ðəʳ]
godmother	['gɔdmʌðəʳ]
goes	[gəuz]
goggles	['gɔglz]
gold	[gəuld]
golden	['gəuldən]
goldfish	['gəuldfɪʃ]
golf	[gɔlf]
gone	[gɔn]
good	[gud]
goodbye	[gud'baɪ]
good-looking	['gud'lukɪŋ]
good-natured	['gud'neɪtʃəd]
goods	['gudz]
goose	[gu:s]
gooseberry	['guzbərɪ]
gorgeous	['gɔ:dʒəs]
gorilla	[gə'rɪlə]
gossip	['gɔsɪp]
got	[gɔt]
gotten	['gɔtn]
govern	['gʌvən]
government	['gʌvnmənt]
gown	[gaun]
grab	[græb]
graceful	['greɪsful]
grade	[greɪd]
gradient	['greɪdɪənt]
gradual	['grædjuəl]
gradually	['grædjuəlɪ]
graduate	['grædjuɪt]
graffiti	[grə'fi:tɪ]
grain	[greɪn]
gram	[græm]
grammar	['græməʳ]
grammatical	[grə'mætɪkl]
gramme	[græm]
grand	[grænd]
grandchild	['græntʃaɪld]
granddad	['grændæd]
granddaughter	['grændɔ:təʳ]
grandfather	['grændfɑ:ðəʳ]
grandma	['grænmɑ:]
grandmother	['grænmʌðəʳ]
grandpa	['grænpɑ:]
grandparents	['grændpɛərənts]
grandson	['grænsʌn]
grandstand	['grændstænd]
granny	['grænɪ]
grant	[grɑ:nt]
grape	[greɪp]
grapefruit	['greɪpfru:t]
graph	[grɑ:f]
graphic	['græfɪk]
graphics	['græfɪks]
grasp	[grɑ:sp]
grass	[grɑ:s]
grasshopper	['grɑ:shɔpəʳ]
grate	[greɪt]
grateful	['greɪtful]
grave	[greɪv]
gravel	['grævl]
graveyard	['greɪvjɑ:d]
gravy	['greɪvɪ]
grease	[gri:s]
greasy	['gri:sɪ]
great	[greɪt]
great-grandfather	[greɪt'grænfɑ:ðəʳ]
great-grandmother	[greɪt'grænmʌðəʳ]
Greece	[gri:s]
greed	[gri:d]
greedy	['gri:dɪ]
Greek	[gri:k]
green	[gri:n]
greengrocer's	['gri:ngrəusəz]
greenhouse	['gri:nhaus]
Greenland	['gri:nlənd]
greet	[gri:t]
greeting	['gri:tɪŋ]
grew	[gru:]
grey	[greɪ]
grey-haired	[greɪ'hɛəd]
grid	[grɪd]
grief	[gri:f]
grill	[grɪl]
grilled	[grɪld]
grim	[grɪm]
grin	[grɪn]
grind	[graɪnd]
grip	[grɪp]
gripping	['grɪpɪŋ]
grit	[grɪt]
groan	[grəun]
grocer	['grəusəʳ]
grocer's	['grəusəz]
groceries	['grəusərɪz]
groom	[gru:m]
groove	[gru:v]
grope	[grəup]
gross	[grəus]
grossly	['grəuslɪ]
grotty	['grɔtɪ]
ground	[graund]
group	[gru:p]
grovel	['grɔvl]
grow	[grəu]
growl	[graul]
grown	[grəun]
grown-up	[grəun'ʌp]
growth	[grəuθ]
grub	[grʌb]
grudge	[grʌdʒ]
gruesome	['gru:səm]
grumpy	['grʌmpɪ]
grunt	[grʌnt]
guarantee	[gærən'ti:]
guard	[gɑ:d]
guardian	['gɑ:dɪən]
guess	[gɛs]
guest	[gɛst]
guesthouse	['gɛsthaus]
guide	[gaɪd]
guidebook	['gaɪdbuk]
guided	['gaɪdɪd]
guilt	[gɪlt]
guilty	['gɪltɪ]
guinea	['gɪnɪ]
guitar	[gɪ'tɑ:ʳ]
gulf	[gʌlf]
gulp	[gʌlp]
gum	[gʌm]
gun	[gʌn]
gust	[gʌst]
guy	[gaɪ]
gym	[dʒɪm]
gymnast	['dʒɪmnæst]
gymnastics	[dʒɪm'næstɪks]
gynaecologist	[gaɪnɪ'kɔlədʒɪst]
gypsy	['dʒɪpsɪ]
habit	['hæbɪt]
had	[hæd]
hadn't	['hædnt]
haggle	['hægl]
hail	[heɪl]
hair	[hɛəʳ]
hairbrush	['hɛəbrʌʃ]
haircut	['hɛəkʌt]
hairdo	['hɛədu:]
hairdresser	['hɛədrɛsəʳ]
hairdresser's	['hɛədrɛsəz]
hairgrip	['hɛəgrɪp]
hairstyle	['hɛəstaɪl]
hairy	['hɛərɪ]
half	[hɑ:f]
half-hour	[hɑ:f'auəʳ]
half-price	['hɑ:f'praɪs]
half-time	[hɑ:f'taɪm]
half-yearly	[hɑ:f'jɪəlɪ]
halfway	['hɑ:f'weɪ]
hall	[hɔ:l]
Hallowe'en	['hæləu'i:n]
hallway	['hɔ:lweɪ]
halt	[hɔ:lt]
halve	[hɑ:v]
ham	[hæm]
hamburger	['hæmbə:gəʳ]
hammer	['hæməʳ]
hamster	['hæmstəʳ]
hand	[hænd]
handbag	['hændbæg]
handball	['hændbɔ:l]
handbook	['hændbuk]
handbrake	['hændbreɪk]
handcuffs	['hændkʌfs]
handicap	['hændɪkæp]
handkerchief	['hæŋkətʃɪf]
handle	['hændl]

handlebars |'hændlbɑ:z|
handmade |'hænd'meɪd|
handshake |'hændʃeɪk|
handsome |'hænsəm|
handwriting |'hændraɪtɪŋ|
handy |'hændɪ|
hang |hæŋ|
hanger |'hæŋəʳ|
hang-gliding |'hæŋglaɪdɪŋ|
hangover |'hæŋəuvəʳ|
Hanseatic |hænzɪ'ætɪk|
happen |'hæpən|
happily |'hæpɪlɪ|
happiness |'hæpɪnɪs|
happy |'hæpɪ|
harbour |'hɑ:bəʳ|
hard |hɑ:d|
hard-boiled |hɑ:d'bɔɪld|
hardly |'hɑ:dlɪ|
hard-working |hɑ:d'wə:kɪŋ|
hare |hɛəʳ|
harm |hɑ:m|
harmful |'hɑ:mful|
harmless |'hɑ:mlɪs|
harmonious |hɑ:'məunɪəs|
harsh |hɑ:ʃ|
harvest |'hɑ:vɪst|
has |hæz|
hashish |'hæʃɪʃ|
hasn't |'hæznt|
hasty |'heɪstɪ|
hat |hæt|
hate |heɪt|
hatred |'heɪtrɪd|
have |hæv|
haven't |'hævnt|
hay |heɪ|
hazelnut |'heɪzlnʌt|
he |hi:|
head |hɛd|
headache |'hɛdeɪk|
heading |'hɛdɪŋ|
headlamp |'hɛdlæmp|
headlight |'hɛdlaɪt|
headline |'hɛdlaɪn|
headmaster |hɛd'mɑ:stəʳ|
headmistress |hɛd'mɪstrɪs|
headphones |'hɛdfəunz|
headteacher |hɛd'ti:tʃəʳ|
headteacher's |hɛd'ti:tʃəz|
heal |hi:l|
health |hɛlθ|
healthy |'hɛlθɪ|
heap |hi:p|
hear |hɪəʳ|
hearing |'hɪərɪŋ|
heart |hɑ:t|
heartbeat |'hɑ:tbi:t|
heartbroken |'hɑ:tbrəukən|
heartless |'hɑ:tlɪs|
heat |hi:t|
heater |'hi:təʳ|
heather |'hɛðəʳ|
heating |'hi:tɪŋ|
heatstroke |'hi:tstrəuk|
heave |hi:v|
heaven |'hɛvn|
heavenly |'hɛvnlɪ|
heavily |'hɛvɪlɪ|
heavy |'hɛvɪ|
hectic |'hɛktɪk|
he'd |hi:d|
hedge |hɛdʒ|
hedgehog |'hɛdʒhɔg|
heel |hi:l|
height |haɪt|
heir |ɛəʳ|
heiress |'ɛərɛs|
held |hɛld|
helicopter |'hɛlɪkɔptəʳ|
he'll |hi:l|
hell |hɛl|
hello |hə'ləu|
helmet |'hɛlmɪt|
help |hɛlp|
helpful |'hɛlpful|
helpless |'hɛlplɪs|
hen |hɛn|
her |hə:ʳ|
herb |hə:b|
herd |hə:d|
here |hɪəʳ|
hereditary |hɪ'rɛdɪtrɪ|
hernia |'hə:nɪə|
hero |'hɪərəu|
heroin |'hɛrəuɪn|
heroine |'hɛrəuɪn|
herring |'hɛrɪŋ|
hers |hə:z|
herself |hə:'sɛlf|
he's |hi:z|
hesitate |'hɛzɪteɪt|
heterosexual |'hɛtərəu'sɛksjuəl|
hi |haɪ|
hiccups |'hɪkʌps|
hidden |'hɪdn|
hide |haɪd|
hide-and-seek |'haɪdən'si:k|
hideous |'hɪdɪəs|
hiding |'haɪdɪŋ|
hi-fi |'haɪfaɪ|
high |haɪ|
higher |'haɪəʳ|
highest |'haɪɪst|
high-heeled |haɪ'hi:ld|
highlight |'haɪlaɪt|
highlighter |'haɪlaɪtəʳ|
high-rise |'haɪraɪz|
hijack |'haɪdʒæk|
hijacker |'haɪdʒækəʳ|
hijacking |'haɪdʒækɪŋ|
hike |haɪk|
hiking |'haɪkɪŋ|
hilarious |hɪ'lɛərɪəs|
hill |hɪl|
hill-walking |'hɪlwɔ:kɪŋ|
hilly |'hɪlɪ|
him |hɪm|
himself |hɪm'sɛlf|
hinder |'hɪndəʳ|
Hindu |'hɪndu:|
hinge |hɪndʒ|
hint |hɪnt|
hip |hɪp|
hippie |'hɪpɪ|
hippo |'hɪpəu|
hire |'haɪəʳ|
his |hɪz|
hiss |hɪs|
historic |hɪ'stɔrɪk|
historical |hɪ'stɔrɪkl|
history |'hɪstərɪ|
hit |hɪt|
hit-and-run |'hɪtən'rʌn|
hitch |hɪtʃ|
hitchhike |'hɪtʃhaɪk|
hitchhiker |'hɪtʃhaɪkəʳ|
hitchhiking |'hɪtʃhaɪkɪŋ|
HIV-negative |eitʃaivi:'nɛgətɪv|
HIV-positive |eitʃaivi:'pɔsɪtɪv|
hoard |hɔ:d|
hoarse |hɔ:s|
hoarseness |'hɔ:snɪs|
hobby |'hɔbɪ|
hockey |'hɔkɪ|
hold |həuld|
hold-up |'həuldʌp|
hole |həul|
holiday |'hɔlɪdeɪ|
Holland |'hɔlənd|
hollow |'hɔləu|
holy |'həulɪ|
home |həum|
homeland |'həumlænd|
homeless |'həumlɪs|
homesick |'həumsɪk|
homesickness |'həumsɪknɪs|
homework |'həumwə:k|
homosexual |hɔməu'sɛksjuəl|
honest |'ɔnɪst|
honestly |'ɔnɪstlɪ|
honesty |'ɔnɪstɪ|
honey |'hʌnɪ|
honeydew |'hʌnɪdju:|
honeymoon |'hʌnɪmu:n|
honour |'ɔnəʳ|
hood |hud|
hook |huk|
hooligan |'hu:lɪgən|
hoop |hu:p|
hooray |hu:'reɪ|
Hoover ® |'hu:vəʳ|
hoover |'hu:vəʳ|
hop |hɔp|
hope |həup|
hopeful |'həupful|

hopefully	['həupfulɪ]
hopeless	['həuplɪs]
hops	[hɔps]
horizon	[hə'raɪzn]
horizontal	[hɔrɪ'zɔntl]
horn	[hɔ:n]
horny	['hɔ:nɪ]
horoscope	['hɔrəskəup]
horrible	['hɔrɪbl]
horrified	['hɔrɪfaɪd]
horror	['hɔrəʳ]
horse	[hɔ:s]
horsefly	['hɔ:sflaɪ]
horse-racing	['hɔ:sreɪsɪŋ]
horseradish	['hɔ:srædɪʃ]
horseshoe	['hɔ:sʃu:]
hose	[həuz]
hosepipe	['həuzpaɪp]
hospitable	['hɔspɪtəbl]
hospital	['hɔspɪtl]
hospitality	[hɔspɪ'tælɪtɪ]
host	[həust]
hostage	['hɔstɪdʒ]
hostel	['hɔstl]
hostess	['həustɪs]
hostile	['hɔstaɪl]
hostility	[hɔ'stɪlɪtɪ]
hot	[hɔt]
hot-tempered	['hɔt'tɛmpəd]
hot-water	[hɔt'wɔ:təʳ]
hotel	[həu'tɛl]
hour	['auəʳ]
hourly	['auəlɪ]
house	[haus]
housewife	['hauswaɪf]
housework	['hauswə:k]
hovercraft	['hɔvəkrɑ:ft]
how	[hau]
however	[hau'ɛvəʳ]
howl	[haul]
hubbub	['hʌbʌb]
hug	[hʌg]
huge	[hju:dʒ]
hullabaloo	['hʌləbə'lu:]
hum	[hʌm]
human	['hju:mən]
humid	['hju:mɪd]
humidity	[hju:'mɪdɪtɪ]
humour	['hju:məʳ]
hunch	[hʌntʃ]
hundred	['hʌndrəd]
hundredweight	['hʌndrɪdweɪt]
hung	[hʌŋ]
Hungarian	[hʌŋ'gɛərɪən]
Hungary	['hʌŋgərɪ]
hunger	['hʌŋgəʳ]
hungry	['hʌŋgrɪ]
hunt	[hʌnt]
hunting	['hʌntɪŋ]
hurl	[hə:l]
hurly-burly	['hə:lɪ'bə:lɪ]
hurricane	['hʌrɪkən]
hurry	['hʌrɪ]
hurt	[hə:t]
husband	['hʌzbənd]
hush	[hʌʃ]
husky	['hʌskɪ]
hut	[hʌt]
hydrogen	['haɪdrədʒən]
hygienic	[haɪ'dʒi:nɪk]
hymn	[hɪm]
hypermarket	['haɪpəmɑ:kɪt]
hypersensitive	[haɪpə'sɛnsɪtɪv]
hyphen	['haɪfn]
hyphenate	['haɪfəneɪt]
hypnotize	['hɪpnətaɪz]
hysterical	[hɪ'stɛrɪkl]
I	[aɪ]
ice	[aɪs]
iceberg	['aɪsbə:g]
icebox	['aɪsbɔks]
ice-cold	['aɪs'kəuld]
ice-cream	['aɪskri:m]
Iceland	['aɪslənd]
ice-skating	['aɪsskeɪtɪŋ]
icicle	['aɪsɪkl]
icing	['aɪsɪŋ]
icy	['aɪsɪ]
I'd	[aɪd]
idea	[aɪ'dɪə]
ideal	[aɪ'dɪəl]
identical	[aɪ'dɛntɪkl]
identification	[aɪdɛntɪfɪ'keɪʃən]
identify	[aɪ'dɛntɪfaɪ]
identity	[aɪ'dɛntɪtɪ]
ideological	[aɪdɪə'lɔdʒɪkl]
ideology	[aɪdɪ'ɔlədʒɪ]
idiot	['ɪdɪət]
idiotic	[ɪdɪ'ɔtɪk]
i.e.	[aɪ'i:]
if	[ɪf]
ignorance	['ɪgnərəns]
ignorant	['ɪgnərənt]
ignore	[ɪg'nɔ:ʳ]
I'll	[aɪl]
ill	[ɪl]
illegal	[ɪ'li:gl]
illegible	[ɪ'lɛdʒɪbl]
illness	['ɪlnɪs]
illogical	[ɪ'lɔdʒɪkl]
ill-treat	[ɪl'tri:t]
illusion	[ɪ'lu:ʒən]
illustrate	['ɪləstreɪt]
illustration	[ɪlə'streɪʃən]
I'm	[aɪm]
image	['ɪmɪdʒ]
imagination	[ɪmædʒɪ'neɪʃən]
imaginative	[ɪ'mædʒɪnətɪv]
imagine	[ɪ'mædʒɪn]
imitate	['ɪmɪteɪt]
imitation	[ɪmɪ'teɪʃən]
immature	[ɪmə'tjuəʳ]
immediate	[ɪ'mi:dɪət]
immediately	[ɪ'mi:dɪətlɪ]
immigrant	['ɪmɪgrənt]
immigrate	['ɪmɪgreɪt]
immigration	[ɪmɪ'greɪʃən]
imminent	['ɪmɪnənt]
immoral	[ɪ'mɔrl]
impartial	[ɪm'pɑ:ʃl]
impatience	[ɪm'peɪʃəns]
impatient	[ɪm'peɪʃənt]
imperfect	[ɪm'pə:fɪkt]
impersonal	[ɪm'pə:sənl]
impertinent	[ɪm'pə:tɪnənt]
imply	[ɪm'plaɪ]
impolite	[ɪmpə'laɪt]
import NOUN	['ɪmpɔ:t]
import VERB	[ɪm'pɔ:t]
importance	[ɪm'pɔ:tns]
important	[ɪm'pɔ:tənt]
impossibility	[ɪmpɔsə'bɪlɪtɪ]
impossible	[ɪm'pɔsɪbl]
impress	[ɪm'prɛs]
impressed	[ɪm'prɛst]
impression	[ɪm'prɛʃən]
impressive	[ɪm'prɛsɪv]
improper	[ɪm'prɔpəʳ]
improve	[ɪm'pru:v]
improvement	[ɪm'pru:vmənt]
improvise	['ɪmprəvaɪz]
impudence	['ɪmpjudns]
impudent	['ɪmpjudnt]
in	[ɪn]
inaccuracy	[ɪn'ækjurəsɪ]
inaccurate	[ɪn'ækjurət]
inappropriate	[ɪnə'prəuprɪət]
inattentive	[ɪnə'tɛntɪv]
incapable	[ɪn'keɪpəbl]
incentive	[ɪn'sɛntɪv]
inch	[ɪntʃ]
incident	['ɪnsɪdnt]
incineration	[ɪnsɪnə'reɪʃən]
incline NOUN	['ɪnklaɪn]
incline VERB	[ɪn'klaɪn]
inclined	[ɪn'klaɪnd]
include	[ɪn'klu:d]
included	[ɪn'klu:dɪd]
including	[ɪn'klu:dɪŋ]
inclusive	[ɪn'klu:sɪv]
income	['ɪnkʌm]
incompetent	[ɪn'kɔmpɪtnt]
incomplete	[ɪnkəm'pli:t]
inconceivable	[ɪnkən'si:vəbl]
inconsiderate	[ɪnkən'sɪdərət]
inconsolable	[ɪnkən'səuləbl]
inconvenience	[ɪnkən'vi:njəns]
inconvenient	[ɪnkən'vi:njənt]
incorrect	[ɪnkə'rɛkt]
incorrigible	[ɪn'kɔrɪdʒɪbl]
increase NOUN	['ɪnkri:s]
increase VERB	[ɪn'kri:s]
incredible	[ɪn'krɛdɪbl]
incredibly	[ɪn'krɛdɪblɪ]
incriminate	[ɪn'krɪmɪneɪt]
incurable	[ɪn'kjuərəbl]

indecisive	[ɪndɪ'saɪsɪv]
indeed	[ɪn'di:d]
indefinite	[ɪn'dɛfɪnɪt]
independence	[ɪndɪ'pɛndns]
independent	[ɪndɪ'pɛndnt]
index	['ɪndɛks]
India	['ɪndɪə]
Indian	['ɪndɪən]
indicate	['ɪndɪkeɪt]
Indies	['ɪndɪz]
indifferent	[ɪn'dɪfrənt]
indigestion	[ɪndɪ'dʒɛstʃən]
indistinct	[ɪndɪs'tɪŋkt]
indoor	['ɪndɔːʳ]
indoors	[ɪn'dɔ:z]
indulgent	[ɪn'dʌldʒənt]
industrial	[ɪn'dʌstrɪəl]
industry	['ɪndəstrɪ]
inedible	[ɪn'ɛdɪbl]
ineffective	[ɪnɪ'fɛktɪv]
inefficient	[ɪnɪ'fɪʃənt]
inevitable	[ɪn'ɛvɪtəbl]
inexpensive	[ɪnɪk'spɛnsɪv]
inexperienced	[ɪnɪk'spɪərɪənst]
infant	['ɪnfənt]
infect	[ɪn'fɛkt]
infection	[ɪn'fɛkʃən]
infectious	[ɪn'fɛkʃəs]
inferior	[ɪn'fɪərɪəʳ]
infinite	['ɪnfɪnɪt]
infinitive	[ɪn'fɪnɪtɪv]
infirmary	[ɪn'fə:mərɪ]
inflamed	[ɪn'fleɪmd]
inflammation	[ɪnflə'meɪʃən]
inflatable	[ɪn'fleɪtəbl]
inflate	[ɪn'fleɪt]
inflation	[ɪn'fleɪʃən]
influence	['ɪnfluəns]
influenza	[ɪnflu'ɛnzə]
inform	[ɪn'fɔ:m]
informal	[ɪn'fɔ:ml]
information	[ɪnfə'meɪʃən]
informative	[ɪn'fɔ:mətɪv]
infuriating	[ɪn'fjuərɪeɪtɪŋ]
ingredient	[ɪn'gri:dɪənt]
inhabitant	[ɪn'hæbɪtnt]
inherit	[ɪn'hɛrɪt]
inheritance	[ɪn'hɛrɪtəns]
inhibited	[ɪn'hɪbɪtɪd]
inhibition	[ɪnhɪ'bɪʃən]
initials	[ɪ'nɪʃlz]
initiative	[ɪ'nɪʃətɪv]
inject	[ɪn'dʒɛkt]
injection	[ɪn'dʒɛkʃən]
injure	['ɪndʒəʳ]
injured	['ɪndʒəd]
injury	['ɪndʒərɪ]
injustice	[ɪn'dʒʌstɪs]
ink	[ɪŋk]
Inland	[ɪn'lænd]
in-laws	['ɪnlɔ:z]
inn	[ɪn]
innards	['ɪnədz]
inner	['ɪnəʳ]
innocence	['ɪnəsns]
innocent	['ɪnəsnt]
inopportune	[ɪn'ɔpətju:n]
input	['ɪnput]
inquest	['ɪnkwɛst]
inquiries	[ɪn'kwaɪərɪz]
inquisitive	[ɪn'kwɪzɪtɪv]
insane	[ɪn'seɪn]
inscription	[ɪn'skrɪpʃən]
insect	['ɪnsɛkt]
insecure	[ɪnsɪ'kjuəʳ]
inseparable	[ɪn'sɛprəbl]
insert	[ɪn'sə:t]
inside	['ɪn'saɪd]
insincere	[ɪnsɪn'sɪəʳ]
insist	[ɪn'sɪst]
insoluble	[ɪn'sɔljubl]
inspector	[ɪn'spɛktəʳ]
instalment	[ɪn'stɔ:lmənt]
instance	['ɪnstəns]
instant	['ɪnstənt]
instantly	['ɪnstəntlɪ]
instead	[ɪn'stɛd]
instinct	['ɪnstɪŋkt]
instinctive	[ɪn'stɪŋktɪv]
institution	[ɪnstɪ'tju:ʃən]
instruct	[ɪn'strʌkt]
instruction	[ɪn'strʌkʃən]
instructions	[ɪn'strʌkʃənz]
instructor	[ɪn'strʌktəʳ]
instrument	['ɪnstrumənt]
insufficient	[ɪnsə'fɪʃənt]
insulin	['ɪnsjulɪn]
insult NOUN	['ɪnsʌlt]
insult VERB	[ɪn'sʌlt]
insurance	[ɪn'ʃuərəns]
intellectual	[ɪntə'lɛktjuəl]
intelligence	[ɪn'tɛlɪdʒəns]
intelligent	[ɪn'tɛlɪdʒənt]
intend	[ɪn'tɛnd]
intense	[ɪn'tɛns]
intensive	[ɪn'tɛnsɪv]
intention	[ɪn'tɛnʃən]
intercom	['ɪntəkɔm]
intercourse	['ɪntəkɔ:s]
interest	['ɪntrɪst]
interesting	['ɪntrɪstɪŋ]
interface	['ɪntəfeɪs]
interfere	[ɪntə'fɪəʳ]
interference	[ɪntə'fɪərəns]
interior	[ɪn'tɪərɪəʳ]
intermediate	[ɪntə'mi:dɪət]
internal	[ɪn'tə:nl]
international	[ɪntə'næʃənl]
Internet	['ɪntənɛt]
interpersonal	[ɪntə'pə:snl]
interpret	[ɪn'tə:prɪt]
interpreter	[ɪn'tə:prɪtəʳ]
interrogate	[ɪn'tɛrəugeɪt]
interrupt	[ɪntə'rʌpt]
interruption	[ɪntə'rʌpʃən]
interval	['ɪntəvl]
intervene	[ɪntə'vi:n]
interview	['ɪntəvju:]
interviewer	['ɪntəvjuəʳ]
intestine	[ɪn'tɛstɪn]
intimate	['ɪntɪmət]
intimidate	[ɪn'tɪmɪdeɪt]
into	['ɪntu]
intolerable	[ɪn'tɔlərəbl]
intransitive	[ɪn'trænsɪtɪv]
introduce	[ɪntrə'dju:s]
introduction	[ɪntrə'dʌkʃən]
intruder	[ɪn'tru:dəʳ]
intuition	[ɪntju:'ɪʃən]
invade	[ɪn'veɪd]
invalid NOUN	['ɪnvəlɪd]
invalid ADJECTIVE	[ɪn'vælɪd]
invalidity	[ɪnvə'lɪdɪtɪ]
invent	[ɪn'vɛnt]
invention	[ɪn'vɛnʃən]
inventive	[ɪn'vɛntɪv]
inventor	[ɪn'vɛntəʳ]
inverted	[ɪn'və:tɪd]
investigation	[ɪnvɛstɪ'geɪʃən]
investment	[ɪn'vɛstmənt]
invigilator	[ɪn'vɪdʒɪleɪtəʳ]
invincible	[ɪn'vɪnsɪbl]
invisible	[ɪn'vɪzɪbl]
invitation	[ɪnvɪ'teɪʃən]
invite	[ɪn'vaɪt]
invoice	['ɪnvɔɪs]
involve	[ɪn'vɔlv]
iodine	['aɪəudi:n]
IQ	[aɪ'kju:]
Iran	[ɪ'rɑ:n]
Iranian	[ɪ'reɪnɪən]
Iraq	[ɪ'rɑ:k]
Iraqi	[ɪ'rɑ:kɪ]
Ireland	['aɪələnd]
Irish	['aɪrɪʃ]
Irishman	['aɪrɪʃmən]
Irishwoman	['aɪrɪʃwumən]
iron	['aɪən]
ironic	[aɪ'rɔnɪk]
ironing	['aɪənɪŋ]
ironmonger's	['aɪənmʌŋgəz]
irony	['aɪrənɪ]
irregular	[ɪ'rɛgjuləʳ]
irrelevant	[ɪ'rɛləvənt]
irresponsible	[ɪrɪ'spɔnsɪbl]
irritable	['ɪrɪtəbl]
irritate	['ɪrɪteɪt]
irritating	['ɪrɪteɪtɪŋ]
is	[ɪz]
Islam	['ɪzlɑ:m]
Islamic	[ɪz'læmɪk]
island	['aɪlənd]
isle	[aɪl]
isolated	['aɪsəleɪtɪd]
Israel	['ɪzreɪl]
Israeli	[ɪz'reɪlɪ]

issue	['ɪʃjuː]
it	[ɪt]
Italian	[ɪ'tæljən]
Italy	['ɪtəlɪ]
itch	[ɪtʃ]
itchy	['ɪtʃɪ]
it'd	['ɪtd]
item	['aɪtəm]
itinerary	[aɪ'tɪnərərɪ]
it'll	['ɪtl]
it's	[ɪts]
its	[ɪts]
itself	[ɪt'sɛlf]
I've	[aɪv]
jab	[dʒæb]
jack	[dʒæk]
jacket	['dʒækɪt]
jackpot	['dʒækpɔt]
jail	[dʒeɪl]
jam	[dʒæm]
jammed	[dʒæmd]
jam-packed	[dʒæm'pækt]
janitor	['dʒænɪtəʳ]
January	['dʒænjuərɪ]
Japan	[dʒə'pæn]
Japanese	[dʒæpə'niːz]
jar	[dʒɑːʳ]
jaundice	['dʒɔːndɪs]
javelin	['dʒævlɪn]
jaw	[dʒɔː]
jazz	[dʒæz]
jealous	['dʒɛləs]
jealousy	['dʒɛləsɪ]
jeans	[dʒiːnz]
Jehovah's Witness	[dʒɪhəuvəz'wɪtnɪs]
jello	['dʒɛləu]
jelly	['dʒɛlɪ]
jellyfish	['dʒɛlɪfɪʃ]
jersey	['dʒəːzɪ]
Jesus	['dʒiːzəs]
jet	[dʒɛt]
jetlag	['dʒɛtlæg]
jetty	['dʒɛtɪ]
Jew	[dʒuː]
jewel	['dʒuːəl]
jeweller	['dʒuːələʳ]
jeweller's	['dʒuːələz]
jewellery	['dʒuːəlrɪ]
Jewish	['dʒuːɪʃ]
jigsaw	['dʒɪgsɔː]
job	[dʒɔb]
jobless	['dʒɔblɪs]
jockey	['dʒɔkɪ]
jog	[dʒɔg]
jogging	['dʒɔgɪŋ]
john	[dʒɔn]
join	[dʒɔɪn]
joiner	['dʒɔɪnəʳ]
joint	[dʒɔɪnt]
joke	[dʒəuk]
joker	['dʒəukəʳ]
jolly	['dʒɔlɪ]
Jordan	['dʒɔːdən]
jot	[dʒɔt]
jotter	['dʒɔtəʳ]
journalism	['dʒəːnəlɪzəm]
journalist	['dʒəːnəlɪst]
journey	['dʒəːnɪ]
joy	[dʒɔɪ]
joystick	['dʒɔɪstɪk]
judge	[dʒʌdʒ]
judo	['dʒuːdəu]
jug	[dʒʌg]
juice	[dʒuːs]
juicy	['dʒuːsɪ]
jukebox	['dʒuːkbɔks]
July	[dʒuː'laɪ]
jump	[dʒʌmp]
jumper	['dʒʌmpəʳ]
jumpy	['dʒʌmpɪ]
junction	['dʒʌŋkʃən]
June	[dʒuːn]
jungle	['dʒʌŋgl]
junior	['dʒuːnɪəʳ]
junk	[dʒʌŋk]
jury	['dʒuərɪ]
just	[dʒʌst]
justice	['dʒʌstɪs]
justification	[dʒʌstɪfɪ'keɪʃən]
justify	['dʒʌstɪfaɪ]
kangaroo	[kæŋgə'ruː]
karate	[kə'rɑːtɪ]
kebab	[kə'bæb]
keel	[kiːl]
keen	[kiːn]
keep	[kiːp]
keep-fit	[kiːp'fɪt]
kennel	['kɛnl]
kept	[kɛpt]
kernel	['kəːnl]
kerosene	['kɛrəsiːn]
kettle	['kɛtl]
kettledrum	['kɛtldrʌm]
key	[kiː]
keyboard	['kiːbɔːd]
keyring	['kiːrɪŋ]
kick	[kɪk]
kick-off	['kɪkɔf]
kid	[kɪd]
kidnap	['kɪdnæp]
kidney	['kɪdnɪ]
kill	[kɪl]
killed	[kɪld]
killer	['kɪləʳ]
kilo	['kiːləu]
kilogram	['kɪləugræm]
kilometre	['kɪləmiːtəʳ]
kilt	[kɪlt]
kind	[kaɪnd]
kindergarten	['kɪndəgɑːtn]
kindly	['kaɪndlɪ]
kindness	['kaɪndnɪs]
king	[kɪŋ]
kingdom	['kɪŋdəm]
kiosk	['kiːɔsk]
kip	[kɪp]
kipper	['kɪpəʳ]
kiss	[kɪs]
kit	[kɪt]
kitchen	['kɪtʃɪn]
kite	[kaɪt]
kitschy	['kɪtʃɪ]
kitten	['kɪtn]
kiwi	['kiːwiː]
knack	[næk]
knackered	['nækəd]
knee	[niː]
kneel	[niːl]
knee-length	['niːlɛŋθ]
knew	[njuː]
knickers	['nɪkəz]
knife	[naɪf]
knight	[naɪt]
knit	[nɪt]
knitting	['nɪtɪŋ]
knives	[naɪvz]
knock	[nɔk]
knot	[nɔt]
know	[nəu]
know-all	['nəuɔːl]
know-how	['nəuhau]
knowledge	['nɔlɪdʒ]
knowledgeable	['nɔlɪdʒəbl]
known	[nəun]
knuckle	['nʌkl]
Koran	[kɔ'rɑːn]
Korea	[kə'rɪə]
kosher	['kəuʃəʳ]
lab	[læb]
label	['leɪbl]
labor	['leɪbəʳ]
laboratory	[lə'bɔrətərɪ]
Labour	['leɪbəʳ]
labourer	['leɪbərəʳ]
lace	[leɪs]
lack	[læk]
lacquer	['lækəʳ]
lad	[læd]
ladder	['lædəʳ]
ladle	['leɪdl]
lady	['leɪdɪ]
ladybird	['leɪdɪbəːd]
lag	[læg]
lager	['lɑːgəʳ]
laid	[leɪd]
laid-back	[leɪd'bæk]
lain	[leɪn]
lake	[leɪk]
lamb	[læm]
lame	[leɪm]
lamp	[læmp]
lamppost	['læmppəust]
land	[lænd]
landing	['lændɪŋ]
landlady	['lændleɪdɪ]

landlord	['lændlɔ:d]
landowner	['lændəunəʳ]
landscape	['lændskeɪp]
lane	[leɪn]
language	['læŋgwɪdʒ]
lantern	['læntən]
lap	[læp]
laptop	['læptɔp]
larder	['lɑ:dəʳ]
large	[lɑ:dʒ]
largest	['lɑ:dʒɪst]
laser	['leɪzəʳ]
lass	[læs]
last	[lɑ:st]
late	[leɪt]
lately	['leɪtlɪ]
later	['leɪtəʳ]
latest	['leɪtɪst]
Latin	['lætɪn]
laugh	[lɑ:f]
laughter	['lɑ:ftəʳ]
Launderette ®	[lɔ:n'drɛt]
Laundromat ®	['lɔ:ndrəmæt]
laundry	['lɔ:ndrɪ]
lavatory	['lævətərɪ]
law	[lɔ:]
lawful	['lɔ:ful]
lawn	[lɔ:n]
lawnmower	['lɔ:nməuəʳ]
lawyer	['lɔ:jəʳ]
laxative	['læksətɪv]
lay	[leɪ]
lay-by	['leɪbaɪ]
layer	['leɪəʳ]
layman	['leɪmən]
laze	[leɪz]
laziness	['leɪzɪnɪs]
lazy	['leɪzɪ]
lead VERB, NOUN	[li:d]
lead NOUN	[lɛd]
leaded	['lɛdɪd]
leader	['li:dəʳ]
leadership	['li:dəʃɪp]
lead-free	['lɛdfri:]
leaf	[li:f]
leaflet	['li:flɪt]
league	[li:g]
leak	[li:k]
lean	[li:n]
leap	[li:p]
learn	[lə:n]
learner	['lə:nəʳ]
learnt	[lə:nt]
lease	[li:s]
least	[li:st]
leather	['lɛðəʳ]
leave	[li:v]
leaves	[li:vz]
Lebanon	['lɛbənən]
lecture	['lɛktʃəʳ]
lecturer	['lɛktʃərəʳ]
led	[lɛd]
leek	[li:k]
left	[lɛft]
left-hand	['lɛfthænd]
left-handed	[lɛft'hændɪd]
left-luggage	[lɛft'lʌgɪdʒ]
left-over	['lɛftəuvəʳ]
leg	[lɛg]
legal	['li:gl]
legendary	['lɛdʒəndərɪ]
leggings	['lɛgɪŋz]
legible	['lɛdʒəbl]
leisure	['lɛʒəʳ]
lemon	['lɛmən]
lemonade	[lɛmə'neɪd]
lend	[lɛnd]
length	[lɛŋθ]
lengthen	['lɛŋθn]
lengthy	['lɛŋθɪ]
lenient	['li:nɪənt]
lens	[lɛnz]
lenses	['lɛnzɪz]
Lent	[lɛnt]
lent	[lɛnt]
lentil	['lɛntɪl]
Leo	['li:əu]
leotard	['li:ətɑ:d]
lesbian	['lɛzbɪən]
less	[lɛs]
lesson	['lɛsn]
let	[lɛt]
let-down	['lɛtdaun]
lethargic	[lɛ'θɑ:dʒɪk]
letter	['lɛtəʳ]
letterbox	['lɛtəbɔks]
lettuce	['lɛtɪs]
leukaemia	[lu:'ki:mɪə]
level	['lɛvl]
lever	['li:vəʳ]
liable	['laɪəbl]
liar	['laɪəʳ]
liberal	['lɪbərl]
liberation	[lɪbə'reɪʃən]
liberty	['lɪbətɪ]
Libra	['li:brə]
librarian	[laɪ'brɛərɪən]
library	['laɪbrərɪ]
Libya	['lɪbɪə]
licence	['laɪsns]
license	['laɪsns]
lick	[lɪk]
lid	[lɪd]
lie	[laɪ]
lie-in	['laɪɪn]
lieutenant	[lɛf'tɛnənt]
life	[laɪf]
lifebelt	['laɪfbɛlt]
lifeboat	['laɪfbəut]
lifeguard	['laɪfgɑ:d]
life-saving	['laɪfseɪvɪŋ]
lifestyle	['laɪfstaɪl]
lift	[lɪft]
light	[laɪt]
lighter	['laɪtəʳ]
lighthouse	['laɪthaus]
lightning	['laɪtnɪŋ]
like	[laɪk]
likeable	['laɪkəbl]
likely	['laɪklɪ]
likewise	['laɪkwaɪz]
lily	['lɪlɪ]
lime	[laɪm]
limit	['lɪmɪt]
limited	['lɪmɪtɪd]
limousine	['lɪməzi:n]
limp	[lɪmp]
line	[laɪn]
linen	['lɪnɪn]
liner	['laɪnəʳ]
linguist	['lɪŋgwɪst]
linguistic	[lɪŋ'gwɪstɪk]
lining	['laɪnɪŋ]
link	[lɪŋk]
lino	['laɪnəu]
lion	['laɪən]
lioness	['laɪənɪs]
lip	[lɪp]
lip-read	['lɪpri:d]
lipstick	['lɪpstɪk]
liqueur	[lɪ'kjuəʳ]
liquid	['lɪkwɪd]
liquidizer	['lɪkwɪdaɪzəʳ]
liquorice	['lɪkərɪs]
lisp	[lɪsp]
list	[lɪst]
listen	['lɪsn]
listener	['lɪsnəʳ]
lit	[lɪt]
literal	['lɪtərəl]
literally	['lɪtrəlɪ]
literature	['lɪtrɪtʃəʳ]
litre	['li:təʳ]
litter	['lɪtəʳ]
little	['lɪtl]
live ADJECTIVE	[laɪv]
live VERB	[lɪv]
livelihood	['laɪvlɪhud]
lively	['laɪvlɪ]
liver	['lɪvəʳ]
lives	[laɪvz]
living	['lɪvɪŋ]
lizard	['lɪzəd]
load	[ləud]
loaded	['ləudɪd]
loading	['ləudɪŋ]
loaf	[ləuf]
loan	[ləun]
loathe	[ləuð]
loaves	[ləuvz]
lobster	['lɔbstəʳ]
local	['ləukl]
loch	[lɔx]
lock	[lɔk]
locker	['lɔkəʳ]
locket	['lɔkɪt]

locomotive	[ləukə'məutɪv]
lodger	['lɔdʒəʳ]
loft	[lɔft]
log	[lɔg]
logic	['lɔdʒɪk]
logical	['lɔdʒɪkl]
lollipop	['lɔlɪpɔp]
lolly	['lɔlɪ]
London	['lʌndən]
Londoner	['lʌndənəʳ]
loneliness	['ləunlɪnɪs]
lonely	['ləunlɪ]
lonesome	['ləunsəm]
long	[lɔŋ]
long-distance	[lɔŋ'dɪstəns]
longer	['lɔŋgəʳ]
longest	['lɔŋgɪst]
longing	['lɔŋɪŋ]
longish	['lɔŋɪʃ]
long-term	['lɔŋtə:m]
long-winded	[lɔŋ'wɪndɪd]
loo	[lu:]
look	[luk]
loop	[lu:p]
loose	[lu:s]
loosen	['lu:sn]
lord	[lɔ:d]
Lord's	[lɔ:dz]
lorry	['lɔrɪ]
lose	[lu:z]
loser	['lu:zəʳ]
loss	[lɔs]
lost	[lɔst]
lost-and-found	[lɔstən'faund]
lot	[lɔt]
lotion	['ləuʃən]
lottery	['lɔtərɪ]
loud	[laud]
loudly	['laudlɪ]
loudspeaker	[laud'spi:kəʳ]
lounge	[laundʒ]
louse	[laus]
lousy	['lauzɪ]
love	[lʌv]
lovely	['lʌvlɪ]
loving	['lʌvɪŋ]
low	[ləu]
lower	['ləuəʳ]
low-fat	['ləu'fæt]
lowland	['ləulənd]
loyalty	['lɔɪəltɪ]
LP	[ɛl'pi:]
luck	[lʌk]
luckily	['lʌkɪlɪ]
lucky	['lʌkɪ]
lucrative	['lu:krətɪv]
luggage	['lʌgɪdʒ]
lukewarm	['lu:kwɔ:m]
lumbago	[lʌm'beɪgəu]
lump	[lʌmp]
lunatic	['lu:nətɪk]
lunch	[lʌntʃ]
luncheon	['lʌntʃən]
lunchtime	['lʌntʃtaɪm]
lung	[lʌŋ]
luscious	['lʌʃəs]
lush	[lʌʃ]
lust	[lʌst]
Luxembourg	['lʌksəmbə:g]
luxurious	[lʌg'zjuərɪəs]
luxury	['lʌkʃərɪ]
lying	['laɪɪŋ]
lyrics	['lɪrɪks]
mac	[mæk]
macaroni	[mækə'rəunɪ]
machine	[mə'ʃi:n]
machinery	[mə'ʃi:nərɪ]
mackerel	['mækrl]
mad	[mæd]
madam	['mædəm]
made	[meɪd]
madly	['mædlɪ]
madman	['mædmən]
madness	['mædnɪs]
magazine	[mægə'zi:n]
maggot	['mægət]
magic	['mædʒɪk]
magician	[mə'dʒɪʃən]
magnet	['mægnɪt]
magnetic	[mæg'nɛtɪk]
magnificent	[mæg'nɪfɪsnt]
magnifying	['mægnɪfaɪɪŋ]
maid	[meɪd]
maiden	['meɪdn]
mail	[meɪl]
mailbox	['meɪlbɔks]
mailman	['meɪlmæn]
mail-order	['meɪlɔ:dəʳ]
main	[meɪn]
mainland	['meɪnlənd]
mainly	['meɪnlɪ]
maintain	[meɪn'teɪn]
maintenance	['meɪntənəns]
maize	[meɪz]
major	['meɪdʒəʳ]
Majorca	[mə'jɔ:kə]
majority	[mə'dʒɔrɪtɪ]
make	[meɪk]
makeshift	['meɪkʃɪft]
make-up	['meɪkʌp]
Malaysia	[mə'leɪzɪə]
male	[meɪl]
mall	[mɔ:l]
malt	[mɔ:lt]
Malta	['mɔ:ltə]
mammal	['mæml]
mammoth	['mæməθ]
man	[mæn]
manage	['mænɪdʒ]
manageable	['mænɪdʒəbl]
management	['mænɪdʒmənt]
manager	['mænɪdʒəʳ]
manageress	[mænɪdʒə'rɛs]
mandarin	['mændərɪn]
mango	['mæŋgəu]
mania	['meɪnɪə]
maniac	['meɪnɪæk]
mankind	[mæn'kaɪnd]
man-made	['mæn'meɪd]
manner	['mænəʳ]
manners	['mænəz]
manpower	['mænpauəʳ]
mansion	['mænʃən]
mantelpiece	['mæntlpi:s]
manual	['mænjuəl]
manufacture	[mænju'fæktʃəʳ]
manufacturer	[mænju'fæktʃərəʳ]
manure	[mə'njuəʳ]
manuscript	['mænjuskrɪpt]
many	['mɛnɪ]
many-sided	[mɛnɪ'saɪdɪd]
map	[mæp]
maple	['meɪpl]
marathon	['mærəθən]
marble	['mɑ:bl]
March	[mɑ:tʃ]
march	[mɑ:tʃ]
mare	[mɛəʳ]
margarine	[mɑ:dʒə'ri:n]
margin	['mɑ:dʒɪn]
marijuana	[mærɪ'wɑ:nə]
marital	['mærɪtl]
marjoram	['mɑ:dʒərəm]
mark	[mɑ:k]
market	['mɑ:kɪt]
marketing	['mɑ:kɪtɪŋ]
marksman	['mɑ:ksmən]
marmalade	['mɑ:məleɪd]
maroon	[mə'ru:n]
marriage	['mærɪdʒ]
married	['mærɪd]
marry	['mærɪ]
marvellous	['mɑ:vləs]
marzipan	['mɑ:zɪpæn]
mascara	[mæs'kɑ:rə]
masculine	['mæskjulɪn]
mashed	[mæʃt]
mask	[mɑ:sk]
mass	[mæs]
massage	['mæsɑ:ʒ]
masses	['mæsɪz]
massive	['mæsɪv]
mast	[mɑ:st]
master	['mɑ:stəʳ]
masterpiece	['mɑ:stəpi:s]
mat	[mæt]
match	[mætʃ]
matching	['mætʃɪŋ]
mate	[meɪt]
material	[mə'tɪərɪəl]
materialistic	[mətɪərɪə'lɪstɪk]
mathematical	[mæθə'mætɪkl]
mathematics	[mæθə'mætɪks]
maths	[mæθs]
matron	['meɪtrən]
matt	[mæt]

matter	['mætəʳ]
mattress	['mætrɪs]
mature	[mə'tjuəʳ]
maximum	['mæksɪməm]
May	[meɪ]
may	[meɪ]
maybe	['meɪbi:]
mayonnaise	[meɪə'neɪz]
mayor	[mɛəʳ]
me	[mi:]
meadow	['mɛdəu]
meal	[mi:l]
mealtime	['mi:ltaɪm]
mean	[mi:n]
meaning	['mi:nɪŋ]
meaningless	['mi:nɪŋlɪs]
meanness	['mi:nnɪs]
means	[mi:nz]
meant	[mɛnt]
meanwhile	['mi:nwaɪl]
measles	['mi:zlz]
measure	['mɛʒəʳ]
measurement	['mɛʒəmənt]
meat	[mi:t]
Mecca	['mɛkə]
mechanic	[mɪ'kænɪk]
mechanical	[mɪ'kænɪkl]
mechanism	['mɛkənɪzəm]
medal	['mɛdl]
media	['mi:dɪə]
median	['mi:dɪən]
medical	['mɛdɪkl]
medicine	['mɛdsɪn]
mediocre	[mi:dɪ'əukəʳ]
Mediterranean	[mɛdɪtə'reɪnɪən]
medium	['mi:dɪəm]
medium-sized	['mi:dɪəm'saɪzd]
meet	[mi:t]
meeting	['mi:tɪŋ]
mega	['mɛgə]
melody	['mɛlədɪ]
melon	['mɛlən]
melt	[mɛlt]
member	['mɛmbəʳ]
membership	['mɛmbəʃɪp]
memorial	[mɪ'mɔ:rɪəl]
memorize	['mɛməraɪz]
memory	['mɛmərɪ]
men	[mɛn]
mend	[mɛnd]
meningitis	[mɛnɪn'dʒaɪtɪs]
mental	['mɛntl]
mentality	[mɛn'tælɪtɪ]
mentally	['mɛntlɪ]
mention	['mɛnʃən]
menu	['mɛnju:]
merchant	['mə:tʃənt]
mercy	['mə:sɪ]
merge	[mə:dʒ]
meringue	[mə'ræŋ]
merry	['mɛrɪ]
merry-go-round	['mɛrɪgəuraund]
mesh	[mɛʃ]
mess	[mɛs]
message	['mɛsɪdʒ]
messenger	['mɛsɪndʒəʳ]
messy	['mɛsɪ]
met	[mɛt]
metal	['mɛtl]
meter	['mi:təʳ]
method	['mɛθəd]
Methodist	['mɛθədɪst]
metre	['mi:təʳ]
metric	['mɛtrɪk]
Mexico	['mɛksɪkəu]
miaow	[mi:'au]
mice	[maɪs]
microchip	['maɪkrəutʃɪp]
microphone	['maɪkrəfəun]
microscope	['maɪkrəskəup]
microwave	['maɪkrəuweɪv]
mid	[mɪd]
midday	[mɪd'deɪ]
middle	['mɪdl]
middle-aged	[mɪdl'eɪdʒd]
middle-class	[mɪdl'klɑ:s]
midge	[mɪdʒ]
midnight	['mɪdnaɪt]
might	[maɪt]
migraine	['mi:greɪn]
mike	[maɪk]
mild	[maɪld]
mile	[maɪl]
military	['mɪlɪtərɪ]
milk	[mɪlk]
milkman	['mɪlkmən]
mill	[mɪl]
millimetre	['mɪlɪmi:təʳ]
million	['mɪljən]
millionaire	[mɪljə'nɛəʳ]
mimic	['mɪmɪk]
mince	[mɪns]
mind	[maɪnd]
minder	['maɪndəʳ]
mindless	['maɪndlɪs]
mine	[maɪn]
miner	['maɪnəʳ]
mineral	['mɪnərəl]
miniature	['mɪnətʃəʳ]
minibus	['mɪnɪbʌs]
minimum	['mɪnɪməm]
mining	['maɪnɪŋ]
miniskirt	['mɪnɪskə:t]
minister	['mɪnɪstəʳ]
ministry	['mɪnɪstrɪ]
minor	['maɪnəʳ]
minority	[maɪ'nɔrɪtɪ]
mint	[mɪnt]
minus	['maɪnəs]
minute NOUN	['mɪnɪt]
minute ADJECTIVE	[maɪ'nju:t]
miracle	['mɪrəkl]
mirror	['mɪrəʳ]
misbehave	[mɪsbɪ'heɪv]
mischief	['mɪstʃɪf]
mischievous	['mɪstʃɪvəs]
miscount	[mɪs'kaunt]
miser	['maɪzəʳ]
miserable	['mɪzərəbl]
misery	['mɪzərɪ]
misfortune	[mɪs'fɔ:tʃən]
mishap	['mɪshæp]
misjudge	[mɪs'dʒʌdʒ]
mislay	[mɪs'leɪ]
mislead	[mɪs'li:d]
misleading	[mɪs'li:dɪŋ]
Miss	[mɪs]
miss	[mɪs]
missing	['mɪsɪŋ]
missionary	['mɪʃənrɪ]
mist	[mɪst]
mistake	[mɪs'teɪk]
mistaken	[mɪs'teɪkən]
mistakenly	[mɪs'teɪkənlɪ]
mistletoe	['mɪsltəu]
mistook	[mɪs'tuk]
mistress	['mɪstrɪs]
mistrust	[mɪs'trʌst]
misty	['mɪstɪ]
misunderstand	[mɪsʌndə'stænd]
misunderstanding	[mɪsʌndə'stændɪŋ]
misunderstood	[mɪsʌndə'stud]
mix	[mɪks]
mixed	[mɪkst]
mixture	['mɪkstʃəʳ]
mix-up	['mɪksʌp]
moan	[məun]
mobile	['məubaɪl]
mock	[mɔk]
model	['mɔdl]
modem	['məudɛm]
moderate	['mɔdərət]
modern	['mɔdən]
modernize	['mɔdənaɪz]
modest	['mɔdɪst]
modify	['mɔdɪfaɪ]
moisture	['mɔɪstʃəʳ]
moisturizer	['mɔɪstʃəraɪzəʳ]
mole	[məul]
moment	['məumənt]
momentary	['məuməntərɪ]
monarch	['mɔnək]
monarchy	['mɔnəkɪ]
monastery	['mɔnəstərɪ]
Monday	['mʌndɪ]
money	['mʌnɪ]
mongrel	['mʌŋgrəl]
monitor	['mɔnɪtəʳ]
monk	[mʌŋk]
monkey	['mʌŋkɪ]
monolingual	[mɔnə'lɪŋgwəl]
monosyllabic	[mɔnəsɪ'læbɪk]
monotonous	[mə'nɔtənəs]
monster	['mɔnstəʳ]
month	[mʌnθ]

monthly ['mʌnθlɪ]
monument ['mɔnjumənt]
mood [mu:d]
moody ['mu:dɪ]
moon [mu:n]
moor [muəʳ]
mop [mɔp]
moped ['məupɛd]
moral ['mɔrl]
morale [mɔ'rɑ:l]
more [mɔ:ʳ]
morning ['mɔ:nɪŋ]
Morocco [mə'rɔkəu]
Moscow ['mɔskəu]
Moslem ['mɔzləm]
mosque [mɔsk]
mosquito [mɔs'ki:təu]
most [məust]
mostly ['məustlɪ]
MOT [ɛməu'ti:]
motel [məu'tɛl]
mother ['mʌðəʳ]
Mother's ['mʌðəz]
mother-in-law ['mʌðərɪnlɔ:]
motion ['məuʃən]
motionless ['məuʃənlɪs]
motivate ['məutɪveɪt]
motivated ['məutɪveɪtɪd]
motivation [məutɪ'veɪʃən]
motive ['məutɪv]
motor ['məutəʳ]
motorbike ['məutəbaɪk]
motorboat ['məutəbəut]
motorcycle ['məutəsaɪkl]
motorcyclist ['məutəsaɪklɪst]
motorist ['məutərɪst]
motorway ['məutəweɪ]
motto ['mɔtəu]
mould [məuld]
mouldy ['məuldɪ]
mountain ['mauntɪn]
mountaineer [mauntɪ'nɪəʳ]
mountaineering [mauntɪ'nɪərɪŋ]
mountainous ['mauntɪnəs]
mouse [maus]
mousetrap ['maustræp]
mousse [mu:s]
moustache [məs'tɑ:ʃ]
mouth [mauθ]
mouthful ['mauθful]
movable ['mu:vəbl]
move [mu:v]
moved [mu:vd]
movement ['mu:vmənt]
movie ['mu:vɪ]
moving ['mu:vɪŋ]
mow [məu]
mower ['məuəʳ]
mown [məun]
MP [ɛm'pi:]
Mr ['mɪstəʳ]
Mrs ['mɪsɪz]
Ms [mɪz]
much [mʌtʃ]
mud [mʌd]
muddle ['mʌdl]
muddy ['mʌdɪ]
muesli ['mju:zlɪ]
muffler ['mʌfləʳ]
mug [mʌg]
mugger ['mʌgəʳ]
mugging ['mʌgɪŋ]
muggy ['mʌgɪ]
multiplication [mʌltɪplɪ'keɪʃən]
multiply ['mʌltɪplaɪ]
multistorey ['mʌltɪ'stɔ:rɪ]
mum [mʌm]
mumble ['mʌmbl]
mummy ['mʌmɪ]
mumps [mʌmps]
Munich ['mju:nɪk]
municipal [mju:'nɪsɪpl]
murder ['mə:dəʳ]
murderer ['mə:dərəʳ]
muscle ['mʌsl]
muscular ['mʌskjuləʳ]
museum [mju:'zɪəm]
mushroom ['mʌʃrum]
music ['mju:zɪk]
musical ['mju:zɪkl]
musician [mju:'zɪʃən]
Muslim ['mʌzlɪm]
mussel ['mʌsl]
must [mʌst]
mustard ['mʌstəd]
mutter ['mʌtəʳ]
mutual ['mju:tʃuəl]
muzzle ['mʌzl]
my [maɪ]
myself [maɪ'sɛlf]
mysterious [mɪs'tɪərɪəs]
mystery ['mɪstərɪ]
myth [mɪθ]
mythology [mɪ'θɔlədʒɪ]
naff [næf]
nag [næg]
nail [neɪl]
nailbrush ['neɪlbrʌʃ]
nailfile ['neɪlfaɪl]
naked ['neɪkɪd]
name [neɪm]
nanny ['nænɪ]
nap [næp]
nape [neɪp]
napkin ['næpkɪn]
nappy ['næpɪ]
narrow ['nærəu]
narrow-minded [nærəu'maɪndɪd]
narrowness ['nærəunɪs]
nasty ['nɑ:stɪ]
nation ['neɪʃən]
national ['næʃənl]
nationalism ['næʃnəlɪzəm]
nationalist ['næʃnəlɪst]
nationality [næʃə'nælɪtɪ]
native ['neɪtɪv]
natter ['nætəʳ]
natural ['nætʃrəl]
naturally ['nætʃrəlɪ]
nature ['neɪtʃəʳ]
naughty ['nɔ:tɪ]
nausea ['nɔ:sɪə]
navel ['neɪvl]
navy ['neɪvɪ]
navy-blue [neɪvɪ'blu:]
Nazi ['nɑ:tsɪ]
near [nɪəʳ]
nearby [nɪə'baɪ]
nearer ['nɪərəʳ]
nearest ['nɪərəst]
nearly ['nɪəlɪ]
neat [ni:t]
neatly ['ni:tlɪ]
necessarily ['nɛsɪsrɪlɪ]
necessary ['nɛsɪsrɪ]
necessity [nɪ'sɛsɪtɪ]
neck [nɛk]
necklace ['nɛklɪs]
nectarine ['nɛktərɪn]
née [neɪ]
need [ni:d]
needle ['ni:dl]
needlework ['ni:dlwə:k]
negative ['nɛgətɪv]
neglect [nɪ'glɛkt]
neglected [nɪ'glɛktɪd]
negligee ['nɛglɪʒeɪ]
negligent ['nɛglɪdʒənt]
negotiate [nɪ'gəuʃɪeɪt]
negotiation [nɪgəuʃɪ'eɪʃən]
neighbour ['neɪbəʳ]
neighbourhood ['neɪbəhud]
neither ['naɪðəʳ]
neon ['ni:ɔn]
nephew ['nɛvju:]
nerve [nə:v]
nerve-racking ['nə:vrækɪŋ]
nervous ['nə:vəs]
nervousness ['nə:vəsnɪs]
nest [nɛst]
net [nɛt]
Netherlands ['nɛðələndz]
nettle ['nɛtl]
network ['nɛtwə:k]
neurotic [njuə'rɔtɪk]
neuter ['nju:təʳ]
neutral ['nju:trəl]
never ['nɛvəʳ]
nevertheless [nɛvəðə'lɛs]
new [nju:]
newcomer ['nju:kʌməʳ]
newness ['nju:nɪs]
news [nju:z]
newsagent ['nju:zeɪdʒənt]
newspaper ['nju:zpeɪpəʳ]
newsreader ['nju:zri:dəʳ]

New Zealand	[njuːˈziːlənd]
New Zealander	[njuːˈziːləndəʳ]
next	[nɛkst]
NHS	[ɛneɪtʃˈɛs]
nibble	[ˈnɪbl]
nice	[naɪs]
nickname	[ˈnɪkneɪm]
nicotine	[ˈnɪkətiːn]
niece	[niːs]
Nigeria	[naɪˈdʒɪərɪə]
night	[naɪt]
nightie	[ˈnaɪtɪ]
nightingale	[ˈnaɪtɪŋgeɪl]
nightlife	[ˈnaɪtlaɪf]
nightly	[ˈnaɪtlɪ]
nightmare	[ˈnaɪtmɛəʳ]
nightshirt	[ˈnaɪtʃəːt]
nil	[nɪl]
nimble	[ˈnɪmbl]
nine	[naɪn]
nineteen	[ˈnaɪnˈtiːn]
ninety	[ˈnaɪntɪ]
ninth	[naɪnθ]
nitrogen	[ˈnaɪtrədʒən]
no	[nəu]
nobility	[nəuˈbɪlɪtɪ]
noble	[ˈnəubl]
nobody	[ˈnəubədɪ]
nod	[nɔd]
noise	[nɔɪz]
noisily	[ˈnɔɪzɪlɪ]
noisy	[ˈnɔɪzɪ]
nominative	[ˈnɔmɪnətɪv]
nonalcoholic	[nɔnælkəˈhɔlɪk]
none	[nʌn]
nonentity	[nɔˈnɛntɪtɪ]
nonplussed	[nɔnˈplʌst]
nonreturnable	[nɔnrəˈtəːnəbl]
nonsense	[ˈnɔnsəns]
nonsmoker	[ˈnɔnˈsməukəʳ]
nonsmoking	[ˈnɔnˈsməukɪŋ]
nonstop	[ˈnɔnˈstɔp]
nonswimmer	[ˈnɔnˈswɪməʳ]
noodles	[ˈnuːdlz]
noon	[nuːn]
nor	[nɔːʳ]
normal	[ˈnɔːməl]
normally	[ˈnɔːməlɪ]
north	[nɔːθ]
northeast	[nɔːθˈiːst]
northerly	[ˈnɔːðəlɪ]
northern	[ˈnɔːðən]
northwest	[nɔːθˈwɛst]
Norway	[ˈnɔːweɪ]
Norwegian	[nɔːˈwiːdʒən]
nose	[nəuz]
nosebleed	[ˈnəuzbliːd]
nosey	[ˈnəuzɪ]
not	[nɔt]
note	[nəut]
notebook	[ˈnəutbuk]
notepad	[ˈnəutpæd]
notepaper	[ˈnəutpeɪpəʳ]
nothing	[ˈnʌθɪŋ]
notice	[ˈnəutɪs]
noticeboard	[ˈnəutɪsbɔːd]
notification	[nəutɪfɪˈkeɪʃən]
nought	[nɔːt]
noun	[naun]
nourishing	[ˈnʌrɪʃɪŋ]
novel	[ˈnɔvl]
novelist	[ˈnɔvəlɪst]
November	[nəuˈvɛmbəʳ]
now	[nau]
nowadays	[ˈnauədeɪz]
nowhere	[ˈnəuwɛəʳ]
nozzle	[ˈnɔzl]
nuclear	[ˈnjuːklɪəʳ]
nuclear-free	[ˈnjuːklɪəˈfriː]
nucleus	[ˈnjuːklɪəs]
nude	[njuːd]
nuisance	[ˈnjuːsns]
number	[ˈnʌmbəʳ]
numeral	[ˈnjuːmərəl]
numerous	[ˈnjuːmərəs]
nun	[nʌn]
nurse	[nəːs]
nursery	[ˈnəːsərɪ]
nursing	[ˈnəːsɪŋ]
nut	[nʌt]
nutmeg	[ˈnʌtmɛg]
nutritious	[njuːˈtrɪʃəs]
nutter	[ˈnʌtəʳ]
nylon	[ˈnaɪlɔn]
oak	[əuk]
oar	[ɔːʳ]
oasis	[əuˈeɪsɪs]
oath	[əuθ]
oats	[əuts]
obedience	[əˈbiːdɪəns]
obedient	[əˈbiːdɪənt]
obey	[əˈbeɪ]
object	[ˈɔbdʒɪkt]
objection	[əbˈdʒɛkʃən]
objective	[əbˈdʒɛktɪv]
objector	[əbˈdʒɛktəʳ]
obliging	[əˈblaɪdʒɪŋ]
oblong	[ˈɔblɔŋ]
oboe	[ˈəubəu]
obscene	[əbˈsiːn]
obscenity	[əbˈsɛnɪtɪ]
observant	[əbˈzəːvənt]
observe	[əbˈzəːv]
obsolete	[ˈɔbsəliːt]
obstacle	[ˈɔbstəkl]
obstinate	[ˈɔbstɪnɪt]
obstruct	[əbˈstrʌkt]
obstruction	[əbˈstrʌkʃən]
obtain	[əbˈteɪn]
obtainable	[əbˈteɪnəbl]
obvious	[ˈɔbvɪəs]
obviously	[ˈɔbvɪəslɪ]
occasion	[əˈkeɪʒən]
occasionally	[əˈkeɪʒənəlɪ]
occupation	[ɔkjuˈpeɪʃən]
occupy	[ˈɔkjupaɪ]
occur	[əˈkəːʳ]
ocean	[ˈəuʃən]
o'clock	[əˈklɔk]
October	[ɔkˈtəubəʳ]
octopus	[ˈɔktəpəs]
odd	[ɔd]
of	[ɔv, əv]
off	[ɔf]
offence	[əˈfɛns]
offensive	[əˈfɛnsɪv]
offer	[ˈɔfəʳ]
office	[ˈɔfɪs]
officer	[ˈɔfɪsəʳ]
official	[əˈfɪʃl]
off-licence	[ˈɔflaɪsns]
offside	[ˈɔfˈsaɪd]
often	[ˈɔfn]
oh	[əu]
oil	[ɔɪl]
oil-fired	[ˈɔɪlfaɪəd]
oilskins	[ˈɔɪlskɪnz]
oily	[ˈɔɪlɪ]
ointment	[ˈɔɪntmənt]
okay	[ˈəuˈkeɪ]
old	[əuld]
old-fashioned	[ˈəuldˈfæʃnd]
olive	[ˈɔlɪv]
olive-green	[ɔlɪvˈgriːn]
Olympic	[əuˈlɪmpɪk]
omelette	[ˈɔmlɪt]
on	[ɔn]
once	[wʌns]
oncoming	[ˈɔnkʌmɪŋ]
one	[wʌn]
one-day	[wʌnˈdeɪ]
one-mark	[wʌnˈmɑːk]
one's	[wʌnz]
oneself	[wʌnˈsɛlf]
one-sided	[wʌnˈsaɪdɪd]
one-way	[ˈwʌnweɪ]
onion	[ˈʌnjən]
only	[ˈəunlɪ]
onwards	[ˈɔnwədz]
open	[ˈəupn]
opener	[ˈəupnəʳ]
opening	[ˈəupnɪŋ]
open-minded	[əupnˈmaɪndɪd]
opera	[ˈɔpərə]
operate	[ˈɔpəreɪt]
operating	[ˈɔpəreɪtɪŋ]
operation	[ɔpəˈreɪʃən]
operator	[ˈɔpəreɪtəʳ]
operetta	[ɔpəˈrɛtə]
opinion	[əˈpɪnjən]
opponent	[əˈpəunənt]
opportunity	[ɔpəˈtjuːnɪtɪ]
opposing	[əˈpəuzɪŋ]
opposite	[ˈɔpəzɪt]
opposition	[ɔpəˈzɪʃən]
optician	[ɔpˈtɪʃən]

optics	[ˈɔptɪks]
optimism	[ˈɔptɪmɪzəm]
optimist	[ˈɔptɪmɪst]
optimistic	[ɔptɪˈmɪstɪk]
optimum	[ˈɔptɪməm]
option	[ˈɔpʃən]
optional	[ˈɔpʃənl]
or	[ɔ:ʳ]
oral	[ˈɔ:rəl]
orally	[ˈɔ:rəlɪ]
orange	[ˈɔrɪndʒ]
orchard	[ˈɔ:tʃəd]
orchestra	[ˈɔ:kɪstrə]
order	[ˈɔ:dəʳ]
ordinary	[ˈɔ:dnrɪ]
ore	[ɔ:ʳ]
organ	[ˈɔ:gən]
organic	[ɔ:ˈgænɪk]
organization	[ɔ:gənaɪˈzeɪʃən]
organize	[ˈɔ:gənaɪz]
organizer	[ˈɔ:gənaɪzəʳ]
Orient	[ˈɔ:rɪənt]
oriental	[ɔ:rɪˈɛntl]
origin	[ˈɔrɪdʒɪn]
original	[əˈrɪdʒɪnl]
originally	[əˈrɪdʒɪnəlɪ]
Orkney	[ˈɔ:knɪ]
orphan	[ˈɔ:fn]
ostentatious	[ɔstɛnˈteɪʃəs]
ostrich	[ˈɔstrɪtʃ]
other	[ˈʌðəʳ]
otherwise	[ˈʌðəwaɪz]
ouch	[autʃ]
ought	[ɔ:t]
our	[ˈauəʳ]
ours	[auəz]
ourselves	[auəˈsɛlvz]
out	[aut]
outbid	[autˈbɪd]
outdoor	[autˈdɔ:ʳ]
outdoors	[autˈdɔ:z]
outer	[ˈautəʳ]
outing	[ˈautɪŋ]
outline	[ˈautlaɪn]
out-of-date	[autəvˈdeɪt]
output	[ˈautput]
outraged	[ˈautreɪdʒd]
outrageous	[autˈreɪdʒəs]
outset	[ˈautsɛt]
outside	[autˈsaɪd]
outsider	[autˈsaɪdəʳ]
outsize	[ˈautsaɪz]
outskirts	[ˈautskə:ts]
outstanding	[autˈstændɪŋ]
outvote	[autˈvəut]
outward	[ˈautwəd]
outwit	[autˈwɪt]
oval	[ˈəuvl]
oven	[ˈʌvn]
over	[ˈəuvəʳ]
overall	[əuvərˈɔ:l]
overalls	[ˈəuvərɔ:lz]
overcast	[ˈəuvəkɑ:st]
overcharge	[əuvəˈtʃɑ:dʒ]
overcome	[əuvəˈkʌm]
overcrowded	[əuvəˈkraudɪd]
overdone	[əuvəˈdʌn]
overdose	[ˈəuvədəus]
overdue	[əuvəˈdju:]
overeager	[əuvərˈi:gəʳ]
overestimate	[əuvərˈɛstɪmeɪt]
overexert	[əuvərɪgˈzə:t]
overhead	[ˈəuvəhɛd]
overjoyed	[əuvəˈdʒɔɪd]
overload	[əuvəˈləud]
overlook	[əuvəˈluk]
overpowering	[əuvəˈpauərɪŋ]
overseas	[əuvəˈsi:z]
oversight	[ˈəuvəsaɪt]
oversleep	[əuvəˈsli:p]
oversubscribed	[əuvəsəbˈskraɪbd]
overtake	[əuvəˈteɪk]
overtaking	[əuvəˈteɪkɪŋ]
overthrow	[əuvəˈθrəu]
overtime	[ˈəuvətaɪm]
overtook	[əuvəˈtuk]
overturn	[əuvəˈtə:n]
overview	[ˈəuvəvju:]
overweight	[əuvəˈweɪt]
overwhelming	[əuvəˈwɛlmɪŋ]
owe	[əu]
owing	[ˈəuɪŋ]
owl	[aul]
own	[əun]
owner	[ˈəunəʳ]
ox	[ɔks]
oxygen	[ˈɔksɪdʒən]
oyster	[ˈɔɪstəʳ]
ozone	[ˈəuzəun]
PA	[pi:ˈeɪ]
pace	[peɪs]
Pacific	[pəˈsɪfɪk]
pacifier	[ˈpæsɪfaɪəʳ]
pack	[pæk]
package	[ˈpækɪdʒ]
packaging	[ˈpækɪdʒɪŋ]
packed	[pækt]
packet	[ˈpækɪt]
packing	[ˈpækɪŋ]
pad	[pæd]
paddle	[ˈpædl]
padlock	[ˈpædlɔk]
page	[peɪdʒ]
paid	[peɪd]
pail	[peɪl]
pain	[peɪn]
painful	[ˈpeɪnful]
painkiller	[ˈpeɪnkɪləʳ]
paint	[peɪnt]
paintbrush	[ˈpeɪntbrʌʃ]
painter	[ˈpeɪntəʳ]
painting	[ˈpeɪntɪŋ]
pair	[pɛəʳ]
Pakistan	[pɑ:kɪˈstɑ:n]
Pakistani	[pɑ:kɪˈstɑ:nɪ]
pal	[pæl]
palace	[ˈpæləs]
pale	[peɪl]
Palestine	[ˈpælɪstaɪn]
Palestinian	[pælɪsˈtɪnɪən]
palm	[pɑ:m]
pamphlet	[ˈpæmflət]
pan	[pæn]
pancake	[ˈpænkeɪk]
pane	[peɪn]
panic	[ˈpænɪk]
pant	[pænt]
panther	[ˈpænθəʳ]
panties	[ˈpæntɪz]
pantomime	[ˈpæntəmaɪm]
pants	[pænts]
pantyhose	[ˈpæntɪhəuz]
paper	[ˈpeɪpəʳ]
paperback	[ˈpeɪpəbæk]
paprika	[ˈpæprɪkə]
parachute	[ˈpærəʃu:t]
parade	[pəˈreɪd]
paradise	[ˈpærədaɪs]
paraffin	[ˈpærəfɪn]
paragraph	[ˈpærəgrɑ:f]
parallel	[ˈpærəlɛl]
paralyse	[ˈpærəlaɪz]
paralysed	[ˈpærəlaɪzd]
paralysis	[pəˈrælɪsɪs]
paraplegic	[pærəˈpli:dʒɪk]
parcel	[ˈpɑ:sl]
pardon	[ˈpɑ:dn]
parent	[ˈpɛərənt]
parents-in-law	[ˈpɛərəntsɪnlɔ:]
parish	[ˈpærɪʃ]
Parisian	[pəˈrɪzɪən]
park	[pɑ:k]
parking	[ˈpɑ:kɪŋ]
parliament	[ˈpɑ:ləmənt]
parlour	[ˈpɑ:ləʳ]
parrot	[ˈpærət]
parsley	[ˈpɑ:slɪ]
part	[pɑ:t]
partiality	[pɑ:ʃɪˈælɪtɪ]
participant	[pɑ:ˈtɪsɪpənt]
participle	[ˈpɑ:tɪsɪpl]
particular	[pəˈtɪkjuləʳ]
particularly	[pəˈtɪkjuləlɪ]
particulars	[pəˈtɪkjuləz]
parting	[ˈpɑ:tɪŋ]
partly	[ˈpɑ:tlɪ]
partner	[ˈpɑ:tnəʳ]
part-time	[ˈpɑ:tˈtaɪm]
party	[ˈpɑ:tɪ]
pass	[pɑ:s]
passage	[ˈpæsɪdʒ]
passageway	[ˈpæsɪdʒweɪ]
passenger	[ˈpæsɪndʒəʳ]
passing	[ˈpɑ:sɪŋ]
passion	[ˈpæʃən]
passive	[ˈpæsɪv]

passport	[ˈpɑːspɔːt]
password	[ˈpɑːswɜːd]
past	[pɑːst]
pasta	[ˈpæstə]
paste	[peɪst]
pasteurized	[ˈpæstʃəraɪzd]
pastime	[ˈpɑːstaɪm]
pastry	[ˈpeɪstrɪ]
pasture	[ˈpɑːstʃəʳ]
patch	[pætʃ]
patched	[pætʃt]
pâté	[ˈpæteɪ]
patent	[ˈpeɪtnt]
path	[pɑːθ]
pathetic	[pəˈθɛtɪk]
patience	[ˈpeɪʃns]
patient	[ˈpeɪʃnt]
patio	[ˈpætɪəu]
patriotic	[pætrɪˈɔtɪk]
patrol	[pəˈtrəul]
pattern	[ˈpætən]
patterned	[ˈpætənd]
pause	[pɔːz]
pavement	[ˈpeɪvmənt]
pavilion	[pəˈvɪlɪən]
paving	[ˈpeɪvɪŋ]
paw	[pɔː]
pawn	[pɔːn]
pay	[peɪ]
payment	[ˈpeɪmənt]
payphone	[ˈpeɪfəun]
PC	[piːˈsiː]
PE	[piːˈiː]
pea	[piː]
peace	[piːs]
peaceful	[ˈpiːsful]
peach	[piːtʃ]
peacock	[ˈpiːkɔk]
peak	[piːk]
peanut	[ˈpiːnʌt]
pear	[pɛəʳ]
pearl	[pəːl]
peat	[piːt]
pebble	[ˈpɛbl]
peculiar	[pɪˈkjuːlɪəʳ]
peculiarity	[pɪkjuːlɪˈærɪtɪ]
pedal	[ˈpɛdl]
pedestrian	[pɪˈdɛstrɪən]
pedestrianized	[pɪˈdɛstrɪənaɪzd]
pedigree	[ˈpɛdɪgriː]
pee	[piː]
peel	[piːl]
peg	[pɛg]
Pekinese	[piːkɪˈniːz]
pellet	[ˈpɛlɪt]
pelvis	[ˈpɛlvɪs]
pen	[pɛn]
penalize	[ˈpiːnəlaɪz]
penalty	[ˈpɛnltɪ]
pence	[pɛns]
pencil	[ˈpɛnsl]
pendant	[ˈpɛndnt]
pendulum	[ˈpɛndjuləm]
penguin	[ˈpɛŋgwɪn]
penicillin	[pɛnɪˈsɪlɪn]
penis	[ˈpiːnɪs]
penitentiary	[pɛnɪˈtɛnʃərɪ]
penknife	[ˈpɛnnaɪf]
penny	[ˈpɛnɪ]
pension	[ˈpɛnʃən]
pensioner	[ˈpɛnʃənəʳ]
pensive	[ˈpɛnsɪv]
pentathlon	[pɛnˈtæθlən]
people	[ˈpiːpl]
pepper	[ˈpɛpəʳ]
peppercorn	[ˈpɛpəkɔːn]
peppermill	[ˈpɛpəmɪl]
peppermint	[ˈpɛpəmɪnt]
per	[pəːʳ]
perceive	[pəˈsiːv]
percolator	[ˈpəːkəleɪtəʳ]
percussion	[pəˈkʌʃən]
perfect	[ˈpəːfɪkt]
perfectly	[ˈpəːfɪktlɪ]
perform	[pəˈfɔːm]
performance	[pəˈfɔːməns]
perfume	[ˈpəːfjuːm]
perhaps	[pəˈhæps]
period	[ˈpɪərɪəd]
perm	[pəːm]
permanent	[ˈpəːmənənt]
permissible	[pəˈmɪsɪbl]
permission	[pəˈmɪʃən]
permit	[ˈpəːmɪt]
persecute	[ˈpəːsɪkjuːt]
persecution	[pəːsɪˈkjuːʃən]
Persian	[ˈpəːʃən]
persistent	[pəˈsɪstənt]
person	[ˈpəːsn]
personal	[ˈpəːsnl]
personality	[pəːsəˈnælɪtɪ]
personally	[ˈpəːsnəlɪ]
personnel	[pəːsəˈnɛl]
perspiration	[pəːspɪˈreɪʃən]
persuade	[pəˈsweɪd]
pertinent	[ˈpəːtɪnənt]
pessimism	[ˈpɛsɪmɪzəm]
pessimist	[ˈpɛsɪmɪst]
pessimistic	[pɛsɪˈmɪstɪk]
pest	[pɛst]
pester	[ˈpɛstəʳ]
pet	[pɛt]
petition	[pəˈtɪʃən]
petrified	[ˈpɛtrɪfaɪd]
petrol	[ˈpɛtrəl]
pewter	[ˈpjuːtəʳ]
phantom	[ˈfæntəm]
pharmacist	[ˈfɑːməsɪst]
pharmacy	[ˈfɑːməsɪ]
pheasant	[ˈfɛznt]
philosophical	[fɪləˈsɔfɪkl]
philosophy	[fɪˈlɔsəfɪ]
phobia	[ˈfəubjə]
phone	[fəun]
phonecard	[ˈfəunkɑːd]
phonetic	[fəˈnɛtɪk]
phonetics	[fəˈnɛtɪks]
photo	[ˈfəutəu]
photocopier	[ˈfəutəukɔpɪəʳ]
photocopy	[ˈfəutəukɔpɪ]
photograph	[ˈfəutəgræf]
photographer	[fəˈtɔgrəfəʳ]
photography	[fəˈtɔgrəfɪ]
phrase	[freɪz]
physical	[ˈfɪzɪkl]
physicist	[ˈfɪzɪsɪst]
physics	[ˈfɪzɪks]
physiotherapist	[fɪzɪəuˈθɛrəpɪst]
physiotherapy	[fɪzɪəuˈθɛrəpɪ]
pianist	[ˈpiːənɪst]
piano	[pɪˈænəu]
pick	[pɪk]
pickaxe	[ˈpɪkæks]
pickpocket	[ˈpɪkpɔkɪt]
picnic	[ˈpɪknɪk]
picture	[ˈpɪktʃəʳ]
picturesque	[pɪktʃəˈrɛsk]
pie	[paɪ]
piece	[piːs]
pier	[pɪəʳ]
pierced	[pɪəst]
pig	[pɪg]
pigeon	[ˈpɪdʒən]
pigeonhole	[ˈpɪdʒənhəul]
piggy	[ˈpɪgɪ]
pigtail	[ˈpɪgteɪl]
pile	[paɪl]
pill	[pɪl]
pillar	[ˈpɪləʳ]
pillow	[ˈpɪləu]
pilot	[ˈpaɪlət]
pimple	[ˈpɪmpl]
PIN	[pɪn]
pin	[pɪn]
pinafore	[ˈpɪnəfɔːʳ]
pinball	[ˈpɪnbɔːl]
pincers	[ˈpɪnsəz]
pinch	[pɪntʃ]
pine	[paɪn]
pineapple	[ˈpaɪnæpl]
pink	[pɪŋk]
pint	[paɪnt]
pip	[pɪp]
pipe	[paɪp]
pirate	[ˈpaɪərət]
pirated	[ˈpaɪərətɪd]
Pisces	[ˈpaɪsiːz]
pissed	[pɪst]
pistol	[ˈpɪstl]
pitch	[pɪtʃ]
pitiful	[ˈpɪtɪful]
pity	[ˈpɪtɪ]
pizza	[ˈpiːtsə]
place	[pleɪs]
plaid	[plæd]
plain	[pleɪn]

plait	[plæt]
plan	[plæn]
plane	[pleɪn]
planet	['plænɪt]
planning	['plænɪŋ]
plant	[plɑ:nt]
plaster	['plɑ:stəʳ]
plastered	['plɑ:stəd]
plastic	['plæstɪk]
plate	[pleɪt]
platform	['plætfɔ:m]
play	[pleɪ]
player	['pleɪəʳ]
playful	['pleɪful]
playground	['pleɪgraund]
playgroup	['pleɪgru:p]
playing	['pleɪɪŋ]
playtime	['pleɪtaɪm]
playwright	['pleɪraɪt]
pleasant	['plɛznt]
please	[pli:z]
pleased	[pli:zd]
pleasure	['plɛʒəʳ]
pleat	[pli:t]
plenty	['plɛntɪ]
pliers	['plaɪəz]
plot	[plɔt]
plough	[plau]
plug	[plʌg]
plum	[plʌm]
plumber	['plʌməʳ]
plump	[plʌmp]
plunge	[plʌndʒ]
plural	['pluərl]
plus	[plʌs]
plutonium	[plu:'təunɪəm]
p.m.	[pi:'ɛm]
pneumonia	[nju:'məunɪə]
poached	[pəutʃt]
pocket	['pɔkɪt]
poem	['pəuɪm]
poet	['pəuɪt]
poetry	['pəuɪtrɪ]
point	[pɔɪnt]
pointed	['pɔɪntɪd]
pointer	['pɔɪntəʳ]
pointless	['pɔɪntlɪs]
poison	['pɔɪzn]
poisoning	['pɔɪznɪŋ]
poisonous	['pɔɪznəs]
poker	['pəukəʳ]
Poland	['pəulənd]
polar	['pəuləʳ]
Pole	[pəul]
pole	[pəul]
police	[pə'li:s]
policeman	[pə'li:smən]
policewoman	[pə'li:swumən]
policy	['pɔlɪsɪ]
polio	['pəulɪəu]
Polish	['pəulɪʃ]
polish	['pɔlɪʃ]

polite	[pə'laɪt]
politely	[pə'laɪtlɪ]
politeness	[pə'laɪtnɪs]
political	[pə'lɪtɪkl]
politician	[pɔlɪ'tɪʃən]
politics	['pɔlɪtɪks]
poll	[pəul]
pollen	['pɔlən]
pollute	[pə'lu:t]
polluted	[pə'lu:tɪd]
pollution	[pə'lu:ʃən]
polo	['pəuləu]
polo-necked	['pəuləunɛkt]
polystyrene	[pɔlɪ'staɪri:n]
polythene	['pɔlɪθi:n]
Pomerania	[pɔmə'reɪnɪə]
pond	[pɔnd]
pony	['pəunɪ]
ponytail	['pəunɪteɪl]
poodle	['pu:dl]
pool	[pu:l]
poor	[puəʳ]
poorly	['puəlɪ]
pop	[pɔp]
popcorn	['pɔpkɔ:n]
pope	[pəup]
poppy	['pɔpɪ]
Popsicle ®	['pɔpsɪkl]
popular	['pɔpjuləʳ]
popularity	[pɔpju'lærɪtɪ]
population	[pɔpju'leɪʃən]
porcelain	['pɔ:slɪn]
porch	[pɔ:tʃ]
pore	[pɔ:ʳ]
pork	[pɔ:k]
porn	[pɔ:n]
pornographic	[pɔ:nə'græfɪk]
pornography	[pɔ:'nɔgrəfɪ]
porous	['pɔ:rəs]
porridge	['pɔrɪdʒ]
port	[pɔ:t]
portable	['pɔ:təbl]
porter	['pɔ:təʳ]
portion	['pɔ:ʃən]
portrait	['pɔ:treɪt]
portray	[pɔ:'treɪ]
Portugal	['pɔ:tjugl]
Portuguese	[pɔ:tju'gi:z]
posh	[pɔʃ]
position	[pə'zɪʃən]
positive	['pɔzɪtɪv]
possess	[pə'zɛs]
possession	[pə'zɛʃən]
possessive	[pə'zɛsɪv]
possibility	[pɔsɪ'bɪlɪtɪ]
possible	['pɔsɪbl]
possibly	['pɔsɪblɪ]
post	[pəust]
postage	['pəustɪdʒ]
postbox	['pəustbɔks]
postcard	['pəustkɑ:d]
postcode	['pəustkəud]

poste restante	[pəust'rɛstɔnt]
poster	['pəustəʳ]
postman	['pəustmən]
postmark	['pəustmɑ:k]
postpone	[pəus'pəun]
posture	['pɔstʃəʳ]
postwoman	['pəustwumən]
pot	[pɔt]
potato	[pə'teɪtəu]
potential	[pə'tɛnʃl]
pothole	['pɔthəul]
pottery	['pɔtərɪ]
poultry	['pəultrɪ]
pound	[paund]
pour	[pɔ:ʳ]
poverty	['pɔvətɪ]
powder	['paudəʳ]
power	['pauəʳ]
powerful	['pauəful]
practical	['præktɪkl]
practically	['præktɪklɪ]
practice	['præktɪs]
practise	['præktɪs]
practising	['præktɪsɪŋ]
praise	[preɪz]
pram	[præm]
prat	[præt]
prawn	[prɔ:n]
pray	[preɪ]
prayer	[prɛəʳ]
precaution	[prɪ'kɔ:ʃən]
precede	[prɪ'si:d]
preceding	[prɪ'si:dɪŋ]
precinct	['pri:sɪŋkt]
precious	['prɛʃəs]
precise	[prɪ'saɪs]
precisely	[prɪ'saɪslɪ]
predator	['prɛdətəʳ]
predecessor	['pri:dɪsɛsəʳ]
predicate	['prɛdɪkɪt]
predict	[prɪ'dɪkt]
predictable	[prɪ'dɪktəbl]
predominantly	[prɪ'dɔmɪnəntlɪ]
preface	['prɛfəs]
prefect	['pri:fɛkt]
prefer	[prɪ'fə:ʳ]
preference	['prɛfrəns]
prefix	['pri:fɪks]
pregnant	['prɛgnənt]
prehistoric	['pri:hɪs'tɔrɪk]
prejudice	['prɛdʒudɪs]
prejudiced	['prɛdʒudɪst]
premature	['prɛmətʃuəʳ]
Premier	['prɛmɪəʳ]
premises	['prɛmɪsɪz]
premium	['pri:mɪəm]
premonition	[prɛmə'nɪʃən]
preoccupied	[pri:'ɔkjupaɪd]
prep	[prɛp]
preparation	[prɛpə'reɪʃən]
prepare	[prɪ'pɛəʳ]
prepared	[prɪ'pɛəd]

preposition	[prɛpə'zɪʃən]
prerequisite	[pri:'rɛkwɪzɪt]
Presbyterian	[prɛzbɪ'tɪərɪən]
prescribe	[prɪ'skraɪb]
prescription	[prɪ'skrɪpʃən]
presence	['prɛzns]
present NOUN	['prɛznt]
present VERB	[prɪ'zɛnt]
presenter	[prɪ'zɛntəʳ]
presently	['prɛzntlɪ]
preserve	[prɪ'zə:v]
president	['prɛzɪdənt]
press	[prɛs]
pressed	[prɛst]
press-up	['prɛsʌp]
pressure	['prɛʃəʳ]
prestige	[prɛs'ti:ʒ]
prestigious	[prɛs'tɪdʒəs]
presumably	[prɪ'zju:məblɪ]
presume	[prɪ'zju:m]
pretend	[prɪ'tɛnd]
pretext	['pri:tɛkst]
pretty	['prɪtɪ]
pretzel	['prɛtsəl]
prevent	[prɪ'vɛnt]
prevention	[prɪ'vɛnʃən]
preventive	[prɪ'vɛntɪv]
previous	['pri:vɪəs]
previously	['pri:vɪəslɪ]
prey	[preɪ]
price	[praɪs]
prick	[prɪk]
pride	[praɪd]
priest	[pri:st]
primarily	['praɪmərɪlɪ]
primary	['praɪmərɪ]
prime	[praɪm]
primitive	['prɪmɪtɪv]
prince	[prɪns]
princess	[prɪn'sɛs]
principal	['prɪnsɪpl]
principle	['prɪnsɪpl]
print	[prɪnt]
printed	['prɪntɪd]
printer	['prɪntəʳ]
printing	['prɪntɪŋ]
print-out	['prɪntaut]
priority	[praɪ'ɔrɪtɪ]
prison	['prɪzn]
prisoner	['prɪznəʳ]
privacy	['prɪvəsɪ]
private	['praɪvɪt]
privatize	['praɪvɪtaɪz]
privilege	['prɪvɪlɪdʒ]
prize	[praɪz]
prize-giving	['praɪzgɪvɪŋ]
prizewinner	['praɪzwɪnəʳ]
pro	[prəu]
probability	[prɔbə'bɪlɪtɪ]
probable	['prɔbəbl]
probably	['prɔbəblɪ]
problem	['prɔbləm]
proceed	[prə'si:d]
proceedings	[prə'si:dɪŋz]
proceeds	['prəusi:dz]
process	['prəusɛs]
processing	['prəusɛsɪŋ]
procession	[prə'sɛʃən]
processor	['prəusɛsəʳ]
produce VERB	[prə'dju:s]
produce NOUN	['prɔdju:s]
producer	[prə'dju:səʳ]
product	['prɔdʌkt]
production	[prə'dʌkʃən]
profession	[prə'fɛʃən]
professional	[prə'fɛʃənl]
professionally	[prə'fɛʃnəlɪ]
professor	[prə'fɛsəʳ]
profit	['prɔfɪt]
profitability	[prɔfɪtə'bɪlɪtɪ]
profitable	['prɔfɪtəbl]
program	['prəugræm]
programme	['prəugræm]
programmer	['prəugræməʳ]
programming	['prəugræmɪŋ]
progress	['prəugrɛs]
progressive	[prə'grɛsɪv]
prohibit	[prə'hɪbɪt]
project	['prɔdʒɛkt]
projector	[prə'dʒɛktəʳ]
promenade	[prɔmə'nɑ:d]
promise	['prɔmɪs]
promising	['prɔmɪsɪŋ]
promote	[prə'məut]
promotion	[prə'məuʃən]
prompt	[prɔmpt]
promptly	['prɔmptlɪ]
pronoun	['prəunaun]
pronounce	[prə'nauns]
pronunciation	[prənʌnsɪ'eɪʃən]
proof	[pru:f]
proper	['prɔpəʳ]
properly	['prɔpəlɪ]
property	['prɔpətɪ]
prophet	['prɔfɪt]
proportion	[prə'pɔ:ʃən]
proportional	[prə'pɔ:ʃənl]
proposal	[prə'pəuzl]
propose	[prə'pəuz]
prose	[prəuz]
prospect	['prɔspɛkt]
prospective	[prə'spɛktɪv]
prospectus	[prə'spɛktəs]
prostitute	['prɔstɪtju:t]
prostitution	[prɔstɪ'tju:ʃən]
protect	[prə'tɛkt]
protected	[prə'tɛktɪd]
protection	[prə'tɛkʃən]
protein	['prəuti:n]
protest NOUN	['prəutɛst]
protest VERB	[prə'tɛst]
Protestant	['prɔtɪstənt]
protester	[prə'tɛstəʳ]
proud	[praud]
prove	[pru:v]
proverb	['prɔvə:b]
provide	[prə'vaɪd]
provided	[prə'vaɪdɪd]
provisional	[prə'vɪʒənl]
provisions	[prə'vɪʒənz]
provoke	[prə'vəuk]
prudently	['pru:dntlɪ]
prudish	['pru:dɪʃ]
prune	[pru:n]
pseudonym	['sju:dənɪm]
psychiatrist	[saɪ'kaɪətrɪst]
psychoanalyst	[saɪkəu'ænəlɪst]
psychological	[saɪkə'lɔdʒɪkl]
psychologist	[saɪ'kɔlədʒɪst]
psychology	[saɪ'kɔlədʒɪ]
psychotherapist	[saɪkəu'θɛrəpɪst]
PTO	[pi:ti:'əu]
pub	[pʌb]
puberty	['pju:bətɪ]
public	['pʌblɪk]
publicity	[pʌb'lɪsɪtɪ]
publish	['pʌblɪʃ]
publisher	['pʌblɪʃəʳ]
pudding	['pudɪŋ]
puddle	['pʌdl]
puff	[pʌf]
pull	[pul]
pullover	['puləuvəʳ]
pulse	[pʌls]
pulses	['pʌlsəz]
pump	[pʌmp]
pumpkin	['pʌmpkɪn]
pun	[pʌn]
punch	[pʌntʃ]
punch-up	['pʌntʃʌp]
punctual	['pʌŋktjuəl]
punctuality	[pʌŋktju'ælɪtɪ]
punctuation	[pʌŋktju'eɪʃən]
puncture	['pʌŋktʃəʳ]
punish	['pʌnɪʃ]
punishment	['pʌnɪʃmənt]
punk	[pʌŋk]
pupil	['pju:pl]
puppet	['pʌpɪt]
puppy	['pʌpɪ]
purchase	['pə:tʃɪs]
pure	[pjuəʳ]
purée	['pjuəreɪ]
purely	['pjuəlɪ]
purify	['pjuərɪfaɪ]
purity	['pjuərɪtɪ]
purple	['pə:pl]
purpose	['pə:pəs]
purr	[pə:ʳ]
purse	[pə:s]
pursue	[pə'sju:]
pursuit	[pə'sju:t]
pus	[pʌs]
push	[puʃ]
pushchair	['puʃtʃɛəʳ]
pusher	['puʃəʳ]

ısh-up	['pʊʃʌp]
ıshy	['pʊʃɪ]
ıt	[pʊt]
ızzle	['pʌzl]
ızzled	['pʌzld]
uzzling	['pʌzlɪŋ]
yjamas	[pə'dʒɑ:məz]
ylon	['paɪlən]
yramid	['pɪrəmɪd]
uack	[kwæk]
uaint	[kweɪnt]
ualification	[kwɔlɪfɪ'keɪʃən]
ualified	['kwɔlɪfaɪd]
ualify	['kwɔlɪfaɪ]
uality	['kwɔlɪtɪ]
uantity	['kwɔntɪtɪ]
uarantine	['kwɔrnti:n]
uark	[kwɑ:k]
uarrel	['kwɔrl]
uarry	['kwɔrɪ]
uarter	['kwɔ:təʳ]
uarterly	['kwɔ:təlɪ]
uartet	[kwɔ:'tɛt]
uartz	[kwɔ:ts]
uay	[ki:]
ueasy	['kwi:zɪ]
ueen	[kwi:n]
uery	['kwɪərɪ]
uestion	['kwɛstʃən]
uestionnaire	[kwɛstʃə'nɛəʳ]
queue	[kju:]
quick	[kwɪk]
quickly	['kwɪklɪ]
quick-witted	[kwɪk'wɪtɪd]
quiet	['kwaɪət]
quietly	['kwaɪətlɪ]
quietness	['kwaɪətnɪs]
quilt	[kwɪlt]
quite	[kwaɪt]
quits	[kwɪts]
quiz	[kwɪz]
quota	['kwəutə]
quotation	[kwəu'teɪʃən]
quote	[kwəut]
rabbi	['ræbaɪ]
rabbit	['ræbɪt]
rabies	['reɪbi:z]
race	[reɪs]
racecourse	['reɪskɔ:s]
racehorse	['reɪshɔ:s]
racer	['reɪsəʳ]
racetrack	['reɪstræk]
racial	['reɪʃl]
racing	['reɪsɪŋ]
racism	['reɪsɪzəm]
racist	['reɪsɪst]
rack	[ræk]
racket	['rækɪt]
racquet	['rækɪt]
radar	['reɪdɑ:ʳ]
radar-controlled	['reɪdɑ:kən'trəuld]
radiation	[reɪdɪ'eɪʃən]
radiator	['reɪdɪeɪtəʳ]
radio	['reɪdɪəu]
radioactive	['reɪdɪəu'æktɪv]
radioactivity	['reɪdɪəuæk'tɪvɪtɪ]
radio-controlled	['reɪdɪəukən'trəuld]
radiotherapy	['reɪdɪəu'θɛrəpɪ]
radish	['rædɪʃ]
RAF	[ɑ:reɪ'ɛf]
raffle	['ræfl]
raft	[rɑ:ft]
rag	[ræg]
rage	[reɪdʒ]
raid	[reɪd]
rail	[reɪl]
railroad	['reɪlrəud]
railway	['reɪlweɪ]
rain	[reɪn]
rainbow	['reɪnbəu]
raincoat	['reɪnkəut]
rainforest	['reɪnfɔrɪst]
rainy	['reɪnɪ]
raise	[reɪz]
raisin	['reɪzn]
rake	[reɪk]
rally	['rælɪ]
ram	[ræm]
ramble	['ræmbl]
rambler	['ræmbləʳ]
ramp	[ræmp]
rampage	[ræm'peɪdʒ]
ran	[ræn]
ranch	[rɑ:ntʃ]
rancid	['rænsɪd]
random	['rændəm]
rang	[ræŋ]
range	[reɪndʒ]
rank	[ræŋk]
ransom	['rænsəm]
rap	[ræp]
rape	[reɪp]
rapids	['ræpɪdz]
rapist	['reɪpɪst]
rare	[rɛəʳ]
rarely	['rɛəlɪ]
rash	[ræʃ]
rasher	['ræʃəʳ]
raspberry	['rɑ:zbərɪ]
rat	[ræt]
rate	[reɪt]
rather	['rɑ:ðəʳ]
ration	['ræʃən]
rationalize	['ræʃnəlaɪz]
rattle	['rætl]
rattlesnake	['rætlsneɪk]
rave	[reɪv]
raven	['reɪvən]
ravenous	['rævənəs]
raving	['reɪvɪŋ]
raw	[rɔ:]
ray	[reɪ]
razor	['reɪzəʳ]
RE	[ɑ:r'i:]
reach	[ri:tʃ]
react	[ri:'ækt]
reaction	[ri:'ækʃən]
reactionary	[ri:'ækʃənrɪ]
reactor	[ri:'æktəʳ]
read VERB (present)	[ri:d]
read VERB (past)	[rɛd]
reader	['ri:dəʳ]
reading	['ri:dɪŋ]
ready	['rɛdɪ]
real	[rɪəl]
realistic	[rɪə'lɪstɪk]
reality	[ri:'ælɪtɪ]
realize	['rɪəlaɪz]
really	['rɪəlɪ]
realtor	['rɪəltɔ:ʳ]
rear	[rɪəʳ]
rear-view	['rɪəvju:]
reason	['ri:zn]
reasonable	['ri:znəbl]
reasonably	['ri:znəblɪ]
reassure	[ri:ə'ʃuəʳ]
reassuring	[ri:ə'ʃuərɪŋ]
rebellious	[rɪ'bɛljəs]
recede	[rɪ'si:d]
receipt	[rɪ'si:t]
receive	[rɪ'si:v]
receiver	[rɪ'si:vəʳ]
recent	['ri:snt]
recently	['ri:sntlɪ]
reception	[rɪ'sɛpʃən]
receptionist	[rɪ'sɛpʃənɪst]
recession	[rɪ'sɛʃən]
recipe	['rɛsɪpɪ]
reckon	['rɛkən]
reclaim	[rɪ'kleɪm]
reclining	[rɪ'klaɪnɪŋ]
recognition	[rɛkəg'nɪʃən]
recognizable	['rɛkəgnaɪzəbl]
recognize	['rɛkəgnaɪz]
recommend	[rɛkə'mɛnd]
reconcile	['rɛkənsaɪl]
reconsider	[ri:kən'sɪdəʳ]
record NOUN	['rɛkɔ:d]
record VERB	[rɪ'kɔ:d]
recorded	[rɪ'kɔ:dɪd]
recorder	[rɪ'kɔ:dəʳ]
recording	[rɪ'kɔ:dɪŋ]
recover	[rɪ'kʌvəʳ]
recovery	[rɪ'kʌvərɪ]
rectangle	['rɛktæŋgl]
rectangular	[rɛk'tæŋgjuləʳ]
recycle	[ri:'saɪkl]
recycling	[ri:'saɪklɪŋ]
red	[rɛd]
redcurrant	['rɛdkʌrənt]
redecorate	[ri:'dɛkəreɪt]
red-haired	[rɛd'hɛəd]
red-handed	[rɛd'hændɪd]
redhead	['rɛdhɛd]
redo	[ri:'du:]

reduce	[rɪ'djuːs]
reduction	[rɪ'dʌkʃən]
redundancy	[rɪ'dʌndənsɪ]
redundant	[rɪ'dʌndnt]
reed	[riːd]
reel	[riːl]
refer	[rɪ'fɜːʳ]
referee	[rɛfə'riː]
reference	['rɛfrəns]
refill	[riː'fɪl]
refined	[rɪ'faɪnd]
refinery	[rɪ'faɪnərɪ]
reflect	[rɪ'flɛkt]
reflection	[rɪ'flɛkʃən]
reflex	['riːflɛks]
reflexive	[rɪ'flɛksɪv]
reform	[rɪ'fɔːm]
refresher	[rɪ'frɛʃəʳ]
refreshing	[rɪ'frɛʃɪŋ]
refreshments	[rɪ'frɛʃmənts]
refrigerator	[rɪ'frɪdʒəreɪtəʳ]
refuel	[riː'fjuəl]
refuge	['rɛfjuːdʒ]
refugee	[rɛfju'dʒiː]
refund NOUN	['riːfʌnd]
refund VERB	[rɪ'fʌnd]
refusal	[rɪ'fjuːzəl]
refuse VERB	[rɪ'fjuːz]
refuse NOUN	['rɛfjuːs]
regain	[rɪ'geɪn]
regard	[rɪ'gɑːd]
regarding	[rɪ'gɑːdɪŋ]
regiment	['rɛdʒɪmənt]
region	['riːdʒən]
regional	['riːdʒənl]
register	['rɛdʒɪstəʳ]
registered	['rɛdʒɪstəd]
registration	[rɛdʒɪs'treɪʃən]
regret	[rɪ'grɛt]
regrettable	[rɪ'grɛtəbl]
regular	['rɛgjuləʳ]
regularity	[rɛgju'lærɪtɪ]
regularly	['rɛgjuləlɪ]
regulars	['rɛgjuləz]
regulation	[rɛgju'leɪʃən]
rehearsal	[rɪ'həːsəl]
rehearse	[rɪ'həːs]
reign	[reɪn]
rein	[reɪn]
reindeer	['reɪndɪəʳ]
reinforcements	[riːɪn'fɔːsmənts]
reject	[rɪ'dʒɛkt]
rejoice	[rɪ'dʒɔɪs]
relapse	[rɪ'læps]
related	[rɪ'leɪtɪd]
relation	[rɪ'leɪʃən]
relationship	[rɪ'leɪʃənʃɪp]
relative	['rɛlətɪv]
relatively	['rɛlətɪvlɪ]
relax	[rɪ'læks]
relaxation	[riːlæk'seɪʃən]
relaxed	[rɪ'lækst]
relaxing	[rɪ'læksɪŋ]
relay	['riːleɪ]
release	[rɪ'liːs]
relegated	['rɛləgeɪtɪd]
relevant	['rɛləvənt]
reliable	[rɪ'laɪəbl]
relief	[rɪ'liːf]
relieve	[rɪ'liːv]
relieved	[rɪ'liːvd]
religion	[rɪ'lɪdʒən]
religious	[rɪ'lɪdʒəs]
relish	['rɛlɪʃ]
reluctant	[rɪ'lʌktənt]
reluctantly	[rɪ'lʌktəntlɪ]
rely	[rɪ'laɪ]
remain	[rɪ'meɪn]
remaining	[rɪ'meɪnɪŋ]
remains	[rɪ'meɪnz]
remake	['riːmeɪk]
remark	[rɪ'mɑːk]
remarkable	[rɪ'mɑːkəbl]
remarkably	[rɪ'mɑːkəblɪ]
remarry	[riː'mærɪ]
remedy	['rɛmədɪ]
remember	[rɪ'mɛmbəʳ]
Remembrance	[rɪ'mɛmbrəns]
remind	[rɪ'maɪnd]
remorse	[rɪ'mɔːs]
remote	[rɪ'məut]
removable	[rɪ'muːvəbl]
removal	[rɪ'muːvəl]
remove	[rɪ'muːv]
remover	[rɪ'muːvəʳ]
rendezvous	['rɔndɪvuː]
renew	[rɪ'njuː]
renewable	[rɪ'njuːəbl]
renovate	['rɛnəveɪt]
renowned	[rɪ'naund]
rent	[rɛnt]
rental	['rɛntl]
rented	['rɛntɪd]
reorganize	[riː'ɔːgənaɪz]
rep	[rɛp]
repaid	[riː'peɪd]
repair	[rɪ'pɛəʳ]
repay	[riː'peɪ]
repayment	[riː'peɪmənt]
repeat	[rɪ'piːt]
repeated	[rɪ'piːtɪd]
repeatedly	[rɪ'piːtɪdlɪ]
repellent	[rɪ'pɛlənt]
repetition	[rɛpɪ'tɪʃən]
repetitive	[rɪ'pɛtɪtɪv]
replace	[rɪ'pleɪs]
replay NOUN	['riːpleɪ]
replay VERB	[riː'pleɪ]
replica	['rɛplɪkə]
reply	[rɪ'plaɪ]
report	[rɪ'pɔːt]
reporter	[rɪ'pɔːtəʳ]
represent	[rɛprɪ'zɛnt]
representative	[rɛprɪ'zɛntətɪv]
reprimand	['rɛprɪmɑːnd]
reproach	[rɪ'prəutʃ]
reproduction	[riːprə'dʌkʃən]
reptile	['rɛptaɪl]
republic	[rɪ'pʌblɪk]
republican	[rɪ'pʌblɪkən]
repulsive	[rɪ'pʌlsɪv]
reputation	[rɛpju'teɪʃən]
request	[rɪ'kwɛst]
requirement	[rɪ'kwaɪəmənt]
resat	[riː'sæt]
rescue	['rɛskjuː]
research	[rɪ'səːtʃ]
resemblance	[rɪ'zɛmbləns]
reservation	[rɛzə'veɪʃən]
reserve	[rɪ'zəːv]
reserved	[rɪ'zəːvd]
reset	[riː'sɛt]
residence	['rɛzɪdəns]
resident	['rɛzɪdənt]
residential	[rɛzɪ'dɛnʃəl]
resign	[rɪ'zaɪn]
resignation	[rɛzɪg'neɪʃən]
resistance	[rɪ'zɪstəns]
resit	[riː'sɪt]
resolute	['rɛzəluːt]
resolution	[rɛzə'luːʃən]
resort	[rɪ'zɔːt]
resources	[rɪ'zɔːsɪz]
respect	[rɪs'pɛkt]
respectable	[rɪs'pɛktəbl]
respected	[rɪs'pɛktɪd]
respectful	[rɪs'pɛktful]
respectively	[rɪs'pɛktɪvlɪ]
respond	[rɪs'pɔnd]
responsibility	[rɪspɔnsɪ'bɪlɪtɪ]
responsible	[rɪs'pɔnsɪbl]
rest	[rɛst]
restaurant	['rɛstərɔŋ]
restful	['rɛstful]
restless	['rɛstlɪs]
restore	[rɪ'stɔːʳ]
restrict	[rɪs'trɪkt]
restriction	[rɪs'trɪkʃən]
result	[rɪ'zʌlt]
résumé	['reɪzjuːmeɪ]
retire	[rɪ'taɪəʳ]
retired	[rɪ'taɪəd]
retirement	[rɪ'taɪəmənt]
retrace	[riː'treɪs]
retract	[rɪ'trækt]
return	[rɪ'təːn]
reunify	[riː'juːnɪfaɪ]
reunion	[riː'juːnɪən]
reuse	[riː'juːz]
reveal	[rɪ'viːl]
revenge	[rɪ'vɛndʒ]
Revenue	['rɛvənjuː]
reverse	[rɪ'vəːs]
review	[rɪ'vjuː]
revise	[rɪ'vaɪz]
revision	[rɪ'vɪʒən

evive	[rɪ'vaɪv]
evolting	[rɪ'vəultɪŋ]
evolution	[rɛvə'lu:ʃən]
evolutionary	[rɛvə'lu:ʃənrɪ]
evolver	[rɪ'vɔlvəʳ]
eward	[rɪ'wɔ:d]
ewarding	[rɪ'wɔ:dɪŋ]
ewind	[ri:'waɪnd]
heumatism	['ru:mətɪzəm]
hine	[raɪn]
hineland-Palatinate	['raɪnləndpə'lætɪnɪt]
hine-Westphalia	['raɪnwɛst'feɪlɪə]
hubarb	['ru:bɑ:b]
hythm	['rɪðm]
ib	[rɪb]
ibbon	['rɪbən]
ice	[raɪs]
ich	[rɪtʃ]
id	[rɪd]
ide	[raɪd]
ider	['raɪdəʳ]
idiculous	[rɪ'dɪkjuləs]
iding	['raɪdɪŋ]
ifle	['raɪfl]
ig	[rɪg]
ight	[raɪt]
ight-angled	['raɪtæŋld]
ight-hand	['raɪthænd]
ight-handed	[raɪt'hændɪd]
ight-wing	[raɪt'wɪŋ]
rim	[rɪm]
rind	[raɪnd]
ring	[rɪŋ]
rink	[rɪŋk]
rinse	[rɪns]
riot	['raɪət]
rip	[rɪp]
ripe	[raɪp]
rip-off	['rɪpɔf]
rise	[raɪz]
riser	['raɪzəʳ]
risk	[rɪsk]
risky	['rɪskɪ]
rissole	['rɪsəul]
rival	['raɪvl]
rivalry	['raɪvlrɪ]
river	['rɪvəʳ]
road	[rəud]
roadworks	['rəudwə:ks]
roam	[rəum]
roar	[rɔ:ʳ]
roast	[rəust]
rob	[rɔb]
robber	['rɔbəʳ]
robbery	['rɔbərɪ]
robot	['rəubɔt]
rock	[rɔk]
rockery	['rɔkərɪ]
rocket	['rɔkɪt]
rocking	['rɔkɪŋ]
rod	[rɔd]
rode	[rəud]
rodent	['rəudnt]
role	[rəul]
roll	[rəul]
roller	['rəuləʳ]
roller-skating	['rəuləskeɪtɪŋ]
rolling	['rəulɪŋ]
Roman	['rəumən]
romance	[rə'mæns]
Romania	[rəu'meɪnɪə]
Romanian	[rəu'meɪnɪən]
romantic	[rə'mæntɪk]
romp	[rɔmp]
roof	[ru:f]
rook	[ruk]
room	[ru:m]
roommate	['ru:mmeɪt]
root	[ru:t]
rope	[rəup]
rose	[rəuz]
rosemary	['rəuzmərɪ]
rot	[rɔt]
rotten	['rɔtn]
rough	[rʌf]
roughly	['rʌflɪ]
round	[raund]
roundabout	['raundəbaut]
route	[ru:t]
routine	[ru:'ti:n]
row NOUN, VERB	[rəu]
row NOUN	[rau]
rowboat	['rəubəut]
rowing	['rəuɪŋ]
royal	['rɔɪəl]
rub	[rʌb]
rubber	['rʌbəʳ]
rubbish	['rʌbɪʃ]
rubble	['rʌbl]
rucksack	['rʌksæk]
rudder	['rʌdəʳ]
rude	[ru:d]
rug	[rʌg]
rugby	['rʌgbɪ]
ruin	['ru:ɪn]
rule	[ru:l]
ruler	['ru:ləʳ]
rum	[rʌm]
rumour	['ru:məʳ]
run	[rʌn]
run-down	[rʌn'daun]
rung	[rʌŋ]
runner	['rʌnəʳ]
runner-up	[rʌnər'ʌp]
running	['rʌnɪŋ]
runway	['rʌnweɪ]
rural	['ruərl]
rush	[rʌʃ]
rush-hour	['rʌʃauəʳ]
rusk	[rʌsk]
Russia	['rʌʃə]
Russian	['rʌʃən]
rust	[rʌst]
rusty	['rʌstɪ]
ruthless	['ru:θlɪs]
rye	[raɪ]
Sabbath	['sæbəθ]
sack	[sæk]
sacred	['seɪkrɪd]
sacrifice	['sækrɪfaɪs]
sad	[sæd]
saddle	['sædl]
saddlebag	['sædlbæg]
sadly	['sædlɪ]
sadness	['sædnɪs]
safe	[seɪf]
safety	['seɪftɪ]
sage	[seɪdʒ]
Sagittarius	[sædʒɪ'tɛərɪəs]
Sahara	[sə'hɑ:rə]
said	[sɛd]
sail	[seɪl]
sailing	['seɪlɪŋ]
sailor	['seɪləʳ]
saint	[seɪnt]
Saints'	[seɪnts]
sake	[seɪk]
salad	['sæləd]
salami	[sə'lɑ:mɪ]
salary	['sælərɪ]
sale	[seɪl]
salesman	['seɪlzmən]
saleswoman	['seɪlzwumən]
salmon	['sæmən]
salon	['sælɔn]
saloon	[sə'lu:n]
salt	[sɔ:lt]
salty	['sɔ:ltɪ]
salute	[sə'lu:t]
salvation	[sæl'veɪʃən]
salve	[sælv]
same	[seɪm]
sample	['sɑ:mpl]
sand	[sænd]
sandal	['sændl]
sandblast	['sændblɑ:st]
sandpit	['sændpɪt]
sandstone	['sændstəun]
sandwich	['sændwɪtʃ]
sandy	['sændɪ]
sang	[sæŋ]
sanitary	['sænɪtərɪ]
sank	[sæŋk]
Santa Claus	[sæntə'klɔ:z]
sarcasm	['sɑ:kæzm]
sarcastic	[sɑ:'kæstɪk]
sardine	[sɑ:'di:n]
sat	[sæt]
satchel	['sætʃl]
satellite	['sætəlaɪt]
satisfactory	[sætɪs'fæktərɪ]
satisfied	['sætɪsfaɪd]
satisfy	['sætɪsfaɪ]
Saturday	['sætədɪ]

sauce [sɔ:s]
saucepan ['sɔ:spən]
saucer ['sɔ:səʳ]
Saudi ['saudi]
sauna ['sɔ:nə]
sausage ['sɔsɪdʒ]
save [seɪv]
savings ['seɪvɪŋz]
savoury ['seɪvərɪ]
savoy [sə'vɔɪ]
saw [sɔ:]
sax [sæks]
Saxon ['sæksən]
Saxony ['sæksənɪ]
Saxony-Anhalt ['sæksənɪ'ɑ:nhɑ:lt]
saxophone ['sæksəfəun]
say [seɪ]
saying ['seɪɪŋ]
scald [skɔ:ld]
scale [skeɪl]
scales [skeɪlz]
scampi ['skæmpɪ]
scandal ['skændl]
Scandinavia [skændɪ'neɪvɪə]
Scandinavian [skændɪ'neɪvɪən]
scar [skɑ:]
scarce [skɛəs]
scare [skɛəʳ]
scarecrow ['skɛəkrəu]
scared ['skɛəd]
scarf [skɑ:f]
scary ['skɛərɪ]
scatter ['skætəʳ]
scattered ['skætəd]
scene [si:n]
scenery ['si:nərɪ]
scent [sɛnt]
schedule ['ʃɛdju:l]
scheduled ['ʃɛdju:ld]
scheme [ski:m]
schilling ['ʃɪlɪŋ]
schmaltzy ['ʃmɔ:ltsɪ]
schnapps [ʃnæps]
scholarship ['skɔləʃɪp]
school [sku:l]
schoolbook ['sku:lbuk]
schoolboy ['sku:lbɔɪ]
schoolchildren ['sku:ltʃɪldrən]
schoolgirl ['sku:lgə:l]
schoolmate ['sku:lmeɪt]
science ['saɪəns]
scientific [saɪən'tɪfɪk]
scientist ['saɪəntɪst]
scissors ['sɪzəz]
scoff [skɔf]
scold [skəuld]
scooter ['sku:təʳ]
score [skɔ:ʳ]
Scorpio ['skɔ:pɪəu]
scorpion ['skɔ:pɪən]
Scot [skɔt]
Scotch [skɔtʃ]
Scotland ['skɔtlənd]
Scots [skɔts]
Scotsman ['skɔtsmən]
Scotswoman ['skɔtswumən]
Scottish ['skɔtɪʃ]
scout [skaut]
scrambled ['skræmbld]
scrap [skræp]
scrapbook ['skræpbuk]
scratch [skrætʃ]
scrawl [skrɔ:l]
scream [skri:m]
screen [skri:n]
screw [skru:]
screwdriver ['skru:draɪvəʳ]
scribble ['skrɪbl]
scrub [skrʌb]
sculpture ['skʌlptʃəʳ]
sea [si:]
seafood ['si:fu:d]
seagull ['si:gʌl]
seal [si:l]
seam [si:m]
seaman ['si:mən]
search [sə:tʃ]
seashore ['si:ʃɔ:ʳ]
seasick ['si:sɪk]
seaside ['si:saɪd]
season ['si:zn]
seasoning ['si:znɪŋ]
seat [si:t]
seaweed ['si:wi:d]
second ['sɛkənd]
secondary ['sɛkəndərɪ]
second-class ['sɛkənd'klɑ:s]
second-hand ['sɛkənd'hænd]
secondly ['sɛkəndlɪ]
secret ['si:krɪt]
secretary ['sɛkrətərɪ]
secretly ['si:krɪtlɪ]
section ['sɛkʃən]
secure [sɪ'kjuəʳ]
securing [sɪ'kjuərɪŋ]
security [sɪ'kjuərɪtɪ]
sedan [sə'dæn]
seduce [sɪ'dju:s]
see [si:]
seed [si:d]
seeing ['si:ɪŋ]
seem [si:m]
seen [si:n]
seesaw ['si:sɔ:]
see-through ['si:θru:]
segregation [sɛgrɪ'geɪʃən]
seize [si:z]
select [sɪ'lɛkt]
selection [sɪ'lɛkʃən]
self-assured [sɛlfə'ʃuəd]
self-catering [sɛlf'keɪtərɪŋ]
self-centred [sɛlf'sɛntəd]
self-confidence [sɛlf'kɔnfɪdns]
self-confident [sɛlf'kɔnfɪdənt]
self-conscious [sɛlf'kɔnʃəs]
self-contained [sɛlfkən'teɪnd]
self-control [sɛlfkən'trəul]
self-defence [sɛlfdɪ'fɛns]
self-discipline [sɛlf'dɪsɪplɪn]
self-employed [sɛlfɪm'plɔɪd]
selfish ['sɛlfɪʃ]
self-respect [sɛlfrɪs'pɛkt]
self-service [sɛlf'sə:vɪs]
sell [sɛl]
sell-by ['sɛlbaɪ]
selling ['sɛlɪŋ]
Sellotape ® ['sɛləuteɪp]
semester [sɪ'mɛstəʳ]
semi ['sɛmɪ]
semicircle ['sɛmɪsə:kl]
semicolon [sɛmɪ'kəulən]
semi-detached [sɛmɪdɪ'tætʃt]
semi-final [sɛmɪ'faɪnl]
seminar ['sɛmɪnɑ:ʳ]
semi-skimmed [sɛmɪ'skɪmd]
semolina [sɛmə'li:nə]
send [sɛnd]
sender ['sɛndəʳ]
senior ['si:nɪəʳ]
sensation [sɛn'seɪʃən]
sensational [sɛn'seɪʃənl]
sense [sɛns]
senseless ['sɛnslɪs]
sensible ['sɛnsɪbl]
sensitive ['sɛnsɪtɪv]
sensuous ['sɛnsjuəs]
sent [sɛnt]
sentence ['sɛntns]
sentimental [sɛntɪ'mɛntl]
sentry ['sɛntrɪ]
separate ADJECTIVE ['sɛprɪt]
separate VERB ['sɛpəreɪt]
separately ['sɛprɪtlɪ]
separation [sɛpə'reɪʃən]
September [sɛp'tɛmbəʳ]
sequel ['si:kwl]
sequence ['si:kwəns]
sergeant ['sɑ:dʒənt]
serial ['sɪərɪəl]
series ['sɪərɪz]
serious ['sɪərɪəs]
seriously ['sɪərɪəslɪ]
seriousness ['sɪərɪəsnɪs]
sermon ['sə:mən]
servant ['sə:vənt]
serve [sə:v]
service ['sə:vɪs]
serviceman ['sə:vɪsmən]
serviette [sə:vɪ'ɛt]
session ['sɛʃən]
set [sɛt]
settee [sɛ'ti:]
settle ['sɛtl]
settlement ['sɛtlmənt]

seven	['sɛvn]
seventeen	[sɛvn'ti:n]
seventh	['sɛvnθ]
seventy	['sɛvntɪ]
several	['sɛvərl]
severe	[sɪ'vɪəʳ]
sew	[səu]
sewage	['su:ɪdʒ]
sewing	['səuɪŋ]
sewn	[səun]
sex	[sɛks]
sexism	['sɛksɪzəm]
sexist	['sɛksɪst]
sexual	['sɛksjuəl]
sexuality	[sɛksju'ælɪtɪ]
sexually	['sɛksjuəlɪ]
sexy	['sɛksɪ]
shabby	['ʃæbɪ]
shade	[ʃeɪd]
shadow	['ʃædəu]
shady	['ʃeɪdɪ]
shake	[ʃeɪk]
shaken	['ʃeɪkn]
shaky	['ʃeɪkɪ]
shall	[ʃæl]
shallow	['ʃæləu]
shambles	['ʃæmblz]
shame	[ʃeɪm]
shampoo	[ʃæm'pu:]
shandy	['ʃændɪ]
shan't	[ʃɑ:nt]
shape	[ʃeɪp]
share	[ʃɛəʳ]
shark	[ʃɑ:k]
sharp	[ʃɑ:p]
sharpen	['ʃɑ:pn]
sharpener	['ʃɑ:pnəʳ]
shave	[ʃeɪv]
shaven	['ʃeɪvn]
shaver	['ʃeɪvəʳ]
shaving	['ʃeɪvɪŋ]
she	[ʃi:]
shears	['ʃɪəz]
she'd	[ʃi:d]
shed	[ʃɛd]
sheep	[ʃi:p]
sheepdog	['ʃi:pdɔg]
sheer	[ʃɪəʳ]
sheet	[ʃi:t]
shelf	[ʃɛlf]
she'll	[ʃi:l]
shell	[ʃɛl]
shellfish	['ʃɛlfɪʃ]
shelter	['ʃɛltəʳ]
shelves	[ʃɛlvz]
shepherd	['ʃɛpəd]
sheriff	['ʃɛrɪf]
sherry	['ʃɛrɪ]
she's	[ʃi:z]
Shetland	['ʃɛtlənd]
shield	[ʃi:ld]
shift	[ʃɪft]
shifty	['ʃɪftɪ]
shin	[ʃɪn]
shine	[ʃaɪn]
shining	['ʃaɪnɪŋ]
shiny	['ʃaɪnɪ]
ship	[ʃɪp]
shipbuilding	['ʃɪpbɪldɪŋ]
shipping	['ʃɪpɪŋ]
shipwreck	['ʃɪprɛk]
shipwrecked	['ʃɪprɛkt]
shipyard	['ʃɪpjɑ:d]
shirt	[ʃə:t]
shit	[ʃɪt]
shiver	['ʃɪvəʳ]
shock	[ʃɔk]
shocked	[ʃɔkt]
shocking	['ʃɔkɪŋ]
shoe	[ʃu:]
shoelace	['ʃu:leɪs]
shone	[ʃɔn]
shook	[ʃuk]
shoot	[ʃu:t]
shooting	['ʃu:tɪŋ]
shop	[ʃɔp]
shopkeeper	['ʃɔpki:pəʳ]
shoplifting	['ʃɔplɪftɪŋ]
shopping	['ʃɔpɪŋ]
shore	[ʃɔ:ʳ]
short	[ʃɔ:t]
shortage	['ʃɔ:tɪdʒ]
shorten	['ʃɔ:tn]
shorthand	['ʃɔ:thænd]
shortly	['ʃɔ:tlɪ]
shortness	['ʃɔ:tnɪs]
shorts	[ʃɔ:ts]
short-sighted	[ʃɔ:t'saɪtɪd]
shot	[ʃɔt]
shotgun	['ʃɔtgʌn]
should	[ʃud]
shoulder	['ʃəuldəʳ]
shouldn't	['ʃudnt]
shout	[ʃaut]
shovel	['ʃʌvl]
show	[ʃəu]
shower	['ʃauəʳ]
showerproof	['ʃauəpru:f]
showing	['ʃəuɪŋ]
shown	[ʃəun]
show-off	['ʃəuɔf]
showy	['ʃəuɪ]
shrank	[ʃræŋk]
shrewd	[ʃru:d]
shriek	[ʃri:k]
shrill	[ʃrɪl]
shrimps	[ʃrɪmps]
shrink	[ʃrɪŋk]
shrivel	['ʃrɪvl]
Shrove	[ʃrəuv]
shrug	[ʃrʌg]
shrunk	[ʃrʌŋk]
shudder	['ʃʌdəʳ]
shuffle	['ʃʌfl]
shut	[ʃʌt]
shutter	['ʃʌtəʳ]
shutters	['ʃʌtəz]
shuttle	['ʃʌtl]
shuttlecock	['ʃʌtlkɔk]
shy	[ʃaɪ]
Siberia	[saɪ'bɪərɪə]
Siberian	[saɪ'bɪərɪən]
Sicily	['sɪsɪlɪ]
sick	[sɪk]
sickening	['sɪknɪŋ]
sickness	['sɪknɪs]
side	[saɪd]
sideboard	['saɪdbɔ:d]
sidewalk	['saɪdwɔ:k]
sideways	['saɪdweɪz]
sieve	[sɪv]
sigh	[saɪ]
sight	[saɪt]
sightseeing	['saɪtsi:ɪŋ]
sign	[saɪn]
signal	['sɪgnl]
signature	['sɪgnətʃəʳ]
significance	[sɪg'nɪfɪkəns]
significant	[sɪg'nɪfɪkənt]
signpost	['saɪnpəust]
silence	['saɪləns]
silencer	['saɪlənsəʳ]
silent	['saɪlənt]
silicon	['sɪlɪkən]
silk	[sɪlk]
silky	['sɪlkɪ]
silly	['sɪlɪ]
silver	['sɪlvəʳ]
similar	['sɪmɪləʳ]
similarity	[sɪmɪ'lærɪtɪ]
simple	['sɪmpl]
simplicity	[sɪm'plɪsɪtɪ]
simplify	['sɪmplɪfaɪ]
simply	['sɪmplɪ]
simultaneous	[sɪməl'teɪnɪəs]
sin	[sɪn]
since	[sɪns]
sincere	[sɪn'sɪəʳ]
sincerely	[sɪn'sɪəlɪ]
sing	[sɪŋ]
singer	['sɪŋəʳ]
singing	['sɪŋɪŋ]
single	['sɪŋgl]
singles	['sɪŋglz]
singular	['sɪŋgjuləʳ]
sinister	['sɪnɪstəʳ]
sink	[sɪŋk]
sir	[səʳ]
siren	['saɪərn]
sister	['sɪstəʳ]
sister-in-law	['sɪstərɪnlɔ:]
sit	[sɪt]
sitcom	['sɪtkɔm]
site	[saɪt]
sitting	['sɪtɪŋ]
situated	['sɪtjueɪtɪd]

situation [sɪtju'eɪʃən]
six [sɪks]
sixteen [sɪks'ti:n]
sixth [sɪksθ]
sixty ['sɪkstɪ]
size [saɪz]
skate [skeɪt]
skateboard ['skeɪtbɔ:d]
skateboarding ['skeɪtbɔ:dɪŋ]
skates [skeɪts]
skating ['skeɪtɪŋ]
skeleton ['skɛlɪtn]
sketch [skɛtʃ]
ski [ski:]
skid [skɪd]
skier ['ski:əʳ]
skiing ['ski:ɪŋ]
skilful ['skɪlful]
skilled [skɪld]
skim [skɪm]
skimmed [skɪmd]
skimpy ['skɪmpɪ]
skin [skɪn]
skinhead ['skɪnhɛd]
skinny ['skɪnɪ]
skin-tight ['skɪntaɪt]
skip [skɪp]
skirt [skə:t]
skittles ['skɪtlz]
skive [skaɪv]
skull [skʌl]
sky [skaɪ]
sky-blue [skaɪ'blu:]
skyscraper ['skaɪskreɪpəʳ]
slack [slæk]
slag [slæg]
slam [slæm]
slang [slæŋ]
slap [slæp]
slash [slæʃ]
slate [sleɪt]
slaughter ['slɔ:təʳ]
slaughterhouse ['slɔ:təhaus]
sledge [slɛdʒ]
sledging ['slɛdʒɪŋ]
sleep [sli:p]
sleeping ['sli:pɪŋ]
sleepy ['sli:pɪ]
sleet [sli:t]
sleeve [sli:v]
sleigh [sleɪ]
slept [slɛpt]
slice [slaɪs]
slick [slɪk]
slide [slaɪd]
slight [slaɪt]
slightly ['slaɪtlɪ]
slim [slɪm]
sling [slɪŋ]
slip [slɪp]
slipper ['slɪpəʳ]
slippery ['slɪpərɪ]
slip-up ['slɪpʌp]
slit [slɪt]
slogan ['sləugən]
slope [sləup]
sloping ['sləupɪŋ]
sloppy ['slɔpɪ]
sloshed [slɔʃt]
slot [slɔt]
slow [sləu]
slowly ['sləulɪ]
slow-moving [sləu'mu:vɪŋ]
slowness ['sləunɪs]
slug [slʌg]
sluggish ['slʌgɪʃ]
slush [slʌʃ]
slushy ['slʌʃɪ]
sly [slaɪ]
smack [smæk]
small [smɔ:l]
smart [smɑ:t]
smash [smæʃ]
smashing ['smæʃɪŋ]
smell [smɛl]
smelly ['smɛlɪ]
smelt [smɛlt]
smile [smaɪl]
smoke [sməuk]
smoked [sməukt]
smoker ['sməukəʳ]
smoking ['sməukɪŋ]
smooth [smu:ð]
smudge [smʌdʒ]
smug [smʌg]
smuggle ['smʌgl]
smuggler ['smʌgləʳ]
smuggling ['smʌglɪŋ]
smutty ['smʌtɪ]
snack [snæk]
snail [sneɪl]
snake [sneɪk]
snap [snæp]
snapshot ['snæpʃɔt]
snarl [snɑ:l]
snatch [snætʃ]
sneak [sni:k]
sneeze [sni:z]
sniff [snɪf]
snob [snɔb]
snooker ['snu:kəʳ]
snooze [snu:z]
snore [snɔ:ʳ]
snorkel ['snɔ:kl]
snout [snaut]
snow [snəu]
snowball ['snəubɔ:l]
snowflake ['snəufleɪk]
snowman ['snəumæn]
snowplough ['snəuplau]
so [səu]
soak [səuk]
soaked [səukt]
soaking ['səukɪŋ]
soap [səup]
sob [sɔb]
sober ['səubəʳ]
soccer ['sɔkəʳ]
sociable ['səuʃəbl]
social ['səuʃl]
socialism ['səuʃəlɪzəm]
socialist ['səuʃəlɪst]
society [sə'saɪətɪ]
sociology [səusɪ'ɔlədʒɪ]
sock [sɔk]
socket ['sɔkɪt]
soda ['səudə]
sofa ['səufə]
soft [sɔft]
softly ['sɔftlɪ]
software ['sɔftwɛəʳ]
soggy ['sɔgɪ]
soil [sɔɪl]
solar ['səuləʳ]
sold [səuld]
soldier ['səuldʒəʳ]
sole [səul]
solemn ['sɔləm]
solicitor [sə'lɪsɪtəʳ]
solid ['sɔlɪd]
solo ['səuləu]
soluble ['sɔljubl]
solution [sə'lu:ʃən]
solve [sɔlv]
some [sʌm]
somebody ['sʌmbədɪ]
somehow ['sʌmhau]
someone ['sʌmwʌn]
someplace ['sʌmpleɪs]
something ['sʌmθɪŋ]
sometime ['sʌmtaɪm]
sometimes ['sʌmtaɪmz]
somewhat ['sʌmwɔt]
somewhere ['sʌmwɛəʳ]
son [sʌn]
song [sɔŋ]
son-in-law ['sʌnɪnlɔ:]
soon [su:n]
sooner ['su:nəʳ]
soot [sut]
sooty ['sutɪ]
soppy ['sɔpɪ]
soprano [sə'prɑ:nəu]
sorcerer ['sɔ:sərəʳ]
sore [sɔ:ʳ]
sorrow ['sɔrəu]
sorry ['sɔrɪ]
sort [sɔ:t]
so-so ['səusəu]
soul [səul]
sound [saund]
soundtrack ['saundtræk]
soup [su:p]
sour ['sauəʳ]
source [sɔ:s]
soured ['sauəd]

south [sauθ]
southeast [sauθ'i:st]
southerly ['sʌðəlɪ]
southern ['sʌðən]
southwest [sauθ'wɛst]
souvenir [su:və'nɪəʳ]
soy [sɔɪ]
soya ['sɔɪə]
space [speɪs]
spacecraft ['speɪskrɑ:ft]
spaceship ['speɪsʃɪp]
spade [speɪd]
Spain [speɪn]
Spaniard ['spænjəd]
spaniel ['spænjəl]
Spanish ['spænɪʃ]
spank [spæŋk]
spanner ['spænəʳ]
spare [spɛəʳ]
spark [spɑ:k]
sparkle ['spɑ:kl]
sparkling ['spɑ:klɪŋ]
sparrow ['spærəu]
spat [spæt]
spatial ['speɪʃl]
speak [spi:k]
speaker ['spi:kəʳ]
special ['spɛʃl]
specialist ['spɛʃəlɪst]
speciality [spɛʃɪ'ælɪtɪ]
specialize ['spɛʃəlaɪz]
specially ['spɛʃlɪ]
species ['spi:ʃi:z]
specific [spə'sɪfɪk]
specifically [spə'sɪfɪklɪ]
specimen ['spɛsɪmən]
specs [spɛks]
spectacles ['spɛktəklz]
spectacular [spɛk'tækjuləʳ]
spectator [spɛk'teɪtəʳ]
speech [spi:tʃ]
speechless ['spi:tʃlɪs]
speed [spi:d]
speedboat ['spi:dbəut]
speeding ['spi:dɪŋ]
speedometer [spɪ'dɔmɪtəʳ]
spell [spɛl]
spelling ['spɛlɪŋ]
spelt [spɛlt]
spend [spɛnd]
spice [spaɪs]
spicy ['spaɪsɪ]
spider ['spaɪdəʳ]
spike [spaɪk]
spill [spɪl]
spin [spɪn]
spinach ['spɪnɪtʃ]
spinal ['spaɪnl]
spin-dryer [spɪn'draɪəʳ]
spine [spaɪn]
spinster ['spɪnstəʳ]
spire ['spaɪəʳ]
spirit ['spɪrɪt]
spirits ['spɪrɪts]
spiritual ['spɪrɪtjuəl]
spit [spɪt]
spite [spaɪt]
spiteful ['spaɪtful]
splash [splæʃ]
splendid ['splɛndɪd]
splendour ['splɛndəʳ]
splint [splɪnt]
splinter ['splɪntəʳ]
split [splɪt]
spoil [spɔɪl]
spoiled [spɔɪld]
spoilsport ['spɔɪlspɔ:t]
spoilt [spɔɪlt]
spoke [spəuk]
spoken ['spəukn]
spokesman ['spəuksmən]
spokeswoman ['spəukswumən]
sponge [spʌndʒ]
sponsor ['spɔnsəʳ]
spontaneous [spɔn'teɪnɪəs]
spooky ['spu:kɪ]
spoon [spu:n]
sport [spɔ:t]
sportsman ['spɔ:tsmən]
sportswear ['spɔ:tswɛəʳ]
sportswoman ['spɔ:tswumən]
sporty ['spɔ:tɪ]
spot [spɔt]
spotless ['spɔtlɪs]
spotlight ['spɔtlaɪt]
spotted ['spɔtɪd]
spotty ['spɔtɪ]
spouse [spaus]
sprain [spreɪn]
spray [spreɪ]
spread [sprɛd]
spreadsheet ['sprɛdʃi:t]
spree [spri:]
spring [sprɪŋ]
springboard ['sprɪŋbɔ:d]
spring-cleaning [sprɪŋ'kli:nɪŋ]
springtime ['sprɪŋtaɪm]
sprinkler ['sprɪŋkləʳ]
sprint [sprɪnt]
sprinter ['sprɪntəʳ]
sprouts [sprauts]
spurt [spə:t]
spy [spaɪ]
squabble ['skwɔbl]
squander ['skwɔndəʳ]
square [skwɛəʳ]
squared [skwɛəd]
squash [skwɔʃ]
squeak [skwi:k]
squeeze [skwi:z]
squid [skwɪd]
squint [skwɪnt]
squirrel ['skwɪrəl]
stab [stæb]
stable ['steɪbl]
stack [stæk]
stadium ['steɪdɪəm]
staff [stɑ:f]
stag [stæg]
stage [steɪdʒ]
stagger ['stægəʳ]
stain [steɪn]
stained [steɪnd]
stainless ['steɪnlɪs]
stair [stɛəʳ]
staircase ['stɛəkeɪs]
stairs [stɛəz]
stale [steɪl]
stalemate ['steɪlmeɪt]
stall [stɔ:l]
stamina ['stæmɪnə]
stammer ['stæməʳ]
stamp [stæmp]
stamping ['stæmpɪŋ]
stand [stænd]
standard ['stændəd]
stand-by ['stændbaɪ]
standpoint ['stændpɔɪnt]
stands [stændz]
stank [stæŋk]
staple ['steɪpl]
stapler ['steɪpləʳ]
star [stɑ:ʳ]
stare [stɛəʳ]
stark [stɑ:k]
start [stɑ:t]
starter ['stɑ:təʳ]
starve [stɑ:v]
state [steɪt]
stately ['steɪtlɪ]
statement ['steɪtmənt]
state-run ['steɪt'rʌn]
States [steɪts]
station ['steɪʃən]
stationer's ['steɪʃənəz]
stationery ['steɪʃnərɪ]
statue ['stætju:]
status ['steɪtəs]
stay [steɪ]
steady ['stɛdɪ]
steak [steɪk]
steal [sti:l]
steam [sti:m]
steel [sti:l]
steep [sti:p]
steeple ['sti:pl]
steer [stɪəʳ]
steering ['stɪərɪŋ]
stem [stɛm]
stench [stɛntʃ]
step [stɛp]
stepbrother ['stɛpbrʌðəʳ]
stepchild ['stɛptʃaɪld]
stepdaughter ['stɛpdɔ:təʳ]
stepfather ['stɛpfɑ:ðəʳ]
stepladder ['stɛplædəʳ]

stepmother	['stɛpmʌðə']
stepsister	['stɛpsɪstə']
stepson	['stɛpsʌn]
stereo	['stɛrɪəu]
sterling	['stə:lɪŋ]
stew	[stju:]
steward	['stju:əd]
stewardess	['stjuədɛs]
stick	[stɪk]
sticker	['stɪkə']
sticking	['stɪkɪŋ]
sticky	['stɪkɪ]
stiff	[stɪf]
still	[stɪl]
sting	[stɪŋ]
stinging	['stɪŋɪŋ]
stingy	['stɪndʒɪ]
stink	[stɪŋk]
stir	[stə:']
stitch	[stɪtʃ]
stock	[stɔk]
stocking	['stɔkɪŋ]
stockroom	['stɔkru:m]
stole	[stəul]
stolen	['stəuln]
stomach	['stʌmək]
stomachache	['stʌməkeɪk]
stone	[stəun]
stony	['stəunɪ]
stood	[stud]
stool	[stu:l]
stop	[stɔp]
stopover	['stɔpəuvə']
stopwatch	['stɔpwɔtʃ]
store	[stɔ:']
storehouse	['stɔ:haus]
storey	['stɔ:rɪ]
storm	[stɔ:m]
stormy	['stɔ:mɪ]
story	['stɔ:rɪ]
stove	[stəuv]
straight	[streɪt]
straightforward	[streɪt'fɔ:wəd]
strain	[streɪn]
strained	[streɪnd]
strainer	['streɪnə']
stranded	['strændɪd]
strange	[streɪndʒ]
stranger	['streɪndʒə']
strangle	['stræŋgl]
strap	[stræp]
straw	[strɔ:]
strawberry	['strɔ:bərɪ]
stray	[streɪ]
stream	[stri:m]
street	[stri:t]
streetcar	['stri:tkɑ:']
streetlamp	['stri:tlæmp]
streetwise	['stri:twaɪz]
strength	[strɛŋθ]
strengthen	['strɛŋθn]
stress	[strɛs]
stressful	['strɛsful]
stretch	[strɛtʃ]
stretcher	['strɛtʃə']
stretchy	['strɛtʃɪ]
strict	[strɪkt]
strike	[straɪk]
striker	['straɪkə']
striking	['straɪkɪŋ]
string	[strɪŋ]
stringed	[strɪŋd]
strip	[strɪp]
stripe	[straɪp]
striped	[straɪpt]
stripper	['strɪpə']
stripy	['straɪpɪ]
stroke	[strəuk]
stroll	[strəul]
stroller	['strəulə']
strong	[strɔŋ]
strongly	['strɔŋlɪ]
struck	[strʌk]
structure	['strʌktʃə']
struggle	['strʌgl]
stub	[stʌb]
stubborn	['stʌbən]
stuck	[stʌk]
stuck-up	[stʌk'ʌp]
stud	[stʌd]
student	['stju:dənt]
studies	['stʌdɪz]
studio	['stju:dɪəu]
study	['stʌdɪ]
stuff	[stʌf]
stuffed	[stʌft]
stuffy	['stʌfɪ]
stumble	['stʌmbl]
stun	[stʌn]
stung	[stʌŋ]
stunk	[stʌŋk]
stunned	[stʌnd]
stunning	['stʌnɪŋ]
stunt	[stʌnt]
stuntman	['stʌntmæn]
stupid	['stju:pɪd]
stupidity	[stju:'pɪdɪtɪ]
stupidly	['stju:pɪdlɪ]
sturdy	['stə:dɪ]
stutter	['stʌtə']
style	[staɪl]
stylish	['staɪlɪʃ]
subconscious	[sʌb'kɔnʃəs]
subject	['sʌbdʒɪkt]
subjunctive	[səb'dʒʌŋktɪv]
submarine	[sʌbmə'ri:n]
subscribe	[səb'skraɪb]
subscription	[səb'skrɪpʃən]
subsequent	['sʌbsɪkwənt]
subsidiary	[səb'sɪdɪərɪ]
subsidize	['sʌbsɪdaɪz]
subsidy	['sʌbsɪdɪ]
substance	['sʌbstəns]
substantial	[səb'stænʃl]
substitute	['sʌbstɪtju:t]
subtitled	['sʌbtaɪtld]
subtitles	['sʌbtaɪtlz]
subtle	['sʌtl]
subtract	[səb'trækt]
suburb	['sʌbə:b]
suburban	[sə'bə:bən]
subway	['sʌbweɪ]
succeed	[sək'si:d]
success	[sək'sɛs]
successful	[sək'sɛsful]
successfully	[sək'sɛsfəlɪ]
successive	[sək'sɛsɪv]
such	[sʌtʃ]
such-and-such	['sʌtʃənsʌtʃ]
suck	[sʌk]
sudden	['sʌdn]
suddenly	['sʌdnlɪ]
sue	[su:]
suede	[sweɪd]
suffer	['sʌfə']
sufficient	[sə'fɪʃənt]
suffocate	['sʌfəkeɪt]
sugar	['ʃugə']
suggest	[sə'dʒɛst]
suggestion	[sə'dʒɛstʃən]
suggestive	[sə'dʒɛstɪv]
suicide	['suɪsaɪd]
suit	[su:t]
suitable	['su:təbl]
suitcase	['su:tkeɪs]
suite	[swi:t]
suited	['su:tɪd]
sulk	[sʌlk]
sulky	['sʌlkɪ]
sullen	['sʌlən]
sulphur	['sʌlfə']
sum	[sʌm]
summarize	['sʌməraɪz]
summary	['sʌmərɪ]
summer	['sʌmə']
summertime	['sʌmətaɪm]
summery	['sʌmərɪ]
summit	['sʌmɪt]
summon	['sʌmən]
summons	['sʌmənz]
sun	[sʌn]
sunbathe	['sʌnbeɪð]
sunblock	['sʌnblɔk]
sunburn	['sʌnbə:n]
sunburnt	['sʌnbə:nt]
sundae	['sʌndeɪ]
Sunday	['sʌndɪ]
sunflower	['sʌnflauə']
sung	[sʌŋ]
sunglasses	['sʌnglɑ:sɪz]
sunk	[sʌŋk]
sunlight	['sʌnlaɪt]
sunny	['sʌnɪ]
sunrise	['sʌnraɪz]
sunroof	['sʌnru:f]
sunscreen	['sʌnskri:n]

sunset	['sʌnsɛt]
sunshade	['sʌnʃeɪd]
sunshine	['sʌnʃaɪn]
sunstroke	['sʌnstrəuk]
suntan	['sʌntæn]
super	['su:pə']
superb	[su:'pə:b]
superficial	[su:pə'fɪʃəl]
superfluous	[su'pə:fluəs]
superlative	[su'pə:lətɪv]
supermarket	['su:pəmɑ:kɪt]
supernatural	[su:pə'nætʃərəl]
supersonic	['su:pə'sɔnɪk]
superstitious	[su:pə'stɪʃəs]
supervise	['su:pəvaɪz]
supervision	[su:pə'vɪʒən]
supervisor	['su:pəvaɪzə']
supper	['sʌpə']
supple	['sʌpl]
supplement	['sʌplɪmənt]
supplies	[sə'plaɪz]
supply	[sə'plaɪ]
support	[sə'pɔ:t]
supporter	[sə'pɔ:tə']
suppose	[sə'pəuz]
supposed	[sə'pəuzd]
supposing	[sə'pəuzɪŋ]
supposition	[sʌpə'zɪʃən]
suppress	[sə'prɛs]
surcharge	['sə:tʃɑ:dʒ]
sure	[ʃuə']
surely	['ʃuəlɪ]
surf	[sə:f]
surface	['sə:fɪs]
surfboard	['sə:fbɔ:d]
surfing	['sə:fɪŋ]
surgeon	['sə:dʒən]
surgery	['sə:dʒərɪ]
surname	['sə:neɪm]
surpass	[sə:'pɑ:s]
surplus	['sə:pləs]
surprise	[sə'praɪz]
surprised	[sə'praɪzd]
surprising	[sə'praɪzɪŋ]
surrender	[sə'rɛndə']
surrogate	['sʌrəgɪt]
surround	[sə'raund]
surroundings	[sə'raundɪŋz]
surveillance	[sə:'veɪləns]
survey	['sə:veɪ]
surveyor	[sə'veɪə']
survive	[sə'vaɪv]
survivor	[sə'vaɪvə']
susceptible	[sə'sɛptəbl]
suspect VERB	[səs'pɛkt]
suspect NOUN	['sʌspɛkt]
suspend	[səs'pɛnd]
suspender	[səs'pɛndə']
suspense	[səs'pɛns]
suspension	[səs'pɛnʃən]
suspicion	[səs'pɪʃən]
suspicious	[səs'pɪʃəs]
swallow	['swɔləu]
swam	[swæm]
swamp	[swɔmp]
swan	[swɔn]
swap	[swɔp]
swarm	[swɔ:m]
swat	[swɔt]
sway	[sweɪ]
swear	[swɛə']
swearword	['swɛəwə:d]
sweat	[swɛt]
sweater	['swɛtə']
sweaty	['swɛtɪ]
Swede	[swi:d]
swede	[swi:d]
Sweden	['swi:dn]
Swedish	['swi:dɪʃ]
sweep	[swi:p]
sweet	[swi:t]
sweetcorn	['swi:tkɔ:n]
sweetener	['swi:tnə']
swelling	['swɛlɪŋ]
sweltering	['swɛltərɪŋ]
swept	[swɛpt]
swerve	[swə:v]
swift	[swɪft]
swim	[swɪm]
swimmer	['swɪmə']
swimming	['swɪmɪŋ]
swimsuit	['swɪmsu:t]
swing	[swɪŋ]
Swiss	[swɪs]
switch	[swɪtʃ]
switchboard	['swɪtʃbɔ:d]
Switzerland	['swɪtsələnd]
swollen	['swəulən]
swop	[swɔp]
sword	[sɔ:d]
swore	[swɔ:']
sworn	[swɔ:n]
swot	[swɔt]
swum	[swʌm]
swung	[swʌŋ]
syllable	['sɪləbl]
syllabus	['sɪləbəs]
symbol	['sɪmbl]
symmetrical	[sɪ'mɛtrɪkl]
sympathetic	[sɪmpə'θɛtɪk]
sympathize	['sɪmpəθaɪz]
sympathy	['sɪmpəθɪ]
synagogue	['sɪnəgɔg]
synonym	['sɪnənɪm]
synonymous	[sɪ'nɔnɪməs]
synthetic	[sɪn'θɛtɪk]
syringe	[sɪ'rɪndʒ]
system	['sɪstəm]
systematic	[sɪstə'mætɪk]
table	['teɪbl]
tablecloth	['teɪblklɔθ]
tablespoon	['teɪblspu:n]
tablet	['tæblɪt]
tabloid	['tæblɔɪd]
tacitly	['tæsɪtlɪ]
tack	[tæk]
tackle	['tækl]
tact	[tækt]
tactful	['tæktful]
tactical	['tæktɪkl]
tactics	['tæktɪks]
tactless	['tæktlɪs]
tadpole	['tædpəul]
tag	[tæg]
tail	[teɪl]
tailor	['teɪlə']
take	[teɪk]
takeaway	['teɪkəweɪ]
taken	['teɪkən]
takeoff	['teɪkɔf]
talcum	['tælkəm]
tale	[teɪl]
talent	['tælnt]
talented	['tæləntɪd]
talk	[tɔ:k]
talkative	['tɔ:kətɪv]
talking	['tɔ:kɪŋ]
tall	[tɔ:l]
talon	['tælən]
tame	[teɪm]
tampon	['tæmpɔn]
tan	[tæn]
tangerine	[tændʒə'ri:n]
tangle	['tæŋgl]
tank	[tæŋk]
tankard	['tæŋkəd]
tanker	['tæŋkə']
tanned	[tænd]
tap	[tæp]
tap-dancing	['tæpdɑ:nsɪŋ]
tape	[teɪp]
tar	[tɑ:]
target	['tɑ:gɪt]
tarmac	['tɑ:mæk]
tarnished	['tɑ:nɪʃt]
tart	[tɑ:t]
tartan	['tɑ:tn]
tartar	['tɑ:tə']
task	[tɑ:sk]
taste	[teɪst]
tasteful	['teɪstful]
tasteless	['teɪstlɪs]
tasty	['teɪstɪ]
tattoo	[tə'tu:]
taught	[tɔ:t]
Taurus	['tɔ:rəs]
tax	[tæks]
taxi	['tæksɪ]
TB	[ti:'bi:]
tea	[ti:]
teach	[ti:tʃ]
teacher	['ti:tʃə']
teacher's	['ti:tʃəz]
team	[ti:m]
teapot	['ti:pɔt]
tear NOUN	[tɪə']

tear VERB	[tɛəʳ]
tearoom	['ti:ru:m]
tease	[ti:z]
teaspoon	['ti:spu:n]
teatime	['ti:taɪm]
technical	['tɛknɪkl]
technician	[tɛk'nɪʃən]
technique	[tɛk'ni:k]
techno	['tɛknəu]
technological	[tɛknə'lɔdʒɪkl]
technology	[tɛk'nɔlədʒɪ]
teddy	['tɛdɪ]
teenage	['ti:neɪdʒ]
teenager	['ti:neɪdʒəʳ]
teens	[ti:nz]
tee-shirt	['ti:ʃə:t]
teeth	[ti:θ]
teethe	[ti:ð]
teetotal	['ti:'təutl]
telecommunications	['tɛlɪkəmju:nɪ'keɪʃənz]
telegram	['tɛlɪgræm]
telephone	['tɛlɪfəun]
telephoto	['tɛlɪ'fəutəu]
telescope	['tɛlɪskəup]
television	['tɛlɪvɪʒən]
tell	[tɛl]
teller	['tɛləʳ]
telly	['tɛlɪ]
temper	['tɛmpəʳ]
temperamental	[tɛmprə'mɛntl]
temperature	['tɛmprətʃəʳ]
temple	['tɛmpl]
temporary	['tɛmpərərɪ]
tempt	[tɛmpt]
temptation	[tɛmp'teɪʃən]
tempting	['tɛmptɪŋ]
ten	[tɛn]
tend	[tɛnd]
tennis	['tɛnɪs]
tenor	['tɛnəʳ]
tenpin	['tɛnpɪn]
tense	[tɛns]
tension	['tɛnʃən]
tent	[tɛnt]
tenth	[tɛnθ]
term	[tə:m]
terminal	['tə:mɪnl]
terminally	['tə:mɪnlɪ]
terminus	['tə:mɪnəs]
terrace	['tɛrəs]
terraced	['tɛrəst]
terrain	[tɛ'reɪn]
terrible	['tɛrɪbl]
terribly	['tɛrɪblɪ]
terrier	['tɛrɪəʳ]
terrific	[tə'rɪfɪk]
terrified	['tɛrɪfaɪd]
territory	['tɛrɪtərɪ]
terror	['tɛrəʳ]
terrorism	['tɛrərɪzəm]
terrorist	['tɛrərɪst]
test	[tɛst]
tested	['tɛstɪd]
tetanus	['tɛtənəs]
text	[tɛkst]
textbook	['tɛkstbuk]
textiles	['tɛkstaɪlz]
Thames	[tɛmz]
than	[ðæn, ðən]
thank	[θæŋk]
thanks	[θæŋks]
that	[ðæt, ðət]
thatched	[θætʃt]
that's	[ðæts, ðəts]
thaw	[θɔ:]
the	[ðə, ði:]
theatre	['θɪətəʳ]
theft	[θɛft]
their	[ðɛəʳ]
theirs	[ðɛəz]
them	[ðɛm, ðəm]
theme	[θi:m]
themselves	[ðəm'sɛlvz]
then	[ðɛn]
theorem	['θɪərəm]
theoretical	[θɪə'rɛtɪkl]
theory	['θɪərɪ]
therapy	['θɛrəpɪ]
there	[ðɛəʳ]
therefore	['ðɛəfɔ:ʳ]
there's	['ðɛəz]
thermometer	[θə'mɔmɪtəʳ]
Thermos ®	['θə:məs]
these	[ði:z]
thesis	['θi:sɪs]
they	[ðeɪ]
they'd	[ðeɪd]
they'll	[ðeɪl]
they're	[ðɛəʳ]
they've	[ðeɪv]
thick	[θɪk]
thief	[θi:f]
thigh	[θaɪ]
thin	[θɪn]
thing	[θɪŋ]
think	[θɪŋk]
third	[θə:d]
thirdly	['θə:dlɪ]
thirst	[θə:st]
thirsty	['θə:stɪ]
thirteen	[θə:'ti:n]
thirty	['θə:tɪ]
this	[ðɪs]
thistle	['θɪsl]
thorough	['θʌrə]
thoroughly	['θʌrəlɪ]
those	[ðəuz]
though	[ðəu]
thought	[θɔ:t]
thoughtful	['θɔ:tful]
thoughtless	['θɔ:tlɪs]
thousand	['θauzənd]
thread	[θrɛd]
threat	[θrɛt]
threaten	['θrɛtn]
three	[θri:]
three-dimensional	[θri:dɪ'mɛnʃənl]
three-quarters	[θri:'kwɔ:təz]
threw	[θru:]
thrifty	['θrɪftɪ]
thrill	[θrɪl]
thrilled	[θrɪld]
thriller	['θrɪləʳ]
thrilling	['θrɪlɪŋ]
thrive	[θraɪv]
throat	[θrəut]
throb	[θrɔb]
throne	[θrəun]
through	[θru:]
throughout	[θru:'aut]
throw	[θrəu]
thug	[θʌg]
thumb	[θʌm]
thump	[θʌmp]
thunder	['θʌndəʳ]
thunderstorm	['θʌndəstɔ:m]
thundery	['θʌndərɪ]
Thuringia	[θju'rɪndʒɪə]
Thursday	['θə:zdɪ]
thyme	[taɪm]
tick	[tɪk]
ticket	['tɪkɪt]
tickle	['tɪkl]
ticklish	['tɪklɪʃ]
tide	[taɪd]
tidy	['taɪdɪ]
tie	[taɪ]
tiger	['taɪgəʳ]
tight	[taɪt]
tighten	['taɪtn]
tightly	['taɪtlɪ]
tights	[taɪts]
tile	[taɪl]
tiled	[taɪld]
till	[tɪl]
time	[taɪm]
time-consuming	['taɪmkənsju:mɪŋ]
timer	['taɪməʳ]
time-share	['taɪmʃɛəʳ]
timetable	['taɪmteɪbl]
timid	['tɪmɪd]
tin	[tɪn]
tinfoil	['tɪnfɔɪl]
tinned	[tɪnd]
tinsel	['tɪnsl]
tinted	['tɪntɪd]
tiny	['taɪnɪ]
tip	[tɪp]
tipped	['tɪpt]
tipsy	['tɪpsɪ]
tiptoe	['tɪptəu]
tired	['taɪəd]
tiredness	['taɪədnɪs]
tiresome	['taɪəsəm]

tiring	['taɪərɪŋ]
tissue	['tɪʃu:]
title	['taɪtl]
to	[tu:, tə]
toad	[təud]
toadstool	['təudstu:l]
toast	[təust]
toaster	['təustəʳ]
toastie	['təustɪ]
toasting	['təustɪŋ]
tobacco	[tə'bækəu]
tobacconist's	[tə'bækənɪsts]
toboggan	[tə'bɔgən]
tobogganing	[tə'bɔgənɪŋ]
today	[tə'deɪ]
today's	[tə'deɪz]
toddler	['tɔdləʳ]
toe	[təu]
toffee	['tɔfɪ]
together	[tə'gɛðəʳ]
toilet	['tɔɪlət]
toiletries	['tɔɪlətrɪz]
token	['təukən]
told	[təuld]
tolerant	['tɔlərnt]
tolerate	['tɔləreɪt]
toll	[təul]
tomato	[tə'mɑ:təu]
tomboy	['tɔmbɔɪ]
tomcat	['tɔmkæt]
tomorrow	[tə'mɔrəu]
tomorrow's	[tə'mɔrəuz]
ton	[tʌn]
tone	[təun]
tongue	[tʌŋ]
tonic	['tɔnɪk]
tonight	[tə'naɪt]
tonsillitis	[tɔnsɪ'laɪtɪs]
tonsils	['tɔnslz]
too	[tu:]
took	[tuk]
tool	[tu:l]
tooth	[tu:θ]
toothache	['tu:θeɪk]
toothbrush	['tu:θbrʌʃ]
toothpaste	['tu:θpeɪst]
toothpick	['tu:θpɪk]
top	[tɔp]
topic	['tɔpɪk]
topical	['tɔpɪkl]
topless	['tɔplɪs]
topmost	['tɔpməust]
top-secret	['tɔp'si:krɪt]
torch	[tɔ:tʃ]
tore	[tɔ:ʳ]
torment	[tɔ:'mɛnt]
torn	[tɔ:n]
tortoise	['tɔ:təs]
torture	['tɔ:tʃəʳ]
Tory	['tɔ:rɪ]
toss	[tɔs]
total	['təutl]
totalitarian	[təutælɪ'tɛərɪən]
totally	['təutəlɪ]
touch	[tʌtʃ]
touchdown	['tʌtʃdaun]
touched	[tʌtʃt]
touching	['tʌtʃɪŋ]
touchline	['tʌtʃlaɪn]
touchy	['tʌtʃɪ]
tough	[tʌf]
toupee	['tu:peɪ]
tour	['tuəʳ]
tourism	['tuərɪzm]
tourist	['tuərɪst]
tournament	['tuənəmənt]
tow	[təu]
towards	[tə'wɔ:dz]
towel	['tauəl]
towelling	['tauəlɪŋ]
tower	['tauəʳ]
town	[taun]
toxic	['tɔksɪk]
toy	[tɔɪ]
trace	[treɪs]
tracing	['treɪsɪŋ]
track	[træk]
tracksuit	['træksu:t]
tractor	['træktəʳ]
trade	[treɪd]
tradition	[trə'dɪʃən]
traditional	[trə'dɪʃənl]
traffic	['træfɪk]
tragedy	['trædʒədɪ]
tragic	['trædʒɪk]
trail	[treɪl]
trailer	['treɪləʳ]
train	[treɪn]
trained	[treɪnd]
trainee	[treɪ'ni:]
trainer	['treɪnəʳ]
trainers	['treɪnəz]
training	['treɪnɪŋ]
trait	[treɪt]
tram	[træm]
tramp	[træmp]
trampoline	['træmpəli:n]
tranquillizer	['træŋkwɪlaɪzəʳ]
transfer NOUN	['trænsfəʳ]
transfer VERB	[træns'fə:ʳ]
transfusion	[træns'fju:ʒən]
transistor	[træn'zɪstəʳ]
transit	['trænzɪt]
transition	[træn'zɪʃən]
translate	[trænz'leɪt]
translation	[trænz'leɪʃən]
translator	[trænz'leɪtəʳ]
transmission	[trænz'mɪʃən]
transmitted	[trænz'mɪtɪd]
transparent	[træns'pærnt]
transplant	['trænsplɑ:nt]
transport NOUN	['trænspɔ:t]
transport VERB	[træns'pɔ:t]
trap	[træp]
trash	[træʃ]
trashy	['træʃɪ]
traumatic	[trɔ:'mætɪk]
travel	['trævl]
traveller	['trævləʳ]
traveller's	['trævləz]
travelling	['trævlɪŋ]
tray	[treɪ]
tread	[trɛd]
treasure	['trɛʒəʳ]
treat	[tri:t]
treatment	['tri:tmənt]
treaty	['tri:tɪ]
treble	['trɛbl]
tree	[tri:]
trekking	['trɛkɪŋ]
tremble	['trɛmbl]
tremendous	[trɪ'mɛndəs]
trend	[trɛnd]
trendy	['trɛndɪ]
trial	['traɪəl]
triangle	['traɪæŋgl]
triangular	[traɪ'æŋgjuləʳ]
tribe	[traɪb]
tributary	['trɪbjutərɪ]
trick	[trɪk]
tricky	['trɪkɪ]
tricycle	['traɪsɪkl]
tried	[traɪd]
trifle	['traɪfl]
trim	[trɪm]
trip	[trɪp]
triple	['trɪpl]
triplets	['trɪplɪts]
trivial	['trɪvɪəl]
trod	[trɔd]
trodden	[trɔdn]
trolley	['trɔlɪ]
trombone	[trɔm'bəun]
troops	[tru:ps]
trophy	['trəufɪ]
tropical	['trɔpɪkl]
tropics	['trɔpɪks]
trot	[trɔt]
trouble	['trʌbl]
troublemaker	['trʌblmeɪkəʳ]
trousers	['trauzəz]
trout	[traut]
truant	['truənt]
truck	[trʌk]
trucker	['trʌkəʳ]
true	[tru:]
trump	[trʌmp]
trumpet	['trʌmpɪt]
trumpeter	['trʌmpɪtəʳ]
truncheon	['trʌntʃən]
trunk	[trʌŋk]
trunks	[trʌŋks]
trust	[trʌst]
trusting	['trʌstɪŋ]
trustworthy	['trʌstwə:ðɪ]
truth	[tru:θ]

truthful [ˈtruːθful]
try [traɪ]
T-shirt [ˈtiːʃɜːt]
tub [tʌb]
tube [tjuːb]
tuberculosis [tjubɜːkjuˈləusɪs]
tuck [tʌk]
Tuesday [ˈtjuːzdɪ]
tug [tʌg]
tuition [tjuːˈɪʃən]
tulip [ˈtjuːlɪp]
tumble [ˈtʌmbl]
tummy [ˈtʌmɪ]
tumour [ˈtjuːməʳ]
tuna [ˈtjuːnə]
tune [tjuːn]
tunnel [ˈtʌnl]
Turk [tɜːk]
Turkey [ˈtɜːkɪ]
turkey [ˈtɜːkɪ]
Turkish [ˈtɜːkɪʃ]
turn [tɜːn]
turning [ˈtɜːnɪŋ]
turnip [ˈtɜːnɪp]
turnover [ˈtɜːnəuvəʳ]
turquoise [ˈtɜːkwɔɪz]
turtle [ˈtɜːtl]
tutor [ˈtjuːtəʳ]
tuxedo [tʌkˈsiːdəu]
TV [tiːˈviː]
tweezers [ˈtwiːzəz]
twelfth [twɛlfθ]
twelve [twɛlv]
twenty [ˈtwɛntɪ]
twice [twaɪs]
twin [twɪn]
twinkle [ˈtwɪŋkl]
twinned [twɪnd]
twist [twɪst]
twit [twɪt]
twitch [twɪtʃ]
two [tuː]
two-lane [tuːˈleɪn]
type [taɪp]
typewriter [ˈtaɪpraɪtəʳ]
typical [ˈtɪpɪkl]
typing [ˈtaɪpɪŋ]
tyre [ˈtaɪəʳ]
Tyrolean [tɪrəˈliːən]
UFO [ˈjuːɛfəu]
ugh [ɜːh]
ugly [ˈʌglɪ]
UK [juːˈkeɪ]
ulcer [ˈʌlsəʳ]
Ulster [ˈʌlstəʳ]
ultimate [ˈʌltɪmət]
ultimately [ˈʌltɪmətlɪ]
ultrasound [ˈʌltrəsaund]
umbrella [ʌmˈbrɛlə]
umlaut [ˈumlaut]
umpire [ˈʌmpaɪəʳ]
umpteen [ʌmpˈtiːn]

UN [juːˈɛn]
unable [ʌnˈeɪbl]
unacceptable [ʌnəkˈsɛptəbl]
unaccustomed [ʌnəˈkʌstəmd]
unanimous [juːˈnænɪməs]
unavoidable [ʌnəˈvɔɪdəbl]
unaware [ʌnəˈwɛəʳ]
unbearable [ʌnˈbɛərəbl]
unbeatable [ʌnˈbiːtəbl]
unbelievable [ʌnbɪˈliːvəbl]
unbiased [ʌnˈbaɪəst]
unborn [ʌnˈbɔːn]
unbreakable [ʌnˈbreɪkəbl]
uncalled-for [ʌnˈkɔːldfɔːʳ]
uncanny [ʌnˈkænɪ]
uncertain [ʌnˈsɜːtn]
uncertainty [ʌnˈsɜːtntɪ]
unchangeable [ʌnˈtʃeɪndʒəbl]
uncivilized [ʌnˈsɪvɪlaɪzd]
uncle [ˈʌŋkl]
unclear [ʌnˈklɪəʳ]
uncomfortable [ʌnˈkʌmfətəbl]
uncommunicative [ʌnkəˈmjuːnɪkətɪv]
unconditional [ʌnkənˈdɪʃənl]
unconscious [ʌnˈkɔnʃəs]
unconsciousness [ʌnˈkɔnʃəsnɪs]
unconventional [ʌnkənˈvɛnʃənl]
undecided [ʌndɪˈsaɪdɪd]
under [ˈʌndəʳ]
underage [ʌndərˈeɪdʒ]
undercover [ʌndəˈkʌvəʳ]
underestimate [ˈʌndərˈɛstɪmeɪt]
underground [ˈʌndəgraund]
underline [ʌndəˈlaɪn]
underneath [ʌndəˈniːθ]
underpaid [ʌndəˈpeɪd]
underpants [ˈʌndəpænts]
underpass [ˈʌndəpɑːs]
undershirt [ˈʌndəʃɜːt]
underskirt [ˈʌndəskɜːt]
understand [ʌndəˈstænd]
understandable [ʌndəˈstændəbl]
understanding [ʌndəˈstændɪŋ]
understood [ʌndəˈstud]
undertaker [ˈʌndəteɪkəʳ]
underwater [ˈʌndəˈwɔːtəʳ]
underwear [ˈʌndəwɛəʳ]
undesirable [ʌndɪˈzaɪərəbl]
undisturbed [ʌndɪsˈtɜːbd]
undo [ʌnˈduː]
undress [ʌnˈdrɛs]
undrinkable [ʌnˈdrɪŋkəbl]
uneconomic [ˈʌniːkəˈnɔmɪk]
uneducated [ʌnˈɛdjukeɪtɪd]
unemployed [ʌnɪmˈplɔɪd]
unemployment [ʌnɪmˈplɔɪmənt]
uneven [ʌnˈiːvn]
unexpected [ʌnɪksˈpɛktɪd]
unexpectedly [ʌnɪksˈpɛktɪdlɪ]
unfair [ʌnˈfɛəʳ]

unfaithful [ʌnˈfeɪθful]
unfamiliar [ʌnfəˈmɪlɪəʳ]
unfashionable [ʌnˈfæʃnəbl]
unfavourable [ʌnˈfeɪvrəbl]
unfit [ʌnˈfɪt]
unfold [ʌnˈfəuld]
unforgettable [ʌnfəˈgɛtəbl]
unfortunate [ʌnˈfɔːtʃənət]
unfortunately [ʌnˈfɔːtʃənətlɪ]
unfriendliness [ʌnˈfrɛndlɪnɪs]
unfriendly [ʌnˈfrɛndlɪ]
ungrateful [ʌnˈgreɪtful]
unhappy [ʌnˈhæpɪ]
unhealthy [ʌnˈhɛlθɪ]
unhitch [ʌnˈhɪtʃ]
uni [ˈjuːnɪ]
uniform [ˈjuːnɪfɔːm]
unimaginative [ʌnɪˈmædʒɪnətɪv]
unimportant [ʌnɪmˈpɔːtənt]
uninhabited [ʌnɪnˈhæbɪtɪd]
unintelligible [ʌnɪnˈtɛlɪdʒɪbl]
unintentional [ʌnɪnˈtɛnʃənəl]
uninteresting [ʌnˈɪntrɪstɪŋ]
uninterrupted [ʌnɪntəˈrʌptɪd]
union [ˈjuːnjən]
unionist [ˈjuːnjənɪst]
unique [juːˈniːk]
unit [ˈjuːnɪt]
unite [juːˈnaɪt]
United [juːˈnaɪtɪd]
universe [ˈjuːnɪvɜːs]
university [juːnɪˈvɜːsɪtɪ]
unjust [ʌnˈdʒʌst]
unknown [ʌnˈnəun]
unleaded [ʌnˈlɛdɪd]
unless [ʌnˈlɛs]
unlike [ʌnˈlaɪk]
unlikely [ʌnˈlaɪklɪ]
unlisted [ˈʌnˈlɪstɪd]
unload [ʌnˈləud]
unlock [ʌnˈlɔk]
unlucky [ʌnˈlʌkɪ]
unmarried [ʌnˈmærɪd]
unmistakeable [ʌnmɪsˈteɪkəbl]
unnatural [ʌnˈnætʃrəl]
unnecessary [ʌnˈnɛsəsərɪ]
unofficial [ʌnəˈfɪʃl]
unpack [ʌnˈpæk]
unpardonable [ʌnˈpɑːdnəbl]
unpleasant [ʌnˈplɛznt]
unplug [ʌnˈplʌg]
unpopular [ʌnˈpɔpjuləʳ]
unpractical [ʌnˈpræktɪkl]
unpredictable [ʌnprɪˈdɪktəbl]
unprepared [ʌnprɪˈpɛəd]
unreal [ʌnˈrɪəl]
unrealistic [ˈʌnrɪəˈlɪstɪk]
unreasonable [ʌnˈriːznəbl]
unreliable [ʌnrɪˈlaɪəbl]
unrest [ʌnˈrɛst]
unroll [ʌnˈrəul]
unsatisfactory [ˈʌnsætɪsˈfæktərɪ]

unsatisfied	[ʌn'sætɪsfaɪd]
unscrew	[ʌn'skru:]
unshaven	[ʌn'ʃeɪvn]
unskilled	[ʌn'skɪld]
unsolved	[ʌn'sɔlvd]
unstable	[ʌn'steɪbl]
unsteady	[ʌn'stɛdɪ]
unsuccessful	[ʌnsək'sɛsful]
unsuitable	[ʌn'su:təbl]
unsuspecting	[ʌnsəs'pɛktɪŋ]
untidiness	[ʌn'taɪdɪnɪs]
untidy	[ʌn'taɪdɪ]
untie	[ʌn'taɪ]
until	[ən'tɪl]
untrue	[ʌn'tru:]
unusual	[ʌn'ju:ʒuəl]
unwilling	[ʌn'wɪlɪŋ]
unwind	[ʌn'waɪnd]
unwise	[ʌn'waɪz]
unwound	[ʌn'waund]
unwrap	[ʌn'ræp]
up	[ʌp]
upbringing	['ʌpbrɪŋɪŋ]
uphill	['ʌp'hɪl]
upper	['ʌpə']
upright	['ʌpraɪt]
upset NOUN	['ʌpsɛt]
upset ADJECTIVE	[ʌp'sɛt]
upside	[ʌp'saɪd]
upstairs	[ʌp'stɛəz]
uptight	[ʌp'taɪt]
up-to-date	['ʌptə'deɪt]
upwards	['ʌpwədz]
urgent	['ə:dʒənt]
urine	['juərɪn]
US	[ju:'ɛs]
us	[ʌs]
USA	[ju:ɛs'eɪ]
usable	['ju:zəbl]
use NOUN	[ju:s]
use VERB	[ju:z]
used	[ju:zd]
useful	['ju:sful]
useless	['ju:slɪs]
user	['ju:zə']
usual	['ju:ʒuəl]
usually	['ju:ʒuəlɪ]
utility	[ju:'tɪlɪtɪ]
utilize	['ju:tɪlaɪz]
utmost	['ʌtməust]
utopian	[ju'təupɪən]
U-turn	['ju:'tə:n]
vacancy	['veɪkənsɪ]
vacant	['veɪkənt]
vacate	[və'keɪt]
vacation	[və'keɪʃən]
vaccinate	['væksɪneɪt]
vaccination	[væksɪ'neɪʃən]
vaccine	['væksi:n]
vacuum	['vækjum]
vagina	[və'dʒaɪnə]
vague	[veɪg]
vain	[veɪn]
Valentine	['væləntaɪn]
Valentine's	['væləntaɪnz]
valid	['vælɪd]
valley	['vælɪ]
valuable	['væljuəbl]
valuables	['væljuəblz]
value	['vælju:]
valve	[vælv]
vampire	['væmpaɪə']
van	[væn]
vandal	['vændl]
vandalism	['vændəlɪzəm]
vandalize	['vændəlaɪz]
vanilla	[və'nɪlə]
vanish	['vænɪʃ]
variable	['vɛərɪəbl]
varied	['vɛərɪd]
variety	[və'raɪətɪ]
various	['vɛərɪəs]
varnish	['vɑ:nɪʃ]
vary	['vɛərɪ]
vase	[vɑ:z]
VAT	[væt]
vault	[vɔ:lt]
VCR	[vi:si:'ɑ:']
VDU	[vi:di:'ju:]
veal	[vi:l]
vegan	['vi:gən]
vegetable	['vɛdʒtəbl]
vegetarian	[vɛdʒɪ'tɛərɪən]
vehicle	['vi:ɪkl]
vein	[veɪn]
velvet	['vɛlvɪt]
vending	['vɛndɪŋ]
Venetian	[vɪ'ni:ʃən]
verb	[və:b]
verdict	['və:dɪkt]
verge	[və:dʒ]
vermin	['və:mɪn]
verse	[və:s]
version	['və:ʃən]
vertebra	['və:tɪbrə]
vertical	['və:tɪkl]
vertigo	['və:tɪgəu]
very	['vɛrɪ]
vest	[vɛst]
vet	[vɛt]
via	['vaɪə]
vicar	['vɪkə']
vice	[vaɪs]
vice-chancellor	[vaɪs'tʃɑ:nsələ']
vice versa	['vaɪsɪ'və:sə]
vicious	['vɪʃəs]
victim	['vɪktɪm]
victory	['vɪktərɪ]
video	['vɪdɪəu]
Vienna	[vɪ'ɛnə]
view	[vju:]
viewer	['vju:ə']
viewpoint	['vju:pɔɪnt]
vile	[vaɪl]
villa	['vɪlə]
village	['vɪlɪdʒ]
villain	['vɪlən]
vine	[vaɪn]
vinegar	['vɪnɪgə']
vineyard	['vɪnjɑ:d]
viola	[vɪ'əulə]
violence	['vaɪələns]
violent	['vaɪələnt]
violet	['vaɪələt]
violin	[vaɪə'lɪn]
violinist	[vaɪə'lɪnɪst]
virgin	['və:dʒɪn]
Virgo	['və:gəu]
virtual	['və:tjuəl]
virtue	['və:tju:]
virus	['vaɪərəs]
visa	['vi:zə]
visible	['vɪzəbl]
visit	['vɪzɪt]
visitor	['vɪzɪtə']
visual	['vɪzjuəl]
visualize	['vɪzjuəlaɪz]
vital	['vaɪtl]
vitamin	['vɪtəmɪn]
vivacious	[vɪ'veɪʃəs]
vivid	['vɪvɪd]
vocabulary	[vəu'kæbjulərɪ]
vocational	[vəu'keɪʃənl]
vodka	['vɔdkə]
voice	[vɔɪs]
volcano	[vɔl'keɪnəu]
volleyball	['vɔlɪbɔ:l]
volt	[vəult]
voltage	['vəultɪdʒ]
volume	['vɔlju:m]
voluntary	['vɔləntərɪ]
volunteer	[vɔlən'tɪə']
vomit	['vɔmɪt]
vote	[vəut]
voucher	['vautʃə']
vowel	['vauəl]
vulgar	['vʌlgə']
vulture	['vʌltʃə']
wafer	['weɪfə']
waffle	['wɔfl]
wage	[weɪdʒ]
wages	['weɪdʒɪz]
wagon	['wægən]
wail	[weɪl]
waist	[weɪst]
waistband	['weɪstbænd]
waistcoat	['weɪskəut]
wait	[weɪt]
waiter	['weɪtə']
waiting	['weɪtɪŋ]
waitress	['weɪtrɪs]
wake	[weɪk]
Wales	[weɪlz]
walk	[wɔ:k]
walkie-talkie	['wɔ:kɪ'tɔ:kɪ]
walking	['wɔ:kɪŋ]

Walkman ®	['wɔ:kmən]
wall	[wɔ:l]
wallet	['wɔlɪt]
wallpaper	['wɔ:lpeɪpəʳ]
walnut	['wɔ:lnʌt]
wander	['wɔndəʳ]
want	[wɔnt]
war	[wɔ:ʳ]
ward	[wɔ:d]
warden	['wɔ:dn]
wardrobe	['wɔ:drəub]
warehouse	['wɛəhaus]
warm	[wɔ:m]
warming	['wɔ:mɪŋ]
warmth	[wɔ:mθ]
warn	[wɔ:n]
warning	['wɔ:nɪŋ]
Warsaw	['wɔ:sɔ:]
wart	[wɔ:t]
was	[wɔz]
wash	[wɔʃ]
washable	['wɔʃəbl]
washbasin	['wɔʃbeɪsn]
washcloth	['wɔʃklɔθ]
washing	['wɔʃɪŋ]
washing-up	[wɔʃɪŋ'ʌp]
wasn't	['wɔznt]
wasp	[wɔsp]
waste	[weɪst]
wastepaper	['weɪstpeɪpəʳ]
watch	[wɔtʃ]
water	['wɔ:təʳ]
watercolour	['wɔ:təkʌləʳ]
waterfall	['wɔ:təfɔ:l]
watering	['wɔ:tərɪŋ]
watermelon	['wɔ:təmɛlən]
waterproof	['wɔ:təpru:f]
water-skiing	['wɔ:təski:ɪŋ]
watertight	['wɔ:tətaɪt]
wave	[weɪv]
wavelength	['weɪvlɛŋθ]
wavy	['weɪvɪ]
wax	[wæks]
way	[weɪ]
we	[wi:]
weak	[wi:k]
weakling	['wi:klɪŋ]
weakness	['wi:knɪs]
wealth	[wɛlθ]
wealthy	['wɛlθɪ]
weapon	['wɛpən]
wear	[wɛəʳ]
weather	['wɛðəʳ]
we'd	[wi:d]
wedding	['wɛdɪŋ]
wedge	[wɛdʒ]
Wednesday	['wɛdnzdɪ]
weed	[wi:d]
week	[wi:k]
weekday	['wi:kdeɪ]
weekend	[wi:k'ɛnd]
weekly	['wi:klɪ]
weigh	[weɪ]
weight	[weɪt]
weightlifter	['weɪtlɪftəʳ]
weightlifting	['weɪtlɪftɪŋ]
weird	[wɪəd]
welcome	['wɛlkəm]
we'll	[wi:l]
well	[wɛl]
well-behaved	['wɛlbɪ'heɪvd]
well-dressed	['wɛl'drɛst]
well-groomed	['wɛl'gru:md]
wellingtons	['wɛlɪŋtənz]
well-kept	['wɛl'kɛpt]
well-known	['wɛl'nəun]
well-off	['wɛl'ɔf]
Welsh	[wɛlʃ]
Welshman	['wɛlʃmən]
Welshwoman	['wɛlʃwumən]
went	[wɛnt]
we're	[wɪəʳ]
were	[wə:ʳ]
weren't	[wə:nt]
west	[wɛst]
westerly	['wɛstəlɪ]
western	['wɛstən]
wet	[wɛt]
we've	[wi:v]
whale	[weɪl]
what	[wɔt]
whatever	[wɔt'ɛvəʳ]
whatsoever	[wɔtsəu'ɛvəʳ]
wheat	[wi:t]
wheel	[wi:l]
wheelchair	['wi:ltʃɛəʳ]
when	[wɛn]
whenever	[wɛn'ɛvəʳ]
where	[wɛəʳ]
whereas	[wɛər'æz]
whether	['wɛðəʳ]
which	[wɪtʃ]
while	[waɪl]
whine	[waɪn]
whip	[wɪp]
whipped	[wɪpt]
whisk	[wɪsk]
whiskers	['wɪskəz]
whisky	['wɪskɪ]
whisper	['wɪspəʳ]
whistle	['wɪsl]
white	[waɪt]
Whitsun	['wɪtsn]
who	[hu:]
whole	[həul]
wholefood	['həulfu:d]
wholemeal	['həulmi:l]
wholewheat	['həulwi:t]
whom	[hu:m]
whooping	['hu:pɪŋ]
whose	[hu:z]
why	[waɪ]
wicked	['wɪkɪd]
wicket	['wɪkɪt]
wide	[waɪd]
widow	['wɪdəu]
widower	['wɪdəuəʳ]
width	[wɪdθ]
wife	[waɪf]
wig	[wɪg]
wild	[waɪld]
wildlife	['waɪldlaɪf]
wilful	['wɪlful]
will	[wɪl]
willing	['wɪlɪŋ]
win	[wɪn]
wind VERB	[waɪnd]
wind NOUN	[wɪnd]
windbag	['wɪndbæg]
windmill	['wɪndmɪl]
window	['wɪndəu]
windowpane	['wɪndəupeɪn]
window-shopping	['wɪndəuʃɔpɪŋ]
windscreen	['wɪndskri:n]
windshield	['wɪndʃi:ld]
windy	['wɪndɪ]
wine	[waɪn]
wing	[wɪŋ]
wink	[wɪŋk]
winner	['wɪnəʳ]
winning	['wɪnɪŋ]
winter	['wɪntəʳ]
wipe	[waɪp]
wiper	['waɪpəʳ]
wire	['waɪəʳ]
wisdom	['wɪzdəm]
wise	[waɪz]
wish	[wɪʃ]
wit	[wɪt]
witch	[wɪtʃ]
with	[wɪð, wɪθ]
withdraw	[wɪθ'drɔ:]
within	[wɪð'ɪn]
without	[wɪð'aut]
witness	['wɪtnɪs]
witty	['wɪtɪ]
wives	[waɪvz]
wobbly	['wɔblɪ]
woke	[wəuk]
woken	['wəukn]
wolf	[wulf]
woman	['wumən]
women's	['wɪmɪnz]
won	[wʌn]
wonder	['wʌndəʳ]
wonderful	['wʌndəful]
won't	[wəunt]
wood	[wud]
wooden	['wudn]
woodwork	['wudwə:k]
wool	[wul]
word	[wə:d]
wore	[wɔ:ʳ]
work	[wə:k]
worker	['wə:kəʳ]

working ['wə:kɪŋ]
working-class ['wə:kɪŋ'klɑ:s]
works [wə:ks]
worksheet ['wə:kʃi:t]
workshop ['wə:kʃɔp]
workstation ['wə:ksteɪʃən]
world [wə:ld]
world-famous [wə:ld'feɪməs]
worm [wə:m]
worn [wɔ:n]
worried ['wʌrɪd]
worry ['wʌrɪ]
worse [wə:s]
worship ['wə:ʃɪp]
worst [wə:st]
worth [wə:θ]
worthless ['wə:θlɪs]
worthwhile ['wə:θ'waɪl]
would [wud]
wouldn't ['wudnt]
wound NOUN, VERB [wu:nd]
wound VERB [waund]
wrap [ræp]
wrapping ['ræpɪŋ]
wreath [ri:θ]
wreck [rɛk]
wreckage ['rɛkɪdʒ]
wrench [rɛntʃ]
wrestler ['rɛslə']
wrestling ['rɛslɪŋ]
wriggle ['rɪgl]
wrinkle ['rɪŋkl]
wrinkled ['rɪŋkld]
wrist [rɪst]
wristwatch ['rɪstwɔtʃ]
write [raɪt]
write-off ['raɪtɔf]
writer ['raɪtə']
writing ['raɪtɪŋ]
written ['rɪtn]
wrong [rɔŋ]
wrote [rəut]
X-ray ['ɛksreɪ]
xylophone ['zaɪləfəun]
Y [waɪ]
yacht [jɔt]
yard [jɑ:d]
yawn [jɔ:n]
year [jɪə']
Year's [jɪəz]
yearly ['jɪəlɪ]
yeast [ji:st]
yell [jɛl]
yellow ['jɛləu]
yes [jɛs]
yesterday ['jɛstədɪ]
yet [jɛt]
yield [ji:ld]
yob [jɔb]
yodel ['jəudl]
yoghurt ['jəugət]
yogurt ['jəugət]
yolk [jəuk]
you [ju:]
young [jʌŋ]
younger [jʌŋgə']
youngest [jʌŋgɪst]
your [jɔ:']
yours [jɔ:z]
yourself [jɔ:'sɛlf]
yourselves [jɔ:'sɛlvz]
youth [ju:θ]
youthful ['ju:θful]
Yugoslavia ['ju:gəu'slɑ:vɪə]
Yugoslavian ['ju:gəu'slɑ:vɪən]
zany ['zeɪnɪ]
zebra ['zi:brə]
zero ['zɪərəu]
Zimbabwe [zɪm'bɑ:bwɪ]
Zimmer ® ['zɪmə']
zip [zɪp]
zipper ['zɪpə']
zit [zɪt]
zodiac ['zəudɪæk]
zone [zəun]
zoo [zu:]
zoological [zuə'lɔdʒɪkl]
zoom [zu:m]
zucchini [zu:'ki:nɪ]